新疆维吾尔自治区地方志丛书

ATUSHI SHI ZHI

阿图什市志

(1995—2015)

阿图什市地方志编纂委员会 编

方志出版社
Publishing House of Local Records
·北 京·

图书在版编目(CIP)数据

阿图什市志. 1995—2015 / 阿图什市地方志编纂委员会编. - - 北京:方志出版社,2021. 12
ISBN 978 -7 -5144 -4381 -3

Ⅰ. ①阿… Ⅱ. ①阿… Ⅲ. ①阿图什 - 地方志 - 1995 -2015 Ⅳ. ①K294. 53

中国版本图书馆 CIP 数据核字(2021)第 016438 号

阿图什市志(1995—2015)

编　　者:阿图什市地方志编纂委员会
责任编辑:罗　滔

出 版 者:方志出版社
地址　北京市朝阳区潘家园东里 9 号(国家方志馆 4 层)
邮编　100021
网址　http://www.zgfzcb.cn
发　　行:方志出版社图书经销中心
电话(010)67110500
经　　销:各地新华书店
印　　刷:乌鲁木齐市科恒彩印有限公司

开　　本:889mm×1194mm　1/16
印　　张:63.5
字　　数:1992 千字
版　　次:2021 年 12 月第 1 版　2021 年 12 月第 1 次印刷
印　　数:0001 ~3000 册

ISBN 978 -7 -5144 -4381 -3　定价:560.00 元

《阿图什市志(1995—2015)》编审机构和编纂人员

《阿图什市志(1995—2015)》编纂委员会

(1996年12月)

主　任　董向军

副主任　胡奉德　王仲涛　段跃进　艾力·斯马义　刘汉新　息复明

成　员　邹美雄　马木提·胡达拜尔地　段军元　阿斯亚·买买提　谢　高
王玉梅　韩西明　骆树林　阿不拉·司地克　马木提·赛来　邓　勇
赵存孝　热扎克·买买提　阿不都克里木·买买提

(2001年2月)

主　任　贾立新

副主任　李晓光　蒲亚军　王仲涛　黑力力·乎吉西　侯全义　依明古丽·牙生

成　员　冯汝英　玉素甫江·买买提　李晓兰　王来生　阿斯亚·买买提
唐志荣　王玉梅　玉买尔·米力克　卡马力·尤努斯　黄晓霞
马木提·赛来　孜比布拉·努尔拉　崔　刚　贾广民

(2005年10月)

主　任　田东泉(援疆干部)

副主任　鲁光彩　阿曼古·买买提　李强盛　李永德　孙德田　牛树森(援疆干部)
努尔·阿孜

成　员　刘卫民　王以勤　姚应山　王银华　肉孜买买提·艾合买提　魏辉道
王玉梅　李阿新　曾晓铁　贾广民　唐成峰　徐延秀　高宏斌

(2011年3月)

主　任　刘军海

副主任　杨　军　哈力比业提·阿不都卡德尔　罗　平　朱成家　吴新哲

文　红　李　斌

成　员　徐涌源　柴苏云　王　兰　陆　云　肉孜买买提·艾合买提

马麦提居马·马提　李　强　阿不力克木·阿不来提　潘世国

李晓兰　唐成峰　高宏斌　王仁仕

（2016 年 12 月）

主　任　申海涛

副主任　罗　平　热西提·吾甫尔　张忠清　魏振峰　郭正辉

吐尔洪江·马木提　申　艳

成　员　戴　雷　吾甫尔·艾山　李　飒　陆　云　海肉拉·努肉拉

王明雷　易新萍　瓦依提·热合曼　张智虹　赛买提·卡德尔

高宏斌　刘晓翔　唐志芳

（2021 年 4 月）

主　任　刘建胜

副主任　热木提拉·托合提　王卫杰　陈彦虎　高　岩　唐志芳

郭正辉　徐志明

成　员　王全杰　张慎勇　李　飒　安普斗　吴志霞　衣马木艾山·卡德尔

买买提·托呼提　刘金海　封碧玉　赵馥香　李　斌　王　鑫

张　林　王雅民

《阿图什市志（1995—2015）》编纂人员

顾　问　徐秋明　贺继宏

主　编　李　飒

副主编　努尔尼沙·沙木沙克

总　纂　李　飒

编　辑　刘宽民　宁　静　吴晓丽　吴　语　陈　芳　李奇峰　敬银萍

编　务　王玉霞　安燕维

摄　影　段永平　刘济宽　李　飒　陆智伟

《阿图什市志(1995—2015)》主要供稿人员名单

（按姓氏笔画排序）

马明敏	马晓洁	王永红	王同辉	王利平	王　姣	王艳艳
王海波	王智慧	王新娟	王德秀	白晓丽	邓海琼	石福燕
叶　磊	田建芳	付瑞娟	白　娟	冯雪霞	宁　静	巩　鹤
吕　静	朱文忠	任安娜	刘业彬	刘　辉	闫幸妮	关　东
安红鹤	孙　泉	李　奇	李　虎	李秋玲	李冠飞	李　莉
李爱兰	李　娟	李　源	李慧灵	杨天勤	杨建军	杨建超
杨晶剑	杨慧琼	吴永静	吴诏平	吴　莉	岑世义	何晓丽
宋红霞	张玉林	张　芳	张丽娟	张　英	张　敏	张慧芳
张　蕾	陈代山	陈永新	陈梅华	陈　琳	邵　琳	欧海燕
罗　苗	郑　雪	单红梅	孟　鹏	赵海银	胡炳涛	段淑琴
侯勇鸷	贺新玲	贾鸿才	徐俭余	徐慧萍	翁芳琴	高天佑
高　辉	郭丽盈	郭　渊	陶永红	常　微	梁张杰	梁润兰
寇　鹏	董耀伟	敬　梅	程　静	焦世远	曾侯勇	谢学斌
蔡丽娜	霍　楠	魏培良				

阿图什市行政区划图

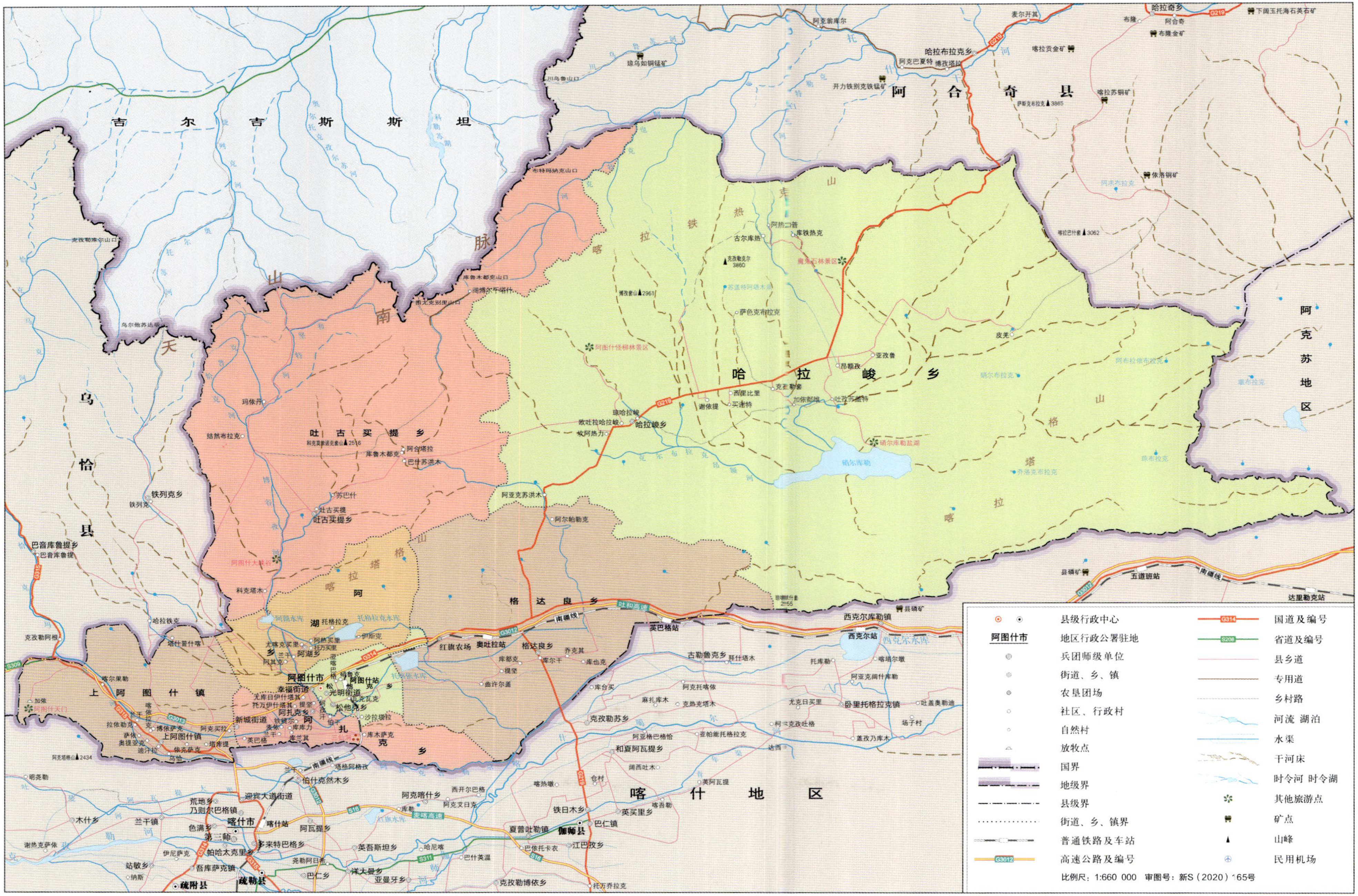

新疆维吾尔自治区第二测绘院编制

阿图什市地势图

新疆维吾尔自治区第二测绘院编制

2010年6月29日，中共阿图什市委五届八次全委（扩大）会议召开

2011年8月9—12日，阿图什市第八届人民代表大会第一次会议召开

2015年1月5—7日，政协阿图什市第八届委员会第五次会议召开

2010年4月12日，阿图什市举行"创先争优　建设美好家园"现场观摩汇报会

2012年4月7日，江苏援疆2012年援建项目集中开工仪式举行

2015年5月30日，昆山第二批援疆工作组为赴昆山市开展“民族团结天使”手拉手活动的师生送行

江苏昆山援建项目——阿图什市第一小学

江苏昆山援建项目——北山坡森林看护房

江苏昆山援建项目——消防应急救援中心配套

江苏昆山援建项目——昆山产业园自来水厂

江苏昆山援建项目——帕米尔大桥

沈阳援建项目——哈拉峻沈阳新村

沈阳援建项目——光明街道

沈阳援建项目——群众路

沈阳援建项目——设施农业大棚

沈阳援建项目
——阿图什市四中

阿图什市体育馆

供暖设施

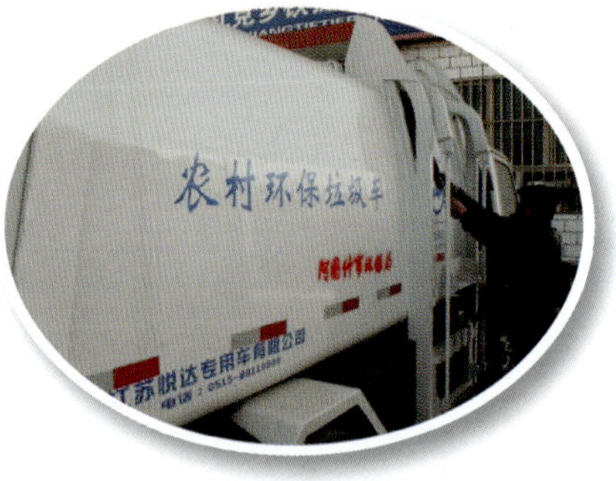

环保垃圾车

新修建公交站台

施工建设中的农村公路

阿图什市兴业大道

阿扎克乡铁提尔村村民服务中心

污水处理设施

城市防洪排涝

修建中的农村饮水安全工程积水廊道

水利设施

恰河排沙漏斗

昆山产业园新疆中兴能源生产厂房

新疆炀灯阿图什市生产厂房

工人们在电杆厂开展生产

2015年9月，克州国利华服装公司在小微产业园生产服装

阿图什市重工业园区克州青松水泥有限责任公司

2000年6月30日，阿图什市西域商贸中心开业

2004年8月14日，中吉商品展销洽谈会在克州文化中心召开

2012年6月20日，博格拉时代购物广场剪彩仪式

阿图什市天然气工程

亚星选矿厂厂区

2011年3月5日，组织法官在市人民广场法律宣传

民政法规下乡宣传

宪法知识竞赛

边防巡逻队伍出勤

边境扶贫试点项目——吐古买提乡玛依丹村边境新村物资供应站

双拥共建

人民广场

文化中心

城市一角

阿图什市夜景

阿图什市乡村新貌

阿图什市城区全貌

送学下乡

2014年“团结杯”五人制足球比赛

阿扎克乡库木萨克村春节联谊活动

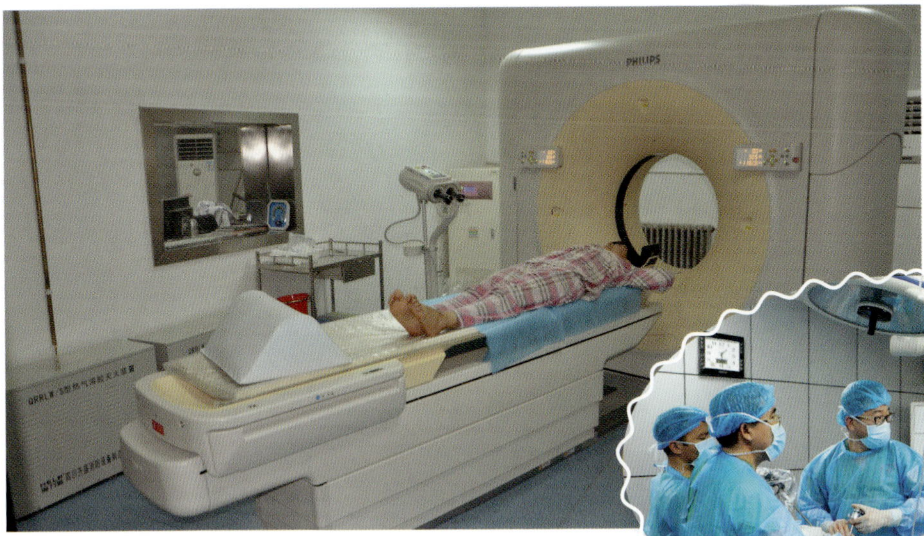

16排螺旋CT机

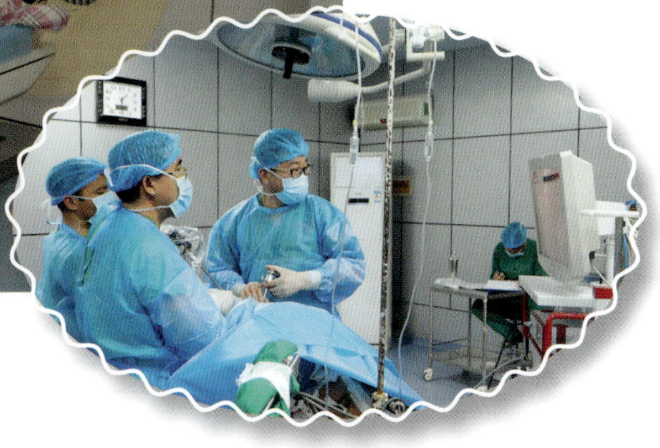

昆山援疆专家指导腹腔镜手术

哈拉峻乡谢依提村农家书屋

阿图什市农业技术人员将科学高效的葡萄种植管理技术送到田间地头

上阿图什镇依克萨克村“访惠聚”驻村工作队组织群众参加农业技能现场培训

“感动新疆人物”——周丽娜（左四）载誉归来

全国爱民模范塔依尔·吐逊（中）载誉归来

阿图什市北山坡防护林

阿图什市光伏育苗基地

设施农业大棚

木纳格葡萄基地

五彩山

三仙洞

莫尔佛塔

盐湖

怪柳林

大峡谷

怪石山

阿湖水库

刺绣

毡靴

毡帽

马褂

手工包

维吾尔族花帽

柯尔克孜族手工艺品

2016年11月10日，召开《阿图什市志（1995—2015）》评审会

2018年5月，新疆维吾尔自治区地方志编纂委员会党组书记、副主任廖运建调研《阿图什市志（1995—2015）》进展情况

2016年6月21日，江苏省昆山市（援疆）“专家送学”专题讲座召开

2016年6月21日，江苏省昆山市地方志专家徐秋明（右一）、昆山市地方志办方志科科长沈明（右二）到市委史志办对编目大纲指导

2018年11月12—17日，阿图什市史志办赴昆山培训交流史志工作。图中由左至右依次为：吴语（江苏大学生志愿服务西部计划志愿者），徐秋明（昆山市地方志办副主任），陆庆（阿图什市委组织部副部长、昆山援疆干部），李飒（阿图什市史志办主任），陈兴南（苏州市地方志办党组书记、主任），陈勇（昆山市档案局局长、地方志办主任），徐同（昆山市档案局方志编纂科科长），吴晓丽（阿图什市史志办干部）

序

当阿图什市志编纂委员会约我为即将出版的《阿图什市志(1995—2015)》写序言时,我认为不太合适,不敢答应,但当我看到摆在我案头《阿图什市志》(首部)和《阿图什市志(1995—2015)》这两部皇皇巨著时,不少美好的回忆跃出脑海,呈现眼前。20世纪的首部市志是在我的指导帮助下出版的,这次续修市志,我不仅参与过评审会,而且还多次与市志主编及编辑人员探讨过续志编修的有关问题。作为克州人民政府的文化顾问,自看到《阿图什市志(1995—2015)》总纂方案后,一个是惊喜,另一个是欣喜,史志战线"新手"用实战蜕变的历程,诠释了主编兼总纂的独特构思和对志的痴爱之情。特别是在市志续编过程中,我就多次从市志编写稿中取其资料,从事地方历史文化发展的研究工作。《阿图什市志(1995—2015)》尚未出版,我就已经开始读志用志了,以方志成果为现实工作服务,这充分体现了方志的存史、资政和教化作用。

历史变动不居,奔流不息。修志、读志、用志,正确把握和处理地方志资料性和学术性,在学术性的指导下充实资料性,有效发挥地方志书作为一门社会科学在现代化建设中的重要作用。"夫知古不知今,谓之陆沉;夫知今不知古,谓之盲瞽。"以史为鉴,资用以行,一代人有一代人的使命,这部续编的百科全书,是阿图什人在新时代阅古察今的生动写照。

我认为续编《阿图什市志(1995—2015)》具有以下特点:

一、作为续志充分体现了"续"的特点,从内容到框架结构以及编章节目与前志连接得天衣无缝,浑然一体。对新增新补的编章节目更是同类相依、整齐到位,拾遗、补漏、纠错准确而严谨,不枝不蔓,恰到好处。

二、突出地方志立足地方、立足当时的方志特点,做到了横不跨域界、纵不越时限。

三、尊重历史,注重现实,实事求是,不虚美,不隐恶。经时纬事,博而不芜,资料翔实。取舍有度,承前继后,据实直书,堪称信史。

四、续志从本市的实际出发,依据方志法规,灵活机动地设置编章节目,制订编纂规划和凡例,编纂出具有阿图什市地情特点的真正的地方志书。地方特点是地方志的生命,在这一点上,市志主编把握住地方志的"地方"特点,突出地方志的一个"方"字和一个"志"字,彰显一部地方志的精髓。

五、市志行文规范,文笔流畅,是一部文史合一的综合著作,可阅读可赏析可实用,有极高的社会价值。

六、续志真实、客观、科学记录了1995—2015年20年来阿图什市在改革开放中发展和进步的历程与足迹,融教人与育人一体,激励后人。

七、续志主要记述了短短20年来的阿图什市,在中国共产党的领导下,各族人民坚持社会主义方向,坚持艰苦奋斗,自强不息;坚持改革开放,勇于进取。在民族团结、祖国统一、边疆巩固等一系列伟大斗争中所取得的辉煌成就;回顾历史,重点阐述了新疆自古以来就是中国不可分割的神圣领土,新疆文化就是在中华古老的文化母体孕育下的地域文化这一特点。

阿图什市已有两部市志,首部市志起于沈其彦而成于段军元,续志起于王兰而成于李飒,他们4位为阿图什市的历史文化做出了卓越的贡献。其中,段军元和李飒都是以立下军令状完成修志工作,他们的精神、魄力,令人敬佩。

克州的史志工作在首轮修志中是名列前茅的,是自治区公认的一面旗帜。看到这部续志,倍感欣慰,举旗者后继有人,且大有长江后浪推前浪,一代更比一代强之势。

援笔作书,缀成片言,始为之序。

贺继宏

2021年10月

注:作者为克孜勒苏柯尔克孜自治州党委史志办原主任、自治区修志专家。

凡　例

一、指导思想

本志坚持以马克思列宁主义、毛泽东思想、邓小平理论、“三个代表”重要思想、科学发展观、习近平新时代中国特色社会主义思想为指导，运用辩证唯物主义和历史唯物主义的立场、观点和方法，全面客观记述阿图什市1995—2015年自然、经济、政治、文化、社会发展的历史与现状，力求做到思想性、资料性、科学性的统一。

二、记述时限

本志为1994年版《阿图什市志》的续志，上限1995年，下限2015年。为反映事件的完整性，部分内容适当上溯。2015年以后的重要资料，载入附录中。

三、体例

本志遵循“事以类从、横排竖写”的原则，按照自然、经济、政治、文化、社会的逻辑排列行文，述而不论；全志共设33编，编下设章、节、目3个层级，目为主要记载实体。根据记述需要，目下设子目、细目。

四、体裁

本志采用述、记、志、传、图、表、录等体裁，以志为主，以图表为辅，图文并茂。志首设概述；次为大事记，采用编年体与记事本末体相结合，以编年体为主，纵记全市大事；各专志为主体，图表随文设置；志末置附录、索引、编后记。在章节中视情设置“附”“考”“简介”，以加强记述深度。

五、人物

本志收录人物以对社会贡献较大者为准。下设“人物传”“人物简介”“人物名表”，“传略”坚持生不立传原则，入传传主均为阿图什市有较大影响的人物，传主不受籍贯限制，排列以卒年为序;“名表”收录自治区级以上劳动模范、先进工作者,以获得荣誉时间先后为序。机构中收录市委、人大、政府、政协领导。

六、地方特色

本志单设“无花果”“木纳格葡萄”“盐业”“富民固边”编,以突出时代特点和地方特色。

七、数据、计量单位、标点符号

本志坚持事以类分、依时记述,语言文字、标点符号、数据记述、计量单位的使用等,并按国家有关规定执行。本志各项数据以阿图什市统计公报公布的数据为准。统计部门没有的,采用主管部门或单位提供的数据。

八、称谓

本志一律使用第三人称记述,各种名称首次出现时用全称,再次出现时用简称;志中使用的“新疆”“全疆”“自治区”指新疆维吾尔自治区;“南疆”指南疆四地州,即阿克苏地区、喀什地区、克孜勒苏柯尔克孜自治州、和田地区,“州”“全州”“克州”“自治州”指克孜勒苏柯尔克孜自治州;“县”“全县”指阿图什县,“市”“全市”指阿图什市。少数民族人名用全名,即本名缀父名(除个别历史人物和外籍人士无从调查者除外)。本志所记地名一律以《阿图什市地名图志》为准,《阿图什市地名图志》中未收录的,以常用名称为准。

九、资料来源

全志资料主要来源于各有关单位提供的志稿或史料以及市档案馆资料。部分资料摘自有关史书、报刊及当事人回忆录。所用资料一般不注明出处。

目　录

概　述 …… 1
大事记 …… 7

第一编　建置　区划

第一章　境域　面积 …… 38
第一节　境　域 …… 38
第二节　面　积 …… 38
第二章　建置沿革　行政区划 …… 38
第一节　建置沿革 …… 38
第二节　行政区划 …… 39
第三章　街道办事处概况 …… 43
第一节　幸福街道办事处 …… 43
第二节　光明街道办事处 …… 44
第四章　乡镇概况 …… 45
第一节　上阿图什镇 …… 45
第二节　阿扎克乡 …… 47
第三节　松他克乡 …… 50
第四节　阿湖乡 …… 52
第五节　格达良乡 …… 54
第六节　哈拉峻乡 …… 55
第七节　吐古买提乡 …… 57

第二编　自然环境　资源

第一章　地质　地貌 …… 60
第一节　地　质 …… 60
第二节　地　貌 …… 64
第二章　气　候 …… 66
第一节　气候类型 …… 66
第二节　气候特点 …… 82
第三章　水资源 …… 83
第一节　地表水 …… 83
第二节　地下水 …… 86
第三节　水　质 …… 86
第四章　土地资源 …… 89
第一节　土地面积 …… 89
第二节　土地分类 …… 89
第三节　土壤养分 …… 89
第五章　矿　藏 …… 93
第一节　金属矿藏 …… 93
第二节　非金属矿藏 …… 93
第六章　野生动植物资源 …… 94
第一节　野生动物资源 …… 94
第二节　野生植物资源 …… 95
第七章　自然灾害 …… 95
第一节　气象灾害 …… 95
第二节　地质灾害 …… 97
第三节　生物灾害 …… 98

第三编　人口　民族　宗教

第一章　人　口…………………………… 100
第一节　人口状况…………………………… 100
第二节　人口构成…………………………… 103
第三节　全国人口普查…………………………… 107
第二章　民族　宗教…………………………… 108
第一节　汉　族…………………………… 108
第二节　维吾尔族…………………………… 108
第三节　柯尔克孜族…………………………… 110
第四节　其他民族…………………………… 111
第五节　宗　教…………………………… 111

第四编　城乡建设与管理

第一章　机　构…………………………… 114
第一节　行政机构…………………………… 114
第二节　事业机构…………………………… 114
第三节　服务机构…………………………… 115
第二章　城乡规划…………………………… 115
第一节　城市规划…………………………… 115
第二节　乡镇规划…………………………… 117
第三章　城市建设…………………………… 117
第一节　城市道路…………………………… 117
第二节　城市广场…………………………… 120
第三节　城市绿化…………………………… 120
第四节　城市亮化…………………………… 120
第四章　公用事业…………………………… 121
第一节　公共交通…………………………… 121
第二节　城市其他客运…………………………… 122
第三节　城市路灯…………………………… 123
第四节　城市燃气…………………………… 123
第五节　城市供热…………………………… 124
第六节　城市供电…………………………… 124
第七节　城市水业…………………………… 131
第五章　城市管理…………………………… 132
第一节　市容环境卫生…………………………… 132
第二节　城管执法…………………………… 134
第三节　拆迁管理…………………………… 134
第六章　乡(镇)村规划与建设 …………………… 134
第一节　乡(镇)村规划 …………………… 134
第二节　乡(镇)建设 …………………… 135
第三节　农村基础设施建设…………………………… 135
第四节　农村住房建设…………………………… 135
第七章　建筑业…………………………… 136
第一节　建筑节能改造…………………………… 136
第二节　建筑市场…………………………… 136
第三节　建筑市场管理…………………………… 137
第八章　房地产业…………………………… 137
第一节　住房制度改革…………………………… 137
第二节　房地产开发…………………………… 137
第三节　保障性住房管理…………………………… 141
第四节　物业管理…………………………… 144

第五编　环境保护

第一章　机　构…………………………… 148
第一节　行政机构…………………………… 148
第二节　事业机构…………………………… 148
第二章　环境质量监测设施…………………………… 148

第一节　监测能力…………………………… 148
第二节　监测点位分布……………………… 148
第三章　环境质量监测…………………… 149
第一节　水环境质量监测…………………… 149
第二节　空气环境质量监测………………… 149
第三节　声环境质量监测…………………… 150
第四节　固体废物排放……………………… 150
第四章　环境污染防治…………………… 151
第一节　水环境综合整治…………………… 151
第二节　大气环境综合整治………………… 151
第三节　固体废物管理和利用……………… 151
第四节　城市环境综合治理………………… 152
第五章　环境管理………………………… 152
第一节　排污管理…………………………… 152
第二节　环境执法监察……………………… 152
第三节　生态城区建设……………………… 153
第六章　生态环境保护…………………… 153
第一节　珍稀动植物保护…………………… 153
第二节　自然环境保护……………………… 154

第六编　交通　通信

第一章　交　通…………………………… 156
第一节　公路交通…………………………… 156
第二节　交通安全…………………………… 167
第三节　物流业……………………………… 167
第四节　交通管理…………………………… 168
第五节　管道运输…………………………… 172
第六节　铁　路……………………………… 172
第二章　通　信…………………………… 173
第一节　邮　政……………………………… 173
第二节　中国电信克州分公司……………… 176
第三节　中国移动克州分公司……………… 177
第四节　中国联通克州分公司……………… 178
第五节　中国铁通克州分公司……………… 178
第六节　新疆广电网络克州分公司………… 179

第七编　经济综述

第一章　经济发展………………………… 182
第一节　农业经济效益……………………… 182
第二节　工业经济效益……………………… 183
第三节　服务效益…………………………… 184
第二章　经济结构………………………… 186
第一节　所有制结构………………………… 186
第二节　产业结构…………………………… 187
第三章　固定资产投资…………………… 188
第一节　投资概况…………………………… 188
第二节　投资方向…………………………… 189

第八编　农　业

第一章　农村经济体制改革……………… 192
第一节　农村土地经营制度改革…………… 192
第二节　牧业经营管理体制改革…………… 195
第三节　林权制度改革……………………… 195
第四节　机电井产权制度改革……………… 195
第二章　种植业…………………………… 196

第一节　机　构…………………………………… 196
第二节　农业区划………………………………… 197
第三节　粮食作物………………………………… 198
第四节　经济作物………………………………… 199
第五节　种子与肥料……………………………… 202
第六节　植物保护………………………………… 203
第三章　林果业………………………………… 205
第一节　机　构…………………………………… 205
第二节　林业资源………………………………… 206
第三节　林业资源培育…………………………… 209
第四节　林业资源保护…………………………… 213
第五节　林果业…………………………………… 217
第六节　林业经济效益…………………………… 219
第四章　畜牧业………………………………… 220
第一节　机　构…………………………………… 220
第二节　草场分布和利用………………………… 222
第三节　牲畜品种及改良………………………… 227
第四节　牧区基本建设…………………………… 229
第五节　放牧管理与抗灾保畜…………………… 231
第六节　疫病防治………………………………… 232
第七节　牧业分区………………………………… 236
第八节　产业化经营……………………………… 236
第五章　农牧机械化…………………………… 239
第一节　机构……………………………………… 239
第二节　农业机械化……………………………… 240
第三节　农机销售与维修………………………… 242
第四节　机械化作业……………………………… 243
第五节　农机管理………………………………… 244
第六章　农业科技与生态农业………………… 245
第一节　科技成果与综合运用…………………… 245
第二节　农村能源利用…………………………… 247
第三节　绿色、无公害农产品 …………………… 248
第四节　农业示范园区建设……………………… 248
第五节　新农村建设……………………………… 249
第六节　社会化服务……………………………… 250
第七章　水　利………………………………… 250
第一节　机　构…………………………………… 250
第二节　水利工程………………………………… 252
第三节　水利管理………………………………… 257
第四节　防汛抗旱………………………………… 260
第五节　经济效益………………………………… 262

第九编　无花果

第一章　种植环境……………………………… 266
第一节　栽培历史………………………………… 266
第二节　生物学特性……………………………… 266
第三节　生长环境………………………………… 266
第二章　无花果栽培…………………………… 268
第一节　栽培区及种植规模……………………… 268
第二节　品种、品质特征、营养成分及用途……… 269
第三节　栽培模式与栽培技术…………………… 271
第四节　田间管理………………………………… 273
第三章　灾害防治……………………………… 275
第一节　气象灾害防治…………………………… 275
第二节　常见病害防治…………………………… 276
第三节　常见虫害防治…………………………… 277
第四节　常见草害、鸟害防治 …………………… 278
第五节　生理病虫害防治………………………… 280
第六节　病虫害综合防治………………………… 280
第四章　无花果采收、加工、贮运及销售……… 281
第一节　采收与包装……………………………… 281
第二节　储藏(保鲜)与运输 …………………… 282
第三节　加工、销售 ……………………………… 282
第五章　科研推广……………………………… 283
第一节　无花果科学研究………………………… 283
第二节　推　广…………………………………… 284
第六章　社会经济效益………………………… 284
第一节　经济效益………………………………… 284
第二节　药用保健效益…………………………… 285
第三节　生态效益………………………………… 285

第十编　木纳格葡萄

第一章　种植环境…………………………………… 288
第一节　栽培历史…………………………………… 288
第二节　生物学特性………………………………… 288
第三节　生长环境…………………………………… 290
第二章　木纳格葡萄栽培…………………………… 291
第一节　栽培区及种植规模………………………… 291
第二节　品种、形态特征、营养成分及用途……………………………………………… 292
第三节　栽培模式与栽培技术……………………… 294
第四节　露地木纳格葡萄田间管理………………… 297
第三章　灾害防治…………………………………… 300
第一节　气象灾害…………………………………… 300
第二节　常见病害防治……………………………… 301
第三节　常见虫害防治……………………………… 302
第四节　常见草害防治……………………………… 303
第五节　生理病虫害防治…………………………… 303
第六节　病虫害综合防治…………………………… 306
第四章　采收、加工、贮运及销售………………… 310
第一节　采收与包装………………………………… 310
第二节　储藏(保鲜)与运输 ……………………… 311
第三节　销　售……………………………………… 311
第五章　产业化建设………………………………… 312
第一节　标准化建设………………………………… 312
第二节　优质高产示范基地建设…………………… 312
第三节　品牌认证…………………………………… 313
第四节　地理标志保护(塑源管理) ……………… 314
第五节　重点龙头产业介绍………………………… 314

第十一编　工　业

第一章　机　构……………………………………… 318
第一节　行政机构…………………………………… 318
第二节　园区机构…………………………………… 318
第二章　工业体制改革……………………………… 319
第一节　现代企业制度……………………………… 319
第二节　经营承包责任制…………………………… 319
第三章　工业结构…………………………………… 319
第一节　所有制结构………………………………… 320
第二节　行业结构…………………………………… 321
第三节　产品结构…………………………………… 321
第四节　经济效益…………………………………… 321
第五节　企业技术改造……………………………… 323
第六节　节能减排…………………………………… 323
第四章　主要工业…………………………………… 324
第一节　矿产品加工业……………………………… 324
第二节　制造工业…………………………………… 324
第三节　热力燃气、水的生产和供应业 …… 325
第四节　纺织服装产业……………………………… 325
第五节　皮革加工企业……………………………… 326
第六节　日用品加工企业…………………………… 326
第七节　特色农产品加工企业……………………… 326
第五章　工业园区…………………………………… 327
第一节　基础设施建设……………………………… 327
第二节　招商引资…………………………………… 327
第三节　投资效益…………………………………… 331
第六章　乡镇企业…………………………………… 332
第一节　乡镇企业发展概况………………………… 332
第二节　乡镇企业管理……………………………… 336
第七章　民营经济…………………………………… 336
第一节　个体私营经济……………………………… 336
第二节　个私经济服务……………………………… 338

第十二编 盐 业

第一章 产区分布及产量…………………………340
第一节 硝尔库勒盐湖…………………………340
第二节 吐孜苏盖特盐湖(未开采) ………341
第二章 盐产品生产…………………………342
第一节 新疆盐业阿图什有限责任公司……342
第二节 生产设备…………………………342
第三节 盐产品加工…………………………343
第四节 盐产品销售…………………………345
第五节 盐政执法…………………………346

第十三编 商业贸易

第一章 商 业…………………………348
第一节 市场建设…………………………348
第二节 商业服务…………………………353
第二章 供销合作…………………………354
第一节 机 构…………………………354
第二节 供销体制改革…………………………354
第三节 社员股金…………………………355
第四节 农业生产资料供销…………………………355
第五节 农副产品购销…………………………355
第六节 生活资料购销…………………………356
第三章 粮油贸易…………………………356
第一节 机 构…………………………356
第二节 粮油体制改革…………………………356
第三节 粮油收购…………………………357
第四节 粮油加工…………………………359
第五节 粮油销售…………………………359
第六节 粮油市场…………………………359
第七节 粮油储运…………………………359
第四章 专卖经营…………………………360
第一节 石油专卖…………………………360
第二节 烟草专卖…………………………362
第五章 对外贸易…………………………362
第一节 进出口贸易…………………………362
第二节 外贸企业…………………………363

第十四编 旅游业

第一章 机 构…………………………366
第一节 行政机构…………………………366
第二节 服务机构…………………………366
第二章 旅游资源…………………………366
第一节 自然景观…………………………366
第二节 名胜古迹…………………………368
第三节 娱乐休闲景观…………………………373
第三章 旅游管理…………………………374
第一节 规 划…………………………374
第二节 景区开发…………………………383
第三节 旅游管理…………………………385
第四节 旅游服务…………………………385
第五节 游客接待及收入…………………………387

第十五编 财税 金融

第一章 财 政………………………………………… 390
第一节 机 构………………………………………… 390
第二节 财政体制改革………………………………… 390
第三节 预算 决算…………………………………… 391
第四节 财政收入……………………………………… 392
第五节 财政支出……………………………………… 393
第六节 财政监督……………………………………… 398
第七节 会计事务管理………………………………… 400
第二章 税 务………………………………………… 400
第一节 国 税………………………………………… 400
第二节 地 税………………………………………… 405
第三章 金融管理……………………………………… 412
第一节 机 构………………………………………… 412
第二节 金融体制改革………………………………… 412
第三节 存贷款管理…………………………………… 413
第四节 国库业务……………………………………… 416
第五节 外汇管理……………………………………… 416
第四章 银行业………………………………………… 416
第一节 中国农业发展银行克孜勒苏柯尔克孜自治州分行营业部…………………………………… 416
第二节 中国银行克孜勒苏分行……………………… 418
第三节 农业银行克孜勒苏分行……………………… 421
第四节 中国工商银行股份有限公司阿图什支行…………………………………………………… 422
第五节 中国建设银行阿图什支行…………………… 424
第六节 邮政储蓄银行克州分行……………………… 424
第七节 阿图什市农村信用合作联社………………… 425
第八节 城市信用社…………………………………… 429
第五章 保险业………………………………………… 430
第一节 中国人民财产保险股份有限公司克州分公司……………………………………………… 430
第二节 中国平安财产保险股份有限公司克州支公司……………………………………………… 432
第三节 新华保险克州支公司………………………… 433
第四节 中华联合财产保险股份有限公司阿图什市支公司………………………………………… 433
第五节 中国人寿保险克州分公司…………………… 434
第六章 申万宏源证券公司…………………………… 435
第一节 机 构………………………………………… 435
第二节 业 务………………………………………… 435

第十六编 综合经济管理

第一章 计 划………………………………………… 438
第一节 机 构………………………………………… 438
第二节 计划管理体制改革…………………………… 438
第三节 计划编制与实施……………………………… 439
第四节 项目管理……………………………………… 442
第二章 国土资源管理………………………………… 443
第一节 机 构………………………………………… 443
第二节 土地资源管理………………………………… 444
第三节 矿产资源开发利用管理……………………… 448
第四节 测绘及地质环境管理………………………… 450
第三章 审 计………………………………………… 451
第一节 机 构………………………………………… 451
第二节 国家审计……………………………………… 451
第三节 社会审计……………………………………… 453
第四节 内部审计……………………………………… 453
第四章 统 计………………………………………… 454
第一节 机 构………………………………………… 454
第二节 综合统计……………………………………… 454
第三节 统计调查……………………………………… 459
第四节 统计监测与执法……………………………… 461
第五章 价格管理……………………………………… 462
第一节 机 构………………………………………… 462
第二节 物 价………………………………………… 463
第三节 收费管理……………………………………… 464

第四节　物价服务…… 464
第六章　质量技术监督管理…… 465
第一节　机　构…… 465
第二节　计量与质量管理…… 465
第三节　标准化管理…… 466
第四节　安全监察…… 466
第七章　安全生产监督管理…… 468
第一节　机　构…… 468
第二节　安全生产责任体系建设…… 468
第三节　安全监管生产责任…… 469
第四节　安全教育…… 469
第五节　安全监管…… 470
第六节　事故与应急救援…… 471
第八章　食品药品监督管理…… 472
第一节　机　构…… 472
第二节　食品安全监管…… 473
第三节　药品、医疗器械监管…… 474
第四节　保健食品、化妆品监管…… 474
第五节　行政执法…… 475
第六节　食品药品管理宣传教育…… 476
第九章　工商行政管理…… 476
第一节　机　构…… 476
第二节　企业　个体登记管理…… 477
第三节　市场建设与监督管理…… 480
第四节　经济合同管理…… 481
第五节　商标广告管理…… 483
第六节　经济监督检查…… 484
第七节　消费者权益保护…… 484

第十七编　中共阿图什市地方组织

第一章　党员　党的代表大会…… 488
第一节　党　员…… 488
第二节　党员代表选举…… 488
第三节　党的代表大会…… 489
第二章　组织机构…… 490
第一节　领导机构…… 490
第二节　工作机构…… 494
第三节　基层党组织…… 497
第三章　党务工作…… 498
第一节　市委办公室工作…… 498
第二节　组织工作…… 500
第三节　宣传工作…… 504
第四节　统战工作…… 508
第五节　机关党建…… 510
第六节　党史地方志工作…… 512
第七节　老干部工作…… 515
第八节　党校教育…… 518
第九节　其他党务工作…… 521
第四章　重要会议…… 523
第一节　市委常委会议…… 523
第二节　全体委员(扩大)会议…… 523
第三节　市委工作会议…… 524
第四节　书记办公会议…… 524
第五章　重大决策…… 524
第一节　第三届党委重大决策…… 524
第二节　第四届党委重大决策…… 525
第三节　第五届党委重大决策…… 526
第四节　第六届党委重大决策…… 528
第六章　主题教育实践活动…… 530
第一节　"三讲"集中教育活动…… 530
第二节　"三个代表"重要思想学习教育活动…… 530
第三节　保持共产党员先进性教育活动…… 531
第四节　社会主义荣辱观教育活动…… 531
第五节　学习实践科学发展观教育活动…… 531
第六节　创先争优活动…… 532
第七节　"热爱伟大祖国　建设美好家园"教育活动…… 532
第八节　转变作风服务群众活动…… 533
第九节　党的群众路线教育实践活动…… 533
第十节　"三严三实"主题教育活动…… 534
第十一节　"访惠聚"活动…… 534
第七章　纪检监察…… 535
第一节　机　构…… 535

第二节 工作机制……………………………… 535
第三节 信访举报及案件查办……………………… 538
第四节 纠风效能……………………………… 539
第五节 执法监察……………………………… 541

第十八编 阿图什市人民代表大会

第一章 人大代表 人民代表大会会议……… 544
第一节 市、乡人大代表选举 ……………………… 544
第二节 人民代表大会会议……………………… 545
第三节 自治区、自治州人大代表选举 …… 546
第二章 组织机构……………………………… 548
第一节 领导机构……………………………… 548
第二节 工作机构……………………………… 550
第三节 乡镇人大主席团……………………… 550
第三章 人大重要会议………………………… 551
第一节 党组、主任会议 ……………………… 551
第二节 常委会会议……………………………… 551
第四章 主要工作……………………………… 552
第一节 依法监督……………………………… 552
第二节 决定和决议……………………………… 554
第三节 视察和调研……………………………… 554
第四节 议案建议与办理……………………… 555
第五节 代表联络与交流……………………… 555
第六节 人事任免……………………………… 556
第七节 信访工作……………………………… 557
第八节 人大基层工作……………………………… 557

第十九编 阿图什市人民政府

第一章 机 构…………………………………… 560
第一节 领导机构……………………………… 560
第二节 工作机构……………………………… 562
第二章 政府体制改革………………………… 563
第一节 政府职能转变……………………… 563
第二节 依法行政……………………………… 564
第三节 政务公开……………………………… 565
第三章 重要会议……………………………… 566
第一节 市人民政府党组会议……………… 566
第二节 市人民政府全体成员会议……………… 566
第三节 三级干部暨“双先”表彰大会 …… 566
第四节 市人民政府常务会议……………… 566
第五节 市长办公会议……………………… 567
第四章 重大施政……………………………… 567
第一节 第四届市人民政府施政……………… 567
第二节 第五届市人民政府施政……………… 567
第三节 第六届市人民政府施政……………… 568
第四节 第七届市人民政府施政……………… 568
第五节 第八届市人民政府施政……………… 569
第六节 重大施政文件要目……………………… 570
第五章 综合政务……………………………… 574
第一节 市政府办公室工作……………………… 574
第二节 机关事务管理……………………… 575
第三节 外事侨务……………………………… 576
第四节 信访工作……………………………… 577
第五节 电子政务……………………………… 577
第六节 应急工作……………………………… 578
第七节 驻外单位……………………………… 578

第二十编 政协阿图什市委员会

第一章 政协委员 政协委员会议……… 580
第一节 政协委员……………………………… 580

第二节　政协委员会议………………………… 582
第二章　组织机构……………………………… 584
第一节　领导机构……………………………… 584
第二节　工作机构……………………………… 585
第三节　政协专门工作委员会………………… 585
第三章　政协重要会议………………………… 586
第一节　党组会议……………………………… 586
第二节　政协常务委员会会议………………… 586
第三节　主席会议……………………………… 586
第四节　专题会议……………………………… 587
第四章　主要工作……………………………… 587
第一节　政治协商……………………………… 587
第二节　民主监督……………………………… 587
第三节　提案办理……………………………… 588
第四节　视察和调研…………………………… 590
第五节　文史资料征编………………………… 595
第六节　指导基层政协工作…………………… 595

第二十一编　群众团体

第一章　阿图什市总工会……………………… 598
第一节　机　构………………………………… 598
第二节　工会职工代表大会…………………… 598
第三节　主要工作与活动……………………… 599
第二章　共青团阿图什市委员会……………… 602
第一节　机　构………………………………… 602
第二节　团员代表大会………………………… 603
第三节　主要工作与活动……………………… 603
第四节　少先队工作…………………………… 607
第三章　阿图什市妇女联合会………………… 608
第一节　机　构………………………………… 608
第二节　妇女代表大会………………………… 608
第三节　重要工作与活动……………………… 608
第四章　阿图什市归国华侨联合会…………… 610
第一节　机　构………………………………… 610
第二节　侨联代表大会………………………… 610
第三节　主要工作和活动……………………… 610
第五章　阿图什市工商业联合会(商会)　…… 611
第一节　机　构………………………………… 611
第二节　会员代表大会………………………… 611
第三节　主要工作与活动……………………… 612
第六章　阿图什市文学艺术界联合会………… 612
第一节　机　构………………………………… 612
第二节　主要工作与活动……………………… 613
第七章　阿图什市残疾人联合会……………… 614
第一节　机　构………………………………… 614
第二节　残疾人代表大会……………………… 614
第三节　主要工作与活动……………………… 615
第八章　阿图什市红十字会…………………… 617
第一节　机　构………………………………… 617
第二节　主要工作与活动……………………… 617
第九章　社会科学界联合会…………………… 618
第一节　机　构………………………………… 618
第二节　主要工作和活动……………………… 618

第二十二编　政　法

第一章　政法委及综治………………………… 622
第一节　平安创建……………………………… 622
第二节　综治管理……………………………… 623
第二章　公　安………………………………… 624
第一节　机　构………………………………… 624
第二节　户政管理……………………………… 624
第三节　治安管理……………………………… 626
第四节　出入境管理…………………………… 629
第五节　交通安全管理………………………… 629
第六节　刑事侦查……………………………… 633

第七节 经济犯罪侦查…… 633
第八节 “110”警务 …… 634
第九节 监所管理…… 634
第三章 检 察…… 635
第一节 机 构…… 635
第二节 审查批捕…… 635
第三节 刑事检察…… 636
第四节 贪污贿赂检察…… 637
第五节 控告申诉检察…… 638
第六节 民事行政检察…… 638
第七节 监所检察…… 639
第四章 法 院…… 639
第一节 机 构…… 639
第二节 刑事审判…… 640
第三节 民事审判…… 640
第四节 行政审判…… 640
第五节 案件执行…… 641
第六节 审判监督…… 641
第七节 立 案…… 641
第五章 司法行政…… 642
第一节 机 构…… 642
第二节 法治宣传…… 642
第三节 律 师…… 645
第四节 公 证…… 646
第五节 人民调解…… 646
第六节 安置帮教和社区矫正…… 647
第七节 法律援助…… 648
第八节 基层法律服务…… 648

第二十三编 军 事

第一章 人民武装…… 652
第一节 机 构…… 652
第二节 自身建设…… 652
第三节 民 兵…… 653
第四节 兵役制度…… 653
第五节 拥政爱民…… 655
第二章 公安边防…… 656
第一节 机 构…… 656
第二节 自身建设…… 656
第三节 边境防务…… 657
第四节 边境管控…… 658
第五节 拥政爱民…… 658
第三章 武警中队…… 659
第一节 机 构…… 659
第二节 自身建设…… 659
第三节 值勤战备…… 661
第四节 拥政爱民…… 661
第四章 公安消防…… 661
第一节 机 构…… 661
第二节 消防宣传…… 662
第三节 社会化火灾防控体系建设…… 662
第四节 火灾扑救…… 663
第五章 国防动员…… 663
第一节 机 构…… 663
第二节 国防教育…… 663
第三节 通信警报…… 664

第二十四编 民 政

第一章 机 构…… 666
第一节 行政机构…… 666
第二节 事业机构…… 666
第二章 基层自治组织…… 667
第一节 村(居)民委员会建设 …… 667
第二节 社区建设…… 668
第三章 优抚与安置…… 668
第一节 优 抚…… 668

第二节 安 置…………………………………… 669
第三节 烈士褒扬…………………………………… 669
第四节 双拥工作…………………………………… 670
第四章 救灾救济…………………………………… 670
第一节 救 灾…………………………………… 670
第二节 社会救济…………………………………… 671
第五章 生活保障…………………………………… 672
第一节 城市低保…………………………………… 672
第二节 农村低保…………………………………… 672
第六章 社会福利…………………………………… 672
第一节 福利供养…………………………………… 672
第二节 “五保”户供养 …………………………… 672
第三节 社会福利有奖募捐……………………… 672
第七章 老龄工作…………………………………… 673
第一节 老龄人口…………………………………… 673
第二节 养老敬老与老年人权益保障……… 673
第八章 社会事务管理…………………………… 674
第一节 婚姻登记管理…………………………… 674
第二节 社会团体管理…………………………… 675
第三节 收养登记管理…………………………… 675
第四节 殡葬管理…………………………………… 675
第九章 区划与地名………………………………… 676
第一节 勘 界…………………………………… 676
第二节 地名普查…………………………………… 676

第二十五编 民族宗教事务管理

第一章 机 构…………………………………… 678
第一节 行政机构…………………………………… 678
第二节 事业机构…………………………………… 678
第二章 民族事务管理…………………………… 678
第一节 少数民族干部培养使用……………… 678
第二节 少数民族发展项目…………………… 679
第三节 语言文字工作…………………………… 680
第四节 清真食品管理…………………………… 680
第三章 宗教事务管理…………………………… 681
第一节 宗教活动场所管理…………………… 681
第二节 宗教教职人员管理…………………… 682
第三节 宗教活动管理…………………………… 682

第二十六编 编制 人事劳动 社会保障

第一章 编 制…………………………………… 686
第一节 机 构…………………………………… 686
第二节 行政机构编制管理…………………… 686
第三节 事业机构编制管理…………………… 688
第四节 机构编制改革…………………………… 690
第二章 人 事…………………………………… 692
第一节 机 构…………………………………… 692
第二节 人事制度改革…………………………… 693
第三节 干部队伍管理…………………………… 694
第四节 专业技术人员管理…………………… 696
第五节 工资福利…………………………………… 697
第六节 考核奖惩…………………………………… 700
第七节 人事争议仲裁…………………………… 701
第八节 人力资源和开发……………………… 701
第三章 劳 动…………………………………… 702
第一节 机 构…………………………………… 702
第二节 就业再就业……………………………… 702
第三节 劳动工资…………………………………… 704
第四节 劳动力管理……………………………… 704
第五节 工资标准…………………………………… 705
第六节 劳动仲裁、伤残鉴定与劳动监察 … 706
第四章 社会保险…………………………………… 707
第一节 机 构…………………………………… 707
第二节 养老保险…………………………………… 708

第三节　医疗保险…………………………… 710
第四节　失业保险…………………………… 712
第五节　工伤保险…………………………… 713
第六节　生育保险…………………………… 713
第七节　社会保障卡………………………… 714

第二十七编　富民固边

第一章　机　构…………………………… 716
第一节　行政机构…………………………… 716
第二节　事业机构…………………………… 716
第二章　贫困原因与现状………………… 716
第一节　贫困原因…………………………… 716
第二节　贫困现状…………………………… 717
第三章　扶贫规划………………………… 718
第一节　“八七”扶贫攻坚规划 ………………… 718
第二节　十年扶贫开发纲要………………… 718
第四章　政策扶贫　帮扶措施…………… 719
第一节　政策扶贫…………………………… 719
第二节　社会事业扶贫……………………… 721
第三节　劳务输出扶贫……………………… 727
第四节　残疾人扶贫………………………… 727
第五节　抗震安居扶贫……………………… 727
第六节　社会扶贫…………………………… 728
第七节　产业扶贫…………………………… 728
第八节　搬迁定居…………………………… 728
第五章　扶贫项目与资金………………… 731
第一节　扶贫项目…………………………… 731
第二节　扶贫资金…………………………… 734
第三节　以工代赈资金……………………… 734
第六章　对口帮扶………………………… 735
第一节　国家定点扶贫……………………… 735
第二节　自治区定点扶贫…………………… 735
第三节　自治州、市对口扶贫 ……………… 736
第七章　援疆工作………………………… 736
第一节　江西省对口支援…………………… 736
第二节　辽宁省沈阳市对口支援…………… 736
第三节　江苏省昆山市对口支援…………… 737
第八章　固边举措………………………… 738
第一节　边境扶贫试点……………………… 738
第二节　边境扶贫措施……………………… 738

第二十八编　教育　科技

第一章　教育机构………………………… 742
第一节　行政机构…………………………… 742
第二节　下属学校…………………………… 742
第二章　教育改革………………………… 743
第一节　管理体制改革……………………… 743
第二节　教育体制改革……………………… 744
第三节　招生制度改革……………………… 746
第四节　教学改革…………………………… 747
第五节　双语教育…………………………… 747
第六节　“两免一补”政策 …………………… 748
第七节　社会办学…………………………… 749
第三章　基础教育………………………… 749
第一节　学前教育…………………………… 749
第二节　小学教育…………………………… 751
第三节　中学教育…………………………… 754
第四章　职业教育………………………… 759
第一节　职业技术教育……………………… 759
第二节　成人扫盲…………………………… 760
第三节　农牧民文化技术教育……………… 760
第四节　学历教育…………………………… 761
第五章　特殊教育………………………… 761
第一节　机　构……………………………… 761
第二节　残疾人教育………………………… 762
第三节　教学活动…………………………… 762

第六章　教师队伍…………………………… 763
第一节　教师来源…………………………… 763
第二节　教师队伍结构……………………… 764
第三节　进修培训…………………………… 767
第四节　教师管理…………………………… 769
第五节　教师待遇…………………………… 769
第七章　教育教学…………………………… 770
第一节　管理体制…………………………… 770
第二节　教学研究…………………………… 771
第三节　捐资助学…………………………… 772
第八章　教育管理…………………………… 772
第一节　教育经费…………………………… 772
第二节　标准化建设………………………… 773
第三节　校园文化建设……………………… 773
第四节　校园法治…………………………… 774
第五节　青少年校外教育…………………… 774
第六节　校舍建设与维修…………………… 775
第九章　两基工作…………………………… 775
第一节　基本情况…………………………… 775
第二节　巩固“两基”成果 ………………… 776
第十章　科学技术…………………………… 776
第一节　机构队伍…………………………… 776
第二节　科技战略与规划…………………… 777
第三节　科技兴业…………………………… 777
第四节　科技特派员………………………… 778
第五节　科　研……………………………… 779
第六节　科技普及…………………………… 780
第七节　科技管理…………………………… 781
第八节　知识产权保护与专利管理………… 782
第九节　专项技术服务……………………… 782

第二十九编　文化　体育

第一章　机　构……………………………… 788
第一节　行政机构…………………………… 788
第二节　事业机构…………………………… 788
第二章　文学艺术…………………………… 789
第一节　文化设施…………………………… 789
第二节　少数民族传统文化………………… 790
第三节　群众文化活动……………………… 791
第四节　文化工程…………………………… 792
第五节　文艺创作与演出…………………… 793
第六节　文物保护…………………………… 796
第七节　非物质文化遗产传承与保护……… 798
第八节　文化市场管理……………………… 803
第三章　广播影视…………………………… 804
第一节　广　播……………………………… 804
第二节　电　视……………………………… 805
第三节　电影发行与放映…………………… 806
第四节　宣传报道…………………………… 806
第四章　体　育……………………………… 807
第一节　体育组织…………………………… 807
第二节　少数民族传统体育………………… 807
第三节　群众体育…………………………… 808
第四节　学校体育…………………………… 809
第五节　运动员培养………………………… 811
第六节　竞技体育比赛……………………… 811
第七节　阿图什足球………………………… 812
第八节　设施与器材………………………… 813
第九节　体育彩票…………………………… 814

第三十编　卫　生

第一章　机　构……………………………… 816
第一节　行政机构…………………………… 816
第二节　事业机构…………………………… 816
第三节　医疗机构…………………………… 818

第二章　医疗卫生体制改革…………………… 820
第一节　基本医疗保障制度建设………… 820
第二节　国家基本药物制度建设………… 822
第三节　基本公共卫生服务均等化……… 822
第四节　公立医院改革…………………… 822
第五节　人事制度改革…………………… 823
第六节　社区卫生服务…………………… 823
第三章　医疗服务…………………………… 823
第一节　医疗队伍………………………… 823
第二节　医疗技术………………………… 825
第三节　医疗护理………………………… 826
第四节　设施设备………………………… 826
第五节　诊疗人数………………………… 833
第四章　卫生管理…………………………… 837
第一节　卫生行政管理…………………… 837
第二节　医疗机构管理…………………… 838
第三节　卫生监督管理…………………… 838
第五章　医政管理…………………………… 839
第一节　医疗质量管理…………………… 839
第二节　医疗事故处理…………………… 839
第三节　血液管理………………………… 840
第四节　医疗急救事业…………………… 840
第六章　医药管理…………………………… 840
第一节　药品采购………………………… 840
第二节　监督管理………………………… 841
第七章　公共卫生…………………………… 841
第一节　食品卫生………………………… 841
第二节　公共场所卫生…………………… 842
第三节　学校卫生………………………… 842
第四节　职业病防治……………………… 842
第八章　计划生育…………………………… 843
第一节　政策法规宣传与落实…………… 843
第二节　生育服务与管理………………… 847
第三节　流动人口计划生育服务管理…… 849
第四节　网络建设………………………… 849
第九章　卫生防疫…………………………… 850
第一节　计划免疫与预防接种…………… 850
第二节　传染病防治……………………… 851
第三节　地方病防治……………………… 854
第四节　重大传染病防控………………… 855
第十章　卫生保健…………………………… 856
第一节　妇幼保健………………………… 856
第二节　儿童保健………………………… 856
第三节　婚前保健与优生优育…………… 857
第四节　初级卫生保健…………………… 857
第十一章　爱国卫生………………………… 858
第一节　城镇卫生………………………… 858
第二节　农村卫生………………………… 858
第三节　爱国卫生月……………………… 859
第四节　除“四害” ……………………… 859
第五节　健康教育………………………… 860

第三十一编　精神文明建设

第一章　机构　考核管理…………………… 862
第一节　机　构…………………………… 862
第二节　考核管理………………………… 862
第二章　文明创建…………………………… 863
第一节　文明城市创建…………………… 863
第二节　文明村镇社区创建……………… 863
第三节　文明行业及文明单位创建……… 864
第三章　思想道德教育……………………… 866
第一节　文明市民教育…………………… 866
第二节　爱国主义教育…………………… 867
第三节　公民思想道德建设……………… 867
第四节　社会主义核心价值观教育……… 868
第五节　未成年人思想道德建设………… 868
第六节　道德讲堂………………………… 869
第四章　民族团结…………………………… 869
第一节　民族团结教育…………………… 869
第二节　民族团结进步创建工作………… 870

第三十二编　人民生活

第一章　城镇居民生活……………………………… 872
　第一节　城镇居民收入与支出……………… 872
　第二节　城镇居民生活水平………………… 873
第二章　农村居民生活……………………………… 875
　第一节　农牧民收入与支出……………………… 875
　第二节　农牧民生活水平………………………… 876

第三十三编　人　　物

第一章　人物传……………………………………… 880
　赛福鼎·艾则孜…………………………………… 880
　阿地力·买买提吐尔干…………………………… 882
　买买提努尔·吐尔地尼牙孜……………………… 883
第二章　人物简介…………………………………… 884
　周丽娜……………………………………………… 884
　彭金兰……………………………………………… 884
　塔依尔·吐尔逊…………………………………… 885
　亚生·阿不拉……………………………………… 886
第三章　人物名表…………………………………… 887
　第一节　烈　士…………………………………… 887
　第二节　道德模范、先进人物 …………………… 887
　第三节　获副高级及以上技术职称人员…… 890
　第四节　获得中级技术职称人员……………… 907
　第五节　百岁老人………………………………… 908

附　录

一、重要文献辑存 …………………………………… 910
二、前志勘误表 ……………………………………… 943
三、前志大事记补遗 ………………………………… 944

编后记…………………………………………………………………………………………… 949

概 述

一

历史悠久,丝路重镇。

在祖国西部边陲有一片美丽的沙漠绿洲——阿图什,在历史的长河中,它经历数千年风雨,成为无垠戈壁上的宜居之地。在这片神奇的土地上曾孕育伟大共产主义战士赛福鼎·艾则孜和烈士买买提努尔·吐尔地尼牙孜等,他们用生命诠释古今阿图什人的道德与境界,可歌可泣的英雄事迹激励阿图什一代又一代人。

“阿图什”这一名字,最早可见于中国五代历史中有关版图的记载。同时它曾被叫作“阿斯图阿尔图什”“阿斯图什”“阿拉图什”等。历史上,阿图什凭借独特区位优势,成为丝绸之路上的重镇。阿图什历史悠久,约17000年前就有人类在这块土地上繁衍生息。这里既是繁荣的古代商都,也是兵家必争之地。汉代以前是疏勒国国都所在地。汉宣帝神爵二年(前60),统治西域的匈奴日逐王先贤掸归附汉朝,疏勒国随之归汉,西汉政府在乌垒城(今轮台县境内)设西域都护府,疏勒国归其管辖,并设疏勒王管理地方事宜。汉代以来,疏勒与中原的政治、经济、文化交往频繁,发展成“丝绸之路”上的重要通道和繁荣集镇。唐开成五年(840),漠北回鹘举部西迁,一部分黠戛斯人也随之西迁。西迁的回鹘、黠戛斯中的一部分留居境内,与样磨、处月、葛逻禄等土著民族共同生活,以农耕为主,兼营畜牧。西迁的回鹘、黠戛斯与其他操突厥语的民族共同建立喀喇汗王朝,阿图什是唐王朝属地。喀喇汗王朝的历代汗王始终不忘自己是中华民族的子孙,在他们的王号上冠以“桃花石”(意为中国人)的头衔,或者称自己是“东方与中国之王”“东方与中国之苏丹”,说明喀喇汗王朝是中国的组成部分。宋嘉定三年(1210),喀喇汗王朝被西辽所灭,阿图什为西辽属地。西辽建立后,继承辽朝的典章制度,起用年号、庙号和汉式官制,汉文与契丹文并行,推崇儒家文化,这一时期中原文化在新疆地区及中亚发扬光大。大批契丹人和汉人被耶律大石带到新疆及中亚地区,大量汉人工匠带着中原地区先进的生产技术和工具,新疆地区出现中原先进生产技术与文化传播的又一次高潮。在长期的民族融合中,样磨、处月、葛逻禄、粟特、回鹘等融合成维吾尔族,维吾尔族、黠戛斯(即今柯尔克孜族)和汉族成为阿图什的主要民族。民国27年(1938),新疆省政府批准设立阿图什设治局。民国32年(1943)1月,正式设置阿图什县,隶属新疆第三行政区督察专员公署。1949年9月,阿图什县和平解放,1950年3月成立县人民政府。1954年7月,克孜勒苏柯尔克孜自治州成立后,阿图什县划归其管辖,并成为州府所在地。1986年6月,国务院批准撤销阿图什县,设立阿图什市;同年10月14日,阿图什市正式成立。

阿图什市为边陲重镇、战略要地,位于天山南麓,塔里木盆地西沿,地跨北纬39°34′~40°45′、东经75°30′~78°28′。是喀什经济开发区辐射区,周边有伊尔克什坦、吐尔尕特、红其拉甫、卡拉苏、喀什机场5个国家一类口岸,1个海关监管库,距伊尔克什坦口岸94千米,距吐尔尕特口岸57千米,距喀什经济开发区和喀什机场20千米。也是南疆文化、贸易较为发达的地区之一,市辖6乡1镇(76个行政村)、2个街道办事处(16个社区),面积1.55万平方千米,有维吾尔族、柯尔克孜族、汉族等11个民族,共26.93万人。

阿图什境内东西宽阔、南北狭窄,高山连绵。地势北高南低,西高东低,山脉西南走向。最高海拔的塔什阔坦能贝希峰4562.3米,最低海拔1206.1米。北部山区有喀喇铁热克山与玛依丹山相连,横贯东西,中部有吐古买提、哈拉峻盆地,较为平坦宽阔,海拔2000米以下。博孜塔格山、喀拉塔格山以南的平原与恰克玛克河流域和博古孜河流域的两河谷地海拔在1500米以下。

阿图什市境地处中纬度欧亚大陆腹地,属于温带大陆性干旱气候。四季分明,日照充足,干旱少雨,无霜期长、气温日振幅大。春季升温快,天气多变且多浮尘;夏季炎热干旱,秋季降温迅速,冬季寒冷多晴,风微雪少。主要有四类土壤:已开垦利用的灌淤土、棕色荒漠土、待开垦的盐土和潮土。质地多为砂质和黏土。博古孜河和恰克玛克河是两大主要河流,位于其冲积扇的上阿图什镇与阿湖乡的土地因而较为肥沃,是农业种植集中地带。拥有7.376亿立方米的水资源,其中地表水占57.4%。境内植被覆盖不多,海拔3500米以上的高山少有植物生长,2000米以上的中等山区沙土斜坡地带有约30%的禾本科牧草生长,草高10~15厘米。在浅山和盆地有芦苇、红柳、骆驼刺、野生灌木丛等,覆盖率低于30%。南部平原除农林作物以外,还有杨柳、槐榆、沙枣和各类野生果树。在北部中高山区,贮藏着众多矿产资源,有金属矿铁、钒、钦、锰、铜、铅、锌、金、稀有稀土等,非金属矿磷、石灰岩、大理石、湖盐、冰洲石、石膏、云母、水晶、萤石等。阿图什不仅是一座矿藏的宝库,也是各类动物的乐园,有棕熊、雪豹、长尾锥、青羊、盘羊、白鼬(扫雪)等国家级重点保护动物。

阿图什市是克州政治、经济、文化、交通的中心。风景名胜,古迹遗址不胜枚举。如阿图什天门、怪柳林、大峡谷、博古孜河、盐湖等风景名胜优美迷人;莫尔佛塔、汉代佛窟"三仙洞"闻名遐迩;苏温古城、烽火台、坎儿井等文化遗迹具有重大考究意义;阿湖古人头骨化石;赛福鼎·艾则孜故居、骑士大观园、阿孜汗无花果果园等兼具古朴民风和民族风俗风情。一个古往今来的阿图什,是人们了解探索阿图什文化历史与娱乐休闲的首选。随着丝绸之路经济带核心区和中巴经济走廊的建设,阿图什市由市场末端演变成向西开放的前沿,有力推进对外开放和拓展发展新空间。

二

发挥优势,发展农业。

农业在阿图什的产业中占有较大的比重,木纳格葡萄和无花果是阿图什的两大名片。夏天,郁郁葱葱的葡萄藤或无花果树成为阿图什市农家庭院里一道靓丽的风景。阿图什有"无花果之乡"的美称,无花果栽培分布在城郊及松他克乡、阿扎克乡等地。有早熟、晚熟等多个品种,有的一年三熟,应市周期长,保存时间短,不耐储藏,为此造出果酱、果脯、罐头等产品。无花果营养价值高,有滋补强壮功能,疗久痔,治风湿,健脾胃,助消化。维吾尔族民间医生把它用作药物,载入典籍。无花果也是一种优良的观赏植物,不仅郁蔽度大,而且叶中含有一种特殊的香气,清香宜人,少病虫,可滤清空气中的二氧化硫、三氧化硫、苯等有害气体。无花果因良好的营养价值和在医药保健上的神奇作用远销全国各地,年产值超过1800万元。同时还是当地农民防风固沙的好帮手,是阿图什农业经济中的重要组成部分。

"木纳格"维吾尔语意为"晶莹剔透",它又名冬葡萄、戈壁葡萄,是1000多年前从地中海引入的欧亚种葡萄,最先原产即在阿图什地区,后来传播到整个天山和塔里木盆地,但仍以原产地品质最佳。阿图什日照时间长、昼夜温差大、蒸发大、水源优质,在葡萄种植户眼里是帕米尔高原上的一块净土、葡萄生长的世外桃源。当地维吾尔族农民因地制宜长期栽培,才培育出独具地方特色的优良品种,木纳格葡萄不仅成为当地居民离不开的日常水果,也深受全国各地客户的欢迎。曾被中国农学会葡萄分会暨全国首届葡萄学术会评为"优质鲜食葡萄",获中国农业博览会"葡萄类国家金质奖",新疆农业名牌产品认定委员会颁发"新疆农业名牌产品奖",新疆特色农产品(上海)交易会颁发"最佳畅销产品奖",并获"金奖木纳格"之美誉,被国内外专家评为世界上最可口的鲜食葡萄之一。阿图什是全国单一鲜食葡萄栽培面积最大的县市,总种植面积超6000公顷,产量超8万吨,种植木纳格葡萄是阿图什农业的一大支柱。其经营模式已经实现科学化、产业化、规模化,从种植到销售均有一批现代企业提供一条龙服务,有"中国木纳格葡萄之乡"的美称。

三

因地制宜,发展商业。

阿图什因独特的地理位置,自古以来就是有名的商贸大都会。自汉代丝绸之路兴起之时,历代商贾云集,商贸繁荣。商贸活动培养造就一批批阿图什商人,因精明及遍布世界各地而闻名,有"中国犹太人"之称。历代阿图什商人在与外界的商品交流、文化交流、技术交流等方面发挥极其重要的作用,并以发展公益事业、扶贫济困为荣,在推动阿图什经济发展和社会稳定方面做出突出贡献。

阿图什商人勤奋进取,在改革开放初期就造就南疆乃至中亚闻名的"香港巴扎",他们可以只需揣着一兜数目不大的资金,从上海、香港等城市进货物回来销售一空;也把生意做到俄罗斯、吉尔吉斯斯坦等中亚地区,为国家赚取外汇。很多阿图什人自小就有经商的才能和嗅觉,年纪轻轻甚至还在学生时期,就懂得贩卖各种"产品",从而达到小则满足愿望、大则养家糊口的目的。阿图什商人不仅乐意互相帮助,有福同享,而且面对失败百折不挠、勇于奋斗，力争东山再起。开拓进取、诚信负责成为阿图什商人的标签。

20世纪80年代的阿图什“香港巴扎”，由一批闯市场的阿图什商人从当初的市街心花园周围摆地摊开始，经过自行发展、国家介入管理、市场运作，一度成为覆盖喀什、和田和克州等县市乃至全疆的商品交易集散中心，其中的佼佼者在阿图什盖起博格拉市场、西域商贸城等。90年代热闹繁华的“香港巴扎”逐渐转型变迁，被“帕米尔高原商品集散地”所代替，一批又一批商人接续着“香港巴扎”的传奇，谋求更大市场。

四

援疆帮扶，脱贫致富。

受自然因素的影响制约，阿图什的贫困程度还比较深，产业发展和资源开发利用见效周期长，贫困群众长期稳定增收还面临较大的困难，日常生活缺乏根本性保障，守边、戍边任务艰巨。此时，改革开放的春风吹到阿图什的每一个角落。1995—2015年，阿图什深入贯彻落实政治、经济、文化、医疗、教育、金融、财税等多体制的改革，在各个方面都实现现代化建设与社会主义市场经济的结合。这得益于援疆省市的支持、付出。

按照党中央的战略部署，1997年，江西省率先开始对口克州阿图什的援助，在医疗技术、医院管理方面提供帮助。2005年起，阿图什市作为新疆五个试点县(市)之一，由援疆干部担任市委书记，辽宁沈阳作为另一只帮手增援阿图什，他们更是承担一份重大责任。开发建成“一园一区”，即：阿尔赛设施农业示范园和库木萨克设施农业产业区，实施木纳格葡萄无公害食品认证体系建设。2008—2010年引进项目105个，协议资金25.3亿元，完成招商引资到位资金12.8亿元，建设工业园区2500立方米/日污水处理排水管道铺设工程和10千伏电网工程及园区应急供水和主干道油路基铺设工程。完成城市西入口改造工程，新建休闲广场1座；改建、新建天然气锅炉44座，供热能力达到170万平方米；启动帕米尔路道路景观建设6千米；建设解危解困房2204套，农村抗震安居房6219套；新建13所中小学校舍，建成5所乡级中心幼儿园和2所城市中心幼儿园；新建基层组织办公阵地15个，建成5个乡计生服务站；2008—2010年实现就业再就业5210人；完成儿童福利院、敬老院、流浪儿童保护中心、福利院活动中心、宿舍楼一体的社会福利园区建设，2008年成功创建自治区双拥模范城。市第四中学建设项目、人民广场亮化工程、哈拉峻乡沈阳新村、城市治安监控系统、幸福街道办事处及社区服务中心、12个村级组织阵地、第二“双语”幼儿园等项目竣工并投入使用。

2010年12月起，全国启动新一轮对口援疆工作，江苏省苏州市(昆山市)加入帮扶的行列，对口支援阿图什市。阿图什人与江西、辽宁、江苏人之间的感情是血浓于水的中华民族兄弟亲情。江西省、辽宁省、江苏省先后持续接力，为阿图什市社会经济发展和民生改善做出举足轻重的贡献，用真情与阿图什市各族群众结成民族团结一家亲，在全国对口援疆工作中谱写出精彩的援助篇章。

党中央、国务院召开第一、二次全国对口支援新疆工作座谈会以后，江苏省昆山市结合阿图什市是国家深度集中连片贫困市实际，科学定位，提出“按规律办事、从实际出发、用规划引领、促全面援疆”的援建思路，充分发挥昆山经济综合实力列全国百强县之首的优势，发挥昆山的产业、资金、干部人才优势，发扬“昆山之路”精神。2011—2015年，从援建乡村农牧民定居房到援建城乡安居小区，从援建城区饮水工程到援建道路亮化工程，从援建乡村学校和幼儿园到援建乡镇卫生院和乡村卫生室，从实施“连心券”帮扶援建到昆山援疆干部人才同阿图什农牧民“结亲”，从项目援建到人才援建再到智力援建，把扶“智”的着眼点放在扶“技”上，先后援助开展干部培训工程、劳动者技能培训工程、未就业大学生培训工程、教育和医疗系统开展师徒结对的“青蓝工程”以及引进柔性专家的“引智工程”等援建项目，为阿图什经济社会发展提供高层次智力支援，这一系列的援助无不体现昆山真情援疆理念的自觉践行，体现昆山援疆干部对阿图什人民的真情付出。在对口支援的道路上，一条条宽畅的道路、一栋栋农牧民安居富民房、一所所宽敞明亮的学校、一座座乡镇卫生院和医院的修建，阿图什库木萨克农业科技示范园、阿图什昆山产业园及电子装配园、阿图什昆山小微企业园等的建成……一一见证昆山对阿图什实实在在的援助。从培育干部人才，传知识、授技能直至搞发展，昆山援疆工作组助力脱贫攻坚，拉动昆山市社会力量，与阿图什市54个深度贫困村、15个重点贫困村

“村村结对”,实现69个贫困村结对帮扶全覆盖,有力支援阿图什市提前实现脱贫村全面脱贫摘帽目标。

五

城乡建设,日新月异。

褪去历史的面纱,2015年的阿图什与二十年前相比大有不同,总人口增长约1.5倍,社会经济、法治、文化教育、精神文明、医疗卫生等事业发展水平不断提升。交通、邮电、城市建设、通信等事业得到发展。1999年南疆铁路通车设立阿图什站,有力满足群众铁路出行的需求。在对口援疆省市的援助下,阿图什市交通运输业发展较快,国道、省道升级改造,距离市区最远的哈拉峻、吐古买提两个牧业乡也实现沥青路全覆盖和开通班车。2015年,阿图什市有公路2057千米,人流、物流量逐年增长。各项指数同比20世纪90年代都出现几倍的增长。邮电网络也得到长足发展,移动、联通、电信三大运营商分公司接连设立,相较于1995年,现在的阿图什实现乡、村邮电全面覆盖,光纤、4G网络的升级更是在如火如荼进行中。国家“西部大开发”战略,为阿图什的发展带来机遇。“十五”至“十一五”期间,围绕打造“宜居宜业宜游宜商”首府中心城市工作目标,实施“城市靓化工程”“穿衣戴帽”工程,通过完善组织机构、人员配置、聘请专业技术员等措施,启动城网改造、街景改造及城市亮化工程,城市服务功能逐步增强。完成友谊路绿化,吾斯塘路绿化、树木补植、草花摆放工程以及南湖公园、天山路东、经四路、友谊路北西侧和市民健身广场绿化建设工程,阿图什将城市道路从1995年的15条扩充到22条。实施314国道至火车站路修建、帕米尔路拓宽、吾斯塘路改建、中心花园改造成人民广场等。1998年,阿图什市开始在北山坡规划植树,在整治戈壁荒山荒滩和人居环境上初步尝试;1999—2003年,在北山坡开展小规模植树造林,拉开建设绿水青山和改善人居环境的序幕。2004年,启动北山坡生态林、经济林的绿化试点工程项目,规划面积666.67公顷。2011年,启动北山绿化续建工程,建设规模1333.33公顷。克州州直部门干部职工、阿图什市干部职工、驻市部队官兵共9.86万人次参加义务植树造林。种植的生态林有胡杨、大叶白蜡、法桐、银中杨等树种;经济林有核桃、苹果、桃树、红枣、杏树、大果沙枣等。经过16年的持续努力,一条横亘20千米,兼具防风固沙、观光休憩、生态富氧的绿色屏障跃然于世人面前。燃气、盐业公司的设立,现代公交的开通,排水管道与垃圾清理体系的建设,亚星大酒店、中铁物流、典当行业、铁路、航空售票代办点等便民利民服务的兴旺,以及随着信息业的快速发展,物流快递的空前发展,物流公司由1995年的5家发展至24家;通信、网络的迅猛发展,4G业务的全面上市,使阿图什市进入光网信息时代。这些巨大的发展变化,为城市功能的完善、品位的提高、环境的美化、服务的提升奠定基础。

文化、教育、体育、卫生等社会事业取得可喜成果。1995—2015年,全市文化体育事业进入一个崭新的阶段,各项文化事业步入正轨,文化市场稽查、文物保护、非物质文化传承稳步发展。市委、市政府免费开放“两馆一站”,举办各类文体活动,如阿图什市农牧民体育运动会和阿图什市民歌·赛歌会,各乡镇开展“群众大舞台”活动,以及东风工程、农家书屋等;2009年、2013年举行的克州玛纳斯文化旅游艺术节、百日文化广场等大型活动赢得各族群众好评;73个行政村和15个社区修建文化体育活动室,覆盖率99%以上。实施“村村通”“户户通”“大喇叭”等工程,全市广播覆盖率97%以上,电视覆盖率96%以上。“十二五”期间,全市收集整理非物质文化遗产项目75个,其中23个项目成功申报为自治州级非物质文化遗产名录,6个项目成功申报为自治区级非物质文化遗产名录,进一步扩大地域文化的影响与传播。1995年后,阿图什市按照“优先发展、育人为本、改革创新、促进公平、提高质量”的工作思路,有序推进义务教育学校标准化建设,教育教学工作取得长足发展,培养一大批德智体美劳全面发展的社会主义建设者和接班人。2005年,阿图什市全面学习推广国家通用语言文字,推进民汉合校、民汉混合编班、城乡学校结对互学互教,促进各学校之间均衡发展。2010年后,深化普及初等教育,强化学前教育、义务教育、高中及中等职业教育等,教育资源共享,各类教育均衡发展,教育教学质量不断提高。全市体育活动也取得新的成就。在自治区乃至全国、国际各项体育赛事中,阿图什市体育代表队分别参加克州、自治区、国家举办的体育赛事23次,代表中国参加第十届俄罗斯索契国际青少年足球锦标赛,获得冠军。在学校体育方面,越来越重视体育教学,影响力也越来越大。在社会群众体育方面,各类体育组织覆盖面、体育活动内容不断扩大,群众参与人数及运动项目逐步增加,在加强农村体育设施建设的同时,定期不定期举办各类农牧民运动会,不断拓宽体育健身活动的覆盖面。

民族宗教事务、社会治理、法治、精神文明建设等事业稳步推进。阿图什市自古以来就是多民族、多宗教并存的地方。1995—2015 年,市委、市政府认真贯彻落实《中华人民共和国民族区域自治法》,“汉族离不开少数民族、少数民族离不开汉族、各少数民族相互离不开”的思想深入人心。2014 年 7 月,阿图什市开展“创建国家级民族团结进步示范地区”活动,全方位开展民族团结进步创建工作,将民族团结教育纳入国民教育、干部教育、社会教育,推动建立各民族相互嵌入式的社会结构和社区环境,促进各民族相互了解、相互尊重、相互包容、相互欣赏、相互学习、相互帮助,形成相互往来、邻里守望的友好关系。依法管理宗教事务,贯彻落实党的宗教信仰自由政策,积极引导宗教与社会主义社会相适应。按照“保护合法、制止非法、遏制极端、抵御渗透、打击犯罪”的方针,贯彻国务院《宗教事务条例》《新疆维吾尔自治区宗教事务条例》等法律法规,依法加强对宗教活动场所、宗教教职人员、宗教活动的管理。依法打击“三股势力”,严厉打击宗教极端思想,维护宗教和谐、民族团结和社会稳定,为全市社会稳定和经济发展贡献力量。

社会经济、社会保障事业得到长足发展。在“对口援建”“一带一路”等政策支持下,阿图什的国民生产总值从 1995 年的 2.47 亿元上升到 2015 年的 45.12 亿元;财政收入从 1797 万元增加到 3.64 亿元。2015 年商业零售总额 9.9 亿元,是 1995 年的 10 倍;工业总产值完成 198723 万元,工业增加值完成 63016 万元,是 1995 年的 20 倍;城市居民与农牧民的收入水平都增长 10 倍以上。2000 年后,“五险一金”、城镇居民基本医疗保险、新农合医疗保险、农牧民养老保险、农村干部养老保险、城乡居民最低生活保障等关心关怀深入人心。

科技、计划生育事业进一步取得成效。随着市委发展战略的深入实施、科技投入的持续增长,2015 年,科技三项费用占预算支出的 1.4% 以上;全市人均科普经费达 0.6 元以上;建立 8 个市级科技示范园区;在“十二五”基础上,农业科技成果转化率提高 5 个百分点;全市专业技术人才总量有所提高,比例趋于合理,科技成果、专利申请数量均年均增长 0.5% 以上,专利授权数量年均增长 2.5% 以上,科学技术对经济建设的贡献率达 55% 以上。人口发展从高出生、低死亡、高增长型转变为低出生、低死亡、低增长型,步入良性循环的轨道。

六

回顾历史,展望未来。

回顾 20 年以来的历史发展,从 1995 年贫穷落后的城市,到如今工商双全、兴旺发达的现代化克州首府。可以想象,阿图什的人民经历多少艰难险阻,付出多少心血汗水,积累多少宝贵经验。如今的阿图什,人才济济,英雄辈出,在各行各业中大显身手。阿图什人自古以来的勤劳和不懈追求,将鞭策着每一个人不断前进,实现个人价值与社会主义建设有机结合,各自小家的幸福兴旺与整个阿图什市的日新月异相辅相成、融为一体。

阿图什是一片充满希望、充满活力的热土。全市人民的协力奋斗、努力创业,在中国共产党的正确领导下,学习贯彻习近平新时代中国特色社会主义思想,贯彻落实习近平总书记关于新疆工作的一系列重要指示、批示精神,贯彻落实新时代党的治疆方略,紧紧围绕社会稳定和长治久安总目标,贯彻新发展理念,紧紧抓住丝绸之路经济带核心区建设机遇,在全面建成小康社会的新征程上,阿图什一定会谱写出新的历史篇章。

大事记

1995 年

3 月 自治区党委常委、纪检书记周声涛一行 4 人到阿图什市检查春耕备耕、社会稳定工作。

4 月 6 日 阿图什地区突降大雪,农区雪厚达 30 ~ 50 厘米,牧区雪厚达 70 ~ 90 厘米,吐古买提乡、哈拉峻乡灾情严重,牧区生活遭遇严重困难。9.8 万头(只)牲畜受困,成畜死亡 1114 头(只),幼羔死亡 2020 头(只),失踪牲畜达 3050 头(只),大雪损坏房屋 1246 间,倒塌围栏 1703 米。

4 月 7 日 阿图什市五套班子召开学习孔繁森模范事迹座谈会,市委书记王成贤要求五套班子领导要把孔繁森事迹当作一面“多棱镜”,多对照检查自己,掀起全市干部职工向孔繁森学习的热潮。

5 月 市委认真贯彻自治区纪委九次全会精神,坚持开展以狠刹公款吃喝风为重点的党风廉政建设。

6 月 6 日 阿图什市成立清理“小金库”领导小组,市委常委、常务副市长董向军为组长。

6 月 8 日 阿图市党史地方志编纂委员会召开全体委员扩大会议,总结前一阶段的史志工作,明确今后的史志工作任务。市委书记、市党史地方志编纂委员会主任王成贤对今后的史志工作作具体安排部署,市长、市党史地方志编纂委员会副主任吐尔逊·阿不都热依木,市委副书记胡奉德,市委常委聂宁,自治州党委史志办副主任贺继宏就如何做好今后的史志工作分别提出意见。

6 月 30 日 南疆铁路库尔勒至喀什段考察团一行 37 人,对阿图什市境内铁路走向开展实地勘察。

同日 阿图什市格达良乡曲许尔盖村、提坚村遭受罕见的冰雹袭击,造成 222 公顷棉花、60 公顷甜瓜、70 公顷小麦被毁,直接经济损失 430 万元。

7 月 1 日 自治州、阿图什市主要领导赴格达良乡灾区查看灾情,慰问群众。组织民政、保险、支农部门,帮助大家共渡难关、恢复生产。市直机关干部积极捐款、捐物救济灾民,市供销社无偿将 10 吨化肥送到灾农手中,支援灾区恢复生产。

7 月 13 日 为进一步调动阿图什市科技工作者和广大知识分子投身经济建设的积极性和创造性,市委、市人民政府命名 7 位同志为阿图什市第二届(1995—1997 年)有突出贡献的专业技术拔尖人才。1995 年 1 月起每人上浮一级工资。市委组织部对他们在工作、学习、生活、知识更新、医疗体检等方面实行重点管理。

8 月 30 日 阿图什市首家敬老院——阿扎克敬老院建成投入使用。

9 月 6 日 阿图什市格达良乡遭受洪水和冰雹灾害。冰雹受灾面积棉花 171.33 公顷、玉米 42.53 公顷,倒塌房屋 76 间、羊圈 38 间;洪水冲毁公路 1 千米、渠道 3.4 千米、桥 3 座、棉花 0.6 公顷、复播地 2 公顷、林地 3.33 公顷、防洪大坝 3.5 千米。洪水和冰雹灾害共造成经济损失 200 多万元。

9 月 21 日 自治区党委下发《关于表彰自治区民族团结进步模范单位和模范个人的决定》,阿图什市吐古买提乡迈丹村被授予自治区民族团结进步模范单位;阿图什市第一小学校长热比亚·孜牙吾丁(女)被授予自治区民族团结进步模范个人。

10 月 5 日 阿图什市与乌鲁木齐天山区结为友好市区。

同日 参加自治区 40 周年大庆的中央艺术团带着中共中央、国务院的亲切关怀到阿图什市慰问演出,艺术团团员有著名歌唱家德德玛等中青年演员 37 名。

11 月 24 日 阿图什市木纳格葡萄在第二届中国农业博览会上荣获金奖。

1996 年

1 月 18 日 阿图什市人民政府批准同意阿图什市盐业公司成立,为副乡级国有独立经营企业,归属计经委领导,业务工作受上级盐业部门的领导。

1 月 22 日 阿图什市建设集团总公司成立,公司由市第一建筑公司、市第二建筑公司、市政建筑公司、市热力公司、市建材供销公司、市水泥构件厂、市供排水安装队、市沙石料厂、市建筑规划设计室和水泥袋编织厂等10家企业合并组建,属股份制有限责任公司,是集勘测、规划、设计、施工、科研于一体的建筑企业,行政归市建委主管,业务上不改变原有形式及债权债务的归属关系。

2月29日　阿图什市人民政府印发《阿图什市关于残疾人优惠政策的暂行规定》。

3月14日　阿图什市成立创建"双模市""双拥城"和建市10周年庆祝活动领导小组办公室。

3月19日　23时阿图什市北部低山区发生里氏6.9级强烈地震,震中位于北纬39°09′、东经76°08′,造成直接经济损失6014.8万元。

3月21日　自治区党委副书记张文岳率地震工作组到阿图什,组织领导抗震救灾工作。

3月23日　以民政部副部长范宝俊为团长的国务院慰问团一行到阿图什地震灾区慰问灾区各族群众。

3月　1996年南疆四地州气象水文年景分析研讨会在阿图什召开。

4月12—15日　自治区主席阿不来提·阿不都热西提率自治区计划、教育、交通、民政、水利、卫生、建设、农业等委办厅负责人一行13人到阿图什市,就救灾、经济建设、社会稳定工作进行考察,先后察看地震重灾区格达良乡阿尔帕勒克村6小队和托卡依水库的受灾情况。

4月19日　自治区党委常委、妇联主席海里且姆·斯拉木专程到阿图什市看望地震灾区农牧民,并将随车带来的10袋面粉和1000元人民币捐给重灾区灾民。

5月13日　10时,阿图什市哈拉峻乡发生一起特大车祸,导致14人死亡、8人受伤。车祸是驾驶员无照驾驶违章超车所致。

5月14日　中共中央政治局候补委员、书记处书记温家宝在自治区党委书记王乐泉和自治区副主席章恒的陪同下到阿图什市考察。

6月17—21日　阿图什地区连续几天的降雨,使境内河流出现自1987年以来的又一次最大洪峰,恰克玛克河、博古孜河流速最高分别达到300立方米/秒和773立方米/秒。

6月18—20日　自治区党委常委阿不都热依木·阿木提到阿图什市检查贯彻落实中央关于新疆稳定工作重要指示的情况,并检查改水防病工作进展情况。

6月21日　经自治区党委同意和克党干字〔1996〕第24号文件,任命董向军为阿图什市委书记,免去王成贤市委书记职务。

8月26日　全国第一次农业普查自治区南疆片区培训班在阿图什市开班,国家统计局副局长翟立功出席开班仪式。

同日　自治区党委副书记克尤木·巴吾东、自治区副主席米吉提·纳斯尔一行14人考察阿图什市格达良乡地震灾区重建家园工作。

8月29日　阿图什市遭受历史上少见的大风袭击,持续时间30多小时,造成各类损失837万元。

同日　阿图什市原市委书记王成贤被新疆维吾尔自治区人民政府和新疆军区表彰为关心国防后备力量建设的先进领导。

9月4日　新疆五州两市政协联系会第四次会议在阿图什开幕。来自乌鲁木齐市、巴音郭楞蒙古自治州、伊犁哈萨克自治州、昌吉回族自治州、博尔塔拉蒙古自治州、克拉玛依市的政协领导参加会议。

9月26日　《阿图什市志》出版发行,共140万字,段军元主编。

10月22日　阿图什市举行建市10周年庆祝活动暨"双先"表彰大会,表彰30个先进集体和30名先进个人。

10月23—25日　中共阿图什市第三次代表大会召开,大会听取和讨论市委书记董向军所作的《开拓前进 全力拼搏 为实现阿图什市跨世纪的宏伟蓝图而奋斗》的工作报告。大会选举产生新一届市委委员22人,候补委员3人。在三届一次全会上,选举董向军等12人常务委员,董向军当选为市委书记,胡奉德等4人当选为副书记,王景枝当选为纪检委书记。

11月4日　乌鲁木齐市沙依巴克区扶贫济困送温暖慰问团到阿图什市,捐赠30辆卡车的扶贫济困物资。

11月19日　在全国"亿万农民全民健身活动"评比中,阿图什市上阿图什乡被评为先进单位。

11月 阿图什市开发沙拉塔拉万亩木纳格葡萄基地启动。

12月 新疆教育出版社向阿图什市捐赠20万元，用于格达良乡浩罕村小学教学设施建设及学生的学费、教材费开支。

1997年

1月21日 9时47分48秒，阿图什市及伽师一带北纬39°55′、东经79°83′发生里氏6.4级强烈地震，灾情较重的格达良乡、哈拉峻乡、吐古买提乡发生房屋、围墙、棚圈倒塌和死亡牲畜现象。

1月24日 自治区副主席张云川率自治区抗震救灾工作组一行，在自治州党委副书记刘振强和副州长王新怀、买买提艾山·托乎达力的陪同下，对阿图什地震灾区察看受灾情况和群众生活情况。

2月4日 以自治区党委副书记、自治区主席阿不来提·阿不都热西提为团长，新疆军区副司令员库尔班·艾尔西丁为副团长的自治区慰问团，到阿图什慰问地震灾区各族群众。

2月5日 由阿图什市精神文明建设活动委员会牵头，组织开展迎新春社火活动，全市51个单位1280人，组建15个队参加活动，观众1万多人。

2月15日 阿图什市提出“三三三”制的干部分流改革方案。即组织三分之一的干部下乡包村，三分之一的干部办农场搞创收，三分之一的干部坚守机关岗位，一年一轮换。

2月22日 江西省首批来疆支援的18名干部抵达阿图什市，将开展为期3年的工作。

2月25日 阿图什市召开第四届人民代表大会，市长吐尔逊·阿不都热依木作题为《把握全局 再接再厉 开拓创进 苦干实干 为全面完成1997年各项任务而努力奋斗》的工作报告。

2月 在市五套班子领导的带领下，市直62个部门360名干部自带行李，分赴67个村包村；党政机关278名干部转移工资关系到创办的两个农场种地。

4月6日 7时46分、12时36分，阿图什市东北方位先后发生里氏6.3级和6.4级强烈地震。地震受灾户15217户，倒塌房屋6704间、围墙3700米、棚圈107座，死亡牲畜340头(只)，直接经济损失9731.5万元。

4月11日 13时35分，阿图什市发生里氏6.6级强烈地震及多次余震，受灾最严重的格达良乡、哈拉峻乡、松他克乡，倒塌房屋3408间，造成危房6392间，倒塌围墙3790米、棚圈75座；死亡牲畜455头(只)，受重伤1人、轻伤2人。

4月16日 2时15分，阿图什市东南方位发生里氏6.3级强烈地震。

4月26日 自治区党委常委海里且姆·斯拉木、自治区妇联常务副主席景海燕一行6人深入地震重灾区阿图什市格达良乡，慰问受灾群众。

4月29日 阿图什市委召开工作会议，传达学习中央政法委批复的《关于在新疆重点地区开展集中整顿治安、严厉打击暴力犯罪工作的意见》和自治区党委、政府制定的《关于在重点地区开展集中整顿社会治安严厉打击暴力犯罪工作的实施方案》及自治区党委书记王乐泉在自治区党委工作会议上作的《严厉打击暴力犯罪、维护社会稳定》的重要讲话。

同日 阿图什市召开第七次民族团结先进集体、先进个人表彰大会。表彰奖励16个先进集体和40名先进个人。

4月 阿图什市阿扎克乡邮电所被共青团新疆维吾尔自治区委员会授予“青年文明号”荣誉称号。

5月30日 自治区纪委常委、监察厅副厅长阿布都热合曼·甫拉提一行3人，到阿图什市督促检查纪检监察工作及反腐败工作。

6月13日 克州邮电局农话光缆工程初验小组对阿图什至阿湖乡、阿图什至阿扎克乡农话光缆工程验收。

6月19日 自治区副主席玉素甫·艾沙率自治区民政厅、水利厅、农机局、教委、计委、财政、建设、农业、畜牧、地震、建材等部门领导21人组成的地震考察团到阿图什地震灾区考察，安排重建家园工作，共拨给救灾款921.6万元,其中农村灾区620万元。

6月28日 阿图什市物资公司长期经营不善,严重资不抵债已停止经营数月之久,扭亏无望,经阿图什市人民政府党组会议讨论研究,同时根据《中华人民共和国企业破产法》规定,由市人民法院对市物资公司依法进行破产处理。

7月14日 自治州客运公司举行中吉国际旅客直达班车开通典礼。阿图什市至吉尔吉斯斯坦首都比什凯克、阿图什至吉尔吉斯斯坦纳伦国际旅客直达班车正式开通。

7月22—24日 自治区主席阿不来提·阿不都热西提一行到阿湖乡、松他克乡考察。

8月5—11日 自治州进行阿湖水库竣工验收。阿湖水库工程是自治州扶贫重点建设工程项目,总投资3027万元,设计库容4000万立方米。主要以防洪为主,兼有灌溉、发电功能。

9月15—18日 全国少数民族自治州人大工作研讨会在阿图什召开,自治区人大常委会副主任胡吉汉·哈克莫夫、全国人大民族委员会办公室主任郭廷栋等出席会议。

是年 阿图什市木纳格葡萄荣获全国农产品博览会金奖。

1998年

1月1—5日 政协阿图什市第五届委员会第一次会议在阿图什市召开,大会选举产生新一届委员会,苏甫尔·阿比提当选为主席,朱芝兰等5人当选为副主席。

1月2—6日 阿图什市第五届人民代表大会第一次会议在阿图什市召开。会议选举产生新一届市人民政府组成人员和人大常委会主任、法院院长、检察院检察长。阿不都热合曼·阿吉当选为人大常委会主任,艾尼瓦尔·吐尔地当选为市长。

1月6日 阿图什市盐厂被中国轻工总会列入定点生产食用加碘盐企业。

1月16日 阿图什市各族干部职工向特困企业送温暖,踊跃向特困企业捐款47480元。

1月20日 阿图什市首次向城市困难居民694人发放最低社会保障金,共发放4.1万元。

2月 阿图什市公交车开通运营,解决城市居民乘车难的问题。市公交公司是全疆公交行业第一家股份制企业。

3月1—2日 由世界银行贷款项目新疆塔里木灌溉与环境保护项目经理欧森率领的世行官员一行在自治州党政领导的陪同下,先后深入阿图什市部分乡村调查项目。

3月9日 第二批江西援疆干部一行18人抵达阿图什市就职。

3月13日 1998年度文化下乡活动在阿图什市阿湖乡启动,当天为阿湖乡捐赠书籍150本。

3月19日 21时51分,阿图什市东北方向95千米处发生里氏6.0级强烈地震,造成哈拉峻乡等地经济损失12159.88万元。

4月3日 自治区党委副书记周声涛到阿图什市哈拉峻乡等地震灾区慰问。

5月8—11日 自治区政协副主席玉素甫·艾沙率自治区政协赴南疆视察组到阿图什视察。

6月3日 阿图什地区连续普降大雨,洪水冲毁稻田、麦田57.27公顷,冲毁防洪坝19150米、渠道337米,冲毁新开荒地5公顷、林地19公顷、防洪林1800米、小桥3座,累计造成经济损失668万元。

6月25日 香港爱国人士方润华向阿图什市曙光小学捐款50万元用于校舍建设。

6月29日 自治区政协副主席、南疆铁路总指挥王友三一行7人到阿图什市,就南疆铁路前期工程准备情况调研。

7月1日 市委、市人民政府在人民广场举行民族团结雕塑揭幕仪式,全市各族干部群众瞻仰民族团结雕塑。

8月2日 12时40分,阿图什市东北方向95千米处发生里氏6.0级地震。地震造成哈拉峻乡等地295户居民793间房屋重度破坏共10763平方米,倒塌围墙5768米,直接经济损失182.1万元。

8月27日 17时03分,阿图什市东南方向80千米处发生里氏6.6级强烈地震,震中位于北纬39°49′、东经77°09′的伽师县西克尔水库与阿图什市格达良乡八盘磨之间。

10月16日 为丰富阿图什地区群众文化生活,阿图什市成立钓鱼协会。

11月 市委召开学习吴登云活动动员大会,号召全市以吴登云为榜样,认真开展"抓四治、兴三风"活动。

1999年

1月8—9日 自治区党委副书记艾斯海提·克里木拜一行7人,在自治州党政领导陪同下,先后考察阿图什市部分私营企业及上阿图什粮站、市轧花厂,就粮食、棉花购销和非公有制经济发展问题调研。

2月26—27日 吉尔吉斯斯坦纳伦州政府代表团一行14人在州长沙玛纳里耶夫·阿斯哈尔的率领下,对阿图什市商贸城、帕米尔果品厂、阿图什市盐厂、市面粉加工厂进行实地考察。同时,阿图什市同纳伦市签订友好县市协议。

3月5日 阿图什市党委、政府对在1998年度"两个文明"建设中取得优异成绩的单位与个人进行表彰,有16个先进集体和72名先进个人受到表彰。

3月10日 阿图什市与喀什市结为友好城市签字仪式在喀什市委礼堂举行。两市主要领导及有关部门负责人参加签字仪式。

4月1—30日 自治州吴登云先进事迹演讲团到阿图什市开展6场巡回演讲。

4月2日 阿图什市举行盛大庆祝活动,热烈祝贺南疆铁路铺轨至阿图什火车站,5000多名干部群众参加庆祝活动。

4月19日 针对阿图什市经济发展不平衡,边远乡、场文教卫生事业落后,学龄儿童上不起学的现状,市农牧区申办建立6个春蕾女童班。

4月21—24日 阿图什市连续遭受8~12级大暴风袭击,棉花受重灾面积214公顷,中度冻伤面积31公顷;地膜玉米受重灾186.67公顷;地膜春小麦受重灾1384.13公顷,中度受灾1032.73公顷;吹坏蔬菜大棚356个、吹坏温室88个、吹毁陆地蔬菜81.53公顷;损坏圈棚237个;死亡、丢失羊羔767头(只);瓜地受灾面积185.33公顷、林果受灾面积960.87公顷;刮坏农牧民房屋80间。累计造成经济损失2560万元。

5月14日 阿图什市举行帕米尔路扩建工程开工典礼。帕米尔路改扩建工程总投资1500万元,道路全长5584米。

5月24日 吉尔吉斯斯坦奥什州文艺代表团一行40余人,在副州长卓越里多谢娃·努丽拉·克木萨诺夫娜带领下,到阿图什市慰问演出。

5月25日 国道314线至阿图什火车站公路破土动工。该公路与城区街道相连接,是一条高标准的双向4车道快速路。

7月27日 自治区副主席熊辉银到哈拉峻乡、阿扎克乡检查农业生产情况。

8月25日 自治区工商局向对口扶贫单位阿图什市捐赠14万元的救灾物资。1997年开始,自治州工商局先后向阿图什市捐款捐物8次,累计100多万元。

9月24日 阿图什市举行人民广场竣工剪彩仪式。

9月28日 阿图什市调频广播正式开播。

10月1日 1万多名各族军民到市人民广场,参加自治州举行的国庆万人升旗仪式。当晚,在人民广场举行庆祝中华人民共和国成立50周年文艺晚会和焰火晚会。

10月18日 阿图什市松他克路、团结路、吾斯塘路文化一条街改造工程开工。

10月21—22日 新疆军区副司令员库尔班·艾尔西丁等一行到阿湖乡、松他克乡、阿扎克乡、幸福街道人民武装部检查民兵工作。

10月29日 阿图什市通过自治区人民政府"两基"(基本普及九年义务教育、基本扫除青壮年文盲)工作评估验收团的评估验收。

12月6日 南疆铁路全线开通。12时从喀什开往乌鲁木齐的K888次民族团结号客车在阿图什站停留3分钟。南疆铁路东起吐鲁番站，西至喀什站，全长1446.371千米，在阿图什境内长91千米。

同日 阿图什西域商贸中心举行开业典礼。自治区副主席吾甫尔·阿不都拉、自治区政协副主席王友三、自治区计委主任韩学琦、自治州党政领导为西域商贸中心开业剪彩。

12月31日 自治州第一个商品房住宅小区——阿图什市帕米尔住宅小区破土兴建。

2000年

2月 阿图什城西8千米处466.67公顷木纳格葡萄项目第一期基建工程竣工。

3月3—5日 自治区党委常委阿不都热依木·阿米提率领自治区计委、财政、农办等部门负责人先后考察阿图什木纳格葡萄基地、阿图什西域商贸城。

3月27日 4点41分和6点42分在阿图什市东北部北纬76°54′、东经39°35′分别发生里氏5.1级和4.6级地震。

4月4日 阿图什市各地出现一次降水天气过程，山区吐古买提、哈拉峻两个牧区乡连降中小雪，山区积雪达40～50厘米，降温3℃～8℃。两个乡共有480多户牧民缺粮15吨，有7500多头(只)牲畜无法出圈，缺少饲料25吨。降雨降雪造成冻死饿死大小牲畜2675头(只)。

4月12—13日 吉尔吉斯斯坦纳伦州州长沙林别也夫·阿斯卡率代表团一行4人，就中吉双方加强经贸合作，在自治州首府——阿图什市设立商务代表处有关事宜进行协商。

4月13日 阿图什火车站站区党支部、克孜勒苏军分区司令部、阿图什市文明办三家签订军、警、民共建南疆千里铁道文明线协议书，千里铁道文明线共建活动在阿图什市启动。

4月25日 阿图什市赴乌鲁木齐挂职锻炼的5名少数民族干部启程。这批干部将在乌鲁木齐市4个区、街道办事处挂职锻炼。

4月28日 阿图什市举行城市供水改扩建工程竣工典礼剪彩仪式。阿图什市供水改建工程竣工通水，工程总投资4800万元。

5月8日 阿图什市公安局天山路派出所、市工商局等17个单位被自治区文明委命名为文明单位。

5月9日 阿图什市跃升为全国"婚育新风进万家"网络县(市)，成为自治区唯一入选县(市)。

5月17日 市委召开"三讲"教育动员大会，全市副科级以上领导干部、部分离退休干部300余人参加会议。

5月23日 为规范建筑市场管理，加强建筑企业安全监督，自治区建设厅、劳动厅对自治区境内三级以上(含三级)建筑企业进行严格的安全资格认证审查，阿图什建筑总公司第一批取得自治区建设业企业安全资格证书。

6月13—14日 自治区党委副书记艾斯海提·克里木拜一行4人先后察看466.67公顷滴灌葡萄基地、阿图什市新水厂、西域商贸城及再就业农场。

6月30日 被命名为国家二类口岸的阿图什市西域商贸城举行挂牌揭幕暨开通仪式。

7月8日 市委书记董向军调任自治州政府副州长。

8月1—2日 阿图什市连续遭到暴风雨袭击，洪水暴发，造成严重的洪灾。此次洪灾受灾户102户，受灾人数617人，倒塌房屋65间，造成危房96间，冲毁水渠7311米、防洪坝2.9千米及棉花75.73公顷，累计造成直接经济损失156.19万元。

9月4日 自治区级文物保护单位——莫尔佛塔立标揭幕仪式在阿扎克乡境内莫尔佛塔下隆重举行。

9月15日 自治区工商局、地税局、沙依巴克区工商局三家单位向阿图什市捐赠20万元及部分医疗器械。

10月1日 阿图什市推行城镇职工医疗制度改革。

11月6日 新疆军区库尔班·艾尔西丁副司令员一行到阿图什市武装部检查指导工作，主要检查民兵武器库。

11月20日 国道314线至火车站公路竣工通过验收,被评为优良工程。这条公路是自治区交通厅援建的一条扶贫路,全长8千米,投资2342万元。

12月24日 自治州党委任命贾立新任阿图什市委书记。

2001年

1月8日 阿图什市推行“六到村”工作机制促进农村各项工作。县级领导承包到村;基层组织建设工作队员到村;市直单位扶贫到村;维护稳定工作措施落实到村;责任目标落实到村;素质教育到村。

1月8—20日 阿图什市开展“三个代表”重要思想教育学习培训班。

1月10日 阿图什市在市曙光小学举行“少年军警校”揭牌仪式。

1月21日 阿图什市开展“百人无偿献血”活动。

2月2日 阿图什市启动“四个万亩”工程加强农业基础地位。一是兴建万亩喷灌人工草料基地;二是兴建万亩高标准条田;三是建设万亩灌排网络化工程;四是实施万亩水土综合开发项目。

2月15日 自治区政协副主席李东辉一行4人,在自治州、市领导的陪同下到阿图什市就社会稳定、抗灾救灾及春耕生产准备等工作调研。

2月18日 自治区党委组织部、科学技术厅联合考核组在科技厅副厅长吐尔逊·沙迪尔的带领下一行4人,在副州长董向军的陪同下到阿图什市对1999—2000年市党政领导科技进步目标责任制进行考核。

2月20日 喀什“2·13”暴力恐怖杀人案恐怖分子潜逃到上阿图什乡拉依勒克村一农户家躲藏,自治州公安机关、武警部队与喀什公安机关密切配合,予以坚决围歼。

2月26日 阿图什市召开城市绿化动员大会,市委书记贾立新作题为《齐心协力 共同参与 为把阿图什市建成自治区级园林城市而努力奋斗》的讲话。

4月1日 市人民政府表彰和奖励在“健力宝杯”全国少年小甲A足球比赛中获得第二名的阿图什市少年足球队队员和教练员。

4月4日 阿图什市开办党政干部“双语”夜校培训班。

4月5日 自治区对口扶贫阿图什市的自治区工商局捐赠100万元物品运抵阿图什。

4月7—8日 阿图什市遭受7~8级大风和沙尘暴袭击,共摧毁和掩埋冬小麦1866.67公顷,摧毁各类盛花期果园866.67万公顷、木纳格葡萄343.33公顷、棉花地膜275.97公顷、瓜果蔬菜55.47公顷、棉花249.33公顷被沙尘掩埋,累计造成农牧业直接经济损失756万元。

4月19日 市幸福街道办事处被自治区文明委命名为自治区级文明单位。

5月8日 阿图什市召开科级以上干部大会,传达自治区党委书记王乐泉一行在考察克州工作时的讲话精神。

5月28日—6月8日 阿图什市开展见义勇为资金募集活动。

5月31日—6月2日 阿图什市召开市第四次党员代表大会,会议听取审议市委书记贾立新代表市委所作的《团结奋进 争优创新 为实现新世纪富民强市目标而奋斗》工作报告。通过选举,产生中共阿图什市第四届委员会,其中市委委员21人、候补委员3人。在四届一次全会上,贾立新等11人当选为常务委员,贾立新当选为书记,艾尼瓦尔·吐尔地等4人当选为副书记,迪力夏提·吾甫尔当选为纪检委书记。

6月18日 以全国人大常委会委员赵地为组长的全国人大执法检查组一行,在自治区人大常委会副主任海里且姆·斯拉木(维吾尔族)的陪同下,检查阿图什贯彻落实《中华人民共和国村民委员会组织法》情况。

7月27日 在自治州政府副州长孙晓山的带领下,自治州水利、金融、世行办等12个单位为阿湖乡栏杆村捐赠250只优质的阿莱种羊,用于农民脱贫致富和发展集体经济。

9月17—30日 阿图什市举办首届“全民健身体育节”活动。

10 月 26 日 自治区政协、统战部、工商局、地税局为阿图什市农牧民捐赠价值 15 万元的牲畜。

12 月 24 日 在阿图什市东北南疆铁路里程 1380 千米公路道口处，由乌鲁木齐开往喀什的 K887 次特快旅游列车与阿图什市格达良乡个体客运华西面包车相撞，造成 28 人死亡(其中男 17 人、女 11 人)、11 人重伤的特大恶性交通事故。

2002 年

1 月 2 日 自治区党委副书记、常务副主席王金祥一行到松他克乡、万亩木纳格葡萄基地调研。

1 月 阿图什市委四届二次全委(扩大)会议召开。

2 月 5 日 中央“三下乡”慰问团受中央宣传部委托，带着党中央、国务院对边疆少数民族地区的关心和支持，在阿图什市慰问演出。

5 月 26 日 自治区党委副书记周声涛在自治州主要领导的陪同下，到阿图什市考察“三个代表”重要思想学教活动和稳定工作、基层组织建设工作。

7 月 29 日 阿图什市首期下岗职工再就业培训班开课。

8 月 1—5 日 自治区 2002 年拳击比赛在阿图什市举行，来自全疆的 15 支代表队参加比赛。

8 月 19 日 阿图什市直机关干部在“三个代表”重要思想学教活动中为各族贫困户捐款捐物折合人民币 82 万余元。

9 月 13—14 日 阿图什市、武警联合行动，在阿扎克乡捣毁一处由境外派遣的恐怖分子指挥经营的制爆窝点。行动中，捣毁地道 3 处，收缴自制手雷 109 枚及模具、电焊机、手电钻等一批制爆工具和制爆化学药品，缉捕犯罪嫌疑人 4 名。

9 月 16—18 日 吉尔吉斯斯坦议会主席阿合马提别阔夫·库马提别克率议会代表团到阿图什市考察。

9 月 28 日 自治区人大常委会主任阿木冬·尼亚孜到阿图什市牧民定居点和木纳格葡萄基地调研。

10 月 15 日 世行塔二项目恰克玛克河渠首工程开工仪式在上阿图什乡举行。

12 月 25—29 日 政协阿图什市第六届委员会第一次会议召开，大会选举产生新一届政协委员会，托合提·艾则孜当选为主席，黄晓霞等 5 人当选为副主席。

12 月 26—30 日 阿图什市第六届人民代表大会第一次会议召开。会议选举产生阿图什市第六届人大常委会和人民政府及法检两院领导。阿不都热合曼·阿吉当选阿图什市人大常委会主任，派孜拉·买买提当选阿图什市市长。

2003 年

2 月 15 日 市政府在人民广场举行迎春歌舞晚会，并燃放焰火，自治州、市党政领导与市民喜迎春节和库尔邦节。

2 月 24 日 喀什地区巴楚县和伽师县发生里氏 6.8 级强烈地震，波及阿图什市格达良、哈拉峻、松他克、阿扎克、阿湖等乡。177 间房屋倒塌，125 头(只)牲畜死亡，3588 间房屋成危房，1775 户群众生产生活遭受困难。

2 月 根据阿图什市实际情况，市委常委会提出阿图什市“北畜南果”战略。

3 月 1 日 自治区副主席努尔兰·阿布都满金等一行到阿图什市格达良乡考察地震灾情。

3 月 1—5 日 阿图什市遭受暴风雪袭击，正在自治州地震灾区考察的自治区党委副书记、纪委书记胡家燕在自治州领导的陪同下到阿湖乡和格达良乡考察，并慰问受灾群众。

3 月 5 日 自治州直属机关、自治区驻阿图什单位、驻自治州部队向“2·24”地震和暴风雪受灾群众捐款 37 万元。

3 月 18 日 乌鲁木齐沙依巴克区对口援助阿图什市资金 70 万元、计算机 25 台。

3月30日 中共中央政治局委员、自治区党委书记王乐泉，自治区党委副书记、自治区主席司马义·铁力瓦尔地，自治区党委常委、政法委书记、公安厅厅长张秀明率自治区计委、财政、水利、建设、地震等部门负责人到阿图什市考察，王乐泉、司马义·铁力瓦尔地、张秀明分别作讲话，对地震灾区建设、社会稳定作重要指示。

4月8日 上午，阿图什地区遭受沙尘暴袭击，时间持续30分钟，风力达到7级，最大风速达到32米/秒，对各族群众生产、生活、工作带来影响。

4月10—11日 自治区副主席努尔兰·阿布都满金率自治区卫生、建设、民政、教育等部门负责人到自治州调研，先后察看阿图什市哈拉峻乡、市经济羊场的地震损毁情况，要求高标准严要求做好灾区重建工作。

4月12日 国道314线阿图什—喀什段公路二期改建项目开工。该段公路长29千米，为一级路面，双线四车道，总投资3亿元，计划2004年8月竣工。

4月 阿图什市115名25岁左右的大中专毕业生经组织安排到农村牧区任村党支部副书记、村委会副主任、团支部副书记、妇联副主任等职务。

5月15日 自治区主席司马义·铁力瓦尔地到阿图什市检查工作。

5月20日 阿图什市启动"供水到户"试点工作，实行"配水、计量、收费"三到户。试点工作选点17处157个村民小组，灌溉面积4公顷，供水1998户43646人。

5月27日 阿图什市突遭暴雨袭击，暴雨一直持续到28日凌晨。此次降雨量达到45毫米，是历年年均降雨量的56%，给阿图什市农业生产和农牧民的财产造成较大的损失。

6月2日 阿图什市利用财政扶贫资金47万元在吐古买提乡迈丹村建成新疆首座风—柴—蓄互补发电站。

6月16日 深圳彩虹集团与都市消费晨报社捐款40万元，为阿图什市兴建2所希望小学。

6月18日 阿图什市和自治州机关为阿克陶县巴仁乡受灾群众捐献面粉123吨、被褥1057床、衣服1025件、馕2640个。阿克陶县巴仁乡于6月12日遭受洪水灾害，直接经济损失913.9万元。

6月30日 自治区党委召开防治"非典"工作先进党组织和优秀共产党员表彰电视电话大会，阿图什市卫生防疫站买买提祖农·阿不都热合曼被授予优秀共产党员称号。

8月4日 阿图什市出台《市场星级诚信文明户评比办法》。

8月5日 阿图什市在上阿图什乡举办赛牛会。

8月18日 全国28家省市党报的60多名记者集中采访阿图什西域商贸城等。

8月19日 阿图什市举行环城路开工典礼。阿图什市环城路建设总长8.4千米，总投资400万元。

10月8日 自治区人民政府主席司马义·铁力瓦尔地到阿扎克乡考察。

同日 阿图什市在阿扎克乡布亚买提村举行首届木纳格葡萄品尝评比会。

10月30日 自治区副主席库热西·买合苏提率自治区卫生厅、广电厅、监察厅负责人到阿图什市调研。

11月24日 中国共产党优秀党员、忠诚的共产主义战士赛福鼎·艾则孜不幸在北京逝世，享年88岁。赛福鼎·艾则孜系阿图什市松他克乡人。

2004年

1月30日 阿图什市120名农民经考核获得农民技术资格证书。

2月19日 年加工能力100万张牛皮的新蓉皮革厂建成投产。

3月9—10日 阿图什市受5~6级大风影响，出现沙尘天气，市区能见度仅200米左右。

3月12日 阿图什市北山坡生态绿化工程启动，近万名干部职工在181公顷山坡上植树30万株。

4月27日 自治区党委常委、组织部部长周原到阿图什市北山坡绿化工程、木纳格葡萄基地调研。

6月6日 阿图什天然气管道工程开工剪彩仪式在北山坡举行，该工程由克州鼎盛燃气有限责任公司投资5400万元,负责天然气管道安装及经营管理。

7月13—14日 全国人大常委会副委员长许嘉璐率全国人大考察团考察阿图什市街道社区、木纳格葡萄基地、新蓉皮革厂等。

7月17日 中国市长协会副会长兼秘书长陶斯亮在阿图什市2004年南疆旅游节欢迎大会上发表讲话。并参观阿图什维吾尔族民居、木纳格葡萄园。

8月9—10日 全国人大常委会民族委员会副主任武连元、委员王学萍在阿图什市检查扶贫开发工作。

8月10—11日 全国人大常委会原副委员长铁木尔·达瓦买提到阿图什市考察。

9月14日 自治区地税局为阿图什市格达良乡赠送电视机100台。

9月23日 由自治区文明办主任孙新刚带队的自治区城市精神文明建设检查验收组,对阿图什市申报自治区级文明城市的创建活动检查验收。

9月25日 阿图什消防中队被公安部授予全国公安先进基层单位称号。

10月6日 阿图什市在松他克乡举办第二届木纳格葡萄品尝会,数百名群众送来自己果园里最好的木纳格葡萄参加评奖活动。

10月20—24日 州委副书记买买提·努尔陪同自治区城乡抗震安居工程检查组到阿图什市检查工作。

11月18日 自治区党委常委、组织部部长韩勇一行到上阿图什乡调研,了解“4211”工作机制运行、基层组织建设情况,并看望农村“三老”人员和组工干部。

11月20日 自治区政协副主席赛尔杰一行到阿图什市调研下岗职工就业再就业工作。

11月30日 自治州党委书记闫汾新、州长买买提艾山·托乎达力到阿图什市,就教育、政法、就业再就业和城建等工作进行调研。

2005年

1月29日 阿图什市在自治州文化中心召开全市保持共产党员先进性教育活动动员大会。市委书记贾立新作动员讲话。全市副科级以上党员干部近400人参加动员大会。

2月5日 中共中央政治局委员、自治区党委书记王乐泉一行到上阿图什乡、阿湖乡考察调研,检查抗震安居房建设工程。

2月16—17日 阿图什市境内普降大雪,积雪厚15厘米,286间民房受损。

3月9—10日 中央先进性教育督导组组长何中生一行,在自治州有关领导的陪同下到阿图什市督查。

3月26日 阿图什市被自治区文明委授予自治区级精神文明建设先进城市称号。这是继2000年以来第三次获此荣誉。

4月1日 阿图什市委和自治州公安局、法院、检察院等单位家属院650户居民用上天然气。计划2005年上半年有5000户居民用上天然气。阿图什天然气由乌恰县阿克气田供气,年供气量达1315万立方米。

4月5日 保持共产党员先进性教育活动中央督导组成员张然林一行到阿图什市检查工作。

4月18日 自治区副主席刘怡在自治州主要领导的陪同下到阿图什市调研保持共产党员先进性教育活动情况,并到阿湖乡看望“三老”人员。

4月22日 阿图什市60万株工厂化温室培育的优质木纳格葡萄苗开始销售。

5月10—13日 阿图什市参加在喀什举办的“中国喀什南亚、中西亚商品交易会”。安其拉公司与乌鲁木齐比迪工贸公司签订200万元的果品制销协议项目,与巴基斯坦商会签订3~5元/千克的5000吨阿图什市优质木纳格葡萄出口协议和20万平方米、协议资金为800万元的地毯出口项目,累计签约协议资金3000万元。

5月15日 阿图什市全面检查教育“两基巩固提高”工作。

5月16日 自治区党委副书记、纪委书记胡家燕,自治区党委副书记、常务副主席张庆黎在自治州主要领导的陪同下到阿湖乡调研经济发展、“4211”工作机制运行等情况。

5月18日 自治区农业厅负责人到阿图什市,调研农业生产工作。

5月22日 自治区党委副书记、自治区主席司马义·铁力瓦尔地率教育、民政、财政、计划、国土、建设、交通、文化、卫生、扶贫等厅局部门负责人考察上阿图什乡的农田、学校、抗震安居小区及村文化站。

5月25日 阿图什市召开创建国家级卫生城市暨2004年度阿图什地区爱国卫生工作总结表彰动员大会,会上表彰2004年度41个爱国卫生先进单位和30名爱国卫生先进个人。

同日 为落实自治州党委、政府提出的“高中办到州、初中办到市、小学办到乡”的办学模式,阿图什市将市四中建成寄宿制学校。

5月31日 为使优秀人才充实到农村基层锻炼,阿图什市将农村中的优秀人才纳入人才库。阿图什市“农村人才库”在库人员432人。

6月1日 阿图什市全面推行有奖专用发票,新疆饮食业统一发票、新疆服务业统一发票、新疆照相业统一发票同时停止使用。

6月4日 阿图什市经济羊场和阿湖乡相继发生高密度蝗虫灾害,危害草原面积在1.67万公顷以上,蝗虫密度在40~300只/平方米。自治州、市两级财政投入资金23万元购置药物器械用于灭蝗。

6月16日 全国政协常委克尤木·巴吾东在自治州领导的陪同下到阿扎克乡和阿湖乡调研“三农”工作。

同日 自治区副主席努尔兰·阿不都满金在市领导陪同下到哈拉峻乡、阿湖乡调研抗震安居工程。

6月20日 阿图什市与新疆生产建设兵团农六师五家渠市就劳务输出达成协议。

7月3日 辽宁省考察团一行8人到阿图什市调研。

7月29日 甘肃建新自治州亚星矿产集团200万吨铁矿选矿项目在阿图什重工业园破土动工,自治区党委副书记、自治区主席司马义·铁力瓦尔地发来贺信,自治区党委常委、自治区副主席艾力更·依明巴海参加开工典礼。

8月12日 自治州党委副书记刘保健、组织部部长韦新辉代表克州党委在阿图什市四套班子和全市副科级以上领导干部大会上,宣布辽宁省沈阳市援疆干部的任职决定:市委书记田东泉、市委副书记王伟民、副市长牛树森。

8月30日 阿图什市投入250余万元加强农牧区医疗设施建设。

9月3日 以辽宁省副省长李万才为团长的代表团一行13人到阿图什市考察援疆工作。

9月13日 阿图什市金盾保安公司成立。

9月24日 为庆祝新疆维吾尔自治区成立50周年,中央代表团率艺术团演员为自治州、阿图什市各族干部职工和驻市部队演出。

9月26日 由中共中央政治局委员、国务院副总理回良玉率领的中央代表团带着胡锦涛总书记和党中央的亲切关怀和殷切希望,带着全国各族人民的深情厚谊和美好祝愿,到阿图什市慰问并接见阿图什市委书记田东泉等。

10月18日 市委副书记、纪检委书记卡德尔·吾斯曼陪同辽宁省大洼县党政考察团考察阿图什市哈拉峻乡、经济羊场、阿扎克乡。

同日 自治区人事厅副厅长康廷凤等一行调研组到阿图什市调研援疆工作和人才工作。

10月21日—11月5日 市委书记田东泉前往沈阳市洽谈援疆项目。

10月24日 阿图什市召开“巩固先进性教育成果,构建和谐阿图什,谋求跨越新发展”为主题的大调研、大讨论活动动员大会。

11月11日 自治区劳务派遣和劳务输出工作现场经验交流会在阿图什市召开。

11月19日 由自治区财政厅、计委、审计厅等单位组成的检查团,检查阿图什市的世行“塔二”项目。

11月23日 以云南省政协主席杨崇汇为组长的中央先进性教育巡回检查组检查阿图什市第二批先进性教育活动开展情况,并考察阿图什市富余劳动力市场、北山坡绿化、阿湖乡基层组织建设、抗震安居工程等。

12 月 13 日 自治州殡仪馆竣工,从而解决阿图什市市民办丧事的场所问题。

12 月 19—20 日 自治区政协副主席李东辉一行调研阿图什市经济社会发展情况和自治区政协扶贫帮困联系点吐古买提乡的项目建设、发展情况。

2006 年

1 月 2 日 中共中央政治局委员、自治区党委书记王乐泉,自治区副主席努尔兰·阿不都满金在自治州主要领导的陪同下考察阿湖乡阿尔赛小区建设情况,并慰问当地群众、"三老"人员和五保户,接见劳动模范。

1 月 6 日 阿图什市博格拉市场举行开业剪彩典礼。

2 月 28 日—3 月 1 日 自治区先进性教育活动检查组检查阿图什市第三批保持共产党员先进性教育活动开展情况。

3 月 1 日 自治区"体育三下乡"在阿图什市松他克乡开展以"构建和谐社会,建设社会主义新农村"为主题的体育文化活动。活动中,自治州足球队与松他克乡足球队举行一场友谊赛,自治区体育局还向松他克乡颁发"自治区体育先进乡镇"奖金 10 万元和赠送价值 5 万元的体育器材。自治区"体育三下乡"工作团体育运动队还为阿图什各族群众进行篮球、拳击、航模等体育表演。

3 月 15 日 吉尔吉斯斯坦"肖热—多尔多依"生产企业在阿图什轻工业园区举行开工奠基仪式,标志着自治州首家外资企业在阿图什落户,该企业主要生产青稞酒、酸奶、石榴汁、包孜酒、矿泉水等饮品。投资 50 万美元,建设一条生产线,投产后可年产 900 万吨饮料。该企业于 2006 年 7 月 18 日投产。

3 月 18 日 新疆人民广播电台《地州首府热线》在阿图什市人民广播电台直播。

3 月 20 日 自治区主席助理、经贸委主任王永明一行到阿图什工业园区调研。

3 月 25 日 建设部部长汪光焘在自治区副主席努尔兰·阿布都满金及自治州主要领导的陪同下考察阿湖乡阿尔赛小区,听取市、乡抗震安居工程建设情况汇报,走访当地群众。

4 月 17 日 阿图什市委批准成立阿图什市工业园区筹备领导小组。自治州编制委员会批准成立克州阿图什工业园区管理委员会,管理委员会属市政府派出机构,副县级建制,管理委员会主任由市委副书记肖仁俊兼任。

5 月 9 日 辽宁省沈阳市投资建设的援疆项目——阿图什市第四中学主教学楼工程举行奠基仪式。

5 月 18 日 自治州众维矿业有限公司 6 万吨直接还原铁、500 吨五氧化二钒、2 万吨钛铁合金项目在阿图什市重工业园区举行开工奠基仪式。

5 月 26 日 1 时 10 分,库尔勒开往喀什的 41145 次货运列车在运行到自治州境内 1377 千米 + 800 ~ 900 米路段发生翻车事故,14 节车厢翻下路基。未造成人员伤亡。

6 月 15 日 自治区政协扶贫项目调研组对阿图什市扶贫项目进行调研。

6 月 28 日 自治区副主席胡伟在自治州领导的陪同下考察阿图什工业园区、新蓉皮革厂、阿扎克维吾尔族民居。

7 月 4 日 阿图什市少年足球队代表阿图什市、自治州、自治区出征 2006 年 7 月 13—28 日在秦皇岛举行的全国少年足球赛,阿图什市少年足球队进入前四名。

7 月 6—18 日 阿图什市经贸考察团赴辽宁沈阳进行考察。

7 月 15 日 辽宁省政协副主席张行湘一行到阿图什市考察重工业园区、市第四中学等援疆项目。

7 月 22 日 国务院副总理回良玉到阿图什市阿湖乡考察抗震安居工程建设工作。

8 月 13 日 阿图什市举办首届无花果旅游节,借助无花果的品牌,打造精品旅游文化,推介民族旅游。

8 月 14—16 日 中国共产党阿图什市第五次代表大会召开,选举产生中共阿图什市第五届委员会和新一届纪律检查委员会,其中党委委员 47 人、候补委员 9 人,王明德等 12 人当选为常务委员,田东泉当选为书记,王伟民等4人当选为副书记,卡德尔·吾斯曼当选为纪检委书记。

8月18日 辽宁省副省长李万才率辽宁省代表团在自治区副主席胡伟及自治州领导的陪同下到阿图什市调研重点援疆项目的进展情况,并慰问援疆干部。

9月1日 阿图什市133.33公顷"金奖"木纳格葡萄和33.33公顷无花果正式通过国家有机产品认证。

9月8日 阿图什市召开新农村建设促进会。

9月21日 全国政协委员、新疆维吾尔自治区政府原秘书长李德宏率领的自治区农民增收调研组一行到阿图什市,实地调研农民增收现状、收入水平、收入构成及新的增长点等问题,并听取市政府负责人汇报工作。

9月22—24日 辽宁省沈阳市沈河区党政代表团到阿图什市就城市建设和社会发展情况参观考察。

9月22—27日 以王开军区长为团长的辽宁沈阳市于洪区党政代表团到阿图什市祝贺建市20周年。

9月26日 阿图什市建市20周年庆祝大会在自治州体育中心广场举行。自治区人民政府、辽宁沈阳市委、市政府、江西省南昌市政府等101个单位,自治区人大常委会副主任阿山拜克·吐尔地等17位个人向庆祝大会发来贺电、贺信及赠送贺礼。辽宁省沈阳市委副秘书长谢国富率党政代表团参加市庆。中坤集团董事长黄怒波及中外诗人参加庆祝活动并作诗助兴。

9月28日 阿图什市四套班子领导集中学习胡锦涛考察新疆工作时的重要讲话,传达自治区党委《关于认真学习贯彻胡锦涛总书记考察新疆工作时重要讲话精神的通知》,学习中共中央政治局委员、自治区党委书记王乐泉在自治区党委常委(扩大)会议上的讲话,学习自治州党委书记闫汾新在自治州县级干部大会上的讲话。

10月14日 中办国办联合督查组和国家民委调研组到自治州调研贯彻胡锦涛总书记考察新疆时的重要讲话精神、社会经济发展、民族宗教、干部队伍等情况,在阿图什市考察工业园区、葡萄基地、北山坡绿化工程、新蓉皮革厂、阿湖乡抗震安居工程等。

10月26日 阿图什党建网开通。

11月3—8日 市委副书记王伟民赴自治区工商局、国家工商行政管理总局办理"阿图什木纳格葡萄"原产地域证明商标注册事宜。

11月14日 自治区党委副书记、自治区主席司马义·铁力瓦尔地,自治区党委常委肖开提·依明在自治州领导的陪同下到阿图什重工业园区、建设中的市四中工地调研,并专程前往格达良乡看望慰问农村"三老"人员及贫困户。

11月18日 新疆盐业阿图什有限责任公司5万吨精制盐厂在阿图什市工业园区举行开工典礼。

12月4日 自治区环保局局长牛晓萍一行调研阿图什工业园区,考察园区企业环境处理情况。

12月28日 市委副书记肖仁俊与市有关部门赴乌鲁木齐争取利用日元贷款实施城市环境综合治理项目,项目总投资2.3亿元人民币,主要用于城市供排水系统和城市集中供热等基础设施建设。

2007年

1月1日 自治州党委在阿图什市松他克乡举行党报党刊赠阅农牧民(即东风工程)首发仪式,该工程自2007年1月1日起将向每个乡镇赠送《人民日报》《新疆日报》《今日新疆》各1份和《克孜勒苏报》3份,向每个村赠送《新疆日报》《今日新疆》《克孜勒苏报》各5份。

2月12日 自治区党委常委肖开提·依明、朱海仑到自治州进行春节慰问,在自治州领导的陪同下,先后考察阿图什重工业园区建设情况。看望慰问阿图什市格达良乡的乡村干部、"三老"人员、贫困户、五保户和阿图什市城区特困群众。

2月27日 阿图什工业园区110千伏输变电工程开工建设。这是喀克电网"十一五"规划建设的重点项目,共投资1400.15万元。

5月24日 自治区副主席贾帕尔·阿比布拉到阿图什工业园区、木纳格葡萄基地、福利院、敬老院、城市解困小区调研。

7 月 1 日 中央联席会议办公室副主任、国家信访局副局长王石奇一行到阿图什市检查信访工作。自治州党委常委、阿图什市委书记田东泉向检查组汇报信访工作情况。

7 月 24 日 自治区政协主席艾斯海提·克里木拜到对口扶贫点吐古买提乡与村干部座谈,并捐赠一批桌椅。

8 月 1 日 辽宁省沈阳市支援阿图什市"电视进万家"活动启动,首批捐赠 2000 台电视机陆续发放到贫困户家中。

9 月 24—26 日 辽宁省沈阳市教育考察团一行 7 人到阿图什市考察。

9 月 26 日 伊犁州人大常委会主任木哈提别克·阿德勒别克一行在自治州人大常委会领导的陪同下到阿图什市考察木纳格葡萄基地、北山坡绿化带。

10 月 16—19 日 政协阿图什市第七届委员会第一次会议在自治州文化中心召开,大会选举产生政协新一届委员会,卡德尔·吾斯曼当选为主席,李斌等 4 人当选为副主席。

10 月 20—24 日 阿图什市第七届人民代表大会第一次会议在自治州文化中心召开,大会选举产生新一届人大常委会组成人员和人民政府组成人员,托合提·艾则孜当选为市人大常委会主任,周春艳等 4 人当选为副主任,库尔班江·艾山当选为市长,吐尔地·吾斯曼等 5 人当选为副市长。同时,艾来提·阿布力米提当选为市人民法院院长,玉素音·阿吉当选为市人民检察院检察长。

11 月 11 日 乌恰阿克气田至阿图什工业园输气管道贯通并输气。

11 月 17 日 亚星集团年 200 万吨铁矿采选项目中一子项目——阿图什建宝选矿厂竣工投产。自治区党委常委、副主席艾力更·依明巴海亲临祝贺。

12 月 15 日 阿图什市与日本协力签订 1.6 亿元城市建设贷款协议。

2008 年

1 月 8 日 国家人口和计划生育委员会党组书记、副主任李斌一行 28 人在自治区党委常委、自治区副主席努尔兰·阿布都满金的陪同下到上阿图什乡开展以慰问计划生育困难家庭为主的"三下乡"送温暖活动。

1 月 21 日 阿图什市委、市政府在人民广场举行迎奥运 200 天倒计时揭牌仪式暨万人健步走活动。

3 月 7 日 阿图什市获自治区双拥模范城命名大会在自治州文化中心举行,自治区副主席、双拥工作领导小组副组长贾帕尔·阿比布拉和新疆军区政治部副主任张果成少将为阿图什市授牌。

4 月 4 日 青松建化集团调研组在阿图什工业园区和石灰岩矿点调研后,意向在阿图什市工业园投资 3.2 亿元,建设一条日产 2500 吨新型干法水泥生产线。

4 月 26 日 新疆盐业阿图什有限责任公司真空盐厂竣工投产。中国盐业总公司副总经理董永胜、自治区政协副主席买买提艾山·托乎达力及自治州领导为盐厂竣工投产剪彩。

5 月 6—7 日 自治区领导率自治区国土、水利、民政、财政等部门负责人就自治州经济发展、社会稳定、民族团结、社会事业等情况到阿图什市乡村、企业、学校、牧民搬迁点调研。

5 月 8 日 南疆果蔬批发市场暨阿图什富江果业 5000 吨果品冷藏库奠基仪式在阿图什轻工业园举行。

5 月 10 日 市委举行"阿图什市宣传网"开通仪式,该网设置"宣传动态、对外宣传、新闻视频、文明创建、宣传信息、文化建设、阿图什风采、阿图什新闻、信息反馈、理论园地、在线视频"11 个栏目。

5 月 四川汶川特大地震灾情发生后,阿图什市慈善总会接收全市各界人士捐款以及广大党员干部"特殊党费"交纳款项累计 119 万元。

6 月 7 日 戈壁长征国际大赛第四届活动在阿图什市吐古买乡盖孜村举行,来自 26 个国家的 200 名选手在阿图什市、乌恰县和喀什市等地进行为期 7 天的比赛。

6 月 16—17 日 自治区副主席艾尔肯·吐尼亚孜率自治区劳动、计生、环保等部门负责人到阿图什市基层劳动保障工作站、计划生育办公室、企业、农民工管理中心、富余劳动力市场考察调研。

7月21日 新疆军区团以上干部与自治州贫困生结对助学启动仪式在阿图什市实验小学举行,10名贫困生接受军队干部捐助的助学金。

同日 阿图什市举行“电视进万家”发放仪式,中央宣传部、中央文明委、国家广电总局为贫困家庭捐赠电视机2000台,发放到生活困难家庭。

11月29—30日 自治区党委常委、自治区副主席库热西·买合苏提率自治区安监局、煤管局、经贸委领导到阿图什市重工业园建宝选矿厂、青松水泥厂调研。

12月12日 自治区党委常委尔肯江·吐拉洪率自治区教育厅、科技厅负责人到阿图什市农村劳动力市场及阿湖乡蔬菜大棚、奶站调研。

2009年

2月4日 中共中央和自治区两级党史系统2005—2008年度“双先”表彰大会在乌鲁木齐召开,阿图什市史志办获中央和自治区两级先进集体称号,1人获自治区党史系统先进个人称号。

3月24日 中国新疆金桥民俗国际旅行社落户自治州首府阿图什市,这是落户阿图什市的第一家旅行社。

4月7日 自治区政协副主席、自治区劳动和社会保障厅党组书记黄昌元率自治区劳动和社会保障厅、财政厅负责人考察阿图什市农村富余劳动力市场,并到松他克路社区与各族干部群众交谈。

4月16日 受乌拉尔山南下冷空气影响,阿图什市遭遇11级大风袭击,最大风速每秒26米,持续时间7小时,对春耕生产、设施农业和其他农作物造成不同程度的损害。

4月22日 17时26分,阿图什市发生里氏5.0级地震,震中位于哈拉峻乡东部60千米处,受灾人口1156户5780人,造成经济损失3205.42万元,无人员伤亡。

4月29日 自治区副主席贾帕尔·阿比布拉率自治区水利厅、民政厅、交通厅、财政厅、残联等部门负责人前往阿图什市哈拉峻乡,看望慰问地震中受灾的农牧民。

同日 阿图什市在人民广场举办“我们是祖国的边防线”纪念五四运动90周年青年红歌会。

5月8日 辽宁沈阳市政府考察组一行到阿图什市考察经济发展情况。

5月14—16日 自治区“两基”检查团检查阿图什市“两基”迎国检工作。

5月17日 市委召开2009年第6次常委会议。会议听取哈拉峻乡灾后重建实施方案和其他有关工作的情况汇报。

6月1日 阿图什市“学生饮用奶计划”启动仪式在市人民广场举行,该计划由自治区财政安排专项资金,每袋补助1元,全市有11685名中小学生得到补助。

6月4日 “雨露计划——中泰华威行动”健康扶贫办公室、中泰华威国际投资有限公司医疗器械设备首发捐赠仪式在市人民广场举行,中泰华威国际投资有限公司董事长兼总裁李清友向阿图什市捐赠28种69台医疗设备和2辆北京福田救护车,总价值2338.53万元。全国政协委员、全国总工会书记处原书记李永海出席捐赠仪式。

6月28日 阿图什市参加第五届中国新疆喀什·中亚南亚商品交易会,共签订合同3个,协议投资674万元。

7月20日 23时许,阿图什市格达良乡铁路道口发生1起汽车与火车相撞事件,汽车驾驶员经医院抢救无效死亡。

8月26日 在第十七届吐鲁番葡萄节暨中国果品流通协会葡萄分会成立大会上,阿图什市木纳格葡萄被评为“中华名果”,木纳格葡萄生产基地被评为“全国优质葡萄生产基地”。

9月4日 阿图什市分别召开党政联席会及市四套班子会议,传达自治区公安厅《关于乌鲁木齐市因针扎事件引发群体性游行聚会事件的情况通报》、自治区维稳办《关于切实做好乌鲁木齐“针刺”事件相关稳控工作的紧急通知》、自治州党委维稳工作紧急会议精神，对当前及今后一个时期的维稳工作进行安排部署。

8月30—31日 江西省副省长孙刚到阿图什市考察北山坡绿化带工程。

9月9日 全国人大常委会副委员长司马义·铁力瓦尔地一行到阿图什市视察，先后视察亚星建宝选矿厂、青松水泥有限公司、万亩葡萄基地、阿孜汗无花果园、市第四中学等。

10月19日 自治区副主席靳诺到阿图什市第四中学、第一小学、实验小学就双语教学、老师配备情况调研。

11月 阿图什市第一个农民合作社——克州新天地棉花专业合作社在阿图什市格达良乡成立，合作社成员21名，注册资金1.04万元。

12月21日 中共中央政治局委员、自治区党委书记王乐泉率自治区水利、财政、民政、建设、扶贫等部门领导，在自治州主要领导的陪同下到阿图什市重工业园区青松建化公司、设施农业示范区调研。

12月24日 自治区政协副主席刘晏良率自治区政协和发改委人员到阿图什市吐古买提乡调研，并为农牧民捐赠电视机375台。

12月29日 全国人大常委会副委员长司马义·铁力瓦尔地到阿图什市调研，先后考察万亩木纳格葡萄基地、阿图什工业园。

2010年

1月5日 阿图什市财政局国库支付中心正式挂牌运行，自此阿图什市将全面推行国库支付制度，负责全市76个预算管理单位和16个其他资金账户的财政业务工作。

1月18日 16时，阿图什市发生8～9级偏西大风，最大风速29米/秒，并且持续时间长。造成直接经济损失50万元。

2月13—28日 在阿图什市在人民广场举办春节、元宵节灯展。自治州、市217家单位制作灯笼参加展出。

3月28日 阿图什市境内突遭强风天气，局部地区瞬间风力达11级以上，大风刮倒温室大棚、葡萄架、羊圈、猪圈、围墙、电杆、树木、广告牌、景观灯、路灯、交通指示牌，吹翻民房屋顶、彩钢房、果皮箱，广播电台发射塔变形，铁塔受损，致使阿图什市人民广播电台节目停播，累计直接经济损失1290万元。

4月15日 8时55分，阿图什市境内东北方向，距市区50千米处发生里氏4.0级地震，震中位于北纬40.10°、东经76.50°，无人员伤亡和财产损失。

4月18—19日 江苏省委书记、省人大常委会主任梁保华，省长罗志军率江苏省考察团到阿图什市调研新一轮对口援疆工作，先后考察阿图什重工业园区、阿湖乡阿尔赛设施农业示范区、北山坡绿化带、市第四中学等，并慰问贫困户。

4月21日 阿图什市举行为青海玉树县地震灾区募捐活动仪式，共募集捐款422635元。

5月2日 经过16个月的建设，青松集团阿图什日产2500吨新型干法水泥生产线项目达标达产典礼在阿图什重工业园举行。

5月7日 中科院院士、国家自然科学基金委员会副主任沈岩到阿图什市调研。

6月9日 17时40分，距哈拉峻乡政府15千米的谢依提村遭遇暴雨袭击，受灾群众56户，受灾房屋168间，倒塌羊圈9座，受损羊圈43座，受灾农作物25.2公顷，冲毁防洪堤2000米、渠道5000米等，累计直接经济损失95.8万元。

7月2日 阿图什市被列为国家边境扶贫重点县(市)。

7月10—11日 国务院扶贫开发领导小组副组长、国家扶贫办主任范小建在自治区政协副主席柯赛江·赛力禾及自治州领导的陪同下，到阿图什市吐古买提乡调研。

7月24日 23时30分至52分，阿图什市出现大风和暴雨天气。最大风速27.5米/秒，降水时间持续21分钟，降水量21.1毫米，部分耕地、房屋、道路受到损坏，累计直接经济损失229.1万元。

7月27日 阿图什市被列为全国科普示范市创建单位。

8月19日 阿图什市“金秋助学”活动启动。15名市属企业困难职工子女共领到2.8万元的“金秋助学”资助金。

8月19—20日 全国政协副主席阿不来提·阿不都热西提到阿图什市，对亚星建宝选矿厂、青松水泥有限责任公司、粮食局、解危解困住宅小区、库木萨克村“戈壁产业”区、北山坡绿化工程等处视察。

8月20日 自治区第十二届运动会获足球比赛亚军的阿图什足球队运动员回到阿图什，在火车站受到有关领导和群众的欢迎。

8月23—24日 江苏省委常委、苏州市委书记蒋宏坤率党政代表团到阿图什市考察新一轮对口援疆工作。

8月31日 阿图什市举行江苏省新一轮对口援疆试点项目——阿图什市住房保障工程启动仪式。

9月1日 由阿图什市政府投入300余万元，建设、安装的交通电子警察监控系统正式启用，共10组双向电子眼。

9月2日 阿图什市举行自治州赣鑫钢铁公司300万吨高强度钢项目开工奠基仪式。江西省委常委、常务副省长凌成兴，自治区副主席贾帕尔·阿比布拉及自治州党政主要领导出席奠基仪式。

9月16日 14时至19日19时，阿图什市普降大暴雨，降水量41.6毫米。此次强降雨降水量大、持续时间长，基础设施受到损坏，全市人民生产生活受到影响。

9月26日 全国人大常委会原副委员长司马义·艾买提到阿图什重工业园区、阿湖乡阿尔赛设施农业示范区、松他克乡瓦克瓦克小学、阿图什市第四中学考察。

9月 在历时5天的第19届乌鲁木齐经济贸易洽谈会上，阿图什市签约项目4个，协议资金6.8亿元。

是月 阿图什市举行新型农村社会养老保险金发放仪式，对首批符合条件的13665名农村老人发放75.16万元养老金。

10月14—15日 辽宁省副省长邴志刚一行到阿图什市考察辽宁沈阳援疆建设项目。

10月28日 江苏省委常委、纪委书记弘强到阿图什市考察援疆项目，考察江苏援建的试点项目——阿图什市保障性安居工程建设、阿扎克乡库木萨克戈壁设施农业和特色林果业。

10月29日 沈阳市青联为阿图什市第四中学捐赠10万元援建资金，用于购买图书。

12月23日 中石油新疆销售公司开展送温暖活动，为阿图什市实验小学送慰问金5000元。

同日 昆山市第一批援疆工作组一行17名援疆干部到达阿图什市。

是年 全国新一轮对口援疆工作启动。江苏省苏州市(昆山市)对口支援阿图什市。同年10月，组建全国第七批对口支援新疆、昆山市第一批援疆工作组，并进驻阿图什市。

是年 新疆盐业阿图什有限责任公司顺利通过国检部门严格的食品检查，盐产品远销吉尔吉斯斯坦、巴基斯坦等国家，成为新疆第一家出口盐制品厂家。

2011年

2月23日 昆山市委副书记、市长管爱国率政府代表团一行到阿图什市考察援疆工作。

同日 昆山市第一批援疆工作组的教师、医务人员一行11人到阿图什市开展援疆工作。

2月24日 昆山市—阿图什市对口支援座谈会在克州宾馆召开。

2月25日 阿图什市境内普降大雪，至28日10时，上阿图什乡地面积雪达40厘米，其他各乡平原积雪20~30厘米不等，个别山区积雪达60厘米。大雪造成全市农牧民1229户6247人、12.65万头(只)牲畜被困，474户房屋受损，倒塌圈棚30座，死亡牲畜188头(只)，其中2个牧业乡受灾最为严重。

3月8日 阿图什市委召开扩大会议，专题研究昆山市对口支援阿图什市2011年援疆项目。

3月23日 阿图什市举办企业用工大型招聘会，30余家企业现场招聘，有1100人和企业达成就业意向。

3月 在2008—2010年度自治区精神文明建设先进城市评选活动中，阿图什市获先进城市称号，这是阿图什市自1998年以来，连续10年蝉联自治区精神文明建设先进城市称号。

是月 阿图什市举行“妇女之家”授牌仪式，为全市81个村、社区“妇女之家”授牌。

4月3日 江苏省副省长史和平带领考察团一行在自治区政协副主席阿尤甫·铁依甫和州、市主要领导的陪同下，出席昆山—阿图什戈壁产业科技示范园奠基仪式。

4月8日 阿图什工业园区绿化工作完成。全市动员各单位及军、警共计5000余人，调用挖掘机、推土机等大型机械4辆，对受损较大的二期苗木、管沟、滴灌毛管进行补种、清理和更换，共补种白蜡树3000余株，清理管沟8900千米，更换滴灌毛管1100米。

4月30日 阿图什市2011年第十届百日广场文化活动启动仪式暨“热爱伟大祖国建设美好家园”专场文艺演出拉开帷幕。

4月 阿图什市保障性住房和富民安居工程分别在原市政公司和上阿图什乡举行开工仪式，自治区党委常委努尔兰·阿布都满金及自治州领导参加开工仪式。

是月 江苏省昆山市援建项目，阿图什市哈拉峻乡、吐古买提乡、格达良乡饮水管道入户工程开工。总投资505万元，可解决4.8万名农牧民的饮水安全问题。

5月11日 国家体育总局足球中心主任韦迪、自治区体育局副局长祖农一行7人到阿图什市就足球事业发展情况调研。

5月22日 由北京市美疆助学基金会援建的美疆希望学校在阿图什市松他克乡温吐沙克小学举行奠基仪式，该希望学校投资2608万元，建筑面积1.13万平方米，可容纳1800名学生就学、寄宿。

5月23日 北京市美疆助学基金会阿图什市第一小学2011年春蕾女童班毕业典礼在格达良乡中心小学举行。自治区党委常委尔肯江·吐拉洪、北京市美疆助学基金会理事长王小梅及州、市主要领导出席典礼仪式。

5月27日 自治区副主席贾帕尔·阿比布拉一行到阿图什市保障性住房、残疾人综合服务中心、光明街道办事处、幸福街道办事处、儿童福利院考察。

5月30日 中国科协公布《关于命名2011—2015年度科普示范县(市、区)的决定》，阿图什市名列其中，示范期为5年。

6月5日 江苏中大慈善基金会董事长谈义良与阿图什市育才学校举行奖(助)学金签约仪式。中大慈善基金会设立的奖(助)学金第一期为3年，自2011年开始，每年15万元，其中奖学金9万元、助学金6万元。

6月7日 日本国际协力机构考察团一行对阿图什市城市环境综合治理项目工程建设情况进行检查验收，表示满意。该项目为新疆城市环境综合治理二期工程，分为天然气供热、中心城区、西城区供排水改扩建工程，总投资7604万元。

6月15日 江苏省委常委、纪委书记弘强一行到阿图什市，就昆山援建项目——阿图什市农业科技示范园进行实地考察调研。随同的好孩子集团、AB集团、正新橡胶(中国)有限公司等多家企业纷纷表示，要加强对阿图什市的沟通和了解，充分利用阿图什市资源优势和交通、口岸优势，在西部打响自己品牌的同时，为援疆工作做出贡献。

7月25—27日 中共阿图什市第六次代表大会在自治州文化中心召开。295名党代表出席会议，州委副书记、市委书记刘军海代表第五届委员会作《团结奋进 后发赶超 为开创首府中心城市跨越式发展而努力奋斗》的工作报告，会议选举产生第六届委员会，市委委员39人，候补委员8人。在六届一次会议上，文红等11人当选为常务委员，刘军海当选为市委书记，杨军等4人当选为副书记，李宗武当选为纪检委书记。

8月4日 阿图什—昆山戈壁产业科技示范园开园。

8月9—12日 政协阿图什市第八届委员会第一次会议在自治州文化中心召开。大会选举产生新一届委员会，卡德尔·吾斯曼当选为主席，李斌等4人当选为副主席。

8月10—12日 阿图什市第八届人民代表大会第一次会议在自治州文化中心召开。大会选举产生新一届人大常委会和人民政府,托合提·艾则孜当选为市人大常委会主任,吴新哲等4人当选为市人大常委会副主任,亚力坤·吐尔地当选为市长,杨立新等5人当选为副市长,木合塔尔·比西尔当选为市人民法院院长,斯拉木江·吾斯曼当选为市人民检察院检察长。

8月11—12日 阿图什市哈拉峻乡连续出现阵雨天气。11日17时,阵雨转为暴雨夹冰雹,地面冰雹厚度10厘米。造成当地农作物受损严重,累计直接经济损失281万元。

8月28日 阿图什市城镇居民社会养老保险启动仪式在市人民广场举行。

9月1—5日 首届中国亚欧博览会在乌鲁木齐召开,阿图什市共签约招商引资项目9个,协议资金10.2亿元。

9月 阿图什市为困难群众发放价格临时补贴,共发放7—8月价格临时补贴52.5万元,惠及城乡低保对象、五保供养对象、优抚对象等困难群众26870人。

10月17日 根据新政函〔2011〕284号文件精神,原上阿图什乡撤乡设镇。

10月20日 阿图什市光明街道办事处和幸福街道办事处分别举行为辖区80岁以上老人发放生活补贴启动仪式。

10月31日 阿图什市在昌盛出租车公司举行为50辆城市公交车和475辆出租车油价补贴发放仪式,共发放2010年油价补贴714.25万元。

10月 南疆最大的果品深加工企业——阿图什市图革路果品加工厂在轻工业园区建成投产,企业占地3.2公顷,年加工瓜果1000吨。

12月 2012年昆山援建阿图什市项目计划初步确定。计划援助资金2.43亿元,涉及城乡住房建设、社会公共事业、产业发展及配套、人才培训、规划及其他5大类18个项目。

是年 阿图什市天门旅游景区道路建成通车,该公路接省道309线,长14.9千米,投资1800万元。

2012年

1月1日 中共阿图什市六届二次全委(扩大)会议在自治州文化中心隆重召开。州委副书记、市委书记刘军海代表市委作题为《变化变革 真抓实干 提速增效 为做大做强做美阿图什市努力奋斗》的工作报告。

同日 阿图什市城镇"网格化"社会面巡逻防控启动仪式在克州文化中心前隆重举行。

2月3日 阿图什市"跨越发展促和谐 龙腾虎跃迎新春"——2012年元宵、大型社火活动在市人民广场隆重举行。32个州市系统单位参与社火表演,其中锣鼓、秧歌、舞龙舞狮和歌舞表演队20个,彩车表演12辆,参演干部职工2000余人。

2月8日 自治区人大常委会原副主任张国梁一行到阿扎克乡、松他克乡、格达良乡调研维稳工作。

2月21日 19时左右,吐古买提乡突遭强风袭击,大风席卷冰雪,部分低洼路面积雪厚度80厘米左右,导致阿图什市至吐古买提乡30~63千米公路受阻。

2月23日 按照"试点先行、整体推进"的要求,阿扎克乡阿扎克村、铁提村、上西塔其村、库兰其村4个试点村完成村委会换届选举工作。

同日 阿图什市召开各级干部赴基层转变作风服务群众动员大会。市四套班子领导、法检两院班子成员及各乡镇(街道)、市直各单位、部门主要领导参加会议。

2月25日 自治区党委书记张春贤带领自治区相关厅局领导莅临阿图什市调研指导工作。调研组一行到阿图什市北山续建一期绿化工程、阿图什市轻工业园区富江果业5000吨气调保鲜库、阿图什市重工业园区青松水泥厂、上阿图什镇塔库提村安居富民、设施农业、现代畜牧业示范小区、警务室调研。

3月1日 昆山第一批援疆工作组援助的《阿图什市城市总体规划纲要(2011—2030)》通过自治区审查。

3月9日 自治州新疆"三史"宣讲团在阿图什市宣讲,采用民、汉同步方式举办新疆"三史"宣讲报告会。

3月11日　自治区"东风工程"向塔库提村免费赠送图书仪式在上阿图什镇塔库提村举行。共赠送政治、经济、科技、生活、文化、少儿等种类的维、汉文图书共1200册及2个图书架。

3月12日　阿图什市举办未就业高校毕业生赴援疆省市培养派前培训班。对通过自治州六类县乡镇街道(社区)和教育系统培养计划选拔入围的188名学员进行为期5天的学习培训。

3月16日　阿图什市在全州率先启动居住证制度。

3月17日　自治区党委宣传部、文明办、自治区文化厅、科技厅、卫生厅、教育厅、农业厅等12个厅局150名专家、教授和文艺工作者组成的自治区2012年春季文化科技卫生"三下乡"服务示范团在阿湖乡文化中心举行示范服务活动启动仪式。

3月19—22日　受乌拉尔山南下冷空气影响,阿图什市出现大范围持续降雨、降雪、降温天气,吐古买提和哈拉峻两个牧区乡平原区积雪厚度15~30厘米,放牧点积雪厚度70~90厘米,市区和其他5个乡镇也遭受不同程度的雨雪灾害,经济损失397.24万元。

3月22日　阿图什市举行2012年村干部培训班。各乡镇、街道、市直党(工)委分管党建工作的副书记、组织干事,75个村的党支部书记、大学生村干部180人参加培训。

3月26日　昆山第一批援疆医疗队首例腔镜微创手术在阿图什市人民医院成功开展。

3月28日　阿图什市北山绿化续建二期工程植树造林正式拉开帷幕,州、市四套班子领导及州直机关、市直机关、驻市部队官兵共8600余人参加劳动。

3月　由州、市人力资源和社会保障局联合举办的"百企送千岗帮您早就业"2012年春风行动大型专场招聘会在阿图什市人民广场举行。招聘会上,来自全国各地的39家企业提供就业岗位1049个,岗位类别包括文秘、销售主管、普工等,有440名求职者与企业达成意向性协议。

4月7日　江苏援疆2012年援建项目集中开工仪式在阿图什市昆山产业园隆重举行。江苏省副省长史和平及江苏省政府考察代表团成员,自治区副主席贾帕尔·阿比布拉,州、市两级四套班子主要领导和干部群众300余人出席开工仪式。

4月18日　自治区检察院党组副书记、检察长尼相·依布拉音一行到阿图什市调研。

5月1日　市委宣传部及市文体广电局、民政局等部门承办的阿图什市第十一届百日文化广场活动在阿图什市人民广场举行启动仪式。

5月2日　阿图什市召开纪念建团90周年暨五四运动93周年大会,并表彰先进青年集体和个人。

5月9日　中国银监会原主席、全国政协经济委员会副主任刘明康一行到阿图什市第一中学看望昆山援疆教师任教的"春蕾女童班"师生。

5月19日　以全国"扫黄打非"工作小组办公室专职副主任、新闻出版总署反非法和违禁物出版司司长周慧琳为组长的全国文化市场管理"扫黄打非"工作调研组一行对阿图什市"扫黄打非"工作开展情况调研。

5月21日　阿图什市"土喇叭"宣讲活动暨授赠挂牌仪式在阿湖乡栏杆村举行。

5月28日　自治区纪委监察厅执法监察室主任林亚蓉一行到阿图什市对昆山对口援疆项目阿图什市昆山育才学校改扩建工程进行专项监督检查。

5月29日　自治区"热爱伟大祖国 建设美好家园"系列连环画发放仪式在阿扎克乡阿扎克村举行。自治区副主席贾帕尔·阿比布拉,自治州、市主要领导出席发放仪式。在此次发放活动中,全市六乡一镇、一个街道办事处41091户各族群众,每户获赠一套系列连环画。

5月30日　市人大常委会组织10名三级人大代表、10名政协委员视察阿图什市产城结合区建设情况。

5月　阿图什市面向全州推出9个领导职位开展公开选拔,其中正科级岗位2个。

6月1日　自治州推行居住证制度现场会在阿图什市幸福街道办事处召开。

6月9日　2012"戈壁长征"活动在吐古买提乡科克塔木村开幕。来自43个国家和地区的200余名选手、志愿者、新闻媒体参加活动。此次活动是继2007年、2008年和2009年连续3年成功举办"戈壁长征"活动的又一次国际赛事,也是新疆第七届、自治州第四届国际戈壁长征大赛。从阿图什市吐古买提乡科克塔木村出发,途经上阿图什镇塔什普什喀村、栏杆村、天门、乌恰县黑孜苇乡、乌恰县膘尔托阔依乡、喀什疏附县乌泊尔乡,全程约280千米,赛期6天。

6月24—26日 昆山市委副书记、市长路军率领昆山市党政代表团考察访问对口支援地——阿图什市。

6月25—26日 自治区维稳工作巡视组在自治区法学会副会长、维稳工作巡视组组长哈斯木·马木提的带领下,对阿图什市落实各项维稳工作措施情况进行巡视检查。

6月26日—7月10日 阿图什市开展铲除大麻原植物专项行动,共铲除大麻原植物4万余株。

7月21日 阿图什市在人民广场召开2012年政风行风现场会。市纪委组织民政局、住建局、人社局、卫生局、交警大队5家单位现场接受广大市民和农民群众提问,当场解答涉及群众利益的热点难点问题。

7月23日 江苏省昆山市市长助理、市公安局党委书记、局长何苏华带领昆山市公安局部分人员到阿图什市公安局座谈,同时举行"江苏省昆山市公安局—新疆克州阿图什市公安局交流合作协议书"签约仪式。江苏省昆山市公安局向新疆克州阿图什市公安局捐赠30万元。

7月25—27日 阿图什市举办大学生村干部培训班。全市各乡镇组织干事、自治区选聘到村任职的大学生干部、各乡镇自行选聘在岗工作大学生村干部100余人参加培训。

7月 阿图什市举行农村环境连片整治示范项目垃圾清运车发送仪式。总投资942万元(中央资金),涉及全市六乡一镇21个行政村。

8月14日 自治区党委常委、副主席库热西·买合苏提、自治区政协副主席、经信委主任王永明率领新疆生产建设兵团,自治区相关厅、局,19个对口援疆省市前方指挥部主管园区建设工作负责人及各地、州、市主管园区工作领导230余名代表参观考察阿图什工业园区。代表团一行在自治州亚星矿产资源集团有限公司听取阿图什工业园区情况介绍,沿途考察鑫特铸件、天山水泥、赣鑫钢铁等企业。

8月19—20日 阿图什市举行昆山产业园昆山大道通车仪式暨2013年昆山产业园援建项目开工仪式和阿图什市帕米尔路西延及博古孜河大桥开工仪式。昆山大道工程总长4.87千米,总投资2829.89万元,为昆山全额援建,此次通车的是昆山大道一期工程。昆山产业园区2013年度项目包括基础设施、功能配套项目,以及标准厂房和企业孵化中心等项目,总投资9000万元。

8月19—21日 由昆山市委书记管爱国率领的昆山市党政代表团到阿图什市考察访问,并出席昆山—阿图什对口支援工作座谈会暨第二批专业技术人才入疆仪式。

8月30日 昆山第一批援疆工作组2012年鼓励优秀学子奖(助)学金发放仪式在市委老干部局举行,阿图什市2012年高考中成绩排名在前25名文理科优秀学生喜获奖励。

9月2日 昆山市规划协会对阿图什市党员关爱金、学生奖(助)学金捐赠仪式在阿图什市举行。港龙置业有限公司向阿图什市分别捐赠10万元的党员关爱金和学生奖(助)学金。

9月21日 阿图什市总工会举行2012年度第二批"金秋助学金"发放仪式。22名品学兼优、家境贫困的困难职工子女大学生每人分别获得1000~2000元不等的助学金。

同日 自治区住建厅安全总站文明工地检查组一行赴阿图什市昆山育才学校检查。

10月15日 自治区党委常委尔肯江·吐拉洪率自治区教育、财政等厅局负责人到阿图什市调研。调研组在州、市领导的陪同下,深入上阿图什镇依克沙克小学和中心幼儿园、市二中等地,就双语教育及基础设施建设等情况调研。

11月7日 自治区副主席、政法委副书记贾帕尔·阿比布拉带领区组织部、民政厅、财政厅、扶贫办、民宗委、发改委、科技厅、林业厅等相关单位负责人到格达良乡,就安居富民工程、兴边富民建设项目、宗教事务管理、残疾人员保障、农村低保金发放等方面工作调研。

11月23日 阿图什市召开干部大会。会议传达学习《中国共产党第十八次全国代表大会传达提纲》《中共中央关于认真学习宣传贯彻中共十八大精神的通知》及《张春贤书记在自治区传达学习贯彻中共十八大精神大会上的讲话》,州委副书记、市委书记刘军海在会上作讲话,对学习宣传、贯彻落实中共十八大精神再动员、再部署。

11月23—24日 自治区社会管理综合治理暨平安建设工作考核组一行6人在自治区党委统战部副巡

视员阿扎提·马木尔带领下，到阿图什市检查考核社会管理综合治理暨平安建设工作。

12月5日 江苏中大慈善基金会在阿图什市昆山育才学校举行第二年度15万元奖（助）学金发放仪式。

是年初 新疆盐业阿图什有限责任公司精制加碘盐产品通过国家绿色食品认证，成为新疆第一家具备绿色食盐生产资格的厂家。

2013年

1月14—15日 中共阿图什市六届三次全委（扩大）会议在自治州文化中心召开。州委副书记、市委书记刘军海作题为《变化变革 敢于担当 攻坚克难 奋发进取 努力开创阿图什科学发展新局面》的工作报告。

1月21—23日 中国人民政治协商会议阿图什市第八届委员会第三次会议在克州文化中心召开。

1月22—24日 阿图什市第八届人民代表大会第三次会议在克州文化中心召开。

2月26日 阿图什市委、市政府组成调查组，对居住在阿图什市、喀什及外地的18名离休干部遗孀走访调查，了解她们的生活状况、身体情况和困难。对无固定收入的7名离休干部遗孀在原有生活补贴的基础上，每年增加6000元生活补助和2000元取暖补助。

同日 阿图什市召开转变作风服务群众活动动员大会。

2月27日 国家食品药品监督管理总局办公室副主任王三虎到阿图什市调研食品安全监管工作。

3月11日 11时01分，阿图什市发生里氏5.2级地震，震中位于哈拉峻乡东南无人区（北纬40.2°、东经77.5°，深度8千米）。无人员伤亡。受灾户676户，倒塌房屋10间，裂缝854间，倒塌羊圈3间，裂缝羊圈53间，其中188户危房已不能居住，受灾群众全部撤离并得到妥善安置。

3月14日 自治区副主席艾尔肯·吐尼亚孜等一行调研阿图什市文化、卫生工作。

3月21日 阿图什市召开市委常委（扩大）会议，传达十二届全国人大一次会议和全国政协十二届一次会议精神，对深入学习贯彻全国两会精神进行安排部署。

3月27日 阿图什市获自治区第十一次百日广场文化活动竞赛“先进县（市、区）”称号。

5月17日 由阿图什市双拥办牵头，阿图什市消防大队、市人武部在阿图什市一小举办消防抗震安全实战演练和国防教育活动。

5月18日 阿图什无花果歌舞团在江苏省昆山市文化艺术中心大剧院举办“感恩无限援疆情”首场演出。

5月21日 江苏省副省长史和平率江苏省政府代表团出席阿图什—昆山产业园揭牌暨2013年江苏产业援疆克州合作项目签约仪式。

6月7日 中欧国际工商学院2012期2班学员代表参加阿图什市哈拉峻乡阿其布拉克小学落成仪式并捐赠18万元学习用品和助学金。

6月8日 江苏省昆山市向阿图什市捐赠价值570万元的10辆公交车、100辆警用自行车和2辆流动警务车。

6月13日 经自治州党委研究同意，申海涛任阿图什市委书记。

6月30日 阿图什市特巡警大队原民警买买提努尔·吐尔地尼亚孜在处置一起“伊吉拉特”团伙案件中临危不惧、冲锋在前，与暴力恐怖分子搏斗中英勇负伤，经抢救无效光荣牺牲，年仅28岁，被自治区人民政府追认为革命烈士。

7月1日 阿图什市召开全市干部大会。通报吐鲁番地区鄯善县“6·26”严重暴力恐怖袭击案件以及和田地区和田县“6·28”群体聚集闹事案件，对全市维稳工作进行再安排、再部署、再强调，州委常委、市委书记申海涛主持会议并讲话。市四套班子领导、各乡（镇）、街道、市直部门负责人300余人参加会议。

7月9日 16时许，阿图什市上阿图什镇遭受暴雨冰雹灾害，兰干村和喀尔果勒村受灾严重。45.33公顷冬小麦和6.87公顷玉米受灾，位于省道309北边的35户民房进水，6千米乡村道路受损，累计直接经济损失262.8万元。

7月12—15日 阿图什市全体共产党员、国家公职人员、离退休人员签订“三非”公开承诺书。

同日 阿图什市住建局组织80多名执法人员对帕米尔路沿线环境卫生、私搭乱建、摆摊设点、占道经营、车辆乱停乱放和城市“牛皮癣”等进行集中整治。

7月16日 克州党委、政府下发关于开展向买买提努尔·吐尔地尼亚孜学习活动的决定。

7月18—22日 阿图什市全面启动平安建设基础知识考试,共设21个考点,对全市及驻市300余个单位干部职工及在校师生分批进行平安建设基本知识测试。

7月20日 新疆大学生社会实践服务总队到阿图什市上阿图什镇,向基层群众开展法律宣讲、文艺演出活动。

7月21日 阿图什市少年足球队参加2013年自治区青少年足球比赛,获得冠军。

7月24日 阿图什市成立自治区11号文件宣讲团赴各乡镇开展宣讲活动。

7月25日 全国人大民族委员会副主任吴仕民对阿图什市非物质文化遗产保护、“东风工程”“农家书屋”工作进行督查。

同日 克州在阿图什市特巡警大队隆重举行买买提努尔·吐尔地尼亚孜烈士追悼会。会上宣读自治区追授买买提努尔·吐尔地尼亚孜为烈士的决定。州市领导与州直、阿图什市的各族干部群众深切缅怀在6月30日抓捕行动中牺牲的公安民警买买提努尔·吐尔地尼亚孜烈士。

7月29日 阿图什市召开议军工作会议,州委常委、市委书记申海涛主持会议并讲话。

8月5日 《平安阿图什》主题歌大赛在克州文化中心正式拉开帷幕,州市各大系统、各乡镇(街道)共20支代表队参加比赛。

8月5—6日 “镜头中的新疆2013·魅力新疆”中外摄影家深入阿图什市采风。

8月10日 2013年全球华语广播记者“走进新疆暨美丽新疆”采访团到阿图什市采访。

8月12—17日 中央电视台中文国际频道(CCTV-4)摄制组到阿图什市拍大型纪实节目《百山百川行》。

8月19日 阿图什青年足球队参加新疆足协2013年“格达良杯”足球比赛,获得冠军。

8月25—27日 “新疆是个好地方”国家媒体走进阿图什。来自中国、俄罗斯和哈萨克斯坦等国家媒体的中外记者分别采访拍摄无花果、木纳格葡萄科学化种植、标准化管理和市场化销售等情况,并对柯尔克孜族传统刺绣业继承发展、开发和市场销售进行专题采访。

9月1日 新学期伊始,昆山中原慈善基金会张强生一行到阿图什市第一小学,为优秀学生和贫困学生举行奖(助)学金捐赠仪式,向34名品学兼优的优秀学生、32名家庭贫困学生发放奖(助)学金9.9万元。

9月3日 第八批江苏省援疆前方指挥部总指挥、党委书记王斌一行莅临阿图什市就昆山市援疆项目建设情况、阿图什市经济社会发展和“十二五”规划等进行实地观摩和座谈。

9月6—8日 由市政府协办、州政府主办的第六届玛纳斯国际文化旅游节在州体育中心举行。6日开幕式,自治区人大常委会副主任约尔古丽·加帕尔宣布旅游节开幕。其间,举办2013第三届“中国边疆重镇”高峰论坛、少数民族传统体育项目表演、经贸洽谈签约仪式等。近万名观众现场观看开幕式文艺演出。

9月11日 自治区党委组织部部长马学军一行深入阿图什市就基层组织建设工作进行调研。

同日 自治区人大常委会副主任约尔古丽·加帕带领调研组到阿图什市哈拉峻乡,针对旅游业等相关工作进行调研。

9月15日 由昆山市对口支援阿图什市前方工作组协调牵线,江苏中大慈善基金会在阿图什市昆山育才学校举行第3年度15万元奖(助)学金发放仪式。

9月17日 阿图什市在松他克乡召开“户户通”惠民工程安装发放仪式暨现场技术培训观摩会。同时对各乡(镇)技术人员和施工单位技术人员进行现场技术培训。

10月5日 全国人大常委会原副委员长司马义·铁力瓦尔地在自治区人大常委会原副主任买买提明·亚生的陪同下到阿图什调研。

10月21日 在“自治区第六次乡村百日文体活动”竞赛中，阿图什市获得“先进县(市)”称号，阿湖乡获得“先进乡”称号。

10月22—23日 全国保密干部全员培训阿图什市培训班开班。市保密委员会领导小组成员、市直党政机关、各乡镇、街道、涉密单位分管保密工作领导及保密员共140人参加培训。

10月25日 州委常委、市委书记申海涛到阿图什市阿扎克乡伯干村看望所联系的贫困户萨依提·依明，捐赠10只育肥绵羊。

10月28日 自治区党委常委、副主席库热西·买合苏提一行到阿图什市就小微企业发展情况进行调研。前往卡咪热丁农副产品加工公司、帕西塔克民族刺绣公司、加马力民间手工艺品公司、博格拉商贸有限公司、阿铁啦服装有限公司等地进行调研。

11月1日 “网络文化群众——2013首届新疆网络文化节进乡村”活动到阿图什市上阿图什镇演出。

11月4日 阿图什市召开城市市容环境综合整治专题工作动员大会。

11月9日 自治区政府副主席艾尔肯·吐尼亚孜一行到阿图什市阿扎克乡布亚买提村文化室、松他克乡文化站、市三馆综合大楼进行调研。

11月10日 江苏省昆山市委常委、常务副市长夏小良率昆山市政府代表团到阿图什市就第八批援疆工作进行对接。

11月15日 阿图什市召开创建优秀平安阿图什再动员大会。

11月20日 阿图什市召开干部大会。传达学习中共中央政治局委员、自治区党委书记张春贤在自治区党委八届六次全委(扩大)会议上的讲话，结合阿图什实际，对当前全市进一步深化改革、加快发展等重点工作进行再安排、再部署、再强调。

11月26日 阿图什市召开党政机关停止新建楼堂馆所和清理办公用房工作推进会。

12月13日 自治区副主席田文到上阿图什镇、阿扎克乡部分学校、幼儿园和农业科技示范园调研。

12月20日 阿图什市召开党建研究会成立大会暨第一次会员大会。会议选举产生阿图什市党建研究会第一届理事会成员。

12月26日 市有关领导在市委老干部局同离退休干部进行座谈。向老干部们通报2013年阿图什市经济社会发展情况，征求老干部们对今后各项工作的意见建议。

12月31日 上午13时，阿图什市电视台电视节目开播仪式隆重举行。州文广局局长阿斯卡尔·江额巴依，市委常委、纪委书记李宗武，市委常委沈立新以及来自克州电视台、克州日报社、阿克陶县电视台等部门的领导共同出席启动仪式。

2014年

1月14日 中共阿图什市委六届四次全委(扩大)会议在克州文化中心召开。州委常委、市委书记申海涛作题为《明确目标 自加压力 狠抓落实 奋力开创阿图什市跨越式发展和长治久安新局面》的工作报告。

同日 阿图什市老龄委被自治区民政厅评为老龄工作先进单位。

2月21日 昆山市第二批援疆工作组一行18人抵达阿图什市，开始新一批的援疆工作。

2月27日 阿图什市召开各级干部深入基层“访民情 惠民生 聚民心”活动动员大会。市四套班子领导及全市各乡镇、街道、市直部门、企事业单位、人民团体、中央、自治区驻市单位领导、工作组成员参加会议。

3月13日 阿图什市召开党的群众路线教育实践活动动员部署会议，主要任务是学习贯彻中央、自治区、自治州党的群众路线教育实践活动会议精神，对全市党的群众路线教育实践活动进行安排部署。

3月24日 自治区“访民情 惠民生 聚民心”驻村工作领导小组指导检查组在阿图什市召开工作座谈会。自治区驻克州“访民情 惠民生 聚民心”驻村工作领导小组指导检查组组长、自治区高级人民法院院长乃依木·亚森及指导检查组成员，自治州驻市“访民情 惠民生 聚民心”驻村工作领导小组指导检查组成员及市党政相关领导等参加会议。

3月26日 阿图什市获得全国第二次地名普查先进市称号。

4月14日 州委常委、市委书记、市党的群众路线教育实践活动领导小组组长申海涛主持召开党的群众路线教育实践活动领导小组第一次会议。克州第一督导组组长、州政协原副主席张晖作督导讲话。

4月18日 首届援疆医师师带徒结对签约仪式在市医院举行。

5月7日 由自治区互联网信息办主办,市委、市政府承办的“塔克拉玛干的婚礼”专场在阿扎克乡阳光绿洲葡萄园举行。13对维吾尔族、汉族、柯尔克孜族3个民族的新人,在500余名亲朋好友的共同祝福下,步入婚姻的殿堂。

5月12日 阿图什市召开城乡党组织结对共建和“第一书记”工作专题推进会。

5月22日 国家卫生计生委流动人口司动态检测处处长胡强强一行,对阿图什市动态监测进行调研。

同日 阿图什市召开平安建设工作动员大会。

5月29日 自治区严厉打击暴力恐怖活动克州督导组组长李世玉一行,到阿图什市检查指导严厉打击暴力恐怖活动专项行动开展并召开座谈会。

6月10日 阿图什市召开国家公职人员“侵占农民利益”问题专项整治动员大会。

6月19日 阿图什市四套班子领导走进州纪委廉政教育展和州检察院警示教育基地,观看廉政警示教育展板及专题警示教育片。

6月24日 中央组织部干部二局鲁晓东处长一行,深入阿图什市调研大学生村干部工作。

6月25—26日 江苏省委书记罗志军率党政代表团赴阿图什市考察昆山援建项目。

7月12日 共青团中央书记处书记、全国青联副主席、全国少工委主任罗梅,团中央组织部部长万速成,自治区团委书记袁民、自治区团委副书记赵川等一行到阿图什市“红领巾”足球学校——依克萨克小学、光明街道团工委“青春驿站”调研。

7月22—23日 阿图什市召开市委常委班子党的群众路线教育实践活动专题民主生活会。州委常委、市委书记申海涛主持会议,市委常委及市人大、政协领导参加会议,自治区第九督导组组长乃依木·亚森、州委副书记、纪委书记王新波及州第一督导组组长张晖全程参加指导。

7月30日 自治区严厉打击暴力恐怖活动克州专项督导组组长李世玉一行到阿图什市看守所、阿扎克乡英巴格村检查指导工作。

7月31日 州委常委、市委书记申海涛率领市四套班子领导成员分别前往克州军分区、市武装部、市公安消防大队等驻市部队、边防连队对维稳一线的公安干警进行慰问,送去慰问金42万元。

8月7日 阿图什市举办“去极端化”宣讲报告会。市乡500余名乡科级干部参加报告会。

8月13日 国家卫生计生委家庭司副司长莫丽霞一行,到阿图什市阿扎克乡计生服务站进行调研。

8月16日 第一届阿图什市36名“民族团结天使”手拉手活动师生在南京受到江苏省委书记的接见。

8月27日 阿图什市召开深入推进正风肃纪工作会议。11个单位(部门)就正风肃纪牵头工作、主办工作、协办工作、落实工作情况进行交流发言。

8月30日 格达良乡遭受冰雹灾害,造成902户4600人受灾,受灾总面积704公顷,其中严重受灾面积514公顷、轻度受灾190公顷,直接经济损失2208万元。

同日 江苏省政协副主席何权一行到阿图什市考察昆山援疆工作。

9月10日 阿图什市上阿图什镇亚维勒克双语幼儿园幼师周丽娜在由中央电视台和光明日报主办的“寻找最美乡村教师”大型公益活动中,被推选为“最美乡村教师”。

9月12日 阿图什市委召开全面深化改革领导小组第一次会议。

9月17日 阿图什市召开第四届“全国最美乡村教师”周丽娜先进事迹报告会。

同日 昆山市委书记带领昆山党政代表团到阿图什市看望全国第八批昆山第二批援疆干部人才。

9月24日 阿图什市基层组织建设现场观摩会在上阿图什镇召开。

9月26日 阿图什市公安局副局长艾克白尔·艾尔肯被国务院评为“全国民族团结先进个人”。

10月10日 阿图什市慈善总会被国务院扶贫开发领导小组评为扶贫工作先进单位。

10 月 16 日　自治区群众路线教育实践活动第九督导组组长、自治区高级人民法院院长乃依木·亚森一行,在上阿图什镇对"访惠聚"工作进行调研督导。

10 月 17 日　阿图什市公安局巡逻防控大队副大队长塔依尔·吐尔逊被公安部评为"全国公安机关爱民模范先进个人"。

10 月 20 日　阿图什市召开党的群众路线教育实践活动总结会议,州委常委、市委书记、市党的群众路线教育实践活动领导小组组长申海涛作总结发言,自治州教育实践活动第一督导组组长、州政协原副主席张晖作讲话,州委副书记、州长帕尔哈提·吐尔地出席会议并讲话,自治区第九督导组副组长、自治区卫生厅副巡视员曹孺牛出席会议。

10 月 23 日　阿图什市松他克乡阿孜汗村业余党校成立并开班。

11 月 2 日　中共中央政治局委员、自治区党委书记张春贤到阿图什市考察调研。

11 月 6 日　自治区纪委给予阿图什市委副书记、市长开除党籍处分。

11 月 10 日　阿图什市公安局天山路派出所被公安部评为"全国优秀执法示范单位"。

11 月 11 日　自治区第九督导组组长、自治区高级人民法院院长乃依木·亚森一行,到格达良乡曲许尔盖村、库也克村、提坚村、乔克其村、库都克村走访慰问"访惠聚"工作组、基层警务室和爱国宗教人士,就维稳措施落实情况进行检查指导。

11 月 15 日　自治区党委组织部副部长张艾兵一行看望昆山援疆干部并考察阿图什市昆山育才学校。

11 月 16 日　阿图什市上阿图什镇亚维勒克双语幼儿园周丽娜由"感动中国·感动新疆"人物评选活动组委会授予"感动中国·感动新疆"十大人物称号。

12 月 16 日　克州中共十八届四中全会和自治区党委八届八次全委(扩大)会议精神宣讲团在阿图什举办宣讲报告会。

12 月 19 日　阿图什市召开招商引资洽谈会,会议就中国梅亿新能源控股集团有限公司入驻阿图什市投资事宜进行洽谈。

12 月 23 日　阿图什市启动并召开乡镇政策法制入户工作队座谈会。

2015 年

1 月 2 日　阿图什市召开"十大重点产业"(金属采选业、特色农牧业、服装服饰业、商贸物流业、现代服务业、民族餐饮业、民俗旅游业、丝绸产业、新建材、新能源)规划协调会。

1 月 5 日　中共阿图什市委六届五次全委(扩大)会议在克州文化中心召开。州委常委、市委书记申海涛作题为《振奋精神 真抓实干 奋力谱写阿图什市社会稳定和长治久安新篇章》的工作报告。

1 月 20 日　自治区发改委、人社厅一行检查援疆项目农民工工资支付情况,查看昆山援建的帕米尔大桥和阿图什市昆山育才学校配套项目。

2 月 28 日　阿图什市召开"坚定政治立场、声讨暴力恐怖、推进去极端化"活动动员会。

3 月 15 日　由市委宣传部、市文化体育广播影视局主办,乌鲁木齐玛格萨文化传播有限公司承办,阿图什市农村信用合作联社协办"传承经典旋律歌唱幸福家园"为主题的永恒的歌声——阿图什民歌赛歌会决赛在克州文化中心举行。当晚,州、市领导与全市 500 多名各族干部职工和人民群众一起观看比赛。

3 月 18 日　经中央批准,"纪念赛福鼎·艾则孜同志 100 周年诞辰"座谈会在北京召开。中央政治局委员、全国政协主席俞正声出席,中共中央政治局委员、全国人大常委会副委员长李建国讲话;赛福鼎·艾则孜家乡代表应邀参加座谈会。

3 月 22 日　由州、市宣传部组织的 2015 年文化科技卫生"三下乡"集中服务活动在阿图什市上阿图什镇举行。

3 月 23 日　自治区纪念赛福鼎·艾则孜 100 周年诞辰座谈会在乌鲁木齐举行。中共中央政治局委员、自治区党委书记张春贤出席并讲话。赛福鼎·艾则孜的亲属、身边工作人员、家乡代表一同合影,并在乌鲁木齐烈士陵园举行祭奠仪式。

4月1日 自治区政研室主任赵德儒一行前往上阿图什镇、阿湖乡调研农村环境卫生整治及设施农业发展情况。

4月8日 中央人民广播电台、新疆民族语言广播中心主任查看全市文体活动光碟,前往松他克乡买谢提村调研群众大舞台活动开展情况;前往阿湖乡调研乡村文化活动室运行情况。

4月12日 自治区党委组织部部长马学军到阿图什市,就基层组织建设和"访惠聚"工作进行调研。州、市领导陪同调研。

4月13日 自治区疾控专家组一行对阿图什市第二轮脊髓灰质炎疫苗补充免疫工作接种率快速评估,对光明及幸福街道辖区内住宅小区、集贸市场、客运站、哈拉峻乡及3个行政村134名儿童进行抽查,评估接种率100%。

4月14日 江苏省对口支援新疆克州前方指挥部党委副书记、副总指挥崔浩,带领指挥部规划建设组相关负责人赴昆山工作组调研昆山2015年援建项目建设进展情况。

4月23日 自治区艾滋病防治工作委员会办公室主任地力夏提·亚克甫一行3名专家,对阿图什市幸福街道卫生服务中心等艾滋病防治工作进行督导检查。

5月18日 阿图什市委组织召开机关干部下基层包村包户工作动员会议。

5月25日 自治区发改委党组书记杜鲁坤·托乎提一行到上阿图什镇卫生院、克州(阿图什市)妇幼保健医院项目工地现场实地调研。

6月24日 新疆梅亿电动汽车制造有限公司在阿图什昆山产业园举行奠基仪式,江苏省人大常委会副主任、党组副书记、省对口支援工作领导协调小组副组长史和平,自治区人大常委会副主任王永明,州、市党政领导参加奠基仪式。

6月28日 自治区党委常委、副主席艾尔肯·吐尼亚孜一行到阿图什调研。

7月7日 自治区教育厅"南疆四地州中小学教学质量提升工程项目工作组"对阿图什市第一中学阿吉木·沙特瓦尔地中学物理教学能手培养工作室进行2014—2015年度考核验收。

7月22日 阿图什市首届中、小学生校园足球联赛开幕。

7月29日 新疆梅亿电动汽车制造有限公司EM3电动汽车下线仪式在阿图什市昆山产业园举行。

7月30日 自治区政协主席努尔兰·阿不都满金在市党政领导陪同下到昆山产业园和小微产业园调研。

8月1日 中兴能源有限公司总裁于涌在州委副书记、常务副州长许咸宜,州委常委、市委书记申海涛陪同下到阿图什市调研昆山产业园和光伏产业园。

8月6日 阿图什在克州文化中心前举行"民族团结一家亲——江苏省援助阿图什市农村低保户电视机项目捐赠仪式"。

8月16—19日 苏州市副市长、昆山市委书记徐惠民带领党政代表团一行10人赴阿图什市考察援疆工作。在阿图什市委四楼会议室召开昆阿援疆座谈会。

9月5日 昆山市文化交流团一行赴阿图什市开展文化交流活动。

9月12日 阿图什市公共服务领域加快推进政府和社会资本合作PPP项目协调会议召开。

9月15日 阿图什市召开城市公立医院综合改革试点会议。

9月18日 自治州"流动网络大巴扎"启动仪式暨文化科技卫生"三下乡"活动在阿图什市阿湖乡举行。

9月28日 中共中央政治局常委、全国政协主席、中央代表团团长俞正声率中央代表团部分成员到阿图什市昆山产业园新疆中兴能源公司,听取情况介绍,考察光伏设备组装线,观看自动光伏清洗机器人操作演示,并和车间里的各民族员工亲切交谈。同时还到阿图什市光明街道办事处团结路社区,走进柯尔克孜族居民阿布都克热木·司马义家看望慰问。

10月13日 昆山人大常委会副主任张伟刚率人大考察团一行到阿图什考察昆山援疆工作。

10 月 25 日　自治区政协主席努尔兰·阿不都满金一行在州、市领导陪同下到阿图什市上阿图什镇调研医疗卫生标准化建设工作。

10 月 27 日　国家中医药管理局专家组一行 2 人在自治区中医医院督导组的陪同下,对阿图什市申报的中医民族医药传统知识项目进行督导检查。

10 月 30 日　江苏省对口支援新疆伊犁前方指挥部总指挥田洪一行到阿图什市昆山产业园考察。

11 月 2 日　人民广场商贸城内发生火灾。火灾烧毁(损)商户摊位 237 家,经济损失 300 万元。阿图什市公安消防大队先后调集 20 辆消防车、120 名消防官兵赶赴现场处置。火灾原因系商贸城内商户私自在摊位内乱拉电线,且年久电线老化,导致电线短路着火。

11 月 9 日　阿图什市召开干部大会,传达学习自治区党委南疆工作会议精神。

11 月 16 日　自治区民语委(翻译局)主任迪力木拉提·木沙在市党政领导陪同下到阿图什市帕米尔西路社区、政府综合楼、市一中、松他克乡调研社会用字规范工作。

11 月 17 日　自治区地州党政领导科技进步目标责任考核组组长艾尔肯江·牙生(人社厅副厅长)在阿图什市昆山孵化园、小微产业园调研。

11 月 23 日　新疆心脑血管医院专家组一行 5 人到阿图什市开展巡回医疗义诊活动。

11 月 24 日　自治州中共十八届五中全会和自治区南疆工作会议精神宣讲团在阿图什举办宣讲报告会,为全市各族领导干部进行主题宣讲。乡镇、街道和市直各单位 2000 余人参加。

12 月 2 日　阿图什市召开深化“三严三实”专题教育工作会议,着力解决基层干部不作为、乱作为等损害群众利益问题。

12 月 13 日　阿图什市召开易地扶贫搬迁工作会议。

12 月 16—17 日　杭州汉嘉设计院院长陈斌一行对阿图什市阿湖乡泉湾农家乐项目进行规划设计。

12 月 18 日　阿图什市医院举行江苏昆山对口阿图什援疆医师“师带徒”结对签约仪式,5 位业务精、素质强、有责任感的专家正式与 10 位基本素质好、有进取心、有事业感的优秀青年医师确定师徒关系。

12 月 20 日　阿图什市召开国民经济和社会发展“十三五”规划讨论会。

第一编　建置　区划

阿图什市位于中华人民共和国西部边陲，在新疆维吾尔自治区的西南部，是克孜勒苏柯尔克孜自治州的首府。自汉代以来，阿图什市境就是中国领土不可分割的一部分，西汉神爵二年(前60)，西汉中央政府在西域设都护府，市境归其管辖。2015年，阿图什市总面积约1.55万平方千米，辖1个镇、6个乡、2个街道办事处，76个村委会、15个社区居民委员会。市区建成区面积8.7平方千米。

第一章 境域 面积

第一节 境 域

“阿图什”,维吾尔语意为“桧柏”,柯尔克孜语意为“山岭”,1943 年始名。阿图什市位于新疆西南部,地处天山南麓,塔里木盆地西缘,北纬 39°34′~40°45′、东经 75°30′~78°23′,东连柯坪县,东北与阿合奇县相接,南接巴楚、伽师、疏附县,西邻乌恰县,西北与吉尔吉斯斯坦共和国为界,是克孜勒苏柯尔克孜自治州首府。距自治区首府乌鲁木齐市直线距离约 1100 千米。

第二节 面 积

阿图什市地处帕米尔高原,地势北高南低,西南向东降缓,地形复杂。海拔高度 1200~4562 米,北部有玛依丹山与喀拉铁热克山相连,呈西北东南走向,海拔 2500~4562 米,最高点塔什阔坦能贝希峰,海拔 4562 米。中部有吐古买提、哈拉峻盆地,海拔 1500~2000 米,西高东低,地势较平坦宽阔,是市内主要的草场。南部有喀拉塔格山以南的阿湖谷地和博孜塔格山、阿克塔格山以南的冲积平原,海拔 1200~1500 米,西高东低,是主要粮食种植区。最南端的兰干塔格山、库玛勒塔格山与喀什地区为界,在西南部还有恰克玛克河流域的上阿图什谷地。

1995 年,市境东西最长约 241 千米,南北最宽约 136 千米,与吉尔吉斯斯坦共和国边境线 120 多千米,全市总面积约 1.48 万平方千米,其中山地面积约 9730 平方千米,占总面积 65.7%;戈壁、荒漠面积约 2760 平方千米,占总面积 18.6%;绿洲面积约 2310 平方千米,占总面积 15.6%。

2015 年,全市总面积约 1.55 万平方千米,其中山地面积约 9730 平方千米,占总面积 62.77%;戈壁、荒漠面积约 2760 平方千米,占总面积 17.8%;绿洲面积约 3009 平方千米,占总面积 19.41%。

第二章 建置沿革 行政区划

第一节 建置沿革

自汉代以来,阿图什市境就是中国版图的一部分。西汉神爵二年(前 60),西汉设西域都护府作为管理西域的军政机构,当地官史皆佩带汉朝印绶,市境归其管辖。西汉末至东汉初,匈奴势力再度控制西域,疏勒亦在其控制之下。东汉永平十七年(74),汉使班超擒龟兹国派驻疏勒的傀儡国王,一举安定疏勒国,此后疏勒一直是东汉西域都护府及西域长史府的军政要地。永建二年(127),疏勒王臣磐被汉朝册封为“大都尉”。

三国、两晋、南北朝继承汉制,中央政府继续在西域设置军政管理机构,并将郡县制推广到西域。曹魏黄初三年(222)在西域设戊己校尉及西域长史,市境为其辖地。西晋武帝泰始元年(265),西晋在西域设置长史府,统管归附的西域诸国。

唐代,中央政权对西域的管理大为加强,先后设置安西大都护府和北庭大都护,统辖天山南北。唐贞观二十二年(648)与显庆三年(658),唐朝曾两度在此设置疏勒都督府,成为著名的“安西四镇”之一,市境归其管辖。天宝十四年(755)至贞元十年(794),安史之乱爆发,安西、北庭两大都护精兵被调入关平乱,吐蕃先后攻陷北庭、安西。此后，漠北回鹘汗国助唐收复北庭和安西。开成五年（840），漠北回鹘汗国被黠嘎斯攻破，庞特勤率回鹘一支西迁，建立喀喇汗王朝，市境受其统辖。喀喇汗王朝与宋朝保持着朝贡关系，多次派使臣向宋朝朝贡。宋代著名历史文献《突厥语大词典》将当时中国分为上秦、中秦、下秦3部分，上秦为北宋，中秦是辽朝，下秦为喀什噶尔一带，三位一体为完整的秦。《突厥语大词典》词条里将回鹘人称为塔特、桃花石，直译为中国回鹘人。在喀喇汗王朝钱币上，常有桃花石、布格拉汗、秦之王以及秦与东方之王等称呼，标示是中国的一部分。

北宋庆历元年（1041），喀喇汗王朝分裂为东、西两部，市境为东喀喇汗国属地。南宋绍兴四年（1134），西辽控制东喀喇汗国。西辽建立后，继承辽朝的典章制度，起用年号、庙号和汉式官制，汉文与契丹文并行，推崇儒家文化，这一时期中原文化在新疆地区及中亚发扬光大。大批契丹人和汉人被耶律大石带到新疆及中亚地区，大量汉人工匠带着中原地区先进的生产技术和工具，新疆地区出现中原先进生产技术与文化传播的又一次高潮。嘉定二年（1209），成吉思汗率蒙古军西征。南宋宝庆元年（1225），成吉思汗西征得胜而归分封诸子，市境在其次子察合台的封地之内。蒙古宪宗元年（1251），市境隶属元别失八里等处行尚书省。元至元十四年（1277），元军平定叛乱。至正八年（1348），察合台汗国分裂为东西两察合台汗国。市境为东察合台汗国统辖区。

明正德九年（1514），阿图什属叶尔羌汗国。清康熙十七年（1678），准噶尔部开始统治阿图什。清乾隆二十四年（1759），清朝平定大小和卓之乱，阿图什先后受喀什噶尔和叶尔羌参赞大臣管辖。光绪九年（1883），委任南疆各道府厅州县官吏，阿图什属疏勒直隶州管辖。光绪二十九年（1903）七月阿图什属伽师县管辖。

民国27年（1938）成立阿图什设置局，从伽师划出阿图什、阿湖两庄，疏附县划出上阿图什庄，归阿图什设置局辖治，设置局驻买谢提村。民国32年（1943）1月1日成立阿图什县，归喀什专署所辖。

1949年9月新疆和平解放，阿图什县归喀什专署管辖。1952年，伽师县吐古买提、哈拉峻、格达良3乡划归阿图什县，县机关迁至阿图什。1954年7月14日划归克孜勒苏柯尔克孜自治州管辖，是自治州的政治、经济、文化中心。1986年10月撤县设市。

第二节　行政区划

一、区划变更

1995年，阿图什市辖7个乡、2个街道办事处、4个场。7个乡分别是：上阿图什乡、阿扎克乡、松他克乡、阿湖乡、格达良乡、哈拉峻乡、吐古买提乡；2个街道办事处分别是：光明街道办事处、幸福街道办事处；4个场分别是：市经济羊场、结然布拉克牧场、市园艺场、市良种繁育场。

2008年，4个场均移交乡镇管理。

2011年10月，上阿图什乡撤乡建镇，改称上阿图什镇。

2015年，阿图什市辖1个镇、6个乡、2个街道办事处。

二、城区发展

1995年，阿图什市城市建成区面积3.3平方千米，中心城区共有16条主要街道，总长30.2千米，居住人口5万人。是克孜勒苏柯尔克孜自治州的首府，为全州政治、经济、文化中心。

至2000年底，阿图什市建成区扩大到7.2平方千米。

2003年底，中心城区街道19条，总长度41千米，居住人口6.5万人，建成区面积8.3平方千米。

2013年起，城区范围逐步向东发展，形成西城区和中心城区。

2014年，新一轮城市总体规划，阿图什市城区分为中心城区、西城区（轻重工业园区）、昆山产业园、东城区（皮革园区）。

2015年，建成区面积扩展至14.7平方千米（中心城区8.7平方千米、轻重工业园区3平方千米、昆山产业园区2平方千米、皮革园区1平方千米)。中心城区范围为西至博古孜河,东至皮革工业园区,南至环城南路、北至北山公园,共有帕米尔路、友谊路、松他克路、国道314、3012高速阿图什市C辅道等22条路,形成五横五纵路网。

三、街道办事处

街道以松他克路为界西侧为幸福街道、东侧为光明街道。1995—2015年没有变动。

2015年阿图什市行政区划一览表

表1-1

乡(镇)	村委会	村民小组(个)	地理位置
上阿图什镇	塔库提村	15	距镇中心西南部8.2千米
	依克萨克村	16	距镇中心东南部5千米
	亚维勒克村	10	距镇中心东北部2.5千米
	尧勒其村	13	距镇中心东南部2.7千米
	乌恰村	14	距镇中心东南部3千米
	迪汗拉村	12	距镇中心西南部1千米
	博斯坦村	12	距镇中心西北部2.2千米
	奥提亚克村	15	距镇中心西南部3千米
	萨依村	16	距镇中心西北部4.2千米
	拉依勒克村	14	距镇中心西南部6千米
	喀尔果勒村	7	距镇中心西北部15.2千米
	兰干村	14	距镇中心西北部5千米
	喀依拉克村	10	距镇中心西北部3千米
	博依萨克村	17	距镇中心西北部3.5千米
	铁提尔村	4	距镇中心西北部5.5千米
	塔什普什喀村	4	距镇中心西南部20千米
	阿克买拉村	3	距镇中心西南部12千米
阿扎克乡	阿扎克村	7	距离乡政府驻地北部1千米
	布亚买提村	12	距离乡政府驻地南部1千米
	伯干村	9	距离乡政府驻地东南部2千米
	尤库日伊什塔其村	7	距离乡政府驻地正北部1.5千米
	托万伊什塔其村	12	距离乡政府驻地西南部2千米
	翁艾日克村	12	距离乡政府驻地西南部7千米
	提坚村	12	距离乡政府驻地东部1千米
	铁提尔村	9	距离乡政府驻地西部3千米

续上表

乡(镇)	村委会	村民小组(个)	地理位置
阿扎克乡	麦依村	17	距离乡政府驻地西部4千米
	兰干村	7	距离乡政府驻地西南部4千米
	库兰其村	10	距离乡政府驻地西南部3千米
	英巴格村	4	距离乡政府驻地西部6千米
	库木萨克村	4	距离乡政府驻地东南部8千米
	库库力村	3	距离乡政府驻地西部3千米
松他克乡	松他克村	12	乡政府驻地西部0.5千米
	克青孜村	11	乡政府驻地东北8.5千米
	巴格拉村	8	乡政府驻地东北6.5千米
	温吐萨克村	7	乡政府驻地北部4千米
	瓦克瓦克村	8	乡政府驻地东部5.5千米
	肖鲁克村	10	乡政府驻地北部5.5千米
	阿孜汗村	10	乡政府驻地西北3.5千米
	买谢提村	14	乡政府驻地西北2千米
	托库勒村	13	乡政府驻地东南1.3千米
	亚喀巴格村	7	乡政府驻地北部4.5千米
	园艺场村	5	距离乡政府5.3千米
阿湖乡	托万买里村	11	距离乡政府3千米
	兰干村	3	距离乡政府2.5千米
	尤喀克买里村	13	距离乡政府1.5千米
	阿其克村	9	距离乡政府6千米
	托格拉克村	5	距离乡政府8千米
	阿热买里村	10	距离乡政府3千米
格达良乡	曲许尔盖村	11	距离乡政府15千米
	提坚村	8	距离乡政府12千米
	库都克村	8	距离乡政府6千米
	库尔干村	13	距离乡政府1千米
	乔克其村	13	距离乡政府5千米
	库也克村	15	距离乡政府10千米
	沙拉塔拉村	5	距离乡政府35千米
	阿尔帕勒克村	8	距离乡政府12千米

续上表

乡(镇)	村委会	村民小组(个)	地理位置
哈拉峻乡	琼哈拉峻村	4	距离乡政府驻地东部 1 千米
	欧吐拉哈拉峻村	4	距离乡政府驻地西部 3 千米
	阿亚克苏洪村	2	距离乡政府驻地西部 15 千米
	谢依提村	3	距离乡政府驻地东部 1 千米
	克孜勒陶村	8	距离乡政府驻地东部 40 千米
	皮羌村	2	距离乡政府驻地东部 40 千米
	库铁列克村	2	距离乡政府驻地东部 40 千米
	古尔库热村	2	距离乡政府驻地东部 40 千米
	昂额孜村	2	距离乡政府驻地东部 40 千米
	西里比里村	2	距离乡政府驻地东部 25 千米
	坎阿热力村	2	距离乡政府驻地西部 5 千米
	亚孜鲁村	2	距离乡政府驻地东部 50 千米
吐古买提乡	吐古买提村	5	乡政府南 2 千米
	库鲁木都克村	4	乡政府西 18 千米
	玛依丹村	3	乡政府西部 25 千米
	巴什苏洪木村	2	乡政府东北 21 千米
	科克塔木村	2	乡政府北东 23 千米
	阿合塔拉村	1	乡政府北东 20 千米
	结然布拉克村	1	乡政府南西 20 千米

四、区划界限勘定

(一)边界

市境东邻阿克苏地区柯坪县,东北与克州阿合奇县接壤,东南接喀什地区巴楚县,南与喀什地区伽师县和疏附县相连,西止克州乌恰县,西北与吉尔吉斯斯坦共和国为界,边境线长 88.3 千米,界桩 11 个,重点通外山口 15 处。有 2 个边境乡,边境管理区面积 11935 平方千米。

(二)行政界线

1997 年,自治州人民政府在全州行政界线划定上宣布自治州各县市的行政界线审定决定,阿图什市的行政界线没有大的变动。总面积为 1.48 万平方千米。

2015 年,阿图什市进行土地利用总体规划,经过土地详查,东西长 242 千米,南北宽 128 千米,面积约 1.55 万平方千米。

第三章　街道办事处概况

第一节　幸福街道办事处

一、概况

1956 年设阿图什镇,1958 年并入松他克人民公社,1959 年 9 月恢复阿图什镇,1987 年 10 月撤销阿图什镇,设立阿图什市幸福街道办事处,位于北纬 39°42′56″ ~ 39°43′16″、东经 76°08′39″ ~ 76°09′30″。地处阿图什市西部,东与光明街道为界,南至松他克乡与买谢提和阿孜汗村相接,西与布谷孜河为界与阿扎克乡相连,北接阿湖乡。辖区面积 4.6 平方千米,有主街道 7 条。克州党委、人民政府机关驻幸福街道办事处,辖区电话区号 0908,邮政编码 845350,距市中心 1.5 千米。街道党委成立于 2000 年 3 月,2003 年 4 月街道党委改为街道党工委。党工委下设 10 个党支部,共有党员 113 人。

1995 年,辖 5 个社区居委会和 1 个塔合提云行政村,辖区总人口 4259 户 16759 人,以维吾尔族为主,人口出生率 22.05‰,人口自然增长率 21.08‰。

2015 年,下辖帕米尔西路、天山路、松他克路、吾斯塘路、环城南路、幸福路 6 个社区居民委员会和 1 个塔合提云村民委员会(6 个村民小组)。辖区总人口 7450 户 30296 人,以维吾尔族为主,人口出生率 9.9‰,人口自然增长率 8.9‰。辖区东西最大距离 3.1 千米,南北最大距离 3.5 千米,总面积 4.61 平方千米。人口密度为每平方千米 5132 人。主要道路有帕米尔路(西)、群众路(西)、天山路(西)、团结路(西)、吾斯塘路(西)、环城南路(西)、环城西路、阿孜汗路、幸福路、松他克路、迎宾路。

二、经济发展

1995 年,幸福街道塔合提云村有耕地面积 20 公顷,人均 0.047 公顷,粮食作物以小麦为主,主要经济作物为葡萄、无花果、石榴。2010 年以后,随着全市城镇化建设步伐的加快,塔合提云村被列为"城中村"改造计划。

2015 年,共种植小麦 10 公顷,玉米 10 公顷,种植各类果树 35.93 公顷。畜牧业以牛、羊为主,其中牛饲养量 150 头(只),年末存栏 170 头;羊饲养量 3675 只,年末存栏 3845 只。

三、社会发展

(一)文化

1995 年,仅街道办事处文化活动中心 1 处,图书室 1 个,藏书 2000 册。

2015 年,有村级文化活动中心 1 处,各类图书室 6 个,藏书 1.74 万册。

(二)教育

1995—2015 年末,有幼儿园 1 所,幼儿 522 名;小学 2 所,初中 1 所,学生 6064 名,教职工 475 名。小学适龄儿童入学率 100%,初中适龄少年入学率 100%,九年义务教育普及率 100%。

(三)医疗卫生

1995—2015 年末,有各级医疗卫生机构 11 个;床位 1954 张。专业卫生人员 1339 人,执业医师 297 人,执业助理医师 26 人,注册护士 307 人。

(四)社会保障

1995—2015 年,新型农村养老保险参保人数 165 人,参保率达 100%。

(五)辖区主要单位

2015 年,辖区有行政(事业)单位 26 个,企业 5 家。主要单位有中国共产党克孜勒苏自治州委员会、克州人大、州人民政府、克州政协、克州党委政法委、克州党委组织部、克州党委宣传部、克州财政局、克州发展改革委员会、克州民政局、克州农业局、克州卫生局、阿图什市环保局、阿图什市人力资源和社会保障局、阿图什市财政局、阿图什市党校、阿图什市水利局、克州报社、阿图什市一中、阿图什市民政局、阿图什市卫生局、阿图什市农业局、阿图什市文体局、中国人民银行克州支行、中国工商银行阿图什市支行、中国银行克州分行、中国农业发展银行克州分行、克州电信公司、克州人民医院、克州水文站、克州科技局等。

第二节　光明街道办事处

一、概况

阿图什市光明街道办事处于1987年10月成立。位于北纬39°42′~29°23′、东经76°10′~55°28′,辖区以松他克路为界,东至州苗圃、南与松他克乡松他克村相连,北至314国道,辖区总面积6.9平方千米。南距离市人民政府1.7千米,南距离州人民政府1.9千米。境内全部为山前平原,地势略为北高南低、西高东低,最高点为北上坡,最低点为南湖公园。

1995年,辖7个社区,分别是帕米尔东路社区、团结路社区、吉米提拉路社区、文化路社区、人民路社区、友谊路社区、群众路社区,有人口4620户21636人。

2015年,下辖9个社区,分别是团结路社区、吉米提拉路社区、文化路社区、建设路社区、人民路社区、帕米尔东路社区、光明路社区、友谊路社区、群众路社区。辖区有居民21673户53525人,其中常住人口18447户48914人,流动人口1623户4077人。主要街道有帕米尔路、帕米尔东路、天山路、群众路、团结路、环城南路、松他克路、光明路、建设路、文化路、友谊路、经二路、经四路等主要道路。

二、社会事务

(一)文化

1995—2015年末,有社区文化活动中心9个,文化活动图书室9个,各类图书4.5万册,音乐、书法、摄影及舞蹈业余创作队员32人。

(二)医疗卫生

1995—2015年,辖区有卫生服务中心1个、卫生服务站9个、床位50张,固定资产总值29万元。专业卫生人员42名,其中执业医师2人、执业助理医师5人、注册护士12人,平均每千人拥有卫生技术人员1.07人,平均每千人拥有执业(助理)医师0.22人,平均每千人拥有注册护士0.3人。卫生服务中心(卫生服务站)完成门诊人数2037人,住院病人数136人。

(三)社会保障

1995—2015年,辖区有2084户5126人享受城市最低生活保障。为辖区45名重度残疾人发放阳光补贴6750元;为辖区309名残疾人发放两项补贴18.6万元;为辖区22名拥有机动车的残疾人发放燃油补贴5720元。每年为辖区253名80~90岁老人发放生活补助。

(四)辖区主要单位

2015年,光明街道辖区共有行政事业单位92个。辖区有中学3所,小学4所,幼儿园5所,托儿所1所,驾校2所,医院6所,超市便利店、药店、酒店咖啡店等与老百姓生活密切相关的商业网点1567家。主要单位有市党委,市人民政府,州、市地方税务局,州、市国税局,阿图什市司法局,市法院,阿图什市检察院,克州司法局,克州中级人民法院,克州人民检察院,州、市工商局,州、市公安局,克州文体广电局,州质量技术监督局,市教育局,克州二中,市一小,克州三小,市四中,州一中,市中心幼儿园,市育材学校,市医院,市红十字会,州维吾尔骨科医院,州、市供销社,州经信委,州道路运输管理局,市康泉供排水有责任公司,州路政管理局、公路管理局、交通运输局,市粮食局,州平原林场,市国土资源局,州计生委,州歌舞团,州环保局,市环卫局,州人力资源和社会保险局,州社保局,州客运站,州国土资源局,州财政局,克农机推广站,州食品药品监督管理所,州住建局,州党校,电大,教育局,市建设局,光明街道办事处,州气象局,9165、8108 台,州联通、移动公司,中国银行,农业银行,州邮政局,州建行,中东加油站,电力公司,众志液化气站,州一建、二建等主要单位。

第四章 乡镇概况

第一节 上阿图什镇

一、概况

阿图什,维吾尔语意为“桧柏”,柯尔克孜语意为“山岭”,上阿图什是阿图什的派生地名。上阿图什镇位于北纬 39°35′~39°51′、东经 75°30′~75°54′。地处塔里木盆地西缘,西南天山的西南坡,东邻阿湖乡和阿扎克乡,南以阿克塔格山与喀什市、疏附县为界,西和北跟乌恰县接壤。镇人民政府驻尧勒其村,距阿图什市 35 千米,距喀什市 27 千米。辖区东西最大距离 13.75 千米,南北最大距离 10.9 千米,总面积 77.6 平方千米。其中陆地 72.22 平方千米、水域 5.38 平方千米。人口密度每平方千米 842.96 人,道路 10.05 平方千米,村庄 12.94 平方千米。辖区有阿图什天门等自然景观。

1995 年,上阿图什乡有 16 个行政村,1 个羊场,16 个村民委员会,205 个村民小组。辖区总人口 38548 人,其中农业人口 36571 人、非农业人口 1977 人,男性 19101 人、女性 19447 人。人口自然出生率 15.35‰,人口自然增长率 9.18‰。

2011 年 10 月,上阿图什乡撤乡建镇,改称上阿图什镇。

2015 年末,镇辖塔库提村、依克萨克村、尧勒其村、乌恰村、迪汗拉村、奥提亚克村、亚维勒克村、博斯坦村、萨依村、博依萨克村、兰干村、铁提尔村、喀依拉克村、拉依勒克村、喀尔果勒村、塔什普什喀村、阿克买拉村 17 个行政村,1 个羊场,17 个村民委员会,211 个村民小组。辖区总人口 50813 人,其中农业人口 43230 人、非农业人口 7583 人,男性 26067 人、女性 24746 人,18 岁以下 16934 人、60 岁以上 4729 人。全镇范围内建成 17 个计生服务室,人口自然出生率 17.8‰。

二、自然资源

(一)地形地貌

上阿图什镇地处恰克玛克河宽谷,地势由西北向东南倾斜自然坡 0.5% ~15% 之间,地形呈梯形、东部窄、西北部宽,西高东低,地势较高且 3 面环山。主要山脉有玉奇莫日万塔格山,境内最高峰玉奇莫日万塔格山,位于镇政府驻地东南 6 千米处,海拔 2036.8 米。

(二)气候

属于温带大陆性干旱气候,其特点是四季分明,春季升温快,天气多变,夏季炎热,蒸发快,秋季降温迅速,冬季寒冷多晴日,微风尘雪,全年晴日多,蒸发强,相对低温,日照时间长,降水量少。年平均气温 11.6℃,极端最低气温 -24.4℃,极端最高气温 41.2℃,最大冻土深度 68 厘米,无霜期年平均 183 天。年平均日照时数 2500 ~3000 小时,日照百分率 68%,年总辐射 138.2 千卡/平方厘米,积温全年 4673.5℃,年平均降水量 67.5 毫米。

(三)水文

镇区内主要河道有恰克玛克河,全长 166 千米,分为南北两条支流,源头的主峰高 5031 米,集水面积 3800 平方千米,平均年径流量 1.596 亿立方米,最小 0.81 亿立方米,最大 2.665 亿立方米。

(四)自然灾害

主要自然灾害有风灾(干热风、大风)、干旱、冰雹、冻害、山洪、雪灾、浮尘、地震等,主要发生在 12 月至翌年2月。

三、经济概况

(一)农牧业

1995年,全乡粮食总面积2680公顷,总产1480万千克,棉花总产1.2万千克,油料总产36.2万千克,牲畜年末存栏5.49万头(只)。

2015年,全镇粮食总面积5353.33公顷,总产3999.5万千克;其中小麦总面积4333.33公顷,单产446千克、总产2901.8万千克;玉米1020公顷,单产715千克、总产1093.2万千克;复播秸秆806.67公顷;蔬菜面积290.7公顷;从273.33公顷种子田精选种子1258吨,精选纯度99.8%;种植三圃田1公顷;收购粮食394.2万千克。全镇核桃面积2600公顷,其中已挂果966.67公顷,新嫁接树木7.94万株。其中核桃6.99万株,其他果树0.95万株,补植补种295.33公顷;义务植树21.98万株,参加3万人(次),新发展各类优质树木苗圃9.23公顷,改造老果园26.23公顷。控制采伐限额494.2立方米。林果业示范园点数19个,面积180公顷。年末牲畜存栏12万头(只),其中牛9592头,绵羊10.04万只,山羊9500只,其他447头;养殖家禽24万羽。

(二)财政金融

1995年,全乡国民生产总值完成4101万元。其中第一产业2942万元,占总产值的71.74%;第二产业551万元,占总产值的13.44%;第三产业608万元,占总产值的14.83%;农牧民人均纯收入744元。村集体经济收入56万元。

2015年,全镇国民生产总值完成3.46亿元。其中第一产业1.572亿元,占总产值的45.43%;第二产业4023.95万元,占总产值的11.63%;第三产业5740.54万元,占总产值的16.59%;全社会固定资产投资完成6755万元。劳务输出创收9130.94万元。农牧民人均纯收入6450元。村集体经济收入97.54万元,招商引资到位资金1556万元。

四、社会发展

(一)文化

1995年,全乡有广播站1个、村文化活动室16个。

2015年,全镇有文化艺术团体1个、会员15人,年演出204场,观众6.2万人,村文化活动室17个、农家书屋5个,书籍11大类1.2万册。全镇“土喇叭”宣讲队深入村重点开展以自治区去极端化、“三支队伍”建设、法治宣传、宗教极端思想渗透主要表现形式及苗头等内容为主题的宣传活动320场,受教育群众5.2万人,全年开展群众性文体、文艺活动544场,受教育人数16.32万人(次);投资54万元,在尧勒其、塔库提等9个村,新建篮球场和乒乓球场;投资309万元,完成有线电视线路改造工程;为偏远村庄安装户户通3230个;镇党委组织农民运动员,参加阿图什市举办的农牧民运动会,荣获第一名,参加全市举办的民歌赛,荣获第二名,参加阿图什市举办的“博格拉杯”,荣获第三名。

(二)教育

上阿图什乡教育事业历史较为悠久。依克萨克学校是新疆第一所新型学校,以培育人才为主。1995年,有中学3所,小学20所,学生9500名,教职工660名。全乡学龄儿童入学率100%,普及率98.2%,巩固率98.2%。

2015年,全镇培训校长和教师两支队伍295人次;迪汗拉小学成功创建“州级德育达标学校”,完成14所学校标准化建设;考取内高班16名,区内班118名,高中考取大学463名,各村建立教育助学资金协会,对在校中、小学生和考入大学成绩优异特困生发放补助65万元。开展“控辍保学”工作,依法维护适龄儿童接受义务教育的权利,全镇小学入学率100%,巩固率100%;初中入学率100%,巩固率100%;15周岁少年初等教育普及率100%,残疾儿童入学率100%。

(三)卫生

1995年,乡人民医院设病床52张,有200平方米的门诊部,有医务人员45名。医院有化验室、手术室、

X 光透视室。各村都成立医疗站。年门诊量 25746 人次,接收住院 2729 人次。

2015 年,全镇免疫接种率98%以上。深化新型农村合作医疗,全镇参保人数 42119 人,参保率 100%,各级补偿金额 2210 万元。住院人数 5134 人次,门诊就诊 6.78 万人次,住院总医疗费用 208 万元。新生儿 1237 个,建卡率 100%,接种率 97.1%。

(四)体育

1995 年,有学校体育场 20 个,经常参加体育活动的人员占常住人口的 50%。

2015 年末,有学校体育场 26 个,经常参加体育活动的人员占常住人口的 65%。

(五)社会保障

1995 年,发放救济款 18700 元。

2015 年,发放面粉 350 袋、发放碘盐 54.36 吨、救灾款 15 万元、发放城市低保 155.66 万元、农村低保 170.44 万元;为 80 岁以上老人发放生活补助 17.06 万元;为五保户发放生活补贴 7.92 万元;完成 100 户棚圈建设,每户补助资金 6000 元,总补助资金 60 万元;投资 361 万元,为贫困户发放 208 头牛,发放 2802 只羊;投资 90 万元,在喀尔果勒村、亚维勒克村、乌恰村修建 3 个地毯厂;投资 140 万元,完成嫁接核桃 6.99 万株;投资 30 万元,完成 66.67 公顷种植核桃项目;发放农资补贴 605.08 万元、粮食补贴 120 万元、良种补贴 97.59 万元、农机补贴 210 万元、草原补贴 147.17 万元、退耕还林补贴 46.35 万元。

五、基础设施

(一)邮政电信

1995 年,设邮电所 1 个,阿图什市至上阿图什乡有 1 条农村电话线路,长度 35.56 千米。

2015 年末,有邮政网点 1 个,投递点 70 个,乡村通邮率 100%;征订报纸 11 万份、杂志 5.5 万册,业务收入 11 万元。

(二)交通

1995 年,境内交通十分便利,到喀什市、乌恰县有沥青公路相通,到各村有沙砾公路相通。314 国道、309 省道横贯全镇。

2015 年,镇域公路总长度 277.1 千米,其中柏油路 145 千米,石子路 57.2 千米,土路 74.8 千米,镇级公路 95 千米,村级公路 162 千米,镇客运站占地面积 4200 平方米,建筑面积 1650 平方米。

(三)能源

1995 年,全乡有电站 2 座,分别是一、二级电站。一级电站总装机容量 2×200 千瓦,年发电量 240 万千瓦时;二级电站总装机容量 2×125 千瓦,年发电量 80 万千瓦时。两座电站均运行良好。

2015 年,全镇有发电企业 2 家,高压输电线路 4 条,总长度 773 千米,用电负荷 18.2 万千瓦。年售电量 15.30 亿千瓦时,综合电压合格率 99.9%。

第二节 阿扎克乡

一、概况

"阿扎克"原为"阿孜阿克",维吾尔语意为很少一点白地,相传此地以前是一片红柳滩,只有一点白地可耕种,故得名。因原乡政府机关驻阿扎克村而得名。位于北纬 39°35′34″~39°44′46″、东经 76°06′58″~76°21′36″,地处阿图什市的西南部,东北与松他克乡以布谷孜河为界,南以兰干塔格山、库玛勒塔格山与喀什市的伯什克然木为界,西部与上阿图什乡为邻,北至布谷孜河与阿湖乡接壤。人民政府驻布亚买提村,境内东西最大距离 26 千米,南北最大距离 14 千米,全乡总面积 282 平方千米。距阿图什市城区 4.5 千米,距喀什市 41.9 千米。

1995 年,乡辖 13 个村委会、1 个乡办林场、1 个乡办牧场,126 个村民小组。全乡有 5679 户 29365 人,其中非农业人口 980 人。总人口中,男性 14985 人,女性 14380 人。全乡均为维吾尔族。人口出生率 19.56‰,

死亡率7.01‰,人口自然增长率12.55‰。

2015年末,辖布亚买提村、阿扎克村、提坚村、尤库日伊什塔其村、托万伊什塔其村、铁提尔村、麦依村、兰干村、库兰其村、英巴格村、伯干村、翁艾日克村、库木萨克村、库库力村14个村民委员会。全乡总面积282平方千米,辖区总人口42898人,其中非农业人口4738人。总人口中,男性22030人,女性20868人。以维吾尔族为主,共42853人,汉族42人。人口出生率16.97‰,死亡率1.82‰,人口自然增长率15.1‰。

二、自然条件

(一)地形地貌

阿扎克乡位于恰克马克河、布谷孜河冲积平原上,境内大部为山前平原,地势西北部高,向东南缓降,地面平均海拔1200~1300米。

(二)气候

阿扎克乡地处中纬度欧亚大陆腹地,属于温带大陆性干旱气候,四季分明。春季升温快,天气多变,多浮尘;夏季炎热,蒸发快;秋季降温迅速;冬季寒冷多晴日,微风少雪。年平均气温11.6℃~13.8℃,最冷为1月,平均最低气温-3.9℃~10.6℃,最热为7月,平均最高温度24.2℃~29.2℃,年降雨量78毫米,光热资源丰富,日照时间有效积温高,无霜期243天,为早熟水果的生长提供得天独厚的条件。全年多西北风,平均风速2.1米/秒。

(三)水文

境内有布谷孜河、阿其亚河、伯西克来木河3条河流,境内干渠全长50.4千米,支渠14条60千米,毛渠100条100千米,恰克马克河、布谷孜河是主要水源。

(四)矿藏及其他自然资源

境内矿产资源主要为砖瓦用粘土矿,集中分布在阿扎克村、布亚买提村和库木萨克村一带。

(五)自然灾害

主要自然灾害有风灾、洪水、雨灾、冷害等。大风天气每年4—6月和8—10月为盛期,雨水灾害主要发生在9月底、10月初,造成葡萄品质严重下降,农民收入大幅降低。最严重的一次洪水为2010年9月18—24日,全乡3个行政村22个生产队受灾。殃及232户1126人。房屋受损719间,围墙倒塌1647米,葡萄、水稻、玉米、道路、防洪坝等损毁,经济损失3000万元。

三、经济概况

(一)农牧业

阿扎克乡的经济以农业为主,牧、林、副业为辅。

1995年,全乡耕地面积2933.39公顷,其中林地993.07公顷、果园486.96公顷。主要农作物有冬小麦、高粱、玉米、棉花、葵花、胡麻、油菜等。全年粮食面积2553.33公顷,总产1050.9万千克,其中小麦总产6425吨、玉米总产4084吨、棉花总产492吨、油料总产122吨。牲畜年末存栏数40668头(只),出栏数18667头(只)。

2015年,全乡耕地面积4840公顷,人均0.12公顷,全部为水浇地,以木纳格葡萄、无花果、小麦为主。农业总产值1.44亿元,占生产总值的69.23%。新种植果树19.86公顷,培育母本园26.67公顷,沟灌2400公顷,建设标准示范园880公顷。葡萄面积2933.33公顷,挂果面积2400公顷,总产4.7万吨,产值7400万元。核桃种植155.33公顷、红枣208.09公顷、无花果74.25公顷、苗圃11.87公顷,杨树26.97公顷,大果沙枣5.6公顷,其他6.33公顷,义务植树造林36.37公顷14.2万株。全年粮食面积3733.33公顷,总产量19278.1吨,其中小麦1843.33公顷(种子田100公顷),单产981.5千克,总产10547.4吨。玉米播种1866.67公顷,单产307千克,总产8598.8吨。瓜果种植100.4公顷,单产1600千克,总产2409.6吨;蔬菜22.67公顷,单产2250千克,总产765吨。牛羊品种改良3.2万头只,新建养殖小区2个,发展养殖大户40户,特色养殖12.2万羽,新成立合作组织2个,牲畜防疫密度100%,出栏4.25万头(只),存栏5.79万头

(只),商品率74.56%,畜牧业产值2200万元。管理库木萨克设施农业产业区的144座温室大棚,棚均收入1.2万元。

(二)工业

1995年,乡村企业以民用建筑、木器加工、烧砖为主。有集体企业12家,从业人数370人,私营企业2634家,从业人数4545人。有制砖厂4家,集体企业1家、联户办3家,4家制砖厂均分布在托万伊什塔其村。

2015年,以塑料制品、装饰用品、水果保鲜和纯净水生产为主。拥有企业68家,合作社123个,共有职工1586人。完成输出9908人(次),创收3389万元。

(三)商业外贸

1995年以来,乡村经商人数逐渐增加,有5850人从事第三产业,到北京、上海、广州、江苏、浙江等省、市经商,有少数到国外经商。

2015年末,有商业网点35个,职工47人;社会商品零售总额1194.5万元,比上年增长7.2%。在外经商2916人,其中国外经商546人,国内疆外经商544人、疆内经商1826人。

(四)农村经济收益

1995年,实现国内生产总值3784万元。其中第一产业2658万元、第二产业473万元、第三产业653万元。乡村集体收入44万元,农牧民人均纯收入775元。

2015年,实现国内生产总值25354万元。其中第一产业15431万元、第二产业2463万元、第三产业7460万元。农牧民人均纯收入6010元。

四、社会发展

(一)文化、体育、广播电视

1995年,有广播站1处。

2015年末,有乡文化中心、广播站各1处,有村级远程电教配套14个、文化广场3个、文化室15个,建设总面积1.05万平方米,乡村文化室拥有各类图书1.2万册。有民间艺人及文学业余创作队伍423人,有文物保护单位21处。有学校体育场15个,2个村安装健身器材,经常参加体育活动的人员占常住人口的35%。阿扎克乡广播站有编制12个,实有人数35人,实施广播电视"村村通"工程,全乡广播人口和电视人口覆盖率均100%。

(二)教育、科技

1995年,有中学5所、小学16所,在校生5904人、教职工482人。小学适龄儿童入学率100%。

2015年末,有幼儿园11所,幼儿1573人,专任教师104人;小学13所,在校学生4466人,专任教师492人,小学适龄儿童入学率100%;中学2所,初中在校学生1506人,专任教师612人,全乡共有专任教师1208人。初中适龄人口入学率、小升初升学率、九年义务教育覆盖率99.8%。举办科技培训30次,培训人员8000人次,发放宣传手册3000份。建成百亩以上葡萄连片科技示范点59个1200公顷,科技示范户350户,科技示范村12个。

(三)医疗卫生

1995年,有乡卫生院1所、病床30张、医护人员37人,各村均设有医疗站,每站有医护、保健人员2~3名。

2015年末,有各级医疗卫生机构16个,门诊部(所)1个;床位100张,每万人拥有病床25.04张;有医生37人,护士29人,专业卫生人员48人,其中执业医师11人、执业助理医师26人,注册护士77人,平均每千人拥有卫生技术人员1.5人,平均每千人拥有执业(助理)医师1.2人,平均每千人拥有注册护士2人。医疗机构(门诊部以上)完成诊疗4.8万人次,14个村村民全部参加新型农村合作医疗,参保率100%。

(四)社会保障

全乡农村最低生活保障户数816户2351人。2015年发放低保金336.67万元,月人均129元,发放春节慰问金46.36万元,发放物价补贴14.58万元。国家抚恤、补助各类优抚对象4人,抚恤事业费支出8640

元。每月享受55元补助的60岁以人员3164人;为全乡80岁以上的269位老人,发放“老年人生活保障金”;16~59岁农民参加新型农村养老保险11960人,参保率100%。

五、基础设施

(一)交通运输

1995年,市道公路X373,阿图什—阿扎克线,全长7千米,属一般四级公路,该公路直通兰干村与国道314线相接,实际通车里程25千米。乡公路总长度81千米,交通便利,乡到阿图什城有沥青公路相通,村村之间都有沙砾公路相连。

2015年,境内有314国道、373省道、309省道等3条公路干线交会,境内长58千米,东距南疆铁路11.5千米,西距喀什国际机场33.9千米。乡公路总长度359千米,其中柏油路105千米、石子路110千米、土路144千米。共有公交线路4条,日发送客运汽车84班次,日均容量4200余人次。

(二)邮政电信

1995年,有邮电所1处。有阿扎克乡至布亚买提村自行车邮路,全程18千米,为周六班。

2015年末,有邮政局代办所1处,报纸、杂志发行1.55万份。电信、移动、联通代办点24家,固定电话用户0.6万户,电话普及率12.86%;移动电话用户1.5万户,互联网用户307户。

第三节 松他克乡

一、概况

“松他克”系维吾尔语,意为“后来的首府”,民国32年(1943)设置阿图什县时,县政府机关驻此地,故得名。松他克乡位于北纬39°40′~39°80′、东经76°09′~78°21′,地处博古孜河洪冲积平原上,位于阿图什市东南部,与城区相毗连,距阿图什市3.5千米,距喀什市40千米。东临格达良乡,西靠阿扎克乡,南边与喀什市伯什克然木乡接壤。乡境东西最长20千米,南北最宽17千米,全乡总面积183平方千米,全部为平原,平均海拔高度1287米。乡政府驻松他克村。

1995年,乡辖阿孜汗、买谢提、松他克、托库勒、亚喀巴格、克青孜、巴格拉、温吐萨克、瓦克瓦克、肖鲁克10个村,1个农场,1个牧场,110个村民小组。全乡有4519户24641人(其中农业人口23818人、非农业人口823人),仅由维吾尔族组成。

2015年,全乡下辖阿孜汗、买谢提、松他克、托库勒、亚喀巴格、克青孜、巴格拉、温吐萨克、瓦克瓦克、肖鲁克、园艺场11个村民委员会,105个村民小组。全乡有人口7426户40634人(其中农业人口34714人、非农业人口5920人),有维吾尔族、汉族、柯尔克孜族、回族4个常住民族。

二、自然条件

松他克乡境在博古孜河洪冲积平原上,平均海拔高度1287米。松他克乡境内属暖温带大陆性干旱气候区,光能资源丰富,作物生长旺季(6—8月)日照时间每天12~14小时,日照百分率全年平均62%。年平均气温12.9℃,降水量年平均139.7毫米,降水季节分配不均,春夏季节降水量占全年的39%左右,无霜期240天。境内主要河道博谷孜河,从该乡阿孜汗村、买谢提村、托库勒村、瓦克瓦克村、克青孜村穿越,长20千米。境内主要靠博古孜河和泉水灌溉。矿产资源主要为砖瓦用粘土矿,集中分布在松他克村一带。主要自然灾害有风灾、洪水、雨灾、冷害等。大风天气每年4—6月和8—10月为盛期,雨水灾害主要发生在9月底、10月初,造成葡萄品质严重下降,农民收入大幅降低。

三、经济发展

全乡经济以农业为主,林、牧、副业为辅,有耕地1986.67公顷,主要粮食作物为小麦、水稻、玉米、高粱,油料作物有葵花、胡麻、油菜等，棉花有少量种植。1995年，全乡国民经济总收入3038万元，农民人均纯收入734元。农作物播种面积1718.93公顷，其中小麦面积1220公顷，占70.97%，总产463.3万千克；水稻65公顷，占3.8%，总产42万千克；油料6.67公顷，总产2.2万千克。牧业以家庭育肥、饲养牛羊为主，家庭育肥牛羊已成为许多家庭的经济支柱，牲畜年终存栏38596头（只）。全乡农户普遍有家庭果园，种植无花果、杏、桃、梨、葡萄、石榴等，还普遍种植西瓜、甜瓜，素有瓜果之乡的美称，尤以特产无花果闻名，是市区内无花果的主要产区，仅阿孜汗村的无花果树，就占全市无花果树总数的1/4。1995年，有710户1500人在从事第三产业。乡集体企业15家，从业人数278人，私营企业1349家，从业人数3047人，个体工商户432家。

2015年，全乡国民经济总收入2.61亿元，农民人均纯收入6551.62元。全乡耕地面积2133公顷（其中果园面积占1867公顷），粮食种植面积1933公顷，种植小麦1067公顷，有种子示范田23.33公顷，小麦每公顷产4905千克；复播玉米933公顷，每公顷产4275千克；高产推广示范田267公顷。木纳格葡萄总收入3729.3万元。全乡养殖专业户67户、合作社18个；年底牲畜存栏头数4.2万头（只），饲养家禽5万羽；品种改良牛1730头，改良绵羊1.85万只；育肥牛1000头，育肥羊2万只，免疫率100%。畜牧业总收入2605万元。

2015年，全乡有中微小企业126个，个体工商户2473家，实现收入3700万元，二、三产业为本地解决就业人数1.08万人。松他克乡以阿图什发展新型工业化为契机，利用城郊乡优势，大力发展第二、三产业，开展闲散劳动力技能培训957人，稳定就业519人。劳务输出1.05万人（次），实现劳务创收8940万元。

四、社会事务

1995年，全乡有中学3所、小学10所，在校中、小学生5404人，有教职工491人。有乡卫生院1所，设有病房、化验室、妇产科、内科、药房、透视室等，有病房10张、医护人员28人。各村都建有医疗站，村有医疗、保健人员2~3人。已故民间医师沙木萨克的祖传骨科，在全疆很有名。乡设有财政所、派出所、农技站、兽医站、林管站、水管站、广播站、信用社等机构。

2015年，全乡有学校14所，其中“双语”幼儿园4所、小学9所、中学1所。乡卫生院有干部职工72人，聘用人数28人，村医22人。乡有卫生院，各村均有卫生所。全乡有学校体育场14个，其中标准足球场1个，经常参加体育活动的人员占常住人口的55%。全乡合作医疗应参保人数7374人，实际参保7200人，收缴参保费76.89万元。享受农村养老保险人数2575人，享受城镇居民养老保险85人。农村低保797户、2115人，发放低保金219.6万元；城市低保573户、1479人，发放低保金339.66万元；对11名贫困优抚对象发放生活补助金3.4万元；做好老龄化工作，80岁以上的老人279人，发放补助14.53万元；精神病人员救助工作全面铺开，救助重患者3名，金额5000元，其中2名免费治疗；做好五保户工作，全乡五保户67户、每人每月发放生活补助300元，敬老院入住17人，发放金额18.09万元；托库勒村和克青孜村儿童福利体系试点工作启动。

2015年，全乡机关、站（所）干部职工494名，汉族干部36名，少数民族干部458名，其中机关122名（公务员117名、工人5名），事业单位372名（干部252名、工人120名）。有20个党支部，党员817名，“四老”人员130名（其中老模范2名、老干部29名、老党员99名）。团员总数1239名，“十星级”村组织创建示范村11个，平安村2个，优秀平安村9个，十户长151名，“两支队伍”40名。下属站所有乡卫生院、农经站、司法所、林管站、农技站、农机站、广播站、计生站、畜牧站等。驻乡机构有电信、邮政、工商、税务、电力、金融、粮食收购站等。

五、基础设施

（一）民生建设

1995—2015年，建设富民安居工程住房494户，均为困难户。2015年，兴边富民项目4个，松他克村、托库勒村更换饮水管道项目、园艺场村拱棚建设项目、肖鲁克村排碱渠建设项目，共计投资200万元；“惠民生工程”项目3个，其中瓦克瓦克村、克青孜村牲畜养殖项目100万元。劳动就业孵化中心项目，投资50万元；农牧场改制项目90万元，主要用于园艺场太阳能路灯亮化、铺村级油路；“一事一议”项目，投资230万元。2015年，村民服务中心及干部周转房项目共7个，其中巴格拉、瓦克瓦克、肖鲁克村、园艺场村建筑面积均为

198 平方米,总投资 235.38 万元;温吐萨克村、克青孜村、托库勒村建筑总面积 1681 平方米,三个村总投资额 310.01 万元。

(二)交通

1995 年,乡内交通便利,乡政府距市中心 4 千米,有沥青公路相通,乡与村之间都有沙砾公路相连。乡境有国道 1 条(即 314 国道),市道 1 条,总长 4 千米,乡村道路 9 条,总长 48 千米。全乡有各种汽车 51 辆,全为个体所有;有拖拉机 64 台、摩托车 88 辆。

2010—2015 年,乡党委、政府利用多种途径申报项目,对各村的乡间道路进行硬化、村容进行美化、路面进行亮化,为辖区居民的生产生活及出行提供便利。乡境有国道 1 条(即 314 国道),市道 4 条,总长 120 千米,乡村道路 11 条,总长 190 千米。

第四节 阿湖乡

一、概况

"阿湖",系维吾尔语,意为两山的中间,因地处北边的喀喇塔格山和南边的博孜塔格山之间而得名。阿湖乡地处北纬 39°44′~39°55′、东经 75°74′~76°22′,位于阿图什市西北部,东与新疆生产建设兵团农三师红旗一场为界,南至博古孜塔格山与市区相接,西与上阿图什镇相连,北接吐古买提乡,东西距离 60 千米,南北距离 35 千米,辖区总面积 609 平方千米。乡政府驻尤喀克买里村。

1995 年,全乡辖 6 个行政村、52 个村民小组。分别是托万买里村、尤喀克买里村、阿热买里村、阿其克村、托格拉克村、兰干村。全乡有 2689 户 13349 人,其中男性 6786 人、女性 6563 人。人口出生率 23‰,死亡率 6‰,人口自然增长率 11.12‰。由维吾尔族、柯尔克孜族组成,其中维吾尔族占 99.5%。

2015 年,全乡辖 6 个行政村、53 个村民小组。分别是托万买里村、尤喀克买里村、阿热买里村、阿其克村、托格拉克村、兰干村。全乡总人口 18983 人,其中男性 9808 人、女性 9175 人。人口出生率 19.8‰,死亡率 7.96‰,人口自然增长率 17‰。由维吾尔族、柯尔克孜族、汉族 3 个民族组成,其中维吾尔族占 98%。

二、自然条件

阿湖乡地处博古孜河中游,地势为北高南低、东高西低,地貌形态主要是沙石地,海拔 1438 米,最高点阿湖水库海拔 1575 米,最低点托格拉克水库海拔 1400 米。属中亚暖温带大陆性干旱气候,四季分明,日照时间长,光照充足,降雨稀少,无霜期年平均 183 天。全年平均气温 12.9℃,最热月为 7 月,平均气温 26.7℃,极端最高气温 39.4℃。最冷月为 1 月,平均气温 -6.3℃,极端最低气温 -27.4℃。降雨年际变化较大,多年平均降水总量 78 毫米,最大降水量 117.3 毫米,降雨集中在 5—9 月,占全年降水量 60% 以上。境内主要河流系博古孜河水系,自金币山入境,自西向东,流入托卡依水库,河道长 10 千米。博古孜河上游泉眼较多,中游又有山间盆地调节,地下水补给量占年径流量 77.6%,雨、雪混合补给占 22.4%,地下水是主要补给来源,径流年际变化相对较为平衡。主要自然灾害有土地盐碱化、洪水、大风等。

三、经济概况

阿湖乡是阿图什市的农业乡,水利设施完善,农村"五好"建设成效明显,基本形成道路、林带、条田、居民点整齐划一。主要农作物有小麦、玉米、高粱、胡麻、油菜等,还种植少量棉花。1995 年,乡国民经济生产总值 1630 万元。其中种植业收入 1239 万元,占国民经济总产值 76.01%;林果收入 29 万元,占国民经济总产值 1.78%;畜牧业收入 162 万元,占国民经济总产值 9.94%;二、三产业收入 200 万元,占国民经济总产值 12.27%。农牧民人均收入 677 元。耕地总面积 1680 公顷,主要种植小麦和复播玉米。夏粮播种面积 1126.67 公顷,总产 49.61 万千克。秋粮播种面积 553.33 公顷,总产量 202 万千克。油料作物种植 66.67 公顷,棉花种植 93.33 公顷。

2015 年，全乡国民经济生产总值 1.21 亿元。其中种植业收入 3371.5 万元，占国民经济生产总值 3.7%；林果收入 772.4 万元，占国民经济总产值 8.3%；畜牧业收入 1336.3 万元，占国民经济总产值 7.88%；二、三产业收入 3246.4 万元，占国民经济总产值 29.5%；劳务输出收入 3384.6 万元，占国民经济总产值 28.3%。农牧民人均收入 5875.04 元。耕地总面积 2333 公顷，主要种植小麦和复播玉米。小麦播种面积 1833 公顷，每公顷产 6705.75 千克，总产 2313.42 万千克。复播玉米播种面积 1861.6 公顷，每公顷产 5775 千克，总产量 1075.74 万千克，水稻播种面积 21 公顷，产量 89.6 万千克。油料作物种植 2.87 公顷，蔬菜种植 53 公顷。

四、社会发展

（一）文化、体育、广播电视

1995 年，乡有广播站、电视差转台、文化室，各村都有文化室。小喇叭入户率高，全乡 2689 户人家，户户装有小喇叭，广播电视实现“村村通”。

2015 年，阿湖乡有文化站、广播站各 1 个，广播电视网覆盖率 100%。村级文化活动中心 6 处，民间艺人及各类文化专业户 60 户，各类图书室 7 个，藏书 1.87 万册，实现乡有综合文化站，行政村有文化活动室。放映电影 102 次，文艺会演活动 84 次，安装户户通闭路电视 4000 户，全乡广播人口和电视人口覆盖率均 100%，入户率 100%。

（二）教育

1995 年，乡有中学 1 所、小学 7 所，在校中小学生 3385 人，教职工 198 人。

2008 年，阿热买里村新建小学教学楼 1 座，兰干村、托格拉克村开办双语幼儿园。

2010 年，托万买里村小学通过市级“德育达标校”检查验收。

2015 年，阿湖乡中学通过自治区级“德育达标校”检查验收。学生入学率、巩固率均 100%，扫除青壮年文盲率 100%。全乡有学校 9 所，其中中学 1 所、小学 5 所、“双语”幼儿园 3 所。教育系统干部职工 345 名。学生人数 2526 名，其中初中学生 390 名、小学学生 1679 名、幼儿园学生 457 名。

（三）医疗卫生

1995 年，阿湖乡卫生院总面积 9025 平方米，其中建筑面积 5802 平方米。设有内科、妇产科、化验室、药房、透视室等，病床 20 张，医护人员 26 人。各村设有医疗站，每个村医务人员 2～3 人，保健员 1 人。

2007 年，建成住院楼，总面积 850 平方米。2009 年，建成门诊，总面积 1050 平方米。2011 年建成公共卫生综合楼，总面积 800 平方米。行政楼和职工周转房总面积 2100 平方米（30 套）。

2015 年，乡卫生院下设 7 个村卫生室，为当地农民群众提供医疗、预防、保健等基本公共卫生服务工作。乡卫生院实有床位 65 张。设有预防保健科、内儿科、妇产科、中医维医康复科、公共卫生科、医学检验科、医学影像科。有 200 毫安 X 光机、彩色 B 超、全自动生化分析仪、全自动全血细胞分析仪、电解质分析仪、尿十项分析仪、心电图、心电监护仪、洗胃机、无抢呼吸机、全自动婴儿抢救台等大型医疗设备，配有救护车 2 辆，用于转运急危病人。配备 256 种国家基本药物，用于开展常见病、多发病的诊疗工作。2015 年，新农合应参合 16500 人，实际参合 16117 人，参合率 97.67%。

五、基础设施

（一）交通运输

境内主干道阿湖公路，自东向西纵贯全境，全长 9 千米。20 世纪 90 年代，对全乡主干交通道路统一规划，进行路基拓宽、取直、加高，修铺沙石路、柏油路，形成纵横交错的主干道交通网络。2015 年，全乡公路长 135 千米，实现“村村通”，交通便利。

（二）邮政电信

1995 年，有邮电所 1 处；设立农村电话线路 1 条，杆路长度 2.35 千米，线路长度 12.35 千米。

2015 年，阿湖乡有邮政所 1 处、电信营业厅 1 处、移动代办点 1 处、联通代办点 1 处。

第五节　格达良乡

一、概况

“格达良”,原为喀特亚依拉克,维吾尔语是“广阔的草原”的意思。格达良乡地处北纬39°34′~40°01′、东经76°20′~77°03′,地处塔里木盆地西缘,东接巴楚,南接伽师,西连松他克,北连哈拉峻。南疆铁路和314国道横穿其境,213省道经过乡政府所在地,乡政府驻库尔干村,距阿图什市47千米。辖区东西最大距离67千米,南北最大距离49千米,全乡总面积1528平方千米。

1995年,乡辖浩汗、曲许尔盖村、提坚村、库都克村、乔克其村、库也克村、阿尔帕勒克村7个村,72个村民小组。全乡2405户13351人,其中农业人口12866人、非农业人口485人。以维吾尔族为主。人口自然增长10.73‰,人口出生率15.91‰。

2015年末,格达良乡辖沙拉塔拉村、曲许尔盖村、提坚村、库都克村、库尔干村、乔克其村、库也克村、阿尔帕勒克村8个村民委员会。全乡总人口20141人,其中农业户口3520户18512人,非农业人口1629人。以维吾尔族为主。人口自然增长13‰,人口出生率14‰。

二、自然条件

(一)地形地貌

格达良乡处于阿图什洪积扇地带,乌喀公路横贯格达良乡东西,阿伽公路纵贯南北,乌喀以北为山区,以南为平原。西部有托卡依水库,北部主要有阿克塔格、克孜勒套、喀什噶儿等山。平均海拔1400余米。

(二)气候

属典型的温带大陆性气候,四季分明,气候干燥,光热充足,干旱少雨,昼夜温差大,降水稀少且蒸发量大,日照丰富。冬季少积雪,夏季炎热,春季多风、沙尘天气较多。年平均气温13.1℃,平原最热月平均气温27.4℃,最冷月平均气温-9℃,年平均降水量250毫米以上,降水的季节性分配不均,春季较多,占70%左右,冬季最少,仅占全年降水量的5%~10%。年平均蒸发量2901.6毫米,年日照时数2500~3000小时,无霜期240天。

三、经济发展

格达良乡是阿图什市的主要棉花生产基地,规模逐年增加,棉花品种不断改善。同时,格达良乡的肉食业也具有优势。

1995年,全乡农村经济总收入2104万元,第一产业收入2051万元,占97.48%,二、三产业收入53万元,占总产的2.52%。粮食作物面积940公顷,总产量302.4万千克。棉花播种面积1060公顷,总产139.8万千克。牲畜年末存栏头数19749头(只),出栏7964头(只)。人均纯收入864元。

2015年,格达良乡围绕“大招商大输出,增棉促牧扩园艺”战略思路,注重用发展的理念谋划工作,国民生产总值9799.48万元,年均增长速度10%左右,固定资产投资总额8587.8万元。人均纯收入3882元,农牧民群众收入呈稳步增长态势。

四、社会事业

(一)文化、体育、广播电视

1995年,有广播站1处,有村级文化活动中心7处、各类图书室7个,藏书2万余册。户户装有小喇叭,入户率达100%。

2015年,有文化体育广播站1处,有村级文化活动中心8处,各类图书室8个,藏书12万册。有学校体育场6个,村级篮球场4个。经常参加体育活动的人员占常住人口33%。广播电视网覆盖率100%,广播电视用户3765户,入户率100%。

（二）教育、科技

1995年，乡有中学1所、小学16所，在校学生2952人，有教职工164人。

2015年，有小学7所，教职工334人；“双语”幼儿园5所，儿童489名，全乡小学适龄儿童入学率100%，巩固率100%，15周岁人口文盲率为零，15周岁人口初等教育完成率100%，17周岁人口初级中等教育完成率100%。落实农村义务教育“两免一补”政策，“双语”教学稳步推进，“两基”工作通过国家验收。新建曲许尔盖村小学教学楼1100平方米，提坚村小学教学楼2000平方米，库也克村小学教学楼1100平方米，乔克其村小学围墙700米和值班室，沙依教学点围墙300米、值班室和80套教职工周转房，全乡硬件建设取得突破性进展。有农业技术专业人员59人，其中：具有高、中级以上专业技术职称9人，初级专业技术职称50人。

（三）医疗卫生

1995年，乡有卫生院1所，病床20张、医护人员22人；有村医疗站6个，每站有医务人员和保健员3人。

2015年，格达良乡有医疗卫生机构1个，门诊部（所）1个，床位55张，固定资产总值132万元。专业卫生人员39人，其中执业医师3人，执业助理医师2人，注册护士19人。完成诊疗3.7万人次。参加新型农村合作医疗率100%。

（四）社会保障

1995—2015年，城镇最低生活保障190户321人。2015年，发放保障金100.3万元；农村最低生活保障1037户2797人，发放保障金371.07万元。新型农村养老保险1713人，参保率28%。

五、公路交通

境内有213省道，由西向东纵贯全境，阿图什—伽师公路纵贯乡境南北，乡村道路宽阔畅通。乡村公路7条，全长69千米，村村通公路。2007—2015年，建成格达良乡客运站，日发客运汽车54辆，日均客容量600人次。

第六节　哈拉峻乡

一、概况

“哈拉峻”，柯尔克孜语是“黑色的路”的意思，因这里红柳很多，道路多被密集的红柳遮盖见不到阳光，人们就称这里为“哈拉却勒”，后来演变为哈拉峻而得名。哈拉竣乡位于北纬39°53′00″~40°45′00″、东经76°31′00″~78°28′00″。地处阿图什市境内东北部，东接巴楚县和柯枰县，南边格达良乡和伽师县，西与吐古买提乡相邻，北与阿合奇县和吉尔吉斯斯坦共和国为界。乡人民政府驻琼哈拉峻村，距市区97千米。辖区东西最大距离160千米，南北最大距离95千米，总面积8452平方千米。有怪柳林、盐湖、怪石林自然景观多处。

1995年，哈拉峻乡辖大哈拉峻、小哈拉峻、阿亚克苏洪木、谢依特、克孜勒套、皮羌、库铁热克、古尔库热8个村，28个村民小组。全乡2849户13489人，其中男性6711人、女性6778人；农村人口12569人、非农村人口920人。以柯尔克孜族为主。人口出生率17.47‰，死亡率5.35‰，自然增长率12.12‰。

2015年，哈拉峻乡辖琼哈拉峻村、欧吐拉哈拉峻村、阿亚克苏洪村、谢依提村、克孜勒陶村、皮羌村、库铁列克村、古尔库热村、昂额孜村、西里比里村、坝阿热力村、亚孜鲁村12个村民委员会。辖区总人口17325人，其中男性8862人、女性8463人。以柯尔克孜族为主。人口出生率13.63‰，死亡率7.7‰，自然增长率10.22‰。有流动人口181人。人口密度为每平方千米2.04人。

二、自然条件

（一）地形地貌

哈拉峻乡地处山区，东部为喀拉巴什套山，南部有喀拉塔克山，西部为喀什噶尔山和博孜套山，北部喀拉铁克山横贯全境，四周环山，形成一个盆地，最低处海拔1550米，最高处塔什阔坦能贝希峰海拔4562米。

(二)气候

属于温带大陆性干旱气候,四季分明,春季升温快,天气多变,夏季炎热,蒸发快,秋季降温迅速,冬季寒冷,年级变化幅度大,蒸发强,相对低温,年平均气温 12.9℃,极端最高气温 39℃,极端最低气温 -32℃,≥30℃天数 70 天。最大冻土深度 88 厘米,无霜期 171 天,年降雨量 118.4 毫米。

(三)矿藏

境内矿产资源主要有铜、铅、锌、铁、钒、钛、金等。其中有开采价值的矿床有:奇吉尔布拉克铜锌矿、皮羌钒钛磁铁矿、霍什布拉克铅锌矿、赛斯布拉克金矿。非金属矿储藏品种繁多、储量可观,主要有石灰石、冰洲石、石膏、云母、萤石、皮羌含鳞砂岩、皮羌大理石岩矿、硝尔库勒与吐孜苏盖特湖盐矿等,是自治州最大的非金属矿床。地下水资源储量 2.3 亿立方米。

三、经济发展

哈拉峻乡的经济主要以牧为主,农业为辅,主要牲畜有马、牛、羊、骆驼等。1995 年,牲畜年末存栏 94317 头(只),其中山羊存栏 49300 头(只),牛存栏 6438 头(只)、出栏 38276 头(只)。有粮食作物面积 460 公顷,主要作物小麦、玉米、青稞,总产 217.6 万千克。有林地 117.53 公顷、草场 28397.13 公顷,荒地 33.3 万公顷。

2015 年,畜牧业以牛、羊为主。牲畜存栏 18.50 万头(只),出栏 10.82 万头(只)。其中大畜存栏 1.04 万头(只),小畜存栏 17.46 万头(只),母畜 13.52 万头(只),接羔育幼 9.627 万头(只),接羔成活率 95.2%。商品率 67.8%,防疫率 100%。耕地面积 1226.13 公顷,人均 0.7 公顷,全部为水浇地,以种植小麦、玉米、油菜为主。农业总产值 1.09 亿元。生产粮食 6869.9 吨,其中小麦 1824.8 吨,玉米 5045.1 吨。工业生产总值 321.2 万元。工业以矿企为主。

四、社会事业

(一)文化

柯尔克孜族英雄史诗《玛纳斯》规模宏伟,色彩绚丽,在世界文学史中是一颗灿烂的巨星,是民间文学的奇葩瑰宝。哈拉峻乡作为《玛纳斯》之乡,《玛纳斯》的传承者、演唱者很多,在盛大集会时,经常举行《玛纳斯》演唱会,来自邻近的阿合奇县、乌恰县的《玛纳斯》歌手,也常在哈拉峻演唱。

1995 年,有广播站 1 处,村村有文化室,各类藏书 2000 余册。

2015 年,有乡文化站、广播站各 1 处,有村级文化活动中心 5 处,各类文化专业户 356 户,各类图书室 12 个,藏书 1.3 万册,音乐、美术、书法、摄影及文学业余创作队伍 575 人。

(二)教育

1995 年,有中学 1 所、小学 9 所,在校学生 2183 人,有教职工 167 人。小学适龄儿童入学率 100%。

2015 年,有幼儿园 2 所,园幼儿学生 190 人,专任教师 11 人;小学 5 所,学生 1662 人,专任教师 217 人。小学适龄儿童入学率 100%,初中适龄人口入学率、小升初升学率 100%。

(三)医疗卫生

1995 年,有卫生院 1 所,病床 36 张、救护车 1 辆、医护人员 24 人;有 8 个医疗站,医务保健员 8 人。

2015 年末,有乡级医疗卫生机构 1 个,门诊部(所)3 个。有床位 48 张,专业卫生人员 29 人,其中执业医师 1 人,执业助理医师 3 人,注册护士 10 人,农村医生 15 人。村民全部参加新型农村合作医疗,参保率 100%。

(四)社会保障

1995—2015 年,哈拉峻乡享受农村低保 398 户 1086 人。2015 年,发放低保金 111.8 万元,为低保户发放物价补贴 3.07 万元;城市低保 173 户 307 人,发放低保金 75.2 万元,发放民政救济金 8 万元,面粉 8 吨,加碘盐 36 吨。为 183 名 80 周岁以上老年人发放生活津贴和物价补贴,共 12.17 万元。农村新型养老保险,参保人数 5547 人,参保率 100%。贫困户 2734 户 11024 人,脱贫 500 户 2300 人。举办培训班 10 期,参训人员 780 人次。皮羌、库铁列克和古尔库热 3 个村为整村推进村,共发放扶贫牛 383 头、羊 1928 只、马 64 匹。

五、基础设施

1995 年，主要公路有八盘水磨—阿合奇公路，这条公路经亚孜鲁东北至阿合奇县，从乡政府出发经琼哈拉峻村通乌喀公路。全乡有汽车 60 辆，其中个体 58 辆；大小拖拉机 35 台，均属个体。有邮政所 1 处。

2015 年，境内有省道 306，距市火车站 97 千米，距喀什国际机场 143 千米。有邮政局代办所 1 处，电信服务网点 2 个。

第七节　吐古买提乡

一、概况

"吐古买提"柯尔克孜语意为水磨，相传早先有人到此，发现水多草茂，利于开发，便定居下来，修建水磨，故而得名。吐古买提乡位于阿图什市西北部，距城区 80 千米、距市区直线距离 33 千米，地处北纬 30°50′~40°37′、东经 75°51′~76°44′。境内东西长约 60 千米，南北宽约 64 千米，海拔高度 1600~3462 米，地势北高南低。北与吉尔吉斯共和国接壤，南与阿湖乡相连，东与哈拉峻乡相接，西与乌恰县铁列克乡毗邻，国境线长 110 千米，有 23 个通外山口，11 个常年通外山口。总面积 3180 平方千米，自然草地面积 5.45 万公顷，其中 70% 为荒山戈壁。乡政府驻吐古买提村。阿图什大峡谷为乡境内自然景观。

1995 年，辖吐古买提村、库鲁木都克村、巴什苏洪木村、玛依丹村、科克塔木村 5 个村，23 个村民小组。全乡 1207 户 6764 人，其中男 3377 人、女 3387 人；农业人口 6009 人、非农业人口 755 人。人口出生率 13.36‰，死亡率 5.05‰，人口自然增长率 8.31‰。下属站所(社)有派出所、地方税务所、国税所、粮站、文化站、林业站、广播站、种子站、农技站、供销社、邮电所、农机站、水管站、农经站、兽医站、信用社等机构。

2015 年，辖吐古买提村、库鲁木都克村、巴什苏洪木村、玛依丹村、科克塔木村、阿合塔拉村、结然布拉克村 7 个行政村，19 个村民小组。全乡总人口 2400 户 9589 人，人口自然增长率为 9.1‰。是一个柯尔克孜族聚居的边境牧业乡。全乡机关、站(所)干部职工 122 人(不包括垂管单位人数)，其中机关 47 人、事业单位 75 人，"两支队伍"31 人。党支部 11 个，党员 528 名。下属站所有乡卫生院、财政所、农经管理站、农业技术推广站、农机服务站、林管站、计划生育服务站、广播站、水管站、畜牧兽医站、司法所等。有清真寺 22 座，宗教人士 28 名。

二、自然条件

吐古买提乡地处高原山区，地貌起伏不平，山脉连绵不绝，北部有喀拉铁克、迈丹等山，南部有喀拉塔格等山，四周群山环抱，屏障重重，中间为吐古买提盆地。地处布谷孜河上游，水源丰富，水质清澈，主要用于阿湖谷地，博孜塔格山前平原及阿图什城镇用水。土层深厚、土地肥沃，适宜耕作。可利用草场 15.07 万公顷，人工草场 1000 公顷，林地 200 公顷，耕地 400 公顷。辖区有铁矿、水晶、冰洲石、石灰石等矿产资源。自然灾害频繁，风沙大，洪涝灾害多发，水土流失严重，土地盐碱化十分严重。

三、经济发展

1995 年，吐古买提乡是以牧业为主的半农半牧区。有耕地 329 公顷、草场 21.25 万公顷(其中可利用草场 16.67 万公顷、人工草场 353.3 公顷)、林地 12 公顷。耕地主要分布在吐古买提、依达良、玛依丹河谷和科克塔木洪冲积扇上。主要牲畜为牛、马、羊、骆驼等。牲畜年末存栏头数 4.7 万头(只)，出栏 19398 头(只)。粮食作物主要有青稞、小麦、玉米。经济作物有马铃薯、大蒜等，且质量好、产量高。1995 年，粮食耕种面积 326.67 公顷，总产 120.2 万千克。乡镇企业不发达，有小型面粉加工厂 2 个、小型水电站 1 座、地毯厂 1 个。全乡总收入 565 万元，人均纯收入 644 元。

2015 年，吐古买提乡完成生产总值 5416.2 万元，其中第一产业 3635.1 万元、第二产业 143.2 万元、第三产业 409.3 万元、劳务输出 1228.6 万元;固定资产投资 3693.6 万元;农牧民人均纯收入 4828.83 元。农作物主要有小麦、大麦、玉米、豆类等作物,果类有杏树等,牲畜以牛、羊为主,另有马、驴、骆驼、牦牛等,种植地膜玉米 240 公顷,冬小麦 286.67 公顷,春麦 80 公顷。牲畜存栏 19.4 万头(只)。实施草原禁牧 3.38 万公顷、草畜平衡 12.61 万公顷。依达良草料地建设开发种植 533.33 公顷,修筑道路 15 千米,种植防护林带 30 千米,打埂 125 千米,种植杨树 20 万株、杏树 3 万株、沙枣树 5 万株。在玛依丹村和巴什苏洪木村建设民族刺绣业和地毯厂,带动当地老百姓就业,向外界接收大批量订单。

四、社会事业

(一)教育、卫生

1995 年,有中学 1 所、小学 5 所、寄宿学校 2 所,在校中小学生 1493 人,其中中学生 184 人;有乡卫生院 1 所,病床 15 张,医护人员 21 人,建村医疗站 5 个,有医务和保健员 11 人。

2015 年,全乡有幼儿园 3 所、中心学校 3 所,入学率 100%。有卫生院 2 所,院内科室、设备齐全,医务人员专业技术达标,基本做到全乡小病不出门、大病能治疗。

(二)文化

1995 年,有广播站 1 处,村村都有文化室,各类藏书 2000 余册。

2015 年,吐古买提乡积极创建中国民间民族特色艺术文化乡,有文化站、广播站、文化娱乐中心及图书室、电影放映队、乡土刊物、文艺演出队、文化信息共享服务点。村村有文化娱乐场所、图书室,家庭开通数字电视,有线广播入户率 100%。文化站每月至少到村进行文艺演出 1 场,演出内容丰富多彩,民族特色鲜明。

(三)社会保障

1995—2015 年,吐古买提乡基本形成以低保、养老保险、医疗保险、拆迁补偿、征地补偿为主体的社会保障体系。有单位医疗保险制度,推行农村基本养老保险制度,建立农民基本医疗保险制度和大病救助制度。全乡男满 60 周岁、女满 50 周岁人员 100% 领取养老金。农村低保户 1399 户 5219 人,发放低保金 174.47 万元;城市低保户 190 户 436 人,发放城市低保金 447.52 万元。五保户 27 户 29 人,发放补助金 6.96 万元;80 岁以上老人 78 人,发放补助金 5.25 万元。

五、基础设施

以"创新、协调、绿色、开放、共享"五大发展理念为引领,保留乡村原生态,整体推进美丽乡村建设。以"一线守边二线固边三线服务"为宗旨,全力打造出符合具有民族特色的乡村。全乡护边员家庭小孩集中托管,做到守边不恋家、一心守好边;村村都建好村级活动中心,包括党员会议室、村支"两委"办公室、计生服务室、农民图书阅览室;部分村庄建立畜牧业、民族刺绣业、地毯厂等农民合作社。依达良万亩草料基地建设是克州 1.67 万公顷高效节水人工喷灌草料基地示范工程。

六、交通通信

1995 年,乡境地处山区,通信、交通极为不便。

2003 年,修通阿图什市至吐古提乡的公路,开通客运班车。

2004 年,开通移动通信。

2015 年,联通移动电话覆盖全境,为吐古买提乡连通外界架起桥梁,也为吐古买提乡经济发展注入新的活力。电话普及率每百人 88 部,电脑网络普及率每百人 17 台。

第二编　自然环境　资源

阿图什市地处西南天山与塔里木盆地交界区，位于北纬 39°34′～40°45′、东经 75°30′～78°28′，境内东西宽，南北狭窄，高山连绵，地势北高南低，西高东低，最高海拔 4562.3 米，最低海拔 1206.1 米。北部为山区，玛依丹山与喀拉铁热克山相连，呈东北西南走向，海拔 2500～4562 米，最高点为塔什阔坦能贝希峰，海拔 4562.3米。中部为吐古买提、哈拉峻盆地，海拔 1500～2000 米，地势较平坦宽阔。南部为平原和谷地，博孜塔格山、喀拉塔格山以南为平原，海拔1200～1500 米；恰克玛克河流域的上阿图什和博古孜河流域的阿湖为两河谷地。

市境地处中纬度欧亚大陆腹地，属暖温带大陆性干旱气候，其主要气候特征是：四季分明，日照充足，干旱少雨，无霜期长，气温日振幅大。春季升温快，天气多变，多浮尘；夏季炎热，蒸发强盛；秋季秋高气爽，降温迅速；冬季寒冷多晴日，风微雪少。

境内水资源较为丰富，全市拥有水资源 7.376 亿立方米，其中地表水 4.228 亿立方米，占 57.4%；地下水 3.148 亿立方米，占 42.6%。博古孜河和恰克玛克河是两条主要河流。

境内矿产资源丰富，主要分布在北部中高山区，已发现的金属矿有铁、钒、钦、锰、铜、铅、锌、金、稀有稀土等，非金属矿有磷、石灰岩、大理石、湖盐、冰洲石、石膏、云母、水晶、萤石等。

第一章　地质　地貌

第一节　地　　质

一、构造

阿图什市地处西南天山与塔里木盆地的交界地区。就仅有的地质工作成果看,其地质构造有以槽台构造学说为基础划分和以板块构造学说划分两种。

(一)槽台构造

以槽台构造学说为基础划分的主要构造单元有:(1)西南天山褶皱带的次级构造迈丹复向斜;(2)塔里木地台的柯坪断隆。褶皱带的构造方向呈北东—南西向,与本地区内的山脉走向一致,柯坪断隆内的断裂走向也是北东—南西走向。

(二)板块构造

以板块构造学说为基础划分的主要构造单元有:塔里木—中期陆地中的次级单元塔里木太古—早元古代地块和晚古生代褶皱带。南天山是塔里木北缘的边缘海。

二、地层

在阿图什市区域内涉及有托云—玛依丹山地层小区、阔克沙勒岭地层小区、巴什索贡—柯坪塔格分区和莎车分区。

(一)阔克沙勒岭小区

分布在市境东北角、艾克提克河中游一带,仅有石炭系艾克提克群(C_2a)在本区界内出露。

石炭系(C)　艾克提克群(C_2a)由深灰至灰绿色薄层板状泥质粉砂岩、页岩、泥砂质灰岩、硅质岩、夹碎屑灰岩和泥灰岩等组成。具不同程度的绢云母化和千枚岩化,与两侧地层匀呈断层接触。

(二)托云—玛依丹山小区

在本区的分布范围沿市境北部中吉边境东西向延伸。东北邻阔克沙勒岭小区,南侧以喀拉铁热克大断裂与巴什索贡—柯坪塔格分区划界。

1. 泥盆系(D)

坦盖塔尔组(D_3t)本区内只有小面积出露于阔什布拉克北部,东西长10千米,南北宽1千米左右,上下界多为断层破坏,仅局部地段可见上石炭统喀拉治尔加组不整合覆盖其上。

上部为灰色、深灰色灰岩,夹少量钙质砂岩及绢云母—绿泥石板岩,厚400~600米。

2. 石炭系(C)

巴什索贡组(C_1b)在区内均呈小面积零星分布。

岩性为灰色、浅灰色灰岩,下部呈厚层状,上部为块状。常具角砾状结构。厚度约400米。

喀拉治尔加组岩性复杂,为一套富含钙质的细碎屑沉积岩,岩石具不同程度的绢云母化和千枚岩化。总厚度超过3500米,可划分为上、下两个亚组。

3. 白垩系(K)

在本区界内,仅有小面积分布在阔什布拉克、巴什索贡。主要由砖红色、浅玫瑰红及黄白色砂岩、砾岩组成。

(三)巴什索贡—柯坪塔格分区

区内几条主要山脉如喀拉别克切尔塔克、奇兰塔格、奥兹格尔塔乌、喀拉铁热克山等呈北东向自南向北大致平行展布,各山脉也是地层出露的主要地带,山间凹地中则普遍被第四系松散沉积物所充填。

1. 奥陶系(O)

主要分布在境内东部的主要山脉脊部。

丘里塔格群(O_1ql)　组成各山脉的脊部。

丘里塔格群由较单纯的含燧石条带或结核之碳酸盐组成,并以黑、灰、白不同色调构成条带为其特征,一般下部以白云岩为主,越向上灰岩夹层逐渐增多,上部几乎全为灰岩所代替。

萨尔干塔格群(O_2sr)　主要分布位置与丘里塔格群相伴随,两者呈整合接触,底部常以一层炭质页岩或薄层泥质灰岩与下伏地层分界。

主要岩性为灰绿色砂质页岩、砂质灰岩、褐灰色泥质岩、土红色团块状灰岩等。

志留系柯坪塔格组(SK)　在区内各主要山脉多有出露。

柯坪塔格组由灰绿色、紫红色砂岩和页岩、泥岩组成,底部有不稳定的褐色砾岩或底砾岩,含笔石、珊瑚、腕足、苔藓虫、瓣鳃、植物等众多门类的化石,厚度400~800米。

2. 泥盆系(D)

分布广泛,几乎所有山脉均有分布。

沙拉依姆群(Dsl)　在区内的主要山脉与柯坪塔格组伴随出现,为一套以红色为主间夹绿色条带及斑块的砂岩、粉砂岩及泥岩组成的岩系,总厚度500~2100米。根据岩性组合特征,本群自下而上分为三个岩组(塔塔埃尔塔格组、衣木干塔乌组、克孜尔塔格组)。

吐古买提组(D_2t)　仅在本区吐古买提乡西北约5~6千米处有两块孤立露头。岩性为灰色块状灰岩及少量红色薄层状砂岩。厚度约400米。

坦盖塔尔组(D_3t)　分布在本区巴什索贡至吐古买提一带。其下界为断层所切,上界与巴什索贡组平行不整合接触。

下部为黑色—灰色含生物碎屑灰岩,夹少量钙质砂岩和绢云母绿泥石冲岩,厚400~500米。上部为灰色、浅灰色块状、厚层状灰岩,局部具有白云岩化,有时见钙质砾岩夹层,厚约300~400米。

3. 石炭系(C)

本区石炭系分布广泛,可划分为下石炭统巴什索贡组、中石炭统比京塔乌组及上石炭统康克林群。

巴什索贡组(C_1b)　主要分布在巴什索贡至吐古买提一带,其次见于喀拉干塔什托山等地。下部主要为灰色中厚层状灰岩、砂岩、灰色钙质砂岩,夹少量薄层状灰岩。上部为灰色、灰白色、浅红色薄层状硅化灰岩、灰色微粒薄层状含沥青灰岩、浅灰色薄层灰岩。

平行不整合覆于坦盖塔尔组之上。

比京塔乌组(C_2b)　主要分布于喀拉别克节尔塔格、喀拉干塔什托山以东的地区。以深灰色复矿细粒砂岩及粉砂岩为主,夹钙质砾岩、页岩夹层及灰岩透镜休,剖面中见大量炭质物,厚1060米,轻微角度不整合覆于巴什索贡组之上。

康克林群(C_3kk)　该组分布广泛,几乎所有山脉都有出露。

主要岩性为灰色、深灰色泥灰岩、泥晶灰岩、微晶灰岩及块状礁灰岩,有的地段见砂岩、粉砂岩及页岩夹层。

4. 二叠系(P)

在市境内,下二叠统比尤列提群(P1bi)分布很广,既有海相沉积,也有陆相碎屑岩及火山岩沉积。上二叠统库铁热克分布局限。

比尤列提群(P_1bi)　该岩性为杂色泥质岩、粉砂岩、钙质砂岩、浅灰色泥灰岩、暗灰色介壳灰岩与炭质—泥质—灰质页岩互层,局部有火山岩沉积。含瓣鳃、腕足、腹足及蜓化石。

库铁热克群(P_2kt)　仅出露于北部喀拉铁热克山南坡至绍尔布拉克、阔什布拉克一带。

本群为一套杂色不同程度的复矿砂岩、粉砂岩及泥质—硅质岩组成,顶部常见基性凝灰岩层。

5. 白垩系(K)

分布在皮羌断裂以西的柯坪塔格山西段及奥兹格尔塔乌山等处,呈窄带状沿山麓延伸。

下部为黏土岩与粉砂岩的韵律互层,夹少量凝灰岩及泥质砂岩层,底面含灰岩碎屑及砾石;上部砂岩增多,普遍具石膏化;中部局部地方见石膏和硬石膏夹层。

6. 下第三系(E)

分布在柯坪塔格山、奥兹格尔塔乌山和皮羌山以西地段。

为陆相红色层,主要由棕色、红色黏土岩、粉砂岩及砂岩组成,岩石多具石膏化及盐渍化。西部黏土岩较多,厚度300~500米。

7. 上第三系(N)

乌恰群(N_1Wp)　分布于奉区的柯坪塔格山西段,奥兹格尔塔乌山和皮羌山以西地段。整覆于下第三系之上。

主要由棕、红、绿、橙黄各色黏土岩、粉砂岩及砂岩互层夹少量砂砾岩组成。

阿图什组(N_2^2a)　主要分布在皮羌山、奥兹格尔塔乌山和柯坪塔格山西段等山麓地带。

阿图什组岩石成分较单一,为黄棕色黏土岩、粉砂岩、砂岩及砾岩组成互层。

8. 西域组(N_2^2—Q_1)

分布于柯坪塔格山、奥兹格尔塔乌山等山脉北坡,以及巴什索贡至吐古买提一带。

西域组为灰色,有时为浅黄色、浅褐色,偶有红色、绿色之砂岩层,岩组中常见少量砂岩、粉砂岩的夹层或透镜体。

9. 第四系(Q)

本区各山间盆地及山前地带均被第四系广泛覆盖。依沉积时代可分为早更新世(Q_1)、中更新世(Q_2)、晚更新世(Q_3)、晚更新一全新世(Q_3—Q_4)、全新世(Q),成因类型包括冰积、洪积、冲积、冲洪积、湖积、风积及盐化学沉积等。

(四)莎车分区

莎车分区的地层在本区仅有喀什小区的上第三系、西域组合第四系。

1. 上第三系(N)

乌恰群(N1wq)　主要分布在上阿图什、温古尔一带。主要为一套褐色、棕红色、杂色、灰色、灰黑色砂质泥岩、泥质岩、砂岩、粉砂岩不等厚互层,局部夹有砾岩。

阿图什组(N_2^1a)　该组分布广泛,在本区域内主要分布在阿图什至上阿图什一带。

均以河流相沉积为主。岩性为黄褐色、土黄色泥岩、砂质泥岩和黄灰色、黄绿色泥质砂岩、粉砂岩、砂岩、砂砾岩之互层,下部色红而粒细,上部色灰而粒粗,出现块状砂岩和砾岩夹层。

2. 西域组(N_2^2—Q_1)

本组地层分布范围同阿图什组。岩性单一,为暗灰色、灰黑色巨厚层块状砾岩,偶夹灰色、黄灰色含砾砂岩、泥质砂岩之不规则透镜体。厚100~3000米。

3. 第四系(Q)

广泛分布于本区,从山前冲积扇至平原、沙漠区,全为第四系。第四系可分为5个单元:下更新统西域组、有中更新统(Q_2)、中更新统—晚更新统(Q_{2-3})、晚更新统(Q_3)、晚更新一全新统(Q_{3-4})、全新统(Q_4)。成因类型包括洪积、冲积、冲洪积、河流相沉积、沼泽沉积、风积等。沉积物主要是各种粒级的砂、砾石及卵石和成黄土、沼泽剧烈盐化的亚黏土。

三、岩浆岩

分布在本区的岩浆岩主要有各种类型的侵入岩体或岩脉,主要分布在克孜尔克孜塔格、阔什布拉克、巴什索贡、奇兰塔格、治雷苏河上游、托克散阿特山一带,岩性多样。

(一)基性—超基性侵入岩

在本区以小岩株、岩脉为主,零星分布在各处(见表2-1)。在这里主要叙述皮羌岩体和巴什索贡岩体。

阿图什市境内基性—超基性岩表

表2-1

时代	代号	分布	产状	岩石组合	时代确定依据
古生代	V_4^3	皮羌村以北	小岩体	辉长岩、斜长岩	侵入最新地层为二叠系灰岩
	SX_4^3	皮羌—赞比勒盆地以北	岩脉	斜长煌斑岩、拉辉煌斑岩	侵入最新地层为二叠系灰岩
-新生代	Bu_6	皮羌—赞比勒盆地以南	岩脉	辉长岩类(粗玄岩,辉绿岩,辉绿粉岩),碱性辉长岩(霞斜岩,方沸粗玄岩,方沸碱煌岩,碱性辉长岩)	在皮羌山中见辉绿岩墙侵入中

1. 皮羌岩体(V_4^3)

位于皮羌村北10余千米处,侵入于晚石炭世康克林组(C_3KK)及早二迭世比尤列提群(P_1bi)灰岩、砂岩、粉砂岩中。为一漏斗状岩盆,接触面大多内倾。面积约17平方千米。中部被皮羌平推断层切割。岩石组成主要为辉长岩、斜长岩,岩体边部因暗色矿物增多出现透辉橄榄岩及辉长岩;岩体外接触带有较宽的电气石—黑云母角岩或大理岩带。

该岩体有多期多次岩浆侵入,可划分为10期。该复式基性岩体良好"深部"与"就地"分异环境,造就铁、钛、钒元素的富集,并有铀磷矿化,是很有希望的赋矿岩体。

2. 巴什索贡岩体(V_4^3)

岩体出露在阿尔帕勒克村西北7千米处,在巴什索贡碱性正长岩体之东,有3个不规则的岩株,面积约2平方千米,侵入于石炭系组成的巴什索贡背斜中,围岩比京他乌组(C_2b)有较强的角岩化。组成岩体的主要岩石为辉长岩,少量斜长岩。其周围还有大量脉岩,这些脉岩大多以中—基性岩为主,计有闪长岩、闪长玢岩、辉绿岩及煌斑岩。

(二)中酸性侵入岩

1. 岩体种类

区内有6个碱性花岗岩体:霍什布拉克岩体、克孜勒克孜塔格岩体、克兹尔托岩体、奇格尔布拉克岩体、阿奇格布拉克岩体及古尔拉勒岩体。它们几乎集中分布在东经77°至77°30′之间,在喀拉铁克大断裂两侧。岩体岩性与矿化特点见表2-2。

2. 岩体特点

(1)规模小,均为岩株产状产出,面积仅几千米至几十平方千米。

(2)岩体内无明显分带,主要岩石为碱性白岗岩、碱性花岗岩、淡色石英正长岩,淡色正长岩。以古尔拉勒岩体出露最全,其余岩体仅有2~3种岩石。

(3)岩石常为粗晶结构,次为中晶结构。

(4)岩石均为淡色岩,暗色矿物一般多在5%以下,不超过10%。

(5)人工重砂中常见稀有金属矿物锆石、钍石、铌钽铁矿及烧绿石等,岩体本身可能形成稀有金属矿化。

(6)与围岩接触处,常形成Pb、Zn、Cu、W的矽卡岩型或热液型矿床或矿化点。

(三)碱性侵入岩

区内只有巴什索贡岩体,岩体位于哈拉峻乡巴什索贡村东南。在布群—卡拉塔克断裂带上或北侧,岩体侵入于中石炭统比京他乌组中,围岩多角化,形成透辉石角岩、透辉石石英角岩、透辉大理岩,透闪石大理岩等等。矽卡岩分布局限,未见矿化。

阿图什市境碱性花岗岩体岩石组合矿化特征表

表2-2

岩体名称	面积(平方千米)	岩石组合	矿化
霍什布拉克岩体	17.5	碱性花岗岩、淡色石英正长岩	岩体重砂中含锆石,钍石,铌钽铁矿,前二者含量达1~9克/立方米。接触带有一处中型热液铅矿
克孜勒克孜塔格岩体	57.0	碱性花岗岩,淡色石英正长岩,淡色正长岩	矽卡岩带有Zn,Pb,W,Cu矿化
克兹托尔岩体	17.0	碱性花岗岩	岩体重砂中有铌钽铁矿,烧绿石
古尔拉勒岩体	48.5	碱性白岗岩,碱性花岗岩,淡色石英正长岩,边缘为花岗闪长岩,石英闪岩	
奇格尔布拉克岩体	4.0	碱性白岗岩	矽卡岩带有锌矿化
阿奇格布拉克岩体	3.5		

岩体中部被第四系覆盖,分割为若干个露头,北部四块露头较大,约5.5平方千米,南部仅见零星露头,估计整个岩体为一椭圆形的小岩株,面积可达13~20平方千米。岩体不具明显分异,主要由角闪正长岩体组成的单相岩体。若按暗色矿物的差异,可分为两个带:透辉角闪正长岩带及霓辉角闪正长岩带。

岩体各岩相的矿物成分分以微斜长石、条纹长石为主;暗色矿物角闪石普遍,霓辉石多分布于岩体北东部位;黑云母个别,多赋存在岩体边缘岩石中;石英分布极不均匀,多赋存于岩体边部细粒结构带中或离异体中。

岩体之岩石结构,中部为粗粒结构,边部为细粒结构或似斑状结构。

侵入于岩体中的后期脉岩有碱性花岗岩、闪厂玢石、辉绿石、煌斑岩脉等。在岩体之东部或东北部边缘外接触带,有大量碳酸盐脉,其侵入时间,介于岩体与岩脉之间。

该岩体副矿物中普遍含有磷灰石、锆石,个别含有褐钇铌矿、烧绿石、独居石、金红石、屑石、褐帘石等铌钽、稀有矿物。

第二节　地　貌

地质条件是土地形成的物质基础,地貌是土地的景观面貌。地貌条件直接影响到土地的利用方向和改造措施。

阿图什市辖区内,北部高山连绵,峡谷遍布,中部低山丘陵,南部宽谷褶皱,平原缓延,北高南低,西南偏东缓降。这样的小地貌单元形成土地—生物—气候条件的地带性分布和土地利用的区域性差异。

一、山地

(一)高山地带

主要分布在境区最北部的爱尔勃勒、塔什阔若一线以北。包括柯克沙尔山伸入境内的南坡,喀拉铁热克山主脉和迈丹山的东部,以喀拉铁热克山的断裂为界,海拔3200~4500米,无常年雪,以寒冻作用为主,覆盖主要是冰碛,残积坡积物。此地带降水多而阴湿。其上部植被以高寒草甸和高寒草原植物为主,专夏季草场的分区,下部则以高山荒漠化植被为主,为夏秋草场分布区。

(二)中山地带

主要分布在境区中部的阿克特拉至塔什哈克一带,海拔2500~3200米,山体条状,走向东北,山势北缓南陡,沟谷切割较以干燥剥蚀(侵蚀)作用为主,覆盖着坡积残积碎屑,植被以山麓干旱荒漠植被为主,是本区冬春草场的主要分布区。

(三)低山丘陵带

主要分布在境区内山地的南部,海拔 1700 ~ 2500 米,以苏洪沟为界,分为东西两部。

1. 东南部低山区

山体走向多为东北,山体多以干燥剥蚀作用形成,覆盖物为坡积、残积碎屑,有少量的干旱荒漠植被,大部分为荒山秃岭。部分沟溪周围分布有冬春草场。

2. 西南部低山区

东起苏洪沟,西至境外乌恰县,南部与喀什噶尔背斜相依。该处由于第三纪地层露头风化和第四纪地层比较松散,被雨水切割成破碎劣地,这一带地震频繁。

二、盆地

哈拉峻—吐古买提盆地是介于中山带下部的断陷地块,周围受断裂控制,北部是古生界基岩中高山,南部形成翘起的单面山。盆地的中部第四系沉积物发育很厚,一般在 150 ~ 450 米。由盆地周边到盆地中心,有规律地分布着山麓洪积台地—山前倾斜平原—洪湖积细土平原。

(一)哈拉峻盆地

哈拉峻盆地位于木兹杜克过渡带,此地和柯坪断块西缘是一个中新界断陷盆地。盆地中心标高 1550 米,等高线构成钳形条状封闭圈,走向东北,自盆地周边以 7% 的比降向盆地中心倾斜,相对高差 149 米。面积 3200 平方千米。

盆地北部是古生界基岩中高山,盆地南部形成翘起的单面山,盆地中部第四系发育很厚。地层分亚黏土、亚砂土、黏土和砂砾石交替叠置,表现为明显的洪湖甸沉积,厚度 200 ~ 450 米。

盆地的西部、中部和东部分别有 3 条下切很深的沟,沟底有地下水渗出,沟岸很陡,7—8 月集中降雨季节汇集克孜勒套以西各条支沟洪水,流经加依勒汗向东直泻盆地中心的绍里尔盐湖。盐湖分南北两处,南边一处距冬古孜都克 3 千米,称绍里尔盐湖(又称硝尔库勒)海拔 1550 米,是一个随季节变化的咸水湖,最大时 36 平方千米,它是整个盆地地表水和地下水的归宿和消耗之地。

北边一处加依多维以东,称吐孜苏盖特盐湖,形状呈东西长,面积 3. 53 平方千米,平均水深 0. 174 米,湖面标高 1588 米,有氯化钠晶粒析出,已开采使用。

盐湖位于细土平原下位,四周为约 2 千米宽的沼泽环抱,其周围为强盐渍区。

哈拉峻盆地土地广阔,有丰富的地下水资源。在细土平原上,分布着以红柳主 ± 的荒漠植被,生长有大面积的灌木林地。并长有部分胡杨次生林。

(二)吐古买提盆地

吐古买提盆地位于苏洪复背斜的轴部闭盆地,构造侵蚀的半封盆地,东西狭长,中间为残丘相隔,海拔 1900 ~ 2200 米,第四系沉积层厚度约 150 ~ 450 米,面积 500 平方千米,其中细土平原近 250 平方千米。

盆地北部中高山区源出的库鲁木都克河水汇注盆地的东部,东部地下水位在 20 米以下,西部潜水深度在 15 米以下,土地干旱缺水,植被稀少,这里的土地称为光板地。

三、山间宽谷

(一)上阿图什谷地

是夹在喀什噶尔倒转山体和阿图什褶皱带之间的坳陷洼地,谷地由西北向东南狭长缓降,上复地层主要是恰克马克河出口后,缓慢向东的堆积物所组成。海拔 1350 ~ 1738 米,长 175 千米,宽约 5 千米,面积 87. 5 平方千米。

谷地内,恰克马克河从此流过,河床下切较深,其地下水位也随离河的远近而异,一般在 3 ~ 5 米以下。2015 年,细土平原已开发为本市种植业和园林业的主要生产基地之一。

(二)阿湖谷地

是夹在喀拉塔格山与博孜塔格山之间的一块断陷槽地,走向东北,在布谷孜河影响下,构成上尖下宽,北高南低的三角形谷地。海拔 1400~1500 米,面积 52 平方千米,谷地的中部曲流河道多而宽浅,下部修有小型拦截水库,供兵团农三师红旗农场灌溉用水。谷地的西部已开发为良田,东部水库上下,以水产和放牧为主。

四、阿图什平原

位于喀什噶尔倒转山体与阿图什山体之间,属喀什三角洲古平原边缘带的组成部分。其地貌主要受恰克马克河和博谷孜河流水搬运的控制。平原海拔 1200~1700 米,西北高,东南低,地形以 25‰~1‰的比高向南并偏折向东降缓,面积 1259 平方千米,为本市的主要农业区。区内地貌类型复杂,且成带状分布,现分述如下:

(一)阿图什山前倾斜平原

在博孜塔格山南坡山麓一带,从阿扎克乡到格达良乡,构成长达丹河水汇盆地的西部,两河水流在出山口后很快在盆地上部松散的砾石下渗形成地下径流,盆地汇集两河水,自成一个天然的地下水库。

盆地西部两端的吐古买提村为低凹处,海拔 1600 余米,是地下水溢出带,以泉水为主形成吐古买提河的常年径流。当雨季洪水到来,库鲁木都克河和迈丹河水汇集一起在盆地内所流经地区,水源侵蚀冲刷强烈,沟谷深切,现河床干涸,间歇地把细土平原割裂为 50 千米的洪积扇连地带,其特点是坡度较大,一般都在 20% 以土,自上而下,土层厚度不断增加,标高 1250~1350 米。

(二)阿图什洪冲积平原

此地分布在境区的最南部,处在恰克玛克河和博谷孜河交汇后的河床两岸,直到格达良乡一线,其南部与喀什噶尔大平原相连,此区属喀什噶尔大平原的边缘。

此处地层由恰克玛克河和博谷孜河的洪积物以及南部克孜河回旋性冲积物等相互叠置而成,土层深厚,标高 1250~1350 米。

2015 年,这片土地绝大部分尚未开发利用。

(三)阿图什洼地

地处阿图什平原西北上部,西北和北边为山前洪;中积扇的扇连地带,东边为布谷孜河,南缘为恰克玛克老河床。由西、北两侧的坡积物和东南两河洪积物相互复加叠置而成,地形低洼,此地绝大部分已被开发成农田,成为本市主要的高产稳产农田区。

第二章　气　候

第一节　气候类型

阿图什市地处南天山南麓,塔里木盆地西北缘,位于北纬 39°34′~40°45′、东经 75°30′~78°28′,海拔高度1206~4562米,全市总面积约 1.55 万平方千米。市境内高山连绵,沟谷遍布,地势由南向北逐渐升高,市区位于博孜塔格山南坡,为洪冲积平原,是典型的温带大陆性干旱气候。主要气候特点:四季分明、日照充足、干旱少雨,无霜期长,温差较大,春季升温快,但气温回升不稳定,多大风风沙天气;夏季炎热,蒸发量大,多阵性降水天气;秋季凉爽,降温迅速,多秋高气爽的天气;冬季寒冷多晴日,微风少雪。年平均气温 13.3℃,极端最高气温达 40.5℃(2015 年 7 月 18 日),极端最低气温 -20.7℃(2008 年 2 月 1 日)。年降水量 96.8 毫米,全年多西北风,大风日数为 21.7 天,沙尘暴日数年均 0.9 天,无霜期平均为 243 天。

主要气象灾害有干旱、雪灾、暴雨、大风、沙尘、寒潮、霜冻、低温冷害、雷电等。衍生气象灾害有暴雨型洪水、融雪型洪水及其引发的泥石流、山体滑坡等地质灾害，其中干旱、大风、夏季局地暴雨最为频繁，常造成较大的经济损失，对粮食生产和果业生产构成很大威胁。

一、日照

平原农区，全年阴雨天气较少，日照充足，对农作物生长有利，但因春夏两季浮尘天气多和风沙天气较多，使日照时数和日照百分率明显减少。年日照总数 2521.3 小时，可照时数 4435.9 小时，年平均日照百分率 56%。其中 1 月日照最少，只有 2277.7 小时，日照百分率 44.6%；7 月最多，为 4915.6 小时，日照百分率 6 月与 10 月最多，为 64.8%。冬季的日照总时数最少，只有 7215.9 小时，日照百分率 47.1%；春季日照总时数 10592.4 小时，日照百分率 51.5%；夏季日照总时数最多，达 14250.5 小时，日照百分率 63.4%；秋季日照总时数 10804 小时，日照百分率 62.2%。平原平均日照时数及日照百分率大于山区。

1995—2015 年阿图什市日照时数一览表

表 2-3　　单位：小时

年份	1月	2月	3月	4月	5月	6月	7月	8月	9月	10月	11月	12月	全年
1995	167.6	201.4	124.0	198.4	247.4	250.7	313.3	294.2	261.5	227.6	217.6	165.5	2669.2
1996	204.0	139.0	135.7	162.2	252.1	281.3	336.0	260.6	228.3	254.4	204.2	191.8	2649.6
1997	189.8	195.6	216.0	228.6	289.6	288.2	312.6	319.6	233.6	270.1	190.8	171.6	2906.1
1998	172.3	145.0	161.5	217.6	213.8	254.7	336.9	263.7	269.3	263.5	233.3	189.0	2702.6
1999	146.2	173.0	176.1	186.9	261.6	325.1	257.0	253.3	282.8	255.7	170.8	206.1	2694.6
2000	171.0	227.4	239.4	241.3	291.6	281.0	233.4	313.5	264.1	230.7	188.2	132.6	2814.2
2001	172.3	198.1.	212.7	229.6	296.2	286.0	284.8	279.6	253.2	263.1	203.8	106.2	2785.6
2002	163.3	178.9	202.1	196.5	271.7	299.5	310.6	259.7	245.3	261.4	221.3	99.5	2709.8
2003	153.0	117.7	173.6	214.2	260.8	306.6	300.3	288.5	245.5	247.2	160.3	101.4	2569.1
2004	111.7	198.0	192.2	247.1	264.0	197.8	276.7	327.5	256.1	207.2	181.7	148.7	2608.7
2005	175.3	120.1	194.3	259.2	251.3	280.3	297.1	259.5	253.1	233.5	195.3	186.5	2705.5
2006	91.9	124.5	172.1	226.9	294.2	320.3	309.5	273.7	240.5	283.3	177.9	173.1	2687.9
2007	204.2	210.8	176.3	214.5	264.7	329.5	304.0	281.2	233.2	262.0	225.2	128.6	2834.2
2008	51.9	142.1	233.5	201.0	265.1	321.5	322.2	254.1	267.5	246.1	174.6	121.5	2601.1
2009	109.3	124.5	145.2	175.4	302.7	280.0	332.9	316.8	245.9	236.6	173.7	151.2	2593.9
2010	131.1	115.1	186.9	188.5	268.9	247.8	316.6	267.0	191.4	229.8	212.2	183.8	2539.1
2011	178.5	133.1	137.7	261.4	295.1	339.9	339.4	306.4	240.6	226.7	171.3	127.2	2757.3
2012	154.3	124.4	159.3	211.3	253.6	304.9	320.8	281.4	217.7	252.5	154.8	136.1	2571.1
2013	158.9	147.6	191.2	196.5	240.6	310.1	325.8	253.5	261.9	249.0	177.7	119.4	2632.2
2014	167.2	156.7	208.0	202.6	243.7	304.4	318.7	287.2	226.5	239.3	154.2	140.9	2649.4
2015	137.1	116.0	203.3	205.6	259.9	291.7	251.3	232.8	252.3	178.1	143.7	44.3	2316.1

1995—2015 年阿图什市日照百分率一览表

表 2-4 单位:%

年份	1月	2月	3月	4月	5月	6月	7月	8月	9月	10月	11月	12月	年百分率
1995	56	65	34	50	56	56	69	69	70	66	73	57	60
1996	68	45	37	41	57	63	74	61	61	74	68	66	60
1997	63	64	59	58	65	65	69	75	63	78	64	59	65
1998	58	47	44	55	48	57	74	62	72	76	78	65	61
1999	49	56	48	47	59	73	57	60	76	74	57	71	61
2000	57	74	65	61	66	63	51	74	71	67	63	46	63
2001	57	66	58	58	67	64	63	66	68	76	68	36	62
2002	54	60	55	50	61	67	69	61	66	76	74	34	61
2003	51	39	47	54	59	69	66	68	66	72	54	35	57
2004	37	64	52	62	60	53	61	77	69	60	61	51	59
2005	50	60	58	60	62	70	70	68	65	68	65	52	62
2006	31	42	47	57	66	72	68	64	64	82	59	60	61
2007	68	71	48	54	60	74	67	66	62	76	75	44	64
2008	17	46	63	51	60	72	71	60	72	71	58	42	59
2009	37	42	39	44	68	63	73	75	66	68	58	52	58
2010	44	39	51	48	61	56	70	63	51	66	71	63	57
2011	80	45	37	66	67	76	75	72	64	66	57	44	62
2012	52	40	43	53	57	68	71	66	58	73	52	47	58
2013	53	50	52	50	54	69	72	60	70	72	59	41	59
2014	56	53	57	51	55	68	70	68	61	69	51	49	60
2015	46	39	55	52	59	65	55	55	67	51	48	38	53

二、气温

(一)气温年、月时空分布

年平均气温 13.3℃。气温 1 月最低,8 月最高。气温月季变化大,夏季平均气温稳定;冬季次之;春、秋季变化大,春季升温快,秋季降温迅速,春温高于秋温。

春季:升温快,但气温回升不稳定,多大风风沙天气。由于冷空气活动频繁,天气冷暖交替不稳定。

夏季:炎热,蒸发强盛,多阵性降水天气。

秋季:凉爽,降温迅速,多秋高气爽的天气。

冬季:寒冷多晴日,微风少雪。

1995—2015 年阿图什市各月气温一览表

表 2 - 5　　　　单位:℃

年份	1 月	2 月	3 月	4 月	5 月	6 月	7 月	8 月	9 月	10 月	11 月	12 月	全年平均
1995	-8.7	0.3	7.2	13.2	21.9	25.1	27.1	26.7	19.6	12.8	4.4	-4.1	12.1
1996	-5.9	-0.8	6.9	13.5	19.0	24.2	24.9	24.8	21.1	13.0	4.0	-2.5	11.9
1997	-2.0	1.1	10.1	18.4	21.9	25.0	28.6	26.0	21.8	14.4	3.7	-4.1	13.7
1998	-5.4	2.1	7.6	18.6	20.3	23.8	27.9	24.9	21.7	14.0	6.6	-1.2	13.4
1999	-3.3	2.2	9.6	15.7	22.1	25.8	25.9	27.1	22.9	14.7	5.0	-1.4	13.9
2000	-2.4	0.5	9.3	17.9	24.0	26.2	27.0	26.4	21.1	13.7	4.4	-3.4	13.7
2001	-5.3	2.2	10.6	16.9	23.1	26.4	27.5	25.2	21.2	15.0	6.6	-5.3	13.7
2002	-5.0	1.0	11.7	17.0	21.9	27.1	25.4	27.4	19.1	16.1	6.6	-5.2	13.6
2003	-5.1	1.7	7.9	15.3	20.0	25.1	28.3	25.2	21.3	13.4	5.4	-1.9	13.1
2004	-3.7	1.1	11.0	18.4	20.5	25.4	27.0	25.1	21.7	13.0	6.5	-1.1	13.7
2005	-4.1	-1.6	10.0	17.2	20.7	25.3	26.1	23.9	31.5	14.4	6.1	-4.3	13.8
2006	-8.2	1.2	9.5	16.9	23.2	25.0	26.6	27.7	21.8	17.3	7.1	-3.0	13.8
2007	-3.7	4.7	9.8	19.8	24.3	27.2	27.4	26.2	21.4	12.7	6.3	-2.3	14.5
2008	-8.9	-6.0	12.8	16.8	23.6	27.8	27.3	27.6	22.2	14.2	5.8	-1.0	13.5
2009	-3.5	3.7	10.9	18.5	21.8	25.4	26.9	27.0	20.7	15.4	3.0	-0.9	14.1
2010	-2.3	-0.7	10.0	16.9	20.2	23.0	26.3	27.4	19.6	14.2	6.7	-2.5	13.2
2011	-8.5	1.5	5.3	18.1	22.6	26.8	27.3	26.8	21.6	15.2	6.1	-4.7	13.2
2012	-9.2	-2.6	6.7	17.9	20.7	24.9	25.8	26.6	21.9	13.5	4.0	-3.1	12.3
2013	-4.6	1.8	13.1	18.5	20.6	25.8	26.5	26.9	21.7	16.0	3.8	-2.1	14.0
2014	-3.1	0.0	9.9	17.2	22.2	24.1	27.8	24.7	21.6	14.9	4.5	-4.2	13.3
2015	-2.1	2.1	11.6	17.6	23.0	24.5	30.0	26.2	20.5	14.4	6.3	-2.2	14.3
平均	-5.0	0.7	9.6	17.1	21.8	25.4	27.0	26.1	21.7	14.4	5.4	-2.9	13.5

(二)极端气温

因受副热带高气压的影响,再加上地形作用,天气炎热,极端最高气温达 41℃。在夏季,常有较稳定的炎热期,此期日最高气温≥35℃的平均日为 7.5 天,无≥40℃的极热期。

由于地形作用,气温比周围临近县略高。极端最低气温 -20.7℃。

1995—2015 年阿图什市各月极端最高气温一览表

表 2 - 6　　　　单位:℃

年份	项目	1 月	2 月	3 月	4 月	5 月	6 月	7 月	8 月	9 月	10 月	11 月	12 月	年最高
1995	极值	1.0	10.5	20.8	28.3	34.5	35.8	40.4	35.5	30.4	24.8	17.9	5.0	40.4
	日期	30	15	27	30	10	27	19	10	21	11	16	6	7/19
1996	极值	14.4	12.2	18.1	29.0	32.9	37.2	37.3	37.4	35.3	25.5	21.7	17.7	37.4
	日期	3	12	28	17	27	12	31	12	13	1	9	29	8/12
1997	极值	13.6	15.4	25.1	32.7	33.4	35.5	41.0	39.2	35.6	29.3	19.4	8.4	41.0
	日期	12	22	31	30	2	26	19	9	6	1	14	24	7/19
1998	极值	4.5	11.6	23.7	32.9	34.2	35.7	38.9	35.9	36.1	26.8	20.0	15.0	38.9
	日期	2	28	17	19	17	27	10	2	8	6	2 天	20	7/10
1999	极值	12.6	12.1	19.6	28.2	33.4	37.0	36.8	37.8	33.9	26.1	15.0	18.1	37.8
	日期	23	16	23	22	20	26	18	2 天	18	7	15	31	2 天
2000	极值	19.3	10.5	23.3	31.7	34.7	35.8	39.3	37.1	34.9	25.6	25.1	14.5	39.3
	日期	3	20	2 天	12	2 天	12	12	8	1	4	2	5	7/12
2001	极值	7.2	16.2	23.8	27.6	35.7	38.5	39.4	35.0	32.5	27.1	15.5	2.9	39.4
	日期	11	28	31	16	11	30	2	2 天	10	6	2	1	7/2
2002	极值	8.3	13.7	26.1	33.4	34.6	36.7	36.3	36.7	32.8	30.9	17.3	6.4	36.7
	日期	10	28	28	21	31	28	1	30	1	8	4	2	2 天
2003	极值	9.0	12.2	22.0	29.2	32.8	34.5	39.1	38.4	33.6	28.8	24.9	6.0	39.1
	日期	24	26	29	14	25	26	19	18	12	31	1	3	7/19
2004	极值	3.2	17.9	25.2	30.6	30.9	35.7	36.5	36.6	33.9	24.4	23.6	8.5	36.6
	日期	9	14	30	26	19	14	2	7	8	6	3	1	8/7
2005	极值	7.0	11.2	21.9	30.5	30.5	38.3	35.9	33.8	35.4	28.7	19.9	6.8	28.3
	日期	26	28	31	29	8	24	14	2 天	8	9	1	2	6/24
2006	极值	0.9	12.9	25.9	33.1	34.5	35.8	38.8	39.8	31.8	28.3	25.2	5.5	39.8
	日期	30	12	30	29	16	24	24	3	7	4	7	27	3/8
2007	极值	9.6	17.9	27.6	34.9	34.0	39.3	37.2	37.3	33.8	22.0	18.5	6.5	39.3
	日期	31	28	29	15	17	24	2 天	21	15	2 天	7	24	6/24
2008	极值	-0.9	10.5	24.3	32.8	34.5	37.3	37.4	39.1	34.2	27.6	16.4	18.9	39.1
	日期	11	29	25	29	15	26	7	3	3	2	2	2	8/3
2009	极值	9.6	14.4	26.4	28.7	33.7	35.4	37.8	37.2	31.6	27.5	24.6	15.4	37.8
	日期	6	23	19	29	21	21	18	5	4	7	17	21	7/18

续上表

年份	项目	1月	2月	3月	4月	5月	6月	7月	8月	9月	10月	11月	12月	年最高
2010	极值	16.7	18.6	28.4	28.9	31.6	35.3	38.4	37.6	34.0	28.9	18.4	14.0	38.4
	日期	6	23	19	29	21	21	18	5	4	7	17	21	7/18
2011	极值	1.0	14.2	19.2	34.5	35.0	34.9	37.9	38.9	33.0	26.9	15.6	8.6	38.9
	日期	24	24	12	2天	5	13	26	2天	13	9	10	3	8/2
2012	极值	-0.5	10.9	22.1	30.6	32.1	35.5	37.8	37.2	32.0	25.3	22.8	16.4	37.8
	日期	16	28	31	22	27	21	3	23	4	1	8	1	7/3
2013	极值	12.3	17.9	25.2	28.1	32.7	37.1	40.0	39.7	34.3	31.0	19.5	7.7	40.0
	日期	30	9	29	27	20	26	31	1	12	5	8	1	7/31
2014	极值	17.1	11.8	22.3	27.3	33.5	37.0	38.4	35.2	31.6	28.4	16.2	6.7	38.4
	日期	31	24	26	29	3天	15	24	25	4	1	28	8	7/24
2015	极值	6.0	13.1	24.2	29.7	34.2	35.4	40.5	35.6	30.2	27.8	17.1	11.2	40.5
	日期	10	13	25	25	9	8	18	21	4	5	2	1	7/18

1995—2015年阿图什市各月极端最低气温一览表

表2-7　　单位:℃

年份	项目	1月	2月	3月	4月	5月	6月	7月	8月	9月	10月	11月	12月	年最低
1995	极值	-17.3	-10.2	-4.5	-0.1	9.4	14.3	15.5	16.3	9.7	0.7	-6.6	-11.6	-17.3
	日期	4	4	3	6	28	5	30	29	15	31	25	30	1/4
1996	极值	-14.1	-10.1	-2.1	1.7	6.5	13.5	13.9	13.4	9.3	0.0	-7.4	-12.6	-14.1
	日期	2天	2	22	3	2天	21	6	22	27	23	30	6	2天
1997	极值	-10.6	-8.7	-2.4	7.0	8.6	13.5	15.7	12.3	9.3	0.5	-7.8	-11.6	-11.6
	日期	23	6	3	11	11	15	3	28	30	31	28	31	12/31
1998	极值	-12.9	-7.9	-4.1	8.0	8.8	12.0	15.9	13.5	9.0	2.3	-3.6	-8.8	-12.9
	日期	21	4	20	14	8	9	3	28	21	31	2天	31	1/21
1999	极值	-11.1	-8.9	-1.8	2.9	10.4	12.9	14.7	12.3	13.3	3.4	-5.3	-9.0	-11.1
	日期	10	4	18	2	6	12	7	15	25	30	27	22	1/10
2000	极值	-10.2	-9.1	-2.0	1.9	11.8	11.0	17.2	13.7	9.8	1.6	-6.4	-9.9	-10.2
	日期	2天	3	8	6	1	5	3	19	29	29	28	23	2天
2001	极值	-14.6	-8.8	-2.5	3.1	10.3	14.9	14.7	14.0	10.2	2.3	-3.3	-13.6	-14.6
	日期	6	3	4	9	3	9	25	17	25	13	30	14	1/6
2002	极值	-16.8	-11.4	-0.1	4.2	6.8	16.3	15.1	16.0	8.0	3.9	-3.1	-15.1	-16.8
	日期	3	1	5	3	21	20	11	16	20	24	25	31	1/3

续上表

年份	项目	1月	2月	3月	4月	5月	6月	7月	8月	9月	10月	11月	12月	年最低
2003	极值	-14.2	-7.6	-7.9	2.0	7.2	12.6	19.2	14.0	6.5	4.0	-5.4	-9.0	-14.2
	日期	4	3	6	5	4	13	8	31	30	16	29	28	1/4
2004	极值	-10.3	-9.6	0.8	7.0	7.5	14.1	15.3	15.2	12.3	1.5	-2.0	-11.7	-11.7
	日期	24	3	4	14	3天	3	19	10	27	22	29	31	12/31
2005	极值	-11.1	-11.2	-0.2	7.5	1.8	15.5	14.4	13.4	10.5	3.4	-5.4	-11.4	-11.4
	日期	2	20	2	17	8	14	1	28	30	2天	30	15	15
2006	极值	-18.4	-7.6	-3.3	2.0	12.0	14.4	11.3	15.5	11.6	4.6	-6.8	-9.0	-18.4
	日期	7	1	14	11	11	2天	14	29	23	28	30	3	7/1
2007	极值	-12.1	-5.2	-2.8	7.4	10.5	13.4	17.5	13.4	8.6	3.0	-2.4	-11.5	-12.1
	日期	7	1	4	3	22	19	29	4	30	2天	2天	31	1/7
2008	极值	-20.5	-20.7	-0.3	6.3	14.0	18.4	15.7	16.3	9.6	2.3	-3.2	-7.1	-20.7
	日期	28	1	2	3	27	2天	11	21	25	27	27	2天	2/1
2009	极值	-10.3	-6.0	-1.6	8.0	9.7	13.6	13.9	15.6	9.2	2.	-10.4	-7.8	-10.4
	日期	9	7	2	1	1	19	1	24	10	26	18	28	11/18
2010	极值	-11.8	-10.6	0.4	6.4	10.6	13.2	15.6	17.0	9.5	2.1	-2.9	-10.7	-11.8
	日期	22	18	2	2天	7	1	3	22	27	24	30	31	1/22
2011	极值	-16.2	-9.9	-5.8	0.4	10.9	15.9	15.2	15.5	11.0	4.5	-1.7	2.9	-16.2
	日期	9	1	3	6	21	2	11	12	17	26	29	24	1/9
2012	极值	-18.0	-11.2	-2.3	5.4	10.5	13.2	15.3	16.2	10.4	1.3	-6.3	-13.7	-18.0
	日期	24	18	6	13	24	2	17	9	27	24	26	31	1/24
2013	极值	-14.6	-8.5	-0.6	8.3	10.6	11.1	13.8	15.7	9.5	2.4	-5.9	-8.9	-14.6
	日期	8	12	1	4	14	17	10	18	17	30	23	31	1/8
2014	极值	-10.9	-8.5	-3.1	8.0	10.9	12.5	16.0	15.2	11.6	3.0	-4.1	-12.1	-12.1
	日期	2天	11	2	9	13	2	18	2	26	31	30	6	12/16
2015	极值	-8.3	-7.9	-0.6	7.2	11.8	13.5	17.6	15.6	10.0	2.3	-2.1	-13.0	-13.0
	日期	2天	4	1	5	26	3	2	31	22	27	28	16	12/16

(三)地温与冻土

地表温度和气温的变化规律基本一致,但变化的幅度比气温大。冬季地面温度低于气温,夏季地面温度高于气温,年平均地面温度比气温高5℃左右。冬季1月最低,夏季7月最高。冬季平原区-7℃。春季的3月,升温迅速,秋季的9月,地面温度下降很快。地面极端最高温度可高达71.3℃,极端最低温度为-22.1℃。

地中温度和地面温度变化规律大体一致,但随深度的增加而增加,年较差也减少。冬季越向深层地中温度越高,夏季则相反,越向深层地温越低。

1995—2015 年阿图什市平均地面温度一览表

表 2－8　　单位：℃

年份	1 月	2 月	3 月	4 月	5 月	6 月	7 月	8 月	9 月	10 月	11 月	12 月	全年平均
1995	－8.6	2.4	9.8	16.3	28.4	33.5	36.9	34.9	25.3	14.5	3.4	－5.8	15.9
1996	－7.2	－0.2	9.8	17.3	24.3	31.6	32.9	31.5	24.6	14.8	3.1	－4.9	14.8
1997	－3.8	1.4	13.3	24.2	29.6	32.3	37.9	32.9	27.0	16.2	3.3	－5.4	17.4
1998	－5.9	3.4	11.6	24.4	26.7	31.4	36.8	32.7	26.0	16.2	5.7	－2.5	17.2
1999	－3.3	3.4	12.4	20.6	29.2	34.1	33.2	34.2	28.1	15.9	4.0	－4.2	17.3
2000	－2.9	1.8	12.3	23.5	31.8	34.6	35.2	33.3	26.0	15.0	2.9	－4.8	17.4
2001	－5.9	3.0	13.4	22.1	30.9	34.0	35.9	31.6	26.3	16.4	5.6	－6.0	17.3
2002	－6.0	2.3	14.4	21.5	29.1	35.8	34.1	34.0	22.0	17.6	5.3	－5.0	17.1
2003	－5.3	2.4	9.3	19.9	25.4	31.3	36.4	32.7	25.5	14.2	4.6	－2.7	16.1
2004	－4.0	4.5	13.7	24.2	26.2	32.3	33.8	14.5	25.4	14.5	5.8	－2.2	15.7
2005	－4.3	2.9	12.8	22.2	25.5	33.0	33.9	29.0	28.9	16.9	0.6	－0.5	16.7
2006	－5.8	2.4	11.1	20.0	29.8	无	31.7	33.6	26.7	20.1	7.9	－4.3	15.7
2007	－4.9	5.0	12.2	23.5	30.0	33.3	34.8	32.2	25.8	14.2	5.5	－3.4	17.4
2008	－5.2	－2.3	13.7	20.1	29.1	36.2	34.9	33.4	27.4	15.7	5.9	－1.5	17.3
2009	－4.1	3.9	13.3	22.6	27.6	32.0	34.1	34.4	25.1	17.0	3.7	－1.2	17.4
2010	－2.8	0.8	11.6	20.9	26.0	27.3	31.5	32.6	22.7	15.4	7.2	－2.8	15.9
2011	－7.7	1.6	6.3	20.6	28.1	34.5	35.4	32.5	25.6	17.1	6.5	－2.0	16.5
2012	－6.6	－1.7	7.3	19.8	25.0	31.0	31.5	32.7	25.7	14.9	3.3	－4.1	14.9
2013	－5.0	1.7	14.9	21.9	25.5	32.5	32.7	32.2	26.4	18.1	3.9	－3.1	16.8
2014	－4.7	1.0	12.3	21.1	27.8	30.8	35.7	30.2	26.0	16.9	5.0	－4.8	16.4
2015	－3.4	2.6	14.1	22.0	29.3	31.4	36.7	32.5	24.9	16.0	5.8	－4.0	16.6

冻土现象是随海拔高度升高而增加的。一般出现在 11 月至次年 3 月，平均最大冻土深度在 52 厘米左右，最大冻土深度达 89 厘米。

1995—2015 年阿图什市各月最大冻土深度一览表

表 2－9　　单位：厘米

年份	1 月	2 月	3 月	11 月	12 月	年最大
1995	47	32	6	10	47	47
1996	55	49	—	12	33	55

续上表

年份	1月	2月	3月	11月	12月	年最大
1997	37	27	—	12	30	37
1998	39	27	—	6	15	39
1999	31	10	—	9	27	31
2000	30	14	—	10	22	30
2001	39	29	—	7	31	39
2002	39	35	—	—	23	39
2003	41	17	—	7	24	41
2004	37	30	3	4	15	37
2005	31	29	—	2	51	51
2006	61	57	—	—	30	61
2007	52	46	—	—	30	52
2008	50	62	19	—	16	62
2009	42	20	—	—	23	42
2010	34	36	—	—	29	36
2011	88	89	—	—	25	89
2012	59	64	—	7	39	64
2013	62	6	—	4	24	62
2014	56	23	—	—	45	56
2015	46	21	—	—	37	46

三、湿度

1995—2015年,平均相对湿度为61.47%。年中只有1月、12月属于湿润阶段。12月平均相对湿度最大,为75%;4月平均相对湿度最小,为46%。相对湿度的日变化一般与温度的日变化相反,白昼随气温、日照的升高、强烈而下降,夜间温度降低,相对湿度随即增大,清晨为无降水的一天中湿度最大时。

1995—2015年各月相对湿度一览表

表2-10　　单位:%

年份	1月	2月	3月	4月	5月	6月	7月	8月	9月	10月	11月	12月	各年平均
1995	69	53	36	46	31	31	31	32	50	52	51	68	46
1996	55	51	52	47	39	36	42	42	40	44	55	55	46
1997	51	34	31	25	27	35	32	33	37	41	51	64	38

续上表

年份	1月	2月	3月	4月	5月	6月	7月	8月	9月	10月	11月	12月	各年平均
1998	62	47	42	25	34	42	35	47	45	52	51	68	46
1999	63	38	32	30	28	26	39	33	34	45	56	61	40
2000	57	36	21	29	28	26	38	33	40	38	48	67	38
2001	58	37	23	25	32	31	33	41	43	37	62	78	42
2002	72	61	32	29	29	23	38	35	48	38	51	76	44
2003	70	60	51	33	33	33	26	39	41	49	58	65	47
2004	68	44	44	28	34	27	29	37	35	46	48	62	42
2005	69	48	52	23	33	28	28	35	42	45	50	60	43
2006	93	75	35	30	28	30	37	32	39	40	55	67	46
2007	53	32	36	22	20	27	28	32	36	47	43	70	37
2008	80	72	34	27	29	25	34	25	34	45	47	62	43
2009	56	34	28	22	26	23	26	27	44	36	59	67	37
2010	56	67	44	26	37	46	39	34	52	52	54	57	47
2011	48	55	54	24	33	24	29	36	46	40	58	77	44
2012	74	71	58	31	38	34	40	37	36	32	39	59	46
2013	65	46	28	23	39	32	35	36	37	37	58	66	42
2014	58	55	31	19	21	34	30	41	41	41	58	64	41
2015	53	55	26	25	26	31	27	35	36	37	52	58	38
平均	63	51	38	28	31	31	33	35	41	43	53	65	43

四、降水和蒸发

降水量是指一定时间内从云中降落到单位面积水平地面的液态水和(或)固态水(雪、雹等)的量,一般以所积降水的厚度表示。在气象上测量降雨量用量杯,测量降雪量把雪融化后也用量杯,故降雨量和降雪量的单位都是毫米。

(一)自然降水

阿图什境内的降水量比较稀少,自然降水总的分布情况是山区多于平原。据推算,海拔2000~3500米,年降水量随高度增高而增多。海拔2000米以内,平均每升高1000米,年降水量可增加120毫米以上;海拔2000~3500米,年降水量递增率减少,仅有51毫米左右。年最多量为219.9毫米,少雨年降水量只有20.8毫米。降水春夏两季多,秋冬两季少。平原春夏两季降水量占全年降水总量的64%,秋季占23.7%,冬季占12.3%,一日最大降水量达41.8毫米。全年月降水量分布基本呈单峰形,最高点是6月,其次为7月、8月,即6—8月为主汛期。最低点是12月,降水的多少与气温的高低基本同步,这种水热同季的特点对农业生产很有利。10月至翌年3月底的6个月,总雨雪量仅占全年总量的31.4%;4—9月的6个月,却集中全年降水量的近69%。

1995—2015 阿图什各月平均降水量一览表

表 2-11 单位:毫米

年份	1月	2月	3月	4月	5月	6月	7月	8月	9月	10月	11月	12月	总和
1995	0.0	0.0	1.9	61.1	11.1	0.7	11.1	1.2	10.6	9.6	0.0	3.0	22.3
1996	0.0	14.1	20.8	14.2	33.4	36.6	30.5	32.1	0.0	0.0	0.7	0.4	110.3
1997	0.0	0.0	0.0	0.0	0.0	12.3	3.9	4.4	0.0	0.0	0.0	0.2	182.8
1998	2.2	0.0	1.6	0.0	11.7	26.4	16.9	6.0	25.0	0.0	0.0	0.0	20.8
1999	0.3	0.0	0.3	4.8	1.3	2.0	13.5	0.0	3.1	7.7	0.0	0.0	89.8
2000	0.2	0.0	0.0	5.4	4.9	8.3	8.7	14.4	10.3	0.0	0.0	0.0	33.0
2001	0.0	无	无	0.1	3.6	10.1	5.5	25.6	4.5	1.1	7.9	6.6	65.0
2002	9.2	0.0	0.3	0.9	14.2	1.3	14.8	10.0	33.6	无	无	17.2	101.5
2003	4.2	0.0	38.9	5.2	55.3	37.9	4.0	18.6	27.2	15.1	10.8	0.0	217.2
2004	3.7	0.1	10.7	2.8	46.2	5.2	11.3	22.7	3.1	14.4	1.7	3.0	124.9
2005	0.0	17.5	13.1	11.2	44.3	3.5	29.1	31.5	23.1	11.7	无	1.1	186.1
2006	11.1	16.0	无	11.4	14.3	16.3	34.7	4.2	3.1	0.2	0.1	0.3	111.7
2007	0.8	无	4.6	0.0	1.0	20.6	2.3	13.9	7.6	28.1	0.0	1.0	79.9
2008	17.2	10.7	0.0	8.0	10.3	0.7	8.3	0.0	4.1	27.9	0.0	1.3	88.5
2009	0.0	0.0	0.5	0.4	13.3	5.8	2.5	1.2	9.7	5.5	17.0	0.0	55.9
2010	0.0	15.9	8.2	0.5	12.7	47.9	56.5	0.3	62.5	15.4	无	0.0	219.9
2011	无	42.6	5.4	0.1	19.1	2.7	6.4	15.2	16.1	1.9	无	27.8	137.3
2012	5.0	25.1	43.9	3.2	15.7	20.8	36.6	2.3	9.9	无	无	5.0	167.5
2013	0.0	7.8	无	2.3	12.4	6.1	7.5	7.3	1.1	无	6.0	0.2	69.4
2014	0.7	8.1	0.4	无	1.1	24.6	3.6	34.7	5.4	7.4	4.6	0.3	90.9
2015	2.6	4.5	无	2.8	4.5	33.5	2.8	11.5	2.4	无	无	0.0	64.6

(二)蒸发

阿图什市降水量稀少,但自然蒸发量大,蒸发量随海拔的升高而减少。

1995—2015 年,年平均蒸发量2122.9毫米,为降水量的 19.9 倍。7 月蒸发量最大,平均值 340.3 毫米;1 月蒸发量最少,平均值 26.1 毫米。

1995—2015 年阿图什市各月平均蒸发量一览表

表 2-12 单位:毫米

年份	1月	2月	3月	4月	5月	6月	7月	8月	9月	10月	11月	12月	年总和
1995	16.5	49.6	132.8	196.4	383.8	431.9	460.9	392.3	227.4	151.2	70.9	21.4	2535.1

续上表

年份	1月	2月	3月	4月	5月	6月	7月	8月	9月	10月	11月	12月	年总和
1996	30.2	40.5	103.6	203.7	317.4	409.7	406.2	351.5	256.0	173.9	74.7	38.3	2405.7
1997	39.9	72.5	170.1	295.4	446.8	464.1	501.0	434.4	269.2	176.4	87.3	26.4	2983.0
1998	27.8	64.7	171.5	339.2	360.6	370.1	490.3	353.4	279.0	161.1	99.1	34.1	2750.9
1999	28.7	60.4	192.1	269.7	412.1	504.0	420.0	430.0	319.0	175.3	69.3	35.4	2916.0
2000	49.1	77.4	210.5	337.8	468.1	490.4	453.6	424.3	283.9	193.7	90.7	28.6	3108.1
2001	32.3	76.4	192.9	324.1	421.7	469.6	586.2	386.8	282.5	198.5	71.6	16.8	3059.4
2002	26.1	54.1	202.5	163.2	224.5	287.2	248.2	221.6	136.0	122.7	71.0	185.9	1943.0
2003	24.8	53.5	117.8	140.5	225.8	245.1	290.4	218.1	169.5	92.5	40.3	23.5	1641.8
2004	20.3	70.9	173.8	205.3	239.9	260.3	254.6	238.8	174.3	110.8	97.9	26.0	1872.9
2005	26.5	35.9	86.5	182.8	206.0	258.6	263.1	196.4	204.4	116.2	83.4	16.8	1676.6
2006	11.0	32.3	82.4	165.1	304.3	285.7	250.8	257.9	174.9	144.3	57.1	18.8	1784.6
2007	28.5	76.0	99.1	174.1	263.4	314.5	294.4	262.2	193.1	99.1	71.5	18.4	1894.3
2008	8.0	28.9	110.8	218.6	238.2	315.4	290.5	259.8	210.3	119.7	64.5	28.7	1893.4
2009	24.5	76.6	99.8	171.9	253.8	302.0	321.5	296.0	177.6	124.6	61.0	31.7	1941.0
2010	35.7	36.1	99.5	175.5	226.4	215.5	277.9	244.3	123.2	111.3	72.0	37.3	1654.7
2011	24.2	45.4	90.9	185.8	267.3	321.1	300.5	230.8	144.6	117.8	57.1	16.0	1801.5
2012	14.8	27.5	84.3	141.1	185.4	259.5	275.2	234.9	164.7	130.3	74.3	32.3	1624.3
2013	25.6	56.5	171.8	192.0	200.4	255.5	261.0	233.2	177.3	137.9	59.7	21.9	1792.8
2014	29.2	46.4	152.0	185.2	239.2	248.8	266.3	220.3	165.5	119.9	54.8	21.0	1748.6
2015	23.5	41.2	162.8	138.9	205.3	225.5	234.3	210.0	144.9	85.4	56.8	23.8	1552.4

五、降雪和积雪

平原区无稳定积雪。据调查,山区冬季积雪不化,但覆盖面不大,呈条状分布,积雪深度 5～15 厘米,厚薄不等。向阳区和平原区一样,无稳定积雪。平原平均积雪最早 11 月 12 日,最晚 2 月 15 日,最大积雪深度 30 厘米。

1995—2015 年阿图什市平原区降雪、初次积雪一览表

表 2－13

年份	初雪	终雪	初次积雪	年份	初雪	终雪	初次积雪
1995	12 月 15 日	2 月 26 日	12 月 15 日	2000	12 月 10 日	1 月 9 日	1 月 15 日
1996	11 月 15 日	12 月 5 日	无	2001	12 月 4 日	2 月 18 日	1 月 13 日
1997	11 月 15 日	1 月 24 日	12 月 7 日	2002	12 月 4 日	2 月 13 日	12 月 4 日
1998	12 月 29 日	1 月 19 日	1 月 5 日	2003	11 月 8 日	3 月 3 日	1 月 1 日
1999	1 月 14 日	2 月 1 日	1 月 5 日	2004	11 月 22 日	3 月 4 日	12 月 29 日

续上表

年份	初雪	终雪	初次积雪	年份	初雪	终雪	初次积雪
2005	12月13日	3月18日	12月13日	2011	12月15日	3月22日	2月7日
2006	12月13日	4月11日	12月13日	2012	12月6日	3月21日	12月6日
2007	11月27日	3月3日	1月14日	2013	12月21日	2月11日	12月22日
2008	11月25日	2月25日	12月29日	2014	11月12日	2月12日	11月12日
2009	12月10日	2月6日	12月28日	2015	12月17日	2月26日	12月18日
2010	11月15日	2月17日	11月16日				

1995—2015 年阿图什市积雪深度极值一览表

表 2-14　　单位:厘米

年份	积雪深度	年份	积雪深度	年份	积雪深度	年份	积雪深度
1995	14	2001	12	2007	3	2013	4
1996	9	2002	12	2008	15	2014	4
1997	0	2003	15	2009	16	2015	2
1998	2	2004	2	2010	20		
1999	0	2005	18	2011	30		
2000	0	2006	3	2012	13		

六、霜

平原农区无霜期较长,平均无霜冻日数有 243 天,平均初日在 11 月 17 日,平均终日在 3 月 15 日。无霜冻期随海拔高度增加而递减。

1995—2015 年阿图什市初、终霜期及无霜期一览表

表 2-15

年 份	终霜日	初霜日	年 份	终霜日	初霜日
1995	3月22日	11月8日	2006	3月1日	11月18日
1996	1月25日	11月16日	2007	3月7日	11月22日
1997	2月3日	11月1日	2008	3月8日	12月2日
1998	1月23日	11月7日	2009	2月7日	11月20日
1999	2月3日	11月15日	2010	3月6日	11月1日
2000	1月11日	11月21日	2011	3月25日	11月8日
2001	2月19日	11月5日	2012	3月11日	11月3日
2002	2月21日	11月19日	2013	2月24日	10月24日
2003	2月20日	11月10日	2014	3月13日	10月30日
2004	3月8日	10月22日	2015	3月1日	11月6日
2005	3月6日	11月18日			

七、风

（一）概况

1995—2015 年底，全市平均风速 0.7 米/秒。1995—2001 年，平均风速呈明显减小的趋势。从 2001 年以来年平均风速呈明显的上升趋势，风速普遍稍大，大多数年份平均风速在 0.8～0.9 米/秒。

（二）风速

境内地形复杂，地势高低差异大，造成各地风力风向有所不同。

平原地区年平均风速 0.7 米/秒，历年最大年平均风速 1.0 米/秒，瞬间最大风速 22.7 米/秒。大于或等于 7 级大风出现的时间常在 3—5 月。春季 7 级以上大风日 17 年平均为 2.2 天。风速的日变化是：清晨至上午风小，傍晚至前半夜较大。平原戈壁边缘地带风速较农区偏大。

春季 3—5 月是一年中风速最大的季节，其中 4 月平均风速 1.1 米/秒。冬季（12 月—次年 2 月）平均风速 0.4 米/秒，夏季（6—8 月）和秋季（9—11 月）平均风速 0.7 米/秒、0.5 米/秒。

1995—2015 年阿图什气象站各月风速统计表

表 2－16　　单位：米/秒

年份	1 月	2 月	3 月	4 月	5 月	6 月	7 月	8 月	9 月	10 月	11 月	12 月
1995	0.2	0.6	1.5	1.7	2.1	2.4	1.9	1.6	1.2	1.2	0.5	0.6
1996	0.6	0.7	1.2	1.5	2.1	2.2	2.0	1.6	1.1	1.1	0.8	0.9
1997	0.9	1.1	1.4	1.4	2.2	2.2	1.8	1.7	1.0	0.8	0.9	0.4
1998	0.6	0.8	1.7	2.0	2.0	1.5	1.5	1.5	1.1	0.8	1.0	0.8
1999	0.7	0.9	1.9	2.1	2.0	2.2	1.9	1.8	1.4	1.1	0.6	0.6
2000	0.9	1.1	1.7	2.5	2.5	2.5	2.3	1.8	1.5	1.5	1.1	0.8
2001	0.8	1.0	1.3	2.4	2.3	2.1	2.3	2.1	1.6	1.4	0.7	0.8
2002	0.9	0.9	1.4	1.6	2.1	2.0	2.2	1.5	0.8	1.5	1.1	1.3
2003	0.5	0.7	1.0	2.4	2.7	2.8	2.8	2.2	1.7	1.1	1.2	0.5
2004	0.7	1.1	1.8	2.1	2.4	2.6	2.8	2.2	1.9	1.3	1.2	0.7
2005	0.7	1.1	2.3	2.6	2.6	2.8	2.7	2.1	1.8	1.1	0.9	1.7
2006	1.0	1.2	1.3	2.1	3.0	3.0	1.9	2.0	1.5	1.7	1.0	0.7
2007	0.5	1.0	1.5	1.7	2.3	2.6	2.6	2.0	1.9	1.2	0.9	0.7
2008	0.7	1.1	1.7	2.4	2.3	2.5	2.4	2.0	2.0	1.3	1.0	0.9
2009	0.9	1.1	1.9	2.1	2.6	2.9	2.6	2.3	1.8	1.6	1.2	1.0
2010	1.0	1.2	1.7	2.0	2.5	2.1	2.4	1.6	1.5	1.6	0.9	0.9
2011	0.8	1.1	1.4	2.4	2.4	2.8	2.5	1.8	1.9	1.2	11	0.9
2012	0.8	1.1	1.4	2.0	2.3	2.4	1.9	1.7	1.4	1.1	0.9	0.9
2013	0.9	1.0	1.3	1.7	1.9	2.0	1.7	1.5	1.4	0.9	0.8	0.8
2014	0.6	1.0	1.4	1.8	2.0	2.0	1.8	1.5	1.3	1.0	0.6	0.4
2015	0.8	0.9	1.4	1.7	1.8	1.6	1.4	1.5	0.9	0.9	0.8	0.8
平均	0.7	1.0	1.5	2.0	2.3	2.3	2.1	1.8	1.4	1.2	1.4	0.8

(三)风向、风向频率及山谷风

平原地区全年盛行西北风,年风向频率占到各风向频率的29.4%;西南风占14.7%;几乎无东南风。春季、夏季西北风频率高,西风、西南偏西风在冬季多于其他三季。平原区风从后半夜至白天上午多刮偏西风,下午刮偏东风。山地盛行风向具有地方性,白天由平原刮向山坡,多为谷风,而夜间从山上刮向平原为山风。

1995—2015年阿图什市风向玫瑰一览表

表2-17

年份		1月	2月	3月	4月	5月	6月	7月	8月	9月	10月	11月	12月
1995	风向	W	S	SSW	NW	NW	W	SW	SW	E	SW	E	SW
	频率	6	5	9	16	15	14	10	11	13	9	12	14
1996	风向	E	ESE	NE	NE	W	SW	W	E	E	W	W	NE
	频率	12	10	14	13	10	12	11	14	11	14	18	15
1997	风向	W	W	ESE	E	WNW	NE	S	E	SW	S	ENE	S
	频率	12	16	10	14	15	12	11	9	10	9	11	9
1998	风向	ENE	ENE	ENE	WNW	W	WNW	NW	ENE	NE	W	W	NE
	频率	12	13	15	15	15	11	10	15	13	12	19	12
1999	风向	SE	W	ENE	WNW	W	WNW	WNW	WNW	SW	W	E	W
	频率	10	12	10	11	14	13	11	12	13	13	8	15
2000	风向	ENE	SE	E	W	NW	WNW	E	E	E	E	NE	E
	频率	7	14	9	15	10	15	15	15	18	15	11	14
2001	风向	ENE	E	E	WNW	NW	WNW	NW	SW	WSW	NE	W	ENE
	频率	11	13	16	11	13	10	15	16	8	8	6	10
2002	风向	W	W	SE	ENE	NW	NW	E	NW	SW	W	W	W
	频率	18	13	11	9	11	13	11	12	11	9	12	11
2003	风向	W	ENE	NE	E	NW	NW	NW	SSW	NW	W	E	SE
	频率	12	8	12	12	25	22	16	11	9	9	9	6
2004	风向	ENE	E	NE	E	SW	W	NW	NE	S	NE	W	NE
	频率	7	12	15	16	15	16	23	10	14	10	10	7
2005	风向	E	NE	E	SE	SE	SSW	WSW	SW	NW	NNW	W	N
	频率	12	13	15	12	14	17	18	16	12	9	11	12
2006	风向	NE	WSW	NE	W	W	NW	S	S	SW	WSW	WSW	WSW
	频率	15	13	19	9	15	13	13	11	16	14	12	14
2007	风向	WSW	NE	SW	E	WNW	WNW	WNW	SSW	W	WSW	WSW	NNE
	频率	11	13	10	10	13	11	12	9	9	16	17	11

续上表

年份		1月	2月	3月	4月	5月	6月	7月	8月	9月	10月	11月	12月
2008	风向	NE	NNE	WSW	W	WSW	NW	WSW	W	SSW	WSW	WSW	NE
	频率	14	17	14	17	12	15	12	13	12	17	11	17
2009	风向	NE	WSW	w	W	WNW	WNW	WNW	WNW	W	W	WSW	NNE
	频率	12	11	12	12	14	16	11	10	12	11	17	11
2010	风向	ENE	ENE	NE	E	NW	WNW	SSW	NE	SW	E	W	NE
	频率	11	14	13	10	12	13	14	10	12	11	18	14
2011	风向	E	W	ENE	W	W	WNW	W	SSW	W	WSW	W	WSW
	频率	14	13	13	12	12	15	14	13	12	15	13	14
2012	风向	W	NE	NNE	E	NW	WSW	NE	WSW	SW	WSW	NNE	WSW
	频率	15	16	10	13	11	11	15	11	12	13	13	13
2013	风向	WSW	CW	WSW	E	SSW	SW	SSW	SSW	SSE	SW	WSW	SW
	频率	25	11	13	13	10	14	14	8	10	16	13	11
2014	风向	WSW	ESE	ESE	SW	SW	SW	SE	SE	SW	SW	ENE	SE
	频率	13	13	10	14	14	18	13	11	14	15	9	10
2015	风向	SW	SW	SW	N	SW	SW	E	E	SW	SW	SSW	SW
	频率	12	13	13	13	17	12	15	13	17	17	17	19

（四）大风日数

历年大风日数最多月出现在5月，大风总日数21.7天，平均为0.9天。其次是4月，为10天，平均为0.6天。其他月份也有出现，但频率不高。

1995—2015年平原区大风日数一览表

表2－18

年份	1月	2月	3月	4月	5月	6月	7月	8月	9月	10月	11月	12月	合计
1995	—	—	3	2	5	6	1	—	—	2	1	—	20
1996	—	—	—	2	3	4	3	1	—	1	—	—	14
1997	1	—	1	—	5	2	1	1	—	—	2	—	13
1998	—	—	1	4	5	—	—	1	—	—	—	—	11
1999	—	—	—	2	1	1	3	1	1	—	—	—	9
2000	—	1	1	2	4	1	—	3	—	—	1	—	13
2001	—	—	—	4	3	—	—	—	1	1	—	—	9
2002	—	—	1	1	5	3	—	—	1	1	—	—	12
2003	—	—	—	3	3	4	8	3	2	—	1	—	24

续上表

年份	1月	2月	3月	4月	5月	6月	7月	8月	9月	10月	11月	12月	合计
2004	—	—	2	3	3	6	3	—	—	—	—	—	17
2005	—	—	1	3	1	—	5	1	1	2	—	—	14
2006	—	—	—	2	6	6	2	3	2	2	—	—	23
2007	—	—	1	—	6	4	7	4	1	—	—	—	23
2008	—	—	1	3	3	3	5	—	2	1	—	—	18
2009	—	2	4	4	4	5	5	5	3	—	—	1	33
2010	2	1	3	2	3	6	4	2	—	2	—	1	26
2011	—	—	2	2	6	4	2	—	—	—	—	—	16
2012	—	—	—	—	2	1	5	—	—	—	1	—	9
2013	1	1	—	1	1	1	3	—	1	—	—	—	9
2014	—	—	—	4	2	2	—	—	—	—	1	1	10
2015	—	—	1	2	1	2	1	—	—	—	—	—	7
平均各月	1	1	2	3	4	3	4	2	2	1	2	1	—

第二节 气候特点

一、主要气象特点

阿图什市地处中纬度欧亚大陆腹地，远离海洋，属暖温带大陆性干旱气候，其重要气候特点：四级分明，日照充足，干旱少雨，无霜期长，气温日振幅大。春季升温快，天气多变；夏季炎热，蒸发强盛；秋季秋高气爽，降温迅速；冬季寒冷多晴日，微风少雪。

(一)阿图什平原

热量丰富，降水稀少，蒸发强烈，春旱严重，夏季高温炎热。

(二)哈拉峻盆地

热量略少，年≥10℃积温比平原少1000℃左右，冬季寒冷，夏季凉快且降水多。

(三)两河谷底

是阿图什平原向哈拉峻盆地过度的地带，气候温和，没有平原炎热，也没有盆地寒冷，热量少于平原，多于盆地，开春比平原晚7~10天，无霜期短20天，山谷风多且较大。

(四)北部山区

热量不足，无霜期短，降水充沛，冬季严寒。

二、四季气候特征

按照平均气温稳定≤0℃为冬季，≥20℃为夏季，0℃~20℃为春季，20℃~0℃为秋季，作为划分四季的标准。

1995—2015 年阿图什市四季分配一览表

表 2 – 19

季节	春			夏			秋			冬		
地区	初日 日/月	终日 日/月	持续日数(天)	初日 日/月	终日 日/月	持续日数(天)	初日 日/月	终日 日/月	持续日数(天)	初日 日/月	终日 日/月	持续日数(天)
阿图什平原	19/2	17/5	88	18/5	17/9	123	18/9	27/11	71	28/11	18/2	83
哈拉峻盆地	5/3	14/7	132	15/7	22/8	39	23/8	14/11	84	15/11	4/3	110

阿图什平原四季分明，夏季长，春秋冬三季相差不大；哈拉峻盆地春、冬两季长，夏季最短，仅 39 天；北部山区只有冷半年，暖半年之别，无四季之分。

(一)春季

开春早，升温快，不稳定，多风沙、浮尘。春季降水占年降水量的 30% 左右，干旱是春季的主要气象灾害，大风日数 9 ~ 15 天左右，此外还有霜冻、大雪等灾害性天气。

(二)夏季

高温炎热是平原的主要气候特征，夏季长 123 天左右，6—8 月平均气温 26.2℃，7 月平均气温 27℃，极端最高 41℃。日照时数长，光照强，气温日差较大；午后到傍晚多阵性风雨，季大风日数为 8 ~ 11 天，降水量占全年的 50%，夏季的主要气象灾害在平原是高温、干热风，在山区是大雨引起的山洪暴发，在盆地及河谷地区常受冰雹袭击。

(三)秋季

秋高气爽，日照充足，降温迅速，雨量骤减，大风天气少。11 月平均气温比 10 月低 9.7℃ ~ 10.1℃，个别年份达 13.4℃，10 月平均气温平原降到 14.1℃，盆地降到 9.7℃，2500 米以上山区降到 0℃以下。初霜冻平原出现在 11 月 9 日，盆地在 10 月 11 日。秋季主要气象灾害是初霜冻和寒潮，初霜冻出现早的年份，高粱、复播玉米等作物不能完全成熟，影响产量，强冷空气入侵影响畜牧转场。

(四)冬季

境内冬季因受高压脊控制和极地大陆气团的影响，天气稳定，寒冷漫长，风微雨小。海拔 2300 米左右的半山区处于逆温层中，温度较盆地略偏高。季降水量占年降水量的 5% ~ 10%，很少有大风。冬季河水封冻，下游枯水，土地冻结，强寒流常使越冬作物和果树遭受冻害。冬季低温，主要危害哈拉峻盆地冬小麦和两河谷地部分果树越冬。

第三章　水资源

阿图什市境共有水资源 7.376 亿立方米，其中地表水 4.228 亿立方米、地下水 3.148 亿立方米。地表水比较贫乏，地下水则相对比较丰富。

第一节　地表水

阿图什市境内河道属喀什噶尔河流域。其中，恰克马克河流域面积 13589 平方千米，占喀什噶尔河流域的 46.5%；博谷孜河流域面积 5206 平方千米，占恰克玛克河流域的 38.3%；苏滚厄肯河流域面积 1934 平方千米，占恰克玛克河流域的 14.2%。主要河道一级河流有谢依特河、塔什艾勒克河、阿亚克苏古木河、皮羌河等15条,总长554千米;二级河流有恰克玛克河、音根河、苏盖特萨依河、库如萨依河等9条,总长618千米;三级河流有博谷孜河、阿也克特克河、塔勒坎木沟、苏滚厄肯河等7条,总长640千米;四级河流有铁热克河、马依丹萨依、阿腊萨依河、通古孜阿格孜河、阿克萨依河、吐休克塔格能厄肯河等20条,总长527千米。阿图什市境内河流总长度2339千米,河网密度0.137千米/平方千米,径流总量4.902亿立方米。境内最大的河流为恰克玛克河,从北至西南流经境内乌恰县、阿图什市,河长348千米,流域面积13589平方千米,年均流量9.03立方米/秒,主要支流有博谷孜河、苏滚厄肯河等。

一、河流

阿图什市土地辽阔,有大小河沟67条。河流大多是流量小、流程短的小河,常年流水的大河不多。年径流量在1亿立方米以上的河道只有恰克玛克河和博古孜河两条。

(一)恰克玛克河水系

恰克玛克河系发源于乌恰县境内的阿克套山苏约克河,转东南而下,在中段与图尤噶尔特河汇合后,即为恰克玛克河。恰克玛克河全长166千米,流经阿图什市境的有77.5千米,东南流向。

恰克玛克河出乌恰县入市境后,首先流经上阿图什镇喀依拉克村,分为南北两条支流。南支流主要穿过喀什噶尔倒转山体流入疏附县境内,北支流转头向东,流经阿图什山体的南谷以下间歇而消失。下游干涸的老河床把阿扎克乡分成两地,其老河床原与博古孜河汇合于阿扎克乡翁艾日克村。恰克玛克河积水面积3800平方千米,其中海拔2500米以上的山地占3000平方千米。

恰克玛克河源头的主峰高5031米,有少量的冰川与雪山,3月底至6月底径流主要靠冰雪融化和地下水补给,7月至9月主要由降雨补给,10月至翌年3月由地下水补给。平均年径流量为1.596亿立方米,最小为0.81亿立方米,最大为2.665亿立方米,年径流变化较大,变差系数为0.36,年内变化也大,多年平均月径流量最小与最大值相差4.5倍。汛期始于4月中旬,早于全市其他河流,延续时间也较长,一般到9月底。4—9月,平均流量为6.17~10立方米/秒,占年径流量的75.7%。

恰克玛克河的特征是:洪汛峰头大,历时短,一般半天左右,最短可在半小时内急涨急退。每年4月下旬来洪,8月下旬结束,中小洪水是上游积雪融水,大洪是上游暴雨夹带积雪融水,势汹劲大,常将巨石冲下。河体平均纵坡1/80,总落差930米,水能蕴藏量较丰富,理论蓄能量2.85万千瓦。

恰克玛克河水为乌恰、阿图什、疏附3县共用。乌恰县的两个乡处于上游,用水不多,不计用量。阿图什市与疏附县的分水比例为3:1。在上阿图什镇兰干村东部建有一座大型拦河分水闸,将河水分为三股,分别流向上阿图什镇、阿扎克乡和疏附县,灌溉面积8000公顷,河体两旁宜林地树木茂盛,主要有杨、柳等用材林和部分薪炭林。

(二)博古孜河水系

博古孜河发源于天山南脉的吐古买提乡玛依丹山,由西北山区的玛依丹、库鲁木都克等河汇合而成。全河分为上游、中游、下游三级。上游流向南,中游流向西南,下游与恰克玛克河汇合后转向东流,全长100余千米,积水面积3912平方千米。

博古孜河源头的主峰高3954~4095米,无冰川雪山,全靠降水形成径流,地表水径流量年平均2.748亿立方米。上中游径流量主要靠地下水补给,下游基本上没有可供补给的水流。博古孜河流域地下水资源为0.776亿立方米,河水流量比较稳定,年内、年际变化都比较小,是阿图什市灌区的主要水源。

(三)哈拉峻盆地诸溪流

哈拉峻盆地诸溪流主要分布在盆地的北部高山和南部、东部低山中。盆地的补给水源主要靠北部诸河谷。

喀拉铁热克山北部的河谷溪流汇成阿也克特克河,该河流入阿合奇县的托什干河。喀拉铁热克山南部诸沟谷彼此独立,平行下延。因此,溪流流程短,流量也小,洪水来时暴涨暴落,不易蓄存与控制,有时会造成人畜伤亡事故。径流出山口处,由于地域扩大,地势平坦,加上又是沙石土壤,所以径流迅速渗入松散的岩层中转为地下水,故未形成常年流水的河流。

阿图什市河系、盆地年平均流量分布情况表

表2－20

河系或地区	河泉名称	河泉数量（条）	年平均流量（立方米/秒）	年径流量（亿立方米）	备注
恰克玛克河系	恰克玛克河	1	3.8	1.198	系阿图什引水量
博古孜河系	山区河沟	5	2.11	0.666	
	上游	1	3.3	1.042	
	中游	2	2.03	0.64	
	下游	6	1.26	0.4	
哈拉峻盆地	泉水	70	0.1	0.032	
	洪水沟	17	0.79	0.25	
合计		102	13.39	4.228	

二、湖泊

（一）硝尔库勒盐湖

硝尔库勒盐湖，位于哈拉峻乡政府驻地东部，直线距离45千米，北邻乌拉钦套山，西连琼通古孜都克山，南靠克孜勒阿热萨克山，东接库木僧额尔套。东西长12千米，南北平均宽约4千米，大体呈矩形，但北部也有两处向北扩展呈驼峰状。海拔1550米。是一个随季节变化的碱水湖，最大面积约40平方千米，一般保持在36平方千米，水深平均0.174米，旱时湖水干枯，无结冰期，盐渍化面积为90平方千米。该湖是整个哈拉峻盆地地表水、地下水的归宿和消耗地，湖四周有草，可以放牧。“硝尔库勒”，柯尔克孜语意碱（盐）湖。

（二）吐孜苏盖特盐湖

吐孜苏盖特湖在硝尔库勒湖北部约10千米处，盐渍化面积50余平方千米。

三、山泉

（一）苏盖特阿塔木泉

位于吐古买提乡西南8.5千米处，东是盖孜能塔格山，西是加依帕其木能塔格山。泉水从山底流出，泉东部还有一个小泉，是博古孜河的水源之一，水质很好。泉水流量大，泉西旁长有一棵古柳树，泉东植有杨、柳。相传很早以前，此地是一片荒野，只有这眼泉和旁边长的柳树，当地人就把泉和柳树视为“胡达”所赐，柯尔克孜语称“苏盖特阿塔木”意为神圣的柳树。汉、唐时称此地为峡口，因地理现状命名。

（二）吉勒根都布拉克

位于哈拉峻乡政府驻地东北31千米处，南是喀拉都维，东是铁克热克乔阔，牧草丰盛。泉水流量较小，泉旁有草地，春季牧放牛羊群。因此地长有红柳，柯尔克孜语故称“吉勒根都布拉克”，意为红柳泉。

（三）克孜勒布拉克

位于哈拉峻乡政府驻地东南45千米处，北是乔阔勒都艾肯，南是克孜勒布拉克艾肯。水量较大，水质好，可供人畜饮用。因此泉周围都是红土，柯尔克孜语故称“克孜勒布拉克”，意为红泉。

（四）喀音登萨依布拉克

位于哈拉峻乡政府驻地东北72.5千米处，西是勃勒克达克布拉克，南是勃拉克勒达克萨依。流量较大,四周有草,可放牧。因在喀音登萨依沟中,故称喀音登萨依布拉克,柯尔克孜语意为长有白桦树戈壁中的泉。

第二节 地下水

阿图什市地下水储存区主要有哈拉峻盆地、吐古买提盆地、阿湖宽谷、东部低山间洼地和塔提尔、克孜勒哈特、结提库勒塔提尔洼地 5 个地区。地下水天然补给量为 4.736 亿立方米,其中部分以泉水回归地表,转化为地表水。全市实有地下水 3.148 亿立方米,占水资源总量的 42.68%。

阿图什市河系、盆地年平均流量分布表

表 2-21

地　区	资源情况(亿立方米/年)		
	天然补给量	回归地表泉水	地下水储量
哈拉峻盆地	2.3	0.032	2.268
吐古买提盆地	0.972	0.78	0.192
阿湖宽谷	0.6	0.391	0.209
东部低山间洼地	0.76	0.385	0.375
塔提尔等洼地	0.104	—	0.104
合计	4.736	1.588	3.148

第三节 水 质

一、高山区淡水带

高山区淡水带分布在图噜噶尔特山到喀拉铁热克山的主脊及南北坡 3200 米以上的地区,呈北东向条带状。这一地区以降水量多、补给源充足、径流条件好和地表水、地下水就地相互补排为特征,水质优良,矿化度 0.3~0.9 克/升,硫酸根离子 70~160 毫升/升,氯离子 20~70 毫克/升,总硬度 13~20 德国度。水洁净,无污染,适用于饮用和灌溉。

二、河谷淡水带

河谷淡水带包括恰克玛克河和博古孜河的河谷区。恰克玛克河自河源到灌区,水质变化不大,矿化度 0.47~0.94 克/升,总硬度 12.7~16 德国度,属重碳酸根型淡水,是全市最优良的饮用水和灌溉水。博古孜河自河源到灌区,矿化度增加,水质有劣化趋势。河源处的库鲁木都克河和玛依丹河,矿化度 0.49~0.81 克/升,总硬度 11.4~20 德国度;上游的吐古买提沟矿化度 0.85~1.15 克/升,总硬度 18.5~24.2 德国度;中游的阿湖泉水矿化度 1.25~1.53 克/升,总硬度 28~30 德国度;下游的松他克泉水矿化度 1.65 克/升,总硬度 38.3 德国度。博古孜河水是全市较好的灌溉和饮用水,是全市的主要水源。

三、中山区淡水—微咸水带

分布在博孜萨依—吐古买提—哈拉峻—皮羌一线以北的山区,呈北东向带状。这一带径流形态以基岩裂隙水及沟谷潜水为主,地表水交贫乏,地下水的补给和径流条件都比较差,溶滤作用较强,属山区地下水化学成分的形成带。水质较劣，矿化度 1～3 克/升，在缺水条件下可以饮用。

四、低山丘陵区半碱水带

分布在市境南部及东部的低山丘陵带。该区的基岩裂隙水，矿化度 3～10 克/升，局部大于 10 克/升。水化学成分中，硫酸根离子、氯离子和钠离子占统治地位，多为氯化物硫酸盐型水。流经该区的河水，受两侧高矿化水补给和含盐岩混浊的影响，矿化度高，水质变坏。

五、山前砾石平原或溢出带淡水—微咸水带

分布在吐古买提—哈拉峻一带的山前和阿湖宽谷、阿图什洼地溢出带以上部位。这一带潜水和泉水的矿化度 1～1.5 克/升，化学成分中硫酸根离子和重碳酸根离子占优势，局部地段硫酸根离子被氯离子代替。该区水质基本适于饮用和灌溉。

六、平原区细土带第四系孔隙潜水

这一区包括哈拉峻盆地和阿图什洼地，哈拉峻盆地水质变化复杂，越靠近盆地中心或洼地下游，各项水质指标越高。在哈拉峻盆地矿化度一般为 1.5～15 克/升，盆地中心达 30～170 克/升，总硬度 20～200～700 德国度，在盆地细土边缘，矿化度为 1～3 克/升，水质适于灌溉和饮用。愈靠近盆地中心，水的利用价值愈低。在阿图什洼地，除溢出附近和经常灌溉的耕作区矿化度为 5～10 克/升的中矿化水外，其余均为 10～30 克/升的高矿化水，有的地区矿化度甚至超过 30 克/升。水化学类型为 SO_4—Cl—Na 型盐水。细土带孔隙潜水的利用价值低，是土壤盐渍化的根源。

七、第四系承压水

第四系承压水在哈拉峻和阿图什洼地广泛分布。它们的共同特点是具有垂直分带规律，深层水水质比浅层水水质好。阿图什洼地的承压水，第一层较第二层稍差，矿化度 0.7～1.5 克/升，第二层矿化度 0.5 克/升；南部水质较好，矿化度（Cl、SO_4）、总硬度、物理性质等项指标，均为超过（或稍微超过）标准，灌溉系数 10～21.1，为较好的灌溉水和饮用水。在哈拉峻已揭露的三层承压水中，第一层矿化度多大于 1 克/升，第二层和第三层均小于 1 克/升，化学成分以硫酸根和重碳酸根离子为主。

1995—2015 年阿图什市农牧区水质状况抽样表（一）

表 2－22

取水地点	水源类型	色度（度）		浊度（度）		砷（mg/l）		细菌总数（个/ml）		大肠杆菌（个/l）	
		丰值	枯值	丰值	枯值	丰值	枯值	丰值	枯值	丰值	枯值
上阿图什镇大桥	渠水	3	20	10	100	0.016	—	36000	520	23800	230
上阿图什镇医院	涝坝水	7	5	50	5	0.06	—	61000	850	27000	2380
上阿图什镇道班	渠水	2	10	50	5	0.013	—	22000	1400	23800	2380
阿扎克乡提坚村	涝坝水	1	<5	<50	10	0.019	—	6600	1100	90	2380
格达良乡	渠水	3	5	<5	20	0.0065	—	2400	50	230	<9
格达良乡库也克村	涝坝水	5	10	<10	10	0.005	—	4000	135	2380	<9
阿湖水文站	河水	1	<5	<50	9	0.0075	0.001	28000	190	2300	230

续上表

取水地点	水源类型	色度(度)		浊度(度)		砷(mg/l)		细菌总数(个/ml)		大肠杆菌(个/l)	
		丰值	枯值	丰值	枯值	丰值	枯值	丰值	枯值	丰值	枯值
阿图什市托卡依水库	水库水	5	10	<10	5	0.001	—	35000	45	90	<9
阿图什市电厂蓄水池	河水	6	<5	<50	70	0.005	0.003	56600	200	23800	230
阿图什市一中	河水	1	<5	<50	50	0.001	0.006	1000	230	230	140
阿湖乡	渠水	—	<5	<10	60	0.003	0.0035	1900	185	2300	2380
阿湖乡中学	涝坝水	2	<5	<50	30	0.003	0.001	4000	170	2380	230
上阿图什镇大桥下	渠水	1	5	<50	<100	0.002	—	900	620	23800	230
哈拉峻乡阿亚克苏洪村	渠水	5	5	<50	<10	0.02	—	30000	145	230	230

1995—2015年阿图什市农牧区水质状况抽样表(二)

表2-23

取水地点	水源类型	氟化物(mg/l)		总硬度(度)		氯化物(mg/l)		pH	
		丰值	枯值	丰值	枯值	丰值	枯值	丰值	枯值
上阿图什镇大桥	渠水	0.20	0.30	17.98	17.22	—	118.82	7.81	8.0
上阿图什镇医院	涝坝水	0.31	0.22	12.77	17.27	—	140.37	9.05	8.2
上阿图什镇道班	渠水	0.31	0.20	17.86	17.56	116.6	123.5	8.1	8.2
阿扎克乡提坚村	涝坝水	0.34	0.40	21.39	22.6	213.2	224.19	8.34	8.2
格达良乡	渠水	0.39	0.60	56.55	45.31	126.5	517.53	8.2	8.4
格达良乡库也克村	涝坝水	0.36	0.60	133.62	539.1	206.65	470.36	9.3	8.9
阿湖水文站	河水	0.25	0.20	30.06	24.07	284.2	182.4	8.05	8.3
阿图什市托卡依水库	水库水	0.38	0.60	57.88	44.52	786.0	505.4	8.8	8.4
阿图什市电厂蓄水池	河水	0.25	0.45	30.38	32.06	283.0	316.6	8.3	8.4
阿图什市一中	河水	0.24	0.45	31.71	32.51	275.6	314.6	7.98	8.4
阿湖乡	渠水	0.25	0.40	25.34	23.56	192.8	188.88	8.13	8.5
阿湖乡中学	涝坝水	0.25	0.46	23.58	23.96	207.2	193.83	8.62	8.2
上阿图什镇大桥下	渠水	0.27	0.30	16.31	17.62	116.65	121.02	8.5	8.2
哈拉峻乡阿亚克苏洪村	渠水	0.41	0.70	39.3	31.44	147.6	362.76	8.0	8.2

第四章　土地资源

第一节　土地面积

2015 年，阿图什市土地总面积 1549943.42 公顷。农用地面积 735055.75 公顷，国有未利用面积 1150444.76 公顷，建设用地面积 10155.93 公顷。全市耕地面积 16283.55 公顷、园地面积 7066.53 公顷、林地面积 86924.39 公顷、草地面积 885626.31 公顷、城镇村及工矿用地面积 7025.63 公顷，交通运输用地面积 2747.76 公顷，水域及水利设施用地面积 12506.75 公顷，其他土地面积 522515.77 公顷。境内植被稀少，覆盖率较低，植被以农作物及牧草，人工林为主。自然森林较少。全市森林面积 2.71 万公顷，草场面积 99.13 万公顷，天然森林和草场多分布在北部中高山区。

第二节　土地分类

阿图什市境内土地资源以土地、戈壁、荒滩为主，耕地少。2015 年全市总面积 1.55 万平方千米，其中山地面积有 0.97 万平方千米，约占总面积的 65%；戈壁、荒漠面积 0.28 万平方千米，占总面积的 18.7%；绿洲面积 0.23 万平方千米，占 15.6%。

主要土壤有 4 类：一是灌淤土，面积 15347.33 公顷，其中耕地 15298.33 公顷，占全市耕地面积的 59.4%，主要分布为阿湖乡、松他克乡、阿扎克乡、上阿图什镇，大部分属于黄淤土土属，其中，潮灌溉淤土亚类分布在松他克乡的巴格拉、克青孜、瓦克瓦克村（土属是潮黄淤土）；二是潮土，面积 4460.33 公顷，其中，黄潮土亚类 2474 公顷（主要分布在哈拉峻乡、吐古买提乡、格达良乡、阿湖乡），占全市耕地面积的 3.56%，盐化潮土亚类主要分布在格达良乡；三是棕漠土，面积 5719.33 公顷，其中，棕漠土亚类分布在阿扎克乡，盐化棕漠土主要分布在松他克、阿扎克、吐古买提等乡；四是盐土，面积 2.31 万公顷，主要分布在格达良乡、松他克乡东片区。其外，水稻土（灌淤水稻土）：阿图什仅 42 公顷，分布在松他克乡托库勒村；棕钙土：主要分布吐古买提乡；风沙土，只有 59 公顷，主要分布阿扎克乡。

阿图什市土壤有机质含量较低，质地较黏重，结构性也较差，养分含量低，缺磷少氮，但钾比较丰富，农区土壤肥力一般低于牧区。盐化土面积较大，据调查，全市盐化土面积 7333.33 公顷、盐土面积 0.72 万公顷。

第三节　土壤养分

根据 2014 年土壤养分情况来分析，阿图什土壤养分含量平均为：pH 值 8.34、有机质 17.69 克/千克、全氮 0.63 克/千克、碱解氮 83.85 毫克/千克、有效磷 35.69 毫克/千克、速效钾 174.42 毫克/千克。

2014 年阿图什市土壤 pH 情况统计表

表 2－24

行政单位	合计						7.5～8.5	8.5～9	>9	
	样品数	极大值	极小值	平均值	标准差	变异系数	样品数	样品数	样品数	代表面积
全国	314	8.9	7.9	8.62	0.18	0.02	113	201	0	0.00
新疆维吾尔自治区	314	8.9	7.9	8.62	0.18	0.02	113	201	0	0.00
阿图什市	314	8.9	7.9	8.62	0.18	0.02	113	201	0	0.00

2014 年阿图什市土壤有机质情况统计表

表 2－25

行政单位	合计						≤6	6～10	10～20	20～30	30～40	>60
	样品数	极大值	极小值	平均值	标准差	变异系数	样品数	样品数	样品数	样品数	样品数	样品数
全国	314	108	4.3	17.69	7.85	0.44	1	27	181	98	6	1
新疆维吾尔自治区	314	108	4.3	17.69	7.85	0.44	1	27	181	98	6	1
阿图什市	314	108	4.3	17.69	7.85	0.44	1	27	181	98	6	1

2014 年阿图什市土壤全氮情况统计表

表 2－26

行政单位	合计						≤0.5	0.5～1	1～1.5	1.5～2	2.5～3	>3
	样品数	极大值	极小值	平均值	标准差	变异系数	样品数	样品数	样品数	样品数	样品数	样品数
全国	314	4.4	0.04	0.63	0.39	0.62	123	153	33	4	0	1
新疆维吾尔自治区	314	4.4	0.04	0.63	0.39	0.62	123	153	33	4	0	1
阿图什市	314	4.4	0.04	0.63	0.39	0.62	123	153	33	4	0	1

2014 年阿图什市土壤碱解氮情况统计表

表 2－27

行政单位	合计						≤50	50～100	100～150	150～200	200～250
	样品数	极大值	极小值	平均值	标准差	变异系数	样品数	样品数	样品数	样品数	样品数
全国	314	222	7	83.85	29.03	0.35	32	207	69	5	1
新疆维吾尔自治区	314	222	7	83.85	29.03	0.35	32	207	69	5	1
阿图什市	314	222	7	83.85	29.03	0.35	32	207	69	5	1
行政单位	合计						50～100	100～150	150～200	200～250	250～300
	样品数	极大值	极小值	平均值	标准差	变异系数	样品数	样品数	样品数	样品数	样品数
全国	312	389	71	174.42	60.70	0.35	26	92	103	55	20
新疆维吾尔自治区	312	389	71	174.42	60.70	0.35	26	92	103	55	20
阿图什市	312	389	71	174.42	60.70	0.35	26	92	103	55	20

2014 年阿图什市土壤有效铁情况统计表

表 2－28

行政单位	合计						≤2.5	2.5～4.5	4.5～10	10～20	20～30	30～40	>40
	样品数	极大值	极小值	平均值	标准差	变异系数	样品数	样品数	样品数	样品数	样品数	样品数	样品数
全国	306	96.2	0.3	35.08	17.33	0.49	1	2	14	34	78	84	93
新疆维吾尔自治区	306	96.2	0.3	35.08	17.33	0.49	1	2	14	34	78	84	93
阿图什市	306	96.2	0.3	35.08	17.33	0.49	1	2	14	34	78	84	93

2014 年阿图什市土壤有效锰情况统计表

表 2 - 29

行政单位	合计						1 ~ 5	5 ~ 15	15 ~ 30	30 ~ 45	45 ~ 60	>60
	样品数	极大值	极小值	平均值	标准差	变异系数	样品数	样品数	样品数	样品数	样品数	样品数
全国	307	89. 9	2. 9	31. 17	16. 81	0. 54	3	47	107	103	25	22
新疆维吾尔自治区	307	89. 9	2. 9	31. 17	16. 81	0. 54	3	47	107	103	25	22
阿图什市	307	89. 9	2. 9	31. 17	16. 81	0. 54	3	47	107	103	25	22

2014 年阿图什市土壤有效铜情况统计表

表 2 - 30

行政单位	合计						0. 2 ~ 1	1 ~ 1. 8	1. 8 ~ 2. 6	2. 6 ~ 3. 4	>3. 4
	样品数	极大值	极小值	平均值	标准差	变异系数	样品数	样品数	样品数	样品数	样品数
全国	307	51. 6	0. 59	5. 35	4. 77	0. 89	6	25	38	70	168
新疆维吾尔自治区	307	51. 6	0. 59	5. 35	4. 77	0. 89	6	25	38	70	168
阿图什市	307	51. 6	0. 59	5. 35	4. 77	0. 89	6	25	38	70	168

第五章　矿　藏

阿图什市矿产资源十分丰富,开发潜力大,主要分布在东北山区,已探明的金属矿有铁、钛、钒、铜、金、铅、锌等,非金属矿有湖盐、石灰石、大理石、云母、水晶石、石膏、萤石等32种矿产。

第一节　金属矿藏

一、铁矿

2015年,阿图什已发现铁矿床(点)约10个,累计提交334以上资源量800万吨。主要分布在哈拉峻—普昌一带,有普昌钒钛磁铁矿、哈达塔木磁铁矿、托斯莫磁铁矿等。预测远景资源量超过2亿吨。

普昌钒钛磁铁矿。共发现19个矿体,长80~150米,宽30~80米,厚几米至十余米。矿体全铁平均品位27.11%~36.06%,伴生TiO_2平均品位为6.92%~9.03%。求得300米以浅333以上铁矿石储量500万吨,TiO_2资源量6.81万吨,V_2O_5资源量0.6万吨。10%品位以上超贫铁矿1.7亿吨。

砂铁矿:分布在巴什苏洪及皮羌一带的河谷中。与上游含磁铁矿的基性岩体及磁铁矿床(巴什索贡岩体、普昌铁矿)有关。含磁铁矿砂层厚度在1~6米之间,局部磁铁矿物含量高达40%。

二、铜矿

已发现铜矿床、矿点11处,主要分布在哈拉峻塔木一带及大山口一带,有大山口铜矿、塔木铜锌矿、艾西曼铜矿等,控制334以上铜资源量约3万吨,远景资源量达30万吨。

大山口铜矿共圈定出3个铜矿体,控制斜深295米。铜平均品位1.07%。求(333)铜资源量429吨。

三、铅锌矿

已发现铅锌矿床、矿点约20处,其中探明储量5处,霍什布拉克铅锌、萨色布拉克锌矿、铁格尔曼铅锌矿等,控制333以上铅资源量约5万吨,锌资源量10万吨。远景资源量:铅30万吨,锌60万吨。

霍什布拉克铅锌矿有两层呈似层状矿体:长约300~350米,厚3~20米,平均品位:铅3.43%,锌6.83%。矿石中伴生银、镉、钴。求得主矿体铅锌金属量(122b+333)18.9万吨,其中锌13.2万吨、铅5.7万吨。

第二节　非金属矿藏

非金属矿藏有皮羌含磷砂矿、硝尔库勒与吐孜苏盖提湖盐矿、峡口石灰岩矿和皮羌大理石矿。

一、石灰石矿

阿图什市石灰石矿位于阿图什市吐古买提乡,产于石炭系中,分三层,下层50~70米,中部厚约400~500米,上部厚约100米。中、下部两层较好,达到水泥石灰岩及熔剂石灰岩1级品质,氧化钙平均品位在55%~57%之间,远景储量3亿吨。采矿权矿山企业设置有4家,资源储量约9000万吨,克州青松水泥有限公司、克州天山水泥有限公司、喀什飞龙水泥有限公司,累计年产量300万吨。

二、盐矿

阿图什市盐矿主要分布在哈拉峻盆地硝尔库勒盐湖和吐孜苏盖特盐湖。两矿区位于阿图什市东北部距市区直线距离110千米,哈拉峻乡政府驻地东南40千米处,两盐湖为第四系全新统的化学沉积形成,为湖盐型矿床。

硝尔库勒湖盐矿床,盐湖面积90平方千米,长约13千米,宽2~6千米,盐层厚度约0.5~1.5米之间,固态盐D级储量8600万吨,伴生钾含量0.07%~0.51%、氧化硼0.17%~0.33%,在泥质岩中钾的含量为0.76%、氧化硼0.19%。

吐孜苏盖特盐湖盐矿床盐湖面积约50平方千米,长约18千米,宽2~4千米,盐层厚度约0.2~0.3米之间,向下即为粗晶石盐层,厚度为0.3~0.6米,固态盐D级储量1320万吨,地质储量1200万吨,芒硝3126万吨。

三、花岗岩矿

阿图什市花岗岩资源丰富,主要分布在阿图什市东北部山矿区,矿体总面积20平方千米,预测储量2亿多立方米,矿石完整,总体色差小。阿图什市磊鑫采石场于2012年入驻阿图什市重工业园区,开展花岗岩的开采加工。

四、砂石黏土矿

阿图什市砂石黏土矿主要分布于冲积平原区,从格达良乡到上阿图什镇分布面积广,资源丰富。2010年共有砂石黏土矿46家,建筑用砂25家,砖瓦用黏土21家,砖厂生产规模均为3.5万立方米,开发矿区保有资源量300万立方米。砂场年开采量8万~12万立方米,开发矿区保有资源量500万立方米。

五、萤石矿

阿图什萤石矿处于南天山柯坪塔格山脉,属于低中山地形,起伏不大,地势南高北低,海拔高度在1500~1800米。主要集中在哈拉峻乡也提库和客拉勒克地区距阿图什市150千米,314国道北2~10千米,交通便利。通过资源量估算内蕴经济资源量(333)矿石量42.6万吨,CaF2平均品位为34.48%,共生铅矿品位1.89%。

第六章　野生动植物资源

第一节　野生动物资源

一、兽类

大型兽类主要分布在北部山区,有棕熊、雪豹、野猪、盘羊、青羊、黄羊、狼、狼獾、沙狐、红狐、旱獭、石貂、刺猬、野兔、跳鼠、沙鼠、田鼠等。列入国家重点保护的动物有棕熊、雪豹、青羊、盘羊、狼獾等。

二、鸟类

有鹄、鹰鹄、原鸽、乌鸦、斑鹊、喜鹊、山雀、舍额丝雀、白斑翅雀、柳莺、花彩雀莺、百灵鸟、布谷鸟、啄木鸟、猫头鹰、长尾雉、石鸡、雪鸡等。列入国家重点保护的鸟类有长尾雉、雪鸡等。

三、昆虫类

有蝴蝶、蜻蜓、螳螂、蟋蟀、蜘蛛、蟾蜍、沙蜥、蚂蚁、蚂蚱等。

四、爬行类

有青蛙、蚯蚓、蛇、麻晰等。

五、水产类

有大头鱼、米虾等。

第二节　野生植物资源

一、野生中草药

主要有甘草、车前子、莱菔子、芦芽根、党参、青兰、独活、紫草、麻黄、大黄、野红花、黄花、蒲公英、枸杞、沙生柽柳等。

二、野生牧草

主要有野苜蓿、茵陈蒿、孤毛草、羽毛草、旱麦草、早熟禾、莎草、三叶草、马兰草、骆驼刺、芦苇、苏丹草、芜菁、聚合草、羊草等。

三、天然林木

主要有红柳、松树、柏树、胡杨、新疆杨、柳树、榆树、槐树、矮沙冬青等。

第七章　自然灾害

第一节　气象灾害

一、风灾

每年大风平均2.2天，多出现在4—5月。风速平均0.7米/秒，月平均风速最大1.6米/秒。春季大风可把禾苗刮倒，甚至连根拔起，造成缺苗断垄，幸存者迟迟才能复苏。大风使早熟小麦落粒，晚熟小秕粒，造成减产，一般年份减产5%，严重年份可减产10%以上。

2013年发生大风灾害2起，分别是4月17日和5月23日，倒塌房屋24间，直接经济损失151万元。

2014年发生大风灾害1起，受灾乡镇7个，农作物受灾面积3168.5公顷，绝收面积760.4公顷，直接经济损失3364.3万元。

二、洪涝

1998年6月22日至25日、8月4日至6日、9月11日至9月14日，阿图什市降大暴雨，造成山洪灾害。受灾人口1.2万人，损坏房屋1490间，倒塌房屋600间，冲毁农田124公顷，死亡牲畜350头（只），损坏堤防5千米、水闸17座、渠道35千米、渡槽26座、桥涵4座、机电井3眼。直接经济损失1656万元。

1999年7月末至8月2日，阿图什市因暴雨融雪混合性洪水造成的灾情。因山洪造成411.93公顷耕地、99公顷林带、15.27公顷果园被冲毁，倒塌房屋310间，冲毁公路28千米、防洪堤9.17千米、渠道21千米、防洪林6.58千米，冲坏大小桥梁14座。造成直接经济损失1424.8万元。

2000年6月21日，阿图什市区和市郊的乡场附近遭受强降水，引发局部性洪水并造成灾害。阿图什市郊的667公顷节水滴灌葡萄基地（绿色环保工程）损失严重；市郊的4个乡场的部分农田、水利设施、房屋、麦场等被洪水冲毁。受灾人口2.5万人，倒塌房屋410间，农作物受灾面积173公顷，死亡牲畜105头（只），毁坏路基8千米，损坏堤防7.79千米、护岸1处、水闸9座、灌溉设施27处、机电井1眼。造成直接经济损失388万元。

2001年8月23日,阿图什市区及市郊西偏北区域出现大降水天气过程,并引发局地性洪水。造成2人死亡,城区公共设施、房屋、粮食加工车间、粮食储备库、供暖管道、供水管网、办公楼、住宅楼进水受损,水毁房屋3.2万平方米,多处防洪设施受损3千米。据统计,造成阿图什市的直接经济损失6346万元。

2010年9月17日晚起至19日,阿图什市境内连续降雨,部分山区出现暴雨天气,大范围的连续降雨引发市境内河流水位迅速上涨,博古孜河流域、恰克玛克河流域暴发洪水,全市防汛形势十分严峻,水利设施严重受损。据统计,洪水造成阿图什市水利设施受损5493.5万元。

2012年发生暴雨洪涝灾害4起,分别是3月22日、6月27日、7月20日和7月26日,农作物受灾面积550.64公顷,绝收面积18.6公顷,直接经济损失1777.41万元。

2013年发生暴雨洪涝灾害2起,分别是6月19日和7月10日,受灾面积138.2公顷,农作物绝收38.4公顷,房屋倒塌4间,直接经济损失416.8万元。

2014年发生暴雨洪涝灾害2起,分别是6月19日和6月25日,受灾乡镇3个,受灾人口1.1万人,农作物受灾面积996.4公顷,绝收342.3公顷,房屋倒塌55间,直接经济损失3422.6万元。

三、雪灾

2008年1月16日至24日,阿图什境内连续普降大雪,农区乡气温最低降至－15℃～－17℃,地表积雪20厘米,牧区乡气温最低降至－22℃～－24℃,地表积雪15～20厘米。截至1月22日,阿图什市设施农业蔬菜温室大棚有11座受积雪压伤,11座大棚的蔬菜被全部冻死,21座大棚墙体被压裂;1.3万头(只)牲畜受灾,死亡山羊和绵羊数2201只,15.5万头(只)牲畜的饲草料供应紧张;牧区乡有778户农牧民的取暖用煤紧张,部分农牧民住房因积雪过厚而出现房屋裂缝和坍塌。

2012年发生雪灾2起,分别是2月14日和2月24日,造成房屋倒塌31间,直接经济损失191.3万元。

四、浮尘

浮尘是一种大量微小尘粒均匀地飘浮在空中的天气现象。浮尘来后,遮天蔽日,气温下降,大量降土,严重影响光辐射量和光合作用强度。阿图什市平原地区年平均浮尘天气约31天,而且多出现在3—5月,对农作物危害极大。

大量浮尘落在植被叶子上,长时间不能消除,影响光合作用,严重影响作物生长、成熟。

1995—2015年阿图什市浮尘日数一览表

表2－31

年份	浮尘日数	年份	浮尘日数	年份	浮尘日数	年份	浮尘日数
1995	41	2001	34	2007	41	2013	33
1996	31	2002	30	2008	29	2014	37
1997	19	2003	17	2009	24	2015	21
1998	30	2004	16	2010	42		
1999	34	2005	5	2011	16		
2000	17	2006	23	2012	25		

第二节　地质灾害

阿图什市地处地中海至喜马拉地震带和贝加尔湖至帕米尔高原地震带交汇处。西南部低山区东起苏洪沟，西至境外乌恰县，南部与喀什噶尔背斜相依。该处由于第三纪地层露头风化和第四纪地层比较松散，被雨水切割成破碎劣地。这一带地震频繁，属地震多发区。1995—2015 年，共发生里氏 5 级以上地震 6 次。

1996 年 3 月 19 日 23 时整，阿图什市东北方向哈拉峻乡（北纬 40°00′、东经 76°43′）发生里氏 6.9 级地震。震源深度 28 千米，宏观震中位于通古孜阿格北侧，极震区烈度ix（9）度，造成山体酥裂，边坡裂缝、岩石崩塌、土石散落，阿图什市和伽师县的 20 个乡、镇、牧场及农三师团场房屋造成不同程度破坏和损失。地震造成 24 人死亡，128 人受伤，牲畜死亡 2700 头（只）。直接经济损失 3.87 亿元。

1998 年 3 月 19 日 21 时 51 分 33 秒，阿图什市东北方向哈拉峻乡（北纬 40°07′、东经 76°49′）境内发生里氏 6.0 级地震，震源深度 25 千米，极震区在阿图什哈拉峻一带，烈度为vii（7）度，建筑物有不同程度破坏，无人员伤亡，牲畜死亡 284 头（只），有 2544 户受灾。直接经济损失 2211 万元。

2009 年 4 月 22 日 17 时 26 秒，阿图什市（北纬 40°1′、东经 77°4′）发生里氏 5.0 级地震。震源深度 9 千米。宏观震中位于阿合奇县喀拉塔拉牧民点附近，极震区烈度为vi（6）度，此次地震属于一般地震灾害事件，没有造成人员伤亡。灾区主要位于阿图什市哈拉峻乡管辖区内，涉及平原区内 11 个乡村，受灾面积 2210 平方千米。灾区总人口约 2845 户，13798 人。其中居住房屋有破坏的受灾人口 1384 户，6712 人。直接经济损失 2181.75 万元。

2011 年 8 月 11 日 18 时 06 分，阿图什市、伽师县交界（北纬 39°9′、东经 77°2°）发生里氏 5.8 级地震。震源深度 8 千米，阿图什市没有损失。

2013 年 3 月 11 日 11 时 01 分，阿图什市（北纬 40°2′、东经 77°5′）发生里氏 5.2 级地震。震源深度 8 千米，主要涉及阿图什市哈拉峻乡和上阿图什镇受灾。受灾总人口 792 户，3168 人，灾区总面积 635 平方千米，造成农村居民住房损坏 7.92 万平方米（792 户、3168 间），破坏羊圈 68 座。直接经济损失 2397 万元。

2015 年 1 月 10 日 14 时 50 分 57 秒，阿图什市东北方向哈拉峻乡发生里氏 5.0 级地震，（北纬 40°2′，东经 77°3′），震源深度 10 千米。造成 246 户房屋受损，1500 人受灾，经济损失 2000 万元，灾后恢复重建总费用 4795.2 万元。

1995—2015 年阿图什市行政区内 5 级以上地震一览表

表 2－32

发震时间		震中位置		震级(ms)	深度(千米)	参数地名
年月日	时分	北纬	东经			
1996.3.19	23:00	40°00′	76°43′	6.9	28	阿图什市哈拉峻乡
1998.3.19	21:51	40°07′	76°49′	6.0	25	阿图什市哈拉峻乡
2009.4.22	17:26	40°0′	77°4′	5.0	9	阿合奇县塔拉喀拉牧民点
2011.8.11	18:06	39°9′	77°2′	5.8	8	阿图什市、伽师县交界
2013.3.11	11:01	40°2′	77°5′	5.2	8	阿图什市哈拉峻乡
2015.1.10	14:50	40°2′	73°3′	5.0	10	阿图什市哈拉峻乡

第三节　生物灾害

1998 年,阿扎克乡从伊犁调进 50 头牛,在农牧市场交易之后,8 头牛发病,其中 2 头典型病状诊断为口蹄疫,6 头为疑似病例,全部(8 头牛)扑杀处理。

1999 年,松他克乡肖鲁克村从外地调进的 1 头牛发生口蹄疫,发病牛 1 头,死亡 1 头,尸体无害化处理。阿湖乡阿热买里村 4 小队发生牛炭疽病,有 1 头牛发病、然后死亡。

2003 年,松他克乡松他克村发生羊痘病,发病绵羊 50 只,隔离诊疗。

2004 年,松他克乡买谢提村发生口蹄疫,发病牛 1 头,扑杀处理。

2005 年,阿图什市哈拉峻乡阿亚克苏洪村、吐孜拜力、喀拉戈买和阿湖乡的托格拉克村等乡村约 666.78 多公顷春秋放牧场发现蝗虫灾害,其中严重面积 3 ~ 3.5 千公顷(蝗虫高密度区每平方米 3 ~ 10 头,低密度区每平方米 3 ~ 8 头)。灾害报告自治区畜牧厅治蝗办后,非常重视,并及时提供蝗虫药品 4800 千克,同时,市人民政府拨付资金 20 万元,用于蝗虫灾害。

2006 年,上阿图什乡尧勒其拉村发生炭疽,有 1 头牛发病、然后死亡,患病人数 2 名。

2007 年,苗圃发生新城疫病,发病鸡 3500 羽,全部深埋处理。上阿图什乡拉依勒克村 7 小队发生炭疽病,发病牛一头,尸体销毁处理。

2008 年 2 月 16 日,阿扎克乡英巴格村和松他克乡买谢提村共 8 头牛发生口蹄疫,对确诊及同群的 58 头牛和 106 只羊(阿扎克乡英巴格村 54 头牛,68 只羊;松他克乡买谢提村 4 头牛,38 只羊)于 2 月 20 日进行扑杀深埋处理。上阿图什乡兰干村 12 小队发生疑似炭疽病例,发病牛 1 头,死亡 1 头。

2009 年,松他克乡巴格拉村发生羊痘病,发病绵羊 2 只,深埋处理。松他克乡、阿扎克乡、阿湖乡、格达良乡先后发生焦虫病,共死亡牛 15 头。

2011 年 12 月 22 日,阿图什市上阿图什镇发生疑似狂犬病,发病的疑似病例有 1 头牛,初诊后深埋处理。1—7 月在阿图什市哈拉峻乡发生羊痘疫病,发病的疑似病例有 130 只绵山羊,其中对 30 只发病绵山羊进行深埋处理。12 月 30 日阿图什市松他克乡发生羊痘病例,发病的疑似病例有 9 只羊,死亡后深埋处理。

2012 年 1 月 27 日,阿图什市松他克乡温吐萨克村养殖大户吉某从喀什伽师县引进 29 头牛,1 月 28 日,运到伊宁时巴伦塔依检查站检查中发现口蹄疫症状,样品送检后确诊口蹄疫阳性病例。

2013 年 12 月 25 日,阿图什市哈拉峻乡、吐古买提乡、上阿图什镇等部分乡(镇)发生小反刍兽疫疑似病例,感染绵山羊 7800 只,死亡绵山羊 715 只。

2013 年 6 月初,阿图什市吐古买提乡、阿湖乡、上阿图什镇、哈拉峻乡等乡镇荒漠草原(冬秋草场)前后发生意大利蝗蝗虫灾害,共发生面积 3.04 万公顷,其中严重面积 1.08 公顷。

第三编　人口　民族　宗教

阿图什市自古以来就是多民族聚居地区，各民族都是阿图什市的共同开拓者。阿图什市居住着汉族、维吾尔族、柯尔克孜族等11个民族。2015年末，全市总人口26.93万人，比1994年末增长1.5倍，其中城市人口6.82万人，比1994年末增长1.82倍。随着生活水平的不断提高和医疗卫生、教育、文化体育等社会各项事业的不断发展，阿图什各民族人口综合素质不断提高。各民族在长期的交往、交流、交融中相互影响，形成你中有我、我中有你、多元融合的特点，建立起平等、团结、互助、和谐的社会主义民族关系，在阿图什这片热土上，共同繁衍生息、共同团结奋斗、共同繁荣发展。

历史上，阿图什市境内的民族先后信仰过祆教、佛教、摩尼教、景教、伊斯兰教，其中影响最大的是佛教和伊斯兰教。2015年，境内的维吾尔族、柯尔克孜族、塔吉克族、回族、乌孜别克族、哈萨克族、塔塔尔族和东乡族中部分群众信仰伊斯兰教。

第一章　人　口

第一节　人口状况

一、人口数量

1995 年,全市共 37115 户 181706 人,其中男性人口 93315 人,女性人口 88391 人。

2005 年,全市共 48618 户 213011 人,较 1995 年增加 31305 人,增长 17.23%。其中男性人口 109441 人,女性人口 103570 人。

2015 年,全市共 62315 户 269317 人,较 2005 年增加 56306 人,增长 26.43%。其中男性人口 136704 人,女性人口 132613 人。

二、人口变动

(一)自然变动

1995 年,全市总人口 181706 人,出生 2984 人,出生率 16.53‰;死亡 923 人,死亡率 5.11‰,自然增长率 11.42‰。

2005 年,全市总人口 213011 人,出生 2555 人,出生率 12.04‰,比 1995 年下降 4.49‰;死亡 1430 人,死亡率 6.74‰,自然增长率 5.3‰,比 1995 年下降 6.12‰。

2015 年,全市总人口 269317 人,出生 6151 人,出生率 22.74‰;死亡 1801 人,死亡率 6.66‰,自然增长率 16.08‰。

1995—2015 年阿图什市人口数量及自然变动情况表

表 3-1

年份	总人口(人)	总户数(户)	年均人口(人)	人口自然变动					
				出生(人)	出生率(‰)	死亡(人)	死亡率(‰)	自然增长人数(人)	自然增长率(‰)
1995	181706	37115	180568	2984	16.53	923	5.11	2061	11.42
1996	184410	39115	183058	3088	16.87	1109	6.06	1979	10.81
1997	186232	39556	185321	3450	18.6	1040	5.6	2410	13
1998	188224	40391	187228	3074	16.4	862	4.6	22012	11.8
1999	190882	43440	189553	2565	13.53	757	3.99	1808	9.54
2000	194220	44998	192551	3268	16.97	701	3.64	2567	13.33
2001	196547	46988	195384	3483	17.83	693	3.53	2790	14.3
2002	203010	47533	199779	2751	13.66	658	3.27	2093	10.4
2003	204932	48294	203971	2888	14.16	601	2.95	2287	11.21
2004	211265	48906	208099	2272	10.92	1217	5.85	1055	5.07
2005	213011	48618	212138	2555	12.04	1430	6.74	1125	5.3

续上表

年份	总人口（人）	总户数（户）	年均人口（人）	人口自然变动					
				出生（人）	出生率（‰）	死亡（人）	死亡率（‰）	自然增长人数（人）	自然增长率（‰）
2006	217251	49333	215131	3380	15.71	439	2.04	2941	13.67
2007	225054	51510	221153	7349	33.23	1155	5.22	6194	28.01
2008	233895	53042	229475	7522	32.78	792	3.45	6790	29.33
2009	240567	55149	237231	6414	27.04	923	3.89	5491	23.15
2010	244535	56885	242551	5701	24.82	1130	4.88	4517	18.62
2011	250881	59247	247708	5451	22.01	801	3.23	4662	18.82
2012	254385	59760	252633	6939	27.47	3006	11.9	3933	15.41
2013	263144	61665	258765	8652	32.5	1132	11.31	7477	28.4
2014	271091	62895	267118	9330	35.5	1011	17	8471	29.4
2015	269317	62315	270204	6151	22.74	1801	6.66	4350	16.08

（二）机械变动

1995 年以来，由于阿图什地缘优势、区位优势，外地来阿图什经商、打工人员数量不断增多。阿图什市人口机械变动趋势基本为迁入高于迁出，其中 2002 年净增 1251 人，2007 年净增 1341 人。

1995—2015 年阿图什市人口机械变动情况表

表 3－2　　单位：人

年份	迁入	迁出	增减	年份	迁入	迁出	增减
1995	2636	2420	216	2006	1173	654	519
1996	2642	1917	725	2007	5008	3667	1341
1997	3810	4398	－588	2008	5507	9752	－4245
1998	3612	3386	226	2009	4624	3758	866
1999	3392	2542	850	2010	3895	3475	420
2000	4184	3413	771	2011	6047	4512	1535
2001	6501	6964	－463	2012	3815	3355	460
2002	6835	5584	1251	2013	4016	2499	1517
2003	5876	6215	－339	2014	2366	2639	－273
2004	5007	4657	350	2015	2310	8434	－6124
2005	3076	2455	621				

三、人口密度

1995 年，全市人口密度平均每平方千米 11 人；城市人口 44087 人，平均每平方千米 4898 人。

2000 年,全市人口密度平均每平方千米 12 人,与 1995 年相比,每平方千米增加 1 人。

2015 年,全市人口密度平均每平方千米 16.68 人,城市人口 92044 人,平均每平方千米 10004 人。其中幸福街道每平方千米 5132 人,光明街道每平方千米 9708 人,松他克乡每平方千米 188 人,阿扎克乡每平方千米 118 人,阿湖乡每平方千米 30 人,上阿图什镇每平方千米 65 人,格达良乡每平方千米 10 人,哈拉峻乡每平方千米 2 人,吐古买提乡每平方千米 3 人,兵团农三师红旗农场每平方千米 42 人。

2010 年阿图什市境人口密度情况表

表 3-3

单位项目	总户数(户)	非农业人口(人)	总人口			土地面积(平方千米)	人口密度(人/平方千米)
			小计(人)	男(人)	女(人)		
幸福街道	6413	15680	21786	10651	11135	4.6	4736
光明街道	11192	31749	36316	18192	18124	4.6	8254
松他克乡	6979	4003	36849	18660	18189	214	172
阿扎克乡	7428	1739	38574	19799	18775	363	106
阿湖乡	3604	1925	16189	8265	7924	614	26
上阿图什镇	10465	4467	45847	23566	22281	766	60
格达良乡	3319	755	16248	8224	8024	1792	9
哈拉峻乡	3610	863	15931	8084	7847	8572	2
吐古买提乡	1967	1122	9009	4525	4484	3081	3
兵团农三师红旗农场	917	3336	3619	1816	1803	92	39
总计	55894	65639	240368	121782	118586	15500	15.5

四、人口分布

阿图什市是典型的绿洲农业区,人口主要分布在博古孜河、恰克玛克河两岸和哈拉峻盆地。全市人口主要分布在 5 个区域:一是阿图什平原,这是人口较多的区域;二是上阿图什河谷地带;三是阿湖河谷地带;四是哈拉峻盆地;五是吐古买提盆地。1995 年以来,阿图什市的政治、经济、文化、教育等各项事业逐年发展,人口稳步增长,经济结构出现多元化,人口从第一产业向第二、三产业转移增多,人口区域分布上,逐渐向城市和集镇倾斜。2015 年底,城市常住人口 68164 人,比 1995 年的 44087 人增长 0.55 倍;其余人口均分布于农牧区。

根据 2010 年第六次人口普查,阿图什市所属人口 240368 人,市属人口的行政区分布是:幸福街道 21789 人,占市属总人口 9.06%;光明街道 36316 人,占市属总人口 15.11%;松他克乡 36849 人,占市属总人口 15.33%;阿扎克乡 38574 人,占市属总人口 16.05%;阿湖乡 16189 人,占市属总人口 6.74%;上阿图什镇 45847 人,占市属总人口 19.07%;格达良乡 16248 人,占市属总人口 6.76%;哈拉峻乡 15931 人,占市属总人口 6.63%;吐古买提乡 9009 人,占市属总人口 3.75%;兵团农三师红旗农场 3619 人,占市属总人口 1.51%。

1995—2015 年阿图什市城乡人口统计表

表 3－4　　　　单位:人

年份	非农业人口	农村人口	合计	年份	非农业人口	农村人口	合计
1995	44087	137619	181706	2006	70676	146575	217251
1996	45211	139199	184410	2007	73966	151088	225054
1997	45710	140522	186232	2008	76503	157392	233895
1998	46365	141859	188224	2009	79356	161211	240567
1999	47460	143422	190882	2010	81324	163211	244535
2000	48535	145685	194220	2011	85859	165022	250881
2001	51449	145098	196547	2012	90304	164081	254385
2002	55478	147532	203010	2013	92346	170798	263144
2003	58987	145945	204932	2014	94292	176799	271091
2004	63209	148056	211265	2015	92044	177273	269317
2005	68164	144847	213011				

第二节　人口构成

一、民族构成

阿图什市主要民族有维吾尔族、柯尔克孜族、汉族。

1995 年,阿图什市全市总人口 181706 人,其中维吾尔族人口 145722 人,占 80.20%;柯尔克孜族人口 23678 人,占 13.03%;汉族人口 12078 人,占 6.65%;哈萨克族、回族、蒙古族、塔吉克族、乌孜别克族、塔塔尔族、满族、达斡尔族等其他民族 228 人,占 0.13%。

据 2000 年第五次全国人口普查统计,维吾尔族人口 156444 人,占 80.55%;柯尔克孜族人口 22951 人,占 11.82%;汉族人口 14392 人,占 7.41%;哈萨克族、回族、蒙古族、塔吉克族、乌孜别克族、塔塔尔族、满族、达斡尔族等其他民族 433 人,占 0.22%。

2010 年第六次全国人口普查时,维吾尔族人口 193156 人,占 78.99%;柯尔克孜族人口 28633 人,占 11.71%;汉族人口 22011 人,占 9%;哈萨克族、回族、蒙古族、塔吉克族、乌孜别克族、塔塔尔族、满族、达斡尔族等其他民族 735 人,占 0.3%。

2015 年,维吾尔族人口 216651 人,占 80.44%;柯尔克孜族人口 30174 人,占 11.2%;汉族人口 21756 人,占 8.08%;哈萨克族、回族、蒙古族、塔吉克族、乌孜别克族、塔塔尔族、满族、达斡尔族等其他民族 736 人,占 0.27%。

1995—2015 年阿图什市各民族人口统计表

表 3-5　　　　单位:人

年份	总人口	维吾尔族	柯尔克孜族	哈萨克族	回族	汉族	蒙古族	塔吉克族	乌孜别克族	塔塔尔族	满族	达斡尔族	其他
1995	181706	145722	23678	34	105	12078	15	22	3	—	5	—	44
1996	184410	147582	23783	40	125	12786	16	20	3	—	5	—	50
1997	186232	148945	23998	40	110	13025	15	21	23	—	5	—	50
1998	188224	149981	24384	39	108	13566	15	2	53	—	6	—	48
1999	190882	155705	21785	31	138	13071	24	24	8	—	27	—	69
2000	194220	156444	22951	29	164	14392	23	33	25	—	52	—	107
2001	196547	157343	23621	36	168	15179	26	25	33	27	31	—	58
2002	203010	162170	24100	37	173	16269	20	24	20	5	56	—	136
2003	204932	163303	23790	47	188	17332	19	25	22	2	55	—	149
2004	211265	167826	23904	75	224	19038	35	24	4	—	28	—	110
2005	213011	168708	24456	48	219	19357	29	20	12	—	23	—	141
2006	217251	171512	25197	29	217	19889	39	28	12	—	66	1	195
2007	225051	177115	26618	62	238	20665	38	28	15	—	72	2	201
2008	233895	183247	27394	63	255	22553	42	28	15	—	79	2	217
2009	240567	189046	28231	65	271	22557	43	26	19	—	81	1	227
2010	244535	193156	28633	60	271	22011	46	26	18	1	81	—	232
2011	250881	198226	29186	60	282	22725	52	24	18	1	83	—	234
2012	254385	201915	29204	62	284	22504	50	27	17	1	79	—	242
2013	263144	209369	29954	62	304	22983	54	27	17	1	78	—	295
2014	271091	216602	30539	60	298	23129	52	26	17	2	75	—	291
2015	269317	216651	30174	60	279	21756	43	24	17	2	69	—	242

二、年龄构成

1995 年,全市总人口 181706 人。

2000 年全国第五次人口普查显示,0~14 岁人口 66467 人,占 33.18%;15~64 岁人口 125050 人,占 62.42%;65 岁及以上人口 8828 人,占 4.4%。其中 0~24 岁男性多于女性,50 岁以上男性多于女性。

2010 年全国第六次人口普查显示,0~14 岁人口为 65069 人,占 27.07%;15~64 岁人口为 164076 人,占 68.26%;65 岁及以上人口为 11223 人,占 4.67%。其中 70 岁以上男性 2711 人,女性 2470 人;80 岁以上男性 671 人,女性 630 人;90 岁以上男性 66 人,女性 78 人;100 岁以上男性 1 人,女性 0 人。

2015 年,全市总人口 269317 人,18 岁以下 81334 人,占总人口 30.2%;19~69 岁 99427 人,占总人口 36.9%;70 岁以上 79718 人,占总人口 29.6%。在 70 岁以上人口中,70~99 岁 8835 人,100 岁以上 3 人。

1995—2015 年阿图什市两次人口普查年龄状况表

表 3－6　　单位:人

年龄	2000 年第五次人口普查			2010 年第六次人口普查		
	合计	男	女	合计	男	女
0～1 岁	3856	1977	1879	5235	2734	2501
1～4 岁	13769	7137	6632	19728	10024	9704
5～9 岁	19996	9970	10026	21442	10967	10475
10～14 岁	28846	14484	14362	18664	9620	9044
15～19 岁	23947	12226	11721	20546	10158	10388
20～24 岁	19272	9903	9369	25142	12536	12606
25～29 岁	17986	8965	9021	23314	11584	11730
30～34 岁	15320	7773	7547	20324	10256	10068
35～39 岁	11861	5876	5985	19743	10249	9494
40～44 岁	9964	5168	4796	16800	8622	8178
45～49 岁	8908	4446	4462	11796	5724	6072
50～54 岁	7920	4139	3781	10568	5274	5294
55～59 岁	5290	2834	2456	8458	4260	4198
60～64 岁	4582	2389	2193	7385	3860	3525
65～69 岁	3373	1710	1663	4596	2465	2131
70～74 岁	2604	1333	1271	3403	1770	1633
75～79 岁	1393	769	624	1778	941	837
80～84 岁	871	467	407	995	484	511
85～89 岁	342	184	158	306	187	119
90～94 岁	176	88	88	111	52	59
95～99 岁	52	23	29	33	14	19
100 岁以上	14	6	8	1	1	0
总计	200345	101867	98478	240368	121782	118586

三、性别构成

1995 年,全市总人口 181706 人,男性占 51.35%,女性占 48.65%,性别比例(女＝100)为 105.57:100,男性多于女性。

2000 年,据全国第五次人口普查统计,全市总人口 200345 人,其中男性 101867 人,占 50.84%;女性 98478 人,占 49.16%。人口性别比 103.44:100。

2010 年,据全国第六次人口普查统计,全市总人口 240368 人,其中男性 121782 人,占 50.66%;女性

118586 人,占 49.34%。人口性别比 102.7:100。

2015 年,全市总人口 269317 人,男性 136704 人,占总人口 50.76%;女性 132613 人,占总人口 49.24%。人口性别比 103.08:100,男性仍然多于女性。

1995—2015 年阿图什市人口性别比例一览表

表 3-7 单位:人

年份	人口数(人)			占总人口数的百分比(%)		性别比例(女=100)
	合计	男	女	男	女	
1995	181706	93315	88391	51.35	48.65	105.57
1996	184410	95264	89146	51.66	48.34	106.86
1997	186232	96518	89714	51.83	48.17	107.58
1998	188224	97928	90296	52.03	47.97	108.45
1999	190882	98037	92845	51.36	48.64	105.59
2000	194220	98527	95693	50.73	49.27	102.96
2001	196547	99465	97082	50.61	49.39	102.45
2002	203010	101741	101269	50.12	49.88	100.47
2003	204932	103735	101197	50.62	49.38	102.51
2004	211265	107925	103340	51.09	48.91	104.44
2005	213011	109441	103570	51.38	48.62	105.67
2006	217251	111230	106021	51.20	48.80	104.91
2007	225054	114288	110766	50.78	49.22	103.18
2008	233895	119376	114519	51.04	48.96	104.24
2009	240567	122290	118277	50.83	49.17	103.39
2010	244535	124278	120257	50.82	49.18	103.34
2011	250881	127562	123319	50.85	49.15	103.44
2012	254385	129763	124622	51.01	48.99	104.13
2013	263144	133884	129260	50.88	49.12	103.58
2014	271091	137570	133521	50.75	49.25	103.03
2015	269317	136704	132613	50.76	49.24	103.08

四、文化构成

2000 年第五次全国人口普查时,全市 6 岁及 6 岁以上人口 179125 人,其中未上学的人口 9487 人,扫盲班 5795 人,小学 84659 人,初中 4500 人,高中 12994 人,中专 11456 人,大学专科 7384 人,大学本科 2333 人,研究生 17 人,均比 1995 年的各项指标有所提升。全市有 15 岁及 15 岁以上人口 133878 人,其中文盲人口 8143 人,文盲人口占 15 岁及 15 岁以上人口数的 6.08%。

2010 年第六次全国人口普查时,全市 6 岁及 6 岁以上人口 210809 人。其中未上学的人口 3188 人,小学

82419 人,初中 73752 人,高中 25145 人,大学专科 19525 人,大学本科 6649 人,研究生 131 人,均比 1995 年的各项指标大幅提升。全市有 15 岁及 15 岁以上人口 175299 人,其中文盲人口 2056 人,文盲人口占 15 岁及 15 岁以上人口数的 1.17%。

2015 年,全市 6 岁以上人数 223458 人。

第三节　全国人口普查

1995—2015 年,阿图什市进行过 2 次全国人口普查。2000 年 11 月 1 日零时为普查标准时间,进行第五次全国人口普查登记;2010 年 11 月 1 日零时为标准时间,进行第六次全国人口普查登记。

一、第五次全国人口普查

2000 年,阿图什市按照《国务院关于进行第五次人口普查办法》,成立阿图什市第五次人口普查领导小组及办公室,乡镇(场)、街道成立相应的普查办公室,逐户、逐人地开展普查登记工作,普查的标准时间为 2000 年 11 月 1 日零时。普查结果显示,全市登记总人口 194220 人,其中男性 98527 人、女性 95693 人,人口性别比 102.96:100;农业人口 145685 人、非农业人口 48535 人;维吾尔族 156444 人、柯尔克孜族 22951 人、汉族 14392 人、回族 164 人、哈萨克族 29 人、蒙古族 23 人、塔吉克 33 人、乌孜别克族 25 人、满族 52 人;登记家庭户 44998 户。

二、第六次全国人口普查

2009 年 11 月,阿图什市成立第六次全国人口普查领导小组。人口普查主要调查人口和住户的基本情况,内容包括:性别、年龄、民族、受教育程度、行业、职业、迁移流动、社会保障、婚姻生育、死亡、住房情况等。人口普查的标准时点是 2010 年 11 月 1 日零时。

2010 年 1 月,全市 7 乡 1 场 2 街道已全部成立第六次人口普查领导小组及办公室,抽调普查指导员、普查员 110 人。2 月,户口整顿工作全面展开,普查小区电子地图绘制于 3 月完成。4 月,开始普查摸底工作,5 月正式开始入户调查,9 月底完成光电工录入工作。

据普查结果显示,全市总人口 240368 人,其中男性 121782 人,女性 118586 人,人口性别比 103.34:100;其中农业人口 180380 人、非农业人口 59988 人;维吾尔族 193156 人、柯尔克孜族 28633 人、汉族 22011 人、回族 271 人、哈萨克族 60 人、蒙古族 46 人、塔吉克 26 人、乌孜别克族 18 人、满族 81 人;登记家庭户 56885 户。

阿图什市第五、六次全国人口普查主要数据比较情况表

表 3-8　　单位:人

项目		总户数	总人口	性别		地区	
				男	女	非农业	农业
1995 年		37115	181706	93315	88391	44087	137619
2000 年第五次人口普查		44998	194220	98527	95693	48535	145685
2010 年第六次人口普查		56885	240368	121782	118586	59988	180380
2010 年	比 1995 年增长(%)	53.27	32.28	30.51	34.16	36.07	31.07
	比第五次人口普查增长(%)	26.42	23.76	23.60	23.92	23.6	23.82
2015 年		62315	269317	136704	132613	92044	177273

第二章　民族　宗教

第一节　汉　族

一、人口及分布

汉族是早期开发和经营阿图什的民族之一,也是阿图什市的主要民族之一。1995 年,有汉族人口 12078 人,占总人口的 6.64%;2015 年有汉族人口 21756 人,占总人口的 8.08%。汉族人口在阿图什市分布的特点是城镇多、农村少。

二、经济活动

1995 年后,汉族人口有所增加,从事的经济行业也增多。各行各业均有分布。全国各地来的汉族人把他们的一技之长带到这里,如种菜、养蘑菇、养猪、养鸡等技术,为解决城市居民"菜篮子"问题发挥一定的作用。在手工业方面有服装加工、家具制作、钟表修理等;工业上有从事采矿、冶炼业和建筑业等。

三、风俗习惯

阿图什的汉族长期同各民族交往、交流、交融,融入不少其他民族的习俗。

汉族传统节日主要有春节、清明节、端午节、中秋节等,同时也吸取当地少数民族过节的待客习惯。

饮食方面主要以小麦为主,稻米次之,喜吃蔬菜,善于烹饪菜肴。受少数民族的影响,也喜欢吃有地方风味的馕、抓饭、拉面。

婚姻方面,随着自由恋爱兴起后,仪式程序更趋简化,但相亲、定亲和迎娶等习俗仍有保留;也有部分年轻人不举行婚礼,崇尚旅行结婚。双方父母视经济条件为子女准备新婚用品。

丧葬方面,汉族人死后主要是土葬,有少部分人进行火葬。人去世后多由亲朋好友帮助办丧事,由单位主持追悼会仪式。

第二节　维吾尔族

一、人口及分布

维吾尔族是阿图什市人口最多的民族,主要分布在上阿图什镇、阿扎克乡、松他克乡、阿湖乡、格达良乡,从事种植业、养殖业、林果业和工商业;在哈拉峻乡、吐古买提乡、经济羊场有少量分布,主要从事农业和畜牧业生产及商业、服务业等;城区内的维吾尔族人除机关、企事业单位的干部职工外,大多从事商业、餐饮业、服务业等行业。

1995 年以来,因工作、经商、务工、婚姻等原因,从外地迁至阿图什暂住或定居的维吾尔族人口不断增加。1995 年,阿图什市有维吾尔族 145722 人;2015 年,全市有维吾尔族 216651 人,占总人口的 80.4%。

二、经济活动

1995 年后,境内的维吾尔族农牧经济以种植业、养殖业、工商业和设施农业为主。种植业主要种植小麦、玉米、水稻、棉花、瓜果、蔬菜、油料作物、苜蓿等。养殖业以家庭圈养为主,主要养殖牛、羊、各种禽类,也有饲养家兔等。随着农业机械化水平的不断提高和道路交通越来越发达、便利,饲养马、驴用于耕种、换乘、代步的已不多见。2005 年,市委提出"三业一出"战略口号(即:设施农业、现代畜牧业、特色林果业和劳务输出),大力推广设施农业以来,上阿图什镇、阿湖乡、松他克乡、阿扎克乡的一部分维吾尔族开始从事设施农业,种植大棚蔬菜、花卉、瓜果等。

阿图什市维吾尔族人的园艺生产发达,历史悠久。阿图什市园艺经济占维吾尔族家庭经济收入的比重较大。阿扎克乡、松他克乡维吾尔族园艺以葡萄、无花果、石榴为主,各乡维吾尔族普遍种植杏子、梨、苹果、桃子、枣类、桑葚等水果。既栽植在田间、水渠、道路旁,又栽植在庭院。

1995 年后,境内维吾尔族的手工业得到进一步发展,如编织地毯、果品加工、皮革、皮衣制作等,还生产各种农用生产工具、生活用品、金银首饰等装饰品。规模已由个体加工走向私营、联营企业,到 2015 年,形成较有规模的地毯、果品加工厂及皮厂共 4 家。

商业是境内维吾尔民族的传统行业。随着政策和经营环境的越来越好,1995 年后,各乡(镇)村从事商业的维吾尔族越来越多,分布的行业和领域越来越广,更多的维吾尔族开始涉足医疗卫生、科技、教育、文化、经济人、影视等新兴行业。

三、风俗习惯

维吾尔族家庭,基本上是以夫妻关系为基础的小家庭制。家庭成员一般只限于祖孙三代以内的直系血亲,多子女的家庭在儿女们长大成婚后就分家另立门户。父母对子女有命名、抚养、教育、婚嫁的义务,子女对父母有养老送终的义务。

维吾尔族的主要节日有古尔邦节、肉孜节和诺鲁孜节。

维吾尔族实行土葬,主张速葬、简葬。亲人去世后家庭主要成员 40 天内一般不得从事娱乐活动,并为死者服孝 7 日,男子系白腰带,女子披白盖头,表示对死者的悼念。

维吾尔族好客,见面必先行礼问好,进出门必须让老人先行。见面有握手的习惯,数人见面,轮流握手。客人到家,要拿家里最好的食品招待;如果主人家有困难,邻居可以代为招待;如果男客人来家时,男主人不在,则请邻居家的男子出面招待。

维吾尔族服饰多样而华丽,女装尤为美丽。传统的民族服装"袷袢",除少数中老年人外,已经很少有人穿。随着生活水平的提高,西服套装、各种面料的夹克、羽绒服、牛仔服深受维吾尔族青年男女的喜爱。随着社会的发展进步和思想观念的不断转变,维吾尔族青年妇女服饰上越来越讲究时尚、美观和舒适,款式多样,面料多选择真丝、棉质、纯毛(绒)、真皮、皮草。年轻妇女喜欢画眉、抹口红、染指甲,佩戴串珠、项链、手链、耳环、戒指等首饰。维吾尔族中老年男子在夏天多戴"西来帕"(用羊肠线制作的短檐上卷的凉帽)。年轻妇女烫发而不戴头巾、青年男子留分头而不戴帽子,已成为当代维吾尔族青年男女的常态。

维吾尔族主食以面食为主,喜食肉类、乳类,蔬菜吃得较少,夏季多食瓜果。饮茶以茯茶为主,常在茯茶内放入少量食盐,部分人家喝奶茶(牧民每户必备的饮料)。2000 年以后,除传统饮食外,越来越多的维吾尔族青年开始喜欢吃海鲜、火锅等,各种蔬菜开始出现在维吾尔族的餐桌上,全国各地产的菠萝、芒果、桂圆等水果也逐渐进入普通百姓家,成为招待宾客不可或缺的水果。

维吾尔族院内多栽有葡萄、果树,房前屋后栽树,几乎家家有果园,许多人还在院内栽植盆花,美化环境。2004 年,自治区开始实施抗震安居工程(富民安居工程)及扶贫工作整村推进以后,许多维吾尔族农民住进砖混结构的新房,基本实现自来水、用电到村入户,住房条件有很大改善。2010 年以后,随着老城区改扩建、棚户区改造工程的实施,城区内大部分维吾尔族住进楼房,居民小区形成各民族嵌入式居住格局;极少部分维吾尔族仍然居住在平房,但多为高大、宽敞、具有现代文化特色的住房,房屋通常有木雕、石膏雕、砖饰、彩绘、喷漆等各种风格特点的装修,个别墙上挂色彩艳丽的墙围布或者壁毯,地上铺羊毛地毯并安装暖气。2015 年,各乡(镇)、村柏油路基本实现全覆盖,很多维吾尔族人家购买小轿车,基本上每家都有摩托车或电动车。维吾尔族人出行多乘坐汽车或火车,也有部分人乘坐飞机。

第三节　柯尔克孜族

一、人口及分布

阿图什境内的柯尔克孜族主要分布在哈拉峻乡、吐古买提乡和经济羊场,其他各乡和城市有少量分布。柯尔克孜人主要从事畜牧业,中华人民共和国成立前以游牧为主,中华人民共和国成立后逐渐定居,盖起住房。1995 年,阿图什市有柯尔克孜族 23678 人,到 2015 年发展到 30174 人,人口增长 0. 27 倍,占全市总人口的 11. 2% 。

二、社会经济

柯尔克孜族从事畜牧业历史悠久。在牧业生产上以家庭为单位,男女有明确分工,男性从事放牧、割草、打柴以及其他重体力劳动,妇女从事挤奶、做饭、缝衣等家务。在农区的柯尔克孜族,男性主要从事田间劳动,妇女除操持家务外,也做一些田间辅助性的劳动。手工业生产主要有木器制造、铁器制造、毛皮加工、制革及制毡毯和刺绣。不仅制作生活用品,也制作生产工具。

1995 年后,柯尔克孜族人经济生活发生重大变化,由单一的游牧、农耕、狩猎和手工业生产,向各种经济活动、多种产业结构过渡。农牧民的经济生活也由单一的农、牧经济向多种经济转化。党和政府大力培养少数民族干部,发展农牧业生产和旅游业、办教育、开矿山、建工厂,鼓励外出经商、打工,产业结构由传统的狩猎、游牧、农耕和手工业生产向多种经济、多种产业过渡,柯尔克孜族党政干部、教师、医生、工程技术人员、商人越来越多,工业、商业、服务业和种植业加快发展。

三、风俗习惯

柯尔克孜族多子女的家庭一般儿子结婚后不另立门户,如父母与子女分家,父母则与最小的儿子生活在一起。在每个家庭中,辈分越高,权力就越大,并掌握家庭经济大权。柯尔克孜族传统的婚礼要举行两天。县城内居住的柯尔克孜族结婚,有的在餐厅宴请宾客,婚礼仪式除传统的礼节和程序外,也吸收其他民族的一些习俗。

柯尔克孜族实行土葬,葬礼与维吾尔族基本相同。

柯尔克孜族的节日主要有古尔邦节、肉孜节和诺鲁孜节。

柯尔克孜族尊老爱幼,亲友乡邻见面,要相互问候。男子见面,年龄相近的要握手问候,年轻人见到年长者要行礼问候。女子相遇,要拥抱亲吻,同辈互吻面颊,晚辈吻长辈的手背,长辈吻晚辈的前额。宴请宾客时,主人要邀请年长者坐在门前接待客人,客人来时要一一起身和客人握手。

柯尔克孜族男子一年四季多戴用羊毛制作的白毡帽,这是从衣着区别柯尔克孜族的一种标志。穿着多取自于牲畜的皮毛,夏装短小精悍,冬装宽大结实,冬夏皆着长筒马靴,这是与游牧民族以马、骆驼为代步工具分不开的。无论男女老幼,都喜欢穿坎肩,特别是年轻女子的坎肩十分讲究。1995 年后,随着社会发展和时代进步,柯尔克孜族的衣着发生很大变化。除老年人仍穿无领的"袷袢"外,大部分人的服装更趋多样化,特别是居住在城镇的柯尔克孜族,服装已趋向多样、时尚。

柯尔克孜族以米面为主食,喜食肉类、奶制品。特色食品有酥油、马奶酒。面食主要有拉条子、"纳仁"(肉拌面条)、油塔子、包子、抓饭、米饭等。肉食以牛羊肉为主。随着社会发展,柯尔克孜族不吃蔬菜的习惯也逐渐在改变。新鲜水果、水产品出现在普通家庭的餐桌上。

1995 年以前,牧区的柯尔克孜族受逐水草而居游牧生活方式的影响,夏季居住在高山草场,冬季居住在山谷地过冬,居住以毡房为主,极为分散,形成村落的较少。2011 年后,国家实施牧民定居工程,投入大量资金,加大牧民定居点水、电、路等基础设施建设,牧民居住相对集中,居住条件得到极大改善,生产生活水平得到提高。农区柯尔克孜族居住砖混结构的平房,一部分搬迁至城区内的楼房,与汉族、维吾尔族等各民族形成嵌入式居住格局。柯尔克孜族比较注意室内装饰,无论毡房、平房还是楼房,房内的布置陈设仍然较多地保留游牧民族的特色和风格。

1995 年以前,居住在山区的柯尔克孜族,交通工具主要以驴、马和骆驼代步,以牦牛运载。2000 年以后,随着社会经济的发展,公路修到每一个村庄,柯尔克孜族的出行方式发生很大变化,拖拉机、摩托车、电动车、汽车等交通工具逐渐代替牲畜。

第四节　其他民族

一、塔吉克族

塔吉克族是帕米尔高原上最古老的民族之一,也是阿图什境内历史悠久的常住民族之一。2015 年,居住在阿图什境内的塔吉克族 24 人,主要居住在阿图什市城区内,大部分为国家职工。

二、蒙古族

蒙古族在阿图什境内人口较少,2015 年有 43 人,主要分布在城市,是中华人民共和国成立后因工作需要进入境内定居的干部、工人。

三、哈萨克族

居住在阿图什市的哈萨克族人,很少有从事畜牧业生产的牧民,大多为城镇工作的干部与工人。2015 年有哈萨克族 60 人。

四、回族

中华人民共和国成立后,阿图什境内的回族人数不多,主要居住在市内,农牧场中也有少数。2015 年,有回族 279 人。

五、满族

阿图什市的满族人大多是中华人民共和国成立后因工作需要从北京等地分配工作的国家干部。在风俗习惯上多与汉族无甚区别,皆操汉语、用汉文。居住在阿图什市城区。2015 年,阿图什市有满族 69 人。

六、乌孜别克族

阿图什市境内的乌孜别克族主要是从安集延、撒马尔罕等地到中国新疆经商的商人,以后留居境内。2015 年,阿图什市有乌孜别克族 17 人。乌孜别克族大多与维吾尔族、柯尔克孜族杂居。其风俗习惯,居住在农业区的和维吾尔族基本相同,居住在牧区的同柯尔克孜族大体相同。

第五节　宗　教

阿图什市境内主要有佛教、伊斯兰教、基督教 3 种宗教。维吾尔族、柯尔克孜族、塔吉克族、回族、乌孜别克族、塔塔尔族、哈萨克族和东乡族中部分群众信仰伊斯兰教;汉族部分群众信仰佛教,蒙古族部分群众信仰藏传佛教;基督教传入新疆的时间较晚。18 世纪末至 19 世纪初,西方传教士到新疆传教,逐渐有一些信徒,阿图什市有部分汉族群众信仰基督教,但是人数较少。

第四编　城乡建设与管理

“九五”期间，全市城乡建设发展缓慢，市政公用设施、环境卫生、住房条件等均无法满足城乡居民的生活需要。1995 年，全市共有道路 15 条，其中主干道 11 条、次干道 4 条，道路总长 34 千米，均为简易的沥青表面处置路面。供水管网长 42 千米，日供水量 1 万立方米，年供水量 300 万立方米，供水入户率 100%；排水采用集中处理方式，将污水集中到污水厂，污水处理厂采用一级处理加氧化塘工艺。有公厕 3 座，均为旱厕。绿化覆盖率 13.68%，城市公共绿地几乎为零，人均绿地面积 0.5 平方米。城区有房屋建筑面积 250.32 万平方米，其中，公用房 103.48 万平方米、住宅用房 146.84 万平方米，人均居住面积 22.32 平方米。

“十五”至“十一五”期间，阿图什市紧紧抓住西部大开发战略发展机遇，加快城市基础设施建设。1999 年，实施 314 国道至火车站路修建、帕米尔路拓宽、吾斯塘路改建、街心花园改造成人民广场等重点工程，以崭新的市容市貌迎接澳门回归和中华人民共和国成立 50 周年。

“十二五”期间，围绕打造“宜居宜业宜游宜商”首府中心城市的工作目标，完成帕米尔路、友谊路、松他克路、人民路、天山路等道路改扩建工程。新建公交站台 31 个，安装红绿灯 14 处，实施北山和南湖两个公园项目；完成中心城区供排水二期、供水复线工程等，建成区绿化覆盖率 20.17%；实施城市生活垃圾处理二期工程，“十二五”末公厕 17 座，城市生活垃圾集中处理率 100%；实施煤改气和节能改造外墙保温工程，建设集中供热燃气锅炉房 17 座，节能改造外墙保温建设面积 22 万平方米。2009 年，阿图什市建设第一栋高层楼房——科然河大厦。2015 年，全市有楼房 103 栋；建成区面积 8.7 平方千米、绿地面积 338.6 公顷，年供水总量 750 万立方米，供水管道长度 75.75 千米，天然气供气总量 8000 万立方米。

第一章 机 构

第一节 行政机构

1995 年,阿图什市城乡建设环境保护局机构规格为正科级。核定编制 28 名,实有 28 人。内设城建档案馆、统筹站、综合办公室、财务室 4 个科室。

2012 年 2 月,更名为阿图什市住房和城乡建设局,内设综合办公室、财务室、城建档案馆、住房保障办、劳保统筹站、建筑市场管理办公室 6 个科室,下辖规划局、房产局、园林局、城市管理行政综合执法局、环卫局 5 个二级局。

2015 年,市住建局核定编制 11 名,实有干部职工 31 人。内设住房保障办、财务室、城建档案馆、建筑市场管理办公室、综合办公室,下辖房产局、园林局、城市管理行政综合执法局、环卫局 4 个二级局。

第二节 事业机构

一、规划局

1995 年,阿图什市规划勘察设计室主要负责阿图什市的规划设计,有工作人员 13 人。

2005 年,更名为阿图什市规划局,为住建局下属二级局。

2012 年,为政府直属正科级事业单位,核定编制 15 名,其中领导职数 3 名。内设办公室、行政规划办公室、建筑规划办公室。2015 年,实有干部 14 名。

二、房产局

1995 年,阿图什市房管所为股级事业单位。

1996 年,由房管所、交易所、房改办合并成立阿图什市房地产管理局,副科级单位,为住建局下属二级局,核定事业编制 6 名,实有 8 人;自收自支编制 11 人,实有 8 名,内设办公室、房管所、交易所、房改办、财务室、档案室、物业办。

2015 年 1 月 20 日,阿图什市房地产管理局所有业务及人员进驻自治州行政服务中心办理业务。核定编制 17 名,其中事业编制 6 名,实有 9 人;自收自支编制 11 名,实有 8 人。

三、园林局

1995 年,阿图什市园林局为住建局下属二级局,副科级单位,内设办公室,核定编制 25 名,实有 20 人。

2015 年,核定编制 26 名,实有 20 人。

四、城市管理行政综合执法局

1995 年,阿图什市城建管理监察大队核定在编人员 24 人,其中干部 13 人、工人 11 人,有规划监察中队、市容市貌和环境卫生监察中队 2 个中队。持行政执法证人员 11 人。

1999 年,为加强对广场的管理,成立阿图什市人民广场管理所,股级建制,事业编制 9 名,其中领导职数 1 名,隶属市建设局领导。人员分别从园林局、城管大队、路灯管理所、环卫局抽调。

2006 年 5 月,阿图什市城建管理监察大队更名为城市管理行政综合执法局,副科级单位,为住建局下属二级局,在编人员 40 人,其中干部 19 人、工人 21 人,有规划监察中队、市容市貌和环境卫生监察中队 2 个中队。主要负责阿图什市城区内规划监察、市容市貌和环境卫生、园林绿化、市政工程、公用事业等 5 项监察与管理职能。

2013 年，为与城市发展相适应，新增 124 名执法人员，成立市容、规划、督查 3 个中队。

2015 年底，有执法人员 152 人。

五、环境卫生管理局

1995 年，为市环卫处。1996 年，更名为市环境卫生管理局，副科级单位，为住建局下属二级局，核定事业编制 36 名，经费实行全额预算管理。

2015 年，内设办公室、车队、清扫队、渣土办、收费队 5 个科室，核定编制 36 名，实有 28 人，其中中级及以上技术人员 7 人，环卫工人 241 人（含公益性岗位 240 人）。

六、建筑市场管理办公室

1995 年，设立阿图什市建筑市场管理办公室，股级建制，全额管理事业单位，2009 年，隶属阿图什市住房和城乡建设局管理，全额事业单位。股级建制，下设综合办公室、质量监督站、安全监督站。核定编制 13 名，实有 8 人，其中高级工程师 1 名、助理工程师 4 名。

2015 年，内设建筑工程安全监督办公室、建设工程质量监督室，核定编制 20 名。

第三节　服务机构

一、克州科信工程项目管理有限公司

2003 年 6 月，克州科信工程项目管理有限公司成立，是克州唯一一家监理企业。

2012 年，为适应市场的需要，经自治区建设厅批准，增加投标代理业务。

二、克州众信建设工程质量检测有限责任公司

2011 年 5 月，克州众信建设工程质量检测有限责任公司作为江苏省政府对口援建项目，由江苏省建筑工程质量检测中心有限公司和克州质量监督站投资组建成立。依托江苏省建筑工程质量检测中心有限公司的技术力量和克州质量监督站的地缘优势，是克州检测规模最大、唯一一家取得建设行业资质和认证的检测机构。

2015 年，公司具备电线、电缆、防水材料、常规建筑材料、主体结构、建筑节能检测等 12 大项 53 个参数的检测能力，并拥有电料、保温材料、力学等多个检测试验室，配备主要检测仪器设备 70 多台（套）。至 2015 年，公司先后取得新疆维吾尔自治区建设厅核发的检测资质证书、新疆维吾尔自治区技术监督局颁发的计量认证合格证书。

第二章　城乡规划

第一节　城市规划

一、城市总体规划

1998—2005 年阿图什市编制第一轮规划，规划期限为 1998—2015 年，其中近期建设为 1998—2005 年。规划阿图什市区将发展成具有 6 万～7 万人口，10.95 平方千米用地，内部功能合理，有较完善的市政基础设

施,生活环境舒适的城市。在该规划的指导下,市政府、建设局本着统筹规划,分步实施的原则,健康有序地展开城市建设,城市基础设施和公共服务设施逐步配套完善。至2003年底,本轮规划确定的近期建设目标已基本实现。

21世纪以来,党中央实施“西部大开发”战略,阿图什市面临新的发展机遇和挑战,城市建设与发展掀起新一轮高潮,根据国发〔2002〕13号《国务院关于加强城乡规划监督管理的通知》及国务院九部委《关于贯彻落实〈国务院关于加强城乡规划监督管理的通知〉的通知》(建规〔2002〕204号)文件精神要求,市政府提出修编城市总体规划。

2005年,江西省城乡规划设计研究院承担《阿图什市城市总体规划》的编制工作。规划坚持可持续发展战略,本着一切从实际出发,近、远期相结合的原则进行,实行统筹规划,分片分步实施。规划阿图什城市体系空间结构为“一心两区三轴”的布局形态。“一心”指阿图什市区。阿图什市历来为全市域的中心,其城区经济和人口规模是其他城镇无法可比的,是全市城镇体系的核心,城镇发展的重中之重,也是市域经济的中心,带动吸引和辐射全市其他城镇。“两区”指南部经济区和北部经济区。南部经济区包括市区和松他克、阿扎克、阿湖、上阿图什、格达良5个乡,城镇发展轴线较完善,并向周边及纵深发展,是市域内最重要的城镇发展区;北部经济区包括吐古买提乡和哈拉峻乡,城镇发展以点轴发展为主。

坚持需要与可能相结合的原则进行城市公共服务设施与基础设施的配套建设,创造舒适的人居环境。规划着眼于未来,立足于2020年的合理布局,以发展经济和创新环境为宗旨,以超前的规划意识高起点、高标准发展,把阿图什市建设成为环境优美、设施先进、交通便利、特色鲜明的园林城市。本轮总体规划期限为2005—2020年,近期规划期限为2005—2010年。

2011年,由江苏省苏州规划院对阿什市城市总体规划(2011—2030年)进行修编。规划围绕创建塞外绿洲、边贸重镇、畜牧基地、园艺之乡、宜居城市的总体目标,从经济发展、社会发展、生态环境、优势资源转换等方面,科学制定发展策略,通过不懈努力和勤奋工作,历经数次修改后,已成成果。该规划的编制,为阿图什市今后5~20年的跨越发展构筑蓝图。

2014—2015年,完成城市总体规划的审批工作。产业服务区总体规划形成初步成果。

二、城市专项规划

2008年,完成城市14.4平方千米控制性详细规划、帕米尔路和松他克路城市景观设计、援疆项目规划、314国道32平方千米控制概念性规划、西城区35平方千米供水及西延绿化高效节水灌溉工程规划的编制。

2011年,完成保障性住房建设规划、城市基础设施“十二五”建设规划等系列专项规划和修建性规划。这一系列规划的编制,提高了规划的覆盖率,完善了城市规划体系。

2012年,编制中坤用地、博谷孜河东岸景观及城市设计、314国道南侧、煤改气、博格拉商业步行街、碧合兰、葱岭、鑫骑仕等修建性规划10项,阿图什市旅游专项规划1项、昆山产业园控制性详细规划1项。

2013年,启动控制性详细规划编制。完成20平方千米的地形图补测工作;绿化、供热等专项规划及火车站前广场、松他克路北延规划、买谢提路、幸福路、北山绿地公园修建性详细规划形成初步成果。

2014年,城市专项规划编制按需开展,燃气、供水、排水形成初步方案;道路交通专项规划正在进一步完善。完成北山绿地公园、松他克路北延、天山路升级改造,天山路东延、经四路建设规划及迎宾路、友谊路建筑风格规划和吾斯塘路升级改造规划;阿图什市物流市场及博谷孜河滨水区城市设计、幸福湾景观工程基本完成;启动湿地公园、幸福路改扩建规划;对全市房地产开发、棚户区改造、保障房建设、金融商业等修建性详细规划进行审批。

2015年,完成G314C辅道施工图设计、审图;消防专项规划形成初步成果;中心城区城市设计形成成果;天山东路城市设计、友谊东路城市设计及幸福路建筑立面设计投入使用;产业服务区经四路、经五路、经六路、经七路、纬三路、团结路6条道路形成成果。

第二节　乡镇规划

一、乡镇总体规划

2010 年，编制上阿图什乡、格达良乡、哈拉峻乡、吐古买提乡 4 个乡镇总体规划。

2011 年，编制松他克乡、阿湖乡、阿扎克乡的总体规划，为城乡一体化建设奠定基础。

2014—2015 年，上阿图什镇、哈拉峻乡、格达良乡、吐古买提乡总体规划修编形成成果。

二、乡镇专项规划

"十二五"之前，阿图什市经济发展比较落后，没有经济实力编制乡镇规划。2012 年，在自治区财政专项资金支持下编制市、乡、村三级梯级规划年度计划和修建性规划等 62 项总体规划和修建性规划，其中城市总体规划 1 项、小城镇总体规划 7 项、村庄规划 42 项。2013 年，6 乡 1 镇、61 个行政村规划经州、市人民政府批准实施。

第三章　城市建设

第一节　城市道路

一、道路

1995 年，阿图什市有帕米尔路、天山路、幸福路、松他克路、光明路、文化路、群众路、阿孜汗路、团结路、建设路、环城西路、吾斯塘路等主要街道，共长 30.2 千米，面积 130 万平方米。

1999 年，为方便群众出行新建友谊路、人民路、买谢提路 3 条路，扩建帕米尔路、松他克路、群众路 3 条路。

2001 年，在市人民广场附近的几条道路中间安装隔离栏。

2003 年，实有铺装道路面积 112 万平方米，道路 19 条，总长度 41 千米。2006 年，实有铺装道路面积 116 万平方米。根据《阿图什市城市总体规划（2011—2030）》，2010—2011 年，先后新建人民路、实施帕米尔路升级改造工程。

2013 年，为加快形成喀什经济贸易圈，向东延伸新建天山东路，扩建松他克路。

2014 年，实施天山路升级改造工程。

2015 年，实施松他克路升级改造工程、友谊南路建设工程、幸福路升级改造工程、G3012 高速阿图什市环城北路建设项目、产业服务区兴业大道续建项目，原中坤用地经二路、纬二路项目。新增道路长度 9.78 千米，面积 33.45 万平方米。全市共有帕米尔路、友谊路、松他克路、G3012 高速阿图什市环城北路等 22 条路，41 千米，均为沥青路面。城区道路中间安装隔离栏 80%。

帕米尔路　全长 4300 米，有主干道、人行道，东西走向，主干道、人行道之间有绿化带相隔。起于克孜勒苏军分区止于帕米尔路东入口。

迎宾路　全长 1600 米，有主干道、人行道，南北走向，主干道、人行道之间有绿化带相隔。起于阿图什市西入口止于克州军分区。

天山路　全长 3000 米，有主干道、人行道，东西走向，主干道、人行道之间有绿化带相隔。起于阿图什市一中止于经四路。

吾斯塘路　全长 1300 米，东西走向，起于阿图什市一中止于自治州一中。

群众路　全长1700米,有主干道、人行道,起于自治州面粉厂止于市一小为单行道,市一小止新星花园为双行道,东西走向,主干道、人行道之间有绿化带相隔。起于自治州面粉厂止于新星花园。

建设路　全长800米,有主干道、人行道,东西走向,起于市第一小学止于友谊路。

团结路　全长1400米,有主干道、非机动车道、人行道,东西走向,主干道、非机动车道、人行道之间均有绿化带,起于阿孜汗路止于友谊路。

买谢提路　全长1300米,有主干道、人行道;东西走向,主干道、人行道之间有河流和树林带,起于博古孜河路止于友谊南路。

站前路　全长3000米,有主干道、人行道;东西走向,主干道、人行道之间有绿化带,起于友谊路止于火车站路。

经四路　全长700米,有主干道、人行道;南北走向,主干道、人行道之间有绿化带,起于帕米尔路止于天山路。

经二路　全长400米,有主干道、人行道;南北走向,起于友谊路止于经四路。

纬二路　全长800米,有主干道、人行道;东西走向,起于帕米尔路止于经四路。

环城北路　全长1300米,有主干道、人行道;东西走向,主干道、人行道之间有绿化带,起于迎宾路止于帕米尔路东入口。

幸福路　全长1900米,有主干道、人行道;南北走向,起于克州人民医院止于劳务市场。

友谊路　全长4800米,有主干道、人行道;南北走向,主干道、人行道之间有绿化带,起于北山绿化带止于南湖公园。

环城南路　全长2800米,有主干道、人行道;东西走向,起于环城东路止于环城西路。

松他克路　全长2200米,有主干道、非机动车道、人行道,南北走向,主干道、非机动车道、人行道之间均有绿化带,起于自治州人民政府止于环城南路。

环城西路　全长3400米,有主干道、人行道;南北走向,主干道、人行道之间有绿化带,起于阿喀高速止于环城南路。

光明路　全长2200米,有主干道、人行道;南北走向,主干道、人行道之间有绿化带,起于克州邮政局止于环城南路。

文化路　全长997米,有主干道、人行道;南北走向,主干道、人行道之间有绿化带,起于文化园小区止于阿图什市国税局。

阿孜汗路　全长1800米,有主干道、非机动车道、人行道,南北走向,主干道、非机动车道、人行道之间均有绿化带,起于天山路止于环城南路。

人民路　全长920米,有主干道、人行道;南北走向,主干道、人行道之间有绿化带,起于环城北路止于天山路。

2015年阿图什市市区主要街道一览表

表4-1

路名	方向	起止	长(米)	宽(米)	备注
帕米尔路	东西	克州军分区至帕米尔路东入口	4300	35	
迎宾路	南北	阿图什市西入口至克州军分区	1600	38	原帕米尔路部分
天山路	东西	阿图什市一中至经四路	3000	30	
吾斯塘路	东西	阿图什市一中至克州一中	1300	20	
群众路	东西	克州面粉厂至新星花园	1700	35	

续上表

路名	方向	起止	长(米)	宽(米)	备注
建设路	东西	曙光小学至友谊路	800	17.5	
团结路	东西	阿孜汗路至友谊路	1400	46	
买谢提路	东西	博古孜河至友谊南路	1300	11	
站前路	东西	友谊路至火车站	3000	38	原友谊路部分
天山东路	南北	帕米尔路至天山路	700	21	
经二路	南北	友谊路至经四路	400	23	
纬二路	东西	帕米尔路至经四路	800	23	
环城北路	东西	迎宾路至帕米尔路东入口	1300	20	
幸福路	南北	克州人民医院至劳务市场	1900	16	
友谊路	南北	北山绿化带至南湖公园	4800	38	
环城南路	东西	环城东路至环城西路	2800	38	
松他克路	南北	州人民政府至环城南路	2200	30	
环城西路	南北	阿喀高速至环城南路	3400	8	
光明路	南北	克州邮政局至环城南路	2200	28	
文化路	南北	文化园小区至阿图什市国税局	997	28	
阿孜汗路	南北	天山路至环城南路	1800	30	
人民路	南北	环城北路至天山路	920	23	
合计			40934		

二、桥涵建设

(一)帕米尔大桥

位于阿图什市帕米尔西路，于2013年建设，桥下净空大于2.5米，桥梁中心线起点桩号K0+554，桥梁终点桩号K0+836，全长282米，桥面总宽29.6米，孔跨布置为:9×30米，为预应力空心板结构。

(二)阿扎克路桥

位于阿图什市阿扎克路，于2016年建设，桥下净空不小于6.55米，桥梁中心线起点桩号K0+126.317，桥梁终点桩号K0+152.357，全长52.08米，桥面总宽29.6米。孔跨布置为16米+20米+16米，为预应力空心板结构。

(三)兴业路桥

位于阿图什市兴业路，于2015年建设，桥梁中心线起点桩号K0+992.36，桥梁终点桩号K0+255.52，道路中心线的法线方向与河道中心线夹角为30°，桥梁设计为3~20米简支板桥梁，桥梁全长60.04米，全宽24.6米，为预应力空心板结构。

(四)新城路桥

位于阿图什市新城路，于2016年建设，桥下净空不小于6.54米，桥梁中心线起点桩号K0+203.44，桥梁终点桩号K0+255.52，全长52.08米，桥面总宽29.6米。孔跨布置为16米+20米+16米，为预应力空心板结构。

第二节　城市广场

一、人民广场

1995 年,阿图什市人民广场占地不足 1.5 万平方米,设施落后,绿化单一,属于封闭式街心花园。

1999 年,投资 320 万元,改扩建集绿化、美化、亮化、灯具、喷泉、雕塑、休闲、娱乐为一体的市人民广场,规划占地面积 2.2 万平方米,其中硬化面积 1.4 万平方米、绿化面积 8600 平方米,形成"点、线、面相结合,花、草、树相依托"的绿化格局。

2000 年,对广场设施进行完善,投资 15 万元,安装庭院灯 44 盏。

2007 年,对市人民广场进行二期改扩建工程,改扩建面积 1.6 万平方米,地上建筑面积 2.3 万平方米。

2012 年,委托阿图什市绿色生命设备安装有限公司,对市人民广场的喷泉、广告牌架、图板、红绿灯等设施进行维修。

二、其他广场

2003 年,阿图什市修建幸福小区广场。

2014 年,修建市政府门前小广场,修建凉亭 50 平方米。

2015 年,投资 265 万元,在友谊路与帕米尔路路口西南角修建阿图什市市民健身广场,为全市人民提供集会休闲、娱乐健身的公共活动场所。

第三节　城市绿化

1995 年,阿图什市建成区绿化覆盖率 13.68%,城市公共绿地几乎为零,人均绿地面积不足 0.5 平方米。

1999—2000 年,通过完善组织机构、人员配置、聘请专业技术员等措施,共种植各类苗木 3 万株,培育草坪 3.04 万平方米;绿化荒山 1.03 万平方米,绿化国道 101 公顷,建成区绿化覆盖率 23%,城市绿地率 19%。

2003 年,园林绿地面积 148 公顷,建成区绿化覆盖面积 163 公顷。

至 2007 年底,园林绿地面积 360 公顷,建成区绿化覆盖面积 197 公顷。

2011 年,完成城市春季植树 3280 株,秋季植树 2221 株,移栽树木 950 株,新增公共绿地 3920 平方米,摆放花卉 140 万盆,增加城市绿地绿量和城市绿肺功能。

2012 年,秋季移栽胸径 15 厘米的法桐 2223 棵,成活率 100%,春季行道树补栽 6 个品种 1616 棵,成活率 90%;冬季完成 638 棵树木移栽和 1776 棵法桐种植工作;在广场、东西入口、行道树坑摆放各色花卉 110 万盆,形成树木、花草各种颜色相互辉映的城市景观。

2014 年,全年完成草花摆放 100 万盆,城市生态环境更加靓丽。

2015 年,实施友谊路绿化、吾斯塘路绿化、树木补植和草花摆放工程。共种植紫叶矮樱、黄金榆、小白榆 71.2 万株,平整绿化面积 13632.9 平方米,移植树木 590 棵,补植各种白蜡、合欢等风景树 1700 棵,摆放草花 120 万盆,摆放景观小品 7 个;完成南湖公园(一期)绿化、天山路东、经四路、友谊路北西侧和市民健身广场绿化建设工程。全年新增建成区绿地面积 69960 平方米。建成区绿地面积 338.6 公顷,建成区绿化覆盖率 25.1%,建成区绿地率 15.3%。

第四节　城市亮化

2012 年,在城区范围内建设 15 个电子显示屏,在帕米尔路东入口和西入口建设 2 个龙门架,城市宣传内容更加丰富。

2015年底，全市有路牌60个，大型户外广告7个。对乱贴乱画、乱涂乱写小广告的人员，由城市管理行政综合执法局按照新疆维吾尔自治区实施《城市市容和环境卫生管理条例》行政处罚办法相关规定进行处理。

第四章　公用事业

第一节　公共交通

2002年9月4日，阿图什市兄弟公交有限公司在克孜勒苏工商局登记注册，注册资金121万元，在职员工46人，有公交车41辆。公交车开通线路：1路、2路、3路、4路、5路、6路、7路、8路、9路、10路、11路、12路。线路总长度129千米，日运行328班次，日客运量0.7万人次。

2013年6月，市委、市政府收购私人城市公交41辆，于当月援疆对口昆山市捐赠10辆柴油公交车（34座位），8月在阿图什新兴建设投资有限公司（城投公司）旗下成立阿图什顺达公交有限责任公司。拥有城市公交营运车辆26辆（10辆34座、16辆19座），公交线路5条，公交站点112个，日运行234班次，线路总长57千米，日客运量0.4万人次。

2014年6月，援疆对口昆山市捐赠10辆（23座），市政府采购10辆（23座），阿图什金洋芋房地产公司捐赠3辆（23座），共23辆天然气公交车（23座）；公交线路7条，新增站点188个，阿图什市站点覆盖率80%，日运行312班次，新增公交车停车场1处，线路总长112.9千米，年客运量650万人，日客运量1.8万人。

2015年，公交总收入348万元。

1路车　起点市环卫局，终点市财政局，共设24个站点，分别为：市财政局、塔合提云、克州报社、克州军分区、克州人民医院、邮政宾馆、新型印刷厂、市粮食局小区、克州三小、玛纳斯新村、市交通局家属院、市环卫局；全长13千米，运营车辆6辆，间隔10分钟。（夏季）早首班车8:40，晚末班车20:40；（冬季）早首班车8:50，晚末班车20:10。

2路车　起点幸福小区转盘，终点气象局，共设22个站点，分别为：幸福小区转盘、双语幼儿园、园丁小区、友谊宾馆、天山面粉厂、市二小、疾控中心、民族家属院、新华书店、州党校、气象局；全长12.5千米，运营车辆5辆，间隔12分钟。（夏季）早首班车8:40，晚末班车20:40；（冬季）早首班车8:50，晚末班车20:10。

3路车　起点州粮食局，终点库木萨克，共设34个站点，分别为：州粮食局、友谊宾馆、三中、城建局、市民政局、特巡警大队、监测台、六中、松他克乡政府、当噶路、村委会、六小队路口、沙汗路、托卡依、砖厂、检查站、库木萨克。全长18千米，运营车辆4辆，间隔30分钟。（夏季）早首班车8:40，晚末班车20:40；（冬季）早首班车8:50，晚末班车20:10。

4路车　起点火车站，终点军分区，共设32个站点，分别为：火车站、森林派出所、亚克瓦克路、三小队、温吐萨克路、温吐萨克小学、市法院、帕米尔小区、一建、棉纺厂小区、二中、市人民医院、家佳乐超市、邮政宾馆、州医院、军分区。全长14.6千米，运营车辆6辆，间隔10分钟。（夏季）早首班车8:40，晚末班车20:40；（冬季）早首班车8:50，晚末班车20:10。

8路车　起点市总工会，终点轻工业园区，共设26个站点，分别为：市总工会、疾控中心、阿图什拘留所、迁万达路口、卡恰浦、下西大桥小学、帕依那浦、伊什塔其小学、柯勒大队、阿克、小微产业园、轻工业园区。全长36千米，运营车辆5辆，间隔15分钟。（夏季）早首班车8:40，晚末班车20:40；（冬季）早首班车8:50，晚末班车20:10。

9路车　起点州粮食局，终点栏杆村，共设40个站点，分别为：州粮食局、友谊宾馆、三中、城建局、市民政局、特巡警大队、监测台、瓦克瓦克岔路口、热海提吧格、强格拉克、松他克12小队、瓦克瓦克一小队、瓦克瓦克小学、五个院、麻扎儿、坤其拉斯、亚尔比西、克青孜村委会、克青孜小学、栏杆村。全长19千米,运营车辆4辆,间隔30分钟。(夏季)早首班车8:40,晚末班车20:40;(冬季)早首班车8:50,晚末班车20:10。

12路车　起点州残联卫生局,终点麦依中学,共设50个站点,分别为:州残联、州卫生局、十一团家属院、皮场、州科技局、州城建局、市民政局、炎武小区、阿孜汗路、买谢提、提坚大桥、提坚下村、提坚上村、翁艾日克、阿扎克乡政府、布亚买提村、木纳格葡萄园、铁提尔一队、巴尔布拉克、库兰其、铁提尔村委会、铁提尔三队、卡拉其、铁提尔末站、麦依路口、麦依中学。全长26千米,运营车辆8辆,间隔15分钟。(夏季)早首班车8:40,晚末班车20:40;(冬季)早首班车8:50,晚末班车20:10。

2015年阿图什市公交线路、运营车辆及候车时间一览表

表4-2

运行线路	已投入车辆	早班发车时间	末班车时间	票价	候车时间	首发站—终点站	运行路段
技校	3辆					阿图什市区—技工学校	市区、技校
一路	6辆	冬季08:50 夏季08:40	冬季20:10 夏季20:40	1元	10分钟/趟	市环卫局—市财政局	迎宾路、帕米尔路
二路	5辆	冬季08:50 夏季08:40	冬季20:10 夏季20:20	1元	12分钟/趟	幸福小区转盘—硝路口	天山路、友谊路、群众路、阿孜汗路
三路	2辆	冬季08:50 夏季08:50	冬季20:10 夏季20:20	2元	30分钟/趟	州粮食局—库木萨克	松他克路
四路	6辆	冬季08:50 夏季08:40	冬季20:10 夏季20:40	1元	10分钟/趟	火车站—军分区	友谊路、团结路、光明路、帕米尔路
八路	5辆	冬季08:50 夏季08:40	冬季20:10 夏季20:20	3元	15分钟/趟	市总工会—轻工业园区	帕米尔路、天山路、西塔其乡村路、轻工业园区、小微产业园
九路	4辆	冬季08:50 夏季08:40	冬季20:10 夏季20:20	2元	30分钟/趟	州粮食局—克青孜大队	松他克路,克青孜乡村路
十二路	8辆	冬季08:50 夏季08:40	冬季20:10 夏季20:30	2元	15分钟/趟	州残联—麦依中学	阿孜汗路、阿扎克乡村路
合计	39辆						

第二节　城市其他客运

2015年底,阿图什市出租汽车公司4个,出租汽车502辆,从业人员502人。自出租车在市区内运营以来就不计里程表,上车票价5元;接送阿图什火车站乘客每次为10元。

一、阿图什新华出租汽车有限公司

2004年7月7日,阿图什新华出租汽车有限公司成立,地址在友谊路西,这也是阿图什市成立的第一家出租汽车公司,主要职责是按规定在辖区范围内负责城市客运,公司管理人员5名。2015年,有出租汽车142辆,每年运送乘客500余万人次。

二、阿图什昌盛出租汽车有限公司

阿图什昌盛出租汽车有限公司成立于2005年5月26日，办公场所位于帕米尔路东，有工作人员3名，主要职责按规定在辖区范围内负责城市客运。2015年末，有出租汽车133辆，年运送乘客450万人次。

三、阿图什市益民出租汽车公司

阿图什市益民出租汽车公司成立于2009年5月19日，有工作人员5名，主要职责按规定在辖区范围内负责城市客运。2015年末，拥有出租汽车197辆，年运送乘客550万人次。

四、阿图什市好兄弟出租汽车有限公司

阿图什市好兄弟出租汽车公司成立于2013年10月22日，有工作人员3名，主要职责按规定在辖区范围内负责城市客运。2015年末，拥有出租汽车30辆，年运送乘客40万人次。

第三节　城市路灯

1995年，城市除松他克路和帕米尔路以外均没有路灯。随着城市经济的发展，道路不断增多，“九五”期间，安装路灯450盏。

2005年，在松他克路与帕米尔路、天山路、群众路十字路口安装红绿灯。“十一五”期间安装路灯1140盏。

2012年12月12日，公开征集路灯安装承包人，确定克州大拇指设备安装有限公司为该项目的承包人。

从“十二五”开始，城市基础设施建设力度加大，2011年安装路灯1100盏。2012年，新装路灯327基，安装LED灯楼体21幢，完成帕米尔路349盏路灯和市人民广场灯的升级改造。

2014年，新安装路灯1014盏(团结路安装196盏，群众路安装240盏，天山路安装316盏，经四路安装46盏，文化路安装132盏，建设路安装84盏)。亮化楼体5幢，在市区主要路段安装红绿灯14处，在主要路段安装道路护栏、防撞沙桶，城市公交通行更加便利。年底全市路灯5278盏。

2015年，安装路灯961盏。其中，幸福路50盏，帕西路296盏，北山路灯615盏，年底全市路灯6239盏。市区路灯设施、交通信号灯的日常运行维护及时跟进，为市民出行创造更为便利的条件。

第四节　城市燃气

一、天然气

2005年4月1日，由华辰能源有限公司建设的民用天然气工程在阿图什市政府家属院点火通气，阿图什城市居民第一次用上清洁、环保的天然气能源。

2007年6月，成立克州华辰车用天然气有限公司，着手建设车用加气站。2008年1月，加气站正式投入运行。

2012年4月10日，在阿图什市西环路开始新建加气站1座，5月9日竣工投入运行。

2014年11月，新建长8.7千米的22号阀室至阿图什城区天然气高压管线竣工投产。

2015年，城区共有高压管线13.5千米，中压管线80千米。有天然气加气站2座，日销售天然气2.68万立方米，全年共销售车用天然气970万立方米。车用天然气购进价每立方米0.80元，销售价每立方米2.80元(含调节基金每立方米0.48元)。城区使用天然气用户2.5万户、公共福利用户(营利性质的例如，餐厅、超市)400户、壁挂炉4500户，城区天然气覆盖率97%。民用天然气购进价每立方米0.80元，销售价每立方米1.32元。

二、液化气

1995年,克州众志液化气有限责任公司负责阿图什市的供气,在阿图什市建设1座小型液化气供气站,由自治州人民政府管理,属于自收自支单位。液化气用液化气罐装置,从库车县拉运到阿图市。每罐液化气27元。

2002年,由喀什明盛公司与自治州人民政府协商买断,经营4年。每罐液化气45元。

2005年,居民生活用液化气每年供应约4万瓶。2005年供应天然气以后,每年供应约2万瓶。

2007年,克州众志液化气有限责任公司新建液化气储配室1座,设计储量100立方米,用于汽车加液化气,汽车用液化气价格每升2.8元。

2012年1—6月,液化气价格为每罐80元,汽车用液化气价格每升3.8元。7月,民用液化气降到每罐75元,车用每升降至2.8元。

至2015年,汽车用液化气约10万升。

第五节　城市供热

1995—1999年,除少数单位采用锅炉统一供暖外,大部分单位及家庭采用火炉取暖,阿图什市住宅采暖面积84万平方米,全市设有大小型锅炉78台,零星分散于市区各地,烟囱林立,烟尘飞扬,造成空气严重污染,燃煤消耗量是集中供热消耗煤量的2倍。

2000年,实施集中供热工程,新建5×14兆瓦热水锅炉的热源1座。

2007年,利用日元贷款建设城市天然气供热项目,形成以日贷燃气供热为主、各区域自制供热为辅的方式进行供热,至年底,城市规模供热点47座,其中燃气供热点33座、燃煤供热点14座。

2008年,利用日元贷款投资3000万元新建和改造10座锅炉房,安装天然气锅炉6座,供热能力达到30万平方米,解决近2万人的采暖问题。全市形成企业集中管理、单位自行供热和供气烧壁挂炉等多种供热模式。

2012年,全市冬季供热总面积221.3万平方米,其中燃煤供热面积72.3万平方米、燃气供热面积149万平方米(庆源公司109万平方米、鼎盛公司13.5万平方米,单位自供供热面积26.5万平方米)。

2013年,实施燃煤锅炉改燃气锅炉供热工程,当年完成锅炉本体22台、软化水设备15套、水泵、补水泵各30台、天然气调压箱计量装置15件、高低压配电系统15件、PE供气管等招投标工作,开工建设12座锅炉房和1座输气门站,修建进城管线10.4千米。2014年,建设煤改气锅炉1座,

2015年,建设煤改气锅炉1座,改造燃煤锅炉6座,全市供热模式为企业集中管理、单位自行供热和供气烧壁挂炉等多种方式。全市天然气锅炉36座;装机总容量391兆瓦。冬季采用集中供热面积278万平方米,其中采用壁挂炉供热面积25万平方米,采用小型燃煤锅炉分散供热面积8.7万平方米。全市供热企业4家(国泰热力、光正热力、鼎安热力和光明新能源物业公司)。其余均为单位(个体)自行供热。

第六节　城市供电

一、机构沿革

1995年,南疆煤电工业公司阿图什供电公司成立。1998年12月25日成立克孜勒苏电力公司,同时撤销南疆煤电工业公司阿图什供电公司。1999年5月,疆南电力有限责任公司根据经济体制改革的总体要求,将阿克陶电力有限责任公司和乌恰供电公司划归克孜勒苏电力公司管理。

2000年8月18日,撤销新疆克孜勒苏电力公司,同时撤销阿图什市供电公司。2000年8月21日成立新疆疆南电力有限责任公司阿图什供电公司,新组建成立的阿图什供电公司承担所在城市(含所属乡)的供

电营业工作,负责行使原阿图什市供电公司所移交的相应职责。2005 年 7 月阿图什供电公司更名为新疆疆南电力有限责任公司阿图什供电分公司。

2008 年 4 月 30 日,克州国有资产管理局将持有的疆南电力公司 3% 的股权全部转让给新疆电力公司。

2010 年末,阿图什供电分公司实有 20 人,有办公室、财务部、安生部、营销部 4 个职能部门。

2015 年,阿图什供电分公司核定编制 20 名,设办公室、财务部、安生部、营销部 4 个职能部门,实有工作人员 20 人。

二、线路建设

(一)变电站升级改造工程

2000 年 4 月,喀(喀什中心变电站)—阿(阿图什变电站)线、阿图什变电站进行升级改造工程,线路长 44.8 千米,线路投资 67.68 万元,变电站投资 501.26 万元,由新疆电力设计院设计,线路由喀什火电厂电力安装公司架设,变电站由新疆电力承包总公司施工,线路、变电站由 35 千伏升级为 110 千伏,2000 年 11 月投运。

阿(阿图什中心变电站)—木(木纳格变电所)输变电工程是为阿图什工业园供电项目,由新疆电力设计院设计,线路工程由喀什电盛有限责任公司架设,变电站工程由新疆昌吉局电力总公司施工。线路全长 25 千米,东起阿图什变电站,西至木纳格变电站,全线杆塔 99 基,其中混凝土电杆 77 基、铁塔 22 基,全线杆塔基础进行防腐处理。导线采用 LGJ-150/25,地线 GJ-35,沿线地貌以戈壁为主,铁塔跨越 314 国道、葡萄园,决算投资 546.81 万元,单位造价 21.87 万元/千米。2008 年 9 月竣工投运。变电所位于阿图什西南工业园区内,距阿图什市 23 千米,设计电压组合 110/35/10 千伏,主变压器 1 台,变电容量 1×3.15 万千伏安。110 千伏采用六氟化硫断路器,110 千伏、35 千伏为屋外配电装置,10 千伏为屋内配电装置,10 千伏采用 XGN2 高压开关柜,110 千伏一次主接线为单母线分段运行,进线 2 回,35 千伏一次主接线为单母线分段运行,出线 4 回,10 千伏一次主接线为单母运行,出线 3 回,备用间隔 2 回。2007 年开工,2008 年 7 月建成,决算投资 1352.05 万元,单位造价 429.22 元/千伏安。

2010 年阿图什市电网 35 千伏线路统计表

表 4-3　　　单位:千米

线路名称	线路起点	线路终点	线路长度	导线型号	杆塔基数			投运时间
					混凝土杆	铁塔	合计	
阿格线	阿图什变	格达良变	48.30	LGJ-120	393	—	393	2003.10
格昂线	格达良变	昂额孜变	97.62	LGJ-95	925	—	925	2004.07
格昂 T 哈线	格昂线	哈拉峻变	0.19	LGJ-95	4	—	4	2004.07
昂霍线	昂额孜变	霍什布变	32.52	LGJ-95	295	—	295	2004.05
阿北线	阿图什变	城北变	7.98	LGJ-95	44	—	44	2003.05
英北线	英阿瓦提电站	城北变	14.41	LGJ-95	153	—	153	1996.08
英铁线	英阿瓦提电站	铁列克变	41.54	LGJ-70	396	—	396	2000.07
英铁 T 吐线	英铁线	吐古买提变	35.48	LGJ-70	248	—	248	2000.07
木北线	木纳格变	城北变	16.99	LGJ-95	150	—	150	2002.12
木上线	木纳格变	上阿图什变	20.22	LGJ-95	172	—	172	1999.12
木上 T 北线	木上线	喀什北郊变	11.62	LGJ-95	95	—	95	2002.12
上托线	上阿图什变	托帕变	26.00	LGJ-95	220	—	220	2003.07

2010 年疆南电力公司阿图什市电网 35 千伏变电站统计表

表 4-4　　单位:千米

变电站名称	变电站(数量)	主变编号	电压(千伏)	型号	主变容量(万千伏安)		第一台主变投运时间
					台数	容量	
城北变电站	5	1	35	S9-4000/10	1	0.4	2003.05
		2	35	SZ10-6300/35	1	0.63	2009.11
格达良变电站	6	1	35	SZ9-6300/35	1	0.63	2008.11
哈拉竣变电站	7	1	35	S9-3150/10	1	0.315	2004.03
昂额孜变电站	8	1	35	S9-4000/10	1	0.4	2008.06
霍什变电站	9	1	35	S9-1600/10	1	0.16	2004.06
上阿图什变电站	10	1		SZ10-4000/35	1	0.4	2009.12
		2	35	SZ9-6300/35	1	0.63	2009.12
吐古买提变电站	11	1	35	S9-1000/10	1	0.10	2002.01

2010 年阿图什电网 110 千伏输电线路设施完成情况统计表

表 4-5　　单位:千米

项目名称	线路名称	长度(千米)	导线型号	杆塔基数			施工单位	投资(万元)	投运时间
				砼杆	铁塔	合计			
喀什中心变—阿图什变送电线路改造工程	喀阿线	38.00	LG-150	145		145	新疆电力工程承包总公司	144.49	2000
阿图什中心变电站—110 千伏阿图什木纳格变电站送电线工程	阿木线	25.00	LG-150	77	22	99	新疆喀什电盛有限责任公司	546.81	2008

2010 年阿图什市电网 110 千伏变电站变电设施完成情况统计表

表 4-6

项目名称	变电站名称	主变压器		施工单位	投资(万元)	投运时间
		台数	容量(千伏安)			
阿图什 35 千伏中心变升级 110 千伏变电站工程	阿图什变电站	1	20000	新疆电力工程承包总公司	501.26	2000
阿图什工业园 110 千伏变电站工程	木纳格变电站	1	31500	新疆昌吉电业局电力建设总公司	1352.05	2008

(二)农网建设一、二期工程

2004 年,阿图什市农网建设(改造)一、二期工程完成新(改)建 35 千伏变电站 5 座,其中新建 35 千伏变电站 5 座,新增(换)主变压器 5 台,主变压器容量 1.17 万千伏安,新建 35 千伏线路 5 条,线路长度 188.05 千米,杆塔 1900 基(其中铁塔 325 基),新建 10 千伏配电线路 415.1 千米,新建 0.4 千伏配电线路 753.29 千米,增(换)配电变压器 349 台,容量 1.44 万千伏安,完成户表改造工程户数 38626 户。

(三)农网建设(改造)三期工程完成

2006 年,农网完善工程新建 110 千伏变电站 1 座,变电容量 3.15 万千伏安,新建 35 千伏变电站 1 座,变电容量 0.63 万千伏安,新建 110 千伏线路 25 千米。

2008 年中西部农网完善工程新建 35 千伏输电线路 8 千米,改建 35 千伏输电线路 46 千米,新建 10 千伏线路 80 千米,新建 0.4 千伏线路 70 千米,增换配电变压器 47 台,变电容量 0.684 万千伏安。

(四)扩大内需工程

2009 年,第一批中西部农网完善工程完成改造 35 千伏变电站 1 座,新增变电容量 0.63 万千伏安。2009 年中西部农网完善工程完成改造 35 千伏变电站 1 座,新增变电容量 0.4 万千伏安,新建 35 千伏线路 2 千米,新建 10 千伏线路 38 千米,改造 10 千伏线路 18 千米,增(换)配电变压器 24 台,变电容量 0.72 万千伏安。

2010 年,农网升级工程完成改造 110 千伏变电站 2 座,新增变电容量 9 万千伏安,新建 110 千伏输电线路 17 千米,新建 10 千伏线路 9.08 千米,改建 10 千伏线路 35 千米,新建 0.4 千伏线路 8.71 千米,增(换)配电变压器 53 台,变电容量 0.6 万千伏安。通讯完善工程 117 万元。

2010 年阿图什市输电设施完成情况统计表

表 4-7

项目名称	线路名称	长度(千米)	导线型号	杆塔基数			施工单位	投资(万元)	投运时间(年)
				砼杆	铁塔	合计			
阿北线 T 接喀北线—上阿图什 35 千伏送电线路工程	35 千伏木上线	20.22	LGJ-95	202	2	204	新疆阿尔泰电力安装公司	180.99	2002
昂额孜—霍什布拉克 35 千伏送电线工程	35 千伏昂霍线	32.52	LGJ-95		295	295	新疆电力建设公司	241.05	2003
吐古买提乡 35 千伏送电线路工程	35 千伏英铁 T 吐线	35.48	LGJ-70	248	—	248	新疆康苏火电厂热动公司	172.27	2001
格达良—哈拉峻 35 千伏送电线路	—	58.99	LGJ-95	483	26	509	新疆奎屯金茂电力实业公司	635.46	2003
哈拉峻—昂额孜 35 千伏送电线路工程	35 千伏格昂 T 哈线	38.58	LGJ-95	426	—	426	新疆喀什电盛有限责任公司	285.45	2003
阿图什北郊变电站—降压站 35 千伏线路	—	1.09	LGJ-95	7	1	8	新疆克孜勒苏电力多经公司	28.23	2001
上阿图什—乌恰托帕口岸 35 千伏线路	35 千伏上托线	26.00	LGJ-95	209	1	210	新疆奎屯金茂电力实业公司	243.53	2003
110 千伏阿图什变—35 千伏阿北郊变线	35 千伏阿北线	7.98	LGJ-95	198	—	198	克孜勒苏电力多经公司	88.95	2002

2010 年阿图什市变电设施完成情况统计表

表 4-8

项目名称	变电站名称	变电站主变压器		施工单位	投资(万元)	投运时间(年)
		台数	容量(千伏安)			
吐古买提乡 35 千伏变电站工程	35 千伏吐古买提变电站	1	1000	新疆康苏火电厂热动工程公司	102.36	2001
昂额孜乡 35 千伏变电站工程	35 千伏昂额孜变电站	1	2000	新疆喀什电盛有限责任公司	145.31	2003

续上表

项目名称	变电站名称	变电站主变压器		施工单位	投资（万元）	投运时间（年）
		台数	容量(千伏安)			
霍什布拉克乡35千伏变电站工程	35千伏霍什布拉克乡变电站	1	1600	新疆电力建设公司	124.02	2004
阿图什格达良35千伏变电站间隔扩建工程	35千伏格达良变电站	—	—	新疆奎屯金茂电力实业总公司	35.52	2003
哈拉峻乡35千伏变电站工程	35千伏哈拉峻变电站	1	3150	新疆喀什电盛有限责任公司	142.68	2003
上阿图什35千伏变电站间隔扩建工程	35千伏上阿图什变电站	—	—	新疆奎屯金茂电力实业总公司	12.98	2002
阿图什35千伏北郊变电站工程	35千伏阿图什北郊变电站	1	4000	新疆阿尔泰电力安装公司	220.99	2002
阿图什35千伏变电站间隔工程	35千伏阿图什变间隔工程	—	—	喀什电盛有限责任公司	35.52	2003

三、电站检修

2003年，阿图什英阿瓦提水电站A级检修1台次。2009年，阿图什英阿瓦提水电站A级检修1台次。至2015年，阿图什英阿瓦提水电站A级检修2台次。

四、电力供应

1995年，阿图什市用电量117.19万千瓦时。

1996年7月1日，阿图什市电网售电电价平均提高0.035元/千瓦时，大工业电价每千瓦时由0.26元调整为0.294元，普通工业每千瓦时由0.27元调整为0.305元；农业用电每千瓦时由0.13元调整为0.165元；居民生活用电每千瓦时由0.31元调整为0.345元；商业、饮食服务业用电每千瓦时0.31元调整为0.36元。

1997年4月25日，阿图什市电网内各类用售电电价平均每千瓦时提高0.035元，其中；大工业电价每千瓦时由0.294元调整为0.33元；普通工业每千瓦时由0.305元调整为0.34元；农业用电每千瓦时由0.165元调整为0.20元；居民生活用电每千瓦时由0.345元调整为0.38元；商业、饮食服务业用电每千瓦时0.36元调整为0.395元；喀什电网对岳普湖、伽师、巴楚县综合电价在1996年电价基础上每千瓦时提高0.035元。

1998年7月25日，喀什、克州电网内各类用电售电电价平均提高0.03元/千瓦时。即：大工业电价每千瓦时由0.33元调整为0.36元；普通工业每千瓦时由0.34元调整为0.37元；农业用电每千瓦时由0.20元调整为0.23元；居民生活用电每千瓦时由0.38元调整为0.41元；商业饮食服务用电每千瓦时由0.395元调整为0.43元。喀什、克州电网对岳普湖县、巴楚县综合电价在现行电价基础上提价0.03元/千瓦时。

1999年10月25日，阿图什市电网内各类用电售电电价平均由0.33元/千瓦时调整为0.37元/千瓦时，每千瓦时提价0.04元。农业用电价格不调整，提价部分转嫁到其他各类用电，其他各类用电平均提价0.046元/千瓦时，即大工业电价由0.36元/千瓦时调整为0.406元/千瓦时；普通工业电价由0.37元/千瓦时调整为0.416元/千瓦时；居民生活用电电价由0.41元/千瓦时调整为0.456元/千瓦时；商业饮食服务用电电价由0.43元/千瓦时调整为0.476元/千瓦时；农业用电电价0.23元/千瓦时维持不变。喀什、克州电网对岳普湖综合电价在现行电价基础上提高0.04元/千瓦时。对巴楚县销售电价进行调整，工业用电电价0.645元/千瓦时；居民生活照明电价0.685元/千瓦时；商业饮食服务业电价0.725元/千瓦时；农业排灌电价0.365元/千瓦时。调整后,价外只允许加收国家规定的0.015元/千瓦时电力建设基金,喀什市范围内工业用电加收城市公用事业附加。

2001年7月25日,阿图什市电网内各类用电售电电价平均由0.37元/千瓦时调整为0.39元/千瓦时,每千瓦时提价0.02元。即:大工业电价由0.406元/千瓦时调整为0.425元/千瓦时;普通工业电价由0.416元/千瓦时调整为0.435元/千瓦时;居民生活用电电价由0.456元/千瓦时调整为0.475元/千瓦时;商业饮食服务用电电价由0.476元/千瓦时调整为0.53元/千瓦时;农业用电电价由0.23元/千瓦时调整为0.24元/千瓦时。另外,0.005元/千瓦时特困基金并入销售电价,用于企业还本付息(新计价工〔2001〕1036号)。

2002年3月25日,调整阿图什市电网内各类用电售电价格,平均由0.39元/千瓦时调整为0.436元/千瓦时,提价0.046元/千瓦时。大宗工业用电电价由0.425元/千瓦时调整为0.471元/千瓦时;普通工业用电电价由0.435元/千瓦时调整为0.481元/千瓦时;居民生活用电电价由0.475元/千瓦时调整为0.521元/千瓦时;商业饮食服务业用电电价由0.53元/千瓦时调整为0.576元/千瓦时;农业排灌用电电价由0.24元/千瓦时调整为0.286元/千瓦时。

1998年1月1日,将1996年至1997年试行价格转为正式价格。凡阿图什实行"四直"管理的农村,生活照明用电0.80元/千瓦时;农村加工用电由0.80元/千瓦时调整为0.70元/千瓦时;农业灌溉0.35元/千瓦时。非"四直"农村电价仍按自治州物价局克价字〔1998〕94号标准执行,即:生活照明用电0.48元/千瓦时;农村加工用电0.43元/千瓦时;农业灌溉0.23元/千瓦时。

至2015年,阿图什市全社会用电量88104.54万千瓦时,同比增长17.88%。其中:第一产业用电量8510.83万千瓦时,同比增长8.38%;第二产业用电量76716.33万千瓦时,同比增长18.83%;第三产业用电1783.8万千瓦时,同比增长,28.07%;城乡居民生活用电1138.58万千瓦时,同比增长16.89%,其中:城镇居民生活用电577.23万千瓦时。

1995—2010年阿图什市供电公司用电量分类及比重统计表

表4-9　　单位:万千瓦时

年份	用电构成									
	农林牧渔水利用电		工业用电		商业用电		居民照明用电		其他用电	
	电量	占总用电量(%)	电量	占总用电量(%)	电量	占总用电量(%)	电量	占总用电量(%)	电量	占总用电量(%)
1995	117.19	7.90	892.94	60.22	10.54	0.71	45.84	3.09	533.35	35.96
1996	155.63	9.41	1120.18	67.75	13.33	0.81	56.75	3.43	463.23	28.02
1997	196.20	10.34	1064.66	56.13	13.84	0.73	60.81	3.21	757.49	39.93
1998	163.57	7.54	1856.25	85.60	13.13	0.61	57.36	2.65	241.76	11.15
1999	209.27	7.74	1594.53	59.00	42.17	1.56	183.37	6.79	882.37	32.66
2000	277.91	10.04	2000.31	72.25	53.31	1.93	227.01	8.20	488.11	17.63
2001	350.35	8.30	1901.18	45.05	55.37	1.31	243.24	5.76	2020.47	47.88
2002	292.08	5.56	3905.99	74.41	52.53	1.00	229.44	4.37	1061.05	20.21
2003	373.70	6.89	2847.38	52.52	168.68	3.11	733.47	13.53	1672.47	30.85
2004	496.27	7.70	3571.99	55.41	213.23	3.31	908.03	14.09	1753.16	27.20
2005	625.63	8.70	3394.97	47.22	221.50	3.08	972.98	13.53	2599.61	36.16

续上表

年份	用电构成									
	农林牧渔水利用电		工业用电		商业用电		居民照明用电		其他用电	
	电量	占总用电量(%)	电量	占总用电量(%)	电量	占总用电量(%)	电量	占总用电量(%)	电量	占总用电量(%)
2006	521.57	6.32	6974.98	84.58	210.11	2.55	917.74	11.13	144.16	1.75
2007	667.32	7.08	5084.60	53.93	674.71	7.16	2933.89	31.12	735.07	7.80
2008	886.19	7.54	6378.55	54.29	852.90	7.26	3632.11	30.91	886.19	7.54
2009	1117.19	9.28	6062.45	50.36	885.98	7.36	3891.90	32.33	1198.08	9.95
2010	931.38	5.08	12455.32	67.88	840.42	4.58	3670.98	20.01	1382.77	7.54

1995—2010年阿图什市供电售电量统计表

表4-10　　单位:万千瓦时

年份	供电量	售电量	年份	供电量	售电量
1995	1839	1483	2003	6054	5422
1996	1992	1653	2004	7358	6446
1997	2278	1897	2005	7970	7189
1998	2581	2169	2006	9112	8247
1999	3299	2702	2007	10325	9428
2000	3360	2769	2008	13197	11750
2001	5024	4220	2009	13439	12038
2002	5845	5249	2010	20097	18349

1995—2010年阿图什市线损率统计表

表4-11　　单位:%

年份	线损率	年份	线损率	年份	线损率
1995	17.17	2001	15.93	2007	8.69
1996	17.71	2002	10.20	2008	10.96
1997	15.37	2003	10.44	2009	10.42
1998	15.12	2004	12.39	2010	8.70
1999	15.05	2005	9.80		
2000	14.74	2006	9.50		

1998—2010 年阿图什市电网最大负荷统计表

表 4－12　　单位：万千瓦时

年份	最大负荷	年份	最大负荷	年份	最大负荷
1998	0.42	2003	1.12	2008	2.59
1999	0.49	2004	1.40	2009	2.93
2000	0.65	2005	1.82	2010	3.10
2001	0.91	2006	2.11		
2002	1.10	2007	2.42		

五、电力管理

1995—2015 年，公司坚持“安全第一、预防为主”的方针，以保人身、保电网、保设备为重点，强化设备管理和安全教育，落实各级安全生产责任制，执行安全生产奖惩规定，修订涵盖基建、生产、交通等各项安全管理制度，不断充实完善保障和监督体系，确保人身安全和主网关口电能计量装置的稳定运行。加强设备的检修维护力度，确保设备健康正常运行。在线路运行中，重点是防污闪事故、防树害事故、防线路器被盗、防自然灾害（洪水、暴风等）及交通事故引起的倒杆事故，防雪凇、雾凇引起的相间短路事故及线路损坏事故等。城市采用加高线路电杆，重要的 10 千伏线路用绝缘导线代替裸导线等措施，减少发生线路单相接地，树干砸断导线和树枝造成相间短路的事故。为防止铁塔塔材被盗，采用防盗螺帽等措施。

当地公安部门配合，大力宣传《电力设施保护条例》，颁布《护线防盗公告》。途经风区，戈壁滩，河滩，沼泽地的电力线路为防风沙侵袭，在电杆下段涂耐磨涂料，对易腐蚀的杆基包扎防腐层并加涂防腐涂料。对杆基易被流水冲刷的杆塔基础周围建造防护堤或防护基墩。对容易产生雪凇，雾凇线间装绝缘棒，保持相间足够的距离，鸟群活动频繁塔杆上安装防鸟刺等。

在变电运行工作中，以防为重点，即防止误操作、防止继电保护误整定、防止工作人员违章作业、防止设备损坏，春季针对积雪消融，雨水频繁，气候潮湿的特点，重点开展机构箱、端子箱、操作箱和电缆沟的防湿工作，开展电瓷外绝缘清扫工作春季安全大检查活动。夏季以防署降温为主，采取安装通风机等降温措施。秋季、冬季清除瓷瓶和母线桥上的积雪，冰雪，防止冰闪雪闪事故，参加防火消防演习，掌握防火知识及消防技能。定期检查消防设备，保证完好待用。

第七节　城市水业

1995 年，阿图什市有供水管网 32 千米。

1999 年，投资 4800 万元的阿图什市供水改扩建项目立项建设，2000 年 4 月 28 日正式通水运营，新建 2 座 3000 立方米清水池，水厂住宅办公室、化验室及其辅助设施，完成新开发 7 眼井 3.3 千米的井间联网工程，完成石油公司至水厂 5.63 千米的引水管线工程。完成人民广场 8100 平方米草坪的上水管线敷设和 65 套喷灌装管安装工作；完成松他克路 2205 米、团结路 1556 米、吾斯塘路 787 米的上下水管网改扩建，改建新进的支接管的上水口径 90% 达到 100 毫米，10% 达到 150 毫米，为阿图什市高层建筑供水提供保障。

2000 年，对天山路、团结路、文化路、光明路、幸福路全长 714 米的上下水管网进行改造。

2003 年，全市上水管网长 48 千米，日供水量 1.1 万吨，自来水入户率 100%。下水管网长 30 千米，排污覆盖率 65%。

2006 年，日供水综合生产能力 2.7 万立方米，年供水总量 380 万吨。

2007 年,日供水综合生产能力 2. 7 万立方米,供水总量 422 万吨。

2015 年底,有现代化水厂 1 座、3000 立方米清水池 2 座、水源地深井 12 眼。城市供水管线全长 60 千米,日供水能力 3. 2 万立方米,年供水量 770 万吨,供水率 100% 。

1995—2015 年阿图什市供水情况一览表

表 4 - 13　　单位:万吨

年份	供水量	年份	供水量	年份	供水量
1995	254. 67	2002	302. 07	2009	410. 00
1996	274. 87	2003	323. 63	2010	440. 04
1997	290. 90	2004	331. 07	2011	501. 56
1998	341. 63	2005	349. 21	2012	554. 27
1999	357. 69	2006	384. 00	2013	651. 52
2000	323. 67	2007	390. 00	2014	707. 39
2001	282. 37	2008	40. 200	2015	770. 72

一、供水价格

1995—2000 年,阿图什生活用水每立方米 0. 50 元,工业用水每立方米 0. 55 元,商业饮服用水每立方米 0. 60 元,基建用水每立方米 1. 00 元。

2000 年,新水厂建成后,阿图什市执行的水价为生活用水每立方米 1. 40 元,工业用水每立方米 1. 60 元,基建用水每立方米 1. 80 元,商业饮服用水每立方米 2. 00 元,绿化、消防用水每立方米 1. 00 元(各类用水不含排污费)。

二、排水

1995 年,阿图什市排水管道总长度 22 千米。

1999 年,因南疆铁路建设,原污水处理厂搬迁。新建污水处理厂厂址选在原污水处理厂南 3. 5 千米处,1999 年立项,2000 年建设,2004 年投入运营,建设规模为 1 万立方米/日。

2008 年,全市排水管道总长度 44 千米。

2015 年,经过不断建设与完善,已形成日处理能力 2 万立方米氧化塘 2 组,城市排水管网总长度 62. 5 千米。

三、污水处理费价格

2004 年,阿图什污水处理厂建成运营后,自治州发改委下达污水处理费的收费标准,每立方米污水 0. 55 元,取消以往收取的 0. 1 元的管道有偿使用费。至 2015 年,由供排水公司收取污水处理费。

第五章　城市管理

第一节　市容环境卫生

市环卫局是全市环境卫生的职能部门,负责全市环境卫生管理、道路清扫保洁、公厕管理、建筑垃圾管理、生活垃圾的收集、清运、处置和生活垃圾场、收费及“门前清扫”责任制落实等工作。

一、道路清扫保洁

1995—1999 年负责全市 9 条道路清扫保洁工作,清扫面积 42 万平方米。

2000—2014 年,清扫道路 14 条,清扫面积 128 万平方米。

2015 年底,全市清扫保洁道路 18 条,清扫面积 140 万平方米。

二、垃圾清运

1995—1999 年,使用 4 辆摆臂式垃圾车,年清运垃圾 2.9 万吨。

2000 年开始,使用大型压缩式垃圾车 6 辆,年清运垃圾 3.5 万吨。

2015 年底,使用大型压缩式垃圾车 8 辆,小型压缩垃圾车 4 辆,年清运垃圾 5.11 万吨。

三、渣土管理

为杜绝市容环境卫生的二次污染,阿图什市规定运砂石、建筑垃圾的车辆统一办理清运许可证,对施工工地进行合法管理以及清运渣土过程中抛撒的沙石进行严格管理。

四、设备设施

1995—1999 年购置垃圾集装箱 20 个,果皮箱 520 个。

2008 年,有洒水车 1 辆、铲车 1 辆;配备垃圾箱 248 个、垃圾桶 81 个、果皮箱 200 个。

2013 年,购置垃圾房 80 座,垃圾桶 200 个,垃圾收集箱 180 个,安装果皮箱 140 个。

2015 年底,安装果皮箱 720 个。

五、公厕管理

1995—2010 年,全市有公厕 12 座,环卫局管理 3 座,均为旱厕,其余属个别单位和私人经营,收费标准每人 0.5 元。

2013—2015 年,有公厕 17 座,市政府投建 5 座公厕交环卫局管理,其他属个别单位和私人经营收费标准每人 1 元,开放时间:早 10:00—晚 12:00;冬季:早 10:00 点—晚 10:00。制定《公厕管理办法》和《公厕管理员岗位责任制》,安排专人负责打扫卫生,按照谁投资谁受益的原则,要求受益者定期对市区公厕进行粉刷、修缮、除碱、除臭和消毒,基本做到六无和五净。

六、垃圾场管理

1995—2000 年,阿图什市建设 9000 立方米垃圾场 1 处,垃圾无害化处理达 60%。

2013—2015 年底,启动生活垃圾处理二期工程,城市生活垃圾集中处理率 100%。

七、收费情况

2004 年后,根据市发展计划委员会文件阿计价字〔2004〕24 号文,按照收费许可证收取垃圾清运费、门前“三包”费和渣土费,至 2015 年,年均收费 100 万元。

八、工资待遇

1995 年,市环卫部门有临时工 18 人,人均收入(缴完“三金”)150 元;2008 年临时工 74 人,人均收入(缴完“三金”)564 元;2015 年底公益性岗位 240 人,人均收入(缴完“三金”)2000 元。

第二节　城管执法

1996 年,阿图什市城建监察大队成立。

1997—2005 年,市城建监察大队对全市及周边“城中村”进行管理,主要管理街边占道经营、乱摆乱放、违章建筑等影响市容市貌行为,共查处案卷 63 起,违章建筑面积 23671 平方米,拆除 6480 平方米。

2006 年,阿图什市城建监察大队更名为阿图什市城市管理行政综合执法局,至 2010 年,主要对全市及城中村的违章停放车辆,城区市政设施维护等进行管理,共查处案卷 44 起,下发限期拆除通知书 111 张,停工通知书 106 张,查处违章建筑 32236 平方米,自行拆除违章建筑 19490 平方米,强行拆除违章建筑 12746 平方米。

至 2015 年,下发限期拆除通知书份,查处违章建筑 49691 平方米,强制拆除 19245 平方米,自行拆除 30446 平方米,下发整改通知书 115 张,下发搬迁通知书 161 份,下发拆迁通知书 158 份,停工通知书 248 份,查处违章停放车辆 1624 辆,清理牛皮癣等小广告 4600 余件,更换门头牌匾 1768 个。

第三节　拆迁管理

2009 年,为加强城市房屋拆迁管理,保障城市建设顺利进行,保护拆迁当事人的合法权益,阿图什市印发《阿图什城市房屋拆迁管理办法》。2010 年后,拆迁补偿安置主要采取货币补偿和异地安置方式。

2011 年,完成菜窖路一期改扩建工程,启动帕米尔路升级改造工程。

2012 年,加大土地征收力度,拆迁房屋 779 户,整合城市土地 31.22 万平方米,征用农村土地 197.99 公顷。

2013 年,扎实做好帕米尔路西延、友谊路升级改造等 19 个项目的征收与补偿工作,征收房屋 292 户;完成土地储备 133.6 公顷。

2014 年,松他克路北延、南湖湿地公园道路等 14 个项目房屋征收与补偿工作加快推进,完成城区房屋征收 44532 平方米,整合城乡土地 288.13 公顷。

2015 年,城区居民自建房 3.82 万平方米,完成工商银行、体育公园等 15 个项目土地房屋征收补偿工作,拆除房屋 11.24 万平方米,整合土地 53.6 公顷。

第六章　乡(镇)村规划与建设

第一节　乡(镇)村规划

2000 年,阿图什市按照“规划先行,政策引导”的方针和“因地制宜,量力而行,分步到位”的原则,修编乡村规划,科学确定乡(镇)、村发展方向、建设规模和发展速度。至 2010 年,完成 7 个乡(镇)的规划修编工作。

2012 年开始,阿图什市各乡镇总体规划进行编制,阿图什市城乡建设规划办公室依照相关法规对乡村进行规划。至 2015 年,编制完成 7 个乡(镇)的总体规划及 76 个行政村总体规划。全市乡(镇)总体规划已全部编制完成。

第二节　乡（镇）建设

1995年后，全市各乡镇的办公房进行重建，由平房改为楼房。年内，修建办公房5座。

2011年，投资2300万元，用于新建（修建）乡（镇）村道路、围墙（围栏）、植树、新建农牧民休闲广场、改厕、新建桥涵、安装路灯、新建垃圾池、新增绿地、村庄修建水渠。

2015年，全市修建乡（镇）干部公寓10座，投资4533万元。各村的办公房基本进行重建，修建村委会办公房。

第三节　农村基础设施建设

2005年，阿图什市开始在有条件的乡（镇）村修建沼气池。

2006年，上阿图什乡和尧勒其村率先实施小城镇建设和新农村示范村建设。

2009年11月底，由辽宁省沈阳市援疆建设的哈拉峻乡沈阳新村建设工程全面竣工，总投资1422万元。用地面积58.72公顷，公共设施建筑面积3160平方米；新建标准抗震安居房30户，总建筑面积4402平方米，户均146.74平方米，解决和改善136户柯尔克孜族农牧民居住条件。辽宁省沈阳市援疆建设项目——阿湖乡阿尔赛设施农业50座日光温室大棚，总建筑面积36536平方米，投资617万元，为广大农牧民改变传统的生产、生活方式，摆脱贫困，起到良好的引领和示范作用，成为广大农牧民增收的重要渠道。

2011年实施的江苏省昆山市的援建项目吐古买提乡昆山新村建设工程，总投资3800万元，其中昆山援建资金2230万元，地方整合配套资金650万元，牧民自筹资金920万元。建设总规模230户，总占地面积35.33公顷，其中房屋1.84万平方米、牲畜圈舍1.84万平方米。每套住房总造价16万元，房屋机构为人畜半分离模式。

2014年，沼气池建设全面完成，共修建15209座，其中大型沼气池1座，可供100余户使用。

至2015年，共投资1.09亿元，在阿扎克乡库木萨克村建设891座戈壁温室大棚，大棚种植率100%，棚均年收入1.3万元，以“戈壁产业”为代表的设施农业人均收入88元。修建安居富民、定居兴牧43611套（户）；新建、续建“畅通富民”农村公路500千米；农业基础设施建设水利项目13个，修建防渗渠327千米，改善农田灌溉面积3000公顷；完成麻扎干渠节水改造工程，新建机电井21眼，配套35眼，改造防渗渠167.8千米，新建渠系建筑物32座，新增支渠63.54千米，新增高效节水灌溉120公顷；修建无电村集中式光伏电站16座，发放户用式光伏系统976套，解决1460户5852人的用电问题；完成16个村整村推进工作，投资1995万元完成2个农村饮水工程，解决2.41万人饮水安全问题。

第四节　农村住房建设

2004年，为有效改善阿图什市农村人口居住环境，从规划局、民政局、扶贫办、乡镇抽调8名工作人员成立阿图什市抗震安居办公室。

2010年，更名为安居富民办，有3名工作人员。

2004年，建设安居富民房5126套。

2004—2010年，房屋结构有砖木、土木、模板架设、石木混凝土、砖混5种，房屋面积30~50平方米。

2010—2015年，房屋结构为砖木和砖混两种形式，房屋面积80平方米。

至2015年，共建设安居富民房51213套。建设资金由国家、自治区、援疆省市和农牧民自筹四部分组成。

第七章　建筑业

第一节　建筑节能改造

2008 年,根据《关于落实〈国务院关于印发节能减排工作方案的通知〉实施方案》《自治区建设领域节能减排工作实施方案》《关于转发州建设局 2008 年度自治州既有建筑节能改造方案的通知》要求和节能改造目标,市人民政府印发《市既有建筑节能改造实施方案》,改造范围是全市既有建筑(包括改建、扩建的建筑)非节能民用建筑和市党政、人大、政协办公楼、各相关部门办公楼及高能耗公共建筑。通过对建筑外围结构如外墙面、屋面、地下室顶板、女儿墙内外侧及压顶、外墙、勒角及悬挑部分采取建筑节能保温措施(安装保温苯板)及外窗更换节能窗,使节能改造项目达到节能 50% 的设计标准。

2011 年起,阿图什市开始对既有建筑物进行节能改造。当年改造 33 栋楼,项目投资 215 万元,建筑面积 46815 平方米。

至 2015 年,全市节能改造 394 个项目,总投资 6588 万元,建筑面积 138 万平方米。

第二节　建筑市场

一、建筑工程

2003 年,全市建筑业生产总值 7017 万元,房屋施工面积 12.05 万平方米,竣工面积 10.3 万平方米。

2015 年,全市开工建筑工程 611 个,竣工验收工程项目 611 个,房屋施工面积 3132 万平方米,竣工面积 3132 万平方米。

2009—2015 年阿图什市工程质量检查监督情况统计表

表 4－15

年份	工程项目(个)	建筑面积(平方米)	造价(万元)	验收竣工工程项目(个)	工程合格率(%)
2009	41	150518.59	15478.13	41	100
2010	76	266533.2	20184.32	76	100
2011	52	186388.52	24552.55	52	100
2012	64	337980.97	42414.07	61	95
2013	97	961256.9	103518.57	93	96
2014	111	522344.96	87591.15	93	84
2015	56	435323.93	54372.15	42	75

二、建筑企业

2002 年,全市建筑业生产企业 2 家,生产总值 5602 万元。

2005 年后,随着房地产市场的蓬勃发展,阿图什市建筑企业数量迅速增加。

至2015年，全市有建筑企业12家，其中三级资质企业2家。从业人员2349人，其中专业技术人员1722人（高级专业技术人员99人、中级专业技术人员631人、初级专业技术人员992人）。

第三节　建筑市场管理

一、招投标管理

1998年3月1日，《中华人民共和国建筑法》生效执行。阿图什市对建筑活动进行监督管理，依法规范建筑市场，促进建筑业健康发展。对30万元以上的建设项目均实行公开招投标活动，并把竞争机制引入建筑市场，运用市场竞争机制，对全市所有的施工队伍进行资格审查，刷掉一批不合格的施工队伍。

2015年，阿图什市对建筑活动进行102次综合检查，全年进行建筑工程招投标活动194次，总金额2.34亿元。

二、建筑质量管理

2009—2015年，阿图什市建筑市场管理办公室共办理质量监督手续563份，下发质量整改通知书796份。

三、建筑安全管理

2009—2015年，阿图什市建筑市场管理办公室共办理安全监督手续563份，下发安全整改停工通知书735份，确保阿图什建筑市场安全。

第八章　房地产业

第一节　住房制度改革

1998年，为深化住房制度改革，促进住房商品化和住房建设发展，阿图什市开始住房制度改革，即对全市公有住房进行货币化分配，于2003年结束。实行干部职工集资建房和经济适用房政策，解决一部分行政事业单位职工住房难的问题。住房制度改革采取购房自愿、产权归己、维修自理的原则（列入旧城改造规划、产权归属未定和具有历史保护价值的房屋以及市政府认为不宜出售的房屋除外）进行，全面推行出售公有住房。阿图什市公有住房售价：1993年以前修建的砖混结构房屋，每平方米成本价419元。1993年以后修建的混结构房屋，每平方米成本价730元。优惠政策：年工龄折扣4.38元每平方米，优惠折扣率5%、边疆地区折扣率8%，楼层差价2%，面积折扣10平方米。至2003年底，阿图什市区共计出售公有住房8725户。

2008年开始全面推行住房公积金制度，缴纳比例为全部房款的2%。

住房制度改革结束后，开始修建干部集资房和经济适用房，2010年砖混结构多层，每平方米成本价1100元；2014年砖混框架结构高层每平方米1950元。

第二节　房地产开发

一、开发

1997年，阿图什市人均住房面积9.9平方米。

2002 年,阿图什市正式成立第一家房地产开发公司,开发投资 610 万元,房屋施工面积 10276 平方米,房屋销售建筑面积 9176 平方米,商品房销售额 440 万元。

2003 年,由于住房货币化的转型,房地产开发企业 3 家,开发投资 2519 万元,房屋施工面积 66945 平方米,房屋销售建筑面积 11666 平方米,商品房销售额 1179 万元,以商品住房开发经营为主。2005 年房地产开发企业 1 家,开发投资 1911 万元,房屋销售建筑面积 60200 平方米,商品房销售额 6436 万元。

2007 年房地产开发企业 6 家,开发投资 2800 万元,房屋销售建筑面积 43374 平方米,商品房销售额 4930 万元。

至 2015 年,全市房地产开发企业 28 家,共开发小区 48 个,楼房数 271 栋,建筑面积 1594287 平方米。全市房屋权属登记建筑面积 256.45 万平方米,其中私有住宅面积 152.19 万平方米(住宅成套面积 122.67 万平方米、非成套面积 29.52 万平方米),公房面积 104.26 万平方米,私有住房成套率 80%,人均住房面积 22.32 平方米/人。其中 2003—2015 年商品房竣工面积累计 138.28 万平方米,占全市房屋总面积的 54%,其中住宅面积占总面积的 68%。人均住宅面积增长到 22.32 平方米。

1995—2015 年阿图什市房屋建设情况表

表 4－16 单位:万平方米

年份	建筑面积	其中住宅	年份	建筑面积	其中住宅
1995	95	43	2006	183.57	73.99
1996	97	44.5	2007	190.02	110.75
1997	100.99	45.14	2008	194.48	112.36
1998	103.46	46.17	2009	198.74	119.04
1999	125.66	56.03	2010	200.2	120.19
2000	132.12	69.36	2011	205.13	122.41
2001	142.68	74.06	2012	211.07	127.9
2002	147.64	73.38	2013	242.24	144.71
2003	154.96	83.59	2014	250.32	152.19
2004	166.96	92.88	2015	256.45	152.19
2005	176.49	68.59			

2003—2015 年阿图什市房地产开发情况表

表 4－17 单位:平方米

小区名称	开发企业名称	房屋坐落	建筑面积	栋数	修建年份
卡拉阿吉小区	阿图什房地产公司	松他克路	13032	4	2003
王安修建	阿图什房地产公司	团结路	4732	1	2003
敬瑞万修建	阿图什房地产公司	团结路	2430.85	1	2003
卡的阿吉修建	阿图什房地产公司	团结路	3990.5	1	2003
艾山阿吉	阿图什房地产公司	光明路	1812	1	2006
米吉提再丁	阿图什房地产公司	光明路	1336.6	1	2005

续上表

小区名称	开发企业名称	房屋坐落	建筑面积	栋数	修建年份
克里木阿吉	阿图什房地产公司	团结路	7944	3	2008
幸福小区	中深瑞沃公司	群众路	112987. 3	43	2004
幸福小区二期	中深瑞沃公司	群众路	16963. 9	4	2013
帕米尔小区	兴旺房地产公司	团结路	9986. 25	3	2002
矿业小区	兴旺房地产公司	松他克路	21919. 97	6	2005
玉华苑小区	兴旺房地产公司	柯建新村	75342. 6	3	2012
新时代小区	神威房地产公司	幸福路	14532. 3	4	2004
长安小区	平安房地产公司	帕米尔路	13585. 6	4	2004
扎帕尔库其	金凯旋房地产公司	幸福路	26562. 9	1	2010
解困小区院	金凯旋房地产公司	光明路	5220. 56	1	2011
文化苑小区	阳光房地产公司	文化路	53875. 65	9	2009
新星小区	阳光房地产公司	文化路	14744. 36	2	2010
吉祥小区	瑞隆开发公司	帕米尔路	28061. 17	1	2012
吉祥小区	瑞隆开发公司	帕米尔路	3387	1	2013
吉祥小区	瑞隆开发公司	帕米尔路	10827	1	2014
菜市场一期	博格拉开发公司	幸福路	28403. 73	8	2005
天山花园小区	博格拉开发公司	天山路	29185. 4	6	2007
友谊小区	博格拉开发公司	友谊路	19523. 45	4	2009
时代广场小区	博格拉开发公司	帕米尔路	53169	1	2012
菜市场二期	博格拉开发公司	幸福路	103952. 6	6	2012—2016
科然河大厦	博格拉开发公司	天山路	19659	1	2008
巴拉萨洪小区	博格拉开发公司	帕米尔路	8921. 5	4	2004
拜图拉小区	博格拉开发公司	光明路	12744	2	2008
金山大厦	博格拉开发公司	帕米尔路	10371. 8	1	2008
金泉大厦	博格拉开发公司	帕米尔路	14472	1	2008
考西马克小区	兄弟开发公司	天山路	7502	1	2011
供销综合楼	兄弟开发公司	天山路	21870	1	2008
世纪光大厦	兄弟开发公司	松他克路	12515. 7	1	2013
心怡小区	兄弟开发公司	团结路	4187	1	2012
艾山阿吉	兄弟开发公司	帕米尔路	14000	4	2009
古丽博斯坦小区	兄弟开发公司	帕米尔路	16400	2	2012

续上表

小区名称	开发企业名称	房屋坐落	建筑面积	栋数	修建年份
通程大厦	兄弟开发公司	松他克路	28659	1	2013
卡日拉克小区	帕米尔开发公司	天山路	38920	3	2013
阿什米尔小区	阿什米尔开发公司	克州报社	6371	2	2015
柯建新村	克州一建	建设路	86736	28	2000 至今
帕米尔小区	克州住建局	团结路	23309	7	2001
帕米尔小区	霍明得修建	团结路	5544	2	2003
香港城	金洋芋开发公司	天山路	162312	65	2014
亚泰国际城	亚泰开发公司	帕米尔路	63829	—	2014
亚欧置地	葱岭开发公司	天山路	39941	5	2014
鑫骑士酒店	鑫骑士开发公司	松他克路	61128	—	2014
商业步行街	米尔湾开发公司	上阿图什	9261	—	2014
新星花园	通程开发公司	友谊路	126190	14	2014
希望大厦	巴格丽克开发公司	光明路	13237	1	2014
努肉孜大厦	兄弟开发公司	团结路	23213.7	1	2014
建行项目	布拉克开发公司	天山路	29036.7	1	2013
买买提综合楼	布拉克开发公司	光明路	29145	1	2013
米兰小区	米兰开发公司	天山路	27303.6	1	2015
合计			1594287	271	

二、商品房预售

2006 年,阿图什市全面开始建立预售许可制度,允许房地产开发企业实施商品房预售。年内,全市商品房预售 208 套,总建筑面积 206 万平方米,总预售面积 206 万平方米。

2010 年,全市商品房预售 10.22 万平方米,其中住宅 5.44 万平方米。

2015 年,阿图什市商品房预售 13 件(套),总建筑面积 16.96 万平方米,总预售面积 16.96 万平方米,其中住宅 12.7 万平方米。

2006—2015 年阿图什市商品房预售情况表

表 4-18

年份	预售件数(套)	总建筑面积(万平方米)	总预售面积(万平方米)	其中			
				住宅套数(套)	住宅面积(万平方米)	商铺套数(套)	商铺面积(万平方米)
2006	4	2.6	2.6	208	1.45	—	1.15
2007	7	3.4	3.4	309	3.04	—	0.36

续上表

年份	预售件数（套）	总建筑面积（万平方米）	总预售面积（万平方米）	其中			
				住宅套数（套）	住宅面积（万平方米）	商铺套数（套）	商铺面积（万平方米）
2008	5	6.1	6.1	460	4.9	—	1.2
2009	7	6.94	6.94	652	6.17	—	0.77
2010	5	9.78	9.78	519	5.44	—	4.34
2011	4	2.49	2.49	192	2.06	—	0.43
2012	8	12.78	12.78	934	10.66	—	2.1
2013	43	23.7	23.7	1652	18.7	—	5
2014	33	29.6	29.6	1246	12.74	—	16.86
2015	13	16.96	16.96	1092	12.74	—	4.22

三、房地产交易

2000 年后，随着阿图什市房地产开发的兴起和人民群众的住房需求增长，房地产交易量逐年上升，新房和二手房交易件数逐年增加。

2015 年阿图什市房地产办证情况表

表 4－19

年份	件数（件）	发证面积（万平方米）	其中				抵押	
			新房办证件数	新房面积（万平方米）	二手房交易件数	二手房交易面积（万平方米）	件数	面积（万平方米）
2015	2535	25.56	753	7.15	336	2.65	1446	15.76

第三节　保障性住房管理

一、工程建设

2005 年起，阿图什市开始建设保障性住房。至 2015 年，共建设 14913 套保障性住房。其中廉租房 3718 套，公共租赁房 7173 套，解困房和棚户区改造安置房 3961 套，经济适用房 61 套。

2005—2015 年阿图什市建设保障性住房统计表

表 4－20

修建年份	房屋类型	建设地址	户数	解决人数	建筑面积（平方米）	用地面积（平方米）	总投资（万元）
2005	解危解困房	光明路（解困小区）1#—10#	270	945	19156.5	12770	1628
2007	解危解困房	友谊路（羊场小区）、光明路 1#—5#、11#	270	945	18360	12240	1744
2008	廉租住房	帕米尔路（市粮食局小区）1#—5#	360	1260	18172.8	8806	2220
2008	解危解困房	帕米尔路（市粮食局小区）6#—10#	234	819	15324	8944	1191

续上表

修建年份	房屋类型	建设地址	户数	解决人数	建筑面积(平方米)	用地面积(平方米)	总投资(万元)
2009	廉租住房	市粮食局小区 11#54 户、市党校 1#—4#252 户	306	1071	14463.36	8630	1974
2009	解危解困房	市粮食局小区 11#、12#、14#、16# 234 户、市党校 1#、2#36 户	270	945	17304	7382	1504
2010	廉租住房	炎武小区 1#—7#楼	480	1680	23696	13869	2440
2010	棚户区改造安置房	市水利局小区 400 户、粮食局小区 2016 户、市四中 56 户	672	2352	62733	41822	7523
2011	廉租住房	市政公司 1#、2#、炎武小区 10#、11#	474	1659	22934	9422	3804
2011	公共租赁房(1144 套)	市政公司 3#、4#、炎武小区 13#、15#	585	2047	38186	25459	7002
		格达良乡(市教育局)	24	72	870	—	130
		帕米尔路(州二建)	25	75	1770	—	120
		亚星矿产	204	612	6120	—	800
		市党校(市组织部)	40	120	2400	—	336
		各乡(市教育局)	228	684	7980	—	1197
		青松水泥厂	38	114	1284	—	205
2011	解危解困房(改为棚户区安置房)	炎武小区 8#、9#、12#、14#	216	756	14207	19820	1554
2011	经济适用房(改为棚户区安置房)	炎武小区 10#、11#	113	396	8625	7298	1202
2011	经济适用房	炎武小区 10#、11#	61	214	4655	3940	648
2012	廉租住房	幸福二期(配建)	110	350	4915.62	2713	918
		玉华苑小区 30#(配建)	110	350	5390.68	2713	954
2012	公共租赁房(1169)	吐古买提乡	124	4090	4202.82	27001	803
		哈拉峻乡	120	360	4054.6	—	759
		格达良乡	96	288	3243.68	—	623
		阿湖乡	160	480	5412.6	—	981
		阿扎克乡	60	180	2027.3	—	368
		上阿图什镇	80	240	2708.24	—	518
		市委党校	100	300	3000	—	420
		昆山工业园 1#、2#、3#	296	888	10044	—	1664
		幸福二期(配建)	133	399	5809.38	—	1084

续上表

修建年份	房屋类型	建设地址	户数	解决人数	建筑面积（平方米）	用地面积（平方米）	总投资（万元）
2012	安置房	幸福二期（配建）	220	1722	24534	18760	3013
		人民路3#、4#	280	952	35972.55	6493	5038
2013	廉租住房	棉麻公司5#、6#、7#、8#	1012	3542	46045	13868	10130
2013	公共租赁房	棉麻公司1#、2#、3#、4#	856	2996	35358	11478	7778
2013	市组织部公共租赁房（300套）	哈拉峻乡	60	180	2239	—	475
		格达良乡	60	180	2239	—	475
		吐古买提乡	60	180	2239	—	475
		阿扎克乡	60	180	1703	—	475
		上阿图什镇	60	180	1703	—	475
2013	市卫生局公共租赁房（150套）	松他克乡	30	90	1248.54	—	175
		阿湖乡	30	90	1248.54	—	175
		吐古买提乡	30	90	1084.86	—	169
		上阿图什镇	60	180	2302.56	3656	345
2013	公共租赁房	昆山产业园4#、5#、6#	276	828	8601	7190	1380
2013	公共租赁房	轻工业园区1#	118	354	4416.72	2790	780
2013	安置房	人民路5#6#	385	1347	44395	11260	6276
		葱岭房地产开发公司（配建）	133	465	13965	6982	3072
2014	廉租住房	棉麻公司9#、10#、11#、12#	866	3031	40064	22174	8255
2014	公共租赁房	昆山产业园公租房7#	118	3150	3621.5	2413	466
		昆山产业园公租房8#	118	354	3621.5	2413	466
		昆山产业园公租房9#	118	354	3621.5	2413	469
		昆山产业园公租房10#	118	354	3621.5	2413	470
		轻工业园区2#	118	354	4416.5	2700	672
		人社局公租房	118	354	3621.5	2413	470
		劳动力市场公租房1#	134	402	4800	2700	660.4
		棉麻公司4#	58	174	2636	795	580
2014	棚户区安置房	星星花园小区	550	1925	60140	36000	13832

续上表

修建年份	房屋类型	建设地址	户数	解决人数	建筑面积(平方米)	用地面积(平方米)	总投资(万元)
2015	公共租赁房	棉麻公司4#	166	581	7546	2275	1660
		棉麻公司8#	68	238	3091	932	680
		棉麻公司12#	214	749	10858	4394	2249
2015	公共租赁房	小微产业园1#	118	413	4416.72	1625	680
		小微产业园2#	118	413	4416.72	1280	630
		小微产业园3#	45	157	2800.5	1280	350
		小微产业园4#	45	157	2800.5	558	350
		小微产业园5#	45	157	2800.5	558	350
		小微产业园6#	35	157	2178	434	340
		就业创业孵化基地2#	45	157	3345.6	560	480
		棉麻公司13#、14#	600	2100	43848	7472	7000
		市教育局	48	168	1685.2	1280	250
		州教育局	88	308	3080	2933	470
		组织部	100	300	3344	3600	500
		75个村	525	1837	10500	10500	2415
2015	阿图什市平安小区棚户区改造安置房	阿图什市原看守所地块棚户区改造安置房	358	1253	44222	23275	8098
2015	州教育局安置房	州实验小学安置房	174	522	22098	10772	3840
2015	州报社安置房	州报社	18	54	1810	900	281

二、管理

2005—2015年,阿图什市保障性住房严格按照国家、自治区的相关规定建设和管理,按照轮候原则进行分配,由社区对申报人员资格审查,住建局通过摇号方式进行分配。

三、入住

2005年开始,阿图什市廉租房开始入住,当年无人入住。至2015年,共入住保障性住房34532人。

第四节 物业管理

一、物业公司

阿图什市物业管理发展相对滞后、起步晚。1995—2005年,各住宅小区只收取卫生费、垃圾费和门卫费，每户每月不超过10元。

2006年3月12日，阿图什市首家物业公司——克州光明物业服务有限公司成立。

至2015年，全市共有13家物业公司（益民物业有限公司因小区管理混乱、小区内卫生脏乱差、建筑乱拆乱建等原因于2015年被撤掉）。年内，正式出台《阿图什市物业管理办法（试行）》，物业公司主要为业主提供的服务内容有：房屋建筑主体的管理及住宅装修的日常监督，房屋设备、设施的管理，环境卫生的管理，绿化管理、车辆道路管理。各物业公司因管理事项不同没有统一的收费标准。

2006—2015年阿图什市物业公司一览表

表4－21

物业公司名称	成立时间
克州光明物业服务有限公司	2006年3月12日
阿图什博格拉物业服务有限公司	2006年5月9日
克州安居物业管理有限公司法人	2010年5月17日
益民物业有限公司（已被撤销）	2011年10月10日
阿图什市天泰物业服务有限公司	2012年7月4日
克州大拇指物业服务有限公司	2012年9月18日
阿图什市希望物业服务有限公司	2015年1月27日
克州努尔地亚尔物业管理有限公司	2015年2月16日
阿图什市佳家物业管理有限责任公司	2015年6月5日
阿图什市净安物业有限公司	2015年7月13日
阿合奇县康居物业有限公司	2015年7月13日
克州一帆物业服务有限公司	2015年11月9日

二、物业收费

（一）住宅物业费

多层住宅及不带电梯的7层以下住宅，四级0.80元/月·平方米，三级0.60元/月·平方米，二级0.45元/月·平方米，一级0.35元/月·平方米；高层住宅中，四级1.80元/月·平方米，三级1.40元/月·平方米，二级1.10元/月·平方米，一级1.00元/月·平方米。

（二）停车服务费

地面车位小型车30元/辆·月；住宅小区未规划建设地下车库或规划建设地下车位配比率≤30%：中型车50元/辆·月，小型车80元/辆·月，住宅小区有规划建设地下车库，车位配比率>30%且≤75%：中型车100元/辆·月，小型车160元/辆·月；住宅小区有规划建设地下车库，车位配比率>75%：中型车180元/辆·月，小、中型车130元/辆·月，含物业综合服务费50元；立体机械升降式停车位：小、中型车180元/辆·月含物业综合服务费70元；购买地面独立车库30元/辆·月，业主共用车库：摩托车15元/辆·月（包含燃油车）；实际上，阿图什市的住宅小区内停车相对随意，未能很好地按标准收费，非机动车也一般不收费。

三、维修资金管理

2008年以前，未收取维修资金。

2008年,阿图什市出台《阿图什市住宅专项维修资金管理办法》,对维修资金收费标准进行调整,按总房款2%收取维修资金。

2010年,阿图什市对维修资金实施专项管理,业主委员会、街道社区、市住建局共同对维修资金进行监管。

2011—2015年阿图什市维修资金基本情况一览表

表4-22

年份	收取(元)	支出(元)	余额(元)	年份	收取(元)	支出(元)	余额(元)
2011	1723989.07	—	2449220.78	2014	6841271.62	121273	16409643.11
2012	2332117.64	—	4781338.42	2015	9156156.94	313921.22	25251878.83
2013	5066102.07	157796	9689644.49				

第五编　环境保护

20 世纪 90 年代，阿图什市工业企业较少，人口较少，环境容量相对较大，除沙尘天气外，绝大多数天气环境质量良好。21 世纪初期，阿图什市经济社会快速发展，招商引资兴起，工业企业入驻，城市平房变楼房，城市人口增加，各种车辆增加。城市燃煤锅炉排放的烟尘，建筑施工的噪音、车辆行驶产生的废气和噪音，企业生产产生的废气废水，各种垃圾，过度垦荒、放牧，水土流失、土地沙漠化……影响生态环境的因素越来越多，环境质量受到污染。阿图什市委、市人民政府高度重视环境保护工作，提出生态立市的方针，实行污染防治与环境保护并重。对河流水环境进行监督管理和生态监测；对市域环境保护进行规划和监测，对辖区新建、扩建、改建项目实行环评制，实施农村环境综合整治，开展退耕还林还草、生态修复工程。推进城乡一体化建设，改善城乡生态环境质量，可持续发展能力不断增强。

第一章　机　构

第一节　行政机构

1995 年,阿图什市环境保护局原隶属于阿图什市城建局。

2002 年 4 月,环境保护工作从城乡建设环境保护局析出,成立市环境保护局,正科级建制,内设职能科室 2 个。核定行政编制 5 名,全额事业编制 2 名,其中领导职数 2 名。实有 5 人。

2012 年,市环保局核定行政编制 5 名,其中领导职数 3 名,后勤服务事业编制 1 名。

2015 年,环保局内设办公室、环境监测站、环境监察大队、业务科等科室,核定编制 22 名。实有工作人员 23 人。

第二节　事业机构

一、市环境监测站

2003 年,阿图什市成立环境监测站,核定全额事业编制 5 名。

2010 年,环境监测站增加全额事业编制 2 名,增加后环境监测站编制 7 名。

2015 年,环境监测站核定编制 7 名,实有工作人员 9 名。

二、市环境监察大队

2003 年,阿图什市成立环境监察大队,核定全额事业编制 8 名。

2007 年,环境监察大队内设 3 个室(组),核定事业编制 9 名,其中领导职数 1 名,专业技术比例为 70%。

2015 年,环境监察大队核定编制 7 名,实有工作人员 9 名。

第二章　环境质量监测设施

第一节　监测能力

2005 年,阿图什市投资 17 万元,建成大气空气质量自动监测站。2014 年,根据《自治区财政厅排污费专项资金国家环境空气监测网建设项目(四期)建设方案》和《自治区财政厅排污费专项资金国家环境空气监测网建设项目(四期)预算通知》要求,投资 169.9 万元,采购环境监测设备,按照新的《环境空气质量标准》对空气自动站进行改造建设,2015 年 1 月 1 日正式运行。2015 年 5 月 12 日开始定期公布城市空气质量公报,与自治州气象局就阿图什市大气环境质量预报预警平台达成共识,确定预报预警信息通过电视台天气预报节目进行播报,为广大市民群众健康出行提供方便。

第二节　监测点位分布

2010 年,阿图什市有环境空气质量自动监测设备站 1 个,位于克州体育馆,监测项目为可吸入颗粒物,监测频次为24小时连续自动监测。

2012年,建成克州新疆沙尘暴监测站1座,位于克州消防大队,由克州环保局监测站管理。

2014年12月19日,阿图什市环境空气质量自动监测设备站由克州体育馆站点搬迁至市环保局4楼,监测项目为可吸入颗粒物、PM2.5,监测频次为24小时连续自动监测。

第三章　环境质量监测

第一节　水环境质量监测

2004—2006年,辖区地表水质达到国家三类水质标准,为60%;城市饮用水源水质达到国家二级标准,为91.67%。2007年,城市饮用水源水质达到国家二级标准,为100%。2008年,辖区地表水质达到国家三类水质标准,为80%以上;城市饮用水源水质达到国家二级标准,为91.67%。

2009—2015年,阿图什市地表水和地下水均达到《地表水环境质量标准》(GB 3838—2002)和《生活饮用水卫生标准》(GB 5749—85)标准,均为Ⅰ至Ⅲ类水质。

第二节　空气环境质量监测

2005年,空气自动监测系统运行天数365天,其中正常运行天数365天。Ⅰ级(优)、Ⅱ级(良)天数289天,占总天数79.2%;Ⅲ级(轻微污染)天数56天,占总天数15.3%;Ⅳ级(中度污染)天数8天,占总天数2.2%;Ⅴ级(重污染)天数12天,占总天数3.2%。

2005—2015年阿图什市空气环境质量监测情况表

表5-1　　单位:天、%

年份	正常监测天数	Ⅰ、Ⅱ级、(优、良)		Ⅲ级(轻微污染)		Ⅳ级(中度污染)		Ⅴ级(重污染)		Ⅵ级(严重污染)	
		天数	占比	天数	占比	天数	占比	天数	占比	天数	占比
2005	365	289	79.2	56	15.3	8	2.2	12	3.2	—	—
2006	358	226	61.9	91	24.9	12	3.3	29	7.9	—	—
2007	359	221	60.5	97	26.6	12	5.2	29	7.9	—	—
2008	343	222	60.5	97	26.6	4	5.2	20	7.9	—	—
2009	347	276	75.6	56	15.3	4	1.1	11	3	—	—
2010	349	233	63.8	84	23	5	1.3	27	7.4	—	—
2011	—	—	88.5	—	9.3	—	2.2	—	—	—	—
2012	313	197	53.8	81	22.1	10	2.7	25	6.8	—	—
2013	339	171	46.8	117	32	12	3.2	39	10.7	—	—
2014	351	147	40.3	134	36.7	20	5.4	50	13.7	—	—
2015	353	182	51.1	86	24.2	31	8.7	22	6.2	35	9.8

2011 年,阿图什市城市空气质量Ⅰ、Ⅱ级(优、良)日数占 88.5%,Ⅲ级(轻污染)日数占 9.3%,Ⅳ、Ⅴ级(重污染)日数占 2.2%。与上年相比,阿图什市城市空气质量明显好转。

2015 年,空气自动监测系统运行天数(1 月 1 日—12 月 24 日):356 天,其中正常运行天数 353 天。故障天数 3 天,占总天数 0.8%。I、II 级(优,良)天数 182 天,占总天数 51.1%;III 级(轻微污染)天数 86 天,占总天数 24.2%;IV 级(中度污染)天数 31 天,占总天数 8.7%;V 级(重污染)天数 22 天,占总天数 6.2%;VI 级(严重污染)天数 35 天,占总天数 9.8%。

第三节　声环境质量监测

2011 年,阿图什市城市道路交通噪声昼间等效声级范围 60.1 ~ 69.8 分贝,平均道路交通噪声等效声级 65.2 分贝,达标率 100%。城市交通噪声环境质量为好。阿图什市监测交通干线总长度 8050 米,道路平均宽度 35 米,各路段均未超标。

2012 年,阿图什市城镇区域声环境平均等效声级值分布在 48.1 ~ 66.2 分贝之间,声级值超过 55 分贝,达到轻度污染级别。与 2011 年相比,声级值上升 6.6 分贝。市区 1 类功能区(居民区)、4a 类功能区(交通干线两侧)昼夜间等效声级值均符合国家《城市区域环境噪声标准》(GB 3096—2008)相应功能区标准;2 类功能区(商业区)昼夜间等效声级值均超过标准。道路交通噪声总体质量等级为好,平均等效声级值 64.8 分贝,达到道路交通噪声强度一级水平。

2013 年,阿图什市有区域监测点 110 个,监测覆盖面积 6.88 平方千米。市区区域声环境质量昼间平均等效声级值 66.9dB(A),按照《环境噪声监测技术规范声环境质量常规监测》中城市区域声环境质量总体水平等级划分评价,区域声环境质量五级,处于重度污染水平,与上年相比,由于大量城市区域内施工致使昼间区域环境噪声等效声级上升 7.6 分贝,昼间污染程度加重;夜间城市区域环境噪声等效声级均值 48.3 分贝,区域声环境质量三级,处于轻度污染水平,与上年相比,夜间区域环境噪声等效声级下降 2.8 分贝,污染程度减轻。城市区域环境噪声声源构成中,施工噪声是最大的噪声源,占 71.8%,社会生活噪声源占 12.7%,交通噪声源占 8.2%,其他噪声源占 7.3%。影响阿图什市环境噪声质量主要因素,从声源构成比例上显示,依次为:施工噪声源、社会生活噪声源、交通噪声源和其他噪声源。占比例最大的为施工噪声源,占比例最小的为其他噪声源。

2014 年,阿图什市区域监测点 167 个,监测范围覆盖面积 6.88 平方千米。市区区域声环境质量昼间平均等效声级值 57.4dB(A),按照《环境噪声监测技术规范声环境质量常规监测》中城市区域声环境质量总体水平等级划分评价,区域声环境质量Ⅴ级,处于Ⅲ轻度污染水平,与上年相比,阿图什市城市区域内施工量较上年度减少昼间城市区域环境噪声等效声级降低 9.5dB(A),昼间噪声污染程度有所减轻;夜间城市区域环境噪声等效声级均值 47.4dB(A),区域声环境质量Ⅲ级,处于轻度污染水平,与上年相比,夜间区域环境噪声等效声级上升 0.9dB(A),污染程度有所减轻。

2015 年,阿图什市城市的区域环境噪声设监测网格 110 个(250 米 × 250 米),昼、夜间各获得监测数据 440 个。监测范围覆盖面积 6.88 平方千米。昼间城市区域声环境质量等级为五级“差”。区域环境噪声等效声级范围为 54.8 ~ 71.8 分贝,等效声级均值 65.8 分贝。夜间城市区域声环境质量等级为四级“较差”。区域环境噪声等效声级范围 40.9 ~ 69.7 分贝,等效声级均值 55.0 分贝。与上年相比,昼间区域环境噪声等效声级上升 8.4 分贝,夜间区域环境噪声等效声级上升 7.6 分贝,昼夜声污染程度均有加重。

第四节　固体废物排放

2009—2011 年,阿图什市用水量 43.79 万吨;化学需氧量 158.92 万吨;氨氮排放量 37.79 吨;工业废气排放量 23.84 万标立方米;二氧化硫排放量 1639.11 吨;氮氧化物排放量 569.4 吨;烟(粉)尘排放量 1487.71 吨;一般工业固体废物产生量 34.45 吨。

2015 年,阿图什市用水量 1.12 万吨;化学需氧量 6.96 万吨;氨氮排放量 0.29 吨;工业废气排放量 1.22 万标立方米;二氧化硫排放量 404.64 吨;氮氧化物排放量 237.64 吨;烟(粉)尘排放量 389.98 吨;一般工业固体废物产生量 4.42 吨。

2009—2015 年阿图什市污染治理统计表

表 5-2

年份	用水量(万吨)	化学需氧量(排放量)(吨)	氨氮排放量(吨)	工业废气排放量(万标立方米)	二氧化硫排放量(吨)	氮氧化物排放量(吨)	烟(粉)尘排放量(吨)	一般工业固体废物产生量(吨)
2009	43.79	158.929	37.794	23.84	1639.11	569.40	1487.71	34.45
2010	43.79	158.929	37.799	23.84	1639.11	569.40	1487.71	34.45
2011	43.79	158.92	37.79	23.84	1639.11	569.40	1487.71	34.45
2012	40.45	193.98	31.29	58.30	2013.44	542.30	7389.81	40.32
2013	45.59	202.07	29.79	50.80	1834.81	542.86	1667.01	44.07
2014	14.64	49.87	4.10	44.85	1002.50	1242.05	1199.64	9.38
2015	1.12	6.96	0.29	1.22	404.64	237.64	389.98	4.42

第四章 环境污染防治

第一节 水环境综合整治

2009 年,阿图什市加强饮用水源保护,开展城市饮用水源调查和保护工作。每年开展城市饮用水源评估,收集调查水质监测数据和周边农村生活污染源情况,对水库进行综合评估。2014 年,对饮用水源地实施保护工程,修设防护栏 500 米、饮用水警示牌 3 个、饮用水源地保护界碑 2 个,保护阿图什饮用水水源安全。

至 2015 年,经自治州环境监测站监测,阿图什市地表水和地下水均达到《地表水环境质量标准》(GB 3838—2002)和《生活饮用水卫生标准》(GB 5749—85)标准,均为Ⅰ至Ⅲ类水质。

第二节 大气环境综合整治

2007 年开始,阿图什市加大污染减排力度,改善生态环境质量。按照全市污染减排实施方案的要求,每年制定年度实施计划,从工业、农业、生活、机动车等多方面抓好污染减排工作。

2015 年,落实煤改气整改工作,新建、改造、拆除 213 家燃煤锅,采用天然气燃料,完成煤改气减排工作任务。关停饮料制品加工厂 1 家,减排项目得到落实。

第三节 固体废物管理和利用

2009 年开始,阿图什市按照农业污染减排要求,推进规模化养殖场污染防治工程,将规模化养殖场列入减排名单,分年度逐步推进实施,实施建设堆粪场、粪便返田综合利用,改变以往废水、粪便直排的情况。2015 年,全市工业固体废物综合利用量 1.2 万吨,占全市固体废物产生量的 0.3%;炉渣、粉煤灰、煤矸石等主要工业固体废物用于黏土砖瓦制造。

2015 年工业固体废物综合利用量比 2010 年减少 90.9%;综合利用率 0.3%,比 2010 年减少 24.2 个百分点。

第四节　城市环境综合治理

2003 年后,阿图什市环保局从保障群众健康权益出发,多管齐下,强化环保监管,加大环保执法力度,严厉打击环境违法行为,严格查处违法排污企业和违法建设项目,有效防范企业环境风险。每年对砖厂、建筑工地、畜禽养殖场、医疗行业、矿产企业等开展环保专项行动,确保重点区域、敏感区域环境安全,在每次节假日前,重点检查化工及危险化学品企业生产装置、储存装置和应急设施设备配备情况,并配合安监、国土部门,加强排查重金属、非煤矿山和选矿厂环境安全隐患。

至 2015 年,共检查 350 家单位,发现 150 处环境违法行为,下发整改通知 150 份。

第五章　环境管理

第一节　排污管理

2005 年后,阿图什市开始征收排污费。年内,对辖区内直接或间接排放污染物的 21 家有锅炉的机关事业单位、5 家企业、3 家砂石料厂和 321 家个体餐饮业进行全面的排污申报登记工作,收取排污费 1.61 万元。

2008 年,根据国务院第一次全国污染源普查工作的要求,对全市污染源进行普查,出动普查员和普查指导员 1568 人次,车辆 130 辆次,发放宣传挂图 150 张、宣传单 5000 张、宣传手册 1000 册,填表 1516 份。普查各类污染源 831 家,其中独立燃烧设施 100 台;住宿、餐饮和其他居民服务业 544 家;医院 13 家;一般工业源 124 家;重点工业源 48 家;集中式处理 2 家,全年征收排污费 5 万元。

2010 年,对全市 32 家企业进行排污申报登记表的填写,为 98 家企业个体商户办理排污许可证,40 个企业建筑项目办理环境影响登记手续。征收排污费 9.94 万元。

2011 年,对市区内 63 家市直单位的锅炉和 165 家企事业单位、餐厅及其他服务行业进行排污申报登记,摸清市辖区排污源情况,完善排污申报登记制度。为 126 家企业个体工商户办理排污许可证,征收排污费 16 万元。

2013 年,按照市人民政府提出的整合提升、规模发展、企业进园区规划要求,做好污染防治工作,严把企业入驻环保审批关,从源头上杜绝工艺落后、高耗能、高污染企业入驻工业园区,为 27 家建设项目办理环保审批手续,征收排污费 20 万元。

2014 年,贯彻执行《中华人民共和国环境影响评价法》和《建设项目环境保护管理条例》,严把环境影响评价行政审批关,审批工业企业、房地产等各类建设项目 27 项,征收排污费 42 万元。

2015 年,受理各类环保审批事项 126 件;对 88 家建设项目进行环境登记表审批,办理环境预审意见 38 家,其中援疆项目 6 件,按期办结各类事项 126 件,征收排污费 43 万元。

第二节　环境执法监察

2004 年,市环保局受理群众上访事件 4 起,根据《中华人民共和国环境保护法》的有关条例对其事件做出相应的处理。

2005 年,市环保局接收群众上访案件 14 起,处理率 100%。

2006年，市环保局会同相关部门，开展“整治违法排污企业，保障群众健康环保”专项行动，对市辖区内37家污染行业进行排查，对发现的问题提出整改方案，消除违规违章作业，引导企业走向可持续发展的轨道。受理污染投诉案件8起，(其中水污染案件1起、噪声案件1起、空气污染案件6起)，处理率100%。

2007年，市环保局对市区内的工矿企业、医疗单位、饮用水源地、工业园区、建筑施工等44家企业进行检查，出动监察人员125人次，车辆25辆次。受理办结群众污染投诉案件7件。

2008年，市人民政府召开环保专项行动专题会议，进行周密安排部署，制定《阿图什市整治违法排污企业、保障群众健康环保行动》实施方案，成立以市司法局、工商局、安监局、监察局、经贸委、旅游局等相关部门为成员的专项行动领导小组。对全市矿山、砖厂、砂石料厂等30家企业进行排查，对存在环境安全隐患的企业下发整改通知书11份，处理群众投诉的环境污染案件9件(其中噪声污染2件、大气污染5件、水污染2件)，结案率100%，全市无严重环境违法案件，无越级环境上访事件和久拖未决的突出环境问题。

2009年，对采矿业、砖厂、砂石料厂、石膏厂、轧花厂等重污染行业开展专项执法检查，查处擅自闲置或不正确使用污染治理设施的违法排污行为。下发整改通知书18份。受理群众污染投诉案件9件(其中噪声污染3件、大气污染6件)，办结7件；办结市人大议案、政协提案共3件。

2011—2012年，市环境保护局开展市区噪声、油烟污染整治，做好噪声污染、大气污染监察管理，受理群众污染投诉案件25件(其中噪声污染10件、大气污染15件)；办结市人大议案、政协提案共2件。下发整改通知书21份。

2013—2014年，对全市80家排污单位、62家企事业单位进行专项检查，下发整改通知书44份，受理群众污染投诉案件30起，结案率100%。

2015年，对采矿业、砖厂、砂石料厂、医疗机构、工业园区高污染企业等行业开展7次环境大检查，下发整改通知书30份，受理群众污染投诉案件14起，全部办结。

第三节　生态城区建设

2009—2015年，阿图什市农村环境连片整治示范项目涉及4个乡镇、23个行政村，总投资1162万元(中央资金)，受益人口8万人。示范项目完成率100%。购置垃圾清运车23辆、保洁车176辆、垃圾斗484个、垃圾桶3634个。

第六章　生态环境保护

第一节　珍稀动植物保护

一、基础设施建设

(一)建设公益林管护站

2014年，阿图什市新建4座国家级公益林管护站，面积共计540平方米，其中：哈拉峻中心管护站240平方米、阿奇不拉克管护站100平方米、克孜勒陶管护站100平方米、吐古买提管护站100平方米。

(二)设立宣传设施

2005年，在哈拉峻乡国家级公益林范围内，安装护林防火宣传牌、标志牌、小班界桩等23个宣传牌。2015年，设立宣传牌、标识牌、责任区牌等71个。做好国家级公益林范围内非法开地、破坏林地、乱放牧、护林防火等方面的预防工作。

(三)哈拉峻乡羊场封育项目

2011年,拉铁丝网长度3.5千米。

二、野生动植物保护

阿图什市加强野生动物保护工作,预防重大疫情疫病的发生和传播。2015年,建立1座野生动植物救护站,面积100平方米,分保护野生动物救护区和保护飞禽救护区。完成托格拉克水库、托卡依水库、消尔库鲁水库,越冬、迁徙期水鸟同步调查,对全市5个管护站的78名管护人员进行3次野生动植物保护培训。定期不定期调查野生动物疫源疫病情况,救治遇到受伤、迷途、病饿等困难的野生动物7只。

三、护林防火

2013年,阿图什市利用各种宣传方式,增强防火氛围,挑选思想觉悟高、身体素质好的42名护林员,设立半专业扑火队伍2个:阿图什市哈拉峻国家级公益林中心管护站1个、亚孜鲁管护站1个。配备上级部门提供的护林防火工具,安装瞭望塔1座,高度20米,有效预防和控制火灾、毁林地、乱砍柴、乱放牧等事件的发生。

第二节 自然环境保护

阿图什市采取多种形式开展环境保护。2004年起,在工业生产中,执行项目环评标准,加大重点污染行业企业的监督整治力度。排出的废水废气不达标的企业,不能入驻和生产。工业排出的废水要流到指定的位置,不能随意乱流。年内启动北山坡生态林、经济林的绿化试点工程项目。项目分3期,规划面积666.67公顷,灌溉用水为地下泉水。全年一期工程完成200公顷。

2005年,阿图什市提出生态立市、工业强市、开放富市、商贸旺市、旅游活市的“五大战略”。加大对天然林、湿地的保护力度,推进以防沙治沙为主的“三北”(西北、华北和东北)防护林生态工程建设。开展基本草原划定工作,执行草畜平衡、禁牧休牧、基本草原保护三项制度。落实草原生态保护补助奖励机制政策,巩固退耕还林和退牧还草成果。强化矿山资源开发和生态资源保护,开展农村环境综合整治,为上阿图什镇等4个乡镇配备垃圾桶、保洁车。投入节能减排专项资金2986万元,实施城镇污水处理、固体废弃物处理和居住建筑物外墙保温等节能项目,主要污染物排放总量控制在指标以内。

2010年开始,阿图什市城区供热由燃煤锅炉改为燃气锅炉,到2014年全部更换完毕,城市冬季环境得到改善。对生活垃圾和建筑垃圾,不能乱放乱运,必须运送到垃圾处理厂,进行无害化处理。

2011年,启动北山绿化续建工程,工期3年,总投资5656.5万元,共造林1215.33公顷、92万株,戈壁荒滩变成东西长25千米、南北宽2千米的“绿色长城”。同时每年有重点地开展大规模的植树造林。

2015年,成立野生动植物资源站,对有异常的野生动植物及时发现和救治。设立生态保护区,对野生动植物进行保护,禁止捕杀和乱采,保持生态平衡,保护生态环境。年内,空气优良天数246天,城乡环境更加清洁、整齐、优美。

第六编　交通　通信

1995 年后,在对口援疆省市的援助下,全市交通运输业发展较快,最远的两个牧业乡沥青路铺设完成,开通公交车,实现村村通沥青路。至 2015 年,阿图什市有公路 2057 千米,其中一级公路 248 千米、二级公路 150 千米、市道 367 千米、乡道 562 千米、村道 730 千米。随着对口援疆和招商引资工作的深入推进,人流、物流量逐年增长。1999 年,全市客运量 19.8 万人次,旅客周转量 1783.19 万人千米;货物量 76.4 万吨,货物周转量 24008 万吨千米。2015 年,有客运汽车 322 辆,年客运量 72 万人次,旅客周转量 6307.58 万人千米;有货运汽车 8837 辆,年货运量 488 万吨,货物周转量 53990 万吨千米。

1999 年,阿图什火车站建成,喀什至乌鲁木齐的火车从阿图什市穿境而过。2003 年,客运量 3.56 万人,货运量 4.74 万吨。2015 年,客运量 11.39 万人,货运量 6.12 万吨。

1997 年 7 月,阿图什移动通信分公司成立。1998 年 10 月,自治州邮政和电信分营,阿图什市各乡镇均有邮政所和邮政储蓄网点。市内电话实现程控化。2000 年 12 月,中国联合网络通信有限公司克孜勒苏柯尔克孜分公司成立。2002 年 12 月,中国铁通集团有限公司喀什分公司自治州营业部成立。2003 年 9 月,新疆广电网络公司克孜勒苏柯尔克孜分公司成立。2004 年 3 月,3G 业务全面上市;2009 年 3 月,实现 3G 网络全覆盖;2015 年,4G 业务全面上市。2015 年 4 月,阿图什市进入光网信息时代。

第一章 交 通

第一节 公路交通

一、机构

(一)市交通运输局

1995 年,市交通局内设 1 个办公室,核定编制 6 名,实有 6 人。下辖市乡公路养护小修队。

2002 年,自治区交通厅机构改革,市交通局由自治区交通厅全盘移交给当地政府,市交通局所属的县乡公路养护小修队机构被撤销,16 名工作人员分流,5 人进入市交通运输局。

2005 年,市交通局实有 18 人。下辖阿图什市农村公路路政中队。

2012 年,市交通运输局核定编制 17 名,实有干部职工 23 人。下辖农村公路路政中队、交通运输管理办公室。5 月,成立中共阿图什市交通运输局党组,党员 9 名。

2015 年,内设办公室、业务科,核定编制 6 名,实有 9 人。

(二)阿图什公路分局

1995—2001 年,阿图什公路分局职工总数 208 人,其中干部 37 人、工人 171 人。

2002—2007 年,职工总数 106 人,其中干部 20 人、工人 86 人。

2008—2013 年,职工总数 153 人,其中干部 38 人、工人 115 人。

2014—2015 年,职工总数 125 人,其中干部 33 人、工人 92 人。

(三)县乡公路养护小修队

1995 年,县乡公路养护小修队隶属市交通局管理,有工作人员 16 人。2002 年,交通机构改革,县乡公路养护小修队机构被撤销,16 名工作人员进行分流,达到退休年龄的 10 名职工纳入社保退休,1 人调出,其余 5 人进入市交通运输局。

(四)农村公路路政中队

2005 年,成立阿图什市农村公路路政中队,股级事业单位,核定编制 5 名,实有 5 人(原小修队的 5 名人员),隶属市交通局管理。至 2015 年,机构编制没有发生变化。

(五)交通运输管理办公室

2012 年,市交通运输管理办公室成立,股级事业单位,核定编制 5 名。原住建局城市客运管理办公室连人带编划入,履行城市公交、出租汽车客运管理职责。至 2015 年,机构编制没有发生变化。

(六)农村公路质量安全监督站

2014 年,成立农村公路质量安全监督站,股级,全额事业单位,编制 2 名。至 2015 年,机构编制没有发生变化。

二、公路建设

(一)国、省干线公路

1. 国道

314 国道是中国—巴基斯坦唯一的国际公路(乌鲁木齐至红其拉甫口岸,简称中巴公路),全长 1893 千米(代码 G314 线),阿图什市境内有 115 千米的路段(大山口至库曲湾);其中从 K1348(大山口)至 K1425(阿图什市东收费站)路段为二级公路,K1425(阿图什市东收费站)至 K1463(库曲湾)路段为三级公路。2004 年 6 月,国家投资 3000 万元,将 K1425 至 K1463 路段改为一级公路(路宽 24 米,双向四车道,水泥砼路面)；2015 年 5 月，将该路段列入为国家高速公路，即 G3012 线阿—喀(阿克苏至喀什)公路。314 国道阿图什市境内有桥梁 79 座，涵洞 171 道，其中大桥 6 座、中桥 9 座。沿线有一个收费站，即格达良主线收费站。

2. 国家高速公路

(1)阿喀高速公路

阿喀高速公路是连接阿克苏、阿图什、喀什 3 座南疆重镇的一条高速公路，跨越 3 个地州，线路全长 428. 49千米(中国国家高速公路网编号为 G3012)。全线采用四车道高速公路标准建设，设计时速 100 千米，项目总投资 123 亿元。是新疆最长的一条高速公路自建项目。在阿图什市境内有 96 千米路段，从大山口(K1220)至库曲湾(K1316)，2015 年 7 月通车。在阿图什市境内有桥梁 59 座，涵洞 93 道，其中大桥 9 座、中桥 19 座。沿线有 6 个收费站(均为匝道收费站)，1 个服务区，实行封闭式发卡联网收费。

(2)喀伊高速公路

喀伊高速公路是喀什至伊尔克什坦口岸的重要通道，总投资 43 亿元(中国国家高速公路网编号为 G3013)，是 G30 连霍(连云港至霍尔果斯口岸)高速公路的联络线之一，2013 年 12 月 12 日建成通车。在阿图什市境内有 37 千米，从 K0 至 K37。全线采用四车道高速公路标准建设，设计时速 100 千米，路宽 24 米。沿线有两个收费站(上阿图什镇主线收费站和阿克玛热匝道收费站)。在阿图什市境内有桥梁 31 座、涵洞 79 道，其中大桥 4 座、中桥 10 座。

3. 省道

(1)306 线

省道 306 线是连接阿克苏、阿合奇、阿图什的三级公路(代码 S309)，全线长 431 千米。2005 年 7 月建成通车，在阿图什市境内有 116 千米，从 K315(哈拉峻乡额昂孜)至 K431(苏洪)。在阿图什市境内有桥梁 50 座、涵洞 212 道，其中大桥 1 座、中桥 9 座。

(2)309 线

省道 309 线是连接阿图什市、乌恰县、伊尔克什坦口岸的国际公路，全长 221 千米。在阿图什境内有 34 千米，从 K0(塔库提)至 K34(托帕)；其中，K0 至 K20 段为二级公路，路宽 12 米，其余路段为三级公路，路宽 8 米。2015 年 6 月，国家投资 2000 万元，K0 至 K20 段实施大中修工程。在阿图什市境内有桥梁 11 座、涵洞 60 道，其中大桥 1 座、中桥 4 座。

(二)县乡村公路

阿图什市采取国家投入与农民集资相结合的融资形式全面修建乡村公路。

1. “九五”期间(1995—2000 年)

1995 年，建设阿扎克至塔库提兰干村公路 20 千米，三级，投资 195. 8 万元；1998 年完成松他克—库木萨克油路工程，全长 1. 2 千米及 4. 5 千米路基补强，投资 35 万元；完成阿湖乡—托格拉克油路工程 12 千米，投资 105 万元；阿扎克、买谢提油路工程 4. 87 千米，总投资 75 万元；上阿图什—拉衣勒克油路工程 10 千米，投资 100 万元；2000 年，完成阿扎克至松他克油路工程 10 千米，投资 50. 6 万元。

2. “十五”期间(2001—2005 年)

阿图什市争取国家专项资金，发扬农民投工投劳精神，坚持“建、管、养”并重，搞好乡村公路建设。

2001 年，修建阿扎克至下西塔其油路 3. 2 万平方米，投资 60 万元。2002 年，上阿图什乡乡村公路 12. 15 千米，四级公路，投资 50 万元；阿图什市通村油路 30 千米，四级公路，投资 250 万元，格达良乡沙砾路 32. 5 千米，投资 270 万元；改造省道 306 线，投资 4. 2 亿元；改造国道 314 线阿图什过境路段，投资 6300 万元；改造国道 314 线苏洪至巴羌公路，投资 2700 万元；改造省道 309 线库曲湾至乌恰公路，投资 3824 万元。2003 年，阿图什市至吐古买提乡公路，全长 71 千米，四级沙砾路，投资 400 万元。县乡公路好路率 75%。2004 年，阿扎克塔库提油路 20. 3 千米，投资 1084 万元；松他克至库木萨克、栏杆村至库木萨克村 28 千米，投资 1343. 3 万元；阿图什市通村公路 90 千米，投资 900 万元；环城公路 7 千米，投资 400 万元；阿扎克至翁鲁克村

7千米,投资578万元;吐古买提至依达良沙砾路17千米,投资140万元。2005年,阿扎克乡白杆至翁艾日克村公路,全长7.03千米,投资579.55万元。

3.“十一五”期间(2006—2010年)

2006年,完成农村公路松他克大桥至格达良项目40.27千米,投资5284.25万元;乡镇集中连片居民点基础设施配套项目39.5千米,投资395万元;通村油路工程98千米,投资980万元;通达项目吐古买提乡至科克塔木村工程,全长24千米,投资240万元。2007年,农村公路206千米,投资7000万元,其中重点公路上阿图什乡X373线改建工程和阿湖乡至托格拉克村改建工程33千米,通村油路114.5千米,通达工程58.5千米。2008年,通达项目43.8千米,投资438万元;通村油路35千米,投资350万元。2009年,农村公路项目9个,其中重点项目5个、通达项目4个,总里程183.2千米,总投资8000万元。

(1)重点项目

重点项目工程5个,分别是吐古买提乡至哈拉峻乡道路新建工程,全长62千米;上阿图什乡至重工业园区至阿扎克乡道路改建工程,全长27千米;阿扎克乡库兰其道路改建工程,全长21.6千米;上阿图什乡木那儿至拉依勒克道路改建工程,全长18千米;哈拉峻乡沈阳新村道路改建工程,全长7千米。

(2)通达项目

共4个合同段,全长48.28千米,四级油路面,总投资964.44万元,遍及上阿图什乡、松他克乡、哈拉峻乡、阿湖乡。

4.“十二五”期间(2011—2015年)

2011年,阿图什市紧抓“富民畅通”工程建设机遇,争取公路建设资金,加大投入力度,改善村容村貌和农牧区交通条件。全市农村公路建设投入资金7649万元,修建农村公路122.06千米。

2012年,阿图什市修建公路6条,总里程33千米,总投资1155万元。其中S306K388+100岔口—琼哈拉峻村—哈拉峻乡草料场公路4.962千米,总投资175万元;S306K416+000岔口—阿尔帕勒克村公路6.80千米,总投资245万元;S306K416+000岔口—阿尔帕勒克村公路改建工程7.18千米,总投资245万元;经济羊场—S306K397+000岔口、S306K376+100岔口—阿其布拉克道路改建工程6.97千米,总投资245万元;克孜勒套村加依都瓦—西里比里村道路7.15千米,总投资186万元;阿图什市通村油路13千米,总投资390万元。

2013年,完成S306线岔口(哈拉峻乡)—巴格苏盖特公路改建项目(怪柳林),全程17千米,投资1440万元,当年10月1日正式通车;阿湖乡至吐买提乡道路改建工程,全长75千米,总投资6357万元。

2014年,完成农村交通建设项目18个,总投资19113.88万元。其中重要农村公路项目5个,投资9693.61万元;一般农村公路通村油路建设项目10个,总长133.5千米,总投资4880.27万元;交通厅直接管理项目2个,投资3700万元。

2015年,公路建设项目4个,总里程67.86千米,总投资6806万元。其中:阿克苏至喀什高速公路塔库提互通立交连接线工程,全长9千米,投资2100万元;帕米尔路西延博古孜大桥至新城区道路建设工程项目,里程5.86千米,投资2631万元;2014年,阿扎克乡通村公路续建项目20千米,投资1000万元、第一批农村公路建设项目,全长33千米,投资815万元。

1995—2015年阿图什市农村公路基本情况汇总表

表6-1

类型	里程(千米)				
	合计	县道	乡道	专用公路	村道
总计	1659.220	367.52	561.51	—	730.19

续上表

类型		里程(千米)				
		合计	县道	乡道	专用公路	村道
按技术等级分	等级公路	1282.63	343.52	397.85	—	541.25
	其中:高速公路	—	—	—	—	—
	一级公路	8.68	—	—	—	8.68
	二级公路	3.62	1.57	—	—	2.05
	三级公路	136.14	94.39	22.27	—	19.47
	四级公路	1134.19	247.56	375.58	—	511.05
	等外公路	376.59	24.00	163.66	—	188.93
按路面类型分	沥青混凝土路面	13.461	1.570	—	—	11.891
	水泥混凝土路面	9.280	—	—	—	9.280
	简易铺装路面	921.587	328.563	338.950	—	254.074
	砂石路面	336.781	13.390	58.902	—	264.489
	石质路面	—	—	—	—	—
	渣石路面	—	—	—	—	—
	砖铺路面	—	—	—	—	—
	砼预制块	1.517	—	—	—	1.517
	无路面	376.594	24.000	163.660	—	188.934

(三)公路桥梁

至2015年,阿图什市境内共有国省干线公路桥梁236座,总长度1455.6米,涵洞615道。其中,大桥21座,中桥51座。

2015年阿图什市大型桥梁建设情况表

表6-2

桥梁名称	位置	长度(米)	设计单位	施工单位	通车时间	桥梁结构
博谷孜河大桥	G3012线K1291+29	247	新疆公路设计院	中国水电建设集团路桥工程有限公司	2005年5月	钢筋混凝土T形梁永久性桥梁
八羌大桥	G314线K1406+099	125	新疆公路设计院	武警七支队	2005年5月	预应力钢筋混凝土I形梁永久性桥梁
喀尔果勒大桥	S309线K24+250	117.5	新疆公路科研所	新疆公路桥梁工程处	2004年5月	预应力钢筋混凝土永久性桥梁
塔库提大桥	G314线K1450+936	133	中交公路规划设计院有限公司	中国水电建设集团路桥工程有限公司	2014年11月	预应力钢筋混凝土空心板永久性桥梁
阿图什分离立交桥	G314线K1434+920	107	中交公路规划设计院有限公司	中国水电建设集团路桥工程有限公司	2014年11月	预应力钢筋混凝土箱形梁永久性桥梁

2015 年阿图什市农村公路桥梁情况表

表 6-3

路线编码	路线名称	桥梁名称	建成时间	桥梁长度	按跨径分	桥面全宽（米）
Y106653001	兰干村-铁提尔村-色热阿塔	铁提尔桥	2000 年	68	中桥	5.5
X371653001	吐古买提乡-阿图什市经济羊场	吐古买提桥	1997 年	8.6	小桥	7.6
X378653001	包华孜-阿扎克乡	翁艾日克桥	2005 年	51	中桥	8.5
Y017653001	松他克乡-伯干桥-伯干村	伯干桥	1997 年	100	中桥	5.5
Y022653001	艾热克比西-古勒鲁克乡公路	库也克桥	2006 年	19.5	小桥	7.5
X371653001	阿湖乡电力度假村-S306 线(哈拉峻乡)	团结桥	1985 年	25	小桥	8.5
X371653001	阿湖乡电力度假村-S306 线(哈拉峻乡)	吐斯干桥	2004 年	51.6	中桥	7
X371653001	阿湖乡电力度假村-S306 线(哈拉峻乡)	布隆大桥	2014 年	190	大桥	8.5
X371653001	阿湖乡电力度假村-S306 线(哈拉峻乡)	阿其克大桥	2014 年	190	大桥	8.5
C135653001	拉依勒克 5 小队(Y014)-托喀什拉	托喀什拉桥	2000 年	66	桥	7.5
X373653001	阿孜汗-拉依勒克	提坚桥	2005 年	27	小桥	5
X373653001	阿孜汗-拉依勒克	阿扎克中桥	2000 年	67	中桥	11.5
X373653001	阿孜汗-拉依勒克	X373 十桥	2004 年	6.4	小桥	8.6
X373653001	阿孜汗-拉依勒克	X373 十一桥	2004 年	6.4	小桥	8.6
X373653001	阿孜汗-拉依勒克	X373 十二桥	2004 年	6.4	小桥	8.6
X373653001	阿孜汗-拉依勒克	X373 十三桥	2004 年	8.4	小桥	8.5
X373653001	阿孜汗-拉依勒克	X373 十四桥	2004 年	8.4	小桥	8.6
X373653001	阿孜汗-拉依勒克	X373 十五桥	1994 年	6	小桥	7
X373653001	阿孜汗-拉依勒克	X373 十六桥	1994 年	6	小桥	7
X373653001	阿孜汗-拉依勒克	白萨克桥	2007 年	8	小桥	8.6
X374653001	巴格恰阿勒地-库木萨克	松他克大桥	1991 年	103	中桥	9
X376653001	阿热木江尕勒-吐古买提乡	阿湖水库大桥	2000 年	35	中桥	7.5
X376653001	阿热木江尕勒-吐古买提乡	科克塔木桥	2006 年	36.4	小桥	7
X379653001	栏杆-库木萨克	X379 一桥	2004 年	6.6	小桥	8.6
X379653001	栏杆-库木萨克	X379 二桥	2004 年	6.6	小桥	8.6
X376653001	阿热木江尕勒-吐古买提乡	阿湖水库泄洪桥	2006 年	19.9	小桥	7
X379653001	栏杆-库木萨克	X379 三桥	2004 年	6.6	小桥	8.6
X379653001	栏杆-库木萨克	X379 四桥	2004 年	8.6	小桥	8.6
X379653001	栏杆-库木萨克	X379 五桥	2004 年	8.6	小桥	8.6
X379653001	栏杆-库木萨克	X379 六桥	2004 年	8.6	小桥	8.6

续上表

路线编码	路线名称	桥梁名称	建成时间	桥梁长度	按跨径分	桥面全宽（米）
X379653001	栏杆－库木萨克	X379 七桥	2004 年	6.6	小桥	8.6
X379653001	栏杆－库木萨克	X379 八桥	2004 年	6.6	小桥	8.6
X379653001	栏杆－库木萨克	X379 九桥	2004 年	8.6	小桥	8.6
X379653001	栏杆－库木萨克	X379 十桥	2004 年	6.6	小桥	8.6
X379653001	栏杆－库木萨克	X379 十一桥	2004 年	6.6	小桥	8.6
X379653001	栏杆－库木萨克	X379 十二桥	2004 年	6.6	小桥	8.6
X379653001	栏杆－库木萨克	X379 十三桥	2004 年	6.6	小桥	8.6
X380653001	松他克大桥－格达良乡	平原林场桥	2006 年	13.5	小桥	7.5
X380653001	松他克大桥－格达良乡	格达良桥	1999 年	70	中桥	5.5
X380653001	松他克大桥－格达良乡	乔克其桥	2006 年	18.5	小桥	7.5
C091653001	兰干村－色热阿塔	色热阿塔桥	1992 年	56	中桥	5.5
X381653001	G314 线－阿扎克乡	麦依桥	2009 年	24	小桥	8.5
Y103653001	拉依勒克村大桥－其伟	Y103 一桥	2007 年	6.5	小桥	6.5
Y103653001	拉依勒克村大桥－其伟	Y103 二桥	2007 年	6.5	小桥	6.5
C180653001	其伟四小队－博斯但村（S309 线 K13＋000）	其伟一桥	2014 年	66	中桥	7.5
Y103653001	拉依勒克村大桥－其伟	Y103 三桥	2007 年	6.5	小桥	6.5
Y103653001	拉依勒克村大桥－其伟	Y103 四桥	2007 年	6.5	小桥	6.5
Y103653001	拉依勒克村大桥－其伟	Y103 五桥	2007 年	6.5	小桥	6.5
C353653001	拉依勒克－奥提亚克	奥提亚克一桥	2014 年	32	小桥	5
C353653001	拉依勒克－奥提亚克	奥提亚克二桥	2014 年	54	中桥	5
C354653001	其伟－地汗拉	迪汗拉桥	2014 年	66	中桥	5
C028653001	克青孜村亚贝希－园艺场	克青孜大桥	2000 年	77.3	大桥	2.8
X382653001	G314 线－上阿图什乡	X382 一桥	2010 年	13	小桥	13
C085653001	伯干村－萨拉塔拉	伯干砖厂桥	2008 年	18	小桥	7.5
X370653001	包华孜－阿湖乡	鸡场桥	2002 年	6	小桥	8.6
Y030653001	博斯坦村－喀依拉克村	其伟三桥	2014 年	66	中桥	7.5
X370653001	包华孜－阿湖乡	萨依桥	2002 年	18	小桥	8.6
X370653001	包华孜－阿湖乡	度假村桥	2002 年	7	小桥	17.6
X370653001	包华孜－阿湖乡	阿湖桥	2007 年	53	中桥	9
X370653001	包华孜－阿湖乡	阿热买里桥	2007 年	28	小桥	8.5
X370653001	包华孜－阿湖乡	托格拉克一桥	2007 年	6	小桥	6.6

续上表

路线编码	路线名称	桥梁名称	建成时间	桥梁长度	按跨径分	桥面全宽（米）
X370653001	包华孜－阿湖乡	二桥	2007 年	8	小桥	6.6
X370653001	包华孜－阿湖乡	三桥	2007 年	8	小桥	6.6
X370653001	包华孜－阿湖乡	四桥	2007 年	8	小桥	6.6
X370653001	包华孜－阿湖乡	五桥	2007 年	6	小桥	6.6
X370653001	包华孜－阿湖乡	六桥	2007 年	6	小桥	6.6
X370653001	包华孜－阿湖乡	七桥	2007 年	6	小桥	6.6
X370653001	包华孜－阿湖乡	八桥	2007 年	8	小桥	6.6
X370653001	包华孜－阿湖乡	九桥	2007 年	6	小桥	6.6
X373653001	阿孜汗－拉依勒克	X373 四桥	2004 年	8.8	小桥	8.6
X373653001	阿孜汗－拉依勒克	X373 五桥	2004 年	7	小桥	8.6
X373653001	阿孜汗－拉依勒克	X373 六桥	2004 年	8.4	小桥	8.6
X370653001	包华孜－阿湖乡	十桥	2007 年	6	小桥	6.6
X370653001	包华孜－阿湖乡	十一桥	2007 年	6	小桥	6.6
X370653001	包华孜－阿湖乡	栏杆桥	2002 年	6	小桥	8.6
X382653001	G314 线－上阿图什乡	博依萨克桥	2010 年	76	中桥	8.5
Y101653001	X382 线墩塔什－塔什普什喀村－X371 线	Y101 一桥	2007 年	9	小桥	6.5
Y101653001	X382 线墩塔什－塔什普什喀村－X371 线	Y101 二桥	2007 年	19	小桥	6.5
Y101653001	X382 线墩塔什－塔什普什喀村－X371 线	Y101 三桥	2007 年	19	小桥	6.5
X373653001	阿孜汗－拉依勒克	X373 七桥	2004 年	8.4	小桥	8.6
X373653001	阿孜汗－拉依勒克	X373 八桥	2004 年	6.4	小桥	8.6
X373653001	阿孜汗－拉依勒克	X373 九桥	2004 年	6.6	小桥	8.6
Y101653001	X382 线墩塔什－塔什普什喀村－X371 线	Y101 四桥	2010 年	19	小桥	6.5
Y101653001	X382 线墩塔什－塔什普什喀村－X371 线	Y101 五桥	2010 年	19	小桥	6.5
Y101653001	X382 线墩塔什－塔什普什喀村－X371 线	塔什普什喀桥	2010 年	82	中桥	7
X382653001	X378 线(包华孜)－X381 线(轻工业区)	托万伊什塔其桥	2011 年	32	小桥	7
Y008653001	阿扎克乡－巴格恰阿勒地	提坚大桥	2008 年	185	大桥	11.5
C129653001	吐古买提乡政府－吐古买提村 3 小队	吐古买提大桥	2009 年	125	大桥	5.5
X371653001	吐古买提乡－阿图什市经济羊场	依达良桥	2009 年	45	中桥	8.5
X378653001	包华孜－阿扎克乡	老博古孜桥	1970 年	165	大桥	8
Y030653001	博斯坦村－喀依拉克村	其伟二桥	2014 年	66	中桥	5
Y103653001	拉依勒克村大桥－其伟	拉依勒克桥	2014 年	58	中桥	7.5
Y015653001	阿热木江尕勒－亚喀阿其克	阿其克大桥	2015 年	246	大桥	8

三、客货运输

(一)旅客运输

1. 市区客运站

克孜勒苏柯尔克孜自治州汽车客运总站,隶属于自治州交通运输管理局。1965 年 7 月建成投入使用。1999 年 10 月至 2012 年 11 月,管理方式为私人承包。1999 年,由自治区交通厅配备行李安检仪投入使用。2012 年 12 月,收回客运站,成为国有企业。内设科室 8 个:办公室、纪检监察室、财务室、行包安检室、售票室、车辆安检室、出站车辆登记室、实名制售票检票室。2015 年,工作人员 60 人,客运站占地面积 9955.48 平方米,其中售票大厅 335.85 平方米,候车大厅 689.68 平方米,办公区域 694.41 平方米,宾馆 1534 平方米。固定资产原值 153 万元。

2. 乡镇(农村)客运站

2001—2010 年,6 个乡 1 个镇先后修建客运站并投入使用,总面积 19227 平方米,设施面积 1910 平方米,总投资 517 万元。

2015 年阿图什市乡镇客运站、农村客运招呼站基本情况表

表 6－4

站址位置	建设年限	建设等级	日均旅客发送量(人次)	总占地面积(平方米)	客运设施面积(平方米)	总投资(万元)	本乡镇农村客运招呼站总数(个)	农村客运招呼站投资总额(万元)
松他克乡园艺村	2010	简易站	1200	750	220	67	14	70
阿扎克乡英巴格村	2010	五级	1700	2000	370	103	20	100
阿湖乡	2008	五级	680	1500	155	47	21	105
吐古买提乡政府	2007	五级	130	4107	155	47	8	40
哈拉峻乡政府	2005	简易站	3500	4150	219	25	21	105
格达良乡	2005	五级	138	1870	219	64	11	55
上阿图什乡	2001	五级	513	4850	791	164	53	265
合计				19227	1910	517	148	740

3. 旅客运输

克孜勒苏柯尔克孜自治州汽车客运总站,2004 年投入电脑售票系统。2013 年 6 月 1 日,全疆客运站实行"实名制售票"系统,并与公安系统联网。有 4 个售票窗口:长途(乌鲁木齐)1 个,短途(喀什、三县一市、乡镇)2 个,国外(吉尔吉斯斯坦奥什、比什凯克)1 个。

1999 年,新增加营运线路和车辆,喀什新增 30 辆,共计 60 辆。新增营运线路阿湖乡 26 辆,上阿图什乡 20 辆,格达良乡 22 辆,乌恰 27 辆。共计:155 辆,680 座位。客运量 19.8 万人次,旅客周转量 1783.19 万人千米。

2005 年,新增营运线路国外阿图什至比什凯克 2 辆(每周 2 周 3 发车时间 10:00)。2006 年新增营运线路国外阿图什至吉尔吉斯斯坦奥什 1 辆(每周 4 发车时间 10:00),2008—2013 年客运站发展乡村线路,新增吐古买提乡 17 辆、波斯坦铁列克乡 4 辆、红旗农场 6 辆、哈拉峻乡昂额孜村 9 辆、种羊场 3 辆。2013 年营运线路车辆共计 385 辆,座位 2472 座。客运量 57 万人次,旅客周转量 4837.67 万人千米。

2015 年,阿图什—乌鲁木齐、阿图什—比什凯克(吉尔吉斯斯坦)、阿图什—奥什(吉尔吉斯斯坦)、乌什县、喀什、皮山、伽师、哈拉峻乡、吐古买提乡、博斯坦铁列克乡、阿湖乡、自治州种羊场、红旗农场、上阿图什镇、哈拉峻乡昂额孜村,三县(阿克陶、乌恰、阿合奇)及“七个镇”营运线路 25 条。营运车辆 322 辆,全属私人所有,挂靠在克州帕米尔运输有限责任公司。有公车 1 辆、私家车 1 辆(领导用车)。客运量 72 万人次,旅客周转量 6307.58 万人千米。

2015 年阿图什市各客运公司车辆及座位情况表

表 6-5

公司名称	线路	车型	座位数	车辆数	里程(千米)	合计
喀什地区旅客运输克州分公司	乌鲁木齐市	高级客车	468	12	1499	
	哈拉峻	依维柯	90	9	100	20 辆车 134 座位
		轿车	44	11	100	
	阿合奇	轿车	40	10	330	15 辆 90 座位
		依维柯	50	5	330	
	吐古买提	轿车	8	2	100	6 辆 66 座位
		中巴	19	1	80	
		中型车	39	3	80	
	种羊场	轿车	4	1	70	
阿图什新星公司	喀什	海格	360	36	50	83 辆 548 座位
		轿车	188	47	50	
	阿克陶	依维柯	30	3	90	15 辆 98 座位
		海格	28	2	90	
		轿车	40	10	90	
	乌恰县	轿车	192	48	70	49 辆 202 座位
		依维柯	10	1	70	
	铁列克	7 座面包车	54	4	100	
	上阿图什	轿车	12	3	17	
阿湖乡客运公司	阿湖	小车	156	39	12	43 辆 188 座位
		7 座面包车	32	4(5 座)	12	
格达良乡	格达良	小车	208	52	70	54 辆 224 座位
阿合奇五运公司	阿合奇	轿车	40	10	330	15 辆 90 座位
		依维柯	50	5	—	
涉外	奥什	中级客车	36	1	—	2 辆 70 座位
	比什凯克	高级客车	34	1	700	

1995—2015 年克州汽车客运量统计表

表 6－6

年份	营运车（辆）	客运量（万人次）	旅客周转量（万人千米）	年份	营运车（辆）	客运量（万人次）	旅客周转量（万人千米）
1995	69	7.4	339	2006	258	30.6	3295.02
1996	93	9.1	680	2007	264	35.5	3377.64
1997	125	10.1	860	2008	287	39.7	3556.08
1998	137	11.2	1309	2009	302	41.8	3744
1999	155	19.8	1783	2010	314	44.7	3977
2000	162	20.6	1999	2011	338	48.99	4111
2001	174	21.5	2253.41	2012	367	52.55.	4466
2002	196	22.1	2466	2013	385	57	4837
2003	203	22.9	2612	2014	385	64	5560
2004	218	24.7	2899.08	2015	385	72	6307
2005	239	27.1	3014.63				

（二）货物运输

1. 货物运输量

1995 年，货运量 3.46 万吨。1998 年，货运量 76.4 万吨，货物周转量 24008 万吨千米。1999 年，道路运输证年度审验 595 辆，审验率 87%。2003 年，货运业户 373 户，货运车辆 546 辆，2176 吨位，货运量 56 万吨，货物周转量 8860 万吨千米。2005 年，科技含量高装备好的车辆不断进入运输市场，新增 15 吨以上大型货车 40 辆，货运业从数量型增长向质量型增长转变。货运业户 502 户，从业人员 1564 人，货运量 78 万吨，货物周转量 11102 万吨千米。2008 年，货运车辆的种类和档次不断提高，由数量型增长向质量型、服务型、节能环保型增长，运力结构与运输需求日趋合理。货运业户 394 户，货车 1546 辆，货运量 165 万吨，货物周转量 25197 万吨千米。2010 年，货运业户 461 户，货车 2225 辆，货运量 190 万吨，货物周转量 2508 万吨千米。2015 年，货运量 488 万吨，货物周转量 53990 万吨千米。

2. 主要运输企业

2002 年，阿图什市第一家货运企业——新华商贸有限责任公司成立。

至 2015 年，有公司 37 家、汽车 8837 辆。

2015 年阿图什货运公司一览表

表 6－7

企业名称	地址	车辆数	开业日期
阿图什昌盛车业服务有限责任公司	阿图什市乌喀公路 8 院（老 314 国道）	52	2003.12
阿图什市新盛运输有限责任公司	阿图什市天山路 25 院	679	2005.2
阿图什市宏达运输服务有限责任公司	阿图什市帕米尔路 26—1 院第 9 号	665	2005.4
阿图什市金通汽车服务有限责任公司	阿图什市帕米尔路液化站旁	424	2005.5

续上表

企业名称	地址	车辆数	开业日期
阿图什市阿克路汽车货物运输有限责任公司	阿图什市天山路25院	968	2005.5
克州祥运商贸物流有限责任公司	阿图什市帕米尔路东29号	24	2006.1.7
阿图什市陆通汽车运输服务有限责任公司	阿图什市帕米尔路东4院	368	2006.2.14
阿图什长达货物运输有限责任公司	阿图什市友谊路1号院	1308	2006.5.22
阿图什市丝绸之路汽车货物运输有限责任公司	阿图什市友谊路(亚格巴格村1小队)	204	2006.7.18
阿图什市鑫磊商品混凝土有限责任公司	阿图什市建设路11院	10	2007.1.22
阿图什市白天马货物运输有限责任公司	阿图什市天山路25院	848	2008.1.4
克州胜达货物运输有限公司	阿图什市天山路25院	287	2008.2.27
阿图什市新时代吉祥汽车货物运输有限责任公司	阿图什市帕米尔路26院附1院4号	136	2008.6.25
阿图什市益民汽车货物运输有限责任公司	阿图什市乌喀路1院	112	2009.3.27
阿图什市双福汽车货物有限责任公司	阿图什市天山路气象局旁	733	2010.1.8
阿图什新拓货物运输有限责任公司	阿图什市友谊路1号	49	2010.1.8
阿图什华盛汽车货物运输有限责任公司	阿图什市帕米尔路东73院01号	28	2010.1.8
阿图什市天地合货运有限责任公司	阿图什市帕米尔路液化站旁	291	2010.1.13
克州顺鑫商品混凝土有限责任公司	阿图什市幸福路南4院	30	2010.6.28
阿图什市库特兰汽车货物运输有限责任公司	阿图什市老314国道新华修理厂旁	138	2011.5.11
阿图什市努尔兰汽车货物运输有限责任公司	阿图什市314国道新华汽车修理厂对面	11	2011.6.13
阿图什市依合帕尔汽车货物运输有限责任公司	阿图什市友谊路库特兰检测站旁边	292	2011.6.20
阿图什市百路通物流有限公司	阿图什市松他克路19院2栋1单元301室	27	2011.7.21
阿图什市新世纪蓝天汽车货物运输有限责任公司	阿图什市松他克乡亚克巴格村1小队	123	2011.7.21
阿图什市石城货运服务有限公司	阿图什市松他克路14院附1院	68	2011.8.3
阿图什市幸福汽车货物运输有限责任公司	阿图什市环城路阿迪力超市二楼	151	2011.9.15
阿图什市接班人汽车货物运输有限责任公司	阿图什市314国道乌喀路1院	138	2011.11.2
光正燃气有限公司	阿图什市松他克路7号院	34	2011.11.11
新疆开心药业有限公司	阿图什市轻工业院区纬四路	21	2012.2.20
克州心连心物流有限公司	阿图什市轻工业园区车管所旁	192	2012.3.19
阿图什市银河货运服务有限公司	阿图什市群众路幸福住宅小区38号楼二单元101号	72	2012.8.15
阿图什市达尼亚尔货运服务有限公司	阿图什市新华路3院平方1栋2.5号	8	2013.8.26
新疆太白松物流有限公司克州分公司	阿图什市帕米尔东路	302	2013.9.26
阿图什市地拉吾尔汽车运输服务有限公司	阿图什市帕米尔路州劳动人事局旁	4	2013.11.25

续上表

企业名称	地址	车辆数	开业日期
克州恒远运输有限公司	阿图什市松塔克路南7院	3	2014.1.2
阿图什市苏比汽车货物运输有限责任公司	阿图什市轻工业园区	10	2014.3.12
合计		8837	

第二节　交通安全

1996年以后，阿图什市公安交警部门根据公安部、自治区公安厅的部署，以山东济南交警为榜样，开展规范化训练，不断提高服务质量。组建城市公路巡警队开展路检路查工作，消除和减少事故安全隐患。1999年，阿图什市阿湖乡建成全州第一个交通示范乡，当年交通安全事故为零。2002年，阿图什市取消“小公交”运营权，指定客运车、出租车行驶、停靠的路线，禁止畜力车、农用车、小四轮、三轮摩托在市区行驶。通过优化交通结构，城市交通安全状况相对以前有了很大的改观。2005年，阿图什市开始创建“平安大道”，至2008年，“平安大道”基本达到安全、有序、畅通的标准。2009年，阿图什市投资330万元建成2套交通卡口测速系统、5套双向测速系统、10套闯红灯电子抓拍系统及交通大队指挥中心后台系统。2014年，市公安交警部门纠正交通违法14872人次、机动车4051起、非机动车6510起。对25家企业、62位驾驶人进行告知，签订责任书25份。排查专业运输企业4家，发放货车隐患排查表150份，限期整改车辆24辆。

第三节　物流业

1995年，阿图什市有物流公司5家。2015年，全市有物流公司24家。

2015年阿图什市物流及寄递行业一览表

表6-8

单位名称	地址	管理措施是否落实视频监控安装	备注
乌鲁木齐宅急送快运有限公司(阿图什分公司)	阿图什市古丽波斯坦小区1单元电井门口门面	安装	
喀什金博罗韵达速递有限公司(阿图什分公司)	阿图什市帕米尔路西16院	安装	
火焰托托运部	新疆阿图什市帕米尔东路15号院1号	安装	
中铁物流集团阿图什分公司	新疆阿图什市建设路50院1单元101室	安装	
新疆太白松国际物流有限公司克州分公司	新疆阿图什市帕米尔东路35号院5号	无	主要从事车辆挂靠、车辆审验等业务，在阿图什市未开展托运业务
阿图什市安居物业	阿图什市天山路西24号	安装	在阿图什市未开展托运业务
阿图什市远航申通物流有限公司	阿图什市光明北路供销社门面房	安装	
乌鲁木齐丝绸之路经贸公司	西域商贸城内	未安装	
兆中快运	阿图什市环城东路17号	未安装	

续上表

单位名称	地址	管理措施是否落实视频监控安装	备注
兆中托运部	阿图什市环城东路 18 号	安装	
新达托运部	阿图什市环城东路 19 号	未安装	
韵达快递	天山路农业小区	安装	
新疆邮政公司克州分公司	阿图什市光明北路 14 号	安装	
喀什城鑫中通速递服务有限公司(阿图什分公司)	天山路农业小区	安装	
克州恒业商贸有限公司快递分公司(阿图什汇通)	新疆阿图什市天山路 1000 幢	安装	
全峰快递新疆阿图什分公司	阿图什文化路文化苑小区楼下门面	安装	
阿图什市鑫驰天天快递有限责任公司	新疆阿图什市帕米尔路西 23 院	安装	
克州邮政局文化路邮政支局	新疆阿图什市群众东路 3 区 1 单元 115 室幸福小区广场	安装	
袋鼠物流	新疆阿图什市帕米尔东路 100 号院 2 号	安装	
克州邮政局	帕米尔路	安装	
中国邮政储蓄银行松塔克支行	松塔克路	安装	
圆通快递	阿图什市帕米尔路 10 号	安装	
圆通快递	天山路农业小区	安装	
圆通快递	建设路	安装	

第四节　交通管理

一、路政管理

(一)国道、省道路政管理

2010 年 8 月以前,克孜勒苏柯尔克孜自治州未设路政管理机构,相关事宜由公路管理部门监管。2010 年 8 月,在燃油税税费改革人员划转合并基础上成立克孜勒苏路政管理局,属副县级单位,克孜勒苏路政管理局直属自治区路政海事局管辖,2015 年,在阿图什市内管辖路段总里程 408.27 千米。

克孜勒苏路政管理局按照《中华人民共和国公路法》《公路安全保护条例》等法律法规,加大对路政执法力度和路政巡查力度,采取和公路管理部门联合巡道,做到及时发现和及时修复,与交警、运管、公安等开展联合执法,维护路产路权。

克孜勒苏路政管理局注重路政执法礼仪培训和业务培训,执法人员素质显著提高,执法服务意识明显增强,执法业务更加熟练,在执法中做到公平、公正、廉洁、文明,树立路政部门执法形象。

路政管理围绕"保护路产路权,保障安全畅通"的工作职责,2011 年,查处各类路政案件 716 起,破案 713 起,结案 710 起,收回损失 142.1 万元;2012 年,发生路政案件 827 起,破案 821 起,结案 813 起,收回损失88.9万元，罚款67.6万元；2013年，制止违法行为46处，清理各种路面杂物、路障649处，设咨询点12处，收取公路赔（补）偿费90.50万元，收缴罚款49.02万元；2014—2015年，在阿图什管辖范围内清理违法建筑物、构筑物76处，面积2130平方米，清除摆摊设点207处，面积2740平方米，拆除非法道口35处，拆除非法公路标志208处，清理路障1468处。办理各类路政案件697起，收缴公路赔补偿费354万元。

（二）乡村公路路政管理

1995年，市路政中队开展所辖路段的巡查，上路巡查时间每天不少于6小时，执行公路法，保障路产路权不受侵犯，依法纠正和处理破坏农村公路行为。1999年，处理破坏农村公路路政案件94起。2006年，依法纠正处理破坏公路案件420件。2008年，依法纠正处理破坏农村公路案件3021件，挽回国家经济损失13万元；开展辖区公路"三乱"治理，发放调查问卷1000份。2011年，处理破坏公路案件96件，挽回国家经济损失11万元；在X370线拆除2座违法建筑，清理乱堆乱放障碍物1120立方米，清理道路占用3210平方米。2015年，处理路政案件82件，其中：超限行驶案件50件、污染公路路面案件20件、损坏公路案件9件、损坏公路附属设施案件3件。公路损失费20.88万元、赔偿费4.3万元、罚没收入16.58万元。

二、公路养护

（一）国道、省道养护

1. 道班设置

1995—1998年，阿图什公路分局下属设置10个道班，养护3条线，全长228千米，其中：国道73千米，省道155千米。1999—2005年，下属设置1个养护站、5个道班，1个中修队。2006—2011年，下属设置1个养护站、3个道班。2012—2013年，下属设置1个养护站、3个道班，养护里程183千米、一级公路31.445千米、二级公路57.555千米、三级公路94千米。2014—2015年，下属设置1个养护站、2个道班，养护5条线，里程262.55千米。其中高速公路2条69千米，普通公路193.55千米。

2. 养路设备

1995年，阿图什分局养路工具只有铁锨、十字镐、人力车等工具，有交通车1辆、养路机械5台、手扶拖拉机3辆。1996—1997年，交通车6辆、养护机械17台、平路机2台、挖掘机2台、装载机1台、推土机1台，沥青拌和机1台、手扶拖拉机7辆、发电机5台。1998—1999年，大轿车2辆、中巴车2辆、自卸汽车6辆、平路机2台、挖掘机1台、装载机2台、轮式推土机2台，链条式推土机1台、载重汽车4辆、压路机2台、沥青拌和机1台、发电机1台。2000年，机械养护车辆34台。2007—2010年，大小运输设备18辆，巡道摩托车6辆，助路机械11台，生产及动力设备17辆。2011—2013年，大小运输设备25辆，助路机械18台，养护机具及动力设备39辆。2014—2015年，大小运输设备31辆，助路机械23台，生产动力设备5辆。小型养护车12辆，专用设备8辆，其他设备7辆。

3. 道路修复

（1）灾害抢修　1995—2000年，每年洪水发生后，阿图什公路分局立即进行水毁抢险。及时修整冲毁路基、清理塌方、清理涵洞、边沟淤泥等。

2003年初，阿图什地区降罕见的大雪，阿图什公路分局组织人员，清雪882150平方米、投入各种机械87台班。6—7月发生水毁。损坏路基，路面、路面塌方、泥石流。清理塌方1.45万平方米，泥石流1万平方米，修补路基缺口3599平方米，整修截水坝1万平方米，压铁丝笼1330平方米，恢复浆砌构造物680平方米，投入机械320台班。

2004年，阿图什公路分局按照"预防为主，防治结合"的原则，抓好水毁修复工作。清理塌方53处5358.8平方米，翻浆14千米7305.8平方米，修补路基缺口8173.55平方米，清理泥石流2881.46平方米，修补路面1.2万平方米，整修截水坝2746.87平方米。

2010年，阿图什境内连降大雨或暴雨，G314线K1375—K1455路段发生水毁，抢修截水坝1.1万千米，恢复路基1.17万千米，清除路面淤泥665千米。9月19日凌晨的山洪致包华孜河老桥坍塌，河流沿线坝堤冲毁,组织150名职工、2台装载机、1台挖掘机、1台吊车、10辆自卸车及3辆生产指挥车,投入铁丝笼416个、麻袋1万条。修复截水坝3.2万千米,恢复路基缺口3万千米,清理路面淤泥及泥石流4758千米。

2012年,突发融雪性洪水,S212线K35+050—K76+770路段发生水毁,多处过水路面发生泥石流,部分路段塌方,交通阻断。联络吐尔尕特海关、当地交警封闭道路进行抢险3天。恢复路基3648千米、处理塌方450千米、清理路面泥石流1020千米、汽车便道504千米、压铁丝笼182千米。S212线K36—K110路段修复路基2115千米、清理泥石流973千米、浆砌截水坝12千米。G314线K1386—K1429路段发生险情,恢复路基6053千米、截水坝1万千米、浆砌护坡193千米、混凝土护坡板26.2千米、处理沥青路面213平方米,边沟、盖板、进出口淤塞3004.2千米。

2015年,G314线K1386—K1423、G3013线K0—K20、S212线K35—K110路段的路基、路面等多处被洪水冲毁。(其中,S212线K65+800—K71+200处灾害严重,致使交通中断,滞留车辆30辆)。恢复路基8119千米,处治沥青路面915平方米,恢复截水坝7356千米,清理泥石流1万千米,塌方1224千米,使用机械522.93台班。

(2)日常养护　1995年,完成修补坑槽1.54万平方米、开挖边沟7867.78平方米、整修路肩边坡3800万平方米、清理塌方7271.12平方米、平整砂石路面5669.8万平方米、拉远路面养护砂2.69万平方米、G314线K1406+500—K1416+500进行补强罩面10千米、恢复损坏沿线设施400个。小修保养支出102.18万元。

1999年,完成小修保养整修路肩38万平方米、整修边坡16万平方米、开挖边沟3261.9平方米、挖出路基翻浆65平方米、清理边沟16千米、修补路基缺口7937平方米、拉运天然砂1942.51平方米、平整砂石路面15.67万平方米、修补路面坑槽1268.11平方米、清理塌方1195.41平方米。机械路面养护砂6780平方米、处理路面泛油8.9万平方米、清理涵洞79.6平方米、完成小修罩面工程5千米。小修保养支出137.8万元。

2005年,全面养护,提高路况质量,完成小修保养:清理边沟102.8千米,开挖边沟11.9千米3802立方米,整修路肩13.68万平方米,整修边坡38.27万平方米,整修护坡道2.71万平方米,修补油路坑槽5344平方米,处理桥涵跳车1409平方米,路基缺口1243.8立方米,零星土方2489立方米,平整沙砾路面152.2万平方米,清理桥涵594立方米,清扫路、桥面64万平方米,机械回填缺口4833立方米。机械清理泥石流7461立方米,机械拉运路面砂1万立方米,刮路面1344万平方米,机械挖翻浆3683立方米,机械清理塌方275.5立方米,推截水坝1167立方米。年末平均好路率80.61%,综合值78.06分。

2010年,对国道314线、省道309线155千米、83座桥梁、246道涵洞进行全面检查,整修路肩21万平方米、边坡27万平方米、护坡道20万平方米、整修截水坝7.6万平方米,清理边沟64.511千米、处理路基翻浆2664千米,人工处理路基零星土方4095千米。处理纵横裂缝29千米、处理坑槽、龟裂7234平方米、人工清扫路面137万平方米、机械清扫路面150万平方米。更换栏杆扶手26.5米、刷新栏杆扶手52平方米、刷新责任牌及缘石287.49平方米、处理桥头跳车5598平方米、清理伸缩缝1716米、勾缝2744平方米、抹面496平方米、恢复浆砌护坡160.78千米、砼护坡13千米,处理桥面铺装17处153.84千米、换板58块,做便道3560米,沥青表处3542平方米。维修桥梁62座、维修涵洞102道。移百米桩558块、里程碑54块,预制护桩35块、百米桩16块、里程碑5块,更换百米桩55块,刷新里程碑132块、护桩2284块、百米桩1188块。采用快速水泥混凝土修补剂处理路面露骨3311平方米、处理严重破碎板打混凝土137.61千米、划路面标线6240平方米,硬化边坡1309平方米,新作拦水带2千米,拦水带浆砌9.6千米,更换护栏板195个、更换立柱390根、更换栏式轮廓标169个、更换柱式轮廓标185个、更换护栏端头组件11个、帖里程碑反光膜83根。在G314全线安置62块宣传牌。

2011年,整修路肩25.58万平方米,整修边坡、护坡道、清理分隔带74.15万平方米,整修截水坝5.68万平方米,推截水坝1.45万千米,清理边沟53.60千米,处理零星土方1.18万千米。处理纵、横向裂缝48千米,修补坑槽1.58万平方米,人工、机械清扫路面585万平方米,处理G314线K1408—K1421

路段10265千米的路面严重沉陷。对G314线沿线进行清扫路面,清除杂物。采用BJ200伸缩装置处置塔库提大桥桥面伸缩缝、刷新栏杆扶手1433平方米、责任牌112.92平方米、缘石35.34平方米;处理桥头跳车15处5368.09平方米,清理伸缩缝394米,勾缝814平方米,抹面359平方米,恢复浆砌护坡101千米,浇筑混凝土846千米,维修桥梁31座,维修涵洞34道,重铺桥面铺装4处,更换29块桥涵盖板。预制百米桩330块、里程碑159块;刷新护桩1230根、百米桩880块、示警桩459平方米;划路面标线2.19万平方米,更换公路宣传牌及桥涵责任牌的反光膜76块。处理露骨1248平方米,更换波形护栏672米、立柱99根、防阻块255块、柱式轮廓标170根。公路小修保养支出276.82万元、通行费支出38.7万元、绿化费支出2万元。

2015年,整修路肩、边坡,使其排水畅通、排水设施无淤塞无损坏。整修路肩26万平方米,整修边坡、护坡道31万平方米,清除中央分隔带杂草14万平方米,清理边沟40千米,开挖边沟169.58千米,处理零星土方2.21万千米,推截水坝1282千米,处理坑槽2.63万平方米,清除路面淤泥1511平方米,人工、机械清扫路面165万平方米。在S309线K18+760—K36+650及S212线K35—K110路段路面翻浆严重,安排人员机械,处理路基土方1633千米。由于G314沿线采砂场增多及“阿喀高速公路”施工便道的增加,路面两侧的砂石较多,做好清扫路面,清除杂物、路面排水,及时修补各类缺损,保持路面处于良好状态。

(二)桥涵构造物养护

1995—2015年,共更换梁板13块、修便道7处、重铺水泥砼桥面铺装533.5平方米、处理勾缝289.23平方米、抹面52.27平方米、浆砌0.76千米、打混凝土0.3平方米、处理桥头跳车8处3270平方米、更换伸缩缝75米、清理伸缩缝10座533米、混凝土栏杆刷漆143.92平方米、金属栏杆刷漆947.2平方米。更换立柱61根、护桩18根,波形护栏624米、端头组件1处、防阻块357块、刷新里程碑235块、百米桩2115块、护桩4315根、防撞墩8个、标志牌1289平方米、公路宣传牌62块。

三、乡村公路养护

阿图什市有公路协管员47人,由阿图什市农村公路路政中队统一协调管理,共同做好农村公路养护工作。2003年,养护工作本着“防治结合,以防为主”的原则,深化公路养护管理改革,在养护中推行招投标管理。2008年,全市7个乡镇均成立农村公路养护站,由1名副乡长兼任站长,乡政府给养护站配备3名路管员,由乡干部兼任,农民协管员聘请45名,主要职责是对辖区农村公路进行日常养护、信息上报。2009年,清理乱堆乱放障碍物9140立方米,清理道路占用2.12万平方米,整平路面2685平方米,修复路肩2.33万米,修复路基993立方米,修复边沟8671米,清理涵洞931立方米,打扫路面3.38万平方米。养护阿图什市至吐古买提乡公路74千米,投资20万元。2011年,整平路面2685平方米、修复路肩23千米、路基修复993立方米、修复边沟8.67千米、清理涵洞931立方米、打扫路面3.21万平方米。养护阿图什市至阿湖乡农村公路、平原农场公路等6829.5平方米,投资42.08万元。2015年,清理占用道路4813平方米,整平路面坑槽3885平方米,修复路肩2.33万平方米,修复路基1293立方米、边沟7.1千米,清理涵洞56道,清扫路面5.38万平方米。在全市各乡范围内制作限高架12个,标志牌3块,样板路标志牌3块。

四、规费管理

1995年,自治区交通行业进行规费征收体制改革,将原由运政机构收取的公路运输管理费客运附加费移交征稽部门,即“三费合一”。养路费率17%,每吨每月160元。2007年7月,养路费征收标准调整至每吨每月200元。2009年1月1日,取消养路费、公路运输管理费、客运附加费的征收业务,征稽人员并入路政管理局。

1995—2008 年阿图什交通规费征收情况一览表

表 6-9　　单位:万元

年份	合计	规费征收		
		公路养路费	公路运输管理费	客运附加费
1995	715.63	715.63	—	—
1996	976.63	976.63	—	—
1997	1127.17	995.28	79.72	52.17
1998	1099.24	949.82	78.48	70.94
1999	863.77	733.65	56.21	73.91
2000	996.37	894.21	66.25	35.91
2001	1094.67	998.51	76.05	20.11
2002	1342.93	1238.91	82.56	21.46
2003	1350.9	1254.76	71.81	24.33
2004	1200.46	1105.39	59.26	35.81
2005	1270.07	1166.83	63.12	40.12
2006	1450.16	1334.16	70.87	45.13
2007	2010.23	1878.03	84.46	47.74
2008	2392.46	2242.26	96.79	53.41

第五节　管道运输

见“城乡建设与管理”编城市燃气部分。

第六节　铁　路

一、机构

阿图什火车站隶属乌鲁木齐铁路局管辖,驻站单位有喀什工务段养成路工区,阿克苏电务段信号工区,阿克苏段水电工区,库尔勒公安分处阿图什公安所,阿图什市公安局火车站派出所。2003—2009 年,有职工 20 人。至 2015 年,有职工 30 人,主要业务是客运、行包代运、货运。

二、铁路车站

1999 年 12 月 6 日,阿图什火车站建成投入使用。位于阿图什市城东郊区,距市区 6 千米。阿图什火车站客运占地面积 600 平方米,办理车站各次旅客列车车票发售、行包托运业务。货运占地面积 2.5 万平方米,主要办理整车货物的发送与到达。

三、铁路线路

南疆铁路东起吐鲁番站,西至和田市,在阿图什境内全长 91 千米,铁道为单线。

四、客货运输

阿图什火车站开始营运后，每日接发旅客列车4列，由喀什开往乌鲁木齐2列、乌鲁木齐开往喀什2列，2001年开始计算机售票，2003年开办整列货运，主要运输矿石、废铁、农用物资和商贸业务等。

2011年6月28日，加开和田开往乌鲁木齐的客车1列、乌鲁木齐开往和田的客车1列。10月10日起，由和田开往乌鲁木齐的列车在阿图什火车站不办理旅客上下车业务。

2012年，阿图什火车站办理全国互联网（含电话）订票、取票、退票、改签业务，发售全国各次旅客列车车票，办理全国各地行包发送及到达业务。

2013年，每日接发旅客列车6列，由阿图什开往乌鲁木齐南3列（K9788、K5828、K7558），由乌鲁木齐南开往阿图什3列（K9787、K5827、K7557）。2013年6月15日，货运业务从火车站分离，划归乌鲁木齐铁路局喀什货运中心管辖。随着招商引资的深入和工业园区的兴建，人流量和物流量逐年增加。

2003—2015年阿图什火车站客运、货运数量一览表

表6－10　　单位：万人、万吨

年份	客运	货运	年份	客运	货运
2003	3.56	4.74	2010	8.84	16.60
2004	3.79	9.84	2011	7.84	23.64
2005	3.73	9.42	2012	8.49	11.28
2006	4.26	3.70	2013	9.63	5.86
2007	4.45	14.76	2014	10.58	6.12
2008	6.00	21.54	2015	11.39	—
2009	6.00	78.99			

五、安全管理

阿图什火车站每年联合地方武警、边防，定期开展反恐演练，提升车站应对爆恐事件的能力。客流量较大时，联合铁路公安部门、驻地部队，维护站区秩序，保证旅客人身和财产安全。强化消防意识，每年组织职工开展消防演练，掌握消防灭火知识技能。日常做好对灭火器、消防栓等设备的检查确认，保证各灭火设备器材静态完好率100%。

为保证乘车安全，每日对每位乘车旅客采用人工进行安检，对旅客携带的随身物品采用机器安检，安检率100%。

第二章　通　信

第一节　邮　政

一、机构

克州邮政为公用性服务企业单位，承担为克州三县一市辖区内党、政、军、企事业单位、个体工商户及广大人民群众提供邮政服务的义务,1998 年 10 月,邮政和电信分营,成立克州邮政局。2008 年,成立中国邮政储蓄银行自治州分行,旨在服从、服务于地方经济发展,立足服务“三农”、社区和中小企业,打造邮政普惠金融服务品牌。2014 年 3 月 5 日自治州邮政局更名为新疆维吾尔自治区邮政公司克孜勒苏柯尔克孜自治州分公司,简称新疆邮政公司自治州分公司。2015 年 5 月,新疆邮政公司自治州分公司更名为中国邮政集团公司克孜勒苏柯尔克孜自治州分公司,简称中国邮政集团公司自治州分公司。

2015 年,中国邮政集团公司自治州分公司内设人力资源部、计划财务部、综合办公室、市场经营部(含电子商务、包裹分销专业)、安全保卫部、网络运行部、工会、代理金融业务局、函件集邮局、报刊发行投递局、营业局 11 个部室、专业局。

二、邮政网路建设

1998 年,自治州邮政自办局所 71 个,提供邮政全功能服务支局 6 个,建成电子支局所 7 个。

2006 年 3 月 5 日,阿图什市松他克路储蓄营业部开业;3 月 28 日,阿图什市文化路支局开业;4 月 29 日,文化路储蓄营业部开业。

2013 年 12 月 24 日,14 辆新批摩托投递车投入使用,但因摩托车存在较多安全隐患,阿图什市摩托车投递车逐渐停止使用。

2014 年 10 月 31 日,中国邮政集团公司自治州分公司 7 个邮政营业空白乡全部对外营业。

2015 年 4 月 17 日,中国邮政集团公司克自治州分公司首个便民服务站在阿图什市上阿图什乡邮政所营业。9 月 18 日,阿图什市 5 个社区邮件委代办点开始代办业务。至年底,全州建成邮政局(所)47 处,其中城区局所 9 个;农牧区局所 33 个、自办邮政所 13 个,委代办邮政所 25 个;邮政储蓄网点 18 个,ATM 机 11 台,电子化支局 9 个;261 个村邮站全部挂有农村专用信报箱,配备 1 台邮件转运传输机。有投递员 44 名,开通邮路 24 条,邮运线路总长 4258 千米,农村邮路总长 3602 千米。马班邮路 3 条,长度 180 千米;最远的投递点离邮政所往返 360 千米。各类邮件传递时限大大提速,主要及畅销报刊当日见报率上升到 80% 以上。

三、邮政业务

2004 年,开发以歌颂 50 年巨大变化为主题的明信片 3000 套、3600 枚;计划生育邮资封 3.8 万枚;驻州军人喜爱的邮资封 1 万枚;为民族学校制作校园封 2.3 万枚;办理苏里唐麻扎旅游门票 5000 张。与人民银行自治州中心支行开发以“西部边陲第一州、央行盛开文明花”的形象宣传年册 300 册;为全国劳动模范吴登云办理个性化邮票 4000 册;与自治州党委联合开发自治州系列风光个性化邮票 3000 册;开发《热烈庆祝克孜勒苏柯尔克孜自治州成立五十周年》和《万山之州—克孜勒苏》个性化邮折 8000 册。与自治州消防局合作开发自治州居民防火灾明信片 5 万枚。账单、贺卡、数据库商函等新型业务成长迅速,成为当地旅游宣传主体,由自治州州委宣传部、旅游局和自治州邮政局联合推出第六届玛拉斯国际文化旅游节宣传册——“帕米尔雄魂”。2010 年 3 月 15 日,中国邮政集团公司自治州分公司代开地税发票系统正式启用。

2013 年 4 月 1 日,阿图什到喀什邮路正式开通。2014 年 4 月,与自治州旅游局合作开发《壮美克州》画册。推出感受魅力自治州文化及邮文化的帕米尔丝路驿站主题邮局。11 月 14 日,由自治州团委、自治州志愿者协会牵头,中国邮政集团公司自治州分公司、喀克网等爱心企业共同组织的 2014 年壹基金自治州温暖包拆箱活动,在“帕米尔丝路驿站”主题邮局举办,中国邮政集团公司自治州分公司捐助学生礼包 280 个并分装至壹基金温暖包。

2015 年 7 月,中国邮政集团公司自治州分公司与阿图什市旅游局合作,开发惠游阿图什明信片 1000 枚。方寸阅尽新疆美邮票,以特有的宣传方式,展现新疆、自治州改革发展的巨大变化。2015 年,全州办理报刊订阅业务的局所 38 处,报刊服务的投递员 44 名。

四、电子商务

电子商务业务是中国邮政集团公司克州分公司的新型业务。凭借遍及城乡的营业网、投递网、金融网的网络资源，加快实施与各家电信运营商、石油、电力等公用事业单位及税务等部门的多方位合作，实现跨合作商、跨行业的运营，业务种类不断丰富，由开办之初的代理电信、移动、联通的收费，增加到邮政短信业务、海航、南航机票销售业务，代收税费业务，自邮一族等多种业务，满足社会多方面、多层次的需求，实现邮政“一站式服务”，借乡邮所搭载电商业务，实现线上线下销售。

2015 年 10 月 9 日，中国邮政集团公司自治州分公司举办帕米尔丝路商城新闻发布会，帕米尔丝路商城正式上线。

五、邮政快递

2004 年后，中国邮政集团公司自治州分公司加快产品更新和设备投入，形成“思乡月”“五节联送”“代收货款”“E 邮宝”“家乡包裹”等品牌体系，开办标准快递 EMS、经济快递等业务，建成帕米尔代理速递专厅。

2015 年 6 月 20 日，中国邮政集团公司自治州分公司代理速递专厅营业。中国邮政集团公司自治州分公司建成覆盖城乡、网点面最广的个人金融服务网络，形成以邮政储蓄核心业务系统为基础，灵活接入中间业务平台的金融信息化运营体系。

六、邮政储蓄

2008 年，邮政储蓄银行克州分行成立，中国邮政集团公司自治州分公司邮政储蓄业务转为代理业务。

1998—2015 年部分年份中国邮政集团公司克州分公司业务量部分统计表

表 6－11

年份	邮政业务量（万元）	函件（万件）	包裹（万件）	汇票（万张）	特快（万件）	邮政储蓄（万元）	集邮（万枚）	报纸、杂志（万份）
1998	1800	—	1	6.5	0.6	3949.63	2.5	37.08
1999	228.2	—	1.095	0.66	0.66	4324.84	2.74	40.6
2000	249.9	—	1.2	0.72	0.72	5609.3	3	44.46
2001	548.9	—	1.3	0.79	0.79	6116.94	3.27	48.48
2002	606.5	—	1.42	0.87	0.87	9293.45	3.58	53
2006	—	24.3	1.6	—	2.4	—	—	5.1
2007	—	11	1.9	—	2.9	9217.98	—	5.1
2008	—	26.54	1.7	—	3.2	12877.33	—	5
2009	—	20	1.7	—	4	17627.73	—	5.7
2010	—	37.3	1.9	—	4.6	23423.42	3.71	6.8
2011	—	28.36	2.21	—	4.49	29211.53	3.96	81.38
2012	—	34.39	2.42	—	5.39	36105.76	5.09	92.79
2013	—	35.39	2.72	—	22.68	41400.68	5.34	97.95
2014	697.83	53.47	3.79	0.82	26.68	55181.46	5.82	142.07
2015	940.28	38.09	2.42	0.47	30.7	71827.48	13.77	145

2015 年，全州有储蓄汇兑营业网点 18 个，50% 实现电子化业务办理，成为沟通城乡居民个人结算的主渠道。特别是在一些偏远地区，邮政储蓄已成为当地居民最重要的金融服务渠道，被称为“百姓银行”“绿色

银行”。业务范围不断向商业银行领域延伸,形成以转账、银行卡、代理保险、代理国债、代销基金、理财产品为主的中间业务;以协议存款为主的资产业务。

第二节　中国电信克州分公司

一、机构

1998年,国家对邮电系统进行邮电分营、电信重组、政企分开等一系列重大体制改革。1998年10月,邮政和电信分营,成立自治州电信局,1999年,实行“寻呼剥离”和“移动分离”的改革重组。2000年7月,成立新疆电信公司自治州分公司,改制为国有企业,进入企业化运作轨道。2004年5月,更名为新疆电信有限公司自治州分公司。2008年12月,进行股份制改制,更名为中国电信股份有限公司自治州分公司。

2015年,中国电信股份有限公司自治州分公司内设10个职能部门,有营业网点72个,工作人员111人。

二、设施建设

1995—2005年,阿图什市对农话电缆线路进行改、扩建,解决边远乡村农、牧民通信难问题,改善农村用户的通信条件。对农村通信建设累计投资3000万元,新增农村固定电话接入设备3.5万门、农村接入光缆线路3747芯千米、农村宽带接入设备880个端口。

2006—2015年,电信公司抓紧3G网络建设、优化、补点工作,扩大网络覆盖范围,提升通信服务能力。加快光缆网络进程,开展宽带提速工程,保证3G网络领先优势。基站扩容300个,中心城区、城市区域覆盖率分别达到96.4%、95.42%。新增FTTH用户接入能力1.5万户,新增接入网光缆1.8万纤芯千米。2009年3月,完成天翼移动网络割接,实现3G网络全覆盖。

2015年4月,完成交换机退网工程,进入光网信息时代。

三、业务经营

(一)主营业务收入

1995—2015年,中国电信股份有限公司自治州分公司主营业务收入从不到1200万元增加到8000万元,用户规模从不到1万户(固定电话用户)增加到8万户,注册多媒体宽带用户从不足200户增加到5万户,全州移动用户从2008年10月承接下来的不足2000户发展到6万户,实现与全疆同步的高速增长。

(二)电话业务

1995年,长途电话直播率99%,1997年,人工长途电话关闭。1997年,开通电视会议电话,实现与全国的电视会议骨干网直接相连。1998年,实现市内电话程控化,增加呼叫转移、来电显示、呼出限制等新功能,这一时期IC卡公用电话得到广泛推广。2001年,自治州电信公司在阿图什市推出小灵通业务,在农村推出ETS无线电话业务。2008年,收购联通CDMA业务,实现固话、移动、宽带全业务运营,“天翼”“我的e家”“商务领航”等业务品牌得到广泛认知。

2015年,克州电信公司移动电话64481户,人口覆盖率10.82%,固定电话36024户,家庭覆盖率23.63%,宽带电视26224户,家庭渗透率17.2%,户均流量418M,克州电信公司实现移动、固话、光宽、高清电视、专线等全业务运营,中国电信品牌得到进一步广泛的认知。

(三)数据通信

1995年,建成分组交换数据通信网(XJPAC),1996年建成数字数据网(DDN),实现与公用数字数据网的互联。1998年,开通“163”“169”上网接入,阿图什市设置公众多媒体上网接入平台。2002—2007年,增扩ADSL宽带设备,改变原先以MODEN拨号上网点的传统数据业务,为客户提供快速快捷的数据业务。2008年,自治州分公司与自治州人民政府签署信息化战略合作协议,2009年,完成自治州及三县一市人民政府电子政务统一平台建设,实现政府无纸化办公。2009—2011年,与自治州财政局、工商局签订“财政e线”

“工商 e 通”合作协议,协助税务局、财政局、社保局完成金税、金财、金保等工程,与自治州教育局联合开通全疆同步进行的“双语”远程教育及“双语”网上互动远程教育项目,推动各行业信息化发展水平。推进平安城市全球眼建设,2009—2015 年,阿图什市人民政府签署全球眼网络视频分期监控项目合作协议。

(四)小灵通

2002 年 9 月 28 日,克州电信分公司隆重举行阿图什市小灵通开通新闻发布会暨庆典仪式,克州电信公司在阿图什推出小灵通业务,小灵通在克州地区得到很大发展。小灵通是一种个人手持式无线电话系统,泛指小灵通手机,采用微蜂窝技术,通过微蜂窝基站实现无线覆盖,将用户端(即无线市话手机)以无线的方式接入本地电话网,使传统意义上的固定电话不再固定在某个位置,可在无线网络覆盖范围内自由移动使用,随时随地接听、拨打本地和国内、国际电话,是市话的有效延伸和补充。2009 年 11 月新疆公司小灵通客户 98.72 万户,较 2008 年减少 49.6 万户,减少 33%,小灵通拆装环比增长 27 个百分点;2011 年全部退市。

第三节　中国移动克州分公司

一、机构

1999 年 7 月 20 日,克孜勒苏柯尔克孜自治州移动通信业务经营与管理从克孜勒苏柯尔克孜自治州电信行业中分离,组建阿图什移动通信分公司,归新疆移动通信公司管理。主要承担自治州移动通信的建设、日常维护与营销服务工作,阿图什移动通信分公司不实行单独核算。

1999 年 7—12 月,是新疆移动克州分公司分营组建时期,业务量比较少,主要任务是清收欠费。内设综合办公室、综合生产部和综合服务公司 3 个职能部室。

2000 年,公司内设综合办公室、综合生产部 2 个部室,管理岗位编制 7 人。

2001 年 2 月,新疆移动通信公司阿图什分公司更名为新疆维吾尔自治区移动通信公司克孜勒苏柯尔克孜自治州分公司。

2002 年,内设三部一室:财务部、网络部、市场部、综合办公室,管理岗位编制 11 名。

2004 年,依据集团公司注资上市的要求,新疆移动克孜勒苏柯尔克孜自治州分公司名称更改为中国移动通信集团新疆有限公司克州分公司。增设人力资源部、党群工作部,县营业部由原来的营业网点升级为县级营业部。

2009 年 6 月 22 日,克州分公司成立集团客户部,公司内设综合部、计划财务部、人力资源部、党群工作部、市场部、网络部、工程建设中心、政企客户部、营销中心 9 个部室。

2015 年,公司除营销中心改名为营销部以外,内设部门没有变化,有 4 个自营网点,工作人员 68 人。

二、设备

2006 年,在阿图什市、阿克陶县、乌恰县、上阿图什乡、松他克乡、阿湖乡建设移动基站 37 座。2009 年,分别在格达良乡、哈拉峻乡、吐古买提乡建设移动基站。

至 2015 年,共建设移动基站 274 座,三县一市各行政乡网络覆盖率 100%,各行政村网络覆盖率 95%。

三、业务

自治州移动公司主要经营基础移动业务,随着业务的发展逐步扩大业务范围。移动号段不断完善,号段包括 138、135、136、159、158、137、152、150、151、188、152、157、147、187、184、183、178。移动业务由最初的移动电话业务扩展到长途电话、市话、国际电话、数据通信、互联网等多项业务。开展移动通信、IP 电话和因特网等网络的设计、建设和维修。经营与移动通信、IP 电话和因特网业务相关的系统集成、漫游结算清算、技术开发、技术服务、广告业务、设备销售,以及其他电信及信息服务。出售、出租移动电话终端设备、IP 电话设备、因特网设备及其配件,并提供售后服务,业务培训、会议服务。至 2015 年,公司有用户 98400 户,其中宽带用户 3760 户。

第四节 中国联通克州分公司

一、机构

2000 年 12 月,中国联合网络通信有限公司克孜勒苏柯尔克孜分公司成立。2007 年 1 月,公司成立党委。2015 年,工作人员 131 名,内设客户服务部、财务部、综合部、城区营销中心、运行维护部、市场部、集团客户部、网络建设部 8 个科室。

二、设备

中国联合网络通信有限公司克孜勒苏柯尔克孜分公司按照“市场需求、统筹规划、量质并重、区域优先、快速推进”的原则,坚持以市场为导向,争取建设投资,落实共建共享,加快网络建设,提高网络支撑。2000—2015 年,分别在市区、格达良乡、阿湖乡、哈拉峻乡等地建有 3G 基站 202 个、2G 基站 171 个、LTE 基站 473 个。

三、业务

自治州移动通信分公司主要经营移动话音、数据、宽带、IP 电话和多媒体业务,具有计算机互联网国际联网单位经营权和国际出入口局经营权。由最初的移动电话业务(CDMA 业务、GSM 业务)扩展到长途电话、市话、国际电话、数据通信业务、互联网。

2000 年,推出如意卡,包月卡等业务。2004 年,3G 业务全面上市,有无线 3G 上网卡、3G 电话卡。2015 年,4G 业务全面上市,有无线 4G 上网卡,4G 电话卡,智慧沃家等业务。经营号段:1327908、1569908、1860908、1869080、1452798 等,阿图什市移动网用户共计 59047 户。

1998 年,无线寻呼业务由电信下属的旧国信公司(非重组后的新国信)负责,2000 年,联通公司成立后,无线寻呼纳入联通管辖。高峰时期有用户 5500 人,年收入达 200 万元。但随着社会的飞速发展,移动通信速度的日渐成熟,无线寻呼逐渐退出历史舞台,在 2004 年正式退市。

第五节 中国铁通克州分公司

一、机构

2002 年 12 月,成立中国铁通新疆分公司克州筹备处,设办公室、网络部、营业部、市场部 4 个部室,有员工 5 名。

2004 年,员工增加至 25 名,成立自治州分公司。

2005 年 4 月,管理权划归中国铁通集团有限公司喀什分公司,自治州分公司变为自治州营业部。

2008 年,电信业重组,中国铁通合并至中国移动,铁通公司由电信运营商快速向中国移动专业公司转型,自治州铁通存量用户也逐步迁转至中国移动网内。2015 年 8 月,中国铁通集团有限公司喀什分公司自治州营业部存量宽带用户完成迁转。

二、设备

2002 年 12 月,铁通克州筹备处成立,办公地址设于阿图什市建行办公楼四楼。经过一年多的基础网络建设,在阿图什市建成通信机房 5 所,户线覆盖 1.6 万余线,固网电话装机容量 5000 门,电话用户 1100 户。2004 年,投资建成宽带设备端口容量 2000 门,宽带用户 25 户。

三、业务

中国铁通集团有限公司喀什分公司自治州营业部不经营移动通信业务。2004 年,电话用户 2600 户,电话容量 5000 门,宽带用户 25 户,宽带容量 2000 门,收入 95 万元。2010 年,电话用户 1600 户,电话容量 7000 门,宽带用户 1150 户,宽带容量 2000 门,收入 80 万元。2015 年,电话用户 1000 户,电话容量 5000 门,宽带用户 500 户,宽带容量 2000 门,收入 95 万元。

2003—2015 年中国铁通集团有限公司喀什分公司自治州营业部业务发展情况表

表 6－12

年份	电话用户(户)	电话容量(门)	宽带用户(户)	宽带容量(门)	收入(万元)
2003	1100	5000	0	0	40
2004	2600	5000	25	2000	95
2005	3100	5000	125	2000	121
2006	3100	7000	400	2000	94
2007	2800	7000	510	2000	92
2008	2400	7000	600	2000	86
2009	2100	7000	800	2000	79
2010	1600	7000	1150	2000	80
2011	1506	7000	1390	2000	66
2012	1805	7000	1600	2000	77
2013	2203	5000	1311	2000	79
2014	1500	5000	1200	2000	56
2015	1000	5000	500	2000	30

第六节　新疆广电网络克州分公司

一、机构

1995 年,克州有线电视台隶属于克州广播电影电视局管理,核定事业编制 9 名。

2003 年,根据国家文件精神,对各省各地的有线电视台进行文化体制改革,自治州有线电视台资产、人员整体上划到新疆广电网络股份有限责任公司。9 月成立新疆广电网络股份有限责任公司克孜勒苏柯尔克孜分公司,隶属于新疆广播电影电视局下属国有文化企业新疆广电网络公司管理。有职工 13 名,内设办公室、财务部、技术工程建设部、市场开发部 4 个部室。

2013 年 4 月,公司更名为新疆广电网络股份有限公司克孜勒苏柯尔克孜分公司,有职工 24 名。

2014—2015 年,有职工 26 人。

二、有线电视网络建设

1993 年 6 月,在阿图什市内筹建有线电视城域网线路及前端机房,建设城域网主线路 7 千米。

1995—1997 年,阿图什城域网升级改造成 550 兆系统,传送模拟信号 27 套节目。1999 年,阿图什有线电视前端机房及城域网部分升级改造成 750 兆系统,传送模拟信号 34 套节目。建设城域网主线路累计 17 千米。

2004 年,阿图什城域网主线路全部升级改造成 750 兆系统,前端机房进行搬迁升级,传送节目模拟信号 47 套,从原来的阿图什市广播局位置搬迁到州广播电视局。发展用户 6700 户。建设城域网主线路累计 23 千米。

2010—2011 年,对前端机房及城域网线路进行升级改造,从模拟时代转换成数字时代。2012 年,传送数字信号 122 套。建设城域网主线路累计 63 千米.

2011 年,对全市进行用户端的数字化整体转换工作,每户有线电视用户免费发数字机顶盒,收看数字电视信号节目。

2012—2015 年,建设城域网主线路累计 83.5 千米。

三、有线电视业务

1993 年 6 月,自治州财政投资 20 万元建设有线电视台,后续靠有线电视每年的收入,再不断地投入到有线电视建设中,逐年滚动投资发展。根据国家定价要求,模拟电视基本收视费每户由 6 元/月·户到 10 元/月·户,数字电视基本维护费 20 元/月·户。收取有线电视入网初装费 350 元/户;有线电视迁移费 200 元/户。

1993 年 10 月 1 日,开播有线电视业务,300 兆系统,开通业务模拟电视直播节目 6 套,发展用户 500 户,营业收入 20 万元。1995—1997 年,模拟电视直播 27 ~ 34 套,收费每户 10 元/月,发展用户 1500 ~ 3600 户,营业收入 48 万 ~ 73.2 万元。2003 年,模拟电视直播 47 套,收费每户 10 元/月,发展用户6700户,营业收入 120 万元。

2004—2012 年模拟电视直播 67 套,收费每户 10 元/月,发展用户 1.2 万户,营业收入 132 万 ~ 420 万元。2013—2015 年,有数字电视业务、专业付费、互动点播业务、回看业务、数据宽带业务等。数字直播节目 187 套,专业付费业务、点播 206 套、电视回看 111 套。2014 年,开通广电宽带业务,达到电视 + 宽带 + WiFi 全业务的效果。数字电视基本收费 20 元/月·户。

2015 年,发展用户 1.5 万户,营业收入 754 万元。

第七编　经济综述

1995年,阿图什市实施“科技兴农”战略,广泛推广地膜玉米,地膜棉花种植的丰收计划以及吨粮田万亩双百棉计划,农牧民人均纯收入740.21元。工业企业进一步深化内部改革,提高产品质量,增加品种,提高效益,完成工业总产值4193万元。“九五”时期,逐步建立现代企业制度,初步建立社会主义市场经济体制;调整和优化产业结构,农牧业、水利、能源、交通、通信等基础设施建设进一步加强,经济和社会事业得到长足发展。“十五”“十一五”期间,阿图什市进一步加大产业结构调整,实现经济持续稳定发展。“十二五”时期,阿图什市以科学发展观为统领,把握国家西部大开发、对口援疆和“一带一路”等重大历史机遇,正确处理改革、发展、稳定的关系,直面复杂严峻的经济形势,攻坚克难、奋力拼搏,全市经济社会实现跨越式发展。2015年,全市国内生产总值由1995年的2.47亿元增加到45.12亿元,人均国内生产总值1.67亿元;地方财政收入由1995年的1797万元增加到3.64亿元;城镇居民人均可支配收入(不含自产自用)2.1万元,农牧民人均纯收入由1995年的740元增加到6010元。

第一章　经济发展

第一节　农业经济效益

一、“八五”期间(1991—1995年)

1995年是“八五”规划纲要最后一年。“八五”期间,阿图什市国民经济和各项社会事业蒸蒸日上,市委、市政府集中力量抓好农业和农村工作,实行干部包村包户制度,帮助各乡村抓好农业生产。同时,因地制宜鼓励各乡村根据各自的资源优势发展二、三产业,加快脱贫致富步伐。1995年,阿图什市实施“科技兴农”战略,广泛推广地膜玉米,地膜棉花种植的丰收计划以及吨粮田万亩双百棉计划,使其种植的面积逐步扩大,引进优良品种,小麦品种以“冀麦26”“冀麦31”“莎车005”等为主,玉米品种以“南斯拉夫SC－704”“京早8号”等为主,棉花主要推广中棉12号,为阿图什市农业生产获得连续11年丰收奠定坚实的基础。1995年农业总产值1.34亿元,完成年计划99.9%。其中粮食总产47095吨,完成年计划101.8%,单产290.8千克;棉花总产2426吨,完成年计划105.2%;油料总产790吨,完成计划103.9%;牲畜存栏33.01万头,完成年计划100%;园艺面积5333公顷,年均增长1.8%;农用拖拉机1033台,农田机械化作业量17万标准公顷,完成年计划99.1%;乡镇企业总收入1.17亿元,较上年增长16.5%。实施扶贫攻坚计划,年内脱贫250户1503人。农牧民人均纯收入740.21元,较上年增长120元,增长19.4%。

二、“九五”期间(1996—2000年)

“九五”规划纲要提出,逐步建立现代企业制度,初步建立社会主义市场经济体制,实现物质文明和精神文明同步发展,经济和社会协调运行;调整和优化产业结构,农牧业、水利、能源、交通、通信等基础设施建设进一步加强,边贸事业蓬勃发展。2000年,阿图什市把发展农业和做好农村工作放在经济工作的首位,坚持实施“增粮、稳棉、兴牧、上园艺”的工作方针,以市场为导向,积极调整和优化种植业结构,加大对农业科技的投入,提高农业科技含量,狠抓各项增产措施的落实,全市农牧业生产又获大丰收。农业总产值1.53亿元,完成计划99.5%;粮食播种面积1.3万公顷,完成计划97.8%;总产量63340吨,完成计划96.7%,比上年增产81.8吨,粮食产量创历史最高纪录。棉花播种面积926.67公顷,总产(皮棉)1234.3吨,完成计划117.5%;油料播种面积206.67公顷,总产669.3万吨,比上年增长91.3吨。年末牲畜存栏38.85万头(只),完成计划98.6%,比上年增加1.01万头,增长2.6%。向社会提供商品畜19.3万头(只),商品率51%;牲畜繁殖成活率96%;肉类总产量5300吨,比上年增长4.5%。进一步加大扶贫力度,提高扶贫质量,全年脱贫1019户4583人,取得一定的经济效益和社会效益;全年植树造林1080公顷,完成计划81.8%,其中经济林953公顷;年末全市园艺面积4000公顷;改造中低产田833公顷,修建防渗渠85千米。有力地改善全市农业生产条件,保证农业可持续发展,为农业和农村经济的发展奠定坚实的基础,农牧民生活水平得到进一步提高和改善。

三、“十五”期间(2001—2005年)

阿图什市“十五”规划纲要提出,进一步加大农业产业结构调整,加强农业基础设施建设和抗震安居工程建设。加大对农业科技的投入,提高农业科技含量,实现农村经济持续稳定较快发展。到2005年,全市完成农林牧渔业总产值3.9亿元,比上年增长7.6%。粮食播种面积9666.67公顷,总产量55280吨;棉花播种面积1433.3公顷,完成年计划100.48%,皮棉总产2250吨。建成抗震安居房9750户。全市共转移农村富余劳动力1.1万人次,创收2000万元。全年牲畜存栏45万头(只),出栏31.2万头(只),育肥27.7万头

(只),较上年增加1.72万头(只)和1.7万头(只),出栏率和商品率分别达70.8%和60%,繁殖幼畜29.99万头(只),比2004年增长5.9%,成活率98.6%。新建配种站10座,改良牲畜28.57万头(只)。面对禽流感疫情高发的严峻形势,采取积极措施,全市未发生任何疫情,并免费进行禽流感疫苗注射。完成植树造林合格面积2200公顷,其中园艺面积733.3公顷。2005年,解决低收入人口4766人,完成年计划的100%。

四、"十一五"期间(2006—2010年)

阿图什市以结构调优为主线,以农业增效、农民增收为中心,大力推进农牧业建设力度,为农牧民增收增效提供可靠保证。2010年,全市完成农林牧渔业总产值6.39亿元,同比下降4.82%。全市农作物总播种面积17340公顷,其中粮食作物播种面积12373.3公顷,同比下降11%,总产量6.58万吨,同比下降8.9%;棉花种植面积2066.67公顷,同比下降0.9%,总产量3080吨,同比下降4.07%;狠抓木纳格葡萄品质提升,葡萄挂果面积4666.67公顷,产量8.4万吨,由于受低温雨水天气和"9·16"特大洪灾的严重影响,葡萄损失约1亿元。全年完成植树造林2720公顷,新开发核桃、葡萄特色林果业建设1560公顷。强力推进设施农业规模化、产业化发展,投资1.12亿元,新建日光温室1000座。继续加大畜牧业生产投入力度,全市年末牲畜存栏47万头(只),出栏36.7万头(只),出栏率78%,商品畜30.5万头(只),商品率65%,新增养殖大户255个,农牧民专业合作社11个。大力发展养殖小区(场),计划新建养殖小区19座,竣工18座。重大动物疫病防控体系不断完善,防疫密度100%。强化技能培训,促进劳动力转移,多渠道促进农牧民增收。全年劳务输出4.2万人(次),实现经济创收5925.8万元。

五、"十二五"期间(2011—2015年)

2015年,全市实现农村经济总收入13.5亿元,同比增长14.97%。粮食连续丰产增收,完成粮食种植17006.67公顷,实现总产10.83万吨。完成棉花种植5006.67公顷,实现总产8824.8吨。设施农业增效明显,835座设施农业温室大棚,棚均收益1.45万元。特色林果业加快发展,新增特色林果482公顷,木纳格葡萄挂果面积7600公顷,总产8.7万吨;全年新建杏热风烘干房25座、保鲜库20座。现代畜牧业稳步发展,新建、改造标准化养殖小区12座,新增育肥大户300户,新成立农民养殖专业合作社85个,年末牲畜存栏50万头(只),商品率76%;实现禽类养殖120万羽,同比增长9%。农村水利基础设施加强,投资3004万元,修建防渗渠等渠系46.63千米;启动格达良乡片区综合治理,实施格达良乡406.67公顷盐碱地一期治理工程,治理盐碱地156.67公顷。

第二节　工业经济效益

一、"八五"期间(1991—1995年)

1995年,阿图什市工业企业克服各种困难,进一步深化内部改革,以效益为中心组织生产,努力提高产品质量,增加品种,提高效益,年初组织城市经济工作队长期深入各企业单位了解情况,解决问题,促进工业生产发展。1995年,完成全部工业总产值4193万元,完成计划92.1%,较上年增长6.7%,其中国有企业产值735万元,较上年增长36.3%。完成主要工业产品产量:加碘盐11829吨,完成年计划的118.3%。陆地棉1443吨,完成年计划的103.1%。面粉、果脯、铅锌矿石都有不同程度的增加。

二、"九五"期间(1996—2000年)

阿图什市委、市政府高度重视企业工作,不等不靠,按照党的十五大经济体制改革的总要求,认真学习中共十五届四中全会精神,积极推进企业改革,加强企业宏观管理,加大企业改革力度,狠挖企业内部潜力,调整和完善所有制结构,降低生产成本和费用,提高产品市场竞争力。2000年,全年完成工业总产值3831万元,完成年计划95.7%,比上年增长0.8%;主要工业产品产量生产情况:加工盐9473吨,完成计划67.7%,比上年减少42.4%;轧花1089吨,完成计划108.9%;自来水323万吨,完成计划89.7%;铅锌矿石4500吨,完成计划150%;地毯1600平方米,标准小麦粉6360吨,烧结砖2000万块。

三、"十五"期间(2001—2005年)

阿图什市本着"互惠互利,互补互促,共同发展"的原则,着重加大招商引资工作力度,优化引资环境,提高招商引资质量,加快推进融合性经济的发展。2005年,全年规模以上工业企业完成工业总产值1.5亿元(现价),同比增长13.28%。加工盐9000吨、标准小麦粉500吨、自来水供应量340万吨。

四、"十一五"期间(2006—2010年)

阿图什市加快园区基础设施建设,强化招商引资力度,确保工业经济向好发展。2010年,投入资金3800万元,完成园区6条14千米油路铺设;完成日处理污水3500立方米园区氧化塘和排水管网铺设工程;新增1000万立方米/年工业园区引水工程;全市招商引资实际到位资金6.3亿元,增长30%,完成全年任务126%。全年工业总产值(速度按工业可比价计算)完成4.93亿元,同比增长24%,其中规模以上工业总产值完成4亿元,同比增长40.23%,规模以下工业总产值完成9300万元,下降12.05%。完成固定资产投资9.3亿元,完成年计划103.3%。2010年,阿图什市重点实施游牧民定居工程、保障性住房、抗震安居、学前"双语"教育、低产田改造项目、重点县市小型农田水利建设、市商业文化广场、城市环境综合治理项目、市审判法庭、哈拉峻乡至吐古买提乡道路、乡镇干部周转房建设等一批重大项目,确保阿图什市经济快速向好发展。

五、"十二五"期间(2011—2015年)

2015年,阿图什市工业结构逐步优化。投资1.2亿元完成小微服装服饰产业园二期、三期建设和就业创业孵化基地二期建设,新建标准化厂房29栋3.74万平方米,库房6栋7200平方米;帕米尔路西延、兴业大道、昆山产业园至轻工业园区等道路建成通车;市医院新区、司法环保国土综合楼、园区污水处理厂等项目加快推进;园区新建市委党校、派出所等项目建成投入使用。积极落实产业发展优惠政策,努力培育新的经济增长点。2015年,启动实施中兴能源光伏发电及配套等项目5个,完成投资11.6亿元。全面落实小微企业扶持政策,实施自治区"短平快"项目,纺织服装"成长工程"等项目64个。加大招商引资力度,签约项目12个,园区新增企业38家,实现招商引资到位资金22.82亿元。永党农业、国利华服饰等企业相继投产,全市实现工业增加值6.41亿元,同比增长2.7%。

第三节 服务效益

一、"八五"期间(1991—1995年)

阿图什市城乡经济繁荣,市场购销两旺,各族群众必需的生活品和生产资料供应充实,货源充足。1995年,全市社会商品零售总额10809万元,比上年增长5.4%;全年完成进出口额3655万元。

二、"九五"期间(1996—2000年)

"九五"期间,阿图什市农业喜获丰收,农村经济持续发展。阿图什市委、市政府认真贯彻落实中共十五届三中全会和中央、国务院"关于做好2000年农业和农村工作的意见"以及自治区、自治州农村工作会议精神,坚定不移地把发展农业和做好农村工作放在经济工作的首位,坚持实施"增粮、稳棉、兴牧、上园艺"工作思路。以市场为导向,积极调整和优化种植业结构,加大对农业科技的投入,提高农业科技含量,进一步强化水利基础设施建设,保持现有耕地面积,改善农业生产条件和生态环境,加快农副产品加工转化和流通,狠抓各项增产措施的落实，全市农牧业生产又获大丰收。2000 年，农业总产值 1.53 亿元，完成计划 99.5%，粮食播种面积 1.3 万公顷，完成计划 97.8%，粮食产量创历史最高纪录，总量 63340 吨，完成计划 96.7%，比上年增产 81.8 万吨；棉花播种面积 926.67 公顷，总产（皮棉）123.43 万千克，完成计划 117.5%；油料播种面积 206.67 公顷，总产 66.93 万千克，比上年增长 9.13 万千克。年末牲畜存栏 38.85 万头（只），完成计划 98.6%，比上年增加 1.01 万头，增幅 2.6%。向社会提供商品畜 19.3 万头（只），商品率 51%；牲畜繁殖成活率 96%；肉类总产量 5300 吨，比上年增长 4.5%。进一步加大扶贫力度，提高扶贫质量，全年脱贫 1019 户 4583 人，取得一定的经济效益和社会效益；全年植树造林面积 1080 公顷，完成计划 81.8%，其中经济林 953.33 公顷，全市园艺面积 0.4 万公顷；改造中低产田 833.33 公顷，修建防渗渠 85 千米。

三、“十五”期间（2001—2005 年）

“十五”期间，阿图什市积极加大商贸流通领域的改革力度，大力开拓农村市场，努力提高城乡居民购买力，扩大消费。加强市场物价调控和监管力度，认真落实“控价”目标责任制，积极加强城乡市场建设，确保市场价格平稳，商品流通顺畅，购销两旺，市场繁荣，人民生活水平得到进一步提高。2005 年，全社会消费零售总额 2.36 亿元，同比增长 13.77%，商品零售价格指数和居民消费价格指数分别为 98.2% 和 98.6%。

四、“十一五”期间（2006—2010 年）

阿图什市充分发挥中心城市的优势，以规划为引领，力争实现“产业定位提升、服务规模提升、引资力度提升、城市功能提升”。以编制《阿图什国民经济和社会发展第十二个五年规划纲要》为契机，全面制定行业的发展规划，实现有序发展、有计划提升。积极发展提升商贸连锁、零售、餐饮、酒店服务等传统服务业，鼓励支持金融、保险、信息和法律服务等现代服务业，多措并举开发建设具有阿图什特色的旅游业，扩大住房、汽车、通信、教育、文化、旅游等消费热点，推动消费升级，提高消费总量，促进商贸资本向基础产业和城市基础设施等领域扩张，推进工业化、城市化进程。2010 年，以“三产”带动第一、二产业升级，产业升级支持市场发展，实现双向互动，共同繁荣，从而提升城市经济区域内的地位，增强城市发展对全市经济发展的聚集、辐射和带动能力。

五、“十二五”期间（2011—2015 年）

阿图什市实施商贸旺市战略，加快发展第三产业。抢抓建设丝绸之路经济带历史机遇，大力发展现代服务、服装服饰、民族旅游、民族餐饮、商贸物流等产业，加快推进第三产业提档升级。2015 年，推进农超对接和供销“新网工程”，健全市、乡、村三级便民综合服务体系，新建村级综合服务社 5 家，培育自治区级示范专业合作社 1 家。完善旅游景区设施，强化景区宣传推介，做精做优旅游产业。积极引导个体私营、民营企业大力发展服务产业，加大政策鼓励扶持，培育新的经济增长点。

1995—2015 年阿图什市工农林牧产值结构情况一览表

表 7－1

年份	工业总产值（万元）		农业总产值（万元）		林业总产值（万元）		牧业总产值（万元）	
	现价	增速（%）	现价	增速（%）	现价	增速（%）	现价	增速（%）
1995	4573	－40.28	13286	17.96	105	－38.24	5150	18.07
1996	6360	39.08	14287	7.53	254	141.9	5519	7.17
1997	7143	12.31	15776	10.42	281	10.63	5598	1.43
1998	7696	7.74	19279	22.20	294	4.63	6170	10.22

续上表

年份	工业总产值(万元)		农业总产值(万元)		林业总产值(万元)		牧业总产值(万元)	
	现价	增速(%)	现价	增速(%)	现价	增速(%)	现价	增速(%)
1999	7332	-4.73	17000	-11.82	449	52.72	7535	22.12
2000	10246	39.74	16476	-3.08	497	10.69	7944	5.43
2001	8643	-15.65	17199	4.39	395	-20.52	8419	5.98
2002	8355	-3.33	17420	1.28	465	17.72	8992	6.81
2003	10776	11.8	19886	14.16	791	70.11	10586	17.73
2004	16604	8.31	23356	17.45	509	-35.65	12237	15.6
2005	18048	10.29	26660	14.15	664	30.45	13445	9.87
2006	27042	49.8	28384	8.73	911	37.20	14685	9.22
2007	32334	32.2	30929	8.97	945	3.73	16327	10.57
2008	32981	-7	34503	11.55	953	0.85	18013	10.33
2009	31644	7.89	40019	15.98	1069	12.15	20041	11.26
2010	55661	43.12	36105	-8.27	1180	10.16	23734	11.15
2011	116613	84.86	43279	12.18	1170	-12.45	26749	5.77
2012	142673	21.52	50500	12.56	1344	4.72	31750	7.73
2013	163212	16.97	64852	5.88	1496	1.15	36298	6.44
2014	182231	11.65	76480	16.35	1549	2.48	43123	3.06
2015	200753	33.9	82798	7.76	2199	2.39	46598	6.53

第二章　经济结构

第一节　所有制结构

1995 年,阿图什市国民经济和社会发展以邓小平建设有中国特色的社会主义理论为指针,抓住机遇,深化改革,扩大开放,促进发展,保持稳定的工作大局。完成由传统的计划经济体制向社会主义市场经济体制的转变,坚持公有制为主体,多种经济成分全面发展,建立起较完善的社会主义市场经济体制。阿图什的工业生产从无到有、从小到大,得到迅速发展。1995 年,阿图什市工农业总产值 17832.52 万元,较上年增长 5.65%;工业总产值 3878 万元,较上年增长 12.2%,工业总产值占全市工农业总产值 21.75%。

2003 年,全市乡镇企业数增加至 8268 个 14107 人,全年完成地区生产总值 59023 万元,完成年计划 101.76%,比上年增长 11.78%。全部工业总产值 10776 万元,按经济类型分组,国有经济 1432 万元,占全部工业总产值 13.29%;集体经济 239 万元,占全部工业总产值 2.23%;城乡个体工业产值 2521 万元,占全部工业总产值 23.39%;其他经济类型产值 6584 万元,占全部工业总产值 61.09%。按轻重工业分,以农产品为原料的轻工业产值 4499 万元,以非农产品为原料的轻工业产值 2813 万元,重工业中采掘工业产值 1358

万元，原料工业583万元，制造工业1523万元。

2013年，全市生产总值33.8亿元，是2003年5.9023亿元的5.73倍；固定资产累计投资30.5亿元，是2003年2.15亿元的14.19倍；地方财政收入4.15亿元，是2003年3062万元的13.55倍；农牧民人均纯收入4350元，是2003年1537元的2.33倍。

2015年，全市完成地区生产总值44.61亿元，同比增长14.2%；全社会固定资产投资完成46.4亿元，同比增长20.9%；公共财政预算收入完成3.07亿元；招商引资实际到位资金22.82亿元，同比增长15%；社会消费品零售总额完成11.32亿元，同比增长14.4%；城镇居民人均可支配收入2.1万元，同比增长12.3%；农牧民人均纯收入6010元，同比增长15.4%。城镇新增就业3259人，城镇登记失业率1.82%；人口自然增长率12.94‰。阿图什市不断强化园区基础设施建设，提升园区承载力和产业聚集力。

第二节　产业结构

1995年，全市生产总值24608万元。其中第一产业9527万元、第二产业3206万元、第三产业11955万元，人均生产总值1355元。1996—2000年，实施了国民经济和社会发展第九个五年计划，阿图什市在发展农牧业和工业的基础上，加快第三产业的发展，产业结构得到合理调整。2006年，阿图什市合理调整第一产业结构，加快农业农村发展，把解决"三农"问题作为经济工作的重中之重，坚持"调优种植业、突出畜牧业、大上林果业"的发展思路，把粮食生产与结构调优和增加农民收入结合起来，加强农业和农村经济工作。计划粮食播种面积0.87万公顷，加强田间管理、深施化肥等方式努力提高粮食单产，粮食总产5万吨。计划棉花播种面积1386.67公顷，产量达到2200吨。计划牲畜存栏达46万头（只），出栏牲畜31.95万头（只），商品率达61%。树立品牌意识，壮大特色产业。推广木纳格葡萄品牌，合理扩大种植面积。建立绿色商品基地，扩大无公害生产，加快引进、扶持一批龙头企业，提高其附加值。加大农业科技培训力度，努力提升农牧民劳动技能，引导农村富余劳动力转移到第二、三产业，2006年，农民工劳务输出达1.3万人次，创收2300万元。

2010年，阿图什市以结构调优为主线，以农业增效、农民增收为中心，大力推进农牧业建设力度，为农牧民增收增效提供可靠的保证。全市农林牧渔业总产值6.39亿元，比上年下降4.82%。农作物总播种面积1.73万公顷，其中粮食作物播种面积1.24万公顷，比上年下降11%，总产量6583.32万千克，比上年下降8.9%；棉花种植面积0.21万公顷，比上年下降0.9%，总产量308万千克，比上年下降4.07%；狠抓木纳格葡萄品质提升，葡萄挂果面积4666.67公顷，产量8.4万吨，由于受2010年低温雨水天气和"9·16"特大洪灾的严重影响，葡萄损失约1亿元。全年完成植树造林0.27万公顷，新开发核桃、葡萄特色林果业建设0.16万公顷。强力推进设施农业规模化、产业化发展，投资1.12亿元，新建日光温室1000座，2010年投入种植665座。牲畜存栏47万头（只），出栏36.7万头（只），出栏率78%，商品畜30.5万头（只），商品率65%，新增养殖大户255个，农牧民专业合作社11个。大力发展养殖小区（场），新建养殖小区19座，竣工18座。重大动物疫病防控体系不断完善，防疫密度达100%。劳务输出4.2万人（次），实现经济创收5925.8万元；积极创新扶贫工作机制，发放扶贫贴息贷款2200万元，使4304户贫困户受益，解决1024户4710人脱贫问题。

"十二五"时期，产业结构得到进一步优化。全市产业比重由2010年末的17.7:17.1:63.2转变为2015年末的14.5:24.5:61；工业增加值在三次产业中的比重逐年上升，工业增加值占地区生产总值的比重由2010年8.7%到2015年的14.4%，产业结构由以第三产业带动为主向工业、服务业和农业共同带动转变。城镇化率水平逐年提高。

2015年末，地区生产总值（GDP）44.6亿元，年均增长14.9%；人均生产总值16221元，年均增长12.2%。其中：第一产业增加值6.46亿元，年均增长5.9%；第二产业增加值10.9亿元，年均增长22.6%（其中工业增加值6.41亿元，年均增长23.9%；建筑业增加值4.5亿元，年均增长21.3%）；第三产业增加值27.29亿元，年均增长14.9%。公共财政预算收入3.06亿元，年均增长25.2%；全社会固定资产投资154.6

亿元,年均增长37.9%;全社会消费品零售总额11.3亿元,年均增长17.7%;招商引资到位资金99.8亿元,年均增长36.1%。

1995—2015年阿图什市国民生产总值、三大产业结构、人均生产总值情况一览表

表7-2

年份	生产总值(亿元)		第一产业(亿元)		第二产业(亿元)		第三产业(亿元)		人均生产总值(万元、人)	
	现价	增速%	现价	增速%	现价	增速%	现价	增速%	现价	增速%
1995	2.47	5.6	0.95	2.1	0.32	-18.4	1.96	17.9	0.14	15.9
1996	2.76	2.8	1.03	1.1	0.38	5.4	1.34	3.7	0.15	10.2
1997	2.99	10.1	1.13	5.7	0.30	11.2	1.56	13.4	0.16	7
1998	3.33	9.5	1.50	5.9	0.41	15.7	1.43	10.7	0.18	10.3
1999	4.11	10.5	1.41	-4.5	0.612	50.3	2.09	11.1	0.21	22
2000	4.37	5.2	1.42	-0.5	0.611	-10.1	2.34	14.4	0.22	3.1
2001	5.41	25.2	1.48	2.9	0.56	16.2	3.38	41.1	0.27	20
2002	5.99	9.2	1.55	3.2	0.71	27.1	3.74	8.1	0.29	8.4
2003	6.99	11.4	1.76	10.1	0.87	11.3	4.36	10.2	0.33	14.7
2004	8.33	14.81	2.34	9.52	1.26	24.9	5.08	8.8	0.38	16.8
2005	9.19	7.8	2.61	9.1	1.28	-6	5.30	3	0.42	8.23
2006	10.46	10.5	2.88	5.6	1.68	23.3	5.90	9.9	0.47	12.22
2007	11.96	12.8	2.99	1.7	2.04	21.5	6.93	15.7	0.52	12.39
2008	14.35	7.5	3.25	6.8	2.36	-3.2	8.74	10.7	0.61	8.4
2009	15.29	8.75	3.44	4.65	2.22	8.89	9.63	10.23	0.64	5.1
2010	17.43	10.25	3.43	-2.98	2.99	21.17	11.0	12.26	0.71	7.6
2011	23.29	19	3.97	8.2	5.24	30.5	14.1	19.2	0.93	16
2012	27.97	15	4.46	6	6.56	23.2	16.9	15.1	1.1	13
2015	70	32	6	11	30	59	34	25	>2.6	30

第三章 固定资产投资

第一节 投资概况

1995年,完成固定资产投资3926万元,其中国有单位固定资产投资3632万元,基本建设3212万元。1996—2000年,基本建设投资及建设项目295个,完成固定资产投资62652万元。2001—2005年,建设项目

209 个，完成固定资产投资 133649 万元。到 2009 年，固定资产投资总额稳步上涨，重点项目建设进展缓慢。实施项目 103 个，全社会固定资产投资累计完成 86654 万元，同比增长 27.13%。其中城镇投资 37162 万元，同比下降 2.8%，农村投资 47392 万元，同比增长 48.05%，房地产开发投资 2100 万元。第一、二、三产业投资全面增长。固定资产投资中，第一产业投资 3209 万元，同比增长 70.69%；第二产业投资 31192 万元，同比增长 28.15%；第三产业投资 52253 万元，同比增长 24.59%。

到 2015 年，阿图什市继续采取高位推动措施，加强项目立项和资金争取工作，继续贯彻落实国家宏观调控各项政策，坚持以科学发展观为统领，加快产业结构调整，加大招商引资力度，推动固定资产投资的增长。

第二节　投资方向

1995—1999 年，阿图什市的主体投资投向在国有单位、城镇集体、农村集体和城镇私人建房。2000 年以后，社会固定资产投资方向股份有限公司发展。2002—2015 年，社会固定资产投资方向新增加个体私营、房地产开发渠道。

1995—2005 年阿图什市全社会固定资产投资投向情况表

表 7－3　　单位：万元

年份	总额	国有单位	城镇集体	农村集体	股份有限公司	私营及个体	房地产开发	城镇私人建房
1995	3926	3632	31	—	—	—	—	263
1996	7718	5935	106	217	—	—	—	1460
1997	9795	6867	14	290	—	—	—	2624
1998	12142	9354	—	6	74	—	—	2708
1999	16594	11721	—	—	—	—	—	4873
2000	16403	10317	50	—	2598	—	—	3438
2001	14510	9088	20	—	450	—	—	4952
2002	18155	15166	—	—	135	—	610	2244
2003	23110	10977	—	—	7145	800	2519	1669
2004	42045	18338	200	—	5300	3150	12421	886
2005	35829	20626	230	—	2900	3100	300	1543

2006—2015 年阿图什市全社会固定资产投资结构情况表

表 7－4

年份	全社会固定资产投资总额							
	总额		城镇投资		房地产投资		农村投资	
	万元	增减%	万元	增减%	万元	增减%	万元	增减%
2006	53860	50.32	38350	—	—	—	15510	—
2007	65120	20.91	41418	8.00	2800	—	20902	34.76
2008	68160	4.67	36149	－12.72	—	－100	32011	53.15

续上表

年份	全社会固定资产投资总额							
	总额		城镇投资		房地产投资		农村投资	
	万元	增减%	万元	增减%	万元	增减%	万元	增减%
2009	86654	27.13	37162	2.8	2100	—	47392	48.05
2010	93024	7.36	48274	29.9	7000	2.33倍	37750	-2.34
2011	142138	52.8	102172	99.4	9406	34.4	30560	-12.1
2012	250743	76.4	190742	86.7	27385	1.91倍	32616	6.7
2013	305522	21.8	217130	14	31200	13.7	57192	72.3
2014	383900	25.65	—	—	26590	-14.78	—	—
2015	464000	20.9	—	—	69368	160.88	—	—

第八编　农　业

阿图什市农业以种植业为主,畜牧次之。盛产瓜果,有木纳格葡萄、无花果、卡拉库赛甜瓜、胡安纳杏、石榴、核桃等特色果品,有“中国木纳格葡萄之乡”“无花果之乡”的美称。1995 年是国民经济和社会发展“八五”计划最后一年,全市农业产值 13286 万元,同比增长 0.5%。

1998 年,农村开始执行第二轮土地承包制,土地承包年限延长到 30 年。土地在承包期内可以流转,农民种田积极性大大提高,农业产业结构调整不断优化,优质化肥、高效低毒农药、优质品种得到广泛推广。农业生产实现增产、增收、增效的目标,完成农业总产值 25815 万元,其中农业产值 19279 万元,占总产值的 74.68%。

2010 年,全市完成农林牧业总产值 65938 万元,其中农业产值 36105 万元,比 1994 年增长 5.85 倍,农民人均纯收入 2096 元。

2015 年,农村经济总收入 13.44 亿元,其中第一产业收入 6.85 亿元,其中农业收入 4 亿元,林业收入 0.33 亿元,畜牧业收入 2.5 亿元,渔业收入 0.79 亿元;第二产业收入 0.99 亿元;第三产业收入 2.35 亿元;劳务输出 4.6 万人次,创收 3.25 亿元。农牧民人均收入 6010 元,村集体经济收入 237.69 万元。

第一章　农村经济体制改革

第一节　农村土地经营制度改革

一、农村土地使用权制度改革

阿图什市的农村土地分为国家所有土地和集体所有土地。阿图什市农经局管理的范围是集体所有制土地,以家庭承包方式发放给农户。1998 年,开始实行第二轮土地承包制,土地重新分配,农户重新签订承包合同。第二轮土地承包制延长承包期为 30 年,土地在承包期间可以流转。农村承包土地权包括所有权、承包权、经营权(使用权)。农村的承包土地所有权属于集体所有或国家所有,性质不变;承包权属于承包者,在法定期限内不变;经营权(使用权)属于法定经营者(使用者),法定期限内不变,始终遵守有关法律法规、政策,履行合同内容,原则不变。

二、产业结构调整

1995 年,在农业部举办的全国第二届农业博览会上,阿图什市木纳格葡萄获得金奖,自此,在"十五"期间,市委、市政府提出"强攻畜牧业,大上特色林果业,规模发展二、三产业"的农业产业化发展方针,通过优惠政策的引导、资金的强力扶助和科技体系支撑等一系列举措,引导果农由一家一户、分散量少的种植方式向着大田规模化生产模式转变。在推进产业化进程中,围绕"特色抓品质、规划抓布局、市场抓营销"模式,根据葡萄生长繁育期,编制出系统全面、清晰易懂的木纳格葡萄种植管理《工作年历》,人手一册配发给果农,作为种植技术要点和管理操作要求的参照,以推动木纳格葡萄产业向着科学化种植、标准化管理迈进。

2010—2015 年,阿图什市农业农村经济发展按照"三区"建设为目标,以松他克乡、阿扎克乡木纳格葡萄、无花果为主的园艺主产区;上阿图什镇、阿湖乡冬小麦为主的粮食保护区;哈拉峻乡、吐古买提乡牛羊繁育,肉奶、毛皮加工为主的牧业区和格达良乡棉花、甜瓜、黑绵羊为主的农牧结合区为重点,进一步优化农村产业布局,推进优势产业带建设,促进块带经济快速成长。实施品牌战略,做大做强木纳格葡萄、无花果为主的特色林果业品牌。粮食面积稳定在 0.8 万公顷,蔬菜面积发展到 0.1 万公顷;棉花面积达到 0.33 万公顷;产业结构不断优化。加快农业先进实用技术推广,积极发展无公害、绿色、有机农产品,提高农业的科技含量,不断增加农牧民的收入。加快农民素质、技能、经营的培训,到 2010 年全市 75% 以上的农民通过培训,实现农民素质的快速提升,成为新农村建设的主导力量。

三、农业社会化服务和农业产业化建设

2009—2012 年,按照"三区一带"的发展战略,在沿 314 国道两侧的工业发展带,针对木纳格葡萄优势产业,培植出一批有实力、带动性强的企业入驻工业园区,通过引进葡萄深加工企业,积极发展葡萄分选、果汁加工和罐装产业,推进木纳格葡萄的产业化进程。同时,加快葡萄保鲜储藏项目和果蔬批发市场建设。强化农产品品牌意识,加强农产品品牌建设和市场营销,鼓励龙头企业基地签订单,与农牧民建立互利双赢的合作模式。着力培育扶持基础好、潜力大、带动能力强的骨干龙头企业,规划实施一批农业产业化重点项目。

2015 年,按照推进社会主义新农村建设的新要求,大力推进农业产业化进程,积极培育和壮大农业龙头企业,加强农产品市场体系建设,催生农业产业化经营组织,将农业的生产、加工、贮藏、销售等各个环节有机结合起来,拉长产业链条,增加农民收入,新成立农民专业合作社 12 个,比 2014 年增加 2 个。

四、减轻农牧民负担

1995 年,农村农民除了完成国家三种税收,包括农业税、特产税、牧业税,还要承担"三提五统"和"两

工”,三提即村提留,包括公积金、公益金、管理费;五统即乡统筹,包括教育费、民兵训练费、计划生育费、抚恤费、乡村道路修建费。当时的“三提五统”,市政府规定每亩(0.067公顷)耕种地1年提留1元,折价归户的每只标准羊1年提留1元。“两工”即劳动积累工和农村义务工,主要是建设水利设施,男性全劳力一年投工30天,男性半劳力和妇女一年15天,不出工的可以以资代劳。此外,农用水价格、农牧民饮水价格、农用家用电费价格、学费学杂费、农用物资(化肥、地膜等)价格等范围的价格因素都是属于农牧民负担范畴。2003—2005年,三年内运行农村税费改革,先后免掉村提留、乡统筹、减轻农牧民负担。2005年后,开展农牧民负担涉农价格自查收费工作,主要涉及土地管理、新农村建设、农村供水、有线电视等部门,对农牧民收费进行自查自纠。坚持对农牧民负担的监管,抓好农牧民收费价格“公示制”、农村订阅报刊费用“限制额”、义务教育“一费制”和涉及农牧民负担案件“责任追究制”,未发现问题。2015年,市政府发挥职能作用,有效控制农用资料价格涨幅度,农牧民满意当前的监督农牧民负担工作。

五、农村税费改革与粮补

(一)农村税费改革

2003年9月,根据中共中央、国务院《农村税费改革试点的通知》精神,自治区党委、人民政府下发《自治区党委、人民政府关于全面推行农村税费改革试点工作的意见》《新疆维吾尔自治区关于涉农收费管理有关政策规定》《新疆维吾尔自治区农业税征收暂行办法》《新疆维吾尔自治区农业特产税征收暂行办法》《新疆维吾尔自治区牧业税征收暂行办法》《新疆维吾尔自治区关于农业税附加、牧业税附加、农业特产税附加使用管理办法(试行)》《新疆维吾尔自治区村级“一事一议”筹资筹劳管理办法(试行)》6个农村税费改革配套文件,目的是减轻农民负担,规范农村收费行为。农村税费改革的主要任务是“三个取消、一个逐步取消、三项调整、一项改革”,即取消乡统筹、向农民征收的教育集资等行政事业性收费和政府性基金、集资、屠宰税;逐步取消统一规定的义务工和劳动积累工;调整农业税、牧业税及农业特产税政策;改革村提留征收办法。通过农村税费改革,确保农民负担明显减轻、不反弹,确保乡镇政权和基层组织正常运转,确保农村义务教育经费的必要投入。逐步取消“两工”后,向农民筹集资金和要求农民出工,采取村民“一事一议”的议事行为。按照一事一议、民主决策、民主管理、量力而行、群众受益、事前预算、上限控制的原则进行。2003年9月,阿图什市成立农村税费改革领导小组,并派出人员参加自治州农村税费改革培训班学习。11月,农村税费改革在全市正式铺开,12月底全面结束。当年,全市征收农牧业税、农业特产税及其附加共91万元,比上年减少12.8万元。

(二)免征农牧业税和种粮直补

继2003年农村税费改革后,党中央、国务院又出台更为重大的惠民措施,从2005年起,自治区全面免征农业税、牧业税、农业特产税,从此结束中国几千年来种地纳粮的历史。2006年,中共中央再次下发1号文件,继续大力加强“三农”工作,促进农村稳定、农业增效、农民增收,体现党和国家的惠民政策,对农民种粮食实行直接补贴的政策,在自治区粮食直补的基础上,由州、市财政局再拿出一部分资金用于直补。农民每种0.067公顷(1亩地)粮食,国家补贴31元,直接补贴给农民。当年全市共发放种粮补贴款39.2万元。到2015年,共发放农民种粮补贴款151.3万元,提高农民的种粮积极性。

1995—2015年阿图什市农业总产值一览表

表8-1

年份	播种面积(万公顷)	收获面积(万公顷)	单产(千克)	总产量(吨)	粮食作物		经济作物	
					面积(万公顷)	总产(吨)	面积(万公顷)	总产(吨)
1995	216200	216200	291	51240	162000	47095	54200	4145
1996	221300	221300	290	51659	167600	48594	53700	3065

续上表

年份	播种面积(万公顷)	收获面积(万公顷)	单产(千克)	总产量(吨)	粮食作物		经济作物	
					面积(万公顷)	总产(吨)	面积(万公顷)	总产(吨)
1997	226400	226400	299	55279	172200	51585	54200	3694
1998	224900	224900	317.6	61702	182000	57795	42900	3907
1999	223400	223400	329	65821	192000	63256	31400	2565
2000	233300	233300	327	66866	195600	64019	37700	2847
2001	223200	223200	345	63946	176300	60782	46900	3164
2002	233100	233100	350	65916	178200	62328	54900	3588
2003	219800	219800	356	64143	172700	61505	47100	2638
2004	214800	214800	375.6	61298	152000	57126	62800	4172
2005	211500	211500	374.3	60041	147700	55287	63800	4754
2006	199100	199100	406.3	57177	132900	54000	28800	3177
2007	199500	199500	404.5	57045	133500	54600	28820	3125
2008	220800	220800	383	59334	147000	56358	28500	2976
2009	28700	28700	346	75697	209100	72288	33500	3409
2010	252535	252535	346.4	87478.12	203635	70539.16	48900	16938.96
2011	282900	282900	372.3	75971	200700	72617	33600	3418
2012	293700	293700	336.7	87209	215600	83888	32400	3321
2013	30300	30300	319.7	94963	228200	91469	32600	3493
2014	353833.7	353833.7	406.6	95176	234097.3	91468.8	36103	3863.02
2015	361846.9	361846.9	401.2	145172.97	272281	109239.13	89565.9	35933.84

1995—2015 年阿图什市农牧民人均收入一览表

表 8-2

年份	人均收入(元)	年份	人均收入(元)	年份	人均收入(元)
1995	1026.82	2002	1363	2009	2058.38
1996	894.82	2003	1537	2010	2096.42
1997	1075.11	2004	1622	2011	2670
1998	1250.32	2005	1672	2012	3521.46
1999	1107.85	2006	1719	2013	4350
2000	1182.19	2007	1822	2014	5207.27
2001	1260	2008	1959	2015	6009.7

第二节　牧业经营管理体制改革

一、经营管理体制

1995 年,结然布拉克牧场有草场0.96 万公顷,其中人工打草地5 公顷,年产草2025 万千克,牲畜存栏头数3750 头(只),全年出栏牲畜2033 头(只)。2004 年初,结然布拉克牧场有84 户516 人,均为柯尔克孜族。全场耕地面积7.6 公顷,天然草场1.07 万公顷,打草地13.33 公顷,牲畜存栏4910 头(只),国营职工36 人,退休职工11 人。2004 年,经济羊场有国有土地32999 公顷,其中:天然草场23733 公顷,人工草场52 公顷;有352 户,1608 人,国有职工17 人,退休28 人。2005 年,阿图什市国有牧场进行改制,实行撤场并乡,撤场并乡后实行"一套班子、两块牌子"管理模式,即两场的领导由并入的乡党委、政府的干部兼任,结然布拉克牧场并入吐古买提乡结然布拉克村。小畜、小树作价归户,大畜、大树、土地、林带公开拍卖,全市406 名国有农牧工交纳养老统筹金。2008 年底,阿图什市国有牧场改制完成。

二、生产责任制

1998 年,为发展畜牧业与农牧区经济,使农牧民尽快致富奔小康,阿图什市全面实行牲畜折价归户的牧业体制。农牧民折价牲畜由市、乡牲畜折价归户领导小组确定,通过审查确定农牧民是否有购羊资格。2008 年,国有牧场体制改革完成,但阿图什市对农牧区发展产业结构不变,发展经济,逐步扩大再生产的牧业发展方向不变,加强草场、牧道、棚圈等建设。经营方向逐步向加强畜种改良,实现良种化,提高畜牧业的经济价值和经济效益方向转变。进一步加快牲畜出栏率和周转率,提高商品率,向畜牧业生产专业化、商品化迈进。

三、草场有偿使用责任制

1995 年,阿图什市草场实行长期分户有偿承包责任制,共颁发草场有偿承包合同书11 万份。其中单户110 户,承包草场71.43 万公顷;集体5 个,承包草场10.2 万公顷;发证草场总面积36.3 万公顷;完成草场承包户数3168 户,其中单户2864 户、集体304 户,人口17093 人,劳动力385 人,承包牲畜头数249148 头(只)。草场承包责任制的落实,给草原畜牧业的发展和草场的开发建设注入新的活力。此次草场承包年限为30 年,此后每年征收草场使用费10 万元,由草原管理部门统一收取,50% 上缴市财政使用,50% 留乡镇财政使用。

第三节　林权制度改革

根据《中华人民共和国森林法》《森林法实施条例》《中共中央、国务院关于全面推进集体林权制度改革的意见》《关于开展集体林权制度改革工作的意见》和《克孜勒苏柯尔克孜自治州集体林权制度改革实施方案》等一系列文件政策,2011 年12 月,阿图什市有步骤、有秩序地开展7 个乡(镇)、75 个村委会范围内的集体林权制度改革工作。阿图什市实有林改任务村委会72 个,参加林改农户10407 户52035 人。2015 年7 月底,全市已确权集体林地面积25166.67 公顷,发放林权证10407 本,已发放林权证面积24387 公顷,签订合同10407 本。

第四节　机电井产权制度改革

2005 年以前,阿图什市机电井数量较少,随着农田水利的发展,机电井产权分属私人和集体所有,实行谁建设谁管理。2005 年,根据国务院《水利工程管理体制改革实施意见》,提出小型农村水利工程要明晰所有权,实行农用机电井由阿图什市水管站和农民用水者协会统一管理,人饮机电井由所在村委会管理。为保证水源地工程机电设备和渠道工程的技术管理、用水管理和财务管理的有效实施,在所属灌区由市水管站设立水资源统一管理机构,对地下水、地表水实行统一调度、统一管理、统一计价收费,实行计划用水,超计划部分(抗旱期除外)由用水者缴纳一定费用。在市水管站领导下负责水源地工程的经营管理、机电设备和渠道工程的维修、地下水动态观测、技术指导、技术培训、机井节能节水的技术改造和配套挖潜等工作。2010—2015 年,按照市政府规定,所有用水户必须经由市政府批准、市水利局办理相关手续后才可新打机电井。机电井产权管理仍继续延续。

第二章　种植业

第一节　机　构

一、行政机构

1995 年,市农林局内设种植科、蔬菜办、园艺特产科 3 个科室,下设农业技术推广站、种子管理站、农经站、农广校、林管站,核定行政编制 10 名,实有 10 人。

1998 年,市农业局核定行政编制 14 名,实有干部 14 人,其中领导职数 2 人,内设办公室和能源办 2 个职能科室。

2002 年 10 月,市农业局核定行政编制 10 名,事业编制 2 名,其中领导职数 3 人,内设办公室、种植业管理科、乡企科 3 个职能科室。市农业局下辖市农经局、市农业技术推广站、市种子管理站和市农业广播电视学校 4 个全额拨款事业单位。

2003 年 7 月,市农业局事业编制增加为 6 个。2007 年 2 月,市农业局行政编制 10 名,核减机关事业编制为 1 名。

2009 年 1 月,成立阿图什市农产品质量安全检验检测中心,为农业局下属事业单位,人员编制从市农业技术推广中心连人带编抽调 10 人。

2010 年,市农业局内设办公室、种植业管理股、农业产业化发展科(农产品加工科、乡镇企业科),核定行政编制 14 名,事业编制 1 名。实有干部 14 人,工勤人员 1 人。下辖市农经局、市农业技术推广中心、市种子管理站、市农业广播电视学校。

2012 年,阿图什市农业局加挂乡镇企业局、农业产业化发展局、农产品加工局的牌子,为市政府工作部门,内设办公室、种植业管理股、农业产业化发展科(农产品加工科、乡镇企业科)3 个机构,核定行政编制 10 名,其中领导职数 3 名,机关后勤服务事业编制 1 名。

2015 年,市农业局实有 13 人。

二、事业机构

(一)阿图什市农业技术推广中心

1995 年,阿图什市农业技术推广站是事业单位,核定编制 45 名,实有 75 人,其中专业技术人员 64 人。

1999 年 4 月,市农业技术推广站更名为市农业技术推广中心。

2008 年,内设办公室、农业技术推广站、植保站、土肥站。核定编制 30 名,实有干部 30 人,其中领导 3 人。

2015 年,市农业技术推广中心内设办公室、栽培、植保、土肥 4 个办公室,下辖 6 个乡 1 个镇农业技术推广站,核定编制 45 名,实有干部职工 45 人,其中领导职数 3 个;干部 34 人,工人 11 人;管理人员 4 人。

(二)市种子管理站

1995 年,市种子管理站是阿图什市农业局所属的全额拨款形式的副科级事业单位,是提供社会公益服务的农业技术执法机构。核定编制19名，其中管理人员（单位领导正职）岗位1个、专业技术岗位9个、工勤人员岗位3个。

2010年，市种子管理站完成改制，从差额单位改为全额事业单位，从事种子经营，其他职能不变。实有人数19人，其中专业技术人员总数9人（其中中级工2人、初级工7人），工勤人员10人。

2015年，实有15人。

（三）市农村经济合作经营管理局

1995年，市农村经济合作经营管理站隶属市农业局，独立核算事业单位，核定事业编制10名（包括幸福街道办事处农经站）。

2004年，更名为市农村经济合作经营管理局，所属事务不变。

2005年，市农经局列入参照公务员管理单位。

2015年，市农经局核定编制10名，实有34人。

（四）市农广校

1995年，市农广校内设办公室、财务室2个科室，隶属市农业局管理。核定全额拨款事业编制5名，有干部职工5人。

2006年，市农广校挂农牧民科技教育培训中心牌子；2009年，挂星火学校牌子。是一所农村"农民终身职业教育"的重要培训机构。

2010年，市农广校有编制5名，其中领导职数1个，实有专业技术人员5人。

2015年，学校拥有专业的职业教育设备，包括农民培训场所、培训教室、办公用房、相应的教学设备等，硬、软件设施较好。拥有一支专职辅导教师为骨干，兼职与专职相结合的较高素质的辅导教师队伍。有专职教师7人，都有较好的专业教学和实地教学经验，其中管理人员1人、中级教师4人、初级教师2人；兼职教师21人，其中高级教师4名、中级教师13名、初级教师4名。

（五）市农村能源环保工作站

2010年，市农村能源环保工作站核定编制7名，其中领导职数2名。副科级建制，属于农业局下属事业单位。

2015年，实有7人。

（六）农业产业化办公室和乡镇企业科

2003年3月设立农业产业化办公室和乡镇企业科，是农业局的下属科室，负责农业产业化、农产品加工、乡镇企业管理等工作。

（七）农产品检验检测中心

2011年成立农产品检验检测中心，股级事业单位，编制15个，实有人数10人，2015年编制10个，实有人数10人。主要负责农产品质量监管、农药残留检测工作，兼管农业投入品使用情况。

第二节　农业区划

一、农业综合区划

阿图什市农业综合区划分为2个一级区，3个二级区。

（一）北部山地牧区

（二）西南平原农牧区，北区又分为3个二级区。

1. 恰博宽谷小麦，玉米，瓜果，牛羊，林区。
2. 城郊粮食，园艺，副业区。
3. 格达良粮食，棉花，瓜类，牛羊区。

二、种植业区划

根据种植业自然条件和生产特点,依据发展种植业的自然条件和社会经济条件,种植业特征和发展方向,种植业生产的关键问题和建设途径几方面的相对一致性,并尽量保持行政村行政界线完整性的原则,全市种植业区划共分为5个一级区。

(一)格达良棉花,瓜区

面积116平方千米,海拔1195~1250米,耕地4800公顷,人口1.92万人。本区地势平坦,土壤含盐量高,地形四周高,中间低,排水不畅,土壤盐分不易随水排出,积盐容易,脱盐困难。地面水充足,地下水位高,土壤盐碱大,压碱排盐要用大水。本区年平均亩引水量1595立方米,居全市之首,盐碱地潮湿。春季地温低,土壤潮湿冷凉,小麦返青晚。土地贫瘠,土壤养分缺乏,平均有机质含量12.96g/kg,全氮含量0.7565g/kg,碱解氮含量5.7mg/kg,速效磷含量37.5mg/kg。

(二)阿扎克,松他克葡萄,小麦,玉米区

本区气候干旱温暖,年平均气温13℃,年≧10℃积温4670℃,无霜期240天,年日照时数2745小时,降水量78毫米,蒸发量3200毫米,土壤有机质含量18.15g/kg,全氮含量0.72~1.876g/kg,碱解氮含量44.2~147mg/kg,速效磷含量6.1~63.5mg/kg。本区人多地少,气候炎热,蒸发量大,水量不足,引水量不能满足作物的适期播种和生长的需要。但年积温全市之冠,无霜期长,可进行一年两熟种植。

(三)上阿图什小麦,玉米,林果区

本区居恰克马克河中游,水量基本能满足作物生长需要,耕地面积较少,但土质好,土壤有机质含量16.15g/kg,全氮含量0.597~1.077g/kg,碱解氮含量37.5~85.5mg/kg,速效磷含量5.4~15.8mg/kg。年平均气温11℃。个别年份冬季极端最低气温达-26℃,对冬小麦及果树造成不同程度的冻害。

(四)阿湖小麦,玉米区

本区年平均气温12.4℃,极端最低气温-24℃. 全年日照时数2475.2小时。无霜期195~200天,土壤有机质含量27.895g/kg,全氮含量1.401g/kg,碱解氮含量110.6mg/kg,速效磷含量50.9mg/kg。本区位于博古孜河中游,水源近,水量较充足,年引水量0.234亿立方米,平均每亩毛灌水量808立方米。本区有耕地2213公顷,人均耕地0.23公顷,气候比牧区热。

(五)吐古买提,哈拉峻小麦,玉米区

本区有耕地1969.60公顷,人均耕地0.075公顷,气候凉爽,年平均气温8.7℃,无霜期125天,土壤有机质含量19.44g/kg,全氮含量1.066g/kg,碱解氮含量61.65mg/kg,速效磷含量8.4mg/kg。

第三节　粮食作物

阿图什市属高寒山区,无霜期短,受气候影响,只适宜种植冬小麦、青稞、蚕豆、豌豆、油菜等耐寒农作物。1995年有小麦、玉米、棉花、葵花。1997—1999年,在全市大力推广地膜玉米,但成本较高,劳动强度大,品质又较差,不受农民欢迎。由于大部分土地土质差,耕作粗放,产量不高。2015年,大力推广棉花宽膜密集种植技术,产量相对其他农作物取得较好的效果。

一、小麦

小麦是阿图什市主要粮食作物之一。

(一)播种面积及产量

2010年以后,阿图什市农业局积极落实中央惠农政策,坚持围绕提高产量、改善品质、增加效益的原则,大力推广保优、节本、增效技术。

至2015年,实际完成小麦种植1.01万公顷,主播品种新冬20号,单产401.6千克,总产6368.82万千克。

（二）主播品种特性

主播小麦品种"新冬20"的特性为弱冬性、早熟类型。籽粒白色、饱满、角质，千粒重39～41克。穗长方形，长芒白壳。穗长7.1厘米，主穗粒数40粒，结实小穗数18个左右，小穗排列紧密。株高70～75厘米，株型紧凑，茎秆粗壮，抗倒伏能力强，穗层整齐。分蘖力中等，分蘖成穗率较高。全生育期238天。抗寒性较强，耐水肥，抗倒伏性强。中抗条锈病、叶锈病，耐白粉病。

二、玉米

玉米是阿图什市主要粮食作物之一，在粮食作物播种面积中仅次于小麦。

（一）播种面积及产量

1995年，全市主要播种品种是"京早"八号玉米和当地玉米早熟品种。2006年，玉米播种面积2666.7公顷，其中正播1333.3公顷，复播1333.3公顷。玉米单产由2005年400千克提高到500千克，总产2万吨。2012年，全市总播面积5400公顷，单产414千克，总产量33717.3吨，主播品种：SC－704、新玉901号和905号。

2015年，完成正（复）播玉米种植6913.3公顷，主播新玉905号、901号等品种，单产430千克，总产4461.59万千克。

（二）主播品种特性

1."新玉901"

复播90天左右，生长势强，抗逆性好，病虫害轻，株高170厘米，穗位高70厘米，全株18片叶，穗长17厘米，每穗18厘米，每行30～35粒，千粒重240～260克，出籽率80%，易出现秃顶，单株粒重130～140克，留苗密度5500～6000株，全生育期浇水3～4次。

2."SC－704"

属中晚熟品种，生育期116～135天，株高280～320厘米左右，穗位高110～120厘米，茎粗2.6厘米，全株叶片21～22片，穗下部叶片平展，穗上部叶上举，茎叶深绿叶鞘紫红色，果穗长筒形，全苞叶，穗长22～25厘米，籽粒黄色马齿型，千粒重330～350克。生育后期籽粒脱水快，出籽率85%。

第四节　经济作物

一、棉花

阿图什市棉花种植区主要在格达良乡。

（一）棉花种植面积及产量

1995年，棉花种植面积0.05万公顷。2001年，引进"中棉43号"，种植0.12万公顷。2007年，从阿克苏地区引进"中棉49号"，该品种产量高，衣分高，绒长，在全市推广种植面积0.19万公顷。2012年，棉花种植面积0.21万公顷，主播品种"中棉43"和"中棉49号"，单产101.9千克，总产3226吨。

2015年，种植面积5006.67公顷（包括个体私营种植大户），主播品种新陆中40号，皮棉单产117.4千克，总产882.48万千克。

（二）主播品种特性

"新陆中40号"的特征特性为早中熟陆地棉，株型较紧凑，Ⅰ～Ⅱ式果枝。叶色深绿，叶片中等大小，裂缺较深。生长势较强，整齐度好，一般株高65～70厘米，结铃性强，铃卵圆形、铃较大，单铃重6.2～6.8克，衣分43%～45%。籽指10.7克、抗枯、耐黄。生育期135天左右，品质优，纤维品质符合纺织工业对优质棉纺的需求。

（三）田间管理

早定苗，加强中耕和化控，促进棉花稳健生长，棉苗壮而不旺，实现5月中下旬现蕾，6月中旬开花。播种后要及时查苗、补种,行间露地浅耕 1~2 次。棉苗 1~2 真叶时开始定苗,2~3 真叶结束,每亩保苗株数 6500~7500 株左右。覆盖棉田苗、蕾期一般不追肥,盛蕾初花期肥要轻施,结铃盛期要重施,氮磷比例为 1:0.4~0.5。6 月下旬棉田始花时灌第一水,二水与一水间隔时间 10~15 天。初花期追肥浇水后,为防止棉花徒长,可喷洒棉花缩节胺,协调营养生长和生殖生长之间的矛盾。在果枝铃数达到 8~10 个时,应立即开始打顶。最佳打顶时间在 7 月 5—15 日,7 月 20—25 日结束。

二、瓜果蔬菜

2012 年起,全市日光温室大棚全部投入生产,主要种植蔬菜、蘑菇、花卉、果树 4 大类 30 多个品种,棚均收入 1.3 万元。

(一)瓜类

1. 西瓜

阿图什本地西瓜有早熟及晚熟两大类。早熟品种群众称“其里克塔吾孜”,4 月上旬下种,7 月下、中旬成熟。瓜圆形,体小,单瓜重量 1.5~2 千克,绿皮或黄绿皮色,花纹不明显,红瓤黑籽,一般夏季食用,不耐久存。晚熟品种群众称“加格达塔吾孜”,播种期从 4 月上旬至 6 月上旬。且可在小麦收获后进行复种。成熟期也较晚。瓜体大,圆形,或椭圆形。一般单瓜重量 3~5 千克,皮色绿色、浅绿色、黄绿色,多红瓤,也有小量黄瓤,籽黑色或黄色,含糖量高,折光糖 9%~13%。皮厚耐远运和贮存,当地农民可保存到次年春天。2015 年,全市西瓜种植面积 80 公顷,产量 120 吨。

2. 甜瓜

甜瓜是当地群众主要食用瓜,维吾尔语称“库洪”。农区家家种植,夏秋待客,居家必备。甜瓜瓜子可榨油,瓜皮是育肥牛羊的好饲料。阿图什的甜瓜品种众多,如“其里干”“奎克其”“比协克其”“红心脆”等。

阿图什最有名的瓜种——喀拉库赛甜瓜,俗称铁皮瓜。主要产地在阿图什市格达良乡。阿图什甜瓜种植历史悠久,在长期的实践中,劳动人民通过选瓜留种的方法,培育出含糖量高、品质好的喀拉库赛甜瓜品种。

1995—2015 年阿图什市瓜类生产情况表

表 8-3

年份	种植面积(万公顷)	收获面积(公顷)	产量(吨)	年份	种植面积(万公顷)	收获面积(公顷)	产量(吨)
1995	1800	1800	1117	2006	4986	4986	2016
1996	1100	1100	589	2007	4650	4650	2005
1997	1500	1500	628	2008	3200	3200	4080
1998	2000	2000	1616	2009	4500	4500	6142
1999	1200	1200	622	2010	3966	3966	8725.2
2000	2100	2100	944	2011	4000	4000	6153
2001	2000	2000	818	2012	4000	4000	6362
2002	4100	4100	1262	2013	3900	3900	9114
2003	1800	1800	975	2014	5603	5603	14434
2004	3200	3200	1890	2015	5404.4	5404.4	13511
2005	3000	3000	2362				

喀拉库赛甜瓜在阿图什市各乡镇均有种植，以格达良乡的种植面积最大、品质最佳。格达良乡土地潮湿，土壤质地黏且含盐碱，很适合种植甜瓜。20世纪80年代末期，喀拉库赛甜瓜远销东北及南方的广州、香港等地，名声大噪，播种面积得以稳定。喀拉库赛甜瓜因瓜皮呈铁青色而得名。瓜形为长圆形，似橄榄，个体较大，一般长度都在25～30厘米以上，直径15～20厘米左右，单体重3～4千克。瓜肉厚，种腔小，呈橘红色，质酥脆，含糖量高，折光糖13%以上。喀拉库赛属冬瓜，其最大特点是耐久贮，可贮存到第二年的春天，且色味更佳。阿图什市冬季市场上销售的主要是喀拉库赛甜瓜。1995年，播种面积374公顷，总产1960吨。2000年，播种面积100公顷，单产386千克，总产579吨。2015年，播种面积227公顷，总产1360吨。

（二）蔬菜

设施农业在阿图什市有着较长的发展历史，但受技术等方面影响，本地设施农业发展比较迟缓，生产结构较为单一，种植方法粗放滞后，产能产效始终迂回不前。

2007年，市委、市政府为深化农业产业结构调整、完善农业生产经营方式，满足人民群众日益丰富的精神文化需要，进一步拓宽农业增效农民增收渠道，提出在加强粮食安全生产、产业化发展特色林果业、建设农村劳务输出新产业基础上，强力推进设施农业发展。

2008—2010年，阿图什市农业局从加强种植管理、技术指导、创新种植模式三个方面，强力推进设施农业提质增效，以自治区农科院为技术支援，形成区、州、市、乡4级共110名专业技术干部的服务网络体系，加强产前、产中、产后的技术培训指导，指导解决种植管理、防风减灾、病虫害防治等实际问题。2010年举办6次设施农业技术培训班，培训技术人员和农户2300人次，发放设施农业技术指导手册2300份。2013年，全市830座温室大棚，已种647座，其中果树及苗圃147座、秋延晚498座，菜苗59.6万株（辣椒、西红柿）。

2014年，充分利用光伏育苗基地引进蔬菜、花卉等农业新品种、新技术，番茄树、三味甜椒、紫金长茄等部分新品种试种成功，并广泛推广种植。

2015年，统筹抓好设施农业种植管理，全市有835座温室大棚，660座拱棚，由各乡（镇）与种植农户签订承包合同，每棚每年收承包费3000元。全年设施农业预计总产量6709.56吨，总产值2211.15万元，总纯收入1570.92万元。

1995—2015年阿图什市蔬菜面积、产量情况表

表8－4

年份	播种面积（公顷）	收获面积（公顷）	产量（吨）	年份	播种面积（公顷）	收获面积（公顷）	产量（吨）
1995	7500	7230	4587	2006	6600	6504	2800
1996	10700	10500	5148	2007	6600	6304	2800
1997	8600	8600	5099	2008	6600	6600	1230
1998	7500	7500	5156	2009	5900	5900	1886
1999	5300	5300	3501	2010	3675	3635	7270
2000	7100	6900	2224	2011	6700	6700	16750
2001	6800	6800	2195	2012	7500	7500	18750
2002	13100	12900	1203	2013	6100	6100	15250
2003	11300	11300	1788	2014	15121	4060	10150
2004	9300	9300	1630	2015	4120.6	4120.6	12361.8
2005	7600	7500	1148				

(三)油料种植

2000 年,油料种植面积 104.52 公顷,单产 70 千克;2008 年油料面积 82.41 公顷,单产 78 千克;2015 年油料面积 76.05 公顷,单产 82 千克;主要是葵花、其余胡麻。

第五节　种子与肥料

一、良种繁育推广

自 2008 年起,全市开始建立冬小麦"三圃田"良繁体系,制定技术培训计划,对农业种子技术人员进行专业知识培训,提高专业技术水平;掌握全市农业生产状况和新品种信息,不断引进高产、优质、抗性强、适应性强的新品种进行试验、示范、推广;对有潜力和苗头的品种安排生产栽培示范,采用生产的方式对农民进行新品种栽培技术培训;抓好现有新品种的筛选工作,杂交正播玉米以推广抗逆性强、高产、优质、活杆成熟紧凑型玉米品种为主,复播玉米以推广早熟、高产、优质、抗病的玉米品种为主,小麦以高产、优质、抗逆、早熟品种为主,棉花以优质、高产、衣分高、抗盐碱、抗病品种为主,抓好种子科研项目方案和可行性报告的编制工作,完成申报科技部门审批立项,并组织实施。

到 2012 年,全市完成原用玉米品种的替换、SC－704 已全面推广种植,同时落实玉米杂交良种粮饲,兼用于活秆成熟玉米的全面推广,代表品种有美玉 929、新玉 57 号。到 2015 年,全市不但实现对原有冬小麦品种的替换,而且实现冬小麦品种(新冬 20 号)的自产自给。

二、种子管理

1995 年以来,市种子管理站依法全面履行种子行政许可、行政管理、行政处罚和新品种引进试验展示等职能,围绕"农业生产安全、农村社会稳定"的目标,狠抓种子市场专项整治,规范市场经营秩序;狠抓种子法律宣传、质量源头监管、违法案件查处及种子质量纠纷调解,杜绝假劣种子下田;狠抓新品种引进试验示范,服务全市农业生产。2008—2015 年,市种子站派出宣传车 164 台次,执法人员 282 人次,检查种子经营门店 220 家;抽样检测种子 65 份;引进试验展示新品种 48 个;立案查处违法案件 8 起,没收违法种子 87500 千克;调处种子纠纷 45 起,挽回农民损失 1600 万元,打击违法经营行为,切实维护广大农民的利益。

三、肥料

1995 年,随着国民经济的增长,农牧民在种植棉花、小麦、玉米施肥时主要投入农家肥、牛羊圈做底肥施入以外,应用推广农作物生长中后期追施速效化学肥料的技术措施,农作物产量得到大幅提高。随着科学技术的进步,农牧民在农业中应用农家肥、牛羊圈肥作为底肥,速效化学肥料作为农作物生长前、中、后期追肥外,应用推广在棉花花期、小麦灌浆期叶面喷施叶面肥的技术措施提高作物产量。

自 2005 年后,随着产业结构的调整,阿图什市种植业由传统的农业逐渐向立体栽培模式发展,以及在全市测土配方施肥技术推广与应用。农牧民科学按配方施肥节本增效意识增强,施肥方法也发生变化。

(一)测土配方施肥技术

1. 土肥化验室建设

2008 年 12 月,开始土壤化验室的建设工作,改建面积 200 平方米以上,2009 年 3 月底完成仪器安装调试并投入使用。2015 年,化验室有化验员 6 名,其中中级职称 4 名。具备开展土壤常规分析,可以做大量及中微量元素等的测试化验,为测土配方施肥项目工作提供有力的保证。

2. 采样与测试

2008—2015 年,全市共采集土壤样品 5248 个,基本覆盖全市,并按序检测有机质、pH 值、碱解氮、速效磷、速效钾、总盐及微量元素等 10 多项,完成 47765 项次的化验测试工作。

3. 数据录入

2015 年,全市完成 5200 多个土样测试数据的管理数据库系统录入,800 多户施肥情况调查数据,129 个“3414 试验”、校正等试验结果数据的电脑录入工作。

4. 田间试验

2008 年起,共开展“3414 试验”、校正、“2 + X 试验”等田间肥效试验 136 个。

5. 示范点建设

在全市建立冬小麦、玉米、蔬菜测土配方施肥示范点 38 个,面积 0. 32 万公顷。

6. 宣传与培训

2008—2015 年,阿图什市利用电视、网络、横幅、标语等向农民群众传播测土配方施肥的做法,工作进展情况等信息,推动农民应用测土配方施肥技术。电视宣传 16 次,网络宣传 18 次,悬挂横幅 155 条,制作宣传牌 93 个,举办施肥技术骨干培训班 86 期,培训示范户技术骨干 6820 人次,通过田头技术指导培训农民 6. 9 万人次。

7. 配方制定

2015 年,阿图什市根据取样的化验结果和往年“3414”试验结果由地州专家组综合评价各方面因素,制定小麦、玉米、棉花大配方 46 个,小配方 135 个。

8. 施肥指标体系建立

2015 年后,阿图什市主要农作物土壤养分结果,田间试验示范结果,对冬小麦、正播复播玉米、棉花三种作物施肥标准,根据施肥时期,施肥方法、方式。施肥比例,施肥量等参数用养分平衡法确定施肥量,建立合适本地的施肥指标体系。

(二)技术成果

2013 年,全市初步建立主要作物包括小麦、玉米和棉花施肥指标体系及全市、各乡土壤养分现状。到 2015 年,通过项目实施,肥料利用率提高 5 ~ 12 个百分点,小麦平均每亩(0. 067 公顷)增产 31. 5 千克,0. 067 公顷平均节本增效 38. 22 元,年平均总节本增效 192. 46 万元;玉米 0. 067 公顷平均增产 29. 4 千克,0. 067 公顷平均节本增效 29. 64 元,年平均总节本增效 63. 94 万元;棉花皮面 0. 067 公顷增产 5. 4 千克,0. 067 公顷平均节本增效 39. 92 元,年平均总节本增效 22. 66 万元。通过实施测土配方施肥,促进阿图什市粮食产量的增加、农业节本增效、农业可持续发展,农民观念从盲目施肥转变为按方施肥,农民群众从中得到实惠。

第六节　植物保护

1995—2015 年,全市各乡每年都开展调查病虫害发生情况,总结出 12 ~ 13 期预测预报,并按时向自治州植保站、市政府及市农业局等相关部门报送病虫测报和重大病虫发生动态。每年向各乡镇农户发放42 ~ 50 份测报资料,准确率 90% 以上,覆盖面积 2 万公顷。葡萄白粉病、二代棉铃虫、复播玉米地老虎、复播玉米棉铃虫、复播玉米玉米螟等设施农业病虫害不同程度的发生。市相关部门及时组织农民喷施农药,基本上控制病虫害,及时防治虫害,病虫害防治率 95% 以上。全市病虫害每年不同的程度发生,发生面积 3333. 33 ~ 4333. 33 公顷次。

一、农作物病虫草害种类

阿图什市发生的侵染性病害有 5 类 95 种,其中病毒病 11 种、细菌病 10 种、真菌病 70 种、寄生性种子植物所致病害 3 种、生理病害 8 种。虫害主要有 11 目 54 科 130 种,其中对农业生产危害较重的有鞘翅目、鳞翅目、半翅目、膜翅目、螨类、老鼠等。农田草害有 15 科 48 种,禾本科(稗草、狗尾草、芦苇等);藜科、十字花科、蓼科、豆科、旋花科、车前草科、苋科、茜草科、紫草科、锦葵科、蒺藜科、石竹科、伞形科、马齿苋科。

阿图什市农作物重大病虫草害有小麦光腥黑穗病、麦蚜、小麦皮蓟马、麦负泥虫、野燕麦、黄地老虎、苜蓿象甲类。20 世纪 90 年代后,辣椒疫病、病毒病、细菌叶斑病,瓜类枯萎病、白粉病、炭疽病等发生危害加重,对生产均有不同程度的影响。

二、病虫害预测预报

农田病虫草害预测预报是植保工作的基础,为适时开展防治工作提供科学依据。

1995年,阿图什市开始病虫测报工作,全面掌握农作物病虫害发生动态,及时准确发布预报。主要测报的病虫害有小麦蚜虫、玉米螟、黄地老虎、小麦锈病、棉铃虫等。市农技中心每年发布病虫情报10~15期,每期打印100份,下发至乡镇各农技站及农口有关单位,发往自治州和自治区测报站。植保测报分为中长期报和短期报,长期报准确率在80%以上,短期准确率在90%以上。病虫数量波动与气温、降水、灌溉、耕作制度和播种期有一定相关性,每年测报人员根据气象预报、上年基数、农事活动和实际调查,结合历年经验进行综合分析,提出当年中长期报。

三、主要病虫害防治

1995年,防治各类病虫草害面积5862.21公顷,其中病害2306.67公顷、虫害1026.67公顷、草害2528.87公顷。

2000年,小麦、玉米和棉花病虫害综合防治率83%,挽回经济损失60%,挽回粮食损失550万千克。

2010年以来,注重植保节本增效,注重保护天敌,推广新型"无跑冒滴漏"喷雾器,开展田间试验,加快农药更新换代,加大统防统治力度。2014年,完成统防统治技术2488.87公顷,占总播面积的30%。建立绿色防控标准化示范基地8个(小麦3个、玉米4个、番茄1个),全市发生主要农作物病、虫、草、鼠害1693.53公顷次,防治面积1353.8公顷次。其中,病害284.73公顷次,虫害682.13公顷次,草害644.4公顷次,鼠害82.2公顷次。全年累计指导防治面积1353.8公顷次,平均防治成效89.2%左右。共鉴定药害15次,挽回经济损失10万元以上。

至2015年,全市开展主要农作物病虫害防治技术推广面积2万~2.37万公顷次。其中小麦锈病、蚜虫等病虫害综合防治面积0.27万~0.33万公顷次;玉米螟、瘤黑穗病等病虫害综合防治面积0.43万~0.5万公顷次;棉花红蜘蛛、蚜虫、棉蓟马、棉铃虫等病虫害综合防治面积0.33万~0.4万公顷次;设施农业基地温室大棚和陆地蔬菜病虫害、斑潜蝇、蚜虫、桃树白粉病、流胶病等病虫害综合防治面积0.4万~0.47万公顷次;在阿扎克乡、松他克乡等地的葡萄病虫害防治面积0.33万~0.4万公顷次;农田草鼠害综合防治面积0.23万~0.27万公顷次。

四、植物检疫

阿图什市有全国检疫对象2种——苹果蠹蛾、列当。

1997年,阿图什市农技中心开始依据国务院《植物检疫条例》进行植物检疫工作。新疆维吾尔自治区人民政府发布《新疆维吾尔自治区植物检疫实施办法》,阿图什市农业技术推广中心植物检疫人员开始统一着装,佩戴标志进入现场进行植物检疫。当年,阿图什市有检疫员2名,主要调运葡萄等各类瓜果开展植物检疫工作;开展重大农业植物疫情监测与防控;定期开展对小麦重大病虫害、苹果蠹蛾、向日葵列当等重大检疫性有害生物的监测。每年秋季以瓜果调运为重点,对种子苗木生产、销售、加工单位(个人)开展植物检疫联合执法检查。至2015年,共开展调运检疫7060批次,共17.5万吨葡萄、甜瓜、苹果、石榴等。

五、农药管理

(一)监管队伍建设

1995—2015年,阿图什市完成州、县(市)乡镇三级监管队伍建设,三级队伍建设成立农产品检测中心,三级农产品质量监管中心配备农产品检测设备。完成农业综合执法队伍、农产品质量安全检验中心、市场预警和可追溯体系建设。建成标准化种养基地建设和蔬菜标准园2个,制定发布地方标准,推进农产品"三品一标"产品认证工作,申请无公害农产品10个、绿色农产品5个、有机认证2个。农业投入品监管,积极组织专业技术人员进行农产品质量安全宣传20余次，开展农产品质量安全培训10场（次）。

（二）农产品质量安全

1."三品一标"

制定阿图什市"三品一标"生产技术标准，指导农民科学施肥、合理用药，按标准进行生产和管理。加强农业标准化生产技术宣传、培训和示范，使农户详细掌握并熟练使用。积极落实自治区无公害农产品认证工作会议，积极开展无公害、绿色、有机农产品的认证工作，加强对阿图什市"三品"认证基地的管理工作。到2015年，完成133.33公顷木纳格葡萄和33.33公顷无花果的有机认证和复检工作。

2. 农产品质量安全宣传

市农业局利用农资检查、安全农资下乡、综合治理宣传月、重要节假日等进行宣传，通过悬挂横幅、发放宣传单、设立咨询台、现场咨询等多种形式，围绕《中华人民共和国农产品质量安全法》《农产品安全生产基本知识》《食用农产品安全消费80问》等内容开展一系列宣传活动。开展宣传20次，参加人员80人次，悬挂横幅25条，张贴挂图23张，发放宣传单20780份、知识手册235套，咨询服务群众1520余人（次）。通过宣传动员全社会关心、支持和参与农产品质量安全工作，增强全社会对农产品质量安全的参与意识，普及农产品质量安全科学知识。

3. 实行市场准入制度

2015年，阿图什市农业局开展10次农产品质量安全快速联合检测工作。按照联合监测抽样要求进行检测抽样，抽检地点为博格拉蔬菜批发市场、博格拉农贸市场、阿扎克乡，松他克乡和库木萨克蔬菜生产基地、佳家乐超市。当年联检内容仅限于蔬菜。具体品种为大白菜、芹菜、西红柿、辣椒、黄瓜、蒜薹、胡萝卜、豇豆、结球甘蓝、马铃薯等。共计抽取10个样品，每次每个样品抽取10份，检测100个。检测结果：当年检测用PR202－10农药残毒检测仪。每次100个样品，90～95个合格，合格率90%～95%，整改总数24个，整改率4%，不合格10个，不合格率2%～5%。

第三章　林果业

第一节　机　构

一、行政机构

1995年，阿图什市林业局内设办公室、财务室、业务室，下设林管站、森林派出所，核定编制13名。2003年，农林局分设为林业局和农业局，林业局主要负责林业生产、退耕还林、林业资源、林业资源保护、义务植树、森林防火、野生动植物保护、林业科学技术推广、林权制度改革。有行政编制3名，实有8人，其中领导干部3人。内设办公室、综合办、财务室、档案室4个科室，下辖林管站（园艺站）、林业公安派出所（执法机构）。

2013年9月17日，成立野生动植物保护办公室。

2015年，市林业局内设办公室、造林和林果业（退耕）管理科（绿化委员会办公室）、森林资源和林政管理科（护林防火指挥部办公室），核定编制10名，实有10人。

二、下辖机构

（一）市林管站

1976年，阿图什市林管站成立。

2004年10月，设立森林防护机构，专门开展森林病虫害防治工作，核定编制5名。

2005 年 12 月,设立绿化委员会办公室,专门负责全市绿化工作。

2012 年 4 月,设立北山绿化基地管护站,负责北山绿化续建工程建设。

2013 年 10 月,增设野生动物管理办和林木种苗管理站,分别负责野生动植物保护工作和林木种苗计划生产经营、质量监督管理工作。

2014 年 4 月,阿图什市林管站下设造林科、绿化办、退耕办、护林防火办、野生动物办、公益林办、林政科、种苗站、森防站、技术推广、项目办,有专业技术人员 262 人,其中有职称人员 176 人,工程师 17 人、助理工程师 24 人、技术员 125 人。

(二)阿图什市森林派出所

1997 年 11 月 6 日,成立阿图什市公安局林业派出所。股级建制,核定政法专项编制 9 名,其中领导职数 3 名。

2015 年,实有 9 人。实行林业部门、公安部门双重领导,行政上以市林业局领导为主,业务上以市公安局领导为主。

第二节　林业资源

一、森林资源构成与分布

阿图什市的森林资源主要分布在北部山区的天然灌木林、低山丘陵带和哈拉峻盆地的荒漠灌木林以及平原农区的人工林所构成,山区天然灌木林为爬地柏,荒漠林以柽柳、水柏枝和麻黄为主,由于各种原因所致处于衰退状态。人工林主要以沙枣、柳树、新疆杨、杏、梨、苹果、葡萄、无花果,核桃,红枣,石榴为主,分布于平原农区。

2015 年,全市森林面积 98047.7 公顷,森林覆盖率 6.72%。各乡镇森林数量和覆盖率差距很大。哈拉峻乡森林面积和覆盖率分别为 80436.51 公顷和 10.10%;阿湖乡分别为 919.6 公顷和 1.42%;松他克乡分别为 1035.53 公顷和 4.16%。天然乔木林比重很小。全市天然乔木林面积 28.98 公顷,蓄积 2577.77 立方米,分别占全市乔木林面积和蓄积的 0.41% 和 0.65%;而人工乔木林面积 7098.91 公顷,蓄积 391140 立方米,分别占 99.59% 和 99.35%。相比天然林占比太小,而人工林的林分大多是纯林,使乔木林林分结构单一,稳定性和自身防病虫害能力不高。全市有林地面积 7127.89 公顷、占森林地面积 7.27%,灌木林地面积 90918.81 公顷、占 92.73%。比重为 7:93。

二、林木蓄积

(一)森林面积、蓄积

至 2015 年,全市森林面积 98047.7 公顷,蓄积 393717.77 立方米。其中,乔木林面积 7127.89 公顷,蓄积 393717.77 立方米。分别占全市森林面积和蓄积 7.27% 和 100%。灌木林面积 90918.81 公顷,占森林面积 92.73%。

(二)乔木林

按起源分,以人工林为主,其面积 7098.91 公顷,蓄积 391140 立方米,分别占乔木林面积和蓄积的 99.59% 和 99.35%;按林地权属分,以集体林为主,其面积 7098.91 公顷,蓄积 391140 立方米,分别占乔木林面积和蓄积的 99.59% 和 99.35%;按龄组分(不包含乔木经济林面积),以近熟林为主,面积、蓄积分别占到乔木林的 70.47% 和 82.07%;成熟林次之,分别占 14.62% 和 11.68%;过熟林很少。幼龄林、中龄林、近熟林、成熟林、过熟林面积之比为 1:13:71:15:0;蓄积之比为 1:5:82:12:0;按林种分布,以防护林为主,其面积 5217 公顷,蓄积 393717.77 立方米,分别占乔木林面积和蓄积的 73.19% 和 100%;按优势树种(组)分以杨树为主,面积 3122.16 公顷,蓄积 297161.83 立方米,分别占乔木林面积和蓄积的 43.8% 和 75.48%;核桃次之,面积 989.66 公顷,占乔木林面积的 13.88%。

2015 年阿图什市乔木林按龄组统计表

表 8 - 5　　单位:公顷、立方米

统计单位		合计	幼龄林	中龄林	近熟林	成熟林	过熟林
面积	数量	5217.00	74.45	701.01	3676.16	762.81	2.57
	%	100.00	1.43	13.44	70.47	14.62	0.04
蓄积	数量	393717.77	2545.52	21956.87	323111.66	45968.88	134.84
	%	100.00	0.65	5.58	82.07	11.68	0.02

2015 年阿图什市各树种面积和蓄积情况表

表 8 - 6　　单位:公顷、立方米

优势树种	面积		蓄积	
	数量(公顷)	%	数量(立方米)	%
杨树	3122.16	43.80	297161.83	75.48
核桃	989.66	13.88	—	—
柳树	867.4	12.17	34465.1	8.75
杏	821.95	11.53	—	—
沙枣	724.4	10.16	30421.89	7.73
其他硬阔类	478.28	6.71	30565.23	7.76
其他果树类	24.36	0.34	—	—
苹果	22.73	0.32	—	—
枣	31.18	0.44	—	—
山杨	9.38	0.13	52.06	0.01
榆树	4.8	0.07	204.72	0.05
刺槐	6.47	0.09	783.32	0.20
桃	15.25	0.21	—	—
其他经济类	5.76	0.08	—	—
其他软阔类	4.11	0.07	63.62	0.02

(三)天然林和人工林资源

1. 天然乔木林

2015 年,全市天然乔木林面积 28.98 公顷,蓄积 2577.77 立方米,分别占全市乔木林面积和蓄积的 0.41%和 0.65%。天然乔木林按林种包括防护林和经济林,其中以防护林为主,面积 27.22 公顷,蓄积 2577.77 立方米,分别占天然乔木林面积和蓄积的 93.93%和 100%;经济林次之,面积 1.76 公顷,占天然乔木林面积的 6.07%;按龄组包括近熟林和中龄林,其中以近熟林为主,面积 27.22 公顷,蓄积 2577.77 立方米,分别占天然乔木林面积和蓄积的 93.93%和 100%;中龄林次之,面积 1.76 公顷,占天然乔木林面积的

6.07%;按优势树种包括山杨和山杏,其中以山杨为主,面积27.22公顷,蓄积2577.77立方米,分别占天然乔木林面积的93.93%和100%;山杏次之,面积1.76公顷,占天然乔木林面积的6.07%;

2. 人工林资源

2015年,全市人工乔木林面积7098.91公顷,蓄积391140立方米,分别占全市乔木林面积和蓄积的99.59%和99.35%。人工乔木林按林种为防护林和经济林,防护林面积5189.78公顷,蓄积391140立方米,分别占人工乔木林面积和蓄积的73.11%和100%;经济林面积1909.13公顷,占人工乔木林面积的26.89%;按龄组分(不包含乔木经济林面积)以近熟林为主,面积和蓄积分别占人工乔木林的70.31%和81.95%;其次为幼龄林,面积和蓄积分别占20.70%和0.65%;过熟林很少。幼龄林、中龄林、近熟林、成熟林、过熟林的面积比为1:14:70:15:0;蓄积比为1:5:82:12:0;按优势树种(组)分,以杨树为主,面积3094.94公顷,蓄积294584.06立方米,分别占人工乔木林面积和蓄积的43.60%和75.31%;其次是核桃,面积989.66公顷,占人工乔木林面积的13.94%。

2015年阿图什市人工林各林种面积和蓄积统计表

表8-7

单位:公顷、立方米

统计单位	防护林		经济林	
	面积	蓄积	面积	蓄积
全市	5189.78	391140	1909.13	—
%	73.11	100	26.89	—

2015年阿图什市人工乔木林各龄组面积和蓄积统计表

表8-8

单位:公顷、立方米

统计单位		合计	幼龄林	中龄林	近熟林	成熟林	过熟林
面积	数量	5189.78	74.45	701.01	3648.94	762.81	2.57
	%	100.00	1.43	13.51	70.31	14.70	0.05
蓄积	数量	391140	2545.52	21956.87	320533.89	45968.88	134.84
	%	100.00	0.65	5.61	81.95	11.75	0.04

2015年阿图什市人工乔木主要优势树种(组)面积和蓄积统计表

表8-9

单位:公顷、立方米

优势树种	面积		蓄积	
	数量(公顷)	%	数量(立方米)	%
杨树	3094.94	43.60	294584.06	75.31
核桃	989.66	13.94	—	—
柳树	867.4	12.22	34465.1	8.81
杏	820.19	11.55	—	—
沙枣	724.4	10.20	30421.89	7.78
其他硬阔类	478.28	6.74	30565.23	7.81

续上表

优势树种	面积		蓄积	
	数量(公顷)	%	数量(立方米)	%
其他果树类	24.36	0.34	—	—
苹果	22.73	0.32	—	—
枣	31.18	0.44	—	—
山杨	9.38	0.13	52.06	0.01
榆树	4.8	0.07	204.72	0.05
刺槐	6.47	0.09	783.32	0.20
桃	15.25	0.21	—	—
其他经济类	5.76	0.08	—	—
其他软阔类	4.11	0.07	63.62	0.03

三、森林覆盖率

全市森林面积 98047.7 公顷,森林覆盖率 6.72%。活立木总蓄积 463702.44 立方米,森林蓄积 393717.77 立方米。

1996—2015 年阿图什市森林覆盖率统计情况表

表 8-10　　单位:%

年份	森林覆盖率(%)	年份	森林覆盖率(%)	年份	森林覆盖率(%)
1996	2.44	2003	2.85	2010	5.07
1997	2.46	2004	3.03	2011	6.75
1998	2.49	2005	4.63	2012	6.83
1999	2.54	2006	4.73	2013	6.88
2000	2.62	2007	4.79	2014	6.92
2001	2.68	2008	4.9	2015	6.99
2002	2.72	2009	4.98		

四、树木品种

树木品种有山区天然灌木林为爬地柏,荒漠林以柽柳、水柏枝和麻黄为主,由于各种原因所致处于衰退状态,须加大保护力度。人工林主要以沙枣、柳树、新疆杨、杏、梨、苹果、葡萄、无花果,核桃,红枣,石榴为主,分布于平原农区。

第三节　林业资源培育

一、林木种苗

1995—2005 年,全市建苗圃 20 公顷,苗量 75 万株,主要树种为杨树、木纳格葡萄、小沙枣。2006 年抓住新育苗建设工作,由市林管站负责生产、经营管理。

2008年,采用地膜覆盖、扦插、定植等育苗技术培育各类苗木7种、全市共完成育苗面积35公顷、年产苗量143.9万株、用种条35万株、定植和移植苗木23万株。下年出圃苗量86万株、主要以葡萄、杏树、无花果、杨树、沙枣为主。下半年苗木出圃率86%以上。

2011—2015年,全市苗木培育数量逐年增长。共培育各类苗木15种,全市完成育苗面积513.93公顷,苗木主要以核桃、红枣、杨树、沙枣、葡萄、馒头柳、白蜡为主。

二、林木技术培训和推广

(一)培训

1995—2000年,阿图什市大力开展冬季课堂培训和春,夏,秋季林果业现场培训,不断提高林果业的科技支撑能力。各乡利用冬闲季节,积极开展林果业技能培训,大力推广先进适用技术,果农素质显著提高,科技支撑能力逐步增强。

2001—2010年,阿图什市林果业快速发展,市林业管理部门根据阿图什市科技兴市领导小组的要求,召开"特色林果业实用技术"培训专题会议,以推广先进林果业使用技术、提高广大农牧民科学素质为目标,以发展当地特色产业、提高素质培训为重点,加大帮扶工作力度,向基层一线的科技示范户、急需掌握科技的人员进行培训。重点围绕特色林果业管理,核桃春季管理,核桃嫁接及培育管理进行培训,优质木纳格葡萄标准化栽培技术、病虫害防治,优质红枣标准化栽培技术、森林法、退耕还林政策、森林防火、果树防冻等方面的内容。

2015年,阿图什市开展林果业实用技术培训,有效提高果农综合素质、增加特色果品科技含量、提高市场竞争力,变冬闲为冬忙抓住冬季对林果业技能进行专题培训的有利时机,通过培训各乡林业管理人员和技术能手,进一步加大对林果业大户的政策扶持和技术指导,逐步实现林果业多点开花。全市树立抓培训果农就是抓产业、抓项目、抓经济的理念,以增强贫困农民的果树栽培能力,增加农民的现金收入为目标,按照"政府引导、统筹规划、产业经营、市场运作、创新机制、强化服务、按需培训、就业脱贫"的原则,不断提高农牧民的经济收入。培训重点为优质红枣标准化栽培技术、森林法、退耕还林政策、森林防火、果树防冻等方面的内容。

2011—2015年阿图什市开展培训情况表

表8-11

年份	培训名称	培训内容	参加人数(人)	参加村数(个)	培训场数(场)
2011	巩固退耕还林技能培训	核桃,红枣栽培技术,虫害防治,退耕还林政策	2354	47	38
2012	林果业技能培训	果树栽培管理,病虫害防治、森林法、	10406	62	86
2013	林果业技能培训	木纳格葡萄,红枣,核桃栽培技术有害生物防治	11113	47	99
2014	林果业技能培训	木纳格葡萄,红枣核桃栽培技术,有害生物防治	12178	48	104
2015	林果业技能培训	木纳格葡萄,红枣,核桃栽培技术,有害生物防治、新一轮退耕还林政策、森林防火	16539	52	104

(二)示范园

1995年后,阿图什市进一步贯彻落实州、市两级党委全委(扩大)会议和农村工作会议精神,以市委开展"木纳格葡萄标准化栽培示范基地""核桃标准化生产示范园建设年""桃树培育管理示范基地"活动为契机,在落实对现有的林果业"四个拉网式"为重点管理措施基础上,把核桃标准化生产技术示范园作为林果业建设管理重点工作来抓。全市开展核桃嫁接改良工作,采取强有力措施,集中时间,集中力量对全市实生核桃树数量进行拉网式清查，从根本上扭转嫁接不到位、不彻底，核桃单位面积产量低，品质不优的状况。重点抓好阿扎克乡、松他克乡木纳格葡萄标准化栽培的夏季修剪、施肥、浇水、除草、病虫害防治、采收、土埋等方面工作，每名技术人员负责一个示范地点，以保证产品质量。

至2015年，全市建立49个果树种植示范点，示范园面积453.56公顷，涵盖1793户种植户。

2012—2015年阿图什市示范园情况表

表8-12

年份	示范点	示范园面积（公顷）	管理户数（户）	年份	示范点	示范园面积（公顷）	管理户数（户）
2012	83	635.11	1850	2014	58	576.86	1895
2013	71	519.31	1751	2015	49	453.56	1793

（三）核桃育苗

1. 核桃播种育苗

2002年起，阿图什市开始推广应用核桃播种育苗，由林业厅林业科技院、阿克苏地区林业科技院和州林业局等地方的专家组成科研组，从核桃的生长习性、生物学特性、病因调查、繁殖技术等方面进行实验栽培、嫁接观察。

2009—2011年，在阿扎克乡铁提村播种核桃育苗，面积1.33公顷、总株数6万株。培育0.067公顷3000株、成活率85%。

至2015年，全市在1镇6乡推广建立3333.33公顷核桃园。

2. 大棚核桃育苗

2009年，在阿图什市阿湖乡阿热沙依两个大棚内开展播种核桃，常规管理结果非常成功。播种6.5万株，成活率80%。

（四）新品种引进

2009年起，从阿克苏地区温宿县引入温185、新新2号等优质品穗条，在全市的1镇6乡推广嫁接，成活率90%以上。

至2015年，温185、新新2号等品种核桃挂果面积1466.67公顷。年内，从喀什市阿瓦提乡引入西梅优质品穗条，在阿图什市新北山绿化基地嫁接推广，面积15.33公顷，成活率99%。

三、荒山造林

1995—2015年，全市共完成荒山荒地造林8740公顷，涉及农户5345户。

2002—2014年阿图什市荒山造林情况表

表8-13　　单位：公顷

年份	荒山造林	年份	荒山造林	年份	荒山造林
2002	666.7	2006	1000	2010	500
2003	1333.3	2007	1666.7	2013	100
2004	666.7	2008	1333.3	2014	133.3
2005	1000	2009	333.3	合计	8733.3

四、平原绿化

“三北”防护林工程是指在中国“三北”(西北、华北和东北)地区,建设的大型人工林生态工程。国家为改进生态环境,于1978年决定把这项工程列为国家经济建设的重要项目。工程规划期限为73年,分八期进行。

1993—2000年的三期工程中,全市共营造人工造林2724.27公顷,树木品种有山区天然灌木林为爬地柏,荒漠林以柽柳、水柏枝和麻黄为主。人工林以沙枣、柳树、新疆杨、杏、梨、苹果、葡萄、无花果、核桃、红枣、石榴为主。

2004年开始,阿图什市启动生态林、经济林的绿化试点工程项目。项目规划面积666.6公顷,灌溉用水为地表水。建成面积333.33公顷,年内完成一期工程,造林面积200公顷。同时,在3012国道开展绿色通道建设工程。

2008年,完成“三北”四期重点防护林工程2666.67公顷。全年完成生态林、经济林绿化试点工程三期66.67公顷,参加劳动的机关干部职工、学生及部队官兵3.2万人(次)。

2011年,启动北山绿化续建工程,工期为3年,建设规模1333.33公顷,东起阿图什大桥,沿314国道伴行25千米以北,至塔古提中队旁。总投资5656.5万元,完成续建工程建设,共造林1215.33公顷、92万株,参加造林的州、市干部职工、驻市部队官兵共9.86万人次。种植的生态林有胡杨、大叶白蜡、法桐、银中杨等;经济林有核桃、苹果、桃树、红枣、杏树、大果沙枣等。

2013年,完成3012国道1215.33公顷的绿色通道工程建设。

至2015年,全市完成“三北”防护林工程植树造林6006.67公顷,其中人工造林2540公顷、封育3466.67公顷。

五、经济林基地

2015年,阿图什市林果业总面积1.3万公顷,其中木纳格葡萄面积0.69万公顷,核桃面积0.28万公顷,红枣666.67公顷,杏子1840公顷;无花果133.33公顷,其他660公顷,结果面积0.76万公顷,产量9.7万吨,产值23032万元。已建成葡萄保鲜库50座,贮存保鲜能力6.15万吨,其中5000吨以上库容的2座,3000吨以上库容1座。林果业人均纯收入696.06元,占农民人均纯收入5207.2元的13.37%,占第一产业人均纯收入33%。

六、全民义务植树

1995—2015年,阿图什市每年3月12日开展全民义务植树活动。全市有义务植树基地204个(其中州级义务植树点7个,市级义务植树点9个,乡级义务植树点18个),植树造林4187.6公顷,补植造林2120.2公顷,抚育面积2059.4公顷,植树2727.1万株,实际参加义务植树209.2万人次(其中乡级以上植树造林2840.7公顷,补植面积973.1公顷,抚育85.5万株,实际参加义务植树8.7万人次)。

1998—2015年阿图什市绿化基地及义务植树完成情况表

表8-14　　单位:公顷、人、株

植树造林年限	地点	实际参加人数	办点个数	新造面积	补植面积	抚育株树	株树	级别
1998	阿克买拉农场	500	1	153.33	—	—	253000	乡级
2000	葡萄基地	3033	1	466.67	—	—	770000	市级
	314国道绿化基地	3033	1	14.67	—	—	48400	市级
2002	314国道绿化基地	3274	1	22.67	—	—	51000	市级

续上表

植树造林年限	地点	实际参加人数	办点个数	新造面积	补植面积	抚育株树	株树	级别
2004	北山绿化基地(第一期)	3371	1	200	—	—	450000	州级
	吐古买提乡草料基地	3371	1	66.67	—	—	150000	乡级
	哈拉峻乡草料基地绿化基地林带	3371	1	73.33	—	—	165000	乡级
	哈拉峻乡草料基地绿化基地	3371	1	68.67	—	—	154500	乡级
2005	轻工业园区	2791	1	23.33	—	—	52500	州级
2006	重工业园区	2791	1	86.67	—	—	195000	州级
2007	北山绿化基地(第二期)	2789	1	33.33	—	—	75000	州级
2009	北山绿化基地(第三期)	2791	1	66.67	—	—	150000	州级
	轻工业园区	2791	1	13.33	—	—	30000	州级
	格达良乡绿化基地	2791	1	33.33	—	—	42500	乡级
2010	北山绿化基地(第四期)	6000	1	20	170	—	41400	州级
	库木萨克绿化基地	6700	1	66.67	—	—	86650	市级
	哈拉峻乡草料基地绿化基地	2800	1	120	—	—	162000	乡级
2011	北山绿化基地(第一期)	5042	1	400	53.33	—	466000	市级
2012	北山绿化基地(第二期)	2570	1	26.67	—	—	295024	市级
2013	哈拉峻乡	500	1	—	66.67	—	3000	乡级
	北山绿化基地(第一、二、三期)(轻、重工业区),城市绿化	2570	5	69.27	568.67	—	364465	市级
2014	北山绿化基地(老北山,第一、二、三期工程)	2570	4	—	—	810000	810000	市级
	格达良乡	5000	2	—	53.33	14000	14000	乡级
	哈拉峻乡	10000	1	—	61.07	31030	31030	乡级
	阿湖乡绿化基地	700	1	37.13	—	—	47600	乡级
2015	南湖绿化基地	2570	1	44.33	—	—	73150	市级

第四节　林业资源保护

一、林业公安

阿图什市公安林业派出所自1997年11月6日成立以来,按照“政治合格、业务精通、作风过硬”的标准,开展野生动物保护等工作。每年利用广播、电视、出动宣传车,深入农村、社区、市场、人民广场发放宣传单、宣传册,张贴标语,广泛宣传保护森林、保护动植物,绿化美化人类共同家园的活动,收到好的效果。

至2015年,森林派出所共查获各类破坏森林野生动物资源案件482起,结案463起,案件综合查处率96%。其中:滥伐林木案48起;盗伐林木案117起。非法运输木材案37起;非法捕杀、出售、倒卖运输野生动物案件61起;没收雪鸡死体74只,野山鸡死体65只。毁林开荒1起;毁坏林木案50起;非法改变林地用途案3起;放火案件2起;过失放火案2起;违法收购出售国家重点保护野生植物(甘草)25起;赔偿恢复植被费4400元;调解林木纠纷案17起;出动机动车934车次,出动警力1964人次,打击处理各类违法犯罪人员415人,罚款415人,为国家挽回林业经济损失40.62万元。

1998—2015年阿图什市公安局森林派出所办案及林业执法统计表

表8-15 单位:件

年份	查破案件	刑事	林政	调解林木纠纷	行政处罚(人)	罚款(万元)	挽回损失(元)
1998	37	—	30	7	38	1.8	—
1999	62	—	59	3	68	1.3	—
2000	26	—	21	5	21	1.2	9709
2001	9	—	4	5	6	2.14	7222
2002	28	—	26	2	26	1.7	34050
2003	23	—	22	1	25	1.99	5320
2004	15	—	9	6	12	1.2	6500
2005	36	—	28	8	34	2.3	15150
2006	16	—	14	2	14	0.7	6550
2007	33	—	22	11	22	2.1	9200
2008	18	—	17	1	17	2.3	5700
2009	2	—	2	—	2	0.3	4424
2010	9	—	4	5	5	0.8	3315
2011	29	—	22	7	22	3.82	33750
2012	33	—	33	—	33	4.3	57410
2013	21	—	12	9	12	0.5	—
2014	35	7	28	—	27	6.32	—
2015	31	—	31	—	31	2.76	—

二、森林防火

1995年后,市森林防火办公室贯彻落实自治区的各项有关文件精神,认真开展多渠道、大力度的宣传防火工作。开展森林防火法律法规宣传。以确保人民生命财产和森林资源安全、社会稳定为中心,认真贯彻"预防为主、积极消灭"的森林防火工作方针。全面贯彻落实中央、自治区、自治州有关森林防火工作指示要求,围绕《中华人民共和国森林法》《森林防火条例》等森林防火法律、法规进行广泛宣传,全面提高社会公众森林防火的法律意识。

2014年,挑选21名护林员设立阿图什市哈拉峻中心管护站半专业化扑火队伍,设立扑火物资储备库,明确物资品种、数量,储备库有风水灭火机5台、油锯1台、单兵装备20套、望远镜2部、大帐篷1顶、发电机1台、照相机1部、GPS1部、东北斧10把、铁锹10把、鞋子22双、消防水带2袋、手电筒24把等。成立阿图什市北山绿化基地半专业化森林扑火队,配备半专业化扑火队员21人,设立扑火物资储备库,装备有照相机1部、GPS1部、望远镜1个、大帐篷1个、油锯4个、单兵装备7套、水枪8个、风水灭火机8个、水泵1个、防护衣21套、头盔21个、鞋子30双、单兵背包18套、汽单子20个、水泵专用油箱1个、油桶1个、手套21双。

2015年,在哈拉峻乡经济羊场管护站周边建立一座瞭望塔,高度20米。

至2015年,阿图什市有护林防火物资库3座。有半专业扑火队伍人员共63名。

三、病虫害防治

境内林木虫害主要有柳绿成虫、圆冠榆黏虫、杨柳金花虫、潜叶虫、毒蛾、蚜虫、食心虫、苹果巢娥、春尺蠖、果螨、榆绿毛莹叶甲、杨二尾舟娥、沙枣天蛾、黄斑长翅卷片蛾、枣实蝇等,病害主要有葡萄白粉病、树干干枯病、树干白腐、胡杨空腐病,灰杨叶锈病、柳树雀巢病、枣树病毒病和桑树、榆树、沙枣树流胶病等。

(一)林木病虫害

1. 危害森林的虫害

春尺蠖　阿图什市的大部分地区都有这种病虫,主要危害胡杨、榆树、柳树等,直接危害树木的树叶,树木受其危害较大。

糖槭蚧　1988年在阿图什市城区发现,正从城市向农村发展。

杨二尾舟娥　2000年在市境内发现,主要危害榆树。

沙枣天蛾　2000年在市境内发现,主要危害沙枣。

黄斑长翅卷片蛾　2000年在市境内发现,主要危害桃树。

榆绿毛莹叶甲　2011年在阿图什市北山坡发现,主要危害榆树。

枣实蝇　2012年发现,主要危害红枣。

2. 危害果园的病虫害

苹果蠹蛾　分布在全市各地区,主要危害苹果树和梨树,对果树质量和产量影响较大。

梨小食心虫　在各地区分布不一,主要危害杏、苹果、梨树和桃,特别对杏和桃危害较大。

桃条麦蛾　主要危害桃树,能引起树木流胶,危害较大。

斑翅棕尾毒蛾　主要分布在上阿图什镇,危害杏。

杏球坚蚧　在市境分布,存活较少,受其危害的果树无产量。

苹果锈果病　在市境分布不均,主要危害苹果。

桃流胶病　在阴雨天时由桃条麦蛾引起。

(二)防治措施

1. 综合防治

在育苗地、林带、片林地、深翻土地,铲除杂草,防止害虫寄生;在经济林园中,使用黑光灯,在灯下放一盆水,捕杀害虫;在林带、经济林的树体主干上离地0.7~1米部分涂抹石灰;在树体主干上离地面70~80厘米处缠绕10厘米的塑料膜,防治害虫雌雄交配,减少害虫的繁殖。

2. 药物防治

对柳绿成虫,采用40%氧化乐果乳油,按1:1000的比例,兑水喷雾防治;对圆冠榆黏虫,采用80%敌敌畏乳油,按1:800的比例,兑水喷雾防治;对杏蚜、桃蚜、苹果蚜虫,采用乐斯本40%,按1:1200的比例兑水喷雾防治;对各种果树食心虫的防治,用50%杀螟松乳油,按1:1000比例兑水喷雾,或用吡虫啉10%,按1:1000兑水喷雾防治;对苹果巢蛾的防治,是发现幼虫吐丝结网时,剪除虫巢和虫茧,或用春虫菌微生物按1:1000兑水喷雾防治;对春尺蠖防治,翻耕树干周围土壤以杀死长期隐藏在土中过夏越冬的蛹,或是用80%敌敌畏乳油按1:600兑水每0.067公顷喷4千克。

四、野生动物保护

辖区内野生动物资源丰富而多样。主要分布在多山的哈拉峻乡、吐古买提乡、格达良乡和上阿图什镇。主要物种有:北山羊、金雕、胡兀鹫、鹅喉羚、雪鸡、原鸡、猎隼等野生动物。

2008年,按照国家、自治区林业主管部门要求,阿图什市林业局在哈拉峻乡建立一座野生动物救护站,救护站面积100平方米,配备野生动物救护监测设备。

2013年后,市林业管理部门贯彻执行党和国家有关野生动物保护方面的方针、政策和法律法规、为确保野生动植物保护工作的有序开展,与野生动植物保护办公室每年签订一次目标责任书、野生动植物保护办公室与各管护站每年签订一次目标责任书。在每年的野生动物保护宣传月活动进行重点清理,收缴鸟铳、铁夹、鸟网等乱捕野生鸟类的工具。严厉打击非法猎捕、非法收购、出售、倒卖、运输鸟类的违法行为。年内,为加强野生动物保护、疫源疫病监测防控和救助管理工作,自治区下拨野外检测设备、野外生活、防护设备、取样,保存设备等。并成立阿图什市林业局野生动物保护监测救助工作领导小组。

2015年,为做好疫源疫病工作,在《新疆野生动植物疫源疫病检测防控、救护体系建设项目》500个检测救护点项目中,阿图什市有6个救护项目点并配备有检测救护设备。在北山建立一座野生动物救护设备储备库,配备有各种救护设备。规范全市野生动植物的保护管理和经营利用工作,每年对管辖区域养殖户的驯养合法情况进行准确的了解,对养殖户及相关农牧民进行相关驯养野生动物和保护野生动物资源进行讲解和宣传相关法律知识。规范餐饮经营利用有实质性进展。从申报范围及条件,申报原则和办法,核准一般野生动物经范围、经营利用单位或个人应当遵守的规定,野生动植物资源保护管理办法,经营利用许可证实行年检年审制度等方面进行督查。

五、林业执法

详见本节林业资源保护。

六、退耕还林

2002年,阿图什市全面启动退耕还林工程。

(一)退耕还林

至2015年,阿图什市退耕还林工程累计完成1.12万公顷,其中退耕地造林任务0.25万公顷,发放退耕还林补助资金6089万元,完成退耕还林宜林荒山荒地造林工程人工造林任务0.84万公顷,封山育林1666.67万公顷,完成投资965万元;完成巩固退耕还林成果项目投资1133万元;完成巩固退耕还林项目财政专项资金投资230万元,工程涉及全市6乡1镇,72个行政村16654户。

(二)退耕地造林

2002年,阿图什市完成退耕地造林面积666.67公顷。

至2015年,共完成退耕地造林0.25万公顷,涉及农户7412户。

(三)宜林荒山荒地造林

2002年,阿图什市完成宜林荒山荒地造林666.67公顷。

2008年,完成0.1万公顷,其中封山育林0.03万公顷。

至2014年,此项工作结束,共完成荒山荒地造林8733.3公顷,涉及农户5345户。

2002—2015年阿图什市宜林荒山荒地造林情况表

表8-16　　单位:公顷

年份	宜林荒山荒地造林	年份	宜林荒山荒地造林	年份	宜林荒山荒地造林
2002	666.67	2006	1000	2010	500
2003	1333.33	2007	1700	2013	200
2004	666.67	2008	1000		
2005	1000	2009	300		

（四）巩固退耕还林成果项目

1. 巩固退耕还林成果林业项目建设

2008—2014 年，为巩固和发展退耕还林成果，从根本上解决退耕农户当前和长远的生计问题，上级下达阿图什市巩固退耕还林成果林业项目新造特色林果业建设 0.11 万公顷，薪炭林建设 0.026 万公顷，特色养殖棚圈建设 1.78 万平方米，补植造林 1590.27 公顷，补造 336.57 公顷，林下种植 1603.33 公顷，低质低效林改造 66.67 公顷，退耕户农民职能培训 0.7228 万人次。

2. 财政专项资金使用情况

2012 年，上级下达阿图什市巩固退耕还林项目财政专项资金任务 133.33 公顷，投资 100 万元，完成 133.33 公顷，其中葡萄高产示范基地建设项目 66.67 公顷，葡萄防控体系建设项目 66.67 公顷。

2014 年，上级下达阿图什市巩固退耕还林项目财政专项资金任务 200 公顷，投资 130 万元，完成 200 公顷，其中木纳格葡萄高产示范基地建设项目 133.33 公顷，林业有害生物防治技术推广项目 66.67 公顷。

第五节　林果业

一、品种及产量

阿图什市的果类品种繁多，主要有杏、桃、梨、葡萄、无花果、石榴、红枣、苹果、核桃、海棠果、巴旦木、酸梅、李子、温木孛、文冠果等 20 多种。

（一）无花果

无花果主产于阿图什市郊区。阿图什市享有“无花果之乡”的美称。（详见第九编“无花果”）

（二）葡萄

阿图什市的“木纳格葡萄”是自治州名优产品，主产于阿图什市农区，有红木纳格、白木纳格之分。（详见第十编“木纳格葡萄”）

阿图什市还有许多葡萄品种，如圆葡萄、以色勒、阿特巴哈尔（马奶子葡萄）、克什米尔（无核白）、卡粒克什米什（无核墨）、克孜达那曼（红葡萄）、赛尔根查拉斯（黄葡萄）、克孜沙玉克（吐鲁番红葡萄）等。

至 2015 年，全市种植葡萄 6906 公顷，总产量 87000 吨。

（三）杏

阿图什市杏类品种有阿克玉鲁克（白杏）、克孜达拉斯（红杏）、克孜苦曼提（红杏）、麻依散杏。

至 2015 年，全市杏树种植面积 1841 公顷，总产量 5492 吨。

（四）桃

阿图什市桃类生产量仅次于杏和葡萄，居第三位，但发展较慢，新品种引进和栽培技术推广方面不如其他果类。对农家品种，外来新品种 20 世纪 70 年代引进蟠桃、五月鲜等不少优良品种，试验成功，但未能推广。品种较多，有桔早生、斯热克艾西下甫托勒（黄桃）、克孜勒托阿其（红桃）、英热尔下甫托勒（鲜蟠桃）、阿克夏甫桃（白桃）、红晕白毛桃、李光桃。

至 2015 年，全市种植桃 178 公顷，总产量 120 吨。

（五）梨

阿图什市本地梨品种原有阿克阿木提（“阿木提”，维吾尔语意为梨）、库克阿木提、纳西普提阿木提、库托尔阿木提、皮拉克阿木提等。20 世纪 60 年代后，陆续引进库尔勒香梨、砀山梨、慈梨、雪花梨、鸭梨等优良品种。1995 年，已有 20 多个品种，阿图什市较有影响是八角梨。

至 2015 年，全市梨树种植 17 公顷，总产量 120 吨。

（六）苹果

阿图什市苹果栽培不多，多为庭园内零星栽植，也多为本地农家品种。20 世纪 50 年代以后，在国营农场才开始成片栽培苹果，加之耐贮易运。有发展的趋势。主要分布在园艺场等国营单位。20 世纪 80 年代末引进红富士。20 世纪 90 年代成为主栽优质品种。

至 2015 年,全市苹果种植面积 89 公顷,总产量 200 吨。

(七)石榴

又称安石榴,石榴科。汉代从帕米尔西部的安国、石国(今伊朗)等地传入境内,在阿图什栽培历史长达 2000 多年。石榴主要有甜石榴和酸石榴两种,另外尚有盆栽的观赏石榴。

至 2015 年,全市石榴种植面积 182 公顷,总产量 998 吨。

(八)温木孛

又称木瓜,蔷薇科,维吾尔语叫作"比也"。阿图什市的上阿图什镇有较多栽培,树冠中等。圆形,叶圆而披毛,互生,卵圆形,果枝有黄色绒毛,叶片厚。果实梨形或苹果形,黄色味甘酸。维吾尔族多生食或作抓饭,别具风味。阿图什本地栽培的温木孛有其里干比也、卡巴克比也。

至 2015 年,全市温木孛种植面积 66.6 公顷,总产量 300 吨。

(九)巴旦木

阿图什市附近的阿扎克、松他克等乡有栽培,以松他克较多。经济价值较高。品种有塔什巴旦木、卡卡孜巴旦木。有甜苦两种。

至 2015 年,全市巴旦木种植面积 6 公顷,总产量 7 吨。

(十)樱桃

阿图什市樱桃品种很多,主要有甜、酸两种,市郊和上阿图什镇多有栽培。樱桃为灌木,树冠矮小,但树势强,开张披散,枝多斜生,分枝力强,叶小椭圆形,果实小球形,红紫色或鲜红色,皮薄多汁,甜中带微酸,六月成熟。

至 2015 年,全市樱桃种植面积 13 公顷,总产量 3 吨。

(十一)沙枣

也称"桂香柳""银柳"或"香柳",胡颓子科。境内遍有栽植,作防风固沙、薪炭之用。树冠美观,有"铁杆、银叶、金花、玛瑙果"之美称。2009 年起,在哈拉峻、吐古买提和格达良乡重点发展大果沙枣。是年,完成大果沙枣种植 600 公顷。

至 2015 年,全市有沙枣 1333 公顷。

1995—2015 年阿图什市林果业生产情况表

表 8-17

年份	林果面积(万公顷)	产量(吨)	年份	林果面积(万公顷)	产量(吨)
1995	29445	13401	2006	127050	52186
1996	32490	14056	2007	130120	53250
1997	30240	14156	2008	144592	81614
1998	33225	14411	2009	147824	88564
1999	40365	14334	2010	87316	84696.52
2000	58215	10938	2011	100071	65213
2001	64875	11938	2012	100200	79480
2002	72060	13102	2013	99846.4	82000
2003	82215	27456	2014	100000	85000
2004	113910	35000	2015	100000	87000
2005	118695	47098			

二、传统果园改造

2003年,阿图什市加大林果业技术推广,在春季造林过程中,引进骏枣、灰枣等新品种,引入开挖保护带、铺塑料薄膜、加保水剂、运用滴灌等技术,提高新植果树的成活率,开挖保护带1230千米,铺塑料薄膜5吨,使用保水剂4吨,核桃嫁接11.85万株。检验检疫苗木88.85万株,发放生产许可证6个,完成年检8个。2015年,实施标准化栽培,推行无公害防治,引进新新2号、温185等优良树种,直播红枣51公顷。使用活力素、叶面肥、套袋等,提高葡萄的成活率和品质。

三、果树基地建设

2001年,阿图什市根据各乡地理环境,水土条件,气候条件,选择一些比较适宜的树种,采取扦插、直播、移栽的方式,进行科学处理,完成林果业试验田和示范园建设326.73公顷,苗圃建设27.57公顷,建设特色林果大棚188座,面积276公顷。2009年,建立示范园58个,面积576公顷,2015年,建立示范园85个,面积640公顷。

第六节　林业经济效益

一、林木采伐

1995年后,阿图什市森林采伐以平原人工林中的用材林、防护林为主。1999年,市林业局完成"十五"期间采伐限额的编制。2001—2005年,全市共采伐林木7152立方米。其中商品材2356立方米,自用材4796立方米。

2010年,按自治区林业厅要求,阿图什市开始编制《简明森林经营方案》,上报自治区林业厅审核批准后,"十二五"期间林业厅不再下达年度木材采伐生产计划指标,而由按本地编制的《简明森林经营方案》办理林木采伐。根据自治区下发的森林采伐限额,市林业局依据森林蓄积消长情况,将采伐限额层层分解,采伐量控制在限额指标之内,两审一发证,即乡镇林管站对各村队提出的采伐报告,现场勘察,然后经乡镇政府批准同意后,报市林业局核查后办理林木采伐许可证。

2011—2015年,全县共采伐林木12419立方米。其中商品材4226.1立方米,自用材8192.9立方米。

二、木材经营

1995年,全市有木材经营单位28家,其中经营销售原木的9家,经营木材加工的19家。

至2015年,全市有木材经营单位123家,按经营产品分,其中经营销售原木的25家,经营木材加工的98家。

三、经济效益

阿图什市林业生产由小到大,逐步形成一个较为完整的林业体系,林业总产值由2004年的509万元,增加到2015年的1487万元。

2004—2015年阿图什市林业总产值表

表8-18　　单位:万元

年份	林业总产值	年份	林业总产值	年份	林业总产值
2004	509	2008	953	2012	1344
2005	664	2009	1069	2013	1018
2006	911	2010	1180	2014	1053
2007	945	2011	1170	2015	1487

第四章　畜牧业

第一节　机　构

一、行政机构

1995年,阿图什市畜牧局有编制8名,实有干部职工8人,内设办公室、业务科、财务室等3个科室。下辖畜牧兽医站、兽医卫生监督管理所、草原站、草原监理所、各乡(场)畜牧兽医站。

1998年4月,设畜牧局党组。

2002年10月,机构改革,畜牧局核定行政编制6名,事业编制3名,其中领导职数3名。

2006年,畜牧局更名为畜牧兽医局。

2007年,畜牧局行政编制6名,后勤服务事业编制1名,将2名机关事业编制调整到动物卫生监督所。

2015年,阿图什市畜牧兽医局内设办公室、业务科、屠宰办、财务室等4个科室。下辖畜牧兽医站、兽医卫生监督管理所、草原站、草原监理所。有干部职工7人。

二、事业机构

(一)阿图什市畜牧兽医站

1995年,阿图什市畜牧兽医站负责全市家畜、家禽疫病防治工作。全站有工作人员42人,其中高级职称4人,中级职称5人,助理职称22人,技术员4人,内设6个组。

2002年,畜牧兽医站事业编制44名(含幸福办兽医站),级别为副科级。

2003年,更名阿图什市动物防疫监督站,另挂阿图什市畜禽繁育改良站牌子,为副科级事业单位,全额事业编制44名,其中领导职数1名。

2006年,体制改革,撤销阿图什市动物防疫监督站,成立阿图什市动物卫生监督所和市畜牧兽医站,建制级别均为副科级,核定事业编制20名,实行全额预算管理。

2007年,撤去(不再挂)阿图什市畜禽繁育改良站的牌子,职能并入市畜牧兽医站,核定事业编制24名,其中领导职数2名。

2009年,增加编制2名。

2014年10月,将5名事业编制调剂给社区,编制总数为21名。

2015年,市畜牧兽医站实有36人,其中行政管理人员2人、专业技术人员28人、工人6人。

(二)阿图什市动物卫生监督所

2006年8月,市动物卫生监督所从市动物防疫监督站中析出,级别为副科级,主要职责为依法实施动物防疫、屠宰检疫、产地检疫、活畜检疫、动物及动物产品检疫、动物产品安全和兽药监督管理,动物产品安全监督管理等行政执法工作。核定编制22名,其中领导职数2名,实行全额预算管理,属参照公务员管理的事业单位。

2009年,增加编制2名。

2015年,实有干部职工25人,其中所长、书记各1人,科员21人,工人2人。

(三)市草原监理所

1995—2002年,阿图什市草原站与市草原监理所合署办公。

2003年5月,市草原监理所从草原站分出,副科级建制,全额事业编制12名,其中领导职数2名,参照公务员管理。

2015 年,核定编制 9 名,实有 20 人,其中科员 13 人、工人 7 人。

(四)市草原站

1995 年,市草原站有干部职工 16 人,其中有中级技术职称 1 人、助理职称 3 人、技术员 4 人。

2003 年 5 月,市草原站核定事业编制 8 名,副科级建制,其中领导职数 2 名,专业技术人员比例为 70% 以上,实行全额预算管理,内设办公室、草原保护办、草原技术推广办,牧草种子监督管理办 4 个科室。

2009 年,增加编制 2 名。

2014 年,减少 1 名编制,实有编制为 9 名。

2015 年,实有 9 人,其中行政管理人员 2 人、中级 2 人、初级 4 人、工人 1 人。

(五)乡镇畜牧兽医站

阿图什市畜牧兽医站成立后,各乡镇陆续设立畜牧兽医站。2007 年起,乡镇畜牧兽医站挂动物防疫检疫站牌,隶属于阿图什市畜牧兽医局管理,其畜牧兽医站人员、业务、经费由市畜牧兽医行政部门统一管理,乡镇政府只负责其日常行政事务,股级建制,领导职数 1 名,专业技术人员比例为 70% 以上,实行全额预算管理。

1. 上阿图什镇畜牧兽医站

1995 年,事业编制 35 名,实有 34 人,其中技术人员 25 人。

2010 年,有专业技术人员 44 人,其中高级 1 人、中级 12 人、助理 28 人、技术员 3 人。

2015 年,实有 49 人,其中专业技术人员 44 人,其中高级 4 人、中级 12 人、初级 28 人。有工人 5 人。

2. 阿扎克乡畜牧兽医站

1995 年,核定事业编制 28 名,实有 30 人,其中技术人员 19 人。

2010 年,有专业技术人员 23 人,其中中级 4 人、助理 18 人、技术员 1 人。

2015 年,有专业技术人员 23 人,其中高级 2 人、中级 6 人、初级 15 人。有工人 4 人。

3. 松他克乡畜牧兽医站

1995 年,核定事业编制 23 名,有技术人员 26 人。

2010 年,有专业技术人员 30 人,其中中级 19 人、助理 9 人、技术员 2 人。

2015 年,有专业技术人员 29 人,其中高级 1 人、中级 8 人、初级 20 人。有工人 3 人。

4. 阿湖乡畜牧兽医站

1995 年,核定事业编制 15 名,有技术人员 17 人。

2010 年,有专业技术人员 18 人,其中高级 1 人、中级 6 人、助理 8 人,技术员 3 人。

2015 年,有专业技术人员 19 人,其中高级 3 人、中级 10 人、初级 6 人。有工人 5 人。

5. 格达良乡畜牧兽医站

1995 年,核定事业编制 15 名,有技术人员 8 人。

2015 年,有专业技术人员 6 人,其中高级 1 人、中级 4 人、初级 1 人。有工人 12 人。

6. 哈拉峻乡畜牧兽医站

1995 年,核定事业编制 31 名,有技术人员 11 人。

2010 年,有专业技术人员 12 人,其中高级 1 人、中级 4 人、助理 6 人、技术员 1 人。

2015 年,有专业技术人员 13 人,其中高级 1 人、中级 4 人、初级 8 人。有工人 7 人。

7. 吐古买提乡畜牧兽医站

1995 年,核定事业编制 18 名,有技术人员 12 人。

2010 年,有专业技术人员 8 人,其中高级 1 人、中级 3 人、助理 4 人。

2015 年,有专业技术人员 8 人,其中中级 3 人、初级 5 人。有工人 8 人。

第二节　草场分布和利用

一、草场资源

阿图什市大部分草场因受塔克拉玛干沙漠的影响和控制,年降雨稀少,蒸发量很大,植被覆盖极为稀疏,劣等牧草占多数。因干旱尚不能利用的冬春草场有10.05万公顷,主要分布在吐古买提、玛依丹和哈拉峻南部山地;因牧季缺水而不能正常利用的草场有3.35万公顷,主要分布在皮羌以东,包括塔提尔洼地和结提库勒等地。

市境内的草场与地势高低成垂直分布,从北部的高山至南部的丘陵、盆地、平原,依次分为夏、秋冬、春牧场。北部山区夏季牧场气候高寒多雨,年平均温度5℃以下,年降雨量200~250毫米,牧草生长茂盛,是牲畜夏季抓膘的好草场,哈拉峻盆地和吐古买提丘陵牧场,气候温凉,年平均气温8℃~10℃,雨量较少,年降水量只有60~100毫米,牧草生长不良,冬季降水7~20毫米,冬春人畜饮水困难。平原草场气候温热少雨,不利牧草生长;夏季干热,极端高温42.1℃,不利牲畜抓膘,冬季不太冷,有利于牲畜越冬。

牲畜在6月中旬进入夏牧场,8月中旬转出,放牧期60天左右,主要在阿也克特克河两岸放牧;8月中旬转入秋牧场,11月中旬转出,秋季牧场放牧期90天左右,主要在玛依丹、库鲁木都克、银盖和谢依特等附近谷地放牧;11月牲畜陆续转入冬春牧场,放牧期长达220多天。

二、草场类型

(一)天然草场

全市草场主要分布在北部山区,平原草场较少,全市草场总面积99.13万公顷,载畜量45.2万只羊单位,草场随地貌、土壤、气候的差异分为4类。

1. 高山草场区

分布在海拔3100~3700米之间的高山地段,在喀拉铁热克山南北两坡,以阿也克特克河流域为主,包括玛依丹山系一部分,面积约5.1万公顷,本区年降水量150~250毫米,土壤为山地栗钙土和高山草甸土,植被为高山寒漠和草甸两种类型,主要牧草有禾本科的隐子草、针茅、孤茅、冰草和沙草科的苔草、蒿草等,植被覆盖率在60%以上,每0.067公顷产可食性鲜草60千克。这一带冬长夏短,秋季只有90天左右,牧草只能夏季利用,载畜量为10万只羊单位。

2. 中山草场区

分布在海拔2300~3100米之间的山腰段,面积为6.5万公顷,主要在玛依丹、库鲁木都克、苏盖提、银盖、谢依特和库铁热克高山坡,年降水量150毫米左右。土壤以棕钙土为主,植被为半干旱荒漠类型。牧草有针茅、孤茅、早熟禾、隐子草、冰草和菊科的冷蒿、茵陈,以及豆科牧草锦鸡儿等。植被覆盖率40%左右,平均亩产可食性鲜草40千克。草场宜做秋场利用,秋牧时间月载畜量为16.8万只羊单位。

3. 低山丘陵草原区

分布在海拔2000~2300米之间的低山丘陵地段,包括吐古买提、哈拉峻盆地周围的阔什布拉克皮羌、结提库勒和塔提尔等地,面积20.16万公顷,年降水量70~100毫米,蒸发量2600毫米以上。土壤为棕漠盐化土,属山地沙砾质干旱荒漠化盐化草场类型。主要植被有锦鸡儿、盐蒿、针茅、灰绿藜、盐瓜瓜、盐梭梭、琵琶柴、骆驼蓬和红柳等,牧草质量低劣,生长稀疏,植被覆盖率20%~50%,平均0.067公顷产可食性鲜草50千克,一年四季利用,载畜量为6万只羊单位。

4. 哈拉峻盆地和农区草场

哈拉峻盆地草场分布在经济羊场至克孜勒陶一带,面积8.13万公顷,年降水量100毫米。平原农区草场主要在库木萨克及博古孜河下游,面积0.27万公顷,年降水量78毫米。气候干燥,土壤为盐碱化荒漠。草场植被属干旱盐化荒漠类型,主要牧草有盐蒿、碱蓬、骆驼蓬、盐节木、红柳、骆驼刺、芦苇等,植被覆盖率

10% ~20%,少数下潮地 40% ~60%。全年轮牧,载畜量 2 万只羊单位。

(二)人工草场

2001 年后,阿图什市大力发展人工草料基地建设。以全市确定的 0.4 万公顷草料基地建设为中心,以生态置换工程为契机,加大资金投入力度,做好人工草料基地建设。逐步建成吐古买提乡、哈拉峻乡等一批稳产高产的饲草料基地,为畜牧业的发展提供物质保障。

三、草场的建设和保护

(一)轮牧、休牧

阿图什市是一个以农业为主的市,农区的牲畜一部分自养外,大部分由牧区代牧,代牧经济历史较长,代牧区主要是哈拉峻乡和吐古买提乡,代牧畜的畜主主要是阿扎克、松他克、格达良、阿湖乡。新中国成立后,这种现象依然存在。1995 年后,由于草场开始退化,市政府多次下文要求乡场禁止代牧,由于代牧已经形成一种无言的契约,成为一种习俗,一时难以根除,致使阿图什市草场因牲畜严重超载而日益退化。为加强草场管理,恢复草场生态环境,2004 年后,对草场实行休牧、轮牧制度。至 2010 年,共休牧、轮牧草场 6 万多公顷。

(二)草场改良

阿图什市草原工作站负责草场调查、普查、草原基本建设、草场保护、指导牧草栽培、饲草料加工、草场改良等工作。

1995 年后,对草场改良主要采用施肥、改善灌水条件、定期浇水等方式,延缓草场退化。并先后引进和田大叶苜蓿、加拿大紫花苜蓿、无芒雀麦、红豆草、高产量玉米等优良牧草品种试种成功。哈拉峻乡昂额孜草料基地和 274.7 公顷草料基地大力推广高产量玉米种植,哈拉峻乡阿其布拉克草料基地和吐古买提乡依达良草料基地推广种植紫花大叶苜蓿,有效提高人工草地的单产量。

至 2015 年,牧草良种改良面积 2933.3 公顷,牧草单产量 12 万吨,牧草生产率比 1995 年提高 39%。在市政府支持下,利用有效措施和管理方式,加快天然草场改良和草原生态恢复的步伐,采取围栏封育及人工灌溉、补种等多种方式改良恢复天然草原生态,实现全市 43.2 万公顷天然草地资源优化和改良,天然草原利用率提高 24%。

(三)草场监理

草原监理站负责草场的日常监理,对非法征占用、使用和临时使用及乱采、乱挖野生中草药破坏草原植被和侵占草场的行为,依照《中华人民共和国草原法》和《草原征占用审核审批管理办法》认真查处和合理办理。1995—2014 年,查处非法乱采乱挖野生药用植被破坏草原案件 14 起,按照《草原征占用审核审批管理办法》为 9 家采砂、采石企业办理临时使用草原手续,临时使用面积 86.07 公顷,收缴草原补偿费 10.33 万元。为 13 家开矿企业办理草原征占用手续,征占用草原面积 343.43 公顷。收缴开矿企业草原补偿费和牧民安置补助费 320 万元。向征占用草原承包户发放牧民安置补助 136 万元。

(四)退耕还牧

1990 年国务院颁发退耕还林还草政策之后,又颁发关于加强草原保护和建设的若干意见,提出要在牧区实行退牧还草政策。退牧还草政策涉及禁牧,休牧,划区轮牧和舍饲圈养等方面。为了保证退牧还草政策的顺利实施,市政府提出促进牧区退牧还草补贴政策和相关建议,尽量减少退牧还草给牧民带来的收入损失和生活、生产的影响。阿图什荒漠类草地面积 45 万公顷,占草地总面积的 58%。由于天然草地长期超载过牧,草场退化,牧草种类少,牧草生产量少。为改善草原退化局面,市政府出台人工种草补贴,舍饲圈养补贴,牧民定居补贴等政策,严格落实"两禁一险"工作措施,积极推行划区轮牧、休牧、禁牧制度,推进天然草场生态保护和牧草恢复步伐。

1985 年开始,政府每年每亩人工种草地生产补贴 30 元,1997 年开始 50 元。自 2011 年国家实施草原生态保护补助奖励机制政策以来,每年补发 3176.25 万元,加强天然草原的保护工作。

至 2015 年,完成 20 万公顷禁牧草原、2933.3 公顷人工草原、3733.3 公顷天然割草地围栏工程。

(五)病虫害防治

1995—2000年,阿图什市按照“预防为主,综合防治”的指导方针,完善监测措施和手段,每年春季组织开展监测调查,根据调查结果,编制防治计划和防治方案,特别是进入6月,气温回升快,技术人员及时深入到蝗灾多发点,密切监视虫害的发生、发展及动态变化,及时掌握第一手资料,为科学指导灭蝗工作随时提供可靠依据。同时,提前完善落实防控技术措施,培训业务人员等工作。

2005年,哈拉峻乡阿亚克苏洪村和阿湖乡的托格拉克村等乡村666.78公顷春秋放牧场发现蝗虫灾害,其中严重面积300~350公顷(蝗虫高密度区每平方米3~10只,低密度区每平方米3~8只)。灾害报告自治区畜牧厅治蝗办后,提供蝗虫药品4800千克,同时,市政府拨付资金20万元,用于蝗虫灾害。

2013年6月初,阿图什市吐古买提乡、阿湖乡、上阿图什镇、哈拉峻乡等乡镇荒漠草原(冬秋草场)前后发生意大利蝗虫灾害,共发生面积3.04万公顷,平均虫口密度5~15只/平方米,其中严重发生面积1.08万公顷(平均虫口密度15~30只/平方米),蝗虫生育期为一龄期到三龄期。州治蝗办协调解决所需药品7吨,中型打药器200台,工作经费20万元。市政拨付资金5万元,并动员各乡镇干部职工,安排打药、治蝗宣传工作。

至2015年,通过监测防治工作,病虫害防治工作取得明显成效,极大地恢复草场植被,草原生态环境得到明显改善。

四、草场管理及承包

1995年,阿图什市进一步落实草原有偿承包责任制工作,承包期为30年。全市有3168户17093人承包草场,共承包草场67.4万公顷,发放草原使用证3168本,还有9.37万公顷草场未承包。由于阿图什草场大部分为戈壁滩,牧草稀少,按草场面积征收草场使用费,牧民负担过重,市政府决定按牲畜数量收取草场使用费,大畜每头1.2元/年,小畜每只0.6元/年。

2005年,取消农业税后,草场使用费也同时取消。

2009年7月1日起,阿图什市开展草原权属登记、草原确权承包、基本草原划定、草原承包证发放等工作,最大限度地管理保护和合理利用草原。

2010年,国家启动草原生态保护补助奖励机制,可利用草原面积70.2万公顷,禁牧草原面积20万公顷,草畜平衡面积50.2万公顷,有6909户33160人承包草场,每年发放草原保护补助资金3124.95万元,换发草原承包证6909份,承包草原面积70.2万公顷。

至2015年,共发放草原生态保护补助奖励资金8250万元,草畜平衡补助资金5647.5万元,牧民生产资料综合补贴1727.25万元、牧草良种补贴(发放种子)175.2万元。

2010年阿图什市各乡村草地禁牧、草畜平衡面积统计表

表8-19

乡、村名称	承包草场总户数(户)	总面积(公顷)	禁牧面积(公顷)	草畜平衡面积(公顷)
全市	6909	46800	13333.34	33466.68
哈拉峻乡	3679	31310.68	10825.78	20484.90
琼哈拉峻村	584	2628.49	1067.1	1561.39
欧吐拉哈拉峻村	672	2972.78	110.52	2862.27
阿亚克苏洪村	131	1686.18	1339.25	346.94
谢依提村	372	3386.31	362.59	3023.72
克孜勒陶村	485	3352	2897.35	454.68

续上表

乡、村名称	承包草场总户数(户)	总面积(公顷)	禁牧面积(公顷)	草畜平衡面积(公顷)
皮羌村	313	8281.31	3112.63	5168.68
古尔库热村	367	2596.95	237.53	2359.42
库铁列克村	301	3062.13	271.87	2790.25
昂额孜村	143	2454.54	1247.65	1206.89
西里比里村	140	757.12	94.20	662.91
坎阿热力村	171	132.84	85.09	47.75
吐古买提乡	2080	11891.12	2507.56	9383.56
吐古买提村	545	2286.64	731.84	1554.8
巴什苏洪木村	196	1442.45	636.48	805.96
库鲁木都克村	492	2779.39	372.75	2406.64
玛依丹村	416	2712	—	2712
科克塔木村	255	1628.97	766.49	862.48
阿合塔拉村	96	401.84	—	401.84
结然布拉克村	80	639.83	—	639.83
农区乡	1150	3598.22	—	3598.22
上阿图什镇	571	1973.33	—	1973.33
阿湖乡	242	836	—	836
阿扎克乡	125	69.78	—	69.78
格达良乡	98	487.11	—	487.11
松他克乡	114	232	—	232

五、牧草、饲草料

(一)牧草

阿图什市草原上的优良牧草是现代畜牧业生产的主要青饲料和冬春补饲干草的来源。阿图什市常见的主要草地优良牧草主要有:紫花苜蓿、黄花苜蓿、天蓝苜蓿、红豆草、三叶草、干草、苦马豆、黑麦草、雀麦草、冰草、节节草、燕麦草、合头草,圆叶盐爪爪、琵琶菜、柽柳、绢蒿、银穗草,羊毛,针茅等。

阿图什市人工繁殖的牧草品种主要有高产量玉米、苏丹草和大力士甜高粱等品种。玉米直播上阿图什镇、哈拉峻乡、吐古买提乡,复播阿湖乡、阿扎克乡、松他克乡,总种植面积0.46万公顷,每0.067公顷平均生产饲草量3~3.5吨。高产量大力士甜高粱和苏丹草种植在哈拉峻乡和吐古买提乡等牧区,其中苏丹草每0.067公顷年生产饲草量5~7吨,大力士甜高粱每0.067公顷年生产饲草量7~12吨。阿图什市饲料资源丰富,人工栽培牧草品质优良,种植业的秸秆(玉米秆、麦草、稻草、棉花秆)、林副产品枝叶(果树叶子、干果),粮油加工副产品(麸皮、棉花油饼、棉花壳、油菜油饼、菜籽油饼)、多汁饲料胡萝卜、恰木古尔等种类多,分布广,品质好,产量高。2015年,阿图什市饲草料种植面积由1995年的0.6万公顷逐步增长到2.01万公顷。

1. 秸秆

全市有可耕地面积3.2万公顷,农作物年播面积2.01万公顷,小麦播种面积1.12万公顷,玉米播种面积0.46万公顷,棉花播种面积0.4万公顷,油菜播种面积0.01万公顷,水稻面积0.02万公顷。玉米秸秆、麦草、棉花秸秆和稻草是丰富的饲草料资源。

2. 林副产品

全市共有林业用地面积14.4万公顷,有林地面积8.49万公顷,其中山区森林面积5.35万公顷。果树品种有杏子、无花果、葡萄、香梨、苹果。林树品种有柽柳、杨树、桐树、沙枣树等。树叶和水果是为牲畜提供的良好饲草料。

3. 谷物

又称精饲料,其中玉米是主要能量饲料资源,素有“饲料之王”之称。豆类是主要谷物蛋白质饲料资源。苜蓿,大麦,燕麦是山地草原牧区的主要精饲料资源。玉米豆类是生产配合饲料的主要原料。1995年,玉米种植0.3万公顷,年产量1.2万吨。2015年,全市种植玉米面积0.46万公顷(直播面积0.12万公顷,复播面积0.34万公顷),年产量5.7万吨,苜蓿种植面积1.2万公顷,年产量2.8万吨。

(二)饲草料加工

1995年,阿图什市农村秸秆饲料年总储量2.21亿千克,可利用量1.65亿千克,实际利用1.23亿千克,平均利用率48%,其中麦草和玉米秆的利用率分别不到20%和45%。

至2015年,随着饲料加工技术和饲料工业的快速发展,铡草、粉碎、青贮、氨化微贮、粉状饲料、颗粒饲料、混合饲料、配合饲料、骨肉粉、血粉动物饲料、矿物添加剂饲料逐渐推广。利用秸秆粉碎、长草短喂、冬春季补饲等一系列措施,提高饲草料资源的利用率和转化率,促进畜牧业的发展。

1. 铡草

1995年,全市有饲料粉碎机340台。2000年,全市有饲料粉碎机2500台,饲草料基本上使用机械加工。2001—2015年,全市畜牧机械化程度逐年不断提高。至2015年底,全市畜牧机械拥有量5763台,其中粉碎机2950台、铡草机980台、牧草收获机35台、饲料混合机5台、机动剪毛机350台、青贮饲料收获机57台、秸秆捡拾粉碎机12台、挤奶机124台、各类农副产品加工及畜牧机械专用配套动力机械1250台。2015年,秸秆粉碎12.5万吨,农作物秸秆和牧草利用率比1995年45%提高到65%。

2. 青贮

阿图什有耕地3.2万公顷,秸秆年产量78万吨左右。为实现阿图什畜牧业的可持续发展,市委、市政府在农业产业结构调整中,把城郊农区畜牧业作为全州畜牧业发展的新的突破口和经济增长。利用广大农区农副产品资源丰富,劳动力充足和离中心城市较近等优势,实施“窖池工程”,加大青贮饲料建设投入力度,使青贮饲料制作方式由以前的小规模、高劳动强度、高成本向规模化机械作业的方向发展,降低制作成本,保证青贮饲料制作质量,又有效解决青贮饲料制作与秋季农耕争时间争劳动力的矛盾,使青贮饲料制作工作得到进一步推广和发展,规模不断扩大,为有效地推动阿图什城郊农区畜牧业的快速发展提供饲料保证。1995年以后,青贮制作技术全面推广,畜牧系统技术人员,帮助专业养殖户进行饲草料加工技术指导,1995—1999年大力推广青贮加工技术和阿图什发展奶牛业的需求,2000年全市完成青贮饲料5.02万吨,青贮加工技术已在全市全面铺开。2010年,青贮玉米种植面积0.3万公顷,加工青贮饲料4千吨。2011年玉米种植面积0.38公顷,加工青贮饲料4800吨。2012—2014年,每年种植玉米面积0.4万公顷,加工青贮饲料5800吨。2015年,种植玉米面积0.42万公顷,青贮窖面积1.39万立方,加工青贮饲料6400吨。

3. 秸秆微贮

微贮菌是乌鲁木齐海星农业科学技术服务站在中外合作基础上研究开发的一种微生物处理技术。1994年,阿图什开始推广微贮麦秸技术,1995年微贮饲料1.53万吨,1997年微贮饲料1.62万吨,1998年微贮饲料1.62万吨,1999年微贮饲草料1.73万吨,2000年以后这些技术不再采用。

第三节　牲畜品种及改良

一、畜禽品种、分布

（一）黄牛

1995年，全市有黄牛30152头，阿图什市黄牛品种有荷斯坦牛、西门塔尔牛、褐牛、土种黄牛等品种，具有适应性强，耐粗饲的特点。成年母牛体重204～238千克，公牛以役用为主，母牛在农区主要是产奶，产奶期200天左右，平均日产奶量1.8千克。

2015年末，全市存栏数3.3万头，其中荷斯坦牛1.4万头，主要分布在上阿图什镇、阿湖乡、松他克乡和阿扎克乡；西门塔尔牛1万头，主要分布在上阿图什镇、阿湖乡、松他克乡、阿扎克乡和格达良乡；褐牛0.1万头，主要分布上阿图什镇、阿湖乡、哈拉峻乡和吐古买提乡；黄牛0.8万头，主要分布在哈拉峻乡、吐古买提乡和格达良乡。

（二）牦牛

为当地牦牛，善爬高山，耐寒，体质结实，抵抗力很强，能在其他牲畜不易放牧的高寒山区终年放牧。牦牛肉质鲜美，母牛产奶期约4个月左右，日产奶量1.5千克，含脂率很高。成年公牛活重一般280千克左右，母牛260千克左右。2009年，牦牛存栏6300头，其中适龄母牦牛4000头，主要分布于哈拉峻乡和吐古买提乡。2015年末，全市牦牛存栏6000头。

（三）绵羊

阿图什市主要绵羊品种有柯尔克孜羊、多浪羊等品种。

1. 柯尔克孜羊

主要分布于哈拉峻乡和吐古买提乡，柯尔克孜羊属脂臀型，适应性强，耐粗饲，体格较大，秋季活重约40千克，产毛1千克多，羊毛为异质粗毛，毛色多为黑色和褐色。2015年，存栏27.2万只。

2. 多浪羊

又名麦盖提羊、刀郎羊，2010年以来，阿图什市在农区作为推广的牲畜品种，适应性强，耐粗饲，产肉性能好。毛色略红、毛质好、肉嫩多汁无膻味、成熟早、双羔率260%。公羊绝大多数无角，母羊一般无角。主要分布于阿图什市格达良乡、松他克乡、上阿图什镇、阿湖乡、阿扎克乡等农区。2011年，存栏数2.8万只。2015年，存栏4.8万只。

（四）山羊

1995年初，全市山羊存栏9.85万只，因山羊随意放牧高山地区，饲养管理等各方面成本较低，具有抗逆性强，羔羊成活率高和适远牧、耐粗饲、绒细等优点，平均个体产绒量350克，市场需求潜力较大，所以发展速度比较快。毛色以白色为主，兼有黑等颜色。

2015年，山羊存栏12.5万只。

（五）马

为当地柯尔克孜马，分布于哈拉峻乡和吐古买提乡，体质结实，善于山路奔驰，群牧增重快、抓膘好。以乘为主，兼顾挽驮。成年公马体高132厘米，体长143厘米，体重340千克。母马泌乳性能较好，夏季挤奶2个多月，日产奶量约1千克。2009年共存栏3600匹。2015年存栏3500匹。

（六）猪

主要有杜洛克、长白两个品种。规模养猪场（户）主要分布于松他克乡园艺场村，就业农场和州苗圃、阿扎克乡葡萄基地和库木萨克村。

1995年底，全市生猪存栏500头。2015年底，存栏3150头，出栏3000头。

（七）家禽

1995年底，全市家禽存栏28万羽，2000年存栏34万羽，2015年底存栏70万羽，出栏80万羽。家禽规模养殖场(户)主要分布于松他克乡园艺场村、就业农场和州苗圃、阿扎克乡葡萄基地和库木萨克村、阿湖乡第一果园、格达良乡托卡依水库等地方。小规模和散养户主要分布于上阿图什镇、格达良乡、哈拉峻乡、吐古买提乡,家禽种类主要有鸡、鸭、鹅、鸽子等,蛋鸡主要品种有海兰褐、海蓝粉、罗曼等品种,年产蛋280~300枚。肉鸡主要品种有黄麻、三黄、快大黄等品种,饲养周期60~80天,体重公鸡2.5千克,母鸡1.8~2千克。鸡还有肉蛋兼用型本地杂交土种鸡,鸭子主要有北京鸭,鹅主要有白鹅,鸽子有肉鸽,山鸡和其他观赏禽类。

1995—2015年阿图什市牲畜数量统计表

表8-20

年份	合计〔万头(峰、匹、只、羽)〕	牛(头)	牦牛(头)	骆驼(峰)	马(匹)	驴(匹)	骡子(匹)	绵羊(只)	山羊(只)	猪(头)	家禽(羽)
1995	32.70	30152	4163	1539	4396	13777	35	174541	98463	500	—
1996	33.01	30056	4234	1595	4450	13897	35	181304	94529	—	—
1997	33.83	27299	4207	1503	4356	13701	34	189108	94144	—	—
1998	35.32	27482	4778	1424	4479	13778	29	202728	98502	—	—
1999	36.51	29015	4680	1414	3905	12235	26	219361	94464	—	—
2000	37.84	30718	4780	1537	3878	11372	26	227189	98900	—	—
2001	38.85	32636	5274	1327	3751	11129	21	236990	97372	—	—
2002	40.01	33615	5434	1367	3863	11463	21	244099	100293	—	—
2003	41.25	35965	5634	1140	3463	9863	21	252971	103443	—	—
2004	42.52	38446	5842	1158	3504	8820	21	260990	106438	—	—
2005	44	41096	6017	1178	3552	9447	21	269165	109524	—	—
2006	45	41949	6073	1200	3583	9588	21	275543	112043	—	—
2007	46	43000	6000	1200	4000	9000	0	281900	114000	2000	300000
2008	47	43643	6292	1220	3640	9840	0	286335	117030	2000	350000
2009	47	43700	6300	1300	3600	9800	0	284800	118000	2500	400000
2010	47	44000	6000	1400	3500	10100	0	283000	119000	3000	450000
2011	47	33000	6000	2500	3500	10000	0	283000	130000	2000	500000
2012	47	33000	6000	2500	3500	8000	0	285000	130000	2000	550000
2013	47.5	33000	6000	2500	3500	8000	0	297000	123000	2000	600000
2014	48	33000	6000	2500	3500	8000	0	300200	123000	2000	650000
2015	50	33000	6000	2500	3500	8000	0	320000	125000	3150	700000

二、品种改良

阿图什市是一个以畜牧业为副的半农、半牧地区。畜牧业是阿图什市发展经济的基础,牲畜品种改良是提高畜群质量、增加个体收入、提高畜牧业产值的主要来源,是加速阿图什市农牧民脱贫致富、振兴阿图什市经济的重要工作。市政府高度重视,黄牛、牦牛、绵羊、山羊品种改良工作取得显著的成绩。

（一）黄牛改良

1995年起，黄牛品种改良得到推广，良种覆盖率逐步扩大，品种结构进一步优化，养牛业经济效益和市场效益显著提高。2008年国家和自治区实行品种改良冷链体系建设和奶牛良种补贴项目以后，黄牛品种改良工作进一步得到发展。

2008—2015年，国家总投入资金147万元，提供良种奶牛补贴项目冻精12.6万剂。

2010年，全市黄牛冷配头数1万头。2011年起，黄牛冷配头数8000头。由于畜牧业产业结构发生质的改变，从数量型向效益型转变，从此农区出现大批规模养殖场，人工冷配怀胎率从平均75%提高到2015年的83%，比2010年提高8%。2015年全市改良牛3.2万头，改良率占85%以上。

（二）绵羊改良

2010—2015年，阿图什市通过自治区良种公畜补贴项目，先后从阿合奇县、乌恰县购进2400多只优质柯尔克孜种公羊，免费发给农牧区牧民、贫困户与养殖户，与本地柯尔克孜羊进行改良，共改良65350只，绵羊改良率49%，逐步加快绵羊品种改良步伐。

市政府出台《牧区种公羊分群饲养管理实施方案》，逐步实现种公羊在配种期间分群统一饲养管理、统一配种，统一接羔的目的。同时配种期前一个月对种公羊鉴定整群，以核心群或养殖户为单位互相调换使用。为推进柯尔克孜羊良种繁育步伐，在哈拉峻乡、吐古买提乡鉴定筛选品种特征一致、生产性能较好的良种柯尔克孜母羊，组建柯尔克孜羊核心群，进行良种扩繁。2015年，哈拉峻、吐古买提两个牧业乡柯尔克孜羊核心群及示范户160户、3.2万只母羊，发挥核心群和示范户的示范作用，加快绵羊改良步伐。

（三）山羊、牦牛改良

2004年后，阿图什市加快绒山羊改良步伐，加大超细型绒山羊选育，取得明显效果。先后从青海引进400头牦牛，加大本品种牦牛杂交改良工作。

2010年，争取自治区良种公畜补贴项目，从自治区天山牧场和阿克苏萨瓦甫牧场引进300只绒山羊种公羊，发放给核心群及示范户，共改良山羊5.66万只，山羊改良率41%。根据阿图什市《牧区种公羊分群饲养管理实施方案》的规定，对所引进的绒山羊种公羊以及现有的种公绒山羊实施分群饲养统一管理、统一配种，统一接羔培育、统一村与村、户与户之间调换使用。加快超细型绒山羊品种改良步伐，在哈拉峻、吐古买提乡以绒山羊养殖大户为单位，鉴定筛选品种特征一致、绒毛细度13微米以下、产绒300克以上、毛色为白的良种绒山母羊，组建细绒型绒山羊核心群。

2015年，哈拉峻、吐古买提两个牧业乡挂牌组建的绒山羊核心群及示范户有280户共有绒山羊5.66万只。

第四节　牧区基本建设

一、牧民定居点建设

1995年，阿图什市绝大多数牧民过着逐水草而居的生活，牧民还没有完全定居下来，生活条件差，当时阿图什市哈拉峻乡、吐古买提乡、经济羊场和结然布拉克牧场共有牧民2562户13878人还过着半居半牧生活。

2010年，随着对牧民定居认识的不断深入，市政府对牧民定居点提出“三通、四有、五配套”的建设标准和要求，牧民定居的首要条件是要有草料基地。

2001年，阿图什市大力发展人工草料基地建设，以哈拉峻乡3333.33公顷、吐古买提乡依达良666.67公顷草料基地建设为依托，实行转产转业，为牧民定居创造有利条件。至2008年，全市牧民定居户785户4047人，每户55～60平方米。

2010年，阿图什市启动定居兴牧工程，定居兴牧工程均以80平方米为标准。

至2014年底，全市完成新建定居兴牧工程2533户。“十二五”期间，建成牧民标准化定居村（点）12个，完成标准化定居房屋2533套202640平方米,占牧户总数的36.7%,棚圈4200座。

二、棚圈建设

牲畜棚圈是牧区畜牧业生产的基础,牧区因经济条件滞后,牲畜棚圈建设一直比较落后,20世纪90年代初,棚圈以土木结构为主,十分简陋,抵御自然灾害的能力较差。随着牧民定居点的建设和畜牧业发展,棚圈建设得到扩大和加强。1995—2015年,全市共兴建棚圈4500座。

三、养殖小区建设

2010年起,阿图什以改造提升传统畜牧业、开拓创新现代畜牧业为指导,突出发展生猪、肉羊和奶业,实施生猪、奶牛养殖小区建设、标准化养殖示范场区打造等建设项目,畜牧业基础设施水平得到提升。

2011年,重点建设松他克乡和阿扎克乡标准化养殖小区建设和生猪、家禽养殖基地,哈拉峻乡和吐古买提乡柯尔克孜羊和绒山羊繁育基地建设,全市建成养殖小区35个,养殖育肥大户1100户。改善游牧民群众居住条件,400户定居兴牧房、400座棚圈,游牧民小区建设朝着"三通四有五配套"方向发展。

2015年,全市有养殖大户2050户,新发展300户;有养殖农民专业合作组织310个,新发展85个;有标准化规模养殖(场)小区120座,新建设和标准化改造养殖小区12座。

四、资金扶持

2008年,自治区现代畜牧业发展会议召开后,阿图什市根据国家、自治区扶持规模养殖场(小区)相关政策,政府投入引导,调动农民专业合作组织、畜牧养殖企业的规模养殖场建设积极性,以奖代补,先建后补的方式,鼓励社会、民间资本投入,建设一批标准化规模养殖场(小区)。

至2015年,国家陆续投入现代畜牧业发展资金、中央现代农业生产发展资金、中央预算内资金、中央菜篮子产品生产扶持资金、中央牛羊调出大县奖励资金、财政扶贫资金、兴边富民和少数民族发展资金、草原畜牧业转型示范县建设项目资金等8类项目总资金4324万元,扶持农民专业合作社养殖场(小区)101座,全市备案养殖场125座,项目资金扶持率80%。

2008—2015年国家对阿图什市畜牧业投资情况表

表8-21　　单位:万元

年份	防灾	草场建设	水利建设	兽医站建设	牲畜改良	病害防治	标准化规模养殖场(小区)建设
2008	40	—	—	—	22.5	60	25
2009	10	—	—	90	32.4	130	50
2010	10	—	—	—	44	130	120
2011	10	3176.25	—	40	25.29	130	20
2012	40	3176.25	294	—	34.4	130	440
2013	20	3176.25	—	20	42.3	135	645
2014	20	3526.75	138	—	116.6	130	995
2015	—	3176.25	—	26	94.2	137.8	834

第五节　放牧管理与抗灾保畜

一、四季轮牧

从1995年起，阿图什市农区养畜由自食向商品化方向转化，变大群放牧饲养为小群轮牧和半牧半养。

2004年，全市开始实施天然草原保护项目和退牧还草项目。

2009年，加大草场生态建设与保护，草料基地管护，年内完成改良草场75万公顷，轮牧、休牧150万公顷，人工种草66.67公顷，围栏草场300公顷。

2010年，为缓解草原退化的压力，解决日益尖锐的草畜矛盾，严格草原管理，加大人工草场建设和管护力度，年内完成人工草地66.67公顷，鼓励农牧民种草33.33公顷。

2012年，全市禁牧草原20万公顷，草畜平衡草原50.2万公顷，核减牲畜3.99万只标准羊单位，发放牧户生产资料补贴6249.9万元，新建禁牧管护站7座，聘用管护人员7名。

2013年，按照自治区、自治州要求，落实禁牧草原20万公顷，草畜平衡草原50.2万公顷，核减牲畜3.99万只标准羊单位，发放良种牧草补贴苜蓿种子25吨，新建禁牧区管护站11座，聘用管护人员33名，人工草地400公顷，改良自然草场20万公顷，修建围栏草场1060公顷。维修达阪4千米，修建牧道13千米，100%落实禁牧、草畜平衡面积。

2015年，按照自治区、自治州要求，落实禁牧草原20万公顷，草畜平衡草原50.2万公顷，核减牲畜1.99万只标准羊单位，发放良种牧草补贴苜蓿种子25吨，人工草地400公顷，改良自然草场25万公顷，修建牧道13千米，100%落实禁牧、草畜平衡面积。

二、转场

阿图什市草场依地理和气候条件，分为夏、秋、冬、春四季草场，为合理利用草场，发挥各个草场的最佳经济效益，每年都要按季节进行牲畜转场，转场距离远近不一，有的几千米，有的数十千米，个别草场达百千米以上，转场时间需要10多天。在长期的放牧实践中，牧民总结和掌握一套转场经验。转场过早会造成草场浪费，过晚天气渐冷，又会影响牲畜的抓膘。选择连续几个晴朗的天气，才能保证在转场途中人畜的安全。

牧民每年转场2次，每年6月上旬转入夏牧场。用骆驼或牦牛驮着毡房和其他生活必需品，赶着畜群向夏草场进发，行走缓慢，即使是60千米的路程，也要2天以上。到9月中下旬又要转入冬春草场，也有少部分牲畜采用汽车和拖拉机转场。

阿图什市的冬草场和春草场偏紧，夏草场和秋草场稍富裕。每年6月上旬牲畜转入夏牧场，放牧时间为2个月左右，8月中旬牲畜从夏牧场转到秋牧场，牧放期为一个半月，10月下旬转入冬春牧场，冬春牧场有牧民住房，牲畜圈棚，交通方便，草料充足，牲畜在这里越冬度春和产羔育幼。阿图什市冬春草场牧草稀疏，可食草较少，一般每年2—3月都要给牲畜加草加料，特别是对瘦弱牲畜加草料，提高成畜保活率。冬草场利用长达260天左右，直至翌年5月上旬。在冬春草场，绵羊、山羊完成全部怀孕生产的全过程。

三、繁殖

（一）配种

阿图什市的绵羊1岁左右开始发情，配种季节在9月下旬至11月上旬，大约40天左右，受胎率一般在90%～95%。山羊1.5岁开始发情配种，配种季节一般在10月上旬至11月上旬，受胎率一般在95%左右。马4岁开始发情配种，配种季节在5月上旬至8月上旬，受胎率90%。黄牛4岁开始发情配种，配种季节在3月上旬至10月上旬，受胎率85%。牦牛3岁开始发情配种，配种季节在7月上旬至10月下旬，受胎率70%左右。骆驼4岁开始发情配种，配种季节在2月和3月，受胎率75%。黄牛、牦牛配种除一部分自然交配外，还有到配种站采取冻精人工授精，受胎率较高。在农区一般90%以上人工配种为主，牧区一般80%以上自然交配为主。绵羊、山羊配种一般是选育种公羊,主要以自然交配为主。马、骆驼等牲畜一般为自然交配。

(二)接羔

阿图什市绵羊产仔接羔期一般在3月上旬至4月中旬之间,繁殖率占生产母畜总数的95%左右,双羔率一般为5%~10%。山羊产仔接羔期一般在3月上旬至4月中旬之间,繁殖率占生产母畜总数的95%左右,双羔率一般为10%~20%。马的繁殖季节在3月上旬至6月上旬,繁殖率占生产母马总数的75%左右,黄牛的繁殖季节在3月上旬至11月上旬,繁殖率占生产母牛总数的80%左右,牦牛产仔接羔期一般在4月上旬至7月中旬之间,骆驼产仔接羔期一般在2月上旬至3月中旬之间。

产羔接羔前,要做好充分的准备,安排好暖房,保持一定的温度,使幼羔和母畜不被冻坏。要准备好充足的饲料,甚至准备一些鸡蛋、胡萝卜等营养品,为母畜滋补身体。产羔接羔期间,是一年中牧民最重要最繁忙的季节,关系到全年畜牧业生产丰歉。

四、剪毛

毛是畜牧业经济的主要产品之一,剪毛是一种重要的牧业生产活动,掌握剪毛时间是保证毛、绒产量与质量的关键,并直接影响牲畜抓膘育肥。阿图什市绵羊每年剪毛二次,第一次为5月下旬或6月初,在冬春草场上产仔后剪毛,绵山羊抓绒剪毛之后可以进行药浴驱虫,才转移到夏季牧场。第二次剪毛在9月至10月之间,第二次剪毛后进行第二次药浴驱虫。本地土种绵羊的产毛量(每只一般剪毛量),周岁公羊为1.48±0.06千克,母羊为1.26±0.05千克;成年公羊为2.6±0.05千克,母羊1.56±0.05千克。

山羊抓绒是指在山羊剪毛后,紧贴皮肤的一层细绒。一般在5月的上旬抓绒,一年一次,每只产绒量约220~280克,利用阿克苏引进超细型绒山羊改良后的杂交山羊每只可产绒300~350克。

骆驼抓绒的时间在每年6月,一年一次,每峰骆驼年产绒量3~4千克,其中700克粗毛。

绵羊剪毛用一种专门的剪子,是一种技术活动,也比较累。随着科技的发展,研制生产剪毛电推剪。

五、抗灾保畜

阿图什市境内高山连绵,峡谷遍布,平原较少,地形十分复杂,气候变化无常,各种自然灾害频繁,特别是广大牧场,冬春大雪封山,人畜难以通行;夏秋积雪融化,雪水沿河而下。大小灾害频发,严重地影响畜牧业生产。影响畜牧业生产的自然灾害有:雪灾、低温寒流、旱灾、风灾、浮尘,近几年来,浮尘尤为突出。1995年后,市畜牧兽医部门采取各种措施防灾减灾,加强牧业基础建设,在抗灾减灾、发展畜牧业生产,抗灾能力得到增强。2008年1月,阿图什市境内遭受特大暴雪,畜牧业受到一定影响,棚圈不同程度倒塌,损坏,牲畜饲草料短缺,为受灾严重的牧区调拨40吨玉米,帮助受灾牧民抗灾保畜。

第六节　疫病防治

一、畜病种类

在阿图什市畜禽中流行的传染病主要有11种,其中牛病3种、羊病3种、猪病3种、鸡病2种,其中危害较大的有以下几种:

(一)新城疫

由新城疫病毒引起禽的一种急性、热性、败血性和高度接触性传染病。以高热、呼吸困难、下痢、神经紊乱、黏膜和浆膜出血为特征。具有很高的发病率和病死率,是危害养禽业的一种主要传染病。OIE(世界动物卫生组织)将其列为A类疫病。存在本病或受本病威胁的地区,预防的关键是对健康鸡进行定期免疫接种。平时应严格执行防疫规定,防止病毒或传染源与易感鸡群接触。2007年,阿图什市苗圃发生新城疫病,发病鸡3500羽,全部深埋处理。

（二）口蹄疫

口蹄疫是一种由口蹄疫病毒（FMDV）所致的急性、热性、高度接触性传染病，主要侵害偶蹄兽，在山羊、牛、猪等动物中传播。发病时，动物的唇和蹄上长满水疱，同时伴有发烧、食欲不振等症状，患病动物体重大幅下降。动物患口蹄疫会影响使役，减少产奶量，给畜牧业造成严重损失，一般采用宰杀并销毁尸体进行处理。

1998 年，阿扎克乡从伊犁调进 50 头牛，在农牧市场交易之后，有 8 头发病，其中 2 头典型病状诊断为口蹄疫，6 头为疑似病例，全部（8 头牛）扑杀处理。1999 年，松他克乡肖鲁克村农牧从外地调进的 1 头牛发生口蹄疫，发病牛 1 头，死亡 1 头，尸体无害化处理。

2004 年，松他克乡买谢提村发生口蹄疫，发病牛 1 头，扑杀处理。2008 年 2 月 16 日，阿扎克乡英瓦格村和松他克乡买谢提村共 8 头牛发生口蹄疫，对确诊及同群的 58 头牛和 106 只羊（阿扎克乡英瓦格村 54 头牛，68 只羊；松他克乡买谢提村 4 头牛，38 只羊）于 2 月 20 日进行扑杀深埋处理。2011 年 12 月 22 日，在阿图什市上阿图什乡发生疑似狂犬病，发病的疑似病例有 1 头牛，初诊后深埋处理。2012 年 1 月 27 日，阿图什市松塔克乡温吐萨克村养殖大户吉某从喀什伽师县引进 29 头牛，1 月 28 日，运到伊宁时巴伦塔依检查站检查中发现口蹄疫症状，样品送检后确诊口蹄疫阳性病例。

（三）炭疽

炭疽是炭疽杆菌引起的人畜共患的急性传染病，炭疽主要为食草动物（牛、羊、马等）的传染病，人接触患炭疽的动物后，可以受染而患病。主要表现为皮肤炭疽，其次为肺炭疽和肠炭疽。可以继发炭疽杆菌菌血症及炭疽杆菌脑膜炎，病死率较高。炭疽杆菌对青霉素敏感，治疗时使用青霉素效果很好。

1999 年，阿湖乡阿热买里村 4 小队发生牛炭疽病，只有 1 头牛发病、然后死亡。

2006 年，上阿图什乡尧勒其拉村发生炭疽，只有 1 头牛发病、然后死亡，患病人数 2 名。

2007 年，上阿图什乡拉依勒克村 7 小队发生炭疽病，发病牛 1 头，尸体销毁处理。

2008 年，上阿图什乡兰干村 12 小队发生疑似炭疽病例，发病牛 1 头，死亡 1 头。

（四）羊痘

羊痘是一种急性传染病，山羊、绵羊都易感染，羔羊感病后死亡率较高。它多由病羊和含有羊痘病毒的皮屑随风和灰尘吸入呼吸道而感染，也有通过损伤的皮肤而感染的。发病初期，病羊精神不好，不吃不喝，流鼻涕，淌眼泪，体温升高，心跳和呼吸次数增加。在鼻子、眼睛周围和嘴唇、阴门外面，以及乳头等处出现小红点，并迅速形成直径 3～5 毫米的硬圆丘疹。经过 6 天左右，丘疹增大，形成水泡，体温稍有下降。水泡经2～5 天变成脓包，体温再次上升，一般持续 2 天左右。最后脓包干涸，变成黑褐色的痂皮。有的病羊还会出现腿瘸、眼瞎、咳嗽、拉稀等

2003 年，松他克乡松他克村发生羊痘病，发病绵羊 50 只，隔离诊疗。2009 年，松他克乡巴格拉村发生羊痘病，发病绵羊 2 只，深埋处理。2011 年 1—7 月，在阿图什市哈拉峻乡发生羊痘疫病情况，发病的疑似病例有 130 只绵山羊，其中 30 只绵山羊深埋处理。2011 年 12 月 30 日，在阿图什市松他克乡发生羊痘病例，发病的疑似病例有 9 只羊，死亡后深埋处理。

（五）牛焦虫病

牛焦虫病是由蜱为媒介而传播的一种虫媒传染病。焦虫寄生于黄牛、水牛和奶牛的红细胞内，主要临床症状是高热贫血或黄疸，反刍停止，泌乳停止，食欲减退，消瘦严重者则造成死亡。该病是由焦虫在蜱体内繁殖，牛、羊放牧时蜱叮咬而感染的。此病以散发和地方流行为主，多发生于夏秋季节，以 7—9 月为发病高峰期。有病区当地牛发病率较低，死亡率约为 40%；由无病区运进有病区的牛发病率高，死亡率可达 60%～92%。

2009 年在松他克乡、阿扎克乡、阿湖乡、格达良乡先后发生焦虫病，共死亡牛 15 头。

（六）小反刍兽疫

小反刍兽疫俗称羊瘟，又名小反刍兽假性牛瘟、肺肠炎、口炎肺肠炎复合症，是由小反刍兽疫病毒引起的一种急性病毒性传染病，主要感染小反刍动物，以发热、口炎、腹泻、肺炎为特征。对本病尚无有效的治疗方

法,发病初使用抗生素和磺胺类药物可对症治疗和预防继发感染。在本病的洁净国家和地区发现病例,应严密封锁,扑杀患羊,隔离消毒。对本病的防控主要靠疫苗免疫。

2013 年 12 月 25 日,阿图什市哈拉峻乡、吐古买提乡、上阿图什镇等部分乡(镇)发生小反刍兽疫疑似病例,感染绵山羊 7800 只,死亡绵山羊 715 只。

二、传染病防治

1995 年,随着国家对基础建设投入加大,各乡畜牧兽医站的疫病防控条件有很大的改善,到 2005 年兽医体制改革的深入开展以来由粗放经营向适度规模、集约经营转变。全市涌现一大批养殖专业户、专业村、合作社,在饲养、经营方式,疫病防控工作等方面有了一定的经验。

2009 年,国务院减轻农牧民经济困难,取消动物防疫费,农牧民对疫病防控工作的积极性明显提高,全市每一个村都配备一名村级动物防疫员,免疫工作得到保障。到 2010 年全市村级防疫员 126 名、兽医 38 名,诊疗场所 10 座,口蹄疫、禽流感、新城疫、小反刍兽疫、蓝耳病、猪瘟、羊痘、炭疽等家畜免疫累计 388.92 万头(只),家禽免疫累计 440 万羽次。

2015 年,阿图什市坚持春秋两季集中免疫、常年补针的工作要求和及时开展督导督促工作,全市防疫、免疫、驱虫、药浴共 651 万头只;动物防疫免疫密度 100%,免疫抗体保护率 85% 以上。

1995—2015 年阿图什市动物免疫统计表

表 8-22

年份	口蹄疫(万头次)	猪O型口蹄疫疫苗(万头次)	猪蓝耳病疫苗(万头次)	猪瘟疫苗(万头次)	小反刍兽疫疫苗(万头次)	禽流感疫苗(万羽次)	禽新二联(万羽次)	羊痘(万头次)	四联(万头次)	布病(万只次)	焦虫(万头次)	炭疽(万头次)	检测(万头次)	药浴(万只次)	驱虫(万只次)	治疗(万只次)
	牛羊骆驼	猪	猪	猪	绵山羊	鸡鸭鸽鹅	鸡鸭鸽鹅	羊	牛羊	牛		牛羊鸡	羊	牛羊骆驼	牛羊骆驼	
1995	—	0.35	—	—	—	—	—	18.5	14	6.2	—	10	—	42	25.2	2.65
1997	—	0.37	—	—	—	—	—	19.2	14.55	6.5	—	10.12	—	45	26	2.79
1999	—	0.375	—	—	—	—	—	20.3	15.1	7.2	—	10.25	—	47.5	27	2.93
2001	—	0.38	—	—	—	—	—	20.5	16	7.5	—	10.27		48	28.7	3.09
2003	—	0.5	—	—	—	—	10.9	26.5	17.1	8	0.35	18.7	0.3	49	29	3.25
2005	—	0.4	—	—	—	10.4	13.7	28.4	17.5	7		14.6	0.32	65.1	64.3	3.5
2007	—	0.45	0.60	0.64		27.1	11.6	27	14.3	7	0.6945	25	0.35	66.5	50.1	5.4
2009	—	1.26	0.63	0.68	38.00	39.71	45.13	77.62	27.08	7	0.45	25	0.38	42.42	54.15	3.79
2011	178.03	1.33	0.67	0.71	71.20	41.80	47.50	81.70	28.50	7	0.48	25	0.40	44.65	57.00	3.99
2013	187.40	1.40	0.70	0.75	93.00	44.00	50.00	86.00	30.00	—	0.50	25	0.42	47.00	60.00	4.20
2015	165.20	1.60	0.80	0.70	45.00	47.00	52.00	76.00	30.00	—	0.45	25	0.32	55.00	62.00	4.60

三、群防群控

阿图什市在牲畜疫病防治工作中,长期坚持以防为主,防治结合的方针。

1995—2005 年,阿图什牲畜合作防疫采取统一防疫、驱虫、药浴等办法,有效防治牲畜传染病和寄生虫病。每年春秋季进行传染病预防注射，夏、秋季进行驱虫、药浴，并形成制度。口蹄疫、破伤风、羊肠毒血症、羊痘病、羔羊痢疾等畜病已基本得到控制，炭疽、马驴流感、羊快疫等传染病的发病率明显减少，一旦发现，即可治愈。

2006—2009年，实施基层动物防疫体系建设，全市7个乡镇兽医站全部新建办公室，并陆续配备车辆及部分仪器设备。制定完善《阿图什市突发重大动物疫情应急预案》《阿图什市牲畜口蹄疫防治应急预案》《阿图什市高致病性禽流感防治应急预案》等，在2008年阿扎克乡、松他克乡出现疫情时，立即派出畜牧兽医技术人员对发病牲畜进行疫病鉴定，对发病疫区进行全面封锁，严禁车辆和人员出入，州市动物卫生监督所立即组织人员前往疫区对疫源进行调查，采取措施扑杀全部患病畜，并对疫区进行全面彻底的消毒，对辖区内的所有易感牲畜进行普查和紧急免疫接种。阿图什市每年定期开展两次重大动物疫病强制免疫工作，重大动物疫病免疫率100%，免疫有效抗体80%，全市无重大动物疫病发生。以防治高致病性禽流感和口蹄疫防疫为重点，加强其他疫病的防疫，认真开展重大动物疫病强制免疫工作。注射口蹄疫苗980450头(只)，禽流感疫苗244600羽，新城疫144000羽，羊痘疫苗258051只，炭疽疫苗101224头(只)，四联疫苗186850头(只)。

2008年，国家对口蹄疫、禽流感等重大动物疫病实行免费强制免疫，按照区、州、市的统一部署，按时启动春、秋两季动物防疫工作，实行重大动物疫病免费政策和一票否决制，严格执行“政府保免疫密度，业务部门保免疫质量”的原则和“常年免疫，月月补针”的要求，全面推进动物防疫，构筑安全免疫屏障，招聘录用55名村级防疫员，每人每月1000元劳务报酬由国家发放，其余劳务费从业务收入中进行补贴，资金不足再由市财政适当补贴。

2010年后，每年在春、秋两季对全市易感动物进行疫苗免疫注射，包括口蹄疫、高致性禽流感、高致病性蓝耳病、猪瘟、新城疫、小反刍兽疫、羊痘等传染病。

四、检疫检测

（一）检测范围

1996年后，阿图什市严格按照国家有关《疫情监测技术规范》规定的操作规程进行动物流行病学监测和免疫抗体效价监测工作，按时完成病原学检测任务，流行病学调查，每月进行一次。调查范围以每月监测3个乡，每乡2个村，每村20个农户，每个乡各抽查规模猪场、羊场、牛场、禽场各1个。

免疫抗体效价监测：每年口蹄疫、禽流感、新城疫累计抗体效价监测3520头(只、羽)次。

病原学监测：口蹄疫、禽流感、新城疫、猪瘟、猪蓝耳病、蓝舌病、小反刍兽疫、狂犬病、牛海绵状脑病、羊痒病、牛传染性胸膜炎、炭疽疫病病原学监测共740份。

四大慢病监测：每年完成奶牛结核病监测1000头、布鲁氏菌病监测810头(只)、马鼻疽1500头(只、匹)、马传贫450头(只、匹)。

（二）产地检疫

1995—2000年，产地检疫畜禽125万头(只、羽)，屠宰检疫畜禽75万头(只)、

2001—2005年，产地检疫畜禽135万头(只、羽)，屠宰检疫畜禽90万头(只、羽)。2006—2010年，产地检疫畜禽150万头(只、羽)，屠宰检疫畜禽100万头(只、羽)，动物及动物产品检疫收入60万元，2011—2015年，产地检疫畜禽160万头(只、羽)，屠宰检疫畜禽100万头(只、羽)，2015年，屠宰检疫畜禽255100头(只、羽)，其中：家畜95100头(只)、家禽16万羽，检疫鸡蛋、水产720吨。家畜日屠宰量260头(只)、家禽438羽。产地检疫畜禽32万头(只、羽)。

（三）收费标准

1995—2015年，阿图什市动物检疫收费标准：产地检疫：牛3元/头、猪2元/头、羊1元/只(市内调运)，跨县(市)的牛5元/头、猪5元/只、羊2元/只，产地检疫鸡鸭0.25元/羽。

屠宰检疫收费标准：牛6元/头、猪4元/头、羊2元/只、禽类0.1元/羽。

2015年11月开始，取消动物及动物产品检疫费。

第七节 牧业分区

一、草原畜牧业

1995年后,阿图什市畜牧业发展步伐加快,农牧区面貌发生较大变化,随着国家在农村的免税减费政策的贯彻落实,产业结构调整力度的加大,农牧区依法治牧水平的提高,农牧业生产格局发生一定程度的变化,生产方式和手段有了新的转变,畜牧业已成为阿图什市农业和农村经济中最具活力的增长点和支柱产业,也是农业增效、农牧民增收的主渠道和现金收入的主要来源。阿图什天然草原面积70.2万公顷,载畜能力31.94万只羊。

至2015年,阿图什市实施草原生态保护奖励机制和牧民定居政策后,累计发放补助奖励资金12675万元,并引导牧民将大部分资金用于购买饲草料和棚圈建设,投入31631万元各类资金建设定居兴牧房屋2533套,棚圈2533座,建设并使用管护站11座,组建33人的管护队伍实行持证上岗,初步实现冬季圈舍饲养,暖季草场放牧的方式,加快天然草原的恢复。利用草原畜牧业转型示范县项目和其他项目资金,建成2座饲草料加工厂、9座颗粒饲料加工厂,年可生产混合饲料8000吨、颗粒饲料4万吨,实验推广饲草料加工技术,70座规模养殖场和1750户养殖大户基本配套秸秆粉碎机,实现长草短喂。牧区自繁自育主要以放牧为主,在接羔育和有自然灾害时添加少量草料,农区以育肥为主,使用草料主要有玉米,麸皮、油渣、麦草、苜蓿、玉米秆、树叶等,饲喂方式:麦草浸泡软化,混合少量麸皮,以提高麦草的适口性和采食量。玉米碎粒或整粒饲喂,油渣等精饲料简单搅拌后饲喂,秸秆随意采食,农作物秸秆等粗饲料以整草整喂或铡草槽喂为主。

二、农区畜牧业和城郊畜牧业

1995年后,阿图什市全面贯彻落实科学发展观,坚持以"改造提升传统畜牧业,开拓创新现代畜牧业"为指导,坚持"统筹规划,科学布局、突出重点、分类指导"四项原则,按照"在城郊重点发展家禽、生猪养殖,在农区重点发展奶牛养殖和牛羊育肥,在牧区加快畜群周转,提高牲畜出栏到农区育肥"的发展方向,继续抓好畜禽良种繁育体系,饲草料保障体系、动物疫病防疫体系、畜牧业产业化经营体系、畜牧业科技支撑和服务体系、畜牧业行政执法体系等六大体系的建设,积极实施草原生态保护补助奖励机制,重点推进松他克乡和阿扎克乡标准化养殖小区建设和家禽、生猪养殖基地建设,重点发展上阿图什镇和阿湖乡西门塔尔牛纯种繁育基地和肉牛、肉羊育肥基地建设,以"格达良羊肉"品牌为依托,重点发展格达良乡肉羊育肥产业,推动哈拉峻乡和吐古买提乡柯尔克孜羊和绒山羊繁育基地建设,努力实现构建农林牧相结合的复合型现代畜牧业宏伟目标。

至2015年,全市共有养殖育肥大户1550户、养殖小区60座、养殖农民专业合作社125个。

第八节 产业化经营

一、牲畜结构

(一)家畜结构

2000年以来,在全市的家畜结构中,绵羊(柯尔克孜羊)一直居于首位,占50%,其次绒山羊29%,多浪羊10%,西门塔尔牛4.8%,荷斯坦牛1.8%,驴1.6%,牦牛1.2%,马0.7%,骆驼0.5%,猪0.4%。

(二)家禽结构

2015年,阿图什市家禽结构中,以蛋鸡为主。全年蛋鸡存栏40万只,占家禽总数的57%;肉鸡存栏25万只,占36%;鸽子存栏4.5万只,占6.3%;鸭子存栏0.35万只,占0.5%,鹅存栏0.15万只,占0.2%。

1995—2015 年阿图什市年末存栏牲畜统计表

表 8-23 单位:万头(只、羽)

年份	合计	西门塔尔牛	黑斯坦牛	牦牛	马	驴	骆驼	绵羊	山羊	猪	家禽
1995	32.7	2.09	0.93	0.41	0.44	1.37	0.15	17.45	9.84	0.02	6.8
1996	33.01	2.1	0.89	0.42	0.45	1.39	0.16	18.13	9.45	0.02	6.9
1997	33.83	1.91	1.21	0.42	0.43	1.37	0.15	18.91	9.41	0.02	7
1998	35.32	1.92	0.81	0.48	0.45	1.38	0.14	20.27	9.85	0.02	7.48
1999	36.51	2.03	0.87	0.47	0.39	1.22	0.14	21.93	9.44	0.02	8.23
2000	38.85	2.57	0.55	0.55	0.37	1.22	0.15	24.35	9.07	0.02	8.55
2001	40.01	2.25	0.97	0.56	0.39	1.25	0.15	25.06	9.36	0.02	8.8
2002	41.25	2.52	0.96	0.68	0.34	0.98	0.11	25.3	10.34	0.02	9.05
2003	42.52	2.7	1	0.72	0.35	0.88	0.11	26.1	10.64	0.02	9.25
2004	44	2.75	1.19	0.69	0.35	1	0.14	27.58	11.03	0.02	9.8
2005	45	2.82	1.21	0.7	0.36	1.02	0.13	28.21	10.53	0.02	10.5
2006	46	2.87	1.23	0.72	0.36	1.04	0.13	28.86	10.77	0.02	11
2007	47	2.93	1.25	0.73	0.37	1.06	0.13	29.5	11.01	0.02	12
2008	47	2.97	1.28	0.75	0.36	0.98	0.12	28.63	11.71	0.2	22
2009	47	3.08	1.33	0.78	0.36	0.98	0.12	28.61	11.51	0.23	30
2010	47	2.66	1.14	0.77	0.36	1	0.25	28.83	11.71	0.28	30
2011	47	2.3	1	0.6	0.35	1	0.25	28.3	13	0.2	50
2012	47	2.32	0.98	0.6	0.35	0.8	0.25	28.5	13	0.2	60
2013	47.5	2.31	0.99	0.6	0.35	0.8	0.25	29.7	12.3	0.2	60
2014	48	2.32	0.98	0.6	0.35	0.8	0.25	30.2	12.3	0.2	65
2015	50	2.31	0.99	0.6	0.35	0.8	0.25	32.2	12.3	0.2	70

二、商品畜及畜产品

活畜交易市场和屠宰场是商品畜流通的场所,商品畜主要有猪、牛、绵羊、山羊、马、牦牛、骆驼、鸡、鸭、鹅、鸽子、兔子等,畜产品主要有肉、奶、皮、毛、绒,还有肾、肝等内脏。上阿图什镇卡尔古酸奶生产上市,形成规模生产。但存在以往经常出现的畜产品流通不畅、产销脱节、农民利益实现难等问题,一个重要的原因,就是在产销之间缺少一个中间环节。

阿图什市畜产品主要有牛羊肉、牛奶、鸡蛋、羊毛、山羊绒、牛羊皮等。

2000 年,全市肉、奶、蛋、羊毛、山羊绒的产量分别为 5520 吨、6250 吨、85 吨、408 吨、16.6 吨,畜牧业产值为 7944 万元,占农业总产值的 31%。

2015 年,全市肉、奶、蛋、毛、绒的产量分别为 13172 吨、19000 吨、910 吨、921 吨、29 吨,畜牧业产值为 43423 万元,占大农业总产值的 38%。农民人均牧业纯收入 2300 元,比上年增加 67 元。

1995—2015 年阿图什市主要畜产品产量及产值情况表

表 8-24

单位:吨、张、万元

年份	牛肉	羊肉	猪肉	牛皮	羊皮	绵羊毛	山羊绒	禽蛋	牛奶	产值	农业总产值中比例(%)
1995	2020	4257	59	14900	212862	523	24.6	60	5100	—	—
1996	2008	4302	59	14700	215124	543	23.6	61	5250	—	—
1997	2085	4417	59	13500	220896	567	23.5	63	5400	—	—
1998	1891	4698	59	13803	234936	608	24.6	70	5700	—	—
1999	1985	4893	59	14491	244686	658	23.6	82	5910	—	—
2000	2564	2897	59	14600	216400	408	16.6	85	6250	7944	31
2001	2641	2984	59	16900	201900	487	16.3	86	6700	8419	32
2002	2963	3150	59	21632	185328	759	25.8	89	7100	—	—
2003	3148	3247	59	22948	191048	783	26.6	90	7400	—	—
2004	3615	3668	59	28200	245500	690	19.4	92	8200	12237	29.3
2005	3888	3951	59	33100	275800	710	19.5	98	8500	13445	29
2006	4160	4244	59	35900	237384	730	20.2	100	9062	14685	30
2007	4237	4338	59	30933	255213	747	20.6	105	9548	16327	30
2008	4384	4388	595	32000	258176	750	22.4	210	10201	18013	31
2009	4550	4365	684	33216	256768	753	23.02	290	11020	20041	33.3
2010	4194	4672	833	30619	274861	760	23.1	290	11370	23734	35.6
2011	4203	4464	743	30680	262600	778	23.3	480	12060	26749	35
2012	4378	4640	743	31959	272966	782	23.3	550	12060	31750	35.6
2013	4231	4981	1041	30885	293017	825	25.4	600	15120	36376	33.5
2014	5227	5202	1219	38160	306000	830	25.2	800	15800	43123	34
2015	2886	8876	1410	28470	324850	921	29	910	19000	43423	38

三、牲畜宰杀

阿图什市人自食牲畜一般在房子屠杀,市场出售的牛、羊(猪、鸡)肉在屠宰场屠杀。

1995 年,阿图什市有 4 个牲畜屠宰场。在屠宰场宰杀的肉、肉产品屠宰率占 80%。

2010 年,全市平均每天屠宰场屠杀牲畜 150 ~ 200 只。

2015 年,全市牲畜屠宰场有 13 个(包括各乡镇),其中猪屠宰场 1 个、禽类屠宰场 1 个。宰杀前须经兽医防疫部门检疫,宰杀后的动物再经检疫后,方可到集市出售。年内,屠宰场宰杀率 100%。平均每天屠宰场宰杀牲畜 700 ~ 800 只(头)。全市平均每天自食牲畜 80 ~ 120 只(头),绵山羊育肥后最早八月龄可以宰杀,绵羊平均个体产肉量 22 ~ 28 千克,牛、牦牛等大动物 1.5 岁以上可以宰杀,牛平均个体产肉量 180 ~ 220 千克。

四、畜牧企业简介

长期以来，阿图什市农业经济始终占据国民经济的主导地位，畜牧业以其特定的优势在农业经济中占有重要比重，改革开放以来，在国家和自治区的关心支持下，阿图什市畜牧业发展步伐加快，给各养殖和加工的龙头企业以项目资金补助，扶持企业不断发展壮大，带动周边农户参与养殖经营，促进农业产业化发展。

2012 年 4 月，阿图什市通吉努尔农牧发展有限公司成立，位于阿图什市上阿图什镇。引进先进的全不锈钢制加工生产线，选择绿色生产加工工艺，年宰杀 100 万只肉鸡和肉鹅。宰鸡综合车间共计 500 平方米、办公生活用房共计 500 平方米；污水处理池共计 200 立方米；肉禽屠宰加工设备（包括生产流水线、检疫检测设备、淋浴消毒设备），项目总投资 600 万元，公司自筹 400 万元，争取政府项目支持 200 万元，采取订单收购的方式给农户提供保证的收购价格，采收的肉鸡、肉鹅经屠宰、分割、冷冻、保鲜加工后，主要供应当地市场和周边区域市场。满足城镇居民的生活所需，同时屠宰加工的优质肉鸡鹅符合出口要求，带动全市农牧经济的可持续发展。

第五章　农牧机械化

第一节　机构

一、行政机构

1995 年，阿图什市农机局核定编制 6 名，实有干部 4 人，其中领导 2 人。内设农机科、农机技术推广站、农机公司（企业单位）。

1997 年，市农机局直属机构有阿图什市农机推广站、农机安全监理站、农机化技术培训学校、农机修造厂及农机公司。

2007 年，成立农机局党组。

2015 年，市农机局核定编制 5 人，实有 5 人，其中领导 3 人。

二、事业单位

（一）阿图什市农机推广站

1995 年，核定编制 11 名，与农机局合署办公。

2009 年，阿图什市农机推广站升格为副科级，编制 11 名。

2010 年，农业技术推广站更名为农业技术推广中心，核定编制 16 名。

2015 年，核定编制 15 名，实有 15 人。主要引进示范、推广农业新技术、新品种、新成果，开展技术、物资服务。

（二）阿图什市农机安全监理站

1995 年，核定编制 12 名，与农机局合署办公。

1998 年，乡级农机监理员行政归乡管理，业务归市农机监理站管理。

2007 年，编制 22 名，参照公务员管理事业单位。2015 年，编制 22 名。

（三）阿图什市农机化技术培训学校

1995 年，核定编制 5 名，与农机局合署办公。

2005 年，市农机化学校为股级建制，核定编制 5 名。新建农机化学校办公场所和农机驾驶培训基地，并配备相应教室、食堂、宿舍、多媒体等设施设备等，改善农机化学校办公、教学条件。

2015 年，农机化学校有教师 5 人。

(四)阿图什市农机修造厂

1995 年,市农机修造厂有职工 42 人,属农机局下属单位。

1999 年,农机修造厂企业改制,工人工龄买断。

(五)阿图什市农机公司

1995 年,有职工 5 人,属农机局下属单位。

1999 年,农机公司实行企业改制,工人工龄买断。

第二节 农业机械化

一、农业机械

1995 年,阿图什市农机总动力 1.51 万千瓦,其中农用拖拉机 980 台,机械动力 1.36 万千瓦(大中型拖拉机 35 台,动力 0.13 万千瓦;小型拖拉机 945 台,动力 1.23 万千瓦),其他机械动力 0.15 万千瓦。

2004 年 11 月 1 日,《中华人民共和国农业机械化促进法》颁布实施,农业机械化有法可依,有章可循,发展迅速。

2006 年末,全市农机总动力 6.81 万千瓦,其中农用拖拉机 2460 台,机械动力 5.13 万千瓦(大中型拖拉机 738 台,小型拖拉机 1722 台);农用汽车 325 辆,机械动力 0.26 万千瓦;联合收割机 5 台,机械动力 0.03 万千瓦;其他机械动力 1115 架,机械动力 1.39 万千瓦。

2006 年,国家出台农机购置补贴政策,农牧民购买农业机械热情日益高涨,拖拉机从小型向大中型发展,农业机械化向多元化方向发展。

至 2015 年末,阿图什市农业机械种类增多,覆盖种植业、畜牧业、林果业和设施农业。全市农机总动力 20.20 万千瓦,拥有拖拉机 4437 台(大中型拖拉机 3217 台,小型拖拉机 1220 台);联合收割机 75 台;其他机械 3500 架。农机总作业量 2.33 万标准公顷,其中机耕面积 2.33 万标准公顷,耕地机械化程度 100%,机播面积 2.28 万标准公顷,机械化程度 98%;机收面积 1.41 万标准公顷,机械化程度 37%;深施化肥面积 1.13 万标准公顷。农机经营服务总收入 8395 万元,其中纯收入 2507 万元。

1995—2015 年阿图什市农业机械情况一览表

表 8-25

年份	农机总动力(万千瓦)	农用拖拉机			农用汽车		联合收割机		植保机械	林果业机械	施肥机械	其他机械		设施农业机械
		大中型数(台)	小型数(台)	动力小计(万千瓦)	车辆数(辆)	动力(万千瓦)	件数(台)	动力(万千瓦)	件数(架)	件数(架)	件数(台)	件数(架)	动力(万千瓦)	动力(万千瓦)
1995	1.51	35	945	1.40	—	—	—	—	—	—	—	130	0.15	—
1996	1.93	83	1085	1.64	—	—	—	—	2	—	—	250	0.29	—
1997	2.48	155	1170	2.13	—	—	—	—	4	—	—	310	0.35	—
1998	2.88	243	1200	2.40	—	—	—	—	4	—	—	420	0.48	—
1999	3.00	227	1175	2.31	154	0.12	—	—	6	—	—	500	0.57	—
2000	3.46	260	1190	2.53	203	0.16	—	—	6	—	—	610	0.77	—
2001	3.66	239	1320	2.60	214	0.17	—	—	7	—	—	700	0.89	—
2002	4.30	295	1560	3.13	226	0.18	—	—	7	—	—	780	0.99	—

续上表

年份	农机总动力（万千瓦）	农用拖拉机			农用汽车		联合收割机		植保机械	林果业机械	施肥机械	其他机械		设施农业机械
		大中型数（台）	小型数（台）	动力小计（万千瓦）	车辆数（辆）	动力（万千瓦）	件数（台）	动力（万千瓦）	件数（架）	件数（架）	件数（台）	件数（架）	动力（万千瓦）	动力（万千瓦）
2003	5.05	450	1540	3.73	239	0.19	—	—	9	12	—	890	1.13	—
2004	6.00	611	1622	4.48	257	0.21	2	0.01	9	18	—	1030	1.30	—
2005	6.2	630	1630	4.62	280	0.22	2	0.01	10	43	—	1070	1.35	—
2006	6.81	738	1722	5.13	325	0.26	5	0.03	10	57	—	1115	1.39	—
2007	7.23	899	1615	5.69	—	—	13	0.08	10	68	—	1210	1.46	—
2008	8.39	1158	1622	6.74	—	—	28	0.17	10	76	—	1300	1.48	—
2009	10.34	1528	1720	8.43	—	—	36	0.22	11	98	—	1500	1.69	—
2010	12.43	1851	1710	9.74	—	—	46	0.28	11	126	—	2115	2.41	—
2011	13.1	1885	1640	9.79	—	—	57	0.34	12	143	—	2600	2.97	—
2012	15.86	2367	1410	12.30	—	—	62	0.37	12	170	2	2800	3.13	0.06
2013	19.31	3101	1325	15.43	—	—	66	0.40	13	200	9	3050	3.41	0.07
2014	20.45	3332	1250	16.35	—	—	68	0.41	14	235	27	3200	3.59	0.10
2015	20.20	3217	1220	15.75	—	—	75	0.45	15	250	48	3500	3.89	0.11

二、牧业机械

1995 年，阿图什市从事畜牧业的机械种类较少，畜牧业机械化程度较低。2006 年，国家农机购置补贴政策的出台，为加快畜牧业的机械化的发展，在农机购置补贴资金上向畜牧业机械倾斜，畜牧业机械种类增多，一大批畜牧业机械被引进。

2006 年，全市拥有畜牧业机械 37 台（架），其中剪毛机 12 台（架），割草机 19 台（架），铡草机 6 台（架）。

至 2015 年底，全市拥有畜牧业机械 215 台（架），其中剪毛机 25 台（架），割草机 87 台（架），铡草机 23 台（架），青贮饲料机 74 台（架），打捆机 6 台（架），为阿图什市畜牧业向规模化发展奠定坚实的基础。

1995—2015 年阿图什市牧业机械情况一览表

表 8－26

年份	剪毛机（台）	割草机（台）	铡草机（台）	青贮饲料机（台）	打捆机（台）
1995	4	0	0	0	0
1996	6	0	0	0	0
1997	6	2	1	0	0
1998	8	2	3	0	0
1999	8	7	4	0	0

续上表

年份	剪毛机(台)	割草机(台)	铡草机(台)	青贮饲料机(台)	打捆机(台)
2000	9	7	4	0	0
2001	9	8	5	0	0
2002	10	8	6	0	0
2003	10	9	7	0	0
2004	11	9	7	0	0
2005	12	14	6	0	0
2006	12	19	6	0	0
2007	13	24	7	40	7
2008	13	27	7	40	7
2009	15	30	9	43	7
2010	15	37	13	48	4
2011	16	48	13	50	4
2012	17	57	18	57	5
2013	22	70	19	60	5
2014	23	75	20	68	5
2015	25	87	23	74	6

第三节　农机销售与维修

一、农机具销售

1995年,阿图什市农机公司经营的主要产品有大、中、小型拖拉机,大中小型机引农具,大小型拖车,畜牧机械、脱粒机械、电动机、柴油机、碾米机、磨面机、榨油机、饲料粉碎机、半机械化农具等,以及各种配件。建筑面积500平方米,其中门市部100平方米、办公室120平方米、库房280平方米,固定资产128万元。随着农村经济体制改革不断深入,阿图什市个体经营农机具不断壮大,到1999年,农机公司实行企业改制制度,工人工龄买断。至2015年,阿图什市有农机销售网点1个。年销售农机及农机具0.01万台(套),年成交额150万元。主要经销机具种类有动力机械、耕整地机械、种植业机械、收获机械、林果业机械、设施农业机械、特色农业机械、果品初加工机械和园艺植保机械等。

二、农机具维修

1995年,农机修造厂主要承接全市拖拉机、柴油机的修理,并加工农机具,农机修造厂的主要产品有:小型铺膜机、小型棉花播种机、人力铺膜机、铡草机等。农机修造厂建筑面积2000平方米,其中维修车间1600平方米、库房400平方米,固定资产450万元。随着农村经济体制改革的不断深入,阿图什市个体经营维修农机具的不断壮大,到1999年,农机修造厂实行企业改制制度,工人工龄买断。

2003年开始,个体农机修理业逐步发展,全市有农机修理点20个。

至2015年,全市有农机维修点32个,修理工160人,审验率95%。

第四节 机械化作业

1995 年,阿图什市完成机耕面积 1.44 万公顷,完成机播面积 0.85 万公顷,机收面积 0.07 万公顷。

2005 年,全市农作物田间管理实现机械化,小麦、玉米基本实现全程机械化作业,全市农机化作业水平达到 88%。

2015 年,小麦、玉米、棉花等农业生产实现机械化作业,作业面积 2.31 万公顷,全市机械化作业水平达到 82%。完成机耕面积 2.31 万公顷,完成机播面积 2.31 万公顷,机植保面积 0.77 万公顷,机收面积 1.41 万公顷。

1995—2015 年阿图什市农业机械化作业情况表

表 8-27　　单位:万公顷

年份	机耕面积	机播面积	机中耕面积	机植保面积	机收面积
1995	1.44	0.85	—	—	0.07
1996	1.48	0.9	—	—	0.1
1997	1.51	1.07	—	—	0.09
1998	1.50	1.19	0.13	0.41	0.2
1999	1.49	1.23	0.14	0.42	0.26
2000	1.56	1.3	0.21	0.43	0.47
2001	1.49	1.21	0.23	0.4	0.67
2002	1.55	1.25	0.23	0.45	0.68
2003	1.47	1.29	0.23	0.46	0.68
2004	1.43	1.3	0.25	0.46	0.69
2005	1.41	1.24	0.27	0.47	0.7
2006	1.33	1.33	0.29	0.5	0.77
2007	1.33	1.33	0.33	0.51	0.79
2008	1.47	1.47	0.37	0.48	0.83
2009	1.91	1.91	0.43	0.55	0.85
2010	1.68	1.68	0.43	0.57	0.87
2011	1.89	1.89	0.43	0.57	0.9
2012	1.96	1.96	0.48	0.61	0.95
2013	2.02	2.02	0.54	0.6	1.05
2014	2.13	2.13	0.62	0.7	1.29
2015	2.31	2.31	0.68	0.77	1.41

第五节　农机管理

一、农机化技术推广

1995 年,农业机械化技术推广工作由阿图什市农机推广站负责,按照农业部规定,主要承担农机新技术、新机具推广。

至 2006 年,阿图什市实验、示范、推广项目包括棉花铺膜精量播种、玉米铺膜精量播种、小麦精量播种等。

2015 年,阿图什市农机推广工作因地制宜,重点推广一些科技含量高,精准、高效型粮食种植业机械和特色农业机械。在种植业、畜牧业、林果业上引进推广小麦联合收割机、玉米联合收割机、IQ－250B 型全方位农机深松机具、饲草打捆机、青贮饲料机等新机具、新技术,有效降低生产费用,减轻农民负担,提高农业生产效率。

二、农机监理

1995—2015 年,阿图什市农机安全监理站以"创建平安农机,促进安全生产"为中心,认真落实农机安全生产专项整治各项措施,层层签订农机安全生产目标责任书,全面规范农机监理工作,开展拖拉机及驾驶员的年检和安全教育工作,提高年检率和安全教育质量,切实加强农村田间道路检查,排查农机事故隐患,确保农机安全生产和道路交通安全。阿图什市农机安全监理站根据农时,每年在春耕、"三夏"及冬播工作中,平均检修拖拉机 3885 台(次)、农机具 8492 架。1995—2015 年,检验拖拉机 4. 5 万台(次)、农机具 9 万架、田间路查 10. 6 万台(次)、纠正违章 8100 台(次),出动农机监理车 4500 辆,农机监理人员 25800 人次。其中 2015 年,检验拖拉机 3892 台,占应检验的 96%;检验农机具 8495 架,占应检验的 96%。驾驶员换证 260 本,新注册拖拉机 381 台。

1995—2015 年阿图什市拖拉机及农机具检验情况一览表

表 8－28　　单位:台

年份	检验数	年份	检验数	年份	检验数
1995	392	2002	1280	2009	2529
1996	525	2003	1528	2010	3025
1997	795	2004	1849	2011	2852
1998	870	2005	1920	2012	2860
1999	980	2006	1988	2013	3448
2000	1020	2007	2033	2014	3752
2001	1013	2008	2191	2015	3885

三、安全宣传教育

2002 年,国家将每年 6 月的安全生产周改为安全生产月。阿图什市农机局以安全生产宣传教育月活动为契机,组织农机技术人员积极开展国家法律法规政策的宣传,组织农机人员学习安全生产常识,至 2015 年,共参加安全学习日活动 13 万人次,发放宣传资料 15 万张,受教育人数 28 万人,播放宣传录音 150 小时。

四、农机驾驶培训

1995—2003 年，由于阿图什市是国家确定的重点扶贫县市，农机拥有量较少，每年培训的农机驾驶员人数也较少。2004 年《中华人民共和国农业机械化促进法》的颁布实施，农牧民致富的愿望更加强烈，购买拖拉机的农牧民逐渐增多。到 2006 年，共举办拖拉机驾驶员培训班 66 期，培训拖拉机驾驶员 5981 名。

2006 年后，国家农机购置补贴政策的出台，农牧民购机热情日益高涨，主动要求学驾驶的人不断增多。2006—2015 年，共举办拖拉机驾驶员培训班 68 期，培训拖拉机驾驶员 3745 人。举办农机职业技能培训班 73 期，共培训农牧民技能工 6024 人。

2015 年底，全市培训农机队伍总人数 15745 人，其中管理人员 3746 人，形成一支较大规模的农机化队伍。

第六章　农业科技与生态农业

第一节　科技成果与综合运用

改革开放以来，阿图什市农技推广中心先后引进推广多项重点农业科技技术，对农业生产的发展发挥重大作用，全市农业科技水平得到普遍提高，为现代农业发展提供可靠支撑。1995—2015 年，科技成果在生产中普遍推广和应用，并取得明显经济效益。引进、推广农作物新产品，引进推广新技术，培养和扶持农村科技示范户，培育农民技术员，通过广泛建立各类科技示范园、示范村、示范户、示范点。通过“科技之冬”培养、科技示范基地培育、专业技术人员帮带，提高广大农民的科技水平，实现农业产出总量的扩张。

一、新技术引进示范推广

（一）地膜覆盖高产栽培技术

1995 年，推广小麦地产变中、高产田技术，示范推广“两早配套”丰收计划栽培技术。1997 年，试验示范覆盖地膜技术在甜瓜、西瓜、蔬菜等作物上成功后，于 1998—2015 年大面积推广地膜覆盖甜瓜高产栽培技术。

（二）育苗移栽技术

2010 年，开始引进试验蔬菜育苗移栽技术，全市推广蔬菜育苗西红柿 460 万株，辣椒 60 万株，瓜类 45 万株，葡萄、无花果 50 万颗，其他蔬菜类 100 万株。应用育苗移栽技术。

（三）微肥和植物生长调节剂施用技术

20 世纪 90 年代后期，阿图什市为有效改善土壤微量元素缺乏的状况，开始微量元素示范推广工作，主要示范推广的微肥品种有锌、硼、铁等。为防治干热风危害，在小麦上推广应用磷酸二氢钾、喷施宝，叶面肥等产品。推广生长调节剂 5. 33 万公顷次。以后随着技术的普及，施用微肥、植物生长调节剂已成为一项常规技术得到普遍应用。

（四）综合平衡施肥技术

1995—2015 年，阿图什市实施测土配方为主要内容的科学施肥技术，针对施肥成本高、经济效益低、土壤质地变差、水土污染重、农产品品质不高等问题，大力开展测土配方施肥和化肥深施技术，提高测土配方施肥的普及率、准确率和到位率。每亩实现节本增效 30 元以上。

（五）农作物病虫草害综合防治技术

1995 年后，随着农业生产水平的提高和现代化生产方式的发展，利用农药来控制病虫草害的技术，成为夺取农业丰收不可缺少的关键技术措施。由于农药防治对农田土壤、环境和农产品带来的污染,化学农药的使用成为制约农产品质量安全的关键因素。阿图什市坚持预防为主,综合防治的植保方针,加大植保新技术投入和推广力度。在"三虫"防治上,做到早发现,早防治,实现以生态调控为重点,农业综合防治为基础,化学防治、物理防治为辅助的综合防治措施,实行秋耕冬灌,铲埂除蛹,降低越冬虫口基数;种植玉米诱集带和利用杀虫灯诱杀成虫,根据病虫害发生发展情况,认真制定防治技术方案,确保把病虫害危害减少到最低程度。

2010 年,随着农业规模化的发展,为大面积统防统治提供条件,无公害、绿色标准化生产技术结合先进的施药药械得到配套应用。

2014 年,建立粮食作物,棉花病虫专业化统防统治与绿色防控融合基地示范,占到农作物总播面积的 30%。

2015 年,推广粮棉高产高效示范,抓好农机推广体系建设,强化农技服务队伍。

(六)小麦"井"字形播种技术

2015 年,阿图什市引进小麦"井"字形播种技术,对上阿图什镇冬小麦进行试验播种,面积 26.67 公顷,该技术打破传统播种模式浪费土地问题,采用六沟四行条播,井字交叉播种,小麦田间无毛渠和畦埂占地,土地利用率提高 5% ~7%;田间基本苗增多,麦苗分布均匀,光能利用率增加,个体生长发育好,群体质量高,小麦冬前基本苗达 45 万 ~50 万株、分蘖达到 90 万株,收获穗数 40 万 ~42 万穗,每亩增产 50 千克以上。

二、农业科技成果

(一)大面积高产、高效、优质栽培技术

2005 年,阿图什市开展农业高新技术示范村建设,开始由高产示范点向整村示范推进,在技术培训、服务及资金、投入上进行大力扶持,大力推广应用新技术、新品种,引进新品种试验示范,种植 0.67 万公顷木纳格葡萄标准化栽培基地。

2008 年,以大面积高产优质高效综合技术示范应用为核心,高产创建由整村推进向整乡推进,建设完成上阿图什、阿湖冬小麦万亩示范点两个。

2010 年,全市有示范区 42 个,一大批新型实用新技术得到集成推广应用,有效提升效益,解放劳力,拓展农民增收渠道,农业资源利用率、土地产出率、劳动生产率大大提高。

(二)反季节蔬菜无害化控制综合技术示范与推广

1. 育苗技术

2010—2015 年,全市有 5000 平方米的高标准智能化育苗温室,每年春秋两季育苗 150 万 ~200 万株,全部采用无土基质工厂化穴盘育苗,以保证定植幼苗的质量和产品的质量。为 835 座温室大棚提供 715 万株蔬菜苗。

2. 膜下灌溉技术

在温室内配套蓄水池,对自来水进行预热,实行膜下灌或膜下滴灌,节省人力,提高地温,加速幼苗前期的生长速度,定植后减少缓苗时间,春提早栽培上市时间可提早一星期到 10 天。

3. 多层覆盖保温技术

双膜双网技术,即外棚膜和内膜天幕、防虫网和遮阳网。冬季实行多层覆盖等防寒措施,在大棚膜上覆盖保温被,保温被上覆盖防雪膜,夜间用草帘将温室底边盖严,温室内设置二层膜,夜间温度低时拉开,在温室南面加挂防寒膜,减少夜间温度的散失,多种防寒措施并用,保证作物不受冻害。夏季育苗和定植后用遮阳网遮阴,利用防虫网阻隔害虫;可有效减轻病毒病的发生。

4. 无公害、绿色蔬菜生产技术

按照"预防为主,综合防治"的植保方针,采用农业防治、物理防治、生物防治和化学防治等综合防治措施,减少病虫害的发生,提高设施产品的质量。

5. 多熟制栽培技术

阿图什市灌区光热资源丰富，一季有余、两季不足。20 世纪 90 年代起，开始探索应用套种复播增效技术。利用小麦生长中后期和收获后的光热资源，早熟冬小麦收获后，抢时播种复播玉米作物。同时，还推行小麦套种玉米、套蔬菜等效益高且简便易行的技术方式。

6. 农业标准化栽培技术

2004 年，市农技中心与质监部门共同制定《市农作物无公害生产栽培技术规程》，针对生产中存在用药、用肥不合理问题，大力推广应用复合生物菌肥、合理倒茬、压种绿肥、秸秆还田、化肥深施技术，禁止使用硝酸类和含氯、镉、铬化肥；减少农药施用量，注意保护自然天敌，推广使用生物农药或高效、低毒、低残留的化学农药。

三、农业教育与农业科技培训

1995—2012 年，阿图什市农广校阳光工程培训围绕农业发展方式转变和新农村建设的需要，面向农业产前、产中和产后服务农村社会管理领域的从业人员开展短期的技能培训，推动支持农业创业培训，加快培育专业化的现代农业产业劳动者队伍，拓宽农民增收渠道，为现代农业发展和新农村建设提供人才支撑，深入推动培训内容和就业方向的调整，开办沼气工、畜禽繁殖员、设施农业技术工、蔬菜园艺工、病虫专业防治员、肥料配方师、农民专业合作社经营管理人员、村级动物防疫员、美容美发、瓦工、焊工、钢筋工、农产品加工、缝纫工、农业专项技术培训等专业。

1995—2003 年，共培训成人大专班农学、园林技术、农村经济管理等专业，向 250 人发放大专毕业证书。

2004—2011 年，全日制中等职业教育三年制学历工作，在阿图什市上阿图什镇、阿湖乡和阿扎克乡开展，向 936 个获得果菜花卉生产技术、设施农业、畜牧兽医、园艺技术等专业的人员发放中专毕业证书。

2012—2015 年，共培训成人中专班农学、园林技术、农村经济综合管理、乡村综合管理等专业，向 540 人发放成人中专毕业证书.

四、农业科技信息服务体系建设

2009 年起，阿图什市实施"科技入户工程"，采取四项措施，即构建技术服务单位、专家组、技术指导员、科技示范户"四位一体"的科技服务新网络；培育农业科技示范户；建设农业科技试验示范基地；培养基层农技人员。2010—2015 年，大力实施该项目，科技入户工程成为传播农业科技、开展技术服务的重要手段，在为农服务中发挥重要作用，解决技术服务"最后一千米"的问题。

第二节 农村能源利用

用沼气池"一池三改"项目的实施，促进农村废弃资源的再利用，产生良好的效益，即每座 10 立方米容量的沼气池，年产沼气 500 立方米左右，可供 4 ~ 5 口之家一年的炊事和照明所用的燃料，仅炊事燃料每年按 10 个月计算，可节柴 720 克，按 0. 25 元/千克，可节约 180 元，节煤 2. 5 吨，按 160 元/吨计算，可节约 400 元(若按 40 天一罐煤气计算，可节约 9 罐 ×55 元计 495 元)，沼渣、沼液用于基肥、追肥、叶面肥和浸种，可节约化肥 500 元，合计 1080 元，相当于人均增收 250 元左右。沼气项目建设促进种养业的发展，改变群众的传统思想观念，改变农村脏、乱、差的人居环境，加快文明村镇建设步伐，对阿图什市农村经济的发展和社会稳定起到积极的促进作用。沼气优质能源和沼渣、沼液优质肥料的供应，不仅有效地节约农村生活时间、劳力、财力，而且有效地减少和防止粪便、化肥对地下水的污染；降低化肥的使用量，改善土壤的养分结构，保护耕地，提高土地生产力；减少煤炭资源的消耗和有害气体的排放，有利于大气环境的保护；沼气项目的实施，不仅为生产无公害和绿色食品开辟新途径，而且使农村能源建设与农业经济发展结合得更紧密，从而实现共依存、共发展的良性发展。

1995 年起，阿图什市把发展农村沼气建设作为优化农村生态环境、改善农村用能结构、转变农业增长方式、拓宽农民增收渠道、提高农民生活质量的重要途径,从项目区选址、布局、建设质量和规格标准等方面加大督促检查和指导服务力度。

2003 年,自治区农业厅共批复阿图什市农村沼气项目 12 批、共 15209 户,项目总投资 8462.39 万元,其中中央基建投资 2379.85 万元,巩固退耕还林成果资金 605.44 万元,地方资金 532.85 万元,农户自筹资金 4494.25 万元。乡村服务网点 69 个,总投资 550.95 万元,其中中央基建投资 284.5 万元、地方资金 33.55 万元、其他资金 232.9 万元。

2012 年,阿图什市农村沼气项目建设总投资 825 万元,其中中央投资 450 万元、地方配套 37.5 万元、农民自筹 337.5 万元。在全市 6 乡 1 镇 18 个行政村建设户用沼气池 1500 座,已建成 1300 座,其余 200 座任务配套哈拉峻乡阿其不拉克富民安居房。

2014 年,阿图什市修建沼气集中供气站 4 个,项目总投资 941 万元,供气农户 540 户。其中上阿图什镇塔库提村 1000 立方米大型沼气集中供气站 1 个,上阿图什镇喀尔果勒小区、阿湖乡阿尔塞小区、哈拉峻乡沈阳新村 300 立方米沼气集中供气站各 1 个。

至 2015 年,阿图什市农村沼气项目全部投入使用。

第三节　绿色、无公害农产品

绿色食品创建工作是建设高产、优质、高效、生态、安全农业的重要手段,是发挥区域优势、提高农业综合生产能力和农产品市场竞争力、增强农民收入的重要举措,是大力发挥"三品一标"工作、加快发展现代农业的重要抓手。

1995 年,农业部提出"无公害食品行动计划",自治区党委、人民政府下发《关于加快特色林果业发展的意见》。

2007 年开始,阿图什市正式创建"三品一标"有机认证工作,全市 7 个乡镇创建 10 个生产基地,涵盖小麦、玉米、水稻、大豆、油葵等农作物以及红枣、核桃、葡萄等特色林果。

至 2010 年,全市林果基地面积 1.33 万公顷,分布松他克乡、阿扎克乡的 0.67 万公顷木纳格葡萄取得绿色食品认证,其中翁艾日克和库木萨克各申请认证 66.67 公顷有机木纳格葡萄认证,上阿图什镇、阿湖乡杏全部实现无公害认证。全市 0.6 万公顷小麦取得无公害认证,上阿图什镇草莓以及哈拉峻等地种植的马铃薯、恰玛古、胡萝卜等农作物取得绿色食品认证或有机食品认证。

2013—2015 年,为确保全市农产品质量安全无事故,杜绝坑农害农现象的发生。市农业局派出农业行政执法 240 人次,对全市 35 个农资销售网点和农药经销网点开展农业综合执法检查。开展农产品快速联合检测 11 次,各类果蔬的农药残留抽检合格率均达到 98% 以上。

至 2015 年,全市绿色无公害蔬菜生产基地 57.87 公顷,主要农产品有辣椒、番茄、茄子、黄瓜、芹菜、油菜、豇豆、蒜薹等。经检测合格率均在 97% 以上。

第四节　农业示范园区建设

1995 年后,阿图什市建立健全蔬菜技术服务队伍,建成一批蔬菜科技生产示范园和标准化生产示范基地,加强新品种、新技术引进、研发以及示范推广等工作。

2010 年,在库木萨克规划戈壁设施农业产业区面积 473.33 公顷,其中戈壁林果业 193.33 公顷,戈壁设施农业 180 公顷,新建日光温室大棚 324 座,建棚模式采取砖砌保温模式,按 75×9 米标准建设。打井 4 眼,铺设林果业滴灌主管道 0.53 公顷,种植林果业 73.33 公顷。大棚种植采取"公司＋农户、大户＋农户、干部＋农户,公司＋基地＋农户"方式种植。

2011 年,江苏省昆山市把库木萨克设施农业示范区作为对口支援阿图什市全额援助项目,并更名为阿图什市设施农业科技示范园,进行重点投资建设,辐射带动全市设施农业协调发展。计划总投资 1 亿元,分五年实施,项目规划总面积733.33公顷,其中核心区面积13.33公顷,包括种苗工厂、设施技术示范区、露地栽培品种试验基地、光伏农业温室基地、技术培训中心、质量检测中心等12项,项目建成后将成为新疆一流的设施农业示范园区。年内投资707万元,在库木萨克新建一座建筑面积为5411平方米的光伏育苗工厂一期工程,光伏育苗工厂主要用于培育蔬菜、葡萄、核桃、花卉等苗木。

2012—2014年,先后建成2497.86平方米的科技孵化中心、3437.4平方米的设施农业培训中心,为库木萨克4个片区100公顷特色林果基地配套基础设施,为库木萨克农产品质量检测中心配套仪器设备。

到2015年,库木萨克设施农业日光温室已种植324座,主要种植蔬菜、蘑菇、花卉、果树4大类30多个品种,种植率100%。

2015年,阿图什市科技示范园设施农业管委会成立,主要负责全市设施农业工作,按照"统一领导、属地管理、分级负责、责任到人、物尽其用"的原则,负责对全市技术人员和种植户培训、管理、农户种植指导、病虫害防治、减灾防灾指导、协调种植户和公司之间的关系,拓宽市场营销等工作。同时,引进1家集种植、养殖、育苗、科研等为一体的企业公司进行规范化运营,带动设施农业走产业化发展道路。当年,全市栽培蔬菜60多种、300多个品种,良种覆盖率90%以上。与此同时,科学的温室结构以及节水灌溉、配方施肥、间作套种、病虫害绿色防控等一批先进实用技术得到组装配套和推广应用,特别是设施反季节蔬菜生产装备水平不断提高。温室机械卷帘机配套率60%左右,冬生产型日光温室人工增温设施配套率85.4%,棉被(草帘)等保温覆盖物配套率89.7%;设施蔬菜主产乡(镇)、连片基地的集中育苗体系初步构建,集中供苗率62%以上。

第五节　新农村建设

在社会主义新农村建设工作中,阿图什市以服务"三农"工作为重点,围绕富民增收、素质提升、平安稳定、基础设施建设、卫生清洁、集体经济六大工程,努力构建新农村建设工作长效机制,夯实新农村建设基础。

一、富民增收工程

以粮食增收、科技种棉、设施农业、特色林果业、高效畜牧业、劳务输出、"三高"田建设和二、三产业"八项增收"工程,深挖农业内部增收潜力,开辟农牧民多元增收新局面。各乡(镇)按照增收细则制定增收目标责任制,确保农村经济持续稳定的增长势头。

二、素质提升工程

整合文化、卫生、计划生育、司法、扶贫、农技、科技等部门,每年按照"三下乡"活动和各时节需要,及时制定方案,组织相关人员,采取集中培训和下乡设点组织培训措施,每年培训农牧民5万人次,切实从农牧民最希望、最迫切的需要开展素质培训,真正起到农牧民素质不断提升,实现社会主义新农村新型农民培训目标,达到新农民、新素质、新文明。

三、平安维稳工程

围绕加强基层组织建设、巩固社会治安综合治理成果、推动农民增收致富,安排部署在全市各乡推行"321"工作机制暨干部驻村和三级干部"双包"工作,并将干部名单和工作机制编本造册,市级领导包乡到村,乡级领导包村到户、一般干部包户到人,做到不漏户、不漏人。

四、基建设施工程

市直各涉农部门在新农村建设中认真研究政策,制订符合阿图什市新农村建设实际的政策体系,积极向上争取项目资金,加快新农村水、电、路、通信等基础设施建设,通过农村供水到户、道路硬化、增加绿化面积、建造农村沼气池和垃圾集中池等建设,为农民创造饮水卫生、用电方便、交通便捷、信息灵敏的生活、生产环境;通过对农田基本建设干渠、支渠、防洪抗旱、"一池三改"、景观绿化等统筹安排,全面实施对新农村村容统筹规划和整治。

五、卫生清洁工程

以建设新农村村容村貌整洁"清洁乡村行动"为契机,切实加强新农村干部工作的推进,实施每半月组织农牧民对村容整洁工作进行一次大扫除,每月集中一天组织全乡的干部到各自的承包点进行一次大清理,每季度评比一次,此项工作的开展为整治农村生产、生活环境奠定基础,推动新农村建设步伐。

六、集体经济工程

以发展壮大乡村集体经济为前提,为社会主义新农村党建工作示范乡村提供坚实的经济基础。全市积极推行"一乡一思路、一村一特色",找准突破口,选好发展项目,用好用活国家优惠政策。各示范乡村结合各自实际,充分利用地缘优势和现有资源,制定本乡村的经济发展思路,使乡村的经济发展有明晰的发展方向,在发展设施农业、副食品加工、做大做强牛羊育肥规模、做实特色养殖业、扩大二、三产业等方面取得一定的成效。

第六节　社会化服务

2007 年 7 月 1 日,《中华人民共和国农民专业合作社法》颁布实施后,阿图什市农民专业合作社发展迅速。

2008 年 11 月,阿图什市第一个农民合作社——克州新天地棉花专业合作社在阿图什市格达良乡成立,合作社成员 21 名,注册资金 1.04 万元。

2012 年,阿图什市供销社申报自治区供销社"富民十百千"工程"农民专业合作社升级示范"项目,总投资 180 万元,其中自筹 168 万元,申请自治区财政专项资金 12 万元。完成恢复吐古买提乡供销社;新建阿图什市莉莎蔬菜农民专业合作社、阿图什市喀拉苏蔬菜农民专业合作社、阿图什市恰琪格派孜拉畜禽养殖农民专业合作社;打造农民专业合作社示范社 1 个,即阿图什市喀拉苏蔬菜农民专业合作社;创办阿图什市农村合作经济组织联合会 1 个,阿图什市农产品经济人协会 1 个。

2015 年,阿图什市农机局整合农机资源,组建农机专业合作社,鼓励支持农民完成农机合作社注册 2 个,全市累计注册登记农机专业合作社 6 个,提高农民组织化程度。

至 2015 年,全市农民专业合作社发展到 104 家,注册资金 15892.7 万元,发展社员 1392 户。

第七章　水　利

第一节　机　构

一、行政管理机构

1995 年,阿图什市水电局内设办公室、改水防病办公室、防洪抗旱办公室、水政水资源办公室,档案科、水利水电勘察设计科等 6 个科室,核定编制 25 名,其中:行政编制 12 名,事业编制 13 名。实有 25 人。下辖托卡依水库管理站、水管站、水力发电厂、钻井队。

1996 年 4 月 19 日,撤销水电局党总支,成立水电局党组。1996 年 12 月 26 日,撤销水电局党组,成立水电局党委。

1998 年 9 月，市水电局更名为市水利局，内设办公室、改水防病办公室、水政水资源办公室，水利水电勘察设计科等 4 个科室，核定编制 25 名，其中：行政编制 12 名，事业编制 13 名。实有 25 人。下辖水管站、托卡依水库管理站、农村供水总站，承担阿图什市的水利规划设计、建设、供水、收费、防汛、水利工程维修养护和运行管理等任务。

2013 年 10 月，市水利局撤销水利勘察设计所，成立水利水电工程质量监督站。

2015 年，市水利局内设办公室、水利水电工程质量监督站、改水防病办公室、防洪抗旱办公室、水政水资源办公室（水政监察大队）、项目管理办公室，核定编制 29 名，实有 37 人，其中行政编制人员 13 人、事业编制人员 24 人，其中高级工程师 2 人、工程师 10 人。

二、事业机构

（一）水管站

阿图什市水管站承担全市水库、渠首、引水渠、渠道、水闸和水利工程管理。1995 年，水管站为副科级建制，有职工 21 人，其中工程师 2 人，下辖 3 个乡水管站。1999 年，有职工 120 人，设立党支部，其中指导员 1 人，站长 1 人，工程师 3 人，下辖 6 个乡水管站。2002 年，有职工 146 人，其中指导员和站长 2 人、工程师 4 人，下辖 6 个乡水管站。2015 年，有职工 188 人，其中支部书记和站长 2 人、工程师 8 人、技术员 131 人。

（二）托卡依水库管理站

阿图什市托卡依水库管理站承担格达良乡 2180 公顷农田的灌溉、下游西克尔水库的防洪任务。1995 年，有职工 35 人，其中站长 1 人、工程师 1 人。1999 年，有职工 33 人，设立党支部，其中水库指导员和站长 2 人，工程师 2 人。2015 年，有职工 18 名，其中：支部书记和站长 2 人，观测技术人员 1 人。

（三）水政监察大队

1999 年 10 月，成立市水政监察办公室，有职工 2 人。2002 年 4 月，更名为市水政监察大队，股级，有职工 4 人。2015 年，有职工 4 人。

（四）改水防病办公室

1995 年，阿图什市改水防病领导小组办公室设立在市水利局。2015 年，改水防病办公室有行政编制 8 名，其中领导职数 1 名（副科级），实有 4 人。

（五）水利工程质量监督站

2013 年 10 月，成立阿图什市水利水电工程质量监督站，为市水利局所属事业单位，机构规格相当于股级，核定事业编制 3 名，其中领导职数 1 名。2015 年底，有事业编制 3 名，其中领导职数 1 名，实有 9 人。

（六）农村供水总站

2002 年，成立农村供水总站，管理形式为事业单位、企业管理，自主经营，自负盈亏，有职工 53 人，负责农牧区改水防病工程管道维修和收取水费，各乡配备水管员。2012 年，有职工 65 人，设立党支部。2015 年，职工人数无变化。

三、企业机构

1995 年，阿图什市钻井队有职工 37 人，固定资产 26 万元，有 500 型钻机 1 台、300 型钻机 2 台、冲击钻 1 台、汽车 1 辆、推土机 1 台、153 型拖拉机 1 辆。

1996—1998 年，部分职工年龄偏大离开钻井队，职工 12 人，由于市场竞争和设备更新较快，钻井队设备老化基本承接不上工程。

1998 年 9 月，由于钻井队工人工资无法纳入市财政，只能将原有设备拍卖给职工，钻井队随之解散。

第二节　水利工程

一、蓄水工程

1995 年,阿图什市有 9 座水库,其中中型水库 2 座:阿湖水库(由自治州水管处管理)、托卡依水库;小型水库 7 座:麻扎尔塔格水库、库木鲁克水库、米拉斯库里水库、库吉那水库、阿皮力克水库、季格达布拉克水库、谢依提水库。

2010 年,对麻扎尔塔格水库、库木鲁克水库、米拉斯库里水库、库吉那水库、阿皮力克水库 5 座水库进行除险加固。2011 年,对季格达布拉克水库、谢依提水库进行除险加固。

2015 年,全市 9 座水库共有有效库容 9915.13 万立方米。

(一)阿湖水库

建于 20 世纪 90 年代初,是一座山区拦河水库,该工程等别为Ⅲ等,属中型水库。地处喀什噶尔河北侧支流博古孜河中上游,距阿图什市市区 18 千米,位于北纬 39°49′~39°50′、东经 76°01′~76°03′。水库坝址在阿俄水文站上游 500 米,坝址以上集水面积 2112 平方千米。水库原设计库容 4000 万立方米,设计坝顶高程 1574.7 米,校核水位 1574.1 米,设计水位 1572.05 米。1994 年开始蓄水。2007 年阿湖水库完成除险加固,水库总库容 3770 万立方米,设计坝顶高程 1574.7 米,校核水位 1573.94 米,设计水位 1572.02 米。阿湖水库每年给阿图什市供水 9000 万立方米,给兵团托格拉克水库供水 3000 万立方米,承担阿图什市阿湖乡、阿扎克乡、松他克乡的灌溉和防洪任务。

(二)托卡依水库(原托喀依水库)

位于阿图什市正东方向 18 千米处,坐落在恰克玛克河和博古孜河中、下游段,地理位置为北纬 39°45′、东经 76°15′,工程等别为Ⅲ等,坝体、放水涵洞、溢洪道工程级别为 3 级,工程规模为中型平原区拦河水库,是一座以防洪和灌溉为主的中型水库,属阿图什市水利局管辖。1972 年建成蓄水。2002 年将坝体加高至 1241.50 米。主要建筑物有大坝、放水涵洞、输水渠道、溢洪道等,水库设计总库容 4000 万立方米,最大坝高为 13.6 米。2007 年,进行溢洪道修复。水库设计洪水标准为 50 年一遇,校核洪水标准为 300 年一遇。担负阿图什市格达良乡 2180 公顷农田的灌溉任务、下游西克尔水库的防洪任务以及 314 国道及南疆铁路的安全。

(三)麻扎尔塔格水库(原麻扎水库)

位于阿图什市西南部的上阿图什镇兰杆村境内,水库距上阿图什镇政府驻地 8 千米,距阿图什市 45 千米。水库修建于恰克玛克河左岸,距恰克玛克河中下游南北支分岔处的恰克玛克河引水枢纽 2.55 千米。水库地理坐标北纬 39°39′29″、东经 75°50′06″。麻扎尔塔格水库 1974 年 6 月动工修建,1976 年建成,初期运行直接从恰克玛克河引水调蓄,经过两年蓄水,水库淤积严重后已不能发挥调节灌溉的功能,水库于 1978 年停止蓄水。2010 年进行除险加固,总库容 238.71 万立方米,水库兴利库容 191.93 万立方米,正常蓄水位 1743.86 米,工程规模为小(1)型水库,工程等别为Ⅳ等,主要建筑物为 4 级,次要建筑物为 5 级。水库主要承担阿扎克乡的蓄水灌溉任务,水库除险加固后保灌面积 3350 公顷。

(四)库木鲁克水库(库木路克水库)

位于阿图什市西南部,上阿图什镇境内,距阿图什市 27 千米,上阿图什镇政府 5 千米,省道 S309 南侧。地理位置在北纬 39°36′06″~39°36′25″、东经 75°52′22~75°52′32,为引水注入式平原水库,自上阿图什乡镇北干渠闸右侧通过引水渠向水库调水。库木鲁克水库建于 1976 年,2010 年完成库木鲁克水库除险加固工程,设计库容 109 万立方米,属Ⅳ等小(1)型水库,主要建筑物级别为 4 级,次要建筑物为 5 级。担负着上阿图什镇 450 公顷耕地的灌溉用水任务,上阿图什镇农业全靠恰克玛克河水灌溉,河流年内水量差异很大,3 月、4 月、5 月三个月,灌区缺水严重,必须依靠水库调节来保证农业用水。

(五)米拉斯库里水库(原上阿图什乡大桥水库)

位于阿图什市西南部,上阿图什镇拉依勒克村境内,省道 309 线 15 千米处,距阿图什市 40 千米,水库地理位置为北纬39°34′~40°45′、东经75°45′~78°28′。始建于1972年，是一座引水注入式山区水库，水库利用山前洼地蓄水，山前一侧筑坝挡水。库盘位于恰克玛克河中游左岸支流洪沟内，沟谷呈“V”字形，两岸为低山、丘陵，沟谷阶地带。2010年完成米拉斯库里水库除险加固工程，总库容78.14万立方米，属Ⅴ等小(2)型水库，主要建筑物级别为5级，次要建筑物为5级。水库主要调节下游上阿图什镇拉依勒克村、奥提亚克村120公顷耕地的灌溉用水。

(六)库吉那水库(原尧勒其水库)

位于阿图什市西南部，上阿图什镇尧勒其村，距阿图什市34千米，水库地理位置为北纬39°37′8.79″、东经75°51′7.53″。建于1976年，属引水注入式平原水库，以灌溉为主。2010年完成库吉那水库除险加固工程，总库容90万立方米，属小(2)型水库，工程等别为Ⅴ等，永久性主要建筑物为5级，次要建筑物为5级。主要任务是调节上阿图什镇380公顷耕地的灌溉用水。

(七)阿皮力克水库

位于阿图什市以东格达良乡阿尔帕勒克村以北15千米，距国道314公路11千米，距阿图什市85千米，水库地理位置为北纬39°58′31″、东经76°40′40″。建于1975年，为引蓄依苏滚厄肯河水的注入式山区水库，水库北面、西面和东北面三面环山，利用自然山体挡水，部分缺口处和东面开阔地为人工筑堤，采用均质土坝。2010年，完成阿皮力克水库除险加固工程，设计库容120万立方米，属Ⅳ等小(1)型水库，主要建筑物级别为4级，次要建筑物为5级。担负着格达良乡800公顷耕地的灌溉用水任务，灌区4月、5月、9月缺水严重，必须依靠水库调节来保证农业用水。

(八)季格达布拉克水库

位于阿图什市以东松他克乡境内，距阿图什市22千米，水库地理坐标北纬39°44′05″、东经76°17′04″。始建于1977年，由农民自建而成，采用肩挑、毛驴车拉的“人海战术”，边勘察、边设计，边施工，水库当年竣工。2012年完成除险加固工程，水库总库容140万立方米，兴利库容92.72万立方米，正常蓄水位1247.45米，水库养殖库容47万立方米，工程规模为小(1)型水库，工程等别为Ⅳ等，主要建筑物为4级，次要建筑物为5级。季格达布拉克水库以灌溉为主，承担松他克乡870公顷耕地灌溉的调节任务，兼顾旅游和养殖。

(九)谢依提水库

位于阿图什市东北部哈拉峻乡谢依提村，距阿图什市120千米，地理位置为北纬40°17′8.79″、东经77°51′7.53″。始建于1982年，属典型的边勘察、边设计、边施工的“三边工程”。经过运行，淤积严重，不能发挥调节灌溉的功能，于1987年停止蓄水。2012年完成谢依提水库除险加固工程，设计总库容139.52万立方米，正常蓄水位1932.2米，调洪库容48.2万立方米，工程规模为小(1)型水库，工程等别为Ⅳ等，主要建筑物为4级，次要建筑物为5级。主要是调节下游哈拉峻乡谢依提村540公顷耕地的灌溉任务。

(十)托帕水库(拟建)

位于阿图什市上阿图什镇西部恰克玛克河中游托帕村附近，为一座山区拦河水库。水库距阿图什市60千米，距乌恰县40千米。水库的主要目的是为解决阿图什市阿扎克乡和喀什地区疏附县的伯什克热木乡等地的农业灌溉用水及防洪。恰克玛克河灌区有耕地8000公顷，每年春旱严重，托帕水库作为1座季节性调节水库，冬、夏蓄水为春、秋灌溉时使用，在水量够用的情况下，争取扩大灌溉面积2000公顷。水库总库容9600万立方米，死库容2160万立方米，相应的死水位1963米，兴利库容3500万立方米，相应的水位1975.3米，最大坝高48.5米，坝长850米。

托帕水库工程规模属Ⅱ等中型水库，主要建筑物为3级，次要建筑物为4级，临时建筑物为4级。设计洪水标准重现期为50年一遇，校核洪水重现期为1000年一遇。2015年到位项目前期费500万元，用于水库前期勘测设计工作。

(十一)乔诺水库(拟建)

乔诺水库位于乌恰县境内乌瑞克河乔诺村。该水库为乌瑞克河上一座控制性水库，正常蓄水位2365.5米，相应库容2583万立方米，死水位2351.5米，死库容950.4万立方米，调节库容1633.2万立方米，水库总库容3192万立方米。该水库属Ⅲ等中型工程,主要建筑物为3级,次要建筑物4级,临时建筑物5级。工程设计洪水标准为50年一遇,校核洪水标准1000年一遇,建筑物按30年一遇洪水标准设计。

2015年到位项目前期费1000万元,用于水库前期勘测设计工作。

二、输水工程

输水工程包括干渠、支渠、斗渠和农渠,1995年,全市共有干、支、斗、农4级渠道211条,总长773.8千米,其中防渗渠125.8千米。2015年,全市有干、支、斗、农4级渠道433条,总长1633.28千米,其中防渗渠810.09千米。

(一)干渠

1995年初,阿图什市共有干渠9条,总长度116千米。1997年新建萨拉特拉干渠,之后没有新建干渠。2015年末,10条干渠总长度128.81千米,防渗长度84.86千米,防渗率65.88%。干渠分别为:

1. 上阿图什总干渠

全长1.22千米,过水量10立方米/秒,浆砌石防渗,引水口为恰克玛克河渠首,主要任务是向上阿图什镇5350公顷耕地供水。1960年建成,2007年进行防渗改造。

2. 上阿图什北干渠

全长6.68千米,过水量5立方米/秒,浆砌石防渗,从上阿图什总干渠分水,主要任务是向上阿图什镇2600公顷耕地供水。1960年建成,2007年进行防渗改造。

3. 上阿图什南干渠

全长12.28千米,过水量5立方米/秒,浆砌石防渗,从上阿图什总干渠分水,主要任务是向上阿图什镇2760公顷耕地供水。1960年建成,2008年进行防渗改造。

4. 麻扎干渠

全长24.23千米,过水量5立方米/秒,浆砌石防渗,引水口为恰克玛克河渠首,主要任务是向阿扎克乡在博谷孜河灌区的6个村供水,控制灌溉面积2870公顷。1966年建成,1994年和2010年两次进行防渗改造。

5. 格达良干渠

全长5千米,过水量5立方米/秒,浆砌石防渗,从托卡依水库引水,主要任务是向格达良乡供水。2014年完成防渗改建。

6. 格达良北干渠

全长30千米,过水量5立方米/秒,该渠从托卡依水库引水,全部防渗,主要任务是向格达良乡2000公顷耕地供水。2014年完成防渗改建。

7. 阿扎克干渠(原阿图什干渠和阿扎克乡干渠)

全长18.4千米,过水量2立方米/秒,从博谷孜干渠上的阿扎克、松他克分水闸口分水,主要任务是向阿扎克乡下游8个村供水。2013年完成防渗改扩建。

8. 松他克乡干渠

全长4.5千米,过水量3立方米/秒,从博谷孜干渠上的阿扎克、松他克分水闸口分水,主要任务是向松他克乡供水。

9. 萨拉特拉干渠

全长12千米,过水量2立方米/秒,从博古孜河引水,主要任务是向松他克乡供水。

10. 博谷孜干渠(原阿湖总干渠)

全长14.5千米,过水量4立方米/秒,从阿湖水库引水,主要任务是向阿湖乡、松他克乡、阿扎克乡部分供水,灌溉面积10940公顷。1996年建成。

(二)支渠

1995年初,阿图什市共有支渠8条,总长度116.2千米。1997—2002年,新建支渠23条,总长度136.64

千米。2005—2009年,新建支渠16条,总长度120.5千米。2010—2013年,新建支渠5条,总长度18.34千米。

2015年末,阿图什市共有支渠52条,总长度391.68千米,防渗长度213千米,防渗率54.38%。主要支渠有:

1. 松他克乡肖尔鲁克支渠

全长3.1千米,过水量1.5立方米/秒,从松他克干渠引水。2014年防渗改建。

2. 托库勒支渠

全长10千米,过水量0.75立方米/秒,位于松他克乡,从松他克干渠引水。2012年防渗改建。

3. 阿湖乡托格拉克支渠

全长21千米,过水量1立方米/秒,从阿湖水库引水。2013年防渗改建。

4. 哈拉峻乡古库热支渠

全长18.2千米,过水量1立方米/秒,位于昂额孜村,引山沟水。2013年防渗改建。

5. 吐古买提乡依达良支渠

全长19千米,过水量1.5立方米/秒。2013年防渗改建。

6. 上阿图什镇依克萨克支渠

全长15千米,过水量1.5立方米/秒,从恰克玛克河引水。1945年建成,2000年和2014年防渗改建。

7. 阿湖乡阿其克支渠

全长4.5千米,过水量0.8立方米/秒,从博谷孜干渠引水。2012年建成。

8. 阿扎克乡翁艾日克支渠

全长2.2千米,过水量1立方米/秒,从博古孜河引水。2011年建成。

9. 格达良乡萨依灌区支渠

全长14.4千米,过水量1立方米/秒,从阿皮力克水库引水。2013年建成。

10. 阿湖乡兰干支渠

全长7千米,过水量0.6立方米/秒,从博古孜干渠引水。2010年建成。

11. 阿湖乡阿热买里支渠

全长12千米,过水量0.6立方米/秒,从博古孜干渠引水。2009年建成。

(三)斗渠和农渠

1995年初,阿图什市共有斗、农渠124条,总长度512.09千米。1999—2001年,斗、农渠179条,总长度690.7千米。2002—2005年,斗、农渠292条,总长度894.52千米。2008—2010年,斗、农渠346条,总长度950.9千米。2014年斗、农渠360条,总长度1009.4千米。

2015年末,阿图什市共有斗、农渠371条,总长度1112.79千米,防渗长度662.89千米,防渗率59.57%。

(四)排渠

阿图什市农村排水工程主要用于盐碱地治理。

1. 盆地中等盐化一般治理培肥改良利用区

本区主要位于哈拉峻盆地,排水系统只有斗排,合计长度9.3千米,控制排水面积80公顷,排水出口西部为盆地内的天然生态林,东部为盆地内的天然生态林和硝尔库勒湖。

2. 谷地轻盐化防盐培肥改良利用区

主要包括吐古买提乡、阿湖乡、上阿图什镇和阿扎克乡的西部,该区盐碱化程度较轻,排水系统只有斗排,合计长度8千米,分布在阿湖乡,排渠运行良好。

3. 平原重度盐化重点治理改良利用区

主要包括阿扎克乡的东部、松他克乡的部分和格达良乡的全部,该区域为阿图什市主要盐碱地集中区域,本区内排水渠长度128.13千米。排水出口格达良乡可直接排入南部的阿伽干排,阿扎克乡和松他克乡的排水先排入两乡的干排,然后通过修建渡槽跨过博谷孜河汇入到阿伽干排中。

三、提水工程

1995年,全市共有机井225眼,其中能够使用的214眼(机电井152眼、自流井62眼),年实际供水0.42亿立方米,井灌控制面积4700公顷。

1996—2005年,个人、集体筹资打井46眼。

2007年12月,自治区人民政府在喀什召开南疆地下水开发利用工作会议后,阿图什市水利局编制完成《阿图什市2008—2010年地下水开发利用实施方案》,经自治区水利厅批复投资2040万元,共计新建机电井60眼、改造配套已有机电井105眼,年实际供水0.61亿立方米,井灌控制面积5.9千公顷。

2011—2014年间,按照农田水利规划和"三条红线",严禁私自打井,政府性投资打井20眼。

到2015年,阿图什市灌区共有机井351眼,其中人畜饮水井49眼、农用井302眼,主要分布在阿扎克乡、松他克乡、阿湖乡、格达良乡、上阿图什镇及哈拉峻乡。农用井均办理取水许可证,由阿图什市水管站和农民用水者协会统一管理,人畜饮水井由所在村委会和农村供水站管理。

四、节水工程

节水工程是采用喷灌、微灌、低压管道输水、渠道衬砌防渗等工程技术措施,提高用水效率和效益的工程。阿图什市高效节水灌溉总面积7790公顷,其中滴灌2230公顷、低压管道灌溉5560公顷。滴灌作物主要为葡萄及北山坡绿化工程,低压管道灌溉主要为两个牧业乡哈拉竣乡和吐古买提乡草料基地灌溉。

1995年,阿图什市实施高效节水项目较少,投资较少,主要以渠道衬砌防渗技术为主、管道灌溉技术为辅。2000年,从以色列引进滴灌技术,实施阿图什市葡萄基地建设项目;2002年从以色列引进喷灌技术,实施吐古买提乡依达良草料基地建设项目;2004年引进国内自主研发的低压管道灌技术,实施哈拉峻乡草料基地建设。由于地域环境差异、技术不成熟、管理不到位、农牧民接受程度低,高效节水技术难以得到推广。至2010年,建成高效节水灌溉面积1920公顷。

2010年后,中央、自治区采用新技术大力推广农业高效节水技术,给予阿图什市资金和技术支持,至2012年,累计投资2620万元,实施滴灌、低压管道灌项目3项,分别为哈拉竣乡低压管道灌溉工程、阿扎克乡高效节水灌溉工程、松他克乡小型农田水利高效节水灌溉项目,建成高效节水灌溉面积2870公顷。农牧民看到节水效果,增强节水意识,提高实施高效节水项目的积极性。

2013—2014年,累计投资3600万元,实施滴灌、低压管道灌项目4项,分别为阿扎克乡农业高效节水建设项目、阿扎克乡阿扎克村、下西塔其村、提坚村240公顷葡萄滴灌工程、松他克乡红枣节水滴灌建设项目、上阿图什镇等4个乡镇农业高效节水专项工程,建成高效节水灌溉面积3000公顷。

2015年,高效节水覆盖阿图什市7个乡镇,高效节水灌溉面积累计7790公顷,占总灌溉面积的30%,年节水能力410万立方米。

五、人畜饮水与改水工程

1995年,在国家的支持下,阿图什市开始二期改水防病。

1995—2000年,实施改水防病项目27项,共投资1410万元,新建水厂5座、管理站房2处、饮水井25眼、高位水池7座、清水池6座、沉淀池1座、蓄水池5座,检查井70座,水表井20座,铺设供水管道569.77千米,解决4.01万人的饮水问题.

2001—2009年,实施改水防病项目49项,共投资4492万元,新建水厂40座、管理站房2处、饮水井24眼、高位水池4座、清水池16座、沉淀池1座、蓄水池11座,检查井130座,水表井39座,铺设供水管道906.36千米,解决10.87万人的饮水问题。

2010—2015 年,实施农村饮水安全工程 5 项,共投资 3278.3 万元,新建水厂 2 座、管理站房 1 处、清水池 6 座、沉淀池 1 座、蓄水池 8 座,检查井 30 座,水表井 280 座,铺设供水管道 890.8 千米,解决 6.9 万人的饮水问题。

至 2015 年,累计实施改水防病及农村饮水安全项目 81 项,新建水厂 47 座,饮水井 49 眼,各类水池等 66 座,检查井 230 座,水表井 339 座,管理站房 5 处,铺设安装管道 2366.93 千米,累计投入饮水安全资金 9180.3 万元。经过多年农村饮水安全工程建设,供水到户率 95%,水表入户率 90%,由阿图什市农村供水总站负责各项供水的日常管理与维护。

第三节 水利管理

一、水利工程管理

(一)水利工程档案管理

1998 年,市水利局设立水利工程档案管理办公室,制定水利工程档案管理办法。水利工程档案工作贯穿于水利工程建设程序的各个阶段,即从水利工程建设前期进行文件材料的收集和整理工作;在签订有关合同、协议时,对水利工程档案的收集、整理、移交提出明确要求;检查水利工程进度与施工质量时,要同时检查水利工程档案的收集、整理情况;在进行项目成果评审、鉴定和水利工程重要阶段验收与竣工验收时,要同时审查、验收工程档案的内容,并作出相应的鉴定评语;按时向上级主管单位报送《水利工程建设项目档案管理情况登记表》。

(二)水利工程建设"四制"

完善各项水利规划设计工作制度,强化前期工作力度,加大工程建设管理与运行管理,执行项目法人制、招投标制、建设监理制和合同管理制,确保各项农田水利工程建设项目顺利进行。

(三)工程维修管理

水利工程维修管理实行统一管理与分级管理相结合的原则,对工程维修和清淤工作,实行干、支、斗、农渠承包责任制。各乡镇水管站负责干、支渠,农民用水者协会负责斗、农渠。对已完工的水利工程,按照《水利基本建设工程验收办法》及时进行验收,并且保证已经交付使用的水利工程的正常运行。对灌区工程及附属设施做好保护管理工作,制定工程养护制度。各乡镇水管站按照实事求是、先急后缓的原则,制定维修计划及预算上报水利局,申请财政补助,工程完工后,及时组织对维修工程进行验收,不合格的限期整改。

(四)水利工程安全运行管理

2001 年,市水利局制定水利工程管理办法,市、乡水管站对水利工程安全管理工作采取定期、不定期检查相结合的方式,每月 1 次小检查,每季 1 次大检查,汛期对重点输配水工程坚持每天巡查一次,查出事故隐患及时处理,并实行检查结果上报制度。各乡镇水管站重视水库、涝坝的安全运行管理,以"安全第一"的思想指导水库蓄水,严禁超蓄,对病险水库降低水位运行,对无安全保障措施的水库坚决做到不蓄水。对受到冰凌及风浪侵蚀的水库坝体加强巡查、排查力度,确保水库安全运行。2008 年,对小、中型水库实行年度检查制度。市水利局每年汛期前与高水位期组织有关专业技术人员对所管辖的小、中型水库逐库进行年度安全检查,提交检查报告,对查出有安全隐患的水库限期处理,并将处理方案和处理结果报送市政府和自治州水行政主管部门备案。

二、用水管理

(一)灌溉用水

1995—2015 年,阿图什市地表水、地下水统一由市水管站管理,乡水管站或专职水管员根据各村、村民小组和村民的灌溉面积、用水量统一分配,轮流灌溉。地下水只有地表水缺少、不能及时灌溉及干旱到一定程度才抽取灌溉。

恰克玛克河渠首为阿图什市唯一的枢纽性渠首,渠首工程位于阿图什市西北侧的恰克玛克河干流中下游南北分岔处,恰克玛克河渠首主要担负着阿图什市上阿图什镇、阿扎克乡的一部分和喀什疏附县伯什克然木乡共11200公顷耕地的引水浇灌任务,恰克玛克河渠首取水量的75%归属阿图什。

博古孜河担负着阿湖乡、阿扎克乡的一部分和松他克乡的灌溉任务,主要由阿湖水库进行调剂。阿湖水库每年给阿图什供水9000万立方米,给兵团托格拉克水库供水3000万立方米,给托卡依水库供水3800万立方米,托卡依水库担负着格达良乡的灌溉用水任务。

(二)生活用水

1995—2015年,阿图什市城市居民生活用水为地下水,由自来水公司抽取并收取水费,水政监察大队对自来水公司收取水资源费,城市绿化引用地表水。

乡镇村居民生活用水主要由阿图什市农村供水总站管理。1995年以前,乡村居民用水主要依靠涝坝、河坝水及地下水。1995年开始,由于涝坝、河坝水及地下水不符合饮用标准,造成人身体疾病突出,阿图什市开始实施农村防病改水项目,提高饮用水质量,农村生活用水每立方米1元。

1. 平原区水源

阿图什市平原区水源主要有3个。

(1)上阿图什镇、阿扎克乡恰克玛克河地下水水源

2001年建设,总投资400万元,建设水厂1座,高位水池1座,调压池10座,管道286千米。

(2)阿湖乡、松他克乡、阿扎克乡、吐古买提乡科克塔木村博古孜河地下水水源

2009年投资900万元建设,2010年被洪水冲毁。于2013年重新改扩建,总投资1795万元,建设集水廊道355米,集水井1座,减压池3座,水质检测设备1套,闸阀井319座,管道131.61千米。

(3)格达良乡泉水源

2006—2010年建设,总投资552万元,建设水厂1座,清水池1座,检查井、闸阀井75座,水表井264座,管道115千米。平原区3个水源区农村总人口16.32万人,解决13.58万人的饮水安全问题。

2. 山区水源

阿图什市山区水源主要有9个水源。其中哈拉峻乡5个水源,2001—2009年建设,总投资652万元,建设水厂5座,管道178千米;吐古买提乡4个水源,2001—2009年建设,总投资447万元,建设水厂4座,管道240千米。山区9个水源区农牧民总人口2.81万人,解决1万人的饮水安全问题。

(三)水费征收

1. 灌溉用水

1995年,全市灌溉水费征收标准0.004元/立方米。1999年,对收费进行调整,每千方水收费20~30元。2004年,再次调整为0.026元/立方米。2010年提高至0.039元/立方米。灌溉水费由市水管站征收,每年11—12月底交清,所收水费全额上缴市财政,经每年经费预算完成后返还市水管站,用于办公、人员管理、水利工程维护等。

2. 饮用水

2008年以前,阿图什市农村饮水水费按照人口数收取,水厂实行定时供水,按照季节采取不同的供水时间,每人每月收取费用2~5元不等,收取的费用仅能维持工程使用的电费、人员管理费,无法负担维护费,这样的方式造成大量饮用水浪费。2009年,对农村用水户安装水表,农村饮用水按1元/立方米收取,实现维护费用的来源,水费征收明显提高。

1995—2015 年阿图什市灌溉用水水费征收情况统计表

表 8－29　　单位:万元

年份	金额	年份	金额	年份	金额
1995	94.8	2002	260	2009	610
1996	100.6	2003	265	2010	690
1997	120	2004	455	2011	740
1998	160	2005	557	2012	810
1999	260	2006	604	2013	950
2000	260	2007	572	2014	1090
2001	260	2008	610	2015	1066

1995—2015 年阿图什市农村生活用水水费征收情况统计表

表 8－30　　单位:万元

年份	金额	年份	金额	年份	金额
1995	80	2002	91	2009	120
1996	80	2003	95	2010	125
1997	81	2004	99	2011	135
1998	81.3	2005	99.4	2012	135
1999	81	2006	99	2013	140
2000	81.6	2007	99	2014	160
2001	91	2008	100	2015	185

三、水利执法

1999 年,市水政监察办公室制定《水政监察员守则》《水政监察员奖惩制度》《水政监察大队文明服务承诺》等 10 余项岗位目标责任制和内部管理制度。2002 年,水政监察大队根据《中华人民共和国水法》《中华人民共和国行政处罚法》《中华人民共和国行政诉讼法》《水行政处罚实施办法》等有关法律法规,依法加强水资源统一管理专项监察和巡查力度。开展水资源管理、凿井管理、计量设施管理、水资源费征收及水土保持监督管理等专项执法检查,重点对非法打井、水土开发和水事纠纷进行检查。严格依法办事,做到执法主体、权限、内容、程序合法,文明执法,公正办案,杜绝越权处罚和随意处罚现象。

(一)水行政执法

1995—1997 年,市水政监察大队沿博谷孜河道主线排查,依法制止违法采砂、乱倒垃圾人员,保证河道的完整和畅通。

2002 年,市水政监察大队依法制止在位于上阿图什乡恰克玛克河道内违法采砂的人员、机械,将其清出河道,恢复河道的完整和畅通。

2013 年,在阿图什城区段博古孜河道内有人违法采砂,水政监察大队联合市国土资源局执法人员赶到现场进行制止,对违法采砂行为进行教育和处罚。

(二)取水许可

阿图什市水利局按照取水许可工作程序,对市区域内所有取用水单位、部门和个人,实行取水许可制度。各取用水单位、部门、个人,在市水政监察大队办理取用水许可证,确定用水定额、用水量才能取水。严禁私自引取地表水、非法开采地下水。对超量开采地表水、地下水,超用水无记录、无计划用水单位、个人要求整改并予以处罚,情节严重的吊销取水许可证,停止用水。自治州、市水行政执法部门每年组织用水单位、个人进行水法规培训、宣传,同时进行取水许可证年度审核、审批工作。

1995 年,全市取用水单位、部门、个人 68 家,发放取水许可证 68 家,办理采砂许可证 16 本。

2012 年,全市取用水单位、部门、个人 120 家,发放取水许可证 26 家,换发取水许可证 94 本,办理采砂许可证 4 本,换发采砂许可证 41 本。

2015 年,全市取用水单位、部门、个人 120 家,换发取水许可证 20 本,年审换发采砂证 10 本,协调处理的河道案件 3 件,处理违法打井 3 件,结案 3 件。

四、"天山杯"竞赛评比

2005 年,自治区水利厅启动"天山杯"竞赛评比活动,阿图什市成立农田水利基本建设领导小组及办公室,按照自治区竞赛办法和要求,制定农田水利基本建设竞赛活动办法,调动广大农牧民及社会力量参与农田水利基本建设的积极性。2005 年 11 月、2013 年 11 月,阿图什市分别荣获自治区水利厅农田水利基本建设"天山杯"竞赛评比活动三等奖;2006 年 11 月、2008 年 11 月、2010 年 11 月、2011 年 11 月,阿图什市分别荣获自治区水利厅农田水利基本建设"天山杯"竞赛评比活动二等奖。

第四节　防汛抗旱

1995 年后,阿图什市适时调整以市长为组长,驻市部队、水利、城建、公安、财政、农业、畜牧等部门为成员单位的防汛抗旱工作领导小组;各乡镇也成立有抗旱工作领导机构。每年召开防洪抗旱专题会议安排部署防洪抗旱工作,安排资金和物资,同时在水利局设立防汛抗旱指挥部,对全市的防汛抗旱工作提出方案,并负责工作落实。水利局每 3 ~5 年修订全市各条河流的防洪预案,做到早检查、早动员、早准备、早安排,层层签订防汛抗旱安全目标责任书,狠抓落实,做到目标到位、工作到位、人员到位、责任到位。

一、防洪

(一)汛情

1998 年 6 月 22—25 日、8 月 4—6 日、9 月 11—14 日,阿图什市降大暴雨,造成山洪灾害。受灾人口 1.2 万人,损坏房屋 1490 间,倒塌房屋 600 间,冲毁农田 124 公顷,死亡牲畜 350 头(只),损坏堤防 5 千米、水闸 17 座、渠道 35 千米、渡槽 26 座、桥涵 4 座、机电井 3 眼。直接经济损失 1656 万元。

1999 年 7 月末至 8 月 2 日,阿图什市因暴雨融雪混合性洪水造成的灾情。因山洪造成 411.93 公顷耕地、99 公顷林带、15.27 公顷果园被冲毁,倒塌房屋 310 间,冲毁公路 28 千米、防洪堤 9.17 千米、渠道 21 千米、防洪林 6.58 千米,冲坏大小桥梁 14 座。造成直接经济损失 1424.8 万元。

2000 年 6 月 21 日,阿图什市区和市郊的乡场附近遭受强降水,引发局部性洪水并造成灾害。阿图什市郊的 667 公顷节水滴灌葡萄基地(绿色环保工程)损失严重;市郊的 4 个乡场的部分农田、水利设施、房屋、麦场等被洪水冲毁。受灾人口 2.5 万人,倒塌房屋 410 间,农作物受灾面积 173 公顷,死亡牲畜 105 头(只),毁坏路基 8 千米,损坏堤防 7.79 千米、护岸 1 处、水闸 9 座、灌溉设施 27 处、机电井 1 眼。造成直接经济损失 388 万元。

2001 年 8 月 23 日,阿图什市区及市郊西偏北区域出现大降水天气过程,并引发局地性洪水。造成 2 人死亡,城区公共设施、房屋、粮食加工车间、粮食储备库、供暖管道、供水管网、办公楼、住宅楼进水受损,水毁房屋 32228 平方米,多处防洪设施受损达 3 千米。此次大降水天气引发的局地性洪水,给阿图什市造成的直接经济损失6346万元。

2010年9月17日晚起至19日,阿图什市境内连续降雨,部分山区出现暴雨天气,大范围的连续降雨引发市境内河流水位迅速上涨,博古孜河流域、恰克玛克河流域暴发洪水,全市防汛形势十分严峻,水利设施严重受损。经统计2010年9月25日,洪水造成阿图什市水利设施受损直接经济损失5493.5万元。

(二)防洪工程

阿图什市的洪水灾害主要来自于恰克玛克河、博古孜河及博孜塔格山山洪和铁力克山洪,其中博孜塔格山山洪对阿图什市的威胁最大,是城区防洪的重点。

1995—2010年,阿图什市修建防洪工程20处,修筑防洪坝86.4千米,累计投入资金7165万元,其中永久性防洪坝22.51千米,其余均为临时性防护措施,抵御洪水危害能力薄弱。

受2010年洪水灾害影响,自治区、自治州、阿图什市三级启动防洪规划应急工程。

2012—2015年,共建设防洪堤18.15千米,分别为阿图什市阿湖乡托格拉克防洪坝工程,修建浆砌石防洪坝1.6千米,投资250万元;山洪灾害防治县级非工程措施项目,山洪预警监测站、预警平台,投资500万元。阿图什市博古孜河防洪规划应急工程北支流阿湖乡防洪堤工程,修建混凝土防洪坝11.55千米(左岸长5.2千米,右岸长6.35千米),投资2960万元。阿图什市格达良乡阿尔帕勒克村小流域治理防护堤工程,新建防洪堤3千米,投资445万元。阿图什市博古孜河城区应急防洪工程,修建防洪堤2千米,投资500万元。

2015年阿图什市防洪工程情况表

表8-31

工程名称	长度(米)	结构	保护范围	岸别
吐古买提防洪堤	3000	土石坝	吐古买提乡政府	右岸
盖孜防洪坝	2500	铅丝笼	居民、耕地、草场	右岸
博谷孜大桥右上游段防洪坝	2000	砼板	博谷孜大桥	左岸
博谷孜大桥左下游段(城区)防洪坝	3650	砼板	居民、耕地	右岸
提坚防洪坝	5350	土石坝	居民、耕地	左岸
伯干防洪坝	4600	土石坝	居民、耕地	右岸
买谢提防洪坝	2900	梢石坝	阿扎克乡政府、居民、耕地	左岸
北支流阿湖水库出水段防洪坝	11550	砼板	阿湖乡、博谷孜总干渠	左右岸
托格拉克河防洪坝	2000	浆砌石	居民、耕地	左右岸
阔勒喀尔果勒防洪坝	2000	土石坝	居民、耕地	左岸
阔勒喀尔果勒防洪坝	2000	土石坝	居民、耕地、上阿图什乡政府	右岸
喀尔果勒防洪坝	3000	土石坝	居民、耕地	右岸
北支流上阿图什镇防洪坝	10000	梢石坝	阿扎克干渠、居民、耕地	右岸
北支流铁力防洪坝	5000	铅丝笼	居民、耕地	左岸
南支流上阿图什镇防洪坝	15500	梢石坝	居民、耕地、南干渠引水龙口	左岸
南支流其维防洪坝	5500	梢石坝	居民、耕地	右岸

续上表

工程名称	长度(米)	结构	保护范围	岸别
南支流喀什大桥防洪坝	3000	梢石坝	居民、耕地、国道	左岸
北支流英巴格防洪坝	5300	梢石坝	居民、耕地、英巴格支渠引水口	右岸
北支流巴克其防洪坝	700	梢石坝	耕地	左岸
北支流麦依铁提防洪坝	6000	梢石坝	居民、耕地、麦依支渠、铁提支渠	右岸
北支流麦依铁提防洪坝	5000	梢石坝	居民、耕地	左岸
北支布、恰两河汇合段	1000	梢石坝	居民、耕地、水场	左岸
阿尔帕勒克防洪堤	3000	砼板	居民、耕地	左岸
合计	104550			

二、抗旱

(一)开发地下水

2007年,为增强农业抗旱能力,缓解季节性缺水矛盾,阿图什市开始“向工程要水、向地下要水”,逐步完善农田骨干抗旱工程的建设,各乡均架设农田电网。

2008—2010年,根据自治区党委、政府的指示精神,自治区财政下达2100万元财政补助资金,专项用于阿图什市机电井建设,新建配套机电井60眼,机电井改造配套105眼,一定程度上解决农业灌溉供需矛盾,为增加复播面积和农民持续增收奠定基础。

2015年,阿图什市灌区共有机井351眼,其中人饮井49眼,农用井302眼,主要分布在阿扎克乡、松他克乡、阿湖乡、格达良乡、上阿图什乡及哈拉峻乡,基本分布在干支斗农渠旁。修建抗旱应急水源连通管道10.28千米。以干支渠为主,通过与地表水的转换,实施跨乡、村的横向调节,来弥补和缓解阿图什市的缺水矛盾。

(二)防渗节水

1995—2015年,阿图什市陆续进行渠道防渗工程建设。至2015年,共实施187千米的防渗工程。

(三)高新节水技术灌溉

随着节水技术的逐步发展,阿图什市滴灌、喷灌、低压管道灌溉等高新节水技术应用越来越广泛,形成综合应用性的灌溉体系,较大地提高农牧业抗旱保丰收的能力。至2015年,全市农业高效节水建设面积0.5万公顷,完成投资0.125亿元。

第五节　经济效益

一、水力发电

至2015年,阿图什市有小水电工程7座,其中恰克玛克河建有2座,分别为上阿图什一级电站和二级电站,博古孜河建有5座,分别是英瓦提电站、阿湖一级电站和二级电站、自治州电站和吐古买提电站,以上小水电站均是在1995年之前建成,此后阿图什市再未建过小水电站。以上7个小水电站总装机容量2253千瓦,年发电量1185万千瓦时。各小水电均是单独供电,没有形成电网。

2015 年阿图什市电站装机及发电量统计表

表 8－32

电站名称	隶属关系	装机容量(千瓦)	年发电量(万千瓦时)
英瓦提电站	南疆煤电公司	3×320	387
上阿图什一级电站	上阿图什乡	2×125	154
上阿图什二级电站	上阿图什乡	2×200	246
阿湖一级电站	阿湖乡	2×125	154
阿湖二级电站	阿湖乡	2×75	93
自治州电站	克孜勒苏柯尔克孜自治州	2×84	104
吐古买提电站	吐古买提乡	1×75	47
合计		2249	1185

二、水产养殖

阿图什市托卡依水库是阿图什的主要鱼产地，托卡依水库及周边鱼池养殖的主要鱼类品种有鲤鱼、鲫鱼、草鱼、鲢鱼等。水库周边养殖存在的主要问题是没有电源供应、缺乏相应的孵化设施，水产品相对单一，产品结构有待进一步优化，管理上也相对粗放，没有形成相应的责任体系和产业链。

（一）水产养殖特点及生产方式

阿图什市水产养殖主要集中于托卡依水库及周边鱼塘，水库于 1969 年开始修建，1970 年完工挡水运行，水库是一座以防洪和灌溉为主，以养殖为辅的中型水库。水库自挡水运行以后便开始在水库附近开挖鱼池，并且开始引进、培育、养殖、繁育水产品，主要为“四大家鱼”。

（二）产量和产值

1995 年，水库有效放养面积 246 公顷，有鱼池 40 个，面积 13.33 公顷，还有自然沟养鱼水面 0.6 公顷，孵化鱼苗 2000 余万尾，产鱼量 52.3 吨，产值 45 万元。1996—2004 年，每年孵化鱼苗量、产鱼量、产值与 1995 年相当。2005 年开始，实行鱼塘承包制，增加水库效益，开展规范化养殖和科学管理。2015 年底，水库周边有鱼池 16.67 公顷，其中成鱼池 6.67 公顷、鱼苗池 10 公顷。水产总产量 163 吨，总产值 151 万元。

1995—2015 年部分年份阿图什市托卡依水库水产产量、产值统计表

表 8－33

年份	产量(吨)	产值(万元)	年份	产量(吨)	产值(万元)
1995	52.3	45	2009	105	90.5
2000	53	45.05	2010	107	99
2004	53.2	45.3	2011	128	108
2005	80	68	2012	144	122
2006	80	68	2013	150	132
2007	84	71.4	2014	152	140
2008	91	77.35	2015	163	151

第九编 无花果

阿图什市有“无花果之乡”的美称。无花果栽培历史悠久,以其优良的品质誉满全疆。阿图什市无花果属普通栽培种,幼果色绿,随成熟期进展变为淡黄色、黄色,果汁豁,甜而不腻,清爽可口,当地果农美称为“树上结的糖包子”。无花果含糖量高,含折光糖14%~19%,单果重60~70克,大者可达90克。营养价值高,果实中含多种营养,有滋补强壮功能,健脾胃,助消化。1995年,全市无花果种植面积21.6公顷,产量480吨。2000年后,有计划地发展无花果产业,促进农村经济发展,调整产业结构,增加农民收入。加大无花果产业开发力度,推出无花果果酱、果脯、罐头等产品,产品销往全疆各地,并打入全国其他省、市、自治区市场。至2015年,无花果挂果面积120公顷,产量2653吨,产值1857万元,果农人均增收22元。

第一章　种植环境

第一节　栽培历史

阿图什市无花果栽培历史悠久,大约在唐代以前,已沿“丝绸之路”由伊朗传入。维吾尔语称无花果为“安俊尔”,既是从阿拉伯语“苑提尼”一词转化而来的,直译为“不开花可以结果”。成书于唐咸通元年(860)前后的《西阳杂俎》一书就有关于无花果的记载。至今已有1000多年。清代乾隆年间春椿园五十一撰写的《西域闻见录》以及清末箫雄的《听园西疆杂述诗》中都有阿图什栽培无花果的详细记载。1982年,自治州科委组织的无花果科研组进行无花果资源调查时,发现百年以上树龄的老树就有713株,占总株数的3.14%,树龄最老的有一株有400多年,盘根错节,挺拔苍劲,枝繁叶茂,结果累累。

第二节　生物学特性

一、无花果生物科学

无花果(FicusL.)桑科无花果属,又名天神果、明目果、映日果等。无花果生长势强,并有屡次生长习性,幼树新梢及徒长枝当年生长量可达2米以上;萌芽力、发枝力都较弱,骨干枝生长明显,其上潜伏芽较多,且寿命长,可达数十年,当重剪时潜伏芽便迅速萌发而形成新树冠。

二、无花果形态特征

无花果为落叶小乔木或者灌木状,树皮光滑,灰白色或者略带褐色,全株具乳管,可排泄白色乳汁。单叶、互生、具长柄,叶片大。表面粗糙,暗绿色,常有3~7裂,冬季落叶后在枝子上留下三角形的大型叶痕。叶腋内可形成2~3芽,其中小而呈圆锥形的为叶芽,其他大而圆者为花芽;花单性,淡红色,埋藏于隐头花序中。无花果可食部分是由花托肥大而成的聚合果,单花及由其发育的瘦果隐生于肉质花托内部,外观上似不花而实,故称“无花果”;果实有扁圆形、球形、梨形或者坛形数种,果皮色泽亦有绿、黄、红、紫红之分,但多为黄色。果肉多呈浅红色或者深红色,单果重因品种不同为0.035~0.15千克不等,多为0.08千克左右。

三、无花果生态学

无花果属桑科无花果属(亦称榕属),其小花隐生于囊状花托内,为隐头花序,故名无花果。可食部分是由花托肥大而成的聚合果。无花果原产亚热带地区,性喜温暖干燥。生长适温22℃~28℃,一般品种冬季在-2℃时新梢顶端开始受冻,在-20℃~-22℃时,地上部分冻死,而翌年又能从根茎下发生大量新枝。无花果耐旱、耐瘠,耐湿、不耐涝,泥土适应性很强,尤其是耐盐碱性强。

无花果的单花及单花发育成的瘦果埋藏在肉质花托内,因此外观只见“果”而不见花,所以称其为“无花果”。

第三节　生长环境

一、气候条件

市境无花果主要产区位于北纬39°~40°、东经76°10′~76°30′,海拔1197~1300米,气候特征是:气候干燥、日照充足;夏季炎热、冬季寒冷;蒸发量大,降水量小,蒸发量是降水量的42倍;有效积温高,光质优良;昼夜温差大,无霜期长。这种独特的气候特征,适宜无花果的生物学特征性需要,有利于无花果生长发育。

二、对气温的要求

阿图什市无花果主要产区年平均气温为12.9℃,极端最低气温-24.4℃,年较差33.7℃,年大于或等于10℃的积温4669℃,无霜期240天,年平均相对湿度41%,年降水量78毫米,年蒸发量3218.2毫米,蒸发量是降水量的40多倍。年均日照时数2742.5小时。年总辐射量138.2千卡/平方厘米,日照百分率62%。日较差全年平均11.3℃,最大日较差20℃,无花果生长旺季5月至9月日较差为11.7℃。概括无花果产区的气候特征是:夏季炎热,冬季寒冷,蒸发量大而降水量小,气候干燥,日照充足,昼夜温差较大,无霜期长,有效积温高,光质优良。这种气候特征除了冬季无花果树不能露地越冬外,都是适宜无花果生物学特性需要的,有利于生长发育,提高品质,形成阿图什无花果气温条件。

三、对光照的要求

无花果喜温暖湿润的海洋性气候,喜光。无花果生长旺季5月至9月日较差为11.7℃。年均日照时数2742.5小时。年总辐射量138.2千卡/平方厘米,日照百分率62%。日较差全年平均11.3℃,最大日较差20℃。

四、对土壤的要求

无花果对土壤的要求不甚严格。但以保水保肥条件好的壤土和沙壤土为宜,其他土壤只要稍加改良,有排灌设施也可供发展无花果。土壤含盐量过高,或是过于板结的黏土,均不适宜无花果的生长。土壤含盐量0.2%以下对无花果树种植无影响,0.3%有轻度危害,0.3%~0.4%为危害临界,0.4%以上为严重危害界限。

五、对水分的要求

无花果原产地干旱少雨,造就无花果庞大的根系,以增强耐寒力。由于无花果叶面积大,蒸腾作用强,尤其是在生长旺季必须人工补充水分,长期的人工灌溉培育无花果的喜水特性。阿图什果农有"无花果栽在涝坝边上,石榴种在戈壁滩上"的农谚。果农在长期生产中充分认识到无花果的需水特点。在干旱地区栽培无花果,必须依靠人工灌溉,无花果的净灌溉定额是小麦的1倍,亩定额800~850立方米,全生育期从开墎到埋土越冬前需浇10~12次水。生产实践中发现,无花果常常因为缺水造成减产,主要表现是枝条生长量少,叶片萎缩,果体变小,单果重量减轻,品质下降,糖分减少。

但是无花果在长期积水条件下也生长不好,地下水位高的沼泽地无花果往往会枯死。无花果建园时,除考虑有便利的灌水条件外,还应考虑有排出积水的条件。

六、对养分的要求

无花果叶面肥大,枝条粗壮,营养生长旺盛,果实负载量大,每年会消耗大量的土壤养分,因而只有不断地补充超过计划中消耗的养分,才能满足来年的生长与发育。除了大量的补充氮肥外,无花果还需要大量的磷、钾肥,以利于果实的生长和品质的提高。另外,无花果喜欢弱碱性,故土壤中还应适当增施钙肥、如石灰等。

第二章　无花果栽培

第一节　栽培区及种植规模

阿图什市无花果主要栽培区是市郊附近的松他克乡、阿扎克乡、上阿图什镇、阿湖乡、格达良乡。主要分布在阿孜汗村、提坚村、松他克村、买谢提村和塔格提云村，这五个村总株数占全市无花果株数的50%以上。

1995—2015 年无花果累计种植规模情况表

表 9 – 1　　单位:公顷

年份	松他克乡	阿扎克乡	上阿图什镇	阿湖乡	格达良乡
1995	35.93	3	0.33	2.13	2.47
1996	35.93	2.06	0.33	2.13	2.47
1997	35.93	2.06	0.33	2.13	2.47
1998	35.93	2.06	0.33	2.13	2.47
1999	35.93	2.06	0.33	2.13	2.47
2000	43.33	37.33	0.33	2.13	2.47
2001	43.33	37.33	0.33	2.13	2.47
2002	43.33	37.33	0.33	2.13	2.47
2003	43.33	37.33	0.33	2.13	2.47
2004	43.33	37.33	0.33	2.13	2.47
2005	43.33	37.33	0.33	2.13	2.47
2006	43.33	37.33	0.33	2.13	2.47
2007	49.93	45.33	0.33	2.13	2.47
2008	49.93	45.33	0.33	2.13	2.47
2009	49.93	45.33	0.33	2.13	2.47
2010	50.13	45.33	0.33	2.13	2.47
2011	50.13	45.33	0.33	2.13	2.47
2012	50.13	45.33	0.33	2.13	2.47
2013	56.81	67.27	0.33	2.13	2.47
2014	56.81	45.33	0.33	2.13	2.47
2015	56.81	45.33	0.33	2.13	2.47

第二节　品种、品质特征、营养成分及用途

一、品种及品质特征

(一)品种

无花果一般可分为食用、药用和观赏三大类。中国的食用无花果仅分布于新疆的天山南部,主要集中于阿图什一带,食用无花果的品种主要有早熟(其里干安俊尔)、晚熟(卡拉安俊尔)、黄无花果(阿克乌祖克安桔尔)、小圆黄无花果(喀腊安桔尔)、卵形黄无花果(雨幕拉克安桔尔)等多种品种。

(二)品质特征

1. 新疆早熟无花果(其里干安桔尔)

树冠中等,株形紧凑,灌木丛生,没有明显的主干。叶片三裂,叶色较淡,果实扁圆形,单果重50~55克。成熟后黄色的果皮上有白色圆果点,果肉为淡黄色。阿图什地区在7月上旬成熟,个别年份在6月25日以后也可以成熟。成熟早,但品质不如晚熟种。

2. 新疆晚熟无花果(卡拉安桔尔)

这种无花果树形高大,主干明显,枝茎松散,树形不规则。生势强,树冠面积较早熟种大。叶片大,叶色浓绿,叶片三裂,裂浅。果实黄色,果皮有果点,扁圆略带锥形,果肉黄色略呈淡红色,果内花蕊顶部有的呈紫红色,果顶裂孔处有紫斑或淡红。单果重量较早熟种大,一般60~70克。阿图什地区在7月中旬成熟,约比早熟种晚上10~15天,但丰产性比早熟种强。

3. 黄无花果(阿克乌祖克安桔尔)

果较大,扁圆,果顶平,单果重68.6~74克,果皮薄,成熟时变黄色,果肉淡红色,松软,风味甘甜,浆密。果熟期同早熟无花果。该品种丰产性强,果品品质高。

4. 小圆黄无花果(喀腊安桔尔)

果较小,果柄坚固而短,果皮厚,银黄色,果肉淡黄色,松软,风味甘甜,果质中等,果熟期7月下旬。该品种适应性强,但果品质较低。

5. 卵形黄无花果(雨幕拉克安桔尔)

果卵形,果皮和果肉淡黄色,果品质中等,夏果熟期7月上旬,秋果熟期8月下旬。

二、营养成分及功效

(一)鲜果

无花果鲜果是一种稀有果类,不仅果实中含有人体需要的营养元素,而且枝、叶中还有多种营养元素,全身都是宝。

无花果鲜果水分76.165%,总糖分18.65%、蛋白0.901%、粗脂肪1.58%,粗纤维1.33%、灰粉0.64%、磷0.034%、果液0.7%。每百克鲜果含维生素B10.04毫克,维生素B20.07毫克、胡萝卜素0.03毫克、含钙323ppm、铁438ppm,以上含量较全国其他地区的无花果分析数值高。

(二)无花果酱

无花果酱主要营养成分为维生素、果酸,主要食用功效健胃清肠、消肿解毒。

(三)无花果干

无花果干物质含量很高,鲜果为14%~20%,干果达70%以上。其中,可被人体直接吸收利用的葡萄糖含量占34.3%(干重),果糖占31.2%(干重),而蔗糖仅占7.82%(干重),因此热卡较低,在日本被称为低热量食品。经国内医学研究证明,是一种减肥保健食品。

食用无花果鲜果、果干或果酱可以治疗神经衰弱、失忆症、消化不良、胃弱、便秘、咽喉炎、慢性咳嗽、肾结石、弱视和贫血等多种疾病。健脾消食,润肠通便。无花果含有苹果酸、柠檬酸、脂肪酶、蛋白酶、水解酶等,

能帮助人体对食物的消化,促进食欲,又因其含有多种脂类,故具有润肠通便的效果。

三、用途与功效

(一)鲜食

无花果果实黄色,果皮有果点,扁圆略带锥形,果肉黄色略呈淡红色,松软,风味甘甜,浆密。果内花蕊顶部有的呈紫红色,果顶裂孔处有紫斑或淡红。

无花果的果、枝、叶中含有丰富的酶类,以蛋白质分解酶最多,其次是脂肪酶,淀粉酶,超氧化岐酶等,有助于消化等良好效果。近几年来,利用无花果提取SOD酶,开发高质量的化妆品方面也取得重大突破,使无花果身价倍增。

(二)药用或保健

无花果不仅是一种名贵的水果,而且还具有极高的医用价值。我国最早出现无花果名称的著作是明人王颖《食物本草》。此后的一些药物专著中也有记载。李时珍的《本草纲目》中记载"无花果实味甘、微辛平、有小毒、主痔……",临床上多用于健脾胃,润肠通便,特别适用于年老体弱和久病体虚的便秘。新疆维吾尔医也把无花果列入药物专著中,称其"可软坚消肿,治久年不愈的肺痞咳嗽、产后体虚、乳汁不足",外用其枝条煮水治风湿痹症。民间用无花果催乳下奶,用无花果叶片煮水擦洗治痔疮。20世纪80年代经医学专家研究化验,无花果含有抗癌元素。阿图什市无花果口服液就是用无花果果实和从叶片中提取物加工而成,是抗癌保健品。

无花果含有丰富的氨基酸,鲜果为1%,干果5.3%;已经发现18种。不仅因人体必需的8种氨基酸皆有而表现出较高的利用价值,且尤以天门冬氨酸(1.9%干重)含量最高,对抗白血病和恢复体力,消除疲劳有很好的作用。

无花果干物质含量很高,鲜果为14%~20%,干果达70%以上。其中可被人体直接吸收利用的葡萄糖含量占34.3%(干重),果糖占31.2%(干重)而蔗糖仅占7.82%(干重)。所以热卡较低,在日本被称为低热量食品。国内医学研究证明,是一种减肥保健食品。

无花果含有多糖,占6.49%(干重),主要为阿拉伯糖和半乳糖,对抗衰老有一定作用。

无花果含有多种维生素,特别是含有较多的胡萝卜素,鲜果为30毫克/100克,干果为70毫克/100克,居于桃、葡萄、梅、梨、柑橘、甜柿以上。

(三)无花果果实与"民间处方"

调查结果表明,阿图什的5种无花果品种均有药用、食用及营养等方面的用途。经过人们千百年来利用无花果入药配方的临床试验,在民间流传一些常见疾病的偏方,无花果逐渐成为维吾尔生活中名副其实的"民间处方"。

1. 无花果果实与冰糖、水、白砂糖、葡萄、洋梨、巴旦木和核桃配方食用,可治疗痔疮、神经衰弱,失忆症,肝炎、身体乏力衰弱、消化不良、咽喉炎、舌、上颚肿、弱势和贫血等疾病,还可消除小儿常见的肠胃寄生蛔虫并治疗便秘等病症。

2. 无花果的果实单独食用或者与水、苏子配方食用,可治疗各种水肿、皮肤病、痤疮以及常见的子宫糜烂、子宫感染及受伤等妇科疾病。

3. 无花果果干单独食用或者与水、白砂糖、巴旦木和核桃等配方食用,可治疗消化不良、食欲、便秘、咽喉炎等病症。

4. 无花果未成熟果实的乳汁直接食用或与蛋黄配方食用能排除肾结石,具通畅月经和利尿、防治牙周炎等功效。

5. 无花果未成熟果实的乳汁直接使用,能治疗瘊子、牛皮癣、疥疮、白癜风、并消除人体上的各种疤痕等。

6. 无花果果汁不经特别处理直接使用能治疗妇女常见的乳汁不足以及慢性咳嗽、各种肺肿、尿急和便秘等多种病症;此外,与黄芪配方使用能消除脸上的斑点和雀斑,促进皮肤的光滑和亮白。

7. 食用无花果鲜果、果干或果酱可治疗神经衰弱、失忆症、消化不良、胃弱、失欲、便秘、咽喉炎、慢性咳嗽、肾结石、弱视和贫血等多种疾病。

(四)美容功效

无花果的果、枝、叶中含有丰富的酶类,以蛋白质分解酶最多,其次是脂肪酶,淀粉酶,超氧化岐酶(SOD)等,用其果实作饭后水果,有助于消化的良好效果。近几年来,利用无花果提取SOD酶,开发高质量的化妆品方面也取得重大突破,使无花果身价倍增。

(五)观赏

阿图什维吾尔人居住的庭院、公园、学校、清真寺及餐厅门前均能看到种植或盆栽的无花果。无花果的叶大、美丽,并有吸收空气中的有毒物质的作用,能调节和改善屋内和庭院的气候。无花果果实成熟时,早晨在果园里深呼吸,能提高人的情绪并预防各种神经衰弱等疾病。无花果树势优雅,是庭院、公园的观赏树木,一般不用农药,是一种纯天然无公害树木。如与其他植物配置在一起,还可以形成良好的防噪声屏障。

(六)改善生态

叶片宽大,果实奇特,夏秋果实累累,是优良的庭院绿化和经济树种,具有抗多种有毒气体的特性,耐烟尘,少病虫害,可用于厂矿绿化。无花果树能抵抗一般植物不能忍受的有毒气体和大气污染,是化工污染区绿化的好树种。此外,无花果适应性强,抗风、耐旱、耐盐碱,在干旱的沙荒地区栽植,可以起到防风固沙、绿化荒滩地作用。

第三节　栽培模式与栽培技术

一、栽培模式

阿图什无花果栽培历史悠久。20世纪90年代,主要是庭院自食栽培,没有形成集约化商业生产规模。2000年后,发展速度加快,出现一定规模的商业化生产。栽培模式主要有盆栽、庭院栽培、露地栽培和设施栽培。

(一)盆景

无花果根系较发达,需要较大的容器栽培,一般多采用大号瓦缸栽种,并且需要较大空间的生长环境,露天的阳台、露台、院落等都比较适合生长。

透气性好的泥瓦盆、瓷盆、水泥盆、木箱、木桶均可用来栽培无花果,但大小要适宜,直径以40~50厘米为好,不能小于30厘米,高度可与盆径相仿,也可稍大于盆径。

盆土要求疏松、富含有机质、保肥、保水和透气性能较好。以山地阔叶林下的腐殖土最理想。也可用壤土、沙和腐熟粪各1/3自行配制。

(二)庭院栽培

是指利用庭院种植经济树木和作物的栽培方法,它能充分利用土地,绿化庭园、道路、篱壁、凉台、屋顶等进行立体栽培,提高光能利用率,净化空气,减少污染,增加农产品收入。适于庭院栽培的果树很多,可因地制宜加以选择。

(三)露地栽培

是指在果园栽培。在温室外或无其他遮盖物的土地上种植花木。

(四)设施栽培

设施栽培一般指低档大棚和高档温室内的栽培。

1. 日光温室

为防止冬季干枯和早春低温冻害,以春栽为好,3月中旬至4月上旬栽植最适宜。也可秋栽,于秋季落叶后,立即起苗定植,但冬季应注意培土防寒。定植密度可根据整枝方式、设施类型等来确定。

2. 塑料大棚

塑料大棚南北行、日光温室东西行栽植,一般栽植行株距为2~3米×1.5~2.5米。苗木栽植时应注意深挖穴,施足底肥,修剪根系,填土提苗,踩实,浇足水,根茎培土稍高于地面,然后用1米见方的地膜覆盖树盘。

二、栽培技术

(一)育苗

主要用无性繁殖法,过去常用分株、压条繁殖法。目前主要以扦插繁殖为主(成活率高),此外也可用嫁接和组织培养方法繁殖苗木。

1. 硬枝扦插

可分为单芽插、双芽插和三芽插。一般剪留三个芽的枝段长为15~20厘米,双芽插和单芽插可短些,这样可节省枝条。

生产上多用一年生和两年生成熟枝条,发芽快、成活率高;也可用三年生和多年生枝条进行扦插,但发芽慢、成活率低,不常用。为提高成活率可用生长调节剂,如吲哚乙酸、萘乙酸、吲哚丁酸等。在干旱地区覆盖地膜,效果更佳(成活率可达95%)。扦插时间为3月下旬至4月上旬。

2. 绿枝扦插

选用当年生的木质化和半木质化的枝条,在生长季节进行扦插。插条长度为15~20厘米,保留2~3个芽,最下部1个芽附近的叶片剪掉,剩下叶片剪去一半后进行扦插。地上部需遮阴、保温及保湿。也可催根处理来提高成活率。

3. 分株法

把母株上的分蘖分离出来作为果苗。

4. 压条法

把母株上的枝条埋压在植株周围,生后挖下来作果苗。

5. 组培法

由新疆科学分院果树教研室用无花果茎段进行组培已获成功。

(二)园地建设

1. 园地选择

无花果苗喜温暖干燥,喜光性强,忌寒冷荫蔽。一般在年均温15℃以上,冬季最冷月均温8℃以上,夏季最热月均温20℃左右,5℃以上年生物积温1800℃,最适于生长;温度降至-10℃~-12℃时,枝梢顶端受冻;降至-20℃~-22℃时,地上部受冻致死。由于无花果有强大的萌蘖复壮能力,受冻后基部的潜伏芽到了春天,又很快萌发抽生新梢,迅速恢复株丛和结果。由于无花果原产在半干燥地带,对水分要求不高,在年雨量400~800毫米地区,即可正常生长和结果;如雨量过大,地下积水过多,反易导致落叶和果实糖低。无花果要求光照充足,通风透光好,年日照时数以2000小时左右为宜。对土壤的适应范围广,砂土、壤土、黏土、酸性土、中性土和碱性土都可生长,但以深厚肥沃、排水良好、pH(氢离子浓度指数)值6.2~7.5的砂质壤土最好。

2. 种植规格

无花果树势强健,生长旺盛,树冠开阔,在温带和亚热带地区,多长成高大乔木,且又是喜光性强果树,所以株行距不宜过小,庭园栽植,应离开建筑物脚1米以上,四周应距其他树木1.5米以上,且不能种在高大遮阴树下。南疆的种植规格:株距:4~5米,行距:4~6米,每公顷株数:28~34株。果园性种植规格:株行距较短,株距:2~3米,行距:4~6米,每亩株数:28~111株。

(三)定植

1. 定植时间

露地硬枝扦插应在春季无花果树萌芽之前进行,一般3月中下旬,此时扦插有利于插穗生根及芽子的萌发，成苗率高。扦插过早，插穗发芽时易受早春低温冻害，同时，地温低也不利于插穗生根；扦插过迟，气温升高，插穗的芽子过早萌发，而根系尚未长出，易系长出的叶片枯萎。

2. 苗木选择与修整

3 月上中旬树液流动之前，结合修剪选取插条，并可随剪随插。选择、光滑、无冻害、伤害，芽饱满的 1 年生枝作插穗，每穗剪留 2～3 个牙，长度 10～15 厘米。在插穗上端距芽 1.5～2 厘米处剪成平口，防止插穗上端失水干裂，影响萌芽，插穗下端方芽节 0.5 厘米处理斜剪，以利于扦插和发根。

3. 整地、挖沟（穴）

整地、挖沟主要是用于无花果埋土过冬，埋土过冬是南疆无花果生产上一项必需的防寒措施。埋土时间是根据当地的气象条件来决定，一般在日平均温度下降到 0℃时进行，南疆地区普遍在 11 月上旬，最迟不超过 11 月中旬。埋土过冬可以防寒，促使休眠，调整果树机体内部的生理活动。

4. 施足基肥

无花果是一种高产果树，一年两熟，往往是营养生长与生殖生长同时并进。这种生物学特性就决定对肥料的要求十分迫切，每年必须追施一定数量的肥料才能满足其生长发育的需要。

无花果树对肥料要求并不严格，有机肥或充分腐熟的羊粪、鸡粪以及其他混杂肥料均可，但果农普遍不用人粪尿。羊粪每亩一般用量是 2000～2500 千克。施肥方法是在无花果树周围环形开沟施入，也有顺树行开沟施入的。

5. 定植

无花果对土壤的要求不严，一般选择背风向阳或者自然屏障，灌水，排水方便的地段作为园址。定植的距株：庭院栽培且以自食为主，行距 5～6 米，株距 4 米，每亩 30 株左右；专业栽培无花果的果园应采用矮丛密植配置方式，行距 4～5 米，株距 3 米，每亩 44～45 株。定植方法有平地定植和起埂定植两种，起埂定植的埂高 30～40 厘米、宽 50～60 厘米、沟深 30～40 厘米。将果苗定植的埂顶的土壤中，在沟内灌水，不要漫过埂顶。

无花果定植后的 4—6 月，是全年相对湿度最低的时期，采取埋土假植的办法，以防止苗木暴露水分散失影响成活。待苗木出新根后，一般在 5 月下旬到 6 月中旬刮去掩埋土为妥。

第四节　田间管理

一、开墩、埋墩

无花果产区冬季长达 5 个月，一般于 4 月上旬开墩，也可提前到 3 月下旬。

二、支架

无花果树体由于长时间的埋压，开墩后一时难以恢复正常的树姿，药剂师进行修整，有支架把大的茎干支撑起来。

三、施肥

无花果是一种高产果树，一年两熟，往往是营养生长与生殖生长同时并进。这种生物学特征特性就决定对肥料的要求十分迫切，每年必须追施一定数量的肥料才能满足其生长发育的需要。

除了追施有机肥外，阿图什地区果农也有在果园内追施骆驼刺草和青苜蓿的习惯，方法是 5 月中旬以后，在每棵果树下开 30～40 厘米的深沟，在沟内埋上骆驼刺草和苜蓿掩埋浇水。通过多年观察，在这些刺草和苜蓿大约在 7 月上旬也就是夏果成熟、秋果迅速膨大的时期腐热，可以供给部分养分，如果追肥便再结合追肥一些速效肥、化肥效果更好。连续追施刺草和苜蓿可以改良土壤结构，增加土壤有机质。

四、灌溉、排水

新疆天山南部的无花果产区分布在塔克拉玛干大沙漠的边缘,干旱少雨,均属灌溉农业,无花果也是依靠引水灌溉生长的。无花果是喜水果树,全生育期的净灌水定额较小麦多。因此在考虑产业结构调整和发展无花果生产时都要首先把水利放在第一位。

无花果全生育期需浇10~22次水,净灌水800~850立方米,无花果需水特点是:开墩到6月上旬秋果大量出现是随生长量增加而增加的,需水量多呈递增趋势。此后到秋果成熟,气温下降,光照缩短,生长量减少,需水量也由多减少,呈下降趋势。阿图什地区果农9月下旬浇一次水后,一般不进行冬灌。有的果农总结无花果的需水规律是"东要燥、春要少,夏要浇",这也反映当地的灌溉规律。

五、中耕、除草

幼年园宜在春、夏、冬三季各进行一次中耕除草,冬季中耕结合培土防冻。成年园在休眠期间中耕,夏季盖草,既可抑制杂草滋生,又可防旱保墒。如若仍有杂草滋生,可行刈割,将草覆盖根际,冬季可选适当作物进行间作。在冬季气候寒冷地区,应注意防冻,如新疆每年冬季将枝条压向一边或四周,上面覆盖草类后,再埋土,即可安全过冬。每次浇水后中耕除草一次,深度10~15厘米。

六、整形修剪

(一)整形

阿图什果农整形主要采取两种形式,一种是"多主干丛生密集型"。这种树型的特征是一株树上有众多主枝,这些主枝干和不同层次的分枝共同形成密集的扇形树体。这种树形适合集约化经营的专业果园。优点是果枝密集,这样适合密植,不致形成散树形或"空档",是一种丰产性强的树形。另一种是"少主干型",这种树型一般有2~3个主干,不同年度的分枝分布在主干上。这种树形自由发挥,树体大,松散,一般是庭院栽培,以自食为主。

(二)修剪

无花果萌芽力和成枝力均弱,树冠不太密集,除基部1~2节以上的新梢外,其余各叶腋中均能形成花芽,所以修剪不能过重。一般根据品种生长强弱进行不同程度的修剪。应疏枝、短截、回缩相结合。在不同季节需用不同的修剪方法。

休眠期修剪

1. 疏剪

因树冠不过密,尽量少疏剪,仅疏掉干枯枝、病虫枝及旺树上的徒长枝等。

2. 短截

幼树期和初果期,对骨干枝和延长枝留40~60厘米短截。

对生长量大,树姿直立,成枝力弱的品种,可适当短截,促进分枝扩大树冠及结果面积。其余枝条不短截,以便增加夏果产量。

3. 回缩

对多年生结果部位外移的枝条行适当回缩,用新枝代替老枝,以更新复壮。

第三章　灾害防治

第一节　气象灾害防治

一、风害

大风是阿图什农作物的主要灾害,直接影响无花果的生长,每年4月下旬至5月初的大风,不同程度给无花果带来危害。

防治措施:营造防风林:林带降低风害效果好。人工造林能有效地抵御风害和沙害。

二、冻害

防治冻害的有效措施是浇好埋墩水;埋土厚度要达到当地安全越冬的标准,在防寒前浇一次足水,增加土壤温度,冻结后减少土壤空隙通气量,加之水热容量大,能提高土温,确保无花果安全越冬。

冻后复壮:无论是轻度枝蔓冻害,还是整株死亡都要采取综合的管理措施恢复树姿,保持树体健壮生长。

三、雨害

阿图什干旱少雨,适宜无花果生长,但也遇到大雨灾害。雨害主要出现在夏季,2010年一场大雨造成无花果幼果裂果、腐烂致使无花果减产。

防治措施:防治庭院栽培无花果行间内积水,注意及时排水。无花果成熟时期,每天早晨采收已熟果子减少腐烂。

2008—2015年阿图什市无花果气象灾害防治情况表

表9-2　　单位:公顷

年份	发生面积	气象灾害防治面积			
		小计	风害	冻害	雨害
2008	42.3	24	5.33	6.67	12
2009	41	22.67	7.33	4.67	10.67
2010	42.3	16	6	—	10
2011	49.33	20	8	—	12
2012	50.67	23.99	11.33	3.33	9.33
2013	50	7.34	6.67	—	0.67
2014	48	9.34	8.67	—	0.67
2015	55.67	23.33	10	—	13.33

第二节　常见病害防治

一、炭疽病

果实近成熟时受害,在潮湿条件下有粉红色黏液,发病严重时,病斑可扩展到半个或整个果面,果实软腐,易脱落,或干缩成僵果。由真菌引起,病原主要以菌丝体在病果内和当年生枝蔓皮层组织内越冬。次年6月前后,温湿度适宜时产生分生孢子,成为主要侵染源,高温高湿季节侵染严重。果园排水不良,过于密植,植株徒长,能使病害加重。防治方法:

(一)人工防治

清除病原,加强栽培管理,土壤疏松通气,保持果园通风透光良好。生长季节及时剪除病果、病叶、拾净落地病果集中烧毁。

(二)药剂防治

春季萌芽前,用50%退菌特可湿性粉剂500~800倍液、40%福美砷可湿性粉剂500~800倍液,或波美3度石硫合剂加0.5%五氯酚钠液,喷洒果园。生长季节果树发病后,用80%代森猛锌可湿性粉剂600~800倍液、50%多菌灵可湿性粉剂1000倍液,或1:0.5:200倍波尔多液,每隔10~15天喷一次,共喷3~5次。

二、锈病

病株叶背出现红褐色多角形斑点,高温多实的8—9月发病重。用倍量式波尔多液100~200倍液喷雾防治。

三、黑斑病

主要危害无花果的叶片和果实。受害叶片出现暗褐色豆粒大小的圆形病斑,病斑微凸,微现轮纹。幼果受害初期,果皮上出现针头大小的黑色斑点,随着果实的膨大,斑点逐渐增大,病斑变硬,微凸,布满整个果实,像"黑麻子",严重降低果实的商品价值。发病规律和防治方法同炭疽病。

四、桑天牛

桑天牛分布广泛,是无花果树的主要害虫,危害状:桑天牛主要危害果树的枝干。成虫啃食嫩枝皮,伤痕呈不规则条块状,严重时枝条树皮被啃光,造成结果枝易折断枯死。成虫在枝干上产卵于刻槽中部。卵孵化后虫,幼虫在枝干内沿木质部、髓部向下蛀食,可蛀食至根部,导致植株生长不良,树势早衰,影响当年果实产量,而且树体耐寒性降低,容易出现冻害,严重时全株枯死。桑天牛以幼虫在枝干蛀道内越冬,3月上中旬越冬幼虫开始出蛰活动,4—5月进入危害盛期。5月下旬老熟幼虫沿虫道上移做蛹室化蛹,成虫6月中下旬羽化后即啃食无花果新梢皮,并在枝干上产卵,8月上旬为产卵盛期。初孵幼虫直接蛀入木质部取食,并向树干基部蛀食发育,幼虫一生蛀道长达1.5~2.5米。11月中下旬幼虫停止取食,进入越冬状态。防治方法:

(一)栽培防治

根据桑天牛有喜食桑树、柞树的特点,以桑树或柞树作为诱集树种。即在无花果园100米以外栽植桑树或柞树,作为隔离保护带。在桑天牛发生期间,对桑树进行喷药防治,注意诱树防治要及时、彻底。以减轻虫源,对无花果树的危害。

(二)人工防治

在成虫发生前对树干和大枝涂白涂剂(即生石灰10份、硫黄1份、水40份兑成),防治成虫产卵。在桑天牛成虫发生期,早晚捕捉成虫。在7—8月采用人工挖除卵粒,每隔7~10天检查一次产卵刻槽,在刻槽处用小刀刺破卵粒或刺死初孵幼虫,检查挖卵2~3次就可控制幼虫蛀干危害。

(三)药剂防治

幼虫发生期,发现湖潮湿新鲜排粪孔时,先用铁丝将虫粪掏光,然后将磷化铝片剂塞入排粪孔内,并用粘泥密封虫孔,进行熏杀。或用兽用注射器将40%氧化乐果乳油40～50倍液注入排粪孔,然后用泥堵塞虫孔,防止药液外流。

第三节　常见虫害防治

一、蚜虫

防治方法:

(一)采用种子包衣剂进行防治蚜虫

可以用40%辛硫磷按种子量0.2%拌种,也可用48%毒死蜱乳油按种子重量0.3%拌种,拌后堆闷4～6小时,可有效防治蝼蛄、蛴螬、金针虫等地下害虫,兼治苗期红蜘蛛、蚜虫、灰飞虱等。

(二)采用天敌进行防治

蚜虫的天敌种类很多,如瓢虫、草蛉、食蚜蝇、小花蝽、蚜茧蜂、蚜小峰等80余种,可以引种、繁殖或释放,在田间有一定量的益虫情况下,不要盲目地施药,可以通过保护蚜虫天敌来控制蚜害,这也是发展绿色、生态农业所提倡的。

(三)采用银灰色塑料条避蚜虫

因为银灰色对蚜虫有较强的趋避性,可在园内挂银灰色塑料条或铺银灰色地膜驱避蚜虫。此法对蚜虫迁飞传染病毒有较好的效果。

(四)采用蚜虫性信息素来诱杀

把蚜虫信息素(400毫升)滴入一棕色塑料瓶中,把瓶子悬挂在园中,在它的下方放置水盆,使诱来的蚜虫落水而死。

(五)采用草木灰液进行避蚜虫

草木灰液10千克,放入50千克清水中浸泡24小时后滤出,滤液中加入80%晶体敌百虫25克(也可不加),混匀后喷洒,可防治蚜虫、菜青虫等害虫。每隔7～8天喷洒1次,连喷3次,效果不错。

(六)采用药剂防治蚜虫

建议选用高效、低毒、低残留的药剂,并多种农药轮换交替使用,以延缓蚜虫抗药性的产生。如10%的吡虫啉可湿性粉剂2000倍液喷雾防治;1.8%阿维菌素3000倍液喷雾防治;10%烟碱乳油500～1000倍液喷雾防治;50%抗蚜威可湿性粉剂2500倍液喷雾防治。

(七)采用黏虫黄板诱杀蚜虫

在地边或大棚里设置黄色板,方法是用0.33平方米的塑料薄膜,涂成金黄色,再涂1层凡士林或机油,装架在高出地面0.5米处,可以大量诱杀有翅蚜。

二、地老虎

防治地老虎的方法有很多,下面介绍九种简便的防治方法:

(一)桐叶诱杀法

地老虎幼虫对泡桐树叶具有趋性,可取较老的泡桐树叶,用清水浸湿后,于傍晚放在田间,每亩放80～120片,第二天一早掀开树叶,捉拿幼虫,效果很好。如果将泡桐树叶先放入90%晶体敌百虫150倍液中浸透,再放到田间,可将地老虎幼虫直接杀死,药效可持续7天左右。

(二)毒饵诱杀法

取90%晶体敌百虫1千克,先用少量热水溶解后,再加水10千克,均匀地喷洒在100千克炒香的饼粉或麦麸上,拌匀后于傍晚顺垄撒在作物根部,每亩用5千克左右,防治地老虎效果很好。

(三)糖醋液诱杀法

糖醋液配制方法:糖6份、醋3份、白酒1份、水10份、50%二嗪磷1份调匀,在成虫发生期进行诱杀。某些发酵变酸的食物,如红薯、胡萝卜、烂水果等加入适量药剂,也可诱杀成虫。

(四)人工捕捉法

利用地老虎昼伏夜出的习性,清晨在被害作物周围的地面上,用小铁锹或小木棍,挖出地老虎杀灭。

(五)灌水淹杀法

对于可短期灌水的苗圃,在地老虎大量发生时,将苗圃灌水1~2天,可淹死大部分地老虎,或者迫使其外逃,人工进行捕杀。

(六)黑光灯诱杀法

地老虎成虫具有很强的趋光性,用糖醋液再配以黑光灯,在晴朗、微风、无月光的夜晚使用,能收到很好的诱杀效果。在黑光灯放一盆水,水中放入农药,或倒一层废机油,也有很好的杀灭效果。

(七)锄地灭卵法

在地老虎产卵至孵化盛期,及时锄地中耕,可大大降低卵的孵化率。

(八)堆草诱捕法

地老虎幼虫在3龄后,抗药力增强,地面喷药很难收到预期效果。可采用堆草法诱捕,即傍晚将鲜草均匀地堆放在田间,每亩放80~100堆,每堆面积0.1平方米,第二天清早翻开草堆,捕杀幼虫,连续5~7天,即可将大部分幼虫杀死,草堆一般每隔3~4天更换一次,日晒干枯后可泼一点清水,以提高诱捕效果。

(九)化学防治法

在地老虎1~3龄幼虫期,采用50%二嗪磷乳油2000倍液、20%氰戊菊酯乳油1500倍液等进行地表喷雾。

三、沙枣飞虱

这是西北沙枣产区普遍为害的害虫,以为害沙枣为主,成虫大量发生时也在无花果树上栖息为害。成虫于6月上旬大量群集在叶片背部和夏果上,这时正是夏果膨大期,由于飞虱在果实的顶部群集,往往使果实不能成熟,甚至腐烂。

无花果沙枣飞虱防治方法:主要是在集约种植无花果地区调整防护林结构,减少沙枣栽植。大量集中为害期用有机磷药剂防治效果很好,(1)无花果产区防护林应少种沙枣;(2)成虫危害期用92%磷胺800~1000倍液,或40%乐果乳油500~800倍液喷雾,效果90%以上。

四、蜜蜂

防治措施可以采取:

(一)将打死的胡蜂尸体集中放于蜂场上,引诱胡蜂飞来取食,进行拍打消灭。

(二)将打落的胡蜂涂上杀虫剂,放飞,它返巢后可毒杀其他胡蜂。

(三)在广口瓶内装入3/4蜜醋(稀食醋调入蜂蜜),挂在蜂场附近诱杀胡蜂。

第四节　常见草害、鸟害防治

一、草害、鸟害及危害

(一)草害

杂草不仅直接与无花果争水肥、争光照,影响无花果生长,而且是病虫害的中间寄主。

杂草来源多,无花果园邻近荒地的杂草种子,农家肥料带入杂草种子,尤其是山水渠道长,成为杂草种子传播的天然媒介。预防措施实难奏效。必须采用人、机械、配合化学除草防治。

(二)鸟害

成熟无花果皮薄、肉软甘甜,很易遭到鸟的取食。受到鸟啄的果实,既不能鲜食,也不能加工,影响果园的经济效益。

预防措施是无花果果实成熟期,每天都要采收,园内不留隔日成熟果,以尽量减少损失。在园中插立旋转风向标,或用黑色塑料纸制作像鸟眼珠一样的眼球挂在空中,或在果园中悬挂稻草人,使鸟类惧怕不敢在果园停留。在果园内播放录有鸟类惨叫声的录音磁带,或用报警器声响恐吓驱赶。在果园撒网,以全园覆盖防雀网效果最好。

无花果种植区域一般都在郊外农村,因为在农村,鸟害严重,六成熟鸟就开始来捣乱,三五成群地来分享美味,把果子啄破,有点甜味的先吃掉,不太熟的也不放过,啄破后要么被苍蝇虫子吃掉或者烂掉。

防治鸟害措施:用防鸟网;在田间放置一个布偶。

2008—2015 年阿图什市无花果常见草害、鸟害防治情况表

表 9－3　　单位:公顷

年份	常见草害				常见鸟害	
	发生面积	防治			发生面积	防治面积
		小计	人工防治	化学防治		
2008	10	8	2. 33	5. 67	4. 33	3
2009	8. 67	6. 67	1. 67	5. 00	5. 33	4. 33
2010	7. 33	5. 67	2. 00	3. 67	5. 33	4
2011	9. 33	7. 33	3	4. 33	6	5
2012	8	6. 33	2. 00	4. 33	6. 67	5. 33
2013	10. 67	8	3. 33	4. 67	4. 67	3. 67
2014	8. 67	6. 67	2. 67	4. 00	5. 67	4
2015	8. 33	7	2. 67	4. 33	7. 33	5

二、防治

(一)人工除草

无花果园全年除草应在 2 ~ 3 次以上。以种子繁殖的一年生杂草,要消灭在结籽以前,并应多次耕翻,使种子深埋致死。多年生杂草,应多次耕除,尽量减少地上部分存留而使衰亡。及早开墩,有显著灭草作用。尤其是喜光性杂草,在无花果枝叶隐蔽情况下,很难生存。

(二)化学除草

化学药剂除草成本低,效益高,但使用不当也可能使无花果受害。无花果对除草剂极为敏感,特别注意使用量。

草甘膦,食用 10% 水剂,每 0. 067 公顷用 250 毫升,株减率 97% ~ 100%。扑草净,50% 粉剂,每 0. 07 公顷用 200 ~ 300 克。茅草枯,可除多年生杂草,65% 茅草枯每 0. 07 公顷用 660 ~ 750 克,再加 0. 3 千克扑草净,灭草效果达 95%。喷药时期是杂草大量萌发时效果良好。一般全年喷一次,如效果不好,可在第一次喷药后 15 ~ 20 天后再喷一次。除草剂食用一般以单位面积使用量计算。这种方法便于大面积使用,一般每 0. 67 公顷用水量 50 ~ 75 千克。为了提高药效,降低成本,可加入药剂 1/3 的硫酸铵或 100 ~ 200 毫升柴油或 0. 1% ~ 0. 5% 洗衣粉或洗涤剂。

第五节 生理病虫害防治

缺素症

缺氮:叶片失绿黄化,叶小而薄;新梢生长缓慢,枝蔓细弱节间短;果穗松散,成熟不齐,产量降低。

缺磷:叶片向上卷曲,出现红紫斑,副梢生长衰弱,叶片早期脱落,花序柔嫩,花梗细长,落花落果严重。

缺钾:叶片边缘和叶脉失绿黄化,发展成黄褐色斑块,严重时叶缘呈烧焦状;枝蔓木质部不发达,脆而易断;果实着色浅,成熟不整齐,粒小而少,酸度增加。

缺钙:幼叶脉间及叶缘褪绿,随后在近叶缘处出现针头大小的斑点,茎蔓先端顶枯;新根短粗而弯曲,尖端容易变褐枯死。

缺镁:老叶脉间缺绿,以后发展成为棕色枯斑,易早落。基部叶片的叶脉发紫,脉间呈黄白色,部分灰白色;中部叶脉绿色,脉间黄绿色。枝条上部叶片呈水渍状,后形成较大的坏死斑块,叶片皱缩;枝条中部叶片脱落,枝条呈光秃状。

缺铁:枝梢叶片呈黄白色,叶脉残留绿色,新叶生长缓慢,老叶仍保持绿色;严重缺铁时,叶片由上而下逐渐干枯脱落。果实色浅粒小,基部果实发育不良。

缺硼:新梢生长细瘦,节间变短,顶端易枯死;花序附近的叶片出现不规则淡黄色斑点,并逐渐扩展,重者脱落;幼龄叶片小,呈畸形,向下弯曲;开花后呈红褐色的花冠常不脱落,不坐果或坐果少,果穗中无籽小果增多。

缺锰:最初在主脉和侧脉间出现淡绿色至黄色,黄化面积扩大时,大部分叶片在主脉之间失绿,而侧脉之间仍保持绿色。

缺锌:新梢节间缩短,叶片变小,叶柄洼变。

第六节 病虫害综合防治

一、检疫

2014 年来,从国内外引进带有病虫害的新品种、新苗木、新接穗、新砖木和各类架材等。造成无花果发生多种病虫害。为防止这种现象继续发生,市区加大检疫,配备力量和设备,将引进品种、接穗、钻木和架材进行检疫,查出有病虫害一律进行处理,防止蔓延。贯彻以预防为主,综合防治的原则。根据预测预报及时防治,在病虫害防治中采用物理与生物防治。

二、农业防治

肥水管理:无花果施有机肥料时,将牲畜粪便进行高温发酵处理,杀死粪便中病菌和虫卵,减少病虫害传播,浇水时把水渠两边的杂草除净,防止杂草上病虫随水进入无花果地,侵染无花果根系。

三、生物防治

生物防治主要是以虫治虫,以菌治菌,以菌治虫等方法来防治病虫害。对无花果、人畜安全、不污染环境,不伤害天敌和有益生物,过去用草蜻蜓、瓢虫吃掉蚜虫。

四、物理防治

利用黄板、黑光灯、糖醋液等药械来诱杀无花果园中的各种虫害。

五、机械防治

人工捕捉、捕打、摇动主蔓把成虫震落地上,收集起来烧毁,在棚架下的马蜂,不但啃食无花果果实而且感染杂菌,使无花果腐烂,一般采用人工捕杀。

六、化学防治

化学防治效果好、质量好,是综合防治的主要方法,农药虽然对环境有污染,能杀死天敌、留有残毒,但还是需要的,其他防治不能代替,化学农药的种类特别多,不同的病虫害应用不同的药剂。及时用药,对症下药,各种不同农药,合理配制浓度,合理喷药量。

2008—2015 年阿图什市病虫害防治情况表

表 9 - 4　　单位:公顷

年份	病虫害综合防治				
	检疫	农业防治	生物防治	物理防治	化学防治
2008	—	1.33	—	—	—
2009	—	0.13	—	—	—
2010	—	2	2.67	4.67	—
2011	—	5.33	—	0.73	3.67
2012	—	4.33	—	2.33	2.67
2013	—	0.67	2	3	3.33
2014	4	6.33	1.33	—	2.33
2015	1.67	7.67	—	2.67	3

第四章　无花果采收、加工、贮运及销售

第一节　采收与包装

一、采收

无花果以鲜果上市为主,采收的无花果当天必须售完,因而采收和销售是同步进行。无花果一年中分夏果和秋果两次采收。夏果采收从 7 月中旬之 8 月中旬,为期 1 个月;秋果采收从 8 月下旬到 10 月上旬,为期 40 ~ 45 天。全年采收期 75 天。

在同一棵树上甚至同一个枝上,果实的成熟都有早晚,适宜的采收时间是成熟充分但不要过于成熟。充分成熟的无花果聚合果体,果实顶部凹陷处过孔裂开,并溢出蜜露状的分泌物,果色深黄。果实过熟由深黄转为棕色,如不及时采收,果实在果枝上就会下垂,有时还发霉变质。无花果质软,含糖分高,多汁,不宜储存,要随时采摘上市,或马上加工,否则易腐败变质。采收时,要以手捏住近于果梗基部,轻轻向上一抬摘下,装入浅木箱或竹其内铺软物,以免擦伤果皮,引起腐烂。或反复晒干,贮藏食用。手戴塑胶手套直接采收。无花果的成熟期较长,应分批采收。充分成熟的无花果的标志是:果顶上小孔渐渐裂开,果皮上的网纹明显易见。外运的应稍微提前采收。

二、包装

阿图什传统的是:人工摘下的果实放在铺有无花果叶片的盆内,放一层果实,铺一层叶片,保持无花果的果形不变。用塑料箱分级包装,每箱不超过5千克,内铺1~2层软纸。包装箱上应标明品名、产地、重量、勿压、防雨等字样。

第二节　储藏(保鲜)与运输

无花果属酱果型果品,其品质特点一年两熟或三熟,应市周期长,从7月到10月,都有鲜果上市。但鲜果的保存期特别短,不耐储藏,冰箱或恒温下保存1~2天。一般采摘后的无花果当天就要食完,放到第二天就会发酸,不能食用,更难以外运,仅能就近上市或采取空运,但空运成本较高,只能趁飞机外出时捎带亲朋好友尝鲜。

第三节　加工、销售

2015年,全市无花果共加工7吨,销售7吨。

一、加工

(一)酱

民间加工一般在10月初,利用秋果的末期过,每50个无花果用1千克白糖,果糖比为3:1,但这比例是根据气候条件,储存时间来变化的,如熬制时早,气候热,可以多加些糖;熬制时间晚,气候凉,可以少放些糖。熬制后即用的果酱可少放些糖,久存的果酱应多放些糖。

在锅内放1千克白糖加600~700克水加热待糖溶化后,把煮过的无花果放在锅内,用大火煮沸。火势要均匀,使火焰遍布锅底,半小时后用文火慢煮。制好的果酱的标志是糖水渗入果体,水呈深黄色、水滴成滴而不流动。煮好的果酱出锅后放入瓷器中即可食用和存放。

2015年,阿图什市无花果酱加工量5吨。

(二)果脯

用于制果脯的无花果不能采用过分成熟的果实。选用果形完好、大小适中的果实,采摘时不要碰伤果皮。下锅前剪除果柄,用清水洗清果实。

把果实放在锅内加清水煮开,捞出后平摆在容器内。沥尽余水,然后采用制酱的方法把煮过的果实加糖煮,煮的时间比熬酱的时间要短些,使糖分在高温下渗入果实,把果实捞出阴晾以后不粘连,装入食品容器内即可就放。2015年,阿图什市未生产无花果果脯。

(三)无花果罐头

截至2014年,仅有糖水无花果罐头一种,产品销往全疆各地,并打入全国各地市场。2015年,阿图什市未生产无花果罐头。

(四)无花果干

果农把新鲜无花果用线串起,直接晒干,制成无花果干供冬季食用。2015年,阿图什市无花果干产量2吨。

二、销售

新疆无花果面积全国第二,约0.1万~0.13万公顷,其中阿图什市0.017万公顷。

阿图什无花果销售方法有:批发和零售;就地销售:在果园采摘就地销售;市内农贸市场销售;当天早上采摘就运往当地农贸市场销售,必须当天采摘当天销售,否则会腐败变质。7—10月,阿图什的幸福路(博格拉汗饭店至州卫生局门前）是无花果批发、零售市场，每年这几个月份都可以看到无花果果农来此销售无花果。

无花果进行采收包装后可以由空运运往疆内（乌鲁木齐、库尔勒、伊犁等地）、国内（江苏、上海、浙江、福建、广东、陕西、四川、广西等地）、国外（土耳其、伊朗等地）。

2015 年，阿图什市无花果加工产品产量 7 吨，制成无花果干或无花果酱，销售额 13.5 万元。

三、无花果价格

无花果的价格因不同的成熟期，早中晚不同时间而有差异，一般第一熟、第二熟鲜吃的无花果价格稍贵于第三熟。又因无花果不易储存的特性，当天采摘上市的无花果上午的价格又稍贵于中午的价格，而到下午无花果价格比上午的价格便宜 1/3 到 1/2，甚至更便宜。

随着人民生活质量的提高，无花果的药用、保健功效及用其制作的绿色产品被更多的人所熟知和认同，无花果受到更多人的青睐，加上物价不断上涨，无花果成本的提高，无花果的价格也随之上涨。

1995—2000 年，阿图什市无花果价格 0.2～0.5 元/个；2001—2009 年，无花果价格 0.5～1 元/个；2010—2015 年，无花果价格 1～2 元/个。无花果价格最高时 5～10 元/个。

第五章　科研推广

第一节　无花果科学研究

无花果科学研究和技术推广始于 1982 年。阿图什市无花果生产虽然历史较久，但是长期以来资源不清，连物候期的记载也没有，致使这一地方特产没有系统的文字资料，缺乏系统的研究。

以研究无花果为主攻对象的研究课题经过 3 年的艰苦工作，不但查清阿图什的无花果资源分布，而且详细研究植物学特征与生物学特性，作了物候数字记载。研究形成阿图什无花果的地理因素、生态条件，写出阿图什无花果区划初稿，提出区域化种植方案，此外还进行一些专题研究，不少课题是至今未见报道的专题，从而弥补这一珍贵果树研究的空白。

一、抗寒越冬试验

主要是研究无花果树的耐寒极限与抗寒指标，该项成果的初步结论是：旬平均最低气温 －2℃，旬极端最低温度 ＜ －2.5℃，冻土深度 5 厘米时，少部分枝条梢部受冻害，来年发芽晚 5～7 天，生长势弱；旬极端最低气温 ＜ －12℃，旬平均气温 －6℃以下，最大冻土深度 40 厘米，时间维持 7 天，地上果苗将全部被冻死。

二、扦插育苗试验

阿图什无花果传统的繁殖方法是压条分株，生根后分株移栽，分蘖苗带根移植成活率较大，但繁殖数量低，不适宜大面积商品性生产。课题组从 1983 年开始试验用扦插育苗的方法，此法每亩育苗可供 2.67 公顷果园定植，改变传统的繁殖方法，解决苗木供不应求的矛盾。

三、耐盐极限研究

阿图什地区无花果产区的土壤不同程度的发生盐渍化，无花果耐盐指标未见报道。此试验 3 年完成，结论：土壤耕层 0～40 厘米含盐量 0.8%，无花果生长虽受严重抑制，但尚可勉强生存；0.4% 以上，生长受抑制，叶边枯黄；0.4% 以下，可以生长结果；0.3% 以下，正常生长发育。无花果较其他果树耐盐力强。

四、乙烯剂催熟试验

乙烯剂是一种植物生长激素,可以在植物体内产生乙烯,促进果实成熟,在其他果类蔬菜上虽已应用,但无花果应用尚属首创。此项成果结论:(1)乙烯剂在无花果上有催熟作用,可以应用。(2)2% ~4% 的使用范围可使无花果提前成熟,不影响单果重量和含糖量。(3)超过 10%,叶片发黄脱落,轻度药害,果实过早成熟,水分少,单果重量减少,糖分也明显下降。

五、高产栽培研究

在总结群众经验的基础上,找出高肥、水丰规律。用化肥追肥解决多年来认为无花果不能施用化肥的说法。每株用磷酸二胺 2 千克,单株结果可以增加 1 倍,单果重增加 0. 5 克,产品质量也不降低,含折光糖还有所增加。同时,研究还提出“早促晚控”和不同树龄克服“上繁下空”的整形技术。

六、无花果糖分积累规律研究

主要是研究不同成熟度糖分积累规律,不同气候条件下的糖分积累规律,浇水次数与糖分积累的关系。

七、春季僵果与浇水关系

通过调查、研究、实践,基本解决无花果僵果的生理性病害。以上研究成果经专家鉴定已推广应用,连续 3 年都获得成功,收到较好的经济效益。

第二节　推　广

2015 年,主要向阿图什市的阿扎克乡、松他克乡、市园艺场进行无花果种植推广,其中早熟品种 100 公顷,产量 900 吨左右。晚熟品种 166. 67 公顷,产量 2100 吨左右。

第六章　社会经济效益

无花果营养丰富,是一种名贵水果。它果大色艳,果中无核,浆饱味美,软甜似蜜,具特异风味。每 100g 果肉含糖 15 ~28 克,高于荔枝,苹果等水果,含单糖 95%,易被人体吸收。维生素 C 的含量是橘子 2 ~3 倍,桃子 28 倍,梨子 27 倍。含氨基酸 18 种、儿童必需氨基酸 2 种及铜、镁、锗、锌、铁、锰、硒、硼等元素。果实乳汁含淀粉糖化酶、酯酶、脂肪酶、蛋白酶、超氧化物歧化酶、芦丁、生长激素(苗长素),生物碱。

第一节　经济效益

投产快:无花果为桑科榕属多年生木本果树,是投产较快的一种果树,栽培适应性强,极易繁殖,抗盐碱能力特强,在盐碱地上也能良好地生长结果,对土壤、水分、气候等要求不严,栽培管理容易,病虫害较少,结果期早,当年栽苗当年挂果。寿命长:经济寿命长,成活期约 30 ~50 年,投资少,收益高,是发展无公害绿色食品的优选树种,符合人们的消费趋势。产量高:无花果树一般在 3 ~5 年进入丰产期,这个时候亩产一般在 2000 千克以上。品质佳:外观美丽,鲜食品质极佳,可加工成果脯、果干、果酒、果酱、果汁、饮料等果品。

1995—2015 年无花果产量产值情况表

表 9－5

年份	种植面积（公顷）	挂果面积（公顷）	产量（吨）	产值（万元）	年份	种植面积（公顷）	挂果面积（公顷）	产量（吨）	产值（万元）
1995	—	21.6	480	96	2006	135.6	31.33	915	458
1996	—	21.6	480	96	2007	135.6	31.33	1195	598
1997	—	21.6	480	96	2008	135.6	100	1297	1297
1998	—	21.6	480	96	2009	135.6	97	1820	1820
1999	—	21.6	480	96	2010	136.4	97	1261	1261
2000	94	24.53	500	100	2011	136.4	97	1422	1422
2001	94	24.53	500	250	2012	146.26	119	1893	1893
2002	94	24.53	500	250	2013	150.6	119	1879	1879
2003	96	24.53	448	224	2014	161.33	120	2623	2623
2004	118.6	25.67	500	250	2015	170.13	120	2971	2971
2005	135.6	26.67	861	431					

第二节　药用保健效益

无花果还含有一种超氧化物歧化酶，对癌症、炎症，高血压，类风湿，糖尿病，心脏病等上百种疾病有良好的抑制作用，有防辐射、防衰老和化疗作用，是肿瘤患者极佳的首选食用果品之一。

成熟无花果的可溶性固形物含量 24%，含糖量 15% ~22%。无花果的果实中含有 18 种氨基酸，其中有 8 种是人体必需氨基酸，有滋补、润肠、开胃、催乳等作用。含有大量的果胶和维生素，果实吸水膨胀后，能吸附肠道各种有害物质，然后排出体外，净化肠道。含有丰富的酶类，能促进高蛋白高脂肪食物的分解消化吸收，增强食欲，促进有益菌类增殖，抑制血糖上升，维持正常胆固醇含量。其果、茎、叶、根均含有多种有益于身体健康的微量元素，中医认为，无花果果实性味甘、平，具开胃、润肠、消炎、解毒、催乳、止痢和治痔疾等多种功效。民间应用偏方甚多，常以果、茎、叶、根入药，提高免疫能力，增强抗病能力。

第三节　生态效益

无花果树态优雅，枝叶婆娑，叶片大，叶面粗糙，呈掌状裂，是园林和庭院绿化观赏树种。叶片对二氧化硫、硝酸雾、苯等有毒气体有一定吸收净化能力，有良好的吸尘效果，可预防有毒气体和大气污染。对盐碱忍耐力很强，是开发盐碱地的先锋绿化和果用树种，具有防风固沙、生物降盐和改善生态环境等作用。

第十编　木纳格葡萄

木纳格(维吾尔语,意为"晶莹剔透")葡萄,又名冬葡萄、戈壁葡萄。木纳格葡萄属欧亚种,1000多年前从地中海引入。原产新疆阿图什市郊区,后来在新疆天山南部,塔里木盆地边缘各绿洲均有引种栽培,尤以阿图什原产地的"木纳格"葡萄品质最佳。

1995年,阿图什木纳格葡萄获得中国农业博览会"葡萄类国家金质奖";2000年,获得新疆农业名牌产品认定委员会"新疆农业名牌产品奖";2006年,获新疆特色农产品(上海)交易会"最佳畅销产品奖";2008年,分别获得全国优质葡萄生产基地和中华名果等称号。"阿图什木纳格葡萄"被誉为"金奖木纳格",被国内外专家评为"世界上最可口的鲜食葡萄品种之一"。享有"木纳格葡萄之乡"美誉。

第一章　种植环境

第一节　栽培历史

阿图什葡萄栽培历史悠久,大约在汉代以前,境内农家就广植葡萄。木纳格葡萄就是在众多葡萄品种中经过千百年来的培育而产生的优良农家葡萄品种,有白木纳格、红木纳格两种。木纳格葡萄品质优良,较耐贮藏和运输。1985 年,木纳格葡萄远销广州和出口巴基斯坦,以后销量逐年增加。

"白木纳格"葡萄原产地在阿图什,后来在新疆天山南部,塔里木盆地边缘各绿洲均有引种栽培,尤以阿图什原产地的"木纳格"葡萄品质最佳。晚熟品种,果实生长期长,9 月中旬至 10 月中旬成熟。木纳格葡萄属欧亚种,原产于阿图什市郊区,经当地农民长期栽培,培育出适宜阿图什地方气候特点,独具地方特色的优良品种——优质木纳格株系。由于阿图什日照时间长、昼夜温差大、降雨量少蒸发量大、无污染的空气和优质的冰雪融水源,使得"阿图什木纳格葡萄"外观色泽亮丽,味清香,果粒均匀,果实丰满,果肉爽脆可切成薄片,糖度高,手感硬,甜酸可口,风味极佳,成为鲜食葡萄之珍品。

第二节　生物学特性

一、根系

(一)形态特征

刚发根为肉质根,白色或黄色,髓射线特别发达,可贮藏大量养分,以后变褐色。

(二)深根性

根系分布深,定植穴要求深,选土层深厚处栽培。扦插繁殖单株根系可达 2 ~ 3 米,主要根系分布于20 ~ 80 厘米土层。抗旱性强,适于地势较高处栽培。

形态除实生繁殖者或嫁接苗的砧木是实生繁殖者外,扦插、压条繁殖都无主根,只有若干粗壮的粗根、侧根、细根。根系发达,侧根很多,分布深度可达 2 ~ 3 米,具有强大的吸收能力,是一种比较耐旱的深根性果树;其根不耐缺氧。

(三)易发生不定根和气生根

节间可发生不定根,多年生枝蔓上可发生气生根。

(四)生长规律

土温 10℃开始活动,早于地上部分,根压较大,易发生根流现象一伤口流出透明胶体,1 千克伤流液含 1 ~2 克干物质。为避免伤流期,即当根系已开始吸收水分和养分,而地上部分未萌动前,枝蔓的新鲜剪口出现伤流,直到芽萌动为止。修剪应在休眠期,土壤施肥也应在伤流期前完成。春季土温 6℃ ~6. 5℃时开始活动,当土温上升到 12℃ ~14℃时开始生长,20℃时,生长旺盛。一年两次发根高峰,第一次,春夏季 5—6 月,发根量最多;第二次,秋季 9—10 月,发根量较少。

葡萄根为肉质根,能贮藏大量的养分,冬季落叶时,根内积累大量淀粉,蛋白质,单宁等物质,准备越冬。葡萄容易发生不定根,梅雨季节,还可发生气生根,有利于扦插或压条繁殖苗木。

二、枝蔓、主干、主蔓、侧蔓构成葡萄的骨架

(一)枝组

结果母蔓(结果蔓,营养蔓),预备蔓。

1. 蔓性攀缘植物，木质化程度不高（髓部大），枝蔓组织疏松，导管发达，可贮藏营养物质，随年龄增长，木质化程度越高，髓部变小，组织致密。

2. 节部膨大，每节有横隔膜，其作用是加强枝牢固性；阻碍营养物质运输，使之贮藏下来。节部贮藏养分丰富，易发根。

3. 枝蔓节节着生叶片，叶对侧可着生卷须和花序，卷须分布有间隔型（欧洲种）连续型（美洲种），杂种无规律性。营养条件好，形成花序，不好则形成卷须。

4. 多次抽梢：夏芽有早熟性，生长量大，年生长量 1～10 米。萌芽：日平均温度稳定在 10℃以上，3 月下旬至 4 月上旬。

（二）枝蔓类型

主干，其上着生主蔓；主蔓，其上着生侧蔓；侧蔓（副主蔓），多年生枝，着生结果母蔓；结果母蔓，冬剪时，留做抽生结果枝或营养枝的一年生枝。

（三）新梢

1. 主梢

（1）结果蔓　由冬芽萌发抽生带花序的蔓。

（2）营养蔓　由冬芽萌发抽生的不带花序的蔓。

2. 副梢

由夏芽或当年冬芽萌发抽生的蔓，多次结果时，副梢也可形成结果蔓。

（四）枝蔓特点

1. 葡萄大枝蔓具有攀缘性，葡萄的枝蔓靠卷须或人为绑缚才能使其离开地面直立生长。

2. 生长快，一年多次抽梢，年生长量大（1～10 米）。新梢生长最快的时期是在开花前后，阿图什为 5 月上旬。

3. 新梢的组织内有很大的髓部，导管组织特别发达，髓部具有贮藏养分和水分的功能，随着枝蔓年龄的增大，髓部逐渐缩小而木质化。

4. 枝上着生卷须，卷须为茎的变态。不同是种群着生的卷须是不一样的，例如：美洲种葡萄的卷须是连续性的，即每节都有卷须；其他种类的卷须具有间歇性。

5. 葡萄蔓上的芽均为腋芽而无顶芽，在新梢上，一般每节都形成两种芽，即冬芽和夏芽。

三、芽

一节上并列着生两种芽。

（一）冬芽

被芽、大。冬芽是由数个芽构成的复合体，一个主芽、3～8 个副芽，主芽居中，副芽排列两边。冬芽为晚熟性，一般主芽萌发也可抽生双生枝或三生枝。冬芽萌发称主梢。

（二）夏芽

裸芽、小。夏芽为早熟性，单芽。夏芽萌发称副梢。枝梢未停长时，冬芽，夏芽就已形成。

冬芽有鳞片包被，一般当年不萌发，需要越冬，所以称之为冬芽。

冬芽的外表是一个芽体，实际上内部包含有一个主芽和若干个（3～8 个）大小不等的副芽（预备芽），但只有 2～3 个副芽与主芽同时萌发的，副芽不萌发，但也有 2～3 个副芽与主芽同时萌发的，当主芽受损时，副芽就取代主芽。冬芽一般在当年不萌发（晚熟性），但如果摘心及抹除副梢以及化学处理等刺激，当年可抽生二次梢，逼冬芽并形成果穗，结二、三次果。

（三）芽的异质性

因芽在枝蔓上所处的位置和芽分化早晚等不同，造成结果母枝上各节位不同芽之间质量的差异。

1. 主梢枝条基部 1～2 节的芽质量差，中、上部芽的质量好。

2. 副梢枝上的冬芽以基部第一个花芽质量最好，越往上质量较差。

四、叶

互生,叶柄基部有一对淡绿色托叶(很小),萌发时保护幼叶,随叶生长,脱落。叶有三裂,五裂,全缘三种。叶裂刻深浅、叶色、叶厚薄、叶背茸毛多少——识别品种的标志,也与抗病(黑痘病)有关(叶厚、色深、茸毛多,抗病力强)。

结果枝摘心可提高坐果率,除副梢时应保留基部二片叶。葡萄叶片为互生掌状单叶,叶柄长,叶片大。葡萄叶片有三种类型,为3裂、5裂、全缘,叶形、叶色和茸毛的多少,随种类品种而异,是分类的依据,一般幼叶茸毛多,老叶仅叶背有茸毛。

第三节　生长环境

一、气候条件

阿图什市位于克州的中部,地处北纬39°34′~39°45′、东经75°30′~78°28′,海拔高度在1200~4562米之间。其高山连绵,沟谷遍布,地势由南向北逐渐升高。西南向东缓倾,北部是玛依丹山与喀拉铁热克山相连;中部是吐古买提、哈拉峻盆地;南部是喀拉塔格山以南的阿湖谷地和博孜塔格山、阿克塔格山以南的冲积平原。正是这种高原、雪山、冰川、绿洲浑然天成的组合,形成阿图什独特的水土资源和丰富的光热资源以及“早穿皮袄午穿纱”的独有的气候条件。因此“阿图什木纳格葡萄”含糖量可达20%以上,是形成高品质的重要因素之一。

二、对气温的要求

阿图什市木纳格葡萄主要产区年平均气温12.9℃,极端最低气温-24.4℃,年较差33.7℃,年大于或等于10℃的积温4669℃,无霜期240天,年平均相对湿度41%,年降水量78毫米,年蒸发量3218.2毫米,蒸发量是降水量的40多倍。年均日照时数2742.5小时。年总辐射量138.2千卡/平方厘米,日照百分率62%。日较差全年平均11.3℃,最大日较差20℃,木纳格葡萄生长旺季5—9月日较差为11.7℃。概括木纳格葡萄产区的气候特征是:夏季炎热,冬季寒冷,蒸发量大而降水量小,气候干燥,日照充足,昼夜温差较大,无霜期长,有效积温高,光质优良。这种气候特征除了冬季木纳格葡萄树不能露地越冬外,都是适宜木纳格葡萄生物学特性需要的,有利于生长发育,提高品质,形成阿图什木纳格葡萄气温条件。

三、对光照的要求

木纳格葡萄的干物质是通过光合作用产生的,所以太阳的光照和辐射对生长发育有着极为重要的作用,年平均气温12.5℃~13℃;年无霜期≥240天;≥10℃的有效积温≥4200℃;年平均日较差≥11℃;年平均日照时数2700~2900小时。

四、对土壤的要求

木纳格葡萄对土壤的要求不甚严格。地下水位在2米以下;pH值7.5~8.5;但以保水保肥条件好的壤土和沙壤土为宜,其他土壤只要稍加改良。土壤含盐量过高,或是过于板结的黏土,均不适宜木纳格葡萄的生长。土壤含盐量0.2%以下对木纳格葡萄种植无影响,0.3%有轻度危害,0.3%~0.4%为危害临界,0.4%以上为严重危害界限。黏壤土需掺沙改良,沙烁石地需换土改良或引洪灌淤。

五、对水分的要求

有排灌条件,水源无污染。

六、对养分的要求

环境条件:无大气污染,距排污企业 10 千米以上。

第二章　木纳格葡萄栽培

第一节　栽培区及种植规模

木纳格葡萄栽培区域主要有松他克乡、阿扎克乡、阿湖乡、阿克买拉葡萄基地、幸福街道办事处塔合提云村、格达良乡。栽培面积较大,品质最佳的是阿扎克乡、松他克乡、幸福街道办事处塔合提云村。

1995—2015 年木纳格葡萄累计种植规模情况表

表 10 - 1　　单位:公顷

年份	松他克乡	阿扎克乡	阿湖乡	格达良乡	阿克买拉葡萄基地
1995	1718.4	2686.6	280.67	20	90.4
1996	1718.4	2686.6	280.67	20	90.4
1997	1718.4	2686.6	280.67	20	90.4
1998	1718.4	2686.6	280.67	20	90.4
1999	1718.4	2686.6	280.67	20	90.4
2000	1831.8	2861.33	294.6	20	90.4
2001	1831.8	2861.33	294.6	20	90.4
2002	1831.8	2861.33	294.6	20	90.4
2003	1831.8	2861.33	294.6	20	90.4
2004	1831.8	2861.33	294.6	20	90.4
2005	1831.8	2861.33	294.6	20	122.07
2006	1831.8	2861.33	294.6	20	122.07
2007	1831.87	2982.2	294.6	40	188.73
2008	1990.47	2989.53	294.6	40	188.73
2009	1990.47	2989.53	294.6	40	188.73
2010	1990.47	2989.53	294.6	40	188.73
2011	1990.47	2989.53	294.6	40	188.73
2012	1990.47	2989.53	294.6	40	188.73
2013	1990.47	2989.53	294.6	40	188.73

续上表

年份	松他克乡	阿扎克乡	阿湖乡	格达良乡	阿克买拉葡萄基地
2014	1990.47	2989.53	294.6	40	188.73
2015	2156.87	3629.6	361.67	51.93	191

第二节 品种、形态特征、营养成分及用途

一、品种及形态特征

(一)白木纳格葡萄

新疆地方品种,遍布于天山以南的广袤绿洲。本品种极晚熟(170天以上),适宜在年平均气温12℃~13℃,无霜期≥230天,≥10℃的有效积温≥4200℃,降雨量70~100毫米的地区栽培。

1. 植物学特性

梢尖 嫩梢绿色,有少许绒毛。幼叶绿带红斑,下表面有稀疏绒毛。

叶片极大,纵横径22.5厘米×21.8厘米,卵圆形。成龄叶深绿色,上下表面无绒毛,有光泽。叶缘上卷,锯齿双侧凸,5裂,上裂刻中,开张,基部U形,下裂刻浅。叶柄长10~14厘米。叶柄洼闭合,扁圆形。秋叶黄色。

枝 新梢较直立生长,成熟枝条横切面近圆形,表面光滑,有条纹,黄色,节间长8~15厘米,粗1.2厘米。

花 两性花,雄蕊5个。花序着生节位5~6节,花序圆锥形,3~4级分枝,通常一个花序上有200~2000朵花。

果穗 长圆锥形,极大,长26.2厘米,宽12.9厘米,平均穗重850克,最大穗重4800克,果穗大小差异大,果穗松散,穗梗长6~9厘米。

果实 果粒椭圆形,极大,纵径2.8厘米,横径2.1厘米,果形指数1.32,小果粒较多,平均粒重7~8克。果实黄白色,半透明,果粉薄,果皮薄,果汁黄绿色。果梗短7~9毫米。

种子 果粒含种子少1~2粒,平均1.1粒,自然无核率较高20%~30%,瘪籽多。种子大,百粒种子鲜重4.8克。种子卵圆形,黄褐色,喙长2毫米。

植株生长势 生长势强,顶端优势明显,极性强。

营养生长物候期:

萌芽始期 在阿图什产区为4月1—5日。

开花期 始花期5月14—20日,花期6~8天。

浆果始熟期 8月上旬果实开始变软,果面发白,浆果进入始熟期。

浆果生理成熟期 9月下旬种子变褐,风味最佳,有弹性,浆果完全成熟。全株果穗和全部果粒成熟基本一致。

结实力和坐果率 萌芽率75%,果枝率35%,结果系数1.0,副梢结实力弱,不能成熟。坐果率低16%~22%。

果实理化性状 果肉脆,可切成薄片,果汁多,出汁率68%,无特殊香味,特甜,含可溶性固形物18%以上,最高达27%。

抗逆性 生产上常采用埋土防寒,品种可塑性较差,夏季温度过高果粒有变小的趋势,抗风差,易感病。

2. 经济特性

经济寿命和产量 一般5~6年进入盛果期,产量30~37.5吨/公顷,最高可达60吨/公顷,果实商品率

可达90%以上。可持续利用上百年。

耐贮运性　可自然采摘到11月初，浆果耐贮运性好，货架期长，可保鲜到翌年4月。

（二）红木纳格葡萄

新疆地方品种，遍布于天山以南的广袤绿洲。本品种极晚熟（160天以上），适宜在年平均气温12℃～13℃；年无霜期≥220天；≥10℃的有效积温≥4100℃，降雨量70～100毫米的地区栽培。

1. 植物学特性

梢尖　嫩梢绿带黄色，有稀疏绒毛。幼叶翠绿带红斑，下表面有稀疏绒毛。

叶　叶片极大，纵横径21.7厘米×20.6厘米，卵圆形。成龄叶深绿色，上下表面无绒毛，有光泽。叶缘上卷，锯齿双侧凸，5裂，上裂刻较浅，闭合，基部U形，下裂刻浅。叶柄长10～15厘米。叶柄洼闭合，扁圆形。秋叶黄色。

枝　较直立生长，成熟枝条横切面近圆形，表面光滑，有条纹，黄褐色，节间长7～14厘米，粗1.3厘米。

花　雄蕊5个。花序着生节位5～6节，花序圆锥形，3～4级分枝，通常一个花序上有300～1600朵花。

果穗　锥形，极大，长28.2厘米，宽11.6厘米，平均穗重860克，最大穗重4000克，果穗大小较整齐，果穗松散，穗梗长7～11厘米。

果实　长束腰形，极大，纵径3.2厘米，横径2.1厘米，果形指数1.52，有小果粒，平均粒重8～9克。果实顶部半截红，后半部乳黄色半透明，果粉薄，果皮薄，果汁黄绿色。果梗短8～10毫米。

种子　含种子少1～3粒，平均1.6粒，自然无核率较高6%～11%，瘪籽多。种子大，百粒种子鲜重5.3克。种子卵圆形，棕褐色，喙长2.1毫米。

萌芽始期　阿图什产区为4月1—5日。

开花期　5月14—20日，花期6～8天。

浆果始熟期　上旬果实开始着色、变软，果面发亮，浆果进入始熟期。

浆果生理成熟期　9月中旬种子变褐，浆果完全成熟，有弹性，推迟采摘颜色更艳、风味更佳。全株果穗和全部果粒成熟基本一致。

结实力和坐果率　萌芽率72%，果枝率31%，结果系数1.0，副梢结实力弱，不能成熟，坐果率18%～25%。

果实理化性状　果肉硬脆，可切成薄片。果汁多，出汁率63%，无特殊香味。风味甜酸，含酸量0.4%，含可溶性固形物19%以上，最高达28%。

抗逆性　通常采用埋土防寒，品种可塑性差，成熟期遇雨易裂果，夏季温度过高果粒有变小的趋势，易感病。

2. 经济特性

经济寿命和产量　一般5～6年进入盛果期，产量27～30吨/公顷，最高可达45吨/公顷，果实商品率可达85%以上。可持续利用上百年。

耐贮运性　可自然采摘到11月初，浆果耐贮运性好，货架期长，湿度过大易裂果，可保鲜到翌年4月。

红木纳格葡萄从植物外貌和其他木纳格葡萄不同的茎干红色，节间短，节间8.1厘米，节结膨大，明显，果穗分支型穗较长，一般7.5厘米，果柄0.2～0.3厘米，果粒椭圆形，单果重6.2克，果色随熟度由浅红逐渐变成深红色，果顶部色泽深，近果柄部较浅，果粒外部有一层白霜状的粉末，折光糖6.6%，味清香耐储运，白黄木纳格是该品种葡萄的主栽品种约70%比重，主杆3米左右，枝杆成棕红色，叶掌形3～5裂，果实中等，随成熟度由绿色逐渐变成白色果顶部略有浅红色，表皮有一层粉状物。

二、营养成分

食葡萄大有益，古籍《神农本草经》就称赞葡萄“令人肥健，耐饥，忍风寒，久食轻身，不老延年”。葡萄含葡萄糖、果糖，少量蔗糖、木糖，酒石酸、草酸、柠檬酸、苹果酸。又含各种花、色素的单葡萄糖甙和双葡萄糖甙。葡萄中含有多种人体所需之铁、钙、镁、磷、钾、钠、锌、硒等矿物质和维生素，富含氨基酸、果酸、多种酶。

每100克含蛋白质0.2克,钙4毫克,磷15毫克,铁0.6毫克,胡萝卜素0.04毫克,硫胺素0.04毫克,核黄素0.01毫克,尼克酸0.1毫克,维生素C4毫克,钾252毫克,钠2.0毫克,镁6.6毫克,氯2.2毫克。

(一)果肉主要营养成分

糖—葡萄糖、果糖、戊糖。有机酸有酒石酸、苹果酸、柠檬酸、琥珀酸、没食子酸、草酸、水杨酸等。矿物质有铁、钙、镁、磷、钾、钠、锌、硒、铜、锰、钴、硫、氯等。维生素有VE、VC、VA、VD、VK、VB1、VB2、VPP等。氨基酸有脯氨酸、色氨酸、赖氨酸、丝氨酸、丙氨酸、天冬氨酸、组氨酸、亮氨酸、谷氨酸等。其他有粗纤维、蛋白质、白藜芦醇、多酚等。

(二)果皮主要营养成分

多酚类物质,如原花青素、花青素、单宁、类黄酮等;其次含有多种芳香物质。

(三)果籽主要营养成分

多酚有儿茶素类、原花青素。油脂有亚油酸。维生素有VA、VE、VD、VK、VP等。挥发物有醇、酚类物质,都具有较高的生物活性。其他有矿物质、粗蛋白、氨基酸等。

三、用途

(一)食用

葡萄捣汁可单服或与其他食疗品配伍应用。捣汁方法简便,取紫葡萄60克洗净后,加300毫升水煮沸,直到葡萄皮、籽及肉部都分开时为止。用纱布袋过滤,去掉渣滓,加糖再度煮开、消毒、冷却即成。用葡萄汁,藕汁,生地黄汁、蜂蜜等量,共煎热,每次饭前服:治疗热淋,小便涩少或疼痛带血。用葡萄汁、茅根,水煎饮用,可治疗热淋。

水煎葡萄干莲子　葡萄干30克、去皮、芯的莲子90克,用700~800毫升旺火炖至莲子熟透即可服食,一般服5~10次见效,可治脾肾虚型胎动不安。简便的方法是选莲子60克、苎麻根和葡萄干各30克,水煎服,可治胎动不安。

(二)药用或保健

葡萄的营养药补价值极高,葡萄汁被科学家誉为“植物奶”。医学研究证明,葡萄汁是肾炎病人最好的食品,可以降低血液中的蛋白质和氯化钠的含量,尤其对体弱的病人、血管硬化和肾炎病人的康复有辅助疗效。另外葡萄汁还有助于增强肝功能,促进胆汁分泌,是痛风、关节炎和风湿病患者的辅助营养食品。葡萄是水果中含复合铁元素最多的果品,是贫血患者的营养食品。

葡萄本身也是一种滋补药品,具有补血益气、滋阴生津、强筋健骨、通利小便之功效,主治气血虚弱、肺虚久咳、肝肾虚、心悸盗汗、腰腿酸痛、筋骨无力、风湿痹痛、面肢浮肿等症状。

阿图什木纳格葡萄生长在无污染的绿色环境中,常年饱受富含矿物质的地下泉水哺育,内含黄酮类物质,可以保护心脏,预防心脑血管疾病。特有的白藜芦醇化合物和硒元素,可以防止正常细胞癌变,并能抑制已恶变细胞扩散,具有较强的防癌抗癌功效,极佳的食补药效价值,可谓“强身健体,延年益寿”。

第三节　栽培模式与栽培技术

一、栽培模式

(一)庭院栽培

首先要从院落环境美的全局出发,如葡萄栽植株数(或安排几墩)、架式、品种色彩(果实为红、紫、黑、黄、绿)、成熟时间(早熟、中熟、晚熟)、架向及栽植的位置等都要与环境取得和谐的观赏效果。同时还要有一个相适应的环境空间,棚架下人们夏季乘凉、活动、饲养一些小动物、摆放一些花草及居室光线等都要全面考虑。其次还要考虑技术操作管理方便、充分利用空间,占天不占地,增加经济收入。庭院葡萄适宜棚架或倾斜式棚架。一般是架根柱(靠近植株的立柱)高1~1.2米,架梢柱高2~2.5米,架宽8~12米,每间隔

3.5～4米设一根中间立柱,中间柱高由架根向架梢逐渐升高,在立柱上设横杆,横杆上每隔50厘米顺行向拉一道铁丝,形成倾斜或棚架面。这种架式可充分利用空间,将枝蔓按照庭院情况可引向房屋、畜圈、禽舍顶部,占天不占地,夏季既能遮阴,又能结果创造经济效益。

(二)露地栽培

露地葡萄栽培一般采用南北行,起垄栽植,为获得早期丰产,以篱架栽培为多,一般垄高30～40厘米,垄宽50厘米,株距60厘米,行距250～300厘米,每1000平方米定植550～670株。

(三)设施栽培

葡萄设施栽培,普遍采用的设施是塑料薄膜日光温室。按照果实上市时间的不同,分为促成栽培和延迟栽培。促成栽培指的是果实成熟期比露地栽培的早,如5月果实成熟上市;延迟栽培指的是果实成熟期比露地栽培的晚,如12月果实成熟上市。葡萄设施栽培是一种资金、技术和劳动力密集型的新兴产业,生产中还有许多栽培管理技术需要探讨。品种的选择:适于葡萄设施栽培的主要品种有:潘诺尔亚、乍娜、紫珍香、京亚、京秀、里扎玛特、凤凰51、红双味、紫玉、8612、无核白鸡心、京优、大粒六月紫、巨峰等。

二、栽培技术

(一)育苗

在3月底采取压苗的办法育苗,从纯种木纳格葡萄的优良植株上选取充实的枝条,埋入整好的育苗地,露出1～2芽即可。

(二)园地建设

1. 园地选择

由于葡萄不耐运输和贮藏,建立葡萄园应选在交通方便的地方。选择低缓而又开阔的山坡地要优于平地,山坡的坡度以5～15度为宜。园地附近要有充足的水源,以便旱能灌水,涝能排水。

2. 种植规格

(1)栽植区的密度　应根据葡萄园的具体条件而定。在平地建园,以100～150亩为一区、长方形为好。在山坡、丘陵地带建园,要重视水土保持,依地形、地势建立栽植区。

(2)架式　葡萄搭架的形式称为架式。葡萄的架式有多种多样。目前,生产上采用的架式主要是篱架和棚架两大类。

篱架　一般平地大面积葡萄园多采用篱架。篱架的架面与地面垂直,形似篱笆,故名篱架。篱架的优点是通风透光好、管理方便、适宜密植和机械化管理等,篱架类型较多,常用的主要是单壁篱架和双壁篱架。

棚架　此架是在立柱上设横梁或拉铁丝,形似荫棚,故称为棚架。以架面与地面所呈角度可分为水平棚架和倾斜棚架,按架面大小又分为大棚架和小棚架。

3. 行向

葡萄园的道路规划要有利于交通运输和充分利用土地。全园道路面积一般不超过总面积的5%。

大型葡萄园的主道,应贯穿全园,宽7～8米。

分区设支道,宽4～6米,道路两旁,可设棚架,以充分利用土地面积,区内的作业道,以2～3米为宜。

(三)定植

1. 定植时间在4月初。白木纳格葡萄、红木纳格葡萄分区定植。种苗为硬枝扦插或组织培养一年生苗。种苗标准:植株鲜活,剪口径粗≥6毫米,饱满芽≥4个,根系发达,粗根3条以上,无病虫害、机械损伤。

2. 种苗在清水中浸泡12小时,按1～2米的株距逐坑栽植,亩栽55～110株。栽植深度以枝蔓基部的2～3厘米处与地面平为宜,将根伸展开,边埋边踏实,栽后浇水,待水渗后,苗上覆墒情好的细沙土3厘米。在5月中下旬芽萌动时,将土堆除去,并遮阴。不用种条直接扦插建园。营养袋育苗在5月中下旬定植。

3. 整地、挖沟　定植前要对苗木进行检查。对苗木进行整理。不同级别的苗木要分开,分别集中定植,以方便管理;结合整理苗木,修剪根系和苗干。一般0.2厘米以上的根系只剪留10～15厘米,根茎上的枝芽(嫁接苗在嫁接口以上)保留3～4个,千万不可留芽太多。

4. 施足基肥

催芽肥　萌芽前沟施沤熟厕肥 1500～2000 千克。

催果肥　果实膨大期即 7 月下旬,每亩沟施复合肥或尿素 20～30 千克和过磷酸钙 30～40 千克。叶面喷施 0.3% 的磷酸二氢钾和 0.3% 尿素,每隔 15 天一次,共喷施 2 次。

催熟肥　果实着色期,浅沟追草木灰每亩 40～50 千克,结合喷 0.3% 磷酸二氢钾或草木灰浸出液及 3%～5% 过磷酸钙,每隔 15 天一次,共喷施 2 次。

基肥　果实采收后,在植株南面距根干 30～100 厘米处挖沟,沟宽 40 厘米,沟深 50 厘米,施腐熟农家肥 2000～3000 千克。可采用两年挖南面一年挖北面轮流施肥。

5. 定标

选择晴好天气,先按原设计密度,定点放样。然后按定植沟的中心线挖穴放苗,每穴一株。种植时把苗扶直,根茎比地表略高,根系舒展于穴内。等穴内填土过半时,摇动树苗,用脚踏实,然后向上微提苗茎,使根系充分与土壤接触,再填土满穴,并在苗四周筑一圈小土坝,直径约 30 厘米左右。水要浇透,这个十分重要。等水分完全渗干后在树堰周围取土,把浇过水的地方盖没,防止水分蒸发。为提高苗木成活率,种植后最好覆盖黑色地膜。覆膜前按地膜的宽度整理好畦面。选无风天气作业。这样可以达到保湿、保温的作用。

6. 地膜覆盖作用

(1)提高土温。地膜覆盖在冬春季节有提高地温和保墒的作用。地膜覆盖的土壤耕作层的温度,一般比露地提高土温 2℃～3℃,可促进蔬菜早出苗、早发育,使春天提前播种或提前定植 10～20 天。应注意的是,不同颜色的地膜增温效果不同,以无色膜增温效果最好,而银灰色膜基本不增温。

地膜覆盖在春秋冬季应用较多,在夏季应用时要注意覆盖时间,防止地温过高损伤作物。

(2)抑制土温。夏季覆盖薄膜,可抑制土壤温度上升。如使用白黑及银黑双面薄膜等材料覆盖后,均可对土温的上升起抑制作用。

(3)提高肥料利用率,增加土壤营养。地膜覆盖可防止日晒雨淋,使肥料不致流失,同时可提高土温,加强植株根系的吸收能力。由于土壤温度、水分条件改善,有利于微生物的活动,利于促进土壤有机物和矿物质的分解,土壤养分增多。因此,地膜覆盖可以充分发挥肥效。

(4)改善土壤的物理性状。地膜覆盖的土壤容重比不覆盖的小,降雨使土壤中氧含量比露地的高,从而有利于植株根系的生长。同时由于水土流失少,可防止土壤板结,改善土壤理化性状。

(5)减少水分蒸发,有明显保水作用。

(6)增加光效应。透明地膜本身及附着在地膜下的小水珠的反射作用,使近地表的反射光增加,有效地改变作物生育期的光照条件,使蔬菜光合作用强度提高,光合作用时间延长,从而增加光和产量和有机物质的积累。

(7)防止土壤盐渍化。地膜覆盖后,由于土壤水分的运动是由下往上移动,表土的水分含水量高,相对降低土壤盐分含量,从而起到抑盐的作用。

(8)抑制杂草生长,减轻病虫危害。由于地膜有反光的特性,具有驱避蚜虫和减轻病毒病的作用。试验表明,地膜覆盖可减轻瓜类蓟马的为害,明显地提高产量,增加经济效益。

(9)促进作物早熟。

由于地膜覆盖对植株地下部分及地上部分的调节作用和对生长的促进作用,使栽培蔬菜进入产品形成期提早,增加春季栽培作物的前期产量,因而也能提高总产量。

(四)搭架

行距 6～7 米,采用单斜面小棚架、改良屋脊式棚架或水平棚架。小棚架前柱距葡萄 0.5 米,高 1～1.2 米,后柱高 1.8～2 米,用 8×10 厘米的水泥和钢筋预制,前、后柱之间用直径 10 厘米木头连接,横梁用木头或铁丝。改良屋脊式棚架低柱距葡萄 0.4 米,高 0.8～1 米,高柱高 2.2～2.5 米,定植行葡行距 1～1.5 米。水平棚架高 1.8～2.2 米,上置铁丝成网格状。

第四节　露地木纳格葡萄田间管理

一、开墩、埋墩

为使葡萄枝条不受冻，安全越冬，提高来年芽的萌发率，达到丰产的目的，在冬季来临前必须埋土，埋土过早，气温高，湿度大，枝条容易腐烂，埋土过晚，气温过低，枝条容易受冻，变干死亡，因此最适宜的时间是中午气温稳定在10℃时可进行开墩。一般以杏花盛开为出土标志。春季气温不稳定，可分次去土，出土后平地，绑主蔓，灌水，施肥。浇水：葡萄越冬期达4～5个月，枝条容易缺水抽干，所以在埋土前必须充分浇水，成为越冬的关键。开墩前灌水的可晚出土3～5天。

二、上架绑蔓

行距6～7米，采用改良屋脊式棚架、单斜面小棚架或水平棚架。

三、施肥

施肥以有机肥为主，化肥为辅。所施用的肥料不应对果园环境和果实品质产生不良影响。必须是经过农业行政主管部门登记或免于登记的肥料。提倡根据土壤和叶片的营养分析进行配方施肥和平衡施肥。

四、灌溉

开墩水：在3月底4月初葡萄枝蔓出土地后，结合施有机肥及时浇透水，667平方米灌水100立方米。

花前水：在5月上中旬葡萄开花前，每0.067公顷灌水80立方米。

催果水：在6月中下旬结合追磷、钾肥每0.067公顷灌水80立方米。

膨大水：在7月下旬、8月初，果粒迅速膨大期每0.067公顷灌水80立方米。

封冻水：在10月下旬、11月初葡萄落叶后埋土防寒前浇透水，每0.067公顷灌水120立方米。

葡萄成熟前一个半月严禁浇水，全年灌水定额460立方米。

五、中耕、除草

（一）中耕除草时期

杂草生长除草期

葡萄园内杂草的种类多，种子萌发迟早不同，长得大小不一，最适合的除草期是在草芽长出土壤1～5厘米高时除草。

土壤性质中耕期

在黏土地上必须多次中耕松土，消灭板结层。在砂地上，本来土壤就疏松，不需要中耕，只要有草就可除去。在土地上，根据以上两种土壤之间既要中耕又要除草。

葡萄生长发育中耕除草期

在幼园中葡萄布杂草生长蔓，有些葡萄被杂草盖住，就需要除草，在老园棚架下杂草多，造成不通风，影响葡萄生长，而且还带来许多病虫害，造成果穗大量腐烂、必须进行多次除草。每次浇水后中耕除草一次，深度10～15厘米。

（二）中耕除草方法

人工中耕除草

用坎土曼、锄头等工具进行人工中耕除草。

机械中耕除草

拖拉机带上旋耕犁，在篱架行间进行除草，也可以在棚架下进行。

化学除草

不同的杂草用不同的除草剂。用草甘膦在芦苇或茅草枯在幼苗期喷洒,效果好。

除草深度

1. 中耕除草深度　土壤除草的深度,以杂草根部的分点除掉为其深度。

2. 普通除草深度　黏土地杂草 10～20 厘米深,沙土地 10～15 厘米深。特别是在板结层或盐碱层地上,应进行深翻或者在秋季施肥时进行深翻,将板结层或盐碱层去掉。

六、整形修剪

葡萄出土上架后绑蔓,以后随新梢生长应及时去卷须和绑蔓以利葡萄生长。新梢每 50 厘米绑一次,全年绑 3～4 次。

抹芽、除梢　盛果期葡萄要及时抹除弱芽、过密芽、位置不当的芽、无用的隐芽。架面每平方米留芽量 22～25 个为宜。葡萄新梢长出 5～6 片叶时(4 月中旬,可分辨结果枝与营养枝)要将细弱枝、退化枝、无用的萌蘖枝、并生枝中的弱枝及时抹除。架面每平方米留枝量 10～12 根,留果枝 3～4 根,营养枝：果枝＝2:1 为宜。

疏花果、顺穗　掐去 1/4～1/5 穗尖及中间穗枝,每穗果不超过 1.5 千克。每果枝留 1 穗果,掐除卷须及过小的花穗。落花后,将骑在枝上或架上的果穗垂直顺下。

截顶　为促进枝蔓和果实成熟,在新梢缓慢生长期(9 月初)将所有的嫩叶新梢全部剪去,并分批疏除老叶、病叶,果穗适当遮阴。

休眠期修剪　葡萄落叶后,10 月下旬至 11 月中旬进行修剪。方法主要是长中短梢修剪相结合。树形采用扇形整枝。

幼苗期葡萄的修剪　当年定植的葡萄冬剪留 3～4 芽,第二年当枝蔓剪口直径达到 1 厘米以上时,选留 2～3 根主蔓剪留 1.2～1.5 米,其余枝条全部剪除。

培养结果枝组　主蔓基部 50 厘米以下不留枝,架面以上在主蔓两侧交错每隔 30～40 厘米配备一个枝组,对壮条每枝组着生 1～2 个结果母枝。枝组的培养对枝剪口直径≥8 毫米剪留 4～6 芽,≥5 毫米剪留2～3 芽,位置不当枝、细弱条或青条疏掉。延长蔓超长梢修剪,留 10～15 芽,主蔓间距为 60～80 厘米。

双枝更新　每枝组内,对上部壮枝剪留 4～7 芽,空间较大的剪留 7～8 芽,下部枝剪留 3 芽,翌年疏去上部枝短截下部枝,以此循环往复更新结果。

小更新　主蔓超出架面或延长蔓过弱时,要及时回缩到后部健壮分枝处。更新方法是去弱留强,去前留后。

大更新　在主蔓衰老前,要及时培养萌蘖枝,培养修剪方法同双枝更新和小更新,逐步回缩老蔓,待新蔓长成后除去老蔓。

七、定梢摘心

结果枝在花后 1 周,果穗以上 5～7 片叶处摘心;营养枝留 12～15 片叶摘心;副梢留 1～2 片叶反复摘心,果穗以下的副梢不留。一年进行 3～5 次。叶:果比＝35～40:1 为宜。

八、疏花疏果

掐去 1/4～1/5 穗尖及中间穗枝,每穗果不超过 1.5 千克。每果枝留 1 穗果,掐除卷须及过小的花穗。落花后,将骑在枝上或架上的果穗垂直顺下。

九、品种改良

秋剪后,将硬枝捆好,用塑料包严不漏气,置于冰箱中,温度控制在 0℃～2℃。第二年花期取出硬枝,于清水中浸泡 1 天,开始嫁接,嫁接前一天浇足水。准备嫁接用的小刀,将接穗削成 2 厘米斜面,刀口越平越好。将需要嫁接的树留 1～2 节剪断,沿剪口中间割开,深度同接穗削面,劈接接入,形成层一面对齐。接穗粗度略粗于砧木。露白。其方法与绿枝嫁接基本相同。用塑料布包好。

十、植物生长调节剂使用

(一)赤霉素使用

将赤霉素与培养基一起浸泡在水中,过滤后,将过滤液喷在葡萄上,效果非常好。因各地的气候不同处理的时期有差别:

1. 拉花序,在花序散开时进行。

2. 果实膨大期,约在花后果实绿豆大时进行处理。将配制好的药水,经过滤后用喷雾器喷到花序上或果穗上,一定要喷均匀。

(二)氯吡脲使用

氯吡脲是一种高效的植物生长调节剂,能显著提高葡萄的坐果率,增大果实,拉长效果显著。氯吡脲的作用剂量比赤霉素低。花前使用可诱导葡萄单性结果,但果实较小。花期使用可提高葡萄坐果率。花后使用可促进葡萄果实膨大,对果实的成熟期和品质也有一定影响。

(三)无核化处理

有核葡萄在开花后,用植物生长调节剂处理花序,阻止受精而产生无核果。

阿图什市木纳格葡萄各物候期主要工作内容情况表

表 10 - 2

时期	物候期	主要工作内容
12 月至翌年 3 月中旬	休眠期	检查葡萄防寒情况、整修葡萄架、积农家肥和做好葡萄生产的准备工作
3 月中旬至 4 月初	树液流动期	葡萄出土,去除果树老皮,第一次全园喷洒 3 ~ 5 波美度石硫合剂,主蔓上架、绑枝蔓,补施腐熟有机肥(秋季未施),平整清理葡萄园
4 月上、中旬	萌芽期	抹除根部萌蘖、主蔓老枝上位置不当的隐芽或丛生弱芽,灌催芽水 100 立方米。新葡萄园定植,露地育苗
4 月下旬至 5 月上旬	新梢生长期	抹芽、定枝,疏除结果枝花序以下的副梢,花序以上的副梢留 1 ~ 2 叶反复摘心,疏花序,灌第二次水 80 立方米(花前),喷叶面肥,中耕除草,第二次防治病害(红蜘蛛)喷半量式 2000 倍阿维菌素液。开始绿枝嫁接。预防白粉病
5 月中、下旬	开花期	花期防治二星叶蝉叶面喷 0. 1% 的波尔多液和 0. 3% 的尿素,第三次防治叶蝉(用 25% 阿克泰 2000 倍液,10% 吡虫啉 1500 倍液喷雾)
6 月上旬	坐果期	为提高果实膨大喷叶面肥,追座果肥 20 千克(复合肥),灌座果水 80 立方米,疏除多余卷须,副梢留 1 片叶反复摘心
6 月中、下旬	果实膨大期	第三次灌催果水 80 立方米,中耕除草,喷叶面肥,中耕除草,顺枝、顺果穗、疏果、打副梢。果穗上面留 6 个叶片摘心。第四次防治白粉病病害(用波尔多 1 :1:2000 倍液,15 天后 75% 百菌清 600 倍液)
7 月上、中、下旬	果实生长期	中耕除草,绑枝、继续打副梢,第五次防治白粉病,霜霉病,黑斑病害(用 10% 世高 1000 倍液,15% 三唑酮硫 1000 倍液)
8 月上、中旬	果实变色期	第四次灌果实膨大水 60 立方米,中耕除草,第六次防治二星叶蝉(10% 吡虫啉 1500 倍液)
8 月下旬 9 月上旬	果实增糖期	发育枝和延长枝摘心,继续打副梢,绑枝,摘除老叶 1/4 ~ 1/3,剪除病果、水葡萄。葡萄架下面 1/4 部分通光可以
9 月下旬	果实成熟期	果实开始采收,包装,销售(含糖量 17% 以上)
10 月至 11 月上旬	枝蔓成熟期	继续销售葡萄,秋施基肥每亩 2 ~ 3 吨
11 月中旬、下旬	落叶期	冬灌 120 立方米,冬剪,下架,清洁果园,第七次全园喷洒 3 ~ 5 波美度石硫合剂,埋土防寒。苗木出圃,挖沟贮藏

第三章　灾害防治

第一节　气象灾害

一、风灾

大风是阿图什农作物的主要灾害,直接影响葡萄的生长。每年4月下旬至5月初的大风,不同程度给葡萄带来危害。

1997年,阿图什遭受大风沙尘降温灾害,全市葡萄受灾农作物50公顷;2001年,受灾农作物56公顷;2002年受灾农作物60公顷;2003年,受灾农作物78.67公顷;2004年受灾农作物82公顷;2010年受灾农作物100公顷;2011年,受灾农作物120公顷;2012年受灾农作物153.33公顷;2014年,受灾农作物166.67公顷;2015年受灾农作物181.33公顷。

防治措施

(一)营造防风林

林带降低风灾效果好。经测定5~6行,15~20米高的防风效果率为43%,平均风度可下降38.4%。

(二)固定枝蔓

葡萄出土后把枝蔓均分布在架面上用绳帮牢固,新梢也要引缚牢固,使其不相互影响。

(三)搭架方式

棚架式方向及葡萄生长方向要与风向平行,才不会使枝蔓刮翻或缠绕在一起。

二、冻害

葡萄植株的不同器官,抗寒和忍耐低温的能力不同,在冬季休眠期间,充分成熟的枝条可耐-22℃低温。多年生蔓可耐-20℃~26℃,芽眼可耐-18℃~20℃。粗跟可耐-20℃,细跟可耐-5℃。盆地内绝对低温为-29℃,且干旱少雨,常发生枝条抽干现象和周期性寒害。在春秋季节里,由于冷空气活动频繁,引起急剧降温,造成霜期变化。秋季的初霜冻对作物危害比较严重,可使葡萄受灾而减产。若春季的终霜结束较晚即出现倒春寒,会使开墩后刚刚萌芽的葡萄受冻,可造成葡萄开花结果少而减产,严重影响当年的产量。葡萄冻害主要出现在每年4月下旬至5月初,尤其是大风后降温,一般严重年份根系比枝蔓易发生冻害。主要是葡萄休眠期受零度以下低温的伤害而使组织受伤或死亡。霜冻在葡萄成长期内降温使水气凝结成霜造成幼嫩部分受冻的现象即为霜冻。

1996年,阿图什遭受寒流侵袭,地面出现薄冰,葡萄新芽、花序等大都受冻,冻害达到13.33公顷。

防治措施

(一)浇好埋墩水

埋土厚度要达到当地安全越冬的标准。越冬期间均不能供水,所以在防寒前浇一次足水,增加土壤温度,冻结后减少土壤空隙气量,加之水热容量大,能提高土温,确保葡萄安全越冬,在葡萄埋土时成龄葡萄埋土厚度25厘米,幼龄葡萄30厘米,取土时离开葡萄根分布范围外用土。

(二)冻后复壮

无论是轻度枝蔓冻害,还是整株死亡都要采取综合的管理措施恢复树势,保持树体健壮成长。葡萄萌发后,剪除受冻干枯部分,抹除弱芽。地面部分冻死部分全部剪除,选留2~3个萌蘖,带引缚生长到架面处摘心,并每隔40厘米左右留一个副梢进行整形,健壮副梢长留,弱梢短留,是其均匀分布在架面上;另外还可以用相邻植株压蔓补缺。

三、雨害

阿图什干旱少雨，适宜葡萄生长，但也遇到大雨灾害。雨害主要出现在夏季。2010 年造成幼果裂果、腐烂，致使葡萄减产。阿图什 7—9 月时有降雨，7 月初为葡萄开始成熟期，地面匍匐葡萄以及架面上较紧密的果穗经雨淋易裂果腐烂，可降低 8% ~50% 的产量。

防治措施

（一）葡萄搭架后支架，把葡萄支撑起来，减轻腐烂，葡萄腐烂率搭架为 15.6%，无架为 50%。

（二）葡萄成熟首先采收穗大较紧密的果穗。

（三）庭院葡萄或在量上较少的均可用套袋方法减少腐烂。

（四）防止葡萄沟及行间内积水，注意及时排水。

第二节　常见病害防治

一、白粉病

1996 年开始，在阿图什部分产区偶有发生。现在阿图什普遍发生，危害叶片和果实。先从叶背出现浅黄色斑，无明显边缘，不久斑上长出白色粉状物，严重时叶枯死，同时发生横裂或纵裂，在粉层下面有黑斑，果穗失去商品价值。

发病规律　白粉病是以真菌菌丝在芽鳞上越冬，也以闭囊壳在枯枝落叶上越冬，次年春季条件适宜时产生分生孢子，借风力传播，分生孢子落在树枝上、萌发、侵入寄主，从表到里，气温达到 29℃ ~35℃时发病最快，8—9 月为盛期。

防治措施　除搞好田间管理外，开墩后萌芽前喷 5°Be 石硫合剂一次，新枝长到 30 ~40 厘米高时，喷 0.3° ~0.5°Be 石硫合剂，或 25% 的粉锈宁可湿性粉剂 1500 ~2000 倍液，也可喷 0.2% ~0.5% 碱面液，50 千克水中放 100 ~250 克碱面，再放入 50 克开水溶解的肥皂。

二、灰霉病

葡萄灰霉病俗称“烂花穗”，病原菌为灰葡萄孢。葡萄灰毒病是目前世界上发生比较严重的一种病害，在所有贮藏发生的病害中，它所造成的损失最为严重。

（一）危害症状

葡萄灰霉病危害花穗和果实，有时也危害叶片和新梢。花穗多在开花前发病，花序受害初期似被热水烫状，呈暗褐色，病组织软腐，表面密生灰色霉层，被害花序萎蔫，幼果极易脱落；果梗感病后呈黑褐色，有时病斑上产生黑色块状的菌核；果实在近成熟期感染病，先产生淡褐色凹陷病斑，很快蔓延全果，使果实腐烂；发病严重时新梢叶片也能感染病，产生不规则的褐色病斑，病斑有时出现不规则轮纹；贮藏期如受病菌侵染，浆果变色、腐烂，有时在果梗表面产生黑色菌核。

（二）防治方法

1. 农业防治

选择抗病品种，如玫瑰香、黑汉等；出现徒长的葡萄应控制氮肥，轻剪长放，喷生长抑制剂，增强抗病能力；畅通排水，清除杂草，避免枝叶过密，及时绑扎枝蔓，使架面通风透光，降低田间温度，以减少发病；塑料大棚中空气湿度控制在 80% 以下；晴天当棚温升至 33℃时开始放风，下午棚温保持 20℃ ~25℃，傍晚棚温降至 20℃左右关闭风口；上午尽量保持较高棚温，使棚顶露水雾化；夜间棚温应保持 15℃左右，不要太低，尽量减少或避免叶面结露，阴天也应注意通风；采用地膜覆盖，膜下暗灌，用喷粉或熏烟方式施药，采用无滴膜均可有效地降低棚内空气湿度；在南方改篱架为棚架，对减少葡萄灰霉病及其他病害的发生有显著效果；葡萄园不宜间作草莓，以免该病交叉感染。

2. 药剂防治

花前10天及始花前1~2天是药剂防治的关键时间,常用药剂有30%爱苗乳油5000倍液,50%速克灵可湿性粉剂1000倍液,50%多菌灵800倍液,50%速灭灵可湿性粉剂2000~4000倍液,25%使百克可湿性粉剂1000倍液,80%大生—M可湿性粉剂800倍液,32.5%丰收纯可湿性粉剂800倍液,65%克得灵可湿性粉剂1000~1500倍液。棚室栽培的葡萄在扣棚前,结合整地土壤喷洒50%福美双400倍液或扑海因1000倍液进行消毒。

三、褐斑病

褐斑病主要发生在叶上,初期叶上有明显的褪绿斑,叶片背部凹陷,以后逐渐变成褐斑,不断扩大,形成多角形或圆形褐斑,斑中央成黑褐色,边缘成淡褐色,中央裂开边缘卷起,呈现一片焦黄、变干、落掉,在8—9月发病。

防治措施　加强田间管理:市架面通风透光,清除田间杂草、落叶,保持田间卫生,增加水肥,促进树体健康生长,增强抗病能力。喷药防治:芽前喷3°~5°Be石硫含剂,预防病的发生,7—9月发病时喷2~3次石灰半量式波尔多液或多菌灵800~1000倍液,也可喷代森锌500~600倍液。

第三节　常见虫害防治

一、叶蝉

葡萄叶蝉又叫葡萄浮尘子,在全国葡萄产区均有发生,主要危害葡萄叶片。

危害状况　成虫、若虫在叶背面为害,受害叶片正面发生灰白色斑点,虫口密度大时可使整叶叶面变灰白色。影响光合作用和枝条发育,降低果实品质。

防治方法　清除落叶和杂草以消灭越冬成虫。加强生长期田间管理,改善通风透光条件。抓住第一代幼虫和若虫发生期进行喷药防治。一般在5月中下旬,在葡萄展叶后为宜。

二、红蜘蛛

葡萄红蜘蛛是对葡萄生产威胁性很大的害虫之一,尤其对葡萄幼龄树的危害严重。由于它世代重叠,整个生长期都能为害,造成葡萄落叶,浆果着色不良,糖分低,品质下降,甚至不能成熟,严重时造成普遍落果,大幅度减产,新梢成熟不良,易受冻害。

生活规律　葡萄红蜘蛛中体小,要用放大镜才能辨认。成虫鲜红色或橙黄色,中体中央稍微隆起;幼虫鲜红色,体末端周缘具8条叶片状刚毛;卵橙红色,椭圆形,有光泽。新梢基部和叶柄受害时,其表面有褐色颗粒突起,以手摸之如癞皮状。叶片受害时,先以叶脉基部开始,叶脉两侧呈现黑褐色颗粒状斑块,叶失绿变黄,焦枯脱落。卷须被害,表面粗糙而易落。

防治措施　冬季清园时,对老蔓剥皮,并集中残枝败叶烧毁;芽萌动绒球期(约3月下旬),喷布3波美度石硫合剂;在葡萄生长期间,可喷73%克螨特3000倍液,或40%三氯杀螨醇1000倍液。

三、介壳虫

介壳虫为同翅目介壳虫总科昆虫的统称。口器刺吸式,体外被有蜡质介壳。主要危害寄主植物的根、树皮、叶、枝或果实。

防治措施　低龄若虫期(即爬虫期)施药。

第四节　常见草害防治

一、草害种类及危害

（一）一年生杂草

一年生杂草主要有灰灰菜、扫帚草、蒺藜、碱蓬、狗尾草、行艺芝、龙葵、曼陀罗、骆驼脚、苍耳子、杂三叶、早熟禾等。

（二）常年生杂草

常年草有芦苇、骆驼刺、铃铛刺、苦豆子、甘草、胖姑娘、野艾、罗布麻、老鼠瓜、旋花、菟丝子等。

二、防治

（一）人工除草

葡萄园全年除草应在2～3次以上。以种子繁殖的一年生杂草，要消灭在结籽以前，并应多次耕翻，使种子深埋致死。多年生杂草，应多次耕除，尽量减少地上部分存留而使衰亡。及早搭架，使葡萄尽快布满架面，有显著灭草作用。

（二）化学除草

化学药剂除草成本低，效益高，但使用不当也可能使葡萄受害。葡萄对除草剂极为敏感，特别注意使用量。草甘膦，使用10%水剂，每0.067公顷用250毫升，株减率97%～100%。扑草净，50%粉剂，每0.067公顷用200～300克。茅草枯，可除多年生杂草，65%茅草枯每0.067公顷用660～750克，再加0.3千克扑草净，灭草效果达95%。喷药时期是杂草大量萌发时效果良好。一般全年喷一次，如效果不好，可在第一次喷药后15～20天后再喷一次。除草剂食用一般以单位面积使用量计算。这种方法便于大面积使用，一般每0.667公顷用水量50～75千克。为了提高药效，降低成本，可加入药剂1/3的硫酸铵或100～200毫升柴油或0.1%～0.5%洗衣粉或洗涤剂。

第五节　生理病虫害防治

一、日灼病

（一）症状

识别葡萄日灼病一般发生在6月中旬至7月上旬（果穗着色成熟期）染病，多发生在裸露于阳光下的果穗上，由于供应果实水分不足引起。果粒发生日灼时，果面生淡褐色近圆形斑，边缘不明显，果实表面先皱缩后逐渐凹陷，严重的果穗变为干果。卷须、新梢尚未木质化的顶端幼嫩部位也可遭受日灼伤害，致梢尖或嫩叶萎蔫变褐。

（二）防治方法

合理密植，采用棚架式，使果穗处在阴凉之中。适当追肥，诱发根群向深层发育，增强树势，提高抗逆能力。防止水涝或施肥过量烧根现象；在高温发病期适时适量灌水，蒸发量大要及时浇水降低植株体温，同时喷洒壮果蒂灵加新高脂膜协调植株营养平衡，提高葡萄的着色度，避免日灼。

在阴雨过后的高温天气，在叶面和果穗上喷施新高脂膜形成保护膜，对日灼病有一定的预防作用。

二、酸腐病

（一）症状

烂果，即发现有腐烂的果粒，如果是套袋葡萄，在果袋的下方有一片深色的湿润（习惯称为尿袋）；有类似于粉红色的小蝇子（醋蝇，长4毫米左右）出现在烂果穗周围；有醋酸味；正在腐烂、流汁液的烂果，在果实内可以看到白色的小蛆;果粒腐烂后,腐烂的汁液流出,会造成汁液流过的地方(果实、果梗、穗轴等)腐烂;果粒腐烂后,果粒干枯,干枯的果粒只是果实的果皮和种子。

(二)发病规律

通常是由醋酸细菌、酵母菌、多种真菌、果蝇幼虫等多种微生物混合引起的。严格讲,酸腐病不是真正的一次性侵染病害,应属于二次侵染病害。首先是由于伤口的存在,从而成为真菌和细菌存活和繁殖的初始因素,并且引诱醋蝇来产卵。醋蝇身上有细菌的存在,爬行、产卵的过程中传播细菌。引起酸腐病的真菌是酵母菌。首先有伤口,而后在醋蝇在伤口处产卵并同时传播细菌,醋蝇卵孵化、幼虫取食同时造成腐烂,之后醋蝇指数增长,引起病害的流行。品种的混合种植,尤其是不同成熟期的品种混合种植,能增加酸腐病的发生。机械损伤(如冰雹、风、蜂、鸟等造成的伤口)或病害(如白粉病、裂果等)造成的伤口容易引来病菌和醋蝇,从而造成发病。雨水、喷灌和浇灌等造成空气湿度过大、叶片过密、果穗周围和果穗内的高湿度会加重酸腐病的发生和危害。

(三)防治措施

1. 发病重的地区选栽抗病品种,尽量避免在同一果园种植不同成熟期的品种。

2. 葡萄园要经常检查,发现病粒及时摘除,集中深埋;增加果园的通透性、合理密植;在葡萄成熟期时不能灌溉。

3. 合理使用或不使用激素类药物,避免果皮伤害和裂果;合理疏粒;避免果穗过紧;合理使用肥料,尤其避免过量使用氮肥等。

4. 早期防治白粉病等病害,减少病害伤口,幼果期使用安全性好的农药,避免果皮过紧或果皮受伤等。80%必备和杀虫剂配合使用,是目前酸腐病化学防治的唯一办法。自封穗期开始喷 80%波尔多液 400 倍液,10 天左右喷一次,连续 3 次。

三、生理性裂果病

在葡萄果实接近采收期间,常有裂果发生,降低品质,造成减产甚至绝收,影响经济效益。

(一)危害症状

果皮连同果肉纵向开裂,容易滋生微生物引起霉变。

(二)发生规律

1. 寄主抗病性,如藤稔、乍娜、凤凰 51,里扎马特、黑大粒、红富士、白羽葡萄果皮太薄,不坚固,极易裂果;布朗无核等品种的果皮与果肉紧贴在一起,不易剥离,果肉细胞增大后,往往使部分果皮受压紧绷,引起裂果;康太等品种果穗太紧,果肉细胞膨压增大后粒间挤压易引起裂果。

2. 栽培管理不当,如接近成熟时久旱逢大雨或大水漫灌,土壤湿度变化剧烈;成熟期大肥大水使果实膨大速度过快;叶片出现青枯或病虫危害。结果过多时叶果比过小,叶片的蒸腾作用弱,大量水分向果中输送,也造成裂果。

(三)防治方法

1. 选用抗病品种。为预防裂果,一要注意品种选择,建园时要选择不易裂果的优良品种。例如在相同栽培条件下,金星无核、京亚极少裂果。

2. 对于大棚栽培的易裂果品种,可采完果后再揭顶膜,这样可在降大雨时及时拉盖顶膜,控制棚内土壤湿度,避免降雨引起土壤水分急增而引起裂果。

3. 在透气性良好的砂质壤土上建园,葡萄浆果不仅品质好、着色快、抗病,也不易裂果。对土壤透气性不好的葡萄园应进行土壤改良。

4. 果实生长后期增施有机肥和钾肥,控制氮肥。增施有机肥能够改良土壤结构,减少土壤水分含量大幅波动。充足的钾肥能增强果皮组织机械强度,从根本上减轻裂果的发生。在硬核期增施钾肥能减轻裂果,并提高含糖量,增强抗病能力。同时应该控制后期氮肥的施用,因为氮肥使果皮变得薄嫩,容易产生裂果。

5. 适时灌水,雨后及时排水,经常中耕松土,保持土壤中含水量相对稳定。采取地面覆草、覆膜、经常松土等措施，防止土壤水分急剧变化而引起裂果。果实生长后期，干旱需浇水时，避免大水漫灌。

6. 加强夏季管理，通过疏枝、疏穗调节负载量，使梢距保持在12厘米左右，叶果比15～20:1，壮枝留2穗果，中庸枝留1穗果，弱枝不留果穗。及时去副穗，掐穗尖，使果穗大小适中。

四、水罐子病

（一）症状

水罐子病一般于果实近成熟时开始发生。发病时先在穗尖或副穗上发生，严重时全穗发病。有色品种果实着色不正常，颜色暗淡、无光泽，绿色与黄色品种表现水渍状。果实含糖量低，酸度大，含水量多，果肉变软，皮肉极易分离，成一包酸水，用手轻捏，水滴溢出。果梗与果粒之间易产生离层，病果易脱落。

（二）病原

该病是因树体内营养物质不足所引起的生理性病害。结果量过多，摘心过重，有效叶面积小，肥料不足，树势衰弱时发病就重；地势低洼，土壤黏重，透气性较差的果园发病较重；氮肥使用过多，缺少磷钾肥时发病较重；成熟时土壤湿度大，诱发营养生长过旺，新梢萌发量多，引起养分竞争，发病就重；夜温高，特别是高温后遇大雨时发病重。

（三）发病规律

一般表现在树势弱、摘心重、负载量过多、肥料不足或有效叶面积小时。在留一次果数量较多，又留用较多的二次果时，尤其是土壤瘠薄又发生干旱时发病严重；地势低洼、土壤黏重，易积水处发病重；在果实成熟期高温后遇雨，田间湿度大、温度高，影响养分的转化，发病也重。此病是由诸多因素综合作用所致。

（四）防治方法

1. 注意增施有机肥料及磷钾肥料，控制氮肥使用量，加强根外喷施叶面肥，增强树势，提高抗性。

2. 适当增加叶面积，适量留果，增大叶果比例，合理负载。

3. 果实近成熟时，加强设施的夜间通风，降低夜温，减少营养物质的消耗。

4. 果实近成熟时停止追施氮肥与灌水。

5. 加强果园管理。增施有机肥和磷钾肥，适时适量施氮肥，增强树势；及时中耕锄草，避免土壤板结，是减少水罐子病的基本措施。

6. 合理调节果实负载量，增加叶片数，尽量少留二次果。

7. 合理进行夏季修剪，处理好主副梢之间的关系。适当多留主梢叶片，因主梢叶片是一次果所需养分的主要来源，在保证产量的前提下，采用“一枝留一穗果”的办法，以减少发病，提高果实品质。

8. 干旱季节及时灌水，低洼园子注意排水，勤松土，保持土壤适宜湿度。

9. 在幼果期，叶面喷施磷酸二氢钾200～300倍液，增加叶片和果实的含钾量，可减轻发病。

五、落花落果病

葡萄开花前一周的花蕾和开花后子房的脱落为落花落果，其落花落果率在80%以上者，称为落花落果病

（一）发病规律

主要是由于外界环境条件的变化，影响受精受粉而造成大量落花落果。如花期干旱或阴雨连绵，或花期刮大风或遇低温等，都能造成受精不良而大量落花落果；施氮肥过多，花期新梢徒长，营养生长与生殖生长争夺养分，使花穗发育营养不足而造成落花落果；留枝过密，通风透光条件差；植株生长缺硼，则限制花粉的萌发和花粉管正常的生长，也严重影响坐果率。

（二）防治方法

1. 对落花落果严重的品种如玫瑰香、巨峰等可在花前3～5天摘心，以控制营养生长，促进生殖生长。

2. 对生长势过旺的品种要注意轻剪长放，削弱营养生长，缓和树势。

3. 花前和花后必须进行追肥和灌溉，多施磷钾肥，控制氮肥施用。

4. 开花前喷 B9 或矮壮素等生长调节剂,可抑制营养生长,改善花期营养状况。

5. 花前喷 0.05% ~0.1% 的硼砂,可提高坐果率。也可在离树干 30 ~ 50 厘米处撒施硼砂,施后接着灌水,均可收到良好的防治效果。

六、缺素症

缺氮　叶片失绿黄化,叶小而薄;新梢生长缓慢,枝蔓细弱节间短;果穗松散,成熟不齐,产量降低。

缺磷　叶片向上卷曲,出现红紫斑,副梢生长衰弱,叶片早期脱落,花序柔嫩,花梗细长,落花落果严重。

缺钾　叶片边缘和叶脉失绿黄化,发展成黄褐色斑块,严重时叶缘呈烧焦状;枝蔓木质部不发达,脆而易断;果实着色浅,成熟不整齐,粒小而少,酸度增加。

缺钙　幼叶脉间及叶缘褪绿,随后在近叶缘处出现针头大小的斑点,茎蔓先端顶枯;新根短粗而弯曲,尖端容易变褐枯死。

缺镁　老叶脉间缺绿,以后发展成为棕色枯斑,易早落。基部叶片的叶脉发紫,脉间呈黄白色,部分灰白色;中部叶脉绿色,脉间黄绿色。枝条上部叶片呈水渍状,后形成较大的坏死斑块,叶片皱缩;枝条中部叶片脱落,枝条呈光秃状。

缺铁　枝梢叶片呈黄白色,叶脉残留绿色,新叶生长缓慢,老叶仍保持绿色;严重缺铁时,叶片由上而下逐渐干枯脱落。果实色浅粒小,基部果实发育不良。

缺硼　新梢生长细瘦,节间变短,顶端易枯死;花序附近的叶片出现不规则淡黄色斑点,并逐渐扩展,重者脱落;幼龄叶片小,呈畸形,向下弯曲;开花后呈红褐色的花冠常不脱落,不坐果或坐果少,果穗中无籽小果增多。

缺锰　最初在主脉和侧脉间出现淡绿色至黄色,黄化面积扩大时,大部分叶片在主脉之间失绿,而侧脉之间仍保持绿色。

缺锌　新梢节间缩短,叶片变小,叶柄洼变。

第六节　病虫害综合防治

一、检疫

在发展葡萄生产引种时,对引入的苗木、插条等繁殖材料进行检疫,发现带有病原、害虫的材料要进行处理或销毁,严禁传入新的地区。

二、农业防治

(一)葡萄园肥水管理

葡萄施有机肥料时,将牲畜粪便进行高温发酵处理,杀死粪便中病菌和虫卵,减少病虫害传播,浇水时把水渠两边的杂草除净,防治杂草上病虫随水进入葡萄地,侵染葡萄根系。

(二)生物防治

主要包括以虫治虫、以菌治菌、以菌治虫等方面。生物防治对果树和人畜安全,不污染环境,不伤害天敌和有益生物,具有长期控制的效果。目前生产上应用的农抗 402 生物农药,在切除后的根癌病瘤处涂抹,有较好的防病效果。

(三)物理防治

利用果树病原、害虫对温度、光谱、声响等的特异性反应和耐受能力,杀死或驱避有害生物。如目前生产上提倡的无毒苗木即是采用热处理的方法脱除病毒。

(四)机械防治

人工捕捉、捕打、摇动主蔓把成虫震动落地上,收集起来烧毁。在棚架下的马蜂,不但啃食葡萄果粒而且感染杂菌,使葡萄腐烂,一般采用人工捕杀。

(五)化学防治

应用化学农药控制病虫害发生,仍然是目前防治病虫害的主要手段,也是综合防治不可缺少的重要组成部分。尽管化学农药存在污染环境、杀伤天敌和残毒等问题,但它具有见效快、效果好、广谱、使用方便等优点。

1996—2015 年阿图什市气象灾害、病虫害对葡萄损坏情况统计表

表 10－3　　单位:公顷

年份	气象灾害		病虫害	
1996	冻害	13.33	黄叶病	3.33
1997	—	—	白粉病	13.33
1998	—	—	白粉病	15.33
1999	—	—	黄叶病	10
2000	冻害	10	二星叶蝉	66.67
			白粉病	33.33
2001	—	—	二星叶蝉	80
			白粉病	33.33
2002	冻害	6.67	二星叶蝉	113.33
			红蜘蛛	33.33
2003	—	—	二星叶蝉	53.33
			红蜘蛛	46.67
2004	—	—	二星叶蝉	66.67
			红蜘蛛	33.33
			黄叶病	6.67
2005	—	—	二星叶蝉	80
			白粉病	20
2006	—	—	二星叶蝉	100
			红蜘蛛	13.33
2007	冻害	11.33	二星叶蝉	86.67
			白粉病	8
2008	—	—	二星叶蝉	133.33
			褐斑病	6.67
2009	—	—	二星叶蝉	146.67
			红蜘蛛	13.33

续上表

年份	气象灾害		病虫害	
2010	雨害	10	二星叶蝉	113. 33
			褐斑病	13. 33
2011	—	—	二星叶蝉	10
			白粉病	6. 67
2012	—	—	二星叶蝉	133. 33
			白粉病	10. 00
			黄叶病	13. 33
2013	—	—	二星叶蝉	120
2014	—	—	二星叶蝉	100
			红蜘蛛	20
2015	—	—	二星叶蝉	66. 67
			白粉病	133. 33

1996—2015年阿图什市林业有害生物灾害防治情况表

表10-4 单位：公顷

年份	总防治面积	气象灾害防治				常见病害防治			常见虫害防治			常见草害				生理病害防治						合计	病虫害综合防治				
		小计	风害	冻害	雨害	小计	白粉病	褐斑病	小计	红蜘蛛	二星叶蝉	发生面积	防治			小计	日灼病	酸腐病	生理性裂果病	落花落果病	缺素症		检疫	农业防治	生物防治	物理防治	化学防治
													小计	人工防	化学防												
1996	544	112	32	80	—	37	37	—	86	—	86	100	90	63	27	219	37	30	70	32	50	123	—	60	7	43	13
1997	462	50	50	—	—	40	40	—	107	—	107	87	85	60	25	180	41	34	74	31	—	147	—	87	10	40	10
1998	739	46	46	—	—	60	60	—	367	—	367	97	95	71	24	171	39	26	73	33	—	427	—	287	17	110	13
1999	846	35	35	—	—	73	73	—	400	—	400	107	97	74	23	241	47	31	85	38	40	473	—	320	7	140	6
2000	1189	43	33	10	—	100	100	—	733	—	733	90	87	65	22	226	54	45	87	40	—	833	—	580	33	193	27
2001	1217	56	56	—	—	87	87	—	747	—	747	113	108	85	23	219	53	37	97	32	—	833	—	560	37	207	29
2002	1559	67	60	7	—	80	80	—	1080	100	980	122	120	89	31	212	46	34	97	35	—	1160	—	767	41	239	113
2003	1911	79	79	—	—	113	113	—	1313	113	1200	133	129	93	36	277	45	45	91	39	57	1427	—	1033	27	240	127
2004	2229	82	82	—	—	160	160	—	1567	167	1400	127	123	87	36	297	50	47	93	40	67	1727	—	1187	37	260	243
2005	2273	67	67	—	—	220	220	—	1607	127	1480	130	127	96	31	252	43	45	119	45	—	1827	27	1177	32	260	331
2006	1463	41	41	—	—	107	107	—	963	87	876	137	131	93	38	221	35	39	110	37		1070	23	740	29	93	185
2007	2082	68	57	11		141	141	—	1540	120	1420	140	121	88	33	212	54	45	80	33	—	1682	25	1127	33	207	290
2008	1555	66	66	—	—	197	123	73	933	133	800	142	134	101	33	225	48	45	97	35	—	1130	32	827	35	103	133
2009	2241	77	77	—	—	210	157	53	1593	113	1480	147	140	99	41	221	43	41	95	42	—	1804	34	1207	33	217	313
2010	2301	110	100	—	10	190	110	80	1557	110	1447	140	131	99	33	313	55	34	93	45	87	1748	33	1197	38	197	283
2011	2598	220	120	23	77	347	273	73	1557	123	1433	153	149	111	37	325	61	37	96	35	97	1904	35	1287	41	240	301
2012	2698	355	153	35	167	280	210	70	1603	137	1467	130	128	99	29	332	53	43	114	43	80	1883	31	1310	42	217	283
2013	2144	325	115	25	185	223	140	83	1140	153	987	155	149	104	45	307	45	46	107	35	73	1364	34	997	31	140	162
2014	2467	429	167	32	231	237	170	67	1333	233	1100	139	133	102	31	335	51	61	110	46	67	1569	23	1130	39	130	247
2015	2635	460	181	40	239	207	133	73	1513	280	1233	144	135	100	35	320	49	39	107	42	83	1720	22	1156	46	109	387

第四章 采收、加工、贮运及销售

第一节 采收与包装

一、采收

葡萄果实要充分成熟后才能采收,这样含糖量高,韧性大,着色好,比较耐贮藏。如玫瑰香葡萄,果汁含糖量在18%时采收较好。葡萄采前1周停止浇水,选晴天早晚气温低时采收,将果穗轻轻剪下,横放在垫纸的果箱内,包装纸事先用0.5%漂白粉或0.7%过氧乙酸消毒,码紧,剔除有病烂果、小果及未成熟的浆果,预冷后进行贮藏。如需长途运输,可先用0.25%的二氧化硫(SO_2)熏蒸20分钟,以防腐烂。

二、贮藏方法

葡萄适宜在低温-1℃~0℃、相对湿度90%~95%下贮藏。但在高温高湿时极易腐烂,若湿度低又易失水。如果失水超过1.2%,葡萄果皮发皱,果柄萎蔫干枯,很难贮藏。无论哪种贮藏方法,在入库前,库房要清扫、晾晒和密封消毒。常用简便的方法是用硫黄熏蒸,每100立方米用硫黄约3千克,并与锯木混合燃烧产生SO_2,密封2天后,打开门窗通风。

(一)二氧化硫防腐

SO_2对常见的葡萄真菌——灰霉菌具有强烈的抑制作用。葡萄装箱后,根据贮量码成大小不同的垛,罩上塑料薄膜帐,用2500毫克/千克的SO_2熏蒸20分钟,揭帐通风。以后7~10天熏蒸1次,低温-1℃~0℃贮藏时,间隔天数适当延长到15~20天。

(二)硫酸盐防腐

用亚硫酸氢钠或焦亚硫酸钠3份加硅胶粉1份,将两者充分混合均匀后,装成2克左右的小包或制成小片,放在贮藏箱中,药物不要直接与葡萄接触,让亚硫酸盐自然挥发出SO_2。以上2种防腐方法,只要用药量适当,温度、湿度条件适宜,玫瑰香和龙眼葡萄可贮藏6~8个月。

(三)挂藏

贮藏库应选择地势高、干燥、通风良好并靠近果园的地方,建立地上或半地下库,库内地面上铺1层湿砂,四壁装有厚的保温层。墙上设有通气孔,库顶设1~2个通风口。库内放木架,然后将选好的葡萄果穗吊挂在支架上,穗距保持10厘米左右。如无制冷设备,应控制好温湿度,当外界温度高于-2℃时,早晚通风换气,库内相对湿度低于90%时,在库内适当洒水。

葡萄的贮藏寿命,受品种、贮藏条件等影响,就同一品种来说,浆果丧失光泽、质地变软、结构松弛是葡萄衰老的标志。此时应该结束贮藏

三、包装

用纸箱、塑料箱、木箱分级包装,每箱不超过10千克(一般多见的包装规格为5千克),内铺1~2层软纸。包装箱上应标明品名、产地、重量、勿压、防雨等字样。

第二节　储藏(保鲜)与运输

一、储藏(保鲜)

(一)传统储藏(保鲜)

民间果农储藏木纳格葡萄的方法是在房内立几根木桩,用木管将木棍连接起来,木棍上钉上钉子,然后将采摘的木纳格葡萄用绳子绑好葡萄穗炳,挂在木棍的钉子上。房内温度保持0℃以上、10℃以下,并保持一定湿度。

(二)冷库储藏(保鲜)

自1985年开始,科研人员引进果类储藏保鲜剂,修剪恒温冷藏储存木纳格葡萄。冷库内装有自动调换空调设备调节温度,室内并排陈放木制格式放置架,加上每格内放箱,每箱内装5千克木纳格葡萄,放上保鲜剂。在恒温和保鲜剂作用下,木纳格葡萄从每年11月放到历年3—4月,果实、果柄仍不变色,新鲜如初。

二、运输

木纳格葡萄装箱运输,运输箱特制,挤压不变形,每箱装10千克,陆运、空运皆可。1995年后,阿图什市将木纳格葡萄的资源优势转化为商品优势,利用越来越便捷的交通物流条件,每年运送到广州、香港等地销售,并出口巴基斯坦伊斯兰共和国等。

第三节　销　售

一、销售方式

阿图什木纳格葡萄销售方法有批发和零售、电商销售几种。

二、销售市场

(一)就地销售

在果园采摘就地销售。

(二)市内农贸市场销售

当天早上采摘就运往当地农贸市场销售。7—10月,是木纳格葡萄批发、零售的市场,每年这几个月份都可以看到木纳格葡萄果农到此销售木纳格葡萄。木纳格葡萄进行采收包装后可以由空运运往疆内(乌鲁木齐、库尔勒、伊犁等地)、国内(江苏、上海、浙江、福建、广东、陕西、四川、广西等地)、国外(巴基斯坦、土耳其、伊朗等地)等。

(三)发展国内外销售市场

2008年9月20日,阿图什市全面放开葡萄采摘销售,并开通"绿色通道",开展植物调运检疫服务工作,确保产品销售有序进行,顺利畅通。拓展木纳格葡萄销售市场,年内,在疆内销售葡萄700吨,主要集中在喀什、伊犁、阿克苏、乌鲁木齐等地区。销往国内市场的葡萄64675吨,主要销往全国30个省市、直辖市。其中销往广州市果蔬市场13297吨,其次分别为牡丹江市8570吨、郑州市5676吨、重庆市5156吨。出口葡萄达1.2万吨,主要销往俄罗斯、巴基斯坦、吉尔吉斯斯坦等国家,木纳格葡萄成为阿图什市唯一的出口创汇农业产品。

2015年,阿图什木纳格葡萄种植面积0.6万公顷,总产量8.7万吨。共销售7.3万吨。

(四)电商销售

阿图什市为做好木纳格葡萄销售,积极筹划,主动加入中国县域互联网+行动联盟,多渠道争取国家级电商示范县(市)创建资金。2015年8月,阿图什市被自治区商务厅确定为国家级电子商务进农村综合示范县(市)。结合《阿图什市电子商务产业发展工作的实施方案》,阿图什市启动“阿图什的木纳格葡萄熟了”网销策划方案,由于木纳格葡萄属晚熟品种,果实生长期长,9月前往江苏省南京市、苏州市、昆山市举办阿图什市木纳格葡萄推介会,并在阿图什市举办木纳格葡萄采摘推荐活动,进一步提升阿图什市木纳格葡萄品牌的知名度和美誉度,拓宽木纳格葡萄销售渠道,促果农增收。至2015年年底,阿图什市木纳格葡萄已在天猫、淘宝等互联网销售平台开展预售工作。

第五章 产业化建设

第一节 标准化建设

阿图什市是全国单一鲜食葡萄品种栽培面积最大的县市。阿图什制定完善葡萄优良品种、栽培条件、灾害防治、基地管理以及采收、分级、包装、储运、包厢和精深加工等生产环节的技术标准,引导果农逐步推进规模化、集约化、精细化、标准化、信息化生产,开展联合攻关,及时将先进适用的科研成果总结提炼,形成规模,以标准化形式推广使用;通过政府推动,宣传示范、标准引导、检查监督,提高实施范围,加大对标准化管理人员和专业技术人员的培训,壮大标准化专业技术队伍。

一、“公司+科技+基地+农户”的“股田制”模式

该模式以园艺工作站为技术依托,地方政府出资,有实力的农业产业化公司牵头,组建成立合作组织。运作机制是园艺工作站主要负责解决生产管理过程中的技术问题,合作组织解决生产管理过程中的资金和销售问题。

二、“专业合作社+农户”模式

专业合作社可以是政府、供销社牵头成立,也可以由农户自发组织,众多农户自愿参与。合作社制定葡萄种植标准,规范农民生产、施肥、喷药等标准。合作社对社员的葡萄种植过程全程追踪,只要符合标准都由合作社收购,然后按统一的包装打上品牌推向市场。合作社在经营过程中赚取的差价,年底按股份给农户分红利。

三、“专业市场+农户”模式

该模式通过专业市场与生产基地或农户直接沟通,以合同形式或联合体形式,将农户纳入市场体系,从而做到市场带动产业,产业带动千家万户,形成专业化市场,按照市场需要调整种植结构。专业市场提供市场信息、农用生产资料、葡萄产品流通场所,做好生产技术服务等

第二节 优质高产示范基地建设

2015年,阿图什分别在阿扎克乡、松他克乡改建133.33公顷木纳格葡萄葡萄园(株行距2×5米,每0.067公顷70株,全部为葡萄),通过强化管理,改良土壤,修缮架材,增加产量,改善品质,将133.33公顷葡萄园建设成为优质高产示范基地,做到3年结果、4年高产的目标。

1995—2015 年阿图什市木纳格葡萄产量、产值情况表

表 10－5

年份	挂果面积（公顷）	产量（吨）	产值（万元）	年份	挂果面积（公顷）	产量（吨）	产值（万元）
1995	588	3627	725.4	2006	3400	63000	9880
1996	588	3627	725.4	2007	3400	63000	9880
1997	588	3627	725.4	2008	3666.67	65000	10186
1998	600	4562	890	2009	3866.67	67000	12196
1999	600	4562	890	2010	4000	67560	16890
2000	600	4562	890	2011	4320	70000	17500
2001	927.6	13914	5900	2012	4666.67	73000	17900
2002	1700.13	25502	6376	2013	5077	85000	21250
2003	2533.33	57000	12540	2014	5266	85000	23800
2004	2736.33	61000	13545	2015	5456	87000	17400
2005	2736.33	61000	13545	合计	57316.73	968543	213634.2

第三节　品牌认证

1995 年，阿图什木纳格葡萄获得中国农业博览会“葡萄类国家金质奖”；2000 年，获得新疆农业名牌产品认定委员会“新疆农业名牌产品奖”；2006 年，获新疆特色农产品（上海）交易会“最佳畅销产品奖”；2008 年，分别获得全国优质葡萄生产基地和中华名果等称号。年内，阿图什市鲜食木纳格葡萄获得国家工商局商标注册，并获得国家有机产品认证。2010 年 1 月，被自治区工商局授予新疆著名商标称号。

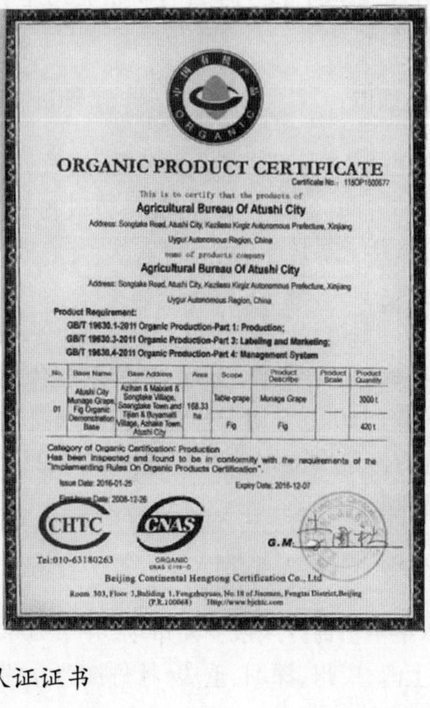

有机产品认证证书

第四节　地理标志保护(塑源管理)

阿图什确定木纳格葡萄为首批溯源监管的农产品,搭建全市共享的特色林果产品质量安全溯源监管平台。

溯源管理目标　生产可记录、源头可追溯、流向可跟踪、信息可存储、身份可查询、责任可认。

溯源标志　阿图什松他克乡葡萄基地溯源标志、阿扎克乡葡萄基地溯源标志、阿图什 466.67 公顷葡萄基地溯源标、上阿图什镇葡萄基地溯源标志。

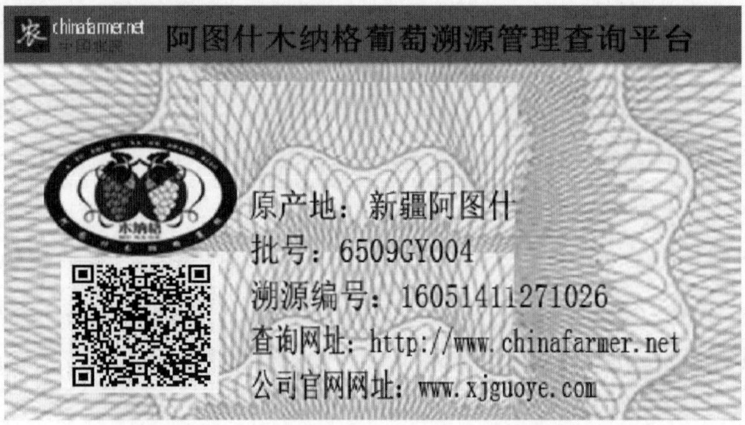

阿图什木纳格葡萄溯源管理查询平台

第五节　重点龙头产业介绍

2000 年以来,富江果业多次被州委、州政府及市委、市政府评为年度“先进集体”“科技兴市先进企业”。2005 年 6 月,被自治区政府授予非公有制企业先进单位,率先进入全疆百强企业,已经是阿图什市特色林果产品的龙头企业之一。

一、企业发展规模

公司拥有果制品公司、房地产开发公司、边贸公司和塑料加工厂,主营业务有果品保鲜储存及销售、房地产开发、测绘、评估咨询、金属进出口贸易、塑料制品加工等。2000 年有资产 3700 万元,员工 120 多名;2005 年产值 4627 万元,年末累计净资产 2682 万元。

二、经营农副产品

公司主要以采购、储存保鲜、运输、销售阿图什的地产特色水果木纳格葡萄为主,2010 年企业有 1 座 500 吨葡萄保鲜库、年产 150 万个用于葡萄销售的塑料包装箱、160 万条塑料编织袋的塑料制品加工厂。2004 年企业自己建成拥有经营摊位 600 多个,总面积 3.26 万平方米的博格拉果蔬综合市场,用于今后建成的万吨级保鲜库的配套销售市场。

三、市场销售

将阿图什木纳格葡萄打入俄罗斯市场,并于 2006 年底将木纳格葡萄销往哈萨克斯坦等国外市场,同时还在国内北京、上海、广州、深圳、重庆、牡丹江建立葡萄销售网络,企业设立办事处同当地果品协会推荐的实力雄厚的果品销售商合作共同开拓市场。

四、生产基地

富江果业作为阿图什市当地的龙头企业，通过“龙头企业 + 基地 + 果业协会 + 农户”的经营模式，由企业挑头创办阿图什果业协会，2005 年，在民政局登记批准成立，协会会长及秘书长由企业法人和副总经理担任，企业将通过协会引导、组织和扶持农民进行订单式生产经营，形成自己相对稳定的生产基地。同时和政府签订有机食品认证基地产品供销协议，协会在政府的支持下已经向国家申报木纳格葡萄的原产地证明商标和原产地保护商标，保障企业对葡萄原料资源数量和品质的要求。

五、产业带动方面

(一)生产方面

企业通过参与到协会的建立中，通过龙头企业的标准化、规模化、市场化的产业化实施，提高产品质量、扩大经营规模、增强市场竞争力来提高企业的经济效益，将农户的生产引向基地化、专业化，解决小生产与大市场的矛盾，让农民增产又增收，实现双赢。

(二)供给方面

2004 年建设阿图什市最大的博格拉果蔬综合市场，2005 年投入使用，给当地的瓜果蔬菜副食批发零售提供平台，也为今后建成的万吨级保鲜库打下配套保障基础。企业在市郊建成的塑料箱加工厂专门生产木纳格葡萄销售用的塑料包装箱，供不应求，随着经营规模的扩大，势必要带动包装箱制造业、运输业的发展，带动当地的经贸流通。

(三)销售市场方面

企业通过 5000 吨的保鲜库的建成，将改变原有短期内集中销售的状况，通过延长销售时间反季节销售，提高果品的附加值，同时引入外地的蔬菜、果品保鲜储藏销售，在提高保鲜库的利用率的同时，将会对当地的果蔬市场的繁荣、菜篮子的稳定起到积极作用。销售网络上企业定位是国际市场为主、国内市场为辅，将在现有销售渠道网络基础上加大对日本、韩国、东南亚等国家及中国台湾地区市场的开拓，增加当地出口创汇的数量，只有不断努力开拓市场销售渠道，才能保障果农既增产又增收。

(四)质量品牌竞争力方面

企业还同国内科研机构合作，对木纳格葡萄和无花果进行分析研究，挖掘其独特的营养物质含量的定性分析，提高其在市场中的价值。通过农业标准化、科学技术支持和管理提高产品的质量。在取得 133.33 公顷木纳格葡萄的有机食品认证的基础上，加大认证的亩产面积。企业还进行木纳格葡萄的原产地证明、保护商标的申请工作，通过统一包装、规格，商标的注册，无公害、绿色、有机食品的认证进行品牌化发展。

六、建设规模

根据阿图什木纳格产量逐步增长趋势，企业规划首期建设一座 5000 吨储量的气调保鲜库，用于储藏当地的优质木纳格葡萄，储藏时间相对较长，用于春节前后的反季节销售；二期再利用外国政府贷款及部分自筹资金建设1 万吨的恒温保鲜库，用于采摘期鲜食销售临时储藏及圣诞节、元旦期间储藏时间相对较短的反季节销售。公司规划最终达到总规模在2 万吨左右的果品、蔬菜保鲜库区。

第十一编 工 业

阿图什市矿产资源充裕，品种齐全，资源得天独厚，发展工业有一定的基础。“九五”末，全市工业企业由1995年369家增加到2000年的391家，2000年工业总产值10246万元，比“八五”期末增长1.24倍。“十五”期末，全市工业总产值18084万元，比“九五”期末增长76%。“十一五”期间，贯彻落实国家、自治区和自治州经济工作会议精神，以科学发展观为动力，以加快工业经济发展为目标，保持全市工业经济持续发展。“十二五”末，全市工业总产值完成200753万元，比2010年的55661万元增加145092万元，增长2.61倍；工业增加值完成71981万元，比2010年的15138万元增加56843万元，增长3.75倍。

第一章 机 构

第一节 行政机构

一、计划经济委员会

1995 年,阿图什市计划经济委员会有编制 15 名,有职工 20 名,内设办公室、综合股、固定资产投资股(包括以工代赈)、城市经济股、农村经济股(包括农业区划)6 个科室。1997 年,撤销计划经济委员会。

二、商务和经济信息化委员会

1997 年,撤销计划经济委员会和商业局,设立市经济贸易委员会,有编制 15 名,内设综合办公室、经济管理科、轻工办公室、质量安全科、专营商品管理科 5 个科室。1999 年 7 月,更名为阿图什市经济信息委员会。2003 年 7 月,更名为阿图什市商务和经济信息化委员会。2015 年,市商务和经济信息化委员会核定编制 10 名,内设外经商务科、经济运行科、电子商务发展室、财务室、综合办公室等 5 个科室。实有 13 人。

三、轻工局

1995 年,阿图什市二轻局有编制 4 名,内设办公室、市场服务中心 2 个科室,实有 4 人。1996 年 10 月,更名为市轻工局。1998 年 1 月,阿图什市轻工局与市乡镇企业局合并,名称为市乡镇企业局。

四、乡镇企业局

1995 年,阿图什市乡镇企业局有编制 9 名,职工 11 人,内设办公室、财务科、企业管理科 3 个科室。1998 年 1 月,与市轻工局合并,名称为市乡镇企业局。2003 年,市乡镇企业局为市农业局的一个乡镇企业科。

五、招商服务中心

2004 年 4 月,阿图什市成立招商局,核定事业编制 2 名,与市经贸委合署办公。2005 年 6 月,招商局更名为招商服务中心,新增事业编制 3 名。2007 年 12 月,阿图什市招商服务中心级别为正科级,核定编制 5 名,其中领导职数 2 名。2008 年,市招商服务中心核定编制 11 名,其中领导职数 2 名。2014 年 1 月,编制减为 8 名。2015 年,市招商服务中心实有 7 人,其中主任 1 人、副主任 1 人、副主任科员 1 人、科员 3 人、工勤人员 1 人。

第二节 园区机构

2006 年 10 月,成立阿图什工业园区,级别为科级,核定事业编制 5 名,实有 5 人。

2010 年 10 月,阿图什工业园区相当于副处级,核定编制 20 名,实有 5 人,其中乡科级正职 1 人、乡科级副职 1 人、一般干部 3 人。

2013 年 2 月,阿图什工业园区核定行政编制 50 名,其中管委会领导职数 5 名,工作部门领导职数 2 ~ 3 名。9 月,阿图什工业园区管委会与中共阿图什工业园区工作委员会一个机构、两块牌子,为阿图什市委、人民政府派出机构,机构规格为副县级,核定领导职数 5 名,其中副县级领导 2 名;核定事业编制 20 名。内设 6 个职能部门,分别为:党政综合办公室(内设秘书科、综合科、对外联系处 4 个科室)、招商发展局、规划建设环保局(内设安全生产科、环境保护科、规划管理科、综合验收科、市政公用科、项目管理科 7 个科室)、国土资源分局、社会事业管理局（内设社会事业科、政法办公室、综合管理科3个科室）、纪工委监察分局、财政局。

2015年，阿图什工业园区有工作人员10人，其中主任1人、副主任1名、一般科员8人。

第二章　工业体制改革

第一节　现代企业制度

1993年12月29日颁布的《中华人民共和国公司法》，为国有建立企业现代企业制度提供法律规范。1995年，阿图什市逐步探索建立“产权清晰、权责明确、政企分开、管理科学”的现代企业制度，推行公司化改组改造，使国有企业真正成为自主经营、自负盈亏、自我发展、自我约束的法人实体和市场竞争主体。1998年，阿图什市完成市棉麻公司改制、供电公司改制，建立国有中型骨干企业，初步建立现代企业制度。

第二节　经营承包责任制

1995年，阿图什市有国有和集体企业15家，大多出现亏损，债务沉重、资金短缺、设备陈旧、技术落后、经营困难等问题普遍存在，处于难以维持的境况。存在的主要问题有产权关系尚未理顺，企业法人治理机构没有真正形成，经营机制僵化；建立现代企业制度的步伐较慢，投资主体单一，企业的自主决策、经营、监督、激励机制等尚未健全；企业领导班子凝聚力不强，缺乏科学有效管理，资金短缺、冗员较多影响发展。

1998年，为使企业走出困境，市委、市政府成立企业改革领导小组，坚持解放思想，转变观念，建立适应现代企业发展要求的企业运行和管理机制，把“三个有利于”作为企业生产经营的出发点，对国有集体企业进行改制，增强企业自我发展壮大能力。制定出台《阿图什市关于放开搞活国有小企业的实施意见》《阿图什市国有企业进行股份制改造、改制的意见》《小企业产权拍卖办法》等一系列政策性文件，从转换企业经营机制这个中心入手，放活小企业，实行承包、租赁、买断等经营方式，为市级经济发展注入新的活力。

1999年，市委提出，国有企业改革与发展要以中共十五大精神为指导，以产权出让及理顺产权关系为重点，以搞活为前提，以放开为主线，坚持投资主体多元化，经营市场化，从根本上转换企业经营机制，鼓励非国有资本参与企业改制，放手发展私营经济和民营科技型企业。2001年，市棉麻公司、手工业联社、电影公司、农机公司、贸易公司、食品公司等企业实行个人买断或租赁经营等形式盘活资产；百货公司、修造厂等企业的承包或租赁责任制进一步完善，企业改制力度加大，步伐明显加快。

2004年，企业改制完成后，市委、市政府与各企业责任人签订扭亏增盈责任状，加强对各企业生产经营的宏观指导。通过改革改制，盘活企业资产，优化人才和资源配置，企业经济效益提高。全市各企业比改制前减亏28万元。其中企业亏损面由1996年改制前超过30%，降低到2001年的15%以内，百货公司、糖烟酒副食品公司、农机物资公司、供电公司、石油公司、修造厂等企业经营状况明显好转。

第三章　工业结构

阿图什市贯彻落实国家、自治区出台的相关优惠政策，以培育创新型、创业型和劳动密集型小微企业、促进产业集群发展为措施，着力优化企业发展环境，加大对小微企业扶持力度，推进又好又快发展。2015年末，企业数90余家，形成以矿产品加工、新型建材、新能源、民族服装服饰、刺绣手工地毯制作；农产品加工、皮革(皮毛)加工等行业。全市有公有制企业3家,即阿图什康泉供排水有限责任公司、阿图什粮食收储公司、阿图什军粮供应站。

第一节 所有制结构

1995年,全市工业企业以国有企业和集体企业为主。有工业企业65家,其中国有企业23家,占35%;集体企业39家,占65%。"九五"期间,市委提出推进股份制、股份合作制,实施国有、集体企业兼并、改组等改革措施,发展国有、集体、股份制经济和私有经济、个体经济成分并存的多种经济类型。2000年后,大举招商引进工业企业,股份制、个体私营经济为主的工业体系成为工业经济的主力军,全市工业进入快速发展时期。2015年,全市有工业企业120家,其中集体企业1家、其他经济企业119家。

1995—2015年阿图什市工业企业所有制结构统计表

表11-1　　单位:个

年份	企业单位数	按经济类型分		
		国有经济	集体经济	其他经济
1995	65	23	39	3
1996	65	23	40	2
1997	65	23	40	2
1998	51	14	31	6
1999	49	14	31	4
2000	52	15	30	7
2001	41	12	17	12
2002	46	9	11	26
2003	47	8	9	30
2004	45	11	2	32
2005	48	9	2	37
2006	54	8	2	44
2007	65	8	2	55
2008	72	6	1	65
2009	75	5	1	69
2010	77	2	1	74
2011	79	0	1	78
2012	87	0	1	86
2013	89	0	1	88
2014	121	0	1	120
2015	120	0	1	119

第二节　行业结构

1995 年,阿图什市工业企业按行业分,煤炭开采业 2 家、食品加工业 4 家、盐加工业 1 家、食品制造业 1 家、纺织业 1 家、砖瓦制造业 2 家、电力生产业 3 家、电力供应业 3 家、自来水生产和供应业 1 家。随着经济改革的逐步深入和商品市场的放开搞活,加强传统产业的技术改造,兴办一批以本地农副产品为生产原料的加工企业。2000 年后,市委提出"工业强市"的产业化发展方向,确定以生态工业为前提,培植工业支柱产业,市内逐步建立起食品加工、纺织业、化工业、非金属矿物制品业、电力煤气生产和供应业、水的生产和供应业等 6 个工业行业种类、9 个小类的行业体系。2010 年以来,全市产业结构持续优化,轻重工业平衡发展,使阿图什市的优势资源得到开发利用,推动工业结构变革。

至 2015 年,全市工业结构主要分为石油天然气开采、农副食品加工、纺织业、化工业、非金属矿物制品业、燃气生产和供应业、电力生产,以非金属矿物制品业为主。

第三节　产品结构

1995 年,阿图什市主要工业产品以农副产品加工为主。2000 年起,确定以北畜南果(北部山区畜牧区,南部农区特色林果区)开发为重点,加快推进新型工业化建设进程。以"三区一带"(有机农业和绿色食品生产区、特色林果业生产区、优质畜牧产品生产区,全力打造工业化经济发展带)开发为突破口,鼓励企业自主投入资金,实现投资主体多元化,不断推进规模化、产业化发展。

"十一五"期间,阿图什市工业产品数量出现全面发展,农产品加工优势凸显。轻工行业主要围绕着小微企业产业发展,全年轻工业总产值达到 21076 万元。

至 2015 年,阿图什市通过坚持优势资源转换战略和转变经济增长方式的理念,抓优势资源项目开发和培育重点龙头骨干企业,促进全市特色主导产业的升级。水泥和矿业为主的特色加工业迅速发展。产品结构由单一农产品占主导地位生产向矿业产品和高附加值农产品为主的方向转变。

第四节　经济效益

一、工业总产值

1995—2015 年,阿图什市的工业经济,通过所有制、投资体制、价格形成机制等多方面的改革,规模逐步扩大,产值逐年上升。

1995—2015 年阿图什市工业总产值统计表

表 11-2　　单位:万元

年份	工业总产值	年份	工业总产值	年份	工业总产值	年份	工业总产值
1995	4573	2001	8643	2007	32334	2013	163212
1996	6360	2002	8355	2008	32981	2014	182231
1997	7143	2003	10076	2009	31644	2015	200753
1998	7696	2004	16604	2010	55661		
1999	7332	2005	18048	2011	116613		
2000	10246	2006	27042	2012	142763		

说明:按当年价格计算

1995—2015 年阿图什市工业增加值统计表

表 11 - 3　　单位:万元

年份	工业增加值	年份	工业增加值	年份	工业增加值	年份	工业增加值
1995	1722	2001	1826	2007	8870	2013	44239
1996	1213	2002	1697	2008	8911	2014	62153
1997	897	2003	2040	2009	8119	2015	71981
1998	860	2004	3461	2010	15138		
1999	1607	2005	5052	2011	33940		
2000	2204	2006	6911	2012	42615		

1995 年,全市工业总产值(按当年价格计算,下同)4573 万元。

2015 年,全市工业总产值 200753 万元,比 1995 年增加 43 倍。

二、主要产品产量

1995 年,阿图什市生产面粉 105 万吨、红砖 3000 万块、植物油 75 吨,自来水生产量 255 万吨。

2000 年,与 1995 年可比的 11 种产品中,5 种产品呈增长之势。

2014 年,阿图什市主要工业产品产量中,增长较快的有铁精粉产量 43. 19 万吨、水泥 144. 95 万吨、发电量 4867 万千瓦时、自来水 707 万吨。

1995—2015 年阿图什市主要工业产品产量情况表

表 11 - 4

年份	面粉(吨)	饲料(吨)	塑料制品(吨)	食用油(吨)	红砖(万块)	皮棉(吨)	生铁(万吨)	铁精粉(万吨)	水泥(吨)	发电量(万千瓦时)	自来水(万吨)
1995	15000	125	0	75	3000	1443	—	—	—	255	255
1996	14000	117	13	420	2901	1343	—	—	—	748	274
1997	10900	250	61	440	3402	1542	—	—	—	929	291
1998	11600	—	0	470	4120	1562	—	—	—	1059	334
1999	9300	—	53	240	4380	1957	—	—	—	1215	357
2000	9100	—	54	515	4070	1379	—	—	—	1652	323
2001	10000	—	30	500	4767	1700	—	—	—	575	282
2002	10000	—	140	0	6300	1538	—	—	—	570	400
2003	15800	—	530	0	635	0	—	—	—	609	480
2004	23400	—	298	100	7935	0	—	—	—	430	331
2005	28900	—	526	0	1950	0	—	—	—	430	370
2006	—	—	—	—	5770	—	—	—	—	253	385
2007	—	—	—	—	7900	—	—	3. 45	—	527	391

续上表

年份	面粉（吨）	饲料（吨）	塑料制品（吨）	食用油（吨）	红砖（万块）	皮棉（吨）	生铁（万吨）	铁精粉（万吨）	水泥（吨）	发电量（万千瓦时）	自来水（万吨）
2008	—	—	—	—	16059	—	—	7.74	—	783	402
2009	—	—	—	—	18494	—	—	9.63	138359	1134	433
2010	—	—	—	—	16272	—	—	25.96	450700	955	440
2011	—	—	—	—	—	—	8	33.12	702900	1164	501
2012	—	—	—	—	—	—	15.05	48.94	865100	1532	554
2013	—	—	—	—	—	—	7.3	48.01	1928800	1147	651
2014	—	—	—	—	—	—	—	43.19	1449500	4867	707
2015	—	—	—	—	—	—	—	13.9	1313314	4962	712

第五节　企业技术改造

2010年，开展技术创新，通过银企合作，财政补贴息贷款等措施加大技术改造投资力度，增强企业自主竞争力，获得自治区技术改造项目2个。加强产学研项目扶持跟踪，组织相关企业进行产学研项目申报工作。多渠道为企业争取无偿资金，为阿图什市华润塑料公司争取特色轻工专项资金25万元，为友谊羊绒争取专项资金30万元。2011年为顺鑫商贸有限公司、美辰陶粒砖厂等5家企业争取技术改造专项资金140万元。为阿图什市农牧公司、华润塑料公司等3家企业争取中小企业发展专项资金70万元，促进企业技术改造。

第六节　节能减排

2007年，阿图什市科学确定符合实际的"十二五"节能减排目标，提出切实可行的政策措施促进资源节约和综合利用。调动节能减排工作领导小组各成员单位的积极性，明确责任分工，形成联动机制，合力推进。强化考核，完善节能目标责任考核制度。加强重点用能企业能源统计分析，制定重点企业节能量化指标，推进标准体系建设。推广节能先进技术、装备和产品，以高效照明推广和节能惠民工程为契机，提高全民节能意识。2009年，落实节能降耗措施，推动循环经济发展，加强节能技术革新，鼓励扶持一批节能技改项目，重点抓好钢铁、有色金属、电力、化工、医药、建材等重点行业节能工作。通过各种渠道推广应用先进的节能技术、工艺和产品，加大工业废渣、废水（液）、废气的综合利用和废旧物资回收工作。加强节能管理，对重点用能企业实施监测和跟踪。2011年，重点抓好矿产品、皮革、盐业等重点行业的节能工作。2012年，坚持环保优先、生态立市的理念，按照资源开发可持续，生态环境可持续的生态文明建设思路，坚持新型工业化道路，加快调整经济结构、能源生产结构和消费结构，大力发展循环经济。规模以上工业企业综合能源消费量25.88万吨，电力消费量22789万千瓦时，共减排二氧化硫7吨，减排化学需氧量5.4吨。推进建筑节能，推广使用新型墙体材料，对所有新建建筑一律执行65%的节能设计和施工标准，100%设施外墙保温措施，对达不到标准的建筑不允许开工建设，新建建筑23个，墙外保温面积17.32平方米。改造传统产业和传统高耗能工艺，落实淘汰落后产能、技术和设备，投资13469万元，对阿图什市中心区16座锅炉房进行改造，其中扩建7座天然气锅炉房，改建9座现有燃煤锅炉房。2013年节能项目投资2986万元，其中城镇污水处理管网专项30万元，能源节约利用976万元，固体废弃物处理1550万元，退耕还林专项277万元，检测站运营36万元。2014年，制定《阿图什市节能减排综合性工作方案》《阿图什市节能减排全民行动设施方案》《阿图什市全社会节能监察计划》等，建立节能工作联席会议制度，定期编印节能减排简报，交流工作经验。

第四章 主要工业

第一节 矿产品加工业

1995年,阿图什市矿产品加工业产值651万元(按不变价格计算,下同)。

2015年,阿图什市有矿产品加工企业10家,主要有阿图什建宝选矿有限公司、克州鑫特铸造有限责任公司、克州众维矿业有限公司、阿图什市霍什布拉克铅锌矿、阿图什市城运矿业石灰石加工有限公司、阿图什市大有实业有限公司、阿图什市浙州矿业有限公司、阿图什市鑫宏矿业有限公司等矿产品加工企业。2010年,在阿图什市招商引资政策的指引下,许多大型矿产品加工业入驻工业园区,产值快速增长。2013年,工业总产值25737万元,占全市工业总产值的15.77%,是阿图什市工业发展的支柱力量。2015年,由于维护社会稳定、生产安全、停产等各种因素,造成产值有所下降。

1995—2015年阿图什市矿产品加工业产值情况表

表11-5　　单位:万元

年份	产值	年份	产值	年份	产值
1995	651	2002	777	2009	5667
1996	464	2003	941	2010	14089
1997	861	2004	1258	2011	23560
1998	1146	2005	1634	2012	25103
1999	609	2006	1532	2013	25737
2000	1109	2007	5931	2014	19212
2001	153	2008	7598	2015	5105

第二节 制造工业

1995年,阿图什市制造工业产值300万元(按不变价格计算,下同)。

2015年,阿图什市有制造企业20家,主要有克州青松水泥有限责任公司、克州青松商品混凝土有限公司、克州顺鑫商品混凝土有限责任公司、克州天山水泥有限责任公司、阿图什市纵横水泥制品有限责任公司、阿图什江林新型环保建材有限公司、新疆润雨管业有限公司、阿图什市德通管业有限公司、新疆西泰管业有限公司、克州许继电气安装有限公司、阿图什市天易消防器材有限公司、阿图什市小铃铛工贸有限公司、克州龙鼎建材有限公司、阿图什市磊鑫采石场、克州磐科制漆有限公司、阿图什宏鑫门窗安装有限公司、克州永信塑钢加工有限责任公司、阿图什市顺风塑编有限公司、阿图什市永党农业科技有限公司、克州瑞华新型建材有限责任公司等企业。建材工业产值184383万元,占全市工业总产值的91.84%。

1995—2015 年阿图什市建材工业产值情况表

表 11－6　单位:万元

年份	产值	年份	产值	年份	产值
1995	300	2002	933	2009	22930
1996	496	2003	623	2010	36879
1997	453	2004	1011	2011	86387
1998	480	2005	894	2012	109165
1999	572	2006	773	2013	128703
2000	865	2007	1077	2014	153264
2001	645	2008	22588	2015	184383

第三节　热力燃气、水的生产和供应业

2007 年,克州华辰能源有限公司建成投产,标志着阿图什市清洁能源产业步入发展阶段。

至 2015 年,阿图什市有清洁能源产业 6 家,主要有克州百事德新能源开发有限公司(一期、二期)、特变电工新疆新能源股份有限公司、光正燃气有限公司、克州华辰能源有限公司、中兴能源华光克州阿图什 30 兆瓦光伏并网发电等新能源企业。清洁能源工业产值 11265 万元,占全市工业总产值的 5.61%。

1995—2015 年阿图什市清洁能源产业产值情况表

表 11－7　单位:万元

年份	产值	年份	产值	年份	产值
1995	149	2002	551	2009	3047
1996	154	2003	642	2010	4693
1997	163	2004	616	2011	6666
1998	178	2005	545	2012	8405
1999	179	2006	583	2013	8772
2000	325	2007	616	2014	9755
2001	423	2008	2795	2015	11265

第四节　纺织服装产业

2000 年后,阿图什市通过招商引资,调整产业结构,大力发展纺织业,引进一批疆外优秀棉纺企业,纺织业持续发展。

至 2015 年,阿图什市的重点纺织企业有阿图什市上阿图什镇赛依提服装加工厂、克州希望服饰、克州阿铁啦服装公司、阿图什市博格拉商贸有限责任公司、克州阿柯乐布拉克手工艺品有限责任公司、阿图什市加

马力手工艺品有限公司、克州扎丽卡尔民族服装设计制作有限公司、阿图什市库吐鲁克刺绣有限公司、阿图什市民安家化有限公司、阿图什市帕科孜农民专业合作社、阿图什市沙皮热克刺绣农民专业合作社、阿图什市娜扎尔纺织品农民专业合作社、阿图什市金库勒纺织品农民专业合作社、新疆苏丽迷民族服饰有限公司、阿图什市帕西塔克民族刺绣有限公司、克州鹏泰纺织发展有限公司、阿图什市奥斯玛尼亚纺织品农民专业合作社、米吉提纺织有限公司、阿图什市玛尔哈巴袜业有限责任公司、阿图什市阿米妮古丽织销地毯农民专业合作社、阿图什达尔塔格手工业艺品有限公司、阿图什市海热亚提商贸有限公司、阿图什市温暖服装加工有限责任公司等23家企业。

第五节　皮革加工企业

2004年,阿图什市有皮革加工企业1家,克孜勒苏新蓉皮革有限责任公司开始生产皮革,年生产量128.72万平方米。2015年,市内皮革加工行业没有发生变化,仅有该企业,年产量414.81万平方米。

2004—2015年阿图什市皮革加工企业产量情况表

表11-8　　单位:万平方米

年份	产量	年份	产量	年份	产量
2004	128.72	2008	271	2012	238.48
2005	165.80	2009	76.98	2013	314.37
2006	291.29	2010	143.32	2014	386.49
2007	483.46	2011	266.48	2015	414.81

第六节　日用品加工企业

2015年,阿图什市的主要日用品加工企业有:克州飞马商贸有限公司、阿图什市财富果业有限公司、阿图什市恰克马克木工工艺制品厂、阿图什市家莱福家居建材有限公司、阿图什市德力发电有限公司、阿图什市宏泰钢化玻璃有限责任公司、克州远豪气体吊装有限公司、新疆安哈尔日用品有限公司、阿图什市贺斯来提商贸有限公司、阿图什外力努尔陶瓷商贸有限公司等10家企业。

第七节　特色农产品加工企业

2000年后,随着阿图什市经济的快速发展,特色农产品加工企业数量迅速增长,推动全市的经济发展。至2015年,阿图什市的主要特色农产品加工企业有:阿图什市金币山清真食品科技开发有限公司、阿图什市紫拉俪食品生物科技有限公司、阿图什通吉努尔农牧发展有限公司、阿图什市苏碧汗商贸有限公司、阿图什市卡咪热叮农副产品加工有限公司、阿图什富江果业有限公司、阿图什市安淇拉果业有限公司、阿图什市图革路果品加工厂、阿图什市热海提食品有限公司、阿图什汉朝酒业有限公司等10家企业。

第五章　工业园区

第一节　基础设施建设

2006年底,阿图什工业园区开始筹备建设。

2010年11月,经自治区人民政府批准为自治区级工业园区。

至2011年9月,累计投入基础设施建设资金14000万元,修建道路、绿化林带60千米,防风林带17.4千米,排洪沟4.5千米,防洪坝3.5千米,500立方米和100立方米蓄水池各1座、110千伏变电所1座、日供气80万立方米的供气站1座和日供水2万立方米水厂1座,铺设绿化管网(PVC)52.4千米、支管14.9千米、压力滴灌管238千米,植树14万株,绿化面积133.33公顷,架设电信光缆25千米,园区通信实现全覆盖。

2012年,对口支援省市—昆山市充分利用阿图什资源、地缘优势,投资6000万元,在阿图什昆山产业园新建标准化厂房及"四横三纵"七条道路(玉山路、张浦路、昆山大道、锦溪路、苏州路、千灯路、陆家路)等配套设施和产业园区企业孵化中心。园区基础设施一期建设项目6个,于2012年6月启动,总投资2.1亿元;二期建设项目7个,2014年2月启动,总投资2.12亿元(昆山援建)。

2015年,园区基础设施建设投资1.95亿元。完成园区道路建设16条,建设24栋标准化厂房及配套设施,新建工业园区派出所、新建污水处理厂1个,完成园区绿化亮化工程,架设输变电线路4.5千米。在小微产业园区,建成标准化厂房40栋,配套建成2000平方米的小微企业服务中心,完成小微园区道路硬化4.28万平方米,安装路灯115盏,铺设给排水、燃气、热力管网7.05千米,架设输变电线路1.67千米和变压器等配套设施。园区建成面积11.52平方千米,分为一园五区,即一区重工业园区、二区轻工业园区、三区皮革园区、四区昆山产城结合区、五区小微服装服饰产业园区。建设累计投入13亿元,基本实现水、电、路、林、气等基础设施全配套。

第二节　招商引资

一、招商举措

2006年8月,阿图什市在市人民广场举行首届阿图什无花果节,2006年、2008—2014年参加喀什—中亚南亚商品交易会,2006—2010年参加乌鲁木齐对外经济贸易洽谈会,2006—2007年参加中国国际投资贸易洽谈会,2007年、2011—2013年参加"西洽会",2011—2014年参加中国—亚欧博览会。

2013年8月7日,市政府制定《企业入驻阿图什昆山产业园区标准化工业厂房若干政策规定》,凡具备入园条件的企业在享受中央、自治区、阿图什市现有优惠政策的同时,还可享受,免交3年工业化标准厂房租金,给企业免费提供不低于15平方米的办公场所,并按照公共租赁房政策提供职工住房。

2014年1月21日,市政府制定《关于培育小微企业、扶持劳动密集型产业的实施意见(试行)》,对招用持有就业失业登记证的就业困难人员并签订1年以上劳动合同的小微企业,按照先交后补的原则,给予企业应缴纳部分基本养老保险、失业保险和医疗保险缴费额的补贴,补贴期限为3年。入驻创业孵化基地的小微企业,孵化期3年,孵化期内厂房租金全免;入驻小微企业产业园的小微企业孵化期3年,可延长至5年,厂房租金实行"三免两减半"。小微企业可享受2年小额担保财政贴息贷款政策。其中符合小额担保贷款条件的个人从事个体经营者最多不超过5万元,高校毕业生最多不超过5万元;合伙经营的不超过20万元。按时归还贷款的,额度可适当提高,但最高不超过30万元。

2014年4月6日,市政府制定《关于鼓励扶持企业入驻阿图什工业园区若干政策规定(试行)》,对于大中专毕业生到阿图什工业园区企业就业培训的,开展3至6个月岗前技能培训或订单培训,取得职业资格证书或合格证书后,给予培训机构不超过300元/人的标准补贴。少数民族毕业生就业国家通用语言培训按照每人150元补贴,补贴期限最长不超过6个月。农村家庭、城镇贫困家庭未就业大中专毕业生,按规定享受免费技能培训;税收优惠政策对在新疆困难地区新办的属于《新疆困难地区重点鼓励发展产业企业所得税优惠目录》范围内的企业,自取得第一笔生产经营收入所属纳税年度起,第一年至第二年免征企业所得税,第三年至第五年减半征收企业所得税("两免三减半"优惠),执行时间:2010年1月1日至2020年12月31日。对入驻产业园的小微企业,自2014年1月1日至2015年12月31日,对年应纳税所得额低于6万元(含6万元)的小型微利企业,其所得减按50%计入应纳税所得额,按20%税率缴纳企业所得税。自2013年8月1日起,对月销售额(营业额)不超过2万元的小微企业,暂免征收增值税和营业税。对小微企业和个体工商户在当年新招用大中专毕业生,与其签订1年以上期限劳动合同并交纳社会保险费的,在5年内按实际招用人数每人每年4000元为限额扣减地方税收,其中对吸纳南疆三地州、少数民族大中专毕业生限额标准可上浮20%,政策审批期限截至2015年12月31日。

对入驻工业园区内生产加工性企业当年度固定资产投入在1000万~5000万元的(含5000万元),按每200万元给予2万元奖励;固定资产投入在5000万~10000万元的(含10000万元),每200万元给予3万元奖励;固定资产投入在10000万元以上的,按每200万元给予4万元奖励,根据投入,最高给予250万元的封顶奖励。对入驻工业园区内生产加工性企业以企业对地方财政的贡献率,从工业和三产发展基金给予奖励:贡献率在100万元(含100万元)以下的,按15%给予奖励;贡献率在100万~500万元(含500万元)的,给予30万元的奖励;贡献率在500万~1000万元(含1000万元)的,给予80万元奖励;贡献率在1000万元以上的,最高给予100万元奖励。对入驻工业园区经营销售类和股权投资类的企业,年营业开票收入超过300万元、500万元、1000万元、3000万元、5000万元以上的项目,当年度分别奖励10万元、20万元、30万元、50万元、100万元。全年享受各类补助和奖励资金总额不超过350万元。奖励扶持政策试行3年(2014年1月1日至2016年12月31日)。

2014年8月18日,制定《阿图什市招商引资引荐奖励办法(试行)》,对引荐市外企业或个人到阿图什兴办符合国家产业政策的独资、合资、合作企业,且进行工业、生产性加工和生产性服务项目的,项目建成投产后,按照以下标准予以奖励:固定资产投资规模200万~1000万元(含1000万元)的项目,按投资额的1%予以奖励;固定资产投资规模在1000万~5000万元(含5000万元)的项目:1000万元以下部分按1%予以奖励,1000万~5000万元的部分按3‰予以奖励;固定资产投资规模5000万元~1亿元(含1亿元)的项目:1000万元以下部分按1%予以奖励,1000万~5000万元的部分按3‰予以奖励,5000万~1亿元的部分按1.5‰予以奖励;固定资产投资规模1亿元以上的项目:1000万元以下部分按1%予以奖励,1000万~5000万元的部分按3‰予以奖励,5000万元~1亿元部分按1.5‰予以奖励,1亿元以上的按1‰予以奖励;引荐世界500强企业、进出口贸易经营性企业及服务性企业,根据企业对财政地方的贡献率,采取"一事一议"的办法给予奖励。

二、招商项目

2005—2015年,工业园区共有企业32家。2005年,引进企业2家,即自治州亚星集团,年产200万吨铁选矿生产线项目、自治州新蓉皮革厂,年产加工牛皮100万张,羊皮150万张生产线项目。2007年,引进阿图什庆源管道运输有限责任公司,近期供气量 $10124.83\times 10^{4}Nm^{3/a}$,远期供气量 $20222.87\times 10^{4}Nm^{3/a}$,生产线项目。2009年,引进自治州新和药业有限公司,药品物流配送项目。2011年,引进企业4家,即自治州天山水泥有限责任公司,日产5000吨熟料水泥生产线项目、自治州青松水泥有限责任公司,日产2500吨新型干法水泥生产线项目、新疆开心药业有限公司,药品物流配送项目、新疆葱岭气调保鲜库,5万吨气调保鲜库项目。2012年,引进新疆润雨管业有限公司,高密度聚乙烯(HDPE)给水管、UPVC管材生产线项目。2013年,引进企业3家,即阿图什市安格西泰鞋业有限公司,年产2500万双拖鞋生产线项目、阿图什市丽玛希诺袜业有限公司,年产2400万双丝袜、棉袜生产线项目、阿图什德通管业有限公司,玻璃钢管生产线项目。

2014 年,引进企业 7 家,即新疆众业联诚电气安装设备有限公司,高低压变电箱、变电柜生产线项目、新疆中兴能源有限公司,生产 100 兆瓦光伏电站及光伏支架组件、南疆新能源产业基地光伏系统产品研发和检测中心及疆电民生光伏项目、阿图什市宏鑫门业,年产 3 万平方米铝合金门窗、道路护栏制作安装 100 千米生产线项目、阿图什天易消防器材有限公司,消防柜及消防配件生产线项目、自治州磐科制漆,内外墙涂料、乳胶漆生产线项目、阿图什小铃铛工贸有限公司,锅炉生产线项目、阿图什市宏泰钢化玻璃有限公司,年产 10 万平方米玻璃加工生产线项目。2015 年,引进企业 13 家,即特变电工光伏新能源有限公司,20 兆瓦光伏电站项目、新疆阿吉优环保科技有限责任公司,太阳能净水整体卫浴、净水设备及纯净水生产项目、自治州国利华服装有限公司,服装加工生产线项目、新疆中电坤源节能科技有限公司,年产 19 万个 LED 太阳能产品项目、自治州安淇拉地毯科技有限公司,地毯生产加工及销售项目、自治州库吐鲁克商贸有限公司,刺绣生产线项目、阿图什市永党农业科技有限公司,可降解地膜、大棚膜、地膜回收建设项目、阿图什市汉源塑钢有限公司,塑钢型材加工生产线项目、新疆炀灯电器有限公司,LED 节能灯、LED 单元板、家用开关的插座加工组装、LED 灯外壳加工生产线项目、阿图什市博天食品有限公司,饮料生产线加工项目、新疆早上好生态农业科技有限公司,冻干食品加工生产线项目、家莱福家居建材有限公司,家具、装修材料加工生产线项目、新疆玉彩科商贸有限公司,果脯、果酱加工生产线项目。

三、引进资金

2005—2015 年,招商引资到位资金 124.46 亿元,其中 2005 年招商引资到位资金 15323 万元;2006 年招商引资到位资金 19000 万元;2007 年招商引资到位资金 35000 万元;2008 年招商引资到位资金 48000 万元;2009 年招商引资到位资金 48500 万元;2010 年招商引资到位资金 63107 万元;2011 年招商引资到位资金 90205 万元;2012 年招商引资到位资金 239875 万元;2013 年招商引资到位资金 241083 万元;2014 年招商引资到位资金 194888 万元;2015 年招商引资到位资金 249595 万元。

四、招商引资主要企业简介

(一)新疆中兴能源有限公司

新疆中兴能源有限公司是中兴能源有限公司新疆区域核心平台,于 2014 年 6 月将新疆总部基地从乌鲁木齐市整体搬迁入驻阿图什工业园区,主要生产控制逆变一体机、光伏汇流盒、支架等设备,享受国家"丝绸之路经济带"政策。主要面向太阳能资源丰富、光伏控制器需求量大、市场前景广阔的巴基斯坦等中亚重要战略地区出口光伏设备,形成集生产、设计、实施、运行、监控、维护为一体的大型能源总包服务商。2015 年与中兴能源巴基斯坦项目部签订 900 兆瓦光伏发电项目部分订单。

2015 年 8 月,新疆中兴能源有限公司自建区在阿图什工业园区正式启动建设,占地面积 6.67 公顷,计划 3 年投资 6 亿元,年均 2 亿元。预计 2016 年 7 月一期投资 3800 万元,自建区光伏运行维护监控中心将投入使用。

新疆中兴能源光伏电站一期 60 兆瓦光伏发电项目,于 2015 年 8 月完工并网使用,二期 40 兆瓦光伏发电项目,预计 2016 年 6 月底并网发电。

(二)自治州天山水泥有限责任公司

自治州天山水泥有限责任公司于 2010 年 12 月 2 日成立,厂址位于阿图什市重工业园区,是中国中材集团(央企)控股的新疆天山水泥股份有限公司(上市公司:000877sz)的全资子公司。公司厂址距离阿图什市 27 千米,距喀什市 30 千米。

自治州天山水泥有限责任公司 5000t/d(日产 5000 吨)熟料水泥生产线工程由中国中材国际工程股份有限公司南京设计院设计,投资额 9.4 亿元。建设 1 条带 9000kW(千瓦)纯低温余热发电的 5000t/d 熟料水泥生产线,年产熟料 155 万吨,年产水泥 200 万吨。采用国内较为先进的新型干法预分解生产工艺技术及集中控制的先进生产线,自动化程度高,环保设施完善,能耗低,用工少,产能高。该工程项目于 2011 年 6 月 28 日开工建设,2014 年 4 月 10 日建成投产。工作人员 220 人,解决当地就业 100 余人。

(三)自治州青松水泥有限责任公司

自治州青松水泥有限责任公司位于阿图什市重工业园区,是新疆青松建材化工(集团)股份有限责任公司旗下的全资子公司,公司厂址距离阿图什市约28千米,距喀什市20千米,距离吐尔尕特口岸36千米。

2008年入驻阿图什重工业园区,公司总投资14亿元建成的2500t/d、6000t/d两条新型干法水泥生产线(配套纯低温余热发电),采用国内较为先进的新型干法水泥生产工艺技术,自动化程度高、环保设施完善、耗能低、用工少,生产能力高于国家区域限制类建材行业标准,符合国家水泥工业结构调整:"加强节能节约综合利用,发展循环经济"的总体要求。2015年,生产熟料260万吨,年产优质水泥350万吨,可根据客户要求生产普通硅酸盐52.5#水泥、普通硅酸盐42.5#水泥、复合硅酸盐32.5#水泥、抗硫酸盐42.5#水泥,是新疆南疆单线产能最大的熟料生产线,生产线分别配套4.5MV(兆伏)、12MV纯低温余热发电,可消化利用热电厂外排粉煤灰30.8万吨,煤矿废弃物——煤矸石11.2万吨等工业废渣,还可以对周边城市垃圾进行焚烧处理,对建筑垃圾进行综合利用,具有十分显著的环保效益。

(四)自治州国利华服装有限公司

自治州国利华服装有限公司是一家规模大、技术装备优良、工艺品质上乘的制式服装生产企业。公司集设计、生产、销售为一体,拥有先进技术团队和生产管理体系,配备美国格柏CAD(一种服装软件)服装设计裁剪体系和领先水平的服装吊挂流水生产线,还有一支强大的服装理论与实践相结合的培训团队,公司致力于打造克州首家服装品牌,产品定位"时尚、活力、健康"的现代理念。

自治州国利华服装有限公司于2015年1月入驻小微产业园,注册资本2000万元,有生产车间4000平方米,投资800万元购置各类设备800余台,工作人员300人,均为贫困户,主要来源于上阿图什镇、哈拉峻乡、吐古买提乡,年产值5000万元,主要以内销、外贸为主,外贸订单1000万元,务工人员人均年收入2.5万元。

(五)阿图什市永党农业科技有限公司

阿图什市永党农业科技有限公司位于阿图什市轻工业园区,成立于2014年9月,占地1.33公顷,预计总投资2000万元,始建于2015年3月,到2015年6月,已完成生产车间,原料库房,成品库房,综合楼一栋的基础设施建设。公司主要生产农膜、地膜、大棚膜、遮阳网、可降解地膜研发与生产及残膜回收。有大棚膜生产线1条,地膜生产线3条,遮阳网生产线1条,残膜回收设备1套。年产大棚膜4000吨,地膜4000吨,遮阳网1000吨,残膜回收1000吨。公司有从事多年专业技术人员35人,普通工人50余人。

(六)克州亚星集团

自治州亚星矿产资源集团有限公司目前开发的项目为"阿克陶县切列克其铁矿采选项目"。该项目于2005年6月18日经新疆维吾尔自治区发改委核准,项目总投资6.9亿元。设计规模为年采选铁矿石200万吨,采矿项目于2005年开始筹建,2010年8月全部投产,2015年采铁矿石200万吨。

选矿项目采用回转窑磁化焙烧—磁选新工艺,使用世界上先进的PLC(中央控制系统),对整个生产过程的工作参数和关键部位进行全方位监控。项目的建成投产,解决菱铁矿含铁品位低、难以选矿这一重大难题,为利用菱铁矿开辟新的途径。该项目设计规模为年选铁矿石200万吨,焙烧后入选矿量179.5万吨,选别后获品位63.38%的铁精粉114.12万吨。2012年生产铁精粉30万吨,产值1.5亿元,产品主要销往八一钢铁厂。

(七)新疆开心药业有限公司

新疆开心药业有限公司成立于2012年5月,公司注册资金1000万元,注册(经营)地址:阿图什市轻工业园区纬四路,公司占地5.35万平方米,经营面积8371平方米,库房面积4830平方米。公司总资产5000万元,其中固定资产投资2000万元,流动资金3000万元。2015年有上游合作厂家300家,下游配送客户1500家,拥有冷藏配送/日常业务配送车辆12辆,其中冷藏专用车用做冷链药品的配送运输,对自治州、喀什地区各市、县、乡、医院、社区服务、诊所、药店均保持着高度的市场覆盖率。

(八)新疆中电坤源节能科技有限公司

新疆中电坤源节能科技有限公司,位于阿图什市小微企业产业园区,2015年6月入驻,从事研发、生产、销售、安装为一体的LED(发光二极管)照明产品、亮化工程、LED显示屏、自动化智能控制设备,太阳能光伏发电,太阳能道路照明等的制造企业。公司同中科研院所、北京中电等单位合作、研发LED照明,太阳能道路照明技术及应用、拥有光伏发电行业和电力系统行业关键部件的自主知识产权,使中电坤源的专利产品在提升LED光源能效、科学改进、自然调控等方面使太阳能照明达到国际水平。公司有专业的研发团队10人、生产队伍100人、销售队伍12人、城市节能工程设计,施工安装队伍50人。

(九)自治州安淇拉地毯科技有限公司

自治州安淇拉地毯科技有限公司2015年8月入驻小微产业园,有标准化厂房1000平方米,生产设备1台、新订购设备1台,设备价值600万元,主要经营满铺地毯、日用毯垫、印花毯垫等产品,地毯样式可根据用户需求进行订制。工作人员85人,主要来源于阿扎克乡。销售渠道以南疆四地州为主,年产值1500万元,务工人员人均年收入2.5万~3万元。

(十)克州库吐鲁克商贸有限公司

克州库吐鲁克商贸有限公司于2015年2月入驻阿图什市小微产业园,注册资金100万元,项目总投资800万元,主要生产床上刺绣用品,有刺绣机15台、缝纫机33台、其他设备15台,员工80人,均为贫困人员,主要来源于阿扎克乡。公司年产能力40万件,主要销往疆内乌鲁木齐、伊犁,国外吉尔吉斯斯坦、塔吉克斯坦等地,2015年营业收入800万元,人均月工资2600元。

(十一)新疆众业联诚电气安装设备有限公司

新疆众业电控设备有限公司于2014年入驻阿图什昆山产业园,注册资金1180万元,主要经营生产、销售高低压配电柜、配电箱等电器成套设备,有高级工程师3名、技术人员6名、生产人员56名、销售人员40余名、专业检验及售后服务人员10名。

第三节　投资效益

一、年效益

2008年,完成工业总产值26240万元,同比增长17.98%,完成工业增加值4950万元,同比增长18.6%,完成产品销售收入15481.6万元,实现利润2125.4万元;上缴税收1994万元。

2011年,完成工业总产值118882万元,完成工业增加值29720万元,完成产品销售收入86683万元,上缴税收1300万元。

2014年,实现工业总产值16.32亿元,工业增加值5.13亿元,实现税收518.22万元。

2015年,实现工业总产值17亿元,工业增加值5.27亿元,实现税收1110.53万元。解决富余劳动力就业2968人,其中少数民族职工1785人,主要来源于阿图什市周边乡镇。

二、各区效益

一区(重工业园区)规划面积9.96平方千米,主要以黑色金属选冶及新型建筑材料生产加工为主。入驻企业40家,已投产16家,2014年实现工业总产值10亿元,工业增加值3.14亿元,实现税收226.79万元;2015年实现工业总产值6.8亿元,工业增加值2.38亿元,实现税收92.31万元。解决富余劳动力就业1121人,其中少数民族职工448人。

二区(轻工业园区)规划面积3.98平方千米,主要以农副产品及食品加工、仓储物流为主。入驻企业51家,已投产29家,2014年实现工业总产值0.92亿元,工业增加值0.29亿元,实现税收146.26万元;2015年实现工业总产值1.31亿元,工业增加值0.45亿元,实现税收74.32万元。解决富余劳动力就业589人,其中少数民族职工442人。

三区(皮革园区)规划面积2.36平方千米,主要以蓝湿皮、制衣革、梳绒生产加工为主。入驻企业4家,已投产4家,2014年实现工业总产值4.75亿元,工业增加值1.49亿元,实现税收126.98万元;2015年实现工业总产值4.43亿元,工业增加值1.28亿元,实现税收41.93万元。解决富余劳动力就业160人,其中少数民族职工144人。

四区(昆山产城结合区)规划面积5.24平方千米,主要以清洁能源、机械加工、电子产品生产加工为主。入驻企业17家,已投产17家。2014年实现工业总产值0.3亿元,工业增加值0.1亿元,实现税收16.52万元;2015年实现工业总产值2.5亿元,工业增加值0.6亿元,实现税收875.98万元。解决富余劳动力就业468人,其中少数民族职工153人。

五区(小微服装服饰产业园区)规划面积1平方千米,主要以纺织、服装服饰生产加工为主。入驻企业26家,已投产25家。2014年实现工业总产值0.35亿元,工业增加值0.11亿元,实现税收1.68万元;2015年实现工业总产值1.87亿元,工业增加值0.56亿元,实现税收26万元。解决富余劳动力就业630人,其中少数民族职工598人。

1995—2015年阿图什市独立核算工业企业当年产值结构一览表

表11-9　　单位:万元

年份	工业总产值	工业增加值	年份	工业总产值	工业增加值
1995	1947	1506	2006	23912	4455
1996	2570	1332	2007	27777	7594
1997	2930	1070	2008	27821	8911
1998	2741	933	2009	21943	8119
1999	2707	934	2010	47261	11773
2000	3467	1244	2011	105470	29720
2001	2122	1054	2012	124096	31750
2002	3071	1585	2013	142530	33642
2003	5081	2166	2014	140885	52000
2004	13274	4561	2015	173700	57000
2005	15430	3598			

第六章　乡镇企业

第一节　乡镇企业发展概况

1995年,全市有乡镇企业327家,从业人员2830人,营业收入410.73万元。2000年,开展“质量、品种、效益年”活动,在稳定原有政策的前提下,深化企业改革,完善承包合同,处理好国家、集体、个人三者之间的利益关系,强化企业积累机制,增强企业自我发展能力。同时,大力发展私营企业。2002年,市政府制定一系列优惠政策,大力招商引资,筑巢引凤。采取因地制宜,发展优势,城乡结合,内引外联的措施。2005年,市政府召开乡镇企业经验交流现场会,推广先进的管理方法和经验,提出因地制宜发展乡镇企业方针。2015年,有乡镇企业1054家、职工2590人,营业收入3650万元,生产总值2620万元。

1995—2002 年阿图什市乡镇企业经济指标统计表

表 11 - 10

年份	项目	采掘	建筑	交通运输	商业	饮食服务	育肥羊	其他	合计
1995	企业数(个)	51	1	48	92	4	74	57	327
	职工数(人)	285	37	133	93	6	928	1412	2894
	营业收入(万元)	83.27	41.98	47.6	36.71	0.98	139.25	62.76	412.55
1996	企业数(个)	53	1	48	100	6	75	58	341
	职工数(人)	302	37	133	120	8	930	1412	2942
	营业收入(万元)	85.27	41.98	47.6	38.71	1.02	145.25	62.76	422.59
1997	企业数(个)	55	1	48	110	8	75	58	355
	职工数(人)	322	37	133	130	20	930	1412	2984
	营业收入(万元)	95.27	41.98	47.6	40.71	2.02	145.25	62.76	435.59
1998	企业数(个)	60	1	48	118	8	75	61	446
	职工数(人)	370	37	133	150	20	930	1450	3090
	营业收入(万元)	120	41.98	47.6	50.71	2.02	145.25	70	487.56
1999	企业数(个)	80	1	48	120	8	75	61	393
	职工数(人)	400	37	133	166	20	930	1450	3136
	营业收入(万元)	130	41.98	47.6	52	2.02	145.25	70	488.85
2000	企业数(个)	81	1	48	120	8	75	63	396
	职工数(人)	420	37	133	166	20	930	1460	3166
	营业收入(万元)	140	41.98	47.6	52	2.02	145.25	71	499.85
2001	企业数(个)	81	1	48	120	8	75	63	396
	职工数(人)	420	37	133	166	20	930	1460	3166
	营业收入(万元)	140	41.98	47.6	52	2.02	145.25	71	499.85
2002	企业数(个)	83	1	49	120	8	75	66	402
	职工数(人)	340	37	135	166	20	930	1560	3188
	营业收入(万元)	142	41.98	47.6	52	2.02	145.25	72	502.85

2003—2015 年阿图什市乡镇企业经济指标统计表

表 11 - 11

年份	项目	采掘	交通运输仓储业	批发零售业	社会服务业	建筑业	住宿餐饮业	其他	合计
2003	企业数(个)	71	209	358	138	2	—	122	900
	职工数(人)	490	266	427	304	11	—	202	1700
	营业收入(万元)	778	249	371	239	8.8	—	51	1696.8
	增加值(万元)	448	174	278	190	3	—	30	1123
	产值(万元)	688	207	321	218	8	—	48	1490
2004	企业数(个)	71	209	358	138	2	—	213	991
	职工数(人)	490	266	427	304	11	—	213	1711
	营业收入(万元)	778	249	371	239	8.8	—	137	1782.8
	增加值(万元)	448	174	278	190	3	—	85	1178
	产值(万元)	708	227	338	218	8	—	125	1624
2005	企业数(个)	71	209	358	138	2	—	216	994
	职工数(人)	490	266	427	304	11	—	224	1722
	营业收入(万元)	778	249	371	239	8.8	—	141	1786.8
	增加值(万元)	448	174	278	190	3	—	87	1120
	产值(万元)	708	227	338	218	8	—	127	1626
2006	企业数(个)	71	209	358	138	2	—	216	994
	职工数(人)	490	266	427	304	11	—	224	1722
	营业收入(万元)	778	249	371	239	8.8	—	141	1786.8
	增加值(万元)	448	174	278	190	3	—	87	1180
	产值(万元)	708	227	338	218	8	—	217	1716
2007	企业数(个)	71	209	358	138	2	—	216	994
	职工数(人)	490	266	427	304	11	—	224	1722
	营业收入(万元)	778	249	371	239	8.8	—	141	1786.8
	增加值(万元)	448	174	278	190	3	—	87	1180
	产值(万元)	708	227	338	218	8	—	127	1626
2008	企业数(个)	35	180	253	138	—	185	366	1157
	职工数(人)	450	240	300	304	—	435	435	2164
	营业收入(万元)	1100	355	371	490	—	430	370	3116
	增加值(万元)	550	174	278	280	—	204	32	1518
	产值(万元)	825	302	338	444	—	355	204	2468

续上表

年份	项目	采掘	交通运输仓储业	批发零售业	社会服务业	建筑业	住宿餐饮业	其他	合计
2009	企业数(个)	39	180	253	371	—	185	7	1035
	职工数(人)	540	240	300	535	—	405	45	2065
	营业收入(万元)	1155	355	490	395	—	430	30	2855
	增加值(万元)	620	174	280	47	—	154	10	1285
	产值(万元)	925	302	444	224	—	305	25	2225
2010	企业数(个)	41	180	253	371	—	185	7	1037
	职工数(人)	570	240	300	535	—	405	45	2095
	营业收入(万元)	1206	355	490	395	—	430	30	2906
	增加值(万元)	550	174	280	47	—	154	10	1215
	产值(万元)	940	302	444	224	—	305	25	2240
2011	企业数(个)	41	182	253	371	—	185	7	1039
	职工数(人)	570	283	300	535	—	405	45	2138
	营业收入(万元)	1205	399	490	395	—	430	30	2949
	增加值(万元)	640	194	280	47	—	154	10	1325
	产值(万元)	965	342	444	224	—	305	25	2305
2012	企业数(个)	43	183	254	371	—	185	7	1043
	职工数(人)	590	290	320	535	—	405	45	2185
	营业收入(万元)	1439	425	530	395	—	430	30	3249
	增加值(万元)	696	200	290	47	—	154	10	1397
	产值(万元)	1124	362	450	224	—	305	25	2490
2013	企业数(个)	44	183	259	371	—	185	9	1051
	职工数(人)	600	300	390	535	—	405	52	2282
	营业收入(万元)	1500	450	600	395	—	430	43	3418
	增加值(万元)	720	230	310	47	—	154	20	1481
	产值(万元)	1324	370	480	224	—	305	35	2738
2014	企业数(个)	45	183	259	371	—	185	9	1052
	职工数(人)	610	300	390	535	—	405	52	2292
	营业收入(万元)	1550	450	600	395	—	430	43	3468
	增加值(万元)	730	230	310	47	—	154	20	1491
	产值(万元)	1394	370	480	224	—	305	35	2808

续上表

年份	项目	采掘	交通运输仓储业	批发零售业	社会服务业	建筑业	住宿餐饮业	其他	合计
2015	企业数(个)	45	183	259	373	—	185	9	1054
	职工数(人)	610	300	390	635	—	405	52	2392
	营业收入(万元)	1550	450	600	465	—	430	43	3538
	增加值(万元)	730	230	310	77	—	154	20	1521
	产值(万元)	1394	370	480	264	—	305	35	2848

第二节　乡镇企业管理

1995—2000 年,阿图什市乡镇企业受各乡镇和市乡镇企业局的双重管理,乡镇企业局负责指导、协调和服务,管理工作逐步走上制度化规范化、科学化的道路。2001 年,全市各乡镇抽调一名副乡镇长成立乡镇企业管理站,负责对各乡镇的乡镇企业进行具体管理,每月对企业进行安全检查,以减少安全隐患,并要求企业按月上报经济数据。乡镇企业管理站的成立,减少了资源浪费,提高了矿产品附加值,规范了矿山开采行为,统一了产品销售价格,克服家庭式管理的弊病,堵塞了漏洞,提高了产品产量,增加了税收。同时,挑选部分自身素质较好的企业人员,送到外地培训、学习和考察,有效提高企业员工的业务技能和管理能力。

第七章　民营经济

第一节　个体私营经济

中共十一届三中全会以后,阿图什市的个体私营经济从无到有、从小到大迅速发展起来,特别是 1997 年以来各级党委、政府相继出台的一系列的优惠政策,给全市私营经济注入新的活力。阿图什市个体私营经济管理,一方面通过政策调整和规划引导、鼓励、支持个体私营经济发展;另一方面开展合法经营、文明经营教育和查处违法经营行为,增强个体私营经济自我管理、自我约束意识,提高自身素质。1995 年,阿图什市进一步放开个体私营经济经营范围和经营方式,不准搞部门和地方性限制;个体工商户和私营企业可以先开业、后办手续,登记、注册可以不受资金数额限制;2000 年,个体私营企业换发全国统一营业执照,统一编号,加强对个体工商户和私营企业的监督管理。1995—2010 年,不断进行国有、集体企业改革,市委、市政府大力扶持下岗职工兴办个体私营企业,安置待业人员和农村剩余劳动力,支持个体私营经济兼并、购买国有、集体企业,参与房地产和城镇公用事业建设,私营企业得到发展,规模不断扩大。

一、私营企业

私营企业作为阿图什市的新兴市场主体出现,1995 年,阿图什市有私营企业 18 户,从业人员 672 人,注册资金 556.2 万元。1999 年底,全市私营企业 28 户,从业人员 776 人,注册资金 2088 万元。2015 年,私营企业1390户,注册资金 695622.2 万元,雇工人数 2546 人。

1995—2015 年阿图什市私营企业登记情况表

表 11－12

年份	登记户数（户）	注册资金（万元）	从业人数（人）	年份	登记户数（户）	注册资金（万元）	从业人数（人）
1995	18	556. 2	672	2006	112	16444	1376
1996	11	712	602	2007	193	24662	1467
1997	13	905	632	2008	243	26237. 7	1544
1998	16	1923	759	2009	244	27303. 7	1578
1999	28	2088	776	2010	448	65895. 5	1645
2000	32	2697	970	2011	469	84331. 2	1767
2001	36	3620	1003	2012	613	129816. 5	1852
2002	44	4056	1012	2013	678	165475. 54	1934
2003	53	13544	1126	2014	947	259617	2034
2004	67	13234	1278	2015	1390	695622. 2	2546
2005	80	13504	1350				

二、个体工商户

1995 年底，全市个体工商业户 2907 户，从业人员 4380 人，注册资本 1230 万元；1999 年，个体工商户 2780 户，从业人员 5400 人，注册资金 1970 万元。2015 年，个体工商户 6664 户，从业人员 11104 人，注册资金 31707. 4 万元。实践证明个体工商户的发展，对于促进生产发展，活跃商品流通，安置待业人员和农村剩余劳动力，增加国家收入起到积极作用。

1995—2015 年阿图什市个体工商户登记情况表

表 11－13

年份	累计登记户数（户）	从业人员（人）	注册资本（万元）	年份	累计登记户数（户）	从业人员（人）	注册资本（万元）
1995	2907	4380	1230	2006	4505	6679	6439. 1
1996	2119	2962	829	2007	4730	6742	7164
1997	2453	4257	1093	2008	4638	6517	7436
1998	2944	5287	1575	2009	4323	6325	8994
1999	2780	5400	1970	2010	4177	6127	19838. 2
2000	2794	5422	2451	2011	4088	5901	17434
2001	3137	5600	2729	2012	4046	6155	13197
2002	3326	6193	2938. 8	2013	4641	7152	17936
2003	3498	6496	3354. 5	2014	5216	7712	21863
2004	3641	6572	3662	2015	6664	11104	31707. 4
2005	3871	6601	3829				

第二节　个私经济服务

1995 年后,阿图什市工商局重视注册窗口队伍建设工作,将作风最好、素质最高、业务最强的工商干部选派到窗口岗位上,将最先进最优良的设备、设施提供给窗口使用,与各项高标准的制度相适应,为群众提供更加优质的行政服务。

强化责权统一、健全登记制度。工商窗口在全面推行注册登记“限时办结制”“企业登记注册岗位责任制”“首问责任制”“一次性书面告知制”“登记过错责任追究制”“登记注册监管廉洁自律制”,对于窗口工作人员办理的登记资料,均实行“一人办结、终生负责”,强化工作人员的责任心。

展现工商“情为民所系、利为民所谋、权为民所用”新形象。创新服务方式,提升服务水平,将注册窗口打造成为服务招商引资和创业投资的精品窗口。设立“绿色通道”,对于市委、市政府确定的重大项目,启动“绿色通道”,实行“提前介入、专人导办、跟踪督办”的办事流程,全程服务,促进项目快速落地和良好发展。

2012 年,开展“帮扶企业对接活动”,对“克州锦辉矿业有限公司”“克州鼎盛热能有限公司”等 11 户私营企业进行帮扶。采取上门年检服务、跟踪服务、法律宣传等方式,前移服务窗口,提高服务效能,帮助微小企业解决融资难题,增强私营企业品牌竞争意识。宣传区局“45 条意见”“17 条措施”,对 59 户小型微型企业免收注册登记费 4.48 万元,对 25 户个体工商户转型升级为私营企业。备案登记初次创业个体工商户 14 户。

2015 年,工商前置审批事项改为后置审批。注册登记窗口严格按照文件规定执行,确保落实到位,使市场准入真正放宽、放到位,形成改革合力,促使改革红利惠及更多群众。为 300 余户企业(个体工商户)落实前置改后置审批,为企业(个体工商户)办理注册登记。

第十二编　盐　业

阿图什市盐资源丰富。根据自治区矿产资源储量评审中心2012年矿产资源储量评审，全市盐矿床面积约2平方千米，固态盐D级储量1224万吨，地质储量31万吨。阿图什市的盐矿开采有较为久远的历史。2001年以前，开采方式是人工，用十字镐、铁锹和手推车，年开采量约350吨；盐产品生产主要采用粉碎式加碘盐生产设备，年产量300余吨。2001—2007年，开采方式采用半机械化，主要用人工和小型采盐船开采，年开采量约2万吨；盐产品生产主要采用粉碎洗涤生产设备，生产的品种比较单一，主要生产粉洗加碘盐、牧业盐、粉洗工业盐等，年产量约1.5万吨。2007年以后，随着科技的进步、生产工具、生产设备的更新升级和自我研制实践，开采多采用机械化作业，主要有挖掘机、采盐船，运盐船、装载机等，年开采量4万余吨。盐产品生产主要采用四效真空制盐设备，生产的品种主要有绿色精制加碘盐、多品种营养盐、牧业盐、各类工业用盐、肠衣盐等。2010年，盐产品远销吉尔吉斯斯坦、巴基斯坦等国家，成为新疆第一家出口盐制品厂家。2011年，海藻碘盐供应市场。2012年，精制加碘盐产品通过国家绿色食品认证，为新疆第一家具备绿色食盐生产资格的厂家。至2015年，全市盐产量达到4.81万余吨，销售收入4601万元，年利润500余万元。

第一章　产区分布及产量

第一节　硝尔库勒盐湖

阿图什市的盐矿主要位于哈拉峻乡的硝尔库勒盐矿和哈拉峻乡的吐孜苏盖特盐湖(未开采)。

一、矿区基本情况

(一)位置

新疆盐业阿图什有限责任公司哈拉峻乡硝尔库勒盐矿矿区位于阿图什市北东67°方向,直距约110千米处,属阿图什市哈拉峻乡所辖。矿区中心地理坐标北纬40°06′47″,东经77°21′24″。

(二)自然环境

矿区位于喀拉铁克山和衣木岗他乌及柯坪塔格山所夹持的皮羌—赞比勒盆地中吐孜苏盖特盐湖内,地形平坦,海拔标高1552~1553.5米。盆地北部为喀拉铁克山,海拔3000~5000米,构成高山地形。南部为衣木岗他乌及柯坪塔格山,海拔1912~2708米,切割深度小于200米,为低中山地形,在形态上为北缓南陡的不对称地形。南北两山系之间东西长约100千米,南北宽20~40千米的皮羌—赞比勒盆地。区内常年水系极不发育,喀拉铁克山系的湖水,流程一般不超过35千米,流量达十数升/秒,如库尔拉勒河。在皮羌—赞比勒盆地中有流入硝尔库勒湖的图赞河,流量150~180升/秒。为典型的温带大陆性干旱气候。每年12月至次年3月,为冬季,平均气温零下6℃~7℃,最低气温零下27℃。夏季炎热,6—7月间平均气温25℃~27℃,最高气温48℃,年平均降雨量59毫米,多集中于春季和夏季,且多为暴雨,年均蒸发量2201.2毫米。春秋多风,最大风速15米/秒。

(三)交通

从阿图什市出发经314国道行45千米至喀拉央塔道班,再向北拐经306省道行约55千米至哈拉峻乡,再经哈拉峻乡、克孜勒套村行约50千米可达矿区,均为柏油公路,里程约150千米。距矿区最近的火车站在阿图什市,最近的飞机场在喀什市,阿图什市至喀什市约40千米,有314国道相通。

(四)社会状况

矿区主要居民是柯尔克孜族,其次是维吾尔族,主要从事农牧业生产。矿区没有其他工矿企业,没有电源。盐湖周围有多处淡水泉及自流井可供饮用及工业用水。生活用品及劳动力均从喀什、阿图什解决。

二、品种与储量

石盐矿化学成分:NaCl含量72.57%~82.19%,平均77.6%,品位变化系数39.47%;$CaSO_4$含量0.28%~1.38%,品位变化系134.49%;$MgSO_4$含量0.15%~15.8%,品位变化系数334.38%;Na_2SO_4,含量0.72%~11.9%,品位变化系数246.56%;水不溶物0.12~11.72%,品位变化系数274.53%。石盐矿体的厚度变化较稳定,NaCl品位变化较均匀,$CaSO_4$变化为不均匀型。$MgSO_4$、$NaSO_4$和水不溶物品位变化为极不均匀型。综上所述,整个矿区固相石盐厚度及主要成分NaCl属较稳定和较均匀型矿床。

(一)资源量估算的工业指标

新疆盐业阿图什有限责任公司哈拉峻乡硝尔库勒盐矿所在的硝尔库勒盐湖为一个固液相石盐并存的复盐矿床,矿区可分固体矿和晶间卤水矿两大类。固相矿产呈水平产出,主要为石盐,矿层稳定。液相矿产主要为潜卤水,其具工业价值的矿产为NaCl,卤水直接溢出地表。按照规范要求其储量分别进行计算。

根据DZ/T0212—2002《盐湖和盐类矿产地质勘查规范》中相关矿种的最低工业品位要求,确定矿区石盐矿工业指标如下：

2002年阿图什市硝尔库勒石盐矿工业指标一览表

表12－1

矿产类别	工业指标			
	NaCl(%)		最小可采厚度	夹石剔除厚度
	边界品位	最低工业品位		
固体石盐矿	≥30	≥50	0.30米	0.3米
卤水	≥5	≥10	10米	

(二)矿山矿产资源储量

根据自治区矿产资源储量评审中心新国土资储评〔2012〕003号《新疆阿图什市硝尔库勒石盐矿普查报告》矿产资源储量评审意见书，矿区采矿权范围内保有的资源储量为：

1. 石盐矿

推断的内蕴经济资源量(333)：

工业矿石量119.87万吨，折合NaCl 93.37万吨；

2. 晶间卤水(333)

给水度资源量13.96万立方米，折合NaCl 3.07万吨，孔隙度资源量28.47万立方米，折合NaCl 6.25万吨。

3. 地表卤水(333)

资源量39.81万立方米，折合NaCl 8.74万吨。

三、开采

矿床属固液相复合盐矿床，卤水层稳定，固体石盐矿出露于地表，埋层浅。且呈水平产状，平均厚度0.64米，因此该矿十分适合露天开采，卤水矿生产工艺属再生盐滩晒法，多年以来矿山一直以露天方式进行开采。

1995—2001年，哈拉峻乡硝尔库勒盐矿主要是人工开采，主要开采工具为简单铁锹、坎吐曼等，用手推车运到湖边堆盐区。开采量为350吨左右，每年10月开采，次年1月运到盐厂。2001—2010年，采用半机械化采盐，以人力为主，用小型采盐船采盐。

2010年，盐湖遭受大量的洪水灾害后，实行机械化采盐，主要工具为采盐船和运盐船。

2015年，公司开采面积2平方千米。

第二节　吐孜苏盖特盐湖(未开采)

吐孜苏盖特盐湖，盐矿床面积约50平方千米，长约18千米，宽2～4千米，盐层厚度约0.2～0.3米，向下即为粗晶石盐层，厚度为0.3～0.6米，固态盐D级储量1320万吨，地质储量1200万吨，芒硝3126万吨。

第二章　盐产品生产

第一节　新疆盐业阿图什有限责任公司

1995年,阿图什市盐厂有年生产能力达2万吨粉洗盐生产工艺,当年产量为2万吨。

2000年,阿图什市盐厂进行国有控股、职工参股的股份制改革,成立阿图什盐业有限责任公司。

2003年,阿图什盐业有限责任公司加入新疆盐业公司,由新疆盐业公司控股经营,成立新疆盐业阿图什有限责任公司。

2006年,在阿图什市轻工业园区新建年产5万吨真空盐厂。2007年底,真空盐厂正式投产,结束克州不生产精制盐历史。为实现创建"国内一流企业"的目标,精制盐厂生产设备均采用不锈钢等耐腐材质。生产线运用四效生产工艺,既实现生产的安全高效、节能降耗,又确保盐的颗粒、质量稳定。

2009年,公司成功研制出多品种营养盐——加碘低钠盐、加碘钙强化营养盐、加碘锌强化营养盐,肠衣盐等产品,赢得广大客户的认同。

2010年,公司通过国检部门食品检查,盐产品远销吉尔吉斯斯坦、巴基斯坦等国家,成为新疆第一家出口盐制品厂家。

2011年,公司经过不断探索,研制海藻碘盐,开始供应市场。

2012年初,公司精制加碘盐产品通过国家绿色食品认证,成为新疆第一家具备绿色食盐生产资格的厂家。

2015年,公司设办公室、财务科、供销科、质检科、生产科、资料科、维修班,有职工138人。6月,公司顺利通过ISO 9001:2008质量管理体系认证和HAACP食品安全管理体系认证。

第二节　生产设备

至2015年,公司有各类生产设备31种37个。其中2007年安装18个,2015年安装3个。

2015年新疆盐业阿图什有限责任公司盐产品生产设备表

表12-2

名称	型号	安装时间(年)	数量(个)	名称	型号	安装时间(年)	数量(个)
离心机	4-728C		2	冷凝泵	DFG65-315/H	2007	1
提升机	TDTG26/13	2007	1	供卤泵	DFLA65-50	2007	1
全自动包装机	三代	2007	3	循环泵	400mm	2007	1
硒鼓泵	DFLH100-32	2007	1	风机	9-1910	2007	1
真空泵	2BVA-513	2007	1	板式换热器	BRO.24	2007	1
真空泵	AIJ65-40-250	2007	1	冷却塔	KFT-300RT	2007	1
上水泵	DFG150-315A/4	2007	1	工业锅炉	SZL8-1.25-A22	2007	1
下水泵	DFG-150-200A/4	2007	1	9m离心通风机	4-728C	2007	1

续上表

名称	型号	安装时间(年)	数量(个)	名称	型号	安装时间(年)	数量(个)
引风机	Y6－42NO12.5	2007	1	小包平输送机	30－10300	2016	1
全自动包装机	五代	2015	2	小包斜输送机	30－3900	2016	1
冷冻式压缩空气干燥机	JB/T10526	2015	1	小包排气压包机	PY－00	2016	1
空气压缩机	LUCD75－15E	2015	1	振实输送机	25－60	2016	1
半自动装袋机(2对型)	HXZD－130A	2016	1	缝包输送机	25－1200	2016	1
立式缝包机	友田 GK－35	2016	1	半自动包装机	DXDL－V	2016	1
小包过渡输送机	30－3100	2016	2	锤式破碎机	PC(B)型	2016	1
小包加速输送机	30－500	2016	2				

第三节　盐产品加工

一、原料盐化盐工序

(一)原料盐输送到化盐池为浓度达到23.0~25.0oBe′卤水池中进行净化。

(二)卤水循环进出口加过滤网,保证卤水的洁净和浓度。

(三)每小时对卤水罐泡沫做消泡处理。

(四)原则上卤水池应15天清理一次,若卤水浓度小于23oBe′,需对部分卤水进行更换。

二、蒸发结晶工序

(一)向各效循环密封水压力不得小于0.5MPa,并进行调整。

(二)启动冷却水泵向混合冷凝器送水,送水时先应流量小,根据水封池内水位情况,逐渐增大流量并进行调节。

(三)关住真空泵的进气阀,打开进真空泵的清水阀,启动真空泵,当运行平稳后,慢慢打开进气阀。

(四)通知锅炉房对Φ219主蒸汽管慢慢升压,最大不得超过0.8MPa.

(五)慢慢打开Ⅰ效加热室的进汽阀,在Ⅳ效蒸发罐末,沸腾前Ⅰ效加热室的进汽压力不得超过0.1MPa,关闭排空阀。

(六)当Ⅰ效平衡桶的排污管出水后,关闭排污阀,水位超过50%后向Ⅰ效闪法桶转排,并控制好水位。当Ⅰ效闪发桶的排污管出水后,关闭排污阀,水位超过50%后向Ⅱ闪转排,当Ⅱ闪排污管出水后,关闭排污阀,水位超过50%后通知锅炉房,向软水箱送冷凝水,并控制好Ⅰ效和Ⅱ闪的水位。

(七)当Ⅱ效、Ⅲ效、Ⅳ效平衡桶底部的排污管出水后,相应的关闭排污阀,水位超过50%后进行转排,并控制好水位。Ⅳ效水位超过50%后,启动冷凝水泵通过卤水预热器排至冷凝水储桶。

(八)认真清理卤水预热器的两个进出口通道,即卤水进出和冷凝水进口通道,通过4个三道阀来调整,严禁卤水和冷凝水通道串道,并在正常生产进行时,四小时切换卤水和冷凝水进出口通道,使之冷凝水对扳片进行清洗作用。

(九)当各效蒸发罐内料液未沸腾前采用手动阀门控制液位,沸腾后投入自动控制,如自动失控仍采用手动阀门控制。

(十)当蒸发罐内的料液沸腾后,打开下一效加热室的上、下不凝气阀,进行调整,以排放下不凝气为主。

(十一)当蒸发内的料液沸腾后,向盐脚送淘洗卤水,Ⅰ、Ⅱ、Ⅲ送少量,阀们微开,Ⅳ效送多一点,根据盐质情况而进行调整。

(十二)当Ⅳ效蒸发罐沸腾2~4小时后,各效开始检测固液比。Ⅰ效固液比控制在10%~15%,Ⅱ效10%~15%,Ⅲ效25%,Ⅳ效20%,当Ⅰ效和Ⅱ效超过10%~15%后,Ⅲ效25%后开始转盐,Ⅳ效超过20%后就可以排盐,并提前半小时通知锅炉房和脱水干燥,以便做好准备。

(十三)首效加热室压力不得超过0.3MPa(表压),混合冷凝器的真空度维持在0.09MPa(表压),水封池的水温≤35C°时,当水温超过35C°时,采用排放一部分热风和补充一部分凉水。

(十四)每2~4小时冲洗转、排盐管一次,使盐泵的排出和回流畅通。排放好各效不凝气。

(十五)每2~4小时冲洗一次,并观察液面情况。及时采用菜油消泡。

(十六)每2~4小时取样一次,检查罐内固液比,pH值,料液中的杂质含量,当杂质含量超过50Mg/L就从Ⅲ效或Ⅳ效的母液分离器排放至系统外。

(十七)巡视检查整个蒸发工序的设备运行情况,随时注意观察参数的变化情况(蒸汽压力、真空度、料液温度等)。做好每小时一次的记录。

三、离心脱水工序

(一)认真检查油位是否合格,离心机的地脚螺栓和各转动部件,紧固螺栓是否松动或脱落。

(二)认真做好主机的盘车工作,看是否转动灵活自如,观察转鼓和推料盘有无破损和异物。

(三)启动油泵电机,开启冷水阀门(当油温低于10°C时油位该预热,用热水通过油冷却器)。

(四)松开锁紧螺母,转动调节泵的流量手轮,使流量最小(推料次数最少,减少机器内部不必要的磨损),使推料次数达20~30次/分,锁紧螺母,内转鼓往复运动,待5分钟(不超过5分钟,以免损坏机械),使机器内部各运动部位得到润滑。

(五)瞬时启动主电机,确认转鼓转向符合标牌指示后,继续启动主电机,空车运转15分钟以上,检查以下项目。

运转中无碰擦,明显噪音,所有零件无松动变形。

液位系统工作正常,无泄露,油压稳定。

启动电流,运转电流等各项指标应符合本机规定。

四、加碘工序

(一)采用湿法加碘。用水温为60~80度的热水溶解碘酸钾。碘酸钾溶液的质量浓度控制在4%左右。溶解搅拌均匀的碘酸钾溶液,经过滤倒入加碘机的碘桶内。利用喷雾设备进行加碘。加碘工序由质检员按规定对碘含量进行抽样检验。

(二)搅拌。成品盐加碘后经螺旋搅拌机进行搅拌混合后输送到烘干工序。

五、烘干工序

(一)床内温度110℃~120℃;

(二)床内盐层150~250毫米;

(三)给料输送机均匀给料;

(四)物料出床温度小于50℃;

(五)每半小时观察干燥床内物料沸腾情况。

六、计量包装

(一)混合均匀后的加碘盐经自动称重机罐装成大包产品和自动包装机自动计量包装成小包装产品,并由工序工人进行自检，质检员抽检，核查净含量和包装封口质量。

(二)小包盐装箱/装袋：小包盐按规定装箱或装袋后通过打码机打上生产日期后进入待检区，挂上待检标识，由质检员按规定对待检区的产品按规定抽检箱装/袋装的净含量，合格后移入仓库。

七、盐产品产量

原盐历年销量与产量大多相差不多，产销基本平衡。

1995年，产量在2万吨左右。随着非碘盐被禁止进入市场，盐场采用白盐过筛子、加碘、包装销售。1996年，粉洗加碘精盐投入市场。2000年，禁止大粒盐上市。盐场除销售粉洗加碘精盐9200吨外，还售出粉碎加碘盐1万吨，粉碎盐(腌皮盐)6000吨，工业等用白盐8000吨。

2015年，盐产量4.81万吨。

1995—2015年新疆盐业阿图什有限责任公司盐产品产量一览表

表12-3　　单位：吨

年份	原盐	粉洗加碘精盐	年份	原盐	粉洗加碘精盐
1995	30400	15200	2006	23600	11800
1996	33600	16800	2007	19400	9700
1997	35800	17900	2008	37600	18800
1998	27400	13700	2009	45400	22700
1999	16600	8300	2010	55800	27900
2000	19600	9200	2011	68200	34100
2001	18000	9000	2012	62800	31400
2002	27400	13700	2013	57600	28800
2003	27400	13700	2014	82800	41400
2004	39600	19800	2015	96800	48400
2005	38400	19200			

说明：1995—2015年，阿图什盐业公司未生产再制盐、粉碎盐、粉碎加碘盐

第四节　盐产品销售

2006—2007年，盐产品年销售量在1万吨左右，2008—2009年盐产品年销售量在2万吨左右，2011—2013年盐产品年销售量在3万吨左右，2015年盐产品年销售量将近5万吨。

1995—2015年新疆盐业阿图什有限责任公司盐产品生产、销售情况表

表12-4　　单位：万元、万吨

年度	营业收入	利润总额	年度产量	年度销售量	各项税金	职工人数
1995	463.00	43.00	0.85	1.52	119.00	70
1996	498.00	36.00	0.92	1.68	137.00	70
1997	507.00	48.00	0.78	1.79	156.00	70

续上表

年度	营业收入	利润总额	年度产量	年度销售量	各项税金	职工人数
1998	549.00	51.00	1.45	1.37	126.00	91
1999	346.00	-19.00	0.95	0.83	78.00	96
2000	491.00	17.00	0.92	0.98	83.00	86
2001	424.00	-12.00	0.99	0.90	79.00	86
2002	673.00	-23.00	1.06	1.37	139.00	87
2004	662.45	76.17	1.94	1.98	102.44	—
2005	696.67	64.69	1.67	1.92	102.73	—
2006	724.66	-19.56	1.27	1.18	124.86	112
2007	999.90	29.63	1.40	0.97	123.26	129
2008	155.04	98.05	2.42	1.88	244.27	230
2009	195.95	217.66	2.38	2.27	227.18	230
2010	257.16	68.19	2.36	2.79	27.49	170
2011	2844.51	160.60	3.34	3.41	33.91	170
2012	3391.06	270.04	3.06	3.14	307.54	137
2013	3227.65	291.06	3.29	2.88	500.65	144
2014	3750.74	390.07	4.16	4.14	527.27	137
2015	4601.00	508.26	4.81	4.84	551.56	138

第五节　盐政执法

1996年5月,国务院第197号令发布《食盐专营办法》,决定对食盐实行专营管理。

1998年,在自治州经信委的指导下全面开展盐政管理工作。2000年之前,自治州盐业市场受外地盐冲击情况不太严重,偶尔可以发现乌鲁木齐、轮台和阿克苏等地的盐产品,年查处、没收量2吨左右。2004年以后,随着人民生活水平的提高,乌鲁木齐食盐慢慢冲击自治州盐业市场,对此阿图什盐业公司同经贸部门加强盐政执法工作,强化市场监督力度,遏制各种盐品种流入自治州市场,打击不法盐贩子,净化盐业市场。

2007年底后,阿图什盐业公司开始生产精制盐,外地盐慢慢流失自治州盐业市场。但是2011年阿图什盐业公司开始生产绿色食盐后,因价格有差别外地盐又开始冲击自治州盐业市场,对盐政执法工作带来很大的不便。对这种情况,阿图什盐业公司增加执法人员同喀什公司开展联合执法取得良好的效果。从2013年起在全疆范围内普及绿色食盐后在自治州市场基本实现无外地盐。但是个别盐贩子在边远地区偷卖土盐、硝盐、藏盐等非碘盐,破坏正常盐业市场秩序的情况。阿图什盐业公司不放松市场检查力度,严格遏制非碘盐流入食盐市场,保护市场秩序。

2014—2015年,在新疆盐业有限公司的指导下,查处900吨藏盐。

第十三编 商业贸易

1995年后,阿图什市在社会主义市场经济体制的方针指引下,鼓励发展个体私营经济,对国营(有)商业企业进行改革,城乡个体工商户、私营企业发展迅速。1995年底,全市个体工商业户2907户,从业人员4380人,注册资本1230万元;私营企业18户,雇工672人,注册资金556.2万元。1999年,个体工商户2780户,从业人员5400人,注册资金1970万元;私营企业28户,雇工人数776人,注册资金2088万元。2015年,个体工商户6664户,从业人员1.11万人,注册资金31707.4万元;私营企业1390户,雇工人数2546人,注册资金695622万元。

1995年,全市社会消费品零售总额1.1亿元。2000年,全市社会消费品零售总额1.36亿元。2005年,全市社会消费品零售总额2.38亿元。2010年,全市社会消费品零售总额5.01亿元。2015年,全市社会消费品零售总额11.34亿元。国营商业逐步退出历史舞台,个体私营经济占据全市经济主导地位,对促进生产发展、繁荣市场、满足社会需要、方便群众生活、活跃商品流通,安置待业人员和农村剩余劳动力,增加国家财政收入发挥重要作用。

第一章 商 业

第一节 市场建设

1995年后,阿图什市商业流通规模越来越大,多元化投资主体格局初步形成。随着市场经济体制的逐步建立和不断完善,阿图什市市场建设经历飞跃式的发展,已初步形成“谁建设、谁受益”的格局。

至2015年底,全市建成各级各类市场8处,总投资5630.3万元。社会消费品零售总额一直保持快速增长态势,年均增长5%以上,全市实现社会消费品零售总额11.34亿元。网点建设成效明显,产业化程度明显提高。商业网点形成行政村零星分布、乡镇适度分布、城区主要道路高密度分布的格局。商贸企业、个体实力不断增强,强强联合和做强做大趋势明显,产业化程度逐渐提高。现代营销方式得到快速发展。随着零售连锁超市的引进入驻,城乡相继出现便民连锁店、专卖店、购物中心等新型零售业态,全市市场格局发生根本性变化,改变过去百货店的单一模式,零售业态结构分布逐步趋向合理。绝大多数超市、商场、连锁店实现信息化、自动化、网络化管理,普及使用POS系统。市场专业化程度明显提高。2015年,全市建成生产资料超市、建筑材料市场、轻纺城、鞋帽城等多处规模较大、档次较高的专业市场,这些市场经营种类齐全,特色鲜明,对促进相关产业发展和结构调整起到积极的推动作用。商贸流通业基础设施建设显著提高。随着发展投资环境的进一步优化,旧城改造步伐的加快,全市商业网点建设的数量和档次迅速跃上一个新台阶,流通企业基础设施建设明显加快,改善阿图什市商业网点“少、小、散、旧”的落后状况。

一、专业市场

1998年,由阿图什市西域投资有限责任公司投资建设的阿图什市第一家大型专业市场——西域商贸市场建成营业,营业面积3.6万平方米,共1049个摊位,主营布料、衣服、鞋包、日用百货等。

至2015年,阿图什市注册登记的各类商品交易专业市场18家,经营户270家,经营总面积1.2万平方米。初步形成以市场机制为导向,以零售市场为主体,批发市场与零售市场相结合,覆盖城乡、大小结合的区域性市场流通网络。经营户发展到32家,其中生产资料市场21家,主要有金属材料市场等;工业消费品市场8家,主要有眼镜、装饰等;农产品批发的有3家,分别是蔬菜批发市场、中心菜市场、果品批发市场。专业市场在管理上有很大的改善,制定实施专业市场发展的有关规划,实现由马路市场、露天市场向棚屋市场、室内市场转变。配备电子监控、农药残留检测等现代市场设备。

(一)购物商场

1. 阿图什市世纪购物市场

位于阿图什市幸福路3号(菜市场对面)占地面积1890平方共计4层。一楼主营电器、化妆品、黄金,二楼主营潮流女装,三楼主营男装、童装,四楼主营家具。该商场实行的是统一管理和点模式经营。

2. 博格拉时代购物中心

2012年10月1日营业。商场共有三层,商场占地面积7114平方米,一楼商业使用面积5992.84平方米,以黄金珠宝、男女鞋、箱包为主。二楼6366.06平方米,以男女士服装、童装、运动装为主。三楼6300平方米,以儿童游乐城为主。博格拉时代购物是阿图什高端购物场所之一。

(二)木材市场

1. 阿图什市木材市场

市场位于阿图什市阿扎克乡麦依村(轻工业园区),建于2010年,投资600万元,占地面积9.6公顷,分为木料交易区、木材加工区,经营总面积89244平方米,半封闭2664平方米,露天8658平方米。

2. 格达良乡木材市场

建于2015年8月，由库尔干村委会投资15万元，占地面积26664平方米，固定摊位4个，临时摊位2个。

（三）建材市场

金币山国际批发市场是一个含布料、服装、五金、建材等综合性批发零售市场，位于阿图什市光明路5院，投资3072万元，占地面积3.6万平方米，2001年1月5日投入使用。2015年，有商户400余户，日交易量50万元左右。

（四）二手车市场

阿图什市友谊二手车交易市场成立于2009年12月，注册资金500万元，位于阿图什市轻工业园区，占地面积2.5万平方米，经营面积2.3万平方米；厅棚2个，面积800平方米；露天面积2.3万平方米，停车场面积2.38万平方米，办公室面积1200平方米。年交易车辆500余辆，金额135万元，带动就业人数80余人。二是阿图什市安顺二手车交易市场，是一个二手车鉴定评估和二手车交易为一体的市场位于市轻工业园区。经营场地3.22万平方米，厅棚数量1个，面积100平方米，露天面积260平方米，办公区面积240平方米，停车面积3万平方米，交易大厅240平方米，交易大厅具有查验车辆法定证明及凭证、办理鉴定评估、转移登记、保险、纳税、金融等功能。大厅内设置信息查询窗口，电子显示屏，滚动公布待交易车型、颜色、使用年限、参考价格等车辆主要信息。在显著位置悬挂交易流程示意图。有工作人员12名，自2015年7月开业至年末，交易辆车478辆。

二、商场

1995年，阿图什市注册登记的商场3家。

2006年，注册登记的商场35家，管理模式上主要为现金交易。

2015年，注册登记的商场98家，其中大型商场5家，超市18家，各类小商品市场75家，百货商场普遍存在商品种类相似，档次差不多，柜台陈列摆设雷同等问题，在商品质量和经营方式上基本没有差异，特色不突出。有的百货商场只顾盲目扩建或者新建连锁店，忽略经营中最重要的管理模式以及经营理念的创新。

三、夜市

1995年，阿图什市夜市主要为零散烤肉摊点，未形成规模。

2006年，全市有夜市15家，主要分布在友谊宾馆、军分区、原农业银行等，经营类别主要以烧烤、小吃、服装、玩具、小型儿童游乐场为特色。

2015年，有夜市3个，经营摊位53个，吸收流动商贩125个。平均每个摊位的日均营业额500～1000元，日均利润额100～400元，经营类别主要以烧烤、小吃为特色。夜市作为社会化经济形态的一种补充形式，在一定程度上丰富居民的生活需求，又为发展新型区域经济培育提供良好的土壤。

四、集贸市场

阿图什市的市场建设，坚持发展与规范并重，强化市场机制建设，增加市场建设投入，培育市场体系。呈现出商品交易市场不断增多、交易量不断增加、市场环境不断改善、商品质量和管理水平不断提高的好局面。2015年，有各类集贸市场15个，这些市场成为城乡商品供应的主要渠道。

（一）农贸产品批发市场

阿图什富江果业农贸市场又名阿图什博格拉果蔬批发农贸市场。位于市幸福路北2院，主要从事果蔬批发与零售。建成于2006年1月，投资3700万元，占地面积2.2万平方米，建筑面积3.25万平方米。交易面积1.62万平方米。2015年，经营摊位684个，其中固定摊位564个、临时摊位120个。分果蔬批发区、瓜果、肉类、水产、百货批发零售区、农户自产自销临时摊位等，市场外围为停车场，超市、服装、百货。

(二)农贸市场

1. 阿图什科然河农贸综合建材市场

原名阿图什市大巴扎,现名阿图什科然河农贸综合建材市场,该市场于2014年底由阿图什市科然河市场投资有限责任公司投资建设,计划投资3亿元,2015年,投入6000余万元,一期于2015年11月1日正式运营,主要从事果蔬、鲜牛羊肉、活畜、家禽、粮油、草料、布料、服装、日用百货、五金、农资等零售与批发。市场二期计划于2016年初开工建设,已完成图纸设计,设计主要内容:陶瓷、卫生洁具交易区、家具家电交易区、建材交易区等。

2. 上阿图什镇喀依拉克巴扎步行街

于2014年4月建成,位于上阿图什镇卡依拉克卫生院西北侧,306省道西侧,占地面积9291平方米,总投资3300万元。建筑总面积1.82万平方米,地下一层,地上二层。分为布料、服装、鞋帽交易区,手工制品交易区,饮食区,干果交易区,水果蔬菜交易区,建材、五金交易区,家电、家具交易区,大型超市,停车场等功能区,拥有300余套商铺。

(三)工贸市场("香港巴扎")

阿图什市"香港巴扎"位于阿图什市吾斯塘路。1995年,阿图什市"香港巴扎"有固定摊位1062个,玻璃钢瓦顶棚长480米,宽20米,总面积1.2万平方米。有砖房119间,木制售货房740间,铁皮售货房178间,从业人员1200人。阿图什商业中心是群众日常购物的主要场所。1998年,为国家上交税费500万元,占全市财政收入的1/3,成为财政收入的主要来源。

1999年,是阿图什市城市建设年,市委、市政府决定对吾斯塘路、团结路、松他克路进行改造。2月,"香港巴扎"暂时搬迁到幸福路商业街。

1998—1999年,在市场管建分离政策的鼓励下,由私人出资修建的阿图什商贸城和西域商贸中心等现代化的商超市场相继落成。1999年10月,"香港巴扎"再次搬迁。"香港巴扎"的个体户有的搬迁到阿图什商贸城,有的搬迁到毛拉洪阿吉的巴扎,有的搬迁到西域商贸中心,但更有相当一部分个体户不愿搬迁到西域商贸中心而停业、歇业,"香港巴扎"退出历史舞台。

五、集贸市场(大巴扎)

1995年,阿图什市有乡镇集市(大巴扎)分别为阿湖乡农贸市场、格达良乡农贸市场、哈拉峻乡农贸市场、吐古买提乡综合农贸市场、阿图什市木材市场。

2000年后,市政府先后投资999.8万元,分别对这5个市场进行改造,均为半封闭式。

2015年,阿图什市有乡镇集市(大巴扎)5个,分别为阿湖乡农贸市场、格达良乡农贸市场、哈拉峻乡农贸市场、吐古买提乡综合农贸市场、阿图什市木材市场。乡(镇)集贸市场总面积9.05万平方米,摊位数1003个,其中固定摊位719个、临时摊位284个。

2015 年阿图什市各类市场基本情况一览表

表 13－1

市场名称	市场类型	占地规模（平方米）	摊位数（个）			投资主体：政府名称或企业名称	主要建设内容	投资额（万元）	建设时间	建设性质
			合计	其中 固定摊位	其中 临时摊位					
世纪购物商场	专业市场	1890	60	21	39	阿图什市世纪购物商场	综合楼		2009.1	新建
博格拉时代购物	专业市场	7114	360	300	60	阿图什市博格拉房地产有限责任公司	综合楼	7500	2010.11	新建
阿图什市木材市场	专业市场	95904	386	86	300	市政府	门卫室、彩钢棚、围墙、水、电等配套设施	385	2013	新建
格达良乡木材交易市场	专业市场	26664	6	4	2	库尔干村村委会	彩钢棚、围墙、水、电等配套设施	15	2015.8	改造
金币山国际批发市场	专业市场	36000	450	450	—	西域商贸投资有限责任公司	市场	3072	1998 年	新建
阿图什友谊二手车交易市场	专业市场	25000	3	1	2	阿图什友谊二手车交易市场有限公司	展厅，服务大厅，场地硬化，围墙	500	2015 年	改建
安顺二手车交易中心	专业市场	16080	—	—	—	阿图什市安顺二手车鉴定评估中心	展厅，服务大厅，场地硬化，围墙	100	2015.6	新建
阿图什富江果业农贸市场	农产品批发市场	22000	684	564	120	阿图什博格拉市场管理有限公司	农产品、百货、批发、零售	3700	2005	新建
上阿图什镇喀依拉克巴扎步行街	农贸市场	18500	223	90	133	克州喀依拉克进出口商贸有限责任公司	围墙、水、电等配套设	5300	2013.11	新建
阿图什市科然河农贸综合建材市场	农贸市场	64318	1298	998	300	阿图什市科然河市场投资有限责任公司	农贸、建材综合市场	30000	2015.11	改造
阿湖乡农贸市场	大巴扎	20000	256	216	40	市政府	门卫室、彩钢棚、围墙、水、电等配套设施	86.8	2013.5	改造
格达良乡农贸市场	大巴扎	10150	512	452	60	农户承包（吐尔洪）	彩钢棚、围墙、水、电等配套设施	130	1990.6	改造
哈拉峻乡农贸市场	大巴扎	10343	40	30	10	市政府	市场、商铺	610	2012.1	改建
哈拉峻乡西里比里村巴扎	大巴扎	1200	22	8	14	市政府	市场、商铺	33	2015.3	改建
吐古买提村农贸市场	大巴扎	48840	173	13	160	市政府	围墙围栏、农贸区畜牧区划分	230	2012	改建

六、商品零售

1995—2000年,阿图什市社会消费品零售总额11885万元,年均增长11%。其中城市零售额11635万元,农村零售额250万元。按行业分:批发零售业9660万元,餐饮业694万元,制造业557万元,其他行业788万元。

2001—2005年,全市社会消费品零售总额13563万元,较"九五"末同比增长14.12%。其中城市零售额12845万元,较"九五"末同比增长10.4%。农村零售额250万元,较"九五"末同比增长187倍。按行业分:批发零售业10714万元,较"九五"末同比增长10.9%。餐饮业637万元,较"九五"末同比下降8.2%。制造业854万元,较"九五"末同比增长53.32%。其他行业1358万元,较"九五"末同比增长39.4%。

2006—2010年,全市实现社会消费品零售总额23693.1万元。城市零售额22435.8万元,年均增长14.2%;农村零售额1257.3万元,增长12.2%。按行业分,批发零售业22007.8万元,增长14.2%;餐饮业1387.8万元,增长13.9%;其他行业297.5万元,增长5.2%。

2015年,全市实现社会消费品零售总额11.34亿元。城市零售额10.15亿元,农村零售额1.19亿元。

1995—2015年阿图什市社会消费品零售总额统计表

表13-2

年份	社会消费品零售总额(亿元)	增幅(%)	其中城乡社会消费品零售总额			
			城镇(亿元)	增幅(%)	农村(亿元)	增幅(%)
1995	1.10	—	0.97	—	0.13	—
1996	1.19	8.18	1.16	19.59	0.03	-76.92
1997	1.23	3.36	1.09	-6.03	0.14	336.67
1998	1.27	3.25	1.13	3.67	0.14	0
1999	1.31	3.15	1.22	7.96	0.09	-35.71
2000	1.36	3.82	1.28	4.92	0.08	-11.11
2001	1.45	6.62	1.38	7.81	0.07	-12.5
2002	1.59	9.66	1.52	10.14	0.07	0
2003	1.80	13.21	1.72	13.16	0.08	14.28
2004	2.08	15.55	1.97	14.53	0.11	37.50
2005	2.38	14.42	2.26	14.72	0.12	9.09
2006	2.76	15.73	2.62	16.10	0.14	9.1
2007	3.26	18.15	3.10	18.24	0.16	16.54
2008	3.90	19.76	3.68	18.68	0.22	40.76
2009	4.37	11.8	4.18	6.89	0.19	12.74
2010	5.01	14.8	4.78	14.65	0.23	18.07
2011	5.76	14.93	5.50	14.92	0.26	15.04
2012	7.43	14.83	7.11	14.62	0.32	19.47
2013	8.50	14.44	8.08	13.78	0.42	36.38
2014	9.90	16.30	8.85	16.50	1.05	15.00
2015	11.34	14.50	10.15	14.68	1.19	13.56

第二节　商业服务

一、餐饮

1995 年,阿图什市有 65 家小饭馆;2000 年以后,随着人们生活水平的提升,方便快捷的餐饮业规模得到进一步发展和规范,2010 年,全市餐饮业 350 家;2015 年底,全市餐饮业 1050 家,从业人员 3500 人。比较著名的有阿图什市北山坡民族特色烤肉一条街,幸福小区美食街和香港城美食街。逐渐形成帕米尔路万宝宾馆楼下、天山路州一中对面、团结路盐厂家属院楼下、光明路州电视台至骨科医院楼下、吾斯唐路等集中就餐点。汉餐主要以川菜、湘菜为主;民餐主要以烤肉、烤包子、薄皮包子、抓饭、拉面、牛肉面、汤饭、大块肉、凉皮、凉粉、鸽子汤为主。

二、住宿

1995 年,阿图什市有克州宾馆、克州旅游宾馆、友谊宾馆、团结宾馆、邮政宾馆、万宝宾馆等 10 余家宾馆和针纺招待所等 8 家招待所。2015 年,阿图什市旅店共计 40 家,房间数 996 间,床位数 2 187 个。涉外宾馆 4 家,三星级宾馆 2 家。

三、美容美发

1995 年,阿图什市城区有理发店 90 家,从业人员 150 人。2000 年以后,随着人民的生活水平的日益提高,人们对仪容仪貌的追求不断提高,烫发、染发、美容美发等新技术应运而生,青年男女,特别是女性,烫发染发已成为时尚。2015 年,美容店 215 家,美发店 353 家,各村均有 1 ~ 2 家。

四、照相

1995 年,阿图什市有照相馆 13 家,当时已经能够冲洗彩色照片。2000—2010 年,随着经济社会的发展,公民需要相片的证件越来越多,推动照相业的发展。照相技术也有了进步,彩色相片逐渐取代黑白相片,胶卷相机被数码相机淘汰。2015 年,全市有照相馆 35 家,从业人员 80 人,都是采用数码相机,彩色相片。

五、修理业

1995 年,市区有电器修理部 9 个、钟表修理部 5 个、自行车修理部 13 个、机电维修店 1 家。随着家电的不断增多,修理业新增了摩托车、电动车、电脑、手机等新兴修理行业。2015 年,有摩托车、电动车修理店 69 家,家电修理店 26 家、自行车修理店 7 家,皮鞋修理 35 个,配钥匙店 16 家,电脑服务店 100 家,手机修理店 41 家,机电维修店 3 家。

六、废品回收

1995 年,城区有废品回收站 11 家,主要回收废金属、塑料、废纸、纸厢、酒瓶等。2000 年,增加到 17 家。此后逐渐增多。2015 年,有废品回收站 31 家。

七、物流快递

2008 年,随着经济的快速发展和网购的兴起,各种物流快递公司应运而生,2015 年,阿图什市有中铁等物流公司 181 家,快递公司 7 家(邮政、申通、中通、韵达、圆通、顺丰、京东)。

八、其他

家政:2003 年 3 月,第 1 家勇维家政服务中心开业,2010 年 4 家,2015 年 17 家。

干洗:2003 年 3 月,第 1 家白宫干洗店开业,2010 年 14 家,2015 年 25 家。

汽车装潢:2004 年 2 月,第 1 家帝豪汽车装潢材料店开业,2010 年 11 家,2015 年 19 家。

足浴:2004 年 8 月,第 1 家非常健康足浴城开业,2010 年 4 家,2015 年 7 家,从业人员 31 人。

养生馆:2007 年 5 月,第 1 家百城堂健康养生馆开业,2010 年 4 家,2015 年 70 家,从业人员 220 人。

洗浴:1995 至 2005 年,阿图什市城区有克州二中等公共浴室 10 余家。2005 年,随着居民楼房的大量修建,家庭浴室越来越多,公共浴室越来越少。2015 年,阿图什市城区有西域商贸城等 2 家公共浴室。

广告:2004 年 3 月,1995 年有广告店 5 家,2010 年 29 家,2015 年 74 家。

打字复印:1995 年有打字复印店 3 家,2010 年 10 家,2015 年 16 家。

推拿按摩:2004 年 3 月,第 1 家群康推拿店开业,2010 年 5 家,2015 年 11 家。

洗车:2006 年 8 月,第 1 家绿桥洗车场开业,2010 年 48 家,2015 年 80 家。

第二章　供销合作

第一节　机　构

1995 年,阿图什市供销联社下属企业有 5 个公司 1 个车队:土产公司、农业生产资料公司、棉麻公司、果品公司、茶蓄公司、供销社车队。下辖上阿图什、阿扎克、松他克、阿湖、格达良、哈拉峻、吐古买提 7 个基层社,性质为集体企业。

2012 年,阿图什市供销联社纳入事业编制,为市政府直属科级事业单位,有全额事业编制 10 人,实有干部职工 10 人,其中领导职数 3 人。内设办公室、财务审计科、经济发展科、业务指导科 4 个科室。

2014 年,编制缩减为 7 人。2015 年,实有干部职工 10 人。

第二节　供销体制改革

一、基层供销社体制改革

1995—2003 年,市供销社联合社的经营机制,经历重大体制改革,对经营困难、资不抵债的基层社,采取处置资产、解决职工身份置换及历史欠款问题,基层社注销,2004 年 6 月,制定市供销社企业改制总体方案,实行基层社改制,职工全员买断,注销的基层社五个,即上阿图什供销社、阿湖供销社、松他克供销社、阿扎克供销社、哈拉峻供销社。保留格达良供销社、吐古买提供销社。基层社改制工作采取将基层社资产变现用于解决职工养老统筹及拖欠职工工资问题,涉及改制职工 72 人。2013 年,阿图什市供销社根据上级社要求,到“十二五”末,必须全部恢复基层社的指示,着手恢复(新建)基层社,到 2015 年有基层供销社 7 个,即格达良供销社、吐古买提供销社、上阿图什供销社、阿湖供销社、松他克供销社、阿扎克供销社、哈拉峻供销社。

二、直属企业体制改革

1995 年,阿图什市供销联社下属企业有 5 个公司 1 个车队:土产公司、农业生产资料公司、棉麻公司、果品公司、茶蓄公司、供销社车队。

1995—2004 年,土产公司、果品公司、茶蓄公司、供销社车队亏损严重,经营停滞。

2004 年,土产公司、果品公司、茶蓄公司、供销社改制,职工全员买断,企业注销,只保留棉麻公司、农资公司。社属企业改制采取资产变现,支付职工身份置换费、住房补助、退休职工“两费”等 500 余万元。

2007 年,农资公司改制,职工身份置换后全员下岗,企业未注销。

2008 年,棉麻公司改制,职工买断工龄后按照企业所需岗位返聘职工。同年投入 800 万元对棉麻公司进行技改,当年完成技改并将轧花厂搬迁至格达良乡,轧花厂占地面积 4 公顷。

2015 年,社属企业 2 个,棉麻公司、农资公司。

第三节　社员股金

1995 年,阿图什市供销社全系统社员股金共计 10.5 万元,各基层社社员股金,每股 2 元;社属企业股金,每股 5 元、10 元、100 元。到 2015 年退还股金 1.5 万元。

第四节　农业生产资料供销

一、社属企业

1995—2004 年,市农资公司销售额保持在 800 万 ~ 1200 万元,主要以销售化肥、地膜为主,化肥从库尔勒农资集团公司、地膜从乌鲁木齐昆仑塑料厂进货。2000 年以后,由于农资销售逐步放开,销售额逐年下降。2005 年,经营亏损严重,经营停滞。2007 年,市农资公司改制,职工买断,保留公司资质。

二、基层社

1995—2000 年,5 个基层社销售额年均在 10 万 ~ 60 万元(上阿图什供销社、阿湖供销社、松他克供销社、阿扎克供销社、哈拉峻供销社,主要销售日用百货、农资、地膜、农药等)。2000—2004 年,经营停滞。2004 年改制,基层社注销。

2004—2014 年,格达良供销社年销售额 7 万 ~ 30 万元,主要以销售化肥为主,以后经营逐年萎缩,到 2015 年,农资销售停滞。

1995—2010 年,吐古买提供销社年均销售农资 2 万 ~ 3 万元。主要以销售日用百货为主,2011 年开始虽未注销但经营停滞。

第五节　农副产品购销

一、果品购销

1995—2002 年,市果品公司年销售额 30 万元,主要加工无花果酱、杏干、冰糖等。年均收购无花果 40 吨,零售 15 元/千克;年均加工无花果酱 8 吨,零售 7.5 元/千克;年均收购杏子 200 吨,零售 0.7 元/千克,年加工杏干 100 吨。由于加工工艺落后,年加工量只有 100 ~ 200 吨,主要销售在本地。2003 年,承包给个人经营,由于管理不善,亏损严重。2004 年 3 月果品公司 8 名职工买断,企业注销。

二、动物皮毛购销

1995—2002 年,市茶畜公司经营困难,成立初期也只是主要就收购的牛羊皮进行简单的初加工,转手卖出赚取差价,公司经营规模较小,年销售额 5 万元。2004 年 3 月,市茶畜公司 7 名职工买断,企业注销。

三、棉花收购

1995—1997 年,棉花收购在 1500 ~ 2200 吨(籽棉),一级 2.5 元/千克,销售额在 1200 万 ~ 3000 万元。1998 年,受棉花市场波动影响,当年政策性亏损 1100 万元。

1999—2005 年,棉花收购在 850 ~ 2500 吨;2005—2012 年,市轧花厂从原来的 2 家增至 13 家,造成轧花厂竞争激烈,棉价波动较大;2011 年,籽棉收购价一度达到 10 元/千克。

2012—2015 年,市供销社棉麻公司为了降低企业经营风险,一直通过代加工的方式经营,年销售额在 5000 万~8000 万元。

四、车队经营

1995—2003 年,市供销社车队业绩下滑,采取将车辆承包给职工个人经营,职工给车队交少量的管理费,2004 年 3 月,车队 6 名职工买断,企业注销。

第六节　生活资料购销

1995—2005 年,市土产公司承包给乌鲁木齐红山商场,年承包费 10 万元,主要销售日用百货,年销售额在 40 万~60 万元,1997 年,因承包人管理不善,亏损严重,终止合同。

1998—2003 年,市土产公司承包给喀什百货商场,年租金 8 万元,主要销售日用百货,年销售额在 40 万~60 万元。

2004 年 3 月,市土产公司改制,由市富江果业兼并,15 名职工买断,企业注销。

第三章　粮油贸易

第一节　机　构

一、阿图什市粮食局

1995 年,市粮食局核定行政编制 9 名,事业编制全额拨款 8 名,设 3 个职能科室。

2001 年,市粮食局的职能转变为加强全市粮食宏观调控体系的领导,实现全市粮油总量平衡;加强对粮油流通体制改革的领导,建立健全社会主义市场经济条件下粮油流通政策性业务和商业性经营的两条线运行机构;加强对粮油储备的管理。

2012 年 4 月,市粮食局划给阿图什市发展和改革委员会,内设粮食购销调控科和粮食监督检查科。

二、阿图什市粮食收储公司

市粮食收储公司成立于 1998 年,是全市唯一家以收购粮食为主的企业,位于阿图什市帕米尔路 29 院,公司办公室占地面积 200 平方米,建有 3 个粮食收购站(阿扎克粮站 4500 平方米、上阿图什粮站 8000 平方米、阿湖粮站 2.5 万平方米),占地面积 3.75 万平方米,平均每年收购粮食 9000 吨。2015 年,有职工 20 人,其中管理人员 4 人,技术人员 4 人。

第二节　粮油体制改革

1993 年 3 月,自治区人民政府制定《新疆维吾尔自治区 1993 年粮食流通体制改革的意见》,主要内容是:从 1993 年 4 月 1 日起,在自治区范围内全面放开粮食价格和经营;取消城镇居民和城乡其他居民的粮食定量供应办法,全国和自治区粮票在自治区内禁止流通;粮食收购以原国家定购任务为基数,统一实行“保六放四”(即 60% 继续实行国家定购,40% 放开收购价格和经营);保留国家定购的粮食;取消粮食调拨计划;取消食用油指导性调拨计划和城镇居民定量供应;军供粮食供应办法不变;粮食销售价格放开后,决定从当年新粮上市起，进一步提高粮食定购价格，调动农民粮食生产积极性，粮食供给形势明显好转，但粮食系统销售下降，导致经营性亏损猛增，粮食财务挂账日趋增多，给各级财政、银行造成很大负担；有的粮食企业停止议价粮收购，有些地区出现粮食市场价低于定购价的趋势；粮食收购资金被挤占挪用现象相当严重，调销资金回笼缓慢，影响收购资金周转。针对这些情况，国务院决定要按照政企分开、储备和经营分开、新老财务挂账分开和完善粮食价格机制的原则，进一步深化粮食流通体制改革。1997 年，国务院决定，在粮食丰收情况下，要按保护价敞开收购农民余粮，加强粮食市场管理，严格执行国家粮食销售价格政策。自治区粮食流通体制改革后，取消城镇居民凭证定量供应的办法，为稳定粮食市场，仍然维持凭本供应口粮。供应标准和价格作了调整，非农业人口每人每月 12 千克，牧民每人每月 11 千克。2000 年，粮食价格完全放开，多渠道经营粮食，按市场价敞开供应粮食，粮食部门不再供应非农业人口和牧民口粮。

第三节　粮油收购

1995 年，阿图什市收购小麦 1562 吨。

1998 年，国务院颁布《粮食收购条例》，粮食收购全部放开，不定任务基数，只定最低保护价，完全进入自由贸易，国有粮食企业直接参与市场平等竞争，同时按照国务院“四分开一完善”（实行政企分开、中央与地方责任分开、储备与经营分开、新老财务账目分开，完善粮食价格机制）的决定，市粮食局共收购粮食 284 吨。1999 年，粮食收购价格全部实行市场调价，顺价销售。

2004 年 5 月，国务院颁布《粮食流通管理条例》，按照粮食省长负责制的要求，负责本地区粮食的总量平衡和地方储备粮的管理。县级以上地方人民政府粮食行政管理部门负责本地区粮食流通的行政管理、行政指导；县级以上地方人民政府工商行政管理、产品质量监督、卫生、价格等部门在各自的职责范围内负责与粮食流通有关的工作。粮食收购全部放开，不定任务基数，只定最低保护价，完全进入自由贸易，国有粮食企业直接参与市场平等竞争，同时按照国务院“四分开一完善”的决定，全市粮食部门收购粮食 8683 吨。

2005—2013 年，执行国家出台粮食收购补贴政策，种粮户每交 1 千克小麦补贴 0.2 元。2014—2015 年，粮食收购补贴政策上调小麦收购补贴价格，每千克补贴 0.3 元。

2015 年，阿图什市落实粮食直补政策，收购夏粮 9900 吨。

1995—2015 年阿图什市粮食收储公司小麦收购情况统计表

表 13－3　　单位：吨

年份	小麦	年份	小麦	年份	小麦
1995	1562	2002	2259	2009	7419
1996	1636	2003	201	2010	8631
1997	1840	2004	8683	2011	6002
1998	284	2005	10498	2012	9302
1999	3181	2006	7602	2013	8512
2000	3590	2007	1729	2014	7847
2001	2367	2008	4619	2015	9900

1995—2015 年阿图什市粮油统计表

表 13－4　　单位:公顷、吨

年份	生产										收购				销售				库存				社会粮食消费
	粮食播种面积	其中			粮食产量	其中			油料面积	油料产量	粮食纯收购量	其中			粮食纯销售量	其中			商品粮食库存量	其中			
		小麦	玉米	水稻		小麦	玉米	水稻				小麦	玉米	水稻		小麦	玉米	水稻		小麦	玉米	水稻	
1995	10806.67	7273.33	3413.33	120.00	47095	32981	13344	770	433.33	791	—	—	—	—	—	—	—	—	—	—	—	—	—
1996	11173.33	7280.00	3793.33	100.00	48594	33511	14367	716	453.33	815	—	—	—	—	—	—	—	—	—	—	—	—	—
1997	11480.00	7540.00	3840.00	100.00	51585	34712	16181	692	260.00	830	—	—	—	—	—	—	—	—	—	—	—	—	—
1998	12133.33	7960.00	4100.00	73.33	57795	36937	20350	508	173.33	538	284	284	—	—	1983	1983	—	—	4224	4224	—	—	—
1999	12800.00	8366.67	4353.33	80.00	63256	39915	22778	563	200.00	578	3181	3181	—	—	1079	1079	—	—	3400	3400	—	—	—
2000	13046.67	9053.33	3900.00	93.33	64019	42870	20531	618	220.00	669	3590	3590	—	—	108	108	—	—	6883	6883	—	—	—
2001	11753.33	8020.00	3660.00	73.33	60782	38326	21955	501	473.33	717	2367	2367	—	—	7379	7379	—	—	1871	1871	—	—	—
2002	11886.67	7893.33	3940.00	53.33	62328	38487	23461	380	713.33	1058	2259	2259	—	—	2511	2511	—	—	1619	1619	—	—	—
2003	11513.33	7380.00	4093.33	40.00	61307	36851	24264	192	113.33	127	201	201	—	—	274	274	—	—	1546	1546	—	—	52352
2004	10133.33	6040.00	4060.00	33.33	57126	32000	24879	247	133.33	233	8683	8683	—	—	10532	10532	—	—	2197	2197	—	—	48568
2005	9846.67	6060.00	3766.67	20.00	55287	32796	22313	178	153.33	279	10498	10498	—	—	10416	10416	—	—	2280	2280	—	—	54663
2006	8873.33	5733.33	3093.33	46.67	53984	32000	21539	445	186.67	317	7602.4	7602	—	—	6667	6667	—	—	3218	3215	—	—	50850
2007	8593.33	5466.67	3060.00	66.67	49173	28586	20180	407	86.67	129	1728.8	1729	—	—	4792	4792	—	—	151	151	—	—	45941
2008	9813.33	6600.00	3146.67	66.67	64139	35586	28143	410	133.33	169	4618.5	4619	—	—	1224.5	1225	—	—	3545.3	3545.3	—	—	48587
2009	13946.67	9133.33	4760.00	53.33	72237	45934	25977	326	140.00	192	7419	7419	—	—	8538	8538	—	—	2426	2426	—	—	71129
2010	12360.00	8000.00	4320.00	40.00	65784	41644	23886	254	113.33	163	8631	8631	—	—	6292	6292	—	—	4765	4765	—	—	112530
2011	13393.33	8800.00	4540.00	53.33	72567	46023	26252	292	86.67	159	6003	6003	—	—	7854	7854	—	—	2914	2914	—	—	127461
2012	14340.00	8933.33	5320.00	86.67	83412	50501	32288	623	46.67	95	9302	9302	—	—	8257	8257	—	—	3959	3859	—	—	124045
2013	15213.33	9533.33	5586.67	93.33	91091	55327	35113	651	46.67	95	8512	8512	—	—	8331	8331	—	—	4140	4140	—	—	110364
2014	15633.33	10046.67	5493.33	93.33	94519	60002	33876	641	26.67	48	7846	7846	—	—	9986	9986	—	—	2000	2000	—	—	116175
2015	17646.67	10606.67	6946.67	93.33	108336	63816	43854	666	26.67	48	9899	9899	—	—	11405	11405	—	—	494	494	—	—	—

第四节 粮油加工

1996年,阿图什市粮食局面粉加工厂加工面粉3061吨。2000年加工面粉645吨。2005年加工面粉792吨。2009年,市粮食局改制,面粉厂解体,退出市场。

第五节 粮油销售

1995年,市粮食局给城市户口居民供应粮油是凭票供应,每人每月面粉15千克、大米2千克、清油1千克。2000年,市政府和粮食部门组织粮食促销和粮食转化工作,缓解居民买粮难问题。粮食流通体制改革后,粮油销售完全走向市场,粮油不再统一调拨,个体经营户逐渐增多,到工商行政管理局办理营业执照,自主经营粮油从喀什、伊犁等地采购粮油。此后,个体户经营粮油的越来越多,逐渐成为粮油市场的主体,进而取代国有粮油议价销售。粮食品种主要是面粉、大米。面粉多为喀什的喀春面粉和阿图什的天山面粉,大米来自阿克苏地区和黑龙江、吉林、辽宁、河南、湖北等省份,尤以东北大米居多。

第六节 粮油市场

1995年,阿图什市粮食局有3个中心粮油门市部。供应全市的大米、面粉。粮油市场供应稳定,没有出现哄抬价格的现象。

1998年,由于粮油市场彻底放开,这些经营的门市部也都实行个体销售。一些大米、面粉等也从外地调入。

2006年开始,对全市经营大米、面粉的门市部发放粮油经营许可证150个,2010年发放粮油经营许可证270个。2015年全市发放粮油经营许可证415个。通过发放粮油许可证有效制止一些不合规格大米、面粉的销售,保证全市粮油市场的安全。

第七节 粮油储运

一、仓储

1995年市粮食局在帕米尔路东29院共有7栋库房,每栋库房都是1000吨存量。2008年,市委、市政府为解决群众的住房问题,把粮食局原有的7栋库房全部拆除,建设解困房、廉租房、集资房。阿扎克乡粮站有3栋库房,库容为每栋500吨。阿湖乡粮站有7栋库房,总库容2500吨。上阿图什粮站有9栋库房,总库容4000吨。在产粮乡建立科学储粮示范点,发展和推广科学、先进、安全的铁骨架钢丝网储粮箱1000套,改变传统落后的储粮方式,为农户每年减少粮食产后损失5%,为每户农民增收100元以上。2010年阿图什市粮食局仓储设施方面共建2座仓库。一座是新建上阿图什镇粮站2500吨的A型库,另一座是阿扎克乡粮站1100吨的A型库。2015年,阿图什市共有总仓容仓库8200吨;各乡有仓库2~3座,共有7座。粮食仓库都为砖混结构,仓库前都设有晒场。粮食入仓前,对粮仓进行清查,清扫、粉刷。对入仓的粮食进行晒净等处理后入仓。粮食入仓后,由专人保管,并配备有关仪器,做到无虫、无霉变、无鼠雀、无事故。1995—2015年,没有发生粮食储存安全方面的事故。阿图什市粮食仓储主要是收购的原粮,收购的原粮一般存放至第二年春季销售完毕。

二、调运

1995年,在阿图什市各方面的通力配合下,完成业务主管局安排的紧急调粮任务。截至11月底共调进平价贸易粮6779吨,议价贸易粮267吨,议价清油37吨。2000年后,市粮食系统的计划体制逐渐被市场经济体制取代。由于当地的种植玉米和油料的农户很少,不能满足日常的居民用量;一般在伊犁调粮油,有时也到喀什地区各县调粮油。粮食流通体制改革后,虽然不再由粮食部门统一调运粮食,但个体粮食经营户也需从外地购进。调运粮食全部由汽车运输。

1998—2010年阿图什市粮食收储公司粮食库存情况统计表

表13-5　　单位:吨

年份	粮食库存	年份	粮食库存	年份	粮食库存
1995	550	2002	1619	2009	2426
1996	620	2003	1546	2010	4765
1997	820	2004	2197	2011	2914
1998	4224	2005	2280	2012	3859
1999	3400	2006	3218	2013	4140
2000	6883	2007	151	2014	2000
2001	1871	2008	3545	2015	494

第四章　专卖经营

第一节　石油专卖

一、中石油

1995年,中国石油克州分公司在阿图什市内有油库1座、加油站2个。油库与帕米尔加油站位于原阿图什314国道1424千米处,城东加油站位于老314国道1420千米处。公司内设办公室、财务科、营销科、保卫科、车队4个部门,包含退休员工在内,合计146人。当年销量1.2万吨。2000年,克州分公司被合并至喀什分公司,成为其下属的中国石油新疆销售有限公司喀什分公司克州经营部,经过机构整合、员工买断,拥有的油库与加油站不变。内设机构裁撤后剩综合办公室、财务办公室、业务科。2015年,克州经营部在阿图什境内有4座加油站,内设一个综合办公室;包含退休员工在内,合计166人。当年销量2.6万吨。

二、中石化

自2005年开始,中国石化销售股份有限公司新疆喀什石油分公司在阿图什市收购、建设加油站。2009年10月,成立克州片区(非独立公司),员工合计31人,当年销售总量4320吨。到2015年,有格达良、克州工业园区天晟、帕米尔、北山坡、阿孜汗合计5座加油站,共有员工26人,当年销售总量14300吨。

除此以外,阿图什还存在多家私人经营的中小公司、加油站,由于机构简陋,管理落后,数据不详,在本节中不予单独介绍。至2015年,全市含中石油、中石化在内的所有石油销售企业,合计拥有加油站20家,在职从业人员112人。

三、销售情况

1995年,阿图什内的各家石油公司年总销售汽油、柴油、煤油650余吨。2000年,随着汽车和拖拉机的迅速增加,用油量直线上升。2010年,成品油销售总量9500吨,其中90号汽油972吨、93号汽油787吨、0号柴油6866吨、-10号柴油261吨、-20号柴油13吨、-35号柴油40吨,销售收入超过1000万元。

2015年阿图什市加油站分布情况表

表13-6

单位名称	地址	中石油/中石化	从业人数
博斯坦加油站	上阿图什镇博斯坦村,上阿图什路1小队	中石油	7
乌恰尔巴扎加油站	上阿图什镇乌恰村,上阿图什路1小队	个体	5
克州314国道南加油站	塔古提中队两侧	中石油	6
长远加油站	314国道旁分区储备库对面	个体	2
中石化北山坡加油站	北山坡	中石化	6
中石化帕米尔路2号加油站	阿图什市帕米尔西路50号	中石化	6
中石化阿孜汗加油站	阿孜汗路南11院附1院	中石化	5
克州金城加油站	松他克南路51号	中石油	6
格达良乡供销社加油站(伽师路口)	314国道旁	个体	5
格达良乡中石油加油站	213省道6千米处	个体	6
格达良中石化加油站	314国道格达良收费站旁边	中石化	5
阿湖加油站	阿湖乡政府前	个体	4
哈拉峻乡加油站	哈拉峻乡琼哈拉峻村	个体	5
彩虹加油站	肖路克村阿恰里	中石油	11
阿孜汗村加油站	阿孜汗村1小队	个体	4
中东加油站	帕米尔路132院	个体	7
阿扎克乡兰干加油站	阿扎克乡兰杆村	个体	5
阿扎克乡布亚买提村加油站	阿扎克乡布亚买提村	个体	5
中国石化天晟加油站	阿图什市塔库提村	中石化	6
克州314国道北加油站	塔古提中队两侧	中石油	6
合计			112

第二节　烟草专卖

一、机构

1995 年,体制改制,阿图什市烟草专卖局(营销部)由喀什地区烟草专卖局(公司)管理,属于政企合一单位,阿图什烟草专卖局(营销部)是喀什地区烟草公司下属非法人非独立核算的报账制分支机构,人事及人员工资统一由喀什管理。

2015 年,单位员工 8 名,主要工作以市场管理、客户服务为主。卷烟销售实行网上订货,喀什烟草统一配送模式。

二、烟草经营

2003 年,阿图什市烟草专卖局(营销部)执行许可证制度,凡没有卷烟经营许可证者,一律不准从事卷烟销售。向从事卷烟经营的零售商户审核换发许可证 272 个,许可证每年审验一次。开展查处打击出售假烟行为,防止走私卷烟、假冒商标卷烟干扰市场,查处违法案件 48 件,非法卷烟 68 条,罚没款 0.64 万元。全年销售卷烟 1740 箱,上缴税金 37 万元。

2013 年,阿图什市烟草专卖局(营销部)以“建高素质队伍,创高标准管理、用高质量服务”为宗旨,以“育品牌、促终端、抓队伍”为目标,全面打造服务品牌。引进千元烟,如:大中华、云烟、黄鹤楼等 10 个品牌。销售卷烟 4950.63 箱,销售金额 9483 万元,重点品牌销售 4597.15 箱,重点品牌中 1 ~3 类卷烟销售 2647.21 箱,低焦油卷烟销售 360 箱。

2014 年 1 月,卷烟品种首次突破百种。主要有玉溪、苏烟、小熊猫、雪莲、红河、红塔山、白沙、中华、芙蓉王、黄金叶、云烟、黄鹤楼、泰山、利群、七匹狼、兰州、真龙、贵烟、红双喜、红旗渠、轿子等。

2015 年,坚持稳中求进,充分挖掘市场销售潜力,注重专卖管理的规范效应。销售卷烟 4900.45 箱,销售收入 10616 万元。

三、专卖管理

2009 年 7 月 10 日,阿图什市烟草专卖营销部的企业所得税、增值税、城建税、教育费附加由法人企业喀什地区烟草公司统一在喀什汇总申报缴纳,阿图什市烟草专卖局(营销部)不再单独缴纳。

2013 年 3 月 17 日,全面清理莫合烟市场销售及种植,广泛宣传吸食莫合烟的危害。2014 年 2 月 16 日,就税收管理与阿图什市国、地税局达成一致。4 月 16 日,一年一度的专卖管理技能大赛在阿图什市举行。

2015 年 1 月 20 日,查获伊犁销往阿图什市的莫合烟 11 吨,案值 42 万元。3 月 15 日,一年一度“3 · 15”打假活动在自治州举行,阿图什市烟草专卖局(营销部)销毁各类假冒卷烟 172 万支。5 月 31 日,是一年一度的世界无烟日,阿图什市烟草专卖局(营销部)停止销售卷烟一天。

第五章　对外贸易

第一节　进出口贸易

阿图什市积极邀请吉尔吉斯斯坦共和国纳伦州、奥什州有关经贸界人士组团来访,就双方在经贸领域的友好合作,实现两地互惠互利,共赢发展达成广泛共识。为促进中吉两国双边贸易的均衡发展,切实改善当前中吉贸易中进出口比例失调的状况,支持有关企业做好进口马、驴、蜂蜜、水果等产品的相关准备工作。加强和扩大与东中部地区及企业的密切联系，在矿产资源勘探开发、能源资源开发、口岸和园区的规划建设以及外向型经济发展等领域达成多个合作意向。1995 年，进出口贸易总额 3665 万美元，出口总额 2145 万美元，进口总额 1520 万美元。2000 年，进出口贸易总额 2332 万美元，出口总额 1980 万美元，进口总额 352 万美元。2005 年，进出口贸易总额 5876 万美元，出口总额 2168 万美元，进口总额 3078 万美元。2009 年，进出口贸易总额 14985 万美元，出口总额 11766 万美元，进口总额 3219 万美元。2015 年，进出口贸易总额 28196 万美元，出口总额 25258 万美元，进口总额 2938 万美元。

1995—2015 年阿图什市外贸进出口情况表

表 13－7

年份	进出口额完成情况（万美元）	进出口同比增长（%）	年份	进出口额完成情况（万美元）	进出口同比增长（%）
1995	3665		2006	11773	100.36
1996	4400	20.05	2007	31561	168.08
1997	3945	－10.34	2008	35008	10.92
1998	5137	30.21	2009	14985	－57.19
1999	4953	－3.58	2010	10277	－31.42
2000	2332	－52.92	2011	15547	51.28
2001	1720	－26.24	2012	26066	67.67
2002	2147	24.82	2013	43180	65.65
2003	1935	－9.87	2014	54283	25.71
2004	4013	107.39	2015	28196	－48.05
2005	5876	46.42			

第二节　外贸企业

1998 年 10 月，阿图什市第一家外贸企业——新疆克孜勒苏对外贸易有限责任公司注册，自营和代理进出口、仓储、汽车、百货、服装、农牧产品等业务。

至 2015 年，阿图什市共有外贸企业 16 家，主要出口蔬果（木纳格葡萄、苹果等）、日用百货、服装、电器等产品，主要销往巴基斯坦、吉尔吉斯斯坦、俄罗斯等国家。

2015 年阿图什市外贸企业一览表

表 13－8

企业名称	注册资本（万元）	经营地址	成立时间	资质情况
新疆克孜勒苏对外贸易有限责任公司	300.00	阿图什市帕米尔路西 6 院 1 号	1998.10	具有对外经营资质
新疆昂客国际贸易有限公司	150.00	阿图什市光明路北 2 院	2007.3.23	具有对外经营资质
克州众鑫商贸有限公司	50.00	阿图什市光明路南 1 院	2008.6.1	具有对外经营资质

续上表

企业名称	注册资本（万元）	经营地址	成立时间	资质情况
克州安德利国际贸易有限公司	100.00	阿图什市幸福路(州图书馆旁)	2008.7.4	具有对外经营资质
克州伊力尔江国际贸易有限公司	50.00	阿图什市建设路10号	2008.11.21	具有对外经营资质
新疆鑫骑仕国际贸易有限公司	100.00	阿图什市光明街道松他克路5号院	2009.2.13	具有对外经营资质
阿图什市广通国际贸易有限公司	50.00	阿图什市幸福街道幸福路恰河商贸综合楼4楼405室	2010.8.5	具有对外经营资质
克州双翼国际贸易有限公司	100.00	阿图什市上阿图什镇拉依勒克村10队	2012.10.31	具有对外经营资质
克州福民国际贸易有限公司	200.00	阿图什市友谊路市体委	2012.12.24	具有对外经营资质
克州白山外贸运输有限公司	100.00	阿图什市帕米尔路东66院1－17平房	2013.4.10	具有对外经营资质
新疆阿瓦穆国际贸易有限公司	500.00	阿图什市光明街道帕米尔路22院2号楼9号商铺	2013.6.21	具有对外经营资质
新疆鑫宫国际贸易有限公司	1500.00	阿图什市幸福路北2院博格拉步行街3号楼4单元604室	2013.8.1	具有对外经营资质
新疆克州爱尔砍国际贸易有限责任公司	500.00	阿图什市幸福路博格拉小区12栋C－303号	2014.4.2	具有对外经营资质
新疆艾礼爱甫拉国际贸易有限公司	500.00	阿图什市松他克路科燃河综合楼1栋2单元4层D户	2015.6.16	具有对外经营资质
新疆安法尔国际贸易有限公司	500.00	阿图什小微产业园	2015.7.1	具有对外经营资质
新疆萨币日国际贸易有限公司	600.00	阿图什市帕米尔路市粮食局院17栋3单元202房	2015.11.6	具有对外经营资质

第十四编　旅游业

阿图什境内有优美迷人的自然风光、风景名胜，闻名遐迩的文化遗迹、古朴浓郁的民俗风情，有“无花果之乡、木纳格葡萄之乡”的美誉。2002年，阿图什市成立外事侨务旅游局，负责图什市旅游发展方针、政策的制定和执行、旅游资源普查、开发、编制中长期旅游发展规划、对旅游从业单位进行行业管理及监督检查旅游市场秩序等。有风景区7个，名胜古迹3个，遗址遗迹8个，娱乐休闲景观5个。2015年，阿图什市有国家AAA级旅游景区3个、四星级农家乐5家、三星级农家乐2个。

第一章　机　构

第一节　行政机构

1995 年,阿图什市旅游局有编制 7 个,工作人员 7 名,2002 年 10 月,市旅游局与市外事侨务办公室合并,成立阿图什市外事侨务旅游局,是市政府主管外事、侨务及旅游工作的职能部门,内设办公室、外事侨务科和旅游业务科。编制 12 个,工作人员 11 名。2012 年 4 月,阿图什市外事侨务旅游局职能划入市政府办公室。

第二节　服务机构

至 2015 年,全市有旅游公司 1 家和旅行社 2 家,协同旅游局做好游客接待和旅游宣传工作。

一、阿图什天和旅游开发有限公司

成立于 2013 年,主要负责阿图什市旅游景区(点)开发建设和经营管理。2015 年,有员工 8 人。

二、金桥国际旅行社

成立于 2009 年。2015 年,从业人员 2 人,主要经营国内、国际旅游业务。

三、天门国际旅行社

成立于 2014 年。2015 年,从业人员 3 人,主要经营国内、国际旅游业务。

第二章　旅游资源

第一节　自然景观

阿图什天门

一、阿图什天门

2015 年 1 月,被自治区旅游局评定为国家 AAA 级旅游景区,位于阿图什市上阿图什镇西天山南脉,距阿图什市 75 千米。被美国探险杂志确定为世界 25 个最新探险线路之一和值得探险的景区之一。据史料记载:1932 年美国记者夏合拉格欧在当地维吾尔向导乌斯曼阿洪的陪同下曾到过此地。1947 年英国探险家希普顿曾游猎于此。这座“天门”耸立在帕米尔高原上,呈“∩”形,宽约 100 米,高约 500 米,鬼斧神工,天造地设,石壁表面像千奇百怪的壁画,无法丈量的厚度让人惊奇,是游人和探险者梦寐以求的乐园。这里不仅雄奇、险峻,更有它的幽深、宁静和神秘。

二、阿图什大峡谷

阿图什大峡谷

阿图什大峡谷位于阿图什市吐古买提乡，距阿图什市38千米。美丽神奇的大峡谷长约6千米，谷深2.5千米，宽3～5米不等，系天然形成，呈南北走向。大峡谷依山傍水，有大山的原始纯真，有泉水的清澈如银，这里山深谷幽、怪石突兀、天蓝水碧、灰鹤翱翔、泉水清澈、雪鱼畅游、空气清新，让人身临其境地感受到"艳阳山间照，清泉石上流，雪鱼浅底游，奇山水中映"的奇妙美景。峡谷之中，山涧小溪九弯十八转，矿泉资源极为丰富，含有多种有利于人体健康的矿物质和微量元素，是山区牧民良好的饮水资源。景区内还有百余年的大柳树、桑树等，柳树枝杆庞大，上可卧人，还有专门为爱好活水垂钓者提供的休闲场所和避暑、修身养性之地。

三、怪柳林

阿图什怪柳林

阿图什怪柳林位于阿图什市哈拉峻乡欧吐拉哈拉峻村，距阿图什市130千米，占地8公顷，是一片近千年的古柳林。柳树形状千奇百怪，有的傲然矗立，像威风凛凛的勇士；有的婀娜多姿，像仙女；有的倒伏于地，像雄狮；有的如蛟龙入海；有的如鳄鱼当道；有的如身披铠甲的武士。年龄最长的是一棵四人合抱的巨柳，树龄近千年，树身已经干枯，惟树冠依然罩着一头翠绿。经科学测定，这片柳树林距今至少800年的历史。清澈的泉水从柳树根部溢出，饮后沁人心脾，令人回味无穷。炎热的夏季怪柳林清爽宜人，是消夏避暑的好地方。2015年1月，怪柳林被自治区旅游局评定为国家AAA级旅游景区，成为远近驰名的旅游胜地。

四、阿图什盐湖

阿图什盐湖位于阿图什市哈拉峻乡哈拉峻盆地中心地带，距阿图什市150千米，盐湖形成是因该盆地为封闭型盆地，其地表水挟带地区中丰富的盐类汇集在盆地中央低洼处，因而形成湖泊。第四季冰川经哈拉峻气候十分干燥，经漫长的地质年代，湖水不断蒸发，盐分积累成盐湖。盐湖水面面积50平方千米，分上下盐湖，即硝尔库勒盐湖和吐孜苏盖特盐湖。上盐湖多为芒硝，下盐湖面积相对较大，平均水深1.2米。湖边生长着稀落的胡杨、柳树。有一个神奇的现象，一棵柳树根部流出一股泉水，味甘甜。当地牧民经常到此处求"圣水"，希望获取福音。前往该盐湖进入盆地，经常见到较大的胡杨，繁茂的红柳，还有野生的罗布麻、沙拐枣、琵琶柴、骆驼刺、麻黄、紫草、甘草、菖蒲和植物活化石——矮沙冬青。

五、乔克其沙漠

乔克其沙漠位于阿图什市格达良乡，距阿图什市53千米，总面积10平方千米，沙漠面积虽然不大，但自然景观非常壮观，是探险爱好者进行徒步旅行、探险的理想之地。

乔克其沙漠是绿色的人工绿洲和天然的荒漠戈壁中的一叶枯黄色的小舟，整个沙漠都在绿洲、戈壁的包围中，形成强烈的反差。沙漠中无大的沙丘，仅有一个个小沙包。沙包为半月形，正面为弯弯的月牙，背面为缓缓的沙坡。沙漠流动不大，微风起时，流沙随风飘动，"沙沙"作响，偶有狂风怒吼，也有风沙走石，黄沙蔽日之壮观。

沙漠边沿，天然的红柳、胡杨和人工的沙枣、白杨，似沙漠卫士，组成一道道防线，守护绿洲，也守护沙漠，使沙漠、绿洲在动与静中保持基本平衡。

夏日中午，沙漠温度骤增，热沙可做沙疗。

六、哈拉峻盆地和吐古买提盆地

在阿图什市的北部山区,有两个巨大的绿色聚宝盆,一个是哈拉峻盆地,另一个是吐古买提盆地。

哈拉峻,过去人们习惯上称其为银色的聚宝盆,这主要缘于盆地中有硝尔库勒和吐孜苏盖特两大盐湖。平时,在阳光照耀下,银光闪闪,似两块银镜。盐湖中所产湖盐又是银色的晶体,源源运往各地,为外地人所垂青、所羡慕。面对银光闪闪、一望无际的银色以及堆积成山的银色晶体,人们便赞美哈拉峻是银色的聚宝盆。

也有人称哈拉峻为金色的聚宝盆,这是因为在盆地中特别是盆地周围的山中,多有金属矿藏,故有金色哈拉峻或金色聚宝盆之美名。

哈拉峻盆地像一个金盆,金是组成盆地的四周的群山和高地,是盆帮,而840平方千米的盆底,才是盆地的实体和真正代表,这个盆底却是一片翠绿的,而那银色的盐湖虽有50余平方千米的面积,那只不过是绿色盆底上的两颗银色的明珠,绿色则是哈拉峻整个魅力和生命之所在。绿色的原始生态——古老的胡杨林天然草场已成为哈拉峻的历史,而绿色的综合农业生态—人工草场、农田及森林,是哈拉峻未来充满生机活力的新的绿色生态。

哈拉峻盆地的矿产资源和野生植物资源极为丰富。矿产资源主要有盐湖、铅锌、钒钛磁铁、大理石、金、铜等。除盐矿和铅锌矿外,大都未开发,应该说是藏宝山中,等待有识之士前来开发。野生动物有雪鸡、石鸡、青羊、野猪等。硝尔库勒盐矿盐泽化面积50余平方千米,固态盐D级储量1320万吨。开发潜力十分可观。

吐古买提盆地位于阿图什市的北部,呈东西狭长形,中部为丘陵所隔,海拔1900~2000米,面积500平方千米,古代曾是塞人和蒙古人的游牧地,蒙古文化遗址、遗物甚多。现为柯尔克孜族聚居地,经济以畜牧为主。北部迈丹塔格山有常年积雪,并与吉尔吉斯斯坦共和国相邻。

哈拉峻、吐古买提这两个绿色聚宝盆,不仅是阿图什最有前途的经济开发区,而且也是吸引人的旅游开发区,绿色自然生态和人工生态之旅,马背民族柯尔克孜族民情风俗游是这两大盆地旅游的优势。

七、恰克玛克渠首风景区

恰克玛克河渠首风景区位于阿图什市西北侧的恰克玛克河干流中下游段,距阿图什市46千米,距喀什市40千米。渠首建于2002年,是喀什和克州的水利枢纽工程,建成后解决下游1.12万公顷耕地的引水和分水任务,工程总投资1730万元。恰克玛克河旅游区占地约33.33公顷,是以河流、自然林、防洪渠渠首工程融为一体的绿色生态区。河中清水长流、河水清澈见底,两岸有茂盛的自然林和人造林,绿树成荫,草木丛生,空气清新。炎炎夏日,这里却如秋末初冬般凉爽。每逢夏日,前来消夏避暑的游客络绎不绝。

八、阿湖水库

阿湖水库位于阿图什市阿湖乡,距阿图什市17千米,是一座以防洪为主,兼有灌溉、发电、养殖、旅游等功能的拦河中型水库,水域面积300公顷。水库大坝和枢纽建筑物雄伟壮观,数座自然小岛坐落其中,有民族风情长廊、凉亭、喷泉等景观。宽广清澈的水面碧波荡漾,野鸭、水鸟嬉戏其中,库区秀丽的风景是克州少有的具有多种休闲方式的风景旅游区。在这里可乘游艇环湖观光、游泳、垂钓、品尝民族特色小吃等,让人乐不思蜀。

第二节　名胜古迹

一、三仙洞

三仙洞为自治区级文物保护单位,是迄今发现的中国最西部、最古老的佛教洞窟,距今至少有1800年历史,位于阿图什市西南方向的恰克玛克河峭壁上,距阿图什市25千米,大约建于公元2世纪前期。千佛洞下距河床13米,上距崖顶14米。三个洞窟平行排列,洞门皆面北。洞口凿成门框形,东西两洞稍小,中间一洞稍大,洞口高约2.25米,宽约2米,厚约0.7米。石窟形制比较单一,三个洞窟均有前后两室,前室较大,为纵卷顶,后室略小,为横卷顶,前室与后室间有石墙门栏。前室长宽各约2.8米,顶高约2.5米。洞窟之间的石壁厚约1米,凿通后的小洞仅可屈身而过。洞内有塑像,坐像残高1.2米,两膝间距1米,厚0.7米,佛像两手平放于胸前,前腿盘曲而坐,脚心向上,莲花座上的莲子、莲瓣都十分清晰。壁画主要残存在东、中两窟的前室卷顶中央和后室的侧壁上。在东窟前室纵卷顶中央似绘有天象图案藻井,从藻井的南北两面佛像看,北面坐佛右侧,绘有一立佛像,立佛右侧又绘有一小佛像,小佛像右侧又有一小像。在各个佛像的身后和项后均绘有深红、绿、黄、白和土红等色光轮。佛像大者高约50厘米,小者高约20厘米,有14尊。东窟后室东西两侧壁和门楣上,也绘有坐佛和立佛像。

二、莫尔佛塔

出阿图什城南,越布谷孜河,进入茫茫戈壁之中。南驰20千米,有一片小小的绿洲,这就是恰克玛克河畔的库木萨克村。阿图什市与喀什地区以恰克玛克河为界,河的彼岸就是喀什地区,与库木萨克隔河相望的是喀什的伯什克然木乡。

站在库木萨克的坎儿井台上,放眼望去,耸立在恰克玛克河北岸高高的佛塔,轮廓清晰可见。这就是闻名的莫尔佛塔。莫尔佛塔不是建塔时的名字,而是后人为之命名的。是后世的库木萨克维吾尔人,看着它好似一个高耸的烟囱,因而即称其为"莫尔墩"(维吾尔语意为烟囱)。阿图什的汉人觉得它是一个佛塔,因而又在莫尔墩后加"佛塔"二字,即成"莫尔墩佛塔",后来文人们在评价它时又省去了一个墩字,"莫尔佛塔"之名即由此出。

此塔造型不仅与我国中原各地的佛塔造型不同,与新疆境内的佛塔造型也迥异。此塔无塔座、塔身和塔顶之分,仅以两部分构成,下半部为一个方墩形,上半部为圆柱形。塔为土块砌成,无砖木及其他材料。

塔为佛教文化的产物,随着佛教传入中国,佛塔作为佛教文化的代表也同时传入。塔梵语为"Stwpa(堵波)",又称"浮图",其主要有两类:一类是舍利塔,一般建于寺庙之内,为存放"舍利子"—梵文"Sarira"的音译略称(佛教高僧坐化后的骨灰)而筑,另一种是镇妖塔,一般多在山上、水边。此塔属哪一种,至今尚无法考证,但该塔的本身却有着很高的研究价值。从此塔的造型看,这种上圆下方的土塔,带有古印度佛教早期佛塔的特点。中国现存佛塔大都是佛教文化与华夏文化结合后的混合物,像这种纯佛教文化的古塔,不仅在中国不多见,就是在佛教的故乡印度本土,能保存至今的这样的古塔也是寥寥无几。

此塔当为佛教传入中国之初所建,对于研究佛教传入中国的年代、路线有很高的价值。

三、喀喇汗王朝冬宫遗址

喀喇汗王朝冬宫遗址位于阿图什市城东南10千米的阿扎克乡库木萨克村。在此数千米直径的地面上,留着数量极多的红、黑古代陶片和铁器残片以及项链珠子、饰物雕像、古代钱币、刀枪剑簇,是古代英雄在这里驰马逐鹿、争雄称霸的见证和古代繁华城郭的历史遗物,特别是这里出土的喀喇汗王朝时期的钱币和其他大量文物,对于研究喀喇汗王朝的历史、文化有着十分珍贵的价值。

四、汉代疏勒国都遗址

出阿图什城南,越布谷孜河,在茫茫戈壁之中。有片小小的绿洲,这就是恰克玛克河畔的库木萨克村。汉代疏勒国的国都就建在这片土地上。此处曾被当地维吾尔人称做"汗诺依",其意即为"国王居住的地方"。这里是汉代疏勒国国都所在地,疏勒王曾与汉使班超在这里率领疏勒军民并联合西域各国,同匈奴分裂势力进行过长期英勇的斗争,并重开西域都护府,最终取得丝路的畅通和国家的统一。汉代,这里就是繁华的都市和地方政权的王治所在。在这里,当时曾经建过"沙落迦"佛寺,也即疏勒佛寺。

到了唐代,唐统一西域后,又在疏勒建立都督府,这里又是疏勒都督府的治所,同时在此不远处还建有疏勒镇。这里成为更加繁华的大都市。唐代,疏勒大云寺便建在这个大都市之中,寺内佛塔至今犹存。

五、唐代疏勒都督府和疏勒镇遗址

唐代,唐中央政府设在疏勒地区的最高行政机构疏勒都督府和最高军事机构疏勒镇,均在阿图什境内。

唐代疏勒都督府的遗址,在汉代疏勒国国都的古遗址上,即今天阿扎克乡库木萨克一带。在这个遗址上,出土的陶罐、陶瓶、陶灯等陶器极多,地面上更是密布陶瓷残片,在地面稍作挖掘,即可见古代房屋建筑的遗址。

唐代在西域建立的安西四镇之一的疏勒镇,也是在阿图什境内,遗址当在阿图什—阿湖谷口一带,这里是控扼南部平原与北部山区的要道和咽喉之地,是一夫当关、万夫莫开的关隘。在唐代,这里是防止北部山区突厥部落南侵塔里木盆地农耕诸部的要塞,同时也是阻止南部吐蕃集团进入天山山谷的要道,战略地位十分重要。

安西四镇是决定唐在西域的统治能否存在的关键,四镇存,则西域存;四镇失,则西域失。疏勒镇的地位更加重要,疏勒失,则塔里木地区北沿及葱岭尽失。疏勒镇虽然在安史之乱后为吐蕃所收编,但至今遗址尚存。

六、古代烽戍卡伦及古战场遗址

阿图什自古以来就是兵家必争的军事要地,不同历史时期,都在这里建有军、镇、烽、隧、守提、戍等军事机构以及卡伦,哨所等军事设施。如今依然留有遗址的尚有多处。

卡拉东遗址:位于阿扎克乡库木萨克村东北部12千米处,为汉唐时期的峰戍遗址,属自治区级重点文物保护单位。它连接伊沙尔城堡,又是一个宽广的居民区。这里可以看到房屋、道路及胡同遗留。卡拉东遗址发现了大量瓦片、炉子、炉渣、玉米、小米、青稞和核桃种子等。因此处文物被盗,遭受严重破坏。

七盘磨烽火台遗址:七盘磨烽火台遗址位于阿图什市以东28千米。大约修建于18世纪后期,烽火台为覆斗形,底大顶小,底面边长为23米,平顶,顶部边长为14米,总高为11米。

摩尔提木遗址、摩克提木遗址:摩尔提木遗址和摩克提木遗址分别位于阿图什市以东直线距离30千米。是格达良乡境内发现最早的古遗址,是距今大约已有1400~2000余年前的烽、隧遗址,当地群众曾多次捡到完好的建筑物残片,表现出古代塑造者的手法娴熟,造型美观。

巴什巴羌遗址、老巴羌古遗址:巴什巴羌遗址和老巴羌古遗址分别位于阿图什市以东30千米和27千米处,属清代卡伦遗址。因破坏严重,已难辨轮廓,仅剩一些残缺不全的墙面。

古玛塔格烽火台:古玛塔格烽火台位于翁鲁克村南山顶上,作为通往喀什小道上的一个必经之地,有人在这个像一间房屋的烽火台内放一个水缸灌满水方便过往路人饮用。至2015年,残留2面墙。立井卡伦:立井卡伦位于阿图什市以北73.5千米。为清代卡伦,经过常年风吹雨打,风化非常严重。

古战场遗址:“折戟沉沙铁未销,自将打磨认前朝”,在阿图什这个两千多年来曾进行过多次战争的古战场上,到处可见古代战争的残迹和遗物,有些断墙残壁,至今犹在。通过对这些古战场的凭吊,人们可以重温边疆各族人民维护祖国主权领土完整,前仆后继,英勇奋战的爱国史,从而更加热爱祖国,热爱家园。

汉代,这里是匈奴割据势力与汉中央政府争夺丝绸的战场,班超等36人曾率领各族人民在南部平原上进行长期的战斗,戈壁上仍可找到断箭残戟。

唐代,唐朝军队曾经在这里先后与北部的突厥部和南部吐蕃部进行长期的拉锯式的战争,在一座残留的烽火台上,战争的残留依稀可见。

琼哈拉峻冬库尔干城堡,坐落于哈拉峻乡琼哈拉峻村(大哈拉峻),是一座大约17世纪的蒙古统治者所建。喀什噶尔的白山派首领阿帕和加邀请准噶尔蒙古贵族集团进驻喀什噶尔恢复他的残酷统治,当地群众则要受着阿帕和加和准噶尔的双重统治。当时居住于此的柯尔克孜人在首领吐塔木的率领下,赶走准噶尔统治者,并占领城堡,与准噶尔统治者抗衡,几次打败阿帕和加和准噶尔军队的讨伐,保卫土地和人民。至今城堡城墙依稀可见。

吐古买提与阿湖乡交界的山前平原，大约18世纪之初，一个准噶尔统治者的小分队来到这里鱼肉百姓，被愤怒的柯尔克孜群众围歼。阿帕和加和准噶尔统治者从喀什噶尔派出大批兵丁杀向这里，在这块平地上，柯尔克孜、维吾尔群众奋起抵抗，但终因寡不敌众而失败，统治者残酷的屠杀这两个村子12岁以上的男人。在这个戈壁滩上，留下死难者堆堆白骨。

在阿图什平原，在哈拉峻盆地，到处可见清代柯尔克孜、维吾尔群众与张格尔等叛军以及浩罕侵略者浴血奋战的战场。

阿图什—阿湖入山中的小土山上，马仲英的部下马福元曾在这里一举摧毁民族分裂分子炮制的伪东土耳其斯坦伊斯兰共和国的反动武装，伪政权即土崩瓦解，作鸟兽散。

如今，在这个山头上，还可见累累弹痕。

七、坎儿井遗址

坎儿井这种新疆干旱荒漠地区防止流水在流程中强烈日照大量蒸发的人工地下暗河，在阿图什也曾开凿过。

阿图什地区的坎儿井共有两处，此为阿扎克乡的库木萨克坎儿井，在阿图什—莫尔佛塔游线路旁。一处是格达良坎儿井，在阿图什—格达良—八盘水磨旅游线上。

库木萨克坎儿井：在库木沙克村之右有一条坎儿井遗址，呈南北方向，长约6千米，每10~20米一井，竖井深8~10米，直径3米许，底部相通。此条坎儿井带以西另有5条坎儿井带，长度30余千米。这些井都凿在戈壁滩上，工程之浩繁，设计之精密，令后人赞叹、惊奇。据当时参加过挖井的老人讲，这些坎儿井是20世纪20年代由一名叫艾山巴拉吉的人兴办的。此人为阿图什温勒克村人，家贫，然生性刚毅。原名艾山，因不畏艰难，敢碰钉子，被人称为艾山巴拉吉。成年以后，以烧制陶碗为生，艰辛创业，到中年积累一些财富。为开发库木萨克南部的大片荒地，又不与群众争水，另辟水源，经长期调查，并从吐鲁番请来坎儿井匠人，经实地勘测，精心设计以后，动员温勒克、库木萨克和临近的群众，按工计酬，垒灶做饭，数百人在戈壁上寒暑施工，年余而成。共成6条，全长30千米，凿竖井2000余眼。继而在南边荒地上造田数百亩，种粮植树，还造房起宅。

同时，在疏附县伯什克然木村有个叫艾拉吉的人，在靠近库木沙克一边也凿坎儿井造田。一个自南向北，一个自北向南，二人协商坎儿井所到之处就是两乡交界，因而竞相加紧施工。据说，1959年在此建成农场，因与疏附县发生地界之争时，还以此为界，解决了纠纷。

格达良坎儿井：位于阿图什格达良乡，共有两条，分别是被称为“托库尔苏坎儿井”和“阿日帕力克坎儿井”。位于阿图什城北73千米和73.5千米处。至2015年，还有一个较好的坎儿井，其余已坍塌。

八、苏温古城遗址

唐代设在西域的重要军镇——疏勒镇的遗址苏温古城（又称“阿喇古城”）就在阿图什境内的阿湖乡。1957年新疆维吾尔自治区公布为区级文物保护单位。苏温古城具体遗址不详，虽被定为唐古城，但它究竟是哪一级政权的城郭，是都护府还是都督府，是将军府还是镇守府，至今也无定论。

九、石堆墓（蒙古墓）及公主坟

阿图什历史上曾经长期是蒙古人与维吾尔、柯尔克孜族杂居的地方，留下大量的石堆墓——蒙古坟，同时还伴有很多传说。

（一）玛依丹村石堆墓

该墓位于玛依丹村西北4千米，有石堆墓2座，2座墓距离较远，呈东西走向，墓主均为蒙古人。其中有一座墓特别大，该墓呈南北走向，推测可能是当时地位特别尊贵的一位。

蒙古首领之墓。“甬道”约有7米宽，周边均用较大的石块埋砌而成，长有100米左右。

(二)塔尔贝西古墓群

这两个墓群均为塔尔贝希遗址上的墓群,墓主为600余年前所居住的蒙古牧民。其中A墓群已不存在,但是现在在此地居住的吐古买提村村民在建房时曾挖掘出当时蒙古人所用的物品。墓群B如今也只有一个土石堆存在于塔尔贝西通道口。

(三)斯坦别克石堆墓

该墓地位于吐古买提村西北1千米,有石堆墓3座,呈南北走向,占地100平方米左右,墓主均为蒙古人。"斯坦别克"是同时居住在当地的一户柯族的牧民,此地以此而得名。

(四)角落吉勒尕地石堆墓

"角落吉勒尕"柯语意为:在没有人类行走的地方由牧民自己所探出的一条山间小道。此地共有3座石堆墓,分别位于吐古买提村西北4千米处,吐古买提村西北2.3千米处,吐古买提村西北2千米处,占地200平方米。

(五)其他石堆墓

另外,在吐古买提乡尚有开普铁西沟石堆墓、麻扎尔套石堆墓、加依石堆墓、坎加巴依石堆墓、克孜勒塔石堆墓。

十、"阿图什人"头骨化石出土地

1981年9月,在阿图什阿湖乡阿其克村布谷孜河东岸的高坡上,一位汉族女学生偶然发现一个人头骨化石,并交给自治州文化局。阿图什出土的人头骨化石引起国内外专家学者的关注,纷至沓来,前往考察和验证,并纷纷在有关刊物上著文立说,一时掀起一股学术研究的热潮。由于人头骨化石出土在阿图什境内,考古学家称之为"阿图什人"头骨化石。最初发现的人头骨化石共4块——前额骨、头颅骨和2块蝶骨。

1983年7月7日,由北京自然博物馆、新疆博物馆、新疆地矿局、新疆地质勘探队等单位的学者组成一个相当规模的考察队来到阿图什,对人头骨化石出土现场又实施一次全面的考察和发掘,进一步发现另外3块人头骨化石,与先期出土的组合后,复原出一个人头骨上半部外形。头骨长117.5毫米,宽123毫米,重443.5克。同时还发现一块至今不知名的古代动物甲骨化石。

考古学、人类学、地质学专家对人头骨化石的特点、级别和地层、地理环境进行详尽的研究和分析,运用碳14检测手段进行测试,鉴定这一人头骨化石至少有17000年的历史,为18岁左右的男子头骨,比现代人头骨要厚。

"阿图什人"头骨化石的出土,意义重大,证明阿图什历史悠久,在17000年前,也就是历史学家所指的旧石器时代,就有人类在这块土地上繁衍生息,由于该化石具有较高的研究和收藏价值,被自治区文物局确定为国家二级保护文物,保存收藏在自治区博物馆。

十一、赛福鼎·艾则孜故居

位于阿图什市松他克乡瓦克瓦克村,距阿图什市6千米。赛福鼎·艾则孜,男,维吾尔族,全国人大常委会原副委员长、全国政协副主席,党和国家民族工作的卓越领导人、忠诚的共产主义战士、杰出的社会主义政治活动家、维吾尔人民的优秀儿子,是一位成就卓著的维吾尔族诗人、小说家、戏剧家。赛福鼎·艾则孜的故居是一个典型的维吾尔庄园,具有浓厚的维吾尔族风格和地方特色。庄园四周白杨高耸,绿树成荫。高高的黄土围墙,门前有小桥流水,院内有花圃果园,透着书香门第的典雅之风。故居主要有大厅和展览厅两部分,大厅陈列着赛福鼎·艾则孜的塑像、实物、纪念照片及他在各时期所写的诗作;展览厅里展示赛福鼎·艾则孜不同时期的经历,客观地反映他的一生。这里可以参观典型的维吾尔建筑,了解赛福鼎·艾则孜的革命历史,是爱国主义教育和民族团结的教育基地。

第三节　娱乐休闲景观

一、骑士大观园

2007年被自治区旅游局评为四星级农家乐，位于阿图什市阿扎克乡，距离阿图什市7千米，在建筑风格上融入传统的维吾尔民居风格和现代流行元素，从布局、砖雕、房檐木雕、漆画等都体现维吾尔民族的建筑特色，加之与现代元素的融合，更显富丽堂皇。

骑士大观园

二、绿地民俗风情园

2009年被自治区旅游局评为四星级农家乐，位于阿图什市松他克乡松他克村，绿地民俗风情园占地面积13.3万平方米，建筑面积1800平方米，水域面积2100平方米，绿地面积10万平方米。总投资1500万元，经过13年的改造修建，已形成集观光、休闲、娱乐于一体的果园、庭院。果园果树品种繁多，有杏子、葡萄、石榴、无花果、桃子、樱桃、巴旦木等，庭院建筑既有民族特色的木工雕刻，又具有现代气息的喷泉、水上亭阁，极具参观、游览价值。接待设施完备，可一次性接待1000人左右。

绿地民俗风情园

三、阿孜汗无花果科技园

2014年被自治区旅游局评为四星级农家乐，位于阿图什市松他克乡买谢提村，距阿图什市2千米。园内面积3.73公顷，葡萄长廊贯穿整个园区，无花果树分布左右，中间坐落着蘑菇形（伊斯兰建筑风格）凉亭，果园突出阿图什维吾尔亭苑风格。无花果又称仙人果，是唐朝时期从波斯传入阿图什的。阿图什无花果个大、皮薄、色泽艳丽，糖度高，含有微量氨基酸，是上好的防癌果品。夏秋季节，众多游客慕名而来，在清凉的凉亭、葡萄长廊下品尝甜美的无花果、木纳格葡萄，观赏独特的果园景观，欣赏维吾尔歌舞和“麦西来甫”演唱会。

阿孜汗无花果科技园

木纳格葡萄科技示范园

四、木纳格葡萄科技示范园

木纳格葡萄科技示范园，木纳格葡萄科技示范园（阳光绿洲生态园），2014年被自治区旅游局评为四星级农家乐，位于阿图什市阿扎克乡，距离阿图什市区7千米，占地面积15公顷。2013—2015年，阿图什市累计投资3000余万元对修建木纳格葡萄科技示范园进行开发建设，木纳格葡萄科技示范园是集休闲、观光、度假、采摘品尝、歌舞表演、餐饮为一体的旅游目的地。1994 年,阿图什木纳格葡萄被评为中国农学会葡萄分会成立大会暨全国首届葡萄学术会上评为“优质鲜食葡萄”;1995 年,中国农业博览会上获评“葡萄类国家金质奖”;2000 年,新疆农业名牌产品认定委员会颁发“新疆农业名牌产品奖”;2006 年,新疆特色农产品上海交易会获“最佳畅销产品奖”。阿图什市是全国单一鲜食葡萄品种木纳格葡萄栽培面积最大的县市。

五、维吾尔民居

阿图什维吾尔民居如小“宫殿”式民居。民居特点大多是前院过渡,后院果园,住宅主体向心凝聚格局,主次分明、井然有序,建筑风格主要是把红砖打磨成各种几何形砌于门两侧、房檐、墙壁上。木质大多为白杨木,建筑中所用的廊檐、廊顶均采用木刻雕琢,房内外墙壁、房顶、多有石膏印花。豪华的还配有漆画和彩绘,几家观赏完后,感到各个都造型美观,独具匠心。砖、木、石膏、漆画有机结合,图案各具特色,浑然天成。由于阿图什商人走南闯北,见多识广,在现代建筑上融入洗手间、封闭式庭院等新的内容。旅游项目有观赏维吾尔舞蹈、婚俗、果园品尝水果、各种民族风味餐,欣赏民族歌曲和民乐弹奏。

维吾尔民居

第三章　旅游管理

第一节　规　划

2011 年,阿图什市旅游局编制《阿图什市旅游发展总体规划》及阿图什天门、怪柳林、大峡谷、阿湖乡休闲旅游度假区、阿孜汗无花果园、木纳格葡萄科技示范园、松他克乡百果园、万亩葡萄基地等建设详细规划。

一、阿图什市旅游发展总体规划

《阿图什市旅游发展总体规划》中规划范围为新疆阿图什市行政区域所辖范围,市域范围 1.55 万平方千米,分别为中心城区、上阿图什镇、阿扎克乡、阿湖乡、格达良乡、哈拉峻乡、吐古买提乡、松他克乡。市境东西长 241 千米,南北宽 136 千米,边境线长 114 千米。规划期限 2012—2025 年。分近期、中期和远期,近期为 2012—2015 年,起步阶段。中期为 2016—2020 年,发展阶段。远期为 2021—2025 年,完善阶段。规划根据阿图什市域范围内各景点资源的代表性和易开发性,选择 6 处重点旅游区,分别是天门旅游区、大峡谷旅游区、古城文化主题公园旅游区、圣果园旅游区、怪柳林旅游区、盐湖旅游区。

(一)阿图什天门旅游区

1. 景区定位

以阿图什天门山洞为主体景观,打造阿图什特色旅游为目标,以探险、观光为主体活动的国家地质公园。主题形象,通天之门——国家地质公园。宣传口号,天门通天界,伊甸落凡间。

2. 开发思路

天门景观,首先从主题定位上来看,美国《Adventure》杂志的推荐类型与阿图什以前的对外宣传都是以探险为主题,从当地的调研来看,各方面条件也比较适合这一主题,不应打破这一主题元素。为了将景区打造成AAAA级乃至以后的更高级别景区,达到带动地方旅游发展的目的,在开发中就应当做到兼顾普通旅行者,开发休闲、观光旅游,打造国家地质公园。再从对外推广上来说,国内最著名的天门景观是张家界天门,阿图什天门相比张家界天门,植被景观较少,山体裸露,但从洞门大小及险峻程度上来说远比张家界天门大,张家界天门宣传中打出世界最高海拔天然穿山溶洞,若阿图什天门成功开发后,就能打破张家界天门的这一亮点。

阿图什天门,含有通天之门之意,在中国古老文化中,天界即为神仙所处的地方,可以称为仙境,而天门通天,正好与此关联。在景区的规划、开发中,将阿图什天门之旅看比作一次逐仙之旅,景区的整体氛围围绕着人间仙境去打造,包括景观、景区活动、景区故事去渲染,共同营造。

3. 景区项目

天门景区内,根据景区内的地貌类型及项目定位,参考以往的宣传方向,设置如下的景点产品项目:特色文化接待中心、野外露营点、文化长廊、天门降、回音壁、通天之路、崖壁雕刻、题字、玻璃观景栈道、危情穿越、索道观光(远期)、蜘蛛侠攀岩展示、露天表演、云海摄影、商务会议、口岸游。

特色文化接待中心:作为天门景区的接待中心,内设客服、购物、餐饮、停车场、医疗、投诉、管理、银行、娱乐等功能。天门降:在天门的"门楣"处体验速降,自由落体般的刺激感觉,每年都能够吸引各地的大批攀岩爱好者到此感受。通天之路:阳光灿烂的正午,太阳光线会穿天门山洞而过,形成一道巨大的光束映射在山壁之上,远远望去犹如一条通天大道由天门起始直上九霄。尖叫小径:沿天门景区内山壁中央修建玻璃栈道,让游客走在上面体验惊险、刺激的新奇感,游客无一不会大声发出尖叫来舒缓平日生活中的压力。

危情穿越:围绕天门定期举办各种类型的活动,以此来提升景区知名度、从而达到吸引游客的目的,危情穿越是其中一种节目,专业人员驾驶滑翔伞、小型动力飞机等,以高难度动作穿天门山洞而过。回音壁:天门左壁表面像一张千奇百怪的壁画,这是大自然鬼斧神工的杰作;右壁上有像蜂巢的石穴,对着他就算窃窃私语也能听得见回音。口岸游:阿图什天门距吐尔尕特口岸很近,而吐尔尕特口岸尚未开展旅游活动,在天门景区开发中,应充分利用周边的可开发资源。

4. 区划

天门旅游区位于阿图什市上阿图什镇的南侧,景区规划面积为76平方千米。规划时限2013—2020年。天门旅游区的规划布局为:一心、一带、四区。其中一心是指游客接待中心,一带是指山地徒步带,四区分别指入口景观区、山地徒步探险区、山地科普区、天门核心景观区。

(二)阿图什大峡谷旅游区

1. 景区定位

以峡谷秀美风光为特色、打造观光、水面休闲、徒步观光为主的休闲、自驾游基地。主题形象为生态山水画廊,休闲自驾天堂。

2. 开发思路

阿图什大峡谷谷间道路较为狭窄,出于安全、观光、探险考虑,不适宜同一时间内通过大量游客,峡谷间小溪流淌,河流冲击的河床就是进入峡谷的道路,河床直通旁边的阿湖水库。可以考虑将阿图什大峡谷景区和阿湖水库作为整体,打造为"加依帕其木景区",包括峡谷景点和水库休闲娱乐区。"加依帕其木"其名字有一定文化内涵,对游客具有比较大的吸引力,文字背后的故事可与景区打造联系起来。

3. 景区项目

根据景区内的地貌类型及项目定位,参考以往的宣传方向,设置如下景点活动:徒步游憩、峡谷揭秘、泉华欣赏(摄影)、观鹤(摄影)垂钓骑骆驼、滑索、古柳、古迹览胜。阿湖水库景点活动:水上运动(水上自行车、水上滑翔伞)、垂钓、观鸟台、芦苇迷宫栈道。

摄影:峡谷内秀美景观,能够吸引大批观光游客和摄影爱好者前来一饱眼福。崖壁栈道:栈道在峡谷两侧的山体上借势而建,一方面可以在汛期供游客避开可能发生的洪水,另一方面,隔空而行可以增加徒步的刺激感。观鹤亭:峡谷景区范围内有大量的鸟类活动,其中就包括灰鹤在内的一些珍稀鸟类,随着社会的进步人们对环保的概念越发重视和关注,同时也涌现大批的观鸟爱好者,观鹤亭一方面为人们观鸟提供便利,另一方面也为景区的宣传提供素材。

4. 区划

大峡谷旅游区规划面积为27.6平方千米。本景区规划立足于“素面朝天、还其自然”的理念,弘扬本土文化特色,以自然资源为依托,整合资源,形成“Y”字形路网,形成峡谷八景。根据服务设施和基础设施的分布原则,完善峡谷内的各类设施。大峡谷旅游区的景观系统结构为:“两心、两带、五区”。两心:是整个旅游区的景观中心,分别是泾白山峡谷景观中心和经文山峡谷景观中心。两带:分别是泾白山景观带和经文山景观带,构成旅游区的“Y”字形景观带。五区:分别是泾白山峡谷景观区、经文山峡谷景观区、山地景观区、科克塔木村人文景观区、盖孜村人文景观区,五区共同构成旅游区的旅游大环线。

(三)阿图什古城文化主题公园旅游区

1. 景区定位

以展示古国历史文化为主旨,以打造南疆古城文化代表性名片为目的的文化主题公园。主题定位为古城文化主题公园或喀喇汗王庭。

2. 开发思路

在对遗址进行充分保护的基础上,一方面边发掘、边开发,组织游客参观,组织院校、学生了解历史文化知识,另一方面在遗址外围建造几处复原古城,城内还原古时的场景,开展文物参观、纪念品销售、特色饮食、影视拍摄、古城客栈、古民俗风情演艺和古战场场景展示等活动。

3. 景区项目

根据景区内的地貌类型及项目定位,设置如下景点活动:遗址参观、微缩古城、复原古城、文物展览馆、古战场声光电演示馆、纪念品销售、古代餐饮展示与品尝、影视拍摄、古城客栈、古民俗演艺、现代娱乐活动、

遗址参观:在遗址现场进行充分保护措施的情况下,将一部分遗址向公众进行展示、参观。微缩古城:因为对古城进行整体复原建设造价将会非常之大,而近期阿图什市游客数量也基本无法满足高昂的建造费用,所以,建设一个微缩古城公园,项目可以参照深圳世界之窗。复原古城(远期建设):对古城进行部分复原,让游客身临其境,感受别样的西域古国风情。影视拍摄(远期):依托复原古城,打造西域风情影视基地,通过古城吸引电视作品的拍摄,电视作品的展出也同时带动古城的旅游发展。古战场场景表演:在古城营造古国战争场景,吸引游客的目光,提高关注度,烘托景区整体氛围,为景区的宣传造势。现代娱乐活动:以古城文化为背景依托,开发相应的游乐设施,例如在原有的游乐设施基础上对其外表按照当地文化进行重新包装,使得游客在古城公园中有所看、有所玩。

(四)阿图什圣果园旅游区

1. 景区定位

以无花果及木纳格葡萄为主题特色,以展示阿图什形象为目的的圣果主题文化园。宣传口号:圣果孕育的摇篮,智慧发祥的源地。

2. 开发思路

阿图什多以“无花果之乡”为对外宣传形象,但在阿图什市内没有太多有关这一主题的标志性景点,无花果之乡这一称号只是简单地运用在农业贸易上,没有将这一形象元素加以有效的开发利用来推动地方经济的增长,所以急需在阿图什市内打造一个以无花果为主题的旅游景点,使其成为最具旅游形象代表性的标志性景点。木纳格葡萄盛产于阿图什,是众多葡萄品种中的佼佼者,其最大的特点是耐于久存,春季盈筐的葡萄有着“四季皆鲜”的美名。在园区项目策划组织上,应利用“无花果、木纳格葡萄”的城市形象元素,打造集会议接待(政府、商务)、游乐休闲、田园观光、农产品贸易、科教展示、研究基地等为一体的圣果主题乐园。

3. 活动内容

根据景区内的地貌类型及项目定位,设置如下景点活动:商务会议、圣果节庆、圣果贸易展会、科技种植研究、主题游乐、产品创意园、创意园艺大赛。

商务会议:依托阿图什圣果园的特色资源优势,挖掘商务市场,开展商务会议接待、考察等活动。主题游乐园:以无花果和木纳格葡萄为特色的小型主题游乐园,游乐园内的游乐设施也以以上两种资源为造型,与

园区整体所烘托的氛围相融合。产品创意园:以无花果和木纳格葡萄为原料,进行各种相关产品的创意展示,例如无花果雕、果树创意造型展、果园迷宫等。

(五)阿图什怪柳林旅游区

1. 景区定位

以千年古柳为背景,柯尔克孜民族文化为特色的主题的文化休闲度假基地。宣传口号:徜徉千年古柳林,重游万年神仙路。

2. 开发思路

阿图什仙木园距离阿图什中心景区较远,来回路程较长,由于周边旅游集散点离景区较远,旅途耗费的时间会比较长,因此应发展过夜游,一方面,游客旅游的时间分配合理度较高,另一方面,也能相应的提高旅游业收入。阿图什仙木园很容易勾起人们的怀古情节,所以建议以千年古柳林为背景,融合当地柯尔克孜族民俗文化,让游客揽今怀古、借景生情,同时融入当地有悠久历史的史诗——《玛纳斯》,展现地方人文特色,且阿图什仙木园邻近"猎鹰之乡之一——哈拉峻乡",可以将猎鹰文化在这里体现。

3. 景区项目

根据景区内的地貌类型及项目定位,设置如下景点活动:野营天地、透明帐篷、篝火晚会、古柳奇缘、星夜观天、玛纳斯露天音乐会、驯鹰表演、柯族考姆兹弹唱、柯族神话展示(舞台剧、石雕、木雕)、奇柳度假山庄。

玛纳斯露天音乐会:玛纳斯是阿图什的特有史诗剧,作为克州的特色文化资源在这里进行展示,既弘扬民族文化,又提升景区品质。古柳奇缘:借古柳的造型为主题,创造一系列的神话故事,在游步道周边散落,让游客仿佛穿梭于仙境之中。透明帐篷:古柳林远离市区,夜晚景色十分美丽,住在透明帐篷中,看着夜空中点点繁星,剩下的只有对大自然的感叹。奇柳度假山庄:因古柳林距市区较远,来这里势必要发展过夜游,山庄与野营、帐篷有效的搭配,形成需求互补,山庄针对商务游客、高端游客,提供会议、餐饮、生态观光和主题教育等活动。

4. 区划

怪柳林旅游区规划面积49.49公顷。根据怪柳林旅游区的自然景观特点,充分对其景观资源进行挖掘,规划设计古柳林二十景,分为神话树(12棵)和象形树(8棵)两大部分。景区分为综合接待区、休闲体验区、仙木祈福区、绿化种植区、毡房活动区、露天活动区、骑驼探险区。

(六)阿图什盐湖旅游区

1. 景区定位

以盐湖湖滨休闲、娱乐、为主题的特色休闲、疗养、度假基地。宣传口号:望山戏水赏胡杨,健身养心净思绪。

2. 开发思路

在盐湖优质水质及岸边胡杨风光的资源基础上,打造南疆盐湖休闲疗养基地。充分利用资源,按照水体7层分层结构打造:水心、水面、水中、水空、水滩、水岸和滨水区。动静结合,不同动静类型的活动区域互不干扰,迎合各种喜好的游客需求。水上项目充分利用阿图什"无花果之乡"的宣传形象,打造无花果主题浴场、游船,甚至景区构筑物。

3. 景区项目

根据景区内的地貌类型及项目定位,设置如下景点活动:运动休闲区:无花果主题漂浮浴场、无花果游船、水上牵引伞、盐雕展览、采盐工业参观、充气水球、热气球(后期)、水幕电影(后期)、冬季打造冰雪风情旅游,冰雕创意展,冬季运动(爬犁、打牛、雪仗、滑冰等)、心灵疗养区、胡杨摄影、透明帐篷体验、水上碟屋(可以有各种活动、餐饮、会议、住宿均可)、疗养会所。

漂浮浴场:喀什周边地区尚无类似乌鲁木齐盐湖的漂浮浴场,随着人们生活水平的提升,对休闲服务的需求越来越多,阿图什盐湖拥有优质的资源,应加以充分利用。水上碟屋:在水中建设无花果造型的水上碟屋,其中可以安排会议、餐饮、住宿、游乐、水景观光等活动。

二、近期规划

近期规划有14个:阿图什天门、阿图什大峡谷、阿图什古城文化主题公园、阿图什圣果园、阿图什仙木园、阿图什盐湖、爱国主义教育基地、赛福鼎·艾则孜故居、阿湖乡农家乐项目、阿湖乡休闲旅游度假区、阿孜汗无花果园、木纳格葡萄科技示范园、松他克乡百果园、万亩葡萄基地。

(一)阿图什天门

1. 功能

探险、观光

2. 定位

国家地质公园、国家AAAAA级旅游景区

3. 实施阶段

一期(2012—2015年):主要建设通往景区道路、接入水源、景区大门、接待中心、停车场一期、野外露营点配套服务设施、照明设施、安全设施、环卫设施。二期(2015—2017年):建设崖壁玻璃栈道、索道等、文化长廊图腾柱、游步道、停车场二期。

(二)阿图什大峡谷

1. 功能

探险、观光、度假、休闲

2. 定位

国家AAA级旅游景区

3. 实施阶段

一期(2012—2015年):景区外铺设沥青路面、接入水源、景区大门、接待中心、停车场一期、游船、观鹤亭、观鸟台、游步道。二期(2015—2017年):崖壁玻璃栈道、木栈道、停车场二期。

(三)阿图什古城文化主题公园

1. 功能

参观、考古、教育、休闲。

2. 定位

国家AAA级旅游景区。

3. 实施阶段

一期(2012—2015年):接待中心、微缩古城、古迹参观保护设施、文物展览馆。二期(2015—2017年):部分古城复原、古战场声光电演示馆、古城客栈。

(四)阿图什圣果园

1. 功能

休闲、会议、会展、度假、接待

2. 定位

国家AAA级旅游景区

3. 实施阶段

一期(2012—2015年):接待中心、文化雕塑、品瓜长廊、游乐设施一期。二期(2015—2017年):会展大厅、游乐设施二期。

(五)阿图什仙木园

1. 功能

观光、野营

2. 定位

国家AAA级旅游景区

3. 实施阶段

一期(2012—2015 年):接待中心、背包客栈、透明帐篷、古柳奇缘故事雕塑、露天表演台、野营配套服务设施。二期(2015—2017 年):度假山庄、自驾游接待点。

(六)阿图什盐湖

1. 功能

观光、度假、商务会议。

2. 定位

国家 AAA 级旅游景区。

3. 实施阶段

一期(2012—2015 年):接待中心、盐雕、透明帐篷、游船、背包客栈。二期(2015—2017 年):疗养会所、水上碟屋、牵引伞、水幕电影、热气球。

(七)爱国主义教育基地

1. 功能

教育、培训、参观。

2. 定位

爱国主义教育基地。

3. 实施阶段

一期(2012—2015 年):复原沙盘、爱国主义事迹展、爱国主义相关物品展、影视播放厅。二期(2015—2017 年):串联周边具有爱国主义性质的人文景点进行影视拍摄、形成爱国主义旅线路。

(八)赛福鼎·艾则孜故居

1. 功能

历史文化、爱国主义教育。

2. 定位

爱国主义教育。

3. 建设内容

赛福鼎·艾则孜生平事迹展示馆、遗物陈列馆、爱国主义活动厅、道路硬化、接待大厅。

(九)阿湖乡农家乐

1. 功能

农家乐、乡村旅游。

2. 定位

乡村旅游。

3. 建设内容

道路铺设、房屋修饰、服务人员培训、基础设施建设、绿道建设。

(十)阿湖乡休闲旅游度假区

阿湖乡休闲旅游度假区规划位置位于阿湖乡以南,规划面积 48.5 公顷。总体空间结构以"一心、两带、七区、多点"的布局形式。"一心"维吾尔农耕文化为核心。"两带"滨河采摘活动带;民俗文化体验带。"七区"入口综合集散区;表演活动区;果林采摘区;度假区;四季种植区;家访购物区;"多点"八个农家乐休闲点。

(十一)阿孜汗无花果园

阿图什阿孜汗无花果园位于阿图什市松他克乡,距阿图什市 3 千米。果园规划面积 1.97 万平方米。整个果园的规划布局:一心、两轴、五区。

"一心"为中心雕塑,"两轴"即纵向葡萄长廊—花池通道轴,横向葡萄长廊轴。"五区"为综合接待区、葡萄长廊区、中心广场区、文艺表演区、果林采摘区。

(十二)木纳格葡萄科技示范园

阿图什木纳格葡萄园位于阿图什市阿扎克乡,果园规划面积为15公顷,距阿图什市7千米。果园的总体格局,保持原有葡萄种植的格局并进行道路铺设,形成“田”字路网。运用伊斯兰园林经典表现手法,对果园进行“一心、四分园”的园林布局,以主景观道路为中轴线,形成南北景观主轴,东西横向副轴。

整个果园分入口接待、葡萄种植地、休闲民俗歌舞3个主要景观节点。

(十三)松他克乡百果园

阿图什松他克百果庄园位于阿图什市松他克乡,果园规划面积12万平方米,距阿图什市3千米。结合阿图什瓜果之乡的旅游名片,特别规划阿图什松他克百果庄园,使其成为玛纳斯国际文化旅游节分会场的游览地之一,具备有一定的旅游接待能力、具有举办中小型歌舞表演场地,为城市居民创造一个水果采摘、近郊旅游的休闲目的地。成为阿图什果树栽培的农业展示基地和阿图什维吾尔庭院式园艺技术展示产所。果园的产品活动设计集“观赏型活动产品+休闲型活动产品+体验型活动产品+求知型活动产品”于一体。

(十四)万亩葡萄基地

阿图什万亩葡萄基地位于阿图什市轻工业园区,葡萄基地规划面积为11公顷,距阿图什市12千米。旅游产品策划包括戈壁度假产品:划定度假接待区,建筑设计为节能建筑,降低其能耗,为游客创造宜人的戈壁环境,配置一流的酒店和完善的设备,体验在戈壁滩上创造的奇迹;木纳格葡萄采摘产品:划定葡萄采摘区,以木纳格葡萄为游览主线,游客在采摘葡萄的体验过程中,可以学习到木纳格葡萄的相关栽培知识,寓教于采摘活动中。自然风光观光产品:葡萄基地中除了种植木纳格葡萄之外,设计一条玫瑰花带,红绿相映,与远处的山脉相得益彰,体现克州美丽的自然风光。

三、特色旅游区规划

阿图什市特色旅游区有10个:特色民俗街巷、绿地民俗风情园、柯尔克孜民俗博物馆、三仙洞旅游区、骑仕大观园、爱国主义教育基地(三史基地)、依克萨克村小学、赛福鼎·艾则孜故居、苏里唐麻扎、艾比甫·艾洁木麻扎。

(一)特色民俗街巷

民族风情游以本地民族风情特色文化为元素,通过对特色集市、街道、建筑、民族艺术文化的展示,来到达宣传本地特色、促进文化交流、增强阿图什旅游吸引力、推动经济发展的目的。

1. 位置

位于城市中心区沿光明路南侧。步行街程南北走向,北始于光明路,南至阿孜汗路,全长1.5千米,内部商楼林立,环境优良,特色小吃,传统手工艺品琳琅满目。商业街不受季节限制,可长期经营。

2. 开发定位

以成为阿图什市城市旅游名片为目的,以展现阿图什民俗特色为主题,以满足游客体验阿图什旅游魅力及购物需求为功能的民族风情旅游特色步行街。十里民俗风情画卷,尽显传统风情精粹。

3. 开发思路

围绕阿图什所拥有的民族风情为主题,将现有的民族商业街打造为展示阿图什形象的旅游名片,完善旅游服务的购物功能,提升城市旅游形象。以柯尔克孜族和维吾尔族民俗特色为基础,在旅游购物街内以购为主体活动,兼顾吃、住、游、娱的功能,使之相互支撑,满足顾客旅游中的相应需求。在购物街的运营方面,需政府引导,规范化管理,保持特色商铺面貌。定期举办各类活动,一方面保持购物街的受关注度,另一方面增加旅游氛围,迎合旅游购物主题,再者能展现城市亮点,真正成为拿得出手的城市名片。

4. 活动内容

民俗风情宣传周、民族小吃节、在街道适宜处搭建舞台,定期举办民族歌曲、“额尔奇(歌手)”“库姆孜奇(琴手)”的演出活动、民族手工艺品制作大赛、工艺品展销会。

(二)绿地民俗风情园

1. 位置

位于阿图什市松他克乡松他克村,距市区 2 千米。

2. 开发定位

绿地民俗风情园属田园式农家乐。该农家乐是阿图什市松他克乡松他克村一村民投资 2000 万元,历时 13 年建成的,通过在盐碱地开荒,逐年种植果树形成果园,果园内果树品种繁多,有杏子、葡萄、石榴、无花果、桃子、樱桃、巴旦木等可为游客提供采摘鲜果、蔬菜、野菜等活动。并于 2006 年在果园内修建极具田园风格和维吾尔特色的民俗风情园,集观光、休闲、娱乐于一体。庭院建筑既有民族特色的木工雕刻,又具有现代气息的喷泉、水上亭阁、回廊,既可以纳凉、观光,也可在此就餐。园内有 20 个包间,可一次性接待 1000 人左右。

3. 内容活动

体验民俗生活、品尝民族特色餐饮、欣赏民族弹唱、观赏歌舞,游人与之共舞、采摘鲜果,享受田园生活意境。除此之外,室内的游泳池、桑拿房等高端享受设施可为游客提供最舒适的服务,满足游客需求。

(三)柯尔克孜民俗博物馆

1. 开发定位

克孜勒苏柯尔克孜自治州柯尔克孜民族文化展示、记录汇集博物馆。

2. 开发思路

柯尔克孜民族文化展示馆从柯尔克孜民族的历史演变(族源、形成、发展、迁徙)、柯尔克孜民族人民爱国斗争(历史时期记载)、柯尔克孜民族经济生活(畜牧、农耕、渔猎、林业、工业)、柯尔克孜民族语言文字(语言、文字)、柯尔克孜民族社会组织与宗教信仰、柯尔克孜民族风俗习惯(家庭、婚姻、生养、丧葬、生活习俗)、柯尔克孜民族岁时节日、历法等方面全面展示。

(四)三仙洞旅游区

1. 位置

位于阿图什市西南 20 千米的恰克玛克河南岸的悬崖峭壁上,洞口距地面 22 米。

2. 开发定位

中国最西部保存下来的最古老的一处佛窟。

3. 开发思路

三仙洞是古疏勒地区仅存的一处佛教遗址,对于佛教传入中国的年代、路线等具有较高的研究价值。1962 年 7 月 11 日《新疆日报》公布,脱库孜·吾吉拉千佛洞为新疆维吾尔自治区级文物保护单位。

4. 活动内容

在现有遗址上,依据国家文物保护规定,划定相应的保护区域;保护区域外修改以现佛洞样式进行仿真一座佛洞复原,可让游客进入;修建一处佛殿供游客供奉。

(五)骑仕大观园

1. 位置

阿图什市阿扎克乡上西塔其村,距市区 7 千米。

2. 特点

骑仕大观园是一家四星级农家乐,属庭院式农家乐旅游点,该农家乐在建筑风格上融入传统的维吾尔民居风格和现代元素,从布局、砖雕、房檐木雕、漆画等都体现维吾尔民族特色,加之与现代元素的融合,更显富丽堂皇。骑仕大观园外观精美豪华,内设置功能齐全,大厅中央是喷泉和舞场,有乐队在此弹奏,可满足游人娱乐需求,四周均设置风格不同的雅间,室内设游泳池,室外有果园。游客可在此欣赏维吾尔歌舞、品尝维吾尔特色饮食、欣赏维吾尔建筑风格、采摘鲜果等活动。

3. 活动内容

欣赏维吾尔建筑风格特色、体验维吾尔民俗、品尝维吾尔民族特色餐饮、享受民族弹唱、维吾尔族歌舞等视听盛宴。

(六)爱国主义教育基地(三史基地)

1. 开发定位

以阿图什历史、民族发展史、宗教演变史和爱国主义事迹为主题,以提高人民思想意识水平、增强爱国主义热情的爱国主义教育基地。

2. 开发思路

新疆是各族人民共同缔造的共同的家园,特别是在中国高速发展,面对着各方面挑战的形势下,要增强热爱祖国、建设家园的决心和信念,努力把我们的家园建设得更加繁荣、富裕、和谐。阿图什三史基地属于红色旅游产品,当地各族群众及游客在游览完三史基地后能对新疆"三史"有更深的理解和认识,增强对伟大祖国、中华民族、中华文化、中国特色社会主义道路的认同,坚定齐心协力维护祖国统一、维护民族团结、维护社会稳定的信心和决心。另一方面,三史基地能丰富阿图什旅游产品类型,吸引党政机关、企事业单位,增加旅游消费点。

3. 活动内容

根据阿图什市相关资源情况,设立三史文化基地(爱国主义和民族团结教育基地),以三史文化基地为中心,串联三史文化基地、阿图什古城文化主题公园、赛福鼎·艾则孜故居、依克萨克村小学等打造爱国主义、民族团结教育旅游路线,丰富旅游产品类型,依据主题,开展如下活动:参观游览、复原沙盘、影视基地、历史文化主题的旅游纪念品销售、爱国主义征文讨论、三史文化周、爱国主义事迹展示。

(七)依克萨克村小学

1. 位置

阿图什市的依克萨克村小学,距市区 20 千米。

2. 特点

阿图什市的依克萨克村是新疆足球的起源地,开展足球运动已经有 100 余年的历史。

3. 活动内容

历史展示馆、纪念品出售、维吾尔现代教育发展过程展、历史人物雕塑、足球主题雕塑、举办足球联赛、维吾尔现代教育基地。

(八)赛福鼎·艾则孜故居

1. 位置

位于阿图什市东南方向,距阿图什市 6 千米。

2. 开发定位

赛福鼎·艾则孜故居是一个典型的维吾尔庄园,具有浓厚的维吾尔族风格和地方特色。庄园四周白杨高耸,绿树成荫。高高的黄土围墙,门前有小桥流水,院内有花圃果园,透着书香门第的典雅之风。故居主要有大厅和展览厅两部分,大厅陈列着赛福鼎·艾则孜的塑像、实物、纪念照片及他在各时期所写的诗作;展览厅里展示赛福鼎·艾则孜不同时期的经历,客观地反映其一生。在景点可以参观典型的维吾尔建筑,了解赛福鼎·艾则孜的革命历史。

3. 活动内容

开展历史文化教育、爱国主义教育、影视拍摄、与当地工艺品产业合作,推出以历史文化为主题的系列旅游纪念品、赛福鼎·艾则孜生平事迹展示馆、赛福鼎·艾则孜遗物陈列馆。

四、乡村旅游规划

乡村旅游规划有 7 个:上阿图什镇、阿扎克乡、松他克乡、阿湖乡、格达良乡、哈拉峻乡、吐古买提乡。

(一)上阿图什镇

规划思路:利用极为有利的区位优势,一方面努力完善基础设施建设,发展成为天门、艾比甫·艾洁木麻扎、依克萨克村小学等景点服务的旅游集散、接待节点;另一方面利用当地众多的文物遗迹资源,开展遗迹相关的周边纪念品制作、贸易；此外，还可以开展设施农业观光。相关第三产业的发展，让农牧民参与进去，能够带动大批农牧民的生活水平，促进定居兴牧、富民安居工程的推进。

（二）阿扎克乡

规划思路：结合发展大园艺的思路，开展以农家乐、现代园艺种植与贸易和现代园艺科技示范园为展示主体的旅游活动。开展诸如农业科考旅游、现代农业观光、葡萄示范园游览、采摘、葡萄节庆、葡萄交易展示会等项目。

（三）松他克乡

规划思路：以维吾尔商人之乡宣传形象，借助特色资源，形成以无花果、木纳格葡萄为中心的农事体验、观光、采摘及加工贸易体验旅游。借助村内现有的绿地民俗风情园等庄园，开展庄园旅游，农事、工艺品贸易（重在维商文化的外在展示）、农事体验、葡萄采摘、贸易等活动。

（四）阿湖乡

规划思路：依托自然山水风貌，开展以“维吾尔农耕文化”为主题的旅游活动；借助当地农、果业优势，打造成为以农耕为主题的特色文化园。

（五）格达良乡

规划思路：挖掘以卡拉库赛甜瓜和羊肉等特色美食为主体内容的美食之旅；并且结合优势畜牧业和与阿图什市相对较远的地缘特色所带来的壮美风光，开展亲近动物、特色餐饮，牧场旅游。

（六）哈拉峻乡

规划思路：依托乡域内的壮美风光，提升旅游活动层次，以柯尔克孜族民俗风情为主要展示文化，借助周边的众多自然资源与民俗资源，努力把哈拉峻乡打造为周边各旅游景点的旅游集散、接待中心乡镇。开展背包客栈、乡村民俗街、驯鹰表演、玛纳斯史诗表演、自然风貌观光度假活动。

（七）吐古买提乡

划思路：以高原景观为特色，利用高原地貌、动物、生物资源，开展以高原牧场体验、观光为主题的旅游活动。开展诸如牧场观光、牧羊人家（亲身体验牧民生活）、高原风光观赏、高原特色徒步线路等活动。

阿图什市一乡一品旅游定位表

表 14－1

乡镇名称	特色定位
上阿图什镇	依托阿图什天门景区，发展成其旅游集散、接待节点
阿扎克乡	发展大园艺（现代园艺种植、贸易）思路的旅游活动
松他克乡	维吾尔商人之乡文化、果品加工、贸易
阿湖乡	开展以维吾尔农耕文化为主题的乡村旅游
格达良乡	挖掘以卡拉库赛甜瓜和羊肉等特色美食为主体内容的美食之旅
哈拉峻乡	依托乡域内壮美自然风光，打造具有柯尔克孜族民俗文化特色的旅游目的地
吐古买提乡	高原牧场体验、观光

第二节　景区开发

阿图什市实施以政府为主导，市场需要为导向的旅游发展战略。依托资源优势，促进旅游资源优势向产业优势和经济优势的转化，增强旅游业的产业带动和辐射功能，把旅游业培育成为阿图什市国民经济最具活力的支柱产业,以旅游业的大发展推动阿图什市经济实现跨越式发展。阿图什市用现代理念进行旅游定位、创意、策划、开发、宣传,加大旅游资源的整合力度,将高品位的自然景观和浓郁的民族风情文化景观打造成旅游精品;加大旅游设施建设力度,进一步提升旅游服务质量和管理水平,实现旅游经济总量和实力明显提高,旅游产业进一步巩固、壮大,独特的地缘优势和丰富的资源优势得到充分发挥;挖掘历史文化积存;集中力量开发建设高质量的丝绸之路游、民族风情游、历史文化游、瓜果之乡游,实现旅游业旺季更旺、淡季不淡的发展目标。

一、宣传推介

积极组织人员参加长三角、珠三角及国内其他地区和疆内组织的各种旅游宣传推介活动和旅游纪念品展销活动,对阿图什市的旅游资源和旅游纪念品进行促销,进一步加深外界对阿图什的了解,吸引游客到阿图什观光旅游。同时,通过举办各类节庆会展活动邀请国内各旅行社和旅游局相关人员到阿图什参观,让更多的人知道阿图什、了解阿图什。

二、打造精品农家乐

2010—2015 年,阿图什市注重引导农家乐突出特色,避免雷同,形成一乡一品的农家乐发展格局(如阿扎克乡农家乐主打民居特色、松他克乡农家乐主打瓜果特色、阿湖乡主打民族餐饮特色、上阿图什镇主打乡村游、田园风光游特色,通过突出特色打造出精品农家乐),阿图什农家乐发展喜人,从旅游统计数据来看,农家乐接待游客高达 70%。2013 年,结合第六届玛纳斯国际旅游节的开展,由援疆资金投入 1100 万元,用于阿孜汗无花果园及木纳格葡萄园(阳光绿洲生态园)的改造建设。以上两个果园经过改造建设后,成为第六届玛纳斯国际旅游节期间的形象展示果园,也成为阿图什市木纳格葡萄和无花果标准化栽培管理的科技示范基地,集农业特色观光、休闲旅游、餐饮娱乐为一体的标志性重要旅游景观。木纳格葡萄园(阳光绿洲生态园)和阿孜汗无花果科技示范园于 2014 年初评为四星级农家乐,木纳格葡萄园(阳光绿洲生态园),2015 年初,获评国家 AAA 级旅游景区。鼓励农牧民发展农(牧)家乐旅游,争取建成上规模上档次有市场竞争力的农家乐 20 家。2015 年,阿图什市有四星级农家乐 5 家,3 星级农家乐 1 家。2015 年,农家乐接待游客 3 万人次,收入 799.06 万元。

三、天门景区开发

2013—2014 年,阿图什天门景区,投资 1200 万元,修建入口广场、游客接待中心、停车场、游客步道、顶部景观台等设施,购买上下山口旅游专用车 1 辆,铺设沥青路 17 千米。2015 年初,被评为国家 AAA 级景区。2015 年,接待游客 1.2 万人次,收入 49.73 万元。

四、怪柳林景区开发

2014 年,阿图什怪柳林景区,规划面积 13.44 万平方米,昆山市援助投资 1200 余万元,修建游客接待中心、民族特色毡房、木栈道、广场以及大门、花岗岩汀步、照明工程、给排水工程等景区配套设施。年底投入使用。2015 年初,获评国家 AAA 级景区。2015 年,接待游客 7856 人次,收入 26 万元。

五、大峡谷景区开发

2014 年,阿图什大峡谷景区,投资 89 万元,修建 5000 平方米停车场及彩钢管理用房;维修峡谷内通行道路及水系,安装防护手抓环;投资 100 余万元,购买 2 辆越野车,解决游客进出景区的换乘问题。2015 年,接待游客 6551 人次,收入 19.39 万元。

第三节　旅游管理

一、景点管理

阿图什市景点管理由阿图什天和旅游开发有限公司具体负责。根据市委、市政府的安排，阿图什市外事侨务旅游局于2014年末接管阿图什天和旅游公司。自接管后，加强景区管理，进一步建立规范景区各项规章制度，在旅游局、组织部下派干部及企业员工的共同努力下，景区安全正常有序经营运转。

阿图什市外事侨务旅游局牢固树立“安全是旅游的生命线”“没有安全就没有旅游”的责任意识，紧抓旅游安全不放松，不定期开展旅游安全检查，实现旅游安全无事故、旅游景区无游客投诉的目标。

二、安全管理

2015年，阿图什市外事侨务旅游局在天门等重点景区，重点建立安全制度，不定期进行巡查，确保常态化执行。在重点景区内设置安全人员，固定巡逻。制定应急预案，配备消防设备。在多处设立警示牌，提示游客各种注意事项。在景区附近的镇区医院，设立专门的医疗室，签订协议，确保旅客的身体健康。

三、从业人员培训

2015年，阿图什外事侨务旅游局根据上级部门安排，扎实开展各项旅游专题培训工作，对包括有关领导同志、旅游公司中高层、景点工作人员、基层乡村干部在内的相关干部职工定期进行培训，合计34人。

第四节　旅游服务

一、餐饮

在具有独特异域风情的阿图什街巷，油晃晃的烤羊肉、金灿灿的抓饭、香喷喷的烤馕、风味独特的烤包子、酸辣可口的凉粉，使得游人流连忘返，尽情品尝。阿图什风味小吃独具阿图什地方特色，主要有烤全羊、手抓羊肉、烤羊肉串、羊羔肉、馕坑烤肉、馕（其中上阿图什镇白苞谷馕被列为新疆维吾尔自治区非物质文化遗产）、油塔子、薄皮包子、拉条子、油馓子、烤包子、酸奶子、曲曲、灌米肠、灌面肺、清炖羊头羊蹄、抓饭、烩菜。此外，阿图什北山烤肉、幸福夜市、香港城美食街有各类美食供游客品尝。

二、住宿

2015年，阿图什市有三星级宾馆2家，一家是克州宾馆，另一家是亚星大酒店。克州宾馆位于阿图什市帕米尔路，人民广场附近，克州宾馆是集餐饮、住宿、会议于一体的三星级宾馆。院内园林面积达60%以上，院内幽深雅静，环境优美宜人，院内设有小花园及大面积草地的后院，是旅游度假、商务洽谈的理想场所。亚星大酒店高22层，集餐饮、住宿、会议于一体。

2015年阿图什市旅店业基本情况表

表14－2

单位名称	企业编码	地址	房数（间）	床数（床）	备注
阿图什市格尔麦托招待所	6530010002	阿图什市幸福路北8院	12	30	
阿图什市阿布都克力木·阿吉招待所	6530010004	阿图什市吾斯坦路	11	45	

续上表

单位名称	企业编码	地址	房数（间）	床数（床）	备注
阿图什市恰河大饭店	6530010005	阿图什市幸福路北9院	51	100	涉外宾馆
阿图什市克州亚星大酒店	6530010006	阿图什市松塔克路南7院	94	167	涉外宾馆三星级
阿图什市无花果宾馆	6530010007	阿图什市松塔克路南5院	24	46	
阿图什市博格拉宾馆	6530010011	阿图什市幸福路博格拉小区	44	94	
阿图什市温州商务宾馆	6530010012	阿图什市群众西路11号	37	45	
阿图什市铁列克招待所	6530010013	阿图什市阿孜汗路农村信用社旁	14	40	
阿图什市交通招待所	6530010014	阿图什市帕米尔路6院	16	44	
阿图什市克州宾馆	6530010019	阿图什市帕米尔路1院	100	190	三星级
阿图什市阿娜尔宾馆(万鹏)	6530010020	阿图什市帕米尔路23院	16	35	
阿图什市万宝宾馆	6530010022	阿图什市帕米尔路4院	20	43	
阿图什市针纺招待所	6530010023	阿图什市帕米尔路19院	30	48	
阿图什市兴旺招待所	6530010024	阿图什市团结路东19院	12	23	
阿图什市玖盛快捷宾馆	6530010025	阿图什市松塔克路南19院	22	26	
阿图什市蓝天酒店	6530010026	阿图什市松塔克路北25院	18	36	
阿图什市鸿福招待所	6530010027	阿图什市松他克路移动公司对面	15	32	
阿图什市晶鑫宾馆	6530010030	阿图什市幸福路博格达市场A区	22	43	
阿图什市启东商务宾馆	6530010031	阿图什市光明南路8院	30	48	涉外宾馆
阿图什市邮政宾馆	6530010032	阿图什市帕米尔路东9院	45	86	涉外宾馆
阿图什市百信招待所	6530010033	阿图什市帕米尔路19院	25	50	
阿图什市钟鑫快捷宾馆	6530010037	阿图什市团结路南州人民银行	36	72	
阿图什市农业富余劳动力市场	6530010038	阿图什市幸福路	20	40	
阿图什市光明招待所	6530010039	光明路与吾斯坦路交叉口	20	50	
阿图什市幸福路群众招待所	6530010045	阿图什市博格拉小区旁	4	40	
阿图什市吾斯坦路招待所	6530010046	阿图什市吾斯坦路	20	48	
阿图什市中瑞商务宾馆	6530010050	阿图什市文化路	14	33	
阿图什市顺沁商务宾馆	6530010051	阿图什市松他克路州二中对面	16	20	
阿图什市博格拉招待所	6530010052	阿孜汗路大清真寺旁	17	120	

续上表

单位名称	企业编码	地址	房数（间）	床数（床）	备注
阿图什市阿孜汗路大众招待所	6530010053	阿图什市阿孜汗路11团下面	14	100	
阿图什市供销宾馆	6530010054	阿图什市光明路1号供销宾馆	24	43	2014年新增
阿图什市宏泰商务宾馆	6530010055	帕米尔路州委对面	62	121	2014年新增
阿图什市星河商务宾馆	6530010056	阿图什市松他克路克州二中旁	78	150	2014年新增
阿图什市一路顺风招待所	6530010003	新疆阿图什市吾斯坦路21号1幢一单元201室	3	15	
阿图什市阿迪力招待所	6530010048	新疆阿图什市幸福南路58号一单元101室	10	52	
合计			1020	2175	

三、购物

阿图什旅游纪念品购物场所主要有佳玛力旅游纪念品商店及各类干果店，大型购物场所有博格拉购物广场、香港城步行街。主要特色旅游商品有无花果、木纳格葡萄、艾德莱丝绸、维吾尔民间印花布、土陶、红铜器、维吾尔花帽、柯尔克孜手工刺绣等。

四、娱乐

阿图什娱乐项目主要有麦西来甫、摔跤、叼羊、赛马、拔河、斗鸡、斗狗、斗羊等。

五、交通工具

阿图什市旅游主要以自驾游为主。

第五节　游客接待及收入

2004年，阿图什市旅游接待7.2万人次，收入120.43万元。2010年，接待10.6万人次，收入1590万元。2015年，接待23.3万人次，收入6187万元。

2004—2015年阿图什市旅游人数和旅游收入统计表

表14－3

年份	人数（万人次）	旅游收入（万元）	年份	人数（万人次）	旅游收入（万元）
2004	7.2	120.43	2010	10.6	1590
2005	22.44	1687.7	2011	15.03	1869.04
2006	34.48	2075.57	2012	18.04	2315.08
2007	37.92	2282.5	2013	25.95	3827.064
2008	24	2585.5	2014	33.42	8622.36
2009	10.64	1469.28	2015	23.3	6187

第十五编 财税 金融

1995—2015 年,阿图什市财税体制进行多次改革。1994 年,阿图什市开始实行税制改革和分税制财政体制改革。1998 年,进行公共财政改革。2000 年,推行以部门预算为起点的预算管理的制度变革,强化财政资金使用的合规性与绩效性。2006 年,市财政局选定部分乡镇实行"乡财县(市)管"财政体制改革,到 2008 年,全市实行"乡财市管"管理体制。2012 年,全面推进省(区)直接管理县(市)财政改革。2014 年,深化国库集中支付改革,规范国库集中支付流程,简化审批程序。税务部门落实国家一系列税收优惠政策,围绕全市中心工作,依法收税治税,为阿图什市稳定和社会发展做出贡献。

1995 年,全市有银行机构 3 个,城市信用社 2 个。随着经济建设和社会事业的发展,阿图什市金融机构逐渐增多。至 2015 年,阿图什市有中国人民银行克孜勒苏柯尔克孜自治州中心支行、中国工商银行阿图什支行、农业银行克孜勒苏分行、农业发展银行克孜勒苏分行、中国工商银行阿图什支行、建设银行阿图什支行、邮政储蓄银行股份有限公司克孜勒苏柯尔克孜自治州分行、阿图什市农村信用合作联社等 8 家银行类金融机构。有机构网点 73 个,从业人员总数 1122 人,是 1995 年的 4 倍。其中银行业金融机构网点 56 个,从业人员 776 人;保险业机构网点 16 个,从业人员 341 人;证券营业部 1 个,从业人员 5 人。有中国人民财产保险股份有限公司克州分公司、中华联合财产保险股份有限公司阿图什市支公司、新华保险股份有限公司自治州支公司、申万宏源证券集团股份有限公司等 5 家非银行金融机构。

第一章　财　政

第一节　机　构

1995 年,财政局内设办公室、预算股、农财股、综合股、文教行政股、企财股、控办、农税股和国有资产管理局(二级局)8 个股室,下设上阿图什乡财政所、阿湖乡财政所、阿扎克乡财政所、松他克乡财政所。局机关有干部 15 人,4 个乡财政所共有干部 21 人。

1996 年 4 月,增设基本建设股、监察股。

2000 年,财政局机关有行政编制 18 个,其中领导职数 4 个。机关后勤服务事业编制 2 个,实有职工 46 人,10 月,农业综合开发领导小组成立,办公室设在财政局。

2001 年 3 月,增设政府采购中心。5 月,成立会计科。

2002 年 4 月,阿图什市会计核算中心成立,为财政局内设机构,列事业编制。

2003 年 7 月,农税科成立,人员编制从财政局分离出去。12 月,新增设社保股。至年底,财政局内设 9 个股室,人员编制 15 人,其中领导职数 4 个,实有人数 21 人。

2004 年 3 月,增设计算机办、国库股,国库集中支付中心成立。

2015 年,市财政局内设办公室、综合科、预算科、国库科、教科文行科、经济建设科、农业科、社会保障科、企业科、会计科、监察科、政府采购管理办公室、工资统发中心、计算机管理中心、国有资产管理办公室 15 个职能科室。

第二节　财政体制改革

1994 年税制改革和分税制财政体制改革后,阿图什市处理财政收入和财政收入在各乡镇、各单位的分配问题,确定与市场经济相适应的税制体系和财政体制;1998 年,提出公共财政改革目标;2000 年,推行的以部门预算为起点的预算管理的制度变革,重在强化财政部门在预算编制和执行过程中的内部控制职责,强化财政资金使用的合规性与绩效性。

2004—2008 年,根据中央、自治区、自治州财政经济工作会议的统一部署,按照巩固农村综合改革成果、建立公共财政体制的要求。2004 年,“乡财县(市)管”财政体制改革在阿图什市成功运行,2006 年,阿图什市财政局选定部分乡镇实行“乡财县(市)管”财政体制改革,2008 年,全市实行“乡财县(市)管”管理体制。

2009 年,随着国家州(市)管县体制的发展,很多不适应社会主义建设与发展的问题逐渐涌现,省(区)直管县体制成为以后国家行政改革的重要方向。是年,财政部发布《关于推进省直接管理县财政改革的意见》,到 2012 年,全面推进省(区)直接管理县财政改革,财政体制改革关系到国家全面小康社会的实现,具有划时代的历史意义。

2014 年,深化国库集中支付改革,规范国库集中支付流程,简化审批程序。对国库集中支付的财政性资金支付清算过程进行实时监控。加大公务卡制度改革推行力度,实施公务卡强制结算目录,建立公务卡结算季报制度,联合督查通报制度,组织试编政府综合财务报告,推进政府会计改革。推进财政预决算公开。加强政府债务管理,组织开展存量债务纳入预算管理的清理甄别工作,严控债务规模,有效防范财务风险。深化政府采购改革,简化采购程序,节约政府采购资金。

第三节　预算　决算

一、预算编制

1995年《中华人民共和国预算法》正式颁布实施后，阿图什市的预算编制工作，严格按照《中华人民共和国预算法》和《中华人民共和国预算法实施细则》的规定进行。

2000年，市财政局在决算编审中，对于不符合财务制度的开支，当时就予以剔除，把支出控制在预算范围内，把赤字压缩到最低限度。对没有财力保障的项目一律不予以结转，从而保障财政决算的真实性、准确性和合理性。

2002年，阿图什市按照地区部门预算编制改革要求，预算编制坚持秉承综合预算和收支平衡、零基预算和公开透明、科学合理和突出重点、厉行节约和勤俭办事、强化约束和注重绩效的五大原则。稳步推进深化“收支两条线”管理改革。实行收支脱钩、收缴分离，逐步淡化和取消预算外资金，全市各单位的预算外资金全部实现财政“收支两条线”专户管理，并将财政性资金全部纳入预算内管理，有效治理乱收费、乱罚款、乱摊派“三乱”问题。清理和查处“小金库”，堵塞财政收入流失漏洞。

2003—2004年，市财政实行部门预算改革，推行零基预算、综合预算管理，按照基本支出和项目支出编制部门预算；分别采用定员定额和项目库管理方式进行编制。通过推进“收支两条线”管理，逐步将预算外资金、政府性基金等纳入预算管理，初步实现综合预算。将非税收入全部纳入财政管理范围，堵塞收入流失漏洞，改变“谁收谁用，多收多用、多罚多返”的陈规，扭转财政部门在非税收入管理上的被动局面，澄清多年来难以弄清的非税收入情况。

2006年，市财政为做好部门预算改革各项基础性工作，实行政府收支分类改革。推行乡财市管试点工作，乡镇政府管理的法律主体地位不变，财政资金的所有权和使用权不变，乡镇政府的债权和债务不变，属于乡镇事权范围内的支出，仍由乡镇按照规定程序审批。

2007年，市财政全面实行国库集中支付改革，规范财政决算编报，发挥决算在财政财务管理中的作用。增加教育、科技、文化、卫生、体育等方面的支出，科学文教卫生等项事业费支出均高于同期财政收入增长幅度。同年，全面推行国库集中支付改革，建立国库单一账户公共财政管理体系，对财政资金从预算分配、预算拨付及收款人账户实行财政直接全过程监督、控制，规范资金拨付渠道，强化预算执行力度，提高财政资金的使用效益，使财政管理行为更具有透明度、公开性和约束力。

2012年，市财政拨款单位全部实行部门预算管理，部门预算改革面100%。加强基础数据信息库建设，建立健全基础数据动态采集、更新和共享机制，全面掌握预算单位人员、工资及津贴补贴、资产负债、收费项目和标准以及财政收支、财力结构、财政保障人口等基础信息。加强行政事业资产管理，将资产购置纳入预算编审范围，加强国有资产更新、处置和报废的管理，确保国有资产科学合理配置，提高使用效益。加强项目库建设，推进项目预算滚动管理，将所有项目预算纳入项目库。建立财政与预算单位相互协调的动态项目库，完善项目论证评审、遴选排序机制，实现项目的预算滚动管理。项目支出的预算安排实行项目控制数管理。加强结余结转资金的统筹管理，将预算外专户结余资金列入年初部门预算管理系统，提高预算编制的完整性，严格控制结余结转资金规模。启动公务卡制度改革，把推行公务卡改革作为强化财政财务管理的重要举措，逐步完善并加以落实，有效减少公务人员接触现金，防止腐败问题的发生。

2013—2015年，市财政部门进一步规范预算编制管理，建立以月支出计划为核心的预算执行工作机制，明确预算执行主体，细化预算执行责任，加强支出预算管理，加快资金支付进度，做好支出预算执行分析评价，财政预算执行进度更加均衡有效。同时，深化部门预算改革，各部门预算编制模块依托财政大平台上线启用，实现财政资金从预算编制到预算执行全过程的监管。推行编制《权责发生制政府综合财务报告》，除国库部门以外，选取4个预算单位作为试点编报权责发生制政府综合财务报告。

二、决算执行管理

阿图什市财政决算按预算年度的岁入、岁出收付实现数编制，严格划分预算年度，分清资金界限，落实收支数字，保证数字准确，内容完整，报送及时。各部门、各单位加强对决算工作领导，从紧从严审查决算数据，认真执行财政包干形式下有关财政编审工作的新规定。市财政每年年终对欠缴的税利和挪用预算收入的情况进行清理，及时收缴入库。

第四节　财政收入

1995 年，阿图什市地方财政收入完成 1197 万元，农业税实际征收 250 万元（农牧业税 151 万元、农牧特产税 86 万元、耕地占用税 3 万元、屠宰税 10 万元），上级补助收入 3209 万元。

1997 年，阿图什市政府性基金收入开始征收。

2000 年，地方财政收入 2137 万元，其中农业税征收 1150 万元，上级补助收入 6038 万元。由于农业特产税征收较低，当年财政收入下滑。

至 2004 年，阿图什市财政收入主要来自地方财政收入、国家和自治区补助收入、农牧业税收以及其他收入。是年，实行农村税费改革试点，取消农业特产税、耕地占用税和屠宰税，减轻农牧民负担。

2005 年，全面取消农牧业税，实现地方财政收入 3583 万元，呈上升趋势。上级补助收入 27601 万元。财政收入主要来自地方财政收入，上级补助收入以及其他收入。

2010 年，一般预算收入 9962 万元，基金预算收入 597 万元，地方财政收入 9962 万元。上级补助收入 97168 万元，增加 15949 万元。

2013 年，全市地方财政收入 41458 万元，完成年预算的 108.7%。其中公共财政预算收入 28805 万元，完成年预算的 115.2%（地方税收收入 25877 万元，完成年初预算的 126.2%；非税收入 2928 万元，完成年预算的 65.1%）。政府基金收入 12653 万元，完成年预算的 96.4%；上划中央“四税收入”9264 万元。分部门完成情况：国税部门地方收入 2672 万元，完成年预算的 116.2%；地税部门收入 23205 万元，完成年预算的 127.5%。税收收入中增值税 1367 万元，改征增值税 596 万元；营业税 16054 万元，企业所得税 1620 万元，个人所得税 1822 万元，资源税 555 万元，城市维护建设税 1426 万元，房产税 473 万元，印花税 332 万元，城镇土地使用税 266 万元，土地增值税 205 万元，车船使用税 731 万元，契税 430 万元。专项收入 626 万元，行政事业性收费收入 944 万元，罚没收入 386 万元，国有资产有偿使用收入 972 万元。阿图什市可用财力 213882 万元，其中地方财政收入 41458 万元，自治区补助收入 172361 万元，上年结余 63 万元（公共财政预算结余 -229 万元，政府性基金结余 292 万元）。

2015 年，阿图什市地方财政收入完成 21771 万元，为年初预算的 43.1%，其中公共财政预算收入完成 20073 万元，为年初预算的 53.2%。受宏观经济形势下滑影响，各税种均呈现不同程度下降态势，完成全年收入任务存在困难，主要减收原因：受“营改增”的影响，信息传输、软件、信息技术服务业和房地产业收入的下降导致本期营业税同比有所下降。矿山行业不景气，矿产品价格持续走低。尤其是主要矿产品铁矿石价格大幅下降，行业经济效益急剧下滑，使得生产经营困难重重，对矿山企业税收增长影响较大。导致增值税大幅下滑。由于营业税和增值税的同比下降导致城市维护建设税的下滑。房地产投资经历前几年的高速增长，房地产业税收增长空间有限，虽然房地产价格仍在高位运行，但是房地产成交量出现萎缩，房地产税收面临较大的不确定性。重点公路项目基本完成，其投资拉动作用大幅降低。优惠政策的出台对税收带来影响。但随着经济形势的好转，扩大内需政策的实施和资源税分享政策调整，实现财政收入 30725 万元。

1995—2010 年阿图什市预算收入情况表

表 15－1　　单位:万元

年份	一般预算收入	基金预算收入	年份	一般预算收入	基金预算收入
1995	1197	—	2006	4161	679
1996	1414	—	2007	4970	337
1997	1570	93	2008	6019	639
1998	1808	31	2009	7247	1267
1999	2011	66	2010	9962	597
2000	1960	64	2011	14789	2945
2001	1823	102	2012	20013	11222
2002	2330	170	2013	28805	13794
2003	2779	283	2014	33612	13894
2004	3105	1024	2015	30725	7955
2005	3583	1212			

1995—2004 年阿图什市农业税实际征收情况表

表 15－2　　单位:万元

年份	农业税	牧业税	农业特产税	耕地占用税	屠宰税
1995	109	74	6	25	—
1996	153	110	6	300	—
1997	188	82	2	400	—
1998	124.28	60.23	116.52	1.38	21.51
1999	110.05	61.78	150.35	3.38	19.23
2000	93	0.01	0.018	2	20
2001	59.51	0	90.46	2.75	17.58
2002	107	69	188	1	15
2003	151.1	38.92	134.25	4.7	14.20
2004	149.4	43.68	0	0	0

第五节　财政支出

1995 年,阿图什市财政支出,坚持“保吃饭,保稳定,保急需”和压缩一般性开支,从严控制社会集团购买力的原则,一般性支出过快增长势头得到抑制,切实提高财政资金的使用效益,使财政支出不断走向规范化、合理化。1995 年,财政支出 5714 万元,其中教育支出 1200 万元,完成预算的 159.34%。

1997 年,财政支出 7420 万元,财政自给率 21.16%。开始出现基金支出。

2000 年,财政支出 10814 万元,财政自给率 19.76%。政府性基金支出 64 万元,完成预算的 109.6%。教育支出 3621 万元,完成预算的 318.37%。

2005 年,基金预算支出 1212 万元,完成预算的 329.56%。财政支出 30919 万元,财政自给率为 11.58%。

2011 年,全市地方财政支出 138652 万元,完成预算的 104.2%,其中一般预算支出 136088 万元,政府基金支出 2564 万元,完成年预算的 244.2%。国家扩大内需,致力民生,增加住房保障支出用于保障性住房建设,住房保障支出 14960 万元。

2013 年,阿图什市地方财政支出 214407 万元,完成预算的 96.2%,其中公共财政预算支出 200919 万元,政府基金支出 13488 万元,完成年预算的 99%。一般公共服务支出 27096 万元,国防支出 63 万元,公共安全支出 10220 万元,教育支出 48607 万元,科学技术支出 201 万元,文化教育与传媒支出 2965 万元,社会保障和就业支出 15894 万元,医疗卫生支出 16023 万元,节能保护支出 3721 万元,城乡社区事务支出 11055 万元,农林水事务支出 32411 万元,交通运输支出 920 万元,资源勘探电力信息事务支出 103 万元,商业服务业事务支出 337 万元,金融监管事务支出 44 万元,国土资源气象事务支出 987 万元,住房保障支出 20884 万元,粮油物资储备管理事务支出 199 万元,其他支出 9189 万元。政府性基金支出 13488 万元,完成年预算的 99%。年内,全市可用财力 213882 万元,其中地方财政收入 41458 万元,自治区补助收入 172361 万元,上年结余 63 万元(公共财政预算结余 -229 万元,政府性基金结余 292 万元)。地方财政支出 214407 万元,其中专项上解支出 1020 万元。预计年底滚存结余 -525 万元(公共财政预算结余 18 万元,政府性基金结余 -543万元)。

2015 年,全市财政支出 268570 万元,其中一般公共服务支出 29877 万元,公共安全支出 14404 万元,教育支出 29310 万元,社会保障和就业支出 12112 万元,教育支出 77849 万元,医疗卫生支出 27840 万元,农林水事务支出 49844 万元,其他支出 2173 万元。至年底,全市民生支出 157323 万元,占公共财政预算支出的 81%。全市教育支出逐年增加,一直呈上升趋势。

1995—2015 年阿图什市财政预算支出一览表

表 15-3　　单位:万元

年份	一般预算支出	基金预算支出	教育支出	年份	一般预算支出	基金预算支出	教育支出
1995	5714	—	1200	2006	37503	654	9770
1996	7063	—	1841	2007	43875	1154	12264
1997	7420	93	2583	2008	60809	906	16321
1998	7697	31	2905	2009	88375	1441	24115
1999	8516	66	2957	2010	106286	918	29310
2000	10814	64	3621	2011	136088	2564	33947
2001	16475	102	5596	2012	171621	10862	45792
2002	17869	170	5771	2013	198472	13488	48607
2003	22219	280	6452	2014	208720	13690	55164
2004	24301	1024	7577	2015	268570	17309	77849
2005	30919	1212	8301				

2007—2010年阿图什市一般预算支出一览表

表15－4　　　　单位:万元

项目	2007年	2008年	2009年	2010年
一般公共服务	7296	8857	10545	11886
外交	—	—	—	—
国防	59	80	62	67
公共安全	2417	3916	4652	6873
教育	12264	16321	24115	29310
科学技术	271	87	90	100
文化、体育与传媒	841	1101	2314	1635
社会保障和就业	8157	2956	15151	12112
医疗卫生	1883	1345	7302	6967
节能环保	288	3507	1064	1135
城乡社区事务	1127	9865	2364	3117
农林水事务	6597	233	18280	17300
交通运输	136	233	116	161
采掘电力信息等事务		—	35	60
粮油物资储备管理等事务	—	—	395	—
工业商业金融等事务	183	59	—	429
国土资源气象等事务	—	—	—	582
其他支出(类)	2356	3147	1890	4762
一般预算支出合计	43875	60809	88375	106286

2011—2015年阿图什市一般预算支出一览表

表15－5　　　　单位:万元

项目	2011年	2012年	2013年	2014年	2015年
一般公共服务	16380	21677	27095	24834	29877
外交	—	—	—	—	—
国防	60	59	63	84	19
公共安全	8461	10089	10220	13032	14404
教育	33947	45756	52046	55164	77849
科学技术	328	193	201	247	340
文化、体育与传媒	2598	2491	2965	3959	5255
社会保障和就业	13160	13472	15504	13215	15916

续上表

项目	2011年	2012年	2013年	2014年	2015年
医疗卫生	9850	14048	15892	20500	27840
节能环保	2835	2569	3721	3434	6148
城乡社区事务	2960	5941	11248	9616	7951
农林水事务	21137	29766	32398	37452	49844
交通运输	239	316	919	2314	844
资源勘探电力信息等事务	99	156	103	626	1370
粮油物资储备管理等事务	135	179	199	375	802
工业商业金融等事务	155	—	381	1164	1370
国土资源气象等事务	362	821	987	735	866
储备事务支出	100	—	—	—	—
住房保障支出	14960	16008	20884	19836	25540
其他支出(类)	8046	7496	3646	2133	2173
一般预算支出合计	136088	171621	198472	208720	268570

1995—2010年阿图什市预算外收入支出情况表

表15-6　单位:万元

年份	预算外收入	预算外支出	年份	预算外收入	预算外支出
1995	148	148	2003	342	302
1996	20	—	2004	456	378
1997	551	539	2005	456	433
1998	—	—	2006	1264	1236
1999	102	245	2007	1278	1484
2000	43	45	2008	1489	1682
2001	344	300	2009	800	789
2002	219	206	2010	924	947

1995—2015年阿图什市上级补助收入与市财政总支出和收入情况对照表

表15-7　单位:万元

年份	地方财政收入	财政支出	上级补助收入	财政自给率%
1995	1197	5714	3209	20.95
1996	1414	7063	6243	20.02
1997	1570	7420	4881	21.16
1998	1808	7697	5166	23.50

续上表

年份	地方财政收入	财政支出	上级补助收入	财政自给率%
1999	2011	8516	6185	23.62
2000	2137	10814	6038	19.76
2001	1823	16475	13130	11.01
2002	2330	17869	15071	13.04
2003	2779	22219	19359	12.51
2004	3105	24301	21584	12.78
2005	3581	30919	27601	11.58
2006	4162	37427	32898	11.12
2007	4970	43875	38924	11.33
2008	6019	60809	55213	9.90
2009	7247	88375	81219	8.20
2010	9962	106286	97168	9.40
2011	14789	136088	121624	10.87
2012	20013	171621	152470	11.66
2013	28805	198472	170466	14.51
2014	33612	208720	176303	16.10
2015	30725	268570	235593	11.44
合计	184059	1479250	1290345	

1995—2015 年阿图什市财政收支情况表

表 15-8

年份	地方财政收入（万元）	财政支出（万元）	年份	地方财政收入（万元）	财政支出（万元）
1995	1197	5714	2006	4162	37427
1996	1414	7063	2007	4970	43875
1997	1570	7420	2008	6019	60809
1998	1808	7697	2009	7247	88375
1999	2011	8516	2010	9962	106286
2000	2137	10814	2011	14789	136088
2001	1823	16475	2012	20013	171621
2002	2330	17869	2013	28805	198472
2003	2779	22219	2014	33612	208720
2004	3105	24301	2015	30725	268570
2005	3581	30919	合计	184059	1479250

第六节 财政监督

一、财政监督

财政监督是财政部门对各级党政机关、社会团体、企事业单位及其他组织涉及财政、财务、会计,国有本金管理及其他有关书面进行的审查,稽核与检查。财政部门强化财政监督,按照依法行政,严格执法的要求,开展财政内部审计,组织开展各项检查。2010年,根据全国的统一部署,在全市范围内开展清查“小金库”工作,没有发现小金库的行为。

二、财政管理

(一)预算外资金管理

1995年,市财政强化预算外资金管理,严格控制“发放数量,要求领新票时,将旧票收入存入”财政专户,提高资金使用率。

1996年6月下旬,市财政根据国务院和自治区、自治州有关通知精神,市财政局组织力量,对全市相关单位的预算外资金进行清理检查。清理检查采取单位自查和重点检查相结合的办法。1997年,市财政加强预算外资金管理,对全市相关单位的预算外资金管理进行清理抽查,抽调专人组成几个清查小组进行重点检查。

1999年,市财政实行“收支两条线”,缓解财政困难。从资金来源、专户管理、票据管理、资金收支、计划、使用、政府调控、监督等方面做规范要求。

2000年,市财政制定综合财政预算管理制度和综合财政管理办法,对行政事业单位经费实行零基础预算,对有收入的单位实行核定收支,定额和定项补助,超收不补,结余留用。单位直接用预算外资金抵顶经费不足部分。根据单位具体情况,财政部门通过零基预算,核减一部分。政府通过行使预算外资金调控权集中起来一部分,这种办法在实施中,有效地缓解财政困难。

2001年,市财政下达综合财政收支计划,明确要求有预算外资金的单位必须用预算外资金安排一部分预算内支出,以抵顶预算内资金供应。重视票据管理。对所有单位当年认购的票据进行核销,执行“当年票据当年核销”的规定,杜绝票据积压和沉淀,建立票据购销管理制度。截留、坐支和挪用应缴财政专项和不按规定纳入财政专户管理的问题减少,大部分单位建立相关财务管理制度,使预算外资金管理逐步规范化。

2002—2007年,市财政部门继续对各部门、各单位的预算外资金进行综合管理。把各部门的预算外收入全部纳入财政专户管理,有条件的纳入预算管理;修订、完善有关法规和规章制度,实施“收支两条线”管理,并使管理法治化、制度化、规范化。

2010—2014年,市财政对直接发生预算缴拨款关系的机关、事业单位、社会团体和企业主管部门预算资金的收取、安排和使用,并对预算外资金收支计划和决算进行审批。市财政按预算级次对本级各部门和单位的预算外资金实行统一的财政专户,建立健全“收支两条线”管理制度,并对预算外资金收支活动实行管理监督。

(二)政府采购管理

2008年,市财政局实行政府采购,制定管理办法,成立领导小组,设立政府采购中心办公室。

市财政局结合实际,合理确定采购目录。针对采购数量少、金额小、品种分散、规模小的特点,对采购的单位台件标准和批量作详细规定,完善采购种类,确定三大类21种商品、工程和服务项目纳入的采购目录。加强制度建设,做好各项规章制度的落实,规范采购行为。制定完善有关招投标、合同监督、信息公告、统计报表等各项规章制度。加强协作,强化监督管理,保证政府采购工作健康发展。邀请纪检、监察、审计等部门参与,密切配合,形成财政、审计、监察三部门联合监督制约的管理机制。加强对政府采购工作的检查,促使各部门都能够按照有关规定对应纳入政府采购的项目全部纳入政府采购范围。

2010 年，市财政局完成采购预算资金 2113 万元，完成采购资金 1985 万元，节约资金 128 万元，资金节约率 6.5%。

2011 年，市财政局扩大采购范围，城市街道路灯、各单位电梯设备、市政府公路宣传牌、锅炉等大的项目纳入政府采购范围。完成采购资金 2681 万元，节约资金 215 万元，节约率 8%。

2012 年，完成采购资金 1976 万元，节约资金 134 万元，资金节约率 6.8%。

2013 年，市财政局对政府采购改革不断深化，政府采购规模和范围不断扩大，采购率不断提高。采购支出 3893 万元，节约资金 376 万元，节约率 9.6%。

2014 年，城市公交车、电视台无线数字电视设备、昆山产业园内各项机器设备以及医院医疗器械纳入采购范围，当年完成采购资金 6213 万元，节约资金 622 万元，资金节约率 10%。

2015 年，市财政局简化政府采购程序，完善采购机制，政府采购资金 3520 万元，节约资金 430 万元，资金节约率 12%。

（三）国有资产管理

阿图什市国资办前身是阿图什市国有资产管理局，国资局是属于阿图什市财政局下属的二级局，因 1997 年机构改革而撤销，同时成立阿图什市财政局统计评价科，原国资局业务都由阿图什市财政局统计评价科来办理。2005 年开始使用新版本的国有资产产权登记信息系统。

2006 年，中央出台新的国有资产管理办法，分别是中华人民共和国财政部令 35 号《行政单位国有资产管理办法》和中华人民共和国财政部令 36 号《事业单位国有资产管理办法》；同年 5 月根据中央统一要求，对阿图什市所有行政事业单位进行清产核资，并于同年 9 月上报完毕；11 月阿图什市出台《阿图什市固定资产管理办法（暂行）》。

2007 年，开始与部门预算挂钩，主要根据各单位资产占有量来决定固定资产采购。

2009 年，出台《阿图什市行政事业单位国有资产处置实施细则》。

2010 年，阿图什市财政局统计评价科更名为阿图什市国有资产管理办公室，同年根据上级部门统一要求，全市各行政事业单位开始使用新疆维吾尔自治区行政事业资产管理系统，达到动态管理全市资产情况。

2004—2011 年阿图什市行政事业单位国有资产情况表

表 15－9　　单位：万元

年份	资产总额	负债总额	国有资产总额	其中：固定资产总额
2004	37196.3	9774.5	27421.8	14514.4
2005	29249.5	9056.1	20193.4	17341.1
2006	33388	10008	23380	19694
2007	37929	10850	27096	21245
2008	48004	13839	34256	29595
2009	58714	15746	42971	37761
2010	67130	14384	52746	43367
2011	77615	17041	60573	47312

1995 年，阿图什市监管的国有企业有 3 家，分别是阿图什市康泉供排水有限责任公司、阿图什市粮食收储公司、阿图什市粮食军供站，其中阿图什市康泉供排水有限责任公司是国有控股公司，股份占 51%，其他两家是国有独资公司。2015 年，阿图什市监管的国企没有发生变化，与 1995 年完全一致。

2008—2011年阿图什市国有企业基本情况表

表15-10 单位:万元

年份	资产总额	负债总额	国有资产总额	其中:固定资产	当年利润
2008	4033	4303	-270	2163	37
2009	4392	4695	-304	2353	-136
2010	4516	5013	-497	1886	-91
2011	4641	5048	-407	1994	-139

第七节 会计事务管理

一、管理工作

2006年,市财政局开展以法律建账为中心的会计基础工作规范化活动,对重点行政企业单位的所有账簿进行建账初始监管。全面实施会计从业资格制度,强化各单位会计人员持证从业观念,对无证上岗的会计人员依法进行清理,建立会计从业人员信息档案,为全面掌握阿图什市会计人员增减情况奠定基础。

2007年,阿图什市财政局安排资金集中采购发放财务软件,全市预算单位财务核算电算化覆盖面100%。同时,做好会计从业资格报名、调转和核发等会计事务和票据领核销等管理工作。

2012年,市财政局执行区、州财政票据管理规定,加强财政票据规范化管理。

2015年,市财政局加强会计管理,提升会计事务管理水平。做好会计从业资格考试报名和旧证换发工作,并做好会计职称考试报名工作,会计基础工作规范化加强。开展会计人员网络继续教育,会计从业资格证书新证办理和旧证换发工作。

二、教育培训

1998—2011年,市财政局举办会计人员继续教育培训班14期,培训财务人员0.12万人。

2012年,市财政局推进会计基础规范化建设,举办行政事业单位会计基础规范化培训。开展会计人员网络继续教育,按照程序办理会计从业资格证书,规范会计从业资格证书管理。对全市范围内持有会计从业资格证书的会计人员进行换发新证,实行会计人员网络化管理。

2015年,根据自治区财政厅要求,阿图什市财务人员继续采取面授与网授相结合,当年行政事业单位财务人员参加面授,企业财务人员参加网上继续教育。

第二章 税 务

第一节 国 税

一、机构

1995年,阿图什市国税局隶属自治州国家税务局和自治区国家税务局,是国家税务总局的基层职能单位,机构业务、人事、经费、财产等归上级国家税务局垂直管理。内设办公室、人事教育科、计划财务科、征管科、征收科、稽查科、监察科、城镇分局、上阿图什乡税务所、阿湖乡税务所、吐古买提乡税务所、哈拉峻乡税务所、格达良乡税务所、松他克乡税务所、阿扎克乡税务所等15个职能科室(所),核定编制100名,实有96人。

2001年4月,经中共阿图什市直属机关工作委员会批准,市国税局成立党支部。

2003年11月,市国税局成立党组、纪检组,设立党组书记及纪检组组长。

2004年12月1日,阿图什市国税局内设办公室、人教科、监察室、综合业务科、计划征收科、登记发票科、评估监控一科、评估监控二科8个科室和上阿图什税务所1个派出机构。

2007年7月18日,经自治州国家税务局批准,市国税局撤销原登记发票科、评估监控一科、评估监控二科,设立税源一科、税源二科;保留上阿图什税务所。

2010年4月阿图什市国税局撤销计划征收科和综合业务科,设立纳税服务科和征管法规科。

2015年1月,根据征管改革的要求,撤销税源一科、税源二科和上阿图什税务所,合并设立税源管理科。2015年12月,阿图什市国税局内设办公室、人事教育科、监察室、征收管理科、政策法规科、税源科、纳税服务科7个科(室),核定编制74名,实有71人,其中公务员65人、事业编2人、工勤人员4人。

二、税制改革

1995年,阿图什市税务局按照1994年分税制改革,实行增值税为主体,消费税、营业税并行,内外统一的货物和劳务税制。

1999年11月1日起,开征储蓄存款利息个人所得税。

2000年5月,暂停征收固定资产投资方向调节税。10月22日,国务院批转财政部、国家税务总局等12个单位报送的《交通和车辆税费改革实施方案》。国务院发布《中华人民共和国车辆购置税暂行条例》,自2001年1月1日起施行。

2001年1月1日起,车辆购置附加费改为车辆购置税。

2002年起,对生产企业自营或委托出口货物全面推行免抵退税管理办法;2005年进一步完善出口退税负担机制。

2006年5月起,实施烟叶暂行条例,征收烟叶税。2005年12月29日,第十届全国人民代表大会常务委员会第十九次会议决定:第一届全国人民代表大会常务委员会第九十六次会议于1958年6月3日通过的《中华人民共和国农业税条例》自2006年1月1日起废止。中国的农业税就此退出历史舞台。

2007年起,实施车船税暂行条例,征收车船税,并废止原车辆使用牌照税暂行条例和车船使用税暂行条例;修改城镇土地使用税暂行条例,初步建立符合市场经济发展要求的税制框架。

2008年11月10日,修订《中华人民共和国增值税暂行条例》,2009年1月1日起施行。2011年10月28日修订并发布《中华人民共和国增值税暂行条例实施细则》。

2008年11月10日,中华人民共和国国务院令第539号修订并公布《中华人民共和国消费税暂行条例》,自2009年1月1日起施行。2008年12月15日中华人民共和国财政部、国家税务总局令第51号修订并公布《中华人民共和国消费税暂行条例实施细则》。2008年,新的企业所得税条例及其实施细则颁布。

2011年1月,开征车辆购置税。6月,在交通运输业、部分现代服务业领域推行增值税改革试点。11月,财政部和国税总局发布《营业税改征增值税试点方案》。

2013年5月24日,财政部、国家税务总局发布《关于在全国开展交通运输业和部分现代服务业营业税改征增值税试点税收政策的通知》,对自2013年8月1日起,在全国范围内开展交通运输业和部分现代服务业营改增试点工作作出规定。

2014年1月1日,国务院将铁路运输和邮政服务业纳入营业税改征增值税试点。6月1日,国务院将电信业纳入营业税改征增值税试点范围。

三、税制税种

(一)增值税和消费税

1995年,依据《中华人民共和国增值税暂行条例》和《中华人民共和国消费税暂行条例》,市国税局对商品的生产、批发、零售和进口全面开征增值税,实行基本税率 17%、低税率 13% 或零税率。一般纳税人,可以使用增值税专用发票。小规模纳税人,实行 6% 的征收率征收,可以使用普通发货票。从 1998 年 7 月 1 日起,商业行业的征收率调低为 4%。

2003 年,根据国税局的规定,对缴纳增值税的个人,销售货物月销售额不足 2000 元的、销售劳务金额每月不足 1500 元的按次纳税,每次(日)销售额不足 200 元的免征增值税。超过以上标准的按全额征税。

2009 年 1 月 1 日起,执行新的增值税条例:小规模纳税人增值税征收率为 3%,固定资产纳入抵扣范围,现行增值税征税范围中的固定资产主要是机器、机械、运输工具以及其他与生产、经营有关的设备、工具、器具。房屋、建筑物等不动产不能纳入增值税的抵扣范围;对特定的消费品在消费环节征收的一种间接税,纳税人为在境内生产、委托加工和进口烟、酒及酒精、化妆品、护肤护发品、贵重首饰及珠宝玉石、鞭炮烟花、汽油、柴油等消费的单位和个人。实行从价定率征收或从量定额征收的办法,设征税项目 25 个,税率档次 14 个,最低 3%,最高 45%。

1995—2015 年,累计征收流转税(主要是指增值税和消费税)51526 万元。

1995—2015 年阿图什国家税务局税收收入表

表 15-11　　单位:万元

年份	国内增值税	企业所得税	个人所得税	城市维护建设税	税款罚款	中央营业税	国内消费税	车辆购置税
1995	732	7	6	15	2	—	—	—
1996	781	9	7	9	5	—	—	—
1997	707	6	1	1	4	39	—	—
1998	746	—	—	—	—	55	—	—
1999	745	—	1	—	—	58	—	—
2000	771	—	39	—	—	25	—	—
2001	847	14	243	—	—	115	—	—
2002	927	14	174	—	—	25	—	—
2003	1005	4	177	—	—	5	1	—
2004	1259	—	195	—	—	—	1	—
2005	1533	4	218	—	—	—	1	855
2006	1830	19	283	—	—	—	1	817
2007	2382	62	292	—	—	—	1	912
2008	2904	276	142	—	—	—	1	1490
2009	1889	235	55	—	—	—	1	1428
2010	2716	352	11	—	—	—	2	2224
2011	3688	879	5	—	—	—	2	2399
2012	4367	1331	1	—	—	—	2	2263
2013	6079	1771	1	—	—	—	2	3260
2014	9253	1111	—	—	—	—	2	2283
2015	6344	1659	—	—	—	—	4	1475

（二）企业所得税

1991 年 7 月 1 日，阿图什市国税局开始征收外商投资企业和外国企业所得税，2007 年 12 月 31 日停止征收。1994 年 1 月 1 日起《中华人民共和国企业所得税暂行条例》施行，从 2008 年 1 月 1 日起执行新的《企业所得说条例》，小型微利企业减按 20% 的税率缴纳企业所得税，比标准税率低 5 个百分点。最重要的是应纳税所得额标准，过去的规定是 10 万元，过 10 万元就要按 33% 缴纳企业所得税；新规定提高到 30 万元，30 万元以内按 20% 的税率计税，超过 30 万元才按 25% 税率缴纳企业所得税。

1995—2015 年，阿图什市国税局累计征收企业所得税 7753 万元。

（三）个人所得税

1999 年 11 月 1 日，依据《对储蓄存款利息所得征收个人所得税的实施办法》（国务院令 272 号），阿图什市国税局开始征收居民储蓄存款利息个人所得税。由各金融机构按 20% 的税率代扣代缴，国税局负责征收入库。1999—2015 年，累计征收个人所得税 1851 万元。

（四）车辆购置税

2001 年 1 月 1 日，阿图什市国税局依据《中华人民共和国车辆购置税暂行条例》，实行从价的计税方法开始征收车辆购置税，税率为 10%。2001—2015 年，累计征收车辆购置税 19406 万元。

四、征收管理

1995 年，阿图什市国税局建立"申报、代理、稽查"的征管体系。根据税源分散的实情，实行"任务到片（乡镇）、责任到人、分散服务、集中征收、重点稽查"的办法。同年成立稽查局，并负责办理税款存入金库的解缴业务。

1998 年，新疆国税系统全面上线新疆 MIS 系统，实行大厅服务纳税、咨询、税务登记、发票发售"一条龙"服务。

2002 年，实施"金税工程"，将企业纳入防伪税控管理，其专用发票存根联采集率 100%。

2004 年，建立"以纳税申报为基础，以计算机网络为依托，集中征收，重点稽查"的税收征管模式。

2005 年，中国税收征管信息系统（简称 CTAIS）上线。

2007 年，大力推广多元化申报，完善"大一窗"管理，规范文明服务用语，实行纳税温馨提示。

2010 年，当年有 536 户纳税人网上申报成功。按照"抓大、控中、定小"的要求，合理确定税源规模的标准和重点行业的范围。完善外部协作机制，做好第三方信息的采集、传递和加工、分析、利用，建立健全三项机制，形成立体化全方位的税源管理体系。至此，国税征管体系全面实现信息化。

自 2015 年 4 月起，国地税系统正式启动"金税三期"推广应用工作，将国税征管体系信息化建设工作又推向一个高的起点。

五、纳税宣传和服务

（一）税收宣传

1995—2015 年，税务系统每年定于 4 月集中开展税收宣传，称为"税收宣传月"，由国家税务总局制定指导思想、宣传主题，各地国税局、地税局结合实际开展丰富多彩的税收宣传活动。为提高纳税人的税法遵从度。市国税局税收宣传按照上级局要求，坚持每年开展税收宣传。设立咨询台，发放宣传资料，解读政策法规；税收宣传进机关、进企业、进学校、进农村、进军营和进社区等"六进"活动；结合各项竞赛，包括短信征集、主题征文、书画摄影、公益广告、知识问答、Flash 动漫制作比赛等；在线访谈。税务部门主要领导及相关业务负责人在线答疑解问，与网民沟通；开放日活动。邀请纳税人、部分人大代表、政协委员及行风评议义务监督员，实地参观税务分局业户管理过程、办税服务厅办税流程；税企座谈会。邀请企业纳税人代表开展座谈，广泛征求意见建议，交流沟通思想信息；星级纳税人评定。根据纳税遵从度评选优秀单位予以表彰。

（二）纳税服务

1995—2000 年，市国税实行纳税人上门申报，税务机关人员手工接收申报数据。个体纳税人按照双定户进行管理,即定期定额,按月到办税大厅现金缴纳税款,纳税人开具发票执行超定额补税。企业纳税人分为一般纳税人和小规模纳税人。一般纳税人适用17%的标准税率、13%的优惠税率,商业小规模纳税人适用4%征收率,加工修理修配小规模纳税人适用6%征收率。

2000年后,不断优化纳税服务,推行多元化申报方式。个体纳税人通过税银合作批量扣划方式缴纳税款,企业纳税人通过数据信息采集电子申报方式完成申报。

2010年,市国税局原有的计划征收科改名纳税服务科,其职能不变。

2013年,阿图什市国税局推行"大一窗"提供一站式服务,简化办税程序,缩短办税时限,让纳税人在服务大厅内一个窗口受理所有需要办理的涉税事项,做到工作上的"零差错"服务上的"零投诉"。

2014年,市国税局开展"春风便民行动"以来,共对税务登记、发票管理、申报征收三大类,取消审批项目47项、限办改为即办50项,极大方便纳税人办理涉税适宜和提高办税效率。提供"免(填)单"服务。纳税人到办税服务厅办理的"免填单"服务涉税事项,分为"免单"和"免填单"事项。"免单"事项是指纳税人免予填写申请表格的涉税事项,直接由办税服务厅窗口受理人员根据纳税人提供的证明资料或其口述,采集相关涉税申请信息,无须打印任何表单,纳税人即可办结相关证明资料。"免填单"服务包括纳税人口头提出申请;办税服务厅窗口人员受理相关证明资料原件、复印件,审核纳税人的相关证件,通过"免填单"系统录入,生成涉税申请表,打印表单;纳税人核对无误后签字或盖章,办税服务厅窗口人员将相关证明资料交还纳税人。征收期内安排相关负责人和业务骨干在导税台导税,导税岗的人员会引导进入办税服务厅的纳税人,详细解答纳税人对于办税事项上所存在的疑问,合理调配窗口,主动疏导纳税人,对其他岗位提交的,需办税服务厅完成的工作进行适当分配,对自己能够立即解答的问题,当场解答;对不能当场解答的特殊涉税业务,引导纳税人到咨询辅导岗进行处理。

(三)税源管理

1995年后,市国税局税源管理工作主要是税前监控、税中征收、税后稽查、负责将税款转交等。由税源一科、上阿图什税务所、税源二科、稽查局组成。负责全市辖区内所有在国税局登记注册的企业和个体的税收征管工作。其中税源一科主要工作是管理市区内所有的企业,包括税收征管、行政许可审批、违法违章处理、发票领购审核。同时加强对重点税源企业的监管,每年都根据企业申报入库税款情况划定重点税源企业名单数量定在20户到24户,对出现税负变化异常的重点企业进行纳税评估。

2014年由于机构改革,将税源一科、税务所合并为税源管理科,其主要职责是开展纳税评估工作。2014年12月,税源二科合并到纳税服务科,上阿图什税务所合并到税源管理科。

2015年,合并后的税源管理科开展纳税评估工作,完成68户评估。补缴企业所得税37666.24元,滞纳金1054.65元,调增应纳税所得额4630万元。补缴增值税9466.46元,抵减留抵税额119359.11元,进项税额转出42581.69元。其中移交稽查局1户。

(四)税务稽查

1995年,市国税局查出并征收税款46万元,1996年查出并征收税款77.6万元。

2001年2月,根据《新疆维吾尔自治区国家税务局关于进一步规范县(市)局机构设置及职责划分的意见》"调整划转稽查职能,由区、自治州直属稽查局实行'一级稽查',地区、自治州所在市不再设立稽查局,相应上划征收编制"的精神,阿图什市国税局稽查分局被撤销。

(五)发票管理

1995—2015年,阿图什市加强发票管理工作。严格按照上级要求,在发票管理上推行"以票管税"工作。整顿和规范税收征管秩序,堵塞税收征管漏洞,严厉打击发票违法犯罪活动,震慑发票犯罪违法行为。加大宣传,鼓励企业自查自纠。加大对企业的宣传力度,政策上不留死角。加强同市地税局的协调和配合,加大对自开票和代开票货物运输发票的检查和核对工作。通过部门配合,对及时跟踪发票违法犯罪活动动态,形成对发票违法犯罪行为的震慑具有重要作用;重点检查,打击发票违法行为。重点加强对矿产品行业的发票专项检查工作,突出检查发票的开具、取得、使用和保管各个环节。同时,加强对矿产品交易过程中发票开具时限的检查,特别是收到预收款票据的检查;加强对棉麻行业的发票检查工作,在对棉麻业税收的专项检查过程中，突出检查棉麻业发票开具的时间、地点、范围，重点检查棉麻业发票的真伪。同时加强对代开票纳税人的检查，详细检查纳税人有无虚假开具发票现象。加强对发票使用量大、用票、索票意识淡薄单位的检查力度，重点对白条入账、未按规定使用发票情况进行认真排查。通过打击发票违法犯罪活动，纳税人使用发票行为趋于规范，加之日常工作中发票相关法规宣传、检查和推广通用机打发票，发票管理工作效果逐年提高，假发票、虚开发票等违规问题逐年减少。2015 年，共检查 3 个行业的 10 户纳税人，发票共计 1230 份，未发现制售、虚开、代开、非法购买虚假发票等违法行为。

(六)信息化建设

1995 年后，市国税系统加大投入，加速人员培训和计算机应用工作，使税收信息化建设步入快车道。1995 年底，市国税局配备 2 台计算机。税收信息化的起始阶段，计算机的应用主要是建立在单机和局域网络基础上的。随着网络技术，通信技术的发展和涉税数据处理的提高，加之税收业务的规范，计算机应用开始从局域网逐步向广域网过度。

1997 年，计算机配备达到 8 台，保证全局国税系统第二批征管改革试点，防伪税控推行和广域网建设用机。

2001 年 7 月 1 日，市国税局同全区国税系统同步如期完成“金税工程”网络建设任务，实现“四个应用系统”顺利运行。

2002 年 7 月 1 日，市国税局与自治州国税局、自治区国税局实现远程收发公文，标志着市国税局实现无纸化办公。同年，实施“金税工程”，将企业纳入防伪税控管理，其专用发票存根联采集率 100%。

2004 年，建立“以纳税申报为基础，以计算机网络为依托，集中征收，重点稽查”的税收征管模式。

至 2005 年，市国税局干部达到人手一台计算机，为综合征管软件(CTAIS)的成功上线奠定基础。年内，中国税收征管信息系统(以下简称 CTAIS)上线，基层国税征管业务从登记认定到申报征收，从资格认定到发票管理，从违法处理到稽查办案，全部实现网上流程办理；同时网上申报等辅助平台都实现与 CTAIS 系统的无缝衔接。出口退税预警系统及审核系统，数据质量监控系统，防伪税控系统，稽查按键管理系统等成为 CTAIS 系统有益的补充和完善。行政管理方面，公文管理系统已成为国税系统公文文件上传下达的主要手段，无纸化办公得到完美体现。

2007 年，全市大力推广多元化申报，完善大一窗管理，规范文明服务用语，实行纳税温馨提示。

2010 年，全市有 536 户纳税人网上申报成功。

2015 年，国家税务总局开始全面推行《金税三期税收管理系统》(以下简称“金三”)，并采取直接从原系统(CTAIS)导入数据的方式，这是个突破性的进展。“金三”上线准备工作从 6 月开始，10 月开始双轨运行，试点双轨运行两个月非常成功。

第二节 地 税

一、机构

1995 年，阿图什市地方税务局内设办公室、计会科、征管科、一科，二科、发票室、稽查科、城镇税务所、一所、二所等科室。实行编制、经费、人员、机构四垂直管理。核定编制 50 名，实有 50 人。

1997 年 3 月 11 日，市地税局在全局实行“双聘制”，并研究制定“双聘制”实施方案，率先在自治州地税系统实行干部双向聘任聘用制，按照管理、征收、稽查三大系列设置五个职能科室和三个中心税务所。

1998 年 5 月，根据《克孜勒苏柯尔克孜自治州地方税务局职能配置、内设机构和人员编制方案》，核定阿图什市地税局人员编制 63 名，实有干部职工 54 名。

1999 年 6 月 29 日，阿图什市地税局对稽查局内部机构进行调整，成立综合科，将原稽查一科、二科合并为稽查科，将原稽查科三科改为个体征稽科。

1999 年 12 月 21 日，阿图什市地税局在全局实行第二轮“双聘制”，并制定第二轮“双聘制”实施办法，促进地税事业发展。

2007 年 6 月 28 日,根据自治区地税局关于在县(市)局设立党组的要求,阿图什市地税局党组成立。

2015 年 12 月,阿图什市地税局设党组、局机关党支部各 1 个,内设办公室、监察室、综合业务科、计会征收科、企业一所、个体二所、上阿图什乡中心税务所,有编制 50 名,实有干部职工 46 人。

二、征管改革

1995 年,阿图什市地税局按照分税制财政管理体制的要求,地方收入和规费(教育费附加)由地税局负责征收。主要征收营业税、企业所得税、个人所得税、资源税、固定资产投资方向调节税、城市维护建设税、印花税、城镇土地使用税。

2005 年,开征房产税和土地增值税、车船使用税、屠宰税、税款滞纳金。

2009 年开征契税。

2010 年,开征耕地占用税,及其他收入(教育费附加收入、文化事业建设费收入、税务部门罚没收入、人民教育基金、残疾人社会保障金)。

2003 年 12 月,取消屠宰税。2004 年,开征城镇土地使用税。

2010 年,国家将个体户个人所得税起征点由原来的 3000 元上调至 5000 元。

2010 年 6 月 1 日起,新疆进行石油、天然气资源税费改革,由从量定额征收改为从价定率征收。按照原油和天然气收入 5%(与近海石油勘探税率一致)的税率计征。城市维护建设税以纳税人实际缴纳的增值税、消费税、营业税税额为计税依据。

三、税种

(一)营业税

1995 年,营业税中,交通运输、建筑安装、邮电通信、文化体育税执行 3% 的税率,娱乐业根据其性质执行 5% ~20% 的税率,其他为 5% 的税率。

2009 年 1 月 1 日,执行新的《营业税暂行条例》,与 1994 年的税率没有变化。

(二)企业所得税

1995 年,地税局企业所得税实行的是比例税率,税率分别是 18%、20%、33%。

(三)个人所得税

1996 年开征,纳税人为从境内取得所得的个人,包括中国公民和外籍个人。稿酬所得适用比例税率 20%,并按应纳税额减征 30%;劳务报酬所得,适用比例税率为 20%,但对一次收入 2 万 ~5 万元的部分按规定计算的应纳税额加 5 成,超过 5 万元的部分加 10 成;特许权使用费所得、利息、股息、红利所得、财产租赁所得、财产转让所得、偶然所得和其他所得,适用 20% 的比例税率。

(四)房产税

1986 年开征房产税,地税局成立后开始征收房产税。依照房产原值一次减除 10% ~30% 的余值计算缴纳;房产出租的,以房产租金收入为房产税的计税依据。依照房产原值计算缴纳的税率为 1.2%,依照房产租金收入计算缴纳的税率 12%。

(五)土地使用税

2004 年 1 月 1 日,阿图什市开征土地使用税。发布《关于加强土地使用税征收管理的通告》,凡在市、建制镇、工矿区范围内使用土地的单位和个人,都应依照税法规定缴纳土地使用税。县城、建制镇每平方米税额为 0.2 ~4 元,由所在地税务机关征收。

实行分等级、分地段、按年计算,分等征收。每平方米年税额最高一级为 2.10 元,最低一级为 0.20 元。

(六)土地增值税

1996 年开征土地增值税。土地增值税的纳税义务人是有偿转让国有土地使用权、土地的建筑物及其附着物的单位和个人,以纳税人转让房地产取得的增值额为计税依据。土地增值税实行四级超率累进税率,最低税率 30%,最高税率 60%。

（七）资源税

1995年，开征资源税，凡市（县）内开采铅锌矿、铁矿、煤矿、铜矿、硫铁矿、石灰石、天然气，建筑用河沙、黏土等资源的单位和个人均为纳税义务人。税率实行从量计征。至2015年底，全市经历三次资源税重大改革，分别是2010年对石油天然气的改革，2014年对煤炭的改革。

（八）印花税

1995年，地税局征收印花税的课税对象为：经济合同、产权转移书据、营业账簿、专利、许可证照（房屋产权证、工商登记营业执照、商标注册证、专利证和土地使用证）、经财政部确定征税的其他凭证（股权转移书据、股票交易凭证）等13种。税票是缴纳印花税的完税凭证，由国家税务总局监制，其票面金额以人民币为单位，分0.1元、0.2元、0.5元、1元、2元、5元、10元、50元、100元等9种。

印花税最高为财产租赁合同、仓储保管合同、财产保险合同、股权转让合同，适用税率1‰；最低为借款合同，适用税率0.05‰。实行“轻税重罚”的原则，纳税人在应纳税凭证上未贴或少贴印花税票的，税务机关除令其补贴税票外，可处以应补税金额3～5倍的罚款；纳税人不按规定注销或画销已贴用印花税票的，税务机关可处以1～3倍的罚款；纳税人把已贴用印花税票揭下重用的，税务机关可处以重用印花税金额5倍或者2000～10000元的罚款；伪造印花税票的，由税务机关提请司法机关依法追究其刑事责任。

（九）车船使用税

2006年12月1日开始征收车船使用税。车船使用税，征收范围为在国内公共道路或航道上行驶的车辆和船舶，按辆、座位、吨位计算，按年征收，分期缴纳，由拥有车船并使用的单位和个人向所在地税务机关缴纳。

（十）城市维护建设税

1995年，凡缴纳增值税、消费税、营业税（以下简称“三税”）的单位和个人，都应缴纳城市维护建设税。以纳税人实际缴纳的“三税”税额为依据，分别与“三税”同时缴纳。税率为5%，工矿区的纳税人，一律执行1%的税率。在执行中，对城市维护建设税不足1元的，给予免征；凡纳税人享受减免“三税”的，也同时享受减免城建税；除法律法规另有规定者外，原则上不单独予以减免；对下岗失业人员再就业，对符合条件的新办商贸企业、从事个体经营（符合经营范围）的下岗失业人员，三年内免纳城建税。

（十一）契税

2009年开征。纳税人为境内转移土地、房屋权属、承受的单位和个人，税率1%～3%。

（十二）固定资产投资方向调节税

1991年开征固定资产投资方向调节税。凡在国内进行固定资产投资的单位和个人为纳税义务人，按固定资产投资项目实际完成额征税，并按国家产业政策和经济规模实行差别税率，共分0%、5%、10%、15%、30%5个档次。

2001年停征固定资产投资方向调节税。

（十三）屠宰税

屠宰税的征收范围为：猪、牛、羊、马、骡、驴、骆驼7种牲畜，最初按牲畜宰杀后的实际重量从价计征，税率为10%，后来改为按头核定税额征收：牛、马、骡、驴、骆驼每头25元，猪每头21元、羊每只11元。2003年12月，实行农村税费改革，取消屠宰税，2004年1月1日停止征收屠宰税。

（十四）耕地占用税

2010年开征耕地占用税。阿图什市耕地较少，多为戈壁荒漠，建设用地很少占用农田。

（十五）代征附加税、资金费

1. 教育费附加

市地税局从1995年成立起征收教育费附加。教育费附加以各单位和个人实际缴纳的“三税”（增值税、消费税、营业税）的税额为计税依据，其费率对县城、镇区和农村统为3%，分别与“三税”同时缴纳。

1996—2015 年阿图什市地税征收收入情况表

表 15 - 12　　　　单位:万元

税种	1996 年	1997 年	1998 年	1999 年	2000 年	2001 年	2002 年	2003 年	2004 年	2005 年	2006 年	2007 年	2008 年	2009 年	2010 年	2011 年	2012 年	2013 年	2014 年	2015 年
一般预算收入	1414	1570	1808	2011	1960	1823	2330	2779	3105	3581	—	—	—	—	—	—	—	—	—	—
工商税收	872	932	1089	1210	1316	1471	1714	1997	2425	2973	—	—	—	—	—	—	—	—	—	—
增值税	194	174	180	178	181	209	226	245	312	379	—	—	—	—	—	—	—	—	—	—
营业税	355	381	436	567	674	629	1121	1490	1778	1985	1914	2308	2619	3441	4842	7148	1057	1605	1221	10933
个人所得税	93	140	158	159	190	343	93	70	86	281	79	98	1264	1829	2645	3823	3608	4554	4522	4378
城市维护建设税	49	52	76	73	102	123	146	102	144	181	19	24	261	310	488	740	1038	1426	1271	1256
固定资产投资方向调节税	54	74	112	58	49	—	—	—	—	—	—	—	—	—	—	—	—	—	—	—
农业各税	318	296	312	337	349	159	395	350	208	62	—	—	—	—	—	—	—	—	—	—
农业税		190	124	110	93	59	107	151	149	—	—	—	—	—	—	—	—	—	—	—
农业特产税	127	98	117	150	176	90	188	134	137	130	—	—	—	—	—	—	—	—	—	—
牧业税	188			62	73		69	39	44	51	—	—	—	—	—	—	—	—	—	—
耕地占用税	2	1	1	3	2	3	1	5	—	—	—	—	—	—	—	—	—	—	7	128
企业所得税	33	61	32	45	30	31	9	10	14	31	12	13	82	171	99	209	93	2281	3398	3645
契税	—	—	—	—	—	—	—	—	—	—	—	—	—	73	90	229	172	430	763	585
土地增值税	—	—	—	—	—	—	—	—	—	—	—	—	—	56	32	122	189	205	924	54
印花税	—	—	—	—	—	—	—	—	—	—	46	62	50	119	149	195	364	331	401	397
城镇土地使用税	—	—	—	—	—	—	—	—	—	—	14	19	11	176	120	255	231	266	317	259
资源税	—	—	—	—	—	—	—	—	—	—	25	86	229	38	339	371	462	555	578	1256

2. 文化事业建设费

1997 年 7 月，市地税局依照财政部、国家税务总局制定的《文化事业建设费征收管理暂行办法》和《中华人民共和国营业税暂行条例》的规定，对市内从事经营娱乐业、广告业的单位和个人，征收文化建设事业费，费率 3%。

2010—2015 年，市地税局实际征收营业税、企业所得税、个人所得税、房产税、城镇土地使用税、土地增值税、资源税、印花税、车船税、城市维护建设税、契税、耕地占用税共 12 种税收。

四、税务管理

1995 年，根据自治州地税局下发《关于加强发票管理的通知》和《关于开展税票和发票管理重点检查的通知》，市地税局加强发票的领、用、存、销管理，确保税收票证安全。

1996 年 3 月，按照自治州地税局征管改革方案精神，市地税局以计算机网络为依托，全面推行纳税申报制度，建立申报、代理、稽查三位一体的科学征管模式，实行纳税人自计、自核、自缴的纳税方法。5 月 16 日，建立办税服务厅，实行集中征收；建立以计算机网络为依托的税收服务体系；改进检查手段，强化税收稽查，实行集中征收、重点稽查的管理模式，实现征收与管理相分离、与检查相分离。

1997 年，实行征收、管理、稽查三分离，纳税人取得税务登记证及副本后，填制《纳税人税种登记表》，主管税务机关进行税种认定后通知纳税人。纳税人若变更税务登记内容或税率变化，要在变更税务登记后重新申请认定登记，附送申请报告。同时，认真贯彻公安部、国家税务总局联合下发《关于严厉打击涉税犯罪的通知》精神，与市国税局、市公安局成立联合工作组，建立综合工作机制，开展依法治税，在全社会营造法治、公平、有序的税收环境，加强税源管控，推动税收工作开展。完善税收征管制度，建立收入目标考核制度，并与工资奖金、政绩、任职、岗位“四挂钩”；健全内部征管制度，先后建立税务登记、纳税申报、发票管理、代征代扣代缴、纳税资料管理、税务违章处理、屠宰税管理等制度和“五率一化”（税务登记率、纳税申报率、填票差错率、税款入库率、税收检查率、资料规范化）的考核评比办法；建立完善行业征管办法，对邮电、建筑安装、交通、饮食服务等行业，实行税收源泉控管办法；建好屠宰税台账、实行代征代缴与定点屠宰、统一征收相结合的办法；车辆税实行“双线”征管、“三单”考核办法，理顺与市、乡（镇）、交警部门的关系；个体税收实行定额征收与查账征收相结合的办法。同年，按照“依法治税、规范统一、整体协调、实用易行、监督制约”的征管改革原则，建立以纳税申报和优化服务为基础，以计算机网络为依托，集中征收，重点稽查的新型征管模式。

1998 年，实行办税服务厅、管理、稽查、税法救济等环节辅导，以税务稽查和税法救济为重点，注重稽查、处理的法定程序和税收法律法规的宣传、解读和辅导，维护纳税人的权益。

2000 年，根据自治区地税局和自治州地税局纠正“重检查、轻管理”的问题，市地税局将管理权与检查权进行分离，实现以计算机网络为依托，以纳税人自行申报为主导，集中征收，加强管理，重点稽查，分片分类管理的新型征管模式。

2001 年起，稽查实施微机管理，查定分离，执法到位，重点稽查的模式，税收征管基本实现计算机管理。第一次在全市范围内换发税务登记证。在办税服务厅设立专人为纳税人提供服务，开展纳税辅导；并组织征管、计财、法规等部门深入纳税户开展上门辅导。

2002—2003 年，在办税服务厅设立咨询台，对外公布咨询电话，为纳税人提供税务辅导。同时，对全市符合条件的下岗职工免费办理税务登记证。坚持以人为本，强化管理，尊重纳税人，简化手续为纳税人提供优质服务，优化服务，集中征收，重点稽查的管理型新征管模式。

2005 年 7 月 1 日，贯彻国家税务总局《纳税评估管理办法（试行）》，成立阿图什市地税局纳税评估领导小组，建立纳税评估制度和规范，分解纳税评估工作职责，实行分工协作的评估模式，有效防范纳税风险。

2007 年，征收软件更新 6.0 版。2009 年 2 月，推行新地税综合应用征管软件。核定定额程序实行自行申报、核定定额、定额公示、上级核准、公布定额；核定税款最长期限不超过一年。定期定额户在定额执行期结束后 45 天内以该期每月实际发生的经营额、所得额向税务机关申报。申报额超过定额的，按申报额缴纳税款;申报额低于定额的,按定额缴纳税款;定期定额户的经营额、所得额连续纳税期3个月超过或低于税务机关核定的定额,需提请税务机关重新核定定额。

2008年,建立健全征收、管理、稽查、执法监督“四位一体”的税收管理互动机制。贯彻公安部、国家税务总局联合下发《关于开展打击制售假发票和非法代开发票专项整治行动的通知》,与市国税局、市公安局组成联合工作组,对全市涉及代开发票的所有单位和个人进行执法大检查,开展综合治税,维护税收征收环境。

2009年,以“税收·发展·民生”为主题,充分发挥税务网站、税收宣传栏、“12366”纳税服务热线、手机短信、电话服务等平台,为纳税人开展纳税辅导;同时,组织有关科室深入纳税户开展面对面和一对一纳税辅导,使纳税辅导面达到100%。

2010年,认真贯彻《自治区打击发票违法犯罪活动工作方案》,联合市国税局、市公安局成立阿图什市打击发票违法犯罪专项整治工作领导小组,制定《阿图什市打击发票违法犯罪专项整治活动实施方案》,在阿图什市范围内积极开展打击发票违法犯罪活动,成功查处犯罪嫌疑人李某。自2008年12月至2009年10月期间,在承建自治州广播电视局和自治州维吾尔骨科医院维修工程以及提供劳务活动中,先后开具13张涉及地税征管范围假发票,涉税金额37.28万元。根据《中华人民共和国税收征管法》有关规定,依法追缴税款;对犯罪嫌疑人李某作出严肃处理,震慑违法违规行为,教育纳税人。

2011年,实行税务机关管理员协助纳税人填报税种认定,填制《税种认定表》,依照纳税人的经营项目、纳税人填报的《税种认定表》及相关资料进行税种鉴定。同时,在自治区地税局的大力支持下,全市地税系统实行网上申报、数据电文申报、电传申报等无纸化办公,推动征收工作开展。

2012年,按照“科技+管理”和科技为业务服务的思路,在自治区地税局的大力支持下,全面改造税收业务管理系统,保障征缴业务的接收;开始应用税管员工作平台,整合资源,优化流程,拓展网站栏目功能和服务范围,建设网上办税和服务中心,开通短信服务系统。同时,按照自治州地方税务局制定《纳税评估工作实施方案》《自治州地方税务局纳税评估工作规程(试行)》,阿图什市地税局制定纳税评估工作计划,进一步规范纳税评估遵循原则、工作流程、预警信息的处理、评估质量和效率的考核等,提升全市税收征管工作质效。

2013—2015年,依据“税收质量评价体系”为工作思路,开展税收征管和税收执法工作。

五、纳税服务

1995年,市地税局要求税收专管员在下基层收税时积极宣传党的税收政策,为纳税人进行咨询,提供服务。抓住每年4月全国税收宣传月活动,组织全体地税干部职工在市人民广场、集贸市场悬挂横幅、散发宣传材料、设立咨询点开展税法宣传和税收政策咨询服务。利用节假日休息时间,组织地税干部职工走进企事业单位开展税收宣传;通过举办黑板报、墙报等形式开展税收宣传,增强广大人民群众对地税工作的了解、支持、关心,为开展税收工作打下良好基础。

1996年,积极组织团员青年参加自治州地税局编辑和撰写13个税种的宣传材料6000份,于3月9日走向阿图什市街头为纳税人进行咨询,宣传党的税收政策,为纳税人提供服务。

1997年,根据自治区地税局下发《关于开展创建最佳办税服务厅活动的通知》精神,市地税局认真贯彻“规范、快捷、高效、创新”方针,按照创建最佳办税服务厅的基本标准,开展创建最佳办税服务厅活动。自治区地税系统要求市地税局积极做好创建办税服务厅的各项准备工作。在办税服务厅设立咨询服务台、提示栏、税收政策宣传栏、意见簿、公布咨询电话等,帮助纳税人熟悉纳税业务,了解国家税收政策,掌握纳税程序,为纳税人提供服务。

1998—2000年,以创建行风示范窗口活动为目标,围绕按照标准化建设要求,落实服务措施,改进工作作风,全力打造“效率更快,服务更优,手续更简,评价更高”的地税形象。1999年,阿图什市办税服务大厅被自治区命名为自治区级的“青年文明号”称号。

2002年,市地税局在办税服务厅增设纳税指南的同时,组织征管、计财等科室深入到纳税户中开展个别辅导、集中辅导、征前辅导、点面结合辅导等多种辅导等形式开展税收工作。

2006—2008 年,完善各项管理制度,严格检查和考核;同时,在办税服务大厅制定文明服务制度,规定文明用语,设立专用电话咨询、纳税指南和意见簿、意见箱,配备饮水机、休息座椅等,并推行办税事项"一站式"服务,把为纳税人服务落到实处。以自治州"作风建设年"为契机,大力开展"内强素质、外树形象"活动,把纳税人的满意作为第一标准,把提高服务质量作为第一追求,在地税系统实行挂牌上岗,推行服务承诺制,提高办税服务质量,融洽征纳关系。同时依托"12366"税务服务平台,为纳税人提供税收政策和纳税查询,受理举报投诉,协调解决问题,提供公告通知,开展税收政策宣传,在税务机关和纳税人之间发挥桥梁和纽带作用。

2009—2010 年,根据《自治州地税系统办税服务厅人员"岗位大练兵、业务大比武"实施方案》,市地税局对办税服务厅门牌标识进行统一规范,设立电子宣传栏,还利用地税网站等信息技术开展辅导服务,告知纳税人设置账簿、纳税申报、税款缴纳等注意事项及违法违章应承担的法律责任;对干部职工学习国家税收政策,提高业务素质,提升自身服务水平和能力提出更高的要求。

2012—2015 年,阿图什市地税局结合宣传新修定的《中华人民共和国税收征收管理法》,大力开展纳税服务工作。在办税服务厅、基层税务所通过电子宣传栏,对纳税人办理变更登记、领购发票、纳税申报、减免退税的工作流程进行滚动式提示,为纳税人提供辅导。同时,充分利用自治州地税网站,推广网上办税服务;发挥网络短信平台开通税务政策咨询、催报催缴、税收法规变更通知、信息告知、税务业务办理等温馨提示,为纳税人提供方便、快捷、高效的信息服务,提升办税服务水平,为阿图什市经济建设做出努力。

六、税务稽查

1995 年后,市地税局稽查局及时查处偷税、抗税、骗税、漏税案件。

1999 年 6 月 29 日,市地税局对稽查局内部机构进行调整,成立综合科,将原稽查一科、二科合并为稽查科,将原稽查科三科改为个体征稽科,实现选案、审理、稽查、执行相互分离、相互制约、规范稽查程序。

2000 年,根据自治区地税局和自治州地税局纠正"重检查、轻管理"的问题,市地税局将管理权与检查权进行分离,实现以计算机网络为依托,以纳税人自行申报为主导,集中征收,加强管理,重点稽查,分片分类管理的新型征管模式。市地税局把查办涉税违法案件作为履行稽查职能的重要内容,以查处大案、要案为重点,严厉惩处涉税违法犯罪行为。本着税种查全,环节查透、项目查实、问题查清的原则。

至 2001 年,查补入库税款 1765 万元,罚款 397 万元。2002 年自治州地税局稽查成立,实行一级稽查,至此,阿图什市地税局稽查科人员合并到综合科。

七、信息化建设

1995 年后,市地方税务局加快信息化建设步伐,完善内部管理。

1996 年 3 月,市地税局以计算机网络为依托,全面推行纳税申报制度,建立申报、代理、稽查三位一体的科学征管模式。

2007 年,征收软件更新 6.0 版。

2009 年 2 月,推行新地税综合应用征管软件。

2011 年,全市地税系统实行网上申报、数据电文申报、电传申报等无纸化办公,推动征收工作开展。

2012 年,全面改造税收业务管理系统,开始应用税管员工作平台,整合资源,优化流程,拓展网站栏目功能和服务范围,建设网上办税和服务中心,开通短信服务系统。将新修定的税收征管法,在办税服务厅通过电子宣传栏,对纳税人办理变更登记、领购发票、纳税申报、减免退税的工作流程进行滚动式宣传和提示,为纳税人提供辅导。利用自治州地税网站,推广网上办税服务;发挥网络短信平台开通税务政策咨询、催报催缴、税收法规变更通知、信息告知、税务业务办理等温馨提示,为纳税人提供方便、快捷、高效的信息服务。

至 2015 年,市地税系统电脑、复印机、打印机、UPS 稳压器、发电机等设备齐全,达到人手一台电脑,使用 ODPS 公文处理软件,各科、室、所业务部门实现办公自动化,全部实现网上办公、处理业务和无纸化办公,系统实现局域网,开始无纸质办公和文件传输,推动税务电子自动化流程,提高办文办公效率,确保地税事业顺利进行。

第三章 金融管理

第一节 机 构

一、中国人民银行克孜勒苏柯尔克孜自治州中心支行

1995 年。中国人民银行克孜勒苏柯尔克孜自治州中心支行(以下简称中国人民银行克州中心支行)为正县级建制,事业单位行政管理。内设办公室、政工科、计划科、会计科、稽核科、货币发行科、国库科、调研统计室、外汇办、纪检监察室、工会办公室等 11 个科室。

1999 年后,隶属中国人民银行西安大区分行管辖,下辖阿克陶县支行、乌恰县支行、阿合奇县支行。

2004 年,金融监管职能从中国人民银行克州中心支行分离。

2015 年末,克州中心支行下设支付结算科、办公室、会计财务科、货币信贷管理科、调查统计科、保卫科、货币金银科、外汇科、人事科、纪委监察室、宣传群工部、科技科、国库科、基建办 14 个科室。共有职工 152 人,其中克州中心支行职工 96 人、三县支行职工 56 人。

二、克孜勒苏银监分局

2004 年 3 月 29 日,中国银行业监督管理委员会克孜勒苏监管分局(简称克孜勒苏银监分局)成立,是中国银监会的派出机构,由中国银行业监督管理委员会新疆监管局(简称新疆银监局)垂直管理。5 月,克孜勒苏银监分局党委成立。6 月 6 日,经新疆银监局批准,核定内设机构 5 个:办公室(党委办公室)、人事科(监察室、党委组织部)、统计信息科、监管一科、监管二科;人员编制 33 名。8 月 26 日至 9 月 2 日,乌恰、阿克陶、阿合奇 3 个监管办事处陆续挂牌成立,全辖干部职工 41 人。

2005 年 6 月,克孜勒苏银监分局纪委成立。

2015 年末,克孜勒苏银监分局内设部门 8 个:办公室(党委办公室)、人事科(监察室、党委组织部)、监察室、财务会计科、统计信息科、监管一科、监管二科、阿克陶监管办。实有干部职工 39 人。

第二节 金融体制改革

1995 年,阿图什市有金融机构 8 家、网点 23 个,从业人员 296 人。人民银行履行中央银行的职能,各专业银行按分工职能定位,逐步进入市场化运作和管理。随着金融体制改革的不断深化,克州金融体系不断完善,金融机构网点及从业人员大幅增加。

1997 年 10 月,中国农业发展银行克孜勒苏柯尔克孜自治州分行营业部(以下简称农发行克州分行营业部)成立,粮棉油等主要农副产品收购资金、扶贫、开发等政策性专项贷款业务,划归农业发展银行,各国有商业银行、农村信用社按照市场经济发展需要,实行信贷业务综合管理,专门行使国家政策性贷款职能。

2004 年,根据国务院决定,将人民银行金融监管职能与货币政策服务清算职能分离,成立阿图什银监分局。

2005 年,有金融机构 10 家、网点 42 个,从业人员 468 人。

2010 年,有金融机构 12 家、网点 64 个,从业人员 865 人。

2015 年,克州有金融机构 16 家、网点 78 个,从业人员 1226 人。其中阿图什市有金融机构 13 家、机构网点 33 个,从业人员总数 785 人。其中银行业金融机构网点 26 个,从业人员共计 494 人;保险业机构网点 6

个，从业人员 286 人；证券营业部 1 个，从业人员 5 人。各金融机构在监管机构的宏观调控和监督管理下，逐步建立多种成分、多种形式的金融体系，现代金融体系初具规模，形成多元化竞相发展的市场格局，为阿图什经济快速发展奠定基础。

第三节　存贷款管理

一、存贷款情况

（一）存款

1995 年，全市各项存款总额 5.93 亿元。

2000 年，全市存款 11.43 亿元。存款增长幅度较小。

2010 年中央新疆工作座谈会议后，受招商引资等国家政策影响，存款开始大幅增长。

2012 年，阿图什市存款总量突破 60 亿元。

至 2015 年，全市存款 96.65 亿元。

（二）贷款

1. 贷款总量

1995 年，阿图什市各项贷款 4.97 亿元，至 2008 年，贷款总量处于缓慢增长状态。

2008 年，受金融危机影响，各项贷款下滑，2009 年受政策扶持的影响，阿图什市贷款增量大幅上升。

2010 年中央新疆工作座谈会议后，在国家援疆政策的影响下，阿图什市辖区贷款快速增长，贷款增速 73.61%，2010 年末超过全疆水平。

2015 年底，全市贷款总量 34.94 亿元，各项贷款增速处于震荡上行状态。

1995—2015 年阿图什市各项存贷款情况表

表 15－13　　单位：亿元

年份	各项存款	各项贷款	年份	各项存款	各项贷款
1995	5.93	4.97	2006	29.52	10.00
1996	7.14	5.56	2007	33.28	12.58
1997	7.90	6.62	2008	25.99	5.18
1998	9.11	7.50	2009	30.55	8.68
1999	10.25	8.04	2010	39.09	15.07
2000	11.43	8.30	2011	50.52	17.64
2001	13.57	8.36	2012	65.28	20.88
2002	16.36	7.80	2013	72.35	26.35
2003	19.18	8.21	2014	82.61	30.13
2004	21.47	8.95	2015	96.65	34.94
2005	24.51	9.60			

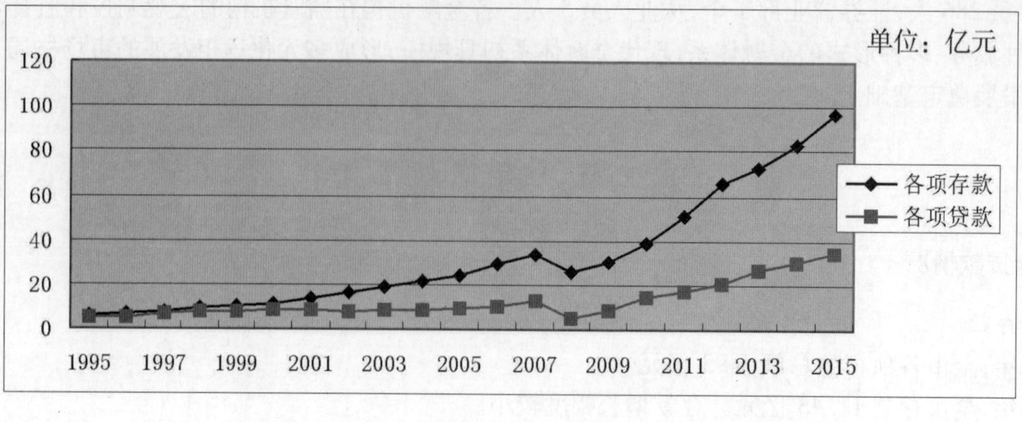

1995—2015 年阿图什市各项存贷款折线示意图

2. 支农再贷款

随着西部大开发步伐的加快，特别是中央新疆工作座谈会以后，人民银行加大对当地法人金融机构支农再贷款资金支持力度。

2005 年 3 月，克州从开始向辖区农村信用社发放支农再贷款，贷款金额 0.6 亿元，全年累计向阿图什农联社发放支农再贷款 0.05 亿元。

2010 年，全州支农再贷款限额 1 亿元，全年累计向阿图什农联社发放再贷款 0.7 亿元。

2015 年末，克州支农再贷款限额 7.19 亿元，累计向阿图什农联社发放 9.5 亿元。人民银行克州中心支行充分利用支农再贷款这一货币政策，有效缓解阿图什市“三农”资金供求矛盾，在促进农业和农村经济发展、农民增收的同时也为提高农村金融机构效益等发挥重要作用。

3. 存款准备金

2015 年央行累计下调存款准备金率 5 次，阿图什市农村信用联社法定存款准备金率由 13% 下降至 8.5%。存款准备金率的下调，增加阿图什市法人金融机构可贷资金量，缓解阿图什市“三农”、中小微企业等弱势群体贷款难的问题。

4. 民贸贴息贷款

2009 年，阿图什市开始对民族贸易企业进行申报认证，2010 年自治区认定市棉麻公司一家民贸企业，在 2011 年开始对包括其在内的 6 家民族贸易企业，发放贴息贷款合计 0.65 亿元。

至 2015 年 12 月，自治区认定阿图什市民族贸易企业 7 家，贴息贷款 0.65 亿元，累计贴息额 0.06 亿元，贷款用途分为棉花购销、皮革购销、农副产品购销和畜产品收购养殖销售。

2011—2015 年阿图什市民贸民品优惠利率贷款统计表

表 15 - 14

年份		2011	2012	2013	2014	2015
民贸民品优惠利率贷款(亿元)	余额	0.35	1.00	4.95	1.99	0.65
	增速(%)	—	186.78	393.51	-59.82	-67.35
	累计贴息额	0.05	0.09	0.04	0.04	0.06
	增速(%)	—	71.96	-52.89	-2.09	52.20
	惠及企业家数	6	7	6	6	6

二、存贷款监督管理

2004年，州银监局和州人行分离。克孜勒苏银监分局认真贯彻落实国家宏观调控政策，加强对辖区经济金融形势的把握和分析，督促银行业金融机构加强和改进风险管理，防范化解风险取得成效。完成对钢铁、电解铝、水泥、房地产、汽车等行业贷款专项检查，农村信用社会计决算真实性、非信贷资产质量检查、农行内控制度和贷款质量五级分类情况专项检查、辖区银行业机构授信、内部审计等内控制度检查。正确分析判断新形势下辖区银行业风险，做好风险预警提示。对阿图什市农村信用社营业网点的金融许可证进行审核。

2006年，克孜勒苏银监分局重点抓好不良贷款"双降"、案件专项治理、治理商业贿赂专项工作和中小法人金融机构风险监管，创新监管方式，坚持风险监管为主，强化内控监管，狠抓案件专项治理，开展非现场监管和现场检查，严格市场准入管理。开展国有商业银行贷款偏离度、邮政储蓄业务、案件专项治理、银行承兑汇票业务、农村信用社贷款五级分类等现场检查，投入533个工作日，就检查发现的内部管理机制不够完善、贷款形态调整不及时、没有严格执行分类标准、分类不及时等8类问题，发出金融监管整改通知书19份，提出金融监管整改意见30条，提出监管建议80条。非现场监管工作机制进一步完善，共发出金融监管提示通知书6份，金融监管警告通知书2份。督促被监管对象及时采取有效措施化解风险，风险前瞻性和风险识别评价预警功能有所增强，完成对银行业高管人员、业务准入退出等金融行政审批事项和日常运营全程监管。按季通报案件专项治理情况，案件专项治理更加深入，案件专项治理成果得到进一步的巩固和扩大。

2007年，全年上报各类监管分析报告153份，下达监管情况通报16份，提出监管建议760条。银行业贷款风险管理得到加强，不良贷款"双降"取得成效。妥善处理好中小金融机构市场退出手续，确保阿图什市兴隆城市信用社从小金融机构市场中稳定退出。

2010年，克孜勒苏监管分局督促完成平台贷款自查、定性甄别、集体约谈、分类清理等工作。达成包括追加土地抵押、注入资本金、提供担保、建立财政托管账户、改进贷款偿还方式、重申政府还款承诺等8项风险防范化解措施。将贷款新规的执行情况列入现场检查内容开展检查3次，提出监管意见20条。银行信贷全流程管理水平得到进一步提升，减少操作风险。加强对个贷业务"三查"，坚决查处"假按揭"。加强对不良贷款监测，跟踪检查，严控新的不良贷款。层层签订案防责任书，督促各银行严格执行24小时值班备勤制度，做好各类突发应急处置工作。会同克州公安局召开2010年案防和安全保卫工作会议，主动安排部署重要敏感时期和广州亚运会期间的金融服务和安保工作，开展两次银行业安保大检查。开展银行业内控和案防制度执行年活动，自治州各银行机构处理各种违规、违纪人员500余人次，处罚金额7.86万元。开展现场检查13项，涉及金额26亿元，发现问题331个，提出整改意见和建议189条。加强对风险的识别、评估和控制，做好监管评价、监管通报和定期走访，及时提示风险。农村信用社监管精细化程度不断提高，分类监管工作取得成效。农信社经营指标继续改善，年末资本充足率11.70%，拨备覆盖率116.23%，实现净利润1045万元。

2012年，克孜勒苏银监分局坚持"守底线、强服务、严内控、促转型"，研判辖区主要风险点，提出6条监管防范措施。平台贷款风险防控取得积极进展，收回平台贷款本金6051万元。土地抵押等风险缓释措施得到落实，存量平台贷款风险有所化解。全年实现零案件目标，未发现非法集资现象。完成现场检查项目9个，完成农村信用社三年达标规划，农村信用社贷款集中度风险成功化解。对检查存在不规范经营行为的2家机构分别做出责令改正、退还违规所得、责令处理相关责任人、通报批评的处理，辖区银行业均未再发现不规范经营的现象。督促各银行业机构查处违规人员176人，经济处罚5.93万元，实现零案件的防控目标。开展2次打击非法集资系列宣传活动，未发现非法集资现象。

2015年，推动阿图什市联社等4起重点金融债权案件取得突破性进展。辖区内各银行责任追究640人次，经济处罚28.86万元，从业人员尊法敬法崇法的意识逐步提高。开展信用风险排查和摸底，推动不良贷款清收化解，共清收7959万元。督促收回政府融资平台贷款本息0.93亿元，清理农信社异地融资平台贷款260万元。排查员工异常行为和重要业务领域操作风险，控制操作风险。开展非法集资风险排查和专项整治活动，开展"两个加强、两个遏制"等专项检查，督促各银行责任追究125人次，处罚18.8万元，推动银行合规经营水平持续提升。

第四节 国库业务

克州中心支行按照总行要求落实安全高效的预算收支核算体系。在收入环节,将原有基层国库逐级分成、报解的方式,改为现在全国集中统一处理的方式,实现国库资金的直达入库;在支拨环节,国库作为直接参与者"一点介入"现代化支付系统,开通国库内部往来,构建高效的资金汇划通道,实现国库资金 7×24 小时运行和实时到账。圆满完成各级政府预算收支任务,有力促进经济社会发展。

克州中心支行依法履行国库监督职能,确保预算收入准确、完整、及时上缴国库,预算支出严格按照预算执行,完成国家和人民赋予的"把关、守库"的神圣使命。随着各项改革的不断深化,阿图什市国民经济迅速发展,政府预算收支规模逐年扩大:从 2006 年的 4841.61 万元和 12499.94 万元,增加到 2015 年的 36383.84 万元和 136533.37 万元。

2006—2015 年阿图什本级预算收支情况表

表 15－15　　　　单位:万元

年份	预算收入	预算支出	年份	预算收入	预算支出
2006	4841.61	12499.94	2011	16236.45	80670.48
2007	5307.33	13094.60	2012	30529.75	106596.53
2008	6657.87	25573.28	2013	41457.98	133824.93
2009	8515.95	47368.93	2014	45304.70	126519.68
2010	10558.62	56146.98	2015	36383.84	136533.37

第五节 外汇管理

2004—2015 年,陆续准许中国银行、中国工商银行、中国邮储银行、中国农业银行四家银行,五个网点开办即期结售汇业务,同时在 2013 年和 2014 年分别准许中国银行克州分行开办远期结售汇业务及期权外汇业务。2010 年,阿图什市涉外收支合计 4733.54 万美元,其中涉外收入 4698.91 万美元,涉外支出 34.63 万美元。到 2015 年,阿图什市涉外收支合计 5860.4 万美元,相比 2010 年增长 23.81%,其中涉外收入 5602.31 万美元,涉外支出 258.09 万美元。2005 年克州辖区银行代客结售汇 694 万美元,到 2015 年增长到 5627 万美元,十年间克州辖区银行代客结售汇增长 7.11 倍。2009 年克州外贸企业为 42 家,其中进口企业 2 家、出口企业 20 家、进出口企业 1 家,其他企业为未发生业务企业。2015 年克州外贸企业达到 190 家,是 2009 年 4.52 倍,其中进口企业 7 家、出口企业 66 家、进出口企业 10 家,其他企业为未发生业务企业。

第四章 银行业

第一节 中国农业发展银行克孜勒苏柯尔克孜自治州分行营业部

一、机构

1997 年 10 月,农发行克州分行营业部成立,隶属于中国农业发展银行克孜勒苏柯尔克孜自治州分行,营业地址为阿图什市松他克路8号。

2012年5月,随中国农业发展银行克孜勒苏柯尔克孜自治州分行搬迁至阿图什市阿孜汗路南9号。

2015年,有正式职工14名,少数民族7名,党员2名。内设两部一室:会计结算部、信贷业务部、办公室。

二、主要业务

中国农业发展银行克州分行营业部主要职责是在上级行的领导下,办理农业政策性金融业务、代理财政支农资金拨付。

(一)资产业务

农发行克州分行营业部开办的资产业务是贷款业务,按期限划分为短期贷款、中长期贷款。按品种划分为粮食政策性财务挂账贷款、省级储备粮贷款、粮棉油购销贷款、农民集中住房建设贷款、县域公共基础设施建设贷款、农业综合开发贷款、重大水利工程建设专项过桥贷款、易地扶贫搬迁项目贷款。

1997年末,各项贷款余额16967万元。

2000年末,各项贷款余额4659万元。

2005年末,各项贷款余额15329万元。

2010年末,各项贷款余额突破5亿元大关,达到5.08亿元。

2015年末,各项贷款余额70968万元。

部分年份农发行克州分行营业部贷款余额统计表

表15-16　　单位:万元

年份	贷款余额	年份	贷款余额	年份	贷款余额
1997	16967	2008	19065	2013	59100
2000	4659	2009	17398	2014	50039
2005	15329	2010	50788	2015	70968
2006	18545	2011	56851		
2007	19545	2012	53108		

(二)负债业务

中国农业发展银行克州分行营业部开办经营范围内的客户存款和结算、财政存款、业存款以及其他公众存款业务。按照存款的期限长短、计息方式、执行利率、起存金额和操作方式的不同进行分类,存款业务品种包括单位活期存款、单位定期存款、单位通知存款、单位协定存款、协议存款、同业存款六类。

1997年末,各项存款余额726万元。

2005年后,随着经济的快速发展,各项存款余额逐年增加。年内,各项存款余额为4474万元。

2015年末,各项存款余额55243万元。

(三)中间业务

2004年12月,开始代理保险业务。2005年开办第一笔代理保险业务,开办的代理保险业务是与贷款项目相关的财产保险。

部分年份农发行克州分行营业部存款余额统计表

表15-17　　　　单位:万元

年份	存款余额	年份	存款余额	年份	存款余额
1997	726	2008	4429	2013	17194
2000	165	2009	7451	2014	28066
2005	4474	2010	6318	2015	55243
2006	5838	2011	9540		
2007	4517	2012	18870		

2010—2015年农发行克州分行营业部中间业务手续费收入情况统计表

表15-18　　　　单位:万元

年份	中间业务收入	年份	中间业务收入	年份	中间业务收入
2010	7.46	2012	9.48	2014	10.51
2011	11.80	2013	10.20	2015	6.37

第二节　中国银行克孜勒苏分行

一、机构

2005年2月2日,根据《中国银行业监督管理委员会关于中国银行改制为股份有限公司有关问题的批复》和中国银行股份制改革工作的要求及总分行通知精神,中国银行克州支行变更机构名称,由中国银行克孜勒苏柯尔克孜自治州支行变更为中国银行股份有限公司克孜勒苏柯尔克孜自治州支行。2011年6月22日,中国银行新疆分行转发中国银行总行《关于转发〈中国银监会关于中国银行阿勒泰地区支行等3家机构升格为分行的批复〉的通知》的通知,中国银行克州支行升格中国银行克州分行,升格前机构名称:中国银行股份有限公司克孜勒苏柯尔克孜自治州支行。升格后机构名称:中国银行股份有限公司克孜勒苏柯尔克孜自治州分行(以下简称:中国银行克州分行)。2012年11月18日,为配合阿图什市人民政府城市改造,中国银行克州分行从原帕米尔西1院拆迁至松他克北路23号租用的办公楼,进行营业。

中国银行克州分行业务机构种类设置为:综合管理部、业务管理部、业务发展部、保卫部、营业部和吐尔尕特口岸分理处。2015年,中国银行克州分行在职员工有55人,其中:行领导4人,科级员工9人,一般干部42人。平均年龄31岁。其中:男员工24人,女员工31人。由汉族、维吾尔族、柯尔克孜族三个民族组成。

业务范围有:吸收公众存款;发放短期、中期和长期贷款;办理国内结算;办理票据贴现;代理发行、代理兑付、承销政府债券;代理收付款款项及代理保险业务。办理外汇存款;外汇贷款;外汇汇款;外币兑换;国际结算;外汇票据的承兑和贴现;结汇、售汇业务;通过上级行办理代客外汇买卖;外汇信用卡的发行;代理国外信用卡的发行及付款;资信调查、咨询、见证业务;代理开放式基金业务;第三方存管业务;自营贵金属业务;经中国银行业监督管理委员会批准的其他业务。

自2004年2月25日,中国银行克州分行在阿图什市帕米尔路西1院内首家安装ATM自动取款机并投入运行后,陆续安装19台自助设备。到2015年,新设自助银行4家。同时,还投入自助发卡机、自助查询机、POS 机 154 台。

1995 年 4 月，中国银行克州分行实现人民币对公业务和储蓄业务电子化处理。1996 年 11 月，中行克州分行开通电子联行汇兑业务。1998 年 4 月，中国银行克州分行信用卡业务实现全疆联网。1998 年 6 月，实现公文电子化运转。2001 年 7 月 30 日，中国银行克州分行新一代会计系统运行。2010 年 3 月 29 日，中国银行克州分 IT 蓝图顺利投产，实现全国联网。开通个人网上银行，提供全面而丰富的网银功能，包括账户查询、转账汇款、定期存款、自助缴费、结售汇、信用卡、电子支付、跨行现金管理、贷款管理、养老金查询以及外汇、纸黄金、基金、证券期货、记账式国债、理财产品、贵金属代理等投资服务。同时，开通企业网上银行、电话银行、手机银行等产品。

二、存贷款业务

（一）存款

中国银行克州分行经营存款业务为品种主要有人民币单位活期存款、人民币单位定期存款、单位通知存款。1992 年 9 月 17 日开办的主要是单位活期存款，1997 年开办单位定期存款，1998 年 8 月开办单位通知存款和单位协定存款。

中国银行克州分行开办的储蓄存款种类主要有：活期储蓄存款，定活两便储蓄存款、整存整取定期储蓄存款、零存整取定期存款、存本取息定期存款、1993 年 7 月开办保值定期储蓄存款、大额（可转让）定期存单。1993 年 5 月，开办小额存单抵押贷款业务，同年 10 月开办礼仪存款，1996 年礼仪储蓄存款停办，同年 4 月 1 日开始不再开办新的保值储蓄。1999 年 11 月，储蓄存款征收利息税，2008 年 10 月储蓄存款利息所得暂免征收个人所得税。2000 年 4 月，开办教育储蓄存款。2000 年 4 月 1 日，储蓄存款采用实名制。

外汇存款分为企业外汇存款和个人外汇存款。

1995 年，中国银行克州分行各项存款 3269 万元，其中公司存款 1536 万元，储蓄存款 1733 万元。2015 年各项存款 171656 万元，其中：公司存款 120084 万元，储蓄存款 51572 万元。

1995—2015 年中国银行克州分行各项人民币存款情况表

表 15－19　　　　单位：万元

年份	公司存款额	储蓄存款额	存款合计	年份	公司存款额	储蓄存款额	存款合计
1995	1536	1733	3269	2006	18623	12527	31150
1996	1360	2795	4155	2007	23078	11630	34708
1997	1587	2305	3892	2008	25889	15834	41723
1998	3149	2690	5839	2009	34731	20980	55711
1999	4570	3131	7701	2010	68389	25491	93880
2000	5068	3915	8983	2011	91379	31763	123142
2001	6130	4604	10734	2012	127450	30613	158063
2002	6972	5947	12919	2013	79875	40888	120763
2003	7477	7059	14536	2014	100419	45326	145745
2004	9813	8647	18460	2015	120084	51572	171656
2005	11197	10539	21736				

(二)贷款

开办的贷款品种主要为:工业贷款、进出口企业贷款、外贸企业贷款、农业贷款、基建贷款、技术改造贷款、银团贷款、个人消费贷款、汽车消费贷款、教育助学贷款、住房贷款和票据贴现。

1995 年,中国银行克州分行贷款主要为进出口企业贷款和外贸企业贷款,贷款余额 508 万元。2003 年 3 月,中国银行克州分行办理首笔银行承兑汇票贴现业务。2006 年 9 月 27 日,中国银行克州分行给亚星选矿厂办理首笔工业贷款2000 万元。2009 年 9 月 17 日,中国银行广西分行、新疆分行组团在广西水利电业集业集团有限公司总部举行新疆克州布仑口—公格尔水电站项目贷款签约仪式。广西分行陈秋高副行长代表中国银行与广西水利电业集团有限公司签署人民币 10 亿元的项目贷款合同。其中,广西分行承贷 6 亿元,新疆分行承贷 4 亿元(其中:中国银行克州分行承贷 3 亿元),这是中国银行克州分行首笔银团贷款。2015 年,中国银行克州分行各项贷款 83741 万元,其中公司贷款 82332 万元,贴现 200 万元,零售贷款 1209 万元。

1995—2015 年中国银行克州分行各项人民币贷款存款一览表

表 15 – 20　　单位:万元

年份	公司贷款	贴现额	零售贷款	贷款余额	年份	公司贷款	贴现额	零售贷款	贷款余额
1995	500	—	8	508	2006	2000	582	227	2809
1996	800	—	44	844	2007	10000	—	525	10525
1997	500	—	51	551	2008	10100	—	657	10757
1998	700	—	39	739	2009	19580	440	843	20863
1999	700	—	295	995	2010	22585	1300	1494	25379
2000	700	—	50	750	2011	27800	1965	1100	30865
2001	1000	—	297	1297	2012	33757	1726	1424	36907
2002	—	—	229	229	2013	34389	12345	1151	47885
2003	—	—	67	67	2014	66791	4460	1026	72277
2004	—	792	115	907	2015	82332	200	1209	83741
2005	—	—	263	263					

三、中间业务

1995 年 9 月 17 日,中国银行克州分行成立不久,就在克州地区金融系统中首家办理银行卡业务。银行卡主要产品有信用卡和借记卡。

信用卡的产品主要有:中银长城 e 闪付、中银都市缤纷卡、长城环球通自由行信用卡、全币种国际芯片卡、长城环球通白金信用卡、长城环球通信用卡、长城人民币信用卡、长城卡贷通信用卡、长城公务卡、中银白金信用卡、中银钛金女士信用卡、中银招财猫信用卡、中银 JCB 信用卡、中银全民健身卡、中银长城国际卡、长城环球通爱驾汽车信用卡、长城环球通携程信用卡等 78 种产品。

借记卡的产品主要有:长城生肖卡(2016 猴年版)、长城留学卡、长城人民币借记卡、长城福农卡、长城环球通多币借记卡、中银理财贵宾卡、中银财富管理贵宾卡等 47 种产品。

2001 年 12 月,经中国人民银行和中国证券监督管理委员会批准,中国银行获得开放式基金代销业务资格。开始代理基金销售业务,可通过营业柜台和网上银行、手机银行渠道进行购买和赎回交易,也可进行基金定投。2015 年 12 月末,共代理销售华夏大盘精选、华夏回报、国泰金鹰、华安创新、博时新兴、博时主题、嘉实增长、嘉实策略、大成蓝筹、大成创新、富国天瑞等1000多只基金产品。

理财产品,主要有收益累进、中银日积月累—日计划、中银集富．与时聚金等20多种产品,一般5万元以上资金可以通过网上银行、手机银行及柜台可以办理理财。

账户贵金属买卖业务是指个人客户通过银行柜面服务人员、手机银行、电话银行或网上银行等渠道,进行的不可透支的人民币对贵金属、美元对贵金属的个人实盘贵金属买卖业务,该业务不发生实物贵金属的提取和交割,目前包括黄金宝、白银宝、账户铂、账户钯四种。账户贵金属买卖业务采用元/克、美元/盎司的报价方式,没有其他手续费。起点交易克数为人民币金、铂、钯10克(以1克递增)、美元金、铂、钯1盎司(以0.1盎司递增),人民币银100克(以1克递增)、美元银5盎司(以1盎司递增)。单笔交易量达到各分行规定的一定金额时,系统将自动给予优惠。客户可通过网上银行和手机银行及柜面购买。

四、外币业务

1995年1月后,外汇券停止流通。中国银行克州分行不再代理自治区分行的外汇券业务,而是独立经营办理外币业务。到2015年可兑换币种丰富:英镑、港币、美元、瑞士法郎、新加坡元、瑞典克朗、挪威克朗、日元、丹麦克朗、加拿大元、澳大利亚元、欧元、菲律宾比索、泰国铢、韩国元、澳门元,新台币共十七种货币。这十七种外币每日按中国银行公布的外汇牌价进行经营办理。可通过手机银行、网上银行和柜台进行买卖。

第三节 农业银行克孜勒苏分行

一、机构

1995年,农业银行克孜勒苏分行内设办公室、信用合作科、会计科、计划科、稽核科、信贷科、资金组织科、保卫科、工会办公室、信息技术科。下辖1家营业部、4家支行、8个网点,有员工180余人。

2015年,农业银行克孜勒苏分行内设农村产业金融部、农户金融部、信贷管理部、委托资产处置部、计划财会科、安全保卫部、人力资源部、办公室、运营管理部、内控合规部、监察室、信息技术管理部。下辖1家营业部、3家支行、7个网点,有员工169人。中国农业银行克孜勒苏分行为克州地区内资产规模最大、机构网络覆盖城乡,市场影响力和社会认知度较高的综合性商业银行。

二、存贷款业务

(一)存款

1995年,农行克孜勒苏分行各项存款余额14058万元,其中储蓄存款余额7755万元、对公存款余额5473万元、教育储蓄存款余额830万元。

2015年,农行克孜勒苏分行各项存款余额619165万元,其中对公存款余额381267.39万元、储蓄存款余额237897万元。

(二)贷款

1995年,农行克孜勒苏分行各项贷款余额6397.7万元,其中常规贷款余额428.3万元。累计发放贷款5542万元。不良贷款余额2282万元,不良贷款占比35.82%。

2015年,农行克孜勒苏分行各项贷款余额192031.22万元,累计发放各项贷款84728.82万元,其中法人客户贷款177089.5万元,自然人贷款14985.64万元,其中农户贷款6842.81万元。累计投放涉农贷款80696.94亿元、县域贷款192031.22亿元。全年累计投放农户贷款655.9万元。全年累计投放法人贷款75479.5亿元,投放非农个人贷款8538.44亿元,投放住房按揭贷款283.54万元。投放个人理财自助质押贷款74.5万元。投放小微企业贷款14279.5万元。全行不良贷款余额1.71万元,不良率0.0009%,不良贷款较1995年实现高度的双降。

1995—2015 年农业银行克孜勒苏分行存贷款统计表

表 15-21　　单位:万元

年份	各项存款余额	各项贷款余额	年份	各项存款余额	各项贷款余额
1995	14058	6397.7	2006	110795	36882
1996	15510	7631	2007	131335	34013
1997	20735	8409	2008	161691	1805
1998	25525	9210	2009	189815	5946
1999	26070	2087	2010	256556.2	14991
2000	30954	43286	2011	343303.7	24927.6
2001	32418	44493	2012	415902.7	48358.5
2002	43735	45736	2013	501312	80828.7
2003	62472	48959	2014	535393.5	156213.7
2004	72168	47692	2015	619165	192031
2005	89115	42062			

三、中间业务

2007 年,农行克孜勒苏分行开办的有代收移动电话费、固定电话费、电费、代理发行基金、网上银行业务等 10 多种。全年中间业务收入 256 万元。

2013 年,实现跨境人民币结算、交易资金托管、金市通、电子商务以及汽车分期等新兴中间业务突破“零”,全年实现中间业务收入 1551 万元。

2015 年,农行克孜勒苏分行实现中间业务收入 1656.8 万元,其中 IC 卡业务收入 454.5 万元、贵金属收入 6.3 万元、理财业务收入 14 万元。

四、外币业务

2004 年,农行克孜勒苏分行外币存款余额 10 万美元,累计办理结售汇业务 8 笔,结汇金额 3.5 万美元。2015 年,外币存款余额 0.42 万美元,实现国际业务收入折合人民 3 万元。

第四节　中国工商银行股份有限公司阿图什支行

一、机构

1995 年,中国工商银行阿图什支行有职工 148 人,内设部室会计股、储蓄股、信贷股、人事股、保卫股、稽核股、办公室。对外设置有会计出纳营业部、储蓄营业部、群众路分理处、天山路分理处、帕米尔路分理处、松他克路分理处、团结路分理处、吾斯塘路分理处,共 8 个营业网点对外办理业务。根据国家金融改革的相关要求,1998 年 11 月将吾斯塘路分理处进行撤并,业务归并到支行营业部。2003 年 12 月,将群众路分理处进行撤并,业务归并到支行营业部。2004 年 10 月将储蓄营业部进行撤并,业务归并到支行营业部。2004 年 12 月将松他克路分理处进行撤并,业务归并到支行营业部。2012 年 7 月将天山路分理处进行撤并,业务归并到支行营业部。2014 年 12 月将团结路分理处进行撤并,业务归并到支行营业部。

2015 年，工商银行阿图什支行在职员工 50 人，分别有支行营业部和帕米尔路分理处 2 个营业网点对外办理业务。

二、存款

工行阿图什支行开办的存款种类有对公存款和个人存款。单位存款分为单位活期、单位定期存款。个人存款分为活期储蓄、定活两便储蓄、定期储蓄、零存整取储蓄、教育储蓄、大额存单、节节高等存款种类。

1995 年末，各项存款余额 33297 万元，其中对公存款 13358 万元、储蓄存款 19939 万元。

2005 年末，各项存款余额 63112 万元，其中对公存款 28276 万元、储蓄存款 34836 万元。

至 2015 年末，各项存款余额 207327 万元，其中对公存款 107879 万元、储蓄存款 99448 万元。

1995—2015 年部分年份工行阿图什支行各项存款余额统计表

表 15－22　　单位：万元

年份	各项存款合计	对公存款	储蓄存款	年份	各项存款合计	对公存款	储蓄存款
1995	33297	13358	19939	2010	110144	65341	44803
2000	42187	19483	22704	2011	158221	106102	52119
2005	63112	28276	34836	2012	196730	129256	67474
2006	67211	26539	40672	2013	196724	121567	75157
2007	61242	30221	31021	2014	207546	126557	80989
2008	71414	36895	34519	2015	207327	107879	99448
2009	80076	41766	38310				

三、贷款

贷款按期限划分为短期贷款、中长期贷款和长期贷款。按种类划分为法人贷款和个人贷款。

1995 年末，工行阿图什支行各项贷款余额 2537 万元。

2005 年末，各项贷款余额 4497 万元。

2015 年末，各项贷款余额 67953.67 万元。

1995—2015 年部分年份工行阿图什支行各项贷款余额统计表

表 15－23　　单位：万元

年份	各项贷款	对公贷款	个人贷款	年份	各项贷款	对公贷款	个人贷款
1995	2537	1628	909	2010	10596	180	10416
2000	3129	1806	1323	2011	16658	5000	11658
2005	4497	—	4497	2012	20234	7000	13234
2006	3734.2	200	3534.2	2013	49550.6	36453.5	13097.1
2007	5355.38	120	5235.38	2014	58357.25	45686	12671.25
2008	6402	150	6252	2015	67953.67	55284.67	12669
2009	7325	210	7115				

四、中间业务

1999 年 2 月,工行阿图什支行营业部旁边的自助银行的取款机投入使用。

2000 年 6 月,工行阿图什支行开始办理代发财政工资业务,从最初的手工逐笔录入工资数据逐渐过渡到全程电子化进行批量发放工资。

2002 年 11 月,开始代理基金销售业务,可通过营业网点柜台和网上银行渠道进行购买和赎回交易。可办理开放式和封闭式基金的认购、申购和赎回业务。年内,代理 8 只基金。

2004—2013 年,团结路内卫支队旁自助服务区、帕米尔分理处自助服务区、阿图什市幸福小区自助银行、克孜勒苏人民医院门诊大厅自动取款机、武警克州边防支队的自助银行服务相继投入使用。

至 2015 年底,共代理销售广发聚丰、融通蓝筹、工银平衡、汇添富均衡、诺安平衡、嘉实沪深 300、华安 A 股、中银增长等 692 只基金。每月代理发放的阿图什市州级单位有 56 户、市级全部财政单位工资均在中国工商银行阿图什支行代发,每月代发全阿图什市州、市两级财政工资总金额 8600 余万元。代发工资个人 20600 余户。ATM 自动柜员机数量在市区 18 台。投放 570 余台商户 POS 机及转账终端,增加大量查询转账机、自助发卡机、自助回单打印机等电子银行设备,办理大量的公务卡、社保卡、军人保障卡、牡丹信用卡、牡丹灵通卡、牡丹中油卡、商友卡、逸贷卡、工行信使、U 盾、电话银行、个人网上银行、企业网上银行、WAP 手机银行、证券业务等,方便客户存取现金、刷卡消费、转账汇款、查询、网上申购和赎回基金、股票、理财、企业财务汇划等,为全市广大客户提供方便、快捷、安全的金融服务。

第五节　中国建设银行阿图什支行

一、机构

中国建设银行阿图什市支行成立于 2005 年 3 月,隶属于建行喀什地区分行,营业地址在阿图什市帕米尔路东 2 院,2005 年,没有内设部门,员工 12 人,少数民族 3 人。

2015 年,建行阿图什市支行无内设部门,员工 14 人,少数民族 7 人,党员 9 人。

二、存贷款业务

(一)存款

2015 年,各项存款余额 74933. 51 万元,其中对公存款 57298. 97 万元、个人存款 17634. 54 万元。

(二)贷款

2015 年,各项贷款余额 12038. 66 万元,其中对公贷款 11920 万元、个人贷款 118. 66 万元。

第六节　邮政储蓄银行克州分行

一、机构

2008 年 3 月,邮政储蓄银行股份有限公司克孜勒苏柯尔克孜自治州分行(以下简称邮政储蓄银行克州分行),承继原克州邮政局、克州邮政储汇局经营的邮政金融业务,职工 193 人。

2015 年,机构内设办公室、纪监察部、党群工作部、人力资源部、工会、计划财务部、会计与营运部、风险管理部、法律与合规部、个人金融部、零售信贷部、"三农"金融部、公司业务部、授信管理部,有阿图什分行营业部,阿图什市天山路支行,阿图什市松他克路支行,阿图什市文化路营业所。职工 134 人。

二、存款

2008 年,邮政储蓄银行克州分行各项存款余额 18907. 34 万元。

2015 年，各项存款余额 61170. 56 万元，其中储蓄存款 70305. 29 万元、对公存款 9134. 73 万元。

2008—2015 年邮储储蓄银行克州分行各项存款余额统计表

表 15 - 24　　单位：万元

年份	各项存款合计	对公存款	储蓄存款	年份	各项存款合计	对公存款	储蓄存款
2008	18907. 34	0	18907. 34	2012	41398. 5	3766. 74	45165. 24
2009	23049. 93	1304. 69	24354. 62	2013	43411. 49	3655. 26	47066. 75
2010	27109. 51	2817. 92	29927. 43	2014	48402. 3	4547. 77	52950. 07
2011	32431. 58	3340. 20	35771. 78	2015	61170. 56	9134. 73	70305. 29

三、贷款业务

2008 年，邮政储蓄银行克州分行各项贷款余额 156. 8 万元。

2015 年，各项贷款余额 6240. 5 万元，其中小企业贷款 1079. 5 万元、零售贷款 5161 万元。

2008—2015 年邮储储蓄银行克州分行各项贷款余额统计表

表 15 - 25　　单位：万元

年份	各项贷款合计	小企业贷款	零售贷款	年份	各项贷款合计	小企业贷款	零售贷款
2008	156. 80	—	156. 80	2012	1971. 27	—	1971. 27
2009	483. 19	—	483. 19	2013	3768. 01	799. 43	2968. 58
2010	1269. 05	—	1269. 05	2014	5781. 46	1495. 45	4286. 01
2011	1303. 97	—	1303. 97	2015	6240. 5	1079. 5	5161

四、中间业务

2008 年，邮政储蓄银行克州分行未代销基金业务，办理银行卡 18072 张，有 4 个自助设备、未办理 POS 机支付业务和网上银行业务。

2015 年底，共代理销售南方、华夏、易方达等各大基金公司名下的合计 201 只基金。ATM 自动柜员机数量在市区有 30 台。投放 302 台商户 POS 机及转账终端，办理 15349 个人网上银行、企业网上银行。

第七节　阿图什市农村信用合作联社

一、机构

1995 年，阿图什市农村信用社尚未从市农业银行脱离，与其合署办公，有工作人员 76 人。

1996 年，根据《国务院关于农村金融体制改革的决定》，全国农村信用社与中国农业银行脱离行政隶属关系（俗称“脱钩”），阿图什市农村信用社的业务管理和金融监管分别由县（市）联社和人民银行县（市）支行承担。

2004 年，阿图什市全面进行深化农村信用社改革。2006 年 12 月，市农村信用合作联社成立，实行理事会领导下的主任负责制，即管理、经营、监督三分离，2009 年，市农村信用合作社联合社统一法人后，更名为阿图什市农村信用合作联社,具有独立法人资格,隶属自治区联社垂直管理,克孜勒苏州银监分局监管。由社员代表大会、理事会、监事会、高级管理层履行民主监督管理职能。

2015 年末,阿图什市联社有 11 个营业网点,所辖 6 乡 1 场 1 镇,其中:城区网点 3 个,农区网点 6 个,牧区网点 2 个;联社机关内设 9 部 2 室,即:计财部、信贷部、会计部、审计部、资产风险部、纪检监察部、保卫部、业务拓展部、电子银行部、综合办公室和档案管理办公室。企业注册资本金 1206 万元。

二、存款业务

1995 年,市农村信用合作联社存款余额 3449. 4 万元,其中单位存款 693. 7 万元、储蓄存款 2755. 7 万元。

2015 年,市农村信用合作联社存款余额 122918 万元,其中单位存款 55769 万元、储蓄存款67149万元。

1995—2015 年阿图什市农村信用合作联社存款余额情况表

表 15 - 26 单位:万元

年份	存款余额	其中		年份	存款余额	其中	
		单位存款	储蓄存款			单位存款	储蓄存款
1995	3449. 4	693. 7	2755. 7	2006	14723. 61	1615. 03	13108. 58
1996	4197. 34	713. 94	3483. 4	2007	17756. 15	1510. 38	16245. 77
1997	5545. 03	905. 18	4639. 85	2008	21000. 49	2839. 26	18161. 23
1998	6736. 61	359. 26	6377. 35	2009	27321. 51	3127. 18	24194. 33
1999	6658. 83	695. 88	5962. 95	2010	34827. 19	8823. 13	26004. 06
2000	7182. 06	598. 35	6583. 71	2011	42826. 23	11027. 06	31799. 17
2001	8189. 76	779. 9	7409. 86	2012	64856. 22	22188. 79	42667. 43
2002	9209. 31	890. 32	8318. 99	2013	102161. 54	51619. 69	50541. 85
2003	10396. 86	1197. 71	9199. 15	2014	118332. 01	61925. 23	56406. 78
2004	11163. 7	1432. 29	9731. 41	2015	122918	55769	67149
2005	12011. 02	1488. 73	10522. 29				

三、贷款

1995 年,市农村信用合作联社贷款余额 3207. 32 万元,其中农业贷款 1603. 66 万元、农户贷款1603. 66 万元。

2015 年,市农村信用合作联社贷款余额 80180. 14 万元,其中农业贷款 20375. 02 万元、农户贷款 39273. 97万元,单位贷款 20531. 15 万元。

1995—2015 年阿图什市农村信用合作联社贷款余额情况表

表 15 - 27 单位:万元

年份	贷款余额	其中			年份	贷款余额	其中		
		农户贷款	农业贷款	单位贷款			农户贷款	农业贷款	单位贷款
1995	3207. 32	1603. 66	1603. 66	—	2006	6247. 93	3811. 95	1907. 42	528. 56
1996	3877. 08	1928. 54	1928. 54	20	2007	8733. 17	3560. 48	2562. 63	810. 06
1997	2838. 35	1773. 63	841. 38	223. 34	2008	17746. 58	12635. 19	4090. 67	1020. 72
1998	3776. 86	1972. 09	1345. 87	458. 9	2009	14966. 85	9113. 2	5141. 31	712. 34
1999	4094. 38	2240. 68	1270. 15	583. 55	2010	30885. 82	18683. 96	9275. 93	2925. 93
2000	4239. 31	2327. 36	1351. 47	560. 48	2011	36449. 85	16086. 03	7865. 82	12498
2001	4166. 62	2289. 78	1358. 87	517. 97	2012	45298. 11	20698. 58	8733. 53	15766
2002	4565. 42	2551. 79	1521. 27	492. 36	2013	81940. 75	36086. 56	16882. 32	28971. 87
2003	4503. 81	2681. 38	1519. 64	302. 79	2014	101988. 28	45052. 21	21968. 1	34967. 97
2004	4701. 12	2710. 66	1573. 67	416. 79	2015	80180. 15	39273. 97	20375. 02	20531. 16
2005	5275. 35	3131. 75	1741. 74	401. 86					

四、贷款管理

1995 年以后,为适应贷款风险管理和资产质量监测的需要,贷款开始按照期限管理的规定,进行四级分类。

2005 年,市农村信用合作联社按照有关文件规定,实行贷款五级分类管理,根据贷款风险情况划分为:正常类贷款和不良类贷款。正常类贷款由正常类、关注类组成。不良类贷款由次级类、可疑类、损失类三部分组成(称为五级分类)。

2006 年开始,为树立审慎经营的管理理念,真实反映贷款质量,为适应贷款风险管理和资产质量检测的需要,贷款开始按贷款风险程度划分为五类,又称信贷资产风险分类。

2006 年 6 月 22 日,中国银监会举办首期农村信用社高级管理人员贷款五级分类培训班,正式启动农村合作金融系统全面推行贷款五级分类工作,即将贷款分为正常、关注、次级、可疑、损失五类贷款。

2007 年,开始实行贷款五级分类为主,四级、五级分类两种数据共同报送"双轨运行"制度。

五、中间业务

(一)银行卡业务

2009 年,市农村信用合作联社列入第一批使用玉卡联社之一,联合社对全辖柜员工学习"玉卡章程、玉卡业务管理办法、玉卡业务操作及会计核算管理办法、玉卡管理办法、玉卡柜面业务操作规程"等规章制度。而且从卡的制作、发行、使用、清算流程、业务特点等方面,加强对基层信用社银行卡工作人员的培训力度,一级抓一级,各操作员熟练掌握银行卡业务技能。年内,实现中间业务手续费收入 15. 39 万元,玉卡有效发放量 5127 张,卡存款余额 6426 万元。

2013 年,通过媒体、平面广告等多种方式,加大卡业务的宣传力度,全年发放玉卡 11621 张。

2014 年,有 11 个营业机构,有 26 名前台综合柜员为卡用户服务。累计发卡 16925 张,其中玉卡 15086

张、IC卡1839张,卡存款余额407703万元。

2015年,有11个营业机构,累计发卡82624张,其中玉卡62033张、IC卡20591张。

(二)银信通业务

2014年,正式开办银信通业务,并接自治区联社通知正式开通全疆24小时统一客户服务电话“96596”,改善银行卡客户服务,提高客户服务质量,保障客户资金安全,重点解决客户玉卡丢失后口头挂失时间长、流程复杂、电话节点多等问题。

2014年,开通银信通695户,企业网银48户,个人网银989户。

(三)自助银行

从2013年8月底开展POS业务至年末发展特约商户22户,安装POS机22台,全市22台POS机实现交易741笔,交易金额1714.51万元。成为克州地区率先开展此项业务的联社,12月底,企业网上银行业务开户18户,转账1290笔,转账金额19965.62万元;其中跨行转账387笔,跨行转账金额13842.52万元,行内转账202笔,行内转账金额5916.84万元,企业代发701笔,代发转账金额206.26万元。2013年9月26日,阿图什市农村信用合作联社首批两台离行式ATM存取款机分别在阿图什市博格拉购物广场和上阿图什镇正式投入使用,填补市联社离行式ATM的市场空白,标志着电子化建设和金融现代化服务水平迈上一个全新的台阶。离行式ATM采取集中管理模式,由市农村信用合作联社营业部和上阿图什信用社统一进行管理,全天24小时对外提供查询、转账、存取款、修改密码等个人金融的基本服务。离行式ATM机的上线运行,不仅为客户提供更加高效、便捷的金融服务,同时也更有效地拓宽金融服务渠道,为阿图什市联社自助银行业务迅速发展和全面提升农信社综合竞争力奠定良好基础。

2014年,陆续开通个人网银、手机银行、POS机业务,至2014年末市农村信用合作联社企业网上银行开户48户,同比增加30户,交易1950笔,同比增加660笔,交易金额38073万元,同比增加18108万元,个人网银开户989户,交易1112笔,交易金额2259万元,手机银行开户695户,交易笔数456笔,交易金额103万元。POS机开户47户,交易笔数13509笔,交易金额4939万元,完成区联社全年计划商户活动率的122%,电子银行各项指标位于全疆83家联社前列。服务手段取得新的成效。

2015年,有11个营业机构,累计开户企业网银74户,交易笔数2610笔,交易金额24375.55万元;累计开户个人网银1952户,交易6171笔,交易金额5171.64万元;累计布放自助设备共16台,其中存取一体机6台、取款机10台,新增ATM机共3台。ATM机累计交易笔数1129761笔,累计交易金额为116198.09万元;至2015年底共布放POS机175台,其中3台助农取款POS机(其中2015年新增共布放POS机113台)。2015年累计刷卡消费交易笔数32677笔,刷卡交易金额为8478.68万元。

六、电子化建设

1995年后,阿图什市农村信用合作联社根据农业银行克州分行要求,进行电子化建设。

2002年,阿图什市农村信用合作联社在资金困难的情况下,在城镇信用社上机开通储蓄、对公计算机业务,并在联社营业部上机开通省辖电子联行汇兑业务。

2004年初,市联社辖内机构全部完成电子计算机配置,脱离手工记账。是年,网点之间实现储蓄业务通存通兑,虽只能在本社内通兑,辖内全部完成电子计算机配置,脱离手工记账。6月,由市联合社牵头建立数据机房,开始新旧系统数据移植和网络建设工作。共有10个营业网点和1个市级中心机房,全部参加自治区农村信用合作联社的计算机网络门柜业务系统,并于2009年正式对外发行自治区农村信用合作联社统一品牌的玉卡(借记卡),实现卡业务零的突破。年末,市联社辖内10个营业机构,除营业部与机房采取以太网方式连接之外,其余各社均采用联通光缆连接。基层社若遇联通光缆故障,可以迅速将电话线插入路由器,即可恢复营业。7月,新疆银监局农村信用合作管理办公室实施核心业务数据集中,由新疆农村信用合作社电子信息技术服务中心统一管理。年内,BANK 2000综合门柜业务系统上线,市联社实现单机版系统向网络版转变,实现全疆业务通存通兑、资金划转、实时电子汇兑,提高数据的安全性、可靠性,为后续联社银行卡、代理中间业务、ATM、网银各项新业务的开通打下良好基础。

2007年11月,阿图什市农村信用合作联社完成信贷管理系统上线工作。为使"综合业务信息系统"能顺利上线,全面进行网络调试,构建以市农村信用合作联社计算中心的中心路由和中心交换为核心,DDN为主干通信,27个低端交换和路由组成的计算机网络,完成信贷管理系统上线工作。

2009年,农村信用合作联社营业部上线农信银系统个人账户通存通兑业务。2010年,在营业部完成第一台ATM取款机的调试和安装工作,结束阿图什市农村信用合作联社无ATM取款机的历史。到2013年,新增ATM自助取款机3台(存取款机2台),开通离行式自助银行2家,ATM自助设备达到9台,并陆续开通企业网银、POS机业务。至年末,企业网上银行开户18户,转账1290笔、转账金额19965.62万元。其中跨行转账387笔、金额13842.52万元;行内转账202笔、金额5916.84万元;企业代发701笔,代发转账金额206.26万元。至年底,发展特约商户22户、安装POS机22台、实现交易741笔、交易金额1714.51万元,并率先成为自治州开展此项业务的联社。

2014年,发展特约商户47户,安装POS机60台,累计发展特约商户69户,安装POS机82台,完成自治区农村信用合作联社全年计划商户数的235%;全市82台POS机实现交易13509笔,交易金额4939.06万元,实现手续费收入21.88万元;平均商户活动率82.97%,完成自治区全年计划商户活动率的122%,POS机各项指标完成情况排名情况位于全疆83家联社前列;新增ATM取款机4台,累计布放ATM自助设备13台;其中全辖城区自助设备取款机4台,存取款机1台,乡镇自助设备取款机6台,存取款机2台,自助设备乡镇覆盖率到达75%。企业网上银行业务开户48户,转账1950笔,个人网上银行业务开户979户,手机网上银行业务开户695户,全年联社新增ATM自助取款机4台,开通离行式自助银行2家,ATM自助设备达到13台。

2015年,累计开户企业网银74户,交易2610笔,交易金额24375.55万元;累计开户个人网银1952个,交易笔数6171笔,交易金额5171.64万元;累计布放自助设备共16台,其中存取一体机6台,取款机10台,新增ATM机3台。ATM机累计交易笔数1129761笔,交易金额116198.09万元;至2015年底市联社发放POS机175台,其中3台助农取款POS机(其中2015年新增发放POS机113台)。2015年刷卡消费交易笔数32677笔,刷卡交易金额8478.68万元。

第八节　城市信用社

一、阿图什市城市信用社布格拉木分社

1994年,阿图什市城市信用社布格拉木分社有职工17人,年末各项存款余额631万元,其中个人存款余额191万元、各项贷款余额440万元。信用社主要业务是面向城市集体企业、个体工商户以及城市居民聚集资金,为其开办存款、贷款、汇兑和咨询,代办保险和其他结算、代理、代办业务,支持生产和流通,促进城市集体企业和个体工商户经济的发展,搞活城市经济。

1995年后,受多种因素影响,信用社经营并不顺利,1998年3月发生严重支付困难,无法正常经营,自行关门停业(后经清理,信用社资不抵债额184.9万元,其中实收资本30.7万元,盈余公积11.2万元,未分配利润-226.8万元)。为此,中国人民银行自治州中心支行组织人员对其清理整顿,并将清理整顿结果及处置意见向自治州人民政府及上级银行汇报。2001年7月20日,经自治州人民政府同意,撤销阿图什布格拉木城市信用社。同时,中国人民银行西安分行于2001年9月13日,下发《关于克州阿图什市布格拉木城市信用社撤销处置方案的批复》。2001年9月18日,由中国人民银行自治州中心支行向阿图什市布格拉木城市信用社下达《停业整顿决定书》,并于2003年11月13日,宣布撤销清算工作结束。

二、阿图什市城市信用社兴隆分社

1994年,阿图什市城市信用社兴隆分社有职工23人,各项存款余额13262万元,其中个人储蓄存款余额2046万元,各项贷款余额11216万元。主要业务是面向城市集体企业、个体工商户以及城市居民聚集资

金,为其开办存款、贷款、汇兑和咨询,代办保险和其他结算、代理、代办业务,支持生产和流通,促进城市集体企业和个体工商户经济的发展,搞活城市经济。

1995 年后,一直经营不善。到 1998 年,因支付资金短缺,已不能正常经营(2007 年经清算,资产总额 2925072. 86 元,贷款余额 5221666 元;负债总额 17881084. 89 元,存款余额 115921. 54 元,所有者权益合 -14956012. 03元,其中实收资本 945376. 10 元,未分配利润:-15901388. 13 元)。中国人民银行克州中心支行组织人员对其清理整顿,并将清理整顿结果及处置意见向自治州人民政府及上级行汇报。2002 年 3 月 25 日,中国人民银行自治州中心支行向阿图什市兴隆城市信用社下达《停业整顿决定书》。2007 年 10 月 10 日,自治州成立阿图什市兴隆城市信用社撤销工作领导小组,下设撤销清算组和领导小组办公室,2007 年 10 月 26 日公告撤销。

第五章　保险业

第一节　中国人民财产保险股份有限公司克州分公司

一、机构

1995 年,中国人民保险公司克州中心支公司内设办公室、计划财务科、工会、人险部、运工险部、意外险部、经理室合计 6 个科室,有职工 32 人。

1996 年 7 月,国家保险体制改革,原中国人民保险公司改组为中国人民保险(集团)公司,下设中保财产保险有限公司、中保人寿保险有限公司和中保再保险有限公司,实行产、寿险分业经营。中国人民保险公司的克州产险业务由新组建的中保财产保险有限公司自治州分公司经营。

1998 年 10 月 7 日,国务院批准《撤销中国人民保险(集团)公司实施方案》。原中保财产保险有限公司克州分公司更名为中国人民保险公司克州中心支公司,内设综合、营销、业务、查勘理赔 4 个科室,有职工 23 人。仍然经营财产保险的承保、理赔和咨询业务。

2003 年 7 月,中国人民保险公司更名为中国人保控股公司,并发起设立中国人民财产保险股份有限公司。中国人民保险公司克州中心支公司更名为中国人民财产保险股份有限公司克州分公司。根据修改后的保险法,除经营全州的财产险业务外,增加人身意外伤害等多项人身保险业务。

至 2015 年 12 月,中国人民财产保险股份有限公司克州分公司本部内设机构 9 个,2 个外设营销服务部分别是:天山路营销服务部、阿克路营销服务部。9 个内设机构分别是:营业一部、营业二部、营业三部、营业四部、营业五部、营销二部、社会医疗保险中心、电子商务营业部、电子商务业务部和非车险营销服务部,全地区公司现有员工 87 人(不含代理人),其中汉族 37 人,占 42. 5%,维吾尔族 48 人,占 55. 2%,回族 2 人,占 2. 3%,签订总公司版本劳动合同 20 人,签订地方版本劳动合同 67 人。

二、险种

(一)财产保险

1995 年,财产保险开办的主要险种有机动车辆保险、企业财产保险、家庭财产保险、运输工具及责任险等。

至 2015 年,财产保险的险种变化不大,但随着社会的进步和经济的快速发展,加之机动车辆快速增加,保险业务新的险种也逐渐增多,公司增办许多新的保险产品,包括如下:

政策性农险、商业性农险;产品质量保证保险、个人贷款抵押房屋综合保证保险、个人消费贷款保证保险;进出口货物运输保险保险单、国内货物运输保险、国内公路货物运输随车行李物品定额保险;电动自行车第三者责任保险(卡折)、燃气责任保险卡、火灾公众卡折、雇主责任险等12项险种。

(二)人身保险

1995年,办理人身保险的险种有团体人身保险、驾驶员意外伤害保险、乘客意外伤害保险、简易人身保险、中小学平安保险等。

1996年5月分业经营以后,险种更趋丰富和完善,服务更加人性化,人身保险增加到7个保险业务。

至2015年,人身保险业务险种为:团体(个人)人身保险、驾驶员意外伤害保险、乘客意外伤害保险、学生、幼儿意外伤害保险、旅游观光景点、娱乐场所意外伤害保险、"安乘宝"—交通工具乘客意外伤害保险卡、乘客意外伤害保险8个险种。

三、理赔

1995—1996年,人保财险克州分公司全辖理赔金额在300万元之内。

1997年,增到400多万元,此后持续增长,至2002年理赔金额达到670万元。

2007—2009年,又高位攀升,理赔金额最高达到1866万元。

2010年有所下降,全年理赔1644万元。

2015年,公司车险10万~50万元之间的赔偿案件88笔,非车非农险10万元以上赔偿案件19件。全年大小案件合计赔款7290余万元。

1995—1996年克州分公司人身险保险收入、理赔统计表

表15-28 单位:万元

年份	保费收入	理赔	年份	保费收入	理赔
1995	196	109	1996	210	143

1995—2015年克州分公司财产险保险收入、理赔统计表

表15-29 单位:万元

年份	保费收入	理赔	年份	保费收入	理赔	年份	保费收入	理赔
1995	374	192	2002	867	668	2009	3081	1867
1996	263	155	2003	1004	489	2010	4865	1645
1997	805	419	2004	1034	537	2011	5462	2497
1998	649	312	2005	1279	624	2012	8390	3860
1999	590	322	2006	1486	719	2013	10900	5050
2000	778	327	2007	1683	916	2014	13011	6792
2001	858	340	2008	2649	1392	2015	14080	7290

四、重大理赔项目

2001年12月24日,阿图什市发生的一起火车与面包车相撞事故,导致28人死亡由于该面包车没有在人保公司投保,本着人道主义精神,人保财险克州分公司积极捐款20万元。

2003年7月10日,自治州新路公司参保的一辆大客车在距314国道1234千米三岔口路段翻车,导致10人死亡,公司赔偿支付24万元;同年,在314国道公路工程保险中,1549~1627千米路段遭遇暴雨泥石流,公司为其赔付84万元。

2008年7月12日省道306线270千米处,一阿合奇客运站客车发生翻车事故,导致25人死亡,公司给予赔款175万元。12月8日,克州客运公司一车在距314国道714千米处与大货车发生碰撞事故,导致车上26人死亡,公司给予赔款594万元。

2011年5月31日,新P-WW818车辆在314国道1446千米处与新Q-C3095车辆相撞,造成3死4残的交通事故,公司在责任范围赔偿27.1万元。

第二节　中国平安财产保险股份有限公司克州支公司

一、机构

2008年10月7日,成立中国平安财产保险股份有限公司喀什中心支公司克州营销服务部。

2012年8月27日,中国平安财产保险股份有限公司喀什中心支公司克州营销服务部更名为中国平安财产保险股份有限公司克州支公司,并领取经营保险业务许可证。

2015年,中国平安财产保险股份有限公司克州支公司工作人员8人,下辖代理人员15人,全员持证上岗。内设办公室、业务科。

2008—2015年中国平安财产保险股份有限公司克州支公司保费收支情况表

表15-30　　单位:万元

年份	实收保费				已决赔款			
	意外健康险	财产险	车险	合计	意外健康险	财产险	车险	合计
2008	1.13	—	32.87	34	—	—	0.06	0.06
2009	3.98	—	215.64	219.64	0.26	—	20.25	20.51
2010	15.65	—	147.45	163.10	1.52	—	85.43	86.95
2011	14.73	0.30	177.07	192.10	1.38	—	64.26	65.64
2012	16.78	0.86	239.68	257.32	3.77	—	59.51	63.28
2013	11.59	0.75	235.66	248	20.62	—	98.40	19.02
2014	8.71	109.65	310.46	428.82	1	—	233.32	234.32
2015	49.15	14.80	323.60	387.55	63.28	13.19	206.50	219.69

二、业务收入

2008年,保费收入34.01万元,其中意外和健康险1.13万元、车险32.88万元。

2015年,保费收入387.56万元,其中意外和健康险49.15万元、财产险14.8万元、车险323.61万元。

三、理赔

2008年,理赔车险650元。

2015年,理赔282.98万元,其中意外和健康险63.28万元、财产险13.19万元、车险206.51万元。

第三节　新华保险克州支公司

一、机构

2013 年 12 月,新华保险股份有限公司自治州支公司成立,隶属新华保险喀什中心支公司,有职工 63 人,其中经理 1 人、内勤 2 人、业务员 60 人,实行聘用制和代理制,内设个人业务险、团体业务险、银行代理险。

2015 年,内设客户服务岗、个险业务岗、交叉岗、银代岗。有从业人员 76 人。

二、保险业务

(一)险种

经营范围为人寿保险、健康保险、意外伤害保险等各类人身保险业务;经中国保险监督管理委员会批准的其他人身保险业务。按期限分为长期保险和短期保险,2013—2015 年,开办的主要险种有:畅行无忧两全保险、金彩一生终身年金保险、康健吉顺定期防癌疾病保险、祥和万家两全保险(分红型)、健康无忧 A 款重大疾病保险、健康无忧 B 款重大疾病保险、健康无忧 C 款重大疾病保险、成长阳光少儿两全保险、健康福星增额(2014)重大疾病保险、福享一生终身年金保险(分红型)等 10 余种。

(二)主要业务

2013—2015 年,保费累计收入 2078 万元,理赔金额 28.18 万元,报案 14 件,办结 10 件。

2013—2015 年新华保险克州支公司保险收入及支出情况表

表 15 - 31　　单位:万元

年份	保费收入	报案件数	办结件数	满期给付	理赔金额	赔付率%
2013	209	—	—	—	—	—
2014	1072	5	4	—	14.52	80
2015	797	9	6	—	13.66	66
合计	2078	14	10	—	28.18	—

第四节　中华联合财产保险股份有限公司阿图什市支公司

一、机构

2001 年 4 月 18 日,中华联合财产保险股份有限公司阿图什市支公司成立,主要经营企业财产保险、家庭财产保险、建筑工程保险、农业保险、机动车辆保险、责任保险、意外伤害保险等。内设支公司经理岗、支公司经理助理岗、出单岗、综合内勤岗、客户服务岗。有工作人员 3 人。

2015 年,在 2001 年的基础上新增业务拓展岗、合计 6 个岗位科室,在职员工 12 人,平均年龄 28 岁。其中本科 3 人、大专 9 人,少数民族 3 人,女 8 人。

二、收入

2001 年,中华联合财产保险股份有限公司阿图什市支公司收入 10 余万元。

2013 年,收入 700 万元,比 2001 年增长 70 倍。

2015 年,保费收入呈跳跃式发展,达到 1600 万元。

三、理赔

2001—2015 年,公司累计赔付 2000 余万元。

2015 年 4 月,因风灾影响,阿图什各乡镇农户小麦受灾严重,公司立即组织查勘人员进行查勘,尽快支付受灾农户赔款,弥补农户的损失,共计支付 130 万元。阿图什各乡镇大棚蔬菜种植户同样因风灾遭受重大损失,支付赔款 10 万元。

四、社会服务

中华联合财产保险股份有限公司阿图什市支公司努力提高社会知名度、美誉度真情回报社会。自 2004 年后,公司每年慰问部队、公安干警、学校、社会福利院,捐款捐物累计 20 余万元,连续 12 年为贫困母亲捐款 7 万元。2009 年,阿图什市支公司被自治区保险行业协会评为"为社会做出突出贡献单位"。

第五节　中国人寿保险克州分公司

一、机构

1996 年 3 月,中国人民保险公司克州中支公司产、寿险分业经营,成立中国人寿保险股份有限公司克州分公司。内设支公司经理岗、综合内勤岗、客户服务岗,有工作人员 3 人。

1999 年 5 月,机构重组,更名为中国人寿保险公司克州分公司,经营人寿、人身意外伤害、健康、养老等上百个与人民群众生命息息相关的险种。

2003 年 8 月,公司机构改革,改制为中国人寿保险股份有限公司,率先在纽约、香港两地同时上市。

2015 年,有工作人员 15 人。

二、业务

1996—2005 年,公司年均实现保费收入 200 万元,年均缴纳营业税 3.2 万元;2006—2011 年,公司年均实现保费收入 400 万元,年均缴纳营业税 11.4 万元;2012 年,承办健康险、意外险、人寿保险及年金业务等 90 多个保险险种。全年实现保费收入 731.8 万元,缴纳各项税款 93 万元,为客户提供资金融通便利. 全年实现总保费收入 677.07 万元,纳税 75 万元,保单借款总计 358 笔,总金额 182 万元,2013 年,主要有国寿福禄鑫尊两全保险、国寿福星少儿两全保险、福满一生年金保险、福禄金尊分红保险、康宁终身保险、康宁定期保险、国寿长久呵护住院费用补偿医疗保险、鸿盈、鸿鑫中介业务、吉祥卡、全家福 A 卡、惠农卡、团体人身意外险、建工险、学平险等,全年实现总保费收入 687.45 万元,纳税 107 万元,保单借款总计 415 笔。

三、理赔

1996—2011 年,公司年均赔付 81 件,年均赔款金额 21.3 万元。2012 年,开展保单借款服务借款总计 315 笔,总计金额 195 万元,共受理理赔案件 136 件,赔付金额 306.1 万元,其中两笔大额意外险,分别赔付 180 万元和 70 万元。2013—2015 年,承办 120 多个保险险种,受理理赔案件 141 件,赔付金额 53.1 万元,其中最大一笔赔款为 30 万元。2015 年,承办 130 多个保险险种。

四、公益事业

2010 年春节来临之际,公司领导带队会同其他军民共建单位,冒雪驱车 160 多千米,来到海拔 2600 米的边防连进行慰问,为官兵送去新鲜水果、蔬菜、鸡蛋等生活用品。连续 5 年开展"情系高考学子"活动,高考期间为高考师生送水 2.5 万人次。

第六章　申万宏源证券公司

第一节　机　构

申万宏源西部证券有限公司阿图什光明路证券营业部成立于2010年7月5日,成立初期位于阿图什市帕米尔路东12院,称阿图什帕米尔路证券营业部,有工作人员4人。后迁至阿图什市光明路北27号供销大厦二楼。内设1个营业部,无其他科室,有工作人员5名。

第二节　业　务

申万宏源证券有限公司(以下简称"申万宏源"),是由新中国第一家股份制证券公司——申银万国证券股份有限公司与国内资本市场第一家上市证券公司——宏源证券股份有限公司,于2015年1月16日合并组建而成。公司注册资本470亿元,拥有员工近8000名,在全国设有34家区域分公司和303家营业部(含申万宏源西部证券公司),并设有伦敦、东京、新加坡、首尔等海外分支机构。

申万宏源证券有限公司拥有全面的证券类业务资格,主要包括:证券经纪、证券投资咨询、融资融券、代销金融产品、证券投资基金代销、为期货公司提供中间介绍业务(以上各项业务限新疆、甘肃、陕西、宁夏、青海、西藏以外区域),证券资产管理,证券承销与保荐(限国债、非金融企业债务融资工具、政策性银行金融债、企业债承销),证券自营(除服务新疆、甘肃、陕西、宁夏、青海、西藏区域证券经纪业务客户的证券自营外),股票期权做市。

营业部代理的证券交易品种齐全,主要有:深圳证券交易所A股、权证、封闭式基金、B股、国债现券、国债回购、企业债券;上海证券交易所A股、封闭式基金、国债现券、国债回购、企业债券;非上市股份转让交易;开放式基金申购、赎回业务;ETF及LOF基金交易。

银行方面三方存管可供用户选择的有工商银行、建设银行、农业银行、中国银行等多家银行。网上交易方便快捷。在场内客户可通过钱龙或通达信系统进行证券分析和交易;在场外客户可选择电话委托、网上交易、手机炒股等方式进行委托交易。

第十六编　综合经济管理

1995 年,阿图什市经济监督管理的职能由市计划经济委员会、市工商行政管理局、市计量管理局、市物价局、市统计局、市国土资源局、市审计局等部门承担。1995 年至 2015 年间,随着市场经济体制改革不断深入,市经济监督管理的部门设置也随之逐步调整。2007 年,市发展计划委员会更名为发展和改革委员会;市安全生产管理委员会从市经济贸易委员会析出,单独设立市安全生产监督管理局。2010 年,设立阿图什市食品药品监督管理局。质检、工商、食品药品监督管理先后实行自治区以下垂直管理。

随着改革开放的不断深入,市场经济体制的逐步建立和完善,阿图什市经济工作也相应地发生重大变化,逐步由过去的重视年度计划转变为以制定国民经济社会发展中长期计划的宏观调控为主,并采取措施控制市场物价,同时加强统计、工商行政、标准计量、审计和国土资源的管理,严格依法办事,维护经济秩序,按经济规律办事,保证全市各项事业的顺利开展。

第一章 计 划

第一节 机 构

1995年,阿图什市计划经济委员会内设办公室、计划科、物价科、粮食科等科室,核定编制10名,实有6人。

1996年,市计划委员会与经济委员会分开。

2002年8月,阿图什市计划委员会更名为阿图什市发展计划委员会,挂市物价局的牌子。

2003年,设立阿图什市发展计划委员会党组。

2007年12月,阿图什市发展计划委员会更名为阿图什市发展和改革委员会,有关经济体制改革职能并入发展和改革委员会,正科级建制,不再保留市物价局牌子。

2012年4月,挂粮食局、价格监督检查局牌子。内设10个科室,即办公室、国民经济综合科、固定资产投资科(重点项目办公室)、农村经济科、社会发展科(对口援疆工作协调领导小组办公室)、基础产业科、价格收费管理科(收费许可证管理办公室)、经济体制综合改革办公室、粮食购销调控科、粮食监督检查科。核定编制27名,其中行政编制19名、工勤编制1名、事业编制7名。

2014年3月,成立阿图什市公共资源交易服务中心,为发改委下属副科级全额事业单位,核定编制5人。

2015年7月,阿图什市公共资源交易中心调整为阿图什市人民政府直属事业单位,隶属市政府管理。2015年,有职工22人,内设机构没变化。

第二节 计划管理体制改革

1995年,阿图什市不断深化农村经济体制改革,巩固完善家庭联产承包责任制和统分结合的双层经营体制,搞好产前、产中、产后服务体系建设,推行贸工农、产加销一体化,公司加农户的经营方式,把一家一户的分散经营组织起来,实现优势互补和适度规模经营,允许农民进入城区务工经商,促进农村剩余劳动力有序转移。以建立现代企业制度为目标,加快国有企业改革步伐,阿图什市企业都属小型企业,分别采取改组、改造、联合、兼并、承包、租赁、股份合作等方式,放开搞活市场,充分发挥阿图什市主导产业的作用,使食盐、果脯、矿产品等生产有所突破,帮助企业"转机制、抓管理、使内功、增效益"使其降低成本,提高质量,促进企业扭亏增盈。

1996年,计划安排全部工业总产值5000万元,主要产品产量:加碘盐1.2万吨,果脯650吨,黄金13千克。加快政府机构改革和管理职能转变,增强宏观调节能力,把综合经济部门逐步调整和建设成为职能统一,具有权威的宏观调控部门,把专业经济管理部门逐步改为经济实体,按照国家统一部署,深化和完善财税、金融、外贸等管理体制改革,建立计划、财政、金融之间相互配合的制约,能综合协调宏观政策和正确运用经济杠杆的机制。进一步扩大对内对外开放,充分发挥阿图什市向西开放的地缘优势,积极利用托帕口岸和红旗拉甫口岸,进一步发展对吉尔吉斯斯坦共和国和巴基斯坦伊斯兰共和国及第三国的贸易、劳务输出和经济技术协作,开创对外贸易的新局面。

2000年,进一步加强对国有企业改革和分类指导的力度,采取股份合作制,改组联合,租赁、拍卖、出售、破产等多种形式,加快国有企业改革步伐,国有企业改制面达86%,促进企业的快速发展。2001年,企业改制力度加大,非公有制经济得到较快发展,城乡商业市场繁荣。全市以国有集体企业改革为主线,以扭亏增盈和妥善安排下岗职工生活为目标,认真学习贯彻中共十五届四中全会和自治区、自治州经济工作会议精神,全面推行扭亏增盈目标责任制,把改制、改组和改造有机结合起来,积极推选国有集体企业改制工作。至2001年底,全市国有集体企业改制面达90%。同时,为做好企业改制和加快企业发展,实现企业扭亏增盈,市委、市政府从机关抽调一批干部组成城市经济工作团,深入企业,扶持企业加快发展,企业经济效益得到显著提高。全年完成工业总产值4119万元,完成年计划99.7%;主要工业产品产量生产情况,加工盐11000吨,完成年计划的88%,比2000年减少3.6%;轧花2000吨,完成年计划的181.8%;自来水310万吨,完成年计划的100%;铅锌矿5000吨,完成年计划的166.6%;标准粉1200吨,条砖200万块。为了大力发展非公有制经济,积极鼓励和正确引导扶持个体私营经济发展,阿图什市采取各种灵活有效的措施,制定一系列优惠政策,从政策上为非公有制经济创造条件,促进经济增长。

2002年,阿图什市进一步加大国有企业改革力度,大力发展非公有制经济。阿图什市企业绝大多数属小型企业,企业改制工作以“三个有利于”为标准,开放搞活,加强企业的改组、联合、破产、兼并和善后管理工作,促进企业经济较快发展,鼓励和引导个体、私营等非公有制经济有更大的发展,使之成为阿图什市经济发展的一个新的经济增长点。重点解决好自来水公司的改制问题,解决盐厂、棉麻公司经营管理和扭亏脱困等工作。2002年计划安排工业总产值4200万元,比上年增长2.4%(主要产品产量要根据市场需求自行调节,确保企业适应市场快速发展)。

2005年,阿图什市国有企业改制基本完成,商品流通市场体系进一步完善,劳动力、土地、资本等生产要素市场配置功能逐步形成。行政体制改革和政府职能转变深入推进,办事程序不断简化,不合理收费进一步取消。以国库集中支付改革为龙头的财政体制改革逐步推进。农村税费改革取得重大进展,农业税的取消、农村教育“两免一补”、粮食直补、退耕还林补助、农扶补贴等支农政策的落实,切实减轻农牧民的负担,增加农牧民的收入。工业园区建设初具雏形,对外开放不断扩大,口岸优势得以发挥,对外经济技术交流与合作进一步加强。

2010年,积极推进阿图什市事业单位人事制度和内部分配制度改革,建立和健全人才市场体系,逐步形成以市场配置为导向的人才流动机制。到2015年,在机关、企事业单位中建立健全人才分类管理制度、评价制度、流动制度;在干部选拔任用中,坚持公开、公平、竞争、择优的原则,建立能上能下、能进能出、有效激励、严格监督、充满活力的管理机制;加大对医疗卫生、教育、农业、畜牧、外贸、法律以及信息、高新技术方面的专门人才和具有较高技术素质的技术工人队伍、农业产业化经营以及农业科技队伍的培养;积极引进各类人才,特别是矿业开发利用、对外贸易、旅游、新兴服务业为主的经济管理、专业性技术等紧缺人才,推进“人才强市”战略。

2012—2015年,稳步推进医药卫生体制改革。稳步推进公立医院改革,大力发展特色科室,发挥中医、民族医特色优势,形成卫生资源互补。严格执行国家基本药物制度,使所有医疗机构配备和销售国家基本药物,满足患者需要。公立社区卫生服务机构和市、乡医疗卫生机构推行基本药物制度,实行药品零差率销售。

第三节　计划编制与实施

一、中长期规划

(一)2010年远景目标纲要

1996年,市计委在编制“九五”计划时,同步编制2010年远景目标纲要,总体目标是正确处理好改革、发展与稳定的关系,努力转变经济增长方式,实现国民经济持续、快速、健康发展。到20世纪末,全面完成阿图什经济发展第二步战略,人民生活基本达到小康,初步建立起社会主义市场经济体制。2010年力争使国内生产总值比2000年翻一番半以上,人民生活达到小康并向较宽裕的水平发展,形成较完善的社会主义市场经济体制,为实现第三步战略奠定坚实基础。2010年,全市国内生产总值达到145970万元,后十年年均递增14.2%;人民生活质量进一步提高,职工平均工资和农牧民人均纯收入增加;社会事业全面健康发展,社会保障体系比较完善,基本实现经济、社会、环境协调发展。

（二）2015 年远景目标纲要

2000 年，市计委在编制“十五”计划时，同步编制 2015 年远景目标纲要。远景目标纲要规划抓住西部大开发带来的历史性机遇，以经济结构调整为主线，促进经济发展。重点是优化产业结构，加强基础设施建设，加快城镇化建设步伐，大力发展非公有制经济。实施“科教兴市”战略，加快科技进步和人才培养；以开放求开发，以开发求发展，扩大对外开放，力争把阿图什市逐步建设成为克州重要的畜产品生产加工基地，优质林果业生产加工基地，稀缺矿产品开发基地和民族特色边贸城市。到 2015 年，经济增长速度持续达到或超过全疆平均水平；人均生产总值超过南疆地区平均水平；城乡居民收入基本达到南疆地区平均水平；人均基本公共服务基本达到南疆地区平均水平；各族人民群众生活水平显著提高，基础设施条件明显改善，自主发展能力逐步增强，社会保障覆盖面扩大，城镇职工基本医疗保险、城镇居民基本医疗保险、城镇基本养老保险分别达到 100%、100% 和 96%；新型农村社会养老保险和新型农村合作医疗覆盖率均达 100%；民族团结向好，社会稳定进一步巩固。

二、五年计划

1995—2015 年，阿图什市先后制定“九五”“十五”“十一五”“十二五”4 个国民经济和社会发展五年计划（规划）。通过计划（规划）的实施，2015 年，全市国内生产总值由 1995 年的 2.47 亿元增加到 45.12 亿元，人均生产总值 1355 元；地方财政收入由 1995 年的 1797 万元增加到 3.64 亿元；城镇居民人均可支配收入 2.1 万元，农牧民人均纯收入由 1995 年的 740 元增加到 6010 元。

（一）“九五”规划（1996—2000 年）

1996 年，市计委编制完成《阿图什市国民经济和社会发展第九个五年计划》。“九五”目标：2000 年，国内生产总值 38540 万元，年均递增 13%；工农业总产值 29270 万元，年均递增 10.7%，其中工业总产值 9880 万元，年均递增 18.7%；农业总产值 19320 万元，年均递增 7.5%；粮食总产量 6.3 万吨，年均递增 6%；棉花总产量 2550 吨，年均递增 1.1%；油料总产量 900 吨，年均递增 2.6%；牲畜年末存栏 36 万头（只），年均递增 1.8%；地方财政收入 2000 万元，年均递增 10.8%；农牧民人均纯收入 1500 元，年均递增 15.2%；人口自然增长率控制在 17‰以内，总人口 19.7 万人。

通过规划的实施，2000 年，全市实现国内生产总值 43771 万元，年均增 13%；财政收入 1969 万元，年均增长 10.5%；农业总产值 18593 万元，工业总产值 4573 万元；城镇职工年平均工资 9546 元，比 1995 年的 5734 增加 3812 元；农牧民人均纯收入 1179 元，比 1995 年的 740 元增加 439 元。

（二）“十五”规划（2001—2005 年）

2001 年，市计委编制完成《阿图什市国民经济和社会发展第十个五年计划》。“十五”目标：到 2005 年，国内生产总值 5.8 亿元，年均增长 8.42%。产业结构优化升级，三次产业增加值将由 2000 年的37∶18∶45 调整为 2005 年的 30∶22∶48；地方财政收入达 2900 万元，年均增长 8%；全市总人口控制在 21.5 万人以内，人口自然增长率控制在 15‰以内；市城镇居民可支配收入年均增长 7%，达到 8100 元，农民人均纯收入年平均增长 120 元以上；城市居民人均住房面积 17 平方米，农村人均住房面积 15 平方米，农村住宅砖混结构比重达到 25%，全市电话每百人拥有量达到 8 部，农村自来水普及率达到 80% 以上；森林覆盖率将由 2.48% 提高到 2005 年的 3.78%，城市人均公共绿地面积 7 平方米。城市工业废气、废水处理率均 95% 以上；全市从业人员参加基本养老保险人数比率和参加基本医疗保险人数比率均 95%。

通过计划的实施，2005 年，全市完成国内生产总值 91918 万元，年均递增 12.64%；人均国内生产总值 4180 元，比 2000 年 2215 元增长 1965 元，地方财政收入 6053 万元，年均增长 25.18%。全社会消费品零售总额 2.36 亿元，年均增长 11.6%；累计完成全社会固定资产投资 13.37 亿元。一、二、三产业的比重由“九五”末的 38∶18∶44 调整为“十五”末的 28.43∶13.87∶57.7。特色园艺种植面积 1.23 万公顷，年均增长 26%。新蓉皮革、中深瑞沃、中坤旅游等一批企业在阿图什市落户。

（三）“十一五”规划（2006—2010 年）

2006 年，市发展计划委员会编制完成《阿图什市国民经济和社会发展第十一个五年计划》。2006 年，市发展计划委员会编制完成《阿图什市国民经济和社会发展第十一个五年计划》。“十一五”目标：“以农奠基，以边启动，以矿腾飞，以游搞活”的发展战略，以打造“一区（中吉边境合作区）、两大基地（以钢铁、铅锌冶炼为主的矿产资源生产加工基地和以布仑口水电站为龙头的水能开发基地）”为战略目标，按照“第一产业以农牧民增收为目标，优化结构，抓管理，增效益；第二产业以做大做强为中心，强化招商引资，加快速度，上规模；第三产业以繁荣市场带动就业为主题，突出特色，抓重点，上水平”的发展思路，加快农业产业化、新型工业化和城镇化进程，推进经济增长方式转变。到2010年生产总值达到14亿元，年均增长12.5%，其中第一产业增加值达到2.7亿元，年均增长5%；第二产业增加值达到4.5亿元，年均增长25%；第三产业增加值达到6.8亿元，年均增长12%。人均生产总值达到6100元。全社会固定资产投资累计达到30亿元。地方财政收入7500万元，年均增长10%。社会消费品零售总额4.2亿元，增长12%。三次产业比重由2005年的28:20:52调整为2010年的19:32:49。城镇居民人均可支配收入达到9600元，农牧民人均纯收入2300元。全面优化教育资源布局，巩固“两基”教育。完善公共卫生服务体系，全面建设乡村卫生院（室），农村合作医疗覆盖面达到100%。实现从业人员均参加养老保险和基本医疗保险，城市登记失业率控制在4%以内。万人发案率控制在15起以内。

通过计划的实施，“十一五”时期末（2010年），全市地区生产总值完成17.43亿元，年均增长11.22%。其中第一产业增加值3.43亿元，年均增长3.09%；第二产业2.99亿元，年均增长15.59%；第三产业11.01亿元，年均增长13.45%，三次产业的结构比重为22.5:14.5:63；人均生产总值7128元，年均增长11.3%；固定资产投资累计完成36.74亿元，年均增长22.4%；公共财政预算收入完成10559万元，年均增长11.77%；全市社会消费品零售总额完成5.01亿元，年均增长16.16%；城镇居民可支配收入9246元，年均增长5%；农牧民人均收入2096元，年均增长4.6%。“十一五”期间，累计新增就业11268人，参加新型农村社会养老保险人数60974人，参保率78%。“十一五”期间，总投资6528万元共实施119个财扶项目解决3180户15092人的脱贫问题；通过加大工业园区建设，强化招商引资和扩大外贸经济，引进亚星选矿、青松建化、赣鑫钢铁、新型建材等一大批招商项目，入园企业36家，工业已成为推动全市经济快速增长的重要因素。“十一五”末工业增加值1.31亿元，年均增长9.9%；“十一五”期间招商引资累计完成21.35亿元，年均增长51%。

（四）“十二五”规划（2011—2015年）

2011年，市发展和改革委员会编制完成《阿图什市国民经济和社会发展第十二个五年计划》。“十二五”目标：到2015年，地区生产总值达到70亿元，年均增长32%。其中第一产业增加值达到6亿元，年均增长11%；第二产业增加值达到30亿元，年均增长59%；第三产业增加值达到34亿元，年均增长25%；人均生产总值达到26000元以上，年均增长30%；全社会固定资产投资累计达到140亿元，年均增长37%以上。公共财政预算收入达到4亿元，年均增长30%。社会消费品零售总额达到12亿元，年均增长18%。招商引资累计完成80亿元，年均增长33%。城镇登记失业率控制在4%以内。价格总水平基本稳定；城镇居民人均可支配收入达23300元，年均增长19%；农牧民人均纯收入达到7000元，年均增加980元以上，年均增长27%；总人口控制在26.9万人以内，人口出生率控制和人口自然增长率控制在19‰和15‰以内。

通过计划的实施，“十二五”时期末（2015年），2015年末，地区生产总值（GDP）45.12亿元，年均增长14.93%；人均生产总值16732元，其中第一产业增加值64303万元，年均增长6.1%；第二产业增加值114904万元，年均增长19.33%（其中：工业增加值71981万元，年均增长15.84%；建筑业增加值42923万元，年均增长22.53%）；第三产业增加值272029万元，年均增长14.85%；公共财政预算收入突破3.07亿元，年均增长25.26%；全社会固定资产投资完成46.4亿元，年均增长37.92%；全社会消费品零售总额11.32亿元，年均增长17.7%；招商引资到位资金22.82亿元，年均增长36.1%。全市三次产业比重由2010年末的22.5:14.5:63转变为2015年末的14.3:25.5:60.2，城镇居民人均可支配收入由2010年的9246元提高到2015年的2.1万元，年均增长17.83%；农牧民人均纯收入由2010年的2096元提高到6010元，年均增长23.45%；城镇新增就业人数1.5万人，年均增长3.2%；城镇登记失业率4%；年均农村富余劳动力转移就业人数达4.3万人次；城镇职工基本医疗保险覆盖率100%；城镇居民基本医疗保险覆盖率99%；城镇基本养老保险覆盖率99.23%以上;新型农村合作医疗保险覆盖率99.8%;农村安全饮水人口覆盖率98%。2015年,全市总人口26.93万人,人口出生率控制在19‰以内,人口自然增长率14‰以内。教育事业稳步提高,城乡办学条件得到明显改善;现代文化领域加快推进;医疗条件有效改善,公共服务体制改革扎实推进;食品药品监管得到加强。2015年,二氧化硫排放强度5.73千克/万元;化学需氧量排放强度2千克/万元;氨氮排放强度0.27千克/万元;氮氧化物排放强度10千克/万元;城市污水处理率90%;城市垃圾无害化处理率96%;城市建成区绿化覆盖率35%;森林覆盖率10%。2015年,江苏省昆山累计拨付援助资金13.1亿元,占五年规划(13.1亿元)的100%,推进援疆工作在承接中创新、落实中深化、实施中提升,进一步深化全方位交往交流交融,助推阿图什市经济快速发展、民生明显改善、社会大局稳定。

第四节 项目管理

一、项目审批

(一)企业开办审批

由开办者或承包者出具报告和相关材料,根据产业政策和相关规定,会同工商等相关职能部门进行审查调查,认定具备开办条件后行文批复。

(二)项目开发审批

由开发单位出具报告及项目认证等相关材料,根据有关政策审核认定后报上级部门审批。

(三)基建项目审批

对基建规模、资金来源、用地面积和是否符合相关政策法律等进行审查,认定后行文批复。

(四)"农转非"指标审批

每年由地区计划委员会根据市总人口下达控制数,市计划委员会本着保证重点原则,控制审批,重点保证科级干部家属、转业军人及对全市工农业生产有特殊贡献人员所需。

(五)重要生产资料等物资计划审批

重要生产资料如钢材、木材、水泥、生铁、成品油、水泥制品等由上级计划部门按年度计划控制数,市计划委员会作为指令性计划,分解下达,审批下达原则是"保证重点,兼顾一般",农业生产用材优先,重点技改项目用材优先,抢险救灾特需用材优先,成品油供应在保证农业生产同时,优先保证交通运输和一些特种行业用油。

(六)固定投资计划审批

依据国家投资方向,按照权限范围进行审批。

20世纪90年代中后期,项目审批逐渐弱化,企业开办审批手续简化,除特殊行业(化学危险品、易燃易爆、废金属回收)外,市计委不再审批,由工商部门审批,"农转非"指标、重要生产资料物资计划等均不再审批。

2005年后,阿图什市保留审核、备案或转报的有固定资产投资项目、使用国家财政建设资金(包括国债、贴息和资助等)工业类政府投资项目、工业技术改造项目、国外贷款项目、外商投资项目和境外撮资项目及企事业改革方案等。

2016年,为进一步优化阿图什市行政审批工作环境,着力推进"放管服"改革工作,早日实现"最多跑一次",以企业投资一般性建设项目为重点,推行联审联办机制,大力压缩办理时限,实施"13345"专项改革,发改委坚持依法行政、简政放权、放管并重,优化审批流程,压缩审批时限,提高审批效率,运用投资项目在线审批平台,实现审批事项最少、审批时限最短的目标。根据国务院、自治区对行政审批制度改革的总体安排和部署,市发改委行政审批进驻大厅投资项目行政审批事项3项:权限内政府投资项目审批、权限内企业投资项目备案、政府投资项目竣工验收。实现"最多跑一次"事项2项:权限内政府投资项目审批、权限内企业投资项目备案。

二、基本建设项目

1995 年,建成城市排水、防洪工程项目等。

2001 年,完成固定资产投资 9.7 亿元,其中基本建设项目投资 3.5 亿元,更新改造投资 1.6 亿元,房地产开发投资 3.3 亿元,其他投资 1.3 亿元。

2002—2005 年,共安排重点建设项目 144 个,前期项目 92 个,储备项目 42 个,一批小型建设项目,累计完成固定资产投资 53 亿元。

2011—2015 年,累计完成固定资产投资 192.4 亿元,招商引资取得明显成效。

第二章　国土资源管理

第一节　机　构

一、阿图什市国土资源管理局

1995 年,阿图什市土地管理局机关核定编制 22 名,其中行政编制 11 名、事业编制 11 名,正科级单位。内设办公室、地籍管理科、土地利用规划科、土地纠纷办 5 个股室,下设城镇土地管理所。

2002 年 10 月,市土地管理局与地质矿产管理局合并成立阿图什市国土资源局,并设立党组。

2003 年 3 月,将原市土地管理局的行政管理职能、原市建设局的测绘管理职能、原市经贸委矿管办行使的矿产资源行政管理职能、原市国资委承担的国有土地资产实行资产化管理的有关职能、原市计划统计委员会承担的国土规划和土地利用总体规划的有关职能全部归口到国土资源局管理职能范围。

2005 年,按照《新疆维吾尔自治区国土资源管理体制改革实施意见》,局领导干部实行双重管理,以克州国土资源主管部门党组管理为主、市委协助管理为辅。国土资源局内设行政办公室、地籍股、矿管股、建设用地股、土地利用股、测绘股。下设国土资源执法大队。

2010 年,国土资源局在编职工 63 人,其中大专以上文化程度 58 人。

2015 年 6 月,土地储备中心成立,为副科级事业单位,核定编制 1 个,属市国土资源局直接管理。

2015 年末,阿图什市国土资源局有在编职工 59 名,其中乡镇所 16 人。局机关内设股(室)8 个:办公室、土地利用规划科、地籍科、测绘科、耕地保护科、地质矿产科、土地纠纷办、纪检监察室;下辖片区国土资源所 7 个,具体负责全市 7 个乡镇的国有土地、集体土地和矿产资源的管理工作。

二、矿产资源管理局

1995 年,阿图什市矿产资源管理局隶属市国土资源管理局,二级单位,内设办公室、综合业务科。2002 年 10 月,与市土地管理局合并组建阿图什市国土资源局。

三、乡镇土管所

1995 年,全市 7 个乡镇设立上阿图什镇、松他克乡、阿扎克乡、阿湖乡、格达良乡、吐古买提乡、哈拉峻乡 7 个乡镇土地管理所,由各乡镇人民政府管理。

2003 年 10 月 15 日,市政府会议研究决定,市 7 个乡镇成立乡镇国土资源所,为股级事业单位。成立后的乡镇国土资源所受乡(镇)政府和市国土资源局双重管理。

2006 年 6 月,各乡镇国土资源所为市国土资源局的派出机构,由市国土资源局统一管理,实现人、财、物、业务上的统管。

2015 年,机构改革,全市 7 个乡镇国土资源所交由各乡(镇)政府管理。

四、国土资源执法监察大队

2006 年 2 月,阿图什市国土资源执法监察大队成立,由自治区国土资源执法监察总队垂管,核定编制 6 名,配备执法监察专用车 3 辆。2015 年,实有 6 人。

第二节　土地资源管理

一、土地使用制度改革

1995 年 2 月,市政府出台《阿图什市关于深化土地使用制度改革的若干决定》,进一步深化国有土地使用制度的改革。

1999 年 5 月,市政府出台《阿图什市国有土地使用权有偿使用暂行办法》,根据文件精神对全市企事业单位用地实行有偿使用。从 2003 年起,根据国土资源部、监察部《关于严格实行经营性土地使用权招标拍卖挂牌出让的通知》精神,阿图什市对国有土地使用权实行招标、拍卖、挂牌三种方式出让土地。

二、土地调查

(一)城镇地籍详查

根据国家土地管理局《关于完成国家土地普查将土地详查数据变更到 1996 年 10 月 31 日同一时点上的紧急通知》及自治区土地管理局《关于开展土地变更调查有关问题的紧急通知》精神,阿图什市从 1996 年 8 月 26 日开始,到 10 月 31 日,全面开展土地变更调查工作。变更调查包括已审批和未审批、未批先用、违法使用的所有土地利用现状以及改变形成的地类变更。变更调查工作分为外业补测,内业量算、绘图和变更面积汇总三个阶段。1996—2001 年,全市土地利用现状分为八大类。2002—2007 年,实行新的土地三大类划分法。2007—2015 年,全市土地利用现状仍分为八大类。通过土地变更调查,1995 年耕地面积 15493. 5 公顷,2015 年耕地面积 16344. 13 公顷,新增耕地面积 850. 63 公顷。

1998 年,阿图什市土地勘测设计队在阿图什市开展土地资源详查。经过外业调绘、内业面积量算、图件编绘,全市共有国有土地面积 154. 99 万公顷。国有土地中:耕地 1. 69 万公顷;园地 3040. 1 公顷;林地 8. 89 万公顷;草地 52. 79 万公顷;居住和工矿用地 4266. 2 公顷;交通用地 2032. 38 公顷;水域用地 6159. 5 公顷;未利用地 96. 70 万公顷。

2008 年,全国开展第二次土地调查工作,阿图什市组织业务人员,开展外业调查,内业工作委托自治州土地规划勘察设计院承担,于 2009 年 10 月完成。此次调查更正阿图什市总面积,摸清全市土地的具体情况。2010 年,全市国有土地总面积 154. 99 万公顷,其中耕地 1. 74 万公顷、园地 7119. 16 公顷、林地 8. 71 万公顷、水域 1. 34 万公顷、草地 88. 62 万公顷、居住和工矿用地 6517. 25 公顷、交通道路用地 2915. 37 公顷、未利用地 52. 93 万公顷。

2015 年,阿图什市国土资源局制定《阿图什市地籍调查工作实施方案》,拟定阿图什市松他克乡肖鲁克村和阿孜汗村作为地籍调查工作试点村,协调克州规划勘测院委托中介机构和松他克乡政府,由 24 人组成 6 个工作小组,进村入户开展调查,完成两个村 1967 户农村地籍外业调查工作。

(二)待开发资源调查

2004 年,市国土资源局会同自治区土地开发整理中心对开发的土地资源进行调查。具有开发潜力的土地 21177. 43 公顷,主要分布在阿图什市阿扎克乡麦依村。2006 年 6 月,完成阿图什市土地开发整理规划工作,并通过自治区验收。

2004—2011年阿图什市土地开发整理项目规划汇总表

表16－1

项目名称	项目规模（公顷）	净增面积（公顷）	投资规模（万元）	期限
阿扎克乡麦依村土地整理	177.43	117.54	291.61	远期
哈拉峻乡欧吐拉哈拉峻村基本农田整理	808.77	185.09	1358.75	远期
阿图什市哈拉峻乡昂额孜村	665.01	69.71	1196.43	远期

三、土地利用规划

1995年，出台《阿图什市土地利用总体规划》。

1996年，根据国家土地管理局1997年10月23日重新发布的《土地利用总体规划编制审批规定》和新土规字〔1997〕007号文件要求，市政府于1998年作出关于重新修订《阿图什市土地利用总体规划（修订）（1996—2030年）》的决定。1998年5月，成立由市长任组长的市土地利用总体规划编撰领导小组，聘请2名专家，抽调10名工作人员承担土地利用总体规划编撰任务。1999年2月，完成总体规划编撰初稿，由市政府对总体规划进行评审。是年4月，《阿图什市土地利用总体规划》经自治区土地利用总体规划验收组评审通过。2000年10月，《阿图什市土地利用总体规划》获自治区土地利用规划优秀成果一等奖。2001年6月，获国土资源部土地利用规划优秀成果一等奖。

根据《中华人民共和国土地管理法》第十五条"各级人民政府编制土地利用总体规划"的规定和国家土地管理局《关于编制土地利用总体规划的通知》及自治区人民政府〔1998〕14号文件精神，以1997年国家制定的"土地利用总体规划技术规程"为技术标准，编制《阿图什市土地利用总体规划》。1998年12月，完成阿图什市土地利用现状分析、农用土地资源评价、土地需求量预测、水资源供需平衡研究，基本农田保护规划等专题研究。市乡两级同步编制土地利用总体规划及《阿图什市土地利用总体规划图（1:10万）》和市、乡、村，1:10万、1:1万、1:2.5万等各种专业图件。

《阿图什市土地利用总体规划》修订的主要成果有：市级规划文件4种，市级规划附件5种，乡级规划成果28种。修订中的土地利用分区按照土地基本用途的不同，将原来的两级23类并为9种土地利用区，即：农业用地区138767.6公顷；园地区3389.8公顷；林业用地区41111.8公顷；牧业用地区754266.8公顷；城镇建设用地区1374.0公顷；村镇建设用地区4607.8公顷；独立工矿用地区944.9公顷；其他用地8517476.1公顷；自然保护区162400公顷；各类用地区总计1461936.9公顷。

依据《阿图什市土地利用总体规划（修订）（1996—2030年）》的决定，土地使用分区的使用、完善、管理沿用到2015年。

根据土地利用现状及土地的主导用途，阿图什市的土地划分为6类一级区和17类二级区。

6类一级区：农业用地区117.33万公顷；林业用地区44.49万公顷；牧业用地区10.19万公顷；建设用地区1.21万公顷；特殊用地区23.25万公顷。

17类二级区：基本农田保护区6.43万公顷；一般农用地区4.18万公顷；农业垦殖区1.10万公顷；菜田保护区0.020公顷；园地用地区0.029万公顷；林业用地区3.95万公顷；一般林用地区0.5公顷；牧业保护区87.38万公顷；城镇建成区0.75万公顷；城镇规划区0.029万公顷；乡村建成区0.87万公顷；乡村规划区0.017万公顷，独立工矿建成区0.053万公顷；独立工矿规划区0.01万公顷；卡拉麦里山自然保护区19.53万公顷；其他0.15万公顷，各类用地区总计119.81万公顷。

四、地籍管理

1995年，阿图什市土地登记发证4062宗，发证面积2555.86公顷，其中国有土地使用权发证3462宗，发证面积2576.61公顷;集体土地使用权发证332宗,发证面积16.63公顷;土地开发许可证7宗,发证面积24.33公顷;农牧民宅基地发证261宗,发证面积38.28公顷。

2015年,阿图什市国土资源局办理国有土地使用证128宗,面积141.19万平方米;集体土地使用证872个,面积28万平方米,其中变更登记109个,面积3.95万平方米;登记办理城镇住房用地手续550个。

五、建设用地管理

(一)用地规模

2015年,全市建设用地中城乡建设用地规模6058.76公顷,占建设用地的65.87%;交通水利用地规模2856.76公顷,占建设用地总面积的31.06%。其他建设用地规模282.65公顷,占建设用地面积的3.07%。城乡建设用地中,城镇建设用地面积744.97公顷,占城乡建设用地的12.3%;农村居民点用地面积4915.68公顷,占城乡建设用地的81.13%;采矿用地面积398.11公顷,占城乡建设用地的6.57%。交通水利用地中,铁路用地面积182.82公顷,占交通水利用地的6.4%;公路用地面积726.96公顷,占交通水利用地的25.45%;管道运输用地40.58公顷,占交通水利用地的1.42%;水库水面1877公顷,占交通水利用地的65.7%;水工建筑用地29.41公顷,占交通水利用地的1.03%。其他建设用地中,特殊用地282.65公顷,占其他建设用地的100%。

(二)用地审批

阿图什市用地审批管理分为建设用地审批管理和土地开发整理复垦管理。建设用地审批分为政府供地审批、农用地转用审批和土地征用审批。政府供地审批是由市一级政府对国有建设用地行政划拨审批和对土地市场的管理,政府提供审批权限为:具体建设项目为乡(镇)村企业、乡村公共设施、农村道路、水利工程等设施建设和村民自建住宅。使用未利用地,由市人民政府批准,报自治州人民政府备案。使用农用地转用的乡村,集体建设用地规划范围内的乡(镇)村企业、乡村公共设施、公益事业、农村道路、水利等设施建设和村民宅基地的农用地转用,由自治州人民政府批准。使用土地利用总体规划确定的市城和建制镇建设用地规模范围内的农用地、城市规划区外由自治区级以下批准的边境界线和基础设施建设项目、基本农田以外的耕地35公顷以下的,其他土地70公顷以下的,由自治区人民政府批准。使用基本农田以及基本农田以外的耕地超过35公顷的,其他土地70公顷以上的国家重点建设项目、军事设施建设项目、跨省区建设项目由国务院批准。

六、耕地保护

(一)耕地占用补偿制度

2005年,根据《新疆维吾尔自治区严格执行占用耕地补偿制度管理办法》(新国土资发〔2005〕654号),实行以下补偿标准:

1. 类型

征用耕地补偿项目:(1)土地补偿费:计算依据是该耕地前三年平均产值,标准是被征土地亩数的6~10倍;(2)安置补助费:计算依据是该耕地前三年平均产值,标准是需要安置人口的4~6倍;(3)青苗补偿费:当季作物产值,按市场价补偿;(4)附着物补偿费:设区的市政府制定,根据制定的标准补偿。

2. 其他农用地

补偿项目:(1)土地补偿费:计算依据是该耕地前三年平均产值,标准是被征土地亩数的5~8倍;(2)安置补助费:计算依据是该耕地前三年平均产值,标准是需要安置人口的4~6倍;(3)青苗补偿费:当季作物产值,按市场价补偿;(4)附着物补偿费:设区的市政府制定,根据制定的标准补偿。

3. 未利用地

补偿项目:(1)土地补偿费:计算依据是该耕地前三年平均产值,标准是被征土地亩数的3~5倍;(2)安置补助费:不补偿;(3)青苗补偿费:不补偿;(4)附着物补偿费:不补偿。

4. 其他地上(下)附着物补偿标准

仓房每平方米补偿120元;室外水泥地坪每平方米补偿25元;沼气池每个补偿400元;厕所每平方米补

偿50～100元;猪鸡舍每平方米补偿50～100元;塑料大棚每平方米补偿25～30元;菜窖每平方米补偿50～130元;砖石墙每延长米补偿50元;格栅(含工艺格栅栏)每延长米补偿150元;大门楼每个补偿400元;饮用水井(含压水设备)每眼补偿2000元;农家排灌水井(含泵水设备)每眼补偿2000元;排灌大井(含设备)每眼补偿1万元;排水管(塑料管、铸铁)每延长米补偿10～30元;电话移机补助费每户200元;有线电视迁移补助费每户300元;坟每座补偿300元。

(二)基本农田保护

落实最严格的耕地保护制度,确保阿图什市1.75万公顷耕地和1.4万公顷基本农田的面积不减少,质量不降低。

2015年6月,完成基本农田保护责任书的签订工作,阿图什市1.4万公顷基本农田保护工作已落实到地块,保护率达86%以上,划定地块数1082块,建立标志牌180个,达到图表与地块相符。

1. 委托自治区国土资源规划研究院开展永久性基本农田划定工作。至2015年,阿图什市永久性基本农田划定的外业调查工作已完成,共涉及7个乡镇,60个村,3372个地块,划定基本农田面积14968公顷。2015年,数据库建设工作已完成,发现各类违法用地行为150宗,执法大队已立案查处52宗。

2. 完成哈拉峻乡欧吐拉哈拉峻村等2个村基本农田整理项目,面积808.77公顷,总投资1325.36万元和哈拉峻乡昂额孜村土地整理项目,面积665.01公顷,总投资1196.43万元的土地整理项目。哈拉峻乡昂额孜村土地整理项目和哈拉峻乡欧吐拉哈拉峻村等2个村基本农田整理项目已施工完毕。

七、土地监察

1995—2010年,根据国务院《关于加强土地管理制止乱占耕地》、国家土地管理局《关于冻结非农建设项目占用耕地的通知》及自治区政府关于开展查清非农业建设用地的指示精神,市政府下发《关于开展非农用地清查工作的通知》,并组织人力进行非农业建设用地清理。至2000年,共清理出转让、出租房地产案445宗,总面积24.66公顷。通过清理确定临时用地使用权,发放临时用地使用证,使临时用地走上依法管理的轨道。

2003年,按照自治区、地区治理整顿土地市场秩序工作的统一部署和要求,成立以市长任组长,国土、规划等9个相关部门为成员的市治理整顿土地市场秩序工作领导小组,在市局设立办公室。全年共清理土地违法行为70件,其中违法圈占集体土地5件、9.64公顷,擅自改变国有土地使用权性质65件、6.01公顷。2005年,开展存量土地清查工作。根据地区的统一要求,开展城镇存量建设用地情况专项调查工作,主要调查城镇建设用地规划控制面积,闲置土地的权属、数量、用途,空闲土地的权属,批而未供地的现状、用途等情况。据调查,城镇闲置土地2宗,面积4708平方米;空闲土地19宗,面积16.6万平方米。2008年,全市清理闲置土地工20宗,面积11.2公顷,全部进行处置。

2015年,阿图什市国土资源局执法监察大队联合各乡镇国土资源所开展巡查工作,发现各类违法用地行为150宗,立案查处52宗。

八、地价评估

2015年,修编和调整全市基准地价,确定商业、居住、工业三类用地的基准地价。地价评估工作全部委托具有资质的土地评估中介机构来承担完成。评估方法以基准地价修正法为主,评估者调查分析土地使用年期、地产市场供求状况、土地效益、用途、区域影响因素,对照修正系数表修正基准地价。同时结合市场比较法、收益法、剩余法、成本法等方法,准确评估。

九、土地档案管理

1995年,市土地管理局建立严格的资料归档制度,规定各业务科室当年发生的文件、表册、地籍档案,必须在次年的3月交档案室立卷保存。2001年后,先后购置数字化仪、绘图仪、扫描仪等先进设备,在地籍测量的基础上,全面启动地籍数字化建库和档案微机扫描、查询工作。

2006年,建立档案资料电子管理目录,提高档案查阅和利用效率。

至2015年,档案馆库存各类档案150卷。

第三节 矿产资源开发利用管理

阿图什市有独特的自然地理条件和丰富的矿产资源,从已开发和探明的矿产种类和资源储量来看,是矿产资源较为丰富的市之一,已发现的矿种有30余种,主要分布哈拉峻盆地一带。

一、规划管理

2006年,完成《阿图什市砂石黏土专项规划》的编制上报工作,专项规划已原则通过州国土资源局组织的专家评审。启动《阿图什市矿产资源总体规划(2010—2019年)》编制工作。

二、矿产资源

阿图什市的矿产资源比较丰富,已探明的金属矿有铁、钛、钒、铜、金、铅、锌等,非金属矿有湖盐、石灰石、大理石、云母、水晶石、石膏、萤石等32种矿产。2015年,阿图什市探明铜储量30万吨、锌储量60万吨、铅30万吨、铁800万吨。

三、矿产资源管理

(一)开发管理

2003年,市国土局通过规并联合的方式规范全市的矿点并引进地质勘探项目。

2004年,完成全市各砖砂厂的换发证工作,完成矿山收费和业务管理工作。

2005年,市国土部门加强矿业违法治理工作;对探矿权人的开工及工作过程进行监督登记,严格执行矿产资源勘查最低经费投入,完成涉矿收费。

2008年,加强阿图什市矿产勘查进度设立新疆阿图什市迈丹铅锌矿等78个探矿权。

2009年,申请上报探矿权项目77个,新疆阿图什市则木比勒盐矿等77家取得矿产勘查许可证。新疆阿图什市铁格尔曼Ⅱ号铜锌矿、阿图什霍什布拉克铅锌矿、克州众维投资有限公司阿图什市普昌钛磁铁矿、新疆阿图什—阿合奇县奥依布拉克铜多金属矿完成转采工作取得矿产资源开发许可证。完成伽师县宁亿投资有限公司阿图什市砂石料分公司建筑用砂矿等5家砂石料厂、阿图什市阿湖乡阿其克砖厂等13家砖厂、新疆阿图什市加曼吉勒片石矿的出让工作。

2010年,完成市域内各类矿业权的实地核查工作,核查率100%,核查资料及核查数据库通过州局的审核并报自治区国土资源厅。通过核查,规范27宗砂石黏土矿山的勘界及界桩埋设工作,完成探矿权的地质勘查项目专项检查工作。配合州国土资源局对重点勘查项目进行实地抽检和复验。专项检查成果资料经州局审查并上报至自治区国土资源厅。

2012年,完成全市78家采矿权年检和自治区国土资源厅的抽查工作,年检合格率100%。办理采矿权延续4家、变更2家、转让3家;办理探矿权延续21个、转让1个;开展动态巡查50人次,确保各矿山企业都能合法开采完成全市非煤一类、二类矿产资源矿业权设置方案的实地踏勘、资料收集、方案编写和三类矿业权方案的设置工作。协助完成花岗岩探矿权的挂牌出让工作,设置探矿权2个,探矿权面积102平方千米。

2013年,完成2012年度68家采矿权矿山企业年检工作,合格率100%。同年,共办理采矿权延续手续矿山企业16家,变更转让1家,办理探矿权延续项目25个,保留项目2个。完成2012年度4家采矿权矿山企业储量年报的评审备案工作。完成2013年砖砂场储量年报外业核查工作。完成15家砖砂场挂牌出让工作。做好2013年度矿产卫片核查工作。开展2013年探矿权年检工作,年检项目58个,按照年检要求对探矿权人下发通知,按时完成年检工作。

2014年,市辖区内可供开采利用的矿产资源种类有15种,其中2014年度开采的矿种有湖盐、建筑石料用灰岩、建筑用花岗岩、建筑用砂、铅矿、水泥配料用板岩、水泥配料用页岩、水泥用石灰岩、砖瓦用页岩、砖瓦用黏土。未开采的矿种有:建筑用砂岩、铁矿、铜矿、锌矿、萤石(普通)。年底,持有效采矿许可证的矿山共71家,按矿种划分:其中,湖盐1家,建筑石料用灰岩4家,建筑用花岗岩1家,建筑用砂21家,建筑用砂岩1家,矿盐1家,铅矿2家,石灰岩2家,水泥配料用板岩1家,水泥配料用页岩2家,水泥用石灰岩1家,铁矿2家,铜矿3家,锌矿3家,萤石(普通)1家,砖瓦用页岩6家,砖瓦用黏土19家。年产固体矿石总量1240.49万吨,矿业总产值10.17亿元,矿业从业人数2000人,矿业产值占全市工业总产值(39.1亿元)的26%。完成探矿权采矿权延续、变更、保留、转让报件资料审查上报及矿区实地核查工作,全年共办理采矿权延续8家,探矿权延续项目25个,保留项目2个;完成2013年度采矿权矿山企业、储量年报的评审备案工作;完成2013年采矿权年检工作,年检矿山68个,按照年检要求对矿山企业进行实地检查,整理组织报件192份,经区州抽检后合格率100%;完成5家新立砖砂场配号、数据录入、发证登记工作。

2015年,市国土资源局对各类矿业权巡查检查10余次。全市有采矿权资质企业77个,其中自治区发证18个,经营5个(其中3个铅锌矿、1个石灰石矿、1个盐矿),停产13个。市国土资源局办理探矿权延续24家,划定区延续2家,探转采矿权1家。收到探矿开工报告48家,全部出具边防作业证明,收缴临时用地使用费50万元。有效探矿权58家,全部进行年检,在市国土资源局网站公示。全年勘查总面积853.86平方千米,勘查总投入5123.16万元,上缴税额150万元。

(二)矿产资源补偿费征收

2004年,阿图什市按照国务院颁布的《矿产资源补偿费征收管理规定》,征收矿产资源补偿费工作。随着矿山管理的日趋完善和各项制度的不断完善,矿产资源补偿费征收呈逐年上升的状态。2010年健全和规范探矿权,采矿权档案。加强对采矿权人提供的矿产品产量、销售收入等资料的核实。2011—2015年,共征收矿产资源补偿费10044.56万元。

(三)年检年报

1996年,阿图什市实行年检年报制度。矿山企业年检与工商营业执照验照相结合,每年在开展矿山企业年检的时候,地矿部门联合工商部门,采取先年检后验照的方式,确保年检工作顺利进行。年检率100%。

2000年,阿图什市制定矿山年检管理工作制度,成立矿山年检工作领导小组,政府统一领导,国土资源、公安、经贸、工商、环保、安监等相关部门联合执法,对矿山布局不合理的开采企业进行规划。

四、行政执法

1995年后,随着市域矿产开发项目越来越多,为适应矿产开发中出现的安全等突出问题,制度安全管理办法,严把土地矿产审批关,有效管控风险,定期检测,动态巡查。

2007年,全面实行动态巡查。严把土地、矿产审批关。共立案查处违法行为3起,结案3起。

2008年,对在阿图什市采挖砂石黏土的企业的完税情况进行全面的清查和收缴,清查全市各砖砂场的临时用地情况,规范矿产资源开发秩序,为建立"规范、开放、有序"的矿业权市场打下良好的基础。

2009年,进一步规范矿产开发市场。

2010年,全市完成各类矿山采矿权的年检工作,年检率100%,合格率100%。同时按60%抽检率进行抽检,抽检合格率100%。

2011年,市国土局完成全市采矿权和探矿权的年检工作。

2012年,全市完成采矿权年检和自治区国土资源厅的抽查工作,年检合格率100%;开展重点勘查项目的专项检查工作,收取矿产资源补偿费185.3万元。

2013年,市国土局做好矿产资源动态巡查检查工作,全年配合市联合检查组对辖区内矿山企业实地检查1次,协同监察大队巡查检查20次,有效维护矿业秩序的健康发展。

2014年,根据市国土资源局"六打六治"专项行动实施方案,做好矿产资源动态巡查检查工作,配合市联合检查组对辖区内矿山企业实地检查3次,协同监察大队巡查检查30次,制止非法采矿3起,立案处理5起,有效维护矿业秩序的健康发展。征收矿产资源补偿费276.6万元。

2015 年,市国土资源局对各类矿业权巡查检查 40 次,依法暂扣违法企业的挖掘机、发电机、装载机等设备。对涉及圈而不探的探矿人加强监督管理,交执法大队立案查处 2 家。依规注销过期三类矿权 17 家,清理采矿用地 2 处,清理阿扎克村民非法取土点 7 处。罚款 30 万元。

第四节　测绘及地质环境管理

一、基础测绘管理

2003 年,阿图什市协助自治区测绘院完成全市测量标志的普查工作。

2006 年,完成阿图什市哈拉峻盆地 1430 平方千米 1∶1 万地形图的外业调绘工作。

2008 年,完成阿图什市农区从格达良乡至上阿图什镇 2214 平方千米 1∶1 万地形图的外业调绘工作及成图工作。

2010 年,阿图什市开展数字城市建设,数字阿图什地理空间框架建设项目建议书经市政府审核通过,经测算“数字阿图什地理空间框架建设”项目总投资 1151.4 万元。向自治区测绘地理信息局申请数字城市重点项目建设边远少数民族地区专项资金。“数字阿图什地理空间框架建设”重点项目建成后,不仅能为阿图什市提供重要基础资料,而且可以作为自治区基础测绘数据的重要补充,为城市国土、规划、市政、建设、环保、交通、公安、房产、电信等各部门、各行业和社会公众提供科学、准确、及时、快速的数据信息,提供完善、优质和高效的地理空间数据服务,实现社会资源共享。

2011 年,完成对市域内频密测绘成果单位进行保密检查。

2012 年,完成阿图什市 1∶500 大比例尺地形图测绘签约。

2013 年,阿图什市 1∶500 大比例尺地形图测绘已完成,阿图什测区 45 平方千米,航空摄影 10 平方千米,满足阿图什工业园区及市区规划用图。

2014 年,阿图什市开展测量标志点的巡查检查工作,巡查检查 8 次,巡查覆盖率 90%。完成 1∶1000 比例尺数字化地形图测绘 145.5 平方千米。

2015 年,市国土资源局完成阿图什市 CORS(跨域)基站建设选址;为阿图什基本草原划定提供阿图什市辖区用图;为需要测绘成果的单位提供证明材料,在市国土资源网站提供样表下载。

二、测绘成果管理

测绘成果的 1—5、7、9、10 项管理权限在自治区测绘局和克州测绘地理信息局。

三、对外提供测绘成果审批

(一)由使用单位申请所需要测绘成果资料名称或图幅号。

(二)由市国土局登记并出具证明函、签订保密协议后持证明函到自治区测绘地理信息局购买使用,使用结束后申请自治区测绘局销毁。

四、测量标志管理

2003 年,全市完成的测量标志普查工作,根据自治区测绘局提供的测量标志原始资料,全市共有测量标志点 271 个。在实际普查中查三角点 142 个,可以利用并办理委托保管的三角点 64 个,已遭破坏现已无法使用的三角点 78 个;水准点 84 个,可以利用并委托保管的水准点 48 个,已遭破坏现已无法利用的水准点 36 个。普查 GPS 点 45 个,可以利用并委托报告的 GPS 点 22 个。测量标志普查工作的完成为市域经济的发展和国防建设提供资料保障。

2005 年,阿图什市完成测量标志普查工作,广泛宣传测量标志的重要作用,增强农牧保护测量标志意识。

2009 年,完成市域内 84 个测量标志点警示标志的埋设工作,争取设置测量标志警示标志经费 3 万元,埋设警示标志牌 84 个,并顺利通过自治区、自治州测绘部门的检查验收。

2011 年,全市完成 108 个测量标志点的野外实地普查工作。

2012 年,全市完成 5 个 GPS 点、14 个三角点、25 个水准点的巡检检查工作。

2013 年,完成阿图什市农区 80 个(GPS 点 22 个、水准点 32 个、三角点 26 个)测量标志点进行登记发证。其中:国有土地使用证 76 个面积 1736 平方米;他项权利证 4 个 64 平方米。

2014—2015 年,争取上级测量标志点保护经费 2 万元,用于全市存在潜在危险的 1 个水准点的重点保护和维修。

五、测绘法律法规普及宣传

2008—2014 年,阿图什市开展测绘法律法规的宣传活动,利用每年的"6·25"土地日、"4·22"地球日、"8·29"测绘法宣传日宣传活动之机,采取散发宣传单、张贴测量标志保护宣传画、设立宣传咨询台,通过发送手机短信、悬挂横幅等方法做好测绘法律法规的宣传,开展全民国家牌图识教育。做好测绘成果资料保密检查工作。

六、地质灾害防治

1995—2015 年,阿图什市制定实施《阿图什市地质灾害应急预案》和《阿图什市地质灾害防治方案》,与市气象局定期沟通,开展监测监控预警工作,依靠群测群防,不定期对 6 个地质灾害易发区(13 个地质灾害易发点)进行巡查 2 次,至 2015 年末,未发生重大的地质灾害。北山地质灾害治理项目,投入两权矿业权价款 628 万元,占用林地手续齐全,N1 泥石沟变更已通过评估审批,拦沙坝、排导渠等主体工程完工并验收。

第三章　审　计

第一节　机　构

1995 年,阿图什市审计局核定编制 12 名,实有 12 人,其中领导干部 3 人、一般干部职工 9 人。内设办公室、财政科、文行科、农牧科、企业科和审计师事务所 6 个职能科室,正科级建制。

2003 年 5 月成立党支部,2005 年 10 月设立党组。

2015 年,核定编制 19 名,其中行政编制 12 名、事业编制 6 名、后勤服务编制 1 名;实有 19 人,其中领导干部 4 人、非领导职务 1 人、一般干部职工 14 人。内设职能科室 6 个,即经济责任审计科、综合办公室、法制综合科、综合审计科、固定资产投资审计中心、计算机技术(审计)中心。

第二节　国家审计

随着改革开放和经济发展,阿图什市审计工作任务逐年增加,审计工作领域逐年扩大,审计工作要求逐年提高,审计工作的重要性亦更加明显。1995 年,全市审计工作任务 7 项。2015 年,全市审计工作任务为 17 项(不含政府投资性建设项目审计)。1995—2015 年,全市累计完成审计项目 420 项,共审计乡(镇)、市直单位(部门)427 个(次),审计领域涉及财政、扶贫、医疗、卫生、教育、社保、金融、企业等方面,审计查出问题金额 282955 万元,提出审计建议 1069 条。

一、财政审计

1995 年 1 月 1 日,《中华人民共和国审计法》正式实施。1998 年,开始按照《中华人民共和国审计法》和《中华人民共和国预算法》规定,对市本级财政预算收支执行和其他财政收支情况进行审计。审计监督的重点是财政预算资金收支管理及执行情况、专项资金的管理及使用情况,关注财政预算资金支出结构的评价和分析,提出进一步优化支出结构,改进财政收支管理的建设性建议;地税部门以履行税收征管职责为主线,有重点地选择部分市属企业集团,进行纳税情况延伸审计;扩大内需的政策落实情况;预算内外往来账款的真实性、合规性;对其他部门、单位的审计,重点摸清部门预算编制与执行的基本情况、年度预算安排的专项经费的编制情况。以财政资金的投入、分配和使用为主线,以促进资金运行效率为目标,对市卫生综合改革财政投入资金效益情况进行审计调查,客观评价社区卫生综合改革实际效果,提出切实可行的审计建议。

本级财政预算收支执行情况和其他财政收支情况的审计每年 1—4 月完成,分别向市政府和市人大常委会报送审计结果,并受市政府委托,每年向市人大常委会作工作报告。审计结果揭示市财政资金运转现状和财政资金投入使用、管理以及政府宏观、民生工程、优惠方针政策的落实方面存在的问题,并提出合理意见建议,为市政府加强财政管理和市人大常委会加强审计监督,提供可靠依据。

1995—2015 年,共审计预算执行情况审计和财政决算审计 153 项(次),审计查出问题金额 178818 万元。

二、金融审计

2014 年,根据自治区审计厅统一安排部署,自 2014 年 9 月 4 日起,对阿图什市农村信用合作联社 2014 年度新增贷款及投放结构情况进行跟踪审计调查,重点对贷款投放总体情况、相关行业领域贷款政策的执行情况和潜在风险进行审计调查。并有针对性地延伸部分分支机构和贷款客户。至 2015 年,审计查出问题 3 条,查出违规金额 439. 57 万元,提出审计意见建议 4 条。

三、固定资产投资审计

自 2003 年起,为适应新时期审计工作的要求,阿图什市审计局把固定资产投资审计作为一个工作重点,多方协调,率先在三县一市审计行业中开展固定资产投资项目审计。至 2015 年,共实施固定资产投资审计 78 项,审计涉及金额 5161 万元,累计核减金额 2055 万元。

四、企业审计

2009 年,阿图什市开始开展企业审计工作。按照市委、市政府的和上级审计机关的工作安排,先后对康泉供排水公司、阿图什市公交公司、阿图什市天河旅游公司财务决算情况进行审计。针对各个行业在经营管理和财务收支等方面带普遍性和倾向性问题。至 2015 年,共审计企业 4 个,审计查出问题金额 1875 万元,提出整改意见 14 条。

五、专项资金审计

1995—2015 年,共实施专项资金审计 111 项,审计查出管理不规范资金 57766 万元。提出增强单位领导的财经法纪意识、加强对财务人员培训和完善单位内控制度等审计建议 295 条。

六、经济责任审计

对党政领导干部和国有企业领导人员进行经济责任审计,是我国在推进党风廉政建设、加强权力制约监督的形势下,依法建立的一项重要制度。《中华人民共和国审计法》及有关法律法规对经济责任审计作出明确规定,中办、国办颁布的《党政主要领导干部和国有企业领导人员经济责任审计规定》,对经济责任审计作出具体制度安排。根据市委、市政府及上级审计机关的工作安排部署,自 2003 年起,在组织开展县级以下党政领导干部任期经济责任审计工作的各项事宜，对领导干部在任期内的重大经济决策的制定、执行及廉洁自律情况进行客观公正地评价。为全市经济管理和发展、促进干部廉洁自律干部选拔任用等方面提供依据和保障，得到市委、市政府的高度重视和支持。2014 年 2 月 27 日，在阿图什市 2014 年经济责任审计工作联席会议第一次会议暨经济责任审计集中进点见面会上，讨论并通过《阿图什市领导干部离任经济责任事项交接制度（试行）》。

2003—2015 年，共对 82 个项目、65 个部门、4 名领导进行经济责任审计。共审计查出问题金额 35709 万元。

七、审计调查

2008—2015 年，对 16 个项目实施审计调查。审计查出问题金额 3625 万元，提出审计意见建议 24 条。

第三节　社会审计

社会审计是国家审计体系的组成部分。自 2014 年起，根据市委、市政府安排部署，先后委托多家社会中介机构对援疆项目和政府性投资项目实施审计。到 2015 年 11 月 30 日，共委托社会中介机构实施审计 177 项，送审价 6.43 亿元，审定价 6.05 亿元，核减额 3867.84 万元。

第四节　内部审计

1995—2015 年，有市供销社等 5 个单位设有内部审计机构。其他单位的内审机构基本上都逐渐消失。

1995—2015 年阿图什市审计项目完成及审计监督成果统计表

表 16－2　　　　单位：个、万元、条

分类	审计（调查）单位（个）	审计查出主要问题情况				审计处理情况					审计提出建议（条）	核减金额（万元）
		违规金额（万元）	损失浪费金额（万元）	管理不规范金额（万元）	损益（收支）不实（万元）	罚没（万元）	应归还原渠道资金（万元）	应调账处理金额（万元）	应纠正金额（万元）	移送处理金额（万元）		
合计	427	59995.13	66.11	222882.82	10.88	121.65	2205.31	85.71	—	34.80	1069	—
一、财政审计	153	43908.91	34.89	134874.06	—	71.05	1313.57	57.60	—	—	429	—
二、专项资金	111	7577.24	—	50189.23	—	3.77	68.56	—	—	34.79	295	—
三、经济责任审计	65	8081.62	31.22	27596.02	—	45.83	822.56	—	—	—	209	—
四、固定资产投资审计	78	27.55	—	5133.65	—	1	—	28.11	—	—	98	2054.84
五、企业审计	4	—	—	1864.47	10.88	—	—	—	—	—	14	—
六、审计调查	16	399.80		3225.39	—	—	0.6	—	—	—	24	—

第四章　统　计

第一节　机　构

一、统计局

1995 年,阿图什市统计局有工作人员 8 人。

2002 年,成立阿图什市城市社会经济调查队,是统计局下设机构,事业单位,编制 3 名,其中领导职数 1 名。

2007 年,阿图什市城市社会经济调查队编制调整为 6 名,其中领导职数 1 名。

2011 年,阿图什市城市经济调查队更名为阿图什市统计局普查中心,核定编制 9 名,其中领导职数 1 名。

2012 年 6 月,成立阿图什市统计局党组。

2015 年,统计局内设办公室、业务科、国民经济综合科、城市调查科,下设普查中心,行政编制 9 名,事业编制 9 名。实有在编人员 20 人,其中领导 3 人、统计人员 17 人。

二、国家统计局阿图什调查队

1984 年成立阿图什市农村社会经济调查队,2007 年经国家统计局批准,更名为国家统计局阿图什调查队。2015 年有工作人员 7 人,其中队长 1 人、副队长 1 人、统计人员 5 人。

第二节　综合统计

统计报表按时间分,有月报、季报、半年报和年报,按行业分,主要有农业统计报表、工业统计报表、商贸业统计报表、劳动工资统计报表、国民经济核算。

一、农业统计

1995 年,年报表压缩为 17 张、定期报表 5 张。恢复《国有农林牧渔场基本情况表》《小麦、牲畜越冬情况季节表》两张表。取消《农村自然灾害情况》《农村固定资产结构》《贫困县基本情况统计表》《农村非农行业产值表》。

2004 年,农业综合年报为《农村乡镇国有农林牧渔场基本情况》《农村基本情况》《国有农林牧渔场基本情况表》《农业生产条件表》《农业机械拥有量》《林业生产情况》《水产品生产情况》《水果生产情况》《耕地面积表》《农村电气化、农田水利情况》《蔬菜及特种作物生产情况》《农村经济发展投入资金调查表》《农作物播种面积、总产量》《牧业生产情况》《畜产品产量》《农林牧渔业总产值》《农林牧渔业中间消耗计算表》等 17 张报表。2005 年,增加《镇村基本情况表》和《农村经济一览表》。

2010—2015 年,农业统计报表共有 12 张,分别是《农村基本情况表》《国有农林牧渔场基本情况表》《农业生产条件表》《水产品生产情况表》《水果生产情况表》《农作物播种面积、总产量、耕地面积情况表》《蔬菜及牧种作物生产情况》《牧业生产情况综合表》《畜产品产量表》《农村基层情况一览表》《农林牧渔业总产值表》《农林牧渔业中间消耗表》。

二、工业统计

1995 年,进行全国第三次工业普查,以普查代替年报。共有 27 张表。分别为《全部工业企业和生产单位主要经济指标》《全部乡及乡以上工业企业和生产单位数及工业总产值》《全部年产品销售收入在 100 万元以上村办工业主要经济指标》《全部年产品销售收入在100万元以下村办工业主要经济指标》《全部年产品销售收入在100万元以上的合作经营、私营、个体工业企业和生产单位主要经济指标》《全部年产品销售收入在100万元以下的合作经营、私营、个体工业企业和生产单位主要经济指标》《全部乡及乡以上独立核算工业企业主要财务指标状况》《全部独立核算国有工业企业主要财务指标状况》《全部独立核算集体工业企业主要财务指标状况》《全部独立核算其他经济类型工业企业主要财务指标状况》《全部独立核算乡属工业企业主要财务指标状况》《全部独立核算三资工业企业主要财务指标状况》《全部乡及乡以上独立核算工业企业劳动情况》《全部工业企业生产单位主要工业产品产量》《全部乡及乡以上和年产品销售收入在100万元以上的村办、合作经营、个体工业企业和生产单位主要工业产品生产量和销售量》《全部年产品销售收入在100万元以下的村办、合作经营、个体工业企业和生产单位主要工业产品生产量和销售量》《主要工业产品生产能力》《工业企业原材料、能源消费与库存》《主要原材料、能源消费与库存》《能源加工转换情况》《工业企业科技活动》《电子计算机、自动化生产线、机械手、工业机器人拥有量和动力机械总能力》《主要工业生产设备及其新旧程度》《主要工业产品销售收支情况》《工业企业原材料、能源分组消费与库存总值》《工业企业原材料、能源分组消费量》《工业企业按行业分组的能源加工转换情况》。自工业统计报表制度分为年报和定期报表两部分后，凡定期报表已有的统计内容，年度一般不再重复统计，实行以定期报表代替年报。

1998年，统计制度规定执行9张年报，3张定期报表。其中工业生产、财务等主要经济指标的统计范围：年报为全部独立核算工业企业和个体经营单位；月报为全部国有及年产品销售收入500万元及以上的非国有工业企业。《主要工业技术经济指标》和《主要工业产品生产能力》2张表的统计范围为重点工业企业或各部门归口管理的主要产品；《工业企业能源购进、消费及库存》的统计范围为全部国有及年产品销售收入500万元及以上的非国有工业企业；《重点耗能工业企业能源购进、消费及库存》半年报为年耗1万吨标准煤及以上和有能源加工转换活动的工业企业。为减轻企业负担，从1998年开始，不再下发《能源综合统计报表制度》，而是将能源的购进与消费库存报表和能源加工转换报表分别放入工业和有关专业的综合统计报表制度中，增加《工业企业能源购进、消费及库存》。1999年，《工业企业及工业生产单位字典库》在上年基础上补充和修改，增加按核算形式分组标志，即：国有及年产品销售收入500万元以上的非国有独立核算工业企业、年产品销售收入500万元以下的非国有独立核算工业企业、非独立核算工业生产单位。统计年报执行8张，定期报表执行5张。年报与上年相比，取消《工业企业主要经济指标》《工业企业主要经济指标》《集体工业企业主要经济指标》《外商和港澳台商投资工业企业主要经济指标》《大中型工业企业主要经济指标》，将《乡及乡以上工业生产单位数及工业总产值》改为《全部工业企业及生产单位有关指标》，统计范围扩大。新增加的《工业企业生产、销售总值及主要产品产量》《工业企业财务情况》实行超级汇总。定期报表增加《工业产销总值及主要产品产量月报》和《主要工业产品销售量与库存量季报》，并实行超级汇总，免报与其相关的汇总表《工业企业主要经济指标》和《主要工业产品销售量与库存量》。增加《重点能耗工业企业能源购进消费及库存》，同时实行超级汇总。

2000年以来，市统计局按照国家、自治区统计改革方案，加强对直报工业企业、规模以上企业统计数据的监审；组织开展规模以下工业抽样调查工作，积极探索抽样调查与全面统计数据的衔接办法。组织开展个体商业抽样调查工作，为准确反映全县社会消费品零售额规模创造条件，主动出击。积极稳妥地组织开展工业发展速度计算方法的改革工作。2000年，工业统计制度共执行年报表9张，定期报表5张。为满足编制2000年投入产出延长表的需要，年报表增加《大中型工业企业按产品部门划分的工业总产值》和综合表，翌年又予以取消。4张超级汇总表除上年两张继续执行外，增加《工业企业能源消费、购进及库存》和《大中型工业企业按产品部门划分的工业总产值》的超级汇总。定期报表《工业产销总值及主要产品产量》基层表与综合表并轨，原综合表的内容精减，表名改为《工业增加值》。2001年，对工业产品产量目录进行修改，增加近40个产品。统计报表制度执行综合年报4张，基层年报3张，定期报表6张，共计13张表。《工业企业财务状况》增加短期投资、新产品销售收入、广告费、新产品实现销售税金及附加、养老保险和医疗保险费、办公费、研究开发费、职工教育费、投资收益、新产品实现利润和新产品应交增值税等指标。《工业企业能源购进、消费及库存》基层表和综合表中能源消费量中都增加“用于原材料”指标。定期报表《工业企业主要经济指标》增加新产品销售收入、新产品实现销售税金及附加、研究开发费、新产品实现利润和新产品应交增值税等指标。2002 年,综合年报 4 张,基层年报 4 张,定期报表 9 张,共计 17 张表。基层表和综合表《工业企业能源购进、消费及库存》中的消费量中都增加“合计中:车辆用油”指标,排在“非工业生产消费”指标后。将定期报表《重点耗能工业企业能源购进消费及库存》改为年报,增加《工业总产值和增加值汇总表》《大中型工业企业总产值调查表》《工业企业主要能源消费量与库存量》和综合表。根据国家统计局要求,2003 年,在全县正式采用价格指数法计算工业发展速度。同时对 GDP 核算工作进行改进和规范,与国际标准靠拢。经过多年探索与实践,确立以周期性普查为基础,以经常性抽样调查为主体,以重点调查、科学估算、利用有关部门业务资料和全面统计综合运用的统计调查方法的新体系。

从 2003 年 1 月起,统一使用新的《国民经济行业分类》。按照新的行业分类,“木材及竹材采运业”由采掘业调整到农业,“纤维原料初步加工业”调整为“农产品初加工服务”,即这两个行业不再属于工业统计范围。新增加的“废弃资源和废旧材料回收加工业”大类和“污水处理及其再生利用”“其他水的处理、利用与分配”两个中类。工业企业大中小型划分也从 2004 年 1 月起执行新的划分标准,即从业人员、销售额、资产总额在 2000 人及以上、3 万元及以上、4 万元及以上为大型。从业人员、销售额、资产总额在 300 ~ 2000 人、0.3 ~ 3 万元、0.4 ~ 4 万元为中型,从业人员、销售额、资产总额在 300 人及以下、0.3 万元及以下、0.4 万元及以下为小型。2003 年,执行综合年报 3 张,基层年报 2 张表,定期报表 5 张表,共计 10 张表,其中基层年报增加使用上年价格计算的工业总产值。2003 年因国家统计局又恢复《能源统计报表制度》,因此工业统计中取消有关能源统计的 6 张统计报表,改由能源统计报表制度统计。取消执行仅 1 年的《工业总产值和增加值汇总表》和《大中型工业企业总产值调查表》。2004 年,进行全国第一次经济普查,并以普查代替年报。在普查中,工业统计报表设有 10 张表,部分报表的指标设置增加较多,指标划分较细。其中《规模以上工业企业生产情况》增加产品销售和库存情况,新增《工业企业主要原材料及水消费》,分列钢材、生铁、水等物资。《规模以下工业企业生产经营情况》,在原来只统计工业总产值、上缴税金、实收资本的基础上,新增资产负债和损益分配等 25 项指标。2005 年,执行综合年报 3 张,综合定期报表 1 张,基层年报 7 张,定期报表 8 张,共计 19 张表,其中综合年报《规模以上工业企业增减变动原因一览表》,自 2005 年起被正式纳入工业统计报表制度进行统计。基层年报《法人单位基本情况》的统计范围扩大为全部法人工业企业。《产业活动单位基本情况》的统计范围原来只统计辖区内非工业法人企业附属的工业产业活动单位,新增辖区内规模以上工业法人企业附属的产业活动单位的统计范围。

2010 年,工业统计报表共有 12 张,其中基层年报表 5 张,分别为:法人单位基本情况、产业活动单位基本情况、工业企业成本费用、主要工业产品生产能力、信息化情况。基层定期报表 4 张,分别为财务状况、工业产销总值及主要产品产量、主要工业产品销售、库存、订货情况。综合年报表 1 张规模以下工业总产值及主要产品产量。综合定期报表 2 张,分别为工业增加值及增长速度、规模以下工业主要能源产品产量。2012—2015 年规模以上工业报表试行联网直报。

三、商业统计

1995 年,商业综合统计报表制度在 1993 年报表制度大变革的基础上修订完善。增加大中型批发零售贸易企业商品销售库存量及财务指标两张表。同时增加工业企业消费品零售及农副产品收购数量统计和批发零售贸易业、餐饮业统计调查单位情况统计,共执行 12 张表。

1996 年以后,批发零售贸易、餐饮业综合统计报表制度随着批零贸易业的快速发展,每年都进行修订。1996 年,由于进行第一次全国基本单位普查,批发零售贸易业、餐饮业综合统计报表制度取消《批零餐饮业统计调查单位情况》,以普查数据代替年报。1997 年,批发零售贸易业、餐饮业综合统计报表制度执行 11 张年报表,7 张定期报表。其中,《批发零售贸易业商品购进、销售、库存总额》年报表和定期报表分别按大中型、小型和个体、餐饮业分解为 3 张表上报。同时定期报表增加《大中型批发零售贸易企业主要经济指标》,指标按经济类型设置本期和上年同期的“商品销售收入净额、商品销售成本、经营费用、商品销售税金及附加、商品销售利润、代购代销收入、主营业务利润、其他业务利润、管理费用、财务费用利润总额、资产总计、所有者权益、职工平均人数”等19项指标。1998年，批发零售贸易业统计年报执行5张，定期报表执行6张。年报与上年相比将《批发零售贸易业商品购进、销售、库存总额》按企业规模“大型企业、活动单位”“中型企业、活动单位”“小型企业、活动单位”分组改为按限额以上和限额以下分组。限额以上标准为：批发业年销售额和年末从业人员分别在2000万元及以上和20人及以上；零售业在500万元及以上和60人及以上；餐饮业在200万元及以上和40人及以上。从1998—2003年都采取限额以上批发零售贸易业、餐饮业实施全面调查，限额以下批发零售贸易业、餐饮业和个体户实施抽样调查，社会消费品零售总额统计在上述调查的基础上，还要采取重点调查和利用有关部门统计数据加工推算的办法进行统计。年报表增加试算表《限额以上批发零售贸易业经营方式及业态》，取消《大中型批发零售贸易业商品销售、库存数量》《批发贸易业机构、网点、人员》《零售贸易业机构、网点、人员》《餐饮业机构、网点、人员》《主要消费品生产、消费平衡表》。《批发零售贸易业商品购进、销售、库存类值》《社会消费品零售总额》改为定期报表，并代替年报。定期报表取消按大中型、小型和个体分组的《批发零售贸易业商品购进、销售、库存总额》。1999年，将《限额以上批发零售贸易业经营方式及业态》更名为《限额以上批发零售贸易、餐饮业基本情况》表，同时将按原经营方式和业态分组的指标改为按登记注册类型分组，并取消营业面积指标。取消《限额以下批发零售贸易业商品销售总额》，将1988年《限额以上批发零售贸易业、餐饮业企业财务状况》分解为《限额以上批发零售贸易企业财务状况》和《限额以上餐饮业财务状况》2张表，并增加连锁店门店数指标。

2001年，随着批发零售贸易业及连锁经营规模不断扩大，增加《批发零售贸易、餐饮业样本单位基本情况》和《限额以上连锁店（公司）商品销售情况》。《限额以上批发零售贸易企业财务状况》除按登记注册类型和国民经济行业分组外，还按经营方式和零售业态分组，共49个指标。《限额以上餐饮企业财务状况》表是按登记注册类型和国民经济行业分组，共40个指标。2001年共执行10张综合、基层年报，13张综合、基层定期报表。增加的定期报表有：《亿元以上商品交易市场成交情况》，主要设置按行业划分的摊位数量、总成交额（其中零售额）指标。《其他行业社会消费品零售总额》中，指标社会消费品零售额按所在地和行业分组。《限额以下批发零售贸易业、餐饮业样本单位商品销售调查表》，是由自治区统计局制定的，设置按批发额和零售额分组的商品销售总额。2002年，《限额以上连锁店（公司）商品销售情况》改为半年报表，在宾栏增加“上年同期”指标，在主栏增加“统一配送比重、利润总额、资产总计、负债总计”指标，并同时增加按“直营店、加盟店、配送中心”分组的《限额以上连锁零售业和餐饮业及配送中心分布情况》，其他统计报表表式与指标设置没有大的变化。2003年起开始执行新的《国民经济行业分类》，并执行23张年报和定期报表。同时对《社会消费品零售总额》进行较大的改革，即将原按行业分组其他项下的“制造业和农业生产者”两项指标取出放入补充资料中，不再含到社会消费品零售总额中。2004年进行第一次经济普查，在普查中将住宿业正式纳入批发和零售、住宿和餐饮业统计，共设置5张表。其中，在《住宿和餐饮业经营情况》表中新增“客房收入”“客房数”“床位数”指标，但到2005年又取消“客房数”“床位数”指标，其他统计报表表式与指标设置没有大的变化。

2010年，基本没有大的变化，总共有31张表，其中年报共有17张，分别为《法人单位基本情况》《产业活动单位基本情况》《财务状况》《住宿和餐饮业经营情况》《住宿和餐饮业产业活动单位（个体经营户）经营情况》《住宿和餐饮业产业活动单位（个体经营户）情况调查表》《限额以下住宿和餐饮业样本单位基本情况》《信息化情况、住宿和餐饮业连锁经营情况》《住宿和餐饮业连锁门店及配送中心分布情况》《批发和零售业商品购进》《销售和库存》《批发和零售业产业活动单位个体经营户商品购进》《销售和库存》《批发和零售业产业活动单位（个体经营户）情况调查表》《限额以下批发和零售业样本单位基本情况》《批发和零售业连锁经营情况》《批发和零售业连锁门店及配送中心分布情况》《亿元以上商品交易市场成交情况》。定期报表共有14张，分别为《限额以下批发和零售业样本单位基本情况》《重要商品购进》《销售和库存》《限上单位基本情况》《批发和零售业商品销售和库存》《限额以下批发和零售业样本单位调查表》《重要商品购进》《销售和库存（成品油批发单位填报）》《重要商品销售和库存（成品油零售单位填报）》《社会消费品零售总额》《批零业台账》《限额以下住宿和餐饮业样本单位基本情况》《限上单位基本情况》《限额以上住宿和餐饮业经营情况》《限额以下住宿和餐饮业样本单位调查表》《住餐台账》。截至2015年，限额以上批发和零售业报表试行联网直报。

四、劳动工资统计

1995年,随着统计制度的改革,劳动工资综合统计报表制度有较大的变化,将全民所有制、集体所有制和个体劳动者等表合并为1张表。新增"分民族、女性的全部职工人数"报表和"差额、自收自支事业单位财务状况""服务企业和企业化管理的事业单位财务状况"表,共执行6张表,其中服务业报表1张。

1996年后,劳动工资统计报表延续1995年报表制度,表式没有变化,直到2010年,劳动工资统计报表季报为劳动情况表。2014年按期完成劳动工资、服务业统计报表各年度各个专项的定期报表和年报工作。

五、国民经济核算

1995年,国民经济统计主要包括全市的国民收入、社会总产值、人均国民收入等,国家实施新的国民经济核算体系,国民经济综合平衡统计报表改称国民经济核算统计报表,原重点核算的国民生产总值和国民收入改为国内生产总值,作为衡量县内国民经济发展规模、速度、结构、效益的主要指标。该指标的构成包括第一产业:农林牧渔业;第二产业:工业、建筑业;第三产业:运输邮电仓储业、批发零售餐饮业、金融保险业、房地产业、其他服务业。2010年,国民经济核算报表种类18种,其中年报16种,统计指标439个。2015年,农林牧渔服务业列入第三产业。

六、建筑业统计

1995年,建筑施工综合统计报表保留4张,其表式、指标、设置以及指标分组等均与1993年报表相同。1996年,建筑业统计报表的综合范围为辖区内具有建筑业资质等级四级以上的各种经济类型的独立核算法人建筑企业和辖区内其他企、事业单位附营的建筑业活动单位,取消《附营建筑业施工单位财务指标》,增加《建筑业企业房屋建筑工程生产情况》,其指标"同年竣工的房屋建筑面积"按房屋主要用途分为"厂房、住宅、办公室用房、商业居民服务业用房、文化教育用房、医疗用房、科研用房、其他"。定期报表《建筑业企业生产情况》和《建筑业企业财务情况》表式在后来几年一直延续使用。1997年,建筑业统计报表制度在取消《建筑业活动单位生产情况》后,建筑业统计报表的综合范围为辖区内全部具有建筑业资质等级四级以上的各种经济类型的独立核算的法人建筑企业。1998年,根据有关统计报表制度,将能源的购进与消费库存报表和能源加工转换报表分别放入有关专业的综合统计报表制度中的规定,增加《建筑业企业建筑材料消耗情况》。

2002年,根据建设部新的资质管理办法,建筑业将实行双轨过渡,统计报表的统计范围改为辖区内具有建筑业资质等级的所有独立核算建筑企业。执行《建筑业企业生产情况》《建筑业企业财务情况》《劳务分包建筑企业生产经营情况》3张基层表。为适应建筑业改革的需要,2003年,建筑业统计报表制度在上年修订和调整的基础上,统计范围和指标内容又做调整。《建筑业企业生产情况》,取消原有报表中的"工程个数统计",取消原补充资料中的"上年建筑业产值"指标,将房屋建筑竣工面积指标及其按用途分组调整到新增表中,取消在"房屋建筑竣工面积"下的"一次交验合格面积"指标,在"期末从业人员"下增加"其中持有一级资质证书的项目经理"指标。《劳务分包建筑业企业生产经营情况》中,"年平均从业人员"改为"期末从业人数",将"从业人员劳动报酬"下的"劳动保险"改为"劳动待业保险费",并调整至"税金"项下。《建筑业企业财务状况》为与新的会计指标衔接,将"固定资产小计"改为"固定资产合计","在建工程"指标调整到"固定资产合计"项下,"无形及递延资产小计"项下增加"其他资产"指标。增加《建筑业房屋建筑完成情况》,将房屋建筑竣工面积按"厂房、仓库、住宅、办公用房、批发和零售用房、住宿和餐饮用房、居民服务业用房、教育用房、文化体育和娱乐用房、卫生医疗用房、科研用房、其他用房"用途分组。另外2003年还执行4张综合年报,《建筑业企业生产情况》《建筑业企业财务状况》《建筑业企业房屋建筑完成情况》《劳务分包建筑业企业生产经营情况》和4张综合定期报表,《建筑业企业生产情况》《建筑业企业财务状况》《建筑业企业房屋建筑完成情况》《劳务分包建筑业企业生产经营情况》,以及4张基层定期报表,《建筑业企业生产情况》《建筑业企业财务状况》《建筑业企业房屋建筑完成情况》《劳务分包建筑业企业生产经营情况》共计 20 张报表。2004 年,进行全国第一次经济普查,在普查中建筑业统计年报设有 3 张表,其中《总承包和专业承包建筑业企业生产情况》新增"钢材、水泥"等 5 项主要建筑材料消耗指标。变化较大的是《劳务分包及资质以外建筑业企业生产经营状况》新增建筑总产值及按构成分的建筑业总产值、竣工产值、房屋施工和竣工面积、资产负债、损益及分配等 24 项指标。2005 年,执行第一次经济普查表式,但在《总承包和专业承包建筑业企业生产情况》中取消"钢材、水泥"等 5 项主要建筑材料消耗指标。

2010 年,建筑业专业统计报表共有 12 张,其中年报表 7 张,分别是:《法人单位基本情况》《产业活动单位基本情况》《建筑业企业生产情况》《建筑业企业财务状况》《建筑业企业房屋建筑完成情况》《劳务分包建筑业企业生产经营情况》《信息化情况主要指标》。定期报表 5 张,分别是《法人单位基本情况》《建筑业企业生产情况》《建筑业企业财务状况》《建筑业企业房屋建筑完成情况》《劳务分包建筑业企业生产经营情况》。2012 年建筑业报表试行联网直报。直至 2015 年。

七、固定资产投资统计

1995 年,固定资产投资综合统计报表对 1993 年统计报表改革、完善,共执行 15 张年报表,首次使用基层指标叠加表对数据进行检查。固定资产投资年报数据检查表均采用多重分组汇总。除按投资项目分组,还有按经济类型、隶属关系、建设性质、项目规模、工业企业规模、建设阶段、投资总规模、工程开工时间、投产时间等分组方式,以及按建设项目构成、工程用途、国民经济行业等分组方式,加工汇总进行数据检查。1999 年,自治区统计局取消《农村集体固定资产投资》的上报。

2000 年,固定资产投资统计与 1995 年相比,《固定资产投资统计基层标准表》增加"项目级别"指标,取消"工业企业规模"指标,同时还取消《全部建成投产大中型项目报表》,其余表式的设置与 1995 年相同。2003 年,仍然执行上年执行的年、定期报表,即《城镇和工矿区私人建房情况》《基本建设投资完成情况》《更新改造投资完成情况》《其他固定资产投资完成情况》《房地产开发投资完成情况》《固定资产投资统计基层标准表》《房地产开发统计基层标准表》《房地产开发经营情况表》《固定资产投资完成情况》《房地产开发投资完成情况》等 11 张报表,其中《房地产开发统计基层标准表》的指标"空置面积"中新增"空置 1 ~ 3 年"和"空置 3 年以上"2 项指标,其他表式与指标设置没有大的变化,但国民经济行业按照国家新的划分标准执行。

2004 年,进行第一次经济普查,其中房地产开发设置 2 张表。固定资产投资统计新增按城乡划分标志和建设规模和新增生产能力指标,取消按建设类型分组标志。在城乡划分中,固定资产投资分为城镇投资和农村非农户投资。2005 年表式与指标设置与 2003 年没有大的变化,固定资产投资统计的统计范围是城镇和农村各种登记注册类型的企业、事业、行政单位及个体户进行的计划总投资 50 万元及 50 万元以上的建设项目,包括原来的城镇基本建设项目、更新改造项目、其他投资项目、城镇和工矿区私人建房项目、集体和私营个体等投资项目,以及农村非农户投资项目。城镇和工矿区私人建房为市、县城、镇、工矿区所辖范围内的全部私人建房(不论其房主是否系本地的常住户口均应包括)。房地产投资统计的范围是各种登记注册类型的房地产开发公司、商品房建设公司及其他房地产开发单位统一开发的基础设施工程。

2010 年,固定资产投资专业统计报表共有 3 张,其中年报表 1 张,是固定资产投资统计基层标准表。定期报表 2 张,分别是固定资产投资完成情况和亿元以上新开工项目报告。2011—2014 年,固定资产投资专业统计报表年度内仍为 3 张。2015 年开始亿元以上投资项目实行联网直报。

第三节 统计调查

一、人口普查

(一)第五次人口普查

2000 年,阿图什市按照《国务院关于进行第五次人口普查办法》进行人口普查,从全市抽调 1000 多名普查工作人员,以2000年11月1日零时为普查标准时间,在全市内逐户逐人进行普查登记。普查结果显示:阿图什市常住人口200345人,同第四次全国人口普查1990年7月1日零时的167851人相比,十年共增加32494人,增长19.36%。年平均增长1.98%。全市常住人口中共有家庭户41910户,家庭户人口197394人,平均每个家庭户的人口4.71人。全市常住人口中,男性人口101867人,占50.84%;女性人口98478人,占49.16%。总人口性别比(以女性为100,男性对女性的比例)103.44。全市常住人口中,0~14岁人口66467人,占33.18%;15~64岁人口125050人,占62.42%;65岁及以上人口8828人,占4.40%。全市常住人口中,维吾尔族人口159774人,占79.75%;柯尔克孜族人口23863人,占11.91%;汉族人口16228人,占总人口的8.10%;其他民族480人。未上学的人口9487人,扫盲班5795人,小学84659人,初中4500人,高中12994人,中专11456人,大学专科7384人,大学本科2333人,研究生17人。阿图什市统计局在第五次全国人口普查工作中荣获国家级先进集体荣誉称号。

(二)第六次人口普查

2010年,阿图什市按照《国务院关于进行第六次人口普查办法》进行人口普查,以2010年11月1日零时为普查标准时间,在全市内逐户逐人进行普查登记。划分101个普查区,980个普查小区。从全市抽调1550名普查工作人员,普查结果显示:阿图什市常住人口240368人,同第五次全国人口普查2000年11月1日零时的200345人相比,十年共增加40023人,增长19.98%。年平均增长1.84%。全市常住人口中共有家庭户54934户,家庭户人口235043人,平均每个家庭户的人口4.28人。全市常住人口中,男性人口121782人,占50.66%;女性人口118586人,占49.34%。总人口性别比(以女性为100,男性对女性的比例)102.7。全市常住人口中,0~14岁人口65069人,占27.07%;15~64岁人口164076人,占68.26%;65岁及以上人口11223人,占4.67%。维吾尔族人口189191人,占78.71%;柯尔克孜族人口30759人,占12.8%;汉族人口20039人,占8.34%;其他民族379人。未上学的人口3188人,小学82419人,初中73752人,高中25145人,大学专科19525人,大学本科6649人,研究生131人。

二、农业普查

1997年1月1日,第一次全国农业普查开始,阿图什市统计局与各级农业普查员完成农业普查的入户调查、数据质量抽查及光电录入及上报工作。普查结果显示:1996年,阿图什市农作物总播种面积1.48万公顷,粮食作物面积1.12万公顷,粮食总产量48594吨,棉花播种面积0.17万公顷,棉花总产1661吨,油料播种面积450万公顷,油料总产815吨,牲畜年末存栏头数33.83万头。市统计局在第一次全国农业普查工作中获自治区级先进集体荣誉称号。

2006年,全市进行第二次农业普查,普查登记标准时点2006年12月31日零时,2006年在农业普查准备工作之初,阿图什市专门成立第二次农业普查领导小组,同时设立领导小组办公室,制定科学可行的《普查方案》,全市共分为普查区域80个,普查小区628个。抽调普查员和普查指导员800名。2007年1月1日,是正式登记日,在市统计局与各级农业普查员的努力下,完成农业普查的入户调查、数据质量抽查及光电录入及上报工作。普查结果显示,2006年,全市农作物总播种面积1.33万公顷,粮食作物面积0.89万公顷,粮食总产量5.4万吨,棉花播种面积0.17万公顷,棉花总产2860吨,油料播种面积186.7万公顷,油料总产317吨,牲畜年末存栏头数46万头。市统计局在第二次全国农业普查工作中获自治区级先进集体荣誉称号。

三、经济普查

(一)第一次全国经济普查

2004—2005年,阿图什市按照全国第一次经济普查的工作安排,开展经济普查工作。经济普查的对象是县域内从事第二和第三产业活动的全部法人单位、产业活动单位及个体经营户。经过普查,全市有法人单位566个,产业活动单位1449个,个体经营户4736个。市统计局在第一次全国经济普查工作中获国家级先进集体荣誉称号。

（二）第二次全国经济普查

2008—2009 年，阿图什市开展第二次经济普查。2008 年是宣传、发动和准备阶段，为保证质量按时完成，阿图什市成立领导小组和办公室，建立数据质量控制岗位责任制和制定质量控制工作细则。全市共分为普查区域 91 个，普查小区 155 个。抽调普查员和普查指导员 280 名。2009 年 1 月 1 日开始，普查指导员和普查员到第一线完成普查登记工作。经过普查，全市有法人单位 822 个，产业活动单位 1734 个，个体经营户 5598 个。市统计局在第二次全国经济普查工作中获国家级先进集体荣誉称号。

（三）第三次全国经济普查

2013 年，阿图什市开展第三次全国经济普查工作，普查标准时点为 2013 年 12 月 31 日。各乡镇（街道）、市直部门通力合作，市统计局严格按照《全国经济普查条例》和《自治区经济普查实施方案》规定的步骤、程序和要求，精心组织，统筹安排，扎实工作，圆满地完成第三次经济普查机构组建、方案制定、普查区域划分、电子地图绘制、普查两员选调、普查业务培训、单位清查摸底等前期准备工作。2014 年 1 月 1 日，全市第三次全国经济普查开始入户登记，全市经济普查工作全面展开。抽调普查指导员 145 名、普查员 515 名，佩戴证件，手持 PDA 电子设备直接入户，对法人单位、产业活动单位和个体经营户进行现场 GPS 定位、“三证”拍照和相关普查数据的采集工作。市统计局完成普查表登记、数据审核录入、复查复核等一系列工作任务。普查显示，全市共登记法人单位 1301 家，产业活动单位 1032 家，个体经营户 13477 户。市统计局在第三次全国经济普查工作中获自治区级先进集体荣誉称号。

第四节　统计监测与执法

一、统计监测及评价

（一）农村贫困监测

1997 年，阿图什市农村社会经济调查队在上阿图什乡、阿扎克乡、松他克乡、格达良乡、阿湖乡、吐古买提乡、哈拉峻乡等 7 个乡建立农村贫困监测网点，开展农村贫困监测，抽中 7 个乡 10 个村，每个村 10 户，共 100 户，报表种类 23 种，调查指标 664 个，每五年更换一次监测点，一直到 2011 年仍沿用上述调查点、调查户、调查报表和指标。2012 年增加城市贫困监测，在上阿图什镇萨依村、依克萨克村，阿扎克乡麦依村、阿湖乡托万买里村、哈拉峻乡琼哈拉峻村、光明街道团结路社区开展监测。直到 2015 年。

（二）妇女儿童发展纲要统计监测

2000—2010 年，根据《2000—2010 年妇女儿童发展纲要》和市政府安排，市统计局开展妇女儿童发展纲要统计监测，监测的主要内容包括卫生、经济与人口、卫生保健、教育、就业与社会保障、妇女参政议政、保护妇女儿童人身权利、生存环境和社会福利等方面情况。

2010—2015 年，根据《2010—2020 年妇女儿童发展纲要》，市统计局开展妇女儿童发展纲要统计监测，监测的主要内容包括卫生、经济与人口、卫生保健、教育、就业与社会保障、妇女参政议政、保护妇女儿童人身权利、生存环境和社会福利等方面情况。阿图什市妇女儿童事业发展的环境更为优化，妇女平等参与政治、经济、文化和社会生活的权利得到保证，机会明显增多，受教育程度和健康水平不断提高，推动妇女儿童事业健康快速发展。

二、统计宣传

1995 年后，阿图什市每年通过宣传版面、广播、发放宣传单等方式对统计法律、法规开展宣传活动。

1997 年 10 月，《新疆维吾尔自治区统计管理条例》（以下简称《条例》）公布实施后，阿图什市利用广播、电视、报纸，广泛宣传《条例》。

2013 年，开展《中华人民共和国统计法》颁布 30 周年纪念宣传活动，利用“宪法法律宣传月”“统计开放日”“全国法制宣传日”等节点，在广场设立统计法咨询服务台，向过往行人发放统计法律法规手册及宣传单

1 万份,办宣传板报 7 期,制作横幅 8 条,并热情解答群众对有关统计法律法规方面的咨询。

2015 年,发放统计法律法规手册及宣传单 950 份,办宣传板报 3 期,制作横幅 2 条,解答群众咨询,宣传统计法。

三、统计执法

1995—2015 年,根据《中华人民共和国统计法》,对全市农业、工业、商业、建筑业、固定资产投资、劳动工资等统计报表进行统计执法检查,将检查出的问题向各相关单位反馈,提出整改意见和建议,并要求限期整改到位。加强统计数据质量的检查。2015 年,阿图什市统计局完成夏粮测产、棉花测产、每年两次公众安全感调查、每月平安建设知晓率调查等专项调查工作。

四、人员培训

2009—2015 年,市统计局严格执行《统计从业资格认定办法》,每年 9 月组织机关、企事业单位统计人员参加统计从业资格证考试及继续教育工作。市统计局严格规范统计从业资格认定工作,提高统计人员的素质,保障统计资料的准确性和及时性。

2009—2015 年阿图什市参加统计从业资格考试和取得统计从业资格证人员统计表

表 16－3　　单位:人

年份	统计从业资格考试人数	取得统计从业资格证人数	年份	统计从业资格考试人数	取得统计从业资格证人数
2009	19	19	2013	36	32
2010	24	24	2014	48	37
2011	32	32	2015	41	41
2012	29	29			

第五章　价格管理

第一节　机　构

1995 年,阿图什市物价局下设物价检查所,核定行政编制 2 名,实有 2 人。

1998 年 11 月,阿图什市物价局内设办公室和业务科 2 个职能科室,核定行政编制 6 名。下设物价检查所,事业单位,核定编制 7 名,全额预算管理。

2002 年 8 月,机构改革,市物价局与市发展计划委员会合并,保留市物价局的牌子,物价检查所隶属于市发展计划委员会。

2007 年 12 月,市物价检查所更名为价格监督局,内设监督检查科和价格事务科。

2008 年 6 月,市价格监督局内设科室价格事务科更名为阿图什市价格监督局价格认证中心。

2009 年 8 月,市价格监督局更名为价格监督检查局,并加挂阿图什市成本调查监审局的牌子,调整为行政机构,核定行政编制 3 名。

2012 年 4 月,阿图什市发改委挂价格监督检查局牌子。

2015 年,市价格监督检查局实有工作人员 2 人,全部持有价格行政执法证。

第二节　物　价

一、计划经济时期的价格体制

1995 年,为保证国有企业经营不受排挤,部分产品销售实行企业定价,国有企业与个体商户售价拉平。粮食销售价格由“双轨制”转向“市场机制”。

1998 年,颁布《中华人民共和国价格法》,明确经营者的价格行为和应负法律责任。1995 年,95% 左右的日用工业消费品实行国家指导价和市场调节价,国家定价的商品减至 5% 左右,主要管价品种有食盐、医药、中成药等商品,农副产品中的粮食、食用油实行收购保护价;工农业生产资料中的化肥、农药、地膜、成品油、电力实行国家定价。

2001 年以后,国家和自治区药品价格政策发生重大变化,政府定价管理范围列入城镇职工基本医疗保险用药目录的药品,其他药品实行市场调节价。政府价格主管部门对政府定价药品只制定最高零售价格,出厂、批发价格在不超过最高零售价格的范围内由市场形成,在政府定价中引进市场价格机制。

2003 年,全市实行国家管理价格的商品仅有食盐、药品、电力、水价,其他各类商品价格全部放开,实行市场调节。

2001—2005 年,对商品房销售实行明码标价,并按照国家有关政策对化肥和煤炭价格进行放开。

二、改革开放后的价格调控

1995 年,市政府实行物价总水平控制目标责任制,努力增加有效供给,同时加大物价监管力度,加强工商、物价、税务、质检等部门对市场的管理,发挥粮食、食品、蔬菜等国营部门的主渠道作用,加上银行信贷支持和当地财政的补贴,抑制通货膨胀和物价过快上涨,零售物价涨幅明显回落,与群众生活密切相关的粮食、油脂、肉禽蛋价格同比均回落。2000 年,市政府进一步完善“菜篮子”工程优惠政策,完善副食品价格调节基金制度和副食品储备制度,保持供求总量平衡,物价涨幅继续整体回落,2001 年起,出现小幅上涨。

2002 年,阿图什市实行行政事业性收费审验管理。机构改革,市物价局并入市发展计划委员会,在价格管理上,减少由政府直接定价的品种和范围,竞争性的商品和服务价格,改为主要由市场决定,价格管理更趋于宏观管理和综合平衡。市发展计划委员会开展各项价格专项检查活动,规范市场价格。开展医疗行业服务价格专项检查,落实国家对有关药品和医疗服务价格的规定,对市医院、上阿图什乡医院、阿湖乡医院等等服务收费专项检查,查处违法所得 5 万元。及时受理价格举报,根据《新疆维吾尔自治区价格监督举报工作细则》的规定,查处价格违法案件 3 起,进一步整顿和规范市场经济秩序。

三、价格监管

1995 年,实行市场登记费制度,规定收费登记证以外的收费为乱收费,个体工商户凭证抵制各种乱收费现象。市政府对个体工商户乱收费的单位进行查处,规范收费行为,从而建立良好的市场收费秩序。

1998 年 5 月 1 日,《中华人民共和国价格法》正式实施,价格监督检查重点转向行政事业性收费及重要服务价格的执行。

2000 年,阿图什市内开通公布价格举报电话“12358”,受理群众物价投诉,查处价格欺诈行为和价格违法案件。2007 年,市物价局开拓创新,联合克州电视台创办《生活直通车》栏目,市场价格实行周监测、周上报制。及时准确地发布市场价格信息,引导经营和消费市场健康运营,确保市场价格稳定。

至 2015 年,市物价局同工商、防疫等有关部门对有价有费单位进行抽查。定期、不定期重点突击对粮食、食用油、肉禽蛋类价格的检查力度,以及加强对集贸市场收费监管,落实减免优惠政策,严厉打击恶意囤积、哄抬价格、制止乱涨价乱收费的行为,维护市场价格秩序。每年春节、元旦、古尔邦节、肉孜节、“五一”、国庆等重大节日,着重加强对涉及群众生活必需品的市场价格检查力度,重点查处不明码标价、不规范标价、价格欺诈等价格违法行为,防范价格异常波动,确保节日期间价格基本稳定,营造良好的节日氛围。开展涉农、教育、医疗收费专项检查及市场价格大检查,查处价格违法违规案件5起,没收违法收费金额1.5万元,退还用户8000元。

第三节 收费管理

一、行政事业性收费

1995年,市物价部门进一步加强收费监督管理,第二次换发收费许可证,各收费单位凭收费许可证到财政或税务部门领取或购买收费票据,实行亮证收费,物价部门年审时实行票证账同审。1998年,全市开始实行企业收费登记卡制度,规定收费登记卡以外的收费为乱收费,企业凭卡抵制各种乱收费行为,市政府对企业乱收费的单位进行查处。

2003年,市物价部门为105个收费单位换发全国统一的电脑打印的收费许可证,此后,收费许可证实行三年一换。市内农村推行涉农收费(价格公示)制度,成为村务公开的重要内容。2006年换发行政事业性收费许可证98套,涉及98个单位;2009年,换发行政事业性收费许可证106套,涉及106个单位;2012年,换发行政事业性收费108套,涉及108个单位。

2015年,阿图什市参加行政事业性收费审验单位106个,审验率100%,新办收费许可证4个,注销收费许可证4个,共计查看年审单位账本132本,凭证1450本,审验收费项目738项,行政性收费项目284项,事业性收费项目454项,涉及审验收费金额2857万元。审验中未发现自立收费项目现象。

二、服务价格(收费)管理

市物价部门对服务性收费实行(价格)许可证管理,实行年检年审制度。2000年,医疗服务价格调整,对医疗服务价格实行政府指导价,取消了政府定价。市医院在自治区发展计划委员会、卫生厅制定的基准价并在其浮动的范围内确定本单位的实际医疗服务价格。

2004年,根据自治区医疗服务价格管理相关办法,将医疗服务价格分为三级管理,市医院实行二级收费标准。实行医疗服务价格公示制度。

第四节 物价服务

一、物价鉴定评估

1995年,市物价部门积极为机关、团体、企事业单位、工商户和消费者提供价格信息,开展价格咨询服务。

1996年,物价部门开始接受司法机关、行政机关、仲裁机构和案件当事人委托,开展赃物、罚没物、过期无主物、纠纷财物的价格鉴定评估业务,实行有偿服务。

2008年,对公安机关委托的涉案物价的案件实行无偿服务。

2015年,开展涉案物品价格评估、农本调查工作,评估案件80起,开展农产品成本调查24次,完成统一工价、农资购买情况、小麦成本预算、棉花成本预算统计表上报工作。至2015年,承接评估业务2000余件。

二、成本调查

1995年,阿图什市农产品成本调查共3个品种,小麦、棉花、葡萄,调查点涉及六乡一镇,调查户27户。2015年,调查户增加至30户,每年上报成本预算和核算数据各1次。

三、价格调节基金

根据自治区人民政府办公厅《关于建立社会救助和保障标准与物价上涨挂钩联动机制的通知》精神,为进一步完善阿图什市保障援助体系，及时缓解价格上涨对低收入群众基本生活的影响，市委同财政、民政、人力资源和社会保障、统计四部门编制出台《阿图什市社会救助和保障标准与物价上涨挂钩联动机制实施方案》，通过市政府审核并组织实施。

第六章　质量技术监督管理

第一节　机　构

1995 年，市技术监督局核定行政编制 6 名，其中领导职数 2 名。下设稽查大队，核定事业编制 3 名。

1998 年，市技术监督局增设标准计量质量监督检定所，核定事业编制 5 名。

1999 年 5 月 25 日，市技术监督局更名为市质量技术监督局，实行自治区垂直管理，内设机构有办公室、业务室。核定行政编制 6 名，事业编制 3 名，其中领导职数 2 名。7 月 20 日，撤销市质量技术监督局，人员划归自治州质量技术监督局。

2002 年 4 月 3 日，党政机构改革，成立市质量技术监督局，科级建制，核定行政编制 5 名，其中领导 2 名，与自治州质量技术监督局稽查队合署办公。

2013 年 6 月，因整个质监体统即将面临体系划转问题，市质量技术监督局单独分离出来，独立行使职权。负责本行政区域的质量技术监督综合管理、行政执法和锅炉、压力容器等特种设备的安全监察监督管理工作。

2015 年，市质量技术监督局内设办公室、业务室，核定行政编制 5 名，其中领导 2 名，实有 5 人。加挂质量技术监督稽查队牌子。

第二节　计量与质量管理

一、计量管理

1995 年，《中华人民共和国计量法》实施后，依法进行强制性监督管理。检定项目有弹簧秤、杆秤、台秤、机械地秤、案秤，主要是检定计量器具的稳定性、准确性、灵敏性。对检定合格的下发国家统一规定的检定合格标识，对不合格的量具能修理的给予修理，不能修理的予以收缴。稽查队开展计量进社区、计量进乡村、计量进市场、计量进医院、社会公证计量行等计量惠民专项执法行动，查处计量案件 60 起，结案 60 起，结案率 100%。

1996 年，逐步开展粮油、预制板等委托检验（自治州质检所检验度盘秤、台秤等计量检定工作）。1997 年，收缴市场杆秤 20 多杆，自此木杆秤退出市场。2003 年，依据《中华人民共和国计量法》《强制检定计量器具管理办法》，重点对周期使用的计量器具、私制量具和故意缺斤少两的行为进行强化监督，当年，检定各类计量器具 1.1 万台（件），与企业签订计量器具执法合同书 61 份。

2006 年，对辖区内企事业单位、个体工商户的计量器具进行普查登记，建立一套完整的计量器具档案。普查各类计量器具 1.3 万台（件），市场内在用计量器具的受检率 95% 以上。2007 年与市场管理人员签订责任状，培训专（兼）职计量管理人员，协助市场建立计量管理体系。对集市使用的属于强制检定的计量器具登记造册，受检率 95% 以上。

2008—2014 年，组织开展诚信计量进市场、企业、健康计量进医院、光明计量进眼镜店、服务计量进社区、进乡镇的计量惠民活动。检查医院、实验室、机动车监测站、眼镜店、加油站、出租车经营公司、市场、车辆维修店等计量器具使用单位 206 家，检定计量器具 11743 台（件）。启动集贸市场计量器具免费检定惠民工程,共出动检定服务人员220多人次、车次50次,对各乡镇流动集贸市场的台秤、案秤、电子台秤、电子计价秤、弹簧度盘秤等所有在用计量器具实施强制检定。

2015年,市质量技术监督局组织开展计量监督检查4次,检查场所80个;检查加油站17家、物流企业23家、医院诊所12家,共计检查计量器具1.2万台(件)。水、电、气"三表"安装前首次强制检定工作也得到有效控制。结合"5·20"世界计量日,在2家学校开展"光明计量进校园、关注学生眼健康"公益活动。共为500多名学生免费验光、测量眼镜、发放宣传手册。同时开展全县集贸市场计量器具免费检定工作,共免费检定计量器具260台件。开展实验室资质认定检查工作,通过自查、抽查的方式,对全市10家实验室全部进行检查,并建档完毕,同时对查出的问题进行跟踪复查验证。

二、质量监督管理

1995—2006年,市质量技术监督局根据《中华人民共和国产品质量法》的规定依法开展产品质量监督管理工作,主要查处假冒、伪劣、过期、失效商品四大类,20多种品种,共监督检查各类企业1460户次。

2007—2013年,围绕建立良好的经济秩序,重点对普通烧结砖、汽油、食品、小作坊、特种设备、儿童玩具、电子产品、计量器具进行监督检查。对全市各企业生产的产品进行抽样检查,对生产不合格产品的企业依法进行处罚。对流通领域的使用植物油、饮用水、面粉、大米等共抽样45批次,合格率80%。对全市34家烧结普通砖生产企业进行抽样检验,其中5家企业生产的砖质量不达标,责令其限期整改,对1家生产企业依法行政处罚。

2015年,对辖区10家资质认证获证实验室进行专项监督检查,发现个别获证企业存在出具虚假报告的情况,针对其存在的问题,责令限期整改,存在违法行为的,立案查处。编制全市生产领域产品质量状况分析报告,将工程质量、环境质量状况分析按绩效考核内容纳入质量状况分析报告。对全市生产企业建立企业质量档案,全面自动化管理。在"三节"期间重点开展以危及人体健康、人身财产安全的产品,实行市场准入的食品、烟花爆竹、特种设备及节日热销产品为内容的专项检查。

第三节　标准化管理

市质量技术监督局始终坚持按照《中华人民共和国标准化法》的规定依法开展标准化管理工作。大力加强企业标准化监管,全面掌握各类企业产品执行标准情况,督促企业按照标准组织生产,提高企业标准和产品质量水平,消灭无标生产。重点检查工业产品的标志、规格、出厂日期、产品配料成分,严禁不合格产品上市。1993年,开始宣传使用组织机构全国统一代码。1995年初,完成赋码、数据采集、计算机录入工作,颁发全国统一代码证书工作正式开始。

2002—2015年因与自治州质量技术监督管理局稽查队合署办公,平常只负责日常监督检查,组织机构代码证业务、商品条码和标准化制定工作由自治州质量技术监督管理局标准计量科负责。

第四节　安全监察

一、食品安全监察

1995—2003年,食品安全检查工作列入质量技术监督检查常规工作。

2004年,按照新十类食品企业申请生产许可证的具体要求,加大对获证企业的监管力度,扶持企业通过食品质量安全认证。全市划分为2个食品质量安全监管责任片区,并配备专业监督员,实行"四定"方案(定人员、定职责、定区域、定企业),落实"三员"责任。依据《国务院关于进一步加强食品安全工作的决定》和《自治区食品质量安全专项整治"百千万行动"方案》,对全市食品加工企业普查建档,共建档11家企业。

2005—2012年,对无证企业依法责令停产整顿,对无营业执照、无生产许可证的坚决取缔。对阿图什市食品生产企业(包括小作坊)进行调查摸底,按照企业规模采取分类监管、巡查回访、挂牌整治,使阿图什市食品质量稳步提高。编制《阿图什市产品质量和食品安全专项整治行动方案》,成立阿图什市产品质量和食品安全领导小组。对全市食品生产企业(包含:小作坊)逐个进行检查。巡查食品企业336次,回访80次,共检查食品企业80家,整顿企业8家。下发整改意见书18份,立案查处案件8起。

2013年,对食品等涉及人身健康的产品,严格市场准入条件。查处食品违法案件2起,涉案货值22.5万元,铲除生产驴肉黑窝点1个,对轻工业园区1家企业用发霉变质的葡萄加工罐头、果汁进行调查处理,对已加工的173筐、未加工的400筐葡萄及成品瓶装的19729瓶葡萄汁进行没收,并监督销毁。

2014年,组织11家食品生产加工企业及小作坊进行《中华人民共和国食品安全法》《食品标识管理规定》学习,召开食品企业落实质量安全主体责任履责报告会,与食品生产企业签订《食品质量安全承诺书》。对辖区内的大米、小麦粉、食用植物油、纯净水生产企业进行全面监督检查。检查生产企业17家,出动人75人(次)。重点检查原材料、生产过程、食品添加剂使用、产品出厂检验、产品标识等内容。

2015年,重点推行食品生产企业质量安全履职报告制度。对全市范围内的4家豆制品生产企业(小作坊)进行专项检查。全市豆腐加工坊普遍存在办取生产许可证难现象。部分加工车间卫生条件不符合标准,加工人员存在未着工作服、戴帽子、口罩等防护措施的现象,提出限期责令整改。抓好食品添加剂专项整治工作,出动执法人次60余人次,检查获证生产企业6家,小作坊18家,未发现非法使用添加剂现象。对市辖区两大桶装水企业进行抽样检查,检验结果不合格,下发《责令整改通知书》,立即整改,并对其进行立案调查。整改期后,再对两大桶装水企业进行抽样检查,合格率100%。

二、特种设备安全监察

1995—2002年,市质监部门未开展特种设备安全监察工作。

2003年6月,《特种设备安全监察条例》颁布实施,特种设备监察作为重点工作,每年进行专项监督检查。

2004—2012年,由于阿图什质监局一直与克州稽查队合署办公,由州稽查队承担本辖区的特种设备安全监察工作。

2013年,市质监局对市7家建筑工地使用塔吊的检验情况及持证上岗情况进行检查,发现部分工作人员存在无证上岗现象;检查辖区内3家车载气瓶改装企业,存在异地改装现象;部分特种设备使用单位,存在无检定合格印证等现象;检查全市7家天然气、液化气充装站,其中取得充装许可证2家;对以上存在问题单位下发整改通知书,限期整改。

2014年1月,《中华人民共和国特种设备安全法》正式颁布实施。市质量技术监督局对全市的特种设备使用单位进行摸底调查,对全市特种设备使用特种设备的购买手续、产品合格证、定期质检报告、登记注册等信息登记造册,建立特种设备档案。重点对气瓶、锅炉、电梯等特种设备开展监督检查,对特种设备使用单位存在的问题予以指正,并要求其整改。检查天然气、液化气充装站7家,发现众志液化气公司加气站存在未取得特种设备充装许可证擅自从事充装活动,检查组对其进行调查取证,并下发《责令整改通知书》,通过对其进行帮扶,促使该加气站尽快取证。

2015年,根据自治区下发的电梯大普查,市质量技术监督局对辖内的电梯进行全面监督检查,检查乘客电梯248部,下发《特种设备安全监察指令书》11份,查封存在安全隐患电梯8部。组织开展电梯事故应急演练和电梯规范化管理现场观摩会;对市内锅炉、电梯、压力容器、厂内机动车辆、起重机械五大类特种设备331台(件)进行普查,微机录入率100%,完成技术机构信息资源整合,形成计量、标准、认证认可、特种设备不良记录以及产品检验记录等一整套质量记录,为行政监管和决策提供科学客观的数据依据。

三、行政执法

1995—2013年,市质监局严格落实自治区、自治州行政执法和“双打”工作。“双打”专项行动开展期间,除按国家质检总局和区局确定的汽车配件、手机、食品、化肥、人造板、涂料、低压电器、家用电器等重点产品外,主要以食品、棉花等工作重点,加强监管;将产品制造集中地、制售假冒伪劣商品案件高发地和城乡接合部、出租厂房作为重点地区,加强执法检查力度;查处以假充真、伪造或冒用他人厂名、厂址,伪造或冒用质量标志的国内外地理标志违法行为;掺杂、掺假,以次充好、以不合格产品冒充合格产品的质量违法行为;无生产许可证非法生产行为;伪造、冒用、超期、超范围使用强制性产品认证、有机产品认证违法行为;未经许可或批准,已被依法吊销、撤销许可证,许可证或其他批准文件有效期届满后未按规定重新办理批准手续,擅自从事食品生产加工等违法行为。开展"农资打假下乡"专项检查,对全市11家农资销售点进行普查。对部分不合格假冒伪劣农机产品进行没收,切实维护农民的合法权益。

2002年,开通"12365"投诉举报电话,接到投诉5起,受理投诉2起,为消费者挽回经济损失2800元。"双打"期间,共出动执法人员2100人次,检查企业820家,有力地打击侵犯知识产权和制售假冒伪劣商品行为。

2013年前,因与克州质监局稽查队合署办公,没有以阿图什市质量技术监督局名义办理案件。

2014年,以易燃易爆场所,气瓶的改装、充装单位再用大型锅炉、压力容器、压力管道、电梯、客运索道等特种设备为主,重点检查是否存在未经许可,擅自非法制造、安装、改造、使用特种设备等违法行为,确保特种设备安全生产领域专项行动取得实效。以节日热销食品生产企业、小作坊生产的肉、蛋、米、面、油等节日热销食品为主,重点检查食品生产企业的原料质量及是否存在非法使用食品添加剂,是否存在发霉变质原料、回收食品等加工食品的违法行为。全年组织巡查食品及相关产品生产企业、小作坊120次。受理行政案件13起,无复议被撤销、变更以及行政诉讼败诉赔偿的案件。

2015年,做好食品安全巡查工作,从生产加工源头严把食品安全关,出动执法人员80人次,检查食品生产加工企业11家,抽检大桶水2批次。开展电梯大检查,检查乘客电梯248部,下发《特种设备安全监察指令书》11份,查封存在安全隐患电梯8部。安排农资打假工作,组织执法人员深入全市各乡镇及商品集散地,重点从化肥、农药等与农民切身利益相关的农资产品进行监督检查。重点对加油站、医疗卫生等单位进行专项执法检查,检查计量器具使用及受检情况。全年受理行政案件14起,其中特种设备案件2,计量器具9起,产品质量案件3起,查办率100%。无复议被撤销、变更以及行政诉讼败诉赔偿的案件。

第七章　安全生产监督管理

第一节　机　构

1995年,阿图什市安全生产工作由劳动人事局所属安全生产委员会办公室承担。

2002年,成立市安全生产监督管理局,副科级建制,由市经贸委管理,内设综合科,核定行政编制5名,其中领导职数1名。

2007年12月,市安全生产监督管理局单设,为市政府的工作机构,机构规格为正科级,核定行政编制5名,其中领导职数2名。

2009年,成立安全生产执法监察大队,隶属安全生产监督管理局管理,核定事业编制3名,全额预算管理。

2014年2月,市疾控中心职业健康职能划入安全生产监督管理局,成立职业健康科,核定事业编制6人。

2015年,市安全生产监督管理局内设办公室、业务科、执法监察大队、职业健康科,核定编制14名,其中领导职数3名,行政编制5名,事业编制9名。实有干部16人,其中领导2人、科员12人、工勤人员2人。

第二节　安全生产责任体系建设

2009年,阿图什市安全生产委员会成立后,全面推行安全生产责任制,形成政府统一领导、部门监管、企业全面负责的安全生产责任体系。贯彻落实全国、自治区、地区关于安全生产的一系列方针、政策及法律、法规,强化安全生产监管工作。围绕全市经济和社会发展的大局,把安全生产工作纳入国民经济和社会发展目标管理中层层落实，把安全生产目标责任纳入阿图什市目标考核的重要内容进行考核。

2011—2015 年，阿图什市坚持“安全第一、预防为主、综合治理”的方针，以贯彻《中华人民共和国安全生产法》为重点，强化隐患排查治理，加大安全宣传，推进安全生产专项整治和打非治违专项行动，层层落实安全生产目标责任。市长与各乡镇、各安全生产委员会成员单位，乡镇长与管理单位，部门领导与监管企业逐级签订安全生产目标管理责任书。强化各级政府安全生产监管责任和企业安全生产主体责任。研究制定完善《阿图什市安全生产“党政同责、一岗双责”制度》《阿图什市安全生产目标责任管理办法》等规范性文件，使全市安全生产自上而下形成有人抓、有人管、有人干的工作格局。

第三节　安全监管生产责任

2008 年起，阿图什市陆续制定出台《安全生产责任制度》《安全生产责任制管理办法》《安全生产目标管理责任书签订办法》《安全生产委员会工作细则》等，与责任单位层层签订《安全生产目标管理责任书》，制定《阿图什市特别重大事故应急救援处理预案》。

2009 年起，推行“安全生产三级示范”创建工作。2011 年，建立健全领导干部“一岗双责”制度，出台《阿图什市人民政府安全生产职责规定》，明确领导班子全员安全生产责任制，建立完善一票否决、预警通报、事故上报、隐患整改、警示约谈等一系列责任追究制度，对事故指标超标单位及时下发预警通报，并取消年终考核评先选优资格。

2015 年，按照“管行业必须管安全、管业务必须管安全、管系统必须管安全”的要求，执行安全生产“三同时”、专家会诊、危险工艺现场评审、联合执法、月通报、季发布、半年检查、年终考核等一系列工作制度，严查重处非法违法生产经营建设行为。落实安全生产“党政同责、一岗双责、失职追责”制度。将安全生产工作作为各乡(镇)场、各部门政绩考核重要内容之一，纳入综合治理、三级联创、文明创建、干部考核等，实行量化考核、责任倒查和“一票否决”制度。

第四节　安全教育

一、安全生产普及教育

1995—2002 年，阿图什市劳动部门组织市各生产单位安全员参加自治州每年不定期举办的专、兼职安全员培训班，主要学习安全生产专业知识和国家、自治区有关法律法规、安全员的职责范围和职业道德。在不影响生产的前提下，多次组织各生产单位领导、生产工人分批分开展培训，重点是增强安全生产意识和应对突发安全事故的能力。其间，共参加自治州安全生产培训班 20 期，培训安全员 200 人。

2003 年，开始开展《中华人民共和国安全生产法》宣传普及教育工作。组织各乡镇、部门、单位分管领导、安监干事、各企业负责人和建筑施工单位安全监督员共 200 余人开展安全生产知识讲座，组织企业一线从业员工开展安全教育课，组织开展职业安全健康知识竞赛等。

至 2015 年，市安全生产监督管理局举办市内安全生产培训班 16 期，主要培训主管安全生产领导和技术工人 3000 人。对部分专业技术人员做到岗前培训，经考试合格颁发证书后持证上岗。

二、宣传教育活动

1995—2015 年，阿图什市安全生产部门要求各生产单位要有安全生产的规章制度，定期组织职工安全教育学习。生产场地安装安全生产警示牌，宣传栏内有安全生产的内容。从 2002 年开始，党中央、国务院非常重视安全生产工作，确定每年 6 月为“安全生产月”。在安全生产月期间，由市安全生产委员会办公室牵头，充分利用宣传标语、广播电视、发放宣传单、出动宣传车及组织咨询日等多种形式，广泛宣传《中华人民共和国安全生产法》《自治区安全生产隐患排查治理条例》等安全生产法律法规知识，提高广大人民群众的安全意识,营造浓厚的安全生产氛围。

2002 年,“安全生产月”宣传教育活动出动宣传车 20 辆(次),宣传人员 50 人(次),悬挂张贴宣传画、标语 100 幅,展板 30 块,发放安全生产宣传册 350 册。

2003 年,开展以“实施安全生产法、人人事事保安全”为主题的安全知识宣传咨询活动,发放宣传资料 1200 份,宣传板报 46 块,过街横幅 90 条。2004 年,组织实施“以人为本、安全第一”条幅万人签名仪式。

2008 年,结合“安全生产月”“消防日”活动,在市人民广场、各乡、人员密集场所集中进行宣传。全年出动宣传车 30 辆(次),宣教人员 100 人(次),悬挂张贴宣传画、标语 200 幅,展板 50 块,发放宣传册 1000 册,培训生产经营单位负责人、安全员、电工及电焊 180 人。

2009 年 6 月 17 日,在市人民广场开展“安全生产咨询日”活动,安监、公安、文体、国土、交通、电力、气象、质监、建设、环保、消防、等部门分别设立咨询台。在安全宣传活动中,市安监局发放《新疆维吾尔自治区安全生产事故隐患排查治理条例》520 份,接受群众咨询 60 多人次。

2015 年,安全生产月期间出动宣传车辆 20 辆(次),人员 100 人(次),发放宣传资料 1 万份,安全须知手册 2000 册,接受群众咨询 6000 人(次)。同时,加大对加危化品经营企业管理人员及工作人员培训力度,200 人参加安全资格培训,并取得合格证。

第五节　安全监管

一、监管措施

1995 年后,阿图什市安全生产监督管理局作为市政府安全生产综合监管部门,对全市所有生产经营领域、工矿商贸企业安全生产工作实施综合监督管理、指导、协调和服务,特别是对非煤矿山、建筑施工、危险化学品、民用爆破与烟花爆竹及公共聚集场所消防安全等行业与相应行业主管部门实施安全生产监督管理,自治州与市安全生产监督管理局每年都不定期开展 1 ~ 2 次安全生产大检查,对存在安全隐患的责令停产整顿,并对各类违法违规生产经营单位实施行政处罚。2007 年 12 月,市安全生产监督管理局单设后,基本形成“政府统一领导、部门依法监管、企业全面负责、群众参与监督、全社会广泛支持”的安全生产格局。

2009 年 10 月 1 日施行《安全生产监管监察职责和行政执法责任追究的暂行规定》(安监总局 24 号令),按照“四不放过”(事故原因未查清不放过、责任人员未处理不放过、整改措施未落实不放过、有关人员未受到教育不放过)的原则,着重明确全市各有关单位对本行业、本辖区、本领域安全生产监管职责,并实行安全生产“一票否决”,增强全市各级、各部门安全生产责任意识。市政府先后印发《阿图什市安全生产应急救援预案》《阿图什市安全生产示范乡村实施方案》。

二、监督机制

2002—2007 年,每年组织召开非煤矿山安全生产管理工作会议,与企业签订安全目标管理责任书、承诺书。加大安全培训,严把非煤矿山安全生产许可证审批和复验关,对存在无证、证照不全或证照过期,从事勘查、建设、生产、经营或新建、改建、扩建项目未经安全监管部门对安全设施设计进行审查批复而进行生产,发现重大隐患隐瞒不报,不按期进行整改以及拒不执行安全监管指令、抗拒安全执法等非法违法生产经营建设行为进行严厉打击。共开展专项检查 100 次,下发整改现场处理决定书 50 份,提出整改意见 200 条。

至 2009 年,市安全监管部门按照《安全生产许可证条例》《危险化学品管理条例》《危险化学品生产企业安全生产许可证实施办法》《危险化学品经营许可证管理办法》等有关法律法规的程序和条件,对从事危险化学品生产、经营、储存、使用的企业开展安全生产检查工作。强化对危险化学品企业主要负责人、安全管理人员、特种作业人员持证上岗检查力度。加强加油、加气站等场所的安全检查,突出生产、储存、经营、运输、使用和处置废弃等各个环节的安全监管。总共开展专项检查 40 次,查处隐患 100 条,下发整改现场处理决定书 30 份,提出整改意见 141 条。

2009 年起，每年开展危险化学品（烟花爆竹）安全生产隐患、矿山安全生产隐患、各类建筑安全隐患专项治理执法行动或专项检查。交通、消防、水利、农机等部门也开展各项治理行动。

2012 年，对全市危险化学品、烟花爆竹等生产经营单位下发现场处理措施决定书 16 份。为加强烟花爆竹流向管理，为烟花爆竹销售点购买烟花爆竹零售信息采集手持机 20 部（含春节期间临时销售点）。

2015 年，全市非煤矿山企业 32 家，危险化学品从业单位 23 家，烟花爆竹长期零售专店 2 家。检查开工金属非金属矿山企业 37 家，下发现场检查记录 8 份，整改指令书 24 份，查出隐患 32 处，整改 30 处，整改率 91%。对经营销售市场进行 20 次定期不定期检查，突出整治金币山市场、博格拉市场、毛拉洪商贸城等重点人员密集场所，开展各类检查 13 次，检查生产经营单位 70 家次，查出一般安全隐患 300 条，整改 300 条，限期整改 10 条，隐患整改率 99%。组织全市 231 家危险化学品从业人员 100 人进行为期 2 天的安全培训。

三、安全生产许可证管理

2009 年后，阿图什市开始实行安全生产许可证审查制度，严格安全生产准入条件，制定并公开《危险化学品经营许可证办证条件及程序》《非煤矿山企业安全生产许可证办证条件及程序》等政务公开办事流程。严格危险化学品从业单位、非煤矿山企业及烟花爆竹经营销售单位的安全条件审查审批。全市 37 家非煤矿山企业均取得安监部门颁发的非煤矿山企业安全生产许可证，有 23 家危险化学品乙类经营企业，2 家烟花爆竹长期经营销售批发单位通过安全评估。全市各重点生产经营单位的登记率及安全生产许可证持证率均 100%。

至 2009 年，市安全监管部门严把市场准入关和换证关，严厉打击非法违法生产经营行为。

2012 年，按照《关于做好危险化学品生产企业安全生产许可证换证工作的通知》，核发经营许可证 5 本（农药店），为 17 家危险化学品存储经营企业依法换发经营许可证。

2015 年，对 1 家烟花爆竹零售店进行许可证照暂扣。

第六节　事故与应急救援

一、应急救援

1995—2015 年，在全市加强对《中华人民共和国突发事件应对法》等应急救援知识的宣传，各乡镇、各部门、各企业均按照每年初上报的应急演练计划，对预案进行编制、修订和完善，开展消防、危险化学品泄漏安全事故、道路交通、农机事故、非煤矿山经营企业应急救援专项演练 80 次。

2015 年，重新修订完善《危险化学品经营重特大事故应急预案》《非煤矿重特大事故应急预案》，相继开展应急疏散、消防部门火灾扑救和各乡镇综合演练等 8 次，累计参演人数 1600 人。

二、安全生产事故

1995—2007 年，事故统计数据均为电话或者其他渠道报送，无法具体统计。

2008 年，开始启用制式安全生产事故统计报表。当年，全市发生各类安全生产事故 113 起，死亡 16 人，受伤 81 人，直接经济损失 5.72 万元，各类安全生产事故起数、受伤人数、经济损失同比下降 22%、29%、80%，死亡人数同比上升 31%。建筑、农机机械、危险化学品及易燃易爆物品等行业安全生产形势良好，没有发生安全生产事故。

2008—2015 年，全市共发生各类安全生产事故 1646 起，死亡 131 人，受伤 1369 人，直接经济损失 563.96 万元。

2008—2015 年阿图什市重大事故统计表

表 16-4

年份	事故(起)	死亡(人)	受伤(人)	经济损失(万元)
2008	113	16	81	5.7207
2009	170	18	175	59.53
2010	215	27	275	146.72
2011	253	31	322	15.14
2012	260	20	314	19.45
2013	179	5	50	57.77
2014	220	5	61	77.55
2015	236	9	91	182.1

第八章 食品药品监督管理

第一节 机 构

2010 年 12 月,阿图什市食品药品监督管理局成立,正科级建制,为自治区下垂直管理单位,核定行政编制 5 名,其中领导职数 2 名。将卫生局卫生监督所承担的餐饮业、食堂等餐饮服务许可及监管,保健品、食品、化妆品监督管理职能调整到阿图什市食品药品监督管理局。

2012 年 4 月,市食品药品监督管理局内设办公室和业务科,核定行政编制 5 名,其中领导职数 2 名。5 月,成立阿图什市食品安全监督执法大队和食品药品检验所,股级建制,实行全额预算管理事业单位。食品安全监督执法大队核定事业编制 10 名,其中领导职数 1 名;食品药品检验所核定事业编制 5 名,其中领导职数 1 名。12 月,核减市食品药品监督管理局食品安全监督执法大队事业编制 2 名,将核减的 2 名事业编制暂放食品药品检验所,调整后,食品安全监督执法大队事业编制 8 名,食品药品检验所编制 7 名。

2015 年 7 月,根据《关于阿图什市食品药品监督管理局机构编制有关问题的通知》,在市食品药品监督管理局基础上,将市食品安全委员会办公室、工商行政管理局食品安全流通环节、质量技术监督局食品安全生产环节、卫生局食品安全综合协调的监管职能进行整合,组建新的阿图什市食品药品监督管理局,加挂阿图什市食品安全委员会办公室的牌子;撤销食品药品检验所,将 7 名全额事业编制及人员全部划归市食品药品安全稽查大队;食品安全监督执法大队更名为食品药品安全稽查大队,股级,全额预算事业编制 15 名,同时加挂阿图什市食品药品投诉举报中心牌子。2015 年 8 月,市工商行政管理部门和质监部门分别将食品流通监管及食品生产加工监管职能移交市食品药品监督管理局。同时,在全市 6 乡 1 镇设立食品药品监督管理站,为市食品药品监督管理局派出机构,抽调 23 名乡(镇)工作人员开展食品药品安全监管工作。12 月,整合食品药品监督、工商、质监机构职责,设立乡镇市场监督管理站。至年底,市食品药品监督管理局编制 20 名,其中行政编制 5 名、事业编制 15 名,实有人员 20 人,其中领导职务 2 人、副主任科员 1 人、科级以下 17 人。内设办公室、食品药品安全稽查大队。

第二节　食品安全监管

1995—2009 年,全市食品安全监督管理由市工商行政管理部门、质监技术监督部门、卫生行政部门、农业部门、畜牧部门根据职权划分,按照职责范围负责监管。

2010 年,市食品药品监督管理局接管餐饮服务食品安全后,与市卫生局卫生监督所联合对重点区域、重点市场、重点单位和重点产品开展专项整治。2011—2015 年,食品药品监督管理工作步入正轨,与工商、质监、卫生、经贸等部门对食品安全、“地沟油”“瘦肉精”“食品添加剂”开展联合执法检查,出动执法人员 5600 人次,检查餐饮店 2000 家,食品安全状况稳定向好,未发生过食品安全事故。

2015 年,全市持证经营餐饮服务单位 453 家,从业人员 1174 名,其中民餐 69%,从业人员 710 人;汉餐 31%,从业人员 235 人;各学校食堂从业人员 229 人。启动食品安全电子监管,完成市委党校食堂食品安全电子监管的安装工作。

2012—2015 年阿图什市食品安全监管情况表

表 16－5

年份	专项监督检查					举办培训班			新办餐饮服务许可证(本)
	出动执法人员(人次)	出动车辆(台次)	检查单位(家)	监管内容	处理情况	培训班(期)	参训对象(人)	参训人数(人)	
2012	608	95	404	1.“地沟油”“瘦肉精”以及“食品添加剂”专项监督检查 2. 对全市 261 家餐饮服务单位进行量化分级管理动态等级评定	1. 送检食品样品 14 份,对 1562 份餐具采样进行抽检,合格 1418 份,合格率 90.1% 2. 其中优秀 4 家,良好 184 家,一般 73 家,上报创建自治区级示范街店 5 家	4	部分餐饮服务单位和学校食堂食品安全管理人员	140	297
2013	1367	200	442	1. 开展餐饮服务单位摸底调查工作 2. 对幸福小区 33 家餐饮服务单位进行“百千万示范工程”评定细则的落实及各种标识的规范 3. 做好第六届玛纳斯国际文化旅游节餐饮服务食品安全,中高考餐饮食品安全保障工作及学校食堂安全监督检查	1. 下发监督意见书 227 份 2. 全市 10 家餐饮服务示范店通过验收并授牌	4	餐饮服务从业人员	434	101
2014	1249	197	450	1. 保障自治区成立 60 周年州庆期间 1013 人安全就餐 2. 中、高考期间对考点周围的 21 家餐饮服务单位及商店的食品进行拉网式检查 3. 与市教育局联合开展市 86 家春秋季学校食堂监督检查工作	下发监督意见书 242 份	9	311 家餐饮服务单位	326	146

续上表

年份	专项监督检查					举办培训班			新办餐饮服务许可证(本)
	出动执法人员(人次)	出动车辆(台次)	检查单位(家)	监管内容	处理情况	培训班(期)	参训对象(人)	参训人数(人)	
2015	1340	470	453	1. 开展全市424家餐饮服务量化分级动态评定工作,其中良好330家,一般94家 2. 开展学校食堂及周边小餐饮单位的重点整治工作,对中、高考期间考点周围56家餐饮服务单位及商店的食品进行拉网式检查 3. 对食用油、冰水、羊肉、酱油、白菜、酸奶、粉丝、牛肚等48个品种的128个项目进行快速检测	下发监督意见书416份	10	餐饮服务从业人员	1174	109

第三节　药品、医疗器械监管

1995—2011年,药品监督管理由市卫生局承担。

2012年,全市检查药品经营店及医疗门诊33家,查封过期药品9类20盒,假冒药品5类30盒。对2家存在的问题严重的药店,与克州食品药品监督管理局一起取缔。对市直及六乡一镇9个医疗机构脊髓灰质炎疫苗在接收、购进、储存、运输、供应、分发和使用等环节质量进行督察。

2013年,全市检查零售药店42家,317户次,出动人员951人次,下达监督意见书26份;检查医疗机构27家,出动执法车辆9次,收回夸大疗效药品3个品种,11盒,案值750元;其中责令整改案件2件。开展红旗药店创建活动,开展药械质量诚信体系建设,加强特殊药品监管,监督抽检药品29个批次,上报药品不良反应40例,在全市试行药品电子监管,开展食品药品安全科普行动宣传活动。开展药品及医疗器械从业人员培训132人。

2014年,检查药品零售单位43家238户次,出动人员514人次,下达责令整改通知书22份;检查医疗机构69家216户次,收回过期药品102盒,医疗器械类66盒,共计价值0.26万元。组织开展医疗器械"五整治",开展幼儿园药品质量安全监督检查(检查城市托幼机构10家、乡镇幼儿园35所),对辖区65家单位关于高锰酸钾、过氧化氢等危险化学品销售情况进行检查,检查流动发疫苗点10个,开展药品抽检41个批次,完成药品不良反应监测27例,完成医疗器械不良反应监测6例。检查牙科诊所45家。

2015年,检查药品零售单位170户次,出动人员312人次,下达药品责令整改通知书13份;检查医疗机构40家94户次,收回过期药品600盒,共计价值2.6万元。医疗器械责令整改15家,注销药品经营企业5家;组织开展医疗器械"五整治"回头看;抽检监督药物28个批次(基本药物抽检10个批次),开展药品/医疗器械不良反应培训,23人参训,开展药品/医疗机构从业人员培训,122人参训;完成药品不良反应监测44例,完成医疗器械不良反应监测16例,电子监管网预警处理1099例,做好规范涉爆药品销售全年按时监管数字药监上传工作。

第四节　保健食品、化妆品监管

1995—2010年,保健食品及化妆品的监管由阿图什市卫生局卫生监督所监管。

2011—2012 年,市食品药品监督管理局与市卫生局卫生监督所联合开展监管工作。在全市范围内开展保健食品和化妆品专项整治摸底调查,检查化妆品经营单位 21 家,共调查化妆品品牌 40 余类 300 余种。对全市保健食品和化妆品专营及兼营企业的 70 位负责人和管理人员进行培训。

2013 年,检查保健食品及化妆品经营企业 37 家,累计 72 户次,出动执法人员 235 人次,下发监督意见书 12 份。举办保健食品、化妆品从业人员培训班,共计 76 人参训,开展辖区内保健食品、化妆品进行备案登记。做好保健食品及化妆品专项整治工作。开展保健食品"打四非"专项整治。检查保健食品品种 56 种,查处假冒保健食品 8 个品种,向该假冒保健食品生产地的食品药品监督管理局发函协查. 查处夸大宣传 7 个品种,向市工商行政管理部门移交. 查扣违法保健食品 6 盒,涉及金额 471 元。

2014 年,结合日常监督做好保健食品专项检查工作,开展辖区内保健食品、化妆品进行备案登记,检查保健食品 34 家、化妆品经营企业 22 家,出动执法人员 50 人次,发现"三无"类保健食品、化妆品 50 盒,予以下架。

2015 年,检查保健食品、化妆品经营企业 61 户次,出动执法人员 40 人次,举办保健食品、化妆品从业人员培训班,56 家经营单位 66 人参训。组织开展保健食品和化妆品专项整治活动,以大中型商场、超市、药店等保健食品化妆品经营企业为重点单位,对未按要求经营的企业,发现"三无"类保健食品、化妆品 109 个品种、632 盒、案值 9054 元,予以下架,检查保健食品、化妆品店共 29 家,检查中没收销毁保健食品、过期食品,销毁保健品共 25 个品种 220 件;共计案值 2. 9 万元。

第五节 行政执法

市食品药品监督管理局自成立以来,对全市餐饮服务单位、药品零售企业及医疗机构、保健食品、化妆品经营单位开展 5 次摸底调查,对存在问题的单位在执法中予以整改指导、突出问题约谈。共组织行政处罚案卷评查 6 次,完成阿图什市八届人大五次会议期间提出的"关于整顿学校附近'三无'食品的建议"(25 号建议)和阿图什市政协八届五次会议期间提出的"关于整顿卖垃圾食品的问题"的提案(102 号提案)的办理和答复。自觉接受市人大、市政协和广大群众的监督。严查各类食品药品违法行为,加大查办案件工作力度,严厉打击违法犯罪行为。2012—2015 年,共查处食品药品违法案件 64 起。

2012—2015 年阿图什市食品药品监督管理局"四品一械"案件查处统计表

表 16 - 6 单位:起、元

年份		合计	餐饮食品	药品	医疗器械
2012	立案数	3	3	—	—
	罚没款	6000	6000	—	—
2013	立案数	12	8	4	—
	罚没款	47000	28000	19000	—
2014	立案数	25	21	2	2
	罚没款	154541. 5	56000	12541. 5	86000
2015	立案数	24	16	8	—
	罚没款	59088. 5	53000	6088. 5	—

第六节 食品药品管理宣传教育

2011年后,阿图什食品药品监督管理部门每年利用“3·15”“9·15”政风行风评议、食品安全宣传周、安全用药宣传月开展食品药品安全咨询服务,发放食品药品安全、药品法律、法规知识宣传资料,设立药品法律法规知识咨询台,挂横幅出宣传板报,制作《药品管理法实施条例》宣传车,深入辖区乡镇进行巡回宣传。在举办的“3·15”国际消费者权益日与销毁假冒伪劣商品现场活动中,监督销毁伪劣药品。开展食品药品安全知识进社区、进校园、进企业、进农村活动,进入社区、农户家中,“一对一”地给老人、农户讲解食品药品安全法制知识,帮助其清理过期药品。利用州、市电视台集中播放“全国安全用药月”“合理使用抗生素”“老年人用药安全提示”等公益广告40次。通过召开企业联席会、对食品药品从业人员进行继续教育等形式,开展企业经营管理人员法治教育和培训,使企业经营管理人员能够熟练掌握与工作相关的食品药品法律法规。每年春秋两季开展校园食品安全管理培训,在学校建立科普宣传站,向青少年发放以漫画为主,内容简洁,青少年喜闻乐见的食品药品安全法制科普读物,利用学生大课间时间开展学生食品安全教育。并利用互联网开展食品药品安全宣传,在政府网站宣传食品药品监管信息。2015年,共组织各类宣传活动12场次,接待群众咨询1万人次,发放宣传材料1.5万份,通过开展宣传活动,群众关注食品药品安全,参与食品药品安全的意识得到显著增强。

第九章 工商行政管理

第一节 机 构

1995年,市工商行政管理局核实编制68名,其中行政编制21名、事业编制47名。实有62人,其中行政编制人员21名、事业人员41名,内设行政办公室、财统科、企业登记科、个体私营登记科、市场管理科、经济检查科、经济合同科,下属光明工商所、幸福工商所、吾斯塘波依工商所、上阿图什工商所、格达良工商所、阿湖工商所、松他克工商所7个工商所,均为股级建制。

1998年,有干部职工108人,其中局领导4人、干部69人、工人16人、离退休人员23人。内容机构调整为企业登记科、个体私营科、市场管理科、经济合同科、经济检查科、法制科、办公室6科,光明工商所、幸福工商所、吾斯坦波依工商所、松他克工商所、上阿图什工商所、格达良工商所、阿湖工商所7所,均为股级建制。有个体私营协会和消费者权益保护协会2个协会组织。下设市场开发服务中心,为自收自支的事业单位。

1999年,市工商局实行自治区垂直管理,把工商部门自办联办的所有市场的产权、债权债务及经营服务人员移交到市场开发建设服务中心,移交经营人员19人,移交办公资产111250元,移交市场8个,占地面积193912.5平方米,市场房屋总面积2251平方米。移交后,全局实有66人,其中行政编制65人、事业编制1人。同年,市工商局根据《阿图什市工商局关于调整工商所布局的通知》(阿工商字〔1999〕36号),将7个工商所压缩为5个,即光明工商所(原光明所与农贸所合并组建)、幸福工商所(由原幸福所与工贸所合并组建)、阿湖工商所、上阿图什工商所和格达良工商所。2001年,光明工商所和幸福工商所合并为城镇中心工商所。

2003年,市工商局内设办公室、组织人事教育科、计划财务科、法规科、注册登记监管科、市场合同消保监督管理科、商标广告监督管理科7个科室。下设城镇中心工商所、上阿图什工商所、阿湖工商所、格达良工商所。

2015年8月,根据阿政办发〔2015〕93号文件《关于调整阿图什市工商行政管理局质量技术监督管理体制的通知》精神,阿图什市工商局核定行政编制由原有的68名调整为59名,其中领导干部数4名,设12个内设机构(含基础层工商所),后勤服务事业编制1名。2015年,市工商局在职干部职工59名,其中局机关工作人员32名，工商所工作人员27名，正科级建制。工商局有1个党总支和4个党支部，分别为局机关党支部、城镇中心工商所党支部、上阿图什工商所党支部、格达良工商所党支部。内设办公室、组教科、计财科、法制纪检室、注册登记科、合同消保科、市管商广科7个科室。下设城镇中心工商所、上阿图什工商所、格达良工商所、阿湖工商所4个工商所。

第二节　企业　个体登记管理

一、企业登记管理

1995年，阿图什市登记注册企业299家，注册资金13123万元，其中法人企业107户，非法人企业192户。共收企业登记费、管理费4430元。

1996年，市工商局根据国务院国发〔1995〕17号《国务院关于原有有限责任公司和股份有限公司依照〈中华人民共和国公司法〉进行规范的通知》精神，在1996年8—9月期间，对1994年7月1日前所有领取有限责任公司、股份有限公司营业执照的企业法人以及分支机构进行重新登记。对注册资金达不到法定最低金额的，要求必须补足差额，对公司章程，组织机构不符合《中华人民共和国公司法》规定的，重新修改，加以完善。

1997年，市工商局在核准有限责任公司登记注册工作中，尝试“企业名称预先登记”制度。

1999年，全市登记注册国有、集体企业95户，其中国有法人企业13户，注册资金4282万元。法人集体企业20户，注册资金1302万元。非法人国有企业15户，注册资金55万元，非法人集体企业3户，注册资金815万元，设立有限责任公司2户，联营企业1户。2000年起，市工商局在企业登记管理中，引导国有企业实施战略性调整，支持企业进行改制，部分企业改制为私营企业。

2001年，市工商局大力开展清理无照经营专项活动，治理整顿“三无”企业，全年共有企业448户，注册资金65895.5万元。

2003年，市工商局按照“一手抓执法，一手促发展”的工作思路，全面贯彻自治区工商局扶贫帮困6条规定和全疆工商系统调整收费政策，减轻个体工商户的负担，大力发展非公有制经济，对个体户收费进行调整，调整后的管理费同期下降27%。新注册登记国有集体企业7户。

2004年，市工商局改革内部登记模式，全面实行“一审一核制”，积极推行并联审批，提高办事效能。

2008年9月1日，市工商局停征两费（个体工商户管理费和集贸市场管理费），企业网上年检全面实施。

2009年后，市工商局农民专业合作社发展迅猛，由无到有发展到20户，注册资金970万元。

2010—2011年，根据自治区《站在新的历史起点，立足工商职能，服务新疆跨越式发展和长治久安的意见》共45条意见，紧密结合监管和服务统一，优化窗口服务质量，以登记窗口标准化建设工作为契机，为各类企业进入市场提供畅通的“绿色通道”，开展困难群体初次创业申请备案登记工作。

2012年，开展“帮扶企业对接活动”，对“克州锦辉矿业有限公司”“克州鼎盛热能有限公司”等11户私营企业进行帮扶。采取上门年检服务、跟踪服务、法律宣传等方式，前移服务窗口，提高服务效能，帮助微小企业解决融资难题，增强私营企业品牌竞争意识。积极响应并大力宣传区局“45条意见”“17条措施”，对59户小型微型企业免收注册登记费4.48万元，成功对25户个体工商户转型升级为私营企业。备案登记初次创业个体工商户14户。

2014年，实施商事登记制度改革，取消注册资本最低限额，改实缴制为认缴制，工商前置审批事项改为后置审批，放宽住所登记条件。改革落实后，市场创业活力得到明显激发，市场主体数量增长迅速。为300户企业（个体工商户）落实前置改后置审批。

2015年，阿图什市工商行政管理局推进“三证合一、一照一码”登记制度。与国税、地税和质监协商，统一工作流程、文书格式，完善软硬件建设，配强配齐登记服务窗口人员。发放“一照一码”营业执照76户。落实工商登记前置审批改后置审批事项，办理500余户企业（个体工商户）前置改后置审批。全市有各类企业1281家，从业人员7713人。个体工商户6406户。农民专业合作社661户，从业人员11133人。

1995—2015 年阿图什市企业登记注册情况表

表 16-7

年份	合计			国有企业(户)			集体企业(户)			公司(户)		
	小计	其中法人	资金(万元)	小计	其中法人	资金(万元)	小计	其中法人	资金(万元)	小计	其中法人	资金(万元)
1995	6	4	1551	1	1	68.8	5	3	1482.2	0	0	0
1996	7	5	3551	1	1	68.8	6	4	3482.2	0	0	0
1997	8	5	3552	1	1	68.8	7	4	3483.2	0	0	0
1998	10	7	9052	2	2	568.8	7	4	3483.2	1	1	5000
1999	11	7	9102	2	2	568.8	8	4	3533.2	1	1	5000
2000	19	8	9650.5	2	2	568.8	16	5	4081.7	1	1	5000
2001	22	9	10151.3	2	2	568.8	18	5	4182.5	2	2	5400
2002	26	10	14544.3	2	2	568.8	19	5	4282.5	5	3	9693
2003	27	11	14558.2	2	2	568.8	20	6	4296.4	5	3	9693
2004	27	11	14558.2	2	2	568.8	20	6	4296.4	5	3	9693
2005	28	12	16803.2	2	2	568.8	20	6	4296.4	6	4	11938
2006	28	12	16803.2	2	2	568.8	20	6	4296.4	6	4	11938
2007	28	12	16803.2	2	2	568.8	20	6	4296.4	6	4	11938
2008	30	14	16854.2	2	2	568.8	20	6	4296.4	8	6	11989
2009	31	15	16855.2	2	2	568.8	20	6	4296.4	9	7	11990
2010	35	18	22334.2	3	3	578.8	21	6	4326.4	11	9	17429
2011	39	18	32848.2	3	3	578.8	23	6	4476.4	13	9	27429
2012	40	20	32984.2	3	3	578.8	23	6	4476.4	14	11	27929
2013	44	24	34234.2	3	3	578.8	24	7	4506.4	17	14	29149
2014	52	32	35348.2	3	3	578.8	28	10	4520.4	21	19	30249
2015	54	34	35418.2	3	3	578.8	30	12	4590.4	21	19	30249

二、个体与私营企业登记管理

阿图什市个体私营经济管理一方面通过政策调整和规划引导、鼓励、支持个体私营经济发展;另一方面开展合法经营、文明经营教育和查处违法经营行为,增强个体私营经济自我管理、自我约束意识,提高自身素质。1995 年,市委、市政府进一步放开个体私营经济经营范围和经营方式,不准搞部门和地方性限制;个体工商户和私营企业可以先开业、后办手续,登记、注册可以不受资金数额限制;加强对个体工商户和私营企业的监督管理。是年,全市有私营企业 15 户,雇工 440 人,注册资金 469 万元。

1999 年底,全市私营企业 28 户,雇工人数 694 人,注册资金 2100 万元;个体工商户 2780 户,从业人员 5400 人,注册资金1970万元。

2000 年,个体私营企业换发全国统一营业执照,统一编号;共为 2610 户个体工商户换发全国统一营业执照。

2010 年,国有、集体企业改革,市委、市政府大力扶持下岗职工兴办个体私营企业,安置待业人员和农村剩余劳动力，支持个体私营经济兼并、购买国有、集体企业，参与房地产和城镇公用事业建设，私营企业得到发展，规模不断扩大。是年，全市有个体工商户4177户，注册资金19838.2万元。农民专业合作社50户，注册资金4008.5万元。行政性收费11万元，完成年计划的2倍多。

2015年，阿图什市有个体工商户和私营企业户数7281户，其中个体工商户6064户、私营企业1217户，注册资金467812.63万元。

1995—2015年阿图什市私营企业登记情况表

表16-8

年份	登记户数（户）	注册资金（万元）	从业人数（人）	年份	登记户数（户）	注册资金（万元）	从业人数（人）
1995	18	556.2	672	2006	112	16444	1376
1996	11	712	602	2007	193	24662	1467
1997	13	905	632	2008	243	26237.7	1544
1998	16	1923	759	2009	244	27303.7	1578
1999	28	2088	776	2010	448	65895.5	1645
2000	32	2697	970	2011	469	84331.2	1767
2001	36	3620	1003	2012	613	129816.5	1852
2002	44	4056	1012	2013	678	165475.54	1934
2003	53	13544	1126	2014	947	259617	2034
2004	67	13234	1278	2015	1217	438359.83	2546
2005	80	13504	1350				

1995—2015年阿图什市个体工商户登记情况表

表16-9

年份	累计登记户数（户）	从业人员（人）	注册资本（万元）	年份	累计登记户数（户）	从业人员（人）	注册资本（万元）
1995	2907	4380	1230	2006	4505	6679	6439.1
1996	2119	2962	829	2007	4730	6742	7164
1997	2453	4257	1093	2008	4638	6517	7436
1998	2944	5287	1575	2009	4323	6325	8994
1999	2780	5400	1970	2010	4177	6127	19838.2
2000	2794	5422	2451	2011	4088	5901	17434
2001	3137	5600	2729	2012	4046	6155	13197
2002	3326	6193	2938.8	2013	4641	7152	17936
2003	3498	6496	3354.5	2014	5216	7712	21863
2004	3641	6572	3662	2015	6664	11104	29452.8
2005	3871	6601	3829				

三、年检

1995 年后,阿图什市工商局监管服务责任工作领导小组制定《监管服务责任区工作实施方案》及《实施细则》,对各类市场经营主体的监管做到任务明确、责任到人。统一制作责任区监管示意图,建立《监管服务责任区户口卡》。

1996 年,市工商局开展换照工作,换照个体工商户 2542 户,从业人员 4567 人,资本金 828.6 万元。私营企业 11 户。

1998 年,全市应参加年检企业及分支机构 162 户,实际参加年检的企业 162 户。专门抽调 24 名各部门精干人员,开展无照经营综合治理工作,检查个体户 500 户,查处无照经营 23 户,人照不符的 1 户,对 5 户无照经营者作出共计 300 元的罚款,对 4 户无照经营者因拒绝、阻碍行政人员执法作出封门处理。

1999 年,市工商局强化年检工作,通过年检,坚决取缔"三无"企业,"假企业"和一些违法违纪的企业。全年参加年检的企业 86 户,非法人企业 44 户,法人分支机构 24 户,非法人企业 18 户,年检率 100%。全年共清理假集体 5 户,对 94 户企业和私营企业因未按规定年检,予以注销。个体户验照 2503 户,年检率 95%。

2003 年,全市年检企业 61 户,年检率 99%。办理变更登记 2 户,注销登记 5 户。应年检个体户 3326 户,从业人员 6193 人,注册资金 2938.8 万元,实际验照的 3276 户,验照率 99%。同时,大力宣传国务院《无照经营查处取缔办法》,出动宣传车 15 辆次,出动人员 220 人次,发放宣传单 5000 份,集中开展专项整治,共检查经营户 2006 户,其中查处新开业未办理营业执照从事经营活动的 90 户,专项整治中补办营业执照的 50 户,对 24 户为办理营业执照的下发限期办证通知书,专项整治共罚款 1500 元,全年查办无照经营 140 件。

2011 年,全市企业年检率 82%。个体验照总户数 3067 户,验照率 98.14%。根据国家工商总局《关于进一步加强企业信用分类监管的意见》通知,将企业划分为 A、B、C、D 四类,既守信企业、警示企业、失信企业、严重失信企业。在此基础上,根据监管需要及行业风险程度采取不同的监管措施。

2015 年,市工商局抓好市场主体信用信息公示工作,全面落实企业信息抽查,对市场主体的自主报告情况进行核实,让乱报,不报,瞒报公示信息的市场主体得到震慑,促进市场主体如实申报公示信息。应年报企业 995 户,实报 768 户,年报率 77%;应年报个体工商户 4924 户,实报 4794 户,年报率 97%;应年报农民专业合作社 552 户,实报 440 户,年报率 80%。2015 年 1 月,完成全区工商系统即时信息抽查任务 10 户,5 月抽查任务 19 户,9 月抽查任务 39 户,被抽查行业有商贸、矿业、电力、食品加工业、客运、燃气等,占全市私营企业 0.033%。

第三节　市场建设与监督管理

一、集贸市场建设

1995 年,阿图什市有工业品市场、食品街市场、综合贸易市场等市场。

1996 年 8 月,与克州工商局共同兴建"利民市场",并对各类市场及时办理市场登记证、市场土地使用证、房屋产权和房屋租赁合同等证件,做到市场开办手续完备、合法有效。

1998 年,全市共有工业品市场、利民市场、农贸市场等 10 个市场,各类市场的总面积 30 万平方米,市场年成交额 5000 万元。是年,因工商行政管理体制改革,阿图什市成立市场服务中心,工商行政管理局原经营管理的集贸市场划给市场服务中心管理,工商行政管理部门只负责交易主体和交易行为的监管,市场监管与市场经营分离,各负其责。

二、市场秩序监管

1996 年,市工商局查处非法经营药品案件,没收非法所得 6100 元,没收药品案值 4.26 万元,罚款 500 元。查处非法倒卖棉花案,没收棉花 500 千克,案值 7000 元。查处销售劣质无花果酱案,没收劣质无花果酱 616 桶,案值 9856 元。

1998年，开展市场整顿秩序工作，出动人员150人（次），车辆24辆（次），共检查个体工商户2820户（次）。开展百城万店无假货活动，查处假冒伪劣、变质、过期及“三无”商品案值7833.55元，罚款13110元，当众销毁价值8万元的假冒、伪劣、过期等商品。

1999年，市工商局开展5次大规模的“打假”行动，共查处各类假冒伪劣商品65个品种，价值17548万元。对全市的50多户粮食加工业、零售户进行彻底的清查，对违法规定的19户予以查封，暂扣面粉51吨。价值12万元，追缴工商管理费3万元。

2003年，市工商局累计检查全市各类集贸市场35次，对粮食、棉花、农资、农机、食品、汽车配件、药品、预防“非典”用品等15类商品进行重点专项整治。

2005年，市工商局开展食品市场安全专项检查，出动检查人员270人（次），车辆80辆（次），对辖区500户食品经营户，3个市场进行检查，发现各类伪劣商品20个品种，案值4.16万元。

2009年，全年开展查处取缔黑网吧、红盾护农等各类专项治理52次，出动执法干部800人（次），车辆70辆（次）。

2012年，市工商局在“依法履职，百日市场专项整治行动”中，查办案件17件，案值503.84万元，罚没款7.1万元，查获2700件侵权白酒，涉嫌侵犯茅台镇小王子酒注册商标专用权，价值10万元。

2015年，市工商局查处取缔无照经营85户。开展打击非法集资犯罪联合宣传活动，联合税务局、平安保险公司、中国工商银行等多个相关单位开展打击非法集资犯罪，维护金融管理秩序，保障公民财产安全宣传活动，发放宣传资料300份。打击传销规范直销。出动执法人员130人次，张贴宣传材料500份，发放材料3000份。

1995—2015年阿图什市工商局案件查办情况统计表

表16－10

年份	案件数量（件）	罚没款金额（万元）	年份	案件数量（件）	罚没款金额（万元）
1995	3	0.28	2006	130	11.67
1996	4	1.64	2007	153	15.67
1997	4	0.3	2008	190	16.4
1998	60	2.3	2009	114	15.71
1999	103	4.73	2010	49	26.74
2000	100	2.5	2011	71	20.51
2001	266	3.37	2012	77	26.28
2002	254	7.63	2013	43	24.9
2003	287	8.9	2014	48	22.49
2004	220	8.1	2015	65	18.27
2005	207	8.04			

第四节　经济合同管理

一、合同鉴证管理

市工商局负责全市建筑工程合同、企业承包合同、财产租赁合同、贷款合同、加工承包合同、粮棉油征购合同等的鉴证。1995 年,共鉴证合同 77 份,收取合同鉴证费 6360. 08 元。开展合同监管检查 76 次,查处 1 起违规合同,罚款 300 元。

2000 年,市工商局共鉴证合同 31 份、鉴证金额 2467 万元,工商所鉴证合同 6 份、鉴证金额 160 万元,同银行系统对企业动产抵押物登记检查一次,办理企业动产抵押物登记 1 份,抵押物金额 609761 元,累计收取鉴证费 4934 元。“两费”(个体工商户管理费和集贸市场管理费)1189294. 4 元。

2001—2003 年,市工商局共鉴证合同 185 份,鉴证金额 31020. 1 万元,收取鉴证费 35721. 15 元。

2008 年,市工商局着手对格式条款合同进行审查备案工作,开始督促招标会,至 2015 年共督促招标会 132 次。开始建立合同帮农点,支持发展“订单农业”,对全市签订粮食、棉花农业订单合同进行监督规范。着手对格式条款合同进行审查备案工作。

2010 年,市工商局对重点领域和企业进行重点检查。在全市范围内集中开展一次合同格式条款专项治理活动,共出动人员 54 人次,检查各行业 23 个单位,检查中对所有格式条款进行抽样备案,审查备案格式合同 6 份。

2011 年,市工商局推广使用合同示范文本 50 份,格式合同备案 47 份,检查合同 33 份。同时,对不符合《自治区合同格式条款备案办法》规定的下发责令整改通知书 21 份,查处合同案件 3 起。在“霸王条款”专项整治活动中,共出动人员 54 人次,检查各行业 23 个单位,检查中对所有格式条款进行抽样备案,审查备案格式合同 16 份。

2013 年,市工商局举办经济合同法规培训班 22 期,参加学习的企业法人、经理和合同管理人员 430 人次,开展经济合同知识咨询服务 80 次。同时,依法对辖区内 52 份商品房买卖合同格式条款进行审查和备案,查办合同案件 2 起。

2015 年,市工商局对辖区内 11 份商品房买卖合同,19 份格式条款,12 份动产抵押合同进行审查和备案,免费提供各类合同 410 份。

二、合同纠纷仲裁调解

1998 年,为积极做好合同争议行政调解工作,依据国家工商局 19 号令《非居民承包工程作业和提供劳务税收管理暂行办法》《合同争议行政调解办法》开展合同争议行政调解工作和不公平合同格式条款清理专项检查,对不符合《自治区合同格式条款备案办法》规定的下发责令整改通知书 154 份,至 2015 年,共查处合同案件 20 起。

三、动产抵押登记

2001 年,市工商局开始开展动产抵押工作。是年,市工商局办理企业动产抵押物登记 1 件,抵押物金额 300 万元。

2007 年,市工商局共办理 4 起动产抵押登记,帮助企业融资 375 万元。

2012 年,市工商局发挥抵押登记职能作用,为企业提供融资服务。通过简化程序,提供高效便捷的抵押登记服务,帮助企业利用动产抵押登记进行融资,共办理动产抵押登记 6 户,帮助企业贷款金额 6335 万元,全部录入综合业务软件。

2013—2015 年,共办理动产抵押 29 件,涉及金额 6. 33 亿元。其中办理动产抵押的企业 60% 为矿业,其他为皮革、棉业、建材等,为企业解决贷款资金 2 亿元。

四、企业诚信建设

1995 年,阿图什市开展企业信用建设的“守合同重信用”创建活动。2000 年,市政府、市经贸委会同工商局命名 5 家“重合同、守信用”企业。

2007 年,发展 10 家市级“守合同、重信用”企业,推荐 4 家企业参加州级“守合同、重信用”企业评选。

2010 年,开展 2010 年度市级“守合同、重信用”企业评选活动,授牌“守合同、重信用”单位 12 家。

2013 年,大力开展"守合同、重信用"企业培育工作,组织辖区 1 户新申报和 11 户申请复查的州级"守重"企业进行申报、复查工作。

到 2015 年,全市有 43 家企业荣获市级"守合同、重信用"企业称号,营造出阿图什市诚实守信、公平竞争的社会信用环境。

第五节　商标广告管理

一、商标管理

(一)商标注册

1994 年 12 月 30 日,国家工商行政管理局发布《集体商标、证明商标注册和管理办法》。2008 年,全市共有注册商标 53 件。至 2010 年,阿图什木纳格葡萄被评为第六届新疆著名商标,打破多年来克州著名商标"零"的格局,成为自治州首件著名商标。2012 年,全市有效注册商标总数 380 件,其中 3 件荣获自治区著名商标。

2015 年,阿图什市共注册商标 587 件,自治区著名商标 3 件(阿图什无花果、木纳格葡萄、博格拉服装),苏里坦苏图克食盐、佳玛丽手工刺绣、暖莉韩调味品正在申报著名商标中。

(二)商标法宣传

1995—2015 年,每年在全市范围内大力宣传和推行"商标注册建议书""商标策略提示书"和"商标法律告知书"等商标行政指导措施,结合《中华人民共和国商标法》颁布周年宣传活动,出动宣传车 600 辆次。宣传条幅 850 条,出动人员 1000 人次,设立宣传咨询台,发放宣传材料 9 万份,积极指导和帮助企业、自然人申请商标注册,努力提高社会各界的商标法律意识。

(三)商标监管

2001 年,通过对印刷行业 3 次大检查,有效制止商标违法印制活动,查处 1 起违法印制商品包装的案件,罚款 60 元。2005 年,严厉打击各类商标违法行为,查获商标侵权案件 2 起,案值 0.18 万元,没收侵权商标标识 8000 份,罚没款 0.22 万元。2011 年,查处"阿穆达""阿迪达斯""古城"等注册商标侵权案件 15 起,案值 6.1 万元。2013 年,查处立案商标案件 3 起,案值 11.6 万元,罚款 5.8 万元。2015 年,市工商行政管理局利用"3・15"、红盾护农等活动开展《中华人民共和国商标法》宣传咨询 61 次。全市有效注册商标 587 件。查处立案商标案件 1 起。

二、广告管理

(一)广告登记审批

1994 年 10 月 27 日,《中华人民共和国广告法》颁布实施,市工商局积极组织开展广告法宣传工作。

2013—2015 年,受理监测广告 2000 条,登记户外广告 420 条,查办广告违法案件 9 起,罚没金额 1.55 万元。

(二)广告监督管理

2001 年,查处违法广告案件 12 起,罚款 1880 元,办理户外广告登记 34 户,殿堂牌匾广告 2 户,开展广告市场专项检查 8 次,出动人员 90 人次,车辆 30 辆次。

2010 年,成立广告发布前法律咨询服务站,促进阿图什市广告行业健康快速发展,为群众更直接提供法律咨询服务,共在局机关、城镇中心工商所成立 2 个广告发布前法律咨询服务站。

2015 年,市工商行政管理局受理监测广告 289 条,登记户外广告 40 条,查办广告违法案件 2 起。开展治理整顿医疗、药品、医疗器械、保健食品广告等行动。

(三)广告监测

2013—2015 年,及时有效运用广告监测数据,对阿图什市电视台广告进行定期检测,监测广告 400 条。

(四)指导发展

阿图什市有广告经营单位 62 家。2013 年,市工商局组织 62 户广告经营者进行为期 2 天的广告法培训。

2013—2014 年,7 家广告经营户取得广告制作审查资格证书。2015 年,5 家广告经营户取得广告制作审查资格证书,对引导阿图什市广告市场规范发展起到重要作用。

第六节　经济监督检查

加强对棉花、粮食、农资、成品油等重要商品的监管,并加强节日期间安全生产、网吧、文化市场以及商品交易等市场的规范化管理。

1995 年,市工商局收市场管理费 2780 元,查处违法案件 3 起,罚没款 3788 元。

1996 年,市工商局对市场进行 152 次大规模的检查,查处的假冒伪劣、变质、过期、“三无”商品 100 余种,价值 9102 元,对无照经营、非法经营罚款 16455 元,收取管理费 2040 元。

2001 年,市工商局立案查处各类经济违法违章案件 266 件,结案 266 案,总案值 361539 元,罚没款 33727 元,共查出假冒伪劣变质商品 37 个品种,价值 54516 元,结案 100%。

2003 年,市工商局出动执法人员 800 人,查处各类违法违章案件 287 件,案值 33.2 万元,罚款 8.9 万元。其中查处不正当竞争案件 2 件,实现该种类案件零的突破。

2004—2006 年,市工商局共办理各类违法违章案件 557 件,罚没款 27.81 万元。

2007 年,市工商局立案查处万元以上案件 31 件,商业贿赂案件实行零的突破,共查办商业贿赂案 12 件,案值 35.1 万元,罚没款 4.73 万元。

2009 年,市工商狠抓队伍建设,强化市场监管,服务经济发展,各项工作取得显著成效,努力维护社会稳定。全年查办违法违章案件 114 件,其中大要案件 6 件,罚没款及物品 15.71 万元。

2012 年,市工商局在“依法履职,百日市场专项整治行动”中,查办案件 17 件,案值 503.84 万元,罚没款 7.1 万元,查获 2700 件侵权白酒,涉嫌侵犯茅台镇小王子酒注册商标专用权,价值 10 余万元。查办商标侵权、商业贿赂、反不正当竞争等案件 60 起,案值 5699.8 万元,罚没款 19.18 万元。

2013 年,市工商局加大市场监管力度,采取教育与处罚相结合,依法查处违法违章行为,营造公平、公正的良好市场秩序。结案 43 件,案值 492.9 万元,罚没款 24.9 万元,其中万元以上的大要案 9 件。

2015 年,市工商局立案 65 件,案值 25.76 万元,罚没款 18.27 万元。

第七节　消费者权益保护

一、消费维权组织

1999 年 5 月,阿图什市消费者协会举办第四届理事会,选举产生第四届理事会,选举产生 9 名常务理事、名誉会长、会长、副会长和秘书长。

二、消费者权益保护工作

阿图什市属于国家级边远穷县级市,农村消费者占消费者总数 73.5%。作为一个社情复杂敏感、经济落后,以种植业为主,畜牧次之的县级市,要求“一会两站”工作人员必须走村入户,深入田间地头,及时处理消费纠纷,及时化解农民群众的消费和交易纠纷,维护农村市场经济秩序和社会稳定。

2008—2009 年,开展“12315”消费者申诉举报网络建设,在阿图什市范围内 7 个乡(镇)、73 个行政村、2 个街道办事处 8 个社区共建立消费者投诉“12315”联络站 112 个,实现城乡维权覆盖率 100%,直接服务群体数 20 万人。为加快消协组织信息网络体系建设,2010 年将全市范围的 8 个社区居委会定为“12315”网上维权投诉站,建立健全社会消费维权网络,全面提升消费维权工作水平。至 2015 年底,共处理消费者投诉、申诉、举报 2503 起,共为全市各族消费者挽回经济损失 161 万元。

三、“3·15”消费者权益日活动

从1997年起，阿图什市消费者协会每年都认真开展纪念“3·15”国际消费者权益日活动。现场接受消费者投放、咨询，焚毁假冒伪劣商品，扩大消费者协会的影响，提高消费者自我保护意识。

1997—2015年，阿图什市消协每年开展开展“3·15”活动，共制作专题宣传展板81块，现场发放各类宣传资料总共398439份，现场受理咨询1315人次，累计销毁假冒伪劣商品价值264.51万元。

第十七编　中共阿图什市地方组织

1995—2005年，中共阿图什市委员会经历第三届、第四届委员会换届选举。其间，中共阿图什市委员会从阿图什市的实际出发，解放思想，重点抓党的建设、干部培训、领导班子等方面的工作，加强党的思想建设、组织建设和作风建设，推动全市改革开放和经济建设。

2006—2015年，中共阿图什市委员会历经第五届、第六届委员会。其间，中共阿图什市委员会始终坚持党的领导，认真贯彻执行中央、自治区及自治州党委一系列重大决策、部署，扎实推进和扩大改革开放，在发展经济中改善社会事业、提升人民群众生活水平；在不断解放思想中抢抓机遇，加速推进农牧业现代化、新型工业化和新型城镇化，推进经济建设、政治建设、文化建设、社会建设以及生态文明建设和党的建设，全市呈现出经济发展、政治稳定、民族团结、社会进步的可喜局面。

第一章　党员　党的代表大会

第一节　党　员

1995年初,阿图什市共有党员4269名,其中少数民族党员3948人,女党员641人。2002年底,全市共有党员6125人,其中少数民族党员5500人,女党员1306人。2004年,全市有党员6483名,其中少数民族党员213名,妇女党员89名。2006年,全市共有党员7163人,其中少数民族党员6303人,女党员1693人。2009年,全市共有党员8095名,其中少数民族党员7065名,女党员2140名。2015年底,全市共有党员9963名。其中少数民族党员8327名,占党员总数的83.58%;女党员3217名,占党员总数32.29%。

1995—2015年阿图什市党员基本情况表

表17-1　　单位:人

年份	总数	女性	少数民族	农牧民	年龄				
					35岁以下	36~45岁	46~54岁	55~59岁	60岁及以上
1995	4269	641	3948	75	1854	1078	1110	589	812
2002	6125	1306	5500	83	2061	1245	1226	672	921
2003	6355	1389	5659	1366	2136	1358	965	655	987
2004	6483	89	5848	2100	2149	1510	1021	687	1240
2005	6841	1570	6018	2590	2195	1610	985	612	1439
2006	7163	1693	6303	2752	2112	1811	1023	599	1618
2007	7407	1790	6509	2914	2162	1926	1005	597	1717
2008	7619	1892	6674	3031	2104	2065	1019	578	1853
2009	8095	2140	7065	3276	2310	2263	1095	541	1886
2010	8635	2464	7525	3601	2406	2538	1228	506	1957
2011	9015	2680	7803	3690	2409	2770	1319	528	1989
2012	9338	2874	8002	3765	2384	3011	1439	516	1988
2013	9527	3008	8092	3946	2344	3186	1436	535	2026
2014	9739	3119	8213	3947	2260	3273	1650	523	2033
2015	9963	3217	8327	3954	2256	3327	1908	522	1928

第二节　党员代表选举

中共阿图什市委员会第三次代表大会至第六次代表大会代表的选举产生,先由市委组织部下达给各党委代表分配名额，代表选举单位列出初步人选，并对人员逐个进行全面考察，征求所在单位党员和相关方面的意见，然后召开党委扩大会议，确定代表候选人员预备名单。报市委审查，原则同意后，再由各选举单位召开党员大会或者党员代表大会选举产生。选举采用不记名投票方式，也有直接采用候选人员多于应选人员的差额选举办法进行正式选举等方式进行，选出正式代表。

一、第三次代表大会选举工作

选举出席市第三次党员代表大会代表名额153名，各级领导干部代表98名，占代表总数的64.05%；各类专业技术人员代表26名，占代表总数的16.99%；各条战线先进模范人物代表29名，占代表总数的18.95%。妇女代表25名，占代表总数的16.34%；少数民族代表101名，占代表总数的66%；汉族代表52名，占总代表的33.99%。

二、第四次代表大会选举工作

选举出席市第四次党员代表大会代表名额293名，各级领导干部代表149名，占代表总数的62.3%；各类专业技术人员代表48名，占代表总数的20.1%；各条战线先进模范人物代表42名，占代表总数的17.6%。妇女代表54名，占代表总数的22.6%。维吾尔族代表109名，占代表总数的37.2%；柯尔克孜族代表47名，占代表总数的16%；汉族代表81名，占33.9%；其他民族2名，占0.8%。

三、第五次代表大会选举工作

选举出席市第五次党员代表大会代表名额295名，各级领导干部代表170名，占代表总数的57.63%；各类专业技术人员代表66名，占代表总数的22.37%；各条战线先进模范人物代表53名，占代表总数的17.97%；解放军、武警部队代表6名，占代表总数的2.03%。妇女代表68名，占代表总数的23.05%。少数民族代表198名，占代表总数的67.12%。

四、第六次代表大会选举工作

选举出席市第六次党员代表大会名额295名。各选举单位通过召开党员代表大会、党代表会议或党员大会，于2011年7月13日前，选举产生295名出席阿图什市第六次党代会代表。其中各级领导干部代表168名，占代表总数的56.95%；各类专业技术人员代表66名，占代表总数的22.37%；各条战线先进模范人物代表55名，占代表总数的18.65%；解放军、武警部队代表6名，占代表总数的2.03%。妇女代表83名，占代表总数的28.14%。少数民族代表199名，占代表总数的67.46%。少数民族代表中，维吾尔族149名，柯尔克孜族49名，回族1名。

第三节　党的代表大会

1996年10月至2015年12月，中共阿图什市先后召开三次、四次、五次、六次代表大会。每次党的代表大会选举产生委员会，组成中共阿图什市委员会。每次委员会第一次会议选举产生常务委员、书记、副书记，党员代表大会闭幕期间，由常务委员会主持市委日常工作。常务委员会根据工作需要决定召开全体委员会议。

一、中共阿图什市第三次代表大会

中共阿图什市第三次代表大会于1996年10月23日在阿图什召开。出席代表大会的正式代表153人。大会听取并审议通过第二届委员会作的题为《开拓奋进、全力拼搏，为实现阿图什市跨世纪的宏伟蓝图而奋斗》的工作报告；听取和审议市纪检委《全面贯彻党的基本路线，深入开展反腐败斗争，为推动阿图什市的党风和廉政建设而努力奋斗》的工作报告；选举产生中共阿图什市第三届委员会和中共阿图什市纪律检查委员会委员。

大会选举产生中共阿图什市第三届委员会委员 21 人。选举产生中共阿图什市纪律检查委员会委员 10 人,暂缺 1 人。在三届一次全委会上选举产生中共阿图什市委员会常务委员 12 人、书记 1 人、副书记 4 人。会议通过中共阿图什市纪律检查委员会三届一次会议选举产生的常务委员会委员 7 人、书记 1 人、副书记 2 人。2000 年 12 月,市委书记董向军调离,贾立新任市委书记。

二、第四次代表大会

中共阿图什市第四次代表大会于 2001 年 5 月在阿图什召开。出席会议正式代表 239 名,列席代表 82 名。会议听取和审议第三届委员会作的《团结奋进、争优创新——为实现新世纪富民强市目标而奋斗》的工作报告和市纪律检查委员会的工作报告。选举产生中共阿图什市第四届委员会委员 21 名。选举书记 1 名,副书记 3 名。会议通过中共阿图什市纪律检查委员会四届一次会议选举产生的常务委员会委员 7 人、书记 1 人、副书记 2 人。

三、第五次代表大会

中共阿图什市第五次代表大会于 2006 年 8 月 14 日在阿图什召开。出席会议的正式代表 295 名。大会听取和讨论第四届委员会作的题为《继往开来开拓创新为“构建和谐阿图什、谋求跨越新发展”而努力奋斗》的工作报告和市纪律检查委员会的工作报告。大会选举产生中共阿图什市第五届委员会委员 47 名。候补委员 9 名。在五届一次全委会上选举产生中共阿图什市委员会常务委员 12 人,市委书记 1 人,副书记 3 人。会议通过中共阿图什市纪律检查委员会五届一次会议选举产生的常务委员会委员 7 人、书记 1 人、副书记 2 人。

四、第六次代表大会

中共阿图什市第六次代表大会于 2011 年 7 月 25 日在克州文化中心召开。出席会议的正式代表 288 名。大会听取和讨论第五届委员会作的题为《团结奋进后发赶超为开创首府中心城市跨越式发展新局面而努力奋斗》的工作报告和市纪律检查委员会的工作报告。会议选举产生中共阿图什市第六届委员会委员 39 名,候补委员 8 人。在六届一次全委会上选举产生中共阿图什市委员会常务委员 11 人,市委书记 1 人,副书记 3 人。会议通过中共阿图什市纪律检查委员会六届一次会议选举产生的常务委员会委员 7 人,书记 1 人、副书记 2 人。

第二章　组织机构

第一节　领导机构

1996—2015 年,先后召开中共阿图什市第三至六次代表大会。每次党的代表大会选举产生委员和候补委员,组成这一届中共阿图什市委员会(以下简称市委)。每届委员会第一次会议,选举产生常务委员、书记、副书记,代表大会闭幕期间,由常务委员会主持市委日常工作。常务委员会根据工作需要决定召开全体委员会议。至 2015 年,先后产生 4 任市委书记。

1995—2015年中共阿图什市委员会领导一览表

表17-2

届别	姓名	性别	族别	职务	任职时间	备注
第二届	王成贤	男	汉	书记	1995.1—1996.6	
	阿肯木·玉麦尔	男	维吾尔	副书记	1995.1—1996.8	
	王建新	男	汉	副书记	1995.12—1996.10	
	阿不力孜·玉买尔	男	维吾尔	副书记	1995.1—1996.10	
	胡奉德	男	汉	副书记	1995.1—1996.10	
	牛新成	男	汉	常委	1995.1—1996.9	
	王仲涛	男	汉	常委	1995.1—1996.10	
	聂 宁	男	汉	常委	1995.1—1996.10	
	吐尔逊·阿不都热依木	男	维吾尔	常委	1995.1—1996.10	
第三届	董向军	男	汉	书记	1996.10—2000.7	
	贾立新	男	汉	书记	2000.12—2001.4	
	艾尼瓦尔·吐尔地	男	维	副书记	1996.10—2001.5	
	王建新	男	汉	副书记	1996.10—1997.8	
	胡奉德	男	汉	副书记	1996.10—2000.12	
	聂 宁	男	汉	副书记	1996.10—1998.2	
	艾拉·毛拉洪	男	维	副书记	1998.2—2001.7	
	段跃进	男	汉	副书记	1998.2—2000.3	
	黄建民	男	汉	副书记	1999.6—2001.5	江西援疆
	李晓光	男	汉	副书记	2000.4—2001.5	
	张彦海	男	汉	副书记	2000.6—2001.5	
	吐尔逊·阿不都热依木	男	维吾尔	常委	1996.10—1997.12	
	王仲涛	男	汉	常委	1996.10—2001.5	
	段跃进	男	汉	常委	1996.10—1998.2	
	艾拉·毛拉洪	男	维	常委	1996.10—1998.2	
	李建斌	男	汉	常委	1996.10—2000.3	
	王景枝	女	汉	常委	1996.10—2001.3	
	米塔力·居马	男	柯尔克孜	常委	1996.10—2001.5	
	托合提·艾则孜	男	维吾尔	常委	1997.12—2001.5	
	蒲亚军	男	汉	常委	1998.3—2001.5	
	侯全义	男	汉	常委	2000.4—2001.5	

续上表

届别	姓名	性别	族别	职务	任职时间	备注
第四届	贾立新	男	汉	书记	2001. 5—2005. 7	
	田东泉	男	汉	书记	2005. 8—2006. 8	辽宁沈阳援疆
	黄建民	男	汉	副书记	2001. 5—2002. 6	江西援疆
	艾尼瓦尔·吐尔地	男	维吾尔	副书记	2001. 5—2002. 11	
	派孜拉·买买提	男	维吾尔	副书记	2002. 12—2006. 8	
	李晓光	男	汉	副书记	2001. 5—2004. 6	
	迪力夏提·吾甫尔	男	维吾尔	副书记	2001. 5—2003. 3	
	王治坤	男	汉	副书记	2001. 5—2006. 8	
	张彦海	男	汉	副书记	2001. 5—2001. 7	
	黄贤稳	男	汉	副书记	2002. 8—2005. 7	江西援疆
	卡德尔·吾斯曼	男	维吾尔	副书记	2003. 7—2006. 8	
	鲁光彩	男	汉	副书记	2004. 6—2006. 8	
	王伟民	男	汉	副书记	2005. 8—2006. 8	辽宁援疆
	肖仁俊	男	汉	副书记	2005. 11—2006. 8	自治区挂职
	王仲涛	男	汉	常委	2000. 5—2002. 12	
	托合提·艾则孜	男	维吾尔	常委	2001. 5—2004. 6	
	蒲亚军	男	汉	常委	2001. 5—2004. 6	
	侯全义	男	汉	常委	2001. 5—2002. 11	
	杨立新	男	汉	常委	2001. 5—2004. 6	
	阿曼古丽·买买提	女	柯尔克孜	常委	2001. 5—2006. 1	
	杜继峰	男	汉	常委	2002. 12—2006. 8	
	李忠信	男	汉	常委	2003. 3—2004. 12	
	牛树森	男	蒙古	常委	2005. 8—2006. 8	辽宁援疆
	王明德	男	汉	常委	2004. 6—2006. 8	
	玉素甫江·买买提	男	维吾尔	常委	2004. 6—2006. 8	
	李永德	男	汉	常委	2005. 3—2006. 8	
	李强盛	男	汉	常委	2004. 6—2006. 8	
	夏　力	女	汉	常委	2006. 4—2006. 8	
	罗　平	男	汉	常委	2006. 6—2006. 8	
	唐志荣	男	汉	常委	2004. 6—2006. 8	
	努尔夏提·铁来西	男	柯尔克孜	常委	2006. 1—2006. 8	

续上表

届别	姓名	性别	族别	职务	任职时间	备注
第五届	田东泉	男	汉	书记	2006.8—2008.7	辽宁援疆
	李宏德	男	汉	书记	2008.8—2010.11	辽宁援疆
	刘军海	男	汉	书记	2011.1—2011.7	
	派孜拉·买买提	男	维吾尔	副书记	2006.8—2007.7	
	库尔班江·艾山	男	维吾尔	副书记	2007.8—2011.7	
	卡德尔·吾斯曼	男	维吾尔	副书记	2006.8—2007.8	
	王伟民	男	汉	副书记	2006.8—2008.7	辽宁援疆
	肖仁俊	男	汉	副书记	2006.8—2007.11	自治区挂职
	唐志荣	男	汉	副书记	2006.8—2010.8	
	张信宇	男	汉	副书记	2008.8—2010.11	辽宁援疆
	依马木·肉孜	男	维吾尔	副书记	2007.8—2011.7	
	杨　军	男	汉	副书记	2010.8—2011.7	
	管凤良	男	汉	副书记	2010.12—2011.7	江苏援疆
	杨立新	男	汉	副书记	2011.3—2011.7	
	李强盛	男	汉	常委	2006.8—2008.5	
	牛树森	男	蒙古	常委	2006.8—2008.7	辽宁援疆
	玉素甫江·买买提	男	维吾尔	常委	2006.8—2009.8	
	罗　平	男	汉	常委	2006.8—2011.7	
	夏　力	女	汉	常委	2006.8—2007.7	
	韩西明	男	汉	常委	2006.8—2010.8	
	李永德	男	汉	常委	2006.8—2010.6	
	王明德	男	汉	常委	2006.8—2011.6	
	赵　韬	男	汉	常委	2008.8—2010.11	辽宁援疆
	努尔夏提·铁来西	男	柯尔克孜	常委	2006.8—2007.8	
	黄晓霞	女	汉	常委	2007.8—2011.6	
	哈力比业提·阿不都卡德尔	男	柯尔克孜	常委	2007.10—2011.7	
	李宗武	男	汉	常委	2008.5—2011.7	
	木合塔尔·麦麦提	男	维吾尔	常委	2009.9—2011.7	
	朱成家	男	汉	常委	2010.6—2011.7	
	鲁光军	男	汉	常委	2010.8—2011.7	
	盛梦龙	男	汉	常委	2010.12—2011.7	江苏援疆

续上表

届别	姓名	性别	族别	职务	任职时间	备注
第六届	刘军海	男	汉	书记	2011.7—2014.6	
	申海涛	男	汉	书记	2013.6—2015.12	
	亚力坤·吐尔地	男	维吾尔	副书记	2011.7—2012.7	
	杨　军	男	汉	副书记	2011.7—2015.4	
	依马木·肉孜	男	维吾尔	副书记	2011.7—2012.7	
	管凤良	男	汉	副书记	2011.7—2013.12	江苏援疆
	杨立新	男	汉	副书记	2011.3—2013.10	
	库尔班江·艾山	男	维吾尔	副书记	2011.8—2012.7	
	李蜀疆	男	汉	副书记	2012.10—2013.10	
	沈立新	男	汉	副书记	2013.10—2015.12	
	罗　平	男	汉	副书记	2014.4—2015.12	
	张　戈	男	汉	副书记	2015.4—2015.12	
	罗　平	男	汉	常委	2011.7—2014.4	
	哈力比业提·阿不都卡德尔	男	柯尔克孜	常委	2011.7—2015.12	
	李宗武	男	汉	常委	2011.7—2015.12	
	木合塔尔·麦麦提	男	维吾尔	常委	2011.7—2014.7	
	朱成家	男	汉	常委	2011.7—2012.9	
	鲁光军	男	汉	常委	2011.7—2012.9	
	盛梦龙	男	汉	常委	2010.1—2013.12	江苏援疆
	文　红	女	汉	常委	2011.7—2015.12	
	李蜀疆	男	汉	常委	2011.10—2012.10	
	黄晓霞	女	汉	常委	2011.6—2012.6	
	高　强	男	汉	常委	2013.10—2015.12	
	肖建明	男	汉	常委	2014.3—2015.12	江苏援疆
	阿不都克尤木·阿布都热依木	男	维吾尔	常委	2014.11—2015.12	
	蒋志刚	男	汉	常委	2013.10—2015.12	
	宋卫忠	男	汉	常委	2015.4—2015.12	
	宋　亮	男	汉	常委	2015.4—2015.12	

说明:艾尼瓦尔·吐尔地、木合塔尔·麦麦提、亚力坤·吐尔地、李蜀疆于2014年被开除党籍、开除公职;高强于2018年11月21日被开除党籍、开除公职;鲁光军于2021年2月6日被开除党籍、开除公职

第二节　工作机构

一、市委办

1995年,市委办公室核定行政编制19名,实有人数19人,内含保密局。1995年,阿图什市保密委员会办公室隶属市委办公室领导,副科级单位,核定编制2名。

1997 年,成立机要局,隶属市委办公室管理,核定编制 4 名,实有 3 人。1998 年 3 月,市基层办挂靠市委办公室,2000 年 8 月从市委办公室析出。保密委员会办公室同时挂国家保密局牌子。

2002 年 9 月,市委保密委员会办公室(国家保密局),升格为正科级单位,核定编制 2 名,实有 2 人。

2013 年,成立阿图什市专用通信局,核定事业编制 4 名。2013 年 3 月,市机要局成立电子政务内网办公室,核定事业编制 5 名。主要负责密码及密码设备管理,收发电报,电子政务内网等工作。

2015 年,市委办公室内设秘书室、信息督查室(市委督查室)、财务室、文印室等,共有干部职工 32 人,其中正副科级领导 5 人,科员 18 人。办公室主要负责处理市委机关党务、政务、事务、机要、通信、保密、文电管理,做好调查研究、上传下达等工作。

2015 年,市机要局核定行政编制 4 名,事业编制 4 名,实有 3 人。负责市委密码通信、密码使用、装备和管理的职能部门。其主要职能是:负责中央、省、市各级来文来电和市委、市政府文电的收发、登记、办理、保管、清退、销毁及归档工作;负责市委常委文电传阅和阅文管理;负责做好中央、自治区、自治州主要领导同志莅临期间的密码跟随工作。

2015 年,市委保密委员会办公室(国家保密局)核定编制 3 名,实有 2 人。主要职能:按照保守国家秘密法的规定,制定全市保密工作规划和措施,开展保密检查,查处失泄密案件;统一协调和管理全市政法、经济、军事、通讯、科技、宣传和涉外等方面的保密工作;负责全市保密宣传教育和组织保密干部和涉密人员的培训等工作;负责全市计算机信息系统、国际互联网保密管理;指导全市各部门的保密工作。

二、组织部

1995 年,市委组织部核定行政编制 16 名,实有干部 16 人。市离退休干部管理局隶属市委组织部管理。1996 年 10 月,阿图什市基层组织建设领导小组办公室(以下简称基层办)成立,隶属市委组织部管理。1998 年 3 月挂靠市委办公室。1998 年 10 月,市党政机构改革,离退休干部管理局改称老干部局,升为正科级机构。2000 年 8 月,市基层办从市委办公室分出,为独立的正科级单位;2001 年 11 月,挂靠到市委组织部,为副科级单位,2007 年 12 月为正科级单位。2005 年 6 月,增设市委农村党员干部现代化远程教育办公室,归口组织部管理。2010 年,增设市委人才办,归口组织部管理。

2015 年,市委组织部为正科级行政单位,设部长 1 名、副部长 2 名。核定编制 36 名,实有 28 人。组织部内设办公室、人才(援疆)工作办公室、干部科(干部监督科、公务员管理科)、组织科(党代表联络处)、信息调研室(党建研究会)、干部教育培训科。下设老干局、基层办(综合科、农村党建科、社区党建科)、远程电教管理中心。主要负责全市党的建设、干部人才队伍建设、乡科级领导干部教育培训及基层组织建设、党员队伍建设等工作。

三、宣传部

1995 年,市委宣传部核定行政编制 7 名,实有干部 8 人。宣传部兼管阿图什市精神文明建设活动委员会办公室(以下简称文明办),定编 2 名,事业编制。1998 年,宣传部与精神文明建设活动委员会办公室实行一个机构、两块牌子;2001 年 6 月起,宣传部部长由市委常委兼任,配备副部长 2 人。

2015 年,阿图什市委宣传部内设办公室和宣传科 2 个科室,辖精神文明建设指导委员会办公室、对外宣传办公室、未成年人思想道德建设办公室、文化市场管理领导小组办公室 4 个办公室和社会科学界联合会和文学艺术界联合会 2 个群众团体。核定编制 20 名,实有 18 人。

四、统战部

1995 年,市委统一战线工作部(以下简称统战部)核定编制 5 名。1998 年,经市机构改革领导小组办公室审核、市委批准,核定市委统战部为综合性办公室,内部不设专门机构,共核定行政编制 5 名,其中领导职数 2 名。

2002 年,实施党政机构改革,民族宗教事务委员会与统一战线工作部合署办公;市委统战部根据州委统战部的职能调整的情况,增加开展海内外(主要是中亚西亚侨属)统一战线宣传工作职能,分别设置办公室和民族宗教科,核定机关行政编制5名,事业编制2名,其中领导职数3名。2007年,根据自治州编办《关于给自治州统战民宗部门增加编制的通知》文件精神,经市机构改革领导小组办公室审核、市委批准,市委统战部增加1名行政编制,增加后行政编制为6名。

2015年,市委统战部为正科级行政单位,内设民族宗教科,核定编制7名,实有5人。统战部是全市主管统一战线的职能部门。

五、政法委

1995年,市委政法委员会(以下简称政法委)与社会治安综合治理委员会办公室合署办公,为正科级行政单位,核定编制4名。1998年,核定行政编制10名,其中领导3人(不包括兼职的书记、副书记)。

2002年,成立中共阿图什市防范和处理邪教问题领导小组办公室,与市委政法委合署办公。市委政法委和综治办核定行政编制8名,全额事业编制2名。2011年,核定行政编制14名,全额事业编制2名,工勤编制1名。2013年,核定行政编制14名,全额事业编制2名,工勤编制2名。其中领导职数3人(不包括兼职的书记、副书记)。

2015年,阿图什市政法委内设综合办公室、综治业务科、流动人口服务管理科、国安办等。实有18人。

六、党史地方志办

1995年,阿图什市史志办核定编制5名,实有2人,均为副主任。

1998年,根据阿图什市党政机构改革方案,阿图什市史志办核定事业编制5名,其中领导职数2名,专业技术人员比例占100%,经费实行全额预算管理。2000年,市史志办实有4人。

2009年8月更名为阿图什市地方志办公室,挂党史办公室的牌子,实行一个机构、两块牌子,机构级别为正科级,隶属于市委、市政府双重领导和管理的市直事业机构。主要职责是征集、整理、研究党史、地方志资料,指导各部门党史编研工作和修志工作,开展党史、地方志学术研究。编制5名。

2015年,市史志办核定编制5名,实有4人,参照国家公务员管理。

七、老干部局

1986年3月,县委设离退休干部管理科,副乡级机构。10月,改为市委离退休干部管理科。内设老年活动室,无编制。挂靠阿图什市关心下一代工作委员会,无编制无经费。1995年,市委离退休干部管理局副乡级单位,核定事业编制5名。1997年10月,随着市老干部活动中心活动场所建成,成立市老干部活动中心。1998年10月,市党政机构改革,离退休干部管理局改称老干部局,升为正科级单位,是阿图什市老干部工作的综合管理部门,由市委组织部管理。2000年,老干局列行政编制3名,全额事业编制1名,其中领导职数2名。老年活动中心,列全额事业编制1名。2004年,老干部活动中心新增3名事业编制,实有5人。2010年4月,有行政编制7名,实有7人。2013年,市老干部活动中心列入参照公务员法管理范围,核定编制5名;1个挂靠单位是阿图什市关心下一代工作委员会,无编制无经费。2015年,市老干局机关核定编制3名,实有5人;老年活动中心核定编制5名,实有5人。

八、党校

1995年,核定编制22名,实有21人,其中副校长1人、教职工19人。在职员工中,讲师1人,助理讲师7人,会计1人。学校内设校委办、教务室、后勤服务中心、党建办、财务室、保卫室6个科室。

2002年,党校机构改革,根据《阿图什市委党校职能配置、内设机构和人员编制方案》的通知,党校列全额事业编制22名,其中领导职数3名。2011年,党校机构改革,克州党校阿图什分校挂牌,实现州市党校办学资源共享。

2015年，市委党校（行政学院）编制22名，实有人员19人。内设校委办、教务室、后勤服务中心、党建办、财务室、保卫室6个科室。

第三节　基层党组织

1995年，中共阿图什市委辖基层党组织94个，其中基层党委8个，党组7个，市直机关党委6个，党总支1个，党支部72个，农村党支部69个。

2000年，全市党的基层组织增至102个，其中基层党委8个，党组12个，市直机关党委7个，党总支1个，党支部74个，农村党支部69个。

2010年，全市有基层党组织367个，其中基层党委9个，党组31个，市直机关党委8个，党总支1个，党支部318个，农村党支部75个。

2015年末，辖基层党组织414个，其中基层党委9个，党组35个，市直机关党（工）委、企事业党（工）委11个，党总支8个，党支部351个。

一、基层党委

1995年，全市共有乡场委8个，其中乡党委7个，经济羊场党委1个。2004年，成立幸福街道党工委、光明街道党工委。2007年，市经济羊场党委撤销。2011年，撤销上阿图什乡党委，成立上阿图什镇党委。至2015年，全市有乡镇党委7个（上阿图什镇党委、阿扎克乡党委、松他克乡党委、阿湖乡党委、格达良乡党委、哈拉峻乡党委、吐古买提乡党委），街道党工委2个（幸福街道党工委、光明街道党工委）。

二、党（工）委和党组

（一）机关工委

阿图什市直属机关工委前身是市委机关党委。1995年，市直属机关党委为正科级建制单位，核定编制6名。1998年，更名为中共阿图什市直属机关工作委员会，并入组织部，设立编制7名。2002年，机构改革，设立编制6名，其中行政编制5名，事业编制1名，为市委派出机构，主要负责分类指导市直机关党的思想、组织、制度和作风建设等工作，做好发展党员、党员教育管理、机关党组织设置、检查、指导市直机关各党支部党建等各项工作。2010年9月，成立市直机关党员电化教育站，为市直属机关工作委员会下属事业单位，核定全额事业编制2名。2015年，实有7人。

2015年，市直属机关工委所辖党总支1个，党支部75个，党员1255名。

（二）其他系统党（工）委

1995年，系统党工委只有机关党委，即后来的机关工委。市直机关、企事业单位有党委5个，为市建设局党委、市公安局党委、市教育局党委、市水利局党委、市供销社党委。1997年，成立市经贸委党委。2006年6月，成立市医院党委。2012年，撤销市经贸委党委，成立市商务和经济信息化委员会党委。2013年初，为便于对企业党组织及党员的管理，成立市工业园区党工委、市非公有制经济组织党工委和市社会组织党工委。至同年末，全市设机关党（工）委、企事业党（工）委11个。2015年，全市机关党（工）委、企事业党（工）委11个。

（三）党组

1995年，全市设党组7个，即市人大党组、市人民政府党组、市政协党组、市人民检察院党组、市人民法院党组、市工商局党组、市农机局党组。1996年，增设市人事局党组。1997年，增设市卫生局党组。1998年，增设市扶贫办党组、市农业局党组、市畜牧局党组。2003年，增设市文体局党组、市民宗委党组、市发展计划委员会党组、市环境保护局党组、市国土资源局党组、市劳动和社会保障局党组、市财政局党组、市司法局党组、市民政局党组、市计生委党组、市国税局党组。2005年，增设市审计局党组。2007年，增设市地税局党组。2009年，增设市林业局党组、市妇联党组、市交通局党组。2010年，增设市总工会党组、市残疾人联合会党组、市工商联党组。2011年，撤销市人事局党组、市劳动和社会保障局党组；增设市安全生产监督管理局党组、市人力资源和社会保障局党组。2012 年,增设市文化体育广播影视局党组、市统计局党组、市科技局党组、市地震局党组。2014 年增设市食品药品监督管理局党组。至年末,全市设党组 35 个。2015 年,全市党组仍为 35 个。

三、党总支、党支部

(一)党总支

1995 年,全市设党总支 1 个,即:市工商局党总支。2013 年,全市党总支共有 8 个,增设 7 个,分别为上阿图什镇学区党总支、阿扎克乡学区党总支、松他克乡学区党总支、阿湖乡学区党总支、格达良乡学区党总支、哈拉峻乡学区党总支、吐古买提乡学区党总支。2015 年,全市党总支仍为 8 个。

(二)党支部

1995 年,全市有村党支部 69 个。2010 年,全市党支部 318 个,其中村和社区党支部 89 个,机关党支部 82 个(含乡机关党支部 7 个),企业党支部 14 个,事业单位党支部 133 个。2012 年,全市党支部 306 个,其中村和社区党支部 91 个,机关党支部 72 个,企业党支部 12 个,事业单位党支部 131 个。2013 年,全市党支部 325 个,其中村和社区党支部 94 个,机关党支部 72 个,企业党支部 13 个,事业单位党支部 146 个。2014 年,全市党支部 327 个,其中城市社区党支部 16 个,乡镇建制村党支部 75 个,机关党支部 75 个,企业党支部 13 个,事业单位党支部 148 个。2015 年,全市党支部 351 个,其中城市社区党支部 16 个,乡镇建制村党支部 75 个,机关党支部 77 个,企业党支部 13 个,事业单位党支部 170 个。

村党支部:1995 年,全市有 69 个行政村,69 个村党支部。2007 年,随着经济羊场党委的撤销,其羊场分场、乡牧场、农场统一改为行政村,还将原部分村民小组升格为村。2008 年,全市共有村党支部 75 个(含幸福街道办塔合提云村党支部)。2014 年 12 月 30 日,成立格达良乡沙拉塔拉村。2015 年,全市共有 76 个行政村,75 个村党支部。

社区党支部:1995 年,全市共有 3 个社区居委会,社区党支部 3 个。1998 年,全市有 4 个社区居委会,社区党支部 4 个。2000 年,增加 1 个社区居委会,社区党支部 5 个。2001 年,全市有 11 个社区居委会,社区党支部 11 个。2003 年,全市有 16 个社区居委会,社区党支部 16 个。2004 年,全市共有 16 个社区居委会,社区党支部 16 个。即:吉米提拉路社区党支部、帕米尔小区社区会党支部、团结路社区党支部、友谊路社区党支部、天山路社区党支部、文化路社区党支部、建设路社区党支部、光明路社区党支部、苗圃社区党支部、帕米尔路社区党支部、布谷孜路社区党支部、大城社区党支部、吾斯塘路社区党支部、群众路社区党支部、幸福路社区党支部、松他克路社区党支部。

2014 年,由于街道社区居委会名称存在不一致情况,造成一定程度上的名称使用混淆。市委组织部下发《关于规范使用乡镇行政村、街道社区标准名称的通知》,统一两个街道 16 社区党支部名称。具体为文化路社区党支部、友谊路社区党支部、光明路社区党支部、团结路社区党支部、帕米尔东路社区党支部、吉米提拉路社区党支部、人民路社区党支部、建设路社区党支部、群众路社区党支部、天山路社区党支部、松他克路社区党支部、吾斯塘路社区党支部、幸福路社区党支部、帕米尔西路社区党支部、环城南路社区党支部、昆山产业园社区党支部。

第三章　党务工作

第一节　市委办公室工作

一、综合协调

1995—2015 年,市委办公室在提高工作质量和效率上狠下功夫,思考、筹划、安排和处理问题通盘考虑,综合权衡，慎重协调市委领导之间、市委与各大班子之间、市委与下级党委之间、办公室与各部门之间的工作关系，公文运转传送，文件打印、下发、派车等，做到急事急办、特事特办，不断提高办文、办会和办事效率。合理确定内部分工，对信息调研、督促、检查、文稿起草、公文处理、会议安排、行政后勤、机要保密、信访档案、文印等各项工作都明确任务、职责，不断简化程序，加快节奏，提高服务质量。

二、办文

1995 年以来，市委办公室建立健全办文、办事责任制，按照“服务、精简、高效”的原则，对会议通知、文件起草、修改、校对、翻译、印发、会场布置、会后反馈等每一个环节层层把关，不断提高办文质量。党委每年发文在 20 号左右，党办发文在 60 号左右。

1995—2000 年，先后完成全委（扩大）会议、人大、政协换届选举工作会议、干部大会、常委会议及组织、纪检、政法、宣传等各类会议文稿 221 件。2001—2010 年，先后完成全委（扩大）会议、人大、政协换届选举工作会议、干部大会、常委会议及组织、纪检、政法、宣传等各类会议文稿 391 件。

2011 年，贯彻落实中央、自治区、州委八项规定，规范发文标准和办会程序，精简下发文件和召开会议数量。2011—2015 年，先后完成全委（扩大）会议、人大、政协换届选举工作会议、干部大会、常委会议及组织、纪检、政法、宣传等各类会议文稿 411 件。

1995—2015 年阿图什市委办公室办理各种文件情况表

表 17－3　　单位：件

年份	办文数	党发	党办	年份	办文数	党发	党办
1995	89	13	45	2006	176	32	65
1996	88	18	49	2007	173	31	68
1997	96	18	55	2008	177	33	68
1998	101	24	59	2009	174	34	67
1999	110	26	61	2010	225	35	71
2000	170	27	64	2011	170	34	75
2001	172	27	67	2012	180	38	77
2002	168	28	65	2013	220	35	76
2003	170	32	65	2014	252	36	78
2004	169	31	66	2015	270	38	78
2005	170	30	68				

三、办会

1995 年后，市委重要会议主要是每年召开的全委扩大会议，除市委委员外，参与的还有市直属单位领导、乡镇副科及以上干部、村党支部书记和村委会主任以及先进模范人物和特邀人士。其次是 5 年一次的党代会。办公室要为会议打印文件，安排食宿，制作会标。2002 年开始使用座签，由办公室制作。还要为会议安排翻译，为会议提供记录器材和供应茶水等工作。市委办公室编制《市委办公室会议服务流程》，对会务的各个环节提出具体要求。制定严格的会议纪律，严格落实会议签到制度和会风会纪通报制度，做到会前周密安排、会中精心组织、会后跟踪督察，提高会议质量，保证各类会议的顺利召开。

1995—2000 年，共召开各类会议 232 次。2001—2005 年，共召开各类会议 311 次。2006—2010 年，共召开各类会议 428 次。2011—2015 年，共召开各类会议 490 次。

四、督促与检查

1996—2006 年,市委办公室对各单位工作上班、值班进行检查,发现问题及时印发《督导与检查》,督促有关单位整改。督促与检查由市委督察室与政府督导室负责。

2007—2015 年,市委办公室同政府办公室对各单位的机关作风进行检查,对迟到、早退、缺岗、旷工人员予以通报,并整改。2015 年,全年完成各项督查工作 140 余次,编发《督查专报》101 期、《督查情况》20 期,督查参会情况 80 次。

五、公务接待

1996 年,公务接待主要是对口接待,即上级党委来人,由下级党委办公室负责接待;上级部门来人由各部门接待。随着交通条件的改善和人民生活水平的提高,接待越来越多,根据中央、自治区、州下达的各类公务接待文件,对公务接待有新规定,市委公务接待按照政府规定执行。2007 年,政府成立机关事务管理局,公务接待由政府机关事务管理局负责接待。

第二节　组织工作

一、党员发展

1995 年,全市发展党员 284 人。2001 年,全市发展党员 861 人,其中发展生产、工作一线的党员 749 名,占发展总数的 74%;发展妇女党员 307 名,占发展总数的 36%;发展少数民族党员 699 名,占发展总数的 81%;发展 35 岁以下的党员 726 名,占发展总数的 84%;发展高中以上文化程度的党员 617 名,占发展总数的 72%。

2004 年,全市发展党员 239 名,其中农牧民党员 116 名,占发展总数的 48.5%;发展妇女党员 89 名,占发展总数的 37.2%;发展少数民族党员 213 名,占发展的 89.1%;发展 35 岁以下的党员 185 名,占发展总数的 77.4%;发展高中以上文化程度的党员 202 名,占发展总数的 84.5%。

2010 年,全市共有党员 8635 名。其中市直机关党员 1020 名,占党员总数的 11.81%;部门行业党委党员 653 名,占党员总数的 7.56%;乡、建制村党员 6631 名,占党员总数的 75.75%;街道党员总数 331 名(不包括塔合提云村),占党员总数的 3.83%;妇女党员 2464 名,占党员总数的 28.54%;少数民族党员 7525 名,占党员总数的 87.15%。

2015 年底,全市共有党员 9963 名。其中预备党员 312 名,占党员总数 3.12%。35 岁及以下的党员 2256 名,占党员总数的 22.64%。大专以上学历的党员 4572 名,占党员总数的 39.69%。

二、党组织建设

1994 年,阿图什市委作出"关于加强党的建设的意见",决定以"围绕经济抓党建,抓好党建促经济"的方针,把加强农牧区基层党组织建设列入党委的重要议事日程,采取有力措施,切实抓出成效。

1997 年 4 月 25—29 日,市委组织召开由全市副科级以上干部参加的会议,传达学习中央政法委《关于在新疆重点地区开展集中整顿社会治安,严厉打击暴力犯罪分子的意见》,学习中央 7 号文件和自治区党委 5 号文件精神,围绕市委下发的讨论提纲进行充分的讨论。

1999—2000 年,阿图什市党政机关和企事业单位都成立集中整治领导小组,利用每周两个下午学习时间,学习集中整治有关内容并进行理论考试。两年里,共有 1.1 万余名干部职工参加考试。

2007 年,在全市各乡推行市乡干部驻村、市乡村三级干部"双包"等工作机制。着力让包乡、包村领导和驻村工作队按照"靠得住、有本事"的要求,加强乡村领导班子建设,把乡村领导班子建设成为统揽全局、协调各方,团结带领农牧民群众发展经济和与"三股势力"做坚决斗争的坚强领导核心。

2009 年,市委制定下发《关于开展争创"十星级"村组织竞赛活动的实施意见》和《争创"十星级"村组织活动考评细则》等文件，在全市73个行政村中全面开展"十星级"村组织创建活动，对各乡自查申报十星级以上的村组织进行考核验收，争星达标八星级以上的村56个，九星级村35个，十星级村22个。通过开展"十星级"村组织创建，有效推进农村基层组织建设工作。

2010年，市乡两级选派335名（市派93名）干部进驻73个村开展工作，在全市各村全面推广"四议两公开"（即"4+2"工作法，即农村所有村级重大事项都必须在村党组织领导下，按照"四议""两公开"的程序进行决策实施，"四议"：党支部会提议、"两委"会商议、党员大会审议、村民代表会议或村民会议决议；"两公开"：决议公开、实施结果公开）工作法。

2012年，在全市310个基层党组织中开展分类定级工作，其中评定为"好"154个、"较好"143个、"一般"13个。把评定为"一般"的13个基层党组织列为后进组织整顿范畴，经过整改提高，使存在的问题得到有效治理，各项工作有新的变化和起色。在17个村试点设立"四老"人员工作室，发挥"四老"人员余热，维护农村社会和谐稳定，增进党组织、党员和群众之间的感情。

2013年，开展基层组织建设年活动和"三级联创"活动，从市直单位选派干部113名，组成工作队91支，包村单位向所包村作出帮扶承诺310件，确定民生建设项目26个，投入资金826万元，完成民生项目21个，帮助困难群众575户1853人，资助贫困学生32人，为群众办实事940件。

2014年，阿图什市针对全市10个软弱涣散基层党组织的突出问题，下派10名"第一书记"协助整顿软弱涣散基层党组织，由10名县级领导进行挂点负责，按照"分类施策"的原则，通过配班子、强队伍、建制度、解难题等办法立行立改，整顿效果明显。

2015年，阿图什市选派20名县级领导和村"第一书记"负责对20个软弱涣散党组织、维稳重点村的整顿工作，明确整顿工作体系，并定期通报工作进展情况；结合工作实际，实施"治病计划"。针对软弱涣散基层党组织领导核心和政治核心作用发挥不明显，服务意识差、服务能力弱、群众意见大等症状，建立县级包村领导、"第一书记""访惠聚"工作组与村干部交心谈心、互助互帮、共同研判工作等办法，切实提高村"两委"工作能力。全市20个软弱涣散基层党组织顺利完成整改工作。

三、干部队伍建设

1995年，阿图什市共有干部人数5009人，其中少数民族干部4479人，妇女干部1863人，干部队伍中，具有大专以上文化程度的1149人，占干部比例的22.9%，具有中专（含高中）文化程度的3176人，占干部比例的63.4%，具有初中及以下文化程度的684人，占干部比例的13.76%。

2010年，阿图什市有公务员1866名，其中县处级以上29名，乡科级以上428名，科员1409名；男性1190人，女性676人；少数民族1140人，汉族726人；研究生9人，本科610人，专科1029人，中专及以下218人；党员1165人；35岁以下884人，36岁至40岁432人，41岁至45岁335人，46岁至50岁147人，51岁至54岁43人，55岁及以上25人。

2015年，阿图什市有科级以上领导干部595人。其中县处级以上34人，乡科级561人；男干部501人，女干部94人；汉族干部310人，少数民族干部285人；研究生16人，大学306人，大专256人，中专及以下17人；党员585人；35岁以下79人；36岁至45岁327人，46至55岁183人，56岁以上6人。

四、干部培养与选拔任用

1995年后，中共阿图什市委及各级党组织贯彻中共中央关于党的干部工作的一系列方针政策，加强党的思想建设、组织建设和作风建设，全市干部队伍逐步发展壮大。

1995年，健全一整套的培养选拔后备干部和干部考核管理制度，建立市、乡、村三级后备干部队伍，通过考察、培训、本着重实绩重实干不拘一格选人才的方针，全市共提拔副科级以上干部68人，命名科技拔尖人才7名，为6个乡选派科技副乡长。

1997年，以建设高素质的干部队伍为目标，以加强基层领导班子为重点，通过完善后备干部的培养、考察、选拔、任用制度，坚持群众公认为前提，年内共调整选拔副科级以上干部82名，为乡场班子充实年轻干部

21名,对新招录的130名大中专毕业生,一律面向基层,充实到乡场七站八所和村级组织任职锻炼。1998年,把干部管理教育作为重点抓,继续推行和完善干部管理“三三三”制(三分之一的干部下乡包村,三分之一的干部办农场搞创收,三分之一的干部坚守机关岗位),对两个干部农场实行承包管理。

1999年,在干部队伍管理上,坚持“分块建设、分类指导、突出重点、整体推进”的工作方针,实行年度目标管理,落实奖惩措施,500名市乡两级包村干部,坚持扶贫攻坚、经济建设、集中整治、基层组织建设、精神文明建设五位一体结合抓,有效促进领导方式和干部作风的转变。

2004年,以深入贯彻落实《党政领导干部选拔任用工作条例》为载体,按照干部“四化”方针和德才兼备的原则,坚持正确的用人导向,把思想政治素质放在首位,协助市委合理调整各级领导班子成员,改善班子结构。全年共交流干部13人,其中乡场交流到市直部门4人,市直部门之间交流7人,州市交流2人。

2007年,干部网上考试和网上培训全面推广,干部学习的自觉性大大增强,进一步完善干部考核管理制度,干部科学考核机制初步形成,圆满完成市人大、政府、政协、法检两院及乡人大、政府的换届选举工作,各级领导班子建设全面加强。

2009年,阿图什市以激发干部队伍活力为核心,扎实推进干部人事制度改革。坚持实绩导向,健全适合科学发展要求的干部考核评价体系,完善印发《阿图什市乡科级领导班子目标实绩考核办法》《关于申报目标实绩考核公共目标与业务目标的通知》《关于上报乡科级领导干部2009年工作目标的通知》等文件。全年共提拔重用37名,交流轮岗干部7名,改任非领导职务1名。

2011年,阿图什市“以坚持正确的用人导向,按照德才兼备、注重实绩、群众公认的原则选拔干部,提高选人用人公信度”为标准,不断提高增强干部选拔任用的科学性、准确性。结合市乡换届,先后调整干部3次,调整任免干部94人。其中提拔重用30名,交流30名,试用期满转正14人,免去试任职务1名,辞退1名,退休12名。

2013年,阿图什市共有科级以上领导干部568名,全面推行股级干部竞争上岗制度,指导4个市直单位对26个股级岗位进行竞争上岗,为想干事、能干事的人搭建舞台。对后备干部采取动态管理,根据年度考核对优秀率、推荐率达不到50%的取消后备干部资格。认真贯彻落实党政领导干部选拔任用条例工作纪实办法,对选拔干部中12个环节、全程纪实、全程监督。委托市审计局对12名领导干部进行经济责任审计。

2015年,按照“四强”干部标准,建立常态化干部选用工作体系,做到长流水、不断线。调整干部4批次209名,其中提拔重用123名,交流79名,转正7名。特别加大优秀年轻干部、女干部、少数民族干部和的反恐维稳一线干部选用力度。提拔重用30岁以下年轻干部8名、女干部17名、少数民族干部64名及长期在基层和反恐斗争一线的干部69名;创新干部管理方式。逐步建立“领导干部个人诚信档案”;严格落实领导干部个人重大事项报告制度,完成543名科级干部个人事项报告工作。开展人事档案“三龄两历”专项审核工作。

五、干部培训与考核

1996—2000年,市委组织部共举办理论学习班17期,培训理论骨干1350人,邀请自治区党委党校、自治州党委党校、喀什地委党校教授作“邓小平理论”专题辅导报告16场,听讲人员13100人次。全市组织有关邓小平理论考试8次,参加考试人员2.1万人次。坚持灵活多样的培训形式,建立乡村干部读书日制度,确定每周六为乡村干部的“读书日”,要求在规定的期限内完成必读篇目,写出读书笔记,规定每个干部年自学时间达到48天。通过学习培训,干部党员的政治理论素质及文化知识业务水平明显提高。市委先后制定《少数民族干部培养选拔制度》《1996—2000年干部教育培训规划》和《“九五”期间干部培训规划》,结合《党政干部选拔任用工作条例》提出贯彻意见。对少数民族干部培养、选拔任用工作都做出要求和规划。

2002年,共举办各类培训班37期,培训干部3900人次。举办3批6期干部政治理论培训班,对200名市直单位副乡级以上干部进行培训;举办1期为期3个月的中青年后备干部培训班,培训干部45名;举办6批12期WTO(世界贸易)和“国家公务员更新知识”培训班,对2234名乡场领导、市直单位领导和市直单位骨干进行集中轮训。选派68名干部参加自治区“三个代表”重要思想、社区党建培训班;选送154名县级领导和村级主要领导参加自治州的“三个代表”重要思想、社区党建的集中培训。组织党校老师深入七乡一场巡回演讲，进行“四五”普法、意识形态教育、维护社会稳定等专题宣讲22场，参加人员3万人次。举办4期4批《党政领导干部选拔任用工作条例》专题培训班，共培训领导干部350人。在市党校培训3批6期计算机培训班，培训中青年干部330名。各乡场先后举办7期“双语”培训班，培训人员280名。完成第二批30名挂职干部返回前考核及第三批挂职干部考核工作；选拔21名挂职干部到北疆挂职锻炼；上报第五批挂职干部的选拔工作；做好乌鲁木齐市对口阿图什市两地互派挂职干部工作及江西援疆干部的返回和来疆干部的安置工作。

2005年，全市举办科级干部培训班19期，培训人数1645人，培训时间294天，其中正科级干部478人次，副科级干部1167人次。市科级干部中去外地参加各类培训班76期，培训人数83人次，其中正科级干部39人次，副科级干部44人次，培训时间497天。市科级以下干部中参加各类培训班1348人次，企业管理人员中参加各类培训班人数20人次，专业技术人员中参加各类培训班人数3702人次。全市干部通过参加培训，专业知识水平与政治素质得到提高。2007年8月31日—9月30日，阿图什市第一批乡科级部门30名负责人赴辽宁沈阳市开展为期1个月的理论学习。

2008年，市委组织部自主研发开通“阿图什市党员（干部）网上培训考试网”，干部培训考试网包含干部教育试题库、干部培训课程库、干部学习电子资料库和干部学分成绩查询系统、干部网上考试系统、干部教育培训档案管理系统、干部学习资料查阅系统、干部调训分配系统、“双语”语音学习系统的“一网三库六系统”搭建教育培训网上平台。月均在网上学习双语干部1.2万人次。

2010年，举办乡科级干部学习贯彻中共十七届五中全会精神培训班4期，培训乡科级干部400人次。组织党校教师深入2个乡、1个街道为乡（社区）干部、“三老”人员、宗教人士、致富带头人开展中央新疆工作座谈会精神专题培训4场，在市委党校共举办3期“双语”师资培训班和9期“双语”强化培训班。强化培训主要以7个乡和2个街道的少数民族干部及汉族干部为重点，共培训干部860人次。2010年第二期双语考试中，5000名干部职工参加考试，考试合格率91.59%，平均成绩74.97分，对400名考试不合格的干部安排在市委党校进行集中强化培训后，进行补考成绩均合格。

2013年，举办换届后村“两委”班子成员及大学生村干部培训班7期、培训846人；举办街道、社区“两委”班子成员培训班2期、培训80人；举办中青培训班2期、培训78人；参加自治区基层领导专题培训班6期、培训25人；举办入党积极分子培训班7期、培训618人；举办赴援疆省市培养大学生培训班4期、培训764人；举办其他各类主题培训班5期、培训650人次。市委党校采取送学的方式，深入各乡镇、单位（社区），开展维护稳定、创先争先、“热爱伟大祖国、建设美好家园”、新疆“三史”等主题教育培训26场（期）1.4万人次。阿图什市赴江苏培训学员149名，其中县级领导干部2名，科级领导干部72名，街道、社区干部12名，村党组织书记30名，市直单位干部33名。赴各乡镇举办阿图什市依法治理非法宗教活动，遏制宗教极端思想渗透培训班，参训1500人次。举办阿图什市维护民族团结、维护社会稳定、建设美好家园培训班，参训1700人次。举办村支部书记学习自治区11号文件精神培训班，参训75人次。举办由各乡镇领导班子成员、七站八所领导、机关干部、村“两委”班子成员、“四老”人员、农村党员参加的学习自治区11号文件培训班，参训1950人次。

至2015年，全市共选派455名干部赴江苏学习培训，挂职培训20人。通过集中学习与实地考察，聆听讲座与互动交流，专题研讨与对接思考相结合的培训方式，使选派干部学到新知识、新观念、新方法，开阔眼界、拓宽思路，培训效果明显。

六、人才工作

2004年，市委制定《阿图什市2004—2008年人才建设规划》。2010年，市委制定《阿图什市2010—2020年人才队伍中长期规划》。2011年，阿图什市委组织部围绕实施“人才强市”战略，加大人才培养工作计划的落实力度。全年学习培训7批次118人，其中，领导干部93人、专业技术人员11人，挂职培训14人。2014年6月，制定《阿图什市2014—2016年江苏干部人才援疆三年行动计划》。2014年12月，市委开始申报选拔阿图什市帕米尔“3123”人才培育计划。2015年3月，市委制定帕米尔“3123”人才优惠政策。2015年6月，确定阿图什市帕米尔“3123”人才培育共54名，领军人才3名、骨干人才21名、后备人才30名。2015年12月，市委对全市54

名帕米尔“3123”人才进行资金补贴,补贴领军人才1000元、骨干人才600元、后备人才300元。

七、远程教育工作

自2005年农村党员干部现代化远程教育办成立以来,至2009年,共建成农村党员干部现代远程教育终端接收站点80个,已建站点中:基本型16个(市远程办1座),扩展型A35个,扩展型C7个,IPTV型4个,站点覆盖率88%,站点接入电信宽带34个,接入且正常运行的有26个,已建站点宽带接入率42.5%;有专(兼)职远程工作人员91名。全年报送远程电教信息70余条,视频信息80条。其中《党员之友》“互联网”采用1条、天山网采用1条、新疆昆仑网“远教动态”采用2条、“五好站点建设”采用5条、“新闻速递”采用51条。

2010年,阿图什市扎实推进党员干部现代远程教育网络一体化建设,投入19万元购买远程电教采、编、录器材,为6个乡的远程教育专职管理员配备远程教育专用摩托车。阿图什市有80个远程终端接收站点,设备完好的站点71个,已接通宽带的有41个站点,达到“五好”站点的35个。按照“降低成本、便于培训、拓宽网络、扩大覆盖”的原则,全市73个村建立“中心播放户”95户,种养殖“示范户”2516户,种养殖“示范基地”35个。全年对91名专(兼)职远程工作人员进行5次培训,90%的学员通过理论和实际操作考试。阿图什市远程办自主开发课件,制作《黑脸书记》《贴心村支书》《爱心妈妈》《强化“三个要素”践行“三个活跃”》《堡垒》5部专题片。

2015年,阿图什市委组织部全面更新升级107个远程教育站点的硬件和软件,专职远程工作人员增至204名,示范基地30个,科技示范户168个,家庭播放点243个。开发制作“乡土教材”,丰富市教学资源库,完成《土喇叭》《文明和谐满社区》《基层政权建设》第一、二、三部等5部反映阿图什市开展党的群众路线教育实践活动成果和先进基层党组织、优秀共产党员、优秀党务工作者典型事迹的专题片拍摄制作。

第三节　宣传工作

一、中心组理论学习

1995年,市委制定干部理论学习安排意见,对全市干部理论学习内容、方法进行具体安排。重点抓好市委中心学习小组学习,明确学习时间、学习内容、学习人员。年内,市委中心组学习12次,做到每月学习1次。

1997年,市委宣传部以邓小平“解放思想、实事求是”的理论为重点,围绕香港回归和中共十五大召开两件举世瞩目的大事抓好党委中心组理论学习14次。

1999年,把思想政治建设放在首位,围绕学习邓小平理论、中共十五大、十五届三中、四中全会精神、江泽民考察新疆时的重要讲话及江泽民在纪念中共十一届三中全会二十周年大会上的讲话精神,强化理论学习,制定阿图什市干部理论学习安排意见,坚持每月学习1次,严格学习考勤制度,严肃学风,要求干部职工在学习内容上做到先学一步。

2002年,市委中心组坚持学习制度,建立健全中心组学习计划,专题学习和研讨交流制度,对中心组学习情况、撰写调研文章检查2次,同时在集中学习时进行通报;全年集中学习20天以上,平均参学率98%以上;中心组成员写学习笔记达1万字,撰写调研文稿2篇以上,制定印发《关于在全市领导干部中大兴调查研究之风的通知》。

2004年,印发《2004年阿图什市党委中心组理论学习安排意见》。之后一直到2007年每周都印发中心组理论学习安排意见。

2005年,市委中心组带头学习保持共产党员先进性教育,对中共十六届四中全会、中央一号文件、自治区、州、市三干会议精神进行系统学习,全年进行理论学习10次,使理论教育工作走上制度化、规范化的轨道。

2006年,将市委中心组学习对象再次扩展为市四套班子、法检两院县级领导及各乡、街道党(工)委书记。

2010 年，坚持加强领导干部理论学习，抓好市委中心组学习，深入学习贯彻中共十七届四中、五中全会精神，中央新疆工作座谈会，自治区党委七届九次全委扩大会议精神，做到市委中心组成员带头参加学习，带头带问题调查研究、带头发言。全年组织中心组学习 10 次，平均参学率 96% 以上。

2013 年，市委推行集体学习、中心组报告会、党员干部培训、理论宣讲、调查研究及个人自学制度，做到有学习计划、辅导资料、考勤制度、讨论记录、调研总结，引领党员干部学习风尚。按照“三贴近”的要求，带领全市广大党员干部深入学习贯彻中共十八大、十八届二中全会和自治区党委八届六次全委（扩大）会议精神，树立和落实科学发展观、荣辱观，构建社会主义和谐社会等学习内容为重点的学习教育活动，形成多形式、多渠道、多手段开展理论武装工作的格局。全年组织市委中心组学习 12 次。

2015 年，以中共十八届四中全会、全国和自治区两会、自治区党委八届八次全委（扩大）会议和社会主义核心价值观体系等为主题，采取人对人、面对面、心贴心的方法，用听得懂、看得见、记得住的方式，把道理讲通、讲透、讲深。充实草根宣讲员队伍，通过讲故事、作报告、入户谈心、开辟微博信微宣传平台等方式，推进党的政策理论进机关、进学校、进企业、进农村、进社区、进家庭，实现宣讲全覆盖。

二、主题宣传

1995—2000 年，市委宣传部围绕市委中心工作开展各项主题宣传工作。召开向孔繁森学习动员大会；向吴登云学习；民族团结进步模范事迹报告大会；自治区创建文明城镇工作现场会；喜迎香港回归、自治区“十佳公仆”表彰大会等，通过开展以“弘扬雷锋精神，奉献一片爱心”为主题的创建“双拥”市宣传活动；开展爱国主义、集体主义、社会主义的教育等一系列弘扬正能量的宣传，在全市范围内掀起一个人人向模范学习、为建设文明幸福阿图什做贡献的良好氛围。

2001—2005 年，以“公民道德建设”为主题宣传，举办公民道德建设演讲比赛；“百万家庭承诺争当公民道德建设模范”签名活动；正能量新闻有奖评选活动；开展以爱国主义与民族团结为主题的专题书展、图书捐赠；召开未成年人思想道德建设会议；举办优秀党员先进性教育、优秀党员先进事迹报告会；开展“百日群众文化广场”等一系列活动，为全市公民道德建设工作更上一个新台阶打下坚实基础。2002 年 6 月，市委决定，集中两个月时间在全市开展意识形态领域反分裂斗争再教育活动。活动坚持以正面教育、自我教育为主的方针，严格区分和正确处理两类不同性质的矛盾，搞好防范，强化管理。活动于 8 月下旬结束。2004 年，全市新闻媒体紧紧围绕全市的重要会议、重点工作、重大活动以及市委、市政府出台的各项政策、措施，顺利完成“三个代表”重要思想，中央、自治区两个“一号文件”、两会、市三级干部大会，党员先进性教育等焦点和热点问题的宣传报道。

2006—2010 年，以创建自治区精神文明先进市、全国双拥模范城、自治区城市“天山杯”竞赛活动、国家园林县城为主线，开展一系列相关工作宣传，全市各族人民齐心协力、积极投入到各项创建工作当中，并顺利荣获各项荣誉。2009 年，乌鲁木齐“7·5”事件发生后，及时讲清事件真相，明辨是非，旗帜鲜明地反对民族分裂，维护祖国统一，同心协力做好当前形势下的民族团结工作。在全社会唱响“六好”（共产党好、社会主义好、祖国大家庭好、改革开放好、民族团结好和人民解放军好）主旋律，积极营造社会和谐、维护稳定团结的良好氛围，将各族群众的思想和行动统一到各级党委、政府的决策上来。

2011—2015 年，以学习贯彻中共十八大会议精神及自治区党委八届全委会议精神为主题，努力营造“共同团结奋斗、共同繁荣发展”的主流舆论氛围，结合“榜样在身边”道德模范评选、“道德讲堂”“爱我祖国，爱我家乡”等活动为载体进行宣传引领，增强各族群众“热爱伟大祖国，建设美好家园”的信心和决心。

三、干部理论思想教育

1995—1999 年，市委要求在职干部职工每周三开展集中学习，要求记笔记，写心得体会。市委抓好邓小平理论再学习、再教育，加强学习中共十五大精神，坚持开展反对民族分裂、维护祖国统一等学习教育，培训教育面 95%。组织城乡 2000 名干部职工进行政治理论考试；举办副科级以上干部市场经济大学习、大讨论学习班 2 期。

2001年,督促全市各系统、各单位开办34所夜校,组织全市近7000名干部职工参加集中培训。之后每年向全市印发《阿图什市在职干部理论学习安排意见》。

2003年,市委组织开展中共十六大精神学习,抓好市委中心组及各基层党(工)委中心组学习,形成以市委书记为第一责任人,各党(工)委书记为具体责任人的理论学习格局。年内,举办副科级以上干部理论教育培训班4期,120人参加学习;举办巡回宣讲60场,听讲人数1万人次;邀请学者、专家召开专题报告会3场,受教育干部2000人;组织全市干部职工理论考试。

2005年,市委开展保持共产党员先进性教育及中共十六届四中全会精神学习宣传教育活动;市委中心组和各级党委(党组)按照"六个一"的方式进行理论学习12次。

2007年,市委组织全市党员干部学习中共十七大、十七届三中全会精神,订阅《江泽民文选》《"三个代表"重要思想学习纲要》《科学发展观学习读本》《构建社会主义和谐社会》,共计集中学习10次。

2010年,市委深入学习中央新疆工作座谈会、自治区党委七届九次全委扩大会议精神,中共十七届四中、五中全会精神,组织全市干部理论考试1次、巡回宣讲137场。

2011年,加大对学习型党组织建设的指导、督察,及时总结推广经验做法,加强党委(党组)中心组学习制度化、规范化建设,组织开展干部理论考试,围绕中共十七届五中、六中全会,"十二五"规划,第29个民族团结教育月等专题,深入机关、社区、学校、部队和农牧区以汉、维吾尔两种语言开展面对面宣讲,全年宣讲154场,受众2.8万人次。加大对基层宣讲员培训指导力度,发放《基层理论宣传普及示范点管理办法》,推进基层理论宣传普及。

2013年,市委组织召开全市开展中共十八大精神进村(社区)入户宣教活动动员大会,抽调20名专家、骨干教师组成讲师团,开展各类讲座、宣讲70场次。

2015年,市委深入推进理论下基层活动,开展下乡进村讲形势、走家入户谈发展形势政策宣传教育,举办"访民情、惠民生、聚民心"活动宣讲骨干培训班、160名领导干部参加培训;组织全市示范性宣讲团、各乡(镇)场宣讲团、各街道办事处宣讲团、各部门行业宣讲团、基层工作队宣讲组5个层次宣讲团在城乡进行宣讲,分别对各乡(镇)场、街道办事处、城区各党工委、教育系统等行业、系统进行宣讲。

四、对内、对外宣传

1995年,重点围绕爱国主义、集体主义、社会主义的"三义",世界观、人生观、价值观的"三观"和社会公德、职业道德、家庭美德的"三德"教育,做好对内对外宣传工作。

1997—2000年,向全市各单位印发《关于进一步加强对外宣传工作的通知》,加大全市外宣力度。组织开展学习吴登云先进事迹情况的宣传,与新疆电视台联合拍摄大型电视专题片《无花果之乡的欢乐》,参与大型文艺专题片《阿图什之歌》《恰克马克河之歌》的拍摄工作。

2004年3月7日,召开新闻宣传工作先进集体、优秀通讯员表彰大会,对在2002年、2003年全市新闻宣传工作中成绩突出的市党办等4家先进单位和21名优秀通讯员进行表彰奖励。

2005年,召开2004年度新闻宣传工作先进集体、优秀通讯员表彰会。表彰奖励在2004年全市新闻宣传工作中成绩突出的市委办公室等6个先进集体和栗新铭等19名优秀通讯员。中央电视台在市委宣传部的协助下,拍摄的2部专题片《阿图什商人》《百年足球村》,分别于6月27日、7月4日北京时间14:50在CCTV-1《中华民族》栏目各播出40分钟,为阿图什市的经济发展营造良好的舆论环境。南疆三地州新闻媒体《喀什日报》《和田日报》《克孜勒苏报》为强化联合办报合作体系,组成联合采访团,对阿图什市进行全方位的宣传报道。9月7日,CCTV-4、新疆电视台《直播新疆》节目在松他克乡民族风情园作现场直播。

2007年8月30日,市委外宣办成立后,先后邀请中央电视台、新疆日报社、新疆人民广播电台、新疆电视台、中央媒体驻疆记者到阿图什市采访报道。

2008年5月10日,举行"阿图什市宣传网"开通仪式,该网设置"宣传动态、对外宣传、新闻视频、文明创建、宣传信息、文化建设、阿图什风采、阿图什新闻、信息反馈、理论园地、在线视频"11个栏目。

2011年,编辑制作"阿图什市回眸'十一五'系列汇报片"(7个篇目),在克州电视台播出。

2014 年，为加大对阿图什的各行各业的宣传，与克孜勒苏报社合作，每周在《克孜勒苏日报》第三版面刊登阿图什专版 1 期。介绍阿图什城市建设、经济发展、独特民俗民风、神奇迷人的旅游资源等图片专栏，全面向国内外宣传、推介阿图什市。

2015 年，开通阿图什零距离微信公众平台，加大对阿图什市的宣传报道。

五、党报党刊征订

1995—2015 年，每年 10 月底，由市委宣传部、克州邮政局、市财政局和市文广局（新闻出版局）牵头组织召开年度党报党刊征订发行工作会议，各乡镇、街道和市直各单位参加。会议主要对上一年度工作进行总结、对新一年党报党刊征订工作进行安排部署；同时对上年度党报党刊征订工作先进单位进行表彰。

为做好党报党刊征订工作，按照各单位实际情况等确定征订数量，确保《人民日报》《求是》《新疆日报》《今日新疆》《克孜勒苏日报》（简称“三报两刊”）以及新华每日电讯、光明日报、经济日报和新疆经济报等征订工作顺利开展。

六、扫黄打非

2010 年 9 月 3 日，经市编委会研究，成立阿图什市文化市场管理领导小组（“扫黄打非”领导小组）办公室，办公室设在市委宣传部，核定全额事业编制 2 名，实有 2 人。

2011 年，对文化市场共开展联合检查 11 次，日常检查 122 次，专项检查 8 次，出动执法人员 392 人次，车辆 28 辆次，检查网吧 60 家次，音像店 68 家次，娱乐场所 85 家次，出版物市场 80 家次，打字复印店 76 家次，二手手机市场 22 家次，收缴 1475 张盗版光碟，查缴“少儿版人民币”68 张，销毁盗版 DVD 2800 张，录音带 5380 盒。审核通过 108 家经营户的证照，对 5 家网吧因接纳未成年人进行警告。

2012 年，调整领导小组成员，制定《开展打击政治性、宗教类非法出版物和反动宣传品专项行动方案》，落实“扫黄打非”台账管理制度，加强文化市场的联合检查和整治。共开展文化市场综合执法检查 155 次（其中联合检查 30 次），出动执法车辆 86 辆次，执法人员 1130 人次，检查各类文化出版物经营单位 650 家（次），没收盗版光碟 3200 张。先后对 8 家网吧进行处罚，严厉打击文化市场违法违规经营活动，保护合法经营，维护文化市场良好的经营秩序。与文化市场经营户签订安全生产目标责任书 90 份，民族团结责任书 90 份。举办综治法律法规和安全生产培训 2 次，受训人员 80 人。组织执法人员对全市辖区内非法卫星接收设施进行专项清查，强制拆除个人及单位非法卫星接收设施 10 套。

2013 年，开展联合检查 47 次，日常检查 148 次，收缴盗版光碟 1528 张，对 6 家网吧因接收未成年人进行停业整顿；开办综治法律法规和安全知识培训班 2 期，受训人员 50 人次，进一步加强文化和新闻出版市场的监管力度，净化社会文化环境。积极开展平安文化市场创建活动，全市共有 80 家经营场所被命名，创建率 92%。完成 2013 年度 138 家文化市场经营场所年度审核工作。开展整治“三非”活动专项行动工作。6 月 1 日至 9 月 10 日集中开展专项整治，重点对辖区内各繁华街路、较大居民小区及清真寺周边等区域的二手手机（电脑）市场、违法刻录、贩卖盗版 CD、非法书籍及宣传品进行清理整顿。联合检查 11 次，日常检查 17 次。

2014 年，开展文化市场综合执法检查 92 次，出动执法车辆 35 辆次，执法人员 322 人次，全市文化市场经营单位 485 家（次），检查网吧 177 家次，音像店 98 家次，歌舞娱乐场所 46 家次，书店 92 家次，打字复印店 72 家次，二手手机市场 6 家次，音乐餐厅 5 家次，经营性文化场所 5 家次，其他 10 家次，收缴 1500 张盗版光碟，查获各类非法宣传品 167 件，对 2 家动漫城的每台游艺机电子主板张贴封条。

2015 年，开展“扫黄打非 · 2015 秋风行动”、净网行动及清源专项行动，重点对非法报刊、非法网络报刊、政治性、宗教类非法出版物和反动宣传品进行查缴，确保文化市场安全稳定。开展高考前执法检查、暑假期间校园周边和“7 · 5”敏感时段及斋月期间专项行动。做好自治区庆 60 周年、国庆节等敏感时间节点的文化市场监管工作。全年开展文化市场联合检查 31 次，日常检查 82 次，出动执法人员 302 人次，检查网吧 146 家次，KTV 娱乐场所 40 家次，音像店 49 家次，书店 39 家次，打字复印店 67 家次。处理违规经营网吧 15

家次。检查二手手机市场18处。对校园周边出版物市场联合专项检查28家次。

第四节　统战工作

一、民族宗教工作

1995年,市委统战部发挥宗教人士在促进经济社会发展和维护社会稳定中的积极作用,着重培养一批政治上靠得住、宗教上有造诣、群众中有威信、关键时刻起作用、年龄结构梯队合理的爱国宗教人士队伍,成为一支抵御渗透、维护社会稳定、反对民族分裂、维护祖国统一的重要力量。

2003年,阿图什市连续遭到强烈地震和罕见的大雪,一些清真寺受到不同程度的损坏。为避免信教群众人员伤亡,确保宗教活动的正常开展,市委统战部先后10余次深入到各乡(场)、两个街道办事处对61座清真寺进行全面检查。通过了解、查阅资料、实地察看、实地丈量、照相、登记等办法,鉴定有30座危险清真寺,市委统战部对清真寺的重建、维修工作进行全程监督和指导。

2004年,市委统战部按照"保护合法、制止非法、抵制渗透、打击犯罪"宗旨,会同各乡(场)、办事处和有关部门完善宗教事务管理的规章制度,制定《宗教人士的培训计划》《新建重建维修清真寺管理办法》《朝觐工作实施办法》《少数民族领导干部联系清真寺和与宗教人士谈话制度》《讲经活动管理办法》《爱国宗教人士带塔里甫管理办法》。

2005年,市委统战部确定14名民族县级领导分别联系28座重点清真寺,同时要求各乡(场)、街道办村干部分别联系属地的清真寺。为确保两项制度落到实处,市委统战部结合工作实际制定《阿图什市民族领导干部联系重点清真寺制度和民族领导干部与宗教人士谈话制度监督检查管理办法》。同年,由市委统战部牵头组织市民宗委、城建局、林业局、土管局、民政局等有关单位对全市673座清真寺重新丈量,并对清真寺的正面图片,占地面积、各清真寺的名称,财产情况,使用面积(坟地、园林、门面店铺、浴室设施),平面图等事项进行核实并登记造册,对符合条件的发放土地使用证。

2006年,市委统战部会同市民宗委、市伊协对各清真寺担任哈提甫、伊玛木职务的宗教教职人员进行资格认定复查工作。复查工作采取考试方式进行,分笔试和面试两种。共对734名爱国宗教人士进行考试。考试通过后,征求当地信教群众意见,通过村支部和乡、街道办事处统战宗教办公室及市统战、民宗部门了解其政治表现,经进一步明确资格后,再由市伊协统一发放宗教教职人员资格证书。

2007年,市委统战部在前期基础上对清真寺的电子图片档案进行逐一梳理、编辑,把673座清真寺一一编号,加载登记每个清真寺的法人代表、主持人、宗教人士职务、建筑年代、维修年代、建筑结构、建筑面积、占地面积等。

2010年,市委统战部在宗教界开展"热爱伟大祖国,建设美好家园"主题教育活动,受教育群众10万人次;开展宗教工作"五进两落实"(进机关、进学校、进社区、进企业、进农家,落实少数民族领导干部联系清真寺和爱国宗教人士交朋友)活动,解决机关干部不懂宗教政策、宗教事务管理和对宗教工作的重要性、长期性、复杂性、艰巨性认识不足的问题。

2011年,市委统战部组织统一战线各界人士深入开展中国特色社会主义、爱国主义和维护祖国统一的教育,认真研判新形势下的民族关系和民族问题。结合"热爱伟大祖国、建设美好家园"主题教育活动,在宗教界开展"五个百"主题教育活动(开展100场主题教育宣讲;开展100场以"维护民族团结,维护祖国统一,构建和谐社会"和"反暴力、讲法治、讲秩序"为主题的座谈会;开展100场以"重温历史、同心同行"为主题的座谈会;在爱国宗教人士中开展100件好人好事;写100篇"热爱伟大祖国,维护民族团结社会稳定,建设美好家园"主题文章),进一步强化民族团结和"四个认同"的宣传教育。

2013年,市委统战部在全市333个基层党组织中以"微观渗透"和整治"三非"为主题开展"上好一课"教育活动,不断加强党员干部意识形态领域反分裂斗争的教育,讲清党的宗教政策、法规,引导正确认识宗教与社会、宗教与民族、宗教与文化等关系,正确教育党员干部不断提高运用马克思主义宗教观,观察分析和妥善处理宗教问题的能力，遵循宗教的客观规律，科学正确划分民族风俗、正常宗教活动、非法宗教活动和宗教极端活动界限。

2015 年，市委统战部结合“去极端化”工作，推进以“反暴力、讲法治、讲秩序”为主旨的讲经解经活动，规范讲经内容，严格要求宗教人士讲经、解经以《新编卧尔兹演讲集》内容为统一范本的讲经内容，对宗教教义作出符合社会进步要求的阐释，绝不允许利用讲经、解经活动散布与党的方针政策、法律法规和社会道德的相悖言论，煽动宗教狂热，破坏民族团结，讲经、解经必须在主麻寺进行。

二、海外、港澳台统战工作

1996—2000 年，市委统战部每年召开全市各族归侨侨眷、港澳台胞亲属座谈会，走访生活困难的归侨侨眷、台属。2000 年，开展侨眷登记核发身份证工作及台属登记工作。

2001—2005 年，每年春节和古尔邦节开展慰问困难归侨侨眷活动，送去大米、清油等生活用品。召开归侨侨眷、港澳台亲属迎春节座谈会。在全市各乡镇场开展侨情、台胞台属调查工作。

2010 年，市委统战部对台胞台属进行梳理，建立健全工作档案。节日期间慰问台属，平时加强走访活动，建立统战部领导和党外人士交朋友谈心制度。动员归侨侨眷向海外的亲人写一封家信，宣传祖国和家乡的发展变化，宣传党的侨务政策。

2011—2015 年，每年召开归侨侨眷台胞台属迎国庆贺中秋茶话会。

三、非党人士统战工作

1995 年后，阿图什市按照“统筹兼顾、全面安排”的基本方针，将培养选拔党外干部工作纳入各级党委议事日程，建立党外知识分子联系制度。1999—2010 年，先后对党外人士和党外知识分子进行调查，并对党外人士和党外知识分子档案材料进行收集整理归档。至 2015 年，全市党外人士代表 168 人，无党派人士 16 人，党外知识分子 12 人。先后推荐自治区政协委员 1 名，自治州政协委员 6 名，市政协委员 63 名。

四、非公有经济人士统战

1995—2006 年，市委统战部以爱国、敬业、守法为重点，抓好非公有制经济代表人士队伍建设，组织担任人大代表、政协委员的非公有制经济代表人士为政协会议谏言献策，2007—2011 年，组织非公有制企业人士，对全市公开服务单位、部门履行承诺情况进行评议。推荐 43 名非公有制经济人士担任市级及以上人大代表及政协委员。

五、“去极端化”工作

2015 年，市委统战部在全市党员、干部职工中开展“坚定政治立场、声讨暴力恐怖、推进去极端化”活动，让党员干部亮明观点、表明态度，认清民族分裂主义的丑恶嘴脸和挑动民族仇恨的险恶用心，进一步坚定广大党员干部政治立场；深化“讲、学、宣、治、考”活动，着力营造全社会共同参与“去极端化”的良好氛围。在全市宗教领域深入开展“两文件一条例”（《关于进一步依法治理非法宗教活动、遏制宗教极端思想渗透工作的若干意见》《关于进一步加强和完善伊斯兰教工作的若干意见》和《新疆维吾尔自治区宗教事务条例》）、《当前意识形态领域几个突出问题解析》宣传学习，引导爱国宗教人士和信教群众树立正信，提升抵御极端思想渗透的免疫力。把“两文件一条例”作为培训重点，市委统战部举办爱国宗教人士培训班 2 期、参训 1100 人次；组织参加自治州爱国宗教人士培训班 3 期、参训 105 人；选送自治区参加爱国宗教人士培训班 3 期、参训 42 人；全力做好“三非”专项整治工作，协调各相关部门依法加大对非法宗教宣传品和非法宗教网络打击整治力度。

六、培训工作

1995 年，市委统战部对全市宗教人士的基本情况进行调查摸底，登记造册建立每名宗教人士档案，作为使用和管理宗教人士的基本依据。

2002—2004年,市委统战部举办宗教人士培训班6期,共有750名宗教人士参加。选派3名有威望的宗教人士去全国其他省、市、自治区参观考察。

2005年,国务院颁布《宗教事务条例》(以下简称《条例》)后,市委统战部在全市开展学习贯彻《条例》活动,采取以会代训的形式对各乡(场)、街道办事处宗教工作领导小组成员,分管统战、民宗工作的副书记、副乡长(副主任),统战干事、民宗干事和集中整治工作队员、各村党支部书记、居委会主任、清真寺哈提甫、伊玛木共计1036人进行集中轮训。同年,各乡(场)共举办《条例》培训班9期,参加培训人员900人次。按照自治区、自治州的统一安排,市委统战部组织1名有威望的爱国宗教人士到全国发达地区参观考察;组织2批20名重点清真寺哈提甫到自治区经文学校参加培训;组织3批75名重点清真寺伊玛木和55名带培的塔里甫到自治州参加培训,并组织55名带培的塔里甫进行考试验收。

2006—2007年,市委统战部组织72名哈提甫和副哈提甫赴自治区经文学校进行为期20天的培训和1名哈提甫进行为期6个月的培训;组织120名伊玛木在自治州经文学校进行为期20天的培训;组织各乡、街道办分管统战宗教工作的副书记、副乡长(主任)9人在自治州政治学校进行为期1周的政治培训和学习;组织各乡、街道办的统战宗教干事13人在自治州政治学校进行为期1周的政治培训和学习。

2008年,市委统战部结合市委关于"维护社会稳定,构建和谐阿图什专题教育活动",把中央、自治区有关宗教事务管理方面的法律法规及政策性文件和有组织、有计划朝觐结合国内外当前时事编制成1123本学习教材分发到各单位。邀请自治州有关专家举办1期各级党员、干部维稳及制止零散朝觐专题形势报告培训班,同时积极组织统战、民宗、政法、公安、外办、党校等单位的主要领导和专家在全市范围内进行巡回宣讲;组织爱国宗教人士先进典型在广大信教群众和宗教人士中间进行巡回演讲和培训,组织各主麻清真寺的教职人员4个主麻日的时间集中宣讲中国伊协编写的《迎奥运,参加有组织朝觐宣传月手册》;在全市范围内举办统战宗教政策、法律法规知识考试。同年,市委统战部加大对宗教人士的培训教育力度,组织3批30名主麻清真寺的哈提甫参加自治区为期20天的培训,4批共计200名主麻清真寺的伊玛木参加自治区为期15天的培训。选派1名有威望的宗教人士在自治区参加为期半年的培训。

2012年,市委统战部以"反暴力、讲法治、讲秩序"为切入点,大力开展以现代文化教育和自治区有关部门编撰的10个宣传材料为主要内容的反暴力、反恐怖宣传教育,深刻揭露"7·5"等暴力恐怖案件的真相。全年,组织各级干部群众聆听自治区宣讲团宣讲3场(次)、自治州宣讲团宣讲7场(次),市直、各乡(镇)、街道等单位开展宣讲90场(次),全市受教育人员21万人次。

2015年,市委统战部依托自治区举办爱国宗教人士培训班3期,培训42人;依托自治州举办宗教人士培训班3期,培训105人;市委统战部举办4期爱国宗教人士培训班,培训人数1200人次,各乡(镇)、街道按要求共举办爱国宗教人士培训班36期。在带培"塔里甫"方面,严把宗教人士的"入口关"和"政治关",坚决防止政治上不可靠的人进入宗教人士队伍。

第五节　机关党建

一、组织建设

1995年,市机关党委加强规章制度建设,坚持"三会一课"制度、民主生活会制度、党员民主评议制度。做好支部改选、调整工作,合理配置支部班子成员。按照党员发展的工作方针,认真做好党员发展工作,壮大组织力量。

1997年,市机关党委加强机关基层党组织班子建设,在所属党支部中开展党建经济双目标创建活动,采取百分制,将支部工作分为党建和经济工作两大块,逐条量化,制定机关《党建经济双目标党建目标管理责任书》,机关党委于每年初与各支部签约,每年度进行考核验收,分为先进支部、合格支部、不合格支部3类,并每年确定一个重点支部进行整顿。各支部依照此办法,每年对党员进行考核,分为优秀、合格、不合格3个类型。

2000年，根据党支部班子不健全，成员工作热情不高、发展党员程序不规范、“三会一课”制度流于形式等问题，按照《中国共产党和国家机关基层组织工作条例》的要求，调整各支部班子。

2005年后，市机关工委每年在“七一”前夕采取知识竞赛、座谈会、重温入党誓词、表彰先进基层党组织、优秀共产党员、优秀党务工作者等形式开展党的生日纪念活动。

2010年，市直属机关工委对市直23个单位的党支部换届、改选、补选支部成员进行指导、审批。

2012年，市直机关新成立党支部3个，合并党支部1个，批复和指导29个党支部进行换届选举或补选。

2015年，接转组织关系190人次，其中转入97人、转出93人。市直机关新成立党支部2个，批复和指导12个党支部进行换届选举或补选。年末，市直属机关工委所辖党总支1个，党支部75个，党员1255名。其中预备党员18名，占党员总数1.43%；女党员426名，占党员总数33.94%；少数民族党员673名，占党员总数53.63%；35岁及以下党员253名，占党员总数20.16%；大专学历及以上党员1035名，占党员总数82.47%。

二、思想建设

1995年，加强市直机关基层党组织建设和党员政治思想教育，督促党员自觉履行党员义务；执行党的决定和各项方针、政策；加强党的廉政建设；壮大党的队伍。各党总支、党支部坚持“三会一课”制度，党委每月对机关全体党员上1次党课。每年坚持开展“七一”中国共产党成立周年纪念活动，并召开“双先”表彰大会，开展歌颂党、歌颂社会主义、歌颂民族团结和改革开放的宣传等。

1998年8月，举办邓小平理论、江泽民总书记考察新疆时的讲话精神及“三德”“五观”教育培训班，共培训党员320名。

2007年，开始创建“红旗级”“五星级”党支部。2008—2015年，共评选“红旗级”党支部8个、“五星级”党支部30个。

2009年，为庆祝中国共产党成立88周年、新中国成立60周年，在阿图什市广泛开展“七个一”活动，联合州机关工委举办一场庆祝中国共产党成立88周年文艺会演活动，共20个州直和市直机关党支部参加文艺会演；组织17名预备党员在州文化中心举行入党宣誓仪式；开展推优工作，推荐表彰市直机关1个先进基层党组织、5名优秀党务工作者、3名优秀共产党员。

2012年，市直机关工委下发《关于在市直机关继续开展读书活动的通知》《中共十八大、党章学习讲座》《中共十八大报告学习辅导百问》新《入党培训教材》《新时期党支部工作一本通》以及《中国共产党章程》等培训书籍1000余本。市直机关各党支部采取开办学习园地、撰写心得体会、摘抄读书笔记、观看电教片、辅导讲座、座谈讨论、讲党课、交流心得等多种方式，开展形式多样的学习活动，做到有笔记、有心得。9月，市直机关工委组织开展读书学习检查评比活动，对市直机关59个党支部读书活动进行评比，评选出5个先进支部，并在经验交流大会上做发言，畅谈体会、交流心得，起到示范、推广的效果。

2013年，市机关工委组织开展市直机关窗口单位和服务行业“党员优质服务示范窗口”和“党员服务标兵”活动。评比活动坚持公平公正、群评群议原则，通过单位自评申报、组织考察初选、公众投票评选、公示等环节，评选出5个“党员优质服务示范窗口”和5名“党员服务标兵”。

2015年，阿图什市直属机关工委下发《关于开展纪念建党94周年系列活动的通知》，市直机关各支部普遍开展慰问、入党宣誓、上党课等活动。集中走访慰问农村46名老党员和困难党员，送去价值1300元慰问品。召开庆祝中国共产党成立94周年活动大会。表彰市直机关10个先进基层党组织、10名优秀党务工作者、15名优秀共产党员。组织市直机关新党员入党宣誓仪式。

三、党员发展

1996—2015年，市机关工委指导和监督所属各党支部，按照党员发展工作的基本方针和基本原则，认真制定和实施发展党员工作计划，建立入党积极分子档案，要求党支部做好对入党积极分子的培养、教育和考察。机关工委每年举办入党积极分子培训班，培训结束时进行闭卷考试，培训合格的发给结业证书。2009

年,共发展预备党员 19 名,确定入党积极分子 12 名,审批 19 名预备党员转为正式党员。2010 年,共新发展党员 30 名,确定入党积极分子 77 名,审批 24 名预备党员转为正式党员。2011 年,在党费收缴工作中实行登记造册,严格标准、按期缴费,对不按规定上缴的 8 个单位给予批评,对漏缴党费的 5 个单位通知补交。

2015 年,市直机关党员 1134 名,发展预备党员 23 名,确定入党积极分子 12 名,重点发展对象 8 名。

2009—2015 年阿图什市直机关工委部分年份发展党员情况表

表 17 - 4　　单位:人

年份	转正党员	发展预备党员	发展对象	培养入党积极分子	党员总数
2009	19	19	15	12	945
2010	24	30	22	77	1008
2012	15	14	13	16	1071
2013	14	23	8	12	1134
2014	25	22	8	56	1183
2015	18	23	8	19	1255

四、机关作风建设

1995—2000 年,市机关工委按照“八个坚持,八个反对”要求,将廉洁自律教育内容纳入各支部学习内容,每年定期开展警示教育,定期召开党员领导干部民主生活会。

2011 年,开展党务公开示范点创建活动,广泛开展读廉政书、看廉政警示电教片、制作廉政教育墙、举办廉政形势报告会、参加廉政警示教育、上廉政党课、开展廉政岗位教育等活动。

2012—2015 年,深入开展转变作风服务群众和领导干部联系群众活动。组织党员开展春风助学、春耕助力、扶贫助困“三助”活动,慰问“四老”人员、困难户,累计捐资捐物 5 万余元。

第六节　党史地方志工作

一、党史资料征集与编写

1995—2015 年,阿图什市编纂出版的党史书刊有《中国共产党新疆维吾尔自治区阿图什市组织史资料暨党政军统群系统组织史资料》(2 部)、《中国共产党阿图什市简史》(1 部)、《中国共产党阿图什市历史大事记》(2 部)共 5 部党史书刊。

(一)组织史资料

1.《中国共产党新疆维吾尔自治区阿图什市组织史资料暨党政军统群系统组织史资料(1987—2003)》

2004 年 6 月印刷出版。时限为 1987 年 10 月至 2003 年 12 月,是继《中国共产党新疆维吾尔自治区阿图什市组织史资料暨党政军统群系统组织史资料(1949—1987)》的续集,系内部资料,印数 500 册,16 开,28 万字,主编姚应山。由市委组织部、史志办联合组织力量,经过 2 个月时间征集、核实、编写而成。

2.《中国共产党新疆维吾尔自治区阿图什市组织史资料暨党政军统群系统组织史资料(2003—2011)》

2012 年 3 月出版。时限为 2004 年 1 月至 2011 年 12 月,是继《中国共产党新疆维吾尔自治区阿图什市组织史资料暨党政军统群系统组织史资料(1987—2003)》的续集,全书共 20 万字,主编王兰。共分党、政、军、统、群五部分,主要收录记载阿图什市自 1987 年 10 月至 2011 年 12 月阿图什市中共组织、政权、地方军事、统一战线及群众团体 5 个系统行政村以上组织机构和领导人名录,反映阿图什市的组织发展状况。

（二）《中国共产党阿图什市简史》

2000年初开始组织《中国共产党阿图什市简史》的编写工作，历时4年，于2004年1月完成。全书共26万字，印数1000册，32开，主编李晓兰、姚应山，2004年5月出版。全书全面客观地记述1949—2002年阿图什市（县）委各级党组织带领各族人民，团结奋斗、艰苦创业的光辉历史和社会发展现状。

（三）《中国共产党阿图什市历史大事记》

1.《中国共产党阿图什市历史大事记（1949—1994）》

1992年开始编写。采用"按时期，以编年体与纪事本末体相结合"的体例，依照《中共党史大事年表》，将阿图什市（县）的党史大事记以时间发展为顺序分四个时期记述。即：基本完成社会主义改造时期（1949年10月至1956年12月）、开始全面建设社会主义时期（1957年1月至1966年4月）、"文化大革命"时期（1966年5月至1976年10月）、社会主义建设新时期（1976年10月至1994年12月）；全书比较系统地记述新中国成立后中国共产党在阿图什市（县）的活动，以及工作情况的大事、要事。由克孜勒苏柯尔克孜文出版社于1996年12月出版发行，全书20万字，32开本，印数500册。2001年，《中国共产党阿图什市历史大事记（1949—1994）》荣获第二届自治区党史系统优秀成果获奖项目优秀奖。

2.《中国共产党阿图什市历史大事记（1995.1—2006.12）》

2006年开始编写。以中共阿图什市委工作为记述重点，以党领导的政治、经济、科技、教育、文化、体育、卫生、外事、人民团体、地方武装等战线的主要工作为记述范围。2007年7月，由克孜勒苏柯尔克孜文出版社出版发行，主编王伟民，全书10万字，32开本，印数500册。

1995—2015年阿图什市出版党史书刊一览表

表17－5

书名	主编	字数（万字）	资料收录时限	出版时间	出版社
《中国共产党新疆维吾尔自治区阿图什市组织史资料暨党政军统群系统组织史资料》	姚应山	28	1987年—2003年	2004.6	内部资料
《中国共产党新疆维吾尔自治区阿图什市组织史资料暨党政军统群系统组织史资料》	王兰	20	2003年—2011年	2012.3	内部资料
《中国共产党阿图什市简史》	李晓兰 姚应山	26	1949年—2002年	2004.5	新疆人民出版社
《中国共产党阿图什市历史大事记（1949—1994）》	段军元	20	1949年10月—1994年12月	1996.12	克孜勒苏柯尔克孜文出版社
《中国共产党阿图什市历史大事记（1995—2006）》	王伟民	10	1995年1月—2006年12月	2007.7	克孜勒苏柯尔克孜文出版社

二、地方志编纂

（一）志书编纂出版

1.《阿图什市志（古代—1994）》出版

1996年12月，由新疆大学出版社出版发行。全书共设33编169章，140万字，刊首附有阿图什市（县）解放前后的行政区划图、地形图，以及彩页16页，涂塑封面，加彩色护封，16开精装本，印数1000册。志书编纂始于1985年，成于1995年，是阿图什历史上的第一部志书，主编段军元。2000年9月，《阿图什市志》荣获自治区新编地方优秀成果地县志三等奖。

2.《阿图什市志（1995—2015）》编辑

2012年8月22日，阿图什市召开二轮修志启动会议。8月15日，市委办公室下发《阿图什市第二轮市志编纂实施方案》。市委分管史志工作的领导与101个承编单位签订目标责任书，把修志工作落实到相关责任单位。初步规划设计《阿图什志（续）撰写目录》30篇170章印发各承编单位。至2015年先后邀请自治区、自治州、江苏昆山市地方志专家为阿图什市各承编单位撰稿人员进行培训,印发《二轮修志资料汇编》,先后调整编目10余次,供撰稿人参考。

(二)年鉴

2010年,阿图什市成立年鉴编纂委员会,启动《阿图什市年鉴》编辑工作,市委书记刘军海担任年鉴编纂委员会主任。《阿图什市年鉴》采用分类编辑的办法,于2010年12月出版发行。至2015年,共编辑出版发行6部。

2012年11月,《阿图什市年鉴(2011)》获自治区第五次新编地方志书、年鉴、地情书优秀成果三等奖称号。

1995—2015年《阿图什市年鉴》编辑出版基本情况一览表

表17-6

刊号	编辑单位	出版单位	出版时间	字数(万字)	印刷(册)	主编
《阿图什市年鉴(2010)》创刊	中共阿图什市史志办	克孜勒苏柯尔克孜文出版社	2010年12月	34	1000	王兰
《阿图什市年鉴(2011)》	中共阿图什市史志办	克孜勒苏柯尔克孜文出版社	2011年12月	43	1000	王兰
《阿图什市年鉴(2012)》	中共阿图什市史志办	克孜勒苏柯尔克孜文出版社	2012年12月	43	1000	王兰
《阿图什市年鉴(2013)》	中共阿图什市史志办	新疆生产建设兵团出版社	2013年11月	49	1000	王兰
《阿图什市年鉴(2014)》	中共阿图什市史志办	新疆生产建设兵团出版社	2014年12月	40	1000	李飒
《阿图什市年鉴(2015)》	中共阿图什市史志办	新疆生产建设兵团出版社	2015年12月	40	1000	李飒

三、其他地情书编纂

(一)《西部商城——阿图什》

由新疆人民出版社出版,全书13万字,32开本,彩页32页,印数4000册。主编贺继宏、程海序,2001年1月出版。该书是在世纪之交时出版发行的。此书充分展示新中国成立后50年来特别是改革开放以来,阿图什市各族人民在中国共产党的领导下,所取得的伟大成就以及"九五"期间城市建设发生的重大变化和各项事业的长足发展与进步;纵论阿图什几千年来社会经济、文化发展的历史,评价阿图什市继续发展的资源、地缘优势,公布阿图什市在西部大开发中的开发项目、优惠政策,激励广大群众开发建设家园的信息与热情,鼓励外地有识之士到阿图什市投资和参与开发。

(二)《西部商都——阿图什》

由新疆人民出版社出版,全书25.5万字,32开本,彩页8页,印数1600册。主编姚应山,2004年8月出版。该书是迎接2004年9月在阿图什举行的克孜勒苏柯尔克孜自治州成立50年周庆的献礼书。其目的是为广泛宣传阿图什市的经济、文化、旅游等特色资源,扩大阿图什市的对外影响,树立阿图什市的品牌,吸引外来投资,以促进阿图什市的大发展。

(三)《帕米尔高原的沈阳风采——沈阳市第二批援疆干部团队工作纪实》

主编克州党委常委、阿图什市委书记李宏德,2010年12月出版。16开本,彩页25页,333张彩图。该书以第二批沈阳援疆干部在阿图什的工作、生活为主线,围绕沈阳第二批援疆干部在阿图什的所思、所想和所为,记述援疆干部舍小家、为大家,尽职尽责,为阿图什的经济和社会发展献计献策、牵线搭桥等方面的主要事迹,展现以阿图什为第二故乡,热爱边疆、热爱阿图什,倾情奉献的精神风貌,记述第二批援疆干部为推动阿图什市的经济和社会发展事业进步所做的突出贡献。同时,通过此书表达阿图什人民对援疆干部的深情厚谊,促进沈阳、阿图什两地经济文化的进一步交流与合作。

四、行业志书

1995—2015 年,市史志办发挥专业优势,指导行业和部门开展修志工作。先后协助完成《阿图什市公安志》《阿图什市农村信用社志》编修工作。

五、资政服务

1996 年,《阿图什市志》出版后,市委、市政府要求市各单位开展读志用志活动,以了解阿图什市的历史。至 2015 年,先后为市直单位修志及其他查阅资料者提供帮助 1500 人次。为市领导及上级领导提供志书 400 余册。

六、获得荣誉

2009 年 2 月,阿图什市史志办分别获 2007—2008 年度国家和自治区两级先进集体荣誉称号,1 人获自治区级党史系统先进个人荣誉称号。

2012 年 11 月,阿图什市史志办获 2006—2012 年度新疆维吾尔自治区地方志工作先进集体荣誉称号。

2014 年 12 月,1 人获自治区级地方志系统先进个人荣誉称号。

第七节　老干部工作

一、离退休干部

1995 年,阿图什市有副科级以上离退休干部 107 人,其中离休干部 28 人。2015 年,全市副科级以上离退休干部 456 人。其中离休干部 10 人,均为汉族,男 9 人、女 1 人;县处级退休干部共 29 人,男 22 人、女 7 人;维吾尔族 12 人、汉族 13 人,柯尔克孜族 4 人;科级干部共 417 人,男 325 人、女 92 人;维吾尔族 266 人、汉族 119 人、柯尔克孜族 30 人、满族 1 人。当年新增副科级以上退休干部 25 人,去世 26 人。

二、老干部待遇

(一)政治待遇

1995 年后,阿图什市在落实老干部政治待遇上,按时组织副县级以上干部阅读重要文件、开展学习、召开座谈会向老干部通报情况。每年为离退休老干部订阅《老年康乐报》《老同志之友》50 余种报纸杂志。组织老干部学习,为老干部购买电教投影设备,方便老干部观看党员电教片,丰富老干部们的精神文化生活。在落实老干部生活待遇上,每年走访慰问离退休干部以及离休干部遗孀,审批建房补助费、办理领取护理费手续,组织离退休干部参加健康休养活动,落实特殊困难离退休干部帮扶机制。

1999 年 9 月,市委、市政府出台《关于庆祝建国 50 周年暨授予离退休干部"阿图什创业者"荣誉称号的决定》,对在阿图什工作 30 年以上和 40 年以上的离退休干部授予"阿图什创业者"荣誉称号,并颁发荣誉证书。2004 年,在自治州成立 50 周年之际,根据自治州、市领导及大庆办安排,邀请 40 名离退休干部到阿图什参加庆典活动。

2015 年,对全市县处级离退休干部进行免费健康体检工作,组织退休老干部到对牧民群众开展讲社会稳定、民族团结、新疆历史发展等宣讲活动。每年组织 1 ~ 2 次离退休干部赴周边县市、乡村参观考察活动。

(二)福利待遇

1995—2015 年,市委老干部局认真落实离退休老干部生活待遇:每年的活动经费、交通费、医疗费、护理费均得到落实,并足额报销。市委老干部局对异地安置的老干部采取电话形式了解老干部身体状况及生活情况,严格按照上级部门下发文件为离退休干部落实生活待遇问题。2001 年 10 月,根据《关于外地驻乌鲁木齐离休干部交纳供热费有关事项的通知》,外地在乌鲁木齐市居住的离休干部,按照《乌鲁木齐市城市供热管理办法》,市委老干部局为在乌鲁木齐居住和在自治州驻乌鲁木齐干休所安置的离休干部及遗孀协调解决供热费问题。2003 年,在市委的支持下,相继建立《阿图什市离休人员离休费保障机制暂行办法》《阿图什市财政支持机制暂行办法》等 3 个机制,使全市 27 名离休干部的“两费”从制度上得到保障。2005 年 9 月按照《关于调整因瘫痪等原因生活长期完全不能自理的离休干部护理费标准的通知》,落实护理费标准为每人每月 200 元,从 2005 年 8 月起执行。2007 年 3 月按照《关于阿图什市离休人员医药费报销管理办法》,制定相关管理办法。2008 年 3 月根据《关于已与行政机关离休干部待遇平衡的企业具有专业技术职称离休干部调整离休费有关问题》通知,及时为老干部办理有关事宜。2009 年 5 月,按照《关于调整无固定收入离休干部遗孀生活困难补助费标准》的通知,抗日战争时参加革命工作的老人由原来每人每月 400 元调整为每人每月 1100 元;解放战争时期参加革命工作的由每人每月 300 元调整为每人每月 1000 元。是年 8 月按照《关于提高部分离休干部医疗待遇》的通知,为离休干部按照参加工作时间进行调整。11 月,按照《关于调整自治区机关事业单位工作人员死亡后遗属生活困难补助标准》,提高遗属补助标准。2010 年 5 月,按照《关于提高离休干部生活补贴标准和扩大发放范围》的通知,市委老干部局为 12 名离休干部办理相关事宜。10 月 27 日,接到北京市委组织部《关于进一步做好异地安置离休干部医疗服务管理工作有关问题》的通知,为离休干部魏荣坤办理相关事宜。2011 年,按照《关于提高离退休干部生活补贴标准和扩大发放范围》的通知,1937 年 7 月 7 日至 1942 年 12 月 31 日参加革命工作的离休干部,生活补贴由原每人每年增发一个半月的基本离休费,提高到每人每年增发两个月的基本离休费,对 1945 年 9 月 3 日至 1949 年 9 月 30 日参加革命工作的离休干部,每年增发一个月的基本离休费,作为生活补贴,为离休干部办理相关事宜。2012 年 1 月,《关于国家机关工作人员及离休人员死亡一次性抚恤金发放有关问题的通知》,离退休工作人员为本人基本离退休费和本人离退休后历次按国家规定增加的基本离退休费之和,为今后办理老干部相关事宜作为依据。2013 年,市委老干部局对全市 11 名离休干部及 14 名遗孀生活进行走访调查,向市委领导递交《离休干部及遗孀生活状况调查和建议解决方案》,得到市委领导的重视,决定提高全市离休干部中无固定收入遗孀生活补助。7 名无固定收入的离休干部遗孀从 2013 年 1 月起不仅在原每月生活补贴 1000 元的基础上增加 500 元,还从 2008 年起补发取暖费共计 5.19 万元;争取财政资金,同步将这 7 名遗孀纳入城镇职工医疗保险范围。调查起草“离休干部及遗孀特殊困难补助资金管理办法”,经市委领导批示和财政局审核,同意拨付 10 万元专项资金,建立特殊困难离休干部及遗孀帮扶基金。并将离休干部医疗周转金从原来的 8000 元提高到 1.6 万元;根据走访看望离休干部的实际情况对两名生活完全不能自理的及时向市委组织部递交“提高护理费的请示报告”和“申请特殊困难帮扶基金请示”,提高 600 元护理费及 3000 元特殊困难帮扶基金。参与去世老干部的善后事宜,撰写老干部生平事迹及悼词,对外地定居去世的老干部发唁电、协调老干部生前所在单位处理遗留问题等,把党和政府对老干部的关怀善始善终地体现出来、坚持下去。

三、老干部信访工作

1995—2015 年,市委老干部局建立健全《老干部信访工作制度》,做好政策解释和思想引导工作,将老干部在生活中遇到的问题、矛盾化解在基层。制作《阿图什市委老干部局来信、来电、来访登记本》,将所有老干部信访内容进行登记,落实接访时间、接访人、详细记录信访内容及办理结果,将来信信件、照片、附带等都附在登记本上,对来访人员能办到的马上落实,不符合政策的耐心解答,使老干部都能满意而归,全面保障老干部队伍的思想稳定性。对异地安置老干部,及时解掌握老干部医药费报销及就医需求,并做好接受单据、核实数额,积极协调社保局送审核报医药费。

四、老干部活动

(一)设施建设

1997 年 10 月,市老干部活动中心活动场所建成,占地面积 135 平方米,设有棋牌室、台球室。2008 年底,在沈阳援疆资金投入下,新建老干部活动中心,建筑面积 2641.5 平方米,总投资 481.28 万元,可同时容纳200余名老干部活动，内设阅览室、台球室、棋牌室、乒乓球室、排练厅、健身房、书画室、医务室及办公室。

（二）文体娱乐活动

1995—2015年，市委老干部局每年为离退休老干部举办文体娱乐活动4～8场，包括门球、象棋、国际象棋、台球比赛；摄影展、绘画展、敬老专题文艺演出；端午节、元宵节、“五一”、重阳节等开展专场演出活动，使离退休老干部老有所乐，老有所为。在保证老干部日常活动的同时，不定期地组织老干部开展比赛活动，举办联欢会，给老干部营造一个和谐的活动氛围，真正把活动中心办成老干部之家，达到“真正尊重老干部、真心关爱老干部、真情服务老干部”的要求。深入街道、社区充分利用社区资源，全力推进“四就近”工作开展即：就近学习、就近活动、就近得到关心照顾、就近发挥作用。有部分社区将活动室开放，组织接纳老干部学习、宣讲、开展日常活动。

（三）老年大学

2012年，为适应新时代对老干部工作的要求，活动中心开办老年学校。至2015年底，已开办舞蹈班、电脑班、手工班、书法班班次，招收离退休老干部学员100余人次。

阿图什市第一批离休干部一览表

表17－7

姓名	性别	族别	出生年月	原工作单位及职务	职务	参加工作时间	入党时间	离休时间
张　毅	男	汉	1920.4	粮食局会计	正科	1949.2	1990.6	1982.4
李凤华	男	汉	1928.12	盐厂支部书记	正科	1949.2	1957.7	1989.8
陈友万	男	汉	1928.9	林管站站长	正科	1949.9	1961.9	1981
王建法	男	汉	1928.11	水利局	副处	1949.1	1950.2	1989.10
毛　军	男	汉	1934.10	医院院长	副处	1949.6	1959.12	1989.10
魏荣坤	男	汉	1924.3	吐古买提乡党委书记	副处	1949.2	1954.12	1989.11
段玉瑞	男	汉	1930.1	公安局政委	副处	1949.8	1960.1	1989.11
刘如意	男	汉	1933.10	防疫站站长	副处	1948.1	1981.4	1994.2
余英凤	女	汉	1934.11	兽医站干部	副处	1949.4		1989.8
牛立业	男	汉	1930.5	兽医站指导员	副处	1945.7	1947.5	1980.3

五、关心下一代工作

1995—2015年，市关工委定期开展各类有意义的教育活动，对青少年进行理想信念、爱国主义、思想道德、法治纪律的教育，帮助青少年树立正确的世界观、人生观和价值观；宣传中华民族伟大精神，进行革命传统、艰苦奋斗教育，结合党和国家形势任务，向青少年宣传不同历史时期，特别是革命战争年代和社会主义现代化建设时期涌现出来的英雄模范人物的光辉业绩等，帮助青少年树立远大理想和高尚情操；对青少年进行法律知识教育和心理健康教育，维护青少年合法权益；帮助家长树立正确的家庭教育思想和观念，指导家长为孩子的成长创造良好的家庭环境，促进家庭文明建设和青少年儿童的健康成长；掌握辖区内贫困学生的具体情况，组织动员社会力量捐资助学。2004年9月，参加上阿图什乡喀依拉克小学成立70周年活动。10月，组织老干部参加在阿图什、乌恰等地召开的关工委现场会议。2006年，市关工委与妇联一起为格达良乡乔克其村小学5名家庭贫困女学生解决学杂费。6名退休干部被市委保持共产党员先进性教育工作领导小组聘为传统教育宣讲员,深入11个党支部进行革命传统教育。

2012年3月,阿图什市关心下一代工作委员会退休干部宣讲团成立,由9名德高望重的退休干部组成,用自己的亲身感受教育感化身边人,自觉维护民族团结、维护社会稳定。

第八节 党校教育

一、干部培训

1995—2015年,市委党校按照全市干部教育培训计划,开展干部培训工作。对全市党员干部进行分期分批次培训,培训内容是党的路线、方针、政策以及有关党的理论知识;培训对象主要是党政机关干部、广大农村基层干部、企事业单位领导干部等。

1995—2015年阿图什市党校开展各类干部培训情况表

表17-8

年份	培训期数(期)	培训人数(次)	培训对象	学习内容
1995	8	572	少数民族青年干部、村支部书记、村级干部、团委干部、入党积极分子	《中国共产党章程》《中国共产党历史》、毛泽东思想、党的民族宗教政策
1996	4	18368	乡级以上干部、选调生学习班、各单位各系统学习骨干、入党积极分子、农民党员、入党积极分子、乡村干部、教职员工	《中国共产党章程》《中国共产党历史》毛泽东思想、党的民族宗教政策、《公务员社交礼仪》等
1997	22	7200	乡(镇)干部、中小学校校长、全市党员、入党积极分子	《中国共产党章程》《中国共产党历史》、毛泽东思想、党的民族宗教政策
1998	180	24273	乡(科)级干部、中青年干部	《中国共产党章程》《中国共产党历史》,学习中共十五大精神,江泽民总书记讲话、新疆历史、党的民族理论和宗教政策培训,“汉语维语”(后简称双语)培训
1999	49	8942	乡科员、中青干部、村干部、党员	《中国共产党章程》《中国共产党历史》、中共十五届三中、四中全会精神专题
2000	16	18368	村干部党员、中青骨干培训、赴北疆挂职干部、入党积极分子、乡科级干部、村支部书记、基层党委、纪检干部	《中国共产党章程》《中国共产党历史》“讲学习、讲政治、讲正气”教育专题教育、江泽民总书记重要讲话
2001	16	18368	村干部、党员、青年骨干、赴北疆挂职、入党积极分子培训、村支部书记、村主任、基层党委纪检干部	《中国共产党章程》、开展“科技之冬”培训、汉语强化培训、“三讲”教育专题、江泽民总书记重要讲话精神
2002	19	2804	各级公务员和乡科级领导干部	公务员科技知识、“双语”培训、公务员WTO基础知识、中共十六大精神
2003	19	5139	村支部书记和村委会主任、第六批异地挂职干部、公务员培训、纪检监察业务、妇联主席、妇委会主任	“双语”培训、中共十六大精神、“中国共产党始终代表中国先进生产力的发展要求;中国共产党始终代表中国先进文化的前进方向;中国共产党始终代表中国最广大人民的根本利益”(以下简称“三个代表”重要思想)专题理论、党员电教化业务培训、党员信息统计培训班,共135人,配合全市“科技之冬”、防非典型性肺炎宣传

续上表

年份	培训期数（期）	培训人数（次）	培训对象	学习内容
2004	18	2434	第六批北疆挂职干部、入党积极分子、集中整治队员、第二期任职干部、村委会换届选举骨干、第七批少数民族干部异地挂职干部	“三个代表”重要思想，中央一号文件，领导科学，科学发展观，人口和计划生育法、行政许可法、新《中国共产党章程》，《中华人民共和国宪法》9个方面7个专题的讲座；国家公务员行政许可法读本、“双语”强化、党支部书记业务知识、集中整治、乡科级干部任职
2005	19	4028	村党支部书记和村委会主任、机关党员、新任职乡科级领导干部、入党积极分子培训、第八批异地挂职干部	党性教育理论、《信访条例》专题培训、民族理论问题、“三个代表”重要思想、科学发展观、构建社会主义和谐社会理论、宣讲党课、公务员法专题、《维护妇女权益保障法条例》、“双语”强化培训
2006	29	1178	异地挂职干部、村主任、第9批挂职干部、乡科级干部、机关干部	胡锦涛总书记考察新疆工作的重要讲话精神、汉语强化、“推进社会主义新农村建设”、党性教育、党的政策、法律、法规、无神论、马克思主义民族观、宗教观、党员党性教育理论
2007	11	1237	第九批异地挂职干部“三支一扶”高校毕业生、市直驻村干部、克州第八批远程骨干培训班、远程电教骨干、第10批异地挂职干部、乡科级领导干部	民族宗教政策、基层工作要点、远程办操作、“双语”强化、学习中共十七大专题
2008	16	1389	第十批异地挂职干部、新提拔、新交流领导干部、驻村干部、村党支部书记、村委会主任、第十一批异地挂职干部	公务员《突发事件应对法》、远程骨干操作、“双语”强化
2009	25	2000	各乡（镇）场各族群众、第十二批挂职干部	公务员突发事件应对法、远程骨干操作、“双语”强化
2010	25	2000余	第十三批少数民族干部异地挂职干部，师资班辅导员培训，村、社区干部，入党积极分子，团干部，乡科级干部	“双语”培训，中共十七届五中全会精神培训
2011	15	3700	乡村干部、入党积极分子以及各族群众	党的“三史”、新疆“三史”、惠农政策、民族宗教政策等理论知识
2012	28	2432	党组织书记、普通高校毕业生、村“两委”班子、入党积极分子、中青年干部、乡科级后备干部、返疆大学毕业生	《中国共产党章程》、中青年干部理论知识、大学生岗前知识
2013	53	5900	科级干部、乡村干部、党组织书记、村“两委”班子、基层干部、入党积极分子培训、后备干部、大学毕业生、大学生村干部	中共十八大精神专题、自治区11号文件精神、“双语”强化、青年干部理论
2014	37	3600	市科级干部理论培训、村（社区）“两委”班子及大学生村官、中青年、党组织书记、入党积极分子、“访惠聚”驻村干部	干部政策理论、“双语”辅导员强化、中共十八届三中全会、第二次中央新疆工作座谈会、自治区党委八届七次全委扩大会议等专题、干部政策理论知识
2015	24	14000	各乡（镇）干部及站所负责人、乡级领导干部、党员干部、入党积极分子、村干部、各中小学校长	党员理论、“访惠聚”驻村干部政策、汉语强化、人大代表法律法规、“争做新疆特色好干部”理论、中共十八届五中全会、自治区南疆工作会议精神培训

二、宣讲活动

1995—2015年,市党校本着“围绕中心、服务大局”的根本要求,发挥党校特色优势,选派优秀教师深入机关、乡镇、农村、社区开展形式多样的宣讲培训工作。

1995—2015年阿图什市党校宣讲活动情况表

表17-9

年份	宣讲场次(场)	参与人数(人)	宣讲对象	宣讲内容
1995	3	125	村支部书记、村主任、团干部	《中国共产党章程》《中国共产党历史》党的民族宗教政策
1996	5	3951	农民党员、入党积极分子、乡村干部、教职员工	党的各项政策
1997	8	179	入党积极分子、下乡工作队	党的政策和维护稳定
1998	9	1500	乡(镇)干部和村干部	中共十五大专题精神、集中整治、江泽民总书记讲话、新疆历史、党的民族理论和宗教政策
1999	5	2500	大中专毕业生、村干部、乡(镇)科级	中共十五届三中、四中全会精神专题
2000	4	1093	中青骨干培训、基层党委、纪检干部	“讲学习、讲政治、讲正气”教育;学习江泽民总书记系列讲话精神
2001	3	110	上阿图什乡、阿扎克乡、松他克乡	青年骨干培训、纪检干部培训、“三讲”教育专题培训、江泽民总书记重要讲话精神培训
2003	11	5000	乡、场、街道	科技宣传
2005	20	6000余	市直机关、街道、乡场	讲党课、《信访条例》
2006	18	1205	乡、学校	保持共产党员先进性教育、农村妇女学习法律、法规教育
2007	11	3045	乡(街道)、村(社区)、全市干部	《公务员与公共管理核心课程》、“三爱”演讲、党的理论、民族宗教知识
2008	7	3000	村、市直各单位人大、政协、机关工委、交通局、农业局	中共十七大精神、维稳和反分裂宣讲教育
2009	30	4000	各乡场、有关单位	协助维稳教育培训和政策宣讲
2010	30	4100	全市各乡(镇)、部分单位	维稳教育、“热爱伟大祖国,建设美好家园”宣讲
2011	20	4000	全市各乡(镇)、部分单位	胡锦涛总书记“七一”讲话、中共十七届五中全会精神、自治区第八次党代会精神、自治州第九次党代会精神、阿图什市第六次党代会精神宣讲活动和创先争先及“热爱伟大祖国、建设美好家园”主题教育宣讲
2012	20	4140	村“两委”班子	自治区第八次党代会精神、自治州第九次党代会精神、市第六次党代会精神宣讲活动和创先争先及“热爱伟大祖国、建设美好家园”主题教育

续上表

年份	宣讲场次（场）	参与人数（人）	宣讲对象	宣讲内容
2013	47	600	乡镇	中共十八大精神、自治区11号文件精神、党代会精神、基层组织建设、民族宗教政策和惠民政策
2014	38	4500	乡村两级干部、入党积极分子、广大农牧民群众	基层党的建设、惠农政策、民族宗教政策
2015	36	5200	各乡（镇）干部及站所负责人、乡级领导干部、党员干部、入党积极分子、村干部、各中小学校长	中共十八届三中全会精神解读、自治区11号文件、惠农政策、"去极端化"、民族宗教等政策以及第二次中央新疆工作座谈会、自治区党委八届七次全委扩大会精神

三、教学教研

（一）教学环境

2001年，市委党校在原址建成一栋可容纳450名学员的综合教学楼（无学员宿舍）。2009年，在市委的关心支持和辽宁沈阳援助下，争取党校新综合教学楼的立项工程。2009年6月另选新校址，新建一栋综合教学楼，建筑面积10616平方米，11层，集办公、教学、食宿为一体（市党校占1～5层4335平方米）。

2013—2015年，新党校作为江苏省昆山市重点援助项目，先后投资2800万元，在市轻工业园区建成新党校，于2015年7月投入使用。占地面积24663平方米，建筑面积7000平方米，单设1个综合教学楼，内设多功能教室6个、多功能报告厅1个、会议室2间、多功能远程视频会议室1间，能够同时容纳430名学员学习和170名学员住宿就餐；校园内配置院内塑胶篮球、羽毛球场地、供电设施、围栏、水暖管网、消防管网、教学设备、办公设备、食堂设施、学员住宿等硬件设施。

（二）教学研究

1995—2015年，市委党校根据党在各个时期的方针、政策，围绕市委、市政府中心工作，结合阿图什市经济社会发展实际，开展教学研究。2013年，聘请州党校教师及有关领导干部和技术人员担任市党校兼职教师，有针对性地开展教育研究培训、交流学习方法、组织教学观摩等。组织市党校教师多次到兄弟县市交流学习，撰写科研论文、征文、调研报告310篇，在各类刊物上发表理论文章8篇。

第九节　其他党务工作

一、机要工作

1995—1999年，市委机要科采用手工加密传真机进行收发密报。2000—2004年，采用自动加密传真机进行收发密报。2004年以来，采用计算机专用网络加密传输的现代化传输渠道。密码人员对各类设备的接收、递送、清退销毁、保管等工作进行规范登记，要求手续齐全、账物相符。每月进行一次清点核对，做到严保管、勤核对、无差错、零事故。2009年，安装通信机房屏蔽室，确保与外网完全物理隔离，并按要求安装病毒防御软件。严格执行保密守则，禁止非机要人员进入机房。处理业务工作的计算机做到专机专用，不与外网连接，杜绝机要内部业务信息上互联网的现象，确保密码的绝对安全、保密。2014年，密码工作的职责由密码通信，拓展为集密码通信、信息化密码保障、党委系统信息化建设为一体的现代化密码工作。2015年，按照自治区、州机要局要求，完成全体机要干部政审工作，同每名机要干部签订密码安全保密承诺书，完善个人重大事项报告，全体机要人员均取得由自治区党委机要局统一印发的密码工作人员上岗证。阿图什市机要局在保证全市内部文件和重要机码的畅通发挥重要作用。

二、保密工作

(一)保密组织

1995年后,阿图什市保密委员会要求各乡镇党委、市党委各部、委办局,市各委、办、局,人民团体都要建立3~5人的保密领导小组,配备1名保密员,明确1名分管领导。在全市范围内,形成纵向到底、横向到边的保密工作三级网络。

2001年,根据办公自动化工作要求,市保密委要求并指导各单位成立计算机安全运行领导小组,并配备网管员专门负责本单位的计算机及网络的安全保密工作。

2005—2010年,市保密委组织每年组织涉密人员观看窃密泄密技术演示、签订保密承诺书。保密工作实现层层有人管、事事有人抓的组织管理模式。

2011年后,市保密委每年对重点涉密单位、涉密人员签订工作责任状和承诺书,强化责任意识。

(二)保密制度

1995年后,阿图什市保密委员会根据形势发展、工作重点修订完善,对文秘信息、密码电报、机要通信、打字复印、信息设备、信息系统及涉密场所、涉密事项都按要求制定相应的保密责任制。各乡镇、各单位结合自己工作实际,也制定完善各项保密规章制度。

2001—2005年,市保密局根据开展工作的需要,制定保密工作目标管理制度、涉密人员管理制度、保密宣传教育制度、保密检查工作制度、泄密查处报告制度等,规范各项保密工作。

2011年,根据修订后的《中华人民共和国保守国家秘密法》重新制定《阿图什市涉密文件资料保密管理制度》《阿图什市信息设备保密管理规定》《阿图什市信息系统保密管理规定》《阿图什市上网发布信息保密审查制度》,组织指导各乡镇、机关单位修订各项保密管理制度。

2013年,市保密委办(局)开展《阿图什市"十二五"保密事业发展规划》和《阿图什市"六五"保密法制宣传教育规划》的中期评价和检查,完成两个规划确定的阶段性任务和目标。

2015年,市保密委办(局)按照《阿图什市"十二五"时期保密事业发展规划》目标和任务,重点突出保密宣传教育和检查管理工作。

(三)保密培训

1995—2000年,市保密委采取"请进来、走出去、以会代训"等多种形式每年举办1~2期的业务培训,先后举办10期的保密干部培训活动,参加培训的分管领导、保密员、网管员540人次。

2005年后,市保密委选派保密干部参加自治区、州举办的保密干部培训班,先后选派40多人参加培训。在集中培训的基础上,保密委(保密局)注重抓平时的保密业务学习,规定每周各乡镇、各单位都要结合工作及时开展保密知识的学习。

2011年,市保密委(局)发挥党校保密教育主阵地作用,在"六五"普法、综合治理、宗教人士培训班开展保密法律法规知识讲座。组织市委理论学习中心组收看窃密泄密技术演示、涉密人员重温保密承诺书、保密要害部门(部位)重点人员外出观看保密教育展、对保密干部进行以会代训等活动,完成对全市涉密人员的教育培训。

2013年,市保密委(局)开展业务培训,采取以会代训的形式2次对保密干部进行保密业务培训。

2015年,采取"请进来、走出去"方式加大培训力度,对全市300名保密员进行业务培训2次。通过会议中心电子屏会前播放保密警示专题片8次,通过宣传版面、挂图等方式加大保密培训力度,受教育人员3000人次。

(四)保密宣传与执法

1995—1999年,市委保密委员会办公室根据《中华人民共和国保守国家秘密法》相关规定,保密工作对内不对外宣传。

2000年5月起,举办涉密人员培训班,增强涉密人员的保密责任意识和保守国家秘密的自觉性,加大对新进党政机关公务员队伍的保密知识培训和教育。

2001 年起,市保密局每年开展保密工作检查。

2003 年 5 月,市委保密委员会办公室采取多种形式加强保密法规宣传教育。

2009—2015 年,市保密局开始每年在干部队伍中进行保密知识测试。

第四章　重要会议

第一节　市委常委会议

1995—2015 年,阿图什市委常委会议议事决策范围主要包括:研究贯彻党的路线、方针、政策和重大决策,传达中央、自治区和州重要会议、重要文件精神。根据阿图什市实际,制定具体工作方针和政策措施,并检查贯彻落实情况。组织实施市党代会和全委会决议,讨论决定全市经济建设、社会发展和改革开放政策及工作部署;审议全市国民经济、社会发展中长期规划、年度计划、财政预决算、城市建设和管理规划、重大建设项目、重要改革方案及其他重大事项。讨论决定全市党的思想、组织、作风建设和纪律检查工作部署和重大事项。研究决定全市宣传思想、精神文明建设、政法综治、民主法治建设、统一战线、老干部等工作中重大问题和工作部署。按照干部管理权限和规定程序,审理市管干部推荐、提名、任免和奖惩;讨论需报请上级党委审批人事事项。审议副科级及以上机构设置与变动,乡镇一级行政区划调整方案。审核市委有关先进评选、表彰、奖励事项和报送上级党委、政府表彰先进单位及个人名单。审议市人大常委会党组、市政府党组、市政协党组、市纪委、市法院党组、市检察院党组及市人武部突出重大事项,审议各乡镇街道、市委各部委办局和群众团体报请市委研究的重大问题。讨论并决定以市委名义发布涉及全市工作部署、政策性文件和市委领导代表市委所作重要工作报告、讲话,审定每年向州委、州政府及有关上级部门请示、报告反映重要问题。负责召开市委全委会、提出议题建议并向全委会报告工作。审定有关召开市党员代表大会、市党代表会议、市委全委会及其他重要会议事项,检查会议决定、决议贯彻落实情况。讨论上级党委规定由党委具体研究决定问题;书记、副书记和常委需要提交常委会讨论其他重要议题;研究处理突发性事件;研究决定应由市委常委会决定其他事项。

阿图什市委常委会出席人员为市委常委,市人大常委会党组书记或主持工作副书记、市政协党组书记列席会议。必要时邀请其他人员列席会议。

阿图什市委常委会议由市委书记召集并主持,市委书记因故不能出席会议时,则由市委书记委托副书记召集并主持,一般每月召开 2 次,如遇重要情况则随时召开。1995—2015 年,共召开常委会 286 次。

第二节　全体委员(扩大)会议

阿图什市委全委会出席人员为市委委员和候补委员,主要研究贯彻党的路线方针、政策和重大决策,传达中央、自治区和州重要会议、重要文件精神,对全市经济建设、社会发展、党的建设及其他涉及全市重大问题做出决策。研究部署工作任务以及特别重大事项时,则召开全委(扩大)会议。全委(扩大)会议一般扩大到各部门主要负责人、乡镇党政主要领导,有时也扩大到村党支部书记、村主任一级。人大常委会、市政府、市政协党组成员、市纪委委员等人员列席,一般每年召开 1 ~ 2 次,特殊情况可随时召开。

中共阿图什市第三届委员会共召开全委会 7 次,全委扩大会 5 次。

中共阿图什市第四届委员会共召开全委会 6 次,全委扩大会 7 次。

中共阿图什市第五届委员会共召开全委会 7 次,全委扩大会 8 次。每年主要总结全市民族团结、经济建设、精神文明建设、党风廉政建设等方面取得的成绩,部分乡镇场和市直有关部门作典型发言,表彰市“两个文明”建设中涌现出来的先进集体和先进个人,提出下一年工作思路、总体要求、预期目标、基本任务和保障措施。

中共阿图什市第六届委员会共召开全委会 6 次,全委扩大会 6 次。每年传达学习自治区农村工作会议精神;总结全市民族团结、经济建设、精神文明建设、党风廉政建设等方面取得的成绩,安排部署下一年目标任务。

第三节 市委工作会议

市委工作会议由市委主持召开,一般情况下一年召开2次。参加人员有市委书记、副书记、常委、市政府正副市长、人大常委会正副主任、政协正副主席、各部门主要领导。主要总结前一段的工作,安排下一阶段的主要任务,通报等有关重要情况。1995—2015年,共召开市委工作会议22次。

第四节 书记办公会议

书记办公会议是在召开常委会前,由书记召集几位副书记沟通意见,酝酿、确定提交会议讨论、决定的议题。书记办公会议可根据情况随时召开。交流日常工作情况。1995—2015年,共召开书记办公会议256次。

第五章 重大决策

第一节 第三届党委重大决策

1996年10月—2001年5月,阿图什市第三届党委紧紧围绕经济建设这个中心,牢牢把握"抓住机遇、深化改革、扩大开放、促进发展、保持稳定"这个工作大局,坚持区域经济协调发展,优势互补,依托阿图什市优势,及时制定"以农为本、发展园艺、启动矿业、商贸兴市"的经济发展战略,加大改革力度,加快改革步伐,经济建设和社会各项事业呈现出一派兴旺发达的景象。

一、经济发展

阿图什市不断推行和完善家庭联产责任制和统分结合的经营体制,努力改善生产条件,大力发展"两高一优"农业,围绕"增粮、增棉、兴牧、上园艺"的农业发展方针,着力进行四个基地建设,实施"1125"工程,园艺"三五"工程和牛羊育肥工程,致力农业综合开发,农业产业结构发生根本性变化,已形成粮、棉、园艺等几大农业生产基地。"菜篮子"工程建设突破性进展,建成较大规模蔬菜、蛋禽、水产、养殖业基地,极大地丰富城乡市场供应。

1995年,为减轻日益退化的草场载畜压力,保障牲畜的草料平衡,市委决定开发哈拉峻、依达良两个草料基地。号召市直单位职工到基地植树造林工作,全年义务植树面积0.34万公顷,栽植各种苗木648.8万株。完成北山坡200公顷绿化、农村改水、防渗渠等工程建设。3月12日,阿图什市北山坡生态绿化工程开始启动,1万余名干部职工在181公顷地面植树30万株。

1996年,阿图什市结合本地实际,坚持"以改造中低产田为主,适度开荒为辅"的方针,把水土资源开发与建设粮、棉、瓜果基地结合起来,把家庭小田、耕地,加以整理,补修水利工程和排碱渠系,形成标准化大条田作业。四个乡把修建防渗渠道、条田化建设以及打井补充水源等措施结合在一起,积极调整农村产业结构,出台"万亩木纳格葡萄基地开发计划",为逐步实现农业开发与发展园艺相结合打下基础。1996年11月,市委决定开发沙拉塔拉万亩木纳格葡萄基地大会战,动员全市机关干部、企事业单位职工以及自治州直属单位干部冒着严寒,前往沙拉塔拉劳动。

1999年,木纳格葡萄在农博会上获得金奖,市委决定把木纳格葡萄、胡安纳杏、石榴、无花果四大特色产品做大做强,加快老果园改造,淘汰劣质品种,治理果树病虫害,建立一个优质木纳格葡萄苗木基地,实行专业化管理,促进农民增收。

企业改革不断深化。阿图什的地方工业从小到大,建立矿产开发,建筑建材、农副产品加工、运输、盐业加工、机械修造、地毯、制革、针纺、酿酒、印刷、粮油加工、食品加工、电力及冶炼等100余家工矿企业,初步形成一个门类较多,适合本地特点的工业体系。工业企业在市场竞争中,积极转变机制,强化管理,优化产品产业结构,发展水平不断提高,经济效益明显增强。

二、党的建设

加强理论教育,增强干部政治鉴别力和敏锐性。认真学习《邓小平文选》、江泽民《关于讲政治》等科学理论,提高各族党员、干部的政治鉴别力和政治敏锐性。坚持正确的政治方向,发展社会主义市场经济,推动社会主义现代化建设事业健康向前发展。

加强基层组织建设,实现小康社会目标。以小康为目标,加强农牧区基层组织建设,按照中央、自治区、自治州的安排和部署,常抓不懈。把组织建设与重视农业、扶持农业、发展农业,脱贫致富奔小康结合起来,创造性地开展各项工作。

加强民主集中制建设。树立全局观念,自觉维护中央权威,保证自治区、自治州党委和市委的各项政策决策全面贯彻落实。

加强党风廉政建设,密切党同人民群众关系。加强思想政治教,发挥好纪检监察机关的职能作用,履行好党和人民赋予的神圣职责。加强和健全党内监督,增强党组织解决自身问题的能力。

加强领导班子建设,打造高素质干部队伍。加强领导班子思想政治建设,讲学习、讲政治、讲正气、讲团结、讲纪律、讲奉献,善于从政治上判断形势,观察和分析问题,增强政治鉴别力和政治敏锐性,提高驾驭全局和解决自身问题的能力。

三、精神文明建设

坚持“两手抓、两手都要硬”的方针,以培育“四有”新人为目标,以加强民族团结为重点,深入开展“三有”“三观”“三德”教育,积极广泛开发“四大工程”建设活动(即细胞工程、基础工程、窗口工程、龙头工程),城市精神文明建设,创双模、双拥和“三优一学”活动不断推动。

加强民族团结,维护社会稳定。加强民族团结教育,不断巩固和发展平等互助、团结合作、共同繁荣的社会主义新型民族关系。牢固树立“两个离不开”的思想,充分发挥民族团结进步模范典型的示范作用,弘扬正气,把民族团结工作推向新的阶段。

加强社会主义民主法治建设。加强党对人大工作的领导,支持市乡两级人大工作,发挥好职能作用。坚持和完善共产党领导的多党合作与政治协商制度,发挥人民政协“政治协商、民主监督、参政议政”的职能作用。认真贯彻落实《中华人民共和国村民委员会组织法》《中华人民共和国居民委员会组织法》,深入开展村民自治示范活动,真正发挥作用。

第二节 第四届党委重大决策

2001年5月—2006年8月,阿图什市第四届党委围绕“牧农抓优势、矿业兴加工、边贸促旅游”的经济发展思路,以市场为导向,以全面解决农牧民温饱为基础,以提高农牧民生活水平为目标,以增加经济总量为动力,以强化党的建设为保障,大力弘扬“吴登云精神”、积极采取措施,加快两个根本性转变,实施优势资源转换战略,培育特色经济,实现经济和社会协调发展,为实现第三步战略目标奠定坚实的基础。调整经济结构,优化产业配置,加速经济发展;加强和改善党的领导,确保各项建设目标的顺利实现;加强精神文明建设,维护社会稳定,推进民主法治进程。

一、加大农业产业结构战略性调整

2003年,市委提出以“北畜南果”大农业产业化新格局建设为基础,促进二、三产业加速发展的经济结构调整取得新进展。“北畜南果”战略的全面启动和实施,农业产业结构调整有新进展,年末牲畜存栏达到42.5万头(只),同比增长3%。全年改良牲畜8万头(只)。0.4万公顷人工草料基地开发土地0.17万公顷,种植苜蓿466.67公顷。修建青贮池3500座,加工青贮饲料7万吨。当年牧业产值1.1亿元,比2002年增长8.75%。新增葡萄瓜果面积0.03万公顷,使全市葡萄瓜果面积达0.18万公顷,葡萄总产量3.3万吨。木纳格葡萄销往区外35个城市2.2万吨。全市建成保鲜库15座,葡萄贮存保鲜能力达到3000吨。葡萄销售不但进一步拓宽国内市场,而且实现订单销售,走向俄罗斯、巴基斯坦等国际市场。一批实力雄厚的民营、私营企业入驻阿图什市,成为带动阿图什市经济发展的龙头,加速二、三产业的发展。

二、加速民生建设稳步发展

实施绿色生态工程。实施以阿图什市为核心,六乡一镇为外围的生态格局建设。实施退耕还林,制定《阿图什市生态型水土开发实施办法》,发展以胡杨、沙枣为主的农田防护林。加快城区绿化与植被建设。继续推进“安居富民”工程,启动抗震安居房住房工程。按照《阿图什市“十五”城市发展纲要》,配套完善供排水、供热等城市基础功能,提高城市文化品位,加快危旧房屋改造,逐步改善城市环境,增强城市集聚力、辐射力。扩大交通网络。2001年,阿图什市抓住国家、自治区对贫困地区加大建设投资扶持力度的机遇,争取改善城乡交通条件项目,启动总投资2.08亿元的国道314、省道213、省道206、省道309线阿图什段公路改扩建工程。争取乡村道路改扩建项目,逐步改变农村牧区交通条件较差的状况。总投资146万元,新建道路30.2千米,150余万平方米。

三、转换优势资源推动产业升级

立足本地资源优势,积极发展以农牧产品为原料加工业和以商贸服务为主的二、三产业,逐步形成以农促工、以工补农、多业并举、综合发展的格局,使乡镇企业促进农村经济的全面发展,加快农村奔小康步伐。大力发展工业企业,深化企业内部改革,努力提高产品质量和企业经济效益,根据资源优势重点兴办一批市场前景广阔企业,逐步建立起以矿业开发为主体的工业体系,使资源优势尽快转化为商品优势,成为阿图什市的支柱产业。大力发展边贸事业。充分利用阿图什市地理、人文和口岸优势,进一步扩大对外开放力度,大力发展地边贸易和经济技术合作,劳务合作积极开拓国内外市场,力争把阿图什市建成国际边贸市场和向西开放的桥头堡。

四、加强精神文明建设

坚持“精神文明重在建设”的方针,把依法治市和以德治市相结合,以先进文化为引领,全面加强思想道德建设,丰富若羌民族文化、地域文化,做到“乡乡有活动、村村有歌声”。大力推进“科教兴市”,围绕“五高一低一强”(产量高、品质高、安全性高、价值高、效益高,劳动力成本低,市场竞争力强)。大力推广民用科学、农业技术,建成一批农业科技示范基地和专业示范点。开展“科技之冬”活动,提升农牧民科学素质和劳动技能。稳步推进“民汉合校”工程、实行“双语”教学,巩固“两基”成果。

五、加强党的建设

坚持以“三个代表”重要思想和保持共产党员先进性教育活动,加强执政党能力建设和先进性建设。深入开展社会主义荣辱观学习宣传教育。按照“抓基层、打基础、求稳定、促发展”要求,全面加强基层组织建设,深入开展“三级联创”活动。不断深化人事制度改革,完成市乡机构改革。认真落实党风廉政建设责任制。

第三节　第五届党委重大决策

2006年8月—2011年7月,阿图什市第五届党委全面实施“十一五”规划。阿图什市认真贯彻落实自治州党委八届三次全委(扩大)会议确定的指导思想和总体要求,继续坚持“以农奠基,以边启动,以游搞活,以矿腾飞”发展战略，充分发挥“四大优势”，打造“四大基地”，加快“四大建设步伐”，推动“四大突破”，按照“五个统筹”的要求，进一步转变经济增长方式，提高发展质量，实现经济社会全面协调可持续发展。

一、全面推进社会主义新农村建设

紧紧围绕中共十六届五中全会提出的建设社会主义新农村重大历史任务，落实新农村建设的“二十字”（生产发展、生活宽裕、乡风文明、村容整洁、管理民主）要求，继续加大对“三农”的支持力度，扎实稳步推进阿图什市新农村建设。

按照“二十字”的要求，做好新农村建设规划，认真落实自治州党委提出的“六大工程”，扎实有效地推进新农村建设步伐。加强农业基础设施、科技推广体系、社会化服务体系建设，把农产品的生产与市场流通结合起来，不断提高农业产业化的发展层次和水平。优化种植业结构，粮食面积稳定在3万公顷，产量稳定在17万吨。棉花种植面积保持在0.53万公顷，总产量达到8000吨。饲草饲料种植面积达到0.6万公顷。吸引各类企业资本、技术参与农产品深加工，支持和鼓励发展一批农副产品收购、保鲜、运输和加工企业，壮大农民经纪人队伍，发展“订单农业”带动基地建设，推进农业产业化进程。转变畜牧业发展模式，实施畜牧业现代化工程。加快推进牲畜品种优良化、畜群结构合理化、生产经营产业化、产品营销市场化和疫病防治网络化，严格控制天然草原载畜量，实施人工草场建设和草场轮牧、休牧、禁牧退耕还林还草、牧民搬迁定居工程，大力发展农区和城郊畜牧业，推广家庭牧场，积极鼓励和扶持发展养殖大户和养殖小区，推动规模化养殖、产业化经营。牲畜出栏103.5万头（只），出栏率64.5%，商品率56%。提高特色林果业发展水平，实施林果业优质化工程。按照“建基地、扩规模、抓品质、拓市场、创品牌”的发展思路，加强品种选育、规范化栽培、标准化生产、病虫害综合防治、区域化布局、产业化经营，抓紧原产地保护申请和无公害绿色食品认证，提高果品品质和市场竞争力。2010年，市委提出把发展“戈壁产业”作为全市经济社会发展的重要内容，全面推进。投入1.2亿元资金，完成1000座日光温室建设，新建特色林果业1500公顷，新建特色养殖小区25个，完成牲畜存栏47万头（只）以上，家禽规模养殖45万羽以上，发展养殖大户250户。加强农业科技示范园建设，大力发展设施种植、养殖业，强化管理，规范生产，丰富品种，提高效益。设施农业面积达到266.67公顷，增长72%。扩大劳务输出，实施素质工程。坚持政府引导与市场运作相结合，加强劳动力转移技能培训，抓好劳务输出信息、生活、语言和维权等服务，实现农牧民转移增收。实现劳务输出4.8万人，创收5900万元。加快贫困人口脱贫步伐，实施扶贫开发工程。按照“突出重点、收缩战线进村入户、整村推进”的总体要求，做到项目覆盖到户、政策落实到户、帮扶措施到户、效益兑现到户、科技服务到户，完成2139户1万人的扶贫任务。

二、实施优势资源转换战略，加快推进新型工业化进程

进一步放宽政策、优化环境，吸引更多的区内外企业到阿图什市开发优势资源，按照“工业园区化，园区产业化，产业集群化”思路，加快建设和完善阿图什工业园区“一园三区”基础设施建设，促进企业向园区入住、项目向园区集中，打造工业发展平台。坚持勘探、开发、管理并重的原则，抓好各类资源调查摸底，积极做好资源开发前期工作，推进资源项目开发体系建设。认真解决新蓉皮革、甘肃建新、中信国安等企业在实施资源开发过程中的问题，更好地带动资源开发。积极推动盐业公司3万吨精制盐等项目开工建设。加快第三产业发展，加强口岸基础设施建设和大通关工作。深入挖掘阿图什市旅游业发展的优势和潜力，把整合阿图什旅游资源与拓展中亚旅游资源结合起来，形成民族特色鲜明、文化底蕴深厚、功能完善、带动力强的大旅游业。

三、强化招商引资

加强优惠政策的落实，切实做到亲商、惠商、安商、富商，引进更多的投资企业。做好招商引资项目库建设，抓好项目前期工作。加强与东中部地区经济技术合作与交流，积极承接产业转移。加强与江西等对口援助省区和单位的交流与合作，实现互利双赢。

四、维护稳定

坚定不移地贯彻落实中央关于维护新疆稳定的重大战略决策和工作部署,坚持"主动进攻、露头就打、先发制敌"的方针,始终保持对"三股势力"的严打高压态势,坚决打击、严密防范境内外民族分裂势力的渗透破坏活动。加强意识形态领域反分裂斗争,提高各族干部群众维护祖国统一、维护民族团结、维护社会稳定的政治思想觉悟。加强社会治安防控体系建设,依法严厉打击各类刑事犯罪认真化解人民内部矛盾,完善信访工作机制。积极开展平安阿图什建设,确保边境一线和社会大局稳定。

2007 年,市委实施"三项工作机制",即"321"工作机制,干部驻村工作机制和市乡村三级干部"双包"工作机制。具体做法:推行"321"工作机制,把乡机关负责维护社会稳定工作的干部分为 3 个组,一个周期内,2/3 的干部在坚守工作岗位,1/3 的干部轮流培训和休息,取消固定的双休日,保证各乡一年 365 天有足够的干部在岗工作和昼夜值班;实行干部驻村工作机制,从市直部门和乡机关选派素质高、能力强的干部,联合编队,进驻各村。每村选派 3 ~ 6 名干部组成驻村工作队,与原单位脱钩,与乡机关维稳人员同时实行"321"工作机制。在乡党委领导下,协助各村把基层组织建设、集中整治、农牧民增收致富、新农村建设等项工作统一起来一起抓,确保农村各项工作有人管,样样事情有人问;实施三级干部"双包"工作机制,县级领导包乡、包村,乡科级领导包村、包户,市直部门和乡机关一般干部及各村党员干部包户、包人,全部建档造册,形成"双包"工作的全面覆盖,确保 7 乡 68 个行政村所有农户和农牧民都有人包有人扶,切实做到村不漏户、户不漏人。

2009 年,市委全面推进"六大任务"的总体目标,结合市第二、三批深入学习实践科学发展观活动,开展争创"十星级"村组织。市委组织"百名领导、千名干部、万民党员团员"进村入户开展"四进、五讲、六落实"(四进:进乡、村、农户,进街道、社区、家庭,进学校、课堂、宿舍,进工厂、车间、住地;五讲:讲真相本质,讲民族团结,讲政策法律,讲发展变化,讲典型事迹;六落实:落实自治区、自治州及市委、市政府出台的各项维稳措施,落实维稳包保工作建册立档的有关要求,落实社情、舆情、敌情等重要信息上报和反馈的有关要求,落实矛盾纠纷排查化解工作的各项要求,落实宣教活动工作成效评估检查责任制),面对面的开展思想教育工作,为扎实做好维稳工作奠定坚实的群众基础。2015 年,共组建宣教小组 331 个,派出宣教干部 8479 名,开展各类宣教活动 2064 场次,深入 46069 户群众,受教育群众 22 万余人。

五、推进社会事业发展

坚持科教兴市战略,加快科技成果转化应用。把教育摆在优先发展的战略地位,努力争取国家、自治区、各对口援疆省(市)和单位对教育事业的投入与支持,推动实施教育改革,优化教育结构,加大教育投入,推行"双语"教学,巩固"两基"成果。引导各民族群众学习科学技术、共同增收致富,落实好西新工程、村村通工程、电视扶智工程等。进一步完善社会保障体系,做好农村医疗卫生网络建设等。

第四节　第六届党委重大决策

2011 年 7 月—2015 年 12 月,阿图什市第六届党委全面贯彻落实中共十七届五中全会、中央经济工作会议、中央新疆工作座谈会和自治区、克州及市委全委(扩大)会议精神,深入贯彻落实科学发展观,按照"构建和谐阿图什,谋求跨越新发展"的总体发展要求,牢固树立发展是第一要务,以调整经济结构和转变经济发展方向为主线,以加快推进农业现代化、新型工业化和城镇化建设为主攻方向,以保障和改善民生为根本目的,大力推进"五大战略",提升发展实力,抢抓新一轮大建设、大开放、大发展历史机遇,进一步解放思想、转变作风、狠抓落实。

一、巩固提高"戈壁产业"发展水平,推进农牧业现代化

依靠党的惠农政策和科技的全面进步,进一步优化产业结构,稳步发展设施农业,投资 3820 万元,新建

日光温室335座和设施农业示范园。积极引导农牧民主动参与温室大棚的建设、种植和管理，提高抵御自然灾害能力，注重吸收、引进有丰富实践经验的高水平设施农业技术人才，强化农技人员、乡村干部、各族农牧民的科技培训，努力实现设施农业种植效益最大化。针对木纳格葡萄连续几年受损现状，积极做好333.33公顷葡萄新品种新技术推广应用及40公顷木纳格葡萄品种改良、嫁接试点工作。继续加大对林木的管护工作，巩固绿化成果，培育特色林果业，做好上阿图什镇、阿湖乡核桃种植、管理和嫁接工作。按照“在城郊重点发展生猪、家禽养殖，在农区重点发展奶牛养殖和牛羊育肥，在牧区加快畜群周转，提高牲畜出栏到农区育肥”的发展方向，以加强动物防疫体系建设为基础，确保防疫密度达到100%。投资7000余万元，重点做好中央小型农田水利重点县建设，谢依提水库、季格达布拉克水库除险加固以及谢依提引水渠、吐古买提乡依达良灌区低压管道节水改造及山洪灾害防治非工程措施等工程建设。启动2011—2013年人畜饮水安全项目。积极做好乌瑞克河调水及托帕水库等一批重大项目前期、报批工作，早日开工建设。

二、坚持环保优先，推进生态立市战略

重视节约水资源和土地资源，统筹协调工农业用水、生活用水和生态用水，严禁无序开荒和超采地下水。坚持大干林业、干大林业，大力实施天然林保护、退耕还林、荒漠植被保护、戈壁造林等生态修复工程。对所有入驻企业实行严格的环保评估，提高入驻园区的环保门槛，加大对高污染企业的环保监管力度，大力培育发展资源消耗少、环境污染小、经济效益好的生态工业。

三、推进工业强市战略

按照特色鲜明、产业关联度高、辐射带动力强的要求，进一步科学规划和建设工业园区。集中资金、项目、人才，加快园区13.94平方千米水、电、路、气等基础设施建设，加快乌瑞克河调水工程和托帕水库的可研、论证、立项，加快220千伏变电站项目建设，着力加快解决制约工业园区发展的瓶颈。创新服务的新模式，优化发展的软环境，提升园区的承载力。加快园区“孵化中心”建设，加强园区人员配置和培训，让园区机构高效运转起来。赣鑫钢铁、青松水泥二期、天山水泥一期等重点项目建成投产，在工业园二区以西、314国道以南启动阿图什工业园产城结合区一期工程建设。按照“第一年树形象，第二年有规模，第三年出数字，五年形成产城形态”思路，加快水、电、路、气等基础设施建设及标准厂房建设，加快昆山工业园建设步伐。

四、坚持改革开放，推进开放富市战略

大力实施“外引内联、东联西出、西来东去”，加快扩大对内对外开放步伐。紧紧抓住喀什建立经济开发区的发展机遇，加快与喀什经济融合互动发展。依托喀伊高速公路和中吉乌铁路建设，科学谋划阿图什—喀什—乌恰的交通大通道，为加快对外开放创造更加有利的条件。加强与国内外的贸易合作，不断增强发展的生机与活力，加快建立向西出口的加工基地和商品集散地，努力把阿图什打造成对外开放的桥头堡。

五、坚持以市场为导向，推进商贸旺市战略

结合新型工业化、农牧业现代化和新型城镇化建设，努力促进以现代服务业为主的第三产业快速发展，做大做强特色餐饮、休闲旅游、宾馆等传统服务业，以喀什经济开发区为依托，大力发展金融服务、连锁经营、物流配送、代理联运、电子商务、信息服务等现代服务业，不断拓展服务业发展空间，深入挖掘阿图什商人的潜力，大力支持个体私营、民营企业发展第三产业，支持一批商贸流通企业、外经外贸企业做大做强。把第三产业作为加快促进市域经济发展新的增长点，进一步优惠政策、加强扶持，以第三产业的大发展加快繁荣市场、搞活流通、带动就业、惠及民生。

六、加快推进社会事业发展

坚持“民生优先、群众第一、基层重要”，以安居富民、定居兴牧、保障性住房建设为重点，抓好医疗卫生、文化教育、社会保障、惠民增收、扶贫开发等民生工程。坚持教育优先,突出教育的基础作用和民生效应,办好人民满意教育,建设教育强市。加强人民满意医院建设,着力增加优质的医疗服务供给,满足群众多层次、多样化的健康需求。建立更加公平更可持续的社会保障制度,完善社会保险体系,积极应对人口老龄化。坚持居民收入增长和经济增长同步、劳动报酬提高和提高劳动生产率同步。采取社会扶贫等多种措施,坚持精准扶贫、精准脱贫,稳定实现扶贫对象"两不愁、三保障"。

第六章　主题教育实践活动

第一节　"三讲"集中教育活动

2000年5月至2001年1月,市委按照中央、自治区、自治州党委要求,开展以"讲学习、讲政治、讲正气"(以下简称"三讲")为主要内容的党性党风教育。"三讲"教育分思想动员,学习提高阶段;自我剖析,听取意见阶段;交流思想,开展批评阶段;认真整顿,巩固提高阶段四个阶段进行。市委召开常委扩大会议,研究部署市委、人大、政府、政协四套班子和领导干部的"三讲"教育工作,成立以市委书记为组长的"三讲"教育领导小组,下设领导小组办公室专门负责此项工作。制定《市委、人大、政府、政协领导班子和领导干部"三讲"教育工作实施方案》和《学习教育阶段安排意见》,全市25名县(处)级以上领导干部参加"三讲"教育。采取读、听、看、议和自学、撰写读书笔记等方式认真学习自治区、自治州规定的必读篇目和有关文件。开展广泛征求群众意见、写出剖析材料等措施,制定切合实际的整改方案,进行整改。通过"三讲"教育,有力推动全市党政领导班子和领导干部学习党的理论和方针、政策的热情,提高政治素质,增强政治敏锐性和政治鉴别力,一些突出问题得到整改,学风、工作作风、组织纪律等方面有明显改进。

第二节　"三个代表"重要思想学习教育活动

2001年2月,市委根据党中央部署和要求,按照自治区、自治州的安排,开展"三个代表"重要思想学习教育活动(以下简称"学教"活动),成立以市委书记任组长的"三个代表"重要思想学习教育活动领导小组,召开"三个代表"重要思想教育活动动员大会和四套班子领导会议,制定出《关于在全市开展"三个代表"重要思想学习教育活动的实施方案》《关于在乡镇场开展"三个代表"重要思想学习教育活动的实施方案》,全面系统对落实学教活动作安排。阿图什市"三个代表"重要思想集中学习教育活动共分3批进行。按照分期、分批压茬进行的总体要求,在7个乡镇、站所全面展开。开展"学教"活动的单位涉及的对象共1268人,其中科级以上领导干部86人、乡机关干部750人、站所干部480人。市委抽调各级干部组成指导组,分赴各乡镇指导"学教"活动。5月,第二批市直机关单位的学习教育活动全面展开。在"学教"活动中,市委高标准、严要求,精心组织开展学习教育活动。市直机关"学教"活动开展以后,研究制定市直机关"学教"活动的时间安排和步骤,制定下发市直机关"学教"活动的计划安排流程表,成立市委主要领导为组长的两个督察组,对市直机关"学教"活动进行督促检查。完善的组织机构和明确的职责分工为"学教"活动的顺利开展提供强有力的组织保证。

2002年1月,第三批学习教育活动在村级领导班子和各学校中开展。7月,市委下发《关于巩固和转化"三个代表"学教成果建立和完善农村基层党组织建设常抓不懈有效工作机制的意见》,目的是总结和转化学教活动中的经验和成果,以干部经常受教育,群众长期得实惠为基本要求,以加强和改进农村基层组织建设,切实增强乡村两级党组织的创造力、凝聚力和战斗力,为推进阿图什市农村改革、发展和稳定大局提供坚强有力的组织保证。整个学习教育活动于2002年7月圆满结束,收到明显成效。通过"三个代表"重要思想学习教育活动,村党支部的领导核心地位进一步强化,干部工作作风明显转变。

第三节　保持共产党员先进性教育活动

2005 年 1 月，为贯彻落实《中共中央关于在全党开展以实践“三个代表”重要思想为主要内容的保持共产党员先进性教育活动的意见》精神，根据自治区、自治州的统一安排，按照“关键在于取得实效”和“成为群众满意工程”的总体要求，阿图什市扎实开展以实践“三个代表”重要思想为主要内容的保持共产党员先进性教育活动。印发《关于在全市开展以实践“三个代表”重要思想为主要内容的保持共产党员先进性教育活动的总体实施意见》，成立保持党员先进性教育活动领导小组，分 3 批历经学习动员、分析评议、整改提高 3 个阶段 13 个重点环节，开展教育活动。

第一批教育活动于 2005 年 2 月在市直党政机关、人民团体、企事业单位和各垂直管理单位全面展开。第二批教育活动于 7 月开始在各乡镇场开展，首先对党组织及党员情况进行调查摸底，确定参加保持共产党员先进性教育活动的单位，即乡镇机关及其直属单位、中小学校、居委会以及基层党组织参加教育活动。12 月，阿图什市召开科级以上干部参加的第三批先进性教育活动动员大会。同时，在市党校对各乡镇村党支部书记和督导组人员进行以先进性教育活动各阶段流程及要达到的目的和中共十六届五中全会精神为主要内容培训。

为开展好第三批先进性教育活动，按照中央适当抽调部分后备干部充实到教育活动办公室的要求，市委从市直各单位抽调 35 名后备干部组成 1 个巡视组和 8 个督导组，分别检查督导 7 个乡镇第三批教育活动的开展情况，编印《阿图什市保持共产党员先进性教育活动督导组工作手册》发放到督导组人员手中。

在广泛开展征求意见建议、谈心活动和批评与自我批评阶段，广泛征求乡机关干部、“三老”人员、宗教人士、自治州、市、乡人大代表和部分村民代表的意见建议，征求到个人意见建议 6530 条，整改 4915 条；征求到单位意见建议 2121 条。共发放群众满意度测评表 2566 份，收回 2451 份，满意率达到 90% 以上。通过保持共产党员先进性教育活动，党员干部政治理论素质明显增强，对“三个代表”重要思想的认识有新提高。党员的先锋模范作用进一步发挥，党组织的向心力、凝聚力明显增强。一批事关群众利益的突出问题得以解决。

第四节　社会主义荣辱观教育活动

2006 年 3 月 4 日，胡锦涛总书记提出以“八荣八耻”为主要内容的社会主义荣辱观后，为深入开展社会主义荣辱观教育活动，6 月市委下发《关于组织开展社会主义荣辱观宣传教育的通知》。要求全市各级基层党组织和广大党员要《牢固树立社会主义荣辱观》，把学习贯彻社会主义荣辱观同巩固和扩大先进性教育活动成果结合起来；同学习胡锦涛总书记《在庆祝中国共产党成立 85 周年暨总结保持共产党员先进性教育活动大会上的讲话》精神结合起来；同市开展的熟悉基层、服务群众，熟悉组织，服务党员，熟悉市情，服务人才的“三熟悉、三服务”活动结合起来；同开展的学理论、比水平，学业务、比能力，学先进、比贡献的“三学三比”活动结合起来。进一步激发广大党员“知荣辱、树新风、争先进”的自觉性，努力做社会主义荣辱观的模范实践者和积极推动者。各单位结合实际，开展“树立社会主义荣辱观，争做爱岗敬业员”“争当人民满意公务员”主题实践活动。

第五节　学习实践科学发展观教育活动

2009 年 3 月，阿图什市按照中央、自治区、自治州的统一部署，开展以“完成六大任务，推进科学发展”为主题、以“党员干部受教育、科学发展上水平、长治久安固根基、人民群众得实惠”为总体要求的深入学习实践科学发展观活动，2010 年 3 月 12 日结束，为期 1 年。共有参学单位 87 个，基层党组织 322 个，参学党员 8095 人。

在学习实践活动中,紧紧围绕"党员干部受教育、科学发展上水平、长治久安固根基、人民群众得实惠"的总要求,紧密结合经济形势和改革发展稳定的实际,确定"完成六大任务,推进科学发展"这一主题,深入全市所有乡村、街道社区进行调研,走访73个村625个村民小组,2个街道16个社区,群众36140户,居民3217户,共18.9万人;召开村干部、村民代表和"四老人员"(老党员、老干部、老模范、老复员退伍军人)不同层次座谈会1500余场,9.2万人参加座谈;发放调查问卷3.1万份,征求意见457条,建议533条,梳理意见66条,建议13条;当场解决问题121个,移交有关部门办理79个。通过深入调研,进一步摸清市情、社情、民意,初步梳理出在科学发展上存在的突出问题。通过学习实践科学发展观活动,广大党员干部实现"八个明显提高",即理论素养明显提高,思想认识明显提高,工作质量明显提高,辨别是非能力明显提高,解决问题的能力明显提高,科学决策的水平明显提高,服务群众的意识明显提高,维护稳定的能力明显提高。

第六节　创先争优活动

2010年6月,根据中共中央要求和自治区、自治州部署,阿图什市以深入学习实践科学发展观为主题,紧紧围绕"弘扬六种精神,争先科学发展、争当时代先锋"活动主题,分宣传动员学习,制定实施方案阶段;查摆存在问题,确定具体目标;紧紧围绕主题,丰富活动内容;深入整改落实,巩固扩大成果;搞好总结完善,构建长效机制5个阶段,用两年半的时间在全市开展创先争优活动。全市各级党组织按照"利于明确方向、利于体现特色、利于目标激励"的要求,确定特色鲜明的活动主题;按照"便于党员参与、便于组织考核、便于群众评议"的要求,设计务实管用的活动载体,围绕"科学跨越,富民强市,全面推进全市经济和社会又好又快发展"的奋斗目标,引导全市基层党组织和广大党员立足岗位,学先进、找差距、促提高、做表率。全市17个党委、32个党组、306个党支部、8095名党员以及企事业单位、人民团体、"两新"组织积极参与。

活动中,发挥电视台、报刊、网络、工作简报、宣传专栏、横幅标语等媒介的宣传作用,在全市营造创先争优的舆论氛围。宣传和展示全市各级党组织和优秀共产党员的先进事迹。通过典型引路,激发热情。评选先进基层党组织和学习实践活动先进集体,表彰先进个人,进一步巩固和扩大学习实践科学发展观教育成果,发挥党组织凝聚人心、推动发展、促进和谐的作用。结合全市各项工作实际,把创先争优贯穿到具体工作中,在乡、村与"三级联创"和"十星级"村组织创建工作相结合;在街道、社区与"五好"街道、和谐社区创建相结合;在机关与学习型、服务型、廉政型、创新型"四型"机关创建相结合。举行"向师延林同志学习,叫响我是共产党员"党徽发放仪式,全市8000余名党员干部、群众佩戴党徽,亮明党员身份。共召开点评会议404场次,其中工作现场会点评153场次,党委、党组个别谈话406人次,党支部个别谈话4500余人次,邀请州、市、乡人大、政协代表点评65人次;接收建议、意见2073条;接收到群众反映问题1825条,解决1767条。活动中坚持开展领导大接访、干部大下访、信访接待月、社会治安专项治理等做法,有力地维护全市社会和谐稳定。

第七节　"热爱伟大祖国　建设美好家园"教育活动

2010年6月,为贯彻落实中央宣传部、中央统战部、教育部、国家民委和自治区党委宣传部联合印发的《关于在新疆开展"热爱伟大祖国、建设美好家园"主题教育活动的实施意见》精神,阿图什市制定《开展"热爱伟大祖国、建设美好家园"主题教育活动实施意见》,成立以市委书记为组长的主题教育活动领导小组及办公室,分阶段分步骤,历时两年半,深入开展"热爱伟大祖国,建设美好家园"主题教育活动。

阿图什市制定主题教育活动三个阶段的实施方案,明确各阶段的总体要求、主要任务、活动内容、工作安排和有关要求。成立主题教育活动督察组,采取实地调研、听汇报、召开座谈会、实地查看等多种形式,定期不定期对各乡镇场、各部门、各单位开展情况进行督促检查。组建市"中央新疆工作座谈会精神"宣讲团,征订和发放《推进新疆跨越式发展和长治久安宣传教育提纲》等9套资料。组织党员干部群众学习中共十七大、中共十七届五中全会、中央新疆工作座谈会精神和自治区、自治州、市党代会精神，围绕自治区、自治州、市跨越式发展和长治久安的中心任务认真开展大学习、大讨论，采取集中学和入户宣讲等形式，开展新疆“三史”“新疆精神”“科学跨越富民强市”“现代文化引领”“我身边的民族团结典型”等主题万人宣讲活动。抽调相关部门单位干部深入基层，加大对新型农村合作医疗、就业再就业、安居富民、住房保障、惠农补贴政策及建设成就的深入宣传，开展大型集中宣讲活动122场次，惠农政策深入人心。运用电视、广播、报纸、网络、手机等主流媒体进行全方位、高密度地宣传。市委把开展主题教育活动作为关系全局的大事来抓，注重创新载体。加强检查指导，创新开展“讲文明、树新风”、文明村镇、文明单位创建活动和“学雷锋、树新风、践行新疆精神”。在农牧区开展读红书、唱红歌、跳红舞、观红影等活动。开展“讲团结、看变化、谋发展”座谈会、“我身边的民族团结典型”巡回宣讲、“爱党、爱祖国、爱家乡”诗歌朗诵比赛、“民族团结小区（楼幢、单位）”创评、“民族团结舞蹈大家跳”和“三个离不开、三个相互关心”大结对等系列活动，进一步凝聚各族群众热爱伟大祖国、建设美好精神家园、共同繁荣发展的思想共识。通过开展学习培训、认真梳理问题、深入回答问题，推动各民族和睦相处、和衷共济、和谐发展，形成促团结、保稳定、增和谐的强大合力。

第八节　转变作风服务群众活动

2012年2月，阿图什市按照自治区提出的“一个主题、两个方面、四个千方百计、四个确保”的目标、按照“干部下基层、群众得实惠”的工作理念，从市直各部门抽调7名正科级、13名副科级领导干部、65名后备干部与自治区下派14名、自治州下派20名，各乡镇（街道）逐级选派128名干部及67名村警务室人员，进行混合编组到乡进村入户开展工作，确保每个村（社区）不少于2人，重点区域或片区选派4～6人，实现全市乡镇（街道）、村（社区）维稳、服务群众等工作全天候、全职能、全方位覆盖。围绕“解民忧、帮民富、保平安、促和谐、谋福祉”工作目标，组织各级党政机关、部门（单位）广泛开展“党员干部服务基层群众实事承诺”“百日集中走访调研”“强民惠民富民套餐下基层”等十余项主题活动。通过采取广播电视开办专题报道，党建网、政府网设置专栏，悬挂横幅、发送手机信息等全方位、多角度、多形式的宣传引导手段，开展专题报道3期，编发信息15条，悬挂横幅41条，发送手机短信7000余条，在各类报刊、电台刊发新闻稿件5篇。以市委提出“四包五抓六到位”为载体，强力推进活动深入开展，全市近5000名干部，积极开展“四访”活动，共召开各级党组织座谈会210次，走访党务工作者700人，走访离退休老干部260人，走访困难党员495人，困难群众1620人，开展“入户息访”活动22人次。清查责任区69个，清查流动人口2541人、“三无”人员12人。

第九节　党的群众路线教育实践活动

2014年3月，根据中央、自治区、自治州关于深入开展党的群众路线教育实践活动的部署要求，市委按照“照镜子、正衣冠、洗洗澡、治治病”的总要求，坚持为民务实清廉，以落实中央八项规定精神为切入点，贯彻整风精神，深入查摆和解决政治不够坚强以及“四风”问题，结合阿图什市实际情况，成立领导小组及领导小组办公室，下设综合组、指导组、宣传信息组、信访组4个工作小组，负责具体日常事务工作。3月13日，阿图什市启动党的群众路线教育实践活动，全市20个党（工）委、325个党支部、9532名党员干部参加。

根据不同类型参学单位分类制定教育、卫生、乡（镇）、村、社区、非公有经济组织和社会组织、国有企业八个类型党组织开展教育实践活动指导方案，对不同单位活动中需要把握解决的主要问题、三个环节工作的具体要求和推进活动的保障措施等作出具体规定，分批压茬启动。市四套班子领导主动带头参加中心组学习，带头讲党课、记笔记、写心得。广泛征求意见建议，抽派7个调研组，深入各乡镇、街道、村（社区）开展调查研究，分层分级分系统，深入查找各级党员干部在政治上坚强和“四风”方面的突出问题，召开各类代表座谈会37场，发放问卷1431份。发放教育实践活动5类教材3万余册，做到党员人手一套；在全市举办12期以维护社会稳定，坚决打击非法宗教活动，遏制宗教极端思想渗透为主题的培训班；开展新一轮学习《关于进一步治理非法宗教活动遏制宗教极端思想渗透工作的若干指导意见》精神和“依法治理非法宗教,遏制宗教极端思想渗透”讲、学、宣、治活动;市委分8期对全市科级领导干部、副科级后备干部、村“两委”干部进行集中教育培训,为党员领导干部提前注射一支思想“预防针”。市委书记亲自组织集中学习和讨论7次,上党课4次,受教育140人;其他各级党组织集中学习讨论4次以上。全市党员干部走访群众26.5万人次,收集意见建议270条,召开座谈会168场次,撰写民情日记400篇;开展文化科技惠民活动110场,受惠群众达7800人次。开展宣传6万余场(次),受教育群众14万余人次。争取项目资金505.16万元,确定民生项目108个,实施45个,扶贫慰问404户,为村委会和困难群众捐赠物资64.56万元,为困难群众提供服务400余人次,解决群众难题164件。

第十节 “三严三实”主题教育活动

2015年6—12月,根据中央、自治区党委和州委《关于在县处级以上领导干部中开展“三严三实”专题教育方案》的统一部署,2015年3月,阿图什市启动“三严三实”专题教育。活动开展以来,阿图什市注重理论教育与具体实践相结合,扎实开展“三严三实”专题教育。实行中心组“每周轮流主持、大家座谈体会、本周述职小结、穿插系统学习”四步学习法,提高学习研讨实效。编发“严以修身”“严以律己”“严以用权”3本专题学习手册。市委书记以《领导干部要做“三严三实”的忠实践行者》为题,带头讲党课,全市县级以上领导共讲党课49场次,累计听党课人员2400余人次。市委抽调人员组成4个调研组,由县级领导带队,深入7个乡镇2个街道和5个议事组,66个单位,以座谈交流、个别访谈、随机走访等形式,广泛听取基层群众的意见建议,共召开座谈会58场次,涉及领导干部、宗教人士、低保户、特困户、群众代表、退休人员642人。收集整理突出问题21条,征求到意见建议13条。县处级领导干部深入到分管部门、村级联系点,开展专题调研,通过调研、走访、座谈、研讨等形式,查摆问题,分析原因,找准病根,研究解决办法。共排查问题181条,其中不作为问题127条,乱作为问题32条,贪腐谋私问题7条,执法不公问题15条;批评教育78人,诫勉谈话28人,给予党纪政纪处理9人,移送司法机关1人。

第十一节 “访惠聚”活动

一、第一批(2014年2月—2014年12月)

2014年2月,按照自治区党委和州委的统一部署,自治区下派驻阿图什市工作组18个、128名干部,自治州下派驻阿图什市工作组32个、221名干部,阿图什市下派工作组34个、280名干部驻村(社区)开展工作,实现全市所有村、重点社区全覆盖。全年各级工作组共走访村(社区)居民群众28.93万人次,化解矛盾纠纷973件,解决群众关心热点难点问题865个。开展各类宣讲活动2万余场次,宣传教育群众8.17万人次,召开各类座谈会737场,开展制止非法宗教活动宣传教育活动358场,开展文化科技惠民活动153场次,发放宣传资料10万份。民生建设项目108个,协调引进民生建设项目44个,投入资金505.16万元。扶贫慰问困难群众404户2015人,慰问物资折合人民币94.56万元,为群众办实事480件。

二、第二批(2015年2月—)

2015年,阿图什市“访惠聚”活动,自治区、州、市共选派91个工作组,1个集中整治工作队,676名工作队员。阿图什市选派1名县级领导、50名科级干部、93名股级干部、193名后备干部组成40个工作组,进住40个村(社区)。全市先后4次召开专题会议,1次经验交流会,3次工作推进会,组织2次季度考核,每月召开1次督导联席会议,研究部署“访惠聚”工作。活动中,完成10个小康示范村、23个平安示范村、10个文明示范村创建工作目标,新发展党员320名,召开联席会议698次,开设党课632场次,组织“双语”学习培训1707场次,培训村干部5304人次,培养入党积极分子879人,协助村“两委”制定落实整改措施494条。推进"去极端化"宣讲活动,投入300万元,开展"一月一村一场"文艺演出活动,共演出850场次,参与人数达到20万人次;投入400万元开展"永恒的歌声"民歌赛,开展大揭批、大宣讲、大讨论活动765场次,群众性文体活动613场次,协助办理婚丧嫁娶活动112场次。保障改善民生,发挥桥梁纽带作用,投入59个惠民生项目,走访群众12.8万人次,协助开展群众技能培训1492场次,帮助就业1188人,慰问群众4282户,为群众办实事好事1490件。

第七章　纪检监察

第一节　机　构

1995年,阿图什市纪委和市政府监察局合署办公,内设办公室、信访室、纪检监察室、案件审理室、执法监督室,均为副科级单位。2002年,阿图什市机构改革,纪委监察局内设办公室、干部管理室、党风室(宣传教育室)、信访室、案件检查室、案件审理室、执法室、纠风室。2015年,核定编制32名,其中行政编制23名、参公事业编制5名、事业编制2名、工勤编制2名,实有29人。市政府纠正行业不正之风办公室与市纪委监察局纠风室合署办公。

第二节　工作机制

一、党风党纪教育

1996—2000年,市纪委加强对全市各级党组织广大党员的党性、党风、党纪教育,把遵守政治纪律教育作为对党员干部纪律教育的主要内容,把遵守纪律教育的监督作为第一位的监督,要求全体党员和国家公务人员特别是领导干部必须立场坚定,旗帜鲜明地拒腐防变、主动反腐,始终在政治上、思想上与党中央保持高度一致。1999年,制定下发《阿图什市党风廉政建设目标管理责任书》,层层签订《党风廉政建设目标管理责任书》。9月10日,召开阿图什市第一个党风廉政建设教育月活动,观看以纪检战线上涌现出的典型人物梁雨润先进事迹改编的影片《信天游》、优秀纪录片《陈云与党风廉政建设》和中纪委查处的案例等反面典型电教片。同时,组织流动电影队在各乡、村无偿播放《信天游》50场次,观看人数3.5万余人。举办以学习先模事迹、弘扬先模精神、永葆共产党人先进性为主题的黑板报比赛,开展共产党员荣辱观大讨论,通过党课和形势分析报告会等形式,提高广大党员干部拒腐防变的能力,牢固树立清正廉洁、务实为民的思想,增强反腐败信心及抵御风险的能力。全市开展廉政文化进社区、进家庭、进学校、进企业、进农村活动,营造以廉为荣以贪为耻的良好社会氛围。

2001—2005年,实行"一把手负责制",对全体干部围绕《中国共产党纪律处分条例》《廉政准则》进行考试,使廉政自律常驻心中。2002年集中开展以"学先进、正党风、做贡献"为主题的第四个党风廉政教育月活动,层层召开动员会,动员会传达面延伸到村、站(所)干部职工。2003年,召开县级领导和重点部门领导干部配偶及身边工作人员座谈会,并组织收看任长霞、张建国等先进事迹电教片和王怀忠《两面人生》警示片。2005年,进一步健全领导干部廉政档案,组织市四套班子领导、市直有关部门党政一把手和各乡书记、乡长共85人在巴楚监狱接受警示教育。

2007年,市纪委认真开展第九个党风廉政教育月活动,结合"七一"先进党组织和优秀共产党员的表彰,树立一批勤政廉政先进典型,对广大党员进行示范教育。由市纪委牵头,协调检察、建设、国资、土地、医药、政府采购等部门组织一次"坚持廉洁从业、拒绝商业贿赂"大型宣传活动。利用典型案件召开一次警示教育大会。组织开展学习贯彻落实党章和机关作风建设的督促检查活动。并按照市委加强机关作风实施意见要求,把改进党员干部作风作为促进和谐建设的切入点,倡导良好风气。

2010年,阿图什市突出重点,丰富载体,扎实开展党风廉政建设工作。为阿图什市7乡73个行政村发放《农村基层党风廉政建设知识读本》346册,增强农村党员干部法治观念和纪律意识。7个乡有45个村、8个社区建起廉政书屋,农牧民党员及群众受教育面90%以上。全年共受理农村基层信访举报件11件(次)、11人,一般干部10人,科级1人。破坏社会经济秩序类3件,违反财经纪律3件,妨碍社会秩序1件,违反廉洁自律1件,贪污贿赂3件。

2011—2015年,市纪委深化宣传教育,推进廉政文化建设。通过开展家庭助廉、廉政文艺会演、廉政文化作品展、主题演讲比赛、违纪违法案件通报回访暨警示教育会议等,广泛深入的宣传党风廉政建设,增强全社会反腐倡廉意识,营造浓厚的廉政文化氛围。3个单位被命名为州级示范点,3个单位被推荐申报自治区级示范点。开展好廉政教育月系列活动,每年制定《党风廉政教育月活动安排意见》,开展系列教育活动,达到以月促年的效果。市纪委为各单位发放《责任重于泰山》书籍24本,每年在重大节日和节点为阿图什市各单位党政一把手发送廉政短信1560余条,在阿图什市党建网上发出“廉洁从政”倡议书,为领导干部家属发放家庭助廉倡议书,组织31名县级领导干部参加庆祝中国共产党成立90周年反腐倡廉知识竞赛,组织市乡村三级党政领导积极为党员干部上一堂廉政党课。

二、党风廉政建设

1995年,市纪委按照州纪委的要求,结合本市的实际制定完善《阿图什市党风廉政建设工作责任制》。层层签订目标责任书,进一步明确各级、各部门党政一把手“第一责任人”的责任,有效地保证党风廉政建设的顺利开展,形成“党委统一领导,党政齐抓共管,纪委组织协调,部门各负其责,群众积极参与”的良好氛围。中央、国务院《关于实行党风廉政建设责任制的规定》颁布以来,市委、市政府实施“一把手”工程,要求领导干部谁下文、谁签发,谁主管、谁负责,谁分管的工作出现问题,就追究谁的责任。1997年后,每年根据领导干部分管的工作制定《阿图什市领导干部党风廉政建设和反腐败工作责任分工》。分工中规定领导干部在分管的部门和行业中出现违纪、违法的人和事以及不正之风,给国家集体、人民群众生命财产造成损失的,按照责任制的规定追究有关领导的责任,并要求追究对象写出书面材料向上级报告。至2000年,市纪委对7名领导干部进行责任追究。

2001—2005年,市纪委坚持“党委统一领导、党政齐抓共管、纪委组织协调、部门各负其责、依靠群众支持和参与”的工作格局,协助市委促进党风廉政建设和反腐败工作向纵深发展。纪委分析研究全面建设小康社会对加强党风廉政建设和反腐败工作提出的新要求、新问题,不断总结、不断创新,着重从强化组织领导和健全工作机制入手,协助市委进一步健全和完善“一把手负总责、分管领导各负其责”的廉政建设工作责任制,使全市各单位、各部门领导自觉坚持一岗双责,做到业务工作抓到哪里、党风廉政建设就管到哪里,形成一级管一级、一级抓一级、层层抓落实的良好机制。在年终考核时都坚持把党风廉政建设责任制的考核与干部年终考核、干部的选拔任用紧密结合,述职述廉同时进行,并注重责任制考核结果的运用。为切实做到对党员干部严格要求、严格教育、严格管理、严格监督,进一步加大责任追究工作力度。针对个别乡(镇)出现违反婚丧嫁娶大操大办规定的问题,分别追究乡(镇)党政一把手及分管领导的责任,对责任人在全市进行通报批评,并取消其年终考核评优资格,在全市党员干部中引起较大的反响。为扎实推进党风廉政建设和反腐败斗争,认真贯彻落实《建立健全教育、制度、监督并重的惩治和预防腐败体系实施纲要》,构建惩治和预防腐败体系,加强对权力的制约和监督,纪委高度重视对党员干部特别是领导干部的管理与监督,加强对权力的制约,把维护党的政治纪律的严肃性放在首位,在充分发挥好党内专门监督机关职责的同时,发挥群众监督、新闻监督的作用,通过各种方式的监督和检举揭发,预防和遏制腐败分子滥用权力、为所欲为,有力地防止权力腐败现象的发生。

2006年后,落实领导干部收入申报、礼品登记和重大事项报告制度,开展干部住房清理工作。对因公车私用、领导干部私驾公车的单位全市通报批评。2008年开始,每逢节假日都重申廉洁自律有关规定,节日期间对公车私用进行监督检查。为扎实推进党风廉政建设和反腐败斗争,贯彻落实《建立健全教育、制度、监督并重的惩治和预防腐败体系实施纲要》《惩治和预防腐败体系2008—2012年工作规划》等，构建惩治和预防腐败体系，加强对权力的制约和监督，预防和遏制腐败分子滥用权力、为所欲为，有力地防止权力腐败现象的发生。

2011—2015年，市纪委强化重点人群、重点岗位、重点环节的执纪监督，向主责聚焦、向主业发力，把执纪问责挺在前面、落到实处。制定全员办案实施意见，完善《纪检监察干部依纪安全文明办案责任制》和《办案保密责任制》，严格办案纪律和议事规则，市乡纪委立案数量呈倍增态势，“不敢腐”的震慑威力推动作风好转和纪律执行。市纪委在抓好自办案件的同时，实现乡（镇）纪委、纪工委和单位（部门）纪委（纪检组）排查反映干部问题线索“三个零的突破”，作为年终考核的重要指标纳入责任制，签订责任书，督促各级各部门重视纪律审查，推进执纪监督。用足用好谈话函询、约谈整改、责令纠错等执纪手段。2015年各族群众对党风廉政建设的满意度达到96%。

三、领导干部廉洁自律

1995—2000年，阿图什市制订《党风廉政责任制》《党风廉政建设基层联系制度》，定期对各乡镇（场）、市直各单位党委、党组进行党风党纪、廉洁勤政教育，并建立考核档案。落实领导干部个人生活重大事项报告、公务活动收受礼品登记、个人收入申报等廉洁自律的制度和规定，建立全市科级领导干部廉政档案。实行一把手廉政责任工程，对各级党政一把手实行严定、严管、严查、严惩。市委主要领导与各乡镇（场）、市直各部门“一把手”签订《党风廉政建设和反腐败工作责任书》，对市领导班子、党政机关和事业单位领导干部落实党风廉政建设责任制情况进行考核。

2001—2004年，围绕领导干部“廉政、勤政、优政”主题，建立完善领导干部廉洁自律各项制度。全市印发廉政公开信850份，召开各级领导干部配偶子女座谈会18次，与领导干部配偶子女签订家庭廉洁自律承诺书310份。

2007年，阿图什市落实领导干部收入申报、礼品登记和重大事项报告制度，开展干部住房清理工作。每逢节假日都重申廉洁自律有关规定，节日期间对公车私用进行监督检查。

2009—2010年，建立教育培训长效机制，制定《关于进一步加强领导干部法律法规学习的通知》，编印下发《领导干部法律法规学习手册》1100册，修订《关于开展新任职领导干部法律法规和党纪条规考试活动的实施意见》，组织各单位党政主要领导、新提拔科级干部进行法律法规知识考试。

2011年，印发《关于节日期间严格执行廉洁自律各项规定的通知》，明确提出制止奢侈浪费、公款消费、公款送礼、收受礼金（礼品）等不正之风的禁令。开展重大投资项目责任审计，推进廉政风险防范和党务公开，加强内部防控机制。建立党务公开制度6项，制定市乡村三级党务公开目录，细化公开内容，全市基层党组织党务公开实现全覆盖。政务、厂务、村务和公共企事业单位办事公开工作进一步规范。

2012年开始，落实领导干部婚丧嫁娶事宜报告制度和承诺制度，全市100余名科级干部集中报告个人事项，全市领导干部每年集中报告一次个人事项。全面推行公务卡。建立作风建设常态化督察机制，强化党内监督、群众监督和舆论监督，紧盯关键节点，采取多项措施，狠刹公款吃喝、公款送礼、公款旅游、公车私驾私用等问题。开展“正风肃纪”专项治理行动，纪检监察系统率先做到“零持有”基础上，完成全市党政机关、企事业单位会员卡专项清退工作。

2015年，制定《市委班子落实党风廉政建设主体责任及班子成员落实“一岗双责”责任清单》，强化“一把手”监督。节日期间重申廉洁自律有关规定，向全市领导干部发送廉政短信1560余条。市纪委、监察局继续坚持源头防腐，在乡镇、部门和单位全面推行党政正职“四个不直接分管”和“六重一大”事项末位表态制度，所有人事、财务、项目、采购均实行副职分管、正职监管、集体决策，党政正职“六重一大”事项决策末位表态，有效制衡“一把手”权力。

第三节　信访举报及案件查办

一、信访与举报

1995年,阿图什市设立举报站、举报电话和举报信箱。通过信访途径,获取一批党员干部违纪违法案件线索,查处一批党员领导干部违纪违法案件。重点查办以权谋私、贪污贿赂、挪用公款、违反财经纪律和严重侵害群众利益等各类案件。至2015年,共处理信访举报866件次。

1996—2015年阿图什市纪检委受理信访举报情况表

表17-10　　单位:件

年份	受理信访举报数	审查数	年份	受理信访举报数	审查数
1996	65	58	2006	85	42
1997	52	40	2007	78	36
1998	95	75	2008	56	25
1999	76	71	2009	60	25
2000	60	42	2010	124	33
2001	61	43	2011	85	36
2002	67	45	2012	82	26
2003	53	32	2013	47	32
2004	44	24	2014	148	71
2005	39	30	2015	138	80

二、案件查处

1995年后,市纪委重点查处违反政治纪律案件、经济违法违纪案件、腐化堕落道德败坏案件、以权谋私、贪污受贿、腐化堕落等案件。2001年后,为扩大案源,建立纪检监察机关与司法、审计、行政执法部门查办案件工作的协调机制,加强纪委与其他部门在反腐败斗争中的协作配合。2006—2010年,市纪委把查办案件、打击腐败分子作为惩治、震慑、遏制腐败的重要手段。严格按照"事实清楚,证据确凿,定性准确,处理恰当,手续完备"20字方针严格办案,在办案工作中坚持惩处与教育相结合,打击与保护相结合,重大案件与一般案件相结合,纪律处分与组织处理相结合。切实将查办案件放在纪检监察工作的首位。2011年,市纪检监察局坚持惩治腐败全覆盖、无禁区和零容忍的高压态势。至2015年,市纪委共查处违反政治纪律行为、违反组织纪律行为、违反廉洁纪律行为、违反群众纪律行为、违反工作纪律行为案件共182件,查处违纪党员干部251人,其中科级干部97人,一般干部90人,农民党员10人,非党员28人,受党纪处分178人,受政纪处分117人,受党纪政纪双重处分55人,免予处分7人,挽回经济损失1080万元。

1995—2015 年阿图什市纪检委案件查处情况表

表 17－11　　　　单位:人

年份	立案情况	涉案人数	科级	一般干部	农民党员	非党员	处分情况	开除党籍	留党察看	撤销党内职务	党内严重警告	党内警告	警告	记过	记大过	降级	撤职	开除
1995	3	8	3	4	—	—	4	1	—	—	1	—	1	—	—	—	1	1
1996	3	3	1	2	—	—	—	1	—	—	1	—	—	—	1	—	—	—
1997	7	9	2	6	—	—	7	2	—	1	2	—	2	—	—	—	—	—
1998	6	6	1	5	—	—	6	4	1	—	—	—	1	—	2	1	1	2
1999	3	3	1	2	—	—	3	1	1	—	1	—	—	—	1	2	—	—
2000	6	6	3	3	—	—	6	—	—	—	—	—	6	—	—	—	—	—
2001	7	8	6	2	—	—	8		1	—	2	—	5	—	—	—	1	—
2002	7	8	1	7	—	1	7	—	1	—	—	—	4	1	—	1	—	—
2003	3	3	1	2	—	—	2	2	—	—	—	—	—	—	—	1	—	1
2004	4	4	2	2	—	—	4	1	1	—	—	—	2	—	—	—	1	—
2005	1	1	1	—	—	—	1	—	1	—	—	—	—	—	—	—	—	—
2006	3	3	—	3	—	—	3	1	1	—	—	—	1	—	—	—	—	1
2007	3	6	4	2	—	—	6	1	—	—	1	—	4	—	—	—	—	1
2008	4	6	4	2	—	—	6	—	3	—	1	—	2	—	—	2	1	—
2009	6	12	4	5	3	—	12	—	1	—	9	—	1	1	—	—	—	—
2010	5	5	5	—	—	—	5	—	1	—	1	—	3	—	—	—	1	—
2011	3	4	—	4	—	—	4	—	2	—	1	1	—	—	—	2	—	—
2012	11	18	8	10	—	—	17	4	—	2	5	1	—	2	2	4	1	—
2013	8	12	6	2	—	3	12	1	1	—	2	5	—	—	—	5	—	—
2014	43	58	27	7	3	16	56	—	2	2	21	12	3	1	1	18	10	1
2015	46	68	17	20	4	8	67	4	9	2	9	14	4	12	8	3	5	10

第四节　纠风效能

一、纠风建设

1995 年后,市纪委监察局重点查处有令不行、有禁不止、顶风违纪的案件,治理损害群众利益的“热点”问题,推动纠风工作深入进行。每年召开一次纠风工作会议,对评估验收的优秀单位进行表彰奖励。

1996—2000 年,集中力量,对群众反映强烈严重的影响改革开放和经济建设发展的不正之风,进行专项治理。狠刹公路乱设卡、乱收费、乱罚款和吃、拿、卡、要,中小学乱收费,向农民乱摊派等不正之风。加强乡(镇)、村的财务管理。全市乡(镇)财务年审面 100%,村级财务年审面 85%。与纠风重点单位层层签订目标责任书,开展减轻农牧民负担工作,加大宣传和督查力度,清理整顿不合理负担,落实农牧民合理负担定项限额,一定三年不变的政策规定,农牧民减负工作取得阶段性成果。政务公开、财务公开和“收支两条线”规定逐步规范,严肃查处设立“小金库”违反财经纪律的现象。开展公路“三乱”治理,巡视检查10余次,行程2万余千米,纠正在省道私自设卡堵截车辆问题,有力保障公路的畅通。加大中小学乱收费治理,规范收费制度,对不符合规定的收费给予纠正和限期整改。狠刹医药购销中的不正之风,对乡卫生院和辖区个体诊所开展专项检查,严查非法经营药品和不合格药品,遏制医药购销中“吃回扣”“收红包”等不正之风,进一步净化药品管理市场。企业减负工作取得阶段性成果。通过聘请行风评议员、发放评议表等方式对纠风重点单位开展行风评议工作,不正之风得到遏制,行业部门服务态度和服务质量有所提升。

2001—2002年,市纪委监察局建立完善纠风工作制度、廉政建设制度和监督机制。加大农牧民减负工作,促进农村税费改革,通过建立健全村级“一事一议制”“涉农收费公示制”等一系列规章制度,减轻农牧民负担。严格治理中小学乱收费工作,全面实行“一费制”,推行收费通知单制度、公示制度。加强整顿规范市场经济秩序,推行市场巡查制度和市场预警制度,将金融、保险、供电、供水、电信、矿业等企业纳入工商系统监管范围,拓宽整顿和规范市场经济秩序工作领域。进一步完善土地市场管理制度,确保土地市场健康持续发展。开展改善投资软环境的行政效能执法监察工作,出台《关于规范行政审批的若干意见》,向政府职能部门颁布“八不准”,对行政收费、行政执法、行政处罚进行明确的规定,营造“亲商、惠商、富商”的良好氛围。

2004年,阿图什市行政效能中心成立,按照“谁主管谁负责,人权与事权一致”的原则,坚持治理和纠正行业不正之风,着力解决人民群众反映强烈的问题。2004年9月,开办《行风热线》广播节目。至2006年底,市直52个部门(单位)行政“一把手”走进电台直播间,现场解决群众问题35个问题,答复率100%。2005年,严格按照国务院、自治区、州的税收改革方案执行,农牧业税收全部取消,农牧民不承担任何税费。2006年,开展争创“行风示范窗口”活动,有4个单位通过自治区考核验收。

2007—2011年,纠风工作坚持标本兼治、纠建并举、关注民生,切实纠正损害群众利益的不正之风。积极开展涉农专项治理,查处乱收费、乱罚款、乱摊派等行为,不断规范“四项资金”监管工作,减少安全隐患,坚决纠正资金拨付、分配、管理、使用中的违规违纪行为,规范资金管理和运行。深入开展个体医疗机构和药店存在的非法行医、聘用非专业卫生技术人员、坐堂行医现象专项治理。加强新型农牧区合作医疗基金监管,对新农合“三个目录”执行情况的监督检查,严格控制参合农牧民自费药品、自费检查项目的使用和自付药费用占医药总费用的比例。中小学教育乱收费治理工作不断深入,对贯彻落实“两免一补”情况进行“拉网式”检查,加大对中小学义务教育阶段改制清理规范工作。认真开展清理规范评比达标表彰活动。

2011年,出台《阿图什市效能建设实施意见》和效能建设考评实施办法及实施细则,建立“八项制度”“十二条禁令”,聘请18名“效能监督员”。分8批次对市直39个职能部门进行效能评议,共发放效能评议表4680份,提出存在的问题221条、意见建议167条。在市党建网、市政府网开设效能建设网上专栏。深化工程建设领域突出问题专项治理。开展“在编不在岗”专项清理,共清理出“在编不在岗”人员146人,深化“小金库”专项治理。深入开展清理和规范庆典、研讨会、论坛活动工作以及公务用车专项治理工作。

2012—2014年,深入治理教育乱收费,落实“两免一补”政策及义务教育经费保障机制,全面推行教育收费申报制度和教育收费公示制度,查处并纠正学校违规收费2起,涉及金额6344元,纠正医药购销和医疗服务中的不正之风,加强医疗机构药品集中采购监管,整顿和规范药品市场秩序,推行医疗服务价格公示制,加强社保资金、扶贫资金、救灾资金、低保资金等的监管,继续治理公路“三乱”,开展3次明察暗访,行程2000千米,发放测评表3000份,收集建议和意见5条,执法满意率在90%以上。认真办好《阿广行风热线》节目,组织1名阿图什市政府领导和18个职能部门行政一把手参加节目,解决群众咨询和问题37个。组织5个单位举办1场政风行风现场会,现场解决群众关心关注的热点难点问题6个,进一步密切党群干群关系。

2015年,推进政风行风建设。“阿广行风热线”节目共播出79期,其中市直单位领导做客直播间68期,乡镇街道主要领导接待日户外现场直播节目9期，市政府主要领导参播直播节目2期，现场解答群众提问、咨询115起。2015年5月21日，克州纠风办组织召开政风行风热线工作推进会，观摩《阿广行风热线》热线节目。开展创建政风行风建设示范窗口活动，推荐阿图什市公安局出入境管理科、国网阿图什市供电公司哈拉峻供电所2个单位窗口为自治区政风行风示范窗口。

二、绩效考评

2013年，阿图什市成立绩效考评工作领导小组，下设办公室，办公室设在市纪委监察局，由纠风室负责日常工作。阿图什市绩效考评工作围绕市委、市政府确定的目标任务，制定《阿图什市2013年绩效考评工作实施办法》《阿图什市2013年度绩效考评工作方案》《阿图什市2013年度乡镇（街道）绩效考评指标及评分细则》，全面地反映各单位（部门）的工作实际绩效状况，使绩效考评工作机制成为落实科学发展观、正确政绩观和推动工作发展的有效机制。做好公众满意度测评工作。对60个单位进行绩效评议，发放评议表7200份，收集意见建议45条，被评议单位逐项进行整改。对阿图什市“在编不在岗”人员进行全面清理，共清理出59人，全年开展各类督察活动9次，通报批评13个单位和6名干部，扣除7个单位的年终绩效考评相应分数。对教育、卫生、安居富民（定居兴牧）、廉租房、公共租赁房、水利等58个重点民生项目进行督察，对存在问题的10个工程项目已及时责令相关单位进行整改，确保项目保质、按期完工。效能信箱受理各类举报、投诉、咨询投诉48件，已办结48件，办结率100%。2013年，市绩效考评工作领导小组办公室对全市73个单位（部门）按照优秀比例30%、良好比例60%、合格比例10%、不合格四个等次进行综合评定。共评出优秀单位22个，良好单位35个，合格单位11个，不合格单位5个。阿图什市被自治州绩效考评领导小组综合评定为良好。

2014年，阿图什市全面推行季度考评，实行“末位淘汰”机制，强力推进绩效考评工作和机关效能建设，切实促进干部作风的大转变、工作效率的大提升、执行力的大提高。全年共受理上级转办、来电来访、效能信箱投诉咨询55起，办结55起，办结率100%。市绩效考评工作领导小组办公室对六乡一镇、两个街道及市直65个单位（部门）按照优秀、良好、合格、不合格4个等次进行综合评定。共评出优秀单位19个，良好单位28个，合格单位22个，不合格单位5个。阿图什市被自治州绩效考评领导小组综合评定为良好。

2015年，阿图什市探索推进绩效考评工作的方式方法，明确提出绩效考评工作要突出年度重点工作内容，加大重点工作考核比重，使绩效考评更加有针对性，考评结果更加公平、公正。下发《2015年度阿图什市绩效考评工作实施方案》《关于进一步优化完善〈阿图什市2015年度绩效考评工作方案〉的通知》，不断完善绩效考评工作细节，促进考评工作深入细致地开展，继续推行季度考评和“末位淘汰”工作机制。出台《阿图什市征集群众意见制度实施方案》，进一步畅通群众诉求渠道，建立和完善维护群众利益工作机制。全年共受理上级转办、来电来访、效能信箱投诉咨询68起，答复68起，答复率100%。加强公车管理，对阿图什市168辆公务用车张贴公车统一标识。市绩效考评工作领导小组办公室对六乡一镇、2个街道及市直65个单位（部门）按照优秀、良好、合格、不合格4个等次进行综合评定。共评出优秀单位21个，良好单位31个，合格单位18个，不合格单位4个。阿图什市被自治州绩效考评领导小组综合评定为优秀。

第五节　执法监察

1995年，市纪委监察局围绕反腐纠风重点开展执法监察，开展减轻农牧民负担专项治理，对减轻农牧民负担各项政策落实情况进行监督检查。全面清理领导干部占用的草场耕地。加强公用车辆的使用与管理。实行小车外出派车单制度，凡没有派车单私自外出的，对驾驶员进行相应的处罚。同时，对领导干部的工作车费用根据其工作性质、工作量、工作范围进行核定，超支不补。由于措施有效，小车费用明显降低。

2000—2005年，市纪委监察局组织有关部门对减轻农牧民负担、企业减负、建设工程进行监察。重点落实以村为单位农牧民负担一定三年不变的政策，解决农民卖粮难问题。组织市直部门，对全市30个招标项目共计4500余万元的招投标活动进行全程监督；配合消防、安监等部门对全市重点单位和36家企业进行5

次督察,查处事故隐患35处,督察责任单位限期整改。

2006年,市纪委监察局对开展以清理政府规范性文件和行政许可事项为主要内容的“清理”工作、推行财政国库集中收付管理制度改革,建设工程招投标活动、领导干部选拔任用、治理商业贿赂专项工作和行风建设示范窗口进行监察,梳理确定各行政执法主体的具体行政执法职权,严格执行“收支两条线”规定,加大对私设“小金库”的清理和监督力度。全面实施“阳光工程”,对所有建设项目推行公开建设信息,公开招投标程序和评标结果等“六公开”制度,对符合招投标条件的建设工程,在有形建筑市场进行招投标。开展“坚持廉洁从政从业,抵制商业贿赂”活动,对所有涉及财务、行政许可、招投标、企业改制、土地出让、工程建设、经销等行为的单位进行监督检查。

2008年,市纪委监察局督促相关单位进行行政审批制度改革,对建筑市场秩序进行整顿和规范,全面开展抗震安居工程、解困房的发放、食品卫生安全的监督检查力度,认真做好规范清理单位集资住房工作,加大对经营性土地招标、拍卖、挂牌出让制度等工作的督查力度,逐步完善政府招投标、采购制度,加大行政监督检查力度,对阿图什市报考的76名演员、212名护林员、1335名“双语”教师和100名幼儿园教师及40名医护人员的录用情况进行全程监督。

2011年,阿图什市纪委监察局在深入开展工程建设领域突出问题专项治理和加快转变经济发展方式监督检查工作的同时,加大对重点项目招投标工作的监督检查、政府集中采购、保障性住房和工程建设领域项目信息公开和诚信体系建设实施情况的上报工作。共对阿图什市34个重点项目(2.93亿元)的招投标全过程进行监督;对阿图什市政府采购28次预算额2277万元的采购项目节省132万元;对赴全国其他省、市、自治区培训笔试的597人进行监督,对705人资格进行审查,对539人体检情况进行监督;对阿图什市2009年270套解困房、306套廉租房的分配过程进行监督。

2012年,主要对工程建设领域突出问题、项目信息公开和诚信体系建设问题、公共资源交易统计和监管、工程建设领域借用和挂靠资质以及市场中介组织等方面进行执法监察。联合发改等部门对阿图什市100个重点建设项目进展情况进行全面督查,对41个交易额3.81亿元的重点工程建设项目实施招投标的全过程进行监督,督促各相关单位按时公开项目建设信息,认真汇总阿图什市公共资源交易情况,严厉查处工程建设领域借用资质进行投标的行为,并对阿图什市中介组织有关情况进行摸底。

2013年,开展土地专项政治工作,制定阿图什市公共资源交易监督管理办法,推进项目信息公开和诚信体系建设工作,开启草原生态保护补助奖励工作,进一步加强对中央和自治区重大政策项目的排查评估,对招聘城市管理执法人员的监督、农村中小学教师的资格审查、征兵工作以及对在编不在岗的清理和其他监督及案件查办工作。

2014年,进一步完善公共资源交易市场情况统计和监管制度,组织发改、住建等部门对阿图什市2014年重点项目进行督查。实行“一员三公示”制度,聘请40名项目监督员对援疆重点建设项目进行监督,对重大安全事故进行调查,对执法效能案件每月定期准时进行上报。

2015年,完成对涉及资金2.3亿元的18个援建项目的督察。

第十八编 阿图什市人民代表大会

1995年以来，阿图什市人大常委会共召开4届人民代表大会，分别选举产生各届人大常委会组成人员、人民政府组成人员、法院和检察院组成人员。市人大常委会以代表工作和常委会制度建设为重点，认真履行宪法和法律赋予的职责。加强一府两院监督，依法审查批准市国民经济和社会发展计划、财政预算和决算等，组织委员和人大代表调查视察评议国家机关工作人员，开展法治宣传教育和执法检查，督办人大议案、建议批评和意见。加强和改进人民代表工作，加强民主法治建设和人民代表制度的宣传，促进决策的民主化和科学化。对乡(镇)人大工作进行指导，提高人大代表履职水平。团结和带领各族群众维护阿图什市社会大局稳定，加强民族团结，为推动实现全面建成小康社会做出贡献，阿图什市的政权建设逐步走上法治化、民主化的轨道。

第一章　人大代表　人民代表大会会议

第一节　市、乡人大代表选举

1995年起,阿图什市、乡两级人大代表的产生均采取直接差额选举办法。按照选民居住地点、工作单位划分为若干选区,按选区提出代表候选人。代表名额由选举委员会按照城乡人口比例分配。代表候选人由各团体联合或单独推荐,选民10人以上联名也可以推荐候选人,人数多于应选代表人数三分之一至一倍。选举采用无记名、选民过半数投票且候选人获得参加投票选民过半数支持始得当选。

市人大常委会设选举委员会及办公室,具体负责人大代表换届选举工作。选举委员会委员由市委组织部、宣传部、公检法司、人民团体和地方组织组成。

一、阿图什市第四届人大代表和乡镇人大代表

(一)阿图什市第四届人民代表大会选举

阿图什市第四届人民代表大会换届选举工作从1993年1月18日开始,3月25日结束。选出第四届人民代表大会代表165人,其中维吾尔族102人,占61.82%;柯尔克孜族31人,占18.79%;汉族31人,占18.79%;回族1人,占0.6%。界别结构为农牧民、市居民63人,占38.18%;工人、农工15人,占9.09%;知识分子33人,占20%;宗教人士5人,占3%;干部43人,占26.06%;解放军(武警)3人,占1.81%;个体私营者3人,占1.81%。女性代表40人,占24.24%。非党代表58人,占35.15%。

(二)乡镇人大代表选举

1993年4—8月,全市乡进行选举工作,依法换届的7个乡全部进行选举。全市共选举产生代表390人。

二、阿图什市第五届人大代表和乡镇人大代表

(一)阿图什市第五届人民代表大会选举

阿图什市第五届人民代表大会换届选举工作从1997年4月12日开始,8月19日结束。选出第五届人民代表大会代表165人,其中维吾尔族102人,占61.82%;柯尔克孜族31人,占18.79%;汉族31人,占18.79%;回族1人,占0.60%。界别结构为农牧民、市居民63人,占38.18%;工人、农工15人,占9.09%;知识分子33人,占20%;宗教人士5人,占3.0%;干部43人,占26.06%;解放军(武警)3人,占1.81%;个体私营者3人,占1.81%。女性代表40人,占24.24%。非党代表58人,占35.15%。

(二)乡镇人大代表选举

1997年4—8月,全市乡进行选举工作。7个乡人民代表大会换届选举在第五届市人大常委会的指导下圆满结束。共选举产生人大代表390人。通过选举人大代表的结构优化,整体素质有所提高,代表的先进性、广泛性得到体现。

三、阿图什市第六届人大代表和乡镇人大代表

(一)阿图什市第六届人民代表大会选举

阿图什市第六届人民代表大会换届选举工作从2002年5月21日开始,9月28日结束。选出第六届人民代表大会代表165人,其中维吾尔族102人,占61.82%;柯尔克孜族31人,占18.79%;汉族31人,占18.79%;回族1人,占0.60%。界别结构为工人、农牧民和其他劳动人民82人,占49.7%;知识分子29人,占17.58%。女性代表40人,占24.24%。非党代表54人,占33%。

（二）乡镇人大代表选举

2002 年 5—9 月，全市乡进行选举工作，依法换届的 7 个乡全部进行选举。全市共选举产生代表 390 人。

四、阿图什市第七届人大代表和乡镇人大代表

（一）阿图什市第七届人民代表大会选举

阿图什市第七届人民代表大会换届选举工作从 2007 年 4 月 18 日开始，8 月 25 日结束。经过全市 103 个选区 110369 名选民以无记名投票和差额选举的方式，选出阿图什市第七届人民代表大会代表 164 名，1 名代表暂缺，其中维吾尔族代表 102 名，占 61.81%；汉族代表 31 名，占 18.79%；柯尔克孜族代表 31 名，占 18.79%；回族代表 1 名，占 0.16%。界别构成为：工人代表 9 名，占代表总数的 5.45%；农牧民代表 61 名，占代表总数的 36.97%；干部代表 38 名，占代表总数的 23.03%；知识分子代表 42 名，占代表总数的 25.45%；宗教人士代表 6 名，占代表总数的 3.64%；华侨代表 1 名，占代表总数的 0.61%；人民解放军、武警部队代表 3 名，占代表总数的 1.81%；企业个体户代表 4 名，占代表总数的 2.42%；非共产党员 58 名，占代表总数的 35.15%；妇女 40 名，占代表总数的 24.24%。

（二）乡镇人大代表选举

根据宪法修正案关于乡级人大任期由 3 年改为 5 年的规定，按照全国人大常委会关于县乡换届选举时间的决定和市委工作部署，本次换届选举 2007 年 4 月 18 日开始，8 月 25 日结束。全市乡进行选举工作，7 个乡共选举产生代表 393 人。

五、阿图什市第八届人大代表和乡镇人大代表

（一）阿图什市第八届人民代表大会选举

阿图什市第八届人民代表大会换届选举工作从 2011 年 4 月 25 日开始，9 月 15 日结束。选举市人大代表 165 名。其中维吾尔族代表 101 名，占 61.59%；汉族代表 32 名，占 18.90%；柯尔克孜族代表 31 名，占 18.90%；回族代表 1 名，占 0.61%。性别构成为：男性 122 名，占代表总数的 74.39%；女性 42 名，占代表总数的 25.61%。政治面貌构成为：共产党员代表 105 名，占代表总数的 64.02%；非共产党员代表 59 名，占代表总数的 35.98%。界别构成为：工人代表 5 名，占代表总数的 3.05%；农牧民代表 73 名，占代表总数的 44.51%；干部代表 40 名，占代表总数的 24.39%；专业技术人员代表 35 名，占代表总数的 21.34%；宗教人士代表 6 名，占代表总数的 3.66%；华侨代表 1 名，占代表总数的 0.61%；人民解放军、武警部队代表 3 名，占代表总数的 1.83%；企业个体户代表 4 名，占代表总数的 2.44%。文化构成为：大学本科以上文化程度的代表 49 名，占代表总数的 29.88%；大专文化程度的代表 54 名，占代表总数的 32.93%；中专文化程度的代表 14 名，占代表总数的 8.54%；高中文化程度的代表 26 名，占代表总数的 15.85%；初中文化程度的代表的 15 名，占代表总数的 9.15%；小学文化程度的代表 6 名，占代表总数的 3.65%。年龄构成为：35 岁以下代表 32 名，占代表总数的 19.51%；36～55 岁的代表 121 名，占代表总数的 73.78%；56 岁以上的代表 11 名，占代表总数的 6.71%。连任情况：连任的市级人大代表 54 名，占代表总数的 32.93%。

（二）乡镇人大代表选举

2011 年 4—9 月，全市乡镇进行选举工作，依法换届的 7 个乡（镇）全部进行选举。全市共选举产生代表 393 人。

第二节 人民代表大会会议

一、自治区人民代表大会代表选举

2012 年，经市人大常委会党组报请市委同意，提请自治州十三届人大二次会议选举海来提·居来提、吐尔地·卡马力 2 人为阿图什市出席自治区第十二届人大代表。

二、克孜勒苏柯尔克孜自治州人民代表大会代表选举

阿图什市第四届人民代表大会第一次会议选举81人(部队代表3人)为第九届克孜勒苏柯尔克孜自治州人民代表大会代表。

阿图什市第五届人民代表大会第一次会议选举92人为第十届克孜勒苏柯尔克孜自治州人民代表大会代表。

阿图什市第六届人民代表大会第一次会议选举92人(武警部队4人)为第十一届克孜勒苏柯尔克孜自治州人民代表大会代表。

阿图什市第七届人民代表大会第一次会议选举88人为第十二届克孜勒苏柯尔克孜自治州人民代表大会代表。

阿图什市第八届人民代表大会第一次会议选举88人为第十三届克孜勒苏柯尔克孜自治州人民代表大会代表。

第三节 自治区、自治州人大代表选举

1995—2015年,阿图什市人民代表大会每次会议按《中华人民共和国地方各级人民代表大会和地方各级人民政府组织法》规定,听取并审议市政府工作报告、市国民经济和社会发展计划报告、市财政预算报告、市人大常委会工作报告、市人民法院和市人民检察院工作报告,并作出相应决议。市政协会议的全体委员列席人大会议并听取讨论"一府两院"工作报告。

一、阿图什市第四届人民代表大会会议(1993年3月至1998年2月)

1993年3月1—6日,阿图什市第四届人民代表大会第一次会议召开。应出席会议代表165人,实到代表165人,列席54人。会议选举产生阿图什市第四届人大常委会主任、副主任、委员。阿图什市第四届人大常委会由17人组成。选举市长1名,副市长4名,科技副市长1名;选举产生市人民法院院长,市人民检察院检察长。

1994年3月2—6日,阿图什市第四届人民代表大会第二次会议召开。应出席会议代表165人,实到代表164人,列席54人。

1995年3月12—16日,阿图什市第四届人民代表大会第三次会议召开。应出席会议代表165人,实到代165人,列席54人。

1996年3月25—29日,阿图什市第四届人民代表大会第四次会议召开。应出席会议代表165人,实到代表163人,列席54人。

1997年3月6—10日,阿图什市第四届人民代表大会第五次会议召开。应出席会议代表165人,实到代表164人,列席54人。

二、阿图什市第五届人民代表大会会议(1998年2月至2002年12月)

1998年2月2—5日,阿图什市第五届人民代表大会第一次会议在阿图什市召开。应出席会议代表165名,实到代表160名,列席代表87名。会议选举产生阿图什市第五届人大常委会主任、副主任、委员。阿图什市第五届人大常委会由17人组成。选举市长1名,副市长5名;选举产生市人民法院院长,市人民检察院检察长。

1999年2月7—10日,阿图什市第五届人民代表大会第二次会议召开。应出席会议代表165人,实到代表162人,列席78人。

2000年2月2—6日,阿图什市第五届人民代表大会第三次会议召开。应出席会议代表165人,实到代表161人,列席78人。

2001年2月12—14日,阿图什市第五届人民代表大会第四次会议于召开。应出席会议代表165人,实到代表162人,列席78人。

2002 年 2 月 8—10 日,阿图什市第五届人民代表大会第五次会议召开。应出席会议代表 165 人,实到代表 161 人,列席 78 人。

三、阿图什市第六届人民代表大会会议(2002 年 12 月至 2007 年 10 月)

2002 年 12 月 26—30 日,阿图什市第六届人民代表大会第一次会议在州文化中心举行。应出席会议代表 165 名,实到代表 158 名,列席代表 76 名。会议选举产生阿图什市第六届人大常委会主任、副主任、委员。阿图什市第六届人大常委会由 17 人组成。选举市长 1 名,副市长 5 名;选举产生市人民法院院长,市人民检察院检察长。

2004 年 1 月 4—7 日,阿图什市第六届人民代表大会第二次会议召开。应出席会议代表 165 人,实到代表 160 人,列席 76 人。

2005 年 1 月 2—6 日,阿图什市第六届人民代表大会第三次会议召开。应出席会议代表 165 人,实到代表 159 人,列席 76 人。

2006 年 1 月 6—8 日,阿图什市第六届人民代表大会第四次会议召开。应出席会议代表 165 人,实到代表 161 人,列席 76 人。

2007 年 1 月 4—6 日,阿图什市第六届人民代表大会第五次会议召开。应出席会议代表 165 人,实到代表 163 人

四、阿图什市第七届人民代表大会会议(2007 年 10 月至 2011 年 7 月)

2007 年 10 月 16—20 日,阿图什市第七届人民代表大会第一次会议召开。应出席会议代表 165 人,实到代表 164 人,列席 70 人。大会选举产生阿图什市第七届人大常委会委员、主任、副主任,市长、副市长,人民法院院长,人民检察院检察长。

2009 年 1 月 4—7 日,阿图什市第七届人民代表大会第二次会议召开。应出席会议代表 165 人,实到代表 164 人,列席 70 人。

2010 年 1 月 4—6 日,阿图什市第七届人民代表大会第三次会议召开。应出席会议代表 165 人,实到代表 163 人,列席 70 人。

2011 年 1 月 12—14 日,阿图什市第七届人民代表大会第四次会议召开。应出席会议代表 165 人,实到代表 164 人,列席 70 人。

2012 年 1 月 6—8 日,阿图什市第七届人民代表大会第五次会议召开。应出席会议代表 165 人,实到代表 162 人,列席 70 人。

五、阿图什市第八届人民代表大会会议(2011 年 8 月至 2015 年 12 月)

2011 年 8 月 9—12 日,阿图什市第八届人民代表大会第一次会议召开。应出席会议代表 165 人,实到代表 154 人,列席 70 人。大会选举产生阿图什市第八届人大常委会委员、主任、副主任,市长、副市长,人民法院院长,人民检察院检察长。

2012 年 1 月 16—18 日,阿图什市第八届人民代表大会第二次会议召开。应出席会议代表 165 人,实到代表 161 人,列席 70 人。

2013 年 1 月 21—23 日,阿图什市第八届人民代表大会第三次会议召开。应出席会议代表 165 人,实到代表 160 人,列席 70 人。

2014 年 1 月 15—17 日,阿图什市第八届人民代表大会第四次会议召开。应出席会议代表 165 人,实到代表 162 人,列席 70 人。

2015 年 1 月 5—7 日,阿图什市第八届人民代表大会第五次会议召开。应出席会议代表 165 人,实到代表 163 人,列席 70 人。

第二章 组织机构

第一节 领导机构

1993年3月,阿图什市第四届人民代表大会召开,至2011年8月第八届人民代表大会召开,共产生五届人大常委会。每届人大常委会设主任1名,副主任4名,常务委员会成员10名左右。

一、第四届人大常委会

1993年3月1—6日,阿图什市第四届人民代表大会第一次会议选举产生阿图什市第四届人大常委会组成人员。阿图什市第四届人大常委会由13人组成,设主任1名、副主任4名,主任、副主任为专职,其他成员兼职。13名委员中,汉族4名,柯尔克孜族2名,维吾尔族7名。

人大常委会设立党组,党组成员由主任、副主任、专职委员、办公室主任6人组成。

人大常委会机关设立机关党支部1个。

二、第五届人大常委会

1998年2月2—6日,阿图什市第五届人民代表大会第一次会议选举产生阿图什市第五届人大常委会组成人员。阿图什市第五届人大常委会由11人组成,设主任1名、副主任5名,主任、副主任为专职,其他成员兼职。11名组成人员中,汉族3名,柯尔克孜族2名,维吾尔族6名。

人大常委会设立党组,配备专职党组书记,党组成员由主任、副主任、专职委员、办公室主任6人组成。

人大常委会机关设立机关党支部1个。

三、第六届人大常委会

2002年12月26—30日,阿图什市第六届人民代表大会第一次会议选举产生阿图什市第六届人大常委会组成人员。阿图什市第六届人大常委会由14人组成,设主任1名、副主任4名,主任、副主任为专职,其他成员兼职。14名组成人员中,汉族4名,柯尔克孜族2名,维吾尔族8名。

人大常委会设立党组,配备专职党组书记,党组副书记,成员由主任、副主任、专职委员、办公室主任6人组成。

人大常委会机关设立机关党支部1个。

四、第七届人大常委会

2007年10月16—20日,阿图什市第七届人民代表大会第一次会议选举产生阿图什市第七届人大常委会组成人员。阿图什市第七届人大常委会由27人组成,设主任1名、副主任4名,主任、副主任为专职,其他成员兼职。27名组成人员中,汉族8名,柯尔克孜族3名,维吾尔族16名。

人大常委会设立党组,配备专职党组书记,党组副书记,成员由主任、副主任、办公室主任7人组成。

人大常委会机关设立机关党支部1个。

五、第八届人大常委会

2011年8月9—12日,阿图什市第八届人民代表大会第一次会议选举产生阿图什市第八届人大常委会组成人员。阿图什市第八届人大常委会由27人组成,设主任1名、副主任4名,主任、副主任为专职,其他成员兼职。27名组成人员中,汉族12名,柯尔克孜族3名,维吾尔族15名。

人大常委会设立党组，党组成员由主任、副主任、专职委员、办公室主任6人组成。

人大常委会机关设立机关党支部1个。

1993—2015年阿图什市第四届至第八届人大常委会领导一览表

表18－1

届别	姓名	性别	族别	职务	任职时间
第四届	阿不力孜·玉买尔	男	维吾尔	党组书记	1996.10—1998.1
	艾力·司马义	男	维吾尔	主任	1993.3—1998.1
	刘英杰	男	汉	副主任	1993.3—1993.12
	郑乐兵	男	汉	副主任	1993.3—1998.1
	阿不都热合曼·阿吉	男	维吾尔	副主任	1993.3—1998.1
	吐地·依明	男	柯尔克孜	副主任	1993.3—1998.1
	依明古丽·牙生	女	维吾尔	副主任	1993.3—1998.1
第五届	阿不力孜·玉买尔	男	维吾尔	党组书记	1998.1—2002.11
	阿不都热合曼·阿吉	男	维吾尔	主任	1998.1—2002.12
	郑乐兵	男	汉族	副主任	1998.2—2001.7
	阿不力孜·玉麦尔	男	维吾尔	副主任	1998.2—2002.12
	黑力力·乎吉西	男	维吾尔	副主任	1998.2—2002.12
	努尔·阿孜	男	维吾尔	副主任	1998.2—2002.12
	李德元	男	汉	副主任	1998.2—2002.12
第六届	李德元	男	汉	党组书记	2002.12—2007.10
	阿不都热合曼·阿吉	男	维吾尔	主任	2002.12—2006.1
	托合提·艾则孜	男	维吾尔	主任	2006.1—2007.10
	唐志荣	男	汉	党组书记	2007.12—2010.8
	孙德田	男	汉	副主任	2002.12—2007.10
	周春艳	女	汉	副主任	2002.12—2007.10
	迪力夏提·艾比不拉	男	维吾尔	副主任	2002.12—2007.10
	米塔力·居马	男	柯尔克孜	副主任	2002.12—2007.10
第七届	唐志荣	男	汉	党组书记	2007.12—2010.8
	托合提·艾则孜	男	维吾尔	主任	2007.10—2011.8
	周春艳	女	汉	副主任	2007.10—2011.8
	米塔力·居马	男	柯尔克孜	副主任	2007.10—2011.8
	迪力夏提·艾比不拉	男	维吾尔	副主任	2007.10—2011.8
	吴新哲	男	汉族	副主任	2007.10—2011.8

续上表

届别	姓名	性别	族别	职务	任职时间
第八届	托合提·艾则孜	男	维吾尔	主任	2011.8—2015.12
	吴新哲	男	汉	副主任	2011.8—2015.12
	艾山阿力·买买提苏力堂	男	柯尔克孜	副主任	2011.08—2015.12
	徐桂花	女	汉	副主任	2011.8—2015.7
	哈斯木·艾沙	男	维吾尔	副主任	2011.8—2015.7

第二节　工作机构

一、人大常委会办公室

市人大常委会办公室是市人大常委会日常办事机构，主要负责人民代表大会、常委委员会议和主要会议及其他重要会议的文秘和会务工作；常委会党组和主任会议决定事项的组织实施和监督检查工作以及机关日常事务的管理协调和服务。

1995 年，市人大常委会办公室为正科级建制，核定行政编制 10 名，实有 10 人。2015 年，市人大常委会办公室及各工委共核定编制 20 名，实有 20 人。

二、市人大常委会专门委员会

1995 年，市人大常委会设立财政经济工作委员会、教育科学文化卫生工作委员会、民族宗教侨务工作委员会和法制工作委员会，均为正科级常设机构。核定编制 5 名，实有 6 人。

1998 年 3 月，增设代表人事工委。12 月，增设立民侨工作委员会和农牧工作委员会。

2002 年 9 月，撤销民族宗教侨务，核定编制 20 名，其中行政编制 18 名，工勤编制 2 名。

2003 年 7 月，市人大常委会内设办公室、代表人事工委、财经工委、法制工委、教科文卫工委，有干部 26 人。2005 年 3 月，市人大常委会信访领导小组成立，下设信访办公室，主任由人大常委会办公室副主任兼任，并配备信访工作人员 1 人。

2010 年，市人大常委会内设办公室、代表人事工委、财经工委、法制工委、教科文卫工委，均为正科级常设机构。共有编制 22 名，实有 24 人。

2015 年，市人大常委会内设办公室、代表人事工委、财经工委、法制工委、教科文卫工委，均为正科级常设机构。共有编制 20 名，实有 20 人。

第三节　乡镇人大主席团

1995 年，乡镇人民代表大会设主席团，通过选举选出专职主席或副主席 1 人，也有由乡镇党委书记兼任主席团主席，主要负责检查、督促宪法、法律、法规及本级人民代表大会和上级人民代表大会的决议、决定在本行政区域内的遵守和执行。乡(镇)人民代表大会每年至少举行一次会议，会议听取和审议本级政府工作报告、乡(镇)人大主席团工作报告，决定经济、文化事业和公共事业的建设计划，选举人民代表大会主席、副主席和乡长、副乡长，镇长、副镇长，并提出方案及建议意见。

1995—2002 年，乡换届选举，每届任期三年，共换届选举 2 届。自 2002 年后，乡(镇)换届选举改为五年一届。1995 年 3 月—2015 年 12 月，共换届选举 4 届。

2015 年，乡(镇)换届选举，共选出乡(镇)人大主席团主席 7 名，选出乡(镇)长 7 名、副乡(镇)长 35 名。

第三章 人大重要会议

第一节 党组、主任会议

一、党组会议

党组会议主要是讨论市委、市政府提名的人事任免，贯彻执行上级和市委的有关决定和市委安排的各时期的中心工作。党组成员参加会议，会期不固定。1995—2015 年，共召开党组会议 116 次。

二、主任会议

主任会议是处理常务委员会重要日常工作的机构。主要职责是决定常委会每次会议的会期，拟定常委会会议议程草案；指导和协调各专门委员会的日常工作；研究下一次人大常委会议题，向人民代表大会及其常务委员会提出议案，对议案是否交付常委会全体会议审议作出决定；讨论决定本单位有关事项。参加会议有主任、副主任、办公室主任，有时也邀请各工作委员会负责人参加。1995—2015 年，共召开主任会议 141 次。

第二节 常委会会议

主要是决定重大事项；听取市人民政府和法检两院对国家及自治区的法律法规执行情况的汇报。由主任主持召开，副主任、常委出席，还邀请政府和法检两院、政府办公室负责人参加。1995—2015 年，阿图什市召开人大常委会会议 208 次。

一、市四届人大常委会会议

市第四届人大常委会召开会议 34 次，听取和审议工作报告 58 个，其中有关政府工作的 41 个、有关人大常委会的 7 个、有关法院的 5 个、有关检察院的 5 个，作出重要决定、决议 9 项。

二、市五届人大常委会会议

市第五届人大常委会召开会议 30 次，听取和审议工作报告 67 个，其中有关政府工作的 50 个、有关人大常委会的 7 个、有关法院的 6 个、有关检察院的 5 个，作出重要决定、决议 11 项。

三、市六届人大常委会会议

市第六届人大常委会召开会议 45 次，听取和审议工作报告 74 个，其中有关政府工作的 55 个、有关人大常委会的 7 个、有关法院的 6 个、有关检察院的 6 个，作出重要决定、决议 17 项。

四、市七届人大常委会会议

市第七届人大常委会召开会议 38 次，听取和审议工作报告 71 个，其中有关政府工作的 49 个、有关人大常委会的 8 个、有关法院的 7 个、有关检察院的 7 个，作出重要决定、决议 24 项。

五、市八届人大常委会会议

市第八届人大常委会召开会议 61 次，听取和审议工作报告 74 个，其中有关政府工作的 47 个、有关人大常委会的 11 个、有关法院的 8 个、有关检察院的 8 个，作出重要决定、决议 16 项。

第四章 主要工作

第一节 依法监督

一、法律监督

(一)第四届市人大常委会

第四届市人大常委会会议听取审议市人民政府及其组成部门关于土地管理法、传染病防治法、归侨侨眷权益保护法、义务教育法、计划生育法、农牧民负担费用和劳务管理条例、阿图什市军人抚恤优待办法等法律、法规的贯彻执行情况的汇报,听取审议市人民法院关于判决执行情况、刑事案件判决情况、法官法执行情况的汇报。听取审议市人民检察院关于"两个监督"工作和开展反腐败斗争进展情况、打击经济犯罪情况、检察官法执行情况的汇报。对"三五"普法工作开展情况进行督察。

(二)第五届市人大常委会

第五届市人大常委会会议主要听取审议市人民政府及其组成部门关于土地管理法、矿产资源保护法、九年义务教育法、婚姻法、文物管理条例等法律、法规的贯彻执行情况的汇报,听取审议市人民法院关于刑事案件判决情况、刑法执行情况的汇报。听取审议市人民检察院关于对法院、公安机关、监狱的法律监督工作情况的汇报。

(三)第六届市人大常委会

第六届市人大常委会会议把法律监督放在突出位置,促进市政府依法行政,法检两院公正司法。先后听取审议市"一府两院"及其职能部门关于贯彻执行民族区域自治法、民事诉讼法、劳动法、城市最低生活保障条例等50多部法律、法规的情况汇报。为加大审议监督力度,人大常委会狠抓会前的调查研究、会中的重点发言和会后的督办检查与落实。检查中突出重点,注重实效,对有法不依、执法不严、违法不究、以权代法的现象,督促有关部门依法认真查处,增强执法人员的法治意识、人大意识、责任意识,促使执法机关有效地改进工作。

(四)第七届市人大常委会

第七届市人大常委会会议先后对市政府贯彻执行行政许可法、公务员法、人口与计划生育法、食品安全法、就业促进法等14部法律进行执法检查。执法检查中,常委会通过创新执法检查监督方法,延伸调查触角,实地开展调研活动,科学客观提出改进工作的意见和建议,实事求是撰写执法调查报告等形式,有效实施法律监督,为全市经济建设和社会发展创造良好的发展环境。针对人民群众普遍关心的食品安全问题,常委会在第25次会议上审议市政府相关工作报告后,要求市政府要科学建立健全食品安全监管长效机制,强化食品安全监管和执法工作力度,有效改善全市食品安全状况。同时,常委会积极配合自治区、州人大常委会就婚姻法、妇女权益保障法等21部法律法规在阿图什市贯彻执行情况进行执法检查与调研,保证相关法律法规在全市有效实施。

(五)第八届市人大常委会

第八届市人大常委会会议听取审议通过市人民政府关于道路交通安全法、安全生产法、草原法、《新疆维吾尔自治区宗教事务条例》等17部法律法规贯彻落实情况的报告,配合州人大常委会就教师法、土地管理法、中小企业促进法等12部法律法规在阿图什市的贯彻执行情况进行执法检查,督促和支持市人民政府依法行政、依法作为、依法办事,努力运用法治思维和法治方式深化改革、推动发展、化解矛盾、维护稳定。常委会按照规范性文件备案审查办法的要求,依法对市政府报送的《户外广告和牌匾设置管理办法》等规范性文件进行备案审查,不断推进政府治理体系和治理能力现代化。

二、工作监督

（一）第四届市人大常委会

第四届人大常委会会议听取审议市政府及其组成部门关于“二五”普法、各年度国民经济和社会发展计划以及财政预算执行、民族宗教、社会治安综合治理、减轻农牧民负担、廉政建设、反腐败斗争、税务体制改革工作、“严打”工作、抗震救灾、重建家园工作、菜篮子工程建设等的汇报。

（二）第五届市人大常委会

第五届市人大常委会会议主要听取审议市政府及其组成部门关于“三五”普法、各年度国民经济和社会发展计划以及财政预算执行、农业生产指标落实情况及农业资金到位情况、机构改革、爱国卫生和体育运动开展情况、国有企业改革和非公有制经济发展、水土开发、经济开发扶贫工作以及减轻农牧民负担工作等的汇报。

（三）第六届市人大常委会

第六届市人大常委会会议围绕市委确定的“工业强市、招商旺市、民营富市、环境靓市、科教兴市”五大战略部署，在深入细致调查研究的基础上，先后听取审议市政府关于招商引资、新型工业园区建设、城市建设与管理、环境资源保护、税收征管、消费者维权、城市网吧管理、科技兴市等70多项工作情况的报告。在城市发展与管理方面，市人大常委会先后三次听取审议关于阿图什市城市建设与管理相关工作的报告，并组织人大代表视察城市建设工作两次，向市政府及时提出加强街道综合治理等建议，市政府积极采纳，成立阿图什市市城市综合执法大队，采取有效措施制止城区占道经营、乱设摊点经营等现象的发生。

（四）第七届市人大常委会

第七届市人大常委会会议围绕市委中心工作，认真行使宪法和法律赋予的各项职权，先后听取和审议市政府关于招商引资、“两基”教育、重点项目建设、“戈壁产业”建设等21项专题工作报告，有效推动市委重大决策部署贯彻落实。针对各族群众普遍关注的“出行能方便、食品要安全、看病不为难、读书少花钱、打工能挣钱、养老有保险”等民生焦点问题，及时对市富余劳动力输出培训维权、农村合作医疗、食品安全卫生、双语教学、城乡最低生活保障、保障性住房建设、城市供热情况等人民群众普遍关心的民生焦点问题，依法开展监督检查工作，及时督促市政府及有关部门采取有效措施，扎实推进民生工程深入实施，切实解决群众最关心、最直接、最现实的利益问题。

（五）第八届市人大常委会

第八届市人大常委会会议结合全市经济运行情况，每年依法听取审议通过市政府上半年国民经济和社会发展计划执行情况以及财政预算执行情况的报告；年度财政预算执行和其他财政收支审计工作报告；年度决算（草案）报告。审查批准上年度决算、本年部分财政收支预算的变更和政府债务限额。听取审议通过市政府城市建设与管理、招商引资、新一轮扶贫攻坚、新型工业化建设、农村公路建设等12项专题工作报告，督促和支持市政府全面深化改革，优化发展环境，推动经济社会事业持续协调发展。结合“民生建设年”各项工作，从解决人民群众最关心最直接最现实的热点难点入手，听取审议通过市人民政府食品药品监督管理、社会救助、双语教学、劳务输出、发展体育事业等15项工作情况的报告。督促市人民政府及有关部门不断加快民生改善步伐，促进发展成果由人民共享，使党的各项惠民政策释放更多看得见、摸得着的实惠。

三、评议

1995年9月28日，市人大常委会根据自治区和自治州人大常委会关于组织人民代表开展评议司法工作的安排，作出《关于组织人民代表评议法院工作的决定》，利用3个月的时间，组织自治区、自治州、市、乡四级人大代表29名和4名法律顾问对市人民法院进行评议。评议领导小组办公室从人民代表收集到的意见中筛选出42件性质和问题比较严重的意见转交市人民法院调查核实整改。

市第五届人大常委会期间，为强化干部的任后监督，市人大常委会注重把法律监督、工作监督和干部监督有机地结合起来，依法开展述职评议工作。听取评议“一府两院”组成人员45人的述职报告，促进干部依法行政的自觉性和能力。

市第六届人大常委会期间,市人大常委会先后听取和评议“一府两院”82 人的述职报告,其中人民政府副市长 8 人、法院副院长 1 人、检察院副检察长 1 人、政府组成部门负责人 72 人,通过严肃认真的“面对面”“背靠背”的评议,提高依法办事、公正执法的自觉性。

2007 年 1 月《中华人民共和国各级人民代表大会常委会监督法》的实施,将“述职评议”引导到“工作评议”,保持“评议”的基本特征,转型为听取议题、开展视察调查研究、审议专项报告,再无评议工作内容。

第二节　决定和决议

一、第四届市人大常委会

市第四届人大常委会共召开 34 次常委会会议。听取审议“一府两院”在农牧业生产、农田水利建设、教科文卫、市政建设、司法和社会治安等方面的工作汇报和执法情况汇报 120 项次,指出并要求“一府两院”纠正问题 150 件,向“一府两院”提出的意见、建议 200 条。作出 43 项决议、决定,其中在各次人代会上通过 31 项,在常委会会议上通过 12 项。

二、第五届市人大常委会

市第五届人大常委会共召开 30 次常委会会议。听取审议“一府两院”在农牧业生产、农田水利建设、教科文卫、市政建设、司法和社会治安等方面的工作汇报和执法情况汇报 90 项次,指出并要求“一府两院”纠正问题 120 件,向“一府两院”提出的意见、建议 160 条。

三、第六届市人大常委会

市第六届人大常委会先后召开 56 次主任会议,45 次常委会会议,共听取审议、评议各项议题 153 项,召开座谈会 108 次,发放关于依法行政、强化服务、改进工作等方面的征求意见表 2300 份,撰写与市经济发展、法律法规的贯彻执行情况有关的调研报告 100 余篇,会议纪要 62 期,工作信息简报 495 期。通过创新监督方式,强化监督力度,增强监督实效,全面促进全市经济健康快速发展及社会和谐稳定。

四、第七届市人大常委会

市第七届人大常委会共召开常委会会议 38 次、主任会议 39 次;开展 14 部法律的执法检查和 46 个方面的专题工作调查;听取审议工作报告 51 项,跟踪督办 42 项工作,做出决议决定 31 项;任免国家机关工作人员 152 人次;召开专题工作座谈会 56 次;督办会 21 次;撰写涉及市改革发展稳定相关工作调研报告 87 篇;会议纪要 72 期;督办函 45 份;其他各类文件 892 份,各项工作取得新进展,为促进全市经济社会更好更快发展做出积极贡献。

五、第八届市人大常委会

市第八届人大常委会共召开常委会会议 61 次、主任会议 70 次;开展 17 部法律的执法检查和 41 个方面的专题工作调研;听取审议工作报告 53 项;做出决议决定 60 项;任免国家机关工作人员 262 人次;组织代表活动 12 次,培训各级人大代表 1453 人次,为促进全市经济健康发展、保障民生持续改善、维护社会和谐稳定、推动民主法治建设发挥积极作用。

第三节　视察和调研

1995—2015 年,市人大常委会把自治区、州、市、乡四级人大代表混合编为代表小组,选举产生组长。组织四级人大代表开展视察活动。视察前，主任会议都要研究制定视察的议题，邀请有关领导和部门负责人参加。改进代表视察方式。按照"小型、专题、深入、实效"的原则，充分发挥代表的主观能动性，解决代表视察流于形式的问题，切实提高视察质量。市人大常委会运用执法检查、工作视察、述职评议、会前调研、案件庭审旁听五个平台，提高代表参政议政的能力。共组织人大代表开展视察活动900人次，执法检查375人次，工作调研735人次，案件庭审旁听300人次。每年在自治州、市人代会召开前夕，市人大常委会为使人大代表在两级人代会期间，提出高质量的"建议"，组织各乡镇人大主席团开展三级人大代表视察调研活动，充分调动代表履职的积极性。

第四节　议案建议与办理

1995—2015年，市人大代表在历次人民代表大会和闭会期间共提出议案及意见、建议2288件。市人大常委会按照议案审查委员会的审议意见，召开转办会议，提出要求，并转交"一府两院"及相关部门办理。

市人大常委会为保障市人民代表大会代表依法行使提出建议、批评和意见的权利，规范代表建议、批评和意见的办理工作，根据《中华人民共和国地方各级人民代表大会和地方各级人民政府组织法》《中华人民共和国全国人民代表大会和地方各级人民代表大会代表法》的有关规定，结合阿图什市实际，制定《市人大代表建议、批评和意见办理办法》。每次人代会结束后，本着"尊重代表意愿和民主政治权力"的原则，对代表的建议原汁原味的归纳整理，分门别类，并召开专门的交办会，举行代表议案、建议、批评和意见交接仪式，由交、承办双方签订责任书，在组织上、制度上确保代表议案、建议、批评和意见得到落实。同时，还对代表议案、建议、批评和意见办理情况进行检查，督促有关部门抓好办理工作的落实，提高办结率、答复率和满意率。

市人大常委会坚持全面跟进、突出重点的原则，加大代表议案、建议的督办力度。市人大常委会将每年人代会期间代表提出的议案、建议、意见和批评，及时转交给市政府办理，定期听取审议市政府办理"建议"情况汇报。针对个别"建议"办理质量不高，少部分"建议"答复函没有送达到代表本人的问题，市人大常委会每年定期组织专项工作组，深入到全市各乡（镇）进行摸底调查，定期到"建议"办理所在单位进行跟踪督办，通过召开人大代表座谈会，邀请代表参加议案办理情况调查，使议案的办理收到较好的效果。1995—2015年，答复率100%，代表满意率均达到90%以上。

第五节　代表联络与交流

1995年，市人大常委会严格按照代表法的规定，重视代表，支持代表，服务代表，落实代表制度，丰富代表活动，使代表作用充分发挥。

2001年，市人大常委会组织代表开展学习宪法和法律、法规及上级人大常委会的决议、决定，组织代表向选民述职，邀请在市的自治区人大代表列席市人大常委会会议、参加执法检查。

2002年，市人大常委会组织代表进行视察，听取有关职能部门的工作汇报，深入市有关部门、企事业单位进行视察。

2004年，市人大常委会采取多种形式，加强同人大代表的联系，发挥代表在维护社会政治稳定和经济建设中的作用，为代表履职创造条件。组织代表开展学习宪法和法律、法规及上级人大常委会的决议、决定，增强代表的责任感。同时邀请在阿图什市的部分全国、自治区人大代表列席市人大常委会会议和参与视察、调查及执法检查活动。特别是在自治区人代会召开前，组织代表进行视察，听取有关职能部门的工作汇报，深入市有关部门、企事业单位进行视察。组织开展各项代表活动，定期不定期地组织代表向原选区选民进行述职，接受选民监督，充分发挥代表联系选民的桥梁纽带作用。

2008年，市人大常委会规范代表在闭会期间的活动，做好代表履行职责的服务和保障工作。落实常委会领导联系代表制度，举办代表培训班，组织代表开展学习宪法和法律、法规及上级人大常委会的决议、决定，增强代表的责任感和义务感。同时邀请在阿图什的部分自治区人大代表列席委员会议和参与视察、调查及执法检查活动。督促乡(镇)人大开展代表活动,组织代表学习法律法规和党的路线方针政策,提高代表依法履行职责水平。组织代表开展向选民述职活动,接受选民监督,增强代表为选民服务、向选民负责的意识,发挥代表联系选民的桥梁纽带作用。

2010年,市人大常委会规范人大代表建议意见的交办、督办工作,督促"一府两院"切实解决人大代表和群众关心的实际问题。组织自治区人大代表集中视察。制定代表通讯录,建立QQ、微信群,方便代表管理和联系;开展代表培训,征订《新疆人大》,提高代表法律水平和履职能力;发挥代表之家作用,组织代表活动,增强代表沟通和感情;组织"三查(察)"活动,约见政府领导,跟踪议案、建议、意见办理,引导代表依法履职;开展评选"双先"(先进代表小组、优秀人大代表),激发代表履职热情。

2015年,市人大常委会组织人大代表深入集中视察,协调市委党校开设主体培训班,分期分批对人大代表开展初任培训、履职培训、专题培训。引导代表参与宣传人民代表大会会议精神、开展视察和专题调研、旁听法院庭审案件、参加执法检查等9项活动,规范和丰富代表闭会期间活动载体和形式,建立代表履职的约束机制,通过评选优秀人大代表、代表向选民述职、代表联系选民等方式,强化代表履职约束,切实保障代表履职为民、心系群众。

第六节 人事任免

市人大常委会任免干部一般采用举手表决的方式。干部任命程序中,市人大常委会对任命对象进行法律考试、座谈、民主评议,党组会议、主任会议分别研究讨论,拟任命人员介绍、委员提问、投票表决(全体常委会委员过半数通过)、发放任命书、表态发言、宪法宣誓。

一、第四届市人大常委会

第四届市人大常委会第34次常委会会议上依法任免政府组成人员和"两院"审判、检察部分人员共118人,其中任命92人,免职23人,撤职3人,接受2名市四届人大常委会委员的辞职请求,加强对依法任命的干部的监督考评工作,听取审议"一府两院"组成人员45人的述职报告,促进干部依法行政的自觉性和能力。

二、第五届市人大常委会

第五届市人大常委会期间,人大常委会依法任免政府组成人员和"两院"审判、检察部分人员共109人,其中任命65人,免职44人。加强对依法任命的干部的监督考评工作,听取审议"一府两院"组成人员45人的述职报告,促进干部依法行政的自觉性和能力。

三、第六届市人大常委会

市第六届人大常委会期间,依法做好"一府两院"干部任免工作。常委会将任前法律考试、就职发言、颁发任命书等新举措纳入干部任免程序。通过任前法律考试促使干部主动学法用法,提高干部依法行政的水平,通过就职发言促使被任命干部信守承诺,提高干部的大局意识、责任意识和公仆意识。五年中,市人大常委会依法任命人大常委会工作机构负责人6人,免职8人;任命市人民政府组成人员89人,免职41人;任命市人民法院审判员4人,免职2人,任命人民陪审员15人,免职5人;任命市人民检察院检察员3人,免职1人,任命市人民检察院检察委员会委员1人,免职1人。接受人大常委会委员辞呈4人次,依法补选出缺的自治州、市人大代表16人次。

四、第七届市人大常委会

市第七届人大常委会期间,市人大常委会坚持干部"四化"方针和德才兼备、注重实绩的原则,依法把好干部提请程序、法律考试、任后监督等关口,多方强化人事监督工作。依法决定任免国家机关工作人员152

人次，其中任免市人大常委会干部9人次；决定任免市人民政府组成人员45人次；任免市人民法院副院长、审判委员会委员、庭长、副庭长、审判员、人民陪审员71人次；任免市人民检察院副检察长、检察委员会委员、检察员26人次，此外，撤销市人民政府副市长职务1人次，依法罢免市级人大代表职务1人次。

五、第八届市人大常委会

市第八届人大常委会期间，市人大常委会严格按照党管干部原则，依法决定市人民政府代市长1人次，接受2名同志辞去常委会副主任职务，接受21名同志辞去常委会委员职务。依法任免国家机关工作人员262人次，其中任命常委会办公室副主任及各工委主任16人次，免去常委会各工委主任7人次；决定任命市人民政府组成人员73人次，决定免去市人民政府组成人员46人次；任命市人民法院副院长、审判员、人民陪审员78人次，免去市人民法院审委会委员、庭长、审判员、人民陪审员24人次；任命市人民检察院副检察长、检委会委员、检察员15人次，免去市人民检察院检察员3人次，为常委会及“一府两院”工作高效开展提供有力的组织保证。

第七节　信访工作

1995—2015年，市人大常委会严格依照《信访工作条例》的要求，始终把做好群众来信来访工作，作为密切人民群众的一项重要工作来抓，真正把信访工作看作是倾听民声、替民解忧、为民办事的窗口，坚持分类受理，综合分析，统一交办，定期反馈，严格督察的工作原则，对“一府两院”的信访工作进行督促落实，共接到来信1491件，接待来访人员3121人次，严格按照信访工作处理权限，转交政府办理答复442件，转交公检法司部门办理答复240件，劝解说服562件。常委会根据群众来信来访筛选出反映强烈、具有代表性的案件，通过个案调查，听取办理情况汇报和召开个案督办会等形式，进行专项监督，及时化解人民群众内部矛盾，维护社会稳定和广大人民群众的合法权益。

第八节　人大基层工作

市人大常委会根据地方选举法、地方组织法，按照国家的法律、法规，组织指导基层的选举工作，逐步健全乡镇人大工作制度。

1995—2015年，市人大常委会领导坚持分片包干的工作机制，定期到各乡（镇）指导人大主席团开展人大代表工作。指导各乡人大主席团完善各项工作制度，补选乡级人大代表、人大主席团主席、乡长、副乡长，促进基层人大干部队伍建设，帮助和指导乡（镇）人大主席团培训各级人大代表，规范和支持各乡（镇）人大主席团依法行使职权。邀请乡（镇）人大主席列席常委会会议和代表视察活动。要求乡（镇）主席团加强对乡（镇）政府工作的监督，督促主席团切实履行职责。在各乡（镇）召开人代会例会时，人大常委会都要到各乡（镇）具体指导工作，严格依照法律程序办事。听取和审议人代会工作报告，并向代表了解主席团的工作开展情况，要求代表充分发挥模范带头作用。在每次换届选举工作中，在换届前3个月，市人大都要召开党组会议，就选举工作的时间、工作步骤、代表结构、工作经费等都要进行研究。市、乡两级成立选举委员会，负责选举的日常工作。市人大常委会还从各有关单位抽调人员，分赴各乡（镇）协助做好选举工作。在选举前，市人大常委会举办换届选举培训班，参加培训的有各乡（镇）的选举委员会主任、人大主席团主席、选举工作队成员等，确保换届工作顺利开展。

第十九编 阿图什市人民政府

1995年后，阿图什市第四届至第八届人民政府紧紧围绕市委中心工作，按照市委决策和部署，充分发挥职能作用，坚持“抓住机遇、深化改革、扩大开放、促进发展、保持稳定”的工作大局，以经济建设为中心，带领全市各族干部群众，不断推进改革开放、优化产业结构、转变增长方式、加快农业产业化进程及城乡基础设施的建设，有效改善广大人民群众的生活条件。

2005年后，根据“构建和谐阿图什、谋求跨越新发展”的总体方向，全面贯彻落实科学发展观，大力实施“农业奠基、工业立市、三产旺市、民生惠市、平安固市”五大战略，主动适应经济发展新常态，创建国家AAA级旅游景区、四星级农家乐、工业园区、大型商业时代购物等经济增长点，全市综合经济实力显著提高。牢牢把握社会稳定和长治久安总目标，实行社会综合治理、深入开展严打斗争、抗震救灾、建设安居富民房、城乡居民最低生活保障制度、农村富余劳动力转移、旅游开放等，促进阿图什市经济与社会快速发展。

第一章 机 构

第一节 领导机构

1995—2015 年,阿图什市共经历 5 届人民政府,即 1993 年 3 月召开的第四届人民政府,1998 年 1 月至 2015 年 12 月,分别召开第五届至第八届阿图什市人民代表大会,共选举产生四届人民政府。每届政府均设市长 1 名、副市长若干名,由市人民代表大会选举产生。

1995—2015 年阿图什市政府领导一览表

表 19 - 1

届别	姓名	性别	族别	职务	任职时间	备注
第四届	吐尔逊 · 阿不都热依木	男	维吾尔	市长	1995. 1—1997. 12	
	董向军	男	汉	副市长	1995. 1—1996. 6	
	苏甫尔 · 阿比提	男	维吾尔	副市长	1995. 1—1997. 5	
	段跃进	男	汉	副市长	1995. 1—1996. 10	
	阿不都卡德尔 · 阿不都热西提	男	柯尔克孜	副市长	1995. 1—1998. 1	
	闵东	男	汉	副市长	1995. 1—1996. 2	
	夏尔甫丁 · 夏木西	男	维吾尔	副市长	1995. 1—1996. 9	
	谢小云	男	汉	副市长	1996. 2—1998. 1	
	李建斌	男	汉	副市长	1996. 8—1998. 1	
	刘汉新	男	汉	副市长	1996. 10—1998. 1	
第五届	艾尼瓦尔 · 吐尔地	男	维吾尔	市长	1998. 1—2002. 9	
	谢小云	男	汉	副市长	1998. 1—1999. 8	
	李建斌	男	汉	副市长	1998. 1—2000. 7	
	刘汉新	男	汉	副市长	1998. 1—2002. 7	
	阿不力克木 · 依沙克	男	维吾尔	副市长	1998. 1—2002. 7	
	阿不都卡德尔 · 阿不都热依木	男	维吾尔	副市长	1998. 1—1999. 2	
	库尔班江 · 艾山	男	维吾尔	副市长	1998. 1—2002. 7	
	买买提明 · 杜完	男	柯尔克孜	副市长	1999. 2—2002. 11	
	侯全义	男	汉	副市长	2000. 4—2002. 11	
	韩西明	男	汉	副市长	2000. 7—2002. 11	
	哈米提 · 吐尔逊	男	维吾尔	副市长	2001. 2—2002. 11	自治区挂职

续上表

届别	姓名	性别	族别	职务	任职时间	备注
第六届	派孜拉·买买提	男	维吾尔	市长	2002.12—2007.07	
	阿不力克木·依沙克	男	维吾尔	副市长	2002.12—2007.6	
	韩西明	男	汉	副市长	2002.12—2007.3	
	扎曼·沙坎	男	柯尔克孜	副市长	2002.12—2004.6	
	余共辉	男	汉	副市长	2002.12—2005.7	江西挂职
	杜继锋	男	汉	副市长	2002.11—2006.8	
	夏力	女	汉	副市长	2003.1—2006.4	
	吐尔地·吾斯曼	男	柯尔克孜	副市长	2004.6—2007.10	
	向洪	男	汉	副市长	2005.5—2007.2	自治区挂职
	牛树森	男	蒙古	副市长	2005.8—2007.3	沈阳援疆
	邹美雄	男	汉	副市长	2006.1—2007.11	
	李常松	男	汉	副市长	2006.1—2007.3	
第七届	库尔班江·艾山	男	维吾尔	市长	2007.8—2011.7	
	牛树森	男	蒙古	副市长	2007.4—2008.7	沈阳援疆
	李常松	男	汉	副市长	2007.4—2011.8	
	任鸿祺	男	汉	副市长	2007.8—2009.12	自治区挂职
	程晓庆	女	汉	副市长	2007.8—2008.4	
	木特来甫·阿不都热合曼	男	维吾尔	副市长	2007.8—2011.8	
	王飞	男	汉	副市长	2007.10—2011.8	
	赵韬	男	汉	副市长	2008.8—2010.10	沈阳援疆
	文红	女	汉	副市长	2010.1—2011.9	
	王鹏飞	男	汉	副市长	2010.3—2011.9	自治区挂职
	阿克坦·阿不都拉米提	男	柯尔克孜	副市长	2010.10—2011.9	
	盛梦龙	男	汉	副市长	2010.12—2011.9	昆山援疆
第八届	亚力坤·吐尔地	男	维吾尔	市长	2011.7—2014.9	
	阿巴白克力·买买提明	男	维吾尔	市长	2015.1—2015.12	
	王飞	男	汉	副市长	2011.4—2015.12	
	杨立新	男	汉	副市长	2011.2—2014.4	
	刘鹏	男	汉	副市长	2011.8—2015.12	
	沙吉旦·玉素甫	女	维吾尔	副市长	2011.8—2015.12	
	肖建明	男	汉	副市长	2013.12—2015.12	昆山援疆
	罗平	男	汉	副市长	2014.4—2015.12	
	努尔江·买买提吐尔干	男	柯尔克孜	副市长	2014.11—2015.12	

说明：吐尔地·吾斯曼于2010年10月20日被开除党籍、开除公职；艾尼瓦尔·吐尔地、亚力坤·吐尔地于2014年被开除党籍、开除公职；木特来甫·阿不都热合曼、阿巴白克力·买买提明于2018年被开除党籍、开除公职

第二节　工作机构

一、市政府组织机构设置

1995 年,阿图什市人民政府设置部门 35 个,政府办公室(宗教局、民委)、民政局、财政局、劳动人事局、教育局、卫生局、爱国卫生运动委员会办公室、文化局、体育运动委员会、计划经济委员会(乡镇企业管理局、计划委员会、经济委员会)、审计局、司法局、城乡建设环境保护局(土地管理局)、交通局、公安局、粮食局、统计局、计划生育委员会、工商行政管理局、物价局、科学技术委员会(质量技术监督局、科协)、农业局、林业局、农机局、水电局、畜牧局、监察局、信访局、国有资产管理局、国家税务局、地方税务局、第二轻工业管理局、广播电视局、劳动就业保险管理局、扶贫开发办公室。3 个事业机构:矿产资源管理局、史志办公室、档案局。1 个议事协调机构:外事侨务办公室。

1998 年,全市党政机关机构改革。撤销文化局、体委,组建文化体育局;撤销第二轻工业局、经济体制改革办公室,组建经贸委;国有资产管理局归财政局管理;外事侨务办公室归口政府办公室管理;爱国卫生运动委员会办公室由卫生局管理;矿产资源管理局更名为地质矿产局;档案局与档案馆实行局馆合一,事业机构(科级),一个机构、两块牌子。改革后,阿图什市人民政府设置部门 27 个,即政府办公室、公安局、畜牧局、水利局、计划经济委员会、土地管理局、财政局、统计局、工商行政物价管理局、审计局、经贸委、交通局、农业局(农机局)、科学技术委员会、城乡建设环境保护局、宗教事务管理局、司法局、民政局、劳动人事局(编委办公室)、教育局、卫生局、计划生育委员会、文化体育局、监察局(与市纪委合署办公室)、国家税务局、劳动就业保险管理局、扶贫开发办公室。市政府部门管理机构有市外事侨务办公室、市旅游局。部门管理机构有国有资产管理局,由财政局管理;爱国卫生运动委员会办公室,由卫生局管理。市政府直属事业机构:档案局、史志办、地质矿产局、地税局、物价局、广播电视剧。

2002 年机构改革,政府工作部门调整的重点是加强经济部门和执法监管部门,精简、撤并专业经济管理部门,适当调整社会管理部门和政务部门,建立与自治州政府机构框架大体协调的具有阿图什市特点的政府组织机构。监察局与纪律检查委员会机关合署办公,列入政府工作部门;8 月,成立信访局;计划委员会更名为发展计划委员会,挂物价局、粮食局的牌子;不再保留劳动人事局,分别组建人事局、劳动和社会保障局;不再保留国有资产管理局、土地管理局、地质矿产局,其职能并入国土资源局;林业局、乡镇企业管理局并入农业局,更名为农林局,农林局挂乡镇企业管理局牌子。农机局改为农林局管理的事业单位;教育委员会更名为教育局;科学技术委员会更名为科学技术局;经济贸易委员会挂安全生产监督管理局、经济体制改革办公室牌子;在政府办公室挂法制办牌子;外事侨务办公室从政府办公室中析出,成立外事侨务旅游局;广播电视局实行政事分开,改为政府工作部门。其中 1 个部门管理机构是信访局(党委信访局与政府信访局一个机构两块牌子),由政府办公室管理;1 个办事机构是扶贫开发办公室为扶贫开发领导小组的常设办事机构。改革后,市政府单设工作机构 26 个,即政府办公室,发展计划委员会(物价局、粮食局)、经济贸易委员会、民族宗教事务委员会、公安局、监察局、民政局、司法局、财政局、审计局、农林局(林业局、乡镇企业管理局、农机局)、畜牧局、水利局、城乡建设环境保护局、交通局、文体局、广播电视局、卫生局、计划生育委员会、统计局、人事局、劳动和社会保障局、国土资源局、教育局、科学技术局、外事侨务旅游局。党政机关行政编制由 515 名核减为 428 名,减少 87 名,精简 17%;重新核定政法专项编制为 372 名,精简 5.1%。

2011 年,机构改革,撤销经济贸易委员会,组建商务和经济信息化委员会,经贸委、信息产业职能由商务和经济信息化委员会承担;人事局、劳动和社会保障局合并为人力资源和社会保障局,其职能整合归入人力资源和社会保障局;撤销城乡建设环境保护局,组建住房和城乡建设局和环境保护局;撤销文化体育局,广播电视局实行政事分开,组建文化体育广播影视局;撤销交通局,组建交通运输局;将林业局调整为政府工作部门;撤销粮食局,在发展和改革委员会挂粮食局牌子;扶贫开发办公室由议事协调机构的常设办事机构调整为政府工作部门;信访局(规格正科级)是负责市委、市政府信访工作的行政机构,既是党委的工作机构,又是政府的工作机构,列入党委机构序列;将机构编制委员会办公室更名为中共阿图什市委员会机构编制委员会办公室,列入党委机构序列。改革后,市人民政府工作机构共27个,即政府办公室(法制办、外事侨务旅游局)、发展和改革委员会(粮食局、价格监督检查局)、商务和经济信息化委员会、教育局、科学技术局、民族宗教事务委员会(语言文字工作委员会)、公安局、监察局(监察局与纪律检查委员会机关合署办公,列入政府工作部门序列,不计政府机构个数)、民政局(民间组织登记管理局)、司法局、财政局、人力资源和社会保障局(公务员管理局)、国土资源局(测绘局)、环境保护局、住房和城乡建设局、交通运输局、水利局、农业局、林业局、畜牧兽医局、卫生局、人口和计划生育委员会、审计局、文化体育广播影视局、安全生产监督管理局、统计局、食品药品监督管理局、扶贫开发办公室。

二、市政府下辖组织

1995年,全市设2个街道办事处、7个乡人民政府和4个场。分别是幸福街道办事处、光明街道办事处、上阿图什乡、阿扎克乡、松他克乡、阿湖乡、格达良乡、哈拉峻乡、吐古买提乡、经济羊场、结然布拉克牧场、园艺场、良种繁育场。乡下设村民委员会,全市共有72个村民委员会。

2005年5月起,根据自治区、自治州国有牧(羊)场改制精神,阿图什市国有牧(羊)场开始改制,2008年12月结束。改制后,撤销市经济羊场,与哈拉峻乡合并;撤销结然布拉克牧场,与吐古买提乡合并;撤销园艺场,与松他克乡合并;2002年,良种场被山东大成集团公司兼并,2011年,山东大成集团公司因经营不善解散。

2011年10月,根据新政函〔2011〕284号文件精神,上阿图什乡撤乡建镇改称上阿图什镇。

2015年底,阿图什市政府下辖2个街道办事处、6个乡、1个镇。分别是幸福街道办事处、光明街道办事处、阿扎克乡、松他克乡、阿湖乡、格达良乡、哈拉峻乡、吐古买提乡、上阿图什镇。

三、自治区垂直管理部门

1995年,阿图什市自治区垂管部门2个:阿图什市国家税务局、地税局。

1999年,阿图什市增加自治区垂管部门2个,阿图什市工商行政管理局、阿图什市质量技术监督局。

2015年,阿图什市自治区垂管部门5个:阿图什市工商行政管理局、阿图什市质量技术监督局、阿图什市国税局、阿图什市地税局、阿图什市气象局。

第二章　政府体制改革

第一节　政府职能转变

1996—2015年,阿图什市政府按照精简、统一、效能的原则和决策、执行、监督相协调的要求,调整和完善机构设置,逐步理顺职能分工,严格控制编制,并逐步规范化、法治化,降低财政供养人数,解决政府内部机构设置不科学、职能划分不清晰的问题,严格控制自收自支事业单位审批。

1998年,市政府职能转变,政府按政企分开的原则,加强统筹规划掌握政策,信息引导,组织协调,提供服务和检查监督的职能。

2001年起,市政府从优化政府组织机构、减少行政层级、理顺职责分工、提高行政效率、降低行政成本;加强公共服务机构建设;清理取消行政审批事项、增强行政工作透明度;建立和推行事业单位聘用制度、收入分配制度;对事业单位开展岗位设置、实施岗位聘用、加强聘后管理、实行以岗定薪;减少党政交叉分工、落实领导干部履职责任、推动各项工作落实;加大法治型、服务型政府建设力度等方面深化管理体制改革,推进政府职能转变。从组织开展千名干部下乡住村服务基层活动;加强和改进督察工作的方式方法,督察各级领导转变领导方式,提高工作效能;实施城市解困工程,帮扶城市困难群众;选派机关干部到信访部门任职,做实信访工作,为群众排忧解难;加大机关效能检查力度,整治庸懒散拖衙门作风,改进机关作风,提升机关效能等方面入手,推动政府部门和各级干部转变工作的方式方法,贴近基层、贴近群众,为基层和群众服务。

2002年,政府职能转变,开展定职能、定内设机构、定人员编制("三定")工作,全面落实机构改革。各部门根据党中央、国务院关于机构改革的方针、原则,转变职能,理顺各方面的关系,明确划分各部门职责范围,在职能分析的基础上提出本单位领导职数配备、内设机构的职责和职位,拟定出本单位的人员编制。

2011年,阿图什市结合实际,推进政府职能转变:加快推进政企分开、政资分开、政事分开、政府与市场中介组织分开,把不该由政府管理的事项转移出去,进一步下放管理权限,深化行政审批制度改革,减少行政许可,从制度上更好地发挥市场在资源配置中的基础性作用,更好地发挥基层政府、公民和社会组织在社会公共事务管理中的作用。

2015年,市政府职能转变,处理好政府与市场、政府与社会、政府层级间的关系,减少行政审批事项,推进简政放权,改善政府管理方式,加强事中事后监管,坚持依法行政,规范行政权力运行。

第二节　依法行政

一、法制进机关

2002年成立阿图什市政府法制科,围绕规范性文件备案审查、协调政府各部门行政执法中的矛盾和问题、协助处理政府部门之间、驻阿图什单位之间的行政执法矛盾和争议、组织和监督全市行政执法部门(单位)贯彻实施法律、法规、规章工作情况、承办市人民政府依法管辖的行政复议、行政应诉和行政赔偿案件、清理规范性文件、组织指导全市部门法制干部和行政执法人员的有关法律法规培训等工作,为各部门提供行政执法指导服务。

2004年以来,市法制科按照国务院《全面推行依法行政实施纲要》精神,围绕政府及政府部门有关法律事务,主要审查起草重大建设工程、土地开发协议。结合"法制六进"活动,联合相关部门指导规范政府行政行为。协助市信访局,在群众反映的土地、草场、林地等焦点问题上依法解决矛盾,并审查、审核、指导市规范性文件,同时在办证上进行审核把关。

2005年,以贯彻行政许可法为重点,宣传学习《全面推进依法行政实施纲要》,规范行政执法程序,强化规范性文件审查,核发行政执法证件,对相关单位的行政执法工作进行评议考核。

2009年,由市监察局、法制科、财政局等部门组成检查组对市教育局、计生委等部门的行政效能、执法案卷、收费情况、廉政情况等进行重点检查。

2013—2015年,将依法行政考核(法治政府建设指标)作为市绩效考核工作的重要组成部分,由政府法制科牵头,在全市各乡镇开展依法行政考核工作,绩效考核体系中依法行政考核结果为当年依法行政考核结果,推动依法行政工作落到实处。

二、执法监督

2002年开始,市政府建立健全以党委领导、人大监督、各职能部门具体实施、市行政执法责任制领导小组统筹协调的领导机制。

2004年,开展梳理执法依据清理执法主体工作。各执法单位按要求将本部门、本单位负责实施的法律、法规依据梳理成册,做到权责明确,执法有据。2006年,印发《阿图什市关于贯彻落实〈全面推进依法行政实施纲要〉的实施意见》。2007年,开展行政执法"三清理"工作,即行政执法主体、依据和执法事项的清理。针对人民群众反映强烈的热点问题,法制科会同市监察局,对全市行政执法部门贯彻落实国务院《关于全面推进依法行政实施纲要》及执法责任制的落实情况进行检查,推进政府执法部门和单位依法行政工作依法有序开展。

2008年,健全行政执法工作制度,完善执法过错责任追究、规范性文件备案、重大行政处罚备案、回访、行政复议审理、行政应诉案件备案、行政执法监督、群众举报投诉、考核奖惩，执法证件管理、执法人员资格审核、法制业务统计、行政执法情况通报等一系列制度，使有权必有责、用权受监督、侵权应赔偿、权责一致的机制得到逐步落实。

2010年，阿图什市成立依法行政工作领导小组，办公室设在市政府法制科，具体负责全市依法行政工作的组织实施和指导协调。为规范执法部门的听证会组织程序，市法制科根据有关法律法规制定《听证会组织规则》。市委、市政府将依法行政考核工作纳入年终综合考核检查范围。制定下发《阿图什市依法行政工作考核暂行办法》，促进依法行政工作开展。

2012年，市政府法制科加强法治培训，有针对性地对全市行政执法部门（单位）进行5场专题辅导，有效提高各级依法行政水平。并组织开展行政执法案卷评查活动，要求各行政执法机关的行政执法案卷做到一案一卷，要求相关检查笔录、证据材料、执法文书等全部立卷存档，纠正不规范的行政执法卷9件。

2015年，成立克州行政服务中心，全市行政审批事项全部进驻服务中心，以“一口式”受理窗口统一行使单位的行政审批职能，集中对外办理行政审批和服务业务，优化和简化程序，缩短办理时限，提高审批效率。建立工商营业执照、组织机构代码和税务登记证“三证合一”登记制度，创新优化登记方式。建立政府法律顾问制度，聘请专业律师、具有法律专业素养的在岗职工和退休老干部组成11人的法律顾问工作委员会，为政府重大决策、行政行为、合同行为等提供法律意见或进行法律论证。制定《阿图什市人民政府全面推进依法行政加快建设法治政府重大任务实施要点（2015—2020）》。梳理全市行政调解法律法规规章依据51条，调解各类矛盾纠纷417件，提供法律咨询710人次，运用调解的办法处理行政纠纷和行政管理相关民事纠纷。受理行政复议案件2起，决定维持2起，进一步畅通救济渠道。开展执法案卷评查工作，评选行政执法案卷优秀单位7个，有效促进行政执法精细化管理和行政执法责任的落实。严格按照规范性文件制定程序审核报备规范文件4件，确保政府规范性文件合法有效。对全市43个部门进行第十批行政审批清理和调整工作，最终保留行政审批96项。开展行政执法人员培训工作，培训执法人员473人。

三、规范性文件备案审查

2003年起，市政府将规范性文件管理纳入行政执法责任制管理内容之中，定期检查监督，发现一件及时纠正一件。

2010年，下发《阿图什市规范性文件清理工作实施方案》，对2002—2009年市政府印发的规范性文件进行清理，按年度对规范性文件的清理目录进行网上公布。

至2015年，共审查规范性文件29件，做到“有件必备，有备必审，有错必纠，合法适当”，依法执政。

四、执法队伍建设

2002年以来，阿图什市把培训和持证管理工作纳入行政执法责任制内容，按照法制机构负责综合法规的培训、部门负责专业法规的培训要求，每年有计划地组织执法人员参加相关培训学习。2003—2015年，市政府法制办组织执法人员进行综合法律知识培训13次4731人。《自治区行政执法证件管理办法》（修订）公布后，市政府按照部门申报，法制办审核、定员培训、考核等程序，每年对全市行政执法人员进行一次综合法规培训及考试。对合格人员报请颁发行政执法证件，每年审核一次执法主体和执法人员资格。

第三节　政务公开

2008年5月，国务院办公厅印发《关于施行〈中华人民共和国政府信息公开条例〉若干问题的意见》，阿图什市在全市范围内学习贯彻条例。初步建成以政府门户网站、政府公告栏等为载体的政府信息公开网络体系。对市政府网站规划设置栏目，增加政务公开等方面的信息，搭建政府信息公开平台，拓宽公开渠道。公开信息800余条。

2010年，政务公开工作步入正轨，网站公开信息920条，公开政府文件、重点工作、工作动态、应急管理、资金管理、人事任免等一系列政府信息,依申请公开35人次,其中现场咨询8人次,电话咨询23人次,网上咨询4人次。

2015年,转办市长信箱30条,发布走进阿图什专栏14条,政务公开领导信息63条,图片新闻390条,政务信息644条,公示通告50条,部门信息35条,工程建设领域37条,共1324条;领导活动回复公众关注热点或重大舆情2次。依申请公开40件,均为当面咨询。在公示栏设置政府信息公开查阅点2个,对全市各单位制作的政府信息公开汇编进行集中摆放,方便群众查阅。

第三章　重要会议

第一节　市人民政府党组会议

市政府党组组成人员各届政府不同,有时一届政府党组组成人员由市长、副市长、办公室主任组成;有时增加主要经济部门负责人为政府党组成员。自1997年1月起,市武装部部长成为历届政府党组成员。会议由党组书记或党组副书记主持。会议的主要任务是:研究提请市委决定的重要事项;研究贯彻市委的重要指示;研究决定政府工作部门副职和政府办事机构、事业单位的人事任免和奖惩;研究市政府机关的思想、组织、作风问题和廉政建设、制度建设等工作。党组会议原则上1个月召开1次。1995—2015年,共召开党组会议223次。

第二节　市人民政府全体成员会议

市政府全体成员会议由市长、副市长和市政府组成部门主要负责人组成,有时也邀请各乡镇长,直属管理机构,协调议事机构主要负责人,市委、人大、政协有关领导列席会议。会议由市长或由市长委托常务副市长召集和主持,一般情况下,每年召开2次,上半年1次,下半年1次,会议内容主要是传达贯彻党中央、国务院和自治区、自治州党委、政府的重要决定、指示和有关会议精神;总结前一时期的工作和安排下一阶段的工作;讨论决定市政府工作中的重大问题。1995—2015年,共召开市政府全体成员会议25次。

第三节　三级干部暨“双先”表彰大会

1995年后,三级干部暨“双先”表彰大会由市政府主持召开,参加人员有市委、人大常委会、政府、政协、法院、检察院、人民武装部全体领导,各乡镇(场)党委书记、乡镇(场)长,村支部书记、村委会主任,市直各单位主要领导,每年度评选的先进集体代表、先进个人。在年末或次年初召开,由市长报告本年度或上一年的工作和下一年或本年的工作安排。2004年,并入市委全体委员(扩大)会议。1995—2004年,共召开三级干部暨“双先”表彰大会10次。

第四节　市人民政府常务会议

市政府常务会议由市长、副市长和政府办公室主任组成,有时也邀请政府综合部门负责人列席。由市长或市长委托常务副市长召集和主持。会议的主要任务是:贯彻传达党中央、国务院和自治区、自治州党委、政府,市党委、市人大常委会的决定、指示、决议以及重要会议精神,讨论准备报请上级党委、政府和市委、市人大常委会审定的重要事项;讨论通过由市政府发布的规范性文件、重要决定;讨论通过提交市人大常委会审议的议案、政府工作报告、国民经济和社会发展计划或规划(草案)、市财政预(决)算及其执行情况的报告

(草案);听取市政府各工作部门、各直属机构及下一级人民政府的工作汇报;研究分析一个时期经济和社会发展的形势,通报有关情况,讨论通过重大改革事项和制定重要政策、措施;讨论研究有关财政经费支出(自2002年后,由市委主持的财政领导小组负责)等。常务会议一般1个月召开1次。1995—2015年,共召开政府常务会议235次。

第五节　市长办公会议

市长办公会议由市长、副市长组成,市政府办公室主任列席会议。必要时请政府有关部门负责人列席会议。会议由市长或市长委托常务副市长召集和主持。会议的主要任务是:研究政府各部门、各乡镇政府请求市政府解决的重要事项,协调各部门的工作等。1995—2015年,共召开市长办公会议34次。

第四章　重大施政

第一节　第四届市人民政府施政

阿图什市第四届人民政府按照市委的决定,继续深化改革,促进全市科技、文化、教育、卫生等各项事业发展。1993年,市政府贯彻教育法,制定《阿图什市义务教育实施办法》,全面推进义务教育。1994年,市政府制定《阿图什市关于加强教育工作,加快教育事业发展的决定》,从教育投入、师资力量等方面深化教育改革。1997年,根据市情开创领先大农业脱贫致富的思路,集中人力、物力、财力,投入到以布谷孜河总干渠、翁鲁克防渗渠、托克拉克防渗透渠为重点的水土开发上。全市水土开发共投入各种机械1345台,劳动力21710人,完成沙拉塔拉开荒666.67公顷,托格拉克开荒400公顷,哈拉峻乡开荒333.33公顷,阿扎克乡开荒1333.33公顷,松他克乡开荒20公顷,共建成大小防渗渠16条100千米,农业生产条件得到较好改善。农业科技广泛应用,1997年在上阿图什乡推广小麦留行套种玉米增幅13.74%,增产51万千克。在阿扎克乡试验复播地膜2公顷,液单12号平均亩产998千克,增产幅度一倍以上。在工业、商贸工作方面,组成帮扶企业工作队,到企业开展帮扶工作同时,加强企业领导班子建设,制定扭亏增盈责任制。从1995年开始的三年改水任务共完成项目19个,共建水厂40个,铺设管道479.3千米,总投资1397.31万元。布谷孜河总干渠翁鲁克、托克拉克防渗渠等以工代赈水利项目圆满完成,总投资996万元。至1997年,全市共完成农田水利基本建设总投资2595万元,建设灌溉渠系301千米,新增加有效灌溉面积1333.33公顷。

第二节　第五届市人民政府施政

1998—2002年,阿图什市第四届人民政府共完成农田水利基本建设总投资1.5亿元,修建防渗渠252千米,新增加有效灌溉面积0.23公顷,平整条田0.5万公顷;农牧民生活水平得到较大改善,投入农村改水资金3200万元,铺设防病改水管道987千米,打井33眼,解决11.2万人和28万头(只)牲畜饮水;扶贫攻坚目标基本实现,2274户农牧民实现定居和半定居;大力推进国企改革,积极发展非公有制经济;积极争取交通建设项目,投资11.93亿元,改扩建国道、省道312.5千米,相继启动G314、S213、S206、S309线阿图什段改扩建工程,乡村交通设施条件得到较大改善,全市修建乡村道路112千米,总投资1063万元。农村电网建设取得可喜成绩,自治区五年来批准农网新建改造项目20个,总投资8428万元,完成阿扎克、松他克、上阿图什、阿湖、格达良农网改造和解决吐古买提通电及启动哈拉峻输变电工程。居民住房条件得到较大改善,建设公用住房和集资住房77.89万平方米,解决9255户城市居民住房问题,人均住房面积由1997年的9.9平方米提高到16.23平方米。按照"人民城市人民建,人民城市人民管"的方针,城区面积由1997年的6.8平方千米扩大到7.2平方千米,城市人口增加到4.8万人,完成城市改扩建道路10条22千米和人民广场建设工程、城市供排水改扩建工程、314国道至火车站道路建设工程等一批重点城市建设项目。

第三节 第六届市人民政府施政

阿图什市第六届人民政府按照市委的决定,坚持以经济建设为中心,积极推进全市国民经济和社会事业的协调发展。2006年,市政府确定工业兴市和快速崛起、和谐发展的目标,继续实施以项目建设为载体,以观念创新、体制创新、技术创新和管理创新为动力,以加快工业园区建设。坚持抓住机遇、深化改革、扩大开放、促进发展、保持稳定的基本方针,强化农业基础地位,优化种植结构。实施文化、教育、卫生、科技改革,保持国民经济持续、快速、健康发展,综合经济实力、社会发展和人民生活水平再上新台阶。全力推进"北畜南果"和"三区一带"战略部署,合理调整粮食、棉花和经济作物种植结构。农业、畜牧业、特色林果业得到快速发展。突出抓好特色果业发展,加快木纳格葡萄基地建设,大力推广粮果间作、果菜间作和"三边"立体果树种植,以木纳格葡萄、无花果、胡安纳杏、核桃为主的园艺产业初步形成规模,园艺种植面积由2002年的0.48万公顷发展到1.19万公顷,年均增长29%,年均增加产值1754万元;完成"木纳格"葡萄绿色有机食品认证和品牌商标注册及原产地保护工作。完成人工草料基地建设0.19万公顷。农田水利基础设施建设完成投资1.2亿元,农业生产条件得到有效改善,防涝抗旱能力明显提高;农村防病改水卓有成效,五年内改善8.89万农村人口和18万头(只)牲畜的饮水安全问题,普及程度48.6%,自来水受益人口13.8万人,普及率72.4%,管网入户率85%以上;农村税费改革全面完成,农牧民减负总额2066万元,人均减负136元;新农村建设扎实推进,上阿图什乡和尧勒其拉村被列为自治区级新农村建设试点乡、村。大力推进新型工业化建设,投入4600万元,建立阿图什工业园区,完成"一园三区"总体规划,逐步完善园区水、电、路及绿化等基础设施建设。围绕发展"以矿产资源开发、城市房地产开发、口岸边贸物流、园区建设、旅游产业、农副产品加工"等六大产业,先后引进新蓉皮革、亚星集团、万兴药业等一批实力雄厚的知名企业。2007年,共接待中外游客37.92万人次,较2002年增长25.42万人次,旅游综合收入228.25万元,较2002年增长6.4倍。天然气入户、小区集中供暖、供排水、垃圾处理等一批市政建设工程顺利建成,启动城市危旧房改造、商品住宅、经济适用房、解困住宅小区等工程,幸福小区和利民市场得到改造,城市人均住房面积由2002年16.23平方米增加到19.83平方米。建成抗震安居房25337套,受益人口13万人。城市面貌焕然一新,城区面积由2002年的7.3平方千米扩大到8.3平方千米,城市人口规模增加到5.4万人,初步具备特色城市轮廓,在2006年自治区城市"天山杯"竞赛活动中夺得先进城市奖和6个单项奖。扎实做好扶贫帮困工作,解决生产生活用电66个村,解决人畜饮水64个村,电视覆盖64个村,解决11968户56754人的脱贫问题。实施科技项目81项,获自治区、自治州科技进步奖31项。完成市四小等13所小学、3个教学点的撤并工作,全面推进"双语"教学工作,全市"双语"教学班282个,受益学生8086名;投入1553.5万元,改造维修校舍面积4.1万平方米,投入3172.4万元,建成可容纳3000余名学生的市四中寄宿制学校。投入1242万元,新建和扩建市乡卫生院9994平方米;启动城市社区卫生服务站建设工作;积极推行农牧区新型合作医疗制度,全市参合人数11.29万人,参合率80.4%。稳步推进援疆工作,辽宁沈阳市从人、财、物等方面给予全市大力支持和帮助,落实援疆资金3000万元,建设市四中寄宿制学校、招商信访综合大楼、"三台合一"指挥中心、"三馆合一"综合大楼等援疆项目。在城市控规、详规、干部培训、村级组织阵地建设、教师培训中心等方面投入2000余万元,建立干部网上培训考试系统,创新干部考核机制。

第四节 第七届市人民政府施政

阿图什市第七届人民政府继续实施大农业发展不动摇,加快工业化进程,加大招商引资的工作力度。加快城市基础设施建设和新农村建设步伐,稳步实施抗震安居房建设,加大财政对民生的投入。设施农业规模不断扩大,新建1100座温室大棚;通过溯源管理体系建设,使木纳格葡萄不断向产业化方向迈进;新增特色林果3257.2公顷，完成北山绿化、退耕还林、天然林保护等工程，新增养殖大户500户，以家禽养殖、牛羊育肥为主的养殖小区迅速崛起，为现代畜牧业向规模化、集约化、产业化发展奠定良好基础；以沈阳新村为代表的新村建设，开创新农村建设新模式。阿图什工业园区升级为自治区级工业园区，完成园区道路、供排水等基础设施建设为新型工业化进程奠定基础。先后引进亚星矿业、青松建化、赣鑫钢铁等一批招商引资项目，园区入驻企业达36家，完成投资14亿元。“十一五”末，全市工业增加值达到1.51亿元，年均增长52.1%。第三产业实现新突破，新增个体工商户3628户，注册资本2.14亿元，从业人员5286人；新增私营企业381家，注册资本5.34亿元，从业人员1184人。挖掘独特的自然景观及浓厚的民族风情等旅游资源，引导规范“农家乐”健康发展，五年来，共接待中外游客117.64万人次，较“十五”期间增长82.1万人次，旅游综合收入达1亿元，较“十五”期间增长3.85倍。实施水利、农业、交通、文教卫生、抗震安居等368个基础设施建设项目，完成固定资产投资36.74亿元，比“十五”期间增长175%。铺设农村公路591千米。新建抗震安居房3.59万户。修建防渗渠155千米，铺设管道1937千米。解决5.1万人12万头（只）牲畜饮水安全和4204户19802人的脱贫问题。完成阿图什市城市总规、详规编制，新建保障性安居工作3170户，城市人均住房面积增加3.3平方米。完成24座燃气锅炉改造，15千米供热管网，36千米供排水管网和中心城区、西城区污水处理厂建设，燃气普及率86%，城市排污覆盖率80%，生活垃圾处理率100%。完成13.56万平方米的拆迁任务。五年来，民生项目累计完成投资25.8亿元，占财政支出的76%。新增就业再就业11268人。建立24小时“零就业”家庭动态清零长效机制。建立集职业技能、国家通过语言强化培训、农民工吃住为一体的农业富余劳动力市场，累计培训35568人（次），转移农业富余劳动力10.4万人（次），实现创收1.82亿元。强力推进教育扶贫工程，“两基”工作顺利通过国家验收。加快教育资源整合，改善办学条件，不断提高办学质量，初中、高中升学率分别达58.4%、84%，分别比2005年增长17.1%和21%。学前“双语”及中小学“双语”教学稳步推进，“双语”教学覆盖率比2005年增长50.86%。完成“村村通”工程直播卫星11441套、大喇叭工程160套；上阿图什乡、阿湖乡、吐古买提乡实现中央广播电视节目全覆盖；农村电影放映1200场（次）；广播、电视人口覆盖率分别比2005年增长4%和3%。城镇居民基本医疗保险参保率98%。新型农村社会养老保险参保率和养老金发放率分别为78%和100%。发放城乡低保金、贫困大学生助学金、医疗救助金和救灾资金分别为9355.8万元、213.3万元、1031.1万元和1445.5万元。彻底取消农业税和各种收费，累计减轻农牧民负担4417.93万元。落实种粮农民补贴制度和利益补偿机制，全市农牧民享受粮食补贴、农资综合直补、退耕还林补贴6696.12万元，畜牧业补贴188.24万元，农机购置补贴1768万元，家电、汽车下乡补贴405万元，累计享受“两免一补”的学生24万余人次。在援疆工作方面，辽宁沈阳圆满完成城市综合治理、中小学校基础设施、人民医院、沈阳新村等30项民生项目。加快新一轮援疆对接工作，积极与江苏省昆山市建立多方位、多领域的联系沟通与合作机制。

第五节　第八届市人民政府施政

阿图什市第八届人民政府按照市委的决定，坚持以邓小平理论和“三个代表”重要思想为指导，深入贯彻落实科学发展观，按照“农牧业稳农、特色产业富农、矿业强市、口岸和旅游活市”的总体发展思路，解放思想，凝心聚力，真抓实干，克服各种自然灾害、国际金融危机带来的不利影响，全市经济社会呈现出发展加速、效益提高的良好态势，进入科学发展、全面进步的崭新阶段。推动经济转型升级，内生发展动力持续增强。工业产业结构不断优化，小微企业发展不断壮大，农业基础条件不断改善，商贸服务业活力不断增强，8大工业产业体系、25千米产业带初步形成，现代产业体系日趋完善，三次产业结构由19.70:17.10:63.20调整为14.50:24.50:61。紧抓产业援疆和“短平快”项目契机，投资2.81亿元，建成标准化厂房7.83万平方米、道路53.67千米、公租房1378套6.90万平方米。新能源、新材料、服装服饰产业快速发展，园区入驻企业139家，带动就业3000余人，实现工业增加值6.41亿元，年均增长23.90%。农业农村经济实力明显增强，全市农村经济总收入13.54亿元，年均增长14.97%。农牧业产业化、机械化水平不断提高，粮食亩产401.2千克，皮棉亩产117千克。835座温室大棚总产值2211.15万元，棚均纯收入到1.45万元。特色林果面积1.3

万公顷,产值2.3亿元。建成标准化养殖小区120座,新增育肥大户2050户,成立养殖专业合作社310个,牲畜存栏50万头(只),商品率达76%。大力实施"商贸旺市"战略,博格拉时代购物、香港城步行街、美食街等大型商业综合体投入使用;博格拉步行街、特色民族美食一条街、农副产品综合批发市场加快实施。大力实施"旅游活市"战略,景区景点基础设施不断完善,创建国家AAA级旅游景区3处、四星级农家乐5家,接待游客115.74万人次,年均增长17.06%;实现旅游综合收入2.28亿元,年均增长31.23%。集中力量谋划、实施一批事关全局和长远发展的基础设施工程,"十二五"期间,完成投资154亿元,是"十一五"的3.20倍,实施农田水利、城乡道路、农村电力、教育卫生、产业发展等重点建设项目493个,城乡基础设施条件明显改善。阿扎克干渠及配套支渠改造等一大批农田水利工程全面完工,格达良乡盐碱地综合治理工程、布谷孜河防洪工程加快实施,乔诺水库、托帕水库前期工作稳步推进,建成排碱渠、防渗渠408.69千米、高效节水灌溉1043.33公顷;阿喀高速、喀伊高速、帕米尔西路、产业服务区兴业大道等道路全面建成通车,建成农村公路762千米,乡村公路通达率98.70%;建成木纳格220千伏、哈拉峻乡110千伏输变电工程,新建、改造高压电网921千米、低压电网935千米,解决3867户无电人口用电问题;帕米尔路、松他克路、友谊路等道路升级改造和延伸工程不断拉大城市框架,北山绿地公园、南湖湿地公园、体育公园、室内体育馆等群众性休闲娱乐场所投入使用,城市建成区绿化覆盖率25.10%,城市品位明显提升;实施城市供水复线、排水二期、垃圾处理二期工程,城镇污水处理率75.25%,城市垃圾集中处理率93.33%;市委党校、市医院新区等12家单位落户产业服务区,产城融合发展迈出坚实步伐。完成职业技能培训50430人,转移农村富余劳动力21.10万人次,创收10.14亿元,"零就业家庭"保持动态清零。建成安居富民房15818套、定居兴牧房2533套、保障性住房8315套。社会保障体系日益健全,城乡居民养老保险、医疗保险、新型农村合作医疗续保率、参合率均达到99%以上;全市27445人纳入城乡最低生活保障,发放补贴资金3.60亿元,城乡低保补贴标准比"十一五"末分别提高155元、91元;敬老院、福利院基础设施不断完善。完成36个行政村整村推进,实现1.29万户6.03万人脱贫。实施科技兴市、科技兴新项目19个,实现科技成果转化7项,农业科技进步贡献率40%。"教育强市"战略扎实推进,投资2.67亿元新建中小学教辅用房、教师周转宿舍13.15万平方米;新建、改扩建双语幼儿园40所,完成33所学校标准化建设;小初高阶段"双语"教学率分别为94.90%、64.90%、31.60%。现代公共文化体系日趋完善,基层文化体育活动室基本实现全覆盖,百日文化广场、"一月一村一场"、农牧民运动会、民歌·赛歌会等群众性文体活动广泛开展;市电视台成功开播,广播、电视覆盖率均达到96%以上;竞技体育取得新佳绩,在国内外赛事上获得金牌23枚、银牌18枚、铜牌9枚。全面实行基本药物零差率销售,市乡村三级公共卫生服务体系逐步健全,乡(镇)卫生院、村卫生室标准化建设实现全覆盖,市医院成功创建二甲。突发公共卫生事件得到有效应对,重大疾病得到有效防治,食品药品安全监管得到有效加强,人口和计划生育政策得到全面落实。生态文明建设加快推进,植树造林0.71万公顷,森林覆盖率6.99%,比"十一五"末提高1.92个百分点。全面落实草原生态保护补助奖励政策,发放补助奖励资金1.58亿元。农村环境连片整治工作扎实推进,完成4个乡(镇)23个行政村环境连片整治示范项目。"煤改气"供暖工程稳步推进,城区基本实现燃气供暖。扎实开展非法用地专项整治行动,土地资源得到有效保护。全面深化与江苏昆山全方位多领域协调合作,投资13.10亿元,实施城乡基础设施、就业培训、教育卫生、产业发展等7大类76个援疆项目,昆山新村、昆山育才学校、市委党校、帕米尔大桥等一大批民生项目投入使用。规划建设昆山产业园、戈壁农业科技示范园。选派基层干部、"四老"人员等18批次598人赴援疆省市培训学习,推动昆山、阿图什两地之间的交流交往。

第六节 重大施政文件要目

1995—2015年,市政府办公室下发关于重大施政类文件132份,涉及经济体制改革、农村产业结构调整、扶贫攻坚奔小康、科教兴县(市)、义务教育、推进新型工业化等广大群众关心的热点难点类问题。

2003—2015 年阿图什市部分重大施政文件一览表

表 19－2

文　号	题　名
阿政办发〔2003〕2 号	关于批转市民政局《关于进一步做好城市居民最低生活保障管理服务的意见》的通知
阿政办发〔2003〕34 号	关于转发《关于切实做好防治“非典”工作有关事宜的紧急通知》的通知
阿政办发〔2003〕41 号	关于转发市劳动和社会保障局《阿图什市机关事业单位交纳基本养老保险的办法》的通知
阿政办发〔2003〕43 号	《关于转发 2003 年减轻农民负担工作安排意见的通知》
阿政办发〔2004〕10 号	关于印发《阿图什市高致病性禽流感防治应急预案》的通知
阿政办发〔2004〕50 号	关于转发市公安局《关于深入开展人员密集场所消防安全专项治理实施方案》的通知
阿政办发〔2004〕63 号	《关于成立阿图什市各中小学、幼儿园及少年儿童安全管理工作和开展专项整治行动领导小组的通知》
阿政办发〔2005〕4 号	关于印发《阿图什牲畜口蹄疫控制应急预案》的通知
阿政办发〔2005〕39 号	《关于进一步加强扶助贫困残疾人工作实施意见的通知》
阿政办发〔2005〕48 号	关于印发《阿图什市新型农牧区合作医疗管理办法的通知》
阿政办发〔2005〕58 号	关于转发《阿图什市整治违法排污企业保障群众健康环保专项行动实施方案》的通知
阿政办发〔2005〕64 号	关于印发《阿图什市食品加工普查整顿工作方案》的通知
阿政办发〔2006〕29 号	《阿图什市关于对贫困群体实行救助和平价收费的实施意见》
阿政办发〔2006〕73 号	《阿图什市加快建立人口与计划生育新机制实施方案》
阿政办发〔2006〕115 号	《关于进一步加强消防安全工作的实施方案》
阿政办发〔2006〕123 号	关于印发《阿图什市新型农牧区合作医疗制度实施办法》的通知
阿政办发〔2007〕64 号	《阿图什市突发公共卫生事件和突发公共事件医疗卫生救援应急预案》.
阿政办发〔2007〕94 号	《阿图什市应急补碘工作实施方案》
阿政办发〔2007〕99 号	《阿图什市 2007 年重点建设项目推进方案》
阿政办发〔2008〕6 号	《阿图什市城市低收入家庭住房困难实施办法》
阿政办发〔2008〕35 号	《阿图什市 2008 年防洪预案》
阿政办发〔2008〕100 号	《阿图什市全面实施素质教育实施意见》
阿政办发〔2009〕55 号	《阿图什市打击非法行医、销售假劣药品、发布虚假违法广告等违法违规行为专项整治工作方案》
阿政办发〔2009〕60 号	《阿图什市加快发展农民专业合作社的实施意见》
阿政办发〔2009〕78 号	《阿图什市安全生产三项行动实施方案》
阿政办发〔2009〕79 号	《阿图什市甲型 H1N1 流感防控应急预案》

续上表

文　号	题　名
阿政办发〔2010〕36 号	《阿图什市开展新型农村社会养老保险试点实施方案(试行)》
阿政办发〔2010〕51 号	《阿图什市构筑社会消防安全“防火墙”工程实施方案》
阿政办发〔2010〕93 号	《阿图什道路交通安全专项整治行动方案》
阿政办发〔2010〕116 号	《阿图什市促进大中专毕业生就业工作实施方案》
阿政办发〔2011〕42 号	《关于进一步做好阿图什市房地产市场调控工作的通知》
阿政办发〔2011〕58 号	《阿图什市山洪灾害防御预案》
阿政办发〔2011〕70 号	《阿图什市新型农牧区合作医疗制度实施方案》
阿政办发〔2011〕102 号	《阿图什市城镇居民社会养老保险实施办法(试行)》
阿政办发〔2012〕9 号	《关于调整阿图什市治理工程建设领域突出问题工作领导小组的通知》
阿政办发〔2012〕11 号	《关于印发阿图什市民政社会救助资金发放管理实施意见(试行)的通知》
阿政办发〔2012〕33 号	《关于印发〈阿图什市城市环境综合整治实施方案〉的通知》
阿政办发〔2012〕40 号	《关于成立阿图什市农村集体土地确权登记发证工作领导小组的通知》
阿政办发〔2012〕45 号	《关于进一步加强道路交通安全工作的实施意见》
阿政办发〔2012〕53 号	《关于进一步明确部分领域食品安全监管职责的通知》
阿政办发〔2012〕61 号	《阿图什市城乡困难居民医疗救助实施方案》
阿政办发〔2012〕96 号	《关于阿图什市中长期教育改革和发展实施意见的通知》
阿政办发〔2012〕97 号	《关于阿图什市教育事业发展第十二个五年规划的通知》
阿政办发〔2012〕99 号	《关于阿图什市推进义务教育均衡发展实施意见的通知》
阿政办发〔2012〕110 号	《阿图什市农村居民最低生活保障实施方案(试行)》
阿政办发〔2012〕149 号	《贯彻落实国务院关于坚持科学发展安全发展促进安全生产形势持续稳定好转意见重点工作分工方案》
阿政办发〔2012〕180 号	《关于印发阿图什市深化医药卫生体制改革 2012 年主要工作安排的通知》
阿政办发〔2012〕213 号	《阿图什市今冬明春农业富余劳动力、城镇失业人员、未就业大中专毕业生、两后生转移就业技能培训工作的实施方案》
阿政发〔2012〕77 号	《阿图什市地震应急预案》
阿政办发〔2013〕1 号	《阿图什市发展社区卫生服务工作实施方案》
阿政办发〔2013〕3 号	《关于加强阿图什市建设领域农民工工资保证金和企业劳动合同签订及工伤保险参保工作管理的通知》
阿政办发〔2013〕6 号	《关于成立阿图什市农村土地承包经营纠纷仲裁基础设施建设项目工作领导小组的通知》
阿政办发〔2013〕61 号	《阿图什市“十二五”规划中期评估工作方案》

续上表

文　号	题　名
阿政办发〔2013〕75号	《阿图什市安全生产事故灾难应急预案》
阿政办发〔2013〕94号	关于印发《阿图什市标准化发展战略纲要(2011—2020年)》的通知
阿政发〔2013〕1号	关于印发阿图什市人民政府贯彻落实《阿图什市委常委会关于改进工作作风、密切联系群众的十条规定》有关问题的通知
阿政办发〔2014〕8号	关于印发《阿图什市2014年重点建设项目计划》的通知
阿政办发〔2014〕15号	关于印发《阿图什市推进社会养老服务体系建设实施方案》的通知
阿政办发〔2014〕62号	关于印发《阿图什市2013年中央农业生产救灾资金项目实施方案》的通知
阿政办发〔2014〕73号	关于印发《阿图什市"十三五"规划编制工作方案》的通知
阿政办发〔2014〕78号	关于印发《阿图什市开展农村宅基地清理核查工作实施方案》的通知
阿政办发〔2014〕90号	关于印发《阿图什市免疫规划规范化管理专项整治工作实施方案》的通知
阿政办发〔2014〕104号	关于印发《阿图什市大气污染防治行动计划实施方案》的通知
阿政办发〔2014〕105号	关于印发《阿图什市主要地表水体污染防治方案》的通知
阿政办发〔2014〕106号	关于做好阿图什市新一轮退耕还林还草工作的通知
阿政办发〔2014〕107号	关于进一步做好政策性农业保险工作的通知
阿政办发〔2015〕22号	关于转发《关于印发新疆维吾尔自治区突发事件应急预案管理办法的通知》的通知
阿政办发〔2015〕30号	关于印发《阿图什市乡镇卫生院和村卫生室标准化建设实施方案》的通知
阿政办发〔2015〕31号	关于印发《阿图什市森林火灾应急预案》的通知
阿政办发〔2015〕52号	关于印发《2015年度阿图什市人民政府依法行政工作安排》的通知
阿政办发〔2015〕64号	关于印发《关于加强行政调解工作的实施方案》的通知
阿政办发〔2015〕71号	关于印发《2015年阿图什市生态环境保护与建设重点工作责任分解方案》的通知
阿政办发〔2015〕89号	关于转发《关于印发克州实行营业执照组织机构代码证和税务登记证"三证合一"登记制度改革工作方案的通知》的通知
阿政办发〔2015〕94号	关于印发《阿图什市贯彻实施质量发展纲要2015年行动计划实施方案》的通知
阿政办发〔2015〕103号	关于印发《2015年阿图什市推进简政放权放管结合转变政府职能工作方案》的通知
阿政办发〔2015〕114号	关于印发《关于推进公共服务领域政府和社会资本合作模式工作实施方案》的通知
阿政发〔2015〕46号	关于印发《阿图什市人民政府全面推进依法行政加快建设法治政府重大任务实施要点(2015—2020)》的通知
阿政办发〔2015〕72号	关于印发《阿图什市加快推进水利工程建设实施方案》的通知
阿政办发〔2015〕95号	关于印发《阿图什市安全生产大检查专项整治活动实施方案》的通知

第五章　综合政务

第一节　市政府办公室工作

一、机构

1995 年,市政府办公室为正科级建制,核定编制 5 名,内设翻译科、秘书科。

1998 年,外事侨务办公室并入政府办公室,办公室同时挂外事侨务办公室和旅游局牌子;信访业务划归政府办公室。2001 年 7 月,成立驻乌鲁木齐办事处。2002 年,成立信访局、法制办,隶属政府办公室领导。2007 年 4 月,成立接待科。2007 年 12 月,成立应急管理科、政府督查室、电子政务办公室。2008 年 7 月,成立秘书科、财务科。

至 2010 年,市政府办公室辖外事侨务办公室、法制办、信访局、接待科、督察科、秘书科、电子政务办公室、财务科等,共有干部 53 人,其中正科级 5 名、副科 7 名。共有工人 15 名,其中驾驶员 10 名。

2015 年,市政府办公室辖外事侨务旅游局、机关事务管理局、法制办、电子政务办公室、财务科、秘书科、督察科,核定编制 46 名,实有 39 人。

二、办文办会

1995—2015 年,由政府办公室负责市政府的办文办会工作,承担政府工作报告、经济运行分析报告及各类上行、下发等文件、讲话的起草工作,承办政府全体会、经济运行分析会等各类会议。政府办公室倡导短、实、新的文风,不断精简各类文件、简报,减少数量、压缩篇幅、提高质量。严格规范公文报送,加强前置审核,严把公文草拟、审核、校对、文印等关口,确保政府发文的针对性、实效性和可操作性。年均完成政府工作报告、政府全体会、经济运行分析会、调研汇报等综合性材料 400 余篇,起草修订政府及办公室各类文件 300 余件,翻译各类文件资料 130 余份 40 万余字,为政府工作落实提供有力保障。同时,积极提倡少开会、开短会、开解决问题的会,能不开的坚决不开,能合并的坚决合并,从严控制会议数量、规格、规模、会期和工作人员比例,年均组织各类会议 100 余场,会议年均下降 5%。2015 年,市人民政府办公室组织各类会议 138 场次,同比下降 5.5%。

三、公务用车

严格执行中央八项规定和自治区、州、市各项规定,按照常规化管理、特色化服务,做好公务用车的管理,厉行勤俭节约、反对铺张浪费,通过严把财务报销审签关,实行报销层级审批,确保每一笔资金用好用规范,打造“为民、开拓、务实、清廉”的机关。至 2015 年,共有公车编制 8 个,实有公车 9 辆(含接待用考斯特 2 辆、商务别克 1 辆),严格按照公务用车规范使用公车,未出现公车私用等违规行为。

四、业务处理

市政府办公室及时处理来函、来电,及时拆封、传达,无信件积压、贻误的现象。随时掌握领导外出情况,遇到紧急情况及时与领导联系沟通,保证工作的正常进行。

五、法治工作

2002 年,市政府设立法制科,负责市政府法治建设工作,编制 2 名,为政府办公室管理机构。2004 年更名为阿图什市人民政府法制办公室(以下简称法制办)。

2003—2010 年，组织全市 33 个行政执法主体单位的行政执法人员进行 8 次法律知识培训，均通过考试并取得行政执法资格证书。

2011—2015 年，组织全市 33 个行政执法主体单位 1532 名行政执法人员进行 5 次法律知识培训，全部人员通过考试并取得行政执法资格证书。颁发前置性审核政府制发的规范性文件 8 件。

六、人大、政协提案议案办理

1995 年后，市政府办公室围绕全市经济建设，民生工程，项目工作、人大代表建议意见和政协委员提案等重点工作开展督促检查。

至 2015 年，共办理涉及全市政治、经济和社会发展各方面人大代表建议、批评和意见 18 件，政协委员提案 12 件。

七、政务信息

1995—2010 年，市政府办公室共编报《政务信息》503 期，调研信息 3 篇，被上级采用 22 篇。

2011—2015 年，每年编报《政务信息》1118 期，调研信息 10 余篇，被州政府每年采用 56 篇。

八、政务督察

1995—2015 年，市政府办公室重点围绕市委、市政府中心工作、民生工程建设项目及群众关注的热点问题开展督察工作，年均督察州、市领导批示百余件，督察会议、机关作风、效能建设及重点建设项目进展等情况 800 余次，为领导准确决策提供第一手资料，使政府各项工作得到高效落实。2015 年，全年累计承办州、市领导批示件 88 件，办结率 100%，督察文件办理 300 次、会议 50 次、机关作风和效能建设 200 次、重点项目建设 200 次；办理州、市人大代表建议、政协委员提案 187 件，办复率、见面率、满意率均 100%。

第二节　机关事务管理

一、机构

2007 年，市政府成立机关事务管理局，为市政府直属正科级事业单位，核定事业编制 42 名，其中领导职数 4 名，内设党委总务科、政府总务科、驻乌办事处 3 个科室。2015 年，实有 40 人。

二、后勤服务

1995 年，市政府总务科负责市政府机关的后勤工作。机构规格为副科级，核定编制 42 名。主要工作涉及财务、车辆、房地产、财产物资、水、电、暖、生活服务、接待服务、绿化、卫生、安全保卫等方面。2007 年起，由新成立的市机关事务管理局负责。2015 年 9 月，建立机关食堂，主要对食堂的设施进行日常维护，负责机关食堂及卫生保洁工作。在公共安全管理方面，制定《值班人员岗位管理暂行办法》，政府大楼和大院实行 24 小时值班制度，值班人员统一着装，文明执勤，做好来访人员询问、登记工作。加强机关事务制度化、规范化、程序化建设，进一步完善机关大院秩序管理、值班管理、安全保卫、环境卫生、车辆管理等规章制度。

三、公务接待

2014 年以前，公务接待由市政府办公室接待科负责，2014 年起由市机关事务管理局负责，主要负责市委、市政府日常政务接待工作，重大会务活动接待和服务。严格执行上级有关规定，本着“统一管理、热情周到、不失礼节、从简节约”的原则求真务实，提高服务水平，多层次、全方位地认真做好接待服务工作。按照职务和级别的不同，由部门领导申请和相关分管领导安排。外地、上级部门县处级以上领导，由市委、市政府分管领导陪同，接待规模、接待标准、接待地点、按照级别确定标准，确保接待工作热情、细致、周到。公务接待实行集中管理、对口对等接待、申报审批、定点安排、厉行节约、热情礼貌、一支笔审批、分月结账原则,尽量控制陪同人员,做到严肃接待纪律、科学安排、文明接待、简朴大方、不铺张浪费,年均接待1万余人。

2015年,根据《关于进一步规范公务接待的通知》文件精神,公务接待费用严格执行预算管理,年初由财政部门按预算标准费用列入机关事务管理局。2015年,累计接待各级考察调研代表团365批次10180人次,接待费136.5万元,同比下降10.6%。

第三节　外事侨务

一、机构

1995年,市外事侨务办公室实有6人。2002年8月,外事侨务办公室从政府办公室中析出,成立外事侨务旅游局。2012年4月,阿图什市外事侨务旅游局职能并入阿图什市政府办公室,一个机构、两块牌子,外事侨务旅游局编制11名,其中行政编制5名、事业编制6名。2015年,实有10人。

二、归侨、侨眷

至2015年,阿图什市有归侨侨眷581户2591人,其中上阿图什镇127户546人、松他克乡192户902人、阿扎克乡62户282人、阿湖乡23户109人、格达良乡10户61人、吐古买提乡58户206人、哈拉峻乡32户235人、光明街道办事处47户153人、幸福街道办事处30户97人。归侨侨眷中,归侨9人,外籍华人眷属26人,侨眷2556人。以维吾尔族和柯尔克孜族为主。阿图什市华侨华人主要分布在吉尔吉斯斯坦、土耳其、哈萨克斯坦、乌孜别克斯坦、巴基斯坦、澳大利亚、美国、沙特阿拉伯、俄罗斯、德国、马来西亚、瑞士、瑞典、芬兰等15个国家和地区。

三、外事侨务工作

1995年后,市外事侨务办公室深入调研全市侨联工作,按照外事法律法规及侨务管理制度规定,对全市公务护照进行全面核查,履行护照登记手续,定期清理护照,加强归侨侨眷服务工作。充分发挥独特优势,促进经济发展。坚持为归侨服务,团结广大归侨侨眷,积极参政议政,推进民主政治建设,以改善民生为重点,获得民政部门支持,将有困难的归侨侨眷纳入民政部门扶贫济困的工作体系,解决归侨侨眷的实际困难。组织开展好节日庆祝及对重点侨属的慰问、走访活动,健全相关档案,加强与他们的沟通和交流,增进华人华侨对祖籍国籍、对故乡、对民族的认同感和向心力。

2007年9月起,负责护照办理的初审工作,严格按照相关规定和程序办理归侨侨眷证,严把办理初审关。组织人员到各乡(村)对归侨侨眷基本情况进行普查登记。在办理《归侨侨眷证》过程中,申请人需提供户口所在地派出所证明、邀请函、邀请人身份证明等资料,先由申请人所在村(居委会)、乡政府(单位)、户口所在地派出所审核批准后,再由市外事部门审核认定上报上级外事部门审批,为相关部门办理护照提供依据。2012年12月底暂停办理。

至2015年,由外事部门专门建立归侨侨眷贫困户档案,协调各乡、相关部门,为归侨侨眷贫困户办理农村低保165户,解决抗震安居房250套,解困房5套,同时协调民政部门解决5名归侨侨眷贫困户2万余元的就医费用。市外事部门、民政部门及残联还共同出资4.5万元为哈拉峻乡阿亚克苏洪村一名归侨侨眷贫困户修建住房。每年出资近3万元资金慰问归侨侨眷贫困户,为归侨、侨眷解决实际困难。

2015年,共为59名符合条件申请办证人员办理中华人民共和国归侨侨眷证的相关手续,其中25人已领取证件。

四、边界

阿图什市边境线长88.3千米,边境管理区面积11934.62平方千米,下辖2个边境乡,分别为吐古买提乡和哈拉峻乡，与吉尔吉斯斯坦共和国接壤。每年春、夏、秋三季前来务工的人员比较多，加之边境辖区面积广袤，对边境管控形成一定压力。

五、边境管理

1995年后，阿图什市边防委员会组织市武装部、外办、边防大队、公安局、国土资源局等成员单位组成"清山清边"小组对边境地区重要地段进行"清山清边"活动。并根据边境地区的实际情况，编写汉、维吾尔、柯尔克孜文字的宣传手册发给边民，散发张贴边防宣传材料2000份，书写宣传标语100条，举办各种类型的边境管理条例讲座20场(次)。

2002—2010年，市边防委员会组织市武装部、边防大队、公安局及边境护边员每年开展边境安全相关演练共2次；由市武装部、外办、边防大队、公安局、国土资源局等单位组成"清山清边"领导小组对边境地区重要地段进行"清山清边"活动。

2015年，市边防委员会与各乡镇、边防派出所签订边防管控责任书。市外事办配合市边防大队、市人武部等相关单位，联合对边境重点区域开展巡逻踏查，防止跨界盗畜、盗猎、人畜越界等涉外事件的发生。

第四节　信访工作

一、机构

2002年8月，阿图什市信访局成立，为正科级单位，列行政编制3名，其中领导职数2名。2008年5月，成立信访局党支部。2015年，市信访局实有13人。

二、主要工作

1995—2002年，信访工作由政府办公室负责接待，每年接待100余人次，来信不足20件。处理后未作具体统计。

2004年后，由市信访局负责受理群众来信来访，年均接访100余人次，化解率80%以上。2015年，市信访局受理群众来信来访18批次193人次，与2014年相比批次下降27%，人次下降65%。其中个体访7批次12人次，与2014年相比批次下降36.4%，人次下降57.1%；集体访11批次181人次，与2014年相比批次下降67.6%，人次下降65.5%。群众来信来访反映的问题主要集中劳动社保、交通能源、民政、农业农村、城乡建设等方面。

2015年，阿图什市群众越级到北京上访量为1批次1人次，与2014年相比批次，人次均下降50%；越级到自治区上访量为5批次8人次，与2013年相比批次下降38.5%，人次下降24%。

第五节　电子政务

一、机构

2007年12月，阿图什市成立电子政务办公室，属市政府办公室管理的下属事业单位，机构规格为副科级，核定事业编制8名，其中领导职数1名，专业技术人员占编制总数的70%以上，经费实行全额预算管理。2011年9月，在阿图什市电子政务办公室加挂阿图什市电子政务外网管理中心的牌子，增加承担全市电子政务外网的规划、建设、运行、维护及相关管理工作职责。2015年，核定编制8名，实有6人。

二、主要工作

2007年，市政府电子政务办公室主要负责对政府网站的制作、维护、管理等工作，网站主要设定的栏目有政务信息、招商引资、政务互动、通知通告、市长信箱等实用性栏目。至2015年，阿图什政府网站进行2次改版,2015 年按照政府网站中文版的基础上同步推行阿图什市政府网站的维吾尔文版。

2008 年 5 月,根据克州人民政府的统一安排,在全市范围内推行 OA 无纸化办公系统,全市 60 个职能部门实现办公无纸化。同时,为提高全市各职能部门的资源共享效率,2009 年,组织全市各单位相关人员举办电子政务技能操作培训班。2015 年,按照自治区网络安全工作的具体有关要求投入 20 万元配备国标网络安全实施,保障政府电子政务和网络信息安全工作的顺利开展。

2015 年 12 月,建立阿图什市人民政府微信公众号,共发布 61 条政务信息。

第六节 应急工作

一、机构

2007 年 12 月,阿图什市成立应急管理办公室,在市政府办公室挂牌,机构为股级,增加 2 名行政编制。2010 年 9 月 3 日,经编委会研究决定,应急办公室主任由市政府办公室主任兼任,设专职副主任 1 名,主要负责和处理阿图什市应急管理日常工作。

二、主要工作

2008 年,阿图什市开展突发公共事件应急管理工作,按照自治区政府、州政府总体要求和部署,编制应急预案,开展应急宣传和演练工作,提高应对和处置突发公共事件能力。

2013 年,修订下发《阿图什市突发公共事件总体应急预案》《阿图什市重大自然灾害救助应急预案》《阿图什市突发公共事件医疗卫生应急处理预案》《阿图什市地震应急预案》《阿图什市重大安全生产事故应急预案》《阿图什市防洪抗旱应急预案》等 32 项专项预案,同时投资 150 万元建设阿图什市应急储备库,配备相应的抢险救灾应急设备。

至 2015 年底,市应急办规范城区应急避难场所标识标牌;加大重点部位、危险源隐患点排查监测工作,提升灾害防范能力;实现应急管理预案"横向到边、纵向到底"更加完善预案管理体系。

第七节 驻外单位

一、机构

2001 年 7 月,市委、市政府决定成立阿图什市驻乌鲁木齐办事处,办事处位于乌鲁木齐市河滩北路 491 号自治州驻乌鲁木齐办事处院内,为副科级单位,设主任 1 名、工作人员 1 名,有客房 8 间,具体负责阿图什市领导和部门人员在乌鲁木齐市办事相关事务性工作。

二、主要工作

2002—2015 年,阿图什市驻乌鲁木齐办事处服从改革、发展、稳定的总基调,充分发挥桥梁纽带窗口作用,围绕阿图什市经济社会发展大局,认真做好"三个服务",较好地完成每年安排的各项工作任务。政务接待严格按照中央八项规定要求,本着"勤俭、节约、热情、周到"的原则,对市来乌鲁木齐办事处公务人员做好接待服务工作。强化内部管理,党组织关系和财务由市政府办公室监管,接待性账务支出实行按年初预算进行报账制,账务由市政府办公室审核,至 2015 年 12 月,完善各项岗位责任制,制定《乌鲁木齐办事处接待管理规定》《乌鲁木齐办事处信访制度》等 8 项制度,做到所有工作有章可循、有规可依。

第二十编　政协阿图什市委员会

1995 年后，政协阿图什市委员会历经第四至八届委员会，在中共阿图什市委员会的领导下，团结各党派团体和各族各界委员，贯彻“长期共存、互相监督、肝胆相照、荣辱与共”的方针，围绕团结和民主两大主题，坚持把历年市委全委（扩大）会议确定的目标任务贯穿到履行职能的各项工作中，通过举行全体委员会议、常务委员会议、提交提案、专题调研、视察等形式，就关系全市政治、经济、文化和社会发展的重大问题提出意见和建议，反映社情民意，履行“政治协商、民主监督、参政议政”职能。发挥人民政协联系面广的优势，就维护社会稳定、推动经济发展、切实改善民生等重大问题，进行政治协商、民主监督和参政议政，组织政协委员赴基层进行视察调研，为推动全市经济和社会发展做出积极贡献。同时，不断加强自身建设，推进政协工作制度化、规范化建设，教育和引导政协委员解放思想、实事求是，深入调查研究，把学习与实践、知情与出力结合起来，宏观献策，微观出力，发挥政协联系广泛的优势，推动全市政治文明、物质文明、精神文明、社会文明、生态文明建设。

第一章　政协委员　政协委员会议

第一节　政协委员

一、政协委员产生

1995—2015年,政协阿图什市委员会委员选举工作根据《中国人民政治协商会议章程》规定程序,在政协会议召开之前,按照政协章程、换届工作方案,由各个党派、群众团体、各行各业对所在部门或单位符合政协委员条件的人员以提名的方式向统战、组织部门推荐,市政协党组会同有关部门对推荐人选进行全面考察,推荐考察人选结果经过换届工作领导小组审议,并同有关部门协商后,形成建议名单,按程序报市委常委会议审定,提出本届政协委员建议名单,市政协常务委员会会议进行协商,常务委员过半数以上同意成为政协委员。每届委员会任期内,政协委员因工作变动或其他原因,可向常委会提出辞职申请,如有必要增加或变更参加单位、委员名额和决定人选,由常委会协商决定。1995—2015年,每届委员任期均为5年。

二、政协委员界别

阿图什市政协按照中国共产党、人民团体、各少数民族和社会各界等不同类型,分配委员名额,进行委员编组,组织委员活动,通过界别联系不同阶层、不同职业、不同方面的人民群众,代表群众的意愿和诉求。政协组成规模、界别的设置由上届政协常务委员会提出,经市委审定。

(一)阿图什市政协第四届委员会

政协阿图什市第四届委员会共有17个界别,其中中共届12名、工会界2名、妇联界3名、工商联界4名、文体界3名、科技界4名、归侨界1名、农牧民4名、教育界5名、新闻界2名、卫生界4名、残联界1名、宗教界29名、专业户2名、共青团2名、民主人士4名、特邀界8名,共有委员90人。

(二)阿图什市政协第五届委员会

政协阿图什市第五届委员会共有17个界别,其中中共届12名、工会界2名、妇联界4名、工商联界4名、文体界4名、科技界6名、归侨界1名、农牧民8名、教育界6名、新闻界1名、卫生界3名、残联界1名、宗教界30名、专业户1名、共青团4名、民主人士4名、特邀界8名,共有委员99人。

(三)阿图什市政协第六届委员会

政协阿图什市第六届委员会共有17个界别,其中中共届18名、工会界1名、妇联界4名、工商联界6名、文体界3名、科技界8名、侨眷界1名、农牧民8名、教育界6名、新闻界2名、卫生界3名、残联界1名、宗教界30名、共青团4名、专业户5名、民主人士4名、特邀界11名,共有委员115人。

(四)阿图什市政协第七届委员会

政协阿图什市第七届委员会共有16个界别,其中中共届20名、民主人士界4名、共青团界4名、工会界2名、妇联界7名、工商联企业界12名、经济科技界10名、侨联界1名、文化体育界5名、新闻界2名、农业界9名、教育界6名、医药卫生界4名、社会福利界2名、宗教界30名、特邀界7名,共有委员125人。

(五)阿图什市政协第八届委员会

政协阿图什市第八届委员会共有12个界别,其中中共界23名、工青妇16名、工商企业界10名、新闻文化界9名、科学技术界5名、侨联界2名、经济界5名、农业界10名、教育界10名、医药卫生界5名、社会福利界2名、宗教界30名,共有委员127人。

从委员组成情况看,各团体、各族、各界、少数民族、妇女委员都考虑得比较周到,体现爱国统一战线广泛的代表性和政治上的包容性。

1995—2015 年政协阿图什市委员会政协委员结构一览表

表 20－1　　　　单位:人

项目			第四届	第五届	第六届	第七届	第八届
委员数			90	99	115	125	127
届别数			17	20	17	16	12
民族结构	维吾尔	人数	68	77	85	90	87
		百分比(%)	75.6	77.7	73.9	72	68
	柯尔克孜	人数	6	14	17	19	20
		百分比(%)	6.6	14.14	14.8	15	16
	汉	人数	16	8	13	16	20
		百分比(%)	17.7	8.2	11.3	13	16
知识结构	大专以上	人数	18	20	32	59	77
		百分比(%)	20	20.2	27.8	47.2	60.3
	中、专、高中	人数	31	36	44	30	20
		百分比(%)	34.4	36.3	38.3	24	15.7
	初中以下	人数	41	43	39	36	30
		百分比(%)	46	43.5	33.9	28.8	24
党派结构	中共党员	人数	41	39	41	53	50
		百分比(%)	45.5	39.3	35.7	42	39
	非党	人数	49	60	74	72	77
		百分比(%)	54.5	60.7	64.3	58	61
	宗教人士	人数	29	30	30	30	28
		百分比(%)	32.2	30.3	26.1	24	22
性别结构	男	人数	82	85	98	109	102
		百分比(%)	91.1	85.8	85.2	87	80
	女	人数	8	14	17	16	25
		百分比(%)	8.9	14.2	14.8	13	20

三、自治州、自治区、全国政协委员

自治州政协委员选举根据自治州政协分配的名额和结构,由市政协推荐政审,报市委审批,再经市政协委员会全体会议选举产生。自治区政协委员选举程序相同。阿图什市从自治区政协第八届至第十一届有自治区政协委员 1 人。

第二节 政协委员会议

一、政协阿图什市第四届委员会

1993年3月13—16日,中国人民政治协商会议阿图什市第四届委员会第一次会议在市委会议室召开,应到委员90人,实到委员82人。会议听取和审议《政协工作报告》和《提案工作报告》,通过政治决议。列席阿图什市第四届人民代表大会第一次会议,听取并协商讨论市政府工作报告。会议选举产生政协阿图什第四届常委会委员21人,主席1名、副主席5名。

市政协第四届委员会第三、四、五、六次会议分别于1995年3月13—16日、1996年3月25—28日、1997年2月24—27日、1997年7月28日在市委召开。在第四届五次会议上,同意息复明(退休)辞去副主席职务,以等额、举手表决的方式,选举朱芝兰为阿图什市政协第四届委员会常委、副主席。

二、政协阿图什市第五届委员会

1998年2月1—5日,中国人民政治协商会议阿图什市第五届委员会第一次会议在市委会议室召开,应到委员99人,实到委员90人。会议听取并审议《政协工作报告》和《提案工作报告》,通过政治决议。列席阿图什市第五届人民代表大会第一次会议,听取并协商讨论市政府工作报告和计划、财政、法院、检察院等工作报告。会议选举产生政协阿图什市第五届常委会委员23人,主席1名,副主席5名。

市政协第五届委员会第二、三、四、五次会议分别于1999年3月1—3日、2000年1月11—13日、2001年1月15—17日、2002年2月7—9日在市委召开。在第五届二次会议上,同意朱芝兰(退休)辞去副主席职务,以等额、举手表决的方式,选举王治坤为阿图什市政协第五届委员会常委、副主席。

三、政协阿图什市第六届委员会

2002年12月26—29日,中国人民政治协商会议阿图什市第六届委员会第一次会议在市委会议室召开,应到委员115人,实到委员107人。会议听取并审议《政协工作报告》和《提案工作报告》,通过政治决议。列席阿图什市第六届人民代表大会第一次会议,听取并协商讨论市人民政府工作报告和计划、财政、法院、检察院等工作报告。会议选举产生政协阿图什市第六届常委会委员25人,主席1名,副主席5名。

市政协第六届委员会第二、三、四、五次会议分别于2004年1月9—11日、2005年1月5—7日、2006年1月6—8日、2006年12月20—22日在市委召开。在第六届四次会议上,同意托合提·艾则孜辞去主席职务,以等额、举手表决的方式,选举卡德尔·吾斯曼为阿图什市政协第六届委员会常委、主席。

四、政协阿图什市第七届委员会

2007年10月16—19日,中国人民政治协商会议阿图什市第七届委员会第一次会议在自治州文化中心召开。应到委员125人,实到委员119人。会议听取并审议《政协工作报告》和《提案工作报告》,通过政治决议。列席阿图什市第七届人民代表大会第一次会议,听取并协商讨论市人民政府工作报告和计划、财政、法院、检察院等工作报告。会议选举产生政协阿图什市第七届常委会委员25名,主席1名,副主席4名。

市政协第七届委员会第二、三、四次会议分别于2009年1月3—6日、2010年1月4—6日、2011年1月12—14日在市委召开。

五、政协阿图什市第八届委员会

2011年8月9—12日,中国人民政治协商会议阿图什市第八届委员会第一次会议在自治州文化中心召开。应到委员127人,实到委员121人。会议听取并审议《政协工作报告》和《提案工作报告》,通过政治决议。列席阿图什市第八届人民代表大会第一次会议,听取并协商讨论市人民政府工作报告和计划、财政、法院、检察院等工作报告。会议选举产生政协阿图什市第八届常委会委员25名，主席1名，副主席4名。

市政协第八届委员会第二、三、四、五次会议分别于2012年1月16—18日、2013年1月21—23日、2014年1月14—17日、2015年1月5—7日在市委召开。

1995—2015年政协阿图什市委员会会议情况表

表20-2

会议名称	召开时间	地点	应出席委员数	实出席委员数	备注
四届三次	1995年3月13—16日	市委会议室	90	82	
四届四次	1996年3月25—28日	市委会议室	90	83	
四届五次	1997年2月24—27日	市委会议室	90	80	朱芝兰当选副主席，息复明退休
四届六次	1997年7月28日	市委会议室	90	81	
五届一次	1998年2月1—5日	市委会议室	99	90	
五届二次	1999年3月1—3日	市委会议室	99	91	王治坤当选副主席，朱芝兰退休
五届三次	2000年1月11—13日	市委会议室	99	92	
五届四次	2001年1月15—17日	市委会议室	99	90	
五届五次	2002年2月7—9日	市委会议室	99	89	米塔力·居马增选为副主席
六届一次	2002年12月26—29日	市委会议室	115	107	
六届二次	2004年1月9—11日	市委会议室	115	108	
六届三次	2005年1月5—7日	市委会议室	115	106	
六届四次	2006年1月6—8日	市委会议室	115	107	托合提·艾则孜辞去主席一职，卡德尔·吾斯曼当选主席
六届五次	2006年12月20—22日	市委会议室	115	106	
七届一次	2007年10月15—19日	克州文化中心	125	119	
七届二次	2009年1月3—6日	克州文化中心	125	118	
七届三次	2010年1月4—6日	克州文化中心	125	117	
七届四次	2011年1月12—14日	克州文化中心	125	117	
八届一次	2011年8月9—12日	克州文化中心	127	121	
八届二次	2012年1月16—18日	克州文化中心	127	120	
八届三次	2013年1月21—23日	克州文化中心	127	119	
八届四次	2014年1月14—17日	克州文化中心	127	120	
八届五次	2015年1月5—7日	克州文化中心	127	119	

第二章 组织机构

第一节 领导机构

1995—2015 年,政协阿图什市委员会常务委员会由委员选举产生。常务委员会设主席、副主席、专职常委。政协常务委员会的职能是通过全体会议、常委会议,听取市政府工作报告、市财政预决算报告等,对全市的大政方针和重要事务及群众生活、爱国统一战线内部关系等问题进行协商,对全市重要工作提出意见和建议,发挥民主监督作用。就人民群众关注、领导重视的问题,开展调查研究,向市委、市政府提出建议,为全市改革开放和经济建设建言献策。

1996—2015 年,市政协共召开四届政协委员全体会议,选举产生四届政协阿图什市常务委员会。每届设主席 1 名,副主席 4 ~5 名,其中 1 名副主席为党外民主人士,常务委员 21 ~25 名。1995—2015 年,共召开常委会 87 次。

1995—2015 年政协阿图什市委员会领导一览表

表 20 - 3

届别	姓名	性别	民族	职务	任职时间
第四届	托乎提·依明	男	维吾尔	主席	1995. 1—1998. 2
	息复明	男	汉	副主席	1995. 1—1997. 7
	古丽苏木·茫苏尔	女	维吾尔	副主席	1995. 1—1998. 2
	兑先·阿里木	男	柯尔克孜	副主席	1995. 1—1998. 2
	吉日拉卡日阿吉·库尔班	男	维吾尔	副主席	1995. 1—1998. 2
	买买提·司拉木	男	维吾尔	副书记	1997. 7—1998. 2
第五届	苏甫尔·阿比提	男	维吾尔	主席	1998. 2—2002. 12
	朱芝兰	女	汉	副主席	1998. 2—1999. 3
	依明古丽·牙生	女	维吾尔	副主席	1998. 2—2002. 12
	兑现·阿里木	男	维吾尔	副主席	1998. 2—2000. 3
	孙德田	男	汉	副主席	1998. 2—2002. 12
	王治坤	男	汉	副主席	1999. 3—2002. 1
	米塔力·居马	男	柯尔克孜	副主席	2002. 2—2002. 12
	吉日拉卡日阿吉·库尔班	男	维吾尔	副主席	1998. 2—2002. 12
	艾拉·毛拉洪	男	维吾尔	党组书记	2001. 6—2002. 12

续上表

届别	姓名	性别	民族	职务	任职时间
第六届	艾拉・毛拉洪	男	维吾尔	党组书记	2003. 1—2005. 8
	王治坤	男	汉	党组书记	2005. 12—2007. 2
	托合提・艾则孜	男	维吾尔	主席	2002. 12—2006. 1
	卡德尔・吾斯曼	男	维吾尔	主席	2006. 1—2007. 10
	黄晓霞	女	汉	副主席	2002. 12—2007. 10
	努尔・阿孜	男	柯尔克孜	副主席	2002. 12—2007. 10
	买买提・托乎提	男	维吾尔	副主席	2002. 12—2007. 2
	唐志荣	男	汉	副主席	2002. 12—2004. 6
	李　斌	男	汉	副主席	2006. 1—2007. 10
	吉日拉卡日阿吉・库尔班	男	维吾尔	副主席	2002. 12—2007. 10
第七届	韩西明	男	汉	党组书记	2007. 12—2010. 8
	卡德尔・吾斯曼	男	维吾尔	主席	2007. 10—2011. 8
	李　斌	男	汉	副主席	2007. 10—2011. 8
	艾山阿力・买买提苏力堂	男	柯尔克孜	副主席	2007. 10—2011. 8
	徐桂花	女	汉	副主席	2007. 10—2011. 8
	吉日拉卡日阿吉・库尔班	男	维吾尔	副主席	2007. 10—2011. 8
第八届	卡德尔・吾斯曼	男	维吾尔	主席	2011. 8—2015. 12
	李　斌	男	汉	副主席	2011. 8—2015. 12
	买买提居马・尤努斯	男	柯尔克孜	副主席	2011. 08—2015. 12
	肖　慧	女	汉	副主席	2011. 8—2015. 05
	吉日拉卡日阿吉・库尔班	男	维吾尔	副主席	2011. 8—2015. 12
	宋开才	男	汉	副主席	2015. 10—2015. 12

说明：买买提居马・尤努斯于2017年11月5日被开除党籍、开除公职；宋开才于2019年1月25日被开除党籍、开除公职

第二节　工作机构

1995年，政协阿图什市的办事机构为政协办公室，核定编制11名，工勤编制2名。具体承办日常事务，主要职责是做好内务，搞好服务。具体负责做好各项会议的文秘及会务工作，实施各项会议的决议和决定，负责各项调研、视察、座谈、研讨、委员培训活动的后勤服务，研究政协工作，收集反映社情民意，做好与上级、外县市政协的联络、交流、接待工作，负责机关的学习、管理、工作分工、考评及安全、精神文明建设等。2015年，政协阿图什市委员会办公室核定编制13名，其中公务员11名、工勤人员2名，实有16人。

第三节　政协专门工作委员会

1993—1995年，政协阿图什市第四届委员会设办公室及学习、文教卫体、科技、民族宗教、文史资料、法

制、提案8个专门委员会,均为正科级常设机构,主任由政协主席、副主席兼任。

1998年2月,阿图什市政协第五届委员会将原8个专门委员会更名为学习委员会、文教卫体委员会、民族宗教委员会、法制委员会、提案工作委员会5个专门委员会,政协主席、副主席兼任各委员会主任。

2002年12月,政协阿图什市第六届委员会将原有的5个专门委员会更名为文史学习委员会、提案工作委员会、经济科技环保委员会、教文卫体委员会、民族宗教和法制侨务委员会5个专门委员会,政协主席、副主席兼任各委员会主任。

至2015年12月,各专门委员会名称沿用没有变化。

第三章 政协重要会议

第一节 党组会议

政协阿图什市党组会议由党组书记、副书记、党组成员组成,由党组书记或委托副书记主持,根据议题由主持人决定扩大的范围。其职权和议事范围主要有:研究讨论关于党的路线、方针、政策,包括统一战线和人民政协的方针、政策的贯彻意见;研究执行市委关于全市重大部署、重要决定;讨论贯彻执行全国政协和自治区、州政协重要会议的决议;研究讨论市政协同市工商联及各县市联络和协作的重大问题;研究市政协重大的工作部署;根据市委安排,参与对市政协办公室、各专委会主任、常务委员和委员人选的酝酿协商工作,并按政协章程规定履行任免程序;参与有关干部的推荐提名、考核奖惩;召开党组民主生活会,讨论机关党的工作和机关工作,研究加强机关思想政治工作、党员教育和廉政建设的有关问题。1995—2015年,政协阿图什市共召开党组会议46次。

第二节 政协常务委员会会议

政协阿图什市常务委员会议通常每季召开1次,每年举行4次。如有重要事项需提交常委会协商,也可临时召开常委会议。会议由主席主持,由主席、副主席、专职常委、常委和办公室主任参加,出席会议的人数必须超过半数。会前由主席会议拟定通过会议议程、调研视察报告、人事安排、重大事项等事宜,提请常委会议协商。会议讨论市委、市政府重大决策部署,听取市委、市政府部门工作报告,讨论并协商,提出建议意见。市政协常委会议表决的议案、决议等,采取举手的方式,全体组成人员过半数赞成为通过。市政协常委会议通过政协委员及内设机构人员的人事任免,采取举手方式或无记名投票方式,全体组成人员过半数赞成为通过。1995—2015年,政协阿图什市共召开常务委员会议91次。

第三节 主席会议

政协阿图什市主席会议由主席、副主席、办公室主任组成。其职权和议事范围主要有:决定召开市政协常委会会议的日期、议程、提交常委会议审议的文件和以政协名义召开的工作会议;听取有关部门情况通报,提出意见和建议;处理市政协常委会的重要会务工作;初步审议提请市政协常委会审议的提案和文件;协商和讨论市委、市政府的重大工作部署以及群众普遍关心的重要问题,提出意见和建议,进行民主监督;审查以政协名义向市委、市政府提出的重要提案、建议;审议以政协名义向市委上报的文件;讨论决定政协委员视察、调研、参观等重要活动;审议政协年度工作要点、各专委会年度工作计划;讨论研究政协机关的重要工作;其他需要主席会议讨论的问题。1995—2015年,政协阿图什市共召开主席会议181次。

第四节　专题会议

政协阿图什市第四届至第八届委员会常务委员会结合市委、市政府工作重心，发挥政协优势，召开多次专题会议，解决实际问题。政协第四届委员会常务委员会贯彻中央“稳定压倒一切”的指示精神，召开4次专题会议学习讨论，统一委员思想认识。政协第五届委员会常务委员会召开5次专题会议，政协第六届委员会常务委员会召开13次专题座谈会，政协第七届委员会常务委员会召开7次专题会议，政协第八届委员会常务委员会召开11次专题会议，围绕国民经济和社会发展计划主题，收集社会各界人士意见与建议72条，从发展战略、政策选项、结构调整、人口资源环境、精神文明建设等方面向市委、市人大、市政府建言献策。其中54条建议被市委采纳。

第四章　主要工作

第一节　政治协商

1995年后，阿图什市政协通过全体委员会议、常务委员会议、主席会议以及由各族各界人士参加的各种协商座谈会，围绕全市的大政方针、政策以及政治、经济、文化和社会生活中的重大问题进行政治协商。在市产业结构调整和经济增长方式的转变、农民增收为核心的“三农”问题、特色产业的发展、商贸物流建设、推进社会主义新农村建设等方面开展协商议事活动。在每年召开一次的全体委员会议上，对政协的主要工作进行协商讨论，参与协商讨论市政府《工作报告》和计划、财政、法院、检察院工作报告，就全市大政方针和重要问题建言献策。2015年，市政协共组织召开各种协商座谈会68次，委员约谈会32次。对全市的大政方针、政策以及政治、经济、文化和社会生活中的重大问题共提出各类建设性意见建议2722条。

第二节　民主监督

民主监督的主要形式有市政协的全体委员会议、常务委员会议、主席会议向市委、市人民政府提出建议，以委员视察、委员提案、委员举报或其他形式提出批评和建议，参加市委、市人民政府及其有关部门组织的调查和检查工作。

1995—2015年，市政协召开各类情况通报会62次，通报会主要内容有：

一、农牧业生产方面

市政协先后组织常委和政协委员对全市农村的产业调整结构、抗震安居工作、新建林果业工作、减轻农牧民负担、扶贫帮困、牧民定居、葡萄基地供水工程、农牧区洪水灾害、条田规划、牧业生产等课题进行考察和调研，分别形成建议案提交市委、市政府。

二、科教文卫方面

市政协组织相关部门和政协委员就减轻学生负担、普九义务教育、教育经费使用及到位情况和教师工资情况、基层文化体育活动开展情况、计划生育工作、农牧区的“两基”教育工作、医疗保险改革实施情况等进行调查，不仅反映社情民意，还形成建议案提交市委、市政府。

三、工交商贸方面

市政协组织部门政协委员就全市重点工程项目建设、经济适用房项目、昆山育才学校改扩建工程、公安系统信息化建设项目、戈壁产业及农业示范园项目、棚户区拆迁改造工程、富民安居工程、城市公共交通建设与管理情况、工业园区运行管理情况、小微企业建设情况及城市建设情况等工作进行调研,提出具体建议,为政府职能部门提供决策依据。

四、维护社会稳定方面

市政协适时组织政协委员先后对全市的宗教场所管理、社会治安等情况、司法行政工作、治理"三乱"、敌社情、如何更有效提高依法行政、依法办事能力、维护社会稳定、"揭盖子""挖幕后"和"去极端化"等工作进行调研,提出合理的建议。协助党委、政府打击民族分裂主义和非法宗教活动。

1995—2015 年,市政协委派政协委员作为政风行风民主监督员,组成调研组到被评议单位开展政风行风评议。通过召开评议会、走访征求意见等方式掌握第一手资料,形成调研报告,并提出意见和建议。2007年10月至2011年8月,第七届委员会任期其间,开展优秀委员及提案承办先进单位评选表彰活动,对20名优秀委员和教育局、水利局、财政局等"十佳承办单位"进行表彰,进一步扩大政协提案工作的社会影响。

第三节　提案办理

一、提案办理机制

政协阿图什市委员会在努力提高提案质量的基础上,切实抓好提案交办、追踪反馈、督促检查、舆论推动等关键环节,不断提高提案办理的实效。政协委员提案一般在全体委员会议前和会中提交,至召开提案委员会会议时截止,最迟不晚于提案委员会提案立案审查会议召开时间,其后收到的提案一般转作委员建言处理。提案审查委员会审查立案的提案,经市政协常委会讨论通过后,将市委办、人大办、政府办、政协办、纪委办和政法委作为主要承办单位,明确要求,强化督促检查,保证提案办理质量。

二、提案办复

1995 年,市政协按照《自治区政协提案工作条例》,开展政协委员的提案征集、办复和承办工作,委员提案质量和数量逐年提高。2001 年,委员提案涉及阿图什市大政方针及经济建设的案件逐步增多,社会各界对政协工作的认同普遍增强,政府分管提案工作的领导亲自审阅提案,专门召开提案交办会议,建立健全提案办理程序,有效促进提案工作制度化和规范化。1995—2015 年,阿图什市政协委员、各人民团体、政协各专委会,通过调查了解、参观视察、民主监督、听取汇报等方式,围绕广大人民群众普遍关心的热点难点问题,共提交提案2820件,经审查立案2578件,均已办复,办复率100%,满意率98%。其中工交财贸类510件,占19.8%;农林水牧831件,占32.2%;组织人事类7件,占0.3%;城建环保类167件,占6.5%;科教文卫体类502件,占19.5%;政策法规类328件,占12.7%;民族宗教类126件,占4.9%;其他95件,占3.7%。

1995—1998 年,第四届委员会任期期间,共收到委员提案332件,立案300件,其中工交财贸类56件,占18.7%;农林水牧92件,占30.7%;城建环保类18件,占6%;科教文卫体类79件,占26.3%;政策法规类31件,占10.3%;民族宗教类12件,占4%;其他12件,占4%。作来信来访处理11件。

1998—2002 年,第五届委员会任期期间,共收到委员提案552件,立案489件,其中工交财贸类83件,占17%;农林水牧类197件,占40.3%;城建环保类41件,占8.4%;科教文卫体类99件,占20.2%;政策法规类41件,占8.4%;民族宗教类16件,占3.3%。作来信来访处理6件。

2002—2007 年,第六届委员会任期期间,共收到委员提案667件,立案623件,其中工交财贸类191件,占30.7%;农林水牧类206件,占33.1%;城建环保类52件,占8.3%;科教文卫体类121件,占19.4%;政策法规类35件，占5.6%；民族宗教类8件，占1.3%；其他10件，占1.6%。作来信来访处理12件。

2007—2011年，第七届委员会任期期间，共收到委员提案649件，立案549件，其中工交财贸类65件，占11.8%；农林水牧类203件，占37%；组织人事类7件，占1.3%；城建环保类17件，占3.1%；科教文卫体类114件，占20.8%；政策法规类83件，占15.1%；民族宗教类34件，占6.2%；其他类26件，占4.7%。作来信来访处理4件。

2011—2015年，第八届委员会任期期间，共收到委员提案620件，立案617件，其中工交财贸类115件，占18.6%；农林水牧类133件，占21.6%；城建环保类39件，占6.3%；科教卫体类89件，占14.4%；政策法规类138件，占22.4%；民族宗教类56件，占9.1%；其他47件，占7.6%。

1995—2015年政协阿图什市委员会委员提案分类统计表

表20－4　　单位：件

年份	届别	提案数	立案数	作来信处理	工交财贸	农林水牧	组织人事	城建环保	科教文卫体	政策法规、社保	民族宗教	其他
1995	四届三次	81	69	—	13	18	—	6	18	8	1	5
1996	四届四次	76	72	9	15	22	—	5	21	6	3	—
1997	四届五次	88	78	—	12	27	—	3	19	9	4	4
1997	四届六次	87	81	2	16	25	—	4	21	8	4	3
1998	五届一次	93	82	—	14	31	—	6	18	9	2	2
1999	五届二次	112	99	—	17	38	—	8	19	8	6	3
2000	五届三次	106	94	—	16	35	—	9	20	10	2	2
2001	五届四次	131	121	6	21	44	—	12	19	14	6	5
2002	五届五次	110	93	—	15	49	—	6	23	—	—	—
2002	六届一次	189	163	4	53	67	—	2	41	—	—	—
2004	六届二次	118	118	—	28	37	—	14	18	9	6	6
2005	六届三次	116	112	—	29	39	—	12	19	8	2	3
2006	六届四次	141	127	8	33	43	—	24	26	—	—	1
2006	六届五次	103	103	—	48	20	—	—	17	18	—	—
2007	七届一次	221	131	4	26	42	7	—	27	16	9	4
2009	七届二次	123	113	—	17	35	—	6	24	18	8	5
2010	七届三次	174	174	—	15	66	—	4	42	36	6	5
2011	七届四次	131	131	—	7	60	—	7	21	13	11	12
2011	八届一次	174	174	—	16	48	—	9	26	54	11	10
2012	八届二次	112	112	—	26	15	—	7	21	17	15	11
2013	八届三次	117	117	—	26	23	—	7	14	25	13	9
2014	八届四次	106	106	—	24	22	—	6	11	23	11	9
2015	八届五次	111	108	—	23	25	—	10	17	19	6	8

1995—2015 年政协阿图什市委员会委员提案办理结果统计表

表 20－5　　单位:件

年份	届别	提案总数	办理数	办复率(%)	已解决或基本解决(A类)		因条件或其他原因不能解决(C类)	
					件数	%	件数	%
1995	四届三次	69	69	100	64	92.8	5	7.2
1996	四届四次	72	72	100	66	91.7	6	8.3
1997	四届五次	78	78	100	72	92.3	6	7.7
1997	四届六次	81	81	100	74	91.4	7	8.6
1998	五届一次	82	82	100	74	90.2	8	9.8
1999	五届二次	99	99	100	92	92.9	7	7.0
2000	五届三次	94	94	100	90	95.7	4	4.3
2001	五届四次	121	121	100	113	93.4	8	6.6
2002	五届五次	93	93	100	88	94.6	5	5.4
2002	六届一次	163	163	100	157	96.3	4	2.5
2004	六届二次	118	118	100	110	93.2	8	6.8
2005	六届三次	112	112	100	106	94.6	6	5.4
2006	六届四次	127	127	100	122	96.1	5	3.9
2006	六届五次	103	103	100	100	97.1	3	2.9
2007	七届一次	131	131	100	125	95.4	6	4.6
2009	七届二次	113	113	100	108	95.6	5	3.8
2010	七届三次	174	174	100	165	94.8	9	5.2
2011	七届四次	131	131	100	127	96.9	4	3.1
2011	八届一次	174	174	100	168	96.6	6	3.4
2012	八届二次	112	112	100	109	97.3	3	2.7
2013	八届三次	117	117	100	112	95.7	5	4.3
2014	八届四次	106	106	100	103	97.1	3	2.8
2015	八届五次	108	108	100	105	97.2	3	2.7

第四节　视察和调研

1995 年起,市政协视察和调研主要围绕着市域经济社会发展和人民群众普遍关心的热点难点问题,认真调查研究,提出许多具有参考价值的意见和建议,为市委、市政府科学决策提供重要依据。1995—2015 年,阿图什市政协组织委员视察、调研 99 次,写出视察调研报告 108 份,提出意见建议 690 多条。

1995—2015年政协阿图什市委员会组织委员视察调研情况表

表20-6

时间		视察调研人员	视察调研内容	结果
1995年	6月7日	部分常委	视察格达良乡贫困户脱贫致富情况	提出扶贫开发方面的建议
	9月15日	市政协调查组	调查阿扎克乡栏干村和松他克乡阿孜汗村提案落实情况	
	9月	市政协委员	视察阿湖乡部分学校危房维修、减轻学生负担等情况	对存在的问题提出意见和建议
1996年	8月27—28日	市政协、吐古买提乡政协委员	视察吐古买提乡重建家园和减轻农牧民负担工作情况	提出意见和建议
1998年	7月6日	市政协委员	调研阿图什市修造厂的经营状况	形成调研报告供市委、市政府参考
	7月8日	市政协	视察库兰奇村公共积累资金的情况	推广该乡先进经验做法
	9月5日	市政协常委	综合考察学习南疆部分县市政协工作	
1999年	4月	联合市委、市政府、市教委	检查普九义务教育检查验收前准备工作；调研松他克、阿扎克、阿湖、上阿图什4个乡教育经费使用到位情况及教师工资情况；听取“两基”教育验收准备工作报告	
	7月	市政协委员	分别听取市建委、市水土开发办关于城建、水土开发建设情况的工作汇报；协调党委、政府做好搬迁户的财产评估及市容市貌规划工作	
	10月	市政协委员	调研文化市场及其管理情况	
2000年	3月	市政协委员	视察基层教育情况；听取教育工作汇报	
	4月	市政协委员	视察木纳格葡萄基地供水工程以及市政建设情况	
	7月	市政协委员	视察市七乡一场宗教场所管理情况	
	8月	市政协委员	综合考察学习新疆14个县市警局建设情况	
	10月	市政协委员	陪同自治州政协视察市各乡、场基层文化体育活动开展情况	
		市政协委员	视察阿图什市的卫生、计划生育工作；听取阿图什市医疗保险改革实施情况	
		市政协委员	视察农牧区洪水灾害、牧民定居、条田规划、牧业生产等工作	
2001年	6月	市政协委员	调研市卫生工作情况	
	7月	市政协、市委统战部和市民宗委联合成立检查小组	在全市各乡(场)同政协委员、爱国宗教人士、统战对象开展一次检查与联系活动	
	9月	市政协委员	视察市经济羊场二分场工作情况；调查该场领导班子建设、产业结构调整、农牧民减负、治理“三乱”、敌社情等情况	提出脱贫的方法措施的建议
	10月	市政协委员	调研松他克乡、阿扎克乡、格达良乡、哈拉峻乡农村教育工作情况	
		市政协委员	调研阿扎克乡、格达良乡、哈拉峻乡民族宗教工作情况	

续上表

时间		视察调研人员	视察调研内容	结果
2002年	4月	市政协委员	调研新建林果业工作情况	
	7月	市政协委员	再次调研新建林果业工作情况	
	10月	市政协委员	视察市卫生工作情况	
2003年	6月	市政协委员	调研全市102所中小学校普九教育、教学质量、教师队伍建设情况	
	7月	市政协委员	调研农村防病改水工程、农村建房用地、农民负担情况	
	8月	市政协委员	调研如何促进领导干部学法用法相结合及如何更有效提高其依法行政、依法办事能力情况	
2004年	5月	市政协委员	调研农民减负问题、城市环境问题、城市国有土地使用情况	
	6月	市政协委员	调研农村教育工作情况	
	10月	市政协委员	调研优化经济发展环境工作情况	
	12月	市政协委员	调研科技兴市工作情况	形成调研报告报市委、市政府参考
2005年	7月	市政协委员	调研抗震安居工作和农牧业科学技术推广应用工作情况	形成调研报告供市委、市政府参考
	9月	市政协委员	调研市16所小学农牧区的"两基"教育工作情况	形成调研报告供市委、市政府参考
	10月	市政协委员	调研六届三次全委会议期间政协委员提案办理情况	
	11月	市政协委员	调研市机关党建工作情况	形成调研报告
2006年	4月	市政协委员	调研上阿图什乡铁提村社会主义新农村建设、抗震安居房建设、农业生产、扶贫开发等工作情况	
	7月	市政协委员	调研市7个乡和农贸市场，对抗震安居工程进展情况、畜牧业工作情况、农村防病改水情况和城市农贸市场环境卫生情况	形成调研报告供市委、市政府参考
2007年	3月6日	市政协	召开政情通报会，邀请市卫生局通报农村合作医疗工作情况及计划，邀请市城建局通报城建及抗震安居工作情况及计划	
	6月19日	市政协	召开政协委员约谈会，通报市委通过的《政协阿图什市委员会关于做好换届工作的安排意见》；按照议题约谈委员，委员对政协开展工作情况、发挥委员作用的新方法、新途径	为今后更好发挥政协职能提出好的意见建议
	7月18日	市政协	召开政协委员座谈会，学习中共中央总书记、国家主席、中央军委主席胡锦涛在中央党校的讲话——坚定不移走中国特色社会主义伟大道路，为夺取全面建设小康社会新胜利而奋斗	讨论、交流，提出新的意见建议
2008年	1月8日	市政协	召开委员专题学习会议和委员专题协商会议，重点学习市委五届三次全委(扩大)会上所作的工作报告；专题协商阿图什市"双十三"规划	

续上表

时间		视察调研人员	视察调研内容	结果
2008年	4月24日	市政协	召开第二次情况通报会暨维稳工作座谈会,听取市委常委、统战部部长、政法委副书记关于稳定工作通报;听取文体局关于阿图什市开展文化体育工作情况通报	
	4月13—14日	市政协	现场督办市畜牧局、卫生局、环保局、水利局所承办的32个重点提案办理情况	
	4月21日	市政协	召开民族团结形势报告会	
	4月22日	市政协陪同自治区政协巴代秘书长一行人	调研帮扶联系点吐古买提乡玛依丹村和苏洪村当地上学、合作医疗、低保、牧民收入和群众脱贫致富等情况	
	6月24—26日	市政协	调研市劳动和社会保障局、阿湖乡和哈拉峻乡劳务输出工作情况	形成调研报告,供市委市、市政府参考
	7月5日	市政协	调研上阿图什、阿扎克、格达良等乡对宗教事务《八个管理办法》的落实情况	形成调研报告,供市委、市政府参考
	7月22—25日	市政协	专题调研上阿图什、阿湖、松他克、哈拉峻等乡开展"三项工作机制"的运行情况	形成调研报告,供市委、市政府参考
	8月27日	市政协	召开斋月期间维护社会稳定工作座谈会	
	9月12日	市政协、吐古买提乡吐古买提村、库鲁木都克村宗教人士	维护社会稳定、宗教事务管理等工作开展座谈	
	10月29日至11月10日	市政协	调研各乡贯彻"做优发展空间、做大中心城市、做强乡村经济、强化社会稳定、着力改善民生、推进党的建设"六大任务情况	征求驻乡的自治州、市政协委员的意见、建议,并以调研报告的形式上报给市委
2009年	5月13—14日	市政协组织自治区、自治州、市三级政协委员	视察阿图什市2008—2009年的37个重点工程项目建设情况	
	7月11日	市政协与哈拉峻乡古尔库热村和昂额孜村三老人员、村干部、驻村干部、宗教人士及村民代表	开展座谈,讲明乌鲁木齐"7·5"事件的真相	
	7月28日	市政协	对"百名领导千名干部万名共产党员共青团员'四进、五讲、六落实'宣讲活动"进行动员,并深入所包宣教村喀依拉克村、拉依勒克村、迪汗拉村的农户家中开展"五讲"活动,对农民讲真相本质、讲民族团结、讲政策法律、讲发展变化;督查上阿图什乡依克萨克中学"两基"迎国检准备工作开展情况	
	11月19日	自治区、自治州、市三级政协委员	视察2008—2009年的人民医院综合楼、四中教学楼、第二"双语"幼儿园等17个重点工程项目建设情况	
2010年	3月12日	自治区、自治州、市三级政协委员60余人	认真学习新颁布的《新疆维吾尔自治区民族团结教育条例》和《新疆维吾尔自治区社会治安综合治理条例》	
	3月22日	市政协专题协商会议	协商讨论《阿图什市电动车管理办法暂行规定》	
	4月27日	自治区、自治州、市三级政协委员	视察阿扎克乡、阿湖乡和哈拉峻乡设施农业建设情况	

续上表

时间		视察调研人员	视察调研内容	结果
2010年	5月19日	州、市政协	调研阿湖乡阿尔赛设施农业示范小区建设情况	
	6月12日	市政协	督办七届三次会议立案的151件提案中的78件重点提案	
	7月2日	政协委员	学习中央新疆工作座谈会、自治区、自治州及市委全委(扩大)会议精神	
	11月5日	政协委员座谈会	为"十二五"规划建言献策	
2011年	4月6—8日	市政协委员及相关部门	专题调研寄宿制学校发展情况及城乡低保实施情况	形成调研报告供市委、市政府参考
	8月17日	市政协委员及老干部	通报阿图什市经济建设情况、民族宗教和维稳工作情况,征求新一届政协工作意见建议	
	8月24—25日	市政协委员	视察对市北山绿化西延工程、2011年经济适用房项目、昆山育才学校改扩建工程、公安系统信息化建设项目、戈壁产业及农业示范园项目、棚户区拆迁改造工程、富民安居工程等12个重点工程项目建设情况	
	9月14日	市政协委员	调研阿图什市城市公共交通建设与管理情况	形成调研报告供市委、市政府参考
	9月28日	市政协委员	专题调研市宗教事务管理工作情况	形成调研报告供市委、市政府参考
2012年	5月23日	市政协委员	实地调研和查看昆山产业园区乱搭乱建、乱圈地情况	形成调研报告
	5月30日	三级政协委员	视察阿图什市昆山产业园昆山大道B段、苏州路建设情况和阿图什市昆山产业园企业孵化中心建设情况	
	5月28—30日	市政协会同市畜牧兽医局和市部分政协委员	调研阿湖乡、上阿图什镇特色奶业发展情况	
	5月31日	市政协委员	调研格达良乡安居富民工程建设和民族宗教管理等工作	
	6月19日	市政协委员	专题视察调研松他克乡司法所、上阿图什镇司法所、上阿图什镇尧勒其村委会司法行政事业的建设和发展情况	
2013年	3月28日	市政协委员	调研扶贫联系点吐古买提乡吐古买提村情况	重点督办群众关注的热点、难点问题,明确具体帮扶事项
	11月5日	三级政协委员	视察工业园区运行管理情况、小微企业发展情况及城市建设情况	
2014年	3月11日	市政协委员	协商市住建局关于2014年城市建设总体规划及重点项目建设情况	
	5月20日	自治区、自治州、市三级政协委员	视察阿图什市工业园区建设情况	
	6月18—19日	市政协委员	调研"双语"教学及学前教育工作情况,宗教活动管理与开展情况	形成调研报告供市委、市政府参考
	8月6日	自治区、自治州、市三级政协委员	调研市检察院开展工作情况	
	9月16日	市政协委员	指导和调研光明街道办事处、友谊路社区、人民路社区和帕米尔东路社区开展维护社会稳定工作情况	

续上表

时间		视察调研人员	视察调研内容	结果
2014 年	10 月 16 日	市政协	听取并协商市人民政府关于政协八届四次会议以来委员提案办理情况的报告和市发改委关于全市重点项目(援疆项目)进展情况的报告	
2015 年	4 月 16 日	市政协委员	举办“坚定政治立场、声讨暴力恐怖、推进去极端化”专题学习讲座	
	4 月 16—17 日	市政协委员	调研光明街道办事处团结路社区和格达良乡乔克其村、库也克村“揭盖子”“挖幕后”和“去极端化”工作	
	4 月 22 日	市政协委员	调研上阿图什镇喀依拉克村、喀尔果勒村、光明街道办事处友谊路社区工作开展情况	
	5 月 14 日	市政协委员	听取并协商听取市交通局关于全市公交运行管理情况的报告和市住建局关于城市重点项目建设情况的报告	
	5 月 14 日	自治区、自治州、市三级政协委员	专题调研城市公交运行管理情况和重点项目建设情况	形成调研报告供市委、市政府参考
	9 月 1 日	市政协委员	调研阿图什市公共体育馆、棉麻公司保障房、阿图什市二中、昆山产业园梅亿电动汽车厂、小微产业园等重点项目建设情况	
	9 月 10 日	市政协副主席	回访调查政协提案办理工作情况	形成书面材料
	10 月 13—14 日	市政协	考核市宗教界政协委员任职期(2011—2015 年)履行职责情况	

第五节　文史资料征编

1995 年后,政协阿图什市常委会为更好地发挥存史资政、团结育人的作用,把征编文史资料作为重要工作,受到领导的高度重视。市政协办公室组织编纂第一辑建县(市)40 周年、记述市 40 年来取得主要成就一书,由于有些资料不翔实,未能发行。至 2015 年,只是向自治州政协、市史志办等单位提供一些原始材料、素材等。

第六节　指导基层政协工作

2004 年 8 月 30 日,经市政协申请,报市委批准于 11 月 2 日,在上阿图什、松他克、阿扎克、阿湖 4 个乡成立政协委员联络小组,其职责是每月定期召集政协委员学习;组织政协委员宣传党的路线、方针、政策;及时发现并反映影响民族团结、社会稳定的隐患和苗头性问题;搜集、反映社情民意;宣传、推广现代科技知识;组织政协委员开展小型调研、视察、参观活动;配合相关部门调研、检查工作等。各联络组组长由各乡分管民族宗教统战工作的副书记或副乡长担任,成员由各乡宗教干事和统战干事组成。同时下发《阿图什市政协委员联络小组工作简则》《乡政协联络小组工作量化管理办法》《关于如何开展政协委员联络小组工作的建议》等相关制度。

第二十一编　群众团体

1995年后，阿图什市总工会、共青团、妇联、工商联、残疾人联合会、红十字会、社科联等群众团体组织积极发挥各自作用。各团体依照宪法和法律的规定行使民主权利，开展各项社会组织活动，参与社会建设与管理，为构建和谐社会不断解放思想、改革创新。在促进社会生产力的解放、发展和提高，实现最广大人民群众的根本利益上发挥重要作用，成为党和政府联系广大群众的桥梁和纽带。至2015年，市总工会、共青团、妇联、工商联、残疾人联合会、红十字会、社科联等群众团体组织在市委、市政府的领导下，立足做好本职工作，发扬群众团体的团结协作优良传统，组织和动员各族各界干部群众积极投身经济社会建设事业，为阿图什市经济发展、政治稳定、社会和谐、民生改善、民族团结、科技进步发挥着不可替代的作用。

第一章　阿图什市总工会

第一节　机　构

一、市总工会

1995 年,阿图什市总工会是市委直属的群团组织,正科级建制。2008 年 5 月,成立阿图什市困难职工帮扶中心,为市总工会内设科室,增编 3 名。2009 年,市总工会核定编制 5 名,实有 8 人。2010 年,成立总工会党组。2015 年,市总工会核定编制 8 名,其中行政编制 5 名,帮扶中心事业编制 3 名,工勤编制 1 名。实有 10 人。

二、基层工会组织

1995 年,全市有基层工会组织 149 个,会员 5489 人。

2015 年,全市共有基层工会组织 334 个,有工会会员 25636 人,其中联合基层工会会员 8642 人,单独基层工会会员 16994 人,女职工会员 8887 人,农民工会员 6878 人。

1995—2015 年部分年份阿图什市基层工会组织统计表

表 21 - 1

年份	合计（个）	独立基层工会（个）	联合基层工会（个）	基层工会涵盖单位（个）	工会会员（人）
1995	149	149	0	149	5489
2010	192	183	9	254	20611
2011	200	191	9	248	21614
2012	211	197	14	359	22177
2013	218	204	14	366	23006
2014	226	212	14	374	24343
2015	234	220	14	385	25636

第二节　工会职工代表大会

1995—2015 年,阿图什市总工会共召开 4 次工会职工代表大会。

一、第二次工会职工代表大会

1999 年 2 月,市总工会召开第二次会员代表大会,参加会议代表 54 人,特邀代表 5 人,会议总结第一次会员代表大会以来的工作,确定会后 5 年的工作目标。选举产生新一届领导班子,有委员 17 人,常委 7 人,主席 1 人,副主席 1 人。

二、第三次工会职工代表大会

2005 年 2 月，市总工会召开第三次会员代表大会，参加会议代表 79 人，特邀代表 39 人，会议总结第二次会员代表大会以来的工作，确定会后 5 年的工作目标。选举产生新一届领导班子，有委员 10 人，常委 9 人，主席 1 人，副主席 1 人。

三、第四次工会职工代表大会

2010 年 6 月，市总工会召开第四次会员代表大会，参加会议代表 79 人，特邀代表 84 人，会议总结第三次会员代表大会以来的工作，确定会后 5 年的工作目标。选举产生新一届领导班子，有委员 19 人，常委 9 人，主席 1 人，副主席 2 人。

四、第五次工会职工代表大会

2015 年 10 月，市总工会召开第五次会员代表大会，参加会议代表 85 人，会议总结第四次会员代表大会以来的工作，确定会后 5 年的工作目标。选举产生新一届领导班子，有委员 19 人，常委 9 人，主席 1 人，副主席 2 人。

第三节　主要工作与活动

一、职工维权

1995—1999 年，市总工会配合市劳动保障等部门开展劳动执法维权机制，维护职工的合法权益。全市有 48 个企业签订集体劳动合同并推行工资集体协议，30 个企事业单位签订女职工特殊权益保护专项集体合同，促进全市劳动关系协调机制进一步健全。不断推进民主管理和职工代表大会制度，全市国有企事业单位普遍建立以职代会为主的厂务公开民主管理制度，改制企业职代会建制率 95% 以上，已建会非公有制企业职代会建制率 60%。3 家企业被自治州总工会命名为“劳动关系和谐企业”，7 家企业被命名为市级“劳动关系和谐企业”。

2000—2007 年，市总工会每年开展《中华人民共和国工会法》宣传活动，利用双休日或节假日在农民工集中的地段、企业宣传劳动法、工会法、企业工会工作条例等法律法规。各级工会组织代表职工与企业就职工的劳动报酬、工作时间、休息休假、劳动安全卫生、保险福利等事项，协商并签订集体合同。

2008 年，市总工会加大对工会法、劳动法、女职工劳动保护规定和妇女权益保障法及企业安全生产、职业病防治等法规宣传教育力度。进一步搞好源头参与，完善工会维权机制，主动依法科学维护职工合法权益，实现职工体面的劳动和有尊严的生活。坚持和推动工会与同级政府（行政）联席会议制度，不断加强与司法、劳动和社会保障、安监等政府相关部门的联系与合作，开展联合执法检查，推进非公有制企业职工代表会、厂务公开，不断提高劳动合同覆盖率。推行平等协商集体合同的力度，最大限度地实现对职工的“广覆盖、深维护”。

至 2015 年，全市集体合同企业签订率 80%，工资集体协商合同签订率 80%。

二、扶贫济困

1995—2010 年，市总工会通过向上争取、政府支持、社会捐助等多种途径，筹措资金，在坚持开展节日期间送温暖活动的同时，不断扩大帮扶范围，开展日常救助、“金秋助学”和大病救助等帮扶活动。仅用于帮扶困难职工的资金累计 48 万元，其中“三节”慰问困难职工累计 685 人次，发放慰问品、慰问金累计价值 6 万元；帮扶特困职工、困 难职工家庭学生、大病致困职工 265 户（人），发放帮扶资金 19 万元。免费为 120 名单亲困难女职工检查，奥运安保和“7·5”事件维稳期间为一线公安干警和武警官兵送去价值 1.8 万元的慰问品,号召全市广大职工和劳动模范向南方雪灾、“5·12”汶川特大地震和青海玉树地震灾区捐款累计9.9万元。

2010—2014年,广泛开展就业促进、金秋助学、大病救助、冬季生活救助、困难帮扶、职工安全健康、法律援助等惠民行动,通过春送岗位、夏送清凉、秋送助学、冬送温暖“四季送”活动和日常帮扶,惠及职工1199人次,发放款物累计103.1万元。加强困难职工帮扶中心建设,不断向乡(镇)、街道和企业工会延伸,录入困难职工档案691户,累计为80人次提供信访接待、困难帮扶、就业帮助、政策咨询和法律援助等服务。

2015年,在古尔邦节、春节期间慰问困难职工270户,发放慰问品及慰问金8.94万元;为4名患有重(大)疾病的下岗职工发放大病救助资金共计0.8万元;“五一”“七一”期间,为34户贫困户和包村干部送去大米、清油以及慰问金1.2万元;为维稳一线的2个执勤卡点、交警大队、康泉供排水公司水厂、建筑一线工地、盐业公司等开展“送清凉”慰问活动,共计慰问矿泉水、红茶、绿茶、加多宝、西瓜等价值1.5万余元;为12名困难职工子女发放金助助学金2.35万元;为169名下岗企业职工、特困农民工发放冬季生活救助金6.76万元。

三、慰问劳动模范

1995—2010年,阿图什市各行各业不断涌现出为经济社会发展做出突出贡献的劳动模范和先进工作者。为弘扬劳模精神,切实体现党和政府以及工会组织对各级劳动模范(先进工作者)的关怀,市委、市政府每年春节、古尔邦节、元旦、“五一”国际劳动节等节日,开展国家级、自治区级、州级劳动模范和先进工作者走访慰问活动,把党和政府的关怀送到劳动模范的心中。向全国和自治区级劳动模范发放劳模慰问金21.68万元。

2015年,发放15名自治区级劳模低收入生活困难补助金、慰问金4.05万元。

四、职工文体活动

1995年后,市总工会每年通过组织各种文体活动激发各工会组织职工的工作和生产积极性,培养职工爱国主义、集体主义、爱岗敬业的精神。1995—2009年,相继开展职工徒步健身踏青庆“三八”女职工趣味游艺活动、“迎奥运、庆五一”职工拔河比赛和趣味文体活动、迎“五一”职工卡拉OK业余歌手比赛、“迎新春、讲团结、促和谐”职工文艺会演等文体活动,开展“中共十七大精神知识竞赛”“工会维权月”知识竞赛、板报比赛、“综治《条例》《宪法》法律、安康杯知识竞赛”“改革开放30周年暨反分裂宣传教育演讲比赛”等系列活动。增强全市职工的凝聚力和向心力,激发广大职工积极投身于改革开放的洪流,受到社会各界的好评和各族职工的拥护。

2010—2014年,坚持以现代文化为引领,创新举办职工文体活动的形式和方法,通过举办“迎新春”“迎五一”“迎十一”系列文体活动;举办学习贯彻中共十八大知识竞赛;举办平安阿图什建设、宪法、工会法律法规“安康杯”知识竞赛;举办“高唱民族团结之歌、我为党旗添彩”卡拉OK比赛;举办职工排球赛等一系列文体活动,不断丰富各族干部职工文化生活,营造团结、和谐、向上的氛围。深入企业开展民族团结教育宣讲和“去极端化”活动,在工业园区举办4期“去极端化”知识讲座,深入到建宝选矿、盐业公司开展以“从我做起、民族团结”宣讲活动;深入到阿图什市环卫局开展“去极端化”宣讲;举办4期阿图什市工矿企业职工“去极端化”培训班;举办“去极端化”农民油画巡回展;与企业共同为8对职工举办集体婚礼,并通过在婚礼中穿插举行“民族团结一家亲签字仪式”,种一棵“爱情同心树”等活动,增进各民族之间的感情。

2015年,分别在阿湖乡、上阿图什镇、松他克乡、阿扎克乡、格达良乡开展“去极端化”60幅农民油画巡回展活动。市总工会与天山水泥厂联合为8对新人举办集体婚礼,为每对新人赠送价值1000元的新婚礼品。举办“安康杯”职工排球赛,共有17个代表队参赛。开展迎新春系列文体活动,300余人参加乒乓球、国际象棋、中国象棋等文体活动,丰富广大干部职工的业余文化生活。

五、女职工工作

1995—1999 年，市总工会每年与市妇联联合举办迎“三八”法律、法规知识竞赛。1998 年 3 月后，围绕“如何发挥女职工作用，做好全市女职工工作”“发挥巾帼作用，建功立业”为主题，召开女工委主任例会和部分企业女工委主任座谈会。实施“女职工素质提升工程”，开展“女职工文明示范岗”创建活动，激励女职工在本职岗位上建功立业。

2000—2006 年，市总工会每年举办 1 ~ 2 次大型女职工知识讲座及培训班，累计办班 14 次，培训 1 万余人次。开展艾滋病的预防、工会知识、女职工的权益保护条例、美容健身等培训，增强女职工生活、生产等方面的知识和自我保护意识。举办知识演讲比赛、文艺演出、技能比武，为女职工搭建展示新时代巾帼女性风采的平台。

2007—2009 年，市总工会在全市各企业单位推行女职工权益保护专项集体合同制度，女职工人数 10 人以上的符合条件的各类企事业单位，实施专项集体合同签订全面覆盖，并在合同履行上下功夫，从签约到履约、监督等方面全面规范。建立女职工权益保护专项合同制度，全市各基层工会女职工权益保护专项集体合同签订率 90% 以上。

2010—2013 年，全面推进“女职工素质工程”，联合市妇联在全市各服务行业、学校、社区开展“巾帼文明示范岗”创建活动。全市女职工委员会建制率 100%，专项集体合同签订率 90% 以上。

2015 年，全市女职工建制率 100%，将女职工特殊条款列入集体合同同步履行。女职工评先树优机制健全。市总工会举办以“关爱女性健康、绽放靓丽人生”为主题的健康知识讲座。

六、“职工之家”建设

1995 年后，市总工会每两年对“建家”工作做一次全面检查验收，命名表彰，一年一复查、两年一命名。

2003 年，加快私营企业组建工会力度，完善和规范工会各项工作。市总工会出台《阿图什市基层工会工作评估考核细则》，纳入规范管理。

2004 年，把基层组织建设的各项重点工作纳入建家工作之中，并建立档案。

2010 年，市总工会加强职工之家的规范化建设，开展争创模范之家活动。深入开展创建“职工之家”和“双爱双评”活动，新增自治区级模范职工之家 4 个、自治州级模范职工之家 10 个、市级模范职工之家 39 个。同时，开展以“一流工作、一流服务、一流管理、一流效益、和谐企业”为主要内容的工人先锋号创建活动。至 2015 年，全市新增自治区级“模范职工标兵之家”1 家。

七、劳动竞赛

1995 年后，市各级企业工会动员职工提建议、练技能、破难关，开展岗位练兵、技术比武和合理化建议活动，提高企业生产效率和竞争能力。

1998 年起，在全市企业中实施职工科技创新工程，组织发动职工开展技术创新、技术改造、技术攻关和低碳环保、节能减排合理化建议，引导企业职工争做“创新能手”，每个企业培育“创新示范岗”1 ~ 2 个。

2005 年，在广大女职工中开展“创争”活动。开展“女职工双文明建功立业”“女职工文明示范岗”“文明家庭”“文明母亲”“尊老爱幼好媳妇”等评选活动。继续开展以“扶贫帮困”为主要内容的“姐妹献爱心”活动。

2008 年，建立“群防、群控、群治”职工安全健康保障机制，每年都组织开展“安康杯”竞赛活动。

2010 年，市总工会以创建“工人先锋号”活动为载体，广泛开展“当好主力军、建功‘十二五’、和谐奔小康”等主题竞赛和群众性经济技术创新活动。深入工业园区在企业内开展“立足岗位、强化技能、以点带面、争先创优”为主题的劳动竞赛；举办切割、焊接、电工、打包、装车、物理检验、驾驶等工种技能竞赛；举办护理专业技能大赛，有效地推进企业文化建设，提高职工的工作热情，充分发挥工会联系职工的桥梁纽带作用。

2015 年，市总工会组织基层工会开展职工技能竞赛活动，先后开展工人先锋号、学习型组织、五一文明示范岗等职工经济技术创新活动。全年“创争”活动面达 85%。开展劳动竞赛和技术比武活动，组织各社区女职工开展手工编织技能比武,组织教育系统开展教师"双语"优质课大赛。

八、工会自身建设

1995—1999 年,全市各级工会以开展创建"模范职工之家"活动为载体,坚持不懈抓工会组建工作。在推动全市机关事业单位和改制企业普遍建立工会组织的基础上,创新建会模式,拓展建会领域,在推动非公有制企业建会上下功夫、求突破,着力把非公有制企业的员工、个体私营者和农民工组织到工会中来,使全市工会组建和会员发展工作取得重大进展。全市工会基层组织数达到 149 个,会员人数 5489 人。

2010 年,坚持以"党建带动工建、工建服务党建"活动为契机,积极创新建会模式,拓展建会领域,在推动非公有制企业建会上下功夫、求突破,着力把非公有制企业的员工、个体私营者和农民工组织到工会中来,使全市工会组建和会员发展工作取得重大进展。全市工会基层组织数达到 192 个,会员人数达到 20611 人。全市涌现出全国优秀工会工作者 1 人,全国优秀工会积极分子 1 人。

2015 年,按照"广普查、深组建、全覆盖"的工作要求,在调查研究、摸清底数、制定规划的基础上,把非公有制企业建会和农民工入会作为建会的突破口,努力实现所有具备法人资格的非公有制企业和农民专业合作社普遍建会,最大限度地扩大建会覆盖面。全市工会基层组织数达到 234 个,发展会员 25636 人。

第二章 共青团阿图什市委员会

第一节 机 构

一、共青团阿图什市委员会

1995 年,中国共产主义青年团阿图什市委员会(以下简称团市委)为正科级建制,核定编制 3 名。2009 年 8 月,团市委增设领导小组、机关服务部、青年部、志工部和学少部 5 个机构。2015 年,团市委核定编制 4 名,实有 4 人。

二、基层团组织

1995 年,团市委下属基层团委 13 个,团支部 198 个,专职团干部 19 人,团员4886人。1995—2015 年,团支部最多达到 287 个(2002 年),最少 165 个(1998 年)。团专职干部最多时 26 人(2011 年),最少时 4 人(2012 年)。全市团员最多时13439人(2004 年),最少时4886人(1995 年)。至 2015 年,全市有基层团委 20 个,团支部 286 个,有团员9265人。有团专职干部 20 人。

1995—2015 年阿图什市基层团组织及团员统计表

表 21 - 2

年 份	基层团委(个)	团支部(个)	团员数(人)	年 份	基层团委(个)	团支部(个)	团员数(人)
1995	13	198	4886	2000	11	262	8608
1996	15	208	5001	2001	11	259	7109
1997	10	251	6886	2002	12	287	9048
1998	10	165	7633	2003	14	258	9578
1999	13	249	6982	2004	15	165	13439

续上表

年　份	基层团委（个）	团支部（个）	团员数（人）	年　份	基层团委（个）	团支部（个）	团员数（人）
2005	15	276	8334	2011	19	201	8222
2006	15	276	8334	2012	21	188	10006
2007	13	170	9884	2013	20	264	10596
2008	15	211	9555	2014	20	231	11065
2009	14	242	10181	2015	20	286	9265
2010	19	264	11004				

第二节　团员代表大会

一、阿图什市第三次团员代表大会

1996 年 2 月 6—8 日，共青团阿图什市第三次代表大会召开。出席会议代表 93 人，选举产生共青团阿图什市第三届委员会委员 17 人，常务委员 9 人，团委副书记 2 人。

二、阿图什市第四次团员代表大会

2000 年 1 月，共青团阿图什市第四次团代表大会召开。选举产生团委书记 1 人，副书记 2 人。

三、阿图什市第五次团员代表大会

2002 年 10 月，共青团阿图什市委员会第五次代表大会召开。选举产生共青团阿图什市第五届委员会委员 23 人，常务委员 11 人，团委书记 1 人，副书记 2 人。

四、阿图什市第六次团员代表大会

2007 年 8 月 27—28 日，共青团阿图什市委员会第六次代表大会在自治州文化中心召开，出席会议代表 103 人，选举产生共青团阿图什市第六届委员会委员 21 人，常务委员 9 人，团委书记、副书记各 1 人。

五、阿图什市第七次团员代表大会

2014 年 1 月，共青团阿图什市委员会第七次代表大会在市委招商楼召开，出席会议代表 103 人，选举产生共青团阿图什市第七届委员会委员 21 人，常务委员 9 人，团委书记、副书记各 1 人。

第三节　主要工作与活动

一、基层团组织建设

1995 年，共青团阿图什市委员会重点加强农牧区组织建设，为村级团组织配发《基层团组织工作手册》。制订《农牧区共青团工作考评办法》，对部分乡镇工作进行抽查，予以量化考核。选派机关优秀青年团员到乡镇、企业挂职团支部书记。把推荐优秀团员工作作为发展年轻党员的主要渠道，向党组织推荐优秀团员。

l997 年，以“服务万村活动”为抓手，加强基层组织建设，全部配齐乡镇团委书记，推行“三位一体”机制，即农村优秀青年科技星火带头人担任农村团支部书记。

1999 年,开展整顿农村松、散、瘫痪团组织,以班子建设好、主题活动好、支部建设好、阵地建设好为主要内容,在全市开展创建“五四”红旗团委和“五四”红旗团支部活动。

2001 年,制定并下发《加强和改进团组织作风建设实施意见》。以共青团团建目标管理责任制为重点,在农牧区、乡镇团建工作中实施一乡一镇一特色工作思路。推广青年工作委员会工作机制,对企业团组织及青工工作情况进行调查。

2002 年初,重点开展农牧区基层团组织建设,各乡(镇)团委按照团市委的统一安排相继召开团员青年大会调选一批青年干部担任乡(镇)团干部,配齐配强乡团委班子。

2005 年,建立青年干部后备库,向各级组织部门推荐基层各级优秀青年干部(公务员、专业技术人员)。加强公有制经济组织团建工作,在城市中以组织归属感的满足为“两新”组织建团的动力,100% 社区建团,农村 95% 的乡镇有科技领办项目和经费阵地,100% 的“空壳村”开展加快“空壳村”共青团基层组织转化。

2009 年,团市委全面普及《团情周记》和《共青团工作手册》。将希望工程、青年就业创业等重点项目向基层团组织倾斜,以项目影响带动基层组织建设和基层工作的全面活跃和整体提升。

2011 年,通过对编制内(外)书记、副书记、委员进行公开选聘、公开承诺、培训等,使乡(镇)团组织人员配置和工作内容更加符合经济社会发展和党的青年群众工作的要求。

2015 年,团市委召开市、乡、村三级“基础团务规范年”动员会,对全市团员青年底数、分布特点等基本情况进行调查核实。做好“三三三”工程(全面摸排农村、学校、社区、国有企业、机关事业单位等传统领域团支部,将所辖团支部分为优良差三等,以每年三分之一的比例完成加强一批一类支部,提高一批二类支部,巩固一批三类支部的任务)的总结收尾工作,通过座谈、观摩、调研等形式,就团组织的作用发挥、工作机制完善、活动开展等进行讨论,形成抓基层基础工作的长效机制。

二、思想教育

1995 年,在开展社会主义精神文明建设活动中,阿图什市团委结合市情,开展“学雷锋、树新风”“三学一树”(学理论、学先进、学本领、树形象)、“送温暖”等活动,组织市直各单位团员、青年、少先队员利用节假日开展打扫卫生、医疗服务、法律咨询、民族团结宣传、助贫救困、便民利民等活动。在团市委的组织指导下,全市各级团组织组织团员青年学习党的路线、方针、政策,特别是党的农村政策,不断对团员青年进行形势教育,爱国主义、集体主义、社会主义教育,法治教育,马克思主义民族观,党的民族政策教育,在学校开展革命传统教育和国情教育。

1997 年,开展宣传新疆的主要危险来自民族分裂主义和非法宗教活动,使基层团员青年坚定与民族分裂主义、非法宗教活动作斗争的信心和自觉性,牢固树立“两个离不开”思想。团市委举办各类学习培训,带领团员、青年学习《团章》及中共中央关于维护新疆稳定的重要指示精神。

2002 年,在各级团组织中广泛开展学理论、学政治、提高素质活动,制定学习计划,采取座谈会、演讲会、汇报会等多种方式,将集中学习与自学相结合,对邓小平理论、“三个代表”重要思想有关论述,江泽民总书记“七一”讲话内容等进行学习,在全市各族团员青年中,掀起学习理论、宣传理论、实践理论的高潮。

2003 年,学校团组织围绕学生成长成才,重点抓好教职工队伍的职业道德、团干部队伍和学生团干部队伍建设。在对青少年广泛开展学科学,用科学的同时,深入开展新疆历史、现代史和民族宗教演变史的教育,使每一位青少年都了解新疆的历史是各民族共同发展建设的历史。

2005 年,团市委和自治州电信分公司联合举办“青少年健康上网系列工程”。在人民广场举办 18 岁成人仪式活动。

2007—2008 年,“五四”青年节期间,在青少年中开展“爱国、爱党、爱家”的“三爱”教育和“学先进、赶先进”的“二先”活动,加强思想建设。召开阿图什市青少年民族团结和反分裂教育活动大会,通过骨干培训,走村入户,青年引导三个阶段,使全市各族青少年认清“三股势力”歪曲历史,煽动、制造民族分裂和仇恨,破坏民族团结,从事暴力活动的反动本质。开展政治思想学习活动,增强全市青少年的思想认识。

2009 年，做好和推动未成年人保护和预防未成年人犯罪的法律法规宣传和学习，在全市范围内制作设置青少年维权信箱 22 个（点）。加强青少年维权和未成年人保护的宣传工作，全年宣传 30 次；建有市级法治宣传基地 2 个、乡级法治宣传基地 7 个。

2011 年，团市委通过广泛开展“弘扬新疆时代精神”“学讲话、谈体会、做贡献”大讨论活动，加强对团员青年的形势任务和解放思想、更新观念教育。

2012—2015 年，开展抵御非法宗教宣传教育，组织开展集中宣讲 80 场次，受教育人员 2.4 万人，开展分散宣讲 230 场（次），受教育人员 2.2 万人。投入 2 万元，印制宣传手册 1 万册，将中央新疆工作座谈会后出台的包括社会保障、公共卫生事业、教育事业、提高困难群众收入水平、劳动就业政策、住房保障、非法宗教 26 条界定等十个方面 82 条直接需要广大群众知晓的内容送给青年。

三、城镇青年就业工程

1995 年，团市委组织开展农牧区青年实用技术培训，青年之家建设和植树造林三大活动，重点开展树立青年科技示范户，培养青年星火带头人和乡级团委创收活动，对青年科技示范户，青年星火带头人进行登记，建立档案定期联系。同时发动培养和扶持新的青年科技示范户，青年星火带头人，1996 年，有青年科技示范户 1016 户，涌现 265 名青年星火带头人，捐物折合现金 894 元。

2002 年，农牧区各级团组织围绕科教兴新、科教兴农战略，组织青年学科技、用科技。全年举办各类实用技术培训班 9 期，培训青年 1100 人次，培养青年星火带头人 120 人，870 名青年农牧民掌握一至两门实用技术走上致富之路。

2004 年，团市委开展青年职业技能培训，积极鼓励青年创业，持续深化“下岗青年创业行动”和“帮助青年创业计划”，加大培养青年创业领头人的力度，大力鼓励和支持青年开发实业，创办企业，创造更多的就业岗位。

2006 年，由市团委牵头，在阿扎克乡成立农村青年创业指导中心，一大批农村青年从指导中心获取致富门路。主要有养殖、大棚蔬菜、果园、百货批发等。

2008 年，继续加大农村青年劳动力转移力度，促进农民增收。先后输出农村富余劳动力 2.7 万人，送往北疆、阿克苏等各地从事建筑、采摘棉花、修路、兴建水利等工作。实现外出经济创收总额 3400 万元。

2009 年 4 月 25 日，团市委举行阿图什首批共青团“青年就业创业见习基地”合同签字仪式，与阿图什市富江果业有限责任公司等 10 家非公有制企业签订协议书。4 月 28 日，举行首批共青团“青年就业创业见习基地”授牌仪式。年底，阿图什市就业创业见习基地吸纳青年 240 人次。

2012 年，团市委在全市企事业单位中广泛建立青年就业创业践行基地，以 QQ 群、报纸、公告等手段广泛宣传有关青年就业志愿服务工作的各项举措、优惠政策，帮助闲散青少年联系见习岗位提供就业，到年底已在团市委注册登记的有意见习的闲散青少年 123 人。开展“科技播火促创业”，通过邀请农业科技专家，采用幻灯片、投影仪等现代培训设备，进乡入村为广大农村青年传播农业科技知识，增强种植、养殖技能本领，全年举办创业培训班 10 期，培训青年 600 人次。

2014—2015 年，利用各类讲座、现场会等引导广大农村青年转变就业观念，增强学科技、用科技、依靠科技致富的思想认识，并有侧重点的邀请农、林、牧、手工艺等方面专家开展“科技播火专家行”等各类培训、现场教学等活动 13 场次，受教育人群 0.9 万人次。结合“创业就业协会”的创建契机整合社会有效资源，在平等、互助、互惠的基础上积极开展乡镇一级的“联盟”创建活动，吸纳涉及社会各行业的优秀青年企业家 78 人。

四、青年文明号建设

1996 年，团市委在市公安、个体劳动者、金融、工商、税务、交通等窗口性行业及重点建设工程中开展创建“青年文明号”活动，以倡导职业文明为核心，以行业管理规范为标准，以科学管理为手段，以岗位建设、岗位创优为重点，以先进典型为导向的群众性劳动竞赛活动，激发团员青年敬业爱岗意识和创业精神。

1997年初,团市委下发《阿图什市创建"青年文明号"实施细则》的通知,成立"青年文明号"监察委员会,规定具体的条件与标准,评选办法和要求,表彰奖励、考核办法,市级"青年文明号"于年底评审。"青年文明号"单位推行青年文明号服务卡,向市民做出优质服务的具体承诺,以优质服务提高人民群众生活质量,弘扬良好社会公德。

2000年,团市委围绕实现优质服务,深化"青年文明号"活动,全市涌现出自治区级青年文明号3个、自治州级青年文明号3个、市级青年文明号2个。

2003年,全市创建市级"青年文明号"单位5个,青年志愿者活动、青年岗位能手、青年创新创效、青年突击队工作以"一帮一"助教活动为重点,在当代青年中掀起"学先进、赶先进、争创一流业绩"热潮。促进"青年文明号"创建,通过申报、验收、评审等环节,新命名3家"青年文明号"集体。新成功申报自治州级青少年维权岗14个。

2010年,团市委加大对创建"青年文明号"活动的工作力度,创建哈拉峻乡边防支队为市级青年文明号单位。10月,组织青年文明号单位负责人赴东北、西南等地学习考察,学习先进经验。

2012年,通过申报、验收、评审等环节新命名5家"青年文明号"集体。自治州级青年文明号3个,市级青年文明号2个。

2015年底,阿图什市共有自治区级青年文明号单位4家、自治州级青年文明号单位7家、市级青年文明号单位3家。

五、青年志愿者服务活动

1996年,阿图什市开展"青年志愿者学雷锋活动",组织青年到老、弱、病、残居民家中送温暖活动。

1998年,青年志愿者学雷锋"一助一"长期服务活动结合全市的重点工程建设,组织广大团员青年广泛开展公益劳动,美化环境,义务植树,社会服务,咨询服务。

2000年,成立青年志愿者队伍,结合全市的重点工程建设,在扶贫帮困、助残济学、抢险救灾、植绿护绿等方面开展志愿服务。

2002—2010年,全市先后开展"学雷锋、实践先进性、青年党员志愿服务""城乡携手进百村入万户建设社会主义新农村""青少年文明一条街""青春建功新农村行动""就业援助进万家、爱心奉献促和谐""共青团助推新型工业化""感恩祖国、融情青河、塑形你我""热爱伟大祖国　建设美好家园"等社会活动。

2012年,阿图什市青年志愿事业越来越红火。以"3·5"中国青年志愿者服务日为契机,推动全市志愿者实名制注册。全年组建25个志愿服务队,注册志愿者近600名。

2014—2015年,发挥"雷锋先锋队""社会志愿者"等社会公益组织的作用。先后开展"雷锋月""广场日""文明出行"等主题实践活动,发放各类宣传单1万份、捐赠物资8万元。

六、希望工程

1996年,团市委为希望工程发放维吾尔、汉文标语宣传单450余份,收到希望工程捐款1300元,救助31名失学儿童。在加大希望工程宣传力度的同时,加强与自治区青基会的联系。"3·19"阿图什6.9级地震后,市团委将震后失学少年的名单上报自治区青基会,自治区青基会解决100名受灾学生助学金3.62万元。

2002年,全市有希望工程受助生50名,在希望工程的实施过程中,定期发放助学金,帮助其解决困难,通过走访慰问在精神上关心和求助,捐赠课外读物,文具、衣服、运动鞋等。

2003—2004年,团市委多方联系,得到自治区、自治州团委的支持,分别修建2所希望小学。其中阿湖乡亚阿其克希望小学捐资25万元;沙拉塔拉希望小学自治区青基会捐资20万元,地方配套10万元。为220名受灾地区学生解决学习用品和冬装。

2009年5月,为格达良乡争取项目资金组建格达良库也克希望小学。

2010年,自治区青少年发展基金会分别为阿图什市阿湖乡阿其克村亚克阿其克希望小学和库也克希望小学赠送价值7.6万元的体育器材,主要有篮球架、足球门、室外乒乓球台、单双杠和各种球类及棋具等。

2011 年 12 月 26 日,团市委为 3 所小学捐赠衣物近 400 件。在 2013 年元旦到来之际,团市委在松他克乡温吐萨克小学开展“七彩歌 · 童年梦 · 我们一起迎新年”活动,为小朋友赠送价值 1500 元的《新华字典》。

七、大学生志愿服务西部计划

2008 年,团市委组织开展大学生志愿者西部服务计划岗位的申报工作。至 2015 年,有 8 批志愿者 163 人,其中来自山西、东北、河南、山东等 115 人,疆内 48 人。由自治州统一分配到阿图什市,成立西部计划志愿者阿图什项目办,并指定团市委 2 名志愿者专门负责志愿者工作,实现志愿者工作的自我管理和管理的有效结合。考取公务员、事业单位等就业人数 32 名,扎根阿图什市的志愿者 24 名。

第四节　少先队工作

一、少年先锋队代表大会

(一)阿图什市第二次少年先锋队代表大会

2011 年 5 月,阿图什市第二次少年先锋队代表大会在自治州文化中心召开。145 名少先队代表,21 名主席团成员参加,选举产生第二届少工委委员、主任、副主任以及出席自治州第二届少代会的代表。选举主任 1 名,副主任 2 名。

(二)阿图什市第三次少年先锋队代表大会

2015 年 10 月,阿图什市第三次少年先锋队代表大会在昆山育才学校会议室召开。147 名少先队代表,21 名主席团成员参加,选举产生第三届少工委委员、主任、副主任、办公室主任以及出席自治州第三届少代会的代表。选举主任 1 名,副主任 1 名。

二、主要工作

1995—2003 年,团市委推进未成年人思想道德建设工作。广泛开展少年儿童理想信念教育、民族团结教育。全面开展和深化“雏鹰行动”。

2004 年,为加强未成年人思想道德建设和青少年的民族团结教育,结合百日文化广场活动,举办民族团结“双语”诗歌朗诵比赛,为纪念“六一”国际儿童节,在广场举行百名儿童升国旗仪式;为迎接自治州成立 50 周年庆祝活动,在广场开展百名儿童绘画展和文艺会演。

2005—2007 年,市少工委巩固“手拉手”成果,参与率 90%,农牧区不低于 30%。

2008 年,市少工委在幸福街道吾斯塘路社区成立“雏鹰假日小队”,开展暑期雏鹰假日行动。活动通过观看暑期奥运赛事写心得、暑期安全知识小讲座、爱心小服务三项内容,教育引导青少年学习奥运健儿顽强拼搏的精神。市少工委联合团市委会同市法院开展法治进学校等法治教育活动。在市法院开展模拟法庭“三进”系列之进校园活动。

2011 年,开展庆祝少先队建队 62 周年庆祝活动,清明节开展“弘扬革命传统做奋发有为学子”祭扫烈士陵墓活动;“中国儿童读书日”开展读书节送图书系列活动;在中国共产党成立 90 周年开展“红歌进课堂”“红领巾心向党”主题教育活动,开展“雏鹰争章”及争当“四好少年”活动等。

2012—2015 年,组织全体学生开展“红领巾召唤我前进”少先队入队仪式活动,增强少先队组织的凝聚力和号召力。共开展融情实践活动 340 场次,结成青少年融情对子 550 对。

第三章　阿图什市妇女联合会

第一节　机　构

一、市妇女联合会

1995 年,阿图什市妇女联合会(以下简称市妇联)实有 5 人。2002 年,成立阿图什市妇女儿童工作委员会,办公室设在市妇联。市妇联核定行政编制 5 名,其中领导职数 2 名;妇儿工委核定事业编制 2 名。2009 年 9 月 27 日,设立党组。2015 年,市妇联实有 9 人。

二、基层妇联组织

1995 年,阿图什市 7 乡合计 75 个行政村都组建妇联组织。

2015 年,全市有基层妇女组织 107 个,其中乡镇、街道妇联 8 个,村妇代会 74 个,行政、机关和企事业单位妇委会 25 个。

第二节　妇女代表大会

一、第三次妇女代表大会

1999 年 1 月,阿图什市妇女第三次代表大会在市委礼堂召开,参加会议代表 125 人。大会通过妇联《工作报告》,选举产生市妇联第三届执行委员会委员 9 名、主任 1 名和副主任 1 名。

二、第四次妇女代表大会

2004 年 4 月,阿图什市妇女第四次代表大会在市委礼堂召开,参加会议代表 125 人。选举产生市妇联第四届执行委员会常务委员 11 名、副主席 2 名、主席 1 名。

三、第五次妇女代表大会

2009 年 11 月,阿图什市妇女第五次代表大会在克州文化中心召开,参加会议代表 125 人。选举产生市妇联第五届执行委员会常务委员 11 名、副主席 2 名、主席 1 名。

第三节　重要工作与活动

一、妇女、儿童发展纲要

2001 年,市妇联协助市人民政府制定《2001—2010 年妇女发展纲要》《2001—2010 年儿童发展纲要》,主要是在 2001—2010 年,妇女儿童与健康、妇女儿童与教育、妇女儿童与法律保护、妇女儿童与环境发展的主要目的、策略及措施。2011—2015 年,阿图什市贯彻执行《新疆维吾尔自治区儿童发展纲要(2011—2020 年)》的实施办法和《新疆维吾尔自治区妇女发展纲要(2011—2020 年)》的实施办法。2015 年,市妇联通过对阿图什市贯彻实施《新疆维吾尔自治区妇女发展纲要(2011—2020 年)》和《新疆维吾尔自治区儿童发展纲要(2011—2020 年)》(以下简称两纲)工作情况和落实指标情况的中期监测评估,全面了解阿图什市地区妇女儿童的状况、存在的问题和困难,推动阿图什市各级政府建立健全工作机制,促进解决重点、难点问题,为阿图什市两纲2020年终期目标达标奠定基础。

二、妇女权益保护

1995—2000年，市妇联每年开展《中华人民共和国妇女权益保障法》宣传活动，举办普法学习班18期，参加妇女2500人，接待并处理信访案件300起。

2001年后，市妇联利用“三八”维权周、宪法宣传月、“6·26”禁毒日、“三下乡”、艾滋病防治宣传日、碘缺乏病宣传日等活动为契机，发放禁毒宣传手册、重点传染病防治知识和妇女权益保障法等宣传资料、宣传物品10万份，举办各类培训班500期，接受宣传教育妇女人数达5万人。

2011年，市妇联开通阿图什市妇女维权公益热线“12338”，妇女维权热线知晓率90%以上；成立妇女儿童法律援助工作站11个。接待信访案件95起。

2013—2015年，以“维护民族团结，争做靓丽女性”为宣传主题，成立以乡（镇）妇联主席、法院、司法、民宗以及维权巾帼志愿者为成员的宣教工作领导小组，对全市各族妇女进行不同层面的法治宣传，以“三八维权周”“法治宣传日”等为契机，联合有关部门开展“送法进社区”“预防制止家庭暴力规定”、《中华人民共和国妇女权益保障法》等相关内容的法律宣传，各级妇联共开展法治宣传40场次，派发宣传单6000份。接待信访案181起，答复率100%。

三、妇女儿童工作

1995年后，市妇联每年利用“三八”妇女节、母亲节、古尔邦节、春节等重要节点，开展慰问退休女党员、困难党员、单亲母亲、贫困母亲、“两癌”患者等活动。

2000年，开展“春蕾计划”工程，至2006年救助贫困女学生100人共6万元。

2010年，启动爱心“爱心一元捐”募捐及捐助活动。捐赠对象为党政机关、人民团体、企事业单位、驻疆单位、民营企业在岗人员以及其他有经济收入的单位和个人。善款主要用于“贫困妇女扶贫创业、贫困儿童和大学生公益助学、困难群体临时救助”项目。至2015年，为53名贫困女大学生发放帮扶资金每人2000元。

2011年，启动“关爱女性健康新疆行”活动，590名妇女享受到免费体检。“心蕾工程”救助4名先天性心脏病患儿。“关爱女性健康新疆行”活动为全市590人进行免费体检。

2012—2014年，发放小额贷款资金130万元，用于城乡妇女创业。

2014—2015年，共救助贫困女童50人，捐助资金4万元。为70名贫困母亲发放“母亲邮包”。

2015年，举办“恒爱行动—百万家庭亲情一线牵”活动，发放159套爱心编织物。新疆妇女儿童发展基金会返回善款8.55万元，用于困难群体35人发放善款6万元，妇女创业循环资金1.5万元，临时救助1.05万元。

四、“三学三比”、巾帼建功活动

1995年后，市妇联在农村妇女中开展“三学三比”（学理论、学业务、学先进，比学习、比服务、比业绩）竞赛活动。60%的女农民掌握1~2门实用技术，至2012年，创立科技示范户44户，辐射3000户，带动农业主导品种、主推技术全面普及推广。评出市级“三学三比”女能手170人。

2006—2009年，评出自治区级“巾帼建功标兵”3人、自治州级“巾帼建功标兵”1人、阿图什市级“巾帼建功标兵”25人。

2014年，评出自治区级“巾帼文明岗”1个、自治州级“巾帼建功”先进个人3个、市级“巾帼建功”先进集体5个、“巾帼建功”先进个人5个。

2015年，市妇联围绕长治久安抓发展，加快转变经济发展方式，组织妇女参与新农村建设和现代农业、畜牧业发展，引导农村妇女在优化种植、养殖业结构，发展设施农业。至2015年，被命名为自治区级“巾帼文明岗”单位2个，被命名为州级“巾帼文明岗”单位1个，被命名为阿图什市级“巾帼文明岗”单位7个。

五、评先选优

(一)“五好文明家庭创建”评选

2001 年,市妇联评出自治区级“五好文明家庭”2 户。2008 年,市妇联评出全国“平安家庭”示范户 1 户、全国“五好家庭”1 户、全国“美德在农家”活动示范点 1 个。2009 年,评出自治区级“五好文明家庭”2 户。2014 年,评出自治区级“五好文明家庭”1 户。至 2015 年,评出阿图什市“五好文明家庭”130 户,评选出自治州级五好文明家庭 10 户。

(二)妇女先进评选

2007 年,表彰自治区级“三八红旗手”1 名。2008 年,评出全国“三八红旗手”1 名。2012 年,表彰自治州级“三八红旗集体”1 个、“三八红旗手”2 名。2014 年,评出自治州级“三八红旗集体”3 个、“三八红旗手”6 名、农村致富女能手 3 名;评出自治区级“三八红旗手”1 个、市级农村致富女能手 10 个、市级“三八红旗集体”5 个。1995—2015 年,评出阿图什市级“三八红旗手”25 个。

(三)“最美家庭”评选

2014 年,评出州级“最美家庭”3 个、“最美母亲”6 名,阿图什市级“最美家庭”5 个,“最美母亲”10 名。评选“最美母亲”“好婆婆”“好媳妇”50 名。2015 年表彰自治区级“最美母亲”1 名。

第四章　阿图什市归国华侨联合会

第一节　机　构

1990 年 4 月,阿图什市成立归国华侨联合会(以下简称市侨联),是市委领导下的由全市归侨侨眷组成的人民团体组织。机构设在外事侨务办公室内,与外办合署办公。1998 年,机构改革时,外事侨务办公室并入政府办公室,挂阿图什市归国华侨联合会牌子。核定行政编制 1 名。2015 年,核定编制 1 名,实有 1 人。

第二节　侨联代表大会

一、阿图什市侨联第一次代表大会

1991 年,阿图什市召开第一次归侨侨眷代表大会,选举产生阿图什市归国华侨联合会第一届委员会。选举主席 1 名,副主席 1 名。

二、阿图什市侨联第二次代表大会

2005 年 11 月,阿图什市召开第二次归侨侨眷代表大会,大会听取并审议《阿图什市侨联第一届委员会工作报告》,通过阿图什市归国华侨联合会关于执行《中华全国侨联章程》的实施细则草案,通过阿图什市归国华侨联合会章程实施细则(草案)的决议,选举产生阿图什市侨联委员会第二届委员会。

第三节　主要工作和活动

1995 年后,阿图什市侨联按照《中华人民共和国归侨侨眷权益保护法》的要求,为侨眷服务,每年对各族归侨侨眷、港澳台胞亲属进行一次慰问,为困难归侨侨眷送慰问金。定期组织归侨侨眷学习《中华人民共和国归侨侨眷权益保护法》和《实施办法》,通过进行座谈讨论、办黑板报,印发《中华人民共和国归侨侨眷权益保护法》强化宣传。每年召开一次民族团结教育月座谈会，强化民族团结教育。每年10月开展《中华人民共和国归侨侨眷权益保护法》宣传月活动，采取挂宣传横幅、发宣传单等形式，宣传《中华人民共和国归侨侨眷权益保护法》法律知识。发挥归侨侨眷参政议政作用，动员侨界代表和委员，每年提写议案，提案。做好来信来访，为归侨侨眷解决有关社会保障、政策法规咨询、房产拆迁、就医等方面困难。

1999年，开始开展侨情普查登记发证工作。

2003年，市委将侨联基层组织工作纳入党建目标管理范围，在具备条件的党委成立侨联小组。

2009年，开展《中华人民共和国归侨侨眷权益保护法》颁布实施20周年纪念活动，动员归侨侨眷向海外的亲人写一封家信，宣传祖国和家乡的发展变化，宣传党的侨务政策，利用短信平台发《中华人民共和国归侨侨眷权益保护法》宣传信息1万余条，向群众发《中华人民共和国归侨侨眷权益保护法》3000份。召开归侨侨眷"维护祖国统一、反对民族分裂"侨眷座谈会。

2011年，以"回顾党的光辉历程，讴歌侨联发展成就"为主题，遴选7幅照片参加中国共产党成立90周年摄影大赛。

至2015年，全市归侨、侨眷中有市人大代表4名，市政协委员2人。

第五章　阿图什市工商业联合会（商会）

第一节　机　构

1995年，阿图什市工商业联合会（以下简称市工商联）为全额事业单位，核定编制5名，实有5人。2006年8月，市工商联成立党支部。2010年4月，成立党组。2013年4月，成立阿图什市非公有制经济组织工作委员会，为阿图什市委派出机构，与市工商联党组合署办公。非公有制经济组织党工委设有书记1名，由工商联党组书记、副主席兼任，工作人员由工商联干部兼任。阿图什市非公有制经济组织党工委下设企业党支部12个。2014年，市工商联为参照公务员管理事业单位，核定编制6名。2015年，实有7人。

第二节　会员代表大会

自1995年至2015年，市工商联共召开5次代表大会，其中第一届领导称为主任委员、副主任委员，第二届称为会长、副会长，第四届称为主席、副主席。

一、阿图什市工商联第二次会员代表大会

1999年11月，市工商联召开第二次会员代表大会。出席大会代表125人，列席代表120名，会议听取第一届会员代表大会工作报告，选举产生由36名执委组成的阿图什市工商业联合会第二届执行委员会，其中常委19人，选举产生会长1人。

二、阿图什市工商联第三次会员代表大会

2002年5月，市工商联召开第三次会员代表大会。大会选举产生由39名执委组成的阿图什市工商业联合会第三届执行委员会，其中常委19名，选举产生会长1人、副会长1人。

三、阿图什市工商联第四次会员代表大会

2009年1月，市工商联召开第四次会员代表大会，参会代表123名，选举产生第四届执行委员会委员39人，其中常委21人、副主席10人，专职副主席2人、兼职副主席8人、主席1人。

四、阿图什市工商联第五次会员代表大会

2012 年 9 月 20 日,市工商联召开第五次会员代表大会,参会代表 123 名,选举产生第五届执行委员会委员 39 人,其中常委 21 人、副主席 10 人,专职副主席 2 人、兼职副主席 8 人、主席 1 人。

第三节 主要工作与活动

一、参政议政

1995 年后,市工商联组织工商联界别的政协委员、执委、常委开展学习培训,通过摸底调查的方式,全面、客观、真实地了解全市非公有制经济组织建设和发展经营状况。在各非公有制经济组织中开展法律服务调查及民营企业工作测评,组织召开座谈会,增强非公有制经济人士的责任意识、机遇意识、大局意识、忧患意识和跟党走的信念。

2006 年,市工商联向市委、市政府提供《阿图什市非公有制经济发展现状及建议》《加强工商联建设、肩负历史新使命、促进全市非公有制经济快速稳定发展》等调研材料,为市委、市政府决策提供依据。

2010 年,市工商联加强非公有制经济人士思想政治工作,引导非公有制经济代表人士有序政治参与,经常对非公有制经济人士进行“爱国、敬业、诚信、守法、贡献”教育,引导非公有制经济人士依法经营,照章纳税,自觉承担社会责任。了解和掌握民营企业的情况,征求和收集企业的意见、建议和要求情况,增强非公有制经济人士在参政议政工作中的针对性和科学性。

2015 年,将调查研究和参政议政工作列入工作重点,采取座谈、实地查看和发放征求意见卡等形式,面对面进行交流讨论,广泛征求社会意见和建议,全年开展各类调研活动 3 次。

二、非公有制企业工作

1995 年后,市工商联围绕个体私营企业需求做好服务。2000 年,市工商联重视和关心支持个体私营协会的工作,帮助解决个私协会在工作中遇到的实际困难,发挥商会在服务、教育、引导、自律、协调、维权等方面的独特优势和作用,选好配强工作人员,创造良好工作条件环境。

2005 年,市工商联支持非公有制企业“走出去”,加强同区内外工商社团的联系和交往,开展民间对外交往合作,贯彻充分尊重、广泛联系、加强团结、热情帮助、积极引导的方针,坚持服务会员宗旨。年底在浙江绍兴成立阿图什商会。

2013 年,市工商联全面开展个体工商户调查摸底工作。全市私营企业及分支机构 611 户,其中规模以上的有 29 户。全市登记注册的个体工商户 4024 户,从业人员 6186 人;农民专业合作社 184 户,从业人员 3460 人。行业商会 2 家,行业协会 1 家,基层商会 6 乡 1 镇各 1 户,共 7 户。

2014—2015 年,市工商联每年筹备和组织市企业参加中国—亚欧博览会。富江果业被评为“新疆企业 500 强”。

第六章 阿图什市文学艺术界联合会

第一节 机 构

2009 年 7 月,阿图什市成立文学艺术界联合会(以下简称文联),属全额事业单位,核定编制 3 名,其中领导职数 1 名。2010 年 11 月,市文联机构规格定为正科级。2015 年,实有 3 人。有写作家协会、音乐舞蹈家协会、摄影家协会、美术书法家协会、民间艺人协会 5 个协会。

第二节　主要工作与活动

一、文化交流

2011 年，文联以“文化建设年”“中国共产党成立 90 周年”为契机，深入市区、社区、农村、机关、学校和企业。开展演讲比赛、报告会、知识竞赛、“唱支新歌给党听”红歌等活动。配合开展好阿图什市第十届百日广场文化活动、庆“春节、元宵”两节灯展、重大节庆日文艺会演等各项大型活动。

2015 年，阿图什市文学艺术界联合会围绕“现代文化引领”“去极端化”宣传教育，组织协调阿图什市电视台、广播电台开设专题专栏，深入学习宣传党的理论方针政策。全年制作播出《转变作风服务基层》《维护民族团结、维护社会稳定》《“去极端化”宣传教育》等专题 40 个，共播出 826 期，采用稿件 14636 条；开展文化惠民行动，共向乡（镇）、街道、市直各单位发放《学习活页》《文化惠民产品——电影、电视剧、舞台剧》、自治区成立 60 周年宣传材料等各类宣传挂图、书籍、光碟 1.5 万套（份）。开展“校园读书交流”“世界读书日”活动、“庆六一，送图书”系列活动 7 次，捐赠图书、杂志 2400 册，发放宣传资料 1300 份。以爱国主义和民族团结教育为主线，积极配合做好自治区、自治州宣讲团到阿图什市直单位、各乡镇（街道）宣讲工作。陪同自治州民族团结教育宣讲团到阿湖乡、阿扎克乡、松他克乡、格达良乡开展“反对分裂，维护民族团结、促进和谐”专题报告会，组织各乡干部群众、“四老”人员、爱国宗教人士 1200 余人聆听报告。

二、群众性文化活动

2011 年，市文联开展“送文化下乡”活动。下乡 10 次，为基层群众送图书 1000 册，读者 2500 人次；送戏 10 场，观看群众 1.1 万人次。开展“万村千乡文化产品惠民行动”文化产品发放活动，共计发放文化惠民产品 4710 套，其中优秀电影出版物 615 套，优秀电视剧出版物 770 套，舞台艺术作品出版物 325 套。

2015 年，市文联组织 8 支农牧民演出队，深入到 7 个乡（镇）75 个村组，开展文艺演出 74 场次，参与文艺爱好者 110 余人次，吸引各族群众 8000 人次。配合“送文化下乡”活动，组织技术人员深入各乡村、社会文化室业务指导 15 次。开展两馆免费开放服务宣传，接待读者 1106 人次。

三、各协会作品与创作情况

（一）作家协会

2012 年 6 月，阿图什市作家协会成立，是全市各民族作家、文学工作者自愿结合的专业性人民团体，有会员 36 人。2015 年，有会员 160 人。

（二）美术书法家协会

2012 年 6 月，美术书法家协会成立，有协会会员 7 人。

2013 年，举办“和谐阿图什”首届美术书法展，经专家评审筛选，最终入展 40 幅佳作。参展的 20 余位作者用自己的真实情感和艺术技法，创作出一批贴近生活、贴近群众、贴近基层的精美作品。

2015 年，市美术书法家协会围绕“现代文化引领”“去极端化”宣传教育，举办农民画家作品展，共展出“去极端化”书画作品 75 幅，吸引众多市民和文艺爱好者参观。

（三）音乐舞蹈家协会

1995—2015 年，市音乐舞蹈家协会会员在阿图什市创作出各类不同时代，反映维吾尔族传统音乐和传统舞蹈的特色，又有创新。新编创舞蹈、歌曲 81 个，集体舞蹈《阿图什赛纳姆》、“阿图什香馕”、歌舞《哈力旦》、歌曲《好哉妙哉》等创作精品，得到疆内外观众的好评。阿图什百日文化广场活动，《平安阿图什》主题歌大赛，“一月一村一场”活动，阿图什农牧民文艺会演，元旦晚会，诺肉孜文艺晚会等平台，推出一大批精品歌曲、舞蹈。2015 年，音乐舞蹈家协会成员 71 人。

(四)摄影家协会

摄影家协会于2012年创建,有会员56人。2015年,举办摄影爱好者摄影展,共展出23位摄影爱好者的81幅作品,参观人数2800人次。

(五)民间艺人协会

民间艺人协会于2012年创建,到2015年,有会员21人。

(六)手工刺绣艺术

加马力·买买提卡地是柯尔克孜刺绣艺人。2009年带着柯尔克孜族刺绣马鞍和刺绣大衣参加"南疆四地州旅游纪念品大赛"获得纪念奖。2009年,成立阿图什加马力民间手工艺品有限责任公司。至2015年,通过规模化生产、订单生产等方式,逐步整合阿图什市乃至自治州的民族刺绣资源和力量,生产的刺绣产品也由一开始的30多种发展到1000多种,产品远销哈萨克斯坦和吉尔吉斯斯坦等国。举办20多期各类免费刺绣培训班,培养来自全州3县1市及喀什等地的1000余名学员。

第七章　阿图什市残疾人联合会

第一节　机　构

一、残疾人联合会

1995年,阿图什市残疾人联合会(以下简称市残联)为民政局二级局。1998年8月,市残联从民政析出,升格为正科级事业单位。2004年8月,成立残联党支部。2007年,残疾人就业服务与残疾人教育工作合并,设立内设机构残疾人教就部。2010年5月,成立残疾人联合会党组。2013年10月,经市委、市政府批准,重新成立残疾人就业服务所,属于市残联下属事业单位。乡镇、街道办事处配备专职理事长,部分乡镇还配备专职工作人员,全市行政村(社区)建立残疾人协会并选聘专职委员。构建市级残联"四位一体"、乡镇、街道办事处残联"三位一体"的组织框架。2015年,市残联内设综合办公室(承担组联、维权、文体、宣教、康复、外联业务工作),下属残疾人就业服务所事业单位1个。

二、专门协会

2008年,第四届残疾人代表大会专门协会正式成立,设盲人协会、聋人协会、肢残人协会、智力残疾人亲友协会、精神残疾人亲友协会等5个专门协会,并配备专职负责人。至2015年12月,75个行政村、16个社区残疾人都成立残疾人协会。

第二节　残疾人代表大会

一、第一届残疾人代表大会

1991年8月,阿图什市召开第一届残疾人代表大会,成立残疾人联合会。市委、市政府领导出席会议,大会选举名誉主席1名、主席团主席1名,副主席4名。同时选举出理事长和副理事长。

二、第二届残疾人代表大会

2003年4月22日,阿图什市在市党委四楼会议室召开第二届残疾人代表大会。出席大会代表67名,特邀代表6名。其中残疾人代表39名。自治州残联、市委、市政府领导出席大会。会议选举产生第二届残疾人主席团,选举产生主席1名、副主席6名。同时选举出理事长、副理事长和理事。

三、第三届残疾人代表大会

2006 年 3 月 15 日，阿图什市召开第三届残疾人代表大会，第二届主席团成员顺延为第三届主席团成员，推选理事长、副理事长和理事。

四、第四届残疾人代表大会

2008 年 2 月 19 日，阿图什市在自治州文化中心召开第四届残疾人代表大会。来自全市各行各业的残疾人、残疾人亲属、残疾人工作者代表共 150 人参加代表大会。会议选举产生第四届残疾人主席团，选举产生主席 1 名、副主席 8 名。同时选举出理事长、副理事长和理事。

五、第五届残疾人代表大会

2013 年 6 月 9 日，阿图什市在残联综合大楼六楼会议室召开第五届残疾人代表大会。应到会代表 87 人，因病因事请假 7 人，实到代表 80 人。会议选举产生第五届残疾人主席团，选举产生主席 1 名、副主席 7 名。同时选举出理事长、副理事长和理事。

第三节　主要工作与活动

一、残疾人基本情况

2015 年，阿图什市有各类残疾人 4825 人，其中肢体残疾人 2487 人，占残疾人总数的 51.54%；听力残疾人 606 人，占残疾人总数的 12.55%；言语残疾人 208 人，占残疾人总数的 4.3%；视力残疾人 681 人，占残疾人总数的 14.1%；智力残疾人 412 人，占残疾人总数的 8.54%；精神残疾人 331 人，占残疾人总数的 6.86%；多重残疾人 100 人，占残疾人总数的 2.07%。阿图什市残疾人主要分布于偏远乡村，交通不便，信息闭塞，有 3701 多名残疾人处于贫困和贫困边缘状态，占全市残疾人总数量的 76.7%。全市办理第二代残疾人证 4825本。

二、残疾人就业培训

1995 年后，市残联根据自治区办公厅下发的《按比例安排残疾人就业试点方案》精神，由市领导和市残联协商，落实好残疾人按比例就业工作。

2005 年后，实施由地税局代征残疾人就业保障金，共征收残疾人就业保障金 700 多万元，其中自治区 50%，自治州 20%，市本级 30%，除上缴上级残联 70%，剩余 30% 入市国库，主要用于残疾人就业、实用技术、劳务输出培训及残疾人康复、扶贫等方面。按比例分散安置残疾人就业 130 名，扶持残疾人个体就业 103 名。利用每年科技之冬培训残疾人 5500 人（次），提高残疾人劳动能力，农村稳定就业人数 2100 人，有效改善残疾人的生产生活状况。为解决残疾人就业困难，提高残疾人就业技能，拓宽残疾人就业渠道。2009 年，结合全市劳务输出，协调市人社局就业培训基地，对 800 名残疾人进行职业技能培训，组织实施 8 批 370 名残疾人劳务输出，到石河子市石河子天盛实业有限责任公司就业。

三、残疾人康复、教育、维权

（一）残疾人康复

1995—2015 年，阿图什市落实自治区残联、自治州残联“关爱工程”，完成 70 名贫困肢体残疾人免费装配假肢 74 例，发放轮椅及辅助器具 520 辆（件）；为 490 名白内障患者进行复明手术；对听力残疾人 130 人进行检查，装配助听器 72 台；给 200 余名精神病残疾人发放服药补助 15 万余元，45 名精神病残疾人住院补助 16.2 万元；建立社区康复站 5 个。

(二)残疾人教育

1995—2015年,阿图什市将残疾儿童少年教育纳入全市义务教育体系,在全市各中小学有286名残疾儿童少年随班就读,严格执行“两免一补”扶助政策,确保适龄(7~15周岁)残疾儿童少年入学率75%。建立特殊教育学校1所,有55名残疾学生接受特殊教育。组织实施残联系统“爱心天使”扶残助学项目,有8名残疾人大学生享受3100元至5000元不等的“爱心天使”助学基金,累计受助金额7.18万元。特殊教育学校的残疾学生,大部分都被民政部门纳入城镇最低生活保障范畴。

(三)残疾人维权

1995—1995年,市乡镇、街道办事处司法所相继成立法律援助中心,对涉及残疾人的法律案件及时提供有效的法律援助,维护残疾人合法权益。合力妥善处理好残疾人来信、来访和权益保障工作,做到件件有答复、事事有落实。

四、残疾人文体活动

2001年后,市残联每年结合“全国助残日”,举办残疾人文艺会演。2011年3月,阿图什市心灵之声聋哑人文艺队成立,由聋哑残疾人自发组织,是阿图什市第一个残疾人文艺队。2010年,市残联选派的运动员,作为自治州残联代表队,参加自治区第五次残疾人运动会,获得4块银牌,1块铜牌。2012年,市残联选送的1个声乐类节目和1个舞蹈(心灵之声聋哑人文艺队),作为克州残疾人艺术表演节目,自治区第四届残疾人文艺会演中,获得声乐节目三等奖和舞蹈优秀组织奖。

五、残疾人扶贫助困

2009—2015年,阿图什市坚持对贫困残疾人及家庭开展扶贫工作,有8900人次受到扶持。市残联实施危房改造项目,把城乡残疾人住房纳入抗震安居、廉租房、解困房优先解决范围,解决120余户城市残疾人的住房。落实“分类实施、应保尽保”的残疾人社会保障措施,1012名贫困残疾人享受城乡最低生活保障,为870名特困残疾人发放救济金43.5万元。城乡残疾人参加城镇居民医疗保险、新型农村合作医疗100%,为5150名贫困残疾人发放医疗保险补助11.58万元,贫困残疾人的基本生活和医疗得到保障。对享受低保的1012名贫困残疾人进行特殊照顾补贴,城市每人每月补贴25元,农村每人每月5元。

六、项目建设

(一)残疾人危房改造

2009年,市残联实施危房改造项目,把城乡残疾人住房纳入抗震安居、廉租房、解困房优先解决范围,全市残疾人危房改造40户,发放资金20万元。2010—2013年,残疾人危房改造837户,发放资金162.5万元。

(二)残疾人托养

2010年,残疾人托养59人,发放资金6.4万元;2011年残疾人托养50人,发放资金5万元;2012年残疾人托养139人,发放资金15.5万元;2013年残疾人托养249人,发放托养资金28万元;2014年残疾人托养369人,发放托养资金40万元。2015年,发放资金39.5万元。

(三)残疾人燃油补贴

2010年残疾人燃油补贴70人,发放资金1.4万元;2011年残疾人燃油补贴70人,发放资金1.4万元;2012年残疾人燃油补贴60人,发放资金1.56万元;2013年残疾人燃油补贴60人,发放资金1.56万元;2014年残疾人燃油补贴60人,发放资金1.56万元。

(四)残疾人家庭无障碍改造及旅游建设

2010年10月,阿图什市残疾人综合服务中心建成使用,面积2000平方米,其中办公室11间、280平方米,康复中心100平方米。

2009—2015年,全市完成农村6个乡镇的残疾人康复指导站和城市5个社区的残疾人康复指导站及阿图什市人民医院残疾人康复中心建设。

2011 年,残疾人家庭无障碍改造 15 户,发放资金 4.5 万元;2012 年残疾人家庭无障碍改造 10 户,发放资金 3.5 万元;2013 年残疾人家庭无障碍改造 15 户,发放资金 5.25 万元;2014 年残疾人家庭无障碍改造 16 户,发放资金 5.6 万元。

(五)残疾人无电家庭光明工程

2010 年,发放太阳能移动电源 5 台,价值 2.5 万元;2011 年发放太阳能移动电源 40 台,价值 20 万元;2012 年发放太阳能移动电源 128 台,价值 68 万元。

第八章　阿图什市红十字会

第一节　机　构

2006 年 7 月,阿图什市红十字会成立,与市卫生局合署办公,正科级,列全额事业编制 3 名。2010 年,从卫生局分离独立办公,2012 年红十字会党支部成立。2015 年,实有 3 人。

第二节　主要工作与活动

一、博爱宣传教育

2006 年,市红十字会每年利用“3・10”世界红十字会法宣传日、“5・8”世界红十字日、“6・14”无偿献血日、“9・13”世界急救日、“12・1”世界艾滋日、“12・5”国际志愿者日等纪念日在市区人群聚集地开展宣传、咨询、义诊活动,对红十字会法、红十字标志使用办法、艾滋病预防、常见病防治等健康知识以及民生工程(“小天使基金”——白血病、“天使阳光基金”——先天性心脏病、“嫣然天使基金”——唇腭裂、“爱之天使基金”——宫颈鳞癌),通过广播电视、散发宣传单、印发宣传手册等方式进行广泛宣传。组织卫生单位、红十字志愿者到乡镇、村、敬老院、军营进行免费体检和义诊,联系相关药堂和药店免费送医送药。结合“百日文化广场”文艺会演,悬挂红十字条幅,制作红十字健康知识宣传版画,发放宣传单,以多种形式将“人道、博爱、奉献”的红十字精神进行宣传,增强红十字会的社会影响力。至 2015 年,开展咨询活动 10 次,发放宣传资料 2.4 万份,办展板及张贴宣传图片 1700 份,受益群众 3.4 万人次。

二、“三献”工作

2006 年,市红十字会成立后,每年开展无偿献血、遗体器官捐献和造血干细胞“三献”宣传动员工作。按照《中华人民共和国无偿献血法》及有关条例,组织开展无偿献血工作。坚持每年发放无偿献血宣传单、宣传册,提高全市居民对无偿献血意义的认识,提倡机关干部职工、医务人员、教师带头献血。全市无偿献血人数从少到多,无偿献血比例逐年加大。

2015 年 5 月 28 日,在阿图什市人民广场举行造血干细胞采集活动,有 1000 余人参加,成功采集血样 193 份,完成任务总数的 241.25%。

三、青少年工作

2008 年,市红十字会根据《中国红十字总会、教育部关于印发〈学校红十字会工作规划〉的通知》精神,建立健全各级红十字青少年工作委员会,通过举办红十字知识、无偿献血知识、生理卫生知识、卫生救护知识培训和讲座,开展适合青少年特点的各种社会公益活动,培养青少年扶贫济困、敬老助残、助人为乐的红十字精神。

2009 年,以创建“红十字青少年示范学校”为契机,以观看电教片、办黑板报、爱心捐助、健康咨询等形式开展各种活动。市红十字会为学校红十字会举办 2 期红十字基本知识和卫生救护培训讲座。

2011 年,自治区红十字会授予市第四中学为红十字示范学校,并为红十字爱心书屋捐书 5 万册。

四、募捐活动

2008 年 5 月 12 日,四川汶川发生 8.0 级地震,市红十字会为地震灾区募集救灾款 8 万元。

2010 年 4 月 1 日,青海玉树发生 7.1 级地震,市红十字会为地震灾区募集救灾款 45 万元。

2013 年 4 月 20 日,四川雅安发生 7.0 级地震,市红十字会为地震灾区募集救灾款 13 万元。

2014 年 8 月 3 日,云南省昭通市鲁甸县发生 6.5 级地震,市红十字会为地震灾区募集救灾款 3.2 万元。

五、社会救助

2008 年,市红十字会为哈拉峻乡克孜勒陶村、阿湖乡阿尔赛村修建 2 个卫生服务站。2009 年,为阿湖乡、上阿图什乡 2 个乡卫生院配备电脑、B200 型全自动生化分析仪、SIHO 素例电解质仪器。2011 年,为阿湖乡、松他克乡、阿扎克乡、上阿图什乡 14 个村卫生室配备医药柜、担架、氧气罐等医疗设备。

六、艾滋病项目工作

2014 年 9 月,市红十字会申请到自治区艾滋病预防和关怀项目。举办培训班、演讲 38 期(次),5225 人受益。其中对 3 名核心志愿者进行培训;召开 19 个部门艾防项目启动工作协调会议;举办 2 期 65 名艾滋病预防志愿者强化培训班;举办 1 期 19 名乡镇、街道社区防疫人员艾防知识培训班;举办 3 期 293 名中小学、幼儿园老师培训班;举办 20 次 4148 名职校、企业、社区、外来务工人员艾防知识专题演讲活动;举办 12 次 642 名农村青年艾滋病预防知识专题演讲活动;在节日 4 次探望艾滋病感染者 55 名;在全市举行“12·1”艾防主题宣传活动;在目标人群开展基线、终线调查;召开志愿者座谈会。为巩固艾防效果,逐步建立长效机制,并做好艾滋病预防与关怀项目的后续工作,在征得自治区红十字会意见后,利用 3 个月时间,在职校、企业、社区开展艾防知识演讲 19 次。

第九章　社会科学界联合会

第一节　机　构

2012 年 12 月 14 日,阿图什市成立社会科学界联合会(以下简称社科联),与市委宣传部合署办公,机构规格为科级,核定领导职数 1 名,人员编制自行调剂解决。2013 年 2 月 20 日,为社科联增加事业编制 2 名,其中领导职数 1 名。2013 年 11 月,任命社科联副主席 1 名,实有 1 人。2015 年,实有 1 人。

第二节　主要工作和活动

一、社科队伍建设

2015 年,市委宣传部印发阿图什市加强社科普及工作的意见,明确各单位要指定一名领导和一名工作人员负责社科普及工作。动员 55 个单位 110 名人员组建阿图什市社科普及队伍。加强社科类学会、协会的备案审批管理工作。从民政局社会组织管理部门剥离社科类学会、协会 2 个。

二、社科普及

2014—2015 年,市社科联联合市科技局、科协开展“科技之冬”“科普日”“科技下乡”等活动,在宣传普及上增加中共十八大,中共十八届三中、四中、五中全会,“去极端化”等社科类知识,推动社科普及工作的开展。累计开展“科技之冬”活动 28 场次,培训教育群众 1. 6 万人次,开展“科技下乡”活动 7 场次,受教育的群众 6700 人次。

三、思想理论问题辨析引导

2013—2015 年,市社科联结合市委“坚定政治立场、声讨暴力恐怖、推进去极端化”专项活动的开展,在研读自治区 11 号文件、自治州 28 号文件、32 号文件和 2015 年自治区新修订的 11 号文件的基础上,编印 2 万余字的阿图什市“坚定政治立场、声讨暴力恐怖、推进去极端化”学习宣传读本,将新疆历史、民族发展史、宗教演变史编入宣传手册,宣传“泛伊斯兰主义、泛突厥主义”“民族自决”“高度自治”等错误思想的危害性,增强干部群众学习宣传的针对性,让干部群众得到教育。

第二十二编 政 法

1995—2015 年，阿图什市为适应新形势，各政法机关相互协调，依法打击“三股势力”，维护全市社会政治稳定。公安部门以反恐严打斗争、社会矛盾化解、社会管理创新、公正廉洁执法为总体要求，围绕反恐维稳，依法打击各类严重刑事犯罪，提高发现预警、管理控制和打击处置能力。开展“打黄扫非”“严打”“专项整治”等各项斗争，为全市的经济建设和社会稳定做出重要贡献。检察部门把查办大案要案、打击严重刑事犯罪和执法监督作为工作重点，加大反贪污贿赂力度，加强法律检察和风险防范，遏制经济犯罪，改进立案监督、侦查监督和审判监督中的薄弱环节，为构建和谐平安阿图什，促进全市经济又好又快发展提供有力的法律保障。审判部门对审判方式进行改革，完善和健全民事审判、经济审判，解决和消除经济发展中的各类矛盾。惩罚教育犯罪分子，维护社会公平正义，妥善调处民事纠纷，保卫人民民主专政制度，维护社会主义法治秩序，保护大众合法财产，保护人身权益、民主权利，为全市社会稳定、经济发展保驾护航。司法行政部门围绕“三五”“四五”“五五”“六五”普法，促使“法律进万家，人人学法律”，组织开展人民调解和法律援助，对刑释解教人员进行矫正和帮扶安置，降低矛盾激化和重新犯罪的概率。

第一章　政法委及综治

第一节　平安创建

一、维护社会稳定

1995—2000 年，阿图什市政法委围绕“全市政治社会稳定，保障经济建设顺利进行”的中心工作，全方位开展“严打”斗争。相继开展国家安全法、保密法的宣传教育；处理好群众来信、来访、申诉等问题；做好处置突发事件的准备；对维护稳定各项措施落实情况检查督促。通过开展集中整治行动，严厉打击各种刑事犯罪活动，为全市各项事业的发展创造良好的稳定环境。加强军民、警民的联防，维护边境地区的治安秩序。

2001—2010 年，以创建“平安阿图什”为主线，加强对特种行业、公共娱乐场所、公共复杂场所的管理，对“两劳”回归人员的情况进行排查，重视矛盾纠纷排查调处工作，及时处理人民内部矛盾，做好防激化工作。2008 年，围绕奥运安保工作，以严厉打击各种违法犯罪活动和“三股势力”等严重刑事犯罪为重点集中整治重点区域。2009 年，乌鲁木齐“7・5”事件发生后，针对可能发生的各种突发事件，采取完善处置突发事件工作预案，完善“第一时间、第一现场”处置等措施，强化情报信息工作，落实安全保障力量。2010 年，按照“谁主管、谁负责”的原则，各乡(镇)、各单位着力从源头上解决群众关心的热点、难点问题，充分发挥人民调解、行政调解、司法调解“三位一体”调解方式的作用，集中解决因土地纠纷、草场占用补偿、企业改制遗留问题及移民安置补偿等方面的信访突出问题。

2011—2015 年，市委、市政府以坚决防止“四类事件”(自然灾害、事故灾难、公共卫生事件、社会安全事件)为目标，抓好维护稳定决策的部署和落实。不断完善情报信息工作机制，扎实开展城镇社会面“网格化”巡控工作；全面落实平安建设层级责任，宣传提升“一感三率”(公众安全感、知晓率、参与率、满意度)，推进基层平安细胞建设，营造全民参与的浓厚氛围。2015 年，健全完善社会面管控机制，加强基层基础设施建设，建立矛盾纠纷排查化解机制，推进社会稳定风险评估，从源头上消除隐患。

二、平安阿图什创建

2006 年 4 月 21 日，市委、人民政府下发《关于在全市深入开展“平安阿图什”建设实施办法》，在全市范围内开展以“平安市、乡(镇)、街道、边境、村(社区)、机关(企事业)单位、家庭”为重点的“平安阿图什”建设，并逐步拓宽领域，提高层次，总结经验，完善机制，全面推进。2007 年，全面启动“平安家庭”“平安边防线”“平安铁路线”“平安社区”等创建活动。至 2008 年 9 月底，全市先后命名平安乡(镇)、街道 8 个，命名率 89%；平安村 64 个，命名率 89%；平安社区 8 个，命名率 100%；平安单位 306 个(全市辖 348 个单位)，命名率 88%；平安家庭 46359 户(全市辖 51510 户)，命名率 90%；平安学校 78 所(全市共 84 所)，命名率 93%；平安清真寺 634 座(全市共 673 座)，命名率 94%；创建平安铁路示范路段 45 千米，达 90%，人民群众对社会治安的满意率有很大的提高。2009 年 1 月，阿图什市被命名为自治区平安市。

2013 年，阿图什市开展“优秀平安阿图什创建年”活动，将平安建设推向更高层次、更高水平。全市平安创建覆盖面 100%，共创建平安乡镇、街道 9 个，达标率 100%；平安村 73 个，达标率 97%，摘牌 2 个；平安社区 14 个，达标率 93%；平安单位 331 个，达标率 95%，摘牌 5 个，创建优秀平安单位 226 个；平安家庭 55979 户，达标率 97%，创建优秀平安家庭 45023 户；平安学校 106 所，达标率 100%；平安清真寺 671 座，达标率 99.7%；平安企业 14 个，达标率 100%；平安医院 10 个，达标率 100%；平安店铺 3570 家，达标率 94%，创建优秀平安店铺 233 家。

2015 年，阿图什市继续深入推进平安建设，巩固平安创建成果，市委、市政府及时调整平安建设领导小组,安排专人专职负责平安建设工作,印发《阿图什市贯彻落实〈关于深化“平安克州”建设的实施方案〉的实施意见》,推荐哈拉峻乡创建自治区级的优秀平安乡镇。

三、见义勇为表彰

2011 年,开展道德模范评选活动,向克州推荐道德模范个人 8 名,其中吐古买提乡护边员阿地力·买买提吐尔干入选全区 2010 年“中国好人榜”的“见义勇为好人”,被评为自治区第二届“见义勇为”道德模范。

为弘扬社会正气,加强社会主义精神文明建设,保护见义勇为人员的合法权益,全区于 2012 年 4 月 1 日起施行《新疆维吾尔自治区见义勇为人员奖励和保护办法》。

第二节　综治管理

一、社会治安综合治理

1995—2000 年,阿图什市以全方位推进和狠抓社会治安综合治理工作为主要任务,层层签订社会治安综合治理目标管理责任状;配齐乡(镇)专职治安副乡(镇)长,充实乡(镇)派出所、人民法庭、法律服务所等措施;开展创建“安全文明小区和安全文明村(镇)”活动,狠抓基层基础工作,取得良好效果。2000 年,建成安全文明单位 22 个,小区 8 个,安全文明村 23 个,全市的安全文明单位增至 127 个、小区 18 个、村 48 个。新创建的市地税局、防疫站等单位的安全创建工作受到自治区综治委表彰。

2001—2005 年,全面落实《社会治安综合治理领导责任书》制度,进一步抓好基层政法综治组织建设,各乡(镇)均成立综合治理办公室,配备专职综治副乡(镇)长 7 名。各乡(镇)根据年初与市委、市政府与各乡(镇)、各乡(镇)与各村(单位)层层签订《社会治安综合治理领导责任状》,每季度召开一次综合治理专题会议,分析形势,促进全市社会治安综合治理工作得到健康有序的发展。2004 年,出台《阿图什市社会治安综合治理目标考核办法》《综合治理工作一把手述职制度》以及相配套的制度。根据实际,在自治州、市 196 个单位中选配 279 名治安员,开展“治安防范进万家”活动;推行楼长(单元长)制度,为 179 栋楼选配楼长(单元长),制定工作职责,主要抓好管区的治安防范工作,组织对居民进行综治宣传教育,开展群防群治,排查调解矛盾纠纷,组织开展安全文明创建活动,帮助刑释解教人员。2005 年,重点加强对青少年法治教育工作,通过加强法治宣传,使全市受教育的青少年 1 万人,在全市创建“青少年维权岗”12 家。

2006—2010 年,市综治办围绕“保增长、保民生、保稳定”的总体要求,进一步完善《社会治安综合治理考核细则》,层层签订《社会治安综合治理领导责任状》,形成各级党委、政府领导、综治办牵头实施,各部门齐抓共管,群众广泛参与的工作格局,扎实推进社会治安综合治理“三大建设”(基层基础建设、治安防控体系建设、平安创建工作)。

2011—2015 年,成立以市委书记为组长的平安创建领导小组,严格实行“一把手”负责制、一票否决制及责任查究制度。按照“属地管理、条块结合、全面覆盖”的基本原则,在全市范围内推进平安进家庭、进学校、进机关、进工地等平安建设细胞工程。共开展 8 轮平安建设面对面入户宣传,采取印制便民联心卡、宣传手册、宣传单、倡议书以及制作宣传牌、张贴标语、打造平安建设文化宣传街等措施,为创建“自治区优秀平安县”活动营造良好的舆论氛围。

二、执法监督

1995—2009 年,市政法委积极开展执法监督工作,处理一批重大疑难案件和涉法涉诉信访案件。督促和引导公、检、法、司等政法部门建立完善内部监督机制和错案责任查究机制,定期不定期对政法干警违法违纪问题进行检查,对违反政治纪律的干警严肃处理,对群众反映强烈的问题或在执法检查中发现的突出问题,组织专门调查小组进行专项调查。在具体个案监督中,多次参与市法院组织的重大疑难案件协调会,促进多案疑难案件正确处理。在敏感节点,加强矛盾纠纷排查化解力度,对可能存在非正常上访、缠访闹访、寻衅滋事人员开展深入细致的重点排查。对有上访苗头人员,有针对性地加强教育疏导,通过司法救助、民政救济、劳动技能培训等多种渠道,切实解决上访人生产、生活中的实际困难,做好化解、稳控工作。

2010 年,按照中央政法委和上级政法部门《关于开展百万案件评查活动》的通知要求,市政法委推进四项重点工作,把开展"案件评查"活动作为促进政法队伍公正廉洁执法的重要契机和强化内部执法监督一项重要内容来抓,开展案件评查工作,从中发现问题,整改问题,提高办案质量和水平,提升政法机关执法公信力。至 2015 年,全市共评查各类案件 1025 件,其中公安局 210 件、法院 560 件、检察院 255 件。

第二章 公 安

第一节 机 构

1995 年,阿图什市公安局内设 12 个科室和 7 个派出所

1997 年 3 月,市收审所改称市行政拘留所。4 月,市公安局成立公路巡逻公安民警大队,股级建制。

1998 年 1 月,市公安局成立警务督察队。9 月,撤销预审科,实行侦审合一,成立刑警大队。撤销政保科,成立政保大队;撤销治安科和户籍科,成立治安大队。11 月,市公安局内设 5 个大队、8 个职能科室。

2002 年 10 月,市公安局新增国内安全保卫大队、经济侦查大队和火车站派出所。

2006 年 2 月,市公安局成立禁毒大队。

2009 年 1 月 9 日,市公安局成立巡警大队。

2010 年 12 月,市公安局下设 23 个职能部门。

2012 年 4 月 27 日,市公安局内设机构 19 个。

至 2015 年,市公安局内设机构没有变化。

第二节 户政管理

一、户籍管理

1995 年,全市城镇人口的管理实行动态管理,农村人口按照城市化管理的标准管理。全市开展居民地住宅区和街巷中的门牌编订工作。

1998 年,全市严格户口专用章管理制度。7 月,规范各类户口申报审批权限。

1999—2000 年,全面展开人口微机信息录入工作。制订《阿图什市公安局关于规范各项户政业务管理的制度》,向社会公开户籍窗口职能权限、办事制度、办事程序、办事结果,主动接受各界群众监督,方便群众办事。开展为期 3 个月的户口整顿工作,凭出生证落户,重点做好居民身份证赋码、升位、编制及纠错工作,为市第五次人口普查工作奠定基础。

2001 年 5 月,根据自治区人民政府《转发公安厅户籍改革工作的意见的通知》的实施意见,市政府制定《关于贯彻落实自治区人民政府〈转发公安厅户籍改革工作的意见的通知〉的实施意见》,成立小城镇户籍制度改革工作领导小组,颁布《关于办理小城镇户口的通告》《办理小城镇户口问题解答》。全市户口业务主项变更由市公安局户政科人口信息系统审批,派出所方可办理。

2005 年,全市建成暂住人口、重点人口、出租房屋管理系统。实现"三口一屋"(三口:常住人口、暂住人口、重点人口;一屋:租赁房屋)微机化管理。全市内户口迁移采用一站式办公方式,方便群众户口的迁移。

2010 年,市公安局开展第六次人口普查户口整顿工作,为人口普查提供翔实准确的人口数据做好准备。

2012 年,市公安局加强流入流出地之间的协作,利用信息化手段,提高对重点人员的发现和管理能力,

实现网上自动信息发布、异地协查、流入预警,真正做到第一时间发现、第一时间管控。

2015 年,市公安局重点发现和解决存在的重户人员,通过系统查询、查阅档案、走访入户、核查比对以及发函调查等方式,将任务细化、量化,责任到每个村(社区)警务室民警进行全面核查。

二、流动人口管理

1995 年,市公安局按照以治安管理为中心、以户口管理为基础的方针,加强城乡暂(寄)住人口管理工作。1997 年,加强对流动人口管理工作,采取日常管理和大清查相结合的办法,严格登记,纳入日常管理,对暂(寄)住人口进行全面登记。

2004 年 10 月 11 日,全市开始实行《新疆维吾尔自治区暂住人口治安管理办法》。市公安局坚持居住地管理。为便于管理和查找,对辖区内出租房屋编排专门的出租房屋门牌,进行统一规范管理。同时,对出租人实行担保责任制。出租房主有义务对居住人检查暂住证和进行必要的管理、教育、监督,居住人如果发生问题,出租房主承担连带责任。

2005—2006 年,市公安局全面落实暂住地全面登记;开展对跨县(市)外来暂住人员调查摸底,有效掌握流入、流出人口等信息数据。

2007 年,市公安局将全市暂住人口、出租房屋的基本信息全部录入计算机管理系统,实行计算机操作与管理,实现暂住人口网上追逃系统自动查验比对,暂住证计算机操作打印,实现暂住人员办理暂住证随到随办,缩短办证时间,提高服务效率。

2009 年,市公安局加强暂住人口服务管理,推行"以房管人"工作模式,实现暂住人口的动态管理;对登记办证的暂住人口进行建档立卡。

2010 年,市公安局按照《暂住人口和出租房屋信息登记表》的规定,登记、办理暂住证,及时录入警综平台和新疆实有人口信息管理系统,确保信息准确和完整。依照《新疆维吾尔自治区暂住人口治安管理办法》,对未办理暂住证的人口,要求限期到派出所办理暂住证,并对将房屋出租给无暂住证的房主进行宣传教育,限期整改。

2011 年 10 月 1 日,《新疆维吾尔自治区居住证申领办法(试行)》正式施行。市公安局在全市范围内开展居住证受理工作。

2013—2014 年,市公安局完善对居住人口和出租房屋分层次管理制度。

2015 年,市公安局建立健全人口和出租房屋清理排查长效工作机制,对来自重点地区、重点年龄段、重点关注人群,做到"见人、见证、见随身物品、见住地"。严格"369"限时工作法,即要求暂住地的户主或者本人在 3 个小时以内向户口登记地警务室申报,6 个小时以内警务室民警完成对流动人口登记核查,9 个小时以内警务室民警在警务人口管理平台上完成对流动人口信息录入。建立以公安为主体、基层组织和"访惠聚"驻村工作组配合的农村流动人口服务管理工作机制,实现流动人口动态化、精准化管理。

三、农转非管理

1995 年,阿图什市严格控制农业户口转为非农业户口。

2000—2015 年,市公安局在办理"三投靠"(即夫妻相互投靠、父母投靠子女和未成年子女投靠父母的)人员户口时,按照规定要求到户口所在地派出所办理户口准迁手续。夫妻相互投靠的,必须凭结婚证、投靠方的户籍证明及被投靠方的单位接收证明;父母投靠子女的,必须凭父母户口所在地的户籍证明、子女所在单位的接收证明及相关父母、子女之间关系的证明材料;未成年子女投靠父母的,必须凭子女户口所在地的户籍证明,父母所在单位的接收证明及子女的出生证明材料。

四、居民身份证管理

1996 年,市公安局办理新式防伪居民身份证。

2000 年,市公安局组织检查公民身份证号码编制工作,加强居民身份证"快证"的管理。12 月,居民身份证号码由15位升至18位。

2006年7月,全市开始办理第二代居民身份证,并建立第二代居民身份证人像数码采集系统。

2014年,市公安局受理和下发第二代身份证13913人,办理临时身份证2243人。通过人像比对发现疑似重记录23335人,办理身份证23335人,当年注销1036人,收缴第二代身份证101张。

2015年,市公安局受理和下发第二代身份证23434人,办理临时身份证5450人。

第三节 治安管理

一、公共场所秩序管理

1995年,市公安局对公共场所实行年审制度。为加强行业管理,消除危险隐患,对9家拥有爆炸物品的单位进行3次检查,对37家旅店服务业进行长期不懈地清理、整顿。结合夏季社会治安专项治理,收缴非法枪支、整顿文化音像市场和铲除大麻活动。

1998年,市公安局对特种行业进行5次专项整顿工作,共办理特种行业许可证147个,审验特种行业157家,依法取缔11家,停业整顿6家,收缴淫秽录像带19盘、盗版录像带75盘、复制录像带125盘、淫秽图画5张。

2000年,市公安局查获淫秽VCD光盘60张、淫秽录像带4盘,收缴放映淫秽VCD光盘的电视机、VCD各1台,查封租赁淫秽光盘的音像出租点2处,查获卖淫嫖娼案件4起、赌博13起。市公安局依法整顿校园周边治安秩序,依法取缔校园周边游戏厅8家,酒吧1家,录像厅4家,咖啡饮料厅6家,收缴电路板46块。

2002年,市公安局对公共娱乐场所检查10次,办理娱乐场所许可证49份,租赁房屋许可证635份,刻制公章手续89份。

2007年,市公安局按照"严管、严防、严治"的治安管理方针和"标本兼治、重在治本"的综合执法方针,以"发案少、秩序好、信息灵、社会稳定、群众满意"为工作的出发点和落脚点,以构建警务网格化为核心,以贯彻落实国务院《企事业单位内部治安保卫条例》为重点,科学调整警力布局,改革勤务模式,逐步建立健全以治安巡逻队控制线(街面)、企事业单位治安保卫组织控制点(单位内部)、社区民警控制面(家属区)的三位一体防控体系,各类案件高发的势头得到有效遏制。以确保中共十七大召开期间社会政治稳定和社会治安秩序稳定为工作重点,组织全市各警种、各部门认真开展打击"两抢一盗"犯罪和街头诈骗犯罪专项整治行动,缉枪治爆和爆炸等危险物品专项整治行动,道路交通秩序专项整治行动,消防安全专项整治行动,特种行业、公共复杂场所、娱乐场所、企事业单位内部管理专项整治行动,国保重点人口调查摸排、管理控制专项整治行动等,不断加强对社会面的控制,加大对各类违法犯罪行为的打击力度。为认真解决社会各界和广大群众反映强烈的自行车被盗问题,3—7月,开展治理自行车(含电动自行车,下同)被盗问题专项行动。

2012年,市公安局加大对公共娱乐场所秩序的清理整顿力度,严厉打击卖淫嫖娼、赌博等社会丑恶现象;对音像行和书店等行业进行检查,清查盗版光碟和非法出版物。共检查场所98个,查收非法光碟6722张、淫秽光盘144张。在农贸市场及人民广场开展大型宣传活动2次,悬挂横幅2条,发放宣传材料1000份,接受群众咨询1000人次。

2015年,查处扰乱公共秩序类案件30起,妨害公共安全类案件18起,侵犯人身、财产权利案件753起,妨害社会管理秩序类案件321起。

二、特种行业管理

1995年后,市公安机关坚持定期和不定期进行检查或抽查制度,发现问题及时指出纠正;对出现问题、影响较坏的单位,给予罚款处理,直至责令停止整顿。

1999年,为确保自治州成立45周年和庆祝澳门回归盛会期间社会大局的稳定,市公安局对机动车修理业、按摩服务场所进行清理整顿。

2000 年，市公安局对全市旅店从业 24 人开展为期 2 天的培训，与各业主签订《管理目标责任书》，强化管理措施。

2005 年之后，市公安局加大特种行业管理和整治力度，每年组织力量进行集中整治，遏制各类违法犯罪活动发生，取得较好效果。

2008 年，根据自治区公安厅统一要求，对全市 31 家旅馆安装旅馆业治安管理信息系统，举办旅馆业日常管理培训班，与旅馆负责人签订治安管理目标责任书，全年检查旅馆业 10 次，处理旅馆业 1 家。

2010 年，市公安局配合旅馆业技防系统维护公司技术人员，对全市旅馆业开展 3 次为期 24 天的业务指导工作，提高旅馆业技防系统的运用。

2013 年，市公安局推进信息化建设，特种行业采集信息 100 条，采集率 100%。

2015 年，全市旅店业、娱乐场所等均建立完善各项治安保卫制度，全部落实人防、物防、技防等“三防”措施，“三防”总体覆盖率 100%，技防安装 100%。

三、危险物品的管理

1995—1996 年，市公安机关按照国家危险物品管理的规定，强化枪支弹药、民用爆炸物品的管理，建立健全内部枪支管理档案，对全市的民用爆炸物品实行“两箱制”，有效防止民用爆炸物品的流失、转借和倒卖，消除事故隐患。

1999—2000 年，按照自治区公安厅治爆缉枪专项行动的要求，市公安局会同自治州公安局对市水利局施工队、公路段、自来水公司、水电物资供应站等单位进行民爆物品清理。

2001 年后，每年春节前，市公安局集中时间加大对烟花爆竹的安全管理，在全市范围内集中清理非法烟花爆竹点。

2005—2006 年，加强枪支弹药管理工作，市公安局对全市公务用枪和民用枪支基本数据全部录入计算机管理，对枪支持有单位、型号、用途等情况做到底数清、情况明。健全制度，落实“三铁一器”（铁门、铁窗、铁柜，报警器）规范化管理。

2008 年，对全市 38 家涉枪涉爆单位建立完善档案资料，多次对涉枪涉爆单位进行安全检查，检查发现并督促整改隐患 48 处，发放停产通知书 3 份。

2010 年，加强民用爆炸物品、枪支弹药的管理，市公安局严格按照“从严从紧、重点管控”的原则，加大治爆缉枪专项工作力度，对全市各涉爆矿点进行 12 次安全检查，下发整改通知书 8 份。

2012 年，市公安局强化对涉枪从业单位的安全监管，加大治爆缉枪法律宣传及安全教育。对射钉枪弹销售业的进货、存货、销售、使用等情况进行专项检查，列入重点危险品管理范畴。全市对涉枪单位检查 3 次，整改隐患 6 处。市公安局联合自治州公安局治安支队等部门，监督检查各涉爆单位 6 次，发现隐患 7 处，整改 7 处。检查有剧毒危化物品单位发现隐患 8 处，整改 8 处。

2011—2012 年，市公安局全面推动“一体化”（即公安机关对爆炸物品实行生产、配送、经营、爆破统一专业管理）工作，积极推广民爆物品“五统一”（即公安机关对爆炸物品实行统一购买、统一运输、统一保管、统一回收、统一销毁管理）安全管理模式和中心库（集中库）取代零散小库等措施，不断创新管理手段，大力提高民爆物品静态和动态的监管水平。2012 年 12 月，全市“一体化”工作已全面推行。

2013—2015 年，市公安局严格按照“从严从紧、重点管控”的原则，加大对危险物品从业单位的管理力度，严格落实公务用枪，统一保管制度。全市管制刀具全部下架。各派出所组织民警深入辖区开展管制器具专项检查，要求超市内刀具全部入库（柜）管理，严格落实“刀具实名销售”制度，每周向所辖派出所上报数据。

四、打击黄赌毒

1995—2011 年，市公安局对易滋生黄、赌、毒重点地区采取点与面相结合，专门工作与群众力量相结合，专案力量与单位力量相结合的方法，对黄、赌、毒予以严厉打击；发动群众，开展检举揭发、细查、深挖行动，净化社会风气,黄赌毒案件呈逐年下降趋势。

2012 年,开展“扫黄打非”专项行动,发放宣传材料 6000 份,宣传群众 1.2 万人,出动大批警力、车辆,对市区影碟店、印刷厂、复印店进行检查。

2012—2014 年,按照“打防并举、标本兼治、综合治理”的方针,坚持属地管理和谁主管谁负责原则,配合有关部门加强日常监管,完善“扫黄打非”工作长效机制,坚决封堵和查缴政治性非法出版物,扫除淫秽色情等文化垃圾,打击各种侵权盗版和非法出版物活动,促进社会稳定和谐。

2015 年,市公安局利用综合治理宣传月活动,开展禁毒法律宣传,开发宣传资料 1.5 万份。以打击侵权盗版和非法出版物活动为切入点,组织开展以出版环节、出版物市场、印刷复制和进口环节、运输环节为重点的扫黄打非集中行动,清缴整治低俗音像制品、打击非法报刊、整治校园周边出版物市场环境。

五、治安案件

1995 年,市公安局认真贯彻执行公安部颁布的《治安管理处罚条例》,查处治安案件 413 起,查处违法人员 766 人。

1996—2010 年,共查处治安案件 10510 起,查处违法人员 14596 人。

2011—2015 年,市公安局共受理治安案件 4089 起,查处 5126 起。

1995—2015 年阿图什市治安案件与处罚情况统计表

表 22-1

年份	发案数(起)	查处数(起)	查处率(%)	其中		查处违法人员				
				城镇发案数(起)	农村发案数(起)	人数(人)	警告(人)	罚款(人)	拘留(人)	其他处理(人)
1995	422	413	98	—	—	766	69	361	301	35
1996	409	404	99	—	—	835	37	485	270	43
1997	460	458	99.50	—	—	961	34	524	305	98
1998	353	349	98.90	—	—	743	56	510	177	13
1999	232	232	100	—	—	492	40	319	124	9
2000	227	227	100	—	—	479	37	332	83	13
2001	581	507	87.3	—	—	960	67	391	271	216
2002	576	457	79.30	—	—	681	44	151	318	164
2003	482	418	86.72	—	—	677	91	150	311	123
2004	882	662	75	—	—	993	199	192	401	201
2005	1246	898	72	—	—	1338	152	406	526	254
2006	1213	856	71	—	—	1381	116	478	461	326
2007	1120	841	74	—	—	1362	37	446	517	362
2008	999	805	81	—	—	1301	9	374	356	562
2009	836	721	86	466	370	1251	2	220	365	648
2010	894	667	75	511	383	1142	2	209	275	12

续上表

年份	发案数（起）	查处数（起）	查处率（%）	其中		查处违法人员				
				城镇发案数（起）	农村发案数（起）	人数（人）	警告（人）	罚款（人）	拘留（人）	其他处理（人）
2011	1026	811	78	618	408	1323	7	191	343	770
2012	1024	754	74	631	393	1182	10	146	378	648
2013	884	709	80	565	319	1170	113	103	216	729
2014	1057	845	79	573	484	1264	7	90	481	686
2015	1122	823	73	605	517	1369	5	74	603	681

第四节　出入境管理

1995 年，市公安局严格出入境管理审核审批制度，手续合法者尽快办理各种手续，不合法的一律退回，对入境的外籍人员严格登记，到阿图什市探亲的国外华侨 33 人，阿图什市公民申请出国探亲的共有 19 户 21 人。全年未发生违法违规现象。

2006 年开始，出入境管理信息系统受理权限下放，阿图什市籍人员申请办理出入境证件由市公安局出入境管理大队受理并录入系统，审批权限仍在自治州公安局出入境管理科。

2012 年 5 月，全国启用电子普通护照，阿图什市同步实行。2014 年 9 月，全国启用电子港澳通行证，阿图什市同步实行。2015 年 5 月，市公安局出入境管理大队正式开始新疆普通护照签发管理政策调整试点工作。

第五节　交通安全管理

一、交通安全宣传

1995 年，市公安局通过电视、广播等媒介宣传交通法规，并印发交通安全宣传材料 4.5 万份。

2001 年，市公安局交警大队与 7 乡 1 场领导签订《交通目标责任书》《公约书》，在市区各中、小学校对 125 名学生举办学生交警培训班，同辖区 175 个单位领导、1000 余名个体驾驶员签订《交通安全合同书》，与 3200 名机动车驾驶员签订《杜绝机动车严重三超》合同书。组织交通规则宣传 12 次，发放宣传材料 5 万份，短期培训机动车驾驶员 3000 余名，签订责任书 7500 份，展出肇事图片、违章图片 800 余幅，召开警风、警纪监督员和 47 名宣传委员会议 2 次；制作宣传标语 5 幅、黑板报 14 期、橱窗 13 期、警务公开栏 1 期。

2002 年春运期间，组织驾驶员学习培训 8 次 900 余人，深入乡村客运网点宣传 3 次 13 处，发放宣传材料 1.5 万份，向电视台、广播站、报社投稿 23 篇，制作宣传橱窗 2 期，与驾驶员签订《春运安全责任目标书》3500 份，签订安全防范协议书 13 份。

2004 年，交警部门结合《中华人民共和国道路交通法》的颁布实施，集中整治交通违章行为。春运期间，宣传办组织驾驶员学习培训 2 次 400 人，制作宣传橱窗 3 期，与驾驶员签订《春运安全责任目标书》3500 份，签订安全防范协议书 13 份。

2006 年后，交警大队广泛开展“保护生命，平安出行”交通安全宣传教育工程，结合阿图什市的道路交通状况，深入开展交通安全进农村、进社区、进单位、进学校、进家庭“五进”宣传，让“遵章出行，平安回家”“关爱生命，安全出行”“保护生命，平安出行”的理念深入人心，成为人们日常行车走路的自觉行动。

2010 年，市交警大队开展道路交通安全宣传 111 次，其中专项宣传 45 次，发放宣传单 10 万份，展出宣传展板1400张次,悬挂宣传横幅140条次,发放宣传卡片7000张,发放“交通安全文明行台历”2000份,播放宣传光盘70场次,受教育5万人次。

2012年,坚持对辖区各重要路段及各安全村巡回宣传,在车站及车辆、人员比较集中的地方播放公安部交管局制作的《关爱生命安全出行》《危在瞬间》《交通安全法时刻记心中》等宣传光盘和广泛张贴宣传挂图。交警大队宣传5次,投入警力170人次、出动警车20辆次、受教育人数4500人次,其中专业驾驶人2900人次、学生670人次、农民930人次,张贴挂图12张、发放宣传单3500张。

2013—2014年,市交警部门通过悬挂标语、张贴图画、发放传单、媒体宣传和出动宣传车等各种形式,重点强化各中队、车管所、违法处理窗口宣传,客运站、人民广场、农村巴扎等阵地,宣传道路交通安全法律法规,增强全民的文明交通意识和法治意识。2014年,在交通安全宣传方面投入资金1万元、警力455人次,制作各类横幅60条,印制宣传材料1.5万份,组织大小宣传98场次,发放各种宣传资料1.2万份,张贴宣传挂图500张,展板35块,受教育人数2.5万人次。

2015年,根据中央文明办、公安部关于实施“道路运输平安年”的统一部署,交警大队以“关爱生命,文明出行”为主题,以倡导“七大文明交通行为”、摒弃“七大交通陋习”、抵制“六大危险驾驶行为”为主要内容,通过悬挂标语、张贴图画、发放传单、媒体宣传和出动宣传车等各种形式,广泛宣传道路交通安全法律法规,全年开展宣传86场次。

二、驾驶员管理

1995年后,驾驶人员管理走上标准化道路,全面使用计算机办公。实现计算机受理、预约、考试、录用和制作驾驶证。为细化驾驶人管理工作,市公安局交警大队先后设置不同业务岗位。

2003年,市交警大队车管股办理记分卡1.5万本、送审驾驶员2.6万人、培训摩托车驾驶员1300人、向支队传递记扣分1.6万分。

2010—2011年,在自治州公安局交管部门的统一领导下,市公安局认真落实公安部第101号令,严把驾驶人员入口关,规范驾驶证受理工作,对科目一考试室实施机位监控,严格考场纪律,规范考场秩序,强化考试监督,确保机动车驾驶人考试质量。

2012年,市公安交警部门开展集中整治车辆和驾驶人员管理违规问题工作,强化机动车和驾驶员源头管理,建立健全驾驶员考试制度,严格领证必考制;采取多项便民措施,加强“网上车管所”建设,方便群众办事。

2014—2015年,实施《新疆维吾尔自治区电动自行车管理办法》,市交警大队扎实做好车驾管各项工作,严格管理,严格审核,严把驾驶员审验关、考试关。

三、交通设施管理

2009年6月,市人民政府决定以垫资的方式建设完成第一期“电子警察”智能交通管理系统,工程造价330万元,建成卡口抓拍系统2套、测速抓拍系统5套、闯红灯抓拍系统10套及交警调度指挥中心,系统于2010年10月开始使用。此工程由建设方全额垫资,资金分3年付清。

2015年11月,随着314国道收费站启用,帕米尔路西沿路段与314国道C辅道路段的车流量日益增多。为加大对交通违法行为的综合治理力度,预防交通事故案件的发生,阿图什市公安局在两条路段分别建设2套治安测速卡口。

四、交通秩序整顿

1995年,市公安局交通大队对市区主要街道采取分流、禁行、限时、限路、禁止左转弯、单向行驶等措施。投入全部警力,对市区、市郊的交通秩序治理整顿,共纠正违章1.53万人次,其中批评教育0.37万人,处罚0.96万人次。

1997—2008年,市公安局深入贯彻实施《中华人民共和国道路交通安全法》,在全市范围内开展公路危险路段排查工作,排查出危险路段、事故盲点52处。加强道路通行秩序管理,遏制机动车超速、客车超员、酒后驾驶等严重交通违法行为,预防和减少重特大道路交通事故,开展重点违法行为专项整治,查处各类违法行为2.7万件。

2007年10月,开展预防重特大道路交通事故百日行动集中整治,查处各类交通违法行为2154起。

2009—2010年,市公安局交通管理大队加大事故预防工作力度,开展酒后驾驶整治、出租车整治、摩托车专项整治。共查处各类交通违法行为13.03万起。

2015年,市公安局交警大队坚持把"防事故、保安全、保畅通"作为推进社会稳定和长治久安总目标的第一要务,预防和减少重特大道路交通事故,共查处各类交通违法行为13.2万起

五、车辆管理

(一)机动车管理

1995年,市公安局交通管理大队主要负责监督管理汽车、马车和人力车,检查机动车辆新车入户、过户、改型、车辆性能、车辆年检等。

2015年,共办理国产小型汽车注册登记286辆,摩托车注册登记182辆,低速车注册登记1辆,小型汽车转移登记158辆,摩托车转移登记28辆,小型汽车转入业务16辆,小型汽车变更登记30辆,摩托车变更登记3辆,摩托车补换牌证102辆,小型汽车补换登记证书16本,摩托车补换登记证书3本,检验摩托车366辆,办理临时牌证187副,驾驶人审验341人次,补证换证641本,摩托车驾驶证注销7本,年度体检30人次。

(二)非机动车辆管理

1995年后,市公安局交通警察大队开展非机动车、行人交通秩序整顿,查处非机动车违法行为1820起。

2004年,市公安局交通警察大队开展非机动车、行人交通违法专项整治工作,对自行车闯信号、不分道行驶、载人,行人闯信号、过街不走人行横道或过街设施、翻越隔离护栏等交通违法行为进行整治,共查处非机动车违法行为967起。

2005—2007年,市公安局交通警察大队进一步加大对非机动车的管理工作,共查处非机动车违法行为5420起。

2008—2010年,市公安局交通管理大队为有效遏制非机动车违法行为的多发态势,规范非机动车行车、停车秩序,维护广大人民群众切身利益,营造文明、安全、畅通、有序道路交通环境,进一步加大对非机动车的管理力度。共查处非机动车违法行为6650起。

2015年,市公安局交通管理大队通过路口固定执勤、沿线道路巡逻的方式,形成密集管控网格化管理,对非机动车违反交通信号通行、不服从交警指挥、不在非机动车道内行驶等交通违法行为进行严查严管。全年登记非机动车46辆。

六、违规违章处理情况

1995—2000年,交通秩序尚不规范,事故处理也在探索阶段。

2001年,市委、市政府专门从各乡抽调90名工作人员配合交警大队开展交管工作。全年纠正违章车辆61252辆次,其中纠正机动车违章26746辆次,当场处罚21366辆次,扣证1149本,扣车4186辆次,记扣分2297分,查处报废车9辆,拆除非法安装动力三轮车36辆,纠正非机动车39886辆次,警告教育399660人次,行政拘留4人、留置13人。

2005年,为做好自治区成立50周年庆祝活动交通安全保卫工作,纠正违法84760起,其中纠正机动车违章44913起、纠正非机动车、行人违章39847辆(人)次,处罚18900辆,查处货车超载1294起,暂扣驾驶证、行驶证924本,扣车3012辆,查处无牌1430起、酒后驾驶5起、无证驾驶59起、违法停车5461起、超速648起、夜间违法使用灯光1430起、其他违法3490起,警告教育8260起,记扣分7800分,拘留

42 人。公路巡警中队接群众报案 130 起,处理交通事故 39 起、移交 65 起,侦破刑事案件 1 起,治安案件 1 起。

2006 年,市公安局交警大队以建设"平安畅通市(县)区"为契机,围绕"压事故、保安全、保畅通"的工作思路,全面落实定领导、定人员、定路段、定责任、定奖惩、包安全畅通的"五定一包"交通管理工作机制,大力加强道路交通安全管理,全年纠正违法 26753 辆(人)次,其中,纠正机动车违法 9955 辆次,纠正非机动车、行人违法 16298 辆(人)次。

2010 年,市交警大队结合辖区道路交通管理实际,开展多项道路交通安全治理行动,全年查处交通违法行为 5005 起,其中重点违法行为 1684 起,简易程序处理 2928 起。

2015 年,持续开展"大中型客货车集中整治""春季攻势""大排查、大教育、大整治"货车违法行为专项整治、"涉牌涉证""重点违法行为专项整治""打非治违专项行动"整治旅游客车、"营转非"客车统一行动、整治套牌假牌车辆统一行动、整治营运客车、危险货物运输车统一行动、整治校车统一行动、整治"酒驾""毒驾"统一行动、"营转非"大客车安全管理专项整治、"百日专项整治行动""正警风、肃警纪、树形象、促规范"百日执法教育整顿活动等各类专项整治行动,以摩托车、客货车、危险化学品运输车为重点车辆,严查无牌无证、假牌假证、遮挡号牌、超员超载、酒后驾驶、超速行驶、疲劳驾驶、乱停乱放、闯红灯、报废车上路、农用车载人等各类交通违法行为,始终保持严查严纠的高压态势,确保道路交通安全环境。

七、交通事故处理

1996—2002 年,市公安局交警大队在处理事故时,按照责任划分,构成犯罪的向人民检察院起诉,不构成犯罪的由交警部门处理。在处理交通事故执法过程中,将执法各环节置于社会监督之下,坚持公开办案程序、公开赔偿项目、公开赔偿标准、公开处理结果的"四公开"制度。2005 年后,随着私家车的逐步增多,道路交通事故逐渐增多,市公安局交警大队建立接警快速反应机制,按照先抢救人员、处置危爆、易燃、剧毒物品,然后疏通道路,现场勘查,再责任认定、事故调处裁定,最后落实处理、结案的程序进行。2009 年开始,实行交通事故处罚告知制度和重大交通事故听证制度,推行执法责任制和错案追究制。

1995—2015 年阿图什市公安局交警大队查处道路交通事故一览表

表 22 - 2

年份	发生起数(起)	重大(人)	死亡(人)	受伤(人)	损失折款(万元)	平均每起事故损失(元)
1995	53	36	36	55	49. 43	9326
1996	59	35	35	36	42. 89	7269
1997	215	20	20	67	47. 66	2216
1998	340	18	18	98	33. 114	973
1999	228	20	20	186	34. 0825	1494
2000	185	24	24	168	29. 4795	1593
2001	305	32	32	257	46. 6705	1530
2002	287	30	30	283	52. 046	1813
2003	228	28	28	235	33. 833	1483. 9
2004	113	41	41	129	14. 67	1298
2005	162	45	45	208	21. 659	1336. 98

续上表

年份	发生起数（起）	重大（人）	死亡（人）	受伤（人）	损失折款（万元）	平均每起事故损失（元）
2006	—	27（特大3起）	34	26	11.615	—
2007	211	18	18	174	12.434	589.29
2008	155	—	48	172	5.346	344.90
2009	198	18	20	182	40.88	2064.65
2010	188	24	29	289	4.7619	131
2011	221	26	31	332	7.9704	218
2012	244	23	29	253	12.432	341
2013	212	28	42	295	8.465	232
2014	283	28	31	399	13.2	362
2015	226	36	39	331	13.185	583.41

第六节　刑事侦查

1995年，市公安局以破大案要案为主攻方向，加大刑事侦查工作力度，抽调精干警力，成立专案组，以打现行、打团伙、破积案为重点，打击团伙犯罪，刑事犯罪呈下降趋势。

1997年，新《中华人民共和国刑法》《中华人民共和国刑事诉讼法》实施，开展刑侦改革探索，抽调精干警力充实到刑警大队，强化对刑事案件的侦破。2000年，市公安局实行定案定人，加强“两抢一盗”案件侦办力度。

2002—2004年，市公安局开展“打现行、破积案、清网追逃犯”专项行动，重点加强侦查破案，以破大案要案为主攻方向。

2006年，市公安局以“打团伙、抓现行、破大案”为目标，完善落实刑事侦破案考核激励机制，加大追讨工作，依法打击各类刑事犯罪活动。2007年，市公安局先后开展“打击两抢一盗”“百日维稳”等专项行动。2008年，以“侦破命案”为主线，以“打盗抢、抓逃犯”为重点，依法打击各类刑事犯罪。2009年，市公安局强化日常破案打击和适时组织专项行动相结合，保持对刑事犯罪的严打高压态势，有效遏制刑事案件的高发势头。2010年，市公安局以“打盗抢、打团伙、抓逃犯”为重点，依法打击多发性侵财犯罪。

2013年，市公安局重点开展打击电信诈骗、拐卖妇女儿童案件和实施“打盗抢、保民安”专项行动。2014年，以“打团伙、打系列、打流窜”为重点，贯彻“命案必破”的理念，大力开展“追逃”工作。

2015年，市公安局开展“依法打击盗抢骗犯罪”，严厉打击刑事犯罪、侦破严重暴力恐怖事件、盗窃案件。

第七节　经济犯罪侦查

1995年后，市公安局面对经济犯罪案件不断增多，为适应经济发展形势，依法打击经济领域刑事犯罪活动，确保全市经济建设平稳较快发展。

2008年3月18日，市公安局经侦中队挂牌成立。市公安局围绕以保卫和促进经济建设，全面建设小康社会为中心的工作思路，严格落实《公安机关办理经济犯罪案件的若干规定》。

2010年，市公安局经侦部门联合自治州公安局经侦支队，自治州工商局、市工商局、市国税局、自治州银监局、自治州药监局、自治州人民银行、农发行、邮政储蓄银行、中国银行、工商银行、自治州地税局等13个单位在市人民广场开展以“打击和防范经济犯罪—你我共同的责任”为主题的第一届打击和防范经济犯罪宣传日活动。活动采取悬挂横幅、发放宣传单、宣传手册、摆放宣传展板、现场解答群众咨询等多种方式进行。参与宣传的工作人员向群众耐心细致地讲解识别假币、假发票、洗钱犯罪、非法传销等知识,特别是公安民警在向群众讲解银行卡犯罪的危害以及预防经济犯罪的方法的同时,还热心地解答群众提出的问题;发放各类宣传单、宣传手册5000份,展出宣传板5块、接受群众咨询100人次,出动警力50人次。

2011年,市公安局开展打击侵犯知识产权和制售伪劣商品犯罪“亮剑”行动、打击银行卡犯罪“天网—2011”行动、打击制售假发票行动、打击假币犯罪行动等系列专项行动。

2014—2015年,市公安局组织开展打击整治传销活动行动、打击制售假冒、伪劣商品专项行动及打击非法融资行动。为保障农牧民的合法权益,严厉打击坑农害农犯罪,净化市场秩序,市公安局经侦大队联合市工商、质检等4家单位,出动检查人员15人次,对阿图什市农资销售市场进行清理检查,没收过期种子10包,未发现其他伪劣农资产品。

第八节 “110”警务

1997年6月,市公安局指挥中心启用“110”接处警系统,接处群众的刑事(治安)案件、交通事故、社会救助等报警电话,及时向基层派出所下达相关指令,实行全天候值班和接处警跟踪反馈制度。设备主要由“110”接警、录音、有线无线通信设备组成。建立以派出所、刑警、消防、交警为主的联动机制,在全城主要出城要道口设立46个报警点,由所辖派出所24小时值守,并向社会做出“有警必接、有难必帮、有险必救、有求必应”的宣传承诺。

1999年,市公安局对“110”系统进行技术改造,完成接处警的交换、调度、排队机三合一,接警由17秒缩短到3秒,调度由原来的空白到直接和间接三方调度。同时增加完成“110”无线组网调度系统。

2000年,市公安局“110”报警服务台实现对城区金融网点的语音智能联网报警。2001年,完成全城网点安装联网工作。

2008年,市公安局电子大屏建成。

2010年,完成平安县城二期、三期、四期建设工作。投入40万元建设派出所执法场所监控系统。

2011—2015年,“110”接处警制定《阿图什市应急指挥调度流程》《关于切实做好每月演练情况和视频资料上报工作的通知》《阿图什市公安局关于做好应急处突警力配置的通知》,同时有效开展接警工作。

第九节 监所管理

1995年后,市看守所每年修订演练预案。做好对在押人员的防病治病和防暑降温工作,组织安全检查。举行预防突发事件实地联合演练。1998年,对在押人员实行考核、奖惩制度。

2001年,对在押人员实行分类关押、分别教育管理制度。

2002年开始,看守所不断探索改进勤务模式,值班民警逐步向固定位置、固定时间的巡更模式转化,重大节日开展安全大检查,加强处突演练,保证安全稳定。

2005年,看守所做到强化人防、物防的安全防范体系,对所有物品、用具做到定置管理,逐渐步入等级正规化。

2010年,市看守所探索向社会开放活动,建立看守所对社会开放的长效机制,定期向社会开放。

2015年,市看守所设立在押人员投诉登记台账,建立在押人员投诉、调查、反馈制度,在接待大厅公布看守所电话和律师、办案单位预约电话,规范窗口服务工作,建立特邀监督员制度,定期邀请人大代表、政协委员以及召开法律界人士、社会群众、在押人员家属座谈会等形式,主动接受社会监督,不断改进监管工作。

第三章　检　察

第一节　机　构

一、市人民检察院

1995 年,市人民检察院(以下简称市检察院)内设刑事检察一科、刑事检察二科、经济检察科、法纪检察科、控告申诉检察科、民事行政监督科、监所科、政工科和办公室。

1998 年,机构改革将刑一科改名为侦查监督科,刑二科改名为公诉科,经济科改名为反贪污贿赂局。2001 年,新设法警队,股级。2009 年,将反贪污贿赂局分设反贪污贿赂局、反渎职侵权局、职务犯罪预防科,同时成立纪检组。2014 年,新设案件管理办公室。

2015 年,内设纪检组、政治处、办公室、法警队、反贪污贿赂局、反渎职侵权局、职务犯罪预防科、公诉科、侦查监督科、监所检察科、民行科、控告申诉科、案件管理办公室 13 个科室。核定编制 56 名,实有 50 人。

二、市人民检察院

1998 年 11 月至 2010 年,最高人民检察院颁布“检察官等级制”后,市检察院实有检察员 20 人。

2011 年,市检察院有四级高级检察官 2 人、一级检察官 9 人、二级检察官 3 人、三级检察官 1 人、四级检察官 4 人、五级检察官 1 人,3 个未定(新任命 3 人),有检察员 23 人。

至 2015 年,市检察院有四级高级检察官 2 人、一级检察官 9 人、二级检察官 3 人、三级检察官 1 人、四级检察官 4 人、五级检察官 1 人,8 个未定(新任命 2 人),有检察员 28 人。

第二节　审查批捕

一、批准逮捕

市检察院在审查批捕工作中,办案人员坚持以事实为依据,以法律为准绳,严格按照案件管辖规定及期限办案,依法履行法律监督职能,全面监督公安机关依法办案,做到审查批捕案件准确、无错捕、漏捕案件发生,批捕正确率 100%,不批捕准确率 100%。

1995—2002 年,市检察院受理公安机关提请批捕的各类刑事案件,批捕率 90%,批捕正确率 100%。结合执法大检查工作,重点纠正有案不立,有罪不究,以罚代刑问题,对重大刑事案件侦查预审提前介入,坚持依法侦查,严把批捕关,对侦查活动中的违法问题及时提出纠正意见,依照立案监督程序向公安机关发出《立案通知书》要求立案 2 件 2 人,经审查 1 件 1 人被起诉至法院。

2011—2015 年,市检察院践行“强化法律监督,维护公平正义”的检察工作主题,以深入开展四项重点工作(反恐严打斗争、社会矛盾化解、社会管理创新、公正廉洁执法)为契机,坚持专项监督与经常性监督相结合,认真开展百万案件评查活动,形成监督合力,以人民群众反映强烈的突出问题为重点,努力增强检察监督实效。

二、立案监督

1995 年,市检察院在侦查监督工作中,坚持对有罪不究、有案不立、以罚代刑的案件,依法提出纠正意见,对提出意见后仍不纠正的,直接立案侦查。

1997 年后,根据新修订《中华人民共和国刑事诉讼法》的规定,对公安机关的立案活动实行监督。对发现公安机关应当立案侦查而不立案侦查的案件或不应当立案侦查而立案侦查的案件,由审查批准逮捕部门经过调查、核实有关证据材料,可以要求公安机关书面说明理由并予以纠正。

2011—2015 年,提前介入案件 52 件 58 人,立案监督 0 件 0 人,批捕准确率 100%,结案率 100%。

三、侦查监督

1995 年后,市检察院坚持通过审查批捕、审查起诉以及提前介入刑事案件,引导公安机关侦查刑事案件中,对公安机关的侦查活动是否合法进行监督,发现违法情况,提出意见通知公安机关纠正;构成犯罪的,移送有关部门依法追究刑事责任;对发现的侦查过程中有违反法律规定的超期羁押现象和办案期限规定的,依法提出纠正违法意见。市人民检察院对经审查认为公安机关应当立案侦查而不立案侦查的案件,开展立案监督工作,发出《要求说明不立案理由通知书》《立案通知书》,公安机关均作答复;对公安机关在侦查活动中存在的超期羁押等违法现象以口头和书面形式进行纠正监督,发出《纠正违法通知书》,切实维护犯罪嫌疑人的合法权益。对公安机关正在侦查的案件,进行引导侦查取证工作,确保依法从快打击严重刑事犯罪活动,实际提前介入 0 件。

第三节　刑事检察

一、审查起诉

1995—2002 年,市检察院受理公安机关移送起诉案件,经审查大部分向市人民法院提请公诉,部分不起诉,部分转克州检察院,个别案件事实不清、证据不足,退回公安局补充侦查,抗诉的 1 件 1 人,追诉的 2 件 4 人,追诉人犯均被法院作有罪判决。起诉正确率 100%,出庭率 100%。“严打”期间提前介入 7 起重大案件,有 2 件案件从开始受理到起诉法院仅用 10 天时间,有 5 件案件在 20 天内提起公诉,加强检察机关的快诉,强化对犯罪分子的打击力度。

2003—2005 年,市检察院对法院超时限送达判决书现象及法庭在审理不公开案件中违反有关法律规定的做法,及时提出口头纠正,对免诉人员进行回访。

2006—2015 年,市检察院起诉正确率 100%,出庭率 100%。

二、出庭公诉

1995 年,市检察院强化干警业务能力的提高,熟练掌握法律、法规、政策方面提高要求,公诉词起草水平和答辩提纲质量得到有效提高。出席一审法庭支持公诉 37 件 52 人。

1999 年,市检察院重点抓好出反贪污贿赂工作,出庭公诉 1 件 1 人。

2000 年,市检察院制定全面考核制度,对公诉人拟定的考核庭实行庭前讨论、庭审组织干警听庭,庭后评议。制作“公诉水平考核评议卡”,邀请公安、律师及旁听观众,进行评议打分。制定《公诉出庭规范用语》,要求每个助检员以上人员至少出 2 次考核庭,有效提高公诉水平。

2002 年,市检察院试用简易程序,使主诉官有充裕的时间准备出庭支持公诉案件。主诉官重点抓公诉案件的起诉书和结案报告质量,有效提高公诉质量。

至 2015 年,出庭公诉 2111 件2793人。

三、审判监督

1995 年,市检察院加强对市法院审判活动中的违法情况提出纠正意见,对市法院确有错误的判决提出抗诉,全年提请抗诉案件 1 件 1 人。

1997 年,市检察院以新法律规定为指导,对实体上确有错误,量刑畸重畸轻的法院判决、裁定,果断提起抗诉,维护法律尊严。加大判决书审查力度,重视被害人提出抗诉请求案件的审查。

2001 年开始,市检察院提出纠正审判活动中的违法情况意见,适度掌握抗诉条件,大胆行使抗诉权,对程序上有错误，但不影响案件整体审判的，以检察建议的方式启动审判监督程序，不做抗诉处理。

2002—2010年，提请抗诉案件3件3人。

2011年，市检察院正确处理监督与配合的关系，及时对法院作出的刑事裁判进行审查，对错误的依法提起抗诉。

2012—2014年，提请抗诉案件1件1人。

2015年，及时对生效裁判进行梳理，分析起诉书指控与法院裁定结果存在差异的原因，重点对法定量刑情节、故意犯罪形态认定是否准确，量刑是否得当等进行全面审查，提请抗诉案件1件3人。

第四节 贪污贿赂检察

一、反贪污贿赂检察

1995—1997年，市检察院受理经济案件线索37件51人，经立案调查19件25人，向法院起诉10件15人，移送相关部门处理8件11人，为国家和集体挽回经济损失12.8万元。

1998—2001年，市检察院反贪污贿赂局受理案件线索49件59人，立案侦查17件20人，向法院起诉9件9人，不立案26件30人，为国家挽回经济损失64万元。

2002—2003年，受理各类案件线索15件，经初查立案4件5人，转公安机关办理2件3人，移送审查起诉2件2人，不立案8件10人。

2004年，受理案件线索12件14人，立案4件4人，不立案3件3人，初查4件6人（实名举报，直接答复），转纪检委办理1件1人。

2005—2006年，受理案件线索17件19人，转市公安局办理1件1人。其中立案4件4人，不立案5件7人，初查3件3人（实名举报，直接答复），转自治州检察院4件4人，挽回直接经济损失11.98万元。

2007—2008年，受理案件线索18件，立案1件，不立案6件，转市公安局办理2件，转自治州检察院办理2件，转法院1件，正在办理的6件（积存案件于下一年办理），挽回经济损失1.4万元。

2011年，市检察院加大执法办案力度，深入查办和预防职务犯罪，稳步推进反腐倡廉建设。认真贯彻市委和上级检察机关关于反腐败斗争的总体部署，切实履行查办职务犯罪职责。受理案件线索11件11人，初查11件，立案4件4人，移送其他相关部门处理7件7人；受理反渎职侵权案件线索3件4人。为国家挽回经济损失7.8万元。制作法治展板11块，发放宣传单1000份，发放法治宣传册300册，发放宣传挂图400册，举办法律讲座11次，发案后开展警示教育讲座9次，接受群众现场咨询800人次，受教育群众3万人次，推动反腐败斗争的深入开展。

2014—2015年，市检察院受理反贪案件线索16件，立案14件20人，侦查终结移送审查起诉6件7人，不立案2件，为国家挽回经济损失150万元。

二、反渎职侵权检察

1995年，市检察院加大依法保障公民的民主权利和人身权利，对发现的此类案件及时办理，依法追究犯罪嫌疑人的刑事责任。至2000年，受理法纪案件73件128人，经过初查立案21件28人，起诉13件17人，免诉的7件9人，不起诉1件2人。

2001—2002年，受理公民、法人和其他组织不服法院民事行政判决和裁定的申诉4件，经审查立案4件，提请抗诉1件。

2003—2015年，受理案件16件21人，立案8件12人，不立案8件9人。

三、预防职务犯罪

2008年，市检察院成立职务犯罪预防科后，在金融、国企、医药、司法、工商、税务、建筑、教育等行业和各乡(镇)场、各街道办事处党委都成立预防职务犯罪工作领导小组,按照预防职务犯罪的工作要求开展工作。组织预防宣传,向社会各界系统地介绍预防职务犯罪知识,增进人民群众预防职务犯罪意识。

2009 年,市检察院选派干警在市区繁华地段开展检务公开、法律宣传、发送预防条例、廉政挂图、印发宣传资料等活动 8 次,分发宣传资料 1.5 万份,接受群众咨询 1600 人次。到各中小学校、市委党校、市工商局、市国税局、市直机关工委进行预防职务犯罪讲座 24 次,受教育人数 2.2 万人。

2011 年,市检察院坚持"打防并举、标本兼治"工作思路,开展涉农系统预防、扶贫开发、征地拆迁专项工程的预防和个案跟踪预防等工作。

2012—2013 年,举办法治专题讲座,持续开展廉政法治宣传,发放宣传资料 2000 份,接受群众咨询 200 人。在市委党校为科级以上领导干部和新录用公务员开展法治专题讲座。将预防工作纳入全市目标考核范围,对全市 38 个预防成员单位进行检查考核,推进预防工作的深入发展。

2015 年,开展预防职务犯罪警示教育和法治讲座 7 场。开展预防职务犯罪"进乡村"和观摩庭活动,组织全市财会人员参加庭审观摩。开展涉农领域预防调查和职务犯罪案件分析,提出检察建议 5 份。

第五节　控告申诉检察

1995 年,市检察院把举报放在优先位置,开展举报线索的初查和分流,不拖不压,为侦查工作及时提供案源,坚持领导接待重要来访,妥善处理告急信访案件,对可能引起矛盾激化的信访,及时采取措施,做好疏导缓解工作。至 2000 年,受理群众来信来访举报材料 208 件(次),处理案件 148 件(次),转有关部门处理 60 件(次)。

2000 年,市检察院开展文明接待、创文明接待室活动,每周坚持检察长接待日活动,解答来访者的疑问,每年上街开展法律咨询活动。控告申诉民事检察科被最高人民检察院命名为"全国级文明接待室"称号。

2001 年,不断完善控申工作制度,规范要案线索的备案和初查,统一受理,分级处理,抓紧对案件复查工作。检察长接待及处理来信来访 40 人次,受理举报线索 38 件,自办 2 件,检察院处理 14 件,转有关部门 22 件,利用举报宣传周,走上街头开展法律宣传,发放举报联系卡 200 张,发放宣传材料 500 份。

2002—2009 年,市检察院完善举报制度,加强控申工作,按照"对人民负责,让人民满意"的要求,开展文明接待活动,充分发挥控申举报部门对外"窗口"的综合职能作用,明确案件管辖范围,规范举报宣传,线索管理、审查、分流、督办、查处等环节,坚持信访接待,开展文明接待室评比,检察长接待及处理来访 79 人次,其中受理举报线索 167 件,处理 152 件,转其他部门 15 件,受理申诉案件 13 件。

2010—2015 年,市检察院公开服务承诺,通过推行"三个百分之百"(百分之百接待,百分之百受理,百分之百答复)、检察长接待日、首办责任制、催办督办制、开设举报电话等方式,把涉检上访问题化解在基层和萌芽状态。受理各类案件 145 件 192 人,其中自侦案件 5 件 8 人,均按规定转院相关科室办理。对来信来电 18 件,来访 21 人次,均做到有效分流。其中移送市检察院业务部门 14 件,转自治州检察院 1 件,初查 15 件,直接答复 9 件。检察长接待来访群众 20 人次。

第六节　民事行政检察

1995—2000 年,市检察院受理各类民事行政案件 190 件,对于判决、裁定不服的提请抗诉 2 件。

2001—2003 年,加强审判监督程序的抗诉工作,民事行政检察工作部门对法院发生法律效力的民事行政判决、裁定的申诉 9 件,经审查立案的 9 件,提请抗诉的 1 件。

2004—2010 年,民事审判、行政诉讼监督方面。及时充实队伍力量,邀请法院、公安、司法、人大代表及律师召开座谈会,广泛开辟案源,加大查案力度,把追求案件质量放在首位。审查法院生效案件 317 件,参加庭审 172 件。2010 年,成功抗诉 1 起民事申诉案件,填补长年无民事抗诉案件的空白,开创民事监督工作的新局面。

2012 年，民事行政检察科受理各类民事、行政申诉案件 4 件 4 人，审查法院生效案件 139 件，立案 1 件 1 人；提请抗诉 1 件 1 人，参加庭审 29 件。

第七节 监所检察

1995 年，市检察院按照《人民检察院监所检察工作条例》《监所检察人员八条纪律》《释放送劳改情况登记表》《执行判决裁定违法情况登记表》《在押人员登记表》等规范化制度，忠实履行监所检察职责。驻看守所检察人员坚持每月驻所时间不少于 20 天，定期与看守所召开联席会议，分析情况，互通监管改造信息。对看守所是否存在违法减刑、假释、暂予监外执行、侵犯在押人员合法权利、超期羁押等违法行为进行有效监督，维护监管场所的工作秩序和刑诉法的贯彻执行；建立《羁押人员诉讼期限登记表》，坚持"一案一审查"制度，落实羁押期限届满提示和催办制度。至 2000 年，与市司法局配合，大力开展社区矫正工作，对 52 人监外执行人员建立台账。逐步开展预防监管干警职务犯罪工作，每季度组织看守所干警开展预防讲座。对发现思想存在波动的在押人员和服刑人员，做好思想疏导、交流工作，与在押及服刑人员谈话 30 余次，杜绝在押人员的伤亡事故的发生。开展安全防范检查 73 次，做人犯思想工作 283 人次，查出安全物品 40 件，纠正违法通知书 8 件。对监管工作存在问题提出口头建议 47 次。

2001 年，加强对监管场所的检查，保护被监管人员合法权益，落实日巡值，及时做好日记，全年开展安全防范检查 30 次，发现违禁品 20 件，及时消除安全隐患，堵塞漏洞。对监管工作中存在的问题提出口头建议 5 次，做人犯思想工作 20 余人次，保证监管活动场所工作的正常运行，加强对"五种人"（暂予执行、缓行、假释、管制、剥夺政治权利）的监管工作力度。

2002—2010 年，与市司法局配合，大力开展社区矫正工作。对 276 名监外执行人员建立台账，及时掌握监外人员动态。

2015 年，对监管场所安全防范设施检查 32 次，与有关部门召开联席会议 7 次，重要节点对羁押场所进行联合专项检查 9 次，与在押人员谈话教育 54 人次，上法治教育课 12 次，向监管人员提出纠正意见 14 次，发出检察建议书 2 份（全被公安机关采纳）。

第四章 法 院

第一节 机 构

一、市人民法院

1995 年，市人民法院（以下简称市法院）内设民事审判庭、刑事审判庭、经济审判庭、行政审判庭、执行庭、办公室、政工科；派出法庭有上阿图什法庭、阿扎克法庭、哈拉峻法庭、格达良法庭、阿湖法庭、吐古买提法庭。实有干警 65 人。

1998 年 11 月，根据《阿图什市党政机构改革方案》的实施意见，将职能配置、内设机构和人员编制确定为内设机构 10 个，即民事审判庭、刑事审判庭、经济审判庭、行政审判庭、立案庭、审判监督庭、执行庭、司法警察大队、办公室、政工科（兼纪检组、监察室、院党组办公室、法官考证委员会办公室）。派出法庭有上阿图什法庭、阿扎克法庭、哈拉峻法庭、格达良法庭、阿湖法庭、吐古买提法庭。总编制 71 人，其中副县级领导 2 人，科级干部 12 人。

2002 年 11 月，根据自治区、地州市（县）区法院机构改革意见精简法院机构，内设机构 10 个，即立案庭（兼接待室）、民事审判庭（兼经济纠纷调解中心）、行政审判庭、刑事审判庭、审判监督庭（兼督查室）、执行局、书记员管理处、司法警察大队、办公室(兼审判委员会办公室)、政工科(兼纪检组、院党组办公室、法官考评委员会办公室)。派出机构由原来的6个精简为2个,即上阿图什法庭、哈拉峻法庭。总编制65人,院领导5人(含政工科科长、纪检组组长、执行局局长均由副院长兼任)。

2005年5月,开始实行陪审员制度,从人民代表中选聘人民陪审员15人,由陪审员组成的合议庭审理案件。根据自治区高院人民陪审员"倍增计划",2014—2015年两年完成倍增计划,人民陪审员增加到45人。

2012年12月,恢复格达良法庭和吐古买提法庭。

2015年,市法院内设民事审判庭、刑事审判庭、行政审判庭、立案庭、执行局、法警大队、办公室、审监庭、审管办、监察室、调研室、政工科。定编91人(中央政法专项编制88名、工勤编制3名),实有85人。其中三级高级法官1人、四级高级法官2人、一级法官12人、二级法官3人、三级法官11人、四级法官7人。

二、审判委员会

1995—2001年,市法院审判委员会由7人组成。2002—2006年,市法院审判委员会由5人组成。2007—2010年,市法院审判委员会由7人组成。2011—2015年,市法院审判委员会由11人组成。

第二节　刑事审判

市法院在刑事审判工作中,严格执行宽严相济的刑事政策,坚持惩罚犯罪与保障人权并重原则,重点打击杀人、强奸、抢劫、贩毒等严重刑事犯罪和盗窃等多发性犯罪,严厉打击贪污、贿赂等经济犯罪,维护社会治安和正常的经济秩序。

1995—1999年,除依法不公开审理的外,都进行公开审判。

2000年,坚持把握重点,严厉打击,公开宣判,扩大战果。2014年5月起,在全疆开展的"严厉打击暴力恐怖犯罪活动专项行动"中,受理严打类案件。

第三节　民事审判

1995年,开始实行民事审判方式改革,改变过去传统的"纠问"方式,实行一步到庭,谁主张,谁举证,公开审理,法庭举证,当事人辩论,法官评审。

1995年以来,市法院坚持落实产权保护、尊重契约自由、坚持平等保护、坚持权利义务责任统一、维护诚实守信和坚持程序公正与实体公正相统一的原则,以服务和保障大众创业,正确处理契约自由与契约正义的关系为重点,加强民商事案件审判工作。至2000年,受理民事案件3297件。

2001—2005年,受理民事案件3177件,判决结案953件,调解结案1906件,裁定结案318件。

2006—2010年,受理民事案件4147件,判决结案1244件,调解结案2488件,裁定结案415件。

2011—2015年,受理民事案件5997件,判决结案1799件,调解结案3598件,裁定结案600件。2013年推行小额速裁机制,对法律关系单一、事实清楚的金钱给付案件试行小额速裁,当年审结小额速裁案件30件,调撤30件,调撤率100%。

第四节　行政审判

1995年,市法院按照《中华人民共和国行政诉讼法》执行。至2000年,受理行政案件88件,审结88件。

2001—2005年,加大行政机关依法行政、维护行政管理人员相对人的合法权益,加大行政审判工作力度,受理行政案件50件,审结50件。

2008年1月,最高人民法院下发《关于行政案件管辖若干问题的规定》和《关于行政诉讼撤诉若干问题的规定》。2006—2010 年,受理行政案件 35 件,审结 35 件。

2011—2015 年,按照"保护合法权益、促进依法行政、优化司法环境、化解行政争议"的要求,在监督支持行政机关依法行政的同时,依法保护行政管理人员相对合法权益。受理行政案件 32 件,审结 32 件。

第五节 案件执行

1995—1999 年,市法院受理各类执行案件 1596 件,执行标的 1354 万元。1998 年后,审执并重,审执结合;疏导教育和强制执行相结合;经常抓和集中抓相结合,同时开展百日执行大会战活动。

2000 年,开展"执行年"活动,对被执行人的财产及时采取查封、冻结、扣押、搜查、划拨、拍卖等强制措施。2000—2004 年,受理各类执行案件 1597 件,执结标的 1935.6 件万元。

2005—2009 年,市法院把解决"执行难"问题作为一项重要任务来抓,每年开展 1 ~ 2 次执行大会战活动,对以权抗法、以权压法、赖债说情的案件及时作判决。执结一批"钉子案""硬骨头案",案件执结率和执行质量明显提高。受理执行案件 1805 件,执行标的 3226.51 万元。

2010 年,市法院开展"清理无执行积案"活动,强化被执行人财产报告制度和限制高消费案件执行。2011 年,完善执行工作运行机制,建立完善重大执行案件领导督办机制,执行联动机制,开展"集中清理积案"、无执行积案法院等活动。2015 年,创建执行网络平台,建立被执行人失信黑名单库。2010—2015 年,受理各类执行案件 2204 件,执结标的 4609 万元,司法救助 70 万元。

第六节 审判监督

1996 年,复查申诉案件 8 件,改判 2 件,维持 5 件,假释 1 件。

1998 年,开展案件质量年活动,严格案件复查,杜绝"关系案、人情案、金钱案"现象的发生,当年受理申诉案件 271 件。其中刑事案件 23 件,民事案件 237 件,经济案件 11 件。经过复查改判 11 件,维持 6 件,其他案件均为合格。

2002 年,复查改判申诉案件 5 件,宣告 1 人无罪。

2007 年,受理各类申诉案件 612 件。通过复查,改判 1 件,其他案件均为合格。

2008 年,受理各类申诉案件 763 件。通过复查,维持原判 11 件,改判 2 件,假释 1 件,撤诉 8 件,其他案件均为合格。

2010 年,严格执行案件审限跟踪制度,杜绝超审限案件,提高审判效率。同时对审结归档的 516 件案件,实行案件质量督察和评查制度,查处因证据不全,书写不完整的案件 5 件,及时通知完善案卷,提高案件审判的质量。

2011 年 7 月,引进审判流程管理系统,实现审判流程的信息化管理。

2013 年,完善审判流程管理,建立节点监控、审限预警和催办制度,全年无超审限案件,实现均衡结案。建立所有办结案件常规评查、发回重审、重大改判案件重点评查机制。

2015 年,建立科学规范的精细化管理机制,制定评查反馈制度、评查通报制度、评查责任追究制度等管理制度。评查各类案件 1609 件,庭审评查 160 件,裁判文书评查 1609 份,在外网公布生效裁判文书 138 份。

第七节 立 案

1996 年之前,刑事、民事诉讼案件由各业务庭决定自行立案,即自立自审。

1997 年,根据最高人民法院《关于人民法院立案工作的暂行规定》,法院立案与审判分开,对立案工作实行统管,形成立审分离,审监分离,信访有序的工作机制。

2015 年,最高人民法院印发《关于人民法院推行立案登记制改革的意见》,改革人民法院案件受理制度,变立案审查制为立案登记制,对依法应该受理的案件,做到有案必立、有诉必理,保障当事人诉权。

1995—2015 年,立案 27080 件。

1995—2015 年阿图什市人民法院审判案件一览表

表 22 - 3　　单位:件

年份	刑事案件	民事案件	行政案件	执行案件	年份	刑事案件	民事案件	行政案件	执行案件
1995	72	540	13	307	2006	152	736	5	359
1996	89	543	13	313	2007	159	781	8	361
1997	107	550	15	319	2008	169	825	7	357
1998	113	549	14	324	2009	152	859	7	375
1999	121	553	17	333	2010	163	946	8	390
2000	117	562	16	314	2011	174	1055	5	450
2001	127	623	7	317	2012	191	1111	8	466
2002	139	627	11	319	2013	173	1161	5	418
2003	143	635	9	316	2014	250	1155	6	430
2004	166	641	11	331	2015	233	1439	8	499
2005	141	651	12	353					

第五章　司法行政

第一节　机　构

1995 年,市司法局,有干部职工 22 名,内设有公证处、律师事务所等工作机构。1996 年,7 个乡、2 个街道办事处相继成立司法所和法律服务所,实行“两块牌子、一套人马”,合署办公。1998 年 11 月,市党委办公室《关于印发〈阿图什市司法局职能配置、内设机构和人员编制方案〉的通知》,市司法局内设办公室、法治宣传教育科(普法办)、基层人民调解科、公证律师干部管理科、公证处 5 个科室,核定行政编制 24 名,其中领导职数 3 人,公证员 4 人,乡司法助理员 7 人。1999 年 6 月,新增 4 个司法助理员编制。2002 年 10 月,市人民政府《关于印发〈阿图什市司法局职能配置、内设机构和人员编制方案〉的通知》,市司法局内设办公室、法制科、基层科、公证处、律师事务所、法律援助中心等 6 个科室,核定行政编 27 名,其中领导职数 3 名。2003 年 2 月,市司法局设立党组,新增社区矫正办、矛盾纠纷调处中心 2 个科室。2013 年,新增 3 名基层司法所专项政法编制。

2015 年,市司法局有政法专项编制 37 名、工勤编制 1 名。实有人员 33 人,内设办公室、法制科、基层科、公证处、律师事务所、法律援助中心、社区矫正办、矛盾纠纷调处中心 8 个科室。

第二节　法治宣传

一、“三五”普法

1996—2000 年,阿图什市实施“三五”普法工作,以各级干部、青少年和农牧民为重点普法对象。成立

“三五”普法工作领导小组，组长由市党委副书记担任，副组长由市人大、政府主要领导担任，设立办公室，由市司法局具体负责全市的“三五”普法工作。各乡（场）、街道办事处、市直各单位也相继成立普法领导小组。全市成立普法领导小组141个，各小组成员由5～7人组成。五年来拨专项经费6.3万元，确保普法工作在人力、物力、财力上的投入。市普法工作的第一责任人与自治州“三五”普法领导小组组长签订“三五”普法目标责任书，市“三五”普法领导小组组长也与各乡（场）、各单位领导签订“三五”普法目标责任书。全市购买各类法律、法规教材20800册，印发普法教材10306份。举办普法骨干培训班6期，参加学习人数237人，将市工商局、市第二小学、市盐厂、上阿图什乡、阿湖乡等单位作为试点单位。由自治区普法办牵头，在自治州举办新疆维吾尔自治区普法依法治理成果展览，全市直各单位干部群众7987人参观展览。

在“三五”普法考试中，县级干部参加普法考试的人数100%，科级干部98%，一般干部96.5%，教师99%，工人87%，个体户75%，农牧民85.7%，合格率分别为100%、97.5%、96%、98%、95.2%、70%、69%。

二、“四五”普法

2001年，阿图什市制定下发《阿图什市全面推进普法依法治市工作第四个五年计划》，确定在一切有接受教育能力的公民，尤其是各级领导干部、行政执法和司法人员、青少年学生、企业经营管理人员、宗教人士、外来流动人口中全面启动“四五”法治宣传工作。全市各部门、各行业开展以宪法、刑法、刑事诉讼法、民法、民事诉讼法、行政处罚法、国家赔偿法、民族区域自治法、治安管理处罚条例、预防青少年犯罪法、未成年人保护法、九年义务教育法、合同法、水法、婚姻法、国家安全法、人口与计划生育法、土地管理法、村民委员会组织法、村民委员会选举法、草原法、传染病防治法、价格法、食品卫生法、依法防治非典型肺炎基本知识、《法律援助条例》、道路交通安全法和行政许可法等32个法律法规为内容的法治宣传活动。各乡场、各单位分别开展《中华人民共和国宪法》宣传月、“三八”妇女维权周、综合治理宣传月，《中华人民共和国人口与计划生育法》宣传月、“3·15”维护消费者合法权益、“6·25”土地日、“12·4”全国法治宣传日、“广场法庭”、《法律援助条例》《公务员暂行条例》、老年人权益保障法、《房屋拆迁条例》等系列宣传活动。全市开展法治宣传活动670次，发放宣传单43.7万份，出动宣传车439辆次，制作黑板报1379块，设立法律咨询点723处，解答法律咨询1.87万人次，征订各种法律教材维吾尔、汉文7.68万本，法治讲座263场次，演讲22次，悬挂法治宣传图片826张，悬挂横幅810条，张贴各类宣传标语18.92万条。利用广播宣传1337小时，受教育人数70.8万人次，受教育率98%。结合2003年阿图什市发生的“11·26”“11·27”交通事故，开展为期2个月（三个阶段）的“学法懂法、执法守法，维护稳定”再教育活动，印制7.3万字的学法再教育手册5万本。普法办编写普法动态107篇，全国普法办采用1篇，人民日报社采用1篇，依法治区办采用7篇，《新疆经济报》采用1篇，《新疆法制报》采用7篇，自治区党委办公厅采用1篇，州电视台采用55篇，州报社采用88篇，州普法办采用72篇，市广播电台采用39篇，市党办采用73篇，市政办采用42篇。市直单位上报普法信息365篇，采用75篇，完善普法档案，编写“四五”普法工作大事记。

市普法领导小组成员对7乡1场2街道办事处及市直84个单位普法工作开展检查及指导225次。2004年、2005年，阿图什市六届人大常委会第九和第十六次会议听取和审议市司法局局长受市人民政府委托所作的“四五”普法工作情况的汇报。在普法活动中，征订普法教材《维护祖国统一，加强民族团结，反对民族分裂》读本7680本、《干部法律知识读本》3110本、《“四五”普法知识问答》5480本、《农村实用法律政策手册》520本、《世界贸易组织（WTO）与法律制度》50本、《农牧民学法维权案例评析》105本、《阿图什市学法懂法、执法守法维护稳定再教育》读本5万本、集中整治及“严打”教材300本、《中华人民共和国预防未成年人犯罪法》读本200本、《中华人民共和国行政许可法》9156本、各类法律杂志248本、法律法规光盘13套。市四套班子领导、副科以上领导干部和市辖区1400余名干部职工聆听依法行政和预防职务犯罪、新修宪法、行政许可法等内容的法治专题讲座。司法局组织全市各族干部职工参加每年一次法律知识考试和临时安排的各类法律知识考试；各乡场也组织农牧民群众参加学法考试，参考率99%，成绩合格率100%。

市普法办在全市范围内开展“四五”普法知识竞赛活动，市直八大系统16个代表队的48名干部参加比赛。整理全市普法档案600个卷宗，图片档案2卷935张，指导各单位普法档案工作规范化，制作“四五”普法工作大事记,“四五”普法宣传稿件剪贴本,收集普法宣传单、书籍、杂志、考试卷。

在开展“送法下乡”活动中,市司法局、普法办组织普法讲师团、律师、公证人员、基层法律服务工作者和市直各相关单位,先后以“3·15”维护消费者合法权益、宪法宣传月、“为了明天,开展青少年法治教育”、人口与计划生育法宣传月、“6·25”土地法宣传日、“迎州庆,送法下乡”、“送法进社区,创建文明城”、“模拟法庭”、“12·4”全国法治宣传日等为主题开展“送法下乡”活动。利用节假日、巴扎天、农闲时间深入农牧区开展巡回宣讲116次,为农牧民群众讲授专题法治课94场次。

2005年初,市司法局为全面落实青少年法治教育,征订一套100集的《小小律师》法制动画片。

三、“五五”普法

2006年初,市委、市政府印发《2006—2010年关于深入开展法治宣传推进依法治市的第五个五年计划》。

2006年10月,市人大常委会作出《关于实施阿图什市法治宣传教育第五个五年计划决议》,调整依法治市领导小组成员,共计拨付“五五”普法经费40万元。各乡(街道)、市直各单位成立“五五”普法领导小组173个。

在“法治进乡村”活动中,印制《村规民约》6万册免费发放到每家每户,完善村务、财务、党务公开、民主议事、重大事项“一事一议”等制度;加强铁路护路宣传教育,突出以“一次主题宣传、一批宣传资料、一块宣传板、一堂法治课、一幅标语”为载体的“五个一”宣传活动,全力做好乌鲁木齐“7·5”事件分流解脱人员教育转化工作,加强各族公民对《自治区社会治安综合治理条例》《自治区民族团结教育条例》等法律法规的深入学习,扎实做好广大群众的遵纪守法意识教育。

在“法治进社区”活动中,每月8日确定为法治宣传日,专门宣传各种法律法规;成立法治宣传队,在广场和小区进行文艺演出,利用演出宣传法律知识。深入社区,开设法治讲座和巡回法治宣讲;以弱势群体为普法对象,开通法律援助热线电话,免费为下岗、残疾困难人群提供法律咨询、代写法律文书等法律服务,用法律手段解决他们的房屋拆迁安置、下岗再就业、申领低保等现实问题;以外来务工人员为普法对象,举办暂住人口法治培训班,重点宣传治安管理、计划生育、交通安全、劳动仲裁、人身伤害等方面的法律常识,引导普法对象遵纪守法、依法维权。

在“法治进学校”中,规定教师由学校组织进行专门的法律知识学习每年不少于40学时,同时教师全员参加年度公职人员法律知识考试,成绩归入个人档案;全市57所中小学校都聘请辖区派出所、司法所负责人担任法制副校长,加强学校内部矛盾纠纷排查化解,积极预防各类违法犯罪。

在“法治进企业”中,法律援助中心对符合援助条件的11名进城务工人员提供法律援助;大力倡导合法经营、依法纳税、反对不正当竞争等现代企业经营理念,积极开展安全生产教育。

在“法治进单位”中,全市有19个单位创建自治区级文明单位,25个单位创建自治州级文明单位,13个单位创建市级文明单位,创建率97%。

2009年,发放宣传单43.7万份,出动宣传车439辆次,制作黑板报1179块,设立法律咨询523处,受咨询人员1.7万人次,发放法律教材3.5万本,法治讲座203场次,悬挂法治宣传图片526张,悬挂横幅410条。

2010年,全市向各类媒体投稿3570篇,电视台、广播电台《法治》专栏播放全市普法依法治市专题新闻稿件120篇,各类新闻媒体采用依法行政、法治宣传、依法治理稿件915篇,发表新闻图片85幅,形成浓厚的普法依法治理宣传氛围。

“五五”普法暨“法治六进”活动,全市开展法治宣传活动1185场次,发放宣传单36.5万份,出动宣传车320辆次,制作黑板报815块,设立法律咨询点420处,解答法律咨询人数1.2万人次,征订各种法律法规教材4.6万本,自行印制各类法律知识便民手册12万册,举办法治讲座452场次,悬挂法治宣传图片8600张,悬挂横幅950条,利用广播、电台宣传1050小时,受教育人数累计35万人次,群众受教育率100%。

四、“六五”普法

2011—2015年，全市开展“六五”普法工作，市级财政和全市各级各部门各企事业单位投入普法宣传经费697万元。乡（镇、街道）、各单位分别开展《中华人民共和国宪法》宣传月、综合治理宣传月、“12·4”全国法治宣传日等系列宣传活动。累计开展各项法治宣传活动1520场次，发放宣传单109.5万份，出动宣传车1856辆次，制作黑板报8912块，设立法律咨询点3124处，解答法律咨询1.8万人次，发放各种普法教材25.6万本（册），先后组建宣讲团59个，聘请专业人员120名，举办各级法治讲座963场次，悬挂法治宣传图片32680张，悬挂横幅8340条，普法对象受教育率98%。培训各级领导干部18241人，各级党委（党组）逐级落实会前学法工作制度，切实做到以考促学，着力提高领导干部的依法执政和依法决策能力。组织全市公职人员每年参加法律知识测试，参考率98%，及格率100%，依托“法治进学校”活动，在全市88所中小学举办法制副校长（辅导员）培训班，配齐配强中小学法制副校长，按季度进校园开展法治教育，建立长效管理机制。

利用电台、电视台、LED大屏、法治文艺、法治影视等宣传形式，开展各类法治宣传活动，“六五”普法期间，市电台《生活与法》栏目播出2304期、1152小时；市电台、电视台播出普法新闻701条、2103次；电视台播出普法栏目剧116部232次，定期组织执法单位做客电视台和广播室宣传法律法规和惠民政策；LED大屏播出普法口号、宣传标语、公益广告、宣传视频18100条；歌舞团编排法治类相关小品、舞蹈30个，举办演出活动1752场、观看群众87.6万人；播发法治类科教片480场（次）、观看群众12万人次。

2014年，市司法局印发各类宣传手册及宣传单4.5万份，经费10万元。开展普法依法治理，各乡（镇）、街道，各部门、单位开展法治宣传活动95场（次），发放宣传单13.5万份，出动宣传车140辆次，制作黑板报380块，设立法律咨询点310处，解答法律咨询3000人次，发放各种普法教材3.5万本（册），举办各级法治讲座65场（次），悬挂法治宣传图片1600张，悬挂横幅295条。

2015年，印发各类宣传手册及宣传单13万份，经费12万元。开展普法依法治理，各乡（镇）、街道，各部门、单位开展法治宣传活动295场次，发放宣传单27.5万份，出动宣传车705辆次，制作黑板报890块，设立法律咨询点230处，解答法律咨询人数2400人次，举办各级法治讲座75场次，悬挂法治宣传图片1800张，悬挂横幅205条。

第三节　律　师

1995年，市律师事务所有工作人员1名。

1996年，市律师事务所更名为新疆天鹤律师事务所。

1996—2000年，律师事务所为90家单位担任法律顾问，代理诉讼事务140件，代理非诉讼事务34件，代写法律文书878件，解答法律咨询3217件，代办理法律援助218件。

2004—2009年，律师事务所代理各类案件173件，其中民事案件112件、刑事案件58件、行政案件3件；法律援助40件，代写法律文书224件，担任法律顾问6家，解答法律咨询1297人次。

2010年，开展大规模法律宣传活动2次，律师事务所办理各类案件110件，其中民事案件75件、刑事案件32件、行政案件3件，代写法律文书150份，解决法律咨询2500人次，开展法律宣传6场次。

2011年，律师事务所受理案件162件，其中刑事案件37件、民事案件121件、行政案件4件，代写法律文书281件，解答法律咨询345个，办理法律援助案件51个。与上年同比增长14.89%。市法律事务所为17家企事业单位担任法律顾问，代理诉讼事务59件，代理非诉讼事务3件，调解纠纷231件，协办公证56件，见证155件，代写法律文书331件，解答法律咨询1302件（次），办理法律援助96件。

2012年，阿图什律师事务所受理案件149件，其中民事案件100件、刑事案件49件、行政案件5件、代写法律文书255件，法律培训252人次，为4家企事业单位担任法律顾问，办理法律服务案件52件，见证31件，解答法律咨询273件（次）。

2014年，律师办理各类案件164件，其中民事案件88件、刑事案件53件、行政案件3件，法律援助案件

20 件,代写法律文书 316 件,解答法律咨询 1350 人次。

2015 年,受理各类案件 156 件,其中民事案件 47 件、刑事案件 22 件、法律援助案件 83 件、行政诉讼 4 件,代写法律文书 425 件,解答法律咨询 1350 人次,发放法律宣传册 15716 份,为 4 家事业单位担任法律顾问。

第四节 公 证

1995 年,市公证处有工作人员 3 人,其中二级公证员 1 人。

1996 年后,市公证处编写、印发各种宣传资料和开展法律咨询服务,扩大业务范围。逐步开展继承、确认产权、收养、遗嘱、房屋买卖、经济合同、工程项目招投、贷款等公证业务。办理大量与市场经济体制相关的公证事务。配合企业经营机制的转换,办理国有企业、乡镇企业、工商个体户承包经营、租赁、经营合同公证和企业招标、投标、联营、破产拍卖等公证。2008 年,随着地方经济的快速发展,除原有开展的公证业务外,业务逐步拓展到农村集体土地使用权出让、工程建设招投标、住房贷款、外出务工等行业。

2011 年,阿图什市公证机构共办理公证 2805 件,其中国内公证 2703 件、涉外公证 102 件。法律援助 14 件,同比 2010 年增长 145.53%。

2015 年,阿图什市公证处办理各类公证 1626 件,其中国内公证 1483 件、涉外公证 143 件。法律咨询 1685 人次,参加各类法律宣传活动 14 场次。宣传 5 次,发放法律援助宣传册 2850 余份。

1995—2015 年阿图什市公证处办理公证案件一览表

表 22 - 4 单位:件

年份	国内	涉外	合计	年份	国内	涉外	合计
1995	1336	63	1399	2006	397	76	473
1996	166	197	363	2007	616	66	682
1997	199	101	300	2008	620	71	691
1998	262	344	606	2009	614	139	753
1999	205	101	306	2010	1010	133	1143
2000	117	89	206	2011	2703	102	2805
2001	204	126	330	2012	2161	80	2241
2002	1356	128	1484	2013	1388	106	1494
2003	798	68	866	2014	1681	140	1821
2004	411	90	501	2015	1483	143	1626
2005	329	90	419				

第五节 人民调解

一、调解组织

1995—2001 年,全市有 94 个人民调解委员会。

2002 年,全市有人民调解委员会 102 个,成员 488 人。

2015 年,全市有人民调解委员会 109 个。对 168 名拟任人民调解员和既有人民调解员等进行培训,集中办班 9 次,受教人员 1650 人。

二、人民调解

1995—1999 年，由市司法局与各基层签订司法行政基层工作目标管理责任书，推进人民调解委员会标准化管理工作水平。基层调解各类纠纷 1931 件，调解成功 1694 件，成功率 88%。对村里收支情况、村干部工资、宅基地和收费情况、农牧民各项费用和土地承包，利用广播、公开栏定期进行公开。

2000—2005 年，加强对人民调解工作的指导和培训力度，基层人民调解员的综合素质得到有效提高。全市人民调解委员会受理纠纷 2469 件，调解成功 2166 件，调解成功率 87.7%，防止民间纠纷转刑事案件 47 件，涉及 50 人，防止因纠纷激化引起自杀 11 人。

2006 年，人民调解委员会受理各类矛盾纠纷 11957 件，成功调解 11692 件，受理率 100%，调解成功率 97.8%。

2011 年，全市各级调解组织受理调解各类民间纠纷 5073 件，调解成功 5071 件，调解成功率 99.96%；全年发放人民调解“一案一补”补贴 14.71 万元。

2012 年，对全市 490 名调解委员会主任进行业务培训，在全市率先设立道路交通事故调解委员会，在市信访局设立人民调解信访调处中心，人民调解“一案一补”全部纳入“大调解”工作体系，首次推行实报实销制，全市各级调解组织受理调解各类民间纠纷 1955 件，调解成功 1854 件，发放人民调解“一案一补”补贴 11 万元；调解交通类纠纷 227 件，调解成功 227 件，协议涉及金额 619.94 万元。

2015 年，调解各类纠纷 5116 件，其中人民调解案件 3931 件，“三非”类案件 47 件，治安类案件 710 件，交通事故类纠纷 428 件，调解成功 5116 件，调解成功率 100%。

第六节　安置帮教和社区矫正

一、安置帮教

1995—1997 年，市司法局司法助理员加强与辖区派出所密切联系，对失足青少年建卡立档，通过入户走访，了解失足青少年思想状况和现实表现。

1999 年，市成立以分管副市长为组长的安置帮教工作领导小组，办公室设在司法局。

2000 年，市各乡镇（场）陆续设立以司法所为依托的安置帮教工作站，并在各村、社区成立帮教小组，形成市、乡镇、村（社区）三级安置帮教工作组织网络。

2001—2005 年，市司法局加大对“两劳”人员帮教力度，宣传劳动部门介绍就业和自谋职业相结合，协调“两劳”人员就业，安置帮教工作逐步规范。

2006 年，市司法局组织开展全市刑释解教人员排查摸底工作，防止脱管、漏管。落实刑释解教人员衔接措施，建立刑释解教人员档案，做到一人一档。层层落实帮教责任制，实行分类帮教，做好跟踪教育，通过定期和不定期走访，掌握刑释解人员特别是重点人员思想动态、生活状况与社会交往情况。协助落实刑释解教人员就业扶持政策，帮助解决落实责任田、社会保障等方面的实际困难。

2009 年，市司法局与回归社会的刑释解教人员逐一签订帮教责任书，建立电子档案，开展刑释解教人员安置帮教工作，实行帮教管理措施，举办刑释解教人员法治教育培训班，做到帮教率 100%。刑满释放解除教养人员 41 人，有 37 人落实责任田，其余 4 人等待安置。

2010—2012 年，市司法局加强“两劳”回归人员安置帮教，各基层司法所健全帮教管理档案，实行台账式分类管理。根据刑释解教人员的犯罪情节、狱中表现、家庭状况等，综合分析刑释解教人员的社会危害性和重新违法犯罪可能性，确定帮教等级。着重做好重点人员的稳控工作，实行个性化帮教措施，增强帮教工作的针对性和实效性。

2013 年后，全市重点抓好衔接登记、工作例会、档案管理、信息反馈制度落实，有效地促进帮教安置工作。市司法局落实帮教衔接管理工作，建立健全个人档案；及时进行家访，全面核实刑释解教人员本人及家庭实际情况;签订帮教责任书,严格落实各项帮教工作措施;进行法治宣传,预防重新犯罪;落实帮扶措施,帮助刑释解教人员勤劳致富。

2015 年,深入贯彻落实“善转化、重效果”总体部署,与 1 所监狱签订旨在教育、挽救、感化服刑人员及亲属的共建合作协议。在册 103 人,其中被判处缓刑的 89 人,管制 1 人,假释 4 人,暂予监外执行 9 人,组织集中教育 1208 人次,个别谈话 817 人次,组织社区服务 948 人次,落实承包田 233 人次。

二、社区矫正

2010 年,阿图什市 2 个街道办被确定为自治州社区矫正试点单位后,及时成立市社区矫正工作领导小组,办公室设在市司法局基层科。

2011 年,阿图什市全面开展社区矫正工作,全市 7 个乡(镇)、2 个街道办事处均按照要求成立相应的组织机构,接收一定数量的社区服刑人员,开展社区矫正工作。全市累计接收社区服刑对象 540 人,累计解除 435 人,在册矫正对象 105 人,其中管制 2 人、缓刑 88 人、假释 4 人、暂予监外执行 11 人。

2013 年,全市做好社区矫正对象管控工作,定期开展法治培训和法治宣传,重点学习《中华人民共和国社区矫正实施办法》《中华人民共和国刑法》《中华人民共和国刑事诉讼法》《中华人民共和国治安管理处罚法》等常用法律法规。对违反监管规定、不请假随意外出、不参加培训教育的 16 名社区服刑人员给予警告处分,3 名社区服刑人员收监执行。对于服刑人员就业安置,采取多渠道的安置方式,对于农村的服刑人员回归社会后,立即协调有关部门给予落实责任田,增强教育矫治的质量。

2015 年,累计接收社区矫正人员 521 人,累计期满解除矫正人员 418 人,

第七节　法律援助

2004 年 11 月,设立市法律援助中心,与律师事务所实行两块牌子、一套机构,不增加编制,所需编制、人员由司法局内部调整,法律援助是在国家设立的法律援助机构的指导和协调下,律师、公证员和基层法律服务工作者为经济困难或特殊案件的当事人给予减、免收费提供法律帮助的一项法律制度。全年办理援助妇女 381 件、残疾案 127 件、农民案 478 件、农民工案 232 件、老年人案 96 件、未成年人案 134 件。

2008 年 12 月,法律援助中心正式挂牌运行,有工作人员 1 人。

2009 年,办理各类援助案件 85 件,其中刑事辩护 15 件、民事代理 70 件,接待来访群众 500 人次。

2011 年,开展以为农民工“讨工钱”为重点的法律援助惠民活动,援助中心与劳动监察大队、劳动仲裁委员会、法院建立联动机制,缩短农民工法律援助案件的办结案周期,办理农民工援助案件 8 件,讨回工资 600 元,工伤赔偿 7.7 万元、交通事故赔偿 38578 元。全年办理法律援助案件 179 件,其中民事援助案件 78 件,刑事案件 23 件,公证案件 13 件,非诉讼调解 65 件。法律咨询 1200 人,挽回经济损失 250 万元。6 月 3 日,成立阿图什市妇女儿童法律援助工作站。

2011—2015 年,依托乡镇法律援助工作站,将法律援助工作阵地前移,切实做到“应援尽援、能援多援”。2015 年,办理各类法律援助案件 235 件,其中民事诉讼 102 件、非民事诉讼 33 件、公证 37 件、刑事诉讼 63 件,代写法律文书 69 件,解答各类法律咨询 480 人次。

第八节　基层法律服务

1995 年后,全市基层法律服务工作者面向基层,立足“三农”,不断拓展服务领域,提升服务层次,发挥扎根基层、贴近群众、便民利民、收费低廉等优势和特点,服务基层人民政府、农村人民群众和城镇低收入人群,满足不同层次人群对法律服务的需求,特别是广大低收入阶层、弱势群体的维权需要。缓解农村“请律师难、办公证难、打官司难”矛盾。开展基层法律服务工作,主要办理联络公证、代写法律文书、解答法律咨询和参与矛盾纠纷。

2002 年，开展法治宣传、依法治理、人民调解、法律援助、基层法律服务和刑释解教人员安置帮教工作，当好基层政府的法律顾问。各乡（镇）司法所协助基层政府开展依法治理工作，开展法治宣传 80 场次，受教育 3.2 万人次。

2007 年，各乡（镇）司法所开展法治宣传、依法治理、人民调解、法律援助、基层法律服务和刑释解教人员安置帮教工作，当好基层政府的法律顾问。协助基层政府开展依法治理工作，共开展法治宣传 60 场次，受教育 3.7 万人次。

2015 年，各乡（镇）司法所开展法治宣传教育、人民调解、社区矫正、刑释解教人员安置帮教、民间纠纷调处、法律援助、社会治安综合治理、服务经济建设等工作，开展法治宣传 132 场次，受教育 3.5 万人次。

第二十三编　军　　事

1995年后，阿图什市驻市部队和武装、消防、边防、武警等地方军队按照《中华人民共和国兵役法》要求，严把政审、体检、文化、年龄关，开展征兵工作，严把兵员质量关。2000年后，以政治合格、军事过硬、作风优良、纪律严明、保障有力为基础动力，认真贯彻党中央、国务院、中央军委关于新形势下军事工作建设的方针政策，团结奋斗，齐心协力，拥政爱民，军民共建，为民服务，打击犯罪，加强民族团结，维护社会稳定。2010年后，驻市部队按照党在新时期的建军要求，听党指挥、牢记使命、不忘本色。不断加强大局意识、责任意识。在维稳戍边、治安巡逻、打击"三股势力"方面始终冲锋在前、奉献在前，有力维护全市社会政治稳定、民族团结的大好局面。驻市部队继承和发扬拥政爱民的光荣传统，强化边境管理，保证边境安全，积极救灾抢险和参与地方建设，为阿图什市的长治久安做出重大贡献。

第一章　人民武装

第一节　机　构

一、市人民武装部

1995 年,阿图什市人民武装部受克孜勒苏军分区和市党委、市人民政府双重领导,既是市党委的军事工作部门,又是政府的兵役、国防动员工作机构。1999 年,成立民兵铁路护路队 2 个。2008 年 1 月,经济羊场改制后,撤销经济羊场武装部。2015 年,内设 5 个科室。

二、乡(镇)武装部

1995 年,阿图什市乡(镇)军事组织下辖 7 个乡、1 个经济羊场、2 个街道办事处,共 10 个基层人民武装部。

2015 年,下辖 7 个乡镇和 2 个街道办事处,共 9 个基层人民武装部。

第二节　自身建设

一、党组织建设

1995 年,市人武部学习贯彻《关于加强党的建设的决定》,坚持民主集中制。1998—2000 年,根据党的十五大精神,阿图什市人民武装部开展“三讲”(讲学习、讲政治、讲正气)教育,成立教育领导小组和办公室,采取教育动员、专题学习、党性分析、总结提高的步骤逐步展开,立足学习提高,着力解决问题,确保教育的效果。1998 年,人武部党委结合民主生活会进行以“三讲”为主要内容的党性党风教育。1999 年,集中 2 个月时间,针对全体党员进行“三讲”教育,教育以“整顿思想作风,坚持实事求是,增强党性观念”为突破口,着眼思想上有明显提高,作风上有明显进步,纪律上有明显增强的目标,始终贯彻整风精神,着力解决思想作风方面的突出问题,重点解决政治信念、党性原则、思想作风、精神状态和正确用权等问题。2000 年,为巩固“三讲”教育成果,人武部在党员队伍中进行“三讲”教育回头看工作,重点纠正“三讲”教育后仍未得到解决的问题。

2000 年,对全体党员进行党纪条规教育。加强以党支部为核心的组织建设。开展批评与自我批评,大事讲原则,小事讲风格,做到通气交心,协作互助,加强班子战斗力和凝聚力。

2008 年 9 月,中共中央决定,在全党开展深入学习实践科学发展观活动。市人武部党委围绕党员干部受教育、科学发展上水平、人民群众得实惠,进一步解放思想、实事求是、改革创新,着力转变不适应不符合科学发展要求的思想观念,着力解决影响和制约科学发展的突出问题,着力构建有利于科学发展的体制机制,提高领导科学发展、促进社会和谐的能力,使党的工作和党的建设更加符合科学发展观的要求。

2010 年后,严格落实党支部生活制度,坚持每月一次党课教育,每两个月利用党小组汇报一次思想,落实民主集中制,对士官、战士切身利益的各类敏感问题做到公平、公正、公开,集体酝酿决定。进一步净化部队风气,解决官兵的实际问题和合理需求,加大对团支部、军人委员会的指导力度,提高党支部的能力。

2014 年 1 月,市人武部党委把贯彻落实中央八项规定作为切入点,进一步突出作风建设,坚决反对形式主义、官僚主义、享乐主义和奢靡之风,着力解决人民群众反映强烈的突出问题,提高做好新形势下群众工作的能力,保持党同人民群众的血肉联系,发挥党密切联系群众的优势,确保人武部全面健康发展。

二、战备建设

1995 年，市人武部完善各类战备方案和图表基础上，狠抓基层乡镇武装部战备库建设。落实民兵战备训练，完成紧急集合、快速动员、设卡巡逻等课目训练。

2001 年，召开“封边稳内”联席会议，成立维稳支边指挥部。根据民兵担任的任务进行分工，派军事素质过硬的干部到封控任务重的吐古买提乡、哈拉峻乡指导民兵应急分队训练，增强反分裂斗争的紧迫感和使命感。充分发挥民兵信息网的作用，加大搜集情报力度，严密监控边防社情动态，及时报告可疑线索。

2009 年，以维护社会稳定为目标，完善应急反恐维稳机制，加强反恐技能训练和处突演练，战备训练水平得到有效提升。

三、后勤管理

1995 年，市人武部伙食、服装主要由军分区后勤部统一下拨和供应。市人武部对大项目坚持党委集体研究。每年 10 月，对固定资产进行一次全面清理，确保收支平衡，略有结余。1997 年，市人武部制定《营产营具管理规定》，实行计价挂账和押金制，做到账物相符、责任到人。生产营成立后，对配发营具进行登记造册，定期清查。2014 年，根据中央军委总部安排，成立后勤保障领导小组，安排专人对基本建设项目和房地产资源进行普查，完成实地测绘、资料装订、照片拍摄和数据录入等，通过军分区、新疆军区和兰州军区的检查。

第三节　民　兵

1995 年后，各乡镇人民武装部逐步得到加强，按规定全部配齐正、副部长，市人民武装部每年对基层人民武装部正、副部长进行 15 天的业务培训，提高其组织民兵完成维稳任务的能力。

1997 年，自治区党委、人民政府和新疆军区作出实施基层武装力量建设“3580”（3 年时间、5 支队伍、80% 达标）工程决定后，市党委、政府和人民武装部召开 5 次协调会议，成立由军地主要领导和有关人员参加的领导小组，军地齐抓共管。按照“3580”工程计划，对“5 支队伍”（市人民武装部、基层人民武装部、民兵应急分队、民兵信息网和民兵治安分队）建设内容、标准，逐个进行检查指导，并研究下发指导性文件，明确落实计划的时限、标准、方法和步骤。各级政府投入资金建起基层人民武装部办公室、值班室、活动室，编印下发民兵教材，完善各种资料、预案，进行防暴训练和演练。市党委、政府制定出台《民兵军事训练经费统筹实施办法》《专武干部工资统一管理办法》等地方性法规。

1999 年，市“3580”工作经自治区、新疆军区检查验收，全部达标。根据“布局合理、组织健全、政治合格、队伍纯洁、训练有素、干部齐备、制度落实、阵地完善、活动经常、任务明确”的标准，市人民武装部对民兵组织进行多次调整改革，进一步优化民兵组织结构，做到编组科学、规模适度、布局合理、制度健全，并着力提高应急分队的比例和专业技术分队中的科技含量，达到“精干、可靠、管用”的总要求。

2000—2015 年，民兵训练由基本训练改为重点集训，集训对象调整为基干民兵连、基干民兵排，训练周期缩短，基干民兵开展条令学习，进行队列、射击、投弹、战术基础等课目训练，学会使用手中武器装备和攻、防战术基础动作；连（排）长突出技（战）术、本级指挥和教学法训练；民兵应急分队进行队列、投弹、射击、擒拿格斗、盾（棍）术、“三反”（反暴力、反敌偷袭、反恐怖）防暴队形、战术基础等课目训练；村级治安分队完成队列、投弹、巡逻执勤、警卫、擒拿格斗和单兵战术动作等课目训练。

第四节　兵役制度

一、兵役登记

兵役登记工作在每年征兵工作开始前（8—9 月），结合征兵摸底工作进行，主要是做好年满 18 岁适龄青年的登记和已登记人员的复查工作。对上年度确定的缓征人员,主要检查唯一劳动力家庭结构变化情况,检查在校学生毕业情况,确定其继续缓征或补入服兵役范围;对原确定的应征人员,主要是将已经超龄的以及已经入伍的青年进行注销登记;对阿图什市范围内调动工作单位或迁移人员以及因政治原因被羁押、拘役,正在服刑的人员进行改登。

1995 年,阿图什市按照《中华人民共和国兵役法》,实行义务兵制为主体的义务兵与志愿兵相结合、民兵与预备役相结合的兵役制度。市人民武装部落实解放军总政治部、兰州、新疆、南疆三级军区和市征兵办公室制定的征兵廉洁规定,增强各级征兵人员廉洁自律的自觉性,强化政策纪律观念。推行"公示"制度,条件标准,征兵数量,举报途径实施"三公开",对体检名单、检验合格名单、预定新兵名单、定兵名单实施"四张榜",使征兵工作始终处在群众、舆论和社会监督之下。

1998 年以后,贯彻执行新的《中华人民共和国兵役法》,实行义务兵与志愿兵、民兵与预备役相结合的制度,服役年限由 3 年改为 2 年。

2000 年,阿图什市征兵工作坚持三级陪审制度,签订市、乡、村三级责任状,从兵员摸底登记到宣传报名、政审、体验等各阶段严格执行征兵政策。组织市教育、卫生、公安、纪检等单位人员参加陪审,优先考虑学历较高、有正式工作单位、各方面条件较好的应征青年入选。

2006 年,市人民武装部开展征兵宣传 20 天。严把政治审查关,身体检查关,确保将政治思想好,文化程度高,身体素质好,有业务技术和特长的应征青年输送给部队。

2011 年,市人民武装部实行"征兵政策,征兵条件、征兵纪律""三公开"和预征对象、双合格人员、预定新兵人员名单、举报电话"四公布"。在兵员合格的基础上,根据各乡镇人数及民族分布情况,尽可能均衡任务指标。

2013 年,阿图什市执行国家对兵役征集重大改革的决定,征集时间由以往的冬季征兵调整为夏秋季征兵。征集对象增加应届高中(中专)毕业生征集数量,特别是将大学生作为主要征集群体。市人民武装部执行"八不准规定"、兰州军区廉洁 25 条措施。在初审、体检、政审等各阶段张榜公示,坚持集体定兵,对实定新兵进行政治复审和身体复检,尤其对出疆新兵更加严格要求,确保新兵质量。

二、兵员登记

1995—1997 年,阿图什市按照《中华人民共和国兵役法》的规定,实行以义务兵为主体的义务兵与志愿兵相结合,民兵与预备役相结合的制度,服役年限为 3 年。1998 年以后,贯彻执行新兵役法,实行义务兵与志愿兵、民兵与预备役相结合的制度,服役年限由 3 年改为 2 年。

2013 年,应征入伍由冬季入伍改为夏秋季入伍,根据国防现代化要求,鼓励大学生入伍,高校毕业生应征入伍服义务兵役,除享有优先报名应征、优先体检政审、优先审批定兵、优先安排使用"四个优先"政策,家庭按规定享受军属待遇外,还享受优先选拔使用、学费补偿和国家助学贷款代偿、退役后考学升学优惠、就业服务等政策。市人武部在高中毕业和大学毕业未就业人员中广泛宣传动员,通过对国家政策解读,应征入伍人员的文化程度得到普遍提高。

三、预备役登记

1995 年后,阿图什市实行民兵与预备役相结合的兵役制度,年龄超过 35 岁的退出预备役。士兵预备役分为两类,编入基干民兵的人员和经过预备役登记的 28 岁以下退出现役的士兵,以及地方专业技术人员为第一类,编入普通民兵组织的人员、经过预备役登记的 29 ~ 35 岁和退出现役的士兵以及其他符合预备役条件的男性公民为第二类,两类预备役主要包括退伍军人预备役、民兵预备役、地方专业技术对口人员预备役。退伍军人回乡后,要前往市人武部进行预备役登记,退伍证上填写"服预备役"或"免服预备役"。市预备役军官登记领导小组负责预备役军官登记工作的组织领导,每年 7 月召开一次联席会议,安排部署登记工作。

1998 年,《中华人民共和国兵役法》修订后,规定经过登记服预备役的 35 岁以下退伍士兵、地方与军事专业对口技术人员以及其他 28 岁以下人员,编入预备役部队和预编现役士兵编,为一类预备役;除上述人员外，编入民兵组织和其他符合士兵预备役条件的男性公民，编为二类预备役。

2004 年 3 月开始，对预备役军官实行计算机管理。2007 年，人武部会同市人事局和民政局对全市复转干部进行统计，登记造册，将全部档案资料录入“预备役干部管理系统”，每年对 10 月新增入队和超龄（团职 50 岁、营职 45 岁、连职 40 岁）出队人员进行一次统计。

2004—2015 年，阿图什市对未服过现役的预备役士兵每年组织 30～40 天的军事训练，并发放误工补贴。

第五节　拥政爱民

一、扶贫帮困

1995—1997 年，为贫困户捐赠衣服 500 件、粮食 4650 千克。1997 年以后，根据南疆军区实施“双百工程”（扶贫一百所贫困小学、一百个贫困村）的指示，市人民武装部机关先后与阿湖乡光明村和阿扎克乡布亚买提村建立“双拥”共建村，经常开展扶贫帮困和捐资助学活动。

1997—2008 年，市人民武装部官兵共下乡 40 次，帮助阿湖乡、阿扎克乡困难户收割小麦 33 公顷，摘棉花 1000 千克，摘葡萄 2 万千克。

2000—2015 年，市人民武装部与阿扎克乡布亚买提村建立共建村，每年出资 5 万元，完成一个任务或一项工程。每名干部拿出 500 元帮助一名家庭困难学生。

2013 年，市人民武装部完善阿扎克乡布亚买提村党支部活动室。2014 年，对阿扎克乡布亚买提村小学教室屋顶进行防漏水改造。2015 年，为布亚买提村小学校园安装路灯，对学校大门进行改造。

二、援助地方建设

1999 年，阿图什市进行大规模的市政改建工程，部队官兵捐款 4 万元，植树 1 万株，整修绿化带 1800 米，修排碱渠挖土石方 6300 立方米，修人行、车马道 7 千米。

2001 年 11 月，响应植树造林号召，市人民武装部部长带领武装部官兵和民兵，每天劳动 12 小时，共整修林带 3000 米，植树 2 万棵。

三、抢险救灾

1996 年 3 月 19 日，阿图什市东北 80 千米处发生里氏 6.8 级强烈地震，格达良乡、哈拉峻乡受灾严重。市人民武装部出动官兵和民兵进行抢险救灾。共搭建制式帐篷 9 顶、简易抗震棚 189 顶，挖废墟 150 立方米，搬运物资 150 吨，疏通道路 5 千米。3 月 21—22 日，哈拉峻乡普降大雪，受灾群众 3516 名，倒塌房屋 81 间，危房 1900 间。人民武装部组织官兵和民兵搭建帐篷 5 顶、防震棚 150 顶，运送困难群众 40 名，运送物资 20 吨，清除道路积雪 15 千米。6 月 19 日，阿图什地区连降大雨，引起山洪暴发，阿湖水库、托喀依水库爆满，托帕防洪堤被冲毁，阿扎克乡、松他克乡部分村庄、农作物被淹。市人民武装部官兵、民兵加固堤坝 5 处 120 米，打三角桩 8 个，装填麻袋 700 个。6 月 20 日，托喀依水库再度出现险情，又组织加固堤坝 500 米，确保水库的安全。

1997 年 1 月 21 日，阿图什市东北 70 千米处发生里氏 6.6 级强烈地震。阿图什市市区、格达良乡及附近地区受灾严重。市人民武装部组织官兵和民兵，前往格达良乡救灾，共搭建帐篷 7 顶，拆除危房 6 间，清理道路 12 千米，运送物资 15 吨，给受灾群众捐款 2000 元、衣服 50 件。

1998 年 3 月 19 日，阿图什市东北地区发生里氏 6.1 级地震，哈拉峻乡、吐古买提乡和经济羊场及附近地区受灾严重。市人民武装部抢修加固危房 410 间，清理土石 2.7 万立方米，扩宽、疏通渠道 15 条共 13.7 千米，修复供电线路 20 千米；出动运输车 10 辆次，运送物资 80 吨。9 月 12—13 日，阿图什市连降大雨，博古孜河、阿湖水库、托喀依水库超过警戒水位。市人民武装部组织官兵、民兵前往阿湖水库抗洪，奋战 7 个小时，装沙袋3350个,加高、加固堤坝850米,排除险情。

2010年9月8日,阿图什市突降大雨,博古孜河发生险情,市人民武装部官兵和民兵,奋战8个小时,加高加固河坝800米,排除险情。

2011年2月15日,阿图什市地区发生风灾,市人民武装部帮助修复阿湖乡阿尔赛小区大棚8个。

四、维护社会稳定

1995—2015年,人武部充分发挥地方党委军事部门作用,成立民兵治安分队,担负护厂、护路、护矿、护村任务。配合地方公安干警担负重要部门和重要地段巡逻执勤,为维护驻地社会稳定和长治久安贡献应有力量。在抓捕任务中,配合公安进行搜捕。每逢重大节日,市人民武装部组织民兵配合地方公安、武警,昼夜执勤巡逻,维护社会治安。

第二章 公安边防

第一节 机 构

1995—2001年,武警新疆边防总队克孜勒苏州支队阿图什市边防大队(简称市边防大队)为正营级。2002年,根据武警部队总部新编制,阿图什市公安边防大队由正营级编制升格为副团级,教导员更名为政治委员。边防派出所升格为正营级。

2002年8月,根据公安部政治部《关于颁发公安边防部队以下单位编制方案的命令》,各基层派出所取消边境工作站的称谓。2005年,经济羊场改制后,撤销经济羊场边防派出所。至2015年,全市有哈拉峻边防派出所、吐古买提边防派出所、依达良边防派出所。

第二节 自身建设

一、组织建设

1995—1997年,市边防大队落实支队《党委工作制度》《党委议事规则》《民主生活会制度》等,使党委始终置于制度规范下工作,坚持落实党委集体领导下的首长分工负责制。

1999—2001年,严格落实各项规章制度,履行《党委议事规则》《党委成员守则》,认真落实党委统一领导下的首长分工负责制和双重组织生活制度,坚持民主集中制,规范党委议事决策,抓好《公安边防部队关于防止和克服形式主义若干规定》的落实,倡导实事求是的思想路线。

2002年,确定市边防大队党委成员基层联系点制度,分片负责,加大帮扶力度,加强对基层党组织建设的检查指导。

2005年,市边防大队党委落实《关于加强公安边防部队党的各级委员会建设的意见》《中国共产党军队委员会工作条例》,坚持组织生活制度,按照"讲团结、干事业、谋发展"的要求,抓中心、议大事,坚持理论学习和部队形势分析制度,加强作风建设,以求真务实,开拓创新,积极进取的精神全面加强部队建设,自觉服从服务于全面建小康社会和地方经济建设的大局。

2011—2013年,建立完善《市边防大队党委自身建设规定》《市边防大队党委议事规则》,推行党务公开、逐步试行党委票决制、深化党委务虚制,组织开展"荐红书、读经典、谈体会"为主题的"三学"活动,促进全体党员时刻紧跟时代脉搏、转变思想观念、坚定理想信念。

2014—2015年,市边防大队党委围绕边防保卫和反恐维稳"双重使命",坚持把转变作风、树立导向作为促进班子建设的重要举措，把“带出一支好部队，留下一种好作风”作为大队党委班子建设的最高标准。坚定不移地深化警地联创联建、推行干部质效改革、二级党务公开、大队领导蹲点帮扶等工作机制，通过以上率下、优化警力配置，推动部队作风转变。

二、战备建设

1995 年，武警新疆边防总队克孜勒苏州支队阿图什市边防大队组织训练任务，制定各种处突方案，开展演练。

1998 年，市边防大队结合自身实际有针对性的演练。不定期抽查各单位备勤情况，组织处突训练和夜间射击训练。

2001 年，市边防大队党委按照支队《关于做好防敌武装袭扰的通知》，结合辖区实际，在规定的时间内完成重点所(站)等级战备的准备工作，并对重点所(站)的人员及武器装备进行调整。

2005 年，主要做好重大节假日期间的备勤工作。市边防大队不定期抽查各单位备勤情况，严格落实自卫哨，确保自身的安全。

2006—2010 年，市边防大队以边境一线为重点，补充完善处置突发事件预案，按照当地党委和公安机关的统一部署，做好预防突发事件的各项准备工作。各所及时对各类处突预案修订完善，加强演练，进一步提高官兵应急应变能力。

2011—2015 年，市边防大队修订完善各类处突预案，加强演练，不断提高部队应急反应能力。结合亚欧博览会、节假日敏感节点，突出抓好处突能力训练，建立处突演练机制。立足不同岗位设定不同演练目标，建立“周测试，月自考，季统考”的考核评价体系，促进练兵成果转化。

三、执勤

1995—2015 年，市边防大队加强边境管控，破获多起走私案、贩卖枪支案、危害国家安全案。贯彻落实“预防为主、打防结合”的社会治安综合治理路线，建立“以辖区群众为基础，以治保、联防员、护边员和信息员为骨干，点面结合、专群结合”的边境治安防范网络。加强边境基础建设，清理非法边境前沿生产作业单位，树立边境管理标志牌、边境通道公告牌和警示牌，发放宣传手册。每年开展“边防政策法规宣传月”活动。加强人口管理，重点人口熟悉率、列管率、控制率分别达到 100%。做好安全保卫工作，及时组织开展净边、清边、打击街面违法犯罪、民用爆炸和危险物品等专项整治工作。

第三节　边境防务

1996 年，市边防大队开展宣传教育和摸排，通过宣传教育，运用媒介传播、张贴标语等各种形式，教育辖区群众认识到民族分裂主义的危害和进行整治的必要性，对人员非法越界、管区走私、贩卖、改制和非法持有各类枪支及爆炸物品、非法宗教活动、散布反动标语等问题进行深入的摸排。

1999 年，有重点地针对非法宗教活动、暴力、恐怖犯罪，非法枪支和爆炸物品等进行重点整治，配合宗教管理部门加强对宗教场所和宗教活动的管理，为辖区宗教人员建档立卡，同时掌握其活动情况。

2007 年，为加强边境地区安全管理，市边防大队所属边防派出所按照“十户联防联巡”机制和片区管护员制度，在辖区组织党团员和治安积极分子担任“户长”和片区管护员，促进边境地区管理。

2011 年，根据《新疆维吾尔自治区边境管理区群众护边员管理规定》，在市边防大队开始建立群众护边员队伍。

2012 年，以全面强化社会治安和边境管控工作，开展严厉打击暴力犯罪和宗教极端势力、整治非法宣传品、整治非法宗教活动、缉枪治爆等专项行动，突出抓好“网格化”社会面管理巡控工作，把警力部署在案件高发、防范薄弱、群众需要的重点时段和部位上，采取不定时、不定位的方法，抓好白天巡控、夜间巡逻工作，使可控性案件大幅下降。

2013 年,构建以边防辖区为整体防控网络,实现以人防为主、物防为辅、情报支撑、纵横交错、整体联动的良好工作模式。

2015 年,大队开展执法规范化建设、千人情报信息网建设、疆内流动人口轨迹管理、缉枪治爆专项行动等重点工作,推动管边控边联动机制、形成点位布警有机互补、提高管边控边思想根基、强化边民守边护边意识机制,严格落实季度联席会议、联合踏查清边制度。

第四节　边境管控

1995 年,市边防大队通过在辖区开展人口管理;安全防范;治安管理;边境管理;服务群众等工作,严厉打击盗窃、吸毒、抢劫、强奸等各类违法犯罪活动,震慑犯罪分子的嚣张气焰,实现阿图什市边境辖区的安全稳定。

1998 年后,市边防大队把边境重点地区集中治理工作列为重中之重来抓。在以后的每年工作中,对危险物品进行清查,加强危险物品的管理,确保边境地区安全。

2002 年 7 月,公安部下发《公安派出所执勤执法工作规范》《公安派出所等级评定实施细则(试行)》《公安派出所等级评定扣分细则》后,市边防大队把所属公安边防派出所执法规范化建设作为提高边防官兵执法能力的一件大事来抓,稳步推进执法规范化建设。10 月,市边防大队在边境地区开始实施人口计算机网络管理,逐步实现信息化管理户籍工作,同时配套开展“三采”(人口图像采集、血型采集、身高采集)工作。

2007 年,市边防大队开始落实派出所“三一一”(即每周三天下管区工作,一天政治和业务学习,一天军事训练)弹性工作制。

2008 年 2 月,哈拉峻边防派出所被公安部边防局评为“执法示范单位”,1 名警官被公安部边防局评为“执法先进个人”。

2010 年 3 月 26 日,哈拉峻边防派出所警官王吉祥被表彰为全国公安机关爱民模范,并受到国家主席胡锦涛、国务院总理温家宝等党和国家领导人的接见。

2015 年,市边防大队各边防派出所共收缴气枪 2 支、小口径步枪 1 支、各类子弹 65 发,全部上交阿图什市公安局治安大队。

第五节　拥政爱民

1995 年后,市边防大队开展警民共建活动,同驻地各族人民同呼吸、共命运、心连心。大队、所与驻地学校、企事业单位、敬老院结成共建对子,与辖区群众开展共建共育活动,采取多种形式进行国防教育和边境法规宣传教育。

2009 年,大队将 4 月、9 月定为派出所集中走访月,将 5 月、10 月定为大队部干部下基层走访月,大队领导主动下基层蹲点,带头走访摸排社情民意,主动沟通汇报,听取意见建议,加强改进工作。与群众广接触、交朋友、摸情况,坚持每季度滚动摸排困难群众底数和关爱情况,协调民政等部门建立长期稳定帮扶救助机制,全面推动落实基本救助措施,传送党和政府的温暖,加深与群众的感情。哈拉峻边防派出所警官王吉祥开拓工作思路,改变工作方法,得到公安部、边防局、自治区和克州各界及各级领导的充分肯定,先后获“全国公安机关爱民模范”“群众工作标兵”“十大法制人物”“青少年民族团结标兵”“民族团结先进个人”等荣誉,立个人二等功 1 次、三等功 7 次。

2009 年 12 月,吐古买提乡边境线遇雪灾,市边防大队官兵奋战 3 天,在方圆 750 平方千米的分散辖区,解救被困群众 17 人、牲畜 300 头(匹),找回并解救失踪牧民 2 名,挽回直接经济损失 100 万元。

2010 年,哈拉峻边防派出所官兵自发进行捐款 1500 元,帮助琼哈拉峻村团结路居民古兰 · 铁来西继续完成学业。

2011—2015 年,市边防大队为群众排忧解难 1700 件,参与设立帮扶基金 12 个 5 万元,先后将辖区 168

户贫困家庭纳入地方低保，长期资助11名困难儿童上学，解决23名孤寡老人和13名残疾人住房、收入等生活问题。其中推动困难儿童纳入政府或社会慈善救助比例100%，树立公安边防部队良好形象，得到群众的信任和支持。在服务人民、抗洪抢险、完成急难险重等各项工作任务中，广大边防官兵英勇善战、不怕牺牲，保护人民群众生命财产安全，成为爱民固边模范。

2015年，市边防大队创建爱民固边模范村5个，占边防辖区行政村、社区总数的38.3%，解决治安等突出问题20个，帮助模范村争取项目21个、资金26万元，引导100名群众发家致富。通过扎实有效的创建活动，许多爱民固边模范村成为平安村、示范点，成为边境辖区安全稳定的战略屏障。

第三章　武警中队

第一节　机　构

1995年，中国人民武装警察部队阿图什市中队受克孜勒苏支队和阿图什市委双重领导。1997年4月，市中队改名为武警自治州支队二中队。2005年，自治州支队体制编制进行调整，武警自治州支队二中队更名为武警克州支队阿图什市中队。2015年，武警中队没有发生变化。

第二节　自身建设

一、组织建设

1995年，武警阿图什市中队学习贯彻《关于加强党的建设的决定》，坚持民主集中制。2000年，对全体党员进行党纪条规教育。加强以党支部为核心的组织建设。开展批评与自我批评，大事讲原则，小事讲风格，做到通气交心，协作互助，加强班子战斗力和凝聚力。2010年后，严格落实党支部生活制度，坚持每月1次党课教育，每两个月利用党小组汇报1次思想，落实民主集中制，对士官战士切身利益的各类敏感问题始终做到公平、公正、公开。集体酝酿决定，进一步净化部队风气，解决官兵的实际问题和合理需求，加强对团支部、军人委员会的指导力度，提高党支部的能力。

2015年，武警阿图什市中队党支部利用党日活动、业务学习等契机，认真组织学习党的路线方针和政策，切实把官兵思想统一到上级党委的决策部署上来，确保官兵立场坚定，旗帜鲜明，道德纯洁。加强对干部管理教育，扎实开展“本职岗位献忠诚”演讲比赛、“新一代革命军人样子”讨论辨析活动、阅读红色书籍、学唱红色歌曲、观看红色电影等主题教育活动，引导中队官兵树立正确的世界观、人生观、价值观。

二、战备建设

1995年以来，武警阿图什市中队坚守“打得赢、不变质”，忠实履行武警部队维护国家安全和社会稳定、保障人民安居乐业的职责使命，时刻准备处置突发事件，参与处置各类突发事件230起。落实“战备值班、战备检查、战备演练”制度，每年按照支队要求完成战备演练12次。2011年，结合实际制定应急预案，训练快速集结、提高精确突击的能力。

2015年，实施多样化任务的战术演练，以改革创新的思维，对新形势下战备工作能力要求、制度规定、建设标准、手段运用等方面进行系统研究，着眼前瞻设计对策措施。研究制定《战备工作规范》《战备行动编携配装基本标准》《部（分）队遂行任务战术基本标准》等规范性制度文件，形成系统配套、规范可行的战备法规制度体系，推动战备建设向更高水平发展。

三、思想政治教育

1995—1996 年,武警阿图什市中队按照中共中央总书记江泽民提出的"政治合格、军事过硬、作风优良、纪律严明、保障有力"的要求,抓好以中共十四届三中全会精神和《邓小平文选》第三卷为主要内容的政治理论学习。同时,对全队官兵进行"尊干爱兵、艰苦奋斗、革命人生观和爱国奉献"专题教育。进一步纯洁官兵思想,保证部队永远忠于党、忠于祖国、忠于社会主义和人民。

1997—1998 年,武警阿图什市中队组织全队官兵学习《邓小平伟大光辉的一生》传记文章、"迎香港回归"、做"党和人民忠诚卫士"、武警新疆总队"大漠英雄"和"抗洪精神"等专场英模事迹报告会精神,在全队掀起学英模、弘扬抗洪精神、拥护改革、服从大局和维护社会稳定热潮。

2000 年后,武警阿图什市中队开展中共十六大、《中国共产党章程》、中国共产党成立 80 周年、"三讲"、"三个代表"重要思想等学习教育活动。2003 年"非典"期间,为防止中队周边居民家属出现病情,中队卫生员积极为民族居民群众量体温,发放药物板蓝根。

2005 年,按照武警克州支队党委的工作部署,用半年时间、分三个阶段,在全队党员干部和战士中开展保持共产党员先进性教育活动。教育活动以中共十六届三中、四中全会精神,胡锦涛总书记《在新时期保持共产党员先进性教育专题报告会上的讲话》,《保持共产党员先进性教育读本》等为教材,重点学习《中共中央关于加强党的执政能力建设的决定》《中国共产党章程》《中共中央关于加强和改进党的作风建设的决定》《中共中央关于新疆经济发展与社会稳定的总体工作部署》等内容。

2008 年,武警阿图什市中队开展"迎奥运、保稳定、履职责、做贡献"特殊时期职责使命的教育年活动。按照《军队基层建设纲要》的要求和"抓调研、学法规、强素质"教育整顿实施计划,开展"抓精细、促和谐、强根基"教育整训活动,组织全队党员重温入党誓词,加强思想政治和组织建设,促进中队建设上新台阶。中队党支部以"七一"建党节、"八一"建军节和"十一"国庆节等活动为契机,开展慰问活动,为驻地贫困家属送去慰问金 500 元,建立艾尔肯基金。

2009—2010 年,武警阿图什市中队在全队党员干部和战士中开展维护社会稳定、履行维护社会稳定责任和治安形势任务教育,掀起向高飞同志学习活动的热潮,教育干部和战士发扬"不怕牺牲,勇上一线"的战斗作风,为做好本职工作、维护社会稳定奠定思想基础。落实理论学习制度,加强政治思想教育,夯实党员干部和战士思想基础,注重教育求效果,坚持每周观看一部红色影片、学唱一首军歌活动,鼓励战士走上讲台谈心得、讲感受;运用板报橱窗、每日提示、《战士小报》等载体营造教育氛围,促进学习教育深入军营、深入人心。

2015 年,武警阿图什市中队按照新的《军队基层建设纲要》要求,坚持坚强班子带队伍的思想,全面强化"一班人"能力素质锻炼,抓好党支部班子岗位练兵活动,深入开展党的群众路线教育实践活动,狠抓风气建设、内部关系、战斗精神、安全管理、保障能力。结合克州严峻的反恐维稳斗争形势,组织官兵围绕"我的战场在哪里,我上战场干什么"大讨论,从官兵认知特点和接受能力出发,把集中教育与辅导结合起来,依靠小论坛、小辩论、小交流、"三个半小时""三互"等载体,帮助官兵释疑解惑,确保当代革命军人核心价值观深深植根于官兵思想。

四、军事训练

1995—2015 年,武警阿图什市中队依据《军事训练与考核大纲》规定,落实军事训练"十项制度",抓好训练计划、准备、施训、考评、保障五个环节,把传统的训练方法和科学的练兵方法相结合,提高部队执勤、处突和执行任务的能力。以贯彻《军事训练"八落实"》《军事训练考核大纲》为依据,牢固树立"当兵打仗、练兵打仗、带兵打仗"观念,成立训练和教学领导小组,科学合理制定军事训练计划,严格按纲施训。注重干部骨干训练,贴近实战练兵,突出实战训练,提高军事训练水平。加强训练方法研究,创新训练方法,重点突出体能训练、夜间训练,强化对快速出动、处突、轻武器操作和器械、耐力跑等基础体能训练,为完成急难险重任务奠定坚实基础,切实提高执行任务官兵应急处突能力,确保任务圆满完成。

第三节　值勤战备

1995年后，武警阿图什市中队每年在特殊敏感时期，重大节日以及社会动态发生变化时，根据市委要求出动兵力参与巡逻勤务。

1998年后，认真贯彻落实全国监管和自治区监管工作会议精神，按照"勤务模式科学化、执法行为规范化、监管动态信息化、队伍建设正规化、监督制约制度化、设施保障标准化"的要求，加强队伍建设，提高全队官兵的政治思想和看守业务素质，不断完善看守警卫基础工作，规范和落实精细化管理，确保看守各项警卫任务圆满完成。

2010年，武警阿图什市中队按照南疆军区指示和武警克州支队关于巡逻执勤情况处置演示内容，开展针对性训练，有效提高官兵的情况处置能力。

2011年，武警阿图什市中队围绕"执勤确保安全、处突确有把握、反恐确保制胜、维稳确保有效"的目标，紧贴严峻的敌社情，大力开展针对性训练，坚持当天完成当天训练任务，每月全面考核，确保遇有情况闻警即动，高效处置。

2015年，武警阿图什市中队完成各类勤务，确保驻地安全稳定。

第四节　拥政爱民

一、扶贫帮困

2010—2011年，武警阿图什市中队每年春节前，走访慰问革命烈属、老军人、老党员、老干部，送去大米、面粉、清油及生活用品。

2015年，武警阿图什市中队官兵为驻地一名维吾尔族小学生捐款1000元，帮助其重新回到学校。

二、军民共建

1995年以来，武警阿图什市中队每年都利用"八一"建军节，开展军民共建活动。

2010—2011年，武警阿图什市中队修筑水渠2千米，清理垃圾2吨，清理道路积雪300千米，植树1500株，为驻地经济建设做出应有的贡献。

2015年，武警阿图什市中队为民做好事30件，收到感谢信10封、锦旗3面。先后与肖鲁克小学签订共建协议，开展文明共建。定期慰问3名孤寡老人、2名失学儿童和1名老党员，为他们提供帮助，排忧解难。

第四章　公安消防

第一节　机　构

1995年，阿图什市公安消防大队为正营级；下设市消防中队，正连级。2010年5月，根据《国务院办公厅关于加强基层应急队伍建设的意见》精神，市人民政府依托市公安消防大队成立市综合应急救援大队。2011年，根据公安消防部队新编制，市公安消防大队升格为副团级，消防中队更名市公安消防大队帕米尔中队，升格为副营级。主要任务是担负阿图什市辖区的防火监督和灭火救援工作。

第二节　消防宣传

1995 年后,市公安消防大队每年向居民散发宣传单,设宣传点,开展宣传活动。

2002 年后,市公安消防大队开展“3·29”中小学生消防教育日活动和“119”消防教育日活动。利用举办社会消防知识讲座、培训班等形式,使各族干部群众了解消防、认识消防、参与消防。在城市设立消防咨询点 5 个,发放消防宣传单 1.3 万份,解答人民群众疑难问题 100 条,出动消防宣传车辆 10 辆次,开设消防知识讲座 8 次,开展消防知识进单位、进社区、进学校、进家庭和进农村活动(简称“四进”),从而增强单位消防安全主体意识和各族群众自防自救能力。

2006 年,市公安消防大队结合阿图什市“百日文化广场活动”,在各学校和企事业单位及社区、农村,广泛开展各类宣传教育活动。在重大节日期间,利用新闻媒体播放和刊载消防知识公告和消防警示语,展示消防器材装备、讲解消防常识、发放消防宣传单和进行灭火疏散等演练活动。

2008 年,市公安消防大队按照《克州消防支队奥运消防安全保卫攻坚战消防宣传专项行动方案》《克州“2008 北京奥运会倒计时 100 天主题消防宣传日”活动》《“旌旗飞扬”奥保宣传攻坚战》等专项行动要求,组织学校开展消防演练 7 次,组织学校、单位参观红大门活动 8 次,消防官兵深入学校开展灭火演练 3 次,进学校开展消防宣传和上消防课 10 次;组织单位悬挂标语 15 条,接受咨询 340 人次;进社区设立消防宣传咨询点 2 个;进农村开展消防宣传 8 次,发放消防宣传单 4000 份;发送消防短信 600 条。

2010 年,市公安消防大队对乡、街道办事处、社区和公安派出所开展消防工作进行检查和指导 100 次;开展消防宣传“五进”活动 60 次,3 万名各族师生和社会群众受到教育;组织开展消防演练、疏散逃生演习 65 次;19 支消防志愿者服务队开展各种宣传活动 357 次,发放消防知识宣传单 20 万份,接待各族师生和人民群众 2 万人。

2012 年,市公安消防大队因地制宜,创新“名人消防宣传队”“电动三轮车流动宣传”“消防志愿者上门送平安”“玛纳斯弹唱融入消防”“马背宣传队进高原送温暖”等具有民族特色的消防宣传教育形式,将 58 家重点单位打造成消防宣传阵地。积极抢占主流媒体宣传阵地,通过报刊、电视台、电台,运用不同的语言、文字载体,广泛开展消防知识宣传。

2015 年,市公安消防大队积极走进机关、企事业单位、学校、社区,开展以冬春火灾防控工作为主题的消防宣传培训活动 10 次,受教育的各族群众 1 万人,发放各类宣传手册、宣传单 2000 份。

第三节　社会化火灾防控体系建设

1995 年后,随着个体私营企业迅速发展,消防工作按照自治州与市防火安全委员会的安排,公安消防部门主要抓好私营企业的消防安全检验工作。

1997 年后,市公安消防大队认真贯彻落实消防法的有关精神,按照消防监督条例加大对个体私营业主的消防安全教育和防火检查力度,保障和促进非公有经济快速发展。

2006 年后,市公安消防大队重视抓好企事业单位消防工作,按照总队、支队消防工作部署,制定消防宣传教育方案和培训制度,建立消防宣传教育档案,配备消防宣传资料、消防安全演练器具等。要求各企事业单位新员工上岗前,必须进行消防安全培训;具有火灾危险性的特殊工种、重点岗位员工必须进行消防安全专业培训,培训率 100%,并依法持证上岗。督促各企事业单位开展经常性的消防宣传教育工作,每年对职工进行一次消防知识和消防法律法规考试,合格率 90%,保证职工做到“三懂三会”(懂本岗位火灾危险性、懂基本消防常识、懂预防火灾措施;会报警、会扑救初起火灾、会组织人员疏散)。

2009 年,市公安消防大队对分管的 5 家设置自动消防设施的场所进行分类,制定相应的实施计划,将单位完成工作情况分解到具体的监督员,通过总队的考核验收,平均成绩 90 分以上。

2012 年,市公安消防大队建立消防“网格化”管理长效机制,实现工作无盲区、全覆盖的目标。市人民政府下发《全面推行消防安全网格化管理工作实施方案》，在全市范围推行“网格定位、领导定点、全员定责”的消防安全“网格化”管理工作制度，细分236个消防网格，逐步建立“一网三级”“一级多格”“一格多点”的消防“网格化”防控工作体系；确保58家消防安全重点单位和99家人员密集场所一般单位“四个能力”建设全部达标。完成阿图什市火灾隐患投诉举报中心建设，出台《阿图什市火灾隐患举报奖励暂行规定》，同步开通“96119”火灾隐患投诉举报电话和邮箱。

2015年，市公安消防大队检查社会单位411家次，发现火灾隐患和消防违法行为299处，督促整改火灾隐患和消防违法行为293处，制定下发《责令限期改正通知书》139份，下发《行政处罚决定书》18份、《临时查封决定书》1份，责令“三停”单位4家，罚款10.75万元。

第四节　火灾扑救

2000—2012年，市公安消防大队共出警1252起，抢救被困人员132人，疏散被困人员106人，抢救财产价值4483.75万元。

2013—2014年，出警28起，其中扑灭火灾17起、其他救援11起。

2015年，共发生火灾187起，死亡3人，受伤3人，直接经济损失169万元。全年接警454起，出动454次(含增援)，抢救被困人员46人，疏散人员118人，抢救财产价值1429.4万元。

第五章　国防动员

第一节　机　构

1995年后，历届阿图什市委根据党在不同时期的国防教育方针，结合阿图什市情均成立国防教育委员会，主任由市委书记担任，副主任由市委副书记、市长、驻市有关部队领导担任，成员由政法、部队、市直机关部分单位党政领导担任。下设国防动员综合办公室、武装动员办公室、经济动员办公室、交通战备办公室、人民防空办公室、国防教育办公室。

2014年10月，人民武装委员会和国防动员委员会新增信息动员办公室、装备动员办公室。各乡(镇)党委人民武装委员会主任由党委书记或乡(镇)长担任，副主任由1名副书记或副乡(镇)长、人武部部长担任。下设国防动员综合办公室、人民武装动员办公室、经济动员办公室、交通战备办公室、人民防空办公室、国防教育办公室。

第二节　国防教育

1995—2000年，阿图什市人民武装部利用征兵工作、组织整顿、集中训练等时机，在全民开展宣传《中华人民共和国国防法》《中华人民共和国国防教育法》《中华人民共和国兵役法》等法律法规，增强全民国防观念，树立全民国防意识。

2001—2005年，在全民开展国防常识和国防历史教育，每年9月，组建国防教育宣传车，利用集会和集训时间，进社区、农村、学校巡回教育。内容包括无国防的屈辱历史、人民军队的成长历程、强大国防的辉煌成就和居安思危的历史责任。

2006—2010年，在全民开展国防精神教育，包括爱国主义精神教育、尚武精神教育和革命英雄主义教育。激发公民爱国热情，自觉履行国防义务。制作板报250块，横幅200条、标语600条。

2011—2015年，在全民学习国防法的同时，利用中小学生军训时机，开展国防科技、国防外交与形势教育。组织学生进军营,参观部队正规化建设、训练表演、武器装备,同时观看教育片。

第三节　通信警报

1995 年后,阿图什市城区配置警报音响设备,音响覆盖率 90%,基本可保证战时城市抗灾救灾及平时发生突发事件的需要。2001 年,市政府安装无线、视听等通信警报系统,建立通信值班制度。同时在每年的“9·18”全民国防教育日进行一次防空试鸣活动,使广大市民了解防空警报信号规定,增强市民国防观念和人民防空意识。

第二十四编　民　政

1995年后,阿图什市城乡社会救助体系进一步健全和完善,基层政权建设得到加强,区划地名工作有序开展,拥军优属活动不断深入,复员退伍军人得到妥善安置,优抚制度不断完善,优抚对象抚恤补助标准逐渐提高,社会救济力度不断加大,城镇、农村低保工作健康发展,社会团体登记,殡葬管理、收容遣送等工作进一步加强。至2015年,阿图什市已形成以城乡低保救助为基础、专项救助为辅助、社会救助为补充的救助保障体系;社会福利事业快速发展,老年人、孤残儿童基本权益得到有效保障,社会服务管理日渐规范化、制度化、常态化。

第一章 机 构

第一节 行政机构

1995 年,市民政局实有 7 人。内设基层政权建设、优抚安置、救灾救济、民间组织管理、地名区划科室。1996 年 7 月,成立市"双拥"办公室。1999 年 7 月,设立城市低保科,核定编制 2 名。2003 年 3 月,成立民政局党组。2003 年 8 月,内设市老龄工作委员会办公室,核定编制 3 名,设老龄办专职副主任 1 名。2003 年 9 月,内设民间组织管理局,核定编制 1 名。2007 年 1 月,设立医疗救助科,有工作人员 1 名。2007 年 3 月,设立农村低保科,核定编制 2 名。2015 年 5 月,将城市低保科和农村低保科合并为城乡低保科,设工作人员 5 人。2015 年,民政局下设办公室、老龄委办公室、"双拥"优抚安置办、救灾救济科、地名办、低保办、民间组织管理局、儿童福利院、敬老院、流浪乞讨救助站,有工作人员 28 人,其中领导 8 人。

第二节 事业机构

一、阿图什市儿童福利院

1992 年,阿图什市儿童福利院建成投入使用,占地 2000 平方米,平房砖混结构。2006 年重建,集儿童福利院、敬老院、流浪乞讨救助站(儿童保护中心)为一体的综合福利院区,占地面积 7788 平方米,院内绿化面积 260 平方米,硬化面积 1010.8 平方米,其中综合楼 2745.62 平方米,床位 100 张,四层框架结构;活动中心 1255.62 平方米,三层框架结构;宿舍楼 1491.15 平方米,三层框架结构,床位 90 张。

1995—2015 年,阿图什市儿童福利院接收孤儿 449 人,考入大中专院校 56 人,走向工作岗位 25 人。2015 年底,阿图什市儿童福利院供养孤儿 220 名,其中集中供养儿童 130 名,分散供养儿童 90 人,孤儿都就学于自治州第三中学、自治州实验小学、市第一中学、市第四中学、市第二小学等学校,有工作人员 37 人。

二、阿图什市敬老院

阿图什市敬老院位于市儿童福利院内,占地 2106 平方米,其中楼房建筑面积 1200 平方米,三层框架结构,内设床位 30 张,绿化面积 682 平方米。老人宿舍为标准间,配备衣橱、床、床头柜、电视机、空调等生活用品。每个套房都有卫生间,配备热水器、洗衣机等设施,马桶还专门配有安全扶手。2015 年,敬老院有工作人员 6 名,其中管理人员 1 人。有 54 名老人,在服务对象中最大年龄 83 岁,最小 60 岁,大多数是自理和半自理(残疾)老人。

三、老龄工作委员会办公室

2003 年 8 月,阿图什市民政局内设老龄工作委员会办公室,实有 3 人,其中专职副主任 1 人,主任由民政局局长兼任。主要办理全市老龄工作委员会决定的事项;贯彻落实老龄工作方针、政策,制定全年老龄工作计划,并组织实施;负责各成员单位的联系、协调工作;宣传、调查、研究人口老龄化的现状与发展趋势;指导督促检查各街道、乡镇和牧场的老龄工作,协调和推动有关部门做好老年人权益保障工作。2015 年,工作人员 3 人。

四、殡葬管理所

2004 年,阿图什市在位于市东部 3 千米处新建克州殡仪馆,占面积 3.53 万平方米,建筑面积 643 平方米,分吊唁大厅、会客厅、休息室、守灵间等。核定编制 2 名,2015 年,工作人员 3 人。

第二章　基层自治组织

第一节　村(居)民委员会建设

一、村民委员会

1995 年,阿图什市有村民委员会 66 个,村民委员会委员 198 人。

至 2015 年,阿图什市有村民委员会 75 个,村民委员会委员 296 人。

二、换届选举

1996 年,阿图什市第三届村委会换届选举,66 个行政村选举产生村委会主任 66 名,副主任 72 名,委员 198 名。

1999 年后,实行差额无记名投票选举。第四届村委会换届选举,67 个行政村选举产生主任 67 名,副主任 71 名,委员 199 名。

2002 年,按照市委部署和"依法、民主、规范、有序"的工作要求,民政局会同市委组织部等有关单位参与和指导全市的村委会换届选举工作,村级换届选举成功率达到 100%。第五届村委会换届选举,67 个行政村选举产生主任 67 名,副主任 70 名,委员 201 名。

2004 年,第六届村委会换届选举,68 个行政村选举产生主任 68 名,副主任 81 名,村委委员 216 名。其中女委员 84 名。

2008 年,第七届村委会换届选举,73 个行政村选出村委会主任 73 名,副主任 75 名,委员 452 名,基本实现村委会主任、书记一肩挑。

2012 年,第八届村委会换届选举,75 个行政村选出村委会主任 75 名,副主任 120 名,委员 296 名,多为村委会主任、书记一肩挑。

三、村民自治

1995 年后,阿图什市农村普遍实行村民自治制度。及时调整充实以市政府主要领导任组长,分管领导为副组长,市直有关部门负责人为成员的村务公开民主管理工作领导小组。同时,各乡(镇)也都相应成立党委、政府领导挂帅的监督指导机构,并在每个村委会成立村务公开监督小组和民主理财小组,保证村务公开工作层层有机构、层层有人抓。各村民委员会通过召开村民代表会议,制定《村民自治章程》,依法管理好自己的事情。

1996—1998 年,阿图什市将村民自治示范活动与精神文明建设、脱贫致富奔小康活动有机结合起来,以"村务公开"为着力点,建设文明村镇,并推广村民自治示范活动的成功经验。

2003 年起,阿图什市对全市 67 个村民委员会的办公用房统一规划、统一改造。至 2013 年底,67 个村民委员会全部改造完毕,新增的 8 个村民委员会,按照要求完成新建。为 75 个村每村配备图书 1.5 万册。

2004 年,阿图什市制定《阿图什市村级组织工作规范(试行)》,提高村民的民主意识和自治能力。推行"一线工作法"(隐患在一线发现,矛盾纠纷在一线解决,干部在一线锻炼,作风在一线转变)。

2005—2011 年,按照"规范、创新、提高、落实"的基本思路,进一步健全和完善各项制度,把村务公开、民主管理全面推向深入。民政局协同纠风、财政、农业、畜牧及物价等部门组成专项督察组,对村务公开工作进行定期、不定期督查,规范村务公开民主管理工作。

2012 年,松他克乡园艺场、吐古买提乡结然布拉克牧场、上阿图什镇阿克买提和亚孜路农场改为村。

2014 年 7 月,阿图什市被自治区民政厅评为自治区村务公开民主管理先进县市。

2015 年,开展村务公开民主管理"难点村"治理工作,按照公开透明的要求,围绕发展主题,抓住富民主线,建立健全村民代表会议、议事协商会议和"一事一议"、民主理财、村务公开、财务审计、评议干部等民主自治管理的各项规章制度。

第二节　社区建设

1995 年,阿图什市有 16 个居委会,推荐选出居委会主任及工作人员 48 人。主要组织社区成员进行自治管理,搞好社区保障、卫生、治安、文化等各项管理工作。

2006 年,幸福街道将帕米尔路社区、天山路社区、布谷孜路社区、吾斯塘路社区、松他克路社区、幸福路社区、群众路社区 7 个社区合并为帕米尔西路社区、松他克路社区、吾斯塘路 3 个社区。2015 年,幸福街道办事处下辖社区 6 个:天山路社区、帕米尔西路社区、吾斯塘路社区、松他克路社区、幸福路社区、环城南路社区。

2012 年 9 月,光明街道办事处将团结路社区分为团结路社区和友谊路社区。

2014 年 6 月,将文化路社区分为文化路社区和群众路社区。

至 2015 年底,阿图什市有社区 15 个,其中光明街道办事处有团结路社会、友谊路社会、建设路社区、文化路社区、群众路社区、人民路社区、帕米尔东路社区、吉米提拉路社区、光明路社区 9 个;幸福街道办事处有帕米尔西路社区、幸福路社区、吾斯塘路社区、松他克路社区、天山路社区、环城南路社区 6 个。

第三章　优抚与安置

第一节　优　抚

一、义务兵优待

1995 年,阿图什市对农村的义务兵家属,实行由群众集资优待的办法,农村人口每人每年缴纳 0.2 元,由乡集中管理,每年每户军属可得到优待金 250 元。对城市义务兵除复员后可安排工作外,还对家属实行奖励制度,在义务兵服役期间荣立一等功 1 次,奖励 500 元;荣立二等功 1 次,奖励 200 元;荣立三等功 1 次,奖励 200 元。

2010 年,由民政局直接为义务兵家属发放优待金。2010—2013 年,每人每年 3000 元,全年发放优待金 84 万元。随着生活水平提高,2014 年,义务兵家属优待金标准提高为每人每年 6000 元,至 2015 年,全市发放义务兵优待金 108.46 万元。

二、复员、退伍军人优抚

1995 年,阿图什市抚恤补助金发放对象不同标准不同,军人遗属生活困难补助费为每人每月 140 元。2001 年,在乡老复员军人补助标准为 295 元/月。

2001 年 4 月,集中对全市境内 1937 年 7 月 6 日后至 1954 年 10 月 31 日开始试行义务兵制以前,参加八路军、东北抗日联军、中国人民解放军、志愿军等,持有复员退伍证件或经组织批准复员的在乡人员列入优抚对象,对重点优抚对象在乡老复员军人、"三属"人员,采取有效措施保障优抚对象的合法权益。

2011 年 10 月开始,集中对全市境内 60 周岁农村籍退伍军人统计,同时报自治区民政厅审批,补贴标准:服役年限×10 元+自治区补贴 350 元,有 13 人享受此项政策。

2012 年，出台《阿图什市城乡困难居民医疗救助实施方案》，对优抚对象在社保医疗及新农合报销之后，按 100% 救助，解决阿图什市重点优抚对象医疗问题。

2015 年，全市有重点优抚对象 136 人，其中在乡复员军人 18 人（月标准 735 元/人），伤残革命军人 25 人（民政部统一标准按伤残等级进行发放，下同），伤残国家工作人员 17 人，伤残警察 8 人，“三属”人员 12 人（烈士遗属 1593 元/月，因公、因病牺牲军人遗属 1367.5 元/月），参战涉核 3 人（560 元/月），带病回乡 3 人（560 元/月），60 岁以上农村籍退伍军人 50 人（服役年限×20 元＋自治区补贴 350 元）。阿图什市严格贯彻落实《军人抚恤优待条例》，按国家标准及时足额发放生活补助费。重大节日进行走访慰问，召开座谈会，解决优抚对象的生活、住房问题。

第二节　安　置

一、复退军人安置

1995—2005 年，阿图什市对退役士兵安置工作贯彻“从哪里来，回哪里去”的原则，市政府对转业士官和原家居城镇无固定职业的城镇退役士兵，通过指令性计划，按系统分配任务，包干安置的政策对接受系统和单位实施不讲条件、不推诿规定，妥善做好安置工作，荣立二等功以上、两次三等功农村退役士兵的给予安排工作外，其他原则上回农村，由乡镇人民政府安排参加生产劳动和生活，同时，给予适当的经济政治优待，有一部分在招工中优先录用，大部分退役士兵成为农村经济社会建设的领头人，致富奔小康的带头人。

2007 年，全面推行退役士兵政府安置和自谋职业相结合的就业办法。2008 年，根据《自治区退役士兵自谋职业和安置任务有偿转移资金管理暂行办法》，对退役士兵选择自主就业的，市政府发放一次性经济补助金，标准按上一年份本市城镇居民人均可支配收入测算。组织参加政府公开招考，通过择优录取安置退伍军人。

2012 年，退伍军人享受城乡一体化经济补偿标准。至 2015 年，每年符合条件的退伍义务兵全部安置，安置率 100%。

二、退休军人安置

1995 年后，市民政局设立军队离退休干部安置办公室，与民政局优抚安置办公室合署办公，原由地方政府管理的军队离退休人员，转为民政部门接收和管理。至 2015 年，全市接收 19 名军休人员。每年“八一”、春节期间，市四套班子领导与民政局等单位对军休人员进行走访慰问，市民政局按照有关政策规定，做好工资核算发放、医疗保险等工作。

第三节　烈士褒扬

1995—2015 年，阿图什市有因公牺牲烈士 2 名。阿图什市委、市人民政府认真贯彻落实《烈士褒扬条例》和四部委下发的《关于贯彻实施〈烈士褒扬条例〉若干具体问题的意见》，落实好烈士褒扬各项政策，以“褒扬先烈、教育后人、发扬传统”为宗旨，发挥组织、宣传、教育、民政、工青妇等有关部门和驻市部队的职能作用，利用清明节、建党节、建军节及青少年入队、入团、成人宣誓等特殊意义的日子，广泛开展系列教育活动，在全市上下营造缅怀烈士、崇尚烈士、学习烈士的浓厚氛围。

2014 年，市政府在烈士墓地原有基础上进行维修翻新、场地平整、土方填埋、主体建筑地基处理、墓地外观装修、架设围栏、立碑等工作，投入 2.5 万元对烈士阿不都卡德尔·吾拉木墓维修改造。投入 1.5 万元为烈士买买提努尔·吐尔地尼亚孜修缮墓地，发放革命烈士褒扬金和一次性抚恤金 146.4 万元。

第四节　双拥工作

1995年后,阿图什市委、市政府每逢春节、“八一”建军节和古尔邦节都组织开展“拥军优属”活动,组派慰问团,召开军民联谊会、座谈会等,赠送慰问金累计1420万元。各双拥共建单位也广泛开展拥军活动;银行、医院、交通等窗口单位挂有“军人优先”牌,方便军人办事;宾馆、超市、餐厅都标有“军人优惠”牌,使军人在同等的情况享有更多优惠。根据部队实际需要先后举办职业技能培训班,培训军地两用人才。驻地部队与辖区困难群众、贫困学生结成帮扶对子,驻军部队官兵帮助“五保户”“贫困户”和孤寡老人打扫卫生,送面粉、清油,为孩子们送去书包、学习用品,深得各族群众的欢迎和好评。

1999年,阿图什市成功创建自治州双拥模范城;2002年,被评为自治区双拥模范城、自治区基层双拥工作先进单位;2007年,被评为自治区级双拥模范城;2012年7月,被评为自治区双拥创建工作先进市。

2015年8月,阿图什市吐古买提乡获自治区级双拥模范单位称号;阿图什市阿扎克乡党委委员、武装部部长木太力甫·阿布都热合曼荣获得自治区级双拥模范个人称号。全市建立5个国防教育基地,8条军(警)民共建一条街,10个少年军(警)校,2所军地“两用”人才培训中心,2个军(警)民共建广场,永久性国防宣传栏20块,国防教育宣传基地4个。采取措施解决部队家属就业问题,从多方面解除军人后顾之忧。

第四章　救灾救济

第一节　救　灾

一、救灾扶贫

阿图什市是自然灾害多发地区,主要有风雹、洪涝、干旱、蝗虫、地震等。为保证灾害发生时高效、有序地开展救灾应急工作,最大限度地减轻灾害造成的损失,1995年后,先后出台《阿图什市自然灾害救助预案》和《阿图什市民政局地震灾害救助应急预案》,建立灾情信息报告体系及突发灾情日报制,一旦发生灾害,第一时间向市委、市人民政府报告。市委、市人民政府根据受灾程度,立即启动《灾害救助预案》,提高应对突发性灾害紧急救援机制的效能。对救灾款物,严格发放程序,建立灾民救助档案,发放灾民救助卡,严禁无卡发放,确保救灾款物不折不扣地发到灾民手中。同时,按照“专款专用,重点使用”的原则,对下拨各乡镇的救灾款物进行监督、检查,确保救灾款物用到重点上,用到该用的地方。

1995—2005年,全市先后遭受沙尘暴、洪涝灾害、旱灾、病虫害、雪灾等自然灾情,全市下拨救灾资金1064.6万元。

2007年,全市遭受较为严重的旱灾、雪灾、洪涝灾和病虫害等自然灾害,农作物受灾面积6.7千公顷,占播种面积的58%,受灾人口81165人,倒塌和损坏民房420间;造成直接经济损失5476.58万元。下拨救灾款210万元,发放救灾款189万元,冬煤补助款30万元。

2009年,哈拉峻乡发生里氏5.1级地震发放救灾资金270万元,面粉5吨、大米2吨、清油3吨、帐篷50顶。

2010—2014年,阿图什市先后发生洪水灾害、地震,市委、市政府发放救灾资金2163.5万元,主要用于灾民的基本生产生活。

2015年,发放救灾款133.8万元,投资340万元修建阿图什市救灾物资储备库,项目前期工作正在进行。

二、救灾捐赠

2008 年 5 月 12 日，四川汶川等地震灾情发生后，阿图什市各族人民纷纷伸出援助之手，不论是部队、单位还是个人都踊跃捐款，市慈善总会接收全市各界人士捐款 119 万元。

2009 年 7 月 5 日，乌鲁木齐发生打砸抢烧严重暴力犯罪事件，事件导致众多无辜群众死亡、受伤，给人民群众的生命财产安全造成严重的损失，阿图什市各族人民、单位、社会团体自愿为乌鲁木齐“7・5”暴力事件伤亡群众进行捐款，累计接收捐款 102.9 万元。

2010 年，接受慈善捐款 85.9 万元。

第二节　社会救济

一、农村特困户生活救济

1995 年后，阿图什市对农村特困户进行生活救济。农村特困户救助对象由本人提出申请或村干部提名报村委会，村委会核实后召开村民代表会议进行评议，初步确定救助对象和类别，并在村务公开栏中张榜公布 5 天以上，广泛听取意见后，报乡镇政府审核；审核后将确定的救助对象和类别，由市民政局审批后张榜公布 5 天以上，如无异议，则确定为救助对象。农村特困户家庭一般情况都纳入低保进行保障。1995—2015 年，全市累计救济 2500 多人，发放救济资金 395 万元。

二、特殊救济

2007 年以前，阿图什市对特困人群进行临时救济，包括发放生活物资等。

2007 年，资助应届贫困家庭的大学生入学，每人 1500 元，共计 39.8 万元。对 72 名流浪乞讨人员实施救助，其中 68 人送回疆内外住地处，发放救助资金 3.6 万元。

2008—2009 年，救助 150 名困难学生，共计 24.4 万元；救助管理站实施救助 57 人，全部送回疆内外住地处，发放救助资金 2.3 万元。资助 293 名特困大学生，发放助学金 62.1 万元。

2012 年，根据自治区实施的“明天计划”“微笑列车”工程，阿图什市全面梳理全市先天性心脏病、唇腭裂、残疾儿童上报自治区，免费救助先天性心脏病儿童 54 名、唇腭裂儿童 2 名、疝气患者 20 名。

2014 年，城乡医疗救助 2142 人，救助资金 680 万元。救助 42 名流浪乞讨人员，发放救助金 2.1 万元。

2015 年，为突发事件、事故和突发大病致贫户发放临时救助资金 95.3 万元。开展全国“救急难”试点工作和社会救助一门式受理试点工作。给沿街流浪乞讨人员发放救助金 21 万元。发放城乡医疗救助资金 726.8 万元。

三、医疗救助

2007 年，阿图什市开始实施医疗救助，在民政局设立医疗救助科，针对城乡低保家庭成员、五保户和其他经济困难家庭人员，按照有关规定，资助其参加城镇居民基本医疗保险或新型农村合作医疗，并对其难以负担的基本医疗自付费用给予补助，患者凭相关证件或证明材料，按规定办理审批手续。在完善医疗救助操作程序的同时逐步规范工作流程，强化服务管理，建立健全医疗救助工作的民主监督机制，改进各项制度的结算办法，探索实行“一站式”管理服务，逐步实现不同医疗保障制度间人员信息、就医信息和医疗费用信息的共享。2007—2015 年，累计发放救助金 2431.5 万元。

第五章 生活保障

第一节 城市低保

1999 年 7 月 1 日起,阿图什市全面启动城市居民最低生活保障工作,保障线为每人每月 90 元,保障人数 539 人。2005 年 8 月,出台《阿图什市城市居民最低生活保障工作实施细则》,坚持动态管理,应保尽保。进一步规范城市低保运作程序。

2008 年底,保障线提高到每人每月 165 元,保障人数增加到 6794 人。2010 年,完善城市低保制度,5 月,对全市的低保对象进行一次全面清查,取消不符合条件的 113 户 345 人,将符合条件的 178 户 612 人纳入保障范围。截至 2015 年底,阿图什市城市低保 5443 户 12728 人,标准为 315 元/月。

第二节 农村低保

2007 年 5 月起,阿图什市实施农村居民最低生活保障制度。5 月 24 日,农村低保启动仪式现场会在格达良乡举行,重点将因病、因残、年老体弱、丧失劳动能力和生存条件恶劣的贫困人口纳入保障范围,标准是农牧民年收入低于 700 元按照"差多少补多少"原则进行补助,人均 73 元/月。阿图什市出台《阿图什市农村低保实施细则》,相继建立民主评议、"三级审查,多榜公示、两级评议、五项公开"等制度。截至 2015 年底,阿图什市农村低保 5645 户 14717 人,标准 141 元/月。

第六章 社会福利

第一节 福利供养

1995—1996 年,全市有 45 个孤儿,生活补助标准 90 元/月。1997—2000 年,有 64 名孤儿,生活补助标准 130 元/月。2001—2009 年,有 120 名孤儿,生活补助标准 600 元/月。2010—2015 年,全市有 220 名孤儿,集中供养孤儿 130 人,生活补助标准 900 元/月,分散供养孤儿 90 人,生活补助标准 600 元/月。

第二节 "五保"户供养

1995 年后,阿图什市将五保户供养纳入财政预算,进行生活补助。经入户调查 212 户、248 人享受五保户供养政策,2007 年对全市七乡的五保户重新入户调查,对之前符合五保条件的 215 户、258 人进行重新认定发证。五保户供养按照财政转移支付的形式由五保户所在的乡镇发放。至 2015 年底,阿图什市有五保老人 306 人,敬老院集中供养老人 54 名,集中供养标准 500 元/月;分散供养 252 名,分散供养标准 300 元/月。2015 年,集中供养老人标准提高到 520 元/月,分散供养标准提高到 313 元/月。

第三节 社会福利有奖募捐

2000 年 8 月 8 日开始,阿图什市社会福利有奖募捐有新疆风采、时时彩、双色球等 49 种类型,有 22 家电脑福利彩票销售点,每个店铺日均销售额在8000～9000元。2014年,阿图什市群众即开奖中奖金额100万元。2000—2015年,阿图什市销售福利彩票26438.7万元,为国家筹集福彩公益金9037.84万元。

第七章 老龄工作

第一节 老龄人口

2003年,阿图什市开始老年人口专项统计。年末全市有60岁以上老人16443人,其中城市老年人3096人,农村老年人13347人。2015年,全市有60岁以上老人25100人,其中城市老年人7781人,农村老年人17319人。全市老龄人口具有增长速度快、高龄化显著特征。

2003—2015年部分年份阿图什市60岁以上老年人情况统计表

表24-1 单位:人

年份	合计	农村	城市	年份	合计	农村	城市
2003	16443	13347	3096	2013	22814	15741	7072
2005	18430	14919	3511	2014	24055	16598	7457
2011	19455	15625	3665	2015	25100	17319	7781
2012	21320	14674	6646				

第二节 养老敬老与老年人权益保障

一、养老敬老

1995年,阿图什市推进"老有所养、老有所医",在老人节期间组成联合慰问组,由市领导带队,开展爱老敬老送温暖活动,慰问百岁老人以及敬老院的老人。

1998年后,每年组织新闻媒体深入开展敬老、爱老、助老主题教育宣传活动,慰问五保户、困难老人、空巢老人等。元旦、春节、清明节、端午节、国庆节、中秋节、老人节期间,开展走访慰问孤寡老人、空巢老人、贫困老人、特困老人、失能老人、老年公寓老年人等;通过座谈交流,为老人们解决遇到的实际困难。

2004年起,市委、市政府将老龄办的办公经费纳入财政预算。对年满100岁的老年人每月发放100元的高龄补贴。全市离退休人员养老金做到按时足额发放,按照标准及时报销离退休人员医药费。

2012—2015年,先后为依克萨克、博伊萨克等45个村委会配备225万元的农村互助幸福院文体健身设施,农村互助幸福院全面启动,该院主要由村委会搭建阵地、政府购买设备,优先实现娱乐、精神慰藉互助,逐步向生活、医疗、护理救助推进,16个社区全部建立老年人活动中心,4个社区设立老龄协会,基本上满足辖区老年人的需求。

2015年,新建阿图什市老年人护理院、团结路日间照料中心、帕米尔西路日间照料中心和上阿图什镇社会福利院,逐步完成市乡两级养老机构。

二、老年人权益保障

2004年10月25日,自治区人民政府颁布《新疆维吾尔自治区优待老年人规定》,12月1日开始实施。阿图什市贯彻落实《中共中央 国务院关于加强老龄工作的决定》《中华人民共和国老年人权益保障法》和《新疆维吾尔自治区老年人权益保障法》,开展老龄宣传工作,在全社会大力营造助老、爱老、尊老、敬老、养老的良好社会氛围。完善老龄工作机制,开展敬老宣传月活动,2003—2015 年,累计展出板报 68 块、横幅 88 条,印发宣传单 1.3 万份,制作宣传影像资料 3 盘,接待老龄优待和维权咨询 1.54 万人。

三、老年优待

老龄委负责全市老年人优惠服务证和老年人优惠待遇证的发放工作,从 1999 年起,阿图什市共有 594 个老年人纳入低保,169 户五保户、515 户困难户享受定期定量补助和救助款。

2005 年起,开始办理老年人优惠服务证和老年人优惠待遇证 634 本,其中优惠证 425 本、优待证 209 本。

2006—2010 年,办理优惠待遇证、优惠服务证 1311 本。

2011 年,阿图什市为 80 岁以上 1655 名老人发放高龄津贴 120 万元。发放标准:80~89 岁老人 50 元/月,90~99 岁老人 120 元/月,100 岁以上老人 200 元/月。办理老龄优待证、优惠证 80 本。

2014—2015 年,以各乡镇、街道为单位为老年人开展免费体检,全市免费体检费用共计 61.2 万元。办理老龄优待证 1276 个,协调阿图什市卫生局和住建局,解决 60 岁以上老人免费门诊和免费乘坐公交车的问题。

第八章 社会事务管理

第一节 婚姻登记管理

1996 年,根据民政部、自治区民政厅婚姻登记办理规定,婚姻登记实行县城集中办理,结合各乡分布偏远的实际,阿图什市设婚姻登记处 8 个,其中县城 1 个、乡镇 7 个。

2003 年,民政部新《婚姻登记管理条例》出台,市民政局在加强婚姻登记条例学习宣传的同时,将婚姻登记暂行规范、婚姻登记机关的职责、结婚和离婚登记的程序及收费标准等项目上墙,依法开展婚姻登记工作。办理婚姻登记只收取工本费每对 9 元。

2005 年起,开展结婚补办工作。

2008 年,市民政局婚姻登记管理处落实民政部新的《婚姻登记条例》,实施依法登记和专项督察工作。全市结离婚登记合法率 100%。

2015 年,开展依法治理婚姻领域违法行为,保护婚姻当事人的合法权益,发挥广播、电视、行风热线等新闻媒体优势,宣传《中华人民共和国婚姻法》《婚姻登记条例》等法律、法规。

1995—2015 年阿图什市婚姻登记情况一览表

表 24-2　　单位:对、本

年份	办理结婚证	办理离婚证	补办结婚证	年份	办理结婚证	办理离婚证	补办结婚证
1995	1166	112	—	1998	1802	286	—
1996	1496	162	—	1999	1856	323	—
1997	1301	252	—	2000	1810	481	—

续上表

年份	办理结婚证	办理离婚证	补办结婚证	年份	办理结婚证	办理离婚证	补办结婚证
2001	2253	306	—	2009	3544	510	—
2002	2244	310	—	2010	3611	482	394
2003	1953	323	—	2011	3032	567	384
2004	2544	396	—	2012	3045	607	427
2005	2553	406	—	2013	3464	632	583
2006	2277	388	—	2014	3605	731	1011
2007	2116	361	—	2015	3254	702	952
2008	2953	406	—				

第二节　社会团体管理

一、社团登记

2003 年,阿图什市开始对民间组织进行登记管理,社团和民办非企业的成立、变更、注销登记由民政局管理。当年,阿图什市登记注册社团组织 2 个。2010 年,阿图什市登记注册的社团组织 7 个。至 2015 年 12 月,阿图什市登记注册社团 21 个、民办非企业 5 个。

二、社团管理

1995—2015 年,根据国家的有关法律、法规,阿图什市在社团组织的管理上,对不符合国家的法律法规的不予登记。如发现有违法行为则予以取缔。至 2015 年,社团组织有阿图什果业协会(主要以培育阿图什林果产品市场,创建特色林果品牌)、阿图什无花果公益协会(开展公益活动,对贫困儿童和贫困家庭进行资助)、阿图什足球协会(发展体育运动)等社团 24 个。

第三节　收养登记管理

1995 年后,市民政局按照《中华人民共和国收养法》,依法办理收养登记。至 2015 年底,共办理弃婴收养登记 36 例。

第四节　殡葬管理

一、殡仪馆

2004 年,阿图什市对城区汉族墓地进行规划,位于阿图什市东部 3 千米处新建克州殡仪馆,占面积 35333平方米,建筑面积 643 平方米,分吊唁大厅、会客厅、休息室、守灵间等。汉族人死后,祭奠仪式一般都在殡仪馆进行。至 2015 年,阿图什市尚无火葬,均为土葬。

二、墓地

2004 年,市民政局规划相对集中的少数民族墓区和汉族墓区,进行统一规范和管理,结合墓地的实际情况,经民政局与国土局联合进行勘察规划,全市修建 3 个公墓区,办理 4 个土地使用证,占地面积 21. 8 万平方米。第一墓区位于东城加油站北面。墓区划分为少数民族墓地占地12公顷,长400米,宽300米,为长方形墓区;汉族墓地占地12公顷,长400米,宽300米,为长方形墓区。第二墓区位于硝路克村上面(军分区农场旁边)。墓区为汉族墓地,占地14335平方米,为不规则的多边形墓区。第三墓区位于石榴基地东边314国道1424千米处。墓区为少数民族墓地,占地9万平方米,长1000米,宽90米,为长方形墓区。农村仍然实行属地管理和移风易俗的原则,进行集中埋葬。

三、殡葬服务

1999年,市人民政府发文提倡文明节俭的丧葬观。对死人的停放时间、宰杀牲畜的数量和请客的多少都有规定,各族群众基本上都认真执行。自治州殡仪馆服务的收费,按照物价部门审批的服务项目价格,不允许有违法违纪现象发生。一般遗体全部丧葬礼仪费用必须在办理火化申请手续时一并交付。有单位出具负责结算证明者,可以事后承付,但限期不准超过1个月。

第九章　区划与地名

第一节　勘　界

2002年,自治区人民政府下发〔2002〕30号令,对全疆界线进行调整,阿图什市的行政界线清楚,走向说明清楚,按文件要求"莫尔佛塔"旅游景点划给喀什地区后,阿图什市与喀什地区农民之间摩擦不断。界线联检工作每五年开展一次。2009年在阿克苏召开一次联检会,2010年,完成全市6乡1镇2个街道76个行政村的行政区域勘界工作,地州级界线有3条界桩,乡级界线有11条,国境线由自治区组织外办等单位勘定。2011年在喀什地区召开一次联检会。至2015年,阿图什市界线稳定。

第二节　地名普查

2009年,开展全国第二次地名普查,将全市地名录入地名数据库,翻译、录入地名信息2069条。2013年,全面完成信息库,图形库,形成成果图,2013年11月接受自治区民政厅验收,阿图什市地名工作被评为"优秀"。

2011年,完成《阿图什地名大词典》阿图什地名的编撰。

2015年底,阿图什市设立大门牌1500块、路牌425块。

第二十五编　民族宗教事务管理

阿图什市自古以来就是多民族、多宗教并存的地方。长期以来，各民族在此交往、交流、交融，共同开发建设阿图什。1995—2015 年，市委、市政府认真贯彻落实《中华人民共和国民族区域自治法》，认真落实党和国家对少数民族实行的优惠政策，选派少数民族干部到疆内外经济相对发达地区锻炼挂职；大力实施西部大开发战略，提出边境少数民族和民族地区发展新举措；使得阿图什市民族经济、文化教育和卫生等事业得到较快的发展，“汉族离不开少数民族、少数民族离不开汉族、各少数民族相互离不开”的思想不断深入人心。人民生活实现质的飞跃，开创民族团结、社会繁荣的新局面。

1995 年以来，市委、市政府依法管理宗教事务，成立民族宗教事务管理工作领导小组，把宗教工作列入重要议事日程，真正做到“五纳入”，即纳入经济发展计划、纳入城乡建设规划、纳入社会治安综合治理和文明创建、纳入财政预算、纳入各级领导责任制。宗教与社会主义社会相适应，把宗教活动逐步纳入法治轨道。认真贯彻国务院《宗教事务条例》《新疆维吾尔自治区宗教事务条例》等法律法规，依法加强对宗教活动场所、宗教教职人员、宗教活动的管理，严厉打击宗教极端思想，维护宗教和谐、民族团结和社会稳定，为全市社会稳定和经济发展贡献力量。

第一章　机　构

第一节　行政机构

1995 年,阿图什市民族宗教事务委员会核定编制 8 名,实有 8 人,其中主任 1 人、副主任 1 人。2003 年,成立党组,有工作人员 11 人。

2015 年,编制 16 名,实有 16 人,其中党组书记 1 名、主任 1 名、伊斯兰教协会副会长 1 名。

第二节　事业机构

1995 年,阿图什市伊斯兰教协会由 1 名会长、11 名常委、19 名委员、41 名代表组成,由市民族宗教事务委员会代管。负责伊斯兰教协会日常管理工作。核定全额事业编制 2 名,实有 2 人。

2009 年 11 月 25—26 日,阿图什市伊斯兰教协会召开第二次委员代表大会,选举产生市伊斯兰教协会第二届委员会,共选出委员 33 名,常委 17 名,会长、常务副会长、副会长、秘书长 7 名。

2015 年 11 月 9—10 日,阿图什市伊斯兰教协会召开第三次委员代表大会,选举产生市伊斯兰教协会第三届委员会,共选出委员 33 名,常委 17 名,名誉会长、会长、专职副会长、副会长和秘书长 9 名。

第二章　民族事务管理

第一节　少数民族干部培养使用

一、培训学习

1995—2015 年,阿图什市根据民族工作以及社会发展的需要,通过各级各类院校培训学习,培训少数民族干部 22336 人次,科技干部 7679 人次,选派到兰州西北民族大学学习 2 ~ 3 个月,全面提高少数民族干部以及科技人才的综合素质。

在开展各类培训的同时,市委重视发展少数民族党员。1995 年,全市少数民族党员 3948 名,占党员总数的 92.48%。2002 年,全市少数民族党员 5500 名,占党员总数的 89.80%。2010 年,全市少数民族党员 7525 名,占党员总数的 87.15%。

二、挂职培训

2000 年以来,阿图什市各部门有计划地开展干部交流、岗位轮换;选派少数民族干部以及科技人才到中央、国家机关和经济相对发达地区挂职锻炼和科技培训。2003 年,选派 8 名干部到河北廊坊挂职。2000—2015 年,经过“双语”测试、组织考察、体检等选拔程序,共选派 17 批 301 名少数民族干部赴北疆挂职。2011—2015 年,利用援疆省市培训资源,共选派 455 名干部赴江苏学习培训,挂职培训 20 人。

三、少数民族干部选拔任用

阿图什市坚持德才兼备的原则,同等条件优先选拔和任用少数民族干部,使少数民族干部在各级党委、政府、人大和政协等领导班子中占有适当比例。1995 年,全市有干部 5009 名,其中少数民族干部 4479 名。1996—2000 年,为培养跨世纪的少数民族干部,市委制定《少数民族干部培养选拔制度》,对少数民族干部培养、选拔任用工作都做出要求和规划。

2015 年,按照“四强”干部标准,建立常态化干部选用工作体系,加大少数民族干部选用力度,提拔重用少数民族干部 64 名。2015 年底,阿图什市有干部 12390 名,其中少数民族干部 11590 名,占干部总数的 93.5%;有科技人员 10936 名,其中少数民族科技人才 10736 名,占科技人员总数的 98.17%。

第二节　少数民族发展项目

一、“兴边富民”行动

“兴边富民”行动是国家民委落实中央提出的西部大开发战略,是加快边境少数民族和民族地区发展的举措。自 2004 年国家民委“兴边富民行动”项目以来,至 2015 年,阿图什市申报并争取“兴边富民行动”项目 102 个,资金 6550 万元,加大乡镇村基础设施建设,改善农村生产生活条件。

二、“扶持人口较少民族发展补助资金”项目

阿图什市人口较少民族主要为柯尔克孜族,总人口不到 3.5 万人。2010 年,国家将柯尔克孜族纳入人口较少民族中,至 2015 年,投入项目 48 个、资金 3579 万元,用于扶持柯尔克孜族的发展。

三、发展民族手工艺项目

2014 年,阿图什市开始实施少数民族传统手工艺品项目 1 个,为上阿图什镇发展民族手工艺(地毯编织)项目,使用资金 90 万元。

2015 年,实施民族传统手工艺项目 2 个,使用资金 35 万元,包括上阿图什镇铁提尔村发展民族手工业,使用资金 20 万元;哈拉峻乡欧吐拉哈拉峻村发展民族手工艺,使用资金 15 万元。

四、少数民族发展项目

2015 年,国家为进一步促进少数民族地区发展,实施少数民族发展项目。全市有少数民族发展资金项目 3 个,使用资金 90 万元,其中吐古买提乡库鲁木都克村标准化农贸市场建设项目,使用资金 40 万元;上阿图什镇铁提尔村路灯亮化工程建设项目,使用资金 20 万元;松他克乡温吐萨克村防渗渠建设项目,使用资金 30 万元。

2004—2015 年阿图什市落实少数民族发展资金项目情况表

表 25-1

年份	兴边富民项目		人口较少民族项目		民族手工艺项目		少数民族发展项目	
	项目数(个)	资金(万元)	项目数(个)	资金(万元)	项目数(个)	资金(万元)	项目数(个)	资金(万元)
2004	4	200	—	—	—	—	—	—
2005	3	200	—	—	—	—	—	—
2006	6	200	—	—	—	—	—	—
2007	—	—	—	—	—	—	—	—
2008	5	300	—	—	—	—	—	—

续上表

年份	兴边富民项目		人口较少民族项目		民族手工艺项目		少数民族发展项目	
	项目数（个）	资金（万元）	项目数（个）	资金（万元）	项目数（个）	资金（万元）	项目数（个）	资金（万元）
2009	5	240	—	—	—	—	—	—
2010	8	400	—	—	—	—	—	—
2011	10	560	—	—	—	—	—	—
2012	11	800	9	651	—	—	—	—
2013	11	1100	12	993	—	—	—	—
2014	10	1100	8	985	1	90	—	—
2015	29	1450	19	950	2	35	3	90
合计	102	6550	48	3579	3	125	3	90

第三节　语言文字工作

阿图什市是多民族聚居的地区，使用的语言文字主要有国家通用语言、文字，维吾尔语和维吾尔文，柯尔克孜语和柯尔克孜文。1995 年，官方所发文件用国家通用语言文字和维吾尔文两种文字；所有公章、信封、信笺也都有国家通用语言文字、维吾尔文两种文字。

1997 年，市委提出各民族干部群众互相学习语言文字的倡议，各族干部群众互学语言成为自觉行动。1999 年起，在农牧区，以乡党校为培训基地，对少数民族领导干部开展培训。市委重点放在培养少数民族干部的读写能力上，组织乡里的翻译和中学的汉语教师讲课。

2004 年，《阿图什市双语考核管理暂行办法》出台，将国家通用语言文字的学习作为年度考核的重要指标。

2009 年，在全市正式启动学前两年国语教育。2010 年，在全市中小学推行国语教育。2012 年，阿图什市语言文字工作委员会成立，与民宗委合署办公。为提高全市各民族普通话和规范文字水平，把语言文字规范化工作作为全市精神文明建设工作的重要组成部分，高度重视，常抓不懈。

2013—2015 年，全市每年开展语言文字普通话宣传周活动。随着国语学习不断深入，少数民族干部学习国语的热情高涨，国语水平提高较快，不仅懂国语、讲国语，还能书写国家通用语言文字。

第四节　清真食品管理

1995 年，阿图什市民族宗教事务管理局加大清真食品管理的宣传力度，对全市生产、加工、制作、储运、销售的企业和个人进行宣传教育，共发放宣传资料 5470 份，悬挂横幅 30 条，张贴宣传标语 500 张。

2005 年 1 月，《新疆维吾尔自治区清真食品管理条例》颁布实施后，阿图什市落实清真食品监督管理各项制度，严格界定“清真”概念范畴，依法加强对清真食品的监督管理，坚决防止“清真泛化”。

2008 年，市民族宗教事务局依法加强清真食品管理，开展《新疆维吾尔自治区清真食品条例》宣传教育，对清真食品企业、个体工商户进行培训。为清真食品生产企业、个体户发放自治区统一制作的清真食品标志牌 46 个。2009 年，发放清真食品标志牌 38 个。

2010—2015 年，市民族宗教事务局联合相关部门检查清真食品销售场所、制作加工企业和餐饮业使用清真标志的产品，未发现违规情况。

第三章 宗教事务管理

第一节 宗教活动场所管理

一、宗教活动场所规范与管理

1995年后,自治区先后公布和下发关于依法管理宗教场所的一系列条例、规定和文件,全市逐步建立健全宗教事务市、乡、村三级管理网络和各项规章制度,宗教事务管理转入法治化轨道,各项规章制度逐步完善。1998年,建立新建、扩建、维修宗教活动场所层层报批制度,对全市清真寺、宗教教职人员全面摸底,登记造册,建立电子和纸质档案。2000年,修改完善《阿图什市清真寺重建维修管理暂行办法》,规范清真寺的维修、重建的各项程序,对责任细化,严防不按照图纸施工、扩大面积、豪华装修等现象的发生;做好重建清真寺勘察、鉴定及申报工作。2015年,各乡(镇)、街道建立健全日常排查与敏感节点专项排查机制,加大对宗教活动场所的排查力度。

二、贯彻落实"两项制度"

1998年以后,为进一步落实少数民族领导干部联系清真寺制度、与宗教教职人员谈话制度,发挥各级宗教管理小组的作用,市政府多次召开专题会议,对严格落实"两项制度"提出具体任务和具体要求。市级领导干部每月联系清真寺不少于1次,市直机关、乡镇(场)、社区副科级以上领导干部每月联系不少于2次,村"两委"班子主要领导、乡镇(场)承担联系任务的机关干部及站所干部每月联系不少于4次。干部每次联系清真寺时,采取集体座谈与个别交谈相结合的方式,与宗教教职人员、清真寺民主管理委员会成员、村民了解情况,认真倾听基层组织、"十户长"、"四老"人员的意见,掌握社情民意及社会动态,了解宗教活动情况,及时发现问题、解决问题。每季度至少组织召开1次村民大会,对村民进行社会主义、爱国主义、维护民族团结、维护祖国统一、维护社会稳定和法治方面的教育,宣传党的民族宗教政策,解决宗教活动中出现的新情况、新问题;定期检查宗教活动场所,指导开展"平安清真寺""双五好"创建活动,做到防火、防盗、防破坏,防止意外事故的发生,建立完善各项管理制度。

三、"双五好"评选

2004年,阿图什市在宗教界广泛开展"双五好"创建活动("五好"宗教活动场所:场所及讲坛管理好、团结和谐好、坚持正信好、示范作用好、自我管理好;"五好"宗教教职人员:爱国爱教好、民族团结好、学识教风好、群众影响好、发挥作用好),成立由市政府主要领导任组长的创建活动领导小组,制定下发《关于在全市宗教界开展"五好"宗教活动场所和"五好"宗教教职人员创建活动实施方案》,将"双五好"评选活动纳入日常宗教工作和社会综合治理工作总体部署中,通过开展评选创建活动,把宗教教职人员和广大信教群众的意志和力量凝聚到维护社会稳定、加快经济发展,实现全面建设小康社会的奋斗目标上来。

2012年,5座清真寺获自治区宗教界"五好"宗教活动场所称号,5名宗教教职人员获自治区宗教界"五好"宗教教职人员称号。

2015年,各乡(镇)、街道按照"双五好"创建要求,通过信教群众民主评议、寺管会及宗教教职人员自评、寺管会与寺管会及宗教教职人员与宗教教职人员之间互评、村党支部村委会审核、乡(镇)、街道检查后,向市民宗委申请复验,通过验收。

第二节 宗教教职人员管理

一、宗教教职人员认定和备案

1995 年,全市有宗教人员 740 人。1996 年,开展宗教教职人员普查工作,对资质合格的宗教教职人员进行登记备案。2008 年,按照《伊斯兰教教职人员资格认定办法》和《伊斯兰教活动场所主要教职人员聘任办法》,开展宗教教职人员年度考核工作,对考核合格的发放宗教教职人员资格证和职务证,聘期为 2 年,期满后进行考试,合格的继续聘任。是年,全市核定宗教教职人员 748 名,并建立宗教教职人员纸质和电子档案。2015 年,全市有持证上岗的宗教教职人员 750 名。

二、宗教教职人员培训

1995 年以来,阿图什市对宗教教职人员开展定期与不定期的学习教育培训。坚持不懈地在宗教教职人员中开展爱国主义、党的民族宗教政策、民族宗教工作会议精神的教育,教育培训内容主要包括国务院《宗教事务条例》《新疆维吾尔自治区宗教事务条例》、自治区《关于进一步加强和完善伊斯兰教工作若干意见》以及“五观”(国家观、民族观、历史观、文化观、宗教观)、“五个认同”(对祖国的认同、对中华民族的认同、对中华文化的认同、对中国特色社会主义道路的认同、对中国共产党的认同)、“三个离不开”(汉族离不开少数民族、少数民族离不开汉族、各少数民族之间也相互离不开)读本。积极推荐、选派爱国宗教教职人员到其他省市、自治区学习培训、参观考察,开展政策与形势、民族团结和法治等教育,增强宗教教职人员明辨是非的能力和维护社会稳定的自觉性。

2000 年后,市统战、民宗部门每年联合制定年度宗教教职人员培训计划和实施方案,组织全市宗教教职人员分期分批进行培训,做到市上每季度举办 1 期培训,各乡(镇、场)每月集中对宗教教职人员进行培训 1 次,村(队)每周组织宗教教职人员学习 1 次;在春节及特殊敏感时期进行特殊培训。1995—2015 年,累计举办常规培训班 170 期;举办特殊培训 3 期 6 批次。

三、宗教教职人员政治待遇

1995 年后,阿图什市推荐宗教教职人员作为人大代表和政协委员人选。

2002—2015 年,每届政协会议召开,都有 7 ~ 9 名宗教界人士当选为政协委员。

2015 年,阿图什市宗教教职人员中有自治区政协委员 1 名、自治州政协委员 6 名、市政协委员 30 名;自治州人大代表 9 名、市人大代表 5 名。

第三节 宗教活动管理

阿图什市委、市政府按照“保护合法、制止非法、遏制极端、抵御渗透、打击犯罪”的方针,依法开展“三非”(非法宗教活动、非法宗教宣传品、非法宗教网络传播)整治和“去极端化”工作,落实制止零散朝觐工作常态化机制,坚决制止非法宗教活动。

一、宗教事务管理体系建设

1995—2015 年,阿图什市依法管理宗教事务,组织宗教教职人员学习民族宗教法律知识,同时向信教群众宣传,提高信教群众的法律意识及依法信教的自觉性。建立市、乡、村宗教事务管理三级网络,落实属地管理制、主要领导负责制、责任制、追究制以及“两项制度”,严格采取“定人、定点、定讲”等措施,使宗教事务管理逐步达到依法规范管理的要求。

二、引导宗教与社会主义社会相适应

1995—2015 年，阿图什市伊斯兰教界在党的宗教政策指引下，坚持做到政治上团结合作、宗教信仰上相互尊重、生活上相互关心、工作上相互依靠的原则，坚持党的领导，拥护社会主义制度，牢固树立爱国意识、公民意识、法治意识和发展意识；坚持独立自主自办教务、抵御各种外来异端和极端思想渗透，反对敌对势力利用宗教对国家进行的分裂破坏活动；利用宗教教义教规、宗教文化和宗教道德中的积极因素，对宗教经典做出符合时代发展要求的阐释；积极配合党和政府教育引导信教群众，协助党和政府全面正确的贯彻宗教政策，维护法律尊严，维护人民利益，维护民族团结和祖国统一；充分发挥“桥梁”和“纽带”作用，促进各民族之间、信教群众之间的团结，积极引导伊斯兰教与社会主义社会相适应，为全面建设小康社会，实现各民族的共同进步做出积极贡献。

三、依法打击非法宗教活动

1995 年后，市政府相继成立以市委副书记、市长任组长，公安、统战、宣传、工商、经贸等部门负责人为成员的整治“三非”活动专项行动领导小组，制定并下发《阿图什整治“三非”专项行动实施方案》，召开整治“三非”活动动员会议，传达自治区、自治州整治“三非”活动专项行动会议精神，安排部署全市整治“三非”活动专项行动，明确责任、量化任务、严格时限、责任到人，确保专项行动取得实效。

2010—2013 年，开展制止非法宗教活动宣传活动，严肃查处非法教经活动。

2015 年，阿图什市宣传社会主义核心价值观、民族团结、法律法规等内容，突出宗教极端思想危害，教育引导群众树立正确的宗教观。

四、规范讲经、解经

2002 年后，阿图什市进一步规范讲经内容，宣传《卧尔兹选编》和《新编卧尔兹演讲集》，明确宗教教职人员讲经内容。每年举办 1 次“卧尔兹”演讲比赛，提高宗教教职人员讲经解经能力。

2010—2015 年，严格按照自治区、州伊斯兰教协会编印的《卧尔兹演讲集》开展讲经活动。

五、朝觐管理

1995—2015 年，阿图什市认真贯彻落实国家有关出国朝觐政策，制定《阿图什市朝觐工作管理暂行办法》《阿图什市制止零散朝觐组织活动专项治理工作实施方案》，加强伊斯兰教朝觐工作的规范管理，适时组织公安、民族宗教及重点乡镇负责人召开朝觐工作联席会议，传达学习朝觐工作政策规定，分析研究朝觐工作突出问题，明确并落实工作措施，建立分工协调责任机制。严格报名排队、资格审查、名额分配等程序，确保朝觐工作全程公开、公正、透明。

第二十六编　编制　人事劳动　社会保障

1995年后，随着改革进程的逐步深化，阿图什市认真贯彻落实中央、自治区党委和州委机构编制管理的方针、政策，编制工作在改革中不断加强，制度不断完善。自《国家公务员暂行条例》实施起，阿图什市全面推行国家公务员制度，注重人才引进，注重培养专业技术人才，特别是加强对少数民族干部的培养、选拔。干部实行分级管理，公务员制度全面推行。1998年后，编制部门以党政机构、事业单位人事编制工作改革为导向，加强人才队伍建设，注重人力资源开发，规范机关事业单位工资收入分配制度，事业单位经过2008年编制清理规范和2013年分类改革，全市机构精简，人员编制趋于合理。机构编制管理和监督检查力度增强，整体工作水平明显提升。

2000年后，随着社会保障机制的逐步完善和社会参保人员的不断增加，阿图什市社会保险事业发展迅速。至2015年，全市参加基本养老保险共8198人，共征缴养老保险费5578万元。同时，阿图什市启动新型农村养老保险。随着市场经济体制的发展完善，农村富余劳动力不断增加。阿图什市成立人力资源市场，安置就业困难人员，市劳动部门加强就业指导，鼓励待业人员去企业。2001年起，改革大中专毕业生分配体制，政府不再包分配、包就业，由市场调节配置资源、促进就业。此后，阿图什市劳动和社会保障机制逐渐完善，失业人员逐年减少，社保、医保、失业保险、劳动保险等社会保险事业迈入市场化、正规化和规范化行列。

第一章 编 制

第一节 机 构

一、行政机构

1995年,阿图什市编制委员会(以下简称市编委)主任由市长兼任,设专职副主任,下设办公室(以下简称编办)与市劳动人事局合署办公,为正科级,是政府管理编制的工作机构。

1998年,机构改革,市机构编制委员会办公室从劳动人事局析出,为市机构编制委员会常设办事机构,核定编制4名,正科级建制。既是市委的工作部门,又是政府的工作部门。

2000年1月,编办增加2名行政编制。2002年机构改革核定行政编制5名(含事业单位登记管理局)。2004年11月,增加行政编制2名。2013年,机构改革中列入市委工作部门,更名为中共阿图什市委员会机构编制委员会办公室,列行政编制7名,机关后勤编制1名,其中领导职数3名,在职人员8名,下设事业单位登记管理局,机构级别副科级,行政编制3名,其中:领导职数1名。2015年,中共阿图什市委员会机构编制委员会办公室实有8人。

二、事业机构

(一)阿图什市事业单位登记管理局

2000年,成立阿图什市事业单位登记管理局,办公室设在编委办,两块牌子、一套机构,不增加编制。2005年6月,市事业单位登记管理局确定为副科级建制,核定事业编制3名,其中领导职数1名。2007年12月,事业单位登记管理局3名事业编制转为行政编制,在职人员3名。2015年,实有3人。

(二)电子政务办公室

2013年10月,设立编办电子政务办公室,为编办下属事业单位,机构级别股级,核定事业编制2名,实有2人。2015年,实有2人。

第二节 行政机构编制管理

1995年底,阿图什市有行政编制804名,机关事业编制114名,其中市直机关行政编制456名,机关事业编制114名;街道行政编制50名,乡镇行政编制298名。政法部门行政编制309名,事业编制40名。

是年,法院、检察院、政法委、政府生活服务部等4个单位增加编制9名;成立地方税务局(事业编制50名),成立城市公共客运交通管理办公室(事业编制3名);成立侨联办公室(副科级,编制从外办内部调剂);松他克乡、阿扎克乡、哈拉峻乡成立法律服务所。

1996年,全市有行政编制804名,机关事业编制118名,其中市直机关行政编制456名,机关事业编制118名;街道行政编制50名,乡镇行政编制298名。政法部门行政编制310名,事业编制40名。市计经委分设为计划委员会和经济贸易委员会。

1997年,各乡镇组建公安派出所,为公安局派出机构,已设立边防派出所的不再设立公安派出所。

1999年,市直机关工委增加行政编制2名;看守所增加行政编制3名;拘留所增加事业编制3名。

2000年,全市成立4个机构,共增加行政编制19名,事业编制5名。成立事业单位登记管理局(在编办挂牌,15个单位联合使用事业单位法人证书)。

2001年,全市乡镇增加行政编制25名、事业编制32名。检察院成立法警大队,为其内设机构;公安局成立经济侦察大队,为内设机构。

2002 年,成立阿图什市环境保护局,正科级建制,列行政编制 5 名,市环境保护局成立后,市城乡建设环境保护局更名为阿图什市城乡建设局。成立阿图什市安全生产监督管理局,挂阿图什市安全生产委员会的牌子,副科级建制,列行政编制 5 名;成立阿图什市民间组织管理局,和市民政局实行两块牌子、一套机构。

2006 年,新成立行政机构 1 个,新成立事业机构 4 个,机构更名 2 个,机构分设 1 个,撤并 7 所小学,增加行政编制 6 名,增加政法专项编制 4 名,增加事业编制 59 名,市内自行调剂解决事业编制 15 名。

2006 年,阿图什市国家机关行政编制为 1249 名(其中市直机关行政编制 811 名、乡镇行政编制 438 名);政法专项编制 383 名;机关附属事业编制 455 名,较 2005 年 12 月 31 日增加 9 名(阿图什市党委组织部设立人才办和远程教育办核定机关附属事业编制 9 名);事业编制总数为 5947 名(不含自收自支单位),其中市直事业编制 5139 名(含中小学校编制 3235 名),乡镇事业编制 808 名。

2007 年,阿图什市有编制 7641 名,行政编制 1288 名,工勤编制 56 名,物价、农税、群团自定等 50 名,全额事业编制 6353 名(另有自收自支 434 名)。行政编制较 2006 年增加 39 名,其中公安局增加 25 名,统战、民宗部门增加 2 名;法院增加 2 名,置换 10 名。

1999—2015 年阿图什市委编办机构编制一览表

表 26－1　　　　单位:名、人

年份	行政									事业					
	编制					人数									
	市直			乡镇		市直		乡镇		市直		乡镇		人数	
	行政	自定	后勤	行政	后勤	行政	后勤	行政	后勤	机构	编制	机构	编制	市直	乡镇
1999	864	—	—	298	—	921	—	525	—	285	6022	—	—	7562	—
2000	836	100	—	312	—	819	—	507	—	284	5969	—	—	7601	—
2001	880	107	—	337	—	902	—	506	—	110	2364	178	3830	2469	5039
2002	800	105	—	291	—	870	—	535	—	113	2090	197	4044	2249	5187
2003	800	157	—	362	—	918	—	431	—	132	2361	173	4616	2210	5140
2004	800	438	—	459	21	1123	—	496	27	133	2241	152	3847	2043	5009
2005	804	438	—	438	18	1224	—	543	53	135	2263	154	3891	2119	4970
2006	811	456	—	438	18	1236	—	529	61	137	5139	49	808	5534	1556
2007	850	39	38	438	18	863	61	440	75	140	5470	56	883	5467	1689
2008	890	23	38	438	18	1000	79	438	83	153	5375	49	789	5086	1563
2009	923	19	39	438	18	1022	60	453	85	162	5189	49	789	5170	1584
2010	933	19	49	438	18	1030	64	469	83	181	5534	56	814	5590	1571
2011	916	19	49	438	18	1019	51	487	83	162	5284	56	814	5607	1521
2012	972	21	51	494	18	1046	76	459	76	170	5561	56	814	5732	1590
2013	1009	—	55	494	18	1051	65	462	70	183	5771	56	827	6215	1653
2014	1009	—	54	494	18	1093	62	457	64	310	5812	35	827	8210	1624
2015	1123	—	55	494	18	1169	63	488	62	303	5899	42	870	7824	1548

2008 年,阿图什市政法专项编制 450 名,较上年增加 40 名,新增公安编制 32 名,新增检察院编制 2 名,森林公安分局 6 名事业编制置换为行政编制。机关工勤和群团其他编制 56 名,较 2007 年无增减。

2009 年,全市各级党政群机关有行政编制 923 名,其中党委 242 名、政府 624 名、人大 23 名、政协 16 名、群众团体 18 名。较上年增加行政编制 33 名,民族宗教部门编制 7 名,价格监督局 6 名事业编制置换 3 名行政编制,政法专项编制 23 名,检察院编制 5 名,法院编制 8 名,司法局基层司法所编制 7 名,公安局森林派出所编制 3 名。新增行政机构 1 个,为价格监督局。文体局加挂新闻出版局牌子;公安局巡警大队更名为公安局特警大队。检察院撤销职务犯罪侦查局,设立反贪污贿赂局、反渎职侵权局、职务犯罪预防科;森林公安分局更名为公安局森林派出所,加挂森林警察大队的牌子;价格监督局 6 名事业编制置换为 3 名行政编制。

2010 年,阿图什市新增行政机构 1 个:食品药品监督管理局,编制从全市行政编制内调剂解决。

2011 年,各级党政群机关有行政编制 916 名,其中党委 240 名、政府 634 名、人大 18 名、政协 11 名、群众团体 13 名。比上年增加行政编制 17 名,其中政法委(维稳办)行政编制 6 名、街道办事处行政编制 11 名。机关工勤和群团其他编制新增法院工勤编制 2 名。

2012 年,各级党政群机关有行政编制 972 名,其中党委 239 名、政府 691 名、人大 18 名、政协 11 名、群众团体 13 名。较上年增加行政编制 112 名[新增乡镇行政编制,重点用于乡镇民族宗教(含统战)岗位]。政法专项编制增加 9 名,其中法院增加 4 名,恢复格达良乡和吐古买提乡法庭;检察院增加 5 名。事业编制 6375 名。对口援疆工作协调领导小组办公室设在发改委,增加 1 名领导职数;

2013 年,社科联、检察院增加编制;司法所下达政法专项编制 3 名。下达 41 名警务室政法专项编制,冲减 116 名事业编制;

2015 年,增加工商局、质监局两个行政机构。年末,全市有编制总数 8386 名,其中行政编制 1617 名,后勤服务编制 73 名。编制较 2014 年底相比,行政编制增加 114 名,根据自治州人民政府办公室《关于印发〈关于调整克州工商行政管理质量技术监督管理体制的通知〉的通知》文件精神,将工商、质监调整为本级人民政府工作部门,工商局行政编制 67 名,质监局行政编制 5 名移交阿图什市管理;下达政法专项编制 35 名;工勤编制增加 1 名为工商局工勤编制。

第三节　事业机构编制管理

1995 年,阿图什市成立 10 个机构,其中,副科级企业有阿图什市石油公司、农机公司、物资公司、自来水公司、第一建筑公司、市政公司、修造厂、盐厂。成立市盐业公司(企业)、市黄金局(与矿管局合署),成立阿图什市粮食局军供特需粮油采购供应站(自收自支)。格达良乡、吐古买提乡、哈拉峻乡成立乡财政所,成立松他克乡工商所、市文化管理所,文化馆分为文化馆和图书馆。

1996 年,阿图什市机构更名 2 个,机构升格 1 个,成立 9 个机构,整合 5 个机构,市建筑规划勘察设计室分设为规划管理办公室(全额事业编制 5 名)、建筑规划勘察设计室(自收自支编制 11 名);市建委房改办、房管所和房地产交易所 3 家合并成立阿图什市房地产管理局(自收自支);城市园林管理处更名为环境卫生管理局;成立市政养护队(自收自支);二轻局更名为轻工业局;阿图什市棉麻公司由股级升级为副科级。成立阿图什市水土开发办公室、新疆塔里木盆地水土开发环保(二期)工程项目办公室(世行办)。工商局成立市场开发建设服务中心(10 名自收自支编制)。

1997 年,将乡兽医站收回由市畜牧局统一管理;成立公安局公路巡逻民警队,与市交警大队两块牌子,一支队伍;成立残疾人劳动就业服务所,编制从残联调剂 3 名;同意将市二中的初中、高中分开;成立上阿图什乡尧勒其中学(副科级),成立公安局林业派出所,股级,编制从林管站调剂。儿童福利学校更名为阿图什市儿童福利院;成立阿图什市卫生医药监督管理所,股级建制,定编 4 名。

1998 年,阿图什市残联由副科级调整为正科级。新成立 5 个事业机构。

1999 年,给计生指导站增加事业编制 2 名;成立人民广场管理所,编制从市建委下属事业单位调剂。

2001年，成立阿图什市审计局经济责任审计科，为审计局下属事业单位，文化馆、文物保护管理所分设，编制从图书馆、文化馆抽调；党校增加事业编制、西域商贸城二类口岸管理委员会增加事业编制、编办增加1名领导职数、规划办增加事业编制，收回建筑规划勘测设计室编制、地矿局增加事业编制。

2002年，阿图什市民间组织管理局和市民政局实行两块牌子、一套机构，市民政局增加事业编制3名，负责社团和民办非企业单位登记管理及殡葬管理筹备工作；成立阿图什市卫生医药监督管理所，股级建制，定编4名；成立阿图什市会计核算中心，副科级建制，定全额拨款事业编制20名。

2003年，机构更名3个，撤销机构1个，新成立事业机构10个，机构更名2个，挂牌机构3个，增加事业编制33名（事业编制转为全额事业编制），市内事业编制调整10名。乡镇卫生院管理体制改革，经费实行全额预算管理。

2005年，新成立事业机构9个，撤销事业机构3个，机构更名1个，机构升格1个，增加事业编制39名，市内自行调剂事业编制4名。

2007年，新成立事业机构2个，撤销7所乡教办，机构更名4个，市内自行调剂事业编制15名，增加事业编制3名，收回2名行政编制，收回5名事业编制。差额事业单位减少2个（文工团转为全额事业单位，托儿所并入中心幼儿园），自收自支机构撤销6个，收回编制129名。

2008年，阿图什市有事业编制6164名，中小学校重新核编减少462名。

2009年，成立幼儿园7个（成立市第一"双语"幼儿园、市第二"双语"幼儿园、松他克乡"双语"幼儿园、阿扎克乡"双语"幼儿园、阿湖乡"双语"幼儿园、上阿图什乡"双语"幼儿园、格达良乡"双语"幼儿园）；农业局成立农产品质量安全检验检测中心，编制从农技推广中心连人带编抽调10名；史志办更名为地方志办公室，挂党史办公室牌子，两块牌子、一个机构；种子站由差额变为全额；成立育才学校；成立农村能源环境保护工作站；撤销建筑安全监督站，将建筑安全监督站、建设工程质量监督站职能并入建筑市场综合管理办公室，加挂建设工程质量监督站牌子；人事局人才交流和人事信息中心、人事培训考试和职称社会化评价中心合并为人事局综合管理培训中心，成立政府系统干部职工人事档案管理中心；组织部成立市委档案管理中心；光明街道办事处和幸福街道办事处各成立一所社区卫生服务中心，增加事业编制；成立文学艺术界联合会；宣传部成立未成年人思想道德建设办公室。

2010年，全市新增事业机构安全生产监察大队、市直机关党员电化教育站、旅游风景区管理办公室、人民群众来访接待中心，7个乡设立劳动保障事务所，将儿童福利院与敬老院分设。

2011年，全市新设立创业指导服务中心、固定资产审计中心、计算机（审计）中心、国有土地上房屋征收与补偿办公室、住房保障办公室、食品药品监督管理局食品安全监督执法大队、食品药品检验所、地震局、成立边防委员会办公室、农村综合改革领导小组办公室、治安维稳巡逻队、全社会节能监察局等事业机构12个。规划局由住建局管理调整为政府直属事业单位，人民政府教育督导室由教育局管理调整为政府直属事业单位。

2012年，工业园区管委会升格为副县级，与"中共阿图什市工业园区工作委员会"一个机构、两块牌子，为阿图什市委、市政府的派出机构；幸福街道办事处将帕米尔路社区更名为帕米尔西路社区，布谷孜路社区更名为昆山产业园社区，群众路社区更名为环城南路社区；光明街道办事处将帕米尔小区社区更名为帕米尔东路社区，撤销天山路社区，新建人民路社区；规划局调整为政府直属事业单位，升格为科级；审计局成立固定资产投资审计中心、计算机技术（审计）中心；外宣办挂互联网信息办公室、政府新闻办公室牌子（副科级）；成立地震局；组织部信息调研室挂党建研究会牌子；监察局增加1名非党员领导职数；住建局成立国有土地上房屋征收与补偿管理办公室、住房保障办公室；教育督导室划为人民政府直属事业单位；食药局成立食品安全监督执法大队、食品药品检验所；下达乡镇卫生院事业编制42名，其中工勤编制10名；重新核定卫生监督所和食品安全监督执法大队编制；成立边防委员会办公室；供销社为政府直属事业单位；社科联机构规格科级；财政局成立下属事业单位农村综合改革领导小组办公室，编制内部调剂解决；政法委成立综治维稳巡逻队；发改委成立全社会节能监察局。群团事业机构增加1个：阿图什市社会科学界联合会。全市事业编制6390名，其中自收自支编制231名，自治区核减自收自支空编203名，较2010年增加42名（乡镇卫生院)。供销社由企业划转为政府直属事业单位。

2013年,社科联增加编制;政法委成立情报信息中心;文物保护管理所升格为副科级;下达消防文职人员编制;下达乡镇民政社会保障服务机构13名事业编制;气象局成立人工影响天气办公室;克州将第一托儿所、第二托儿所交由阿图什市管理,更名为光明路托儿所、幸福路托儿所;下达一、二批农村警务室事业编制116名,林业局成立北山绿化管护站,编制自行调剂;市委成立专用通信局(信息化管理办公室);组织部成立党代表联络办公室;安监局成立职业健康安全监督管理站,人员编制从疾控中心抽调;水利局成立水利水电工程质量监督站;设立密码管理局,与机要局一个机构、两块牌子;因机构改革,行政主管部门职能整合,重新对人社局、文化体育广播影视局、交通运输局、住房和城乡建设局所属事业单位实行“九定”;教育局成立学生资助管理中心;工业园区管委会核定副县级领导职数2名,科级领导职数3名,下设5个职能部门和纪工委监察分局,机构级别正科级,各核定领导职数2名;成立林木种苗管理站,从林管站调剂编制。

2014年,新成立7所事业机构:党委信息化管理办公室,恢复设立5所初级中学(格达良乡中学、格达良乡提坚中学、哈拉峻乡中学、哈拉峻乡昂额孜中学、吐古买提乡中学)及成立1所特殊教育学校;“撤一建一”1个机构:撤销阿图什市政府采购中心,设立公共资源交易中心;撤销阿图什市水利勘测设计所,新设立水利水电工程质量监督站。将国有土地上房屋征收与补偿管理办公室由住建局下设事业单位调整为政府直属事业单位。年末,全市事业编制6639名,其中自收自支编制231名。

2015年,全市新增事业机构10个:阿图什市第三、第四双语幼儿园,7个乡成立食品药品监督管理站、不动产登记中心。撤销民间组织登记管理局,设立居民家庭经济状况核对办公室。将公共资源交易中心由发改委下设事业单位调整为政府直属事业单位。较2014年事业编制增加115名,其中自收自支编制核减9名,下达对口援疆省市培养学员编制88名。伊斯兰协会、专用通信局、巡逻防控大队升格为副科级。特殊教育学校明确机构级别和编制,下达特殊教育学校编制36名。地震局增加2名事业编制。

第四节　机构编制改革

一、政府机构的调整

1998年,根据自治州党委、人民政府关于印发《阿图什市党政机构改革方案》的通知。政府工作机构改革,撤销文化局、体委、组建文化体育局;撤销信访科,业务划归政府办公室;撤销体改委、轻工业局、业务划归经济贸易委员会,挂体改委的牌子;农业综合水土开发办公室并入农村工作办公室;国有资产管理局由财政局管理;林业局并入农业局,挂林业局的牌子;撤销地名办,业务划归民政局;物价局为直属机构;农业局为事业单位。外事侨务办公室并入政府办公室,挂外事侨务办公室的牌子;爱国卫生运动委员会办公室由卫生局管理。矿产资源管理局更名为地质矿产局,事业机构(科级);档案局与档案馆实行局馆合一,事业机构(科级),一个机构、两块牌子;经调整,党政机构设置6个,政府机构设置24个,监察局按规定设置,地税局、物价局为直属机构。

二、人员编制和领导职数

1998年,阿图什市党政群机关行政编制为539名(含地税局机关行政编制10名和2个办事处的编制)。根据中央、自治区有关精神,党委机关、政府机关和其他机关(包括人大、政协、工、青、妇)之间的行政编制比比例为15:78:7。党委、政府各部门称部、委、办、局为正科级,部门管理机构为副科级。党政各工作部门的领导职数为1~3名,党政工作部门,下属单位多,任务重,应设纪检组组长(书记),占本部门领导职数。行政编制使用范围,党委、政府各部门、部门管理机构,议事协调机构的办事机构,人大、政协以及工会、共青团、妇联。法院、检察院、公安局、司法局机关编制按规定实行单列。市党委工作机构6个〔中共阿图什市委员会办公室、中共阿图什市委员会组织部、中共阿图什市宣传部(含文明办)、中共阿图什市统一战线工作部、中共阿图什市政法委员会(与综治办合署办公)、中共阿图什市机关工作委员会〕。市委部门管理机构2个(中共阿图什市老干部工作局，由市委组织部管理；中共阿图什市机要局，由市委办公室管理）。市人民政府工作机构设置 24 个〔阿图什市人民政府办公室（含外事侨务工作）、阿图什市经济贸易委员会（挂体改委牌子）、阿图什市计划委员会、阿图什市科学技术委员会、阿图什市农业局（挂林业局牌子）、阿图什市计划生育委员会、阿图什市劳动人事局、阿图什市民政局、阿图什市卫生局、阿图什市财政局、阿图什市民族宗教事务委员会、阿图什市水利局、阿图什市工商行政管理局、阿图什市土地管理局、阿图什市审计局、阿图什市公安局、阿图什市教育委员会、阿图什市文体局、阿图什市城乡建设环境保护局、阿图什市畜牧局、阿图什市技术监督局、阿图什市交通局、阿图什市司法局、阿图什市统计局〕。政府部门管理机构 2 个（阿图什市国有资产管理局由财政局管理、阿图什市爱卫会办公室由卫生局管理）。政府直属机构 2 个（阿图什市地方税务局、阿图什市物价局）。议事协调架构 2 个（阿图什市农村工作办公室，挂扶贫办、乡镇企业局、水土开发办牌子、阿图什市机构编制委员会办公室）。政府直属事业机构 4 个（阿图什市档案局、阿图什市广播局、阿图什市地质矿产局、阿图什市农机局）。

2002 年，政府工作部门调整的重点是加强综合经济部门和执法监管部门，精简、撤并专业经济管理部门，适当调整社会管理部门和政务部门，建立与自治州政府机构框架大体协调的具有阿图什市特点的政府组织机构。计划委员会更名为发展计划委员会，物价局、粮食局并入发展计划委员会，挂物价局、粮食局的牌子。不再保留劳动人事局，分别组建人事局、劳动和社会保障局。不再保留土地管理局、地质矿产局，组建国土资源局。林业局、乡镇企业管理局并入农业局，更名为农林局，在农林局挂乡镇企业局牌子。农机局改为农林局管理的事业单位。教育委员会更名为教育局。科学技术委员会更名为科学技术局。经济贸易委员会挂安全生产监督管理局、经济体制改革办公室的牌子。在政府办公室挂法制办公室的牌子。外事侨务办公室从政府办公室中分离，成立外事侨务旅游局。广播电视局实行政事分开，改为政府工作部门。组建信访局（党委信访局和政府信访局一个机构、两块牌子），由政府办公室管理。扶贫开发办公室为扶贫开发领导小组的常设办事机构。经调整，政府设工作部门 26 个（监察局与纪委检查委员会机关合署办公，列入政府工作部门序列，不计入政府机构数），议事协调机构的办事机构 1 个，部门管理机构 1 个。

2012 年 4 月政府机构改革，转变政府职能，理顺职责关系，明确和强化责任，优化组织结构，组建商务和经济信息化委员会，不再保留经济贸易委员会；组建人力资源和社会保障局，不再保留人事局、劳动和社会保障局；组建住房和城乡建设局，不再保留建设局；组建文化体育广播影视局，不再保留文化体育局、广播电视局；组建交通运输局，不再保留交通局；将林业局调整为政府工作部门；不再保留粮食局，在发展和改革委员会挂牌；将扶贫开发办公室由议事协调机构调整为政府工作部门；信访局即是党委的工作机构又是政府工作机构，列入党委机构序列；机构编制委员会办公室更名为中共阿图什市委员会机构编制委员会办公室，列入党委机构序列；改革后设置办公室和工作部门 27 个。

2015 年政府机构改革，当年根据自治区党委、自治区人民政府《关于地（州、市）县（市、区）政府职能转变和机构改革的意见》（新党发〔2015〕12 号）和自治州编办《关于县（市）政府职能转变和机构改革有关问题的通知》（克党编办〔2015〕33 号）精神，围绕政府职能转变，重在向市场、社会和基层放权，减少对微观事务的干预；坚持精简统一效能原则，优化组织结构，规范机构设置，提高工作效率；坚持权责一致原则，完善体制机制，理顺职责关系，明确和强化责任，将市卫生局、市人口和计划生育委员会的机构和职责整合，组建阿图什市卫生和计划生育委员会，不再保留市卫生局、市人口和计划生育委员会；民族宗教事务委员会与市委统战部合署办公，列入政府工作部门序列，不计入政府机构个数；将旅游局职能从政府办公室划转出来，在商务和经济信息化委员会挂牌；政府办公室挂外事侨务办公室的牌子。改革后，阿图什市政府设置工作部门 27 个。推进挂牌机构职责融合：法制办、外事侨务管理职责由政府办公室承担，在政府办公室挂牌。粮食局、价格监督局职责由发展和改革委员会承担，在发展和改革委员会挂牌。农业局挂农业产业化发展局、农产品加工局牌子，不再保留乡镇企业局牌子。

三、乡镇机构改革

2002 年，根据乡镇的实际，大乡党委设正、副书记 4 名（含党政交叉在职），小乡党委设正副书记 3 名（含交叉在职),纪检书记1名,武装部部长1名,大乡政府设正副乡长4名,小乡设正、副乡长3名。根据自治区乡镇分类的有关规定,阿图什市的一类乡为:上阿图什乡、阿扎克乡、松他克乡,一类乡设3~4个办事机构;二类乡为:阿湖乡、格达良乡、吐古买提乡、哈拉峻乡,二类乡设2~3个办事机构;阿图什市乡镇总计核行政编制298名(含1997年新增乡镇人武干事41名)。乡镇党政群机关工作人员,不得挤占事业单位的编制或与事业单位的编制混用,在编制员额之外自聘的临时人员,要坚决予以清退。对县级部门下派到乡镇担任领导职务的干部不受规定领导职数的限制。

2012年,根据《自治区党委办公厅、自治区人民政府办公厅印发〈关于进一步做好乡镇机构改革工作的意见〉的通知》和克州党委办公室、人民政府办公室关于印发《克孜勒苏柯尔克孜自治州乡镇机构改革实施方案》的通知精神,乡镇党政机构按照职能归口设置5个综合性办公室,即:党政办公室、党建办公室(挂党员服务站牌子)、经济发展办公室、社会事务办公室(挂人口和计划生育办公室牌子)、社会管理综合治理办公室。乡镇设立人民武装部。人大、纪检委和工青妇等群团组织按相关法律、章程设置,其日常工作以及政协委员的联络工作,由党政、党建办公室承担,指定专职或兼职人员负责。因地制宜整合乡镇事业站所,对下放乡镇管理的,整合有关涉农站所,设立农业发展服务中心、文体广电服务中心、社会保障(民政)服务中心、财政所(农村合作经济经营管理服务站)、人口和计划生育生殖健康服务站。

2015年,根据自治区党委、自治区人民政府《关于推进乡镇站所管理体制改革的实施方案》(新党发〔2015〕10号)文件精神,为深化乡镇行政体制改革、完善乡镇政府功能,经阿图什市党委、人民政府同意,推进乡镇站所管理体制改革:将乡镇农技、农机、农经、林管、水管、畜牧兽医、草原、财政、文化、广播、民政、社保、计划生育技术服务、规划建设、环境保护、统计、司法、国土资源、食品药品监督机构,统一实行以乡镇管理为主、市级主管部门业务指导的管理体制,2015—2017年逐步将上级部门管理的站所交由乡镇进行管理。乡镇公安派出所、中小学、农村"双语幼儿园"、卫生院现行管理体制保持不变,待条件成熟后继续进行调整,加大乡镇站所管理体制改革力度,加快改革进度,进一步完善乡镇政府功能。

四、党委机构设置和调整

2002年,阿图什市本着与自治州党委主要部门设置大体相应的原则,保留纪律检查委员会机关(监察局与其合署办公),办公室、组织部、宣传部、统一战线工作部、直属机关工作委员会、政法委员会(社会治安综合治理委员会办公室与其合署办公)。宣传部挂精神文明建设指导委员会办公室的牌子。不再保留农村工作办公室,其职能并入党委办公室。机构编制委员会办公室为机构编制委员会的常设办事机构,既是党委的工作机构,又是政府的工作机构。基层组织建设领导小组办公室为基层组织建设领导小组的办事机构,设在党委组织部。保密委员会办公室(国家保密局)、机要局由党委办公室管理。老干局由组织部管理。档案局与档案馆实行局馆合一,一个机构、两块牌子,事业机构,既是党委的机构,又是政府的机构。经调整,党委工作机构7个,部门管理机构3个,议事协调机构的办事机构1个。

第二章 人 事

第一节 机 构

1995年,阿图什市劳动人事局为市人民政府职能部门,统管全市劳动、人事等工作。2003年2月,劳动、人事分设,成立市人事局、市劳动和社会保障局(下设二级局市社会保险管理局)。2007年12月,成立市人事争议仲裁办公室,机构级别相当于股级,核定事业编制3名,领导职数1名,专业技术人员比例为70%以上。2011年11月,市人事局、市劳动和社会保障局合并,成立市人力资源和社会保障局(公务员局),同年挂牌成立公务员局,为阿图什市人民政府工作部门,内设办公室、公务员管理科、事业单位管理和专业技术人员职称科、社会保险综合管理科、人才流动开发和军转安置科、就业促进科、工资福利科、规划财务科、网络信息科、劳动人事仲裁科、劳动监察大队、创业指导中心、人力资源市场、综合管理培训中心、人事档案管理中心15个科室,核定行政编制16名,其中领导职数4个(含纪检组组长),机关后勤服务事业编制2名。下设二级局市社会保险管理局,副科级,核定编制36名(参照公务员事业编制),领导职数2名。

2015年底,阿图什市人力资源和社会保障局内设15个科室,核定编制36名(行政编制16名),实有40人。

第二节　人事制度改革

一、实行国家公务员制度

1998年,全市公务员开始执行过渡考试。

2004年,成立市人事局公务员管理科,专门从事全市公务员的管理。

2005年,为迎接《中华人民共和国公务员法》出台,对全市的公务员进行统计,全市有公务员1541人,其中国家机关公务员943人,参照国家机关公务员259人,依照国家机关公务员339人。建立公务员的培训档案。做好新批准依照单位人员的公务员过渡考试。在当年7月23日和11月25日两次组织考试,其中7月参考人数为115人,11月为351人,全部考试合格。做好《中华人民共和国公务员法》的学习宣传培训工作。

2006年1月1日,《中华人民共和国公务员法》实施以后,完成全市公务员过渡和公务员登记工作,登记公务员1487人,按人分配公务员编号。自2006年公务员法实施以来,全市申报审批23个参照公务员管理单位,其中2006年审批12个,2008年审批8个,2012年审批3个。

二、职称改革

1996年,阿图什市着手职称制度改革。当年即实行专业技术职务聘任制度,在获得任职资格的人员中推行职务聘任制度,按照任职资格享受相应的职务工资待遇。

2003年,自治区陆续对相关职称的系列评审条件重新规定,晋升高级由自治区职称办公室统一评审,中级由自治州职称办公室评审,初级由市职称改革领导小组评审。

2008年,自治区事业单位人事制度改革全面展开,阿图什市以“先入轨、后完善、整体启动、配套推进”的步骤开展。事业单位各类岗位职数管理职能统一纳入岗位设置管理工作范围,实行归口管理,不再进行专业技术岗位职数及技术等级(技术职务)职数的核定工作。对已有人员结构比例已经超过核准岗位等级结构比例的,单位不得再超比例聘用(晋升)工作人员的职务(技术等级);对于超比例聘用(晋升)工作人员的职务(技术等级)的,政府人事部门不予认定岗位等级,工资管理部门不予审批兑现相应的岗位工资,财政部门不予变更统发工资标准。

2009年,阿图什市第一批参加事业单位人事制度改革的单位有221个,正科级单位8个,副科级单位30个,股级单位183个;全额拨款单位210个,差额拨款单位2个(市医院、种子站),自收自支单位9个(6个乡水管站、市水管站、托卡依水库、房产局)。参加事业单位人事制度改革的221个单位,设岗位5566人,实有6522人;管理岗位核准199人;专业技术岗位设4801人;工勤技能岗位设566人。岗位聘用工作审批完成219个单位,其中2个单位为市防病改水办和市建筑安全监督站,2个单位有岗无人,所以暂时无法聘用为空岗。通过整体情况汇总,已审批的219个单位聘用人数4028人,空岗1538人,过渡性岗位2516人。其中管理岗位聘用134人,空岗65人,过渡36人;专业技术岗位聘用3500人,空岗1301人,过渡1848人;工勤技能岗位聘用394人,空岗172人,过渡632人;聘用管理岗位申请认定为专业技术岗位19人,聘任科员岗位保持主任科员工资过渡3人。

第三节 干部队伍管理

一、干部结构

(一)干部队伍

1995 年,全市有干部 5327 人。

2015 年,全市有干部 9593 人。

(二)女干部比例

1995 年,阿图什市干部队伍中女干部 2421 人,占全市干部人数的 45.45%;2015 年,有女干部 5701 人,占干部人数的 59.43%。

(三)文化结构

1995 年,全市有大专以上文化程度的干部 935 人,占全市干部总数的 17.55%;中专文化程度的干部 4392 人,占全市干部总数的 82.45%。至 2015 年底,全市具有本科及以上学历干部 3121 人,占全市干部总数的 32.53%,大专学历干部 4603 人,占全市干部总数的 47.98%,中专及以下学历干部 1869 人,占全市干部总数的 24.52%。

(四)少数民族干部比例

1995 年,阿图什市有少数民族干部 4761 人,占全市干部总数的 88.63%。2015 年,有少数民族干部 8291 人,占全市干部总数的 86.43%。

1995—2015 年部分年份阿图什市干部情况统计表

表 26-2　　　　单位:人

年份	干部人数	性别		民族结构		文化层次			年龄结构			
		男	女	少数民族	汉	大学以上	大专	中专以下	35 岁以下	36~45 岁	46~54 岁	55 岁以上
1995	5327	2421	2906	4761	566	331	604	4392	3594	799	768	166
2008	7711	3046	4665	6655	1056	1826	3771	2114	3799	3372	497	43
2009	7174	4024	3150	6312	862	1907	3569	1698	3557	3047	542	28
2010	7187	3912	3275	6309	878	1674	3602	1911	2970	3535	645	37
2011	1980	4608	3372	6828	1152	2095	4142	1743	3499	3657	768	36
2012	7543	4344	3199	6500	1043	1778	4053	1712	2846	3838	813	46
2013	7921	4655	3266	6847	1047	2044	4088	1789	2994	4071	816	40
2014	9161	5478	3683	7925	1236	2663	4696	1802	3942	4227	954	31
2015	9593	5701	3892	8291	1392	3121	4603	1869	4213	4282	1060	38

二、干部管理

(一)干部来源

1995—2015 年,阿图什市的干部来源主要是分配的各类国家计划内大中专毕业生、自治区选派的优秀留疆战士、通过人事考试和人才交流等形式录聘用的专业技术人才和管理人才、定向分配的毕业生及军转安置等。男性干部人数多于女性干部人数,少数民族干部人数多于汉族干部人数。

1. 统招统分

1995 年，阿图什市按照专业对口、充实基层的原则，分配大中专毕业生。

1997 年，国家任务计划招收的大中专学生和计划内招收的自费、电大普通专科班的学生，凡是取得毕业资格，并服从国家分配的仍实行指令性计划分配。

从 2004 年开始，全面取消大中专毕业生分配制度，大中专毕业生实行自主择业。

2. 吸收录用

1995—1999 年，进入机关、事业、企业单位人员以安置、吸收聘用为主，吸收聘用范围为技工毕业、计划内自费生、委培生及统分的大中专毕业生。

2001 年，自治州下发《自治州事业单位录（聘）用工作人员暂行办法》，强调县乡所属各类事业单位从大中专毕业生、技校毕业生中新录（聘）工作人员及通过人才交流等渠道新录用（聘）工作人员在定员编制和增人计划内采取考试与考核相结合的方法进行录、聘人员。

2004 年起，机关、企事业吸收录（聘）用干部，一律实行考试制度。

3. 公开招考、招聘

1995 年，阿图什市规定聘用干部的调动方法，全民所有制企业、事业单位间聘用制干部的调动，要在实行干部聘用制的全民所有制企业、事业单位之间进行，因工作需要由组织上调动的应在聘用时间满 3 年之后进行。

2000 年后，每年都面向疆内外公开招聘各行各业人才，特别是在教育和医疗方面招聘来市工作的人才较多。

2001 年，为控制机关、事业单位人员过快增长，根据《关于严格控制机关、事业单位人员增长的通知》，规定各级党政机关、事业单位必须停止面向社会招录公务员和工作人员；事业单位停止吸收录（聘）用干部、合同制工人和工人转干。各级行政机关和事业单位调动人员，只限于行政机关内部和相同财政事业单位内部，或行政机关调往事业、企业单位；全额拨款事业单位调往自收自支和企业单位工作，不得逆向调动人员。接收军转干部和大中专毕业生，原则上应控制在编制限额内。

2010 年，阿图什市启动事业单位岗位设置和岗位聘用制度。2011 年，扩大事业单位内部分配自主权，引入竞争机制，全市 90% 的事业单位完成首次岗位聘用。

2013 年，自治州收回事业单位由市级自主招考权限，行政事业单位招考需报招考计划至州人社局，经审批后由自治区、州统一招考。

2015 年，按照德才兼备的用人标准和岗位所需的专业、技能、任职条件，根据全市的用人需求，采取面向社会公开招聘的方式，招聘事业性岗位人员 28 人。

2001—2015 年阿图什市政府系统招录公务员汇总表

表 26－3　　　　单位：人

年份	人数	年份	人数	年份	人数
2001	9	2006	18	2011	21
2002	25	2007	10	2012	5
2003	36	2008	14	2013	8
2004	16	2009	38	2014	14
2005	25	2010	22	2015	10

4. 军队转业干部安置

1996 年后，在党政机构改革人员编制减少和企业效益差、安置渠道变窄的情况下，2001 年 1 月，国家颁布实施《军队转业干部安置暂行办法》,军转干部安置由原来单一的计划分配改变为计划分配和自主择业相结合的分配方式。2001—2005 年,自治区向阿图什市计划安置军队转业干部 9 人,其中男 8 名,女 1 名(随军家属、护士、安置到市医院),维吾尔族 8 人,汉族 1 人,均安置到市直各行政机关任职。

2007 年,阿图什市成立自主择业军队转业干部安置、服务和管理工作领导小组,在市劳动人事局设立办公室。至 2015 年,全市已接收自主择业军队转业干部 100 多人,由两个街道办事处配备专人具体负责自主择业军转干部的党费缴纳,人员变化,工作变动、过组织生活等,形成市、街道、社区三级管理服务体系。

5. 优秀留疆战士

1995 年后,自治区结合南疆社会发展实际,每年从优秀退伍士兵中招录主要服务南疆基层单位的留疆战士。1995—2015 年,自治区选派部队优秀留疆战士共 24 批。

6. 安置退伍战士

2001—2013 年,全市安置退伍战士到乡(镇)基层站所工作,共 200 多人。

7. 聘用合同制干部

2002 年后,随着事业单位人事制度改革不断深化,阿图什市逐步推进事业单位聘用合同制。按照国家、自治区提出的分类推进事业单位改革、转换用人机制和搞活用人制度、推行聘用制度和岗位管理制度、坚持整体推进与分行业实施相结合、坚持政府宏观管理与落实单位用人自主权相结合的五大总体要求。2008 年,市事业单位干部全面实行聘用合同制。2015 年,阿图什市共有聘用制干部 7520 人。

(二)干部调配

1995 年,市劳动人事局负责全市一般干部的调动,调配的范围是干部跨市调动、市内各系统间的调动,办理调配手续 22 人次,其中调入 7 人次、调出 15 人次。

2000 年,阿图什市制定《阿图什市干部调配工作规定》,明确干部调配制度。2010—2015 年,全市共调配干部 132 人,其中调入 52 人、调出 80 人。

1995—2015 年阿图什市人事调动情况表

表 26-4　　单位:人

年份	人数	外地调入	调出至外地	年份	人数	外地调入	调出至外地
1995	22	7	15	2009	53	30	23
2003	50	30	20	2010	14	6	8
2004	48	28	21	2011	18	8	10
2005	30	21	9	2012	20	6	14
2006	62	35	27	2013	29	13	16
2007	89	47	41	2014	15	5	10
2008	59	34	25	2015	36	14	22

第四节　专业技术人员管理

一、职称评定

1995 年,阿图什市根据专业技术所涉及的系列需要,批准组建工程经济系列、教育系列、卫生系列、农林牧系列、文化图书档案系列等专业技术初级评审委员会。

2000 年,开展专业技术人员继续教育培训工作。

2010 年,做好经济类、工程类、药师类、建筑类、物价类等专业的职称资格考试的宣传、咨询工作,通知相关单位组织符合要求的人员参加资格考试。培训采取远程网络培训的方式进行，学员学习和考试全部在网上进行。

至2015年，全市专业技术人才总数7496人，其中高级职务349人、中级职务1354人、初级职务5793人。

二、专业技术人员管理

1998年，出台《阿图什市专业技术管理人员细则》。

2000年后，建立健全职称改革工作制度，实行职称工作评聘分开制度，严格实行专业技术职务岗位管理制度，建立健全"按需设岗，竞争择优"的专业技术职务聘任，管理机制，实施专业技术人员按岗聘任的原则，对岗位设置少的单位的专业技术人员实施竞聘上岗。

2000—2015年部分年份阿图什市事业单位专业技术人员一览表

表26－5　　单位：人

年份	高级职务	中级职务	初级职务	年份	高级职务	中级职务	初级职务
1995	23	401	2150	2008	209	1388	3479
2000	28	562	3780	2009	215	1275	3296
2001	31	567	3330	2010	244	1331	3691
2002	38	641	3567	2011	255	1297	4581
2003	49	843	3729	2012	261	1259	4073
2004	66	1062	3816	2013	260	1303	4653
2005	89	1118	3785	2014	267	1271	5724
2006	103	1095	3594	2015	349	1354	5793
2007	131	1202	3445				

三、机关事业单位技术工人管理

1995年，阿图什市机关事业单位工人技术考核委员会具体负责全市机关事业单位工人技术等级培训考核工作。结合单位的发展，组织技术工人参加各工种技术培训。2015年，全市有机关事业单位技术工人1242人，其中一级岗位（高级技师）12人、二级岗位（技师）15人、三级岗位（高级工）76人、四级岗位（中级工）349人、五级岗位（初级工）336人、普通工454人。

第五节　工资福利

一、工资制度

1995年，市机关、事业单位工资制度实施职务级别工资制（简称职级工资制），其工资按不同职能分为职务工资、级别工资、基础工资和工龄工资四个部分，其中职务工资和级别工资是职级工资构成的主体。除上述四项套改工资后，按规定发放的物价、福利性补贴及各地自行建立的津贴纳入新工资标准。建立正常增加工资和工资动态调整机制，工作人员在现职务的任期内连续2年考核为优秀或称职的，可在本职务工资标准内提高一个工资档次并从下一年考核年度的第一个月起兑现工资；工作人员年度考核连续五年为称职的或连续3年为优秀的,在职务对应级别内晋升一级;工作人员的工龄工资逐年增加,工作年限每增加一年,工龄工资增加1元;根据国民经济的发展,定期调整工资标准。实行艰苦边远地区津贴和奖金发放制度,对年度考核为称职以上的人员年终发放一次性奖金,奖金按本人当年12月的月基本工资(职务工资、级别工资、基础工资和工龄工资四项之和,另加艰苦边远地区津贴)计发。对事业单位根据其不同类型,分别不同的工资制,教育、科研、卫生等专业技术人员较为集中的单位,实行专业技术职务工资制;地质、测绘、交通、海洋、水产等野外作业单位,实行专业技术职务等级工资制;文化艺术表演团体实行艺术结构工资制;体育运动员实行体育津贴奖金制;金融单位实行行员等级工资制。机关事业单位工人工资制度分为技术工人和普通工人两大类,技术工人实行岗位技术等级(职务)工资制,普通工人实行等级工资制。

2001年1月1日,为贯彻落实党中央、国务院关于西部大开发的战略部署,体现对艰苦边远地区的政策倾斜,引导人才合理流动,阿图什市根据新政办〔2001〕47号文件精神,在原艰苦边远地区津贴57%的基础上增加三类地区中央艰苦边远地区津贴。阿图什市是三类地区,各职务的标准为:厅局级(教授级)320元/月,县处级(副教授级)240元/月,科级(讲师级、工人技师以上)190元/月,科员及以下(助理级以下,高级工以下)人员160元/月。

2004年7月1日,国家考虑到阿图什市特殊的地理环境,将阿图什市原来的三类地区调整为四类地区,中央艰苦边远地区津贴相应提高到四类地区标准。其中四类区各职务的标准为:厅局级(教授级)560元/月,县处级(副教授级)420元/月,科级(讲师级、工人技师以上)330元/月,科员及以下(助理及以下、高级工及以下)280元/月。

2006年,实行工资制度改革。公务员和参照公务员管理的单位,除工勤人员以外的工作人员均实行职务与级别相结合的工资制度。调整基本工资结构,由原有的职务工资、级别工资、基础工资和工龄工资四项调整为职务工资和级别工资两项,取消基础工资和工龄工资。机关技术工人工资由岗位工资和技术等级工资组成,普通工人工资仍实行岗位工资制。事业单位实行岗位绩效工资制度,由岗位工资、薪级工资、绩效工资和津贴补贴四部分组成,岗位分为专业技术岗位、管理岗位、工勤技能岗位。专业技术岗位设置13个等级,管理岗位设置10个等级,工勤岗位分为技术工岗位和普通工岗位,技术工岗位设置5个等级,普通工岗位不分等级。7月1日,在清理规范津贴补贴的基础上,实行地区附加津贴制度,完善艰苦边远地区津贴制度和岗位津贴制度,并提高中央艰苦边远地区津贴标准。

二、工资调整

1995年,全市116个行政机关、事业单位8351人进行正常升级调资。

1997年,全市116个行政机关、事业单位5132人进行正常升级调资。

1998年,全市行政机关、事业单位1862人进行正常升级调资。行政机关771人进行五年称职正常升级调资,65人进行3年优秀正常升级调资。事业单位128人进行奖励3%晋升工资档次。

1999年,全市116个行政机关、事业单位5329人进行正常升级调资。根据新政发〔1999〕139号文件规定,对全市8272人进行调标增资。

2001年,两次对全市行政机关、事业单位5862人进行正常升级调资。对8837人进行三类地区中央艰苦地区津贴调资调标增资。2001年9月补发全市机关事业单位由财政负担但尚未兑现的离退休人员的离退休费,主要包括1993—1994年工资套改欠发工资、1995—1999年底形成的欠发工资、2000年实行工资统发前形成的欠发工资。

2003年,全市行政机关、事业单位6144人进行正常升级调资,914人进行5年称职升级调资,61人进行3年优秀升级调资。

2004年,全市行政机关、事业单位3662人进行正常升级调资,87人进行5年称职升级调资,50人进行3年优秀升级调资。对8758人进行四类地区中央艰苦地区津贴调资。

2005年,全市行政机关、事业单位5941人进行正常升级调资,99人进行5年称职升级调资,61人进行3年优秀升级调资。事业单位212人进行奖励3%晋升工资档次。

2006 年初，全市行政机关、事业单位人进行正常升级调资，120 人进行 5 年称职升级调资，62 人进行 3 年优秀升级调资。事业单位 217 人进行奖励 3% 晋升工资档次。根据新政办〔2006〕79 号文件规定，7 月阿图什市对机关、事业单位 8561 人再次进行工资收入分配制度改革。

2007 年，兑现行政机关干部踩线 295 人，参照单位踩线 25 人，其中全额事业 6133 人、差额事业 233 人、自收自支 220 人，共计 6906 人。

2008 年，全市行政机关、事业单位晋升工资人员 8891 人，行政单位正升工资人员 1838 人，机关干部滚动升级增资 418 人；事业单位晋升工资人员 6635 人。

2009 年，根据新人发〔2009〕29 号文件精神，对全市机关事业单位低职务工作进行调资，在职 168 人月增资 32849 元。

2009 年，事业单位工作人员正常晋升工资、行政单位工作人员滚动升级、晋升工资的审批工作。全市审批兑现晋升工资人员 6982 人。

2010 年，全市审批兑现晋升工资人员 8720 人月增资 263554 元，行政单位晋升工资人员 1886 人，月增资 62508 元，机关干部滚动升级增资 333 人，月增资 8950 元，事业单位晋升工资人员 6501 人，月增资 192096 元。

2015 年，全市南疆补贴 14603 人，月增资 9083379 元，补发 99188300 元，津贴补贴 14583 人，月增资 5498205 元，补发 91503816 元。根据《关于印发自治区县以下机关建立公务员职务与职级并行制度的实施方案的通知》（克人社发〔2015〕154 号）文件精神，对全市人员情况摸底调查，符合条件的人员 516 人，月增资 265064.69 元。

三、福利费

（一）福利

1995—2015 年，阿图什市机关事业单位执行的福利专项费用制度的基本政策是自治区人事厅、财政厅《关于改变自治区各级国家机关、事业单位工作人员福利费提取办法和标准的通知》（新劳人字〔1990〕48 号）和（新人福字〔1995〕20 号）两个文件的规定，单位每月按实有人数工资总额中的基础工资、职务工资、地区性生活补贴、奖励工资、流动固定工资五项之和的 1.8% 提取。

（二）假期待遇

1998 年前，执行《国务院关于职工探亲待遇的规定》和 1991 年 6 月 15 日中共中央、国务院《关于职工休假问题的通知》等相关文件，1998 年后根据阿政发〔1998〕53 号《关于印发〈阿图什市劳动人事管理办法（试行）〉的通知》文件规定，假期待遇分为事假待遇、探亲待遇和休假待遇。

（三）生育待遇

2001 年前，执行《女职工劳动规定》（1998 年国务院 9 号令）和 1998 年 9 月 4 日劳动部《关于女职工生育待遇若干问题的通知》等文件。2001 年后，根据《新疆维吾尔自治区人口与计划生育条例》和新计生委〔2001〕33 号文件规定，国家机关工作人员和社会团体、企业事业单位职工晚婚的，除国家规定的婚假外，增加婚假 20 天。女职工生育的可以请产假 90 天，晚育的增加 30 天产假，给予男方护理假 15 天。婚假、产假、护理假期间，工资、奖金照发。领取独生子女父母光荣证或计划生育父母光荣证的退休（职）人员加 5%；终身未生育、未收养子女的加 10%。

（四）病期待遇

1998 年前，执行《新疆维吾尔自治区国家机关工作人员病、事假管理暂行规定》。1998 年后，执行阿政发〔1998〕53 号《关于印发〈阿图什市劳动人事管理办法（试行）〉的通知》。

（五）死亡待遇

1. 丧葬费标准

1995 年至 2004 年 10 月，按照自治区民政厅、人事厅、财政厅《关于工资制度改革后国家机关工作人员死亡一次性抚恤金计发规定的通知》规定以及（新民〔1986〕优 6 号）《关于调整军人、机关工作人员、参战民兵因公牺牲、病故一次性抚恤金标准的通知》文件执行:因病死亡的,发给病故时10个月工资额;因公牺牲的,发给牺牲时20个月的工资额;批准为革命烈士的,发给牺牲时40个月的工资额。

2004年10月至2015年,按照新民发〔2006〕168号《关于国家机关工作人员、人民警察伤亡抚恤有关问题的通知》文件执行:国家工作人员,人民警察死亡一次性抚恤金标准,参照《军人抚恤优待条例》规定,根据其死亡时的月工资标准,发放一次性抚恤金。其标准是:烈士发放80个月工资;因公牺牲发放40个月工资;病故发放20个月工资。

2. 遗属生活困难补助

1995年至1999年2月,对遗属、遗孀生活困难补助标准是每人每月80元。

1999年3月至2015年,按照(新人福〔1999〕32号)自治区人事厅、财政厅《关于提高自治区国家机关、事业单位工作人员死亡后遗属生活困难补助标准问题的通知》规定,遗属生活困难补助费为每人每月140元。

2004年7月1日,调整60年代初期精简退职老干部生活补助费标准,在原标准的基础上,将每人每月生活补助费调整到180元。

2009年,按照新人社〔2009〕21号《关于调整自治区机关事业单位工作人员死亡后遗属生活困难补助标准的通知》文件精神,对全市机关事业单位工作人员死亡后领取遗属生活困难补助费人员提高遗属生活补助费标准,全市62个单位的遗属1125人,月增资78750元,每人每月增资70元。

(六)干部退休

1995年,阿图什市有退休人员100人;1998年,共有退休人员294人;1999年,办理一般干部、工勤人员退休81人。

2015年,阿图什市有一般干部、工勤退休(职)人员3705人。

第六节 考核奖惩

一、年度考核

1995年开始,阿图什市成立干部考核领导小组,对国家工作人员进行年度考核,考核包括德、能、勤、绩、廉、学六项内容,重点考核工作实绩。考核分为优秀、称职、基本称职和不称职4个等级,其中优秀按总人数的优秀率分配评优指标。2006年,《中华人民共和国公务员法》实施以后,加强平时考核工作,根据个人平时考核和年度考核,确定考核等次。

二、奖励惩戒

(一)奖励

1995—2007年,奖励执行1957年10月26日《国务院关于国家行政机关工作人员的奖惩暂行规定》,奖励种类分为6种,分别为记功、记大功、授予奖品或资金、升级、升职、通令嘉奖。2008年起执行《公务员奖励规定(试行)》规定,当年考核优秀的公务员,被定为嘉奖,连续三年优秀的为三等功。1995年,奖励1人。2001年,奖励2人。至2015年,奖励1228人。

(二)惩戒

1995—2007年,惩戒执行1957年10月26日《国务院关于国家行政机关工作人员的奖惩暂行规定》,惩戒的种类分为8种,分别为警告、记过、记大过、降级、降职、撤职、开除录用察看、开除。2008年起执行《公务员奖励规定(试行)》规定,惩戒分为警告、记过、记大过、降级、撤职、开除六个等级。1995—2003年,全市受惩戒9人。2011—2015年受惩戒102人。

1998—2015 年部分年份阿图什市干部年度考核情况表

表 26－6　　　　单位：人

年份	参加考核人数	定等情况				
		优秀	称职（合格）	基本称职（基本合格）	不称职（不合格）	未定等次
1998	3158	360	2778	—	20	—
2002	8350	956	7369	—	10	1
2005	8207	1099	7083	8	15	2
2006	8708	982	7705	7	7	7
2007	8413	976	7419	2	4	12
2008	8510	1014	7438	6	6	46
2009	8261	1034	7147	8	8	64
2010	8427	1061	7222	8	5	131
2011	9641	1071	7471	8	17	74
2012	8776	1092	7510	4	14	159
2013	9734	1195	8479	1	14	45
2014	10079	1186	8600	2	14	277
2015	10732	1376	9079	11	41	225

第七节　人事争议仲裁

2002 年 12 月，市成立人事争议仲裁委员会办公室，主要负责涉及人事工作的单位和各类人员来访、来信、来电接待工作；对来访单位和个人提出的意见、建议或投诉、请求，依据法律法规和政策规定做出合理的答复和处理；完善人事信访工作制度，提高人事信访工作水平。2007—2011 年，受理人事仲裁案件 0 件，承办有关大中专毕业生就业、工资待遇、退休、过去遗留问题等人事方面的信访、督办件 86 起。因机构改革，2012 年 1 月，人事争议仲裁与劳动争议仲裁合并为一个科室，劳动人事仲裁科。

第八节　人力资源和开发

一、人才交流

2000—2006 年，自治区交流阿图什市 25 名高校毕业生，均安置到市直各机关事业单位。2015 年阿图什市从全国高校毕业生人才引进 75 名医护工作人才。2006 年以来，自治区对高校毕业生执行“三支一扶”招募工作，阿图什市招募 132 人到边远乡（镇）的小学、卫生院工作并签订 2 年的聘用合同，其间可以参加自治区和地方招聘考试。

二、人才培训

阿图什市按照“干什么、学什么、缺什么、补什么”的原则，结合教育培训工作，有针对性地组织全市机关、事业单位现有人才参加各种理论及业务知识培训,通过培训,提高全市现有人才的知识和能力。

三、人才库建设与管理

阿图什市认真贯彻落实国家、自治区人才工作会议精神,逐步建立和完善全市人才库的建设与管理,全面准确地掌握全市人才的总量、专业、分布等方面的情况,培养和储备一批人才,促进人才资源合理配置,提高人才资源开发利用水平。2015 年,全市人才库有 349 人。

第三章　劳　动

第一节　机　构

2003 年 2 月,阿图什市劳动人事局分设,成立阿图什市劳动和社会保障局,正科级编制,内设办公室、劳动保障监察股(劳动监察大队)、劳动保障争议仲裁股(劳动仲裁监察鉴定办劳动工资)、城乡社会保险股、医疗生育保险股(医改办)5 个职能科室,机关行政编制 6 名,全额事业编制 6 名:其中领导职数 3 名,下设阿图什市职业介绍所,股级,列全额事业编制 3 名。2011 年 11 月,因机构改革与阿图什市人事局合并,成立阿图什市人力资源和社会保障局。

第二节　就业再就业

一、就业安置

1995 年,阿图什市人事部门采取介绍就业、自愿组织就业、自谋职业相结合的就业政策。推行多渠道、多形式用工制度。2003 年 7 月,成立阿图什市劳务派遣服务中心,签订下岗职工托管协议,再就业培训及管理、发放基本生活费等工作。对于已下岗不愿进中心的职工,可签订留职自谋职业协议,发给再就业优惠证(初为下岗证)。随着市场经济体制的发展完善,企业转换经营机制,调整产业结构,富余人员和下岗职工随之大量增加。2003 年 7 月,阿图什市人力资源市场成立,主要负责职业介绍、档案托管等相关工作,开发公益性岗位,安置就业困难人员。分别在两个街道 7 个乡(镇)建立劳动保障事务所,建立基层劳动保障工作平台,为全市人民群众尤其是农牧民提供方便、快捷、优质的劳动保障服务。

2003—2015 年阿图什市劳动就业安置情况表

表 26 - 7　　单位:人

年份	人数	年份	人数	年份	人数
2003	653	2008	2370	2013	3350
2004	1954	2009	2645	2014	3316
2005	2239	2010	2772	2015	3345
2006	1953	2011	3217		
2007	2129	2012	3366		

二、就业培训

2003年，阿图什市农业富余劳动力市场新建占地1000平方米的实用技术培训基地，配有电焊机、氧焊机、汽车修理、农机修理操作平台、钳工工作台、木工机械、瓦工、钢筋工操作场地及工具、材料等设备，提供13个工种的实用技能培训，免费为新成长劳动力及进城务工农民工提供职业技能培训。

2005年，阿图什市农业富余劳动力市场内建成可容纳300人的理论培训大厅，培训基地专门配备电子投影仪和汉语强化培训电子教程。

2006年，为满足全国各省市、自治区棉纺、制衣企业的用工需求，新建阿图什市缝纫技能培训基地。基地占地300平方米，购置全自动缝纫机80台，专职培训教师3名。2011年，培训缝纫技能人才260名。学员完成全部培训内容，发给相应结业证书。技能考核合格者，颁发全国通用的职业资格证书和单项技能证书。

2013年，阿图什市被确定为自治区21个创建创业型县(市)。市委、市人民政府在轻工业园区划拨7.33公顷土地，全部用于建设阿图什市就业创业孵化基地。

2015年底，阿图什市就业创业孵化基地已经建成厂房14栋、面积17800平方米，综合培训中心大楼1栋、面积4000平方米，企业职工宿舍2栋、面积8000平方米，锅炉房、食堂已建成投入使用，基地附属配套工程建设以及厂区路面硬化、绿化、职工生活区等一系列配套工程已全部投入使用，总投资规模4000万元。已经进驻阿图什市安格西泰鞋业有限公司、阿图什市丽玛希诺袜业有限公司、克州希望服饰有限公司等15家劳动用工密集型企业，带动就业362人。

2003—2015年阿图什市就业培训情况表

表26－8　　单位：人

年份	人数	年份	人数	年份	人数
2003	2183	2008	12175	2013	10000
2004	3889	2009	9620	2014	8245
2005	2516	2010	9684	2015	8043
2006	4060	2011	12020		
2007	3800	2012	12010		

三、再就业服务

2000年7月至2001年9月，全市4家国有企业下岗职工211人，发放下岗基本生活保障金115.42万元。其中市农机修造厂下岗职工27人，发放下岗经费13.6万元(每人按2年一次性发放5040元)；市安吉尔编织袋厂下岗职工13人，发放下岗经费6.55万元(每人按2年一次性发放5040元)；市粮食局粮油经销公司下岗职工81人，共发放下岗经费40.82万元(每人按2年一次性发放5040元)；市供销社下岗职工90人，发放下岗经费54.43万元(每人按2年零6个月一次性发放6048元)。

2004年，市政府批准建立阿图什市木纳格葡萄就业基地，开发的466.67公顷木纳格葡萄基地作为就业专用基地，建设有宿舍、羊圈等配套设施，对自愿承包的下岗失业人员提供优惠政策。即：前三年免收水费；前五年免收承包费和各种税费。至2010年，阿图什木纳格葡萄基地已安置下岗失业人员736人，其中下岗职工240人，失业人员95人，“4050”人员19人，技校毕业生82人，就近转移农村富余劳动力300人。

第三节　劳动工资

一、用工制度改革

1995 年,阿图什市实行自治区劳动厅《关于贯彻〈全民所有制工业企业转换经营机制条例〉的实施细则》。劳动部门不再向企业下达指令性职工人数和招工计划。

2003 年 3 月,阿图什市政府机构改革,将劳动人事分设后,实行劳动用工备案制度,每年对市直 40 家重点企业实行劳动用工备案登记工作,对用人单位的书面报告资料及时进行登记存档,建立健全企业单位台账记录管理。2008 年 1 月 1 日,《中华人民共和国劳动合同法》正式实施,详细规定劳动合同的订立、续签、终止,尤其具体规范劳务派遣的适用范围、适用条件和违约责任等规定。

二、工资制度改革

1995—2015 年,企业职工工资管理实行“国家宏观调控,分级分类管理,企业自主分配”的体制,对企业内部分配由企业自主确定工资分配形式,自主确定企业内部各类人员的工资关系,自主制定职工晋级增薪、降级降薪的办法。主要推行岗位工资制,把职工的劳动报酬同企业的经济效益和职工个人的劳动技能、劳动责任、劳动强度、劳动条件挂钩。劳动保障管理部门承担企业工资指导、发布本市最低工资和劳动力市场工资指导价,监督各类企业工资标准、待遇、参加社会保险情况。行政事业单位工人实行两种工资制,技术工人执行岗位技术等级工资制,工资由岗位工资、技术等级工资和奖金三部分组成。普通工人执行岗位工资制,工资由岗位工资和奖金两部分组成。

三、社会保障制度改革

1995 年后,企业职工养老保险实行统筹制度,即企业和个人向劳动部门各缴纳一部分统筹费,企业工人退休时由劳动部门统一发放养老金,形成由国家、企业、个人共同负担的养老保险制度。1998 年,自治州人民政府针对国有企业改革面临的突出问题,提出确保企业离退休人员基本养老金和国有企业下岗职工基本生活费按时足额发放,保障退休人员和国有企业下岗职工的基本生活。至 2015 年,阿图什市做到企业离退休人员基本养老金百分之百发放。

第四节　劳动力管理

一、职业技能鉴定

2003 年,阿图什市国家职业技能鉴定所成立,初步设定初级鉴定职业工种有 5 类,即中式烹调师、餐厅服务员、客房服务员、前厅服务员、计算机操作员。制定出职业技能鉴定所安全保卫、财务管理和档案管理等相关制度。

2004—2015 年阿图什市职业技能鉴定情况表

表 26 - 9　　单位:人

年份	人数	年份	人数	年份	人数
2004	795	2008	4855	2012	2603
2005	768	2009	4600	2013	2600
2006	1756	2010	5200	2014	2134
2007	4200	2011	3021	2015	3784

2009 年,增加商品营业员、服装裁剪工、农机修理工等 6 种鉴定职业工种。是年,累计完成职业技能鉴定 4600 人。2010—2015 年,累计完成职业技能鉴定 19342 人次。

二、劳务输出

2002 年,成立市农业富余劳动力转移就业领导小组。在 7 个乡、2 个街道建立劳动保障事务所,实施劳务信息共享制度,在市区建立农民工管理服务中心和农业富余劳动力市场,负责管理输出、输入农民工的就业、培训、维权工作,形成市、乡(街道)、社区三级服务网络系统,做到信息共享、互换,及时收集和发布用工信息,提高劳务输出的组织化程度,规范劳务输出工作。

2006 年,阿图什市被评为劳务输出示范县(市)。2003—2015 年,全市转移农业富余劳动力 371018 人次。

2005—2015 年阿图什市劳务输出情况表

表 26 - 10　　单位:人

年份	人次	年份	人次	年份	人次
2005	21200	2009	39000	2013	42000
2006	11200	2010	36600	2014	44134
2007	13000	2011	40000	2015	47190
2008	36318	2012	40376		

三、职业技能培训

2001 年起,阿图什市劳动人事局开展职业培训工作,包括就业前培训、转业培训、学徒培训、在岗培训、转岗培训、农村富余劳动力转移培训及其他职业性技能培训;层次分为初级、中级培训。培训教学围绕生产实际,结合企业实际需求,突出技能操作方法,推动职业培训与使用相结合。

2007 年后,阿图什市农民工培训中心、建筑行业实训基地、保安培训基地、缝纫技能培训基地开设砌筑、缝纫、服装裁剪、美容、美发、电器维修、摩托车维修、餐厅服务员、客房服务员、西式面点、烹调、汉语等专业项目。同时开展种植和养殖技术培训,培训一批,转移就业一批,实现边培训、边转移就业增收目的。

2003—2015 年,培训技能人员 98245 人次。

第五节　工资标准

1995 年 1 月 1 日,《中华人民共和国劳动法》实施以后,工资分配遵循按劳分配原则,实行同工同酬。国家实行最低工资保障制度。最低工资的具体标准由省、自治区、直辖市人民政府规定,用人单位支付劳动者的工资不得低于当地最低工资标准。根据《最低工资规定》(原劳动保障部令第 21 号)的表述,最低工资标准,是指劳动者在法定工作时间或依法签订的劳动合同约定的工作时间内提供正常劳动的前提下,用人单位应依法支付劳动者的最低劳动报酬。自治区首次制定发布企业最低工资标准,最低工资标准的适时调整,对维护劳动者的合法权益,保障劳动者个人及其家庭成员的基本生活,促进社会和谐稳定,发挥重要作用。

1995 年 1 月,阿图什市确定最低工资标准为每月 170 元。1996 年 5 月起调整企业最低工资标准,调整后的企业最低工资标准每月 200 元。

1998 年 7 月 1 日起,阿图什市调整企业最低工资标准,每月 220 元。

2001 年 10 月 1 日起,阿图什市企业最低工资标准每月 300 元。

2004 年 5 月 1 日起,阿图什市企业最低工资标准每人每月 350 元。

2006 年 5 月 1 日起,阿图什市调整后的最低工资标准不含劳动者个人缴纳的养老、失业、医疗保险费和住房公积金等费用(以下简称“三险一金”)的月最低工资标准每月 480 元。

2008 年 5 月 1 日起,阿图什市调整后的最低工资标准(含“三险一金”)每月 680 元。

2009 年,受国际金融危机的影响,国家要求暂停调整最低工资标准。当年最低工资标准都暂停调整。

2011 年 6 月 1 日起,阿图什市最低工资标准(含“三险一金”)每月 800 元。

2015 年 7 月 1 日起,阿图什市最低工资标准(含“三险一金”)每月 865 元。

第六节　劳动仲裁、伤残鉴定与劳动监察

一、劳动保障监察

1995 年,阿图什市劳动保障监察大队按照《劳动监察规定》《劳动监察程序规定》要求,针对民工有序流动和用人单位私招乱雇、未办理劳动就业证、劳动者未与企业建立合法的劳动关系等方面监察。同时开展劳动安全监察,执行“安全第一、预防为主”的方针,组织安全教育图片展览活动,针对企业用电安全和持证上岗、安全生产岗位责任制、安全技术措施、安全生产教育等方面,对乡镇、集体企业安全生产大检查。设立举报信箱、举报电话。

1996 年开始,每年年检劳动用工,由企业将各项劳动管理台账、报表等有关资料上报劳动和社会保障局审查。

2002 年,将常规巡视与重点抽查和专查等工作有机结合,逐步做到对违法行为及时发现,尽快查处,保证各项劳动法律、法规的贯彻执行和劳动力市场的正常运行。加大劳动法律法规宣传,在街道设置劳动法律、法规咨询服务台,出动宣传车巡回播放,发放宣传材料,通过电视知识讲座,发放劳动法单行本。采取召开座谈会和深入生产现场实地检查等方式,在全市企业范围内开展劳动监察年检。

2003—2015 年,市劳动监察大队采取不定期的监察方法,对用工单位监督检查,进入各类企业、建筑工地 150 次。先后开展农民工劳动合同签订春暖行动,举办 32 次劳动法律法规培训学习,开展劳动保障法律、法规政策宣传活动,设立劳动保障咨询台,向劳动者发放劳动合同法及劳动保障监察条例。共鉴定劳动合同 23287 份,有效地维护劳动者的合法权益。

2003—2015 年阿图什市解决拖欠农民工工资情况表

表 26 - 11

年份	件数(件)	工资金额(万元)	人数(人)	年份	件数(件)	工资金额(万元)	人数(人)
2003	14	15.6	300	2010	45	327	700
2004	24	26.2	350	2011	39	384	426
2005	39	26.7	351	2012	48	697	801
2006	47	26.2	400	2013	49	859	574
2007	67	274	1500	2014	55	683	535
2008	33	98	1200	2015	40	730	433
2009	48	85.9	595				

2003—2015 年阿图什市企业签订劳动合同情况表

表 26－12　　单位:人

年份	人数	年份	人数	年份	人数
2003	658	2008	2400	2013	3015
2004	1003	2009	1800	2014	3800
2005	450	2010	1800	2015	2839
2006	322	2011	1800		
2007	1200	2012	2200		

二、劳动争议仲裁

1995 年,阿图什市劳动争议仲裁领导小组由市长任组长,常务副市长、劳动人事局局长任副组长,主要负责处理劳动争议日常工作。

2003 年 5 月 22 日,劳动争议仲裁领导小组,依法处理各类劳动争议案件,制止和解决拖欠农民工工资问题,保护广大农民工的合法权益。市劳动和社会保障局积极以常规巡视、举报和专项检查等为主要形式的劳动保障监察活动,及时纠正和查处违反劳动法律、法规行为,努力维护劳动者的合法权益。因机构改革,2012 年 5 月劳动争议仲裁与人事争议仲裁合并为劳动人事争议仲裁科。

2015 年,受理劳动人事争议案件 23 件,结案 23 件,结案率 100%,涉及人数 23 人,涉及金额 15.5 万元。

三、伤残鉴定

1995—2015 年,伤残鉴定人数逐年增长。1995—2001 年,伤残鉴定 0 人;2005—2006 年,伤残鉴定 2 人;2008—2010 年,伤残鉴定 3 人;2011—2015 年,共为 94 人开展伤残鉴定。

2003—2008 年阿图什市劳动争议仲裁案件统计表

表 26－13　　单位:件

年份	受理案件数	立案	结案	年份	受理案件数	立案	结案
2003	20	12	12	2006	4	4	4
2004	7	2	2	2007	0	0	0
2005	0	0	0	2008	36	5	5

第四章　社会保险

第一节　机　构

1995 年,阿图什市劳动就业保险管理局属劳动人事局管理,事业单位,核定编制 13 名,负责全市的劳动就业和社会保险工作,为副科级单位。

2003 年,劳动就业保险管理局更名为社会保险管理局,为市劳动人事局所属的副科级事业单位,内设办公室、财务及信息网络股、业务稽核股、收费及待遇审核股4个职能股室。核定编制30名。

2015年底,阿图什市社会保险管理局核定编制36人,实有32人。

第二节 养老保险

一、企业职工养老保险

1995年,阿图什市养老退休费用实行地区统筹。国有企业职工养老保险建立养老保险个人缴费制度,按职工缴费工资11%为职工建立基本养老保险账户。

1997年,合同制工人与企业养老金合并,统一收费,企业缴纳20%,职工个人缴纳3%,逐步提高到个人缴纳8%为止。根据《新疆维吾尔自治区城镇职工基本养老保险统一办法》,建立社会统筹与个人账户相结合的养老保险制度,基本养老金由基础养老金和个人账户养老金组成。

1998年,建立不分所有制性质,不分企业隶属关系,不分企业类型的"四统一"企业养老保险制度。城镇居民私营、企业、个体工商户从业人员和灵活就业人员基本养老保险正式启动,个人缴费17%,11%计入个人账户。7月,养老保险由差额缴拨改为全额缴拨。1999年1月1日起,企业职工基本养老保险实行自治区级统筹。1999年1月,市人民政府转发《自治区人民政府关于印发〈新疆维吾尔自治区城镇私营企业和个体工商户从业人员基本养老保险办法〉的通知》,启动城镇个体与个体从业人员、灵活就业人员的养老保险。城镇私营个体业主可在自治区上年度职工月平均工资的60%~300%之间自报缴费基数,按17%的比例缴纳基本养老保险费,若本人愿意放弃享受基础性养老金的,也可按个人账户11%的比例缴纳。2000年开始,全市各机关、企事业单位及个体工商户全部参加社会养老保险,按规定的基数和费率按时足额缴纳社会保险费。

2004年起,阿图什市调整社保局个体工商户、自由职业者和灵活就业人员基本养老保险缴费费率和缴费基数,对个体工商户、自由职业者和灵活就业人员的退休年龄明确规定,男满60周岁、女满55周岁时,累计缴费年限(含视同缴费年限)满15年的,可按规定办理退休手续并按月领取基本养老金。累计缴费年限不足15年的,其个人账户储存额一次性支付给本人,同时终止养老保险关系。

2009年1月1日起,阿图什市对尚未参加自治区企业职工基本养老保险的供销合作社企业职工(含离退休人员),执行自治区统一的企业职工基本养老保险政策。供销合作社企业职工参加基本养老保险社会统筹后,企业及其职工从建立基本养老保险个人账户之日起,按照自治区规定的缴费基数和比例补缴养老保险费,并补建基本养老保险个人账户。已补缴养老保险费的职工在建立养老保险个人账户之前的工作年限(国家认可的连续工龄)视同缴费年限。建立基本养老保险个人账户后招用的劳动合同制和大集体职工从招收录用之日起补缴养老保险费。市供销社企业职工全部参加养老基本保险。

2010年,阿图什市规定具有新疆城镇户口,累计工作满3年以上,本人自愿一次性补缴养老保险费后,可纳入城镇企业职工基本养老保险社会统筹范围。属农村户籍的,按政策规定纳入新型农村社会养老保险范围。

2014年,阿图什市规定未达到法定退休年龄且未参加过养老保险或下岗后未能接续养老保险的原国有企业职工,本人自愿要求参保补费的,可按照相关规定进行补费,补缴基数为历年自治区职工月平均工资的60%或100%。

2015年底,全市2514名退休人员工资全部由阿图什市农业银行按时足额发放。

1995—2015 年阿图什市企业养老金发放情况表

表 26－14　　单位:人

年份	职工人数	年份	职工人数	年份	职工人数
1995	190	2002	501	2009	1465
1996	235	2003	547	2010	1684
1997	275	2004	619	2011	1867
1998	311	2005	709	2012	1999
1999	350	2006	834	2013	2011
2000	395	2007	1094	2014	2089
2001	450	2008	1394	2015	2514

1995—2015 年阿图什市养老保险收支情况表

表 26－15

年份	参保人数（人）	收入（万元）	支出（万元）	年份	参保人数（人）	收入（万元）	支出（万元）
1995	3599	471	371	2006	1983	431	505
1996	3097	500	444	2007	2395	891	601
1997	3544	486	455	2008	3257	1007	1045
1998	2491	327	286	2009	3328	1072	1492
1999	1095	238	201	2010	3754	1109	1940
2000	856	285	219	2011	5804	3593	2808
2001	1014	273	227	2012	6992	2656	3361
2002	789	200	263	2013	6910	3015	3853
2003	839	259	326	2014	7660	4034	4392
2004	1100	407	371	2015	8198	5578	5328
2005	1822	238	448				

二、城乡居民基本养老保险

2010 年 7 月，根据自治区颁发《自治区扩大新型农村社会养老保险试点实施方案》，阿图什市新型农村养老保险在全市启动，缴费标准为 100 元、200 元、300 元、400 元、500 元、600 元、700 元、800 元、900 元、1000 元 10 个缴费档次。待遇发放为每人每月 55 元。2011 年 1 月，《自治区城镇居民社会养老保险实施方案》，阿图什市城镇居民养老保险在全市启动，缴费标准与新农保相同，待遇发放为每人每月 100 元。2014 年 7 月 1 日起，根据自治区《关于提高自治区城乡居民基本养老保险基础养老金最低标准的通知》，确定新型农村基本养老保险基础养老金最低标准提高至每人每月 70 元，即在每人每月 55 元的基础上增加 15 元。2015 年 1 月，根据《关于印发〈自治区建立统一的城乡居民基本养老保险制度的实施办法〉的通知》，自治区原新型农村社会养老保险和城镇居民社会养老保险统一合并为城乡居民基本养老保险,缴费标准设为每年100元、200元、300元、400元、500元、600元、700元、800元、900元、1000元、1500元、2000元、2500元、3000元14个档次;基础养老金最低标准统一为每人每月100元。中央基础养老金最低标准增加15元后,从2015年1月1日起自治区城乡居民基本养老保险基础养老金最低标准提高至每人每月115元。

2010—2015年阿图什市城乡居民养老保险收支情况表

表26-16

年份	参保人数(人)	收入(万元)	支出(万元)	年份	参保人数(人)	收入(万元)	支出(万元)
2010	74639	489	355	2013	73614	613	1038
2011	81674	610	899	2014	73893	606	1130
2012	73741	618	1316	2015	72261	570	2500

第三节　医疗保险

一、城镇职工医疗保险

1999年,阿图什市启动实施城镇职工基本医疗保险制度,覆盖范围为城镇所有用人单位,包括企业(国有企业、集体企业、股份制企业、股份合作制企业、外商投资企业、私营企业等)、机关、事业单位、社会团体、民办非企业单位及其职工以及城镇个体经济组织业主及其他从业人员。实行州级统筹,医疗保险费由用人单位和职工共同缴纳,单位缴费费率为单位职工工资总额的6%,个人缴费费率为本人工作收入的2%,缴费基数不得低于全州上年度社会平均工资,基本医疗保险最高封顶线为4万元。

2003年4月,开始实施城镇职工大病医疗救助保险。规定凡参加城镇职工医疗保险的职工必须参加大病医疗救助保险,每人每月缴纳4元社会保险费。主要报销基本医疗保险最高封顶线至8万元之间的医疗费,大病医疗救助金负担80%,个人负担20%。

2004年,阿图什市城镇个人劳动者和非单位招用灵活就业人员参加基本医疗保险正式启动。个体灵活就业人员参加基本医疗保险个人缴费标准以不低于统筹地区上年度职工平均工资水平为基数,并按用人单位和个人缴费比例之和缴纳。个体灵活就业人员属初次从业,参加基本医疗保险连续缴费满6个月不满1年的,住院和特殊病种门诊符合基本医疗保险规定,保险费从统筹基金中支付30%;连续缴费满1年不满2年的,住院和特殊病种门诊符合基本医疗保险规定,保险费从统筹基金中支付60%;连续缴费满3年以上的,按在职其他参保人员待遇规定执行。

2005年4月,阿图什市国家公务员医疗补助启动。按照国家公务员工资总额的2%缴纳,其中1%计入基本医疗保险个人账户。参加公务员医疗补助具有正高级专业技术职称的人员,在特殊病种门诊和住院基本医疗保险统筹基金最高支付限额以下按比例由个人自付的医疗费用,超过本人年工资收入10%的部分,由公务员医疗补助基金予以补助;在职县处及县处级以下国家公务员在特殊病种门诊和住院基本医疗保险统筹基金最高支付限额以下按比例由个人自付的医疗费用,超过本人年工资收入5%的部分,由公务员医疗补助基金予以补助。

2009年10月,阿图什市实行医疗保险网络化管理,与全市定点医疗机构,定点药店全面联网,医保患者可直接在定点医疗机构结算报销医疗费。

2010年,阿图什市完善医疗保险待遇支付结算流程,实行结算前业务稽核的监督复核制度,进一步完善服务协议,严格执行转院、异地、慢性病的管理和结算。

2015年,阿图什市所有定点医疗机构均实行按病种付费。职工和退休人员患病凭“一卡通”到定点医院就诊。需转院治疗的,应当履行转院审批手续。克州本地医疗机构及喀什第一人民医院、喀什第二人民医院、解放军第十二医院无须转诊转院,享受同等医疗费报销的权力。

2000—2015 年阿图什市医疗保险收支情况表

表 26－17

年份	参保人数（人）	收入（万元）	支出（万元）	年份	参保人数（人）	收入（万元）	支出（万元）
2000	10200	39	2	2008	13423	1991	1606
2001	11073	615	289	2009	13440	2305	2145
2002	10623	571	439	2010	14771	2311	2969
2003	11165	882	785	2011	16238	3060	2700
2004	9284	767	695	2012	19178	3527	4220
2005	11997	1383	1243	2013	19448	4343	3916
2006	12781	1015	1055	2014	20298	4588	2157
2007	12886	1956	1241	2015	20411	4999	2517

二、城镇居民医疗保险

2008 年,阿图什市开始实施城镇居民实行基本医疗保险制度。城镇居民基本养老保险的参保范围是具有本地区城镇户籍、不属于城镇职工基本医疗保险制度范围内的中小学生、少年儿童和其他非城镇居民及在校学生自愿参加城镇居民基本医疗保险。城镇居民医疗保险家庭缴费实行年度一次性缴纳的办法。

2014 年起,实施城镇居民医疗大病保险。

至 2015 年底,住院医疗费用报销比例为一级医院 70%、二级医院 65%、三级医院 60%。

2008—2015 年阿图什市城镇居民医疗保险收支情况表

表 26－18

年份	参保人数（人）	收入（万元）	支出（万元）	年份	参保人数（人）	收入（万元）	支出（万元）
2008	22000	51	25	2012	30374	129	844
2009	21432	26	270	2013	30728	178	769
2010	27296	29	210	2014	29054	200	1158
2011	30324	68	742	2015	22518	260	1027

三、新型农村合作医疗保险

2007 年,阿图什市开始实施新型农村合作医疗保险制度。新型农村合作医疗的参保范围是以家庭为单位,凡阿图什市范围内所有农业户口,常住流动人口无任何基本医疗保障的非农业户口人员可自愿参加新型农村合作医疗保险制度(只能选择参加一处的一科医保)

2013 年起,实施新农合大病保险。

2015 年,新农医疗费用报销比例为一级医地 90%,二级医地 80%,州级医地 60%,自治区级医地 50%。对 60 周岁以上老人、领取计划生育“两证”家庭、五保户、特困户等费用报销提高 5 个百分点。

2007—2015 年新型农村合作保险收支情况表

表 26-19

年份	参保人数(人)	收入(万元)	支出(万元)	年份	参保人数(人)	收入(万元)	支出(万元)
2007	112892	929.39	612.7	2012	173948	5362.86	4854.15
2008	153445	1351.52	1177.91	2013	159793	6112.94	5841.83
2009	153189	1552.41	170915	2014	166877	6665.54	7100.60
2010	162150	3121.08	2550.18	2015	167531	8560.60	7408.53
2011	169680	4173.63	4197.25				

第四节　失业保险

1995 年后,阿图什市失业保险城镇企业事业单位按照本单位工资总额的 2% 缴纳失业保险费。城镇企业事业单位职工按照本人工资的 1% 缴纳失业保险费。城镇企业事业单位招用的农民合同制工人本人不缴纳失业保险费。

1999 年 1 月,国务院颁布《中华人民共和国失业保险条例》。11 月,阿图什市启动事业单位失业保险。

2010 年,阿图什市社保局根据《失业保险条例》和《失业救济金申领办法》,严格失业金发放程序,制定申领登记、集中审核、依托社会保障平台、向社会公示等措施,保障失业人员基本生活。

2015 年,阿图什市规定单位招用的农民合同制工人失业后,领取一次性生活补助金标准,按照 1~12 个月的失业保险金标准计发。

1995—2015 年阿图什市失业保险收支情况表

表 26-20

年份	参保人数(人)	收入(万元)	支出(万元)	年份	参保人数(人)	收入(万元)	支出(万元)
1995	3599	28	4	2006	7410	341	0
1996	3097	21	8	2007	7406	428	0.2
1997	3544	19	23	2008	7693	427	0.6
1998	2491	14	15	2009	7693	448	0.7
1999	1095	15	6	2010	8278	453	3.4
2000	856	17	10	2011	8278	609	1.3
2001	836	16	0	2012	10478	707	2.3
2002	1554	11	0	2013	10779	784	19.6
2003	7276	131	41	2014	11079	826	79.6
2004	7256	98	66	2015	11346	695	72
2005	7218	218	18				

第五节　工伤保险

2001 年，阿图什市启动工伤保险，覆盖范围为市域内所有企业、有雇工的个体工商户，工伤保险费按不同行业的工伤风险程度，实行不同的工伤保险行业差别缴费率。工伤保险基金支付范围为工伤医疗费、伤残津贴、一次性伤残补助金、生活护理费、因工死亡职工丧葬补助金、供养亲属抚恤金、一次性工亡补助金、辅助器具费、工伤康复费、劳动能力鉴定费。

2007 年，启动事业单位工伤保险，工伤保险费由单位按职工工资总额的 0.5% 缴纳，职工个人不缴纳。2008 年，将“老工伤”人员全部纳入工伤保险社会统筹管理。

2001—2015 年阿图什市工伤保险收支情况表

表 26－21

年份	参保人数（人）	收入（万元）	支出（万元）	年份	参保人数（人）	收入（万元）	支出（万元）
2001	254	6	—	2009	8005	84	6
2002	254	6	—	2010	8883	91	21
2003	316	7	—	2011	10626	165	90
2004	362	8	—	2012	12503	181	69
2005	362	8	3	2013	12716	251	86
2006	574	10	4	2014	12916	287	161
2007	7421	74	5	2015	12952	295	180
2008	8005	84	10				

第六节　生育保险

2000 年底，阿图什市实行生育保险，覆盖范围为市域内国家机关和城镇企业、事业单位、社会团体、民办非企业单位，有雇工的个体工商户及其职工或雇工，一律按照属地管理的原则参加城镇职工生育保险社会统筹。

2004 年，自治区下发的《自治区新疆维吾尔自治区城镇职工生育保险办法》，规范生育保险的缴费比例。缴费基数为用人单位上一年度在职职工月平均工资，缴费用比例为 1%。生育医疗费含定期检查费、接生费、手术费、住院费和有关药费，按照“费用定额、结余归己、超支自付”的原则，实行包干使用，其标准为顺产 1500 元、助娩产 2000 元、剖宫产 3000 元、多胞胎生育每多生一胎增加 200 元。生育津贴按企业年度职工月平均工资计发，支付期限以法定产假期为依据，多为 3 个月左右。生育医疗服务涵盖妊娠、分娩全过程，女职工生育出院后，因生育引起的医疗费用由生育保险基金支付。

2001—2015 年阿图什市生育保险收支情况表

表 26 - 22

年份	参保人数(人)	收入(万元)	支出(万元)	年份	参保人数(人)	收入(万元)	支出(万元)
2001	6896	82	20	2009	9251	98	44
2002	7096	84	23	2010	10301	105	70
2003	7276	88	24	2011	11267	153	84
2004	7289	88	28	2012	10925	141	104
2005	8861	91	31	2013	11385	155	138
2006	9071	93	32	2014	11535	162	154
2007	9045	94	34	2015	11602	174	152
2008	9251	96	42				

第七节　社会保障卡

2013 年,阿图什市正式发放社会保障卡,持卡人不仅可以凭卡就医进行医疗保险个人账户实时结算,还可以办理养老保险事务;办理求职登记和失业登记手续;申领失业保险金;申请参加就业培训;申请劳动能力鉴定和申领享受工伤保险待遇;在网上办理有关劳动和社会保障事务等。

2014 年,正式发行具有电子凭证、信息记录、信息查询、金融服务四大功能的新型社保卡,参加新型农村养老保险的农民也可领用新型社保卡。

2015 年,阿图什市推出社保卡扫微信二维码服务,参保人通过关注社保卡微信公众号,就可以获取与社保卡相关的信息。年末,全市共发放社会保障卡144661张,提交制卡数据20454万张。

第二十七编 富民固边

1995年后，阿图什市委、市政府把扶贫和开发作为发展边疆贫困地区经济的主要工作来抓。通过采取政策扶贫、项目扶贫、科技扶贫、教育扶贫、文化扶贫、卫生扶贫、劳务输出扶贫、残疾人扶贫、抗震安居扶贫、产业扶贫、搬迁定居扶贫、社会扶贫等一系列行之有效的措施，使经济实现较好的发展，农牧民的生活水平明显提高。2011年起，阿图什市以边境地区、高寒山区贫困人口为重点攻坚对象，以发展戈壁产业和农牧民住房升级改造为主要内容，以游牧民定居和集中连片开发为抓手，不断创新边境扶贫工作机制，先后得到中央、自治区和自治州等有关部门单位的大力支持及对口援建的江西省、辽宁省沈阳市、江苏省昆山市的无私援助，集中人力、物力、财力改善贫困乡村的基本生产生活条件和生态环境，对于加快阿图什市各族群众脱贫致富步伐、维护边疆稳固，具有重大意义。

第一章　机　构

第一节　行政机构

1995 年,阿图什市扶贫开发办公室核定编制 4 名,实有 4 人。

2002 年 10 月,成立阿图什市扶贫开发领导小组办公室,扶贫开发办公室为扶贫开发领导小组的常设办事机构,与市农业综合开发办公室、世行贷款办公室三办合一。核定编制 13 名,实有 10 人。

2003 年,各乡也成立扶贫开发领导小组和扶贫小组办公室,乡办公室定编 2 ~4 名,实行挂牌办公,专职负责扶贫工作。

2009 年,核定编制 15 名,实有 17 人。内设综合科、扶贫规划科、社会扶贫科、农业综合开发科 4 个科室。

2013 年,阿图什市移民局在扶贫办挂牌,人员、工作由扶贫办人员兼任。

2015 年,核定编制 13 名,实有 15 人。内设社会扶贫科、规划编制科、财务室 3 个科室。

第二节　事业机构

2013 年,阿图什市移民局在扶贫办挂牌,正科级单位,核定全额预算管理事业编制 5 名。2015 年,实有 13 人。

第二章　贫困原因与现状

第一节　贫困原因

一、自然条件

阿图什市长期处于贫困状态,主要因素是自然条件差。全市地处荒漠山区,干旱少雨,自然环境恶劣,生存条件差,洪水、干旱、盐碱、大风、沙尘、雪灾、地震等自然灾害频发。

二、农业方面

因连年超载放牧,草场严重退化,耕地少且贫瘠,石化、沙化、盐渍化严重,大部分为 3% ~5% 植被的荒漠,被称为“种地无土,有山无树,养畜无草”。发展农业缺土、缺水,发展畜牧业人均只有 3 头(只)牲畜,人均占有耕地不足 0. 067 公顷,只有自治区平均水平的 40%;为全疆人均耕地最少的一个区域,从根本上制约农村经济的发展。

三、工业方面

工业基础薄弱,优势资源尚未得到开发利用,缺乏对经济发展的支撑和强有力拉动。市办工业少,基础设施差,技术落后,交通不便利,信息不灵通,引进投资比较困难。工业既没有反哺农业的能力,也没有为财政增加财源的能力。

四、生活环境

国土面积广阔,农牧民居住分散,属典型的面广、线长、点多地域类型,执政成本非常高,财政十分困难,无力支持经济社会各项事业的发展。部分边远村交通不便,生产生活设施落后,农户收入来源单一,没有积累,抵御自然灾害的能力差,农牧民生存环境恶劣,到2000年,全市仍有14421户69300人人均收入低于1000元,未突破低收入贫困线,是国家扶持的重点贫困县(市)。

五、社会事业

文化、教育、卫生、广播电视等各项社会事业的发展非常滞后。阿图什市由于受历史、地理和经济发展等多方面因素的制约,各项社会事业发展严重滞后,而且与发达地区的差距还在不断拉大,与各族人民追求现代文明生活的迫切愿望形成强烈反差。尤其是边远山区的农牧民思想观念保守,受风俗习惯的影响,特别是受语言文字交流的限制,走出大山面临的困难和问题十分突出。因此,有相当一部分农牧民长期处于贫困状态。片区农村劳动力文盲、半文盲率8%,人均受教育年限8年,比自治区平均值少1年;特别是受语言文字交流的限制(农牧区95%以上的农牧民基本听不懂国家通用语言),走出大山面临的困难和问题十分突出。中高级专业技术人员严重缺乏,科技对经济增长的贡献较低。

六、守边、戍边

阿图什市是一个边防城市,全市有29个通外山口和129千米长的边境线,有1.55万平方千米的广袤疆域。境内外"三股势力"分裂破坏、暴力恐怖和渗透活动纷繁复杂,对维护社会稳定和加快经济发展构成严重威胁,使阿图什市守边戍边的形势更加复杂,对阿图什市戍边能力提出新的挑战,守边、戍边任务艰巨。

第二节　贫困现状

1986年,阿图什市被列入国家贫困县(市),一直为国家重点扶持的贫困县(市)。1994年3月,国家实施"八七"攻坚计划,阿图什市被列入"八七"扶贫攻坚计划国家级贫困县(市)。阿图什市贯彻《中共中央、国务院关于尽快解决农村贫困人口问题的决定》,制定《阿图什市"八七"扶贫攻坚计划》,市委、市人民政府以解决农牧区贫困人口温饱为中心工作,在国家、自治区级社会各界力量的共同扶持和帮助下,集中人力、物力、财力,利用7年时间,解决贫困人口温饱问题。2000年后,虽然采取一系列扶贫措施,但一部分贫困户确实没有劳动力,系老弱病残,有部分贫困户因自然灾害、疾病等方面原因,存在刚脱贫又返贫的现象。还有人均收入的不断增长,贫困标准也相应上调。2000年,阿图什市有贫困户14421户69300人,人均收入不足670元,处于特困生活状态,占全市总人口的14%;有670~865元的低收入贫困户8604户43075人,占总人口的23%。处于不稳定状况。全市有21个行政村未通公路,15个行政村未通电、电话、邮电及广播电视,68个行政村没有简易卫生点,68个行政村没有科技文化室,10.3万人、9.35万头牲畜饮水困难。

1995年,贫困线标准为530元,人均收入在530元以下的贫困户(当年脱贫标准),全市有250户、1503人。2010年,农牧民人均纯收入2096元,仅相当于自治区的69.46%;根据国家新确定的2300元扶贫标准,全市扶贫对象有27617户130421人,占农村人口的72%;扶贫开发重点乡有3个,占42%,重点村55个,占73%。2015年末,农牧民人均收入低于2800元新扶贫标准的,仍有21462户98310人。

1995—2015 年阿图什市贫困人口脱贫情况表

表 27-1

年份	户数	人口	年份	户数	人口
1995	250	1503	2006	373	1680
1996	340	2051	2007	683	3413
1997	440	2640	2008	417	1876
1998	874	4894	2009	683	3413
1999	1200	5706	2010	3198	14930
2000	1019	4583	2011	2174	10220
2001	2282	10986	2012	2100	10000
2002	3995	18846	2013	2500	12000
2003	4328	20384	2014	2750	11908
2004	2270	11077	2015	3385	15183
2005	1002	4766			

第三章　扶贫规划

第一节　“八七”扶贫攻坚规划

1994 年,阿图什市作为“八七”扶贫攻坚计划国家级扶贫县(市)之一。根据国务院《“八七”扶贫攻坚规划》和《自治区“八七”扶贫攻坚规划》,制定《阿图什市“八七”扶贫攻坚规划》。

1994—2000 年,阿图什市认真贯彻落实中央的扶贫开发方针、政策,围绕解决农村贫困人口的温饱问题,积极拓宽农牧民增收渠道,努力增加农牧民收入。

阿图什市干旱缺水,长期制约着经济发展。为尽快改变落后的生产和生活环境,“八七”扶贫攻坚期间,兴建一批水利设施,完成阿湖水库、库木鲁克水库、阿皮力克水库、麻扎干渠防渗改造、沙拉塔拉干渠建设、博谷孜干渠(原阿湖总干渠)建设、上阿图什镇、阿扎克乡恰克玛克河地下水水源建设等骨干水利建设。充分利用国家各类扶贫资金,大力发展农、林、牧等产业。1995—2000 年,实施高效节水项目较少,投资较少,主要以渠道衬砌防渗技术为主、管道灌溉技术为辅,计划建成高效节水灌溉面积 1920 公顷。2000 年,从以色列引进滴灌技术,实施阿图什市葡萄基地建设项目。通过合理的产业结构调整,发展农、林、牧等产业。

为贯彻落实扶贫攻坚计划,阿图什市坚持“扶贫先扶志,治穷先治愚”的原则,采取多种渠道举办各类培训班,培训 1 万余人。

第二节　十年扶贫开发纲要

2001 年,阿图什市根据国务院《中国农村扶贫开发纲要(2001—2010 年)》和《自治区农村扶贫开发纲要(2001—2010 年)》,制定《阿图什市 2001—2010 年扶贫开发工作规划》。

2011 年,阿图什市根据《中国农村扶贫开发纲要(2011—2020 年)》《新疆维吾尔自治区〈中国农村扶贫开发纲要(2011—2020)〉实施办法》,制定《阿图什市"十二五"扶贫规划》。

2015 年,阿图什市成立由政府主管领导任组长、各相关部门(单位)负责人为成员的"十三五"农村扶贫开发规划编制领导小组,制定《阿图什市"十三五"农村扶贫开发规划编制方案》,完成《阿图什市农村扶贫开发规划(2016—2020)》《阿图什市边境扶贫开发规划(2016—2020)》《阿图什市整村推进规划(2016—2020)》《阿图什市易地搬迁扶贫规划(2016—2020)》《阿图什市扶贫培训规划(2016—2020)》等规划。

2015 年,阿图什市建立贫困村类别划分机制,按照确定的一、二、三类标准和条件,实施 55 个贫困村整村推进扶贫开发规划,稳定脱贫 11674 户 55740 人。

第四章　政策扶贫　帮扶措施

第一节　政策扶贫

1995—2015 年,阿图什市根据自治区扶贫工作会议精神,制定优惠政策,管理扶贫资金和项目,确定扶贫方式,出台各项扶贫措施,扶贫开发工作机制不断完善。

一、到村入户

2001 年 7 月,自治区召开南疆片扶贫进村入户现场会,确定"五到户"扶贫工作要求,即项目覆盖到户、政策落实到户、帮扶措施到户、科技培训服务到户、效益兑现到户。2004 年后,实行整村推进战略,扶贫工作完全安排到村,落实到户。

(一)建档立卡

1994 年,对 7 个乡镇、72 个村、36137 户、179429 人调查摸底,1995 年底,按照"一乡一册、一村一页、一户一卡",完成贫困户 125 户、752 人的建档造册。对建档造册户实行计算机管理,便于检查各地贫困户解决温饱问题的进展情况。

2003 年,贫困户建档立卡工作全面推开,共建立农村五保户、民政救济户、绝对贫困户(特困户)、低收入贫困户四类贫困户人口。阿图什市配备专人负责贫困户建档立卡工作,专门负责每年的新增低收入农户建档立卡、变动统计等工作。2000 年底,阿图什市贫困人口 13798 户 67928 人,2001—2006 年,解决贫困人口 8443 户 41515 人。2006 年,贫困人口 16853 户 74182 人,其中五保户 239 户 402 人,民政救助户 484 户 2270 人,绝对贫困户 5374 户 23108 人,低收入贫困户 10756 户 48402 人。2015 年,新确定贫困村 32 个,贫困户 21309 户,贫困人口 98201 人。

(二)一户一册

"八七"扶贫攻坚阶段,探索和推广扶贫开发工作多种到户形式。1995—2000 年,以兴办地毯加工厂,扶持 50 户。1996 年,推行挂牌帮扶贫困户,把贫困户户主姓名、人口、耕地、牲畜、生产工具、住房、粮食总产量、年收入、贫困原因、帮扶人姓名、帮扶人工作单位、帮扶措施、帮扶目标、帮扶计划等制成登记卡,一份存档,一份挂贫困户门上;由帮扶人为被帮扶的贫困户安排扶贫贴息贷款,指导贫困户发展农牧业生产或发展庭院经济,增加收入。挂牌帮扶 340 户,1997 年挂牌帮扶 440 户。

(三)资金到村入户

1996 年,自治区党委、人民政府提出以贫困户为对象,以解决温饱问题为目标,以有助于直接提高贫困户收入的产业为主要内容,在扶贫攻坚到村到户中做到扶贫资金到村到户。1999 年,自治区党委、人民政府在《关于贯彻中共中央、国务院〈关于进一步加强扶贫开发工作的决定〉的意见》中要求,85% 以上的扶贫信贷资金、财政扶贫资金用到自治区核定的贫困村和贫困户,70%以工代赈资金覆盖到贫困村。1996年,阿图什市将自治区下拨的扶贫信贷资金全部用于贫困乡、村的种植业、养殖业。

二、包乡包村

1995年起,阿图什市探索新的帮扶方式,规定县级干部包乡包村,科级干部包村包户,实行机关干部下乡结亲,农村富裕党员帮邻里。落实领导指挥到村,计划分解到村,资金落实到村,扶持措施到户,项目覆盖到户,效益兑现到户,走出一条以户促村,以村促乡,以乡促市的扶贫开发新路子,三年脱贫,不脱贫,不脱钩。2007年,在全市推行"三项工作机制"(维稳"321"工作机制、市乡干部驻村实行综合"321"工作机制、市乡村三级干部"双包"工作机制),市四套班子领导采取包乡包村,与市直各乡、村场建立帮扶关系,市直部门分别与各村场建立帮扶关系,市副科级以上领导干部与各乡重点村的贫困户建立帮扶关系,市直机关和各乡干部职工采取"一帮一"或"一帮多"的形式建立结对子帮扶关系。

三、免征减免

1995年,对贫困户实行"三免""四优先"制度,"三免"即免去贫困户的农牧业特产税、水费、子女入学的学杂费。"四优先"即优先安排贫困户参加各类科技培训,优先安排生产资料,优先安排贫困户劳动力到二、三产业就业,优先给予贷款。1996年,对尚未解决温饱问题的贫困户,按照农业税条例的有关规定,减免农牧业特产税。1997年,对连续3年人均收入600元以下的贫困农(牧)户,免征农(牧)业特产税。1995—2000年,市人民政府制定《关于切实减轻农(牧)民负担的办法》,共减免农(牧)业特产税52万元,免学费42万元,免学杂费3.2万元,免三项提留75.8万元,免水费41万元。2004年,阿图什市在农(牧)区推行税费改革过程中,对乡村集体经济只承担"一事一议"的筹资筹劳,其他形式的收费、摊派、集资等一律取消,减轻农牧民负担。

2003年,自治区下拨专项资金实施免费提供教科书和免收杂费、补助贫困寄宿生的"两免一补"政策。2006年,免除农村义务教育阶段学生学杂费,向全部贫困户子女免费提供教科书,向家庭经济困难的寄宿生每年每生补助500元。

四、补贴政策

1996年,对所有尚未解决温饱问题的贫困户免除粮食定购任务。

2000—2001年,市投入小额信贷资金500万元,退耕还草、人工草地建设优先落实贫困户。

(一)粮食补贴政策

2004年起,对种植小麦的农民实行粮食直接补贴政策,在粮食收购过程中每千克小麦补贴0.2元。2012年起,补贴标准提高到每千克0.3元。2007年起,对种植棉花的农民,按照15元/亩(0.067公顷)实施良种补贴。2008年起对域内种植小麦、玉米、水稻的农民,按照小麦10元/亩,玉米10元/亩实施良种补贴。

(二)退耕还林还草补助政策

1995年,每年每公顷人工种草补贴30元。1997年补贴50元。按牲畜数量收取草场使用费,大畜每头1.2元/年,小畜每头(只)0.6元/年。2005年,取消农业税后,动物防疫费和草场使用费也同时取消。2010—2015年,国家实施草原生态保护补助奖励机制政策,每年补发3176.25万元,共发放草原生态保护补助奖励资金8250万元,草畜平衡补助资金5647.5万元,牧民生产资料综合补贴1727.25万元、牧草良种补贴(发放种子)175.2万元。2007—2015年,阿图什市退耕还林工程累计完成1.12万公顷,发放退耕还林补助资金6089.1万元。

(三)农机补贴政策

2006—2010年,全市落实国家农机购置补贴资金692万元,用于草料基地建设的拖拉机由政府补贴包干维修经费2000元/台,带动农牧民群众投入农业机械装备2300万元。

五、整村推进

2001 年,国家做出每三年解决一轮扶贫开发工作重点村的部署。2002 年,确定阿图什市为自治区扶贫开发重点村。2004 年,根据自治区扶贫开发规划,分期分批实行整村推进,分 3 轮进行,每两年一轮。2007 年,对整村推进的"五通"(通水、通电、通路、通电话、通广播电视)、"五有"(有学上、有医疗保障、有科技文化室、有集体经济收入、有强有力的村级领导班子)、"五能"(能用上安全饮用水、能用上电、能有一项以上有稳定收入来源的生产项目、能住上经济适用房、能及时得到培训和获得信息并参与项目实施)内容进行丰富。2009—2012 年,完成 14 个重点村整村推进任务和 4 个村巩固提高任务。2011 年,自治区对"整村推进"目标要求调整为"九通"(通水、通电、通路、通信息、通电话、通广播电视、通邮、通暖气、通客运班车)、"九有"(有办公议事场所和强有力的领导班子、有稳定增收的产业、有集体经济收入、有垃圾投放点、有卫生室、有文化室、有双语学前教育场所、有文化体育活动场所、有惠农超市)、"九能"(能用上安全饮用水、能用上电、能用上暖气、能住上住房、能用上卫生厕所、能用上清洁能源、能享受学前教育、能享受基本社会保障、能得到培训和获得信息)。2015 年,完成 3 个乡 5 个重点村整村推进任务。

六、精准扶贫

2015 年,中共中央决定实行精准扶贫后,市委、市人民政府着手研究制订《全面推进阿图什市精准扶贫精准脱贫实施意见》和《实施方案》。

第二节　社会事业扶贫

一、科技扶贫

1995 年后,市委、市人民政府每年开展"科技之冬"活动,发挥乡村两级农(牧)民文化技术学校的作用,举办培训班,将定点授课与实际操作结合,对各乡镇主管农牧业的领导、技术人员、贫困户、村支部书记和村委会主任进行实用技术等培训,发放科技培训资料,提高劳动者素质,使每人掌握 1 ~ 2 门新技术,贫困户参训率 90% 以上。推广科学种田,科学养畜、专业技能操作,如地膜种植、牛羊育肥、牲畜品种改良、大棚蔬菜、天然草场保护、人工草场种植、特色养殖、抗震安居、劳务输出、汽车驾驶、水利设施、特种焊工等,聘请专业技术人员及有关部门免费为其提供咨询和服务。

1995—2000 年,共举办各类科技培训班 120 期,培训人数 1. 8 万人(次)。引进科技先进成果 10 项,建立科技示范田 20 公顷,开展科技改造项目 3 个,科技项目总投资 350 万元。2001 年,在各乡镇举办首届"科技活动周"宣传活动,发放宣传单 2 万张,参与人数 1. 1 万人。2003 年,市科技局开展科技扶贫"三个到村入户",即扶贫项目到村入户,专业技术到村入户,扶贫资金到村入户。

2009—2012 年,开展"科技兴农""科技兴牧"。在品种改良上,通过人工授精、冷配多胎繁殖、胚胎移植等成熟技术,使绵羊良种比例提高到 80% ,绒山羊良种比例提高到 90% ,牛的良种比例提高 70% 。在千家万户青贮的基础上,村组集中青贮、大户青贮,实现年加工饲料 10 万吨,秸秆利用率提高到 90% 。扶持建设养殖小区和培育大户。每年在每个乡新建养殖小区 1 ~ 2 个,培植家庭养殖场 5 ~ 10 个,在全市新增 50 只标准羊单位的养殖大户 500 个。实现传统畜牧业向现代牧业的转变。其间年育肥牲畜 30 万头(只)。通过引进优质高产的小麦、玉米、棉花、蔬菜品种,改进耕作方法,提高产量,上阿图什乡、阿湖乡、哈拉峻乡建立 6666. 67 万公顷优质高产小麦基地和 6666. 67 公顷农业综合开发及粮食生产基地,在格达良宜棉区实施 0. 1 万公顷优质棉花建设项目,在阿湖乡、上阿图什镇实施 670 公顷复播油葵。2009—2015 年,共开展各类培训 2. 25 万人,其中劳动力转移培训 6900 人,农牧业实用技术培训 15600 人。

2015 年,少土栽培、科学种田、特色养殖、牛羊育肥得到广泛应用。广大农牧民通过培训,掌握一定的种养技术。部分农牧民利用扶贫资金和贷款开展牛羊育肥、特色养殖。

二、教育扶贫

1995 年,按照《阿图什市教育改革实施方案》,由应试教育向素质增长率继续转变。2000 年,提出科教兴市战略,以全面普及九年义务教育,提高教育质量为目标,推进双语教学工程,强化师资队伍培训,实施民汉合校和集中办学,加强学校基础设施建设,建立健全农村义务教育经费保障机制,建立结构优化、规模适度、水平较高、充满活力的教育体系。

(一)新疆区内初中班、全国新疆高中班

1. 新疆区内初中班

2004 年秋季开始,自治区在石河子等 8 个疆内城市开办新疆区内初中班。主要招收对口地区的农牧区乡(镇)、村小学或贫困、边境县(市)小学的应届毕业生。招生计划中,少数民族学生占 90%,汉族学生占 10%。新疆生产建设兵团招生计划占总招生计划的 5%。招生工作坚持向农牧民子女倾斜,农牧民子女录取比例 90%。新疆区内初中班学生初中毕业参加内高班招生考试,成绩达到要求的学生可升入全国新疆高中班学习,未升入全国新疆高中班的考生可继续在原办班城市的新疆区内高中班学习,或进入新疆区内中等师范学校、中等职业学校学习,继续享受自治区财政提供的经费支持。按农村学生家庭经济情况,分为贫困生和非贫困生,贫困生免交学习生活费,非贫困生每生每学年交 500 元学习生活费用。到 2015 年,阿图什市累计有 12056 名学生参加新疆区内初班考试,录取人数 1820 名。

2004—2015 年阿图什市新疆区内初中班招生情况统计表

表 27 - 2

年份	总参加人数(人)	录取人数(人)	录取比例(%)	年份	总参加人数(人)	录取人数(人)	录取比例(%)
2004	575	28	5	2011	828	142	17
2005	820	65	8	2012	822	224	27.3
2006	1040	91	8.8	2013	870	250	26
2007	1187	96	8.1	2014	1046	286	27.3
2008	1290	116	9	2015	1070	314	37
2009	1310	110	8.4	合计	12056	1820	15.8
2010	1198	98	8.2				

2. 全国新疆高中班

2000 年,国家在北京、上海、天津等多个经济发达城市的一类高中开办新疆高中班,新疆班学生不分民族统一编班,使用汉语授课。全国新疆高中班学生高中毕业后,在办班学校当地参加高考,由教育部单独下达高考招生计划,单独组织录取。自治区人民政府承担学生的探亲交通费以及部分学习、生活费和医疗保险费,每年学生人均 2300 元。

2000—2015 年,阿图什市累计有 5721 名学生参加全国新疆高中班考试,录取人数 480 名。

(二)两免一补

2003 年,中央财政和自治区财政拨出专款,在阿图什市实施免费提供教科书和免收杂费、补助贫困寄宿生生活费的“两免一补”政策。2006—2008 年,阿图什市共安排免杂费和补助公用经费资金 197.3 万元,安排免费提供教科书中央补助资金 1478.92 万元,安排贫困寄宿生生活费补助资金 522.8 万元,安排校舍维修改造长效机制资金 1138 万元。

2000—2015 年阿图什市全国新疆高中班学生统计表

表 27-3

年份	总参加人数（人）	录取人数（人）	录取比例（%）	年份	总参加人数（人）	录取人数（人）	录取比例（%）
2000	123	9	7.3	2009	403	22	5.5
2001	140	10	7	2010	334	18	5.4
2002	183	12	6.6	2011	305	37	12
2003	330	16	5	2012	310	37	12
2004	394	15	4	2013	343	47	14
2005	525	31	6	2014	397	50	13
2006	560	47	8.4	2015	323	29	9
2007	550	48	8.7	合计	5721	480	8.34
2008	501	52	10.4				

1.“两免”

2008 年秋季开学起，新疆免除城市义务教育阶段学生学杂费，享受免除学杂费政策的对象包括所有城市义务教育阶段公、民办学校在校学生，免除学杂费标准是小学每生每年补助 144 元，初中每生每学年补助 196 元（中央确定补助标准）。

2006—2015 年，阿图什市有 296784 名学生享受此项补助。阿图什市建立农村义务教育经费保障新机制，落实免学杂费补助 766 万元；免费教科书补助 3425 万元。

2.“一补”

2013 年起，自治区将城市学校杂费补助标准提高，小学每生每学年补助 300 元。初中每生每学年补助 500 元，同时分地（州、市）制定各级财政分担比例。

2006—2015 年，阿图什市寄宿生补助资金 4287 万元；在国家实行“两免一补”政策后，坚持财政资金用于学生公用经费投入不撤，额度不减。

（三）自治区教育部实施的教育项目

2001 年起，国家先后实施“农村寄宿制学校建设工程”“农村中小学现代远程教育工程”“农村义务教育经费保障机制”“农村初中校舍改造工程”“全面消除中小学校舍危房工程”等项目，发展农村教育事业。阿图什市安排资金 150 万元，建设项目学校 1 所，建设面积 1800 平方米；投资 343.9 万元建设农村中小学现代远程教育工程；安排资金 2375 万元建设项目学校 5 所，建设面积 17650 平方米。安排资金 1959.4 万元，改造危房面积 19594 平方米。

（四）社会各界教育扶助

2007 年，自治区在阿图什市开展春蕾计划，自治区利用中国少年儿童基金会提供的 20 万元基金，为阿图什市阿湖乡小学修建食宿设施。

（五）国际合作教育扶贫项目

1995 年 5 月 22 日，自治区人民政府召开“世界银行贷款第二个贫困地区基础教育发展项目启动会”，阿图什市被列为“贫困二”项目县（市）之一。项目扶贫主要是土建工程、仪器设备、图书资料、课桌椅、人员培训等，阿图什市的办学条件有较大改善，全部普及初等教育。进入自治区普及九年义务教育先进行列。

三、文化扶贫

（一）广播电视电影扶贫工程

1995 年，自治区实施广播电视“村村通工程”。同时，继续实施边境广播电视建设计划。1996 年，继续实施广播电视“乡乡通工程”和边境计划,农村广播喇叭数50只,其中入户喇叭数970只,广播人口覆盖率和电视人口覆盖率分别为78%和35%。1999年,基本完成广播电视“乡乡通工程”和边境计划,广播人口覆盖率和电视人口覆盖率分别为85%和80%。2004—2005年,完成“村村通工程”覆盖点的建设任务,2007—2008年,全部采用直播卫星方式解决“盲村”通广播电视的问题。“十二五”期间,完成广播电视“村村通”工程安装任务2568套,“户户通”工程安装任务32179套。

(二)广播电视“西新工程”

2005年,“西新工程”在阿图什市开始实施。自治区投入资金,更新调频发射机及配套附属设施。2006年,广播人口覆盖率和电视人口覆盖率分别为98%和98%。2008年底,完成并实现开播。

(三)广播电视节目无线覆盖工程

2006—2008年,中央广播电视节目无线覆盖工程是中央第一套和中央第七套电视节目对农村的无线覆盖。2008年,阿图什市开始实施自治区广播电视节目无线覆盖工程,由自治区投入专项资金对市转播自治区广播电视节目的调频发射机和电视发射机及附属设施予以更新。

(四)农村电影放映工程

2007年,国家开始实施农村电影放映工程。国家对边远贫困地区农村电影公益放映按实际放映场次给予补贴。农村电视放映工程对电影放映场次补贴每场为100元,其中国家负担80元,各地财政负担20元。自治区财政安排此配套资金时的政策是,对南疆三地州所辖的扶贫重点县每场20元的补贴由自治区本级财政全额负担,其他各地州县由各地财政负担。

(五)扶贫救灾补助项目

国家每年对老少边穷地区和发生自然灾害的地区安排广播电视扶贫救灾专项资金。

(六)文化扶贫活动

文化扶贫活动以下乡慰问演出、“送书下乡”活动为主。2000—2015年,阿图什每年开展“一月一村一场”文艺演出活动及文化科技卫生“三下乡”活动。2015年,完成自治区“万村千乡文化产品惠民行动”3151套文化产品、59718套连环画和302套新疆民族文学原创及民汉互译作品扶持出版图书发放工作。

四、卫生扶贫

(一)医疗卫生

“八七”扶贫攻坚阶段后,阿图什市拥有配套医疗卫生设施卫生室52.6%。2000年,阿图什市有行政村68个,有卫生室的行政村0个;2008年,有行政村73个,其中有卫生室的51个;2015年,行政村76个,卫生室覆盖率100%。

2005—2008年,国家和自治区在项目和资金安排上对贫困重点县给予特殊照顾。为阿图什市、乡卫生安排项目设备资金7个,自治区投资105万元。2006年,阿图什市人民医院扩建4000平方米,中央安排资金425万元,自治区配套150万元。2008年,扶贫阿图什市国有农牧场卫生院项目5个,每个规划建设规模350平方米,中央各安排资金35万元,用于市阿不力克牧场卫生院、市艾依合力克夏牧场卫生院、市经济羊场卫生院、市食品牧场卫生院和市牙孜路牧场卫生院的改扩建项目。2008年,阿图什市村卫生室土建项目52个,自治区投资建设资金104万元。

(二)改水防病工程

1995—1997年,开展三年集中改水工作。自治区为阿图什市投入集中改水工作项目19个,投资1397.23万元,其中国家及自治区投入889万元,自治区配套资金62.31万元,市配套资金46万元,群众集资投劳400万元。共完成建水厂14座,打机井13眼,建高位水池3座,蓄水池1座,铺设管道479.3千米,深井手动泵11台(眼)。解决2万人和13.66万头(只)牲畜饮水问题。

2000年开始,水利部、国家发改委在全国实施农村饮水解困工程,主要解决“八七”扶贫攻坚计划剩余人口和饮水特别困难人口的饮水问题。

2000/2015 年自治区为阿图什市行政村解决人畜饮水情况表

表 27－4

	行政村数（个）		未解决饮水困难的行政村（个）		解决饮水困难的行政村（个）		解决饮水困难的行政村（%）		2001—2015 年累计解决饮水困难的行政村
	2000 年	2015 年	2000 年	2015 年	2000 年	2015 年	2000 年	2015 年	
阿图什市	68	76	13	0	55	0	81	100	13

（三）防治地方病、传染病

至 2008 年，阿图什市实现基本消除碘缺乏病目标，合格碘盐食用率 80% 以上，8～10 岁儿童甲状腺肿大率降到 10%。

（四）对口支援

1. 疆外对口支援

1998 年 4 月至 2002 年 6 月，江西有 6 名专家在市医院对口援疆，在医疗技术、医院管理方面提供帮助。

2005 年 8 月至 2010 年 11 月，辽宁沈阳有 4 批 8 名援疆专家在市医院对口支援，通过业务查房、知识讲座、手术带教、病例讨论、提出建议等方式，在医疗技术、医院管理方面给予帮助。其间市医院派出 10 人到沈阳各大医院进修学习。2009 年，投资 500 万元，建设市医院病房综合楼。

2010 年 12 月至 2015 年 12 月，江苏昆山共有 4 批 22 名专家在医院对口支援，其中 2 名任市医院副院长，20 名为临床、医技科副主任，通过"请进来、走出去、师带徒（'1＋1''1＋X'的带教方式）、缔结友好医院、巡回医疗"等方式，在医疗技术、医院管理、信息化建设、创建"二甲"医院等方面给予极大帮助。通过巡回医疗让阿图什广大群众在家门口就能享受到全国大医院的医疗服务。其间医院派出 40 余人到昆山各大医院进修学习。2012 年、2014 年，分别投资 977.2 万元和 800 万元为医院购进 16 排螺旋 CT、800mA 数字胃肠机、腹腔镜、膀胱镜、宫腔镜、电子胃肠镜等大型或急需设备。2015 年，投资 1.2 亿元为市医院建设轻工业园区新院。

2014 年 12 月，济南军区 153 医院对市医院进行对口支援。2015 年，市医院派出 7 人到 153 医院进修学习。

2. 疆内对口支援

1995 年起，疆内先后对口支援阿图什市医院 5 家，共 22 批 110 人。

1995—2015 年疆内医院对口支援阿图什市情况表

表 27－5　　单位：次、人

时间	疆内对口支援医院									
	乌鲁木齐交通医院		乌鲁木齐建工医院		乌鲁木齐友谊医院		巴州人民医院		新疆医科大五附院	
	批次	总人数	批次	总人数	批次	总人数	批次	总人数	批次	总人数
1995 年 9 月至 1997 年 8 月	2	10	—	—	—	—	—	—	—	—
1997 年 9 月至 1998 年 8 月	—	—	2	10	—	—	—	—	—	—
1998 年 9 月至 1999 年 8 月	—	—	—	—	2	10	—	—	—	—
2005 年 6 月至 2007 年 5 月	—	—	—	—	—	—	4	20	—	—
2009 年 3 月至 2015 年 12 月	—	—	—	—	—	—	—	—	12	60

3. 乡镇卫生院对口支援

2009年,根据自治区党委、政府在县(市)二级以上医疗卫生机构对口支援乡镇卫生院工作要求,至2015年,市医院、疾控中心、妇保站每年各派出4名专业技术人员到市哈拉峻乡、格达良乡、吐古买提乡卫生院开展对口支援工作,在医疗、护理、医技、防疫、妇幼、管理等方面给予"传、帮、带、教"。

五、计划生育扶贫

1995—2015年,市委、市政府制定计划生育扶贫政策。在草场、土地分配、易地搬迁等方面,优先照顾实行计划生育的贫困家庭。在阿图什市"十一五"规划中,明确提出把人口与计划生育工作纳入扶贫开发总体规划,推行少生快富工程,实现资源、人口和环境的良性循环,提高贫困乡村可持续发展能力。2006年,实行《农村部分计划生育家庭奖励扶助制度》,实行《西部地区计划生育"少生快富"工程》,按政策自愿少生一个或两个孩子,并领取光荣证的农村少数民族夫妻,给予夫妻一次性3000元奖励金。次年,按每人每年600元标准发放奖励金,直至亡故。2005—2015年,实施农村部分计划生育家庭奖励扶助5630人,共兑现奖励金525.8万元。

2007年,按照自治区计生委、教育厅《农村领取"两证"家庭子女报考区内高校和全国新疆高中班及区内初中班考生加分的实施方案》规定,报考全国新疆高中班、区内初中班的农村领取光荣证家庭子女,在考试总分上加5分;报考区内高校的农村领取光荣证家庭子女,在考试总分上加10分。

2008年,自治区出台《自治区少生快富制度》,规定已领取独生子女父母光荣证的汉族农牧民夫妻,已领取独生子女父母光荣证或计划生育父母光荣证,女方年龄超过49周岁的少数民族农牧民夫妻;离婚、丧偶已领取独生子女父母光荣证的汉族农牧民,年龄在40周岁以上的女性或55周岁以上的男性;离婚、丧偶已领取独生子女父母光荣证或计划生育父母光荣证的少数民族农牧民,年龄在50周岁以上的女性或55周岁以上的男性,符合上述条件的一次性给予3000元奖励金。阿图什市根据制度规定,2006—2015年间,对全市372户实施自治区"少生快富"工程的光荣户,兑现奖励金共108.2万元。

2008年,国家出台《国家特别扶助制度》,规定1933年1月1日以后出生,农村、城镇家庭女方年满49周岁,只生育一个子女或合法收养一个子女,现无存活子女或独生子女被依法鉴定为残疾(伤病残达到三级以上)。独生子女伤残家庭给予每人每月80元的扶助金,独生子女死亡家庭给予每人每月100元的扶助金。阿图什市根据制度规定,2009—2015年间,对全市1177人实施国家特别扶助制度,共兑现扶助金253.8万元。

2008年,自治区出台《南疆三地州农村计划生育家庭特殊奖励制度》,规定本人及配偶均为阿图什市行政区域的农业户口少数民族居民;按自治区生育政策规定,自愿少生一个孩子并领取计划生育父母光荣证或少生两个孩子并领取独生子女父母光荣证的,女方在49岁以内(女方年龄超过49周岁,但已于2007年10月1日领取光荣证)、并采取长效节育措施的,每户可享受一次性6000元的奖励金,享受奖励金的第二年,夫妻双方每人每年享受1800元扶助金,直至亡故。2008—2015年,阿图什市享受奖励金有5047人,兑现奖励236.7万元

2010年,自治区出台《城镇计划生育家庭奖励扶助制度》,规定新疆行政区域内的城镇户籍人口中(兵团职工除外)领取独生子女父母光荣证或计划生育父母光荣证(以下简称光荣证),且女性年满55周岁、男性年满60周岁的无固定单位人员(包括个体工商户、自由职业者、无业人员、失业人员、关停破产以及改制企业的下岗人员等),每人一次性奖励3000元。阿图什市根据制度规定,2010—2015年间,对全市40人实施城镇计划生育家庭奖励扶助制度,共兑现奖励金21.4万元。

2011年,阿图什市人民政府办公室下发《关于印发阿图什市2011年新型农牧区合作医疗制度实施办法的通知》,对领取计划生育"两证"(独生子女证和计划生育父母光荣证)的家庭,实行住院医疗费用补偿,可在同级别定点医疗机构同等补偿比例基础上提高5个百分点。

第三节　劳务输出扶贫

2003 年 4 月 18 日，阿图什市农村剩余劳动力输出工作领导小组成立，市委副书记任组长，出台有关劳务输出优惠政策。2004 年，阿图什市出台《阿图什市农村富余劳动力转移就业培训工作及农村劳动力资源开发的意见》《阿图什市农村富余劳动力转移就业培训协调运作工作机制》等制度，推进劳务输出培训工作。2006 年，阿图什市劳务输出 1.3 万人，收入 2098 万元。

2009—2012 年，每年平均完成农业富余劳动力转移就业 3.5 万人（次），年均创收 5625 万元，其中向非农产业转移 1 万人。2012 年，确定为首批创业型县（市），在市轻工业园区建设全市首个创业孵化基地，入驻企业 2 家，解决周边农村富余劳动力 96 人就业。2014 年，引导和鼓励农村富余劳动力就近就地向城市二、三产业转移，向全国劳务市场延伸，转移农村富余劳动力 4.4 万人（次），创收 2.5 亿元。

2015 年，开展各类职业技能培训 8245 人（次），城镇新增就业3400人，转移农村富余劳动力 4.4 万人（次），实现劳务创收 2.62 亿元，比 2014 年增长 27%，零就业家庭保持 24 小时动态清零，城镇登记失业率 1.69%。

第四节　残疾人扶贫

1995 年，市政府鼓励残疾人自谋职业，对从事个体经营的残疾人，工商和税务部门给予减免工商费和税收的照顾。在农牧区，减免残疾人的“三提五统”，优先为残疾人发放扶贫贷款。1998 年，残疾人扶贫纳入自治区人民政府扶贫计划，安排资金 150 万元。

2004 年 7 月，阿图什市根据自治区残联《中国残疾人联合会专项彩票公益金农村贫困残疾人危房改造项目新疆维吾尔自治区方案的通知》精神，成立阿图什市《中国残疾人联合会专项彩票公益金农村贫困残疾人危房改造项目》领导小组，实施农村贫困残疾人危房改造项目。当年改造贫困残疾人户危房 75 户，每户补助改造资金 3000～5000 元。

2006—2015 年，完成 729 户农村残疾人的危房改造，发放危房改造资金 182.5 万元；解决 120 户城市残疾人的住房。落实“分类实施、应保尽保”的残疾人社会保障措施，1012 名贫困残疾人享受城乡最低生活保障，给 870 名特困残疾人发放救济金 43.5 万元；城乡残疾人参加城镇居民医疗保险、新型农村合作医疗 100%；对享受低保的 1012 名贫困残疾人进行特殊照顾补贴，城市每人每月补贴 25 元，农村每人每月 5 元。

第五节　抗震安居扶贫

2004 年，自治区决定实施抗震安居工程。阿图什市采取干部捐款、对口帮扶、以富帮贫、投工投劳、互相共建等多种办法，开展城乡抗震安居工程建设。2005 年，阿图什市将抗震安居建设任务分解到 25 名县级领导、68 个对口扶贫单位和乡村干部，明确责任和奖惩。全市抗震安居建设工程投资资金 2020 万元，其中自治区补贴资金 1672 万元，政府配套 253 万元，自治区、州、市对口帮扶资金 95 万元。2005 年，建设完成 9765 户任务，占年计划的 109.7%，超年初计划启动 864 户。全市建成抗震安居房 1.42 万户，入住率 94% 以上，其中 2004 年竣工 5864 户，入住率 94.5%。2011 年，安居富民工程建设任务 2678 户，其中农区 2138 户、牧区 540 户，原址重建 2318 户、集中连片建设 360 户；入驻 2495 户，入住率 95.3%。2015 年，阿图什市住建局采取统一规划、原址重建、拆旧建新的方式，完成投资 2.5 亿元，建成农村安居富民房 3140 套。

第六节　社会扶贫

阿图什市把定点帮扶工作与建立长期机制、具体措施相结合,发挥各定点帮扶单位行业部门优势和特点,确定帮扶目标,制定帮扶计划,开展社会帮扶。通过生产救济、生活救济、科技普及、文化扶贫等有效扶贫方式,开展物资扶贫、文化扶贫、科技扶贫、智力扶贫等活动,切实帮助贫困户解决实际困难和问题。

2002 年,阿图什市定点帮扶重心下移,从原来定点帮扶到市下移到乡、到村。2009 年,全市有中央对口帮扶单位 1 个;自治区定点帮扶单位 4 个,与 10 个行政村和 4 个社区建立帮扶关系;自治州定点帮扶单位 22 个,与 22 个行政村建立帮扶关系;市直定点帮扶单位 73 个,与 73 个行政村建立帮扶关系;推行“一帮一或一帮多”的扶贫帮困工程,形成横向到边、纵向到底的“大扶贫”帮扶格局。全年为贫困乡村无偿援助资金及物资折价 5907.9 万元,其中辽宁省沈阳市援助 5616 万元,主要用于建设沈阳新村、第四中学教育扶贫教学楼、双语幼儿园等工程;自治区级投入 156 万元,自治州投入 21.9 万元,阿图什市投入 114 万元。

2015 年,阿图什市有中央定点帮扶单位 1 个,定点援疆省市 1 个,自治区定点帮扶领导 10 名、单位 29 个。阿图什市帮扶领导 13 名、单位 70 个。各级定点帮扶部门援助项目资金 9.94 亿元。争取到辽宁沈阳市、江苏昆山市、自治区、自治州社会帮扶资金 7.43 亿元,新建游牧民定居项目试点、阿图什市戈壁设施农业产业工农业示范等项目。发放大米、面粉、清油等扶贫物资 2.3 万袋(桶),捐赠电视机、电脑 2300 台,新修自来水管道 20.6 千米,修通水渠 1.3 千米。改造土坯房 230 间,资助贫困大学生 530 人。同时结对帮扶、党建、计生、救灾救济、节日慰问等工作也有条不紊地开展。

第七节　产业扶贫

“十一五”期间,阿图什市利用产业化扶贫的政策,树立“扶持产业化就是扶持农业,扶持龙头企业就是扶持贫困农牧民”的思想,申报龙头企业。培育新蓉皮革厂、富江果业公司 2 家龙头企业,富江果业 5000 吨果品气调保鲜库项目和皮革加工项目,项目总投资 14317 万元,发放扶贫贴息贷款 2400 万元,财政贴息 55 万元。项目覆盖全市 73 个行政村,55 个扶贫开发重点村,辐射农户 21260 户,其中贫困户 12775 户 57489 人。贫困户户均增收 568 元,项目产品销售渠道由龙头企业牵头,经营模式“龙头企业 + 基地 + 果业协会(农民专业合作社) + 农户”。

2015 年,阿图什市产业推进活动依托项目,重点做好产业基地建设、专业合作社扶持、技能培训等工作,编制《阿图什市产业发展规划》和《阿图什市产业推进年实施方案》,70% 的财政扶贫资金用于贫困乡村产业发展,培育特色产品和优势主导产业,构建特色支柱产业体系。新建养殖小区 10 个,新培育养殖育肥大户 200 户。加大农产品批发和深加工,加大对木纳格葡萄的提质增效和管护工作,加强技术培训,确保葡萄产业取得实效。完成 22 台杏子烘干设备的安装与调试,做好加工储备工作。投资 5113 万元,支持服装业、日常生活用品等小微企业发展。加大对小微企业从业人员培训,完成新增就业 2986 人(次),年创收4000万元。

第八节　搬迁定居

一、异地搬迁

(一)异地搬迁的原因

1995 年,阿图什市仍有部分人群居住和生活在一些缺乏基本生存条件的深山。其共同特点:一是自然灾害频繁。如干旱、大风、沙尘、洪水和地震等,常年轮番袭扰。二是地方偏远,交通闭塞。阿图什部分偏远乡村,距离阿图什市平均远达 80 千米。由于路途遥远,加上居住高度分散,农畜产品外销困难,不仅商品率低,价格也很低,而自己所需要的物品进不来,不仅物缺,而且价高。三是科技、教育、文化、卫生落后。偏远的地方，由于居住分散，多数难办学校。所以受教育机会少，文化程度低，文盲比率高，生活习惯保守落后。

（二）搬迁政策

1997 年 7 月，自治区制定异地移民搬迁的相关方针，打破行政界限，实行连片开发，集中搬迁与分散“插花”安置相结合；制定政策鼓励，宣传教育动员，尊重群众意愿，加强组织协调；多方筹集资金，捆绑在一起使用，优先解决基础设施建设，为移民搬迁创造必要条件；动员社会力量，融合各方优势，齐心协力，苦干实干。

（三）移民区基本情况

阿湖乡位于阿图什市西北部，博古孜河中游，距市区 9 千米，东与新疆生产建设兵团农三师红旗一场为界，南至博古孜塔格山与市区相接，西与上阿图什镇相连，北接吐古买提乡，地势北高南低，平均海拔 1400 米，边境东西长约 60 千米，南北 35 千米。全乡总面积 609 平方千米，耕地面积 1853.33 公顷，是一个以种植业为主的农业乡，主要种植小麦和复播玉米。阿湖乡由维吾尔族、柯尔克孜族、汉族 3 个民族组成，2015 年，全乡维吾尔族占 98%。其中贫困人口 2427 户 11111 人，低保人口 557 户 1572 人。

阿湖乡共有水库 2 座，分别为阿湖水库和托格拉克水库，库容水量 50 万亿立方，占地面积 333.33 公顷。移民户自 1956 年就居住托格拉克和阿湖水库周围，1988 年，响应国家移民政策搬迁。采用插花安置方式，1989 年 6 月，搬迁至阿湖乡阿其克、托格拉克、托万买里、尤喀克买里、阿热买里 5 个行政村。水库移民涉及全乡 15 个村民小组 97 户 375 人。2015 年，对阿湖乡辖区水库移民户重新调查，有移民户 100 户 330 人。在移民户的房屋中，砖木结构建房有 43 户，土木结构建房有 57 户。

（四）水库移民避险解困试点工作

1989 年，阿图什市阿湖乡被确定为水库移民避险解困试点。为用好用足国家下拨移民住房资金，自治州、市扶贫部门及驻村工作组通过走访水库移民户、个别访谈、召开座谈会的形式，征求移民群众意见。成立临时水库移民避险解困试点工作小组 2 个，入户摸排实情，掌握第一手资料，研究解决在开展工作中遇到的困难和问题。

根据自治区有关大中型水库移民后期扶持的相关精神以及移民工作原则，通过发放调查问卷、座谈、例会等方式，宣讲自治区大中型水库移民后期扶持资金补助政策，提高移民群众法规认知度和政策红线。编制《阿湖乡“十三五”期间大中型水库移民后期扶持规划》，出台《阿湖乡大中型水库移民后期扶持直接补助资金发放工作实施方案》《阿湖乡移民后期扶持资金管理办法》等多个配套文件，水库移民后，移民群众享受直补资金每人每月 50 元。同时阿湖乡水库移民避险解困防洪坝工程项目，完成前期的选址，勘探和图纸设计。

2015 年，阿湖乡水库移民建房工作领导小组决定，采取对移民户住房建设补贴的方式，在原址重建或维修 100 户 306 人，其中尤喀克买里村 36 户，托格拉克村 25 户，阿热买里村 25 户，托万买里村 6 户，兰干村 1 户，阿其克村 7 户。项目投入 1610.07 万元（中央资金 750 万元，地方配套资金 860.07 万元），实施住房建设、安全饮水、农村道路、教育培训等项目 7 个。(1)住房建设项目 562.5 万元；(2)防洪坝工程 187.5 万元；(3)安全饮水项目 62.25 万元；(4)农田水利（排碱渠工程）216 万元；(5)农村道路项目（第二合同段）286.49 万元；(6)农村道路项目（第三合同段）246.03 万元；(7)教育培训项目 49.29 万元。防洪坝位于阿图什市布谷孜河北支流阿湖乡大桥下游 600 米处顺流左岸段，全长 1 千米，规划河段桩号为 Z8 + 150—Z9 + 150。避险解困饮水安全工程，新建 50 立方米高位水池，沉淀池 1 座，闸阀井 6 座，管网 16 千米，水厂给水能力 95.45 立方米/天。新建排碱渠 10 千米，维修排碱渠 10 千米，渡槽 8 个，桥涵 4 个。第一批通村油路工程第二合同段项目建设地点为阿湖乡阿其克村、尤喀克买里村，修建道路 10.55 千米。第一批通村油路工程第三合同段项目建设地点为阿湖乡阿热买里村、托格拉克村，新建通村油路 9.65 千米。阿湖水库移民就业教育培训由自治州农广校负责，共培训 490 人次，其中牛、羊育肥培训 80 人、养殖技术 80 人、电焊 50 人、家禽养殖 50 人、农机维修 50 人、泥瓦工 50 人、刺绣 50 人、大棚蔬菜种植 80 人。

（五）建房补贴发放标准及程序

2014 年，为解决移民的住房问题，利用国家核算资金补助房屋建设，户均 6.0 万元，共 582.5 万元；按标准兴建移民住房，不足资金可争取援疆资金和安居富民资金。小区基础设施建设，道路 350 万元、农村饮水安全 120 万元。

2015年后,阿图什市对已建及改扩建房的移民户,以每个移民户家庭成员每人补助1.5万元,每户不超过5人的标准发放补贴。不新建或不扩建的移民户将不予以发放建房补贴资金;拟建或正在建设房屋的移民户进行直接性补贴。拟建和正在建设的移民户,条件极其困难并符合享受安居富民房政策的标准,则允许其先建设再享受安居富民房补贴;水库移民户先提交建房书面申请书,村委会根据移民户的申请到现场进行核实,在村委会公示3天,然后由乡水库移民建房领导小组予以批准;建立水库移民户建房一户一档;建房移民户及村委会签订建房协议;工程质量按新疆维吾尔自治区富民安居房标准执行;工程开工后,完成地基建设则给予补贴的30%,完成立墙完工的移民户给予补贴的30%,完成盖屋刷墙的移民户给予补贴的20%,完工并居住的移民户给予补贴的20%。

2015年,解决移民村设施农业50万元、畜牧业补贴83.5万元、就业培训费20万元,特色农业补贴72万元,基本预备费117.8万元,其他费用29.1万元。

二、牧民定居

1995—2000年,在阿图什市哈拉峻乡、吐古买提乡建立牧民定居示范点。定居点的住房和其他配套基础设施建设,按牧民定居点要求,实现"三通"(路通、水通、电通)、"四有"(有住房、有圈棚、有草地、有园林)和"五配套"(科技服务站、文化活动室、卫生室、学校、商店配套)。同时,按有关政策,给予相应的优惠照顾,如定居牧民原有的牧地、草场,原则上还归个人使用,在定居点开发耕种的地,3~5年不征公粮、税收和管理费;定居牧民盖的住房,由政府给予补贴;解决小额扶贫贷款,帮助发展生产。

(一)"八七"扶贫攻坚建设定居开发区

阿图什市哈拉峻乡、吐古买提乡两个乡是柯尔克孜族聚居乡,人均耕地只有453平方米,主要靠游牧为主,人均牲畜7头,自然条件恶劣,地处偏远,交通闭塞,信息不灵,教育、医疗、卫生条件差,文化素质低,科技知识差,牧民长期过着不得温饱的贫困生活。1997年,市委、市人民政府在条件较好的昂额孜荒地建设牧民定居开发区,将部分牧民迁来定居,实现新、老两地定居牧民,都能脱贫致富。市委、市人民政府分别在市、乡两级成立7~9人定居工程领导小组,由市、乡主要领导任组长,市扶贫办、畜牧局具体负责搬迁定居工作。在资金筹集方面,争取自治区、州和帮扶单位的资金与技术支持,筹措资金500万元,把全市水土开发、扶贫开发、重建家园三项资金集中起来,捆绑在一起使用。按照"五好农村"(即好的田、渠、路、林、宅)要求,定居工程由工程技术人员统一规划施工。2000年,完成3333.3公顷标准条田建设,每户牧民有口粮田0.67~1公顷,草、饲料基地1~1.33公顷,林果蔬菜地0.1公顷;修防渗渠18千米,打机井5眼,植树造林32千米,共6000余万棵,修砂石路9千米,建有2900平方米的卫生院1所。从统筹资金中给每户牧民2000元,用于建房购买木料、门窗、水泥、砖块等,牧民自投劳力,按10户为1组,统称居民新村。

"八七"扶贫攻坚阶段,阿图什市在昂额孜开发区安置定居牧民2420户1.21万人。在牲畜养殖上,通过定居,牧民采用暖棚、圈养、长草短喂,实现科学养畜,实现"三化"(畜群良种化、饲草饲料加工化、牲畜防疫规范化)、"两不转"(冬、春不随季节转场,改四季放牧为冬季舍饲)。2000年,昂额孜地膜玉米每公顷产量10.5吨,最高的超过15吨,套种粮食作物单产13.5~15吨。昂额孜村道路两旁有林带、集贸市场、家家用自来水,近一半牧民用上太阳能,可以看电视听广播。

(二)农村扶贫开发新阶段定居开发区

1. 阿图什市吐古买提乡依达良牧民定居开发区

2000年设计规划2001—2004年筹集资金,逐年建设,逐年搬迁定居,逐年生产积累,已将定居点建成"三优化"(牲畜品种改良优化、饲草料加工优化、防病治病服务优化),"四有"(有住房、有圈棚、有草地、有园林),"五通"(路通、水通、电通、信息通、广播电视通),"五配套"(科技服务站、文化活动室、卫生所、学校、商店配套)的小型乡镇。国家先后拨款332万元,其余均由牧民自筹。2004年,共搬迁定居牧民785户4000人,其中2001年200户、2002年140户、2003年89户、2004年180户。2001—2003年,科克塔木和玛依丹等村,分散搬来定居176户。到依达良定居的牧民,每户分得60平方米的住房1套、暖圈和青贮窖各1个、庭院和经济林地0.2公顷、口粮田0.33公顷。

2002 年，阿图什市在筹建规划依达良牧民定居开发区时，筹集 1550 万元，开发土地 667 公顷，建成截流渠道 1 条，1000 立方米高水位蓄水池 1 座，铺设引水管道 23 千米、PVC 低压灌溉主管道 20 千米、移动灌溉管道 14 千米，完成以低压喷灌为主供水系统，保证草场和耕地 933 公顷的灌溉用水。基地修建 12 千米割、运草料的机动车道，栽树 11 万棵，架设铁丝围栏网 8 千米，配套拖拉机 9 台、割草机 2 台、打捆机 5 台。2003 年，种草 333 公顷，当年收获 67 公顷，产干草 500 吨。阿图什市设立不以营利为目的的绿神草业服务公司，承担基地的建设、管理和协调牧民之间有关事项。建设可容纳 300 只羊的暖圈、可青贮 250 吨的饲料池和占地 4225 平方米的草料棚各 1 座，引进优良种羊 50 只。

2. 阿图什市哈拉峻乡牧民定居开发区

2002 年 2 月，规划哈拉峻乡牧民定居开发区，建立 3333.3 公顷人工草料基地。灌溉全部采用低压管道喷灌技术。到 2004 年上半年，投入资金1700万元，开发草地1233公顷，铺设低压管道 114 千米，建成防护林带 96 千米，打机井 19 眼，完成基地内部全部机动车和大型农牧机械行道的修筑。基地采用“公司 + 农牧户”为基础的经营模式，划归阿图什市绿神草业公司管理。基地在开发的当年即种草 133 公顷，单位面积效益4500元。2004 年，哈拉峻乡电网开通，完成种植牧草 333 公顷。

哈拉峻乡牧民定居开发区建设，采取“国家给一点、银行贷一点和自己出一点”的办法筹集资金 800 万元。2002—2004 年，基本完成定居点内的道路、林带、住房、暖圈以及学校、卫生室、文化室等配套设施的建设。迁进定居牧民 664 户，其中包括灾后重建户 226 户，实现全乡 80% 的牧民定居。定居户不但有 50 ~ 60 平方米的砖木结构居室，而且家家有暖棚、户户有青贮窖（池），有 6 公顷的饲草料基地，人均年收入1000元上。

第五章　扶贫项目与资金

第一节　扶贫项目

一、整村推进

2010 年，阿图什市共有边境贫困村 55 个，其中边境一线贫困村 18 个，边境二线贫困村 37 个。“十二五”期间，规划实施整村推进村 26 个，通过整村推进考核验收村 21 个。边境一线实施整村推进村 16 个，考核验收村 11 个。边境二线实施整村推进村 10 个，考核验收村 10 个。边境一线贫困村“九通、九有、九能”实现率分别为 90%、90%、70%，边境二线贫困村“九通、九有、九能”实现率分别为 90%、90%、70%。

“十二五”期间，通过推动工业发展步伐，深挖农牧业内部增收潜力，全面推进特色林果业、现代畜牧业、设施农业的产业化进程，社会各项事业不断发展，人民生活水平稳步提高。城镇居民人均可支配收入由 2010 年的 9573 元提高到 2015 年的 1.98 万元，年均增长 23.39%；农牧民人均纯收入由 2010 年的 2096 元提高到 6010 元，年均增长 25.5%；累计完成职业技能培训 5.03 万人；城镇新增就业 16512 人，城镇登记失业率 1.82%；转移农村富余劳动力 21 万人；城镇职工基本医疗保险覆盖率 100%；城镇居民基本医疗保险覆盖率 99%；城镇基本养老保险覆盖率 99.23% 以上；新型农村合作医疗保险覆盖率 99.8%；农村安全饮水人口覆盖率 98%。实现脱贫 12596 户 60224 人，根据 2800 元新扶贫标准线，贫困人口由 130421 人减少到 69776 人，年均减少 9.3%。

二、扶贫培训

1995—2015 年，阿图什市扶贫办联合相关部门，结合本地工矿企业、餐饮、商场、设施农业及家禽养殖等用人需求，培训贫困农牧民 3080 人次，完成计划的 102.8%，其中劳动力转移就业技能培训 5 万人次，扶贫业务培训 5600 人次。

2006—2015 年阿图什市扶贫培训情况一览表

表 27 - 6

年份	培训项目（个）	投入资金（万元）	培训人次（人次）	年份	培训项目（个）	投入资金（万元）	培训人次（人次）
2006	4	8	4570	2011	7	71	2260
2007	2	6	520	2012	6	76	2300
2008	6	17	1175	2013	7	76	2300
2009	6	20	3400	2014	8	96	3185
2010	7	46	4700	2015	16	105	4857

三、信贷扶贫

(一)信贷投放

2010 年开始信贷投放,发放贷款 171 万元,收益贫困户 4150 户。2015 年,全市涉农贷款额 3000 万元,比上年增加 560 万元,增幅 23%。其中农户贷款额 1700 万元,比上年增加 200 万元,增幅 13%。

(二)农业保险

1. 扩大农业保险覆盖面

2012 年开始实行农业保险,2014 年,小麦投保6439公顷。投保费 403 万元,其中中央补贴 161 万元,自治区财政补贴 101 万元,市财政补贴 60 万元,农民自付 81 万元。2015 年,出台《阿图什市 2015 年政策性农业保险工作实施方案》,全面开展政策性农业保险,主要对玉米、小麦、大棚进行投保。全市玉米投保 3066. 67 公顷、小麦投保 8666. 67 公顷、大棚投保 834 座。投保费 760 万元,其中中央补贴 304 万元,自治区财政补贴 190 万元,市财政补贴 125 万元,农民自付 141 万元。

2. 扩大保险服务网络

2014 年开始扩大保险服务网络,阿图什市引导发动保险机构下设服务中心,各乡(镇)配合保险机构设立政策性农业保险服务站,在行政村设立政策性农业保险服务点,实现服务网络全覆盖。

3. 财政资金贴息

2009 年,阿图什市发放阿扎克乡、松他克乡、阿湖乡、上阿图什乡、格达良乡、哈拉峻乡等 6 个乡贷款 1933 万元,发放到户扶贫贴息贷款贫困户 3978 户,其中种植业 874 万元,2000 户;养殖业 1059 万元,1978 户。在实际发放贷款数中,整村推进验收村发放贴息贷款贫困户数 957 户、402 万元。自治区级扶贫龙头企业新蓉皮革有限公司向自治州农行贷款 1400 万元,项目带动农户 2 万户,其中贫困户 1. 2 万户,解决 230 名贫困子女就业问题。2014 年,阿图什市通过农村信用社发放到户贴息贷款 5000 万元,财政贴息 250 万元,3105 户贫困户受益。其中种植户 983 户,发放资金 1869 万元;养殖户 2032 户,发放资金 3131 万元。为扶贫龙头企业发放贴息贷款 1000 万元,财政贴息资金 20 万元。

2012 年开始,建档立卡贫困户及直接带动贫困户发展产业的扶贫龙头企业、农民专业合作组织、专业大户向当地金融机构申请小额扶贫到户贷款或扶贫项目贷款的,给予一定比例财政贴息补助。龙头企业每年可以申请项目贷款,贷款利息 3% 由扶贫资金予以补贴。

2015 年扶贫贴息贷款 3462 万元,其中种植业发放 1212 万元;养殖业发放 2250 万元,支付财政贴息资金 165 万元,3105 户贫困户受益。

四、扶贫试点工作

（一）扶贫连片开发试点项目

2008年，阿图什市被自治区确定为扶贫连片开发试点县（市），扶贫连片开发项目在上阿图什乡、阿扎克乡实施。试点项目总投资7720万元，其中整合资金6720万元，专项资金1000万元，实施266.67公顷木纳格葡萄标准化管理基地建设、上阿图什乡奶牛养殖小区、核桃园建设和庭院经济改造建设4个重点项目。2009—2010年，扶贫连片开发试点项目区农民平均收入2130元，比2008年增长156元，增收产业格局基本形成。2010—2015年，连片种植核桃205.93公顷，购买并发放西门塔尔奶牛335头。配套完成32.2千米防渗渠、标准化牛奶收购站1座、533.33公顷低产田改造项目任务、5000吨保鲜库建设工程、106.67公顷滴管示范基地及组织木纳格葡萄标准化管理栽培技术培训1万人次；集中连片新增油路25.7千米，铺设饮水管道23千米，建成双语幼儿园1所，改建5个行政村教学楼等。

（二）小康示范乡和小康示范村建设

1. 小康示范乡建设

2005年，阿图什市哈拉峻乡被自治区确定为扶贫开发小康示范乡。阿图什市以“沈阳新村建设”工作为重点。2009年，新建新村申报扶贫资金项目3个，项目总投资1850万元。建设占地40公顷，共容纳136户500人生产和生活，集水、电、路、气、林带、沼气、厕所、果园、生产耕地，养殖棚圈生活生产一体化的住宅新村。沈阳新村基本保留已形成的居住区，对空闲宅基地进行复垦或改造，压缩已有村庄面积，开展旧村改造升级，实现集中居住。沈阳新村内建有休闲广场、双语幼儿园、社保、卫生服务中心、商铺、法院、公共厕所等公用设施，为住户建有棚圈、果园、沼气、浴室、厕所等配套设施，并给每户配有生产生活耕地0.2公顷，用以发展种植业，增强农牧民自主发展能力。同时，硬化沈阳新村7千米道路，铺设14千米管网、开挖3千米排碱渠，建设2千米防洪坝，平整林带、休闲广场、农牧民的庭前院后等设施。2010年，新建20座温室大棚，培植10户育肥大户，种植20公顷核桃和红枣。

2. 小康示范村建设

2005年，阿图什市阿扎克乡阿扎克村被自治区确定为扶贫开发小康示范村。按照“生产发展、生活富裕、乡风文明、村容整洁、管理民主”的要求，坚持节约和集约利用资源，实施基础设施完善、村容村貌整洁、公共空间和文教娱乐设施齐全、住房条件优越、农田水利建设配套，达到社会主义新农村的要求。

（三）贫困村村级“互助资金”试点工作

2009年，根据自治区《关于开展贫困村村级发展互助资金试点工作的通知》文件精神，阿图什市确定3个乡的8个贫困村实施“互助资金”试点工作，即上阿图什乡博依萨克村、博斯坦村、尧勒其村；松他克乡托库勒村；阿湖乡托格拉克村；阿扎克乡阿扎克村、库兰其村、铁提尔村，投入资金115万元。全市8个试点村相继召开贫困村村级发展互助资金协会村民大会，成立协会和管理委员会，制定协会组织章程、财务制度、互助资金运行管理等制度。发展互助资金协会在市民政局注册登记，协会证书、机构代码证书、协会公章全部办理完成。在银行专门设立贫困村村级发展互助资金专户，专户由各乡农经站代管。

到2009年底，全市8个“互助资金”试点村加入互助会的农户560户，其中贫困户347户。参与试点借款总户数320户，其中贫困户190户，发放运行资金72万元。贷款户中发展畜牧业125户、家禽养殖77户、设施农业43户、林果业75户。

五、主要项目

1995年，全市实施扶贫项目10项，总投资436万元。其中农业企业项目2项，投资50万元；种植项目1项，投资35万元；畜牧业项目4项，投资85万元；商业饮食扶贫项目1项，投资51万元；文教卫生项目1项，投资15万元；水利电力项目1项，投资200万元。

2000年，全市实施扶贫项目35项，总投资1167万元。其中农业项目5项，投资250万元；养殖业项目9项，投资360万元；水土开发项目2项，投资50万元；加工业项目5个，投资40万元；电力项目1个，投资20

万元;人畜饮水项目1个,投资65万元;教育卫生项目1个,投资12万元;水利项目6个,投资200万元;畜牧业项目1个,投资50万元;交通项目2个,投资120万元。

2005年,全市实施扶贫项目20项,总投资802万元。其中农业企业项目2项,投资70万元;畜牧业项目7项,投资311万元;园艺类项目2项,投资80万元;水利类项目4项,投资235万元;文化室建设类项目1项,投资36万元;电力项目1项,投资30万元;民族工艺项目2项,投资15万元;扶贫技术及技能培训项目投资25万元。

2006年,实施财政扶贫项目22个,总资金856万元,其中搬迁类项目1项,投资120万元;畜牧类项目5项,投资227万元;园艺类项目2项,投资70万元;水利类项目8项,投资278万元;卫生类项目1项,投资45万元,文化室建设类项目1项,投资3万元;其他类项目2项,投资63万元;科技扶贫项目1项,投资50万元。扶贫培训资金8万元,到户扶贫贷款财政补贴利息1个,资金50万元。

2010年,实施财政扶贫项目35个,总资金2053万元,其中常规项目5个,资金778万元;村级集体经济项目9个,资金45万元;培训项目7个,资金46万元,培训4700人次;新增项目5个,78万元;边境项目6个,1000万元;项目管理费1个,21万元;第二批项目1个,15万元;到户扶贫贷款财政补贴利息1个,资金70万元。

2015年,共实施财政扶贫资金项目70个,总投资4762.5万元,全部为中央财政扶贫资金,完工率100%。项目覆盖7个乡(镇)24个贫困村,扶持贫困人口4209户21032人。

第二节 扶贫资金

一、资金来源

1995—2015年,阿图什市扶贫资金主要是扶贫贴息贷款、财政发展资金、以工代赈资金、扶贫信贷资金、地方配套资金、社会帮扶资金(含各种捐赠资金)以及各有关部门用于与扶贫开发相联系的各类专项资金。按照上级有关规定,结合阿图什市实际,财政扶贫资金和以工代赈资金重点用于改善贫困乡村基本生产生活条件的基础设施建设、社会事业发展项目及特色产业基地开发的有关项目。扶贫信贷资金(包括回收再贷资金)重点支持能带动贫困人口增加收入的产业化龙头企业的民营业主、市场流通业以及相关的基础设施建设项目等。小额信贷资金主要用于一家一户的种、养、加工业项目。社会帮扶资金根据当地扶贫开发总体规划由帮扶(捐赠)单位确定。各类专项资金依据专款使用要求,结合当地扶贫开发规划进行统筹、调节使用。

二、资金与项目配置要求

1995—2015年,阿图什市各类扶贫资金配置,本着“四个优先”和突出重点、择贫而扶的原则进行。即优先投给最贫困的农户,以满足其最低层次的需求。优先投入那些障碍因素小的项目,以便快见成效。优先投入那些有支持措施的项目,以确保项目的成功率。优先投入那些有市场前景和发展潜力的项目,以求获得持续的经济效果。各类扶贫资金配置量力而行,坚持供给与需求的基本平衡。

三、资金管理

1995—2015年,阿图什市扶贫资金管理根据《自治区扶贫资金管理办法》,按照“项目跟着规划走、资金跟着项目走、监管跟着资金走”的要求,相应制定和完善本级实施细则,不断加强扶贫资金管理。通过三个途径强化各类扶贫资金的捆绑使用,即从思想认识上捆绑,依据规划捆绑,通过项目捆绑,以确保各类扶贫资金真正用于被扶对象。

第三节 以工代赈资金

1995年,阿图什市发放国家以工代赈扶贫资金201.51万元。

1998 年,发放国家以工代赈扶贫资金 280 万元,主要用于基础设施建设、林业建设、农村安全饮水、草场建设、农田水利建设、防病改水、畜牧、小流域治理等项目。

2005—2006 年,安排以工代赈项目 8 个,其中基础设施项目 3 个,国债项目 2 个,改水项目 3 个;安排资金 1750 万元,其中以工代赈基础设施建设资金 310 万元,国债资金 880 万元,改水建设资金 560 万元。用于格达良乡饮水改扩建工程、上阿图什乡干渠工程、吐古买提乡科克塔木村引水渠工程、买谢提村公路建设等项目。

2007—2008 年,以工代赈项目共 3 个。国家以工代赈资金 820 万元,自治区以工代赈资金 1564 万元,自治州以工代赈资金 295 万元,市自筹以工代赈资金 150 万元,合计 2829 万元,用于上阿图什乡干渠工程建设、阿扎克乡低产林改造项目及基础设施建设项目。

2011—2015 年,安排以工代赈资金 1032 万元。

第六章　对口帮扶

第一节　国家定点扶贫

2002 年 4 月,自治区下发《关于进一步做好中央、国家机关各部门和各有关单位定点扶贫工作的意见》,调整充实中央定点扶贫自治区的部分单位。国家经济贸易委员会定点扶贫阿图什市。国家经贸委成立定点扶贫领导小组,于 2002 年 10 月 15—21 日到阿图什市调研考察、了解情况,与州、市领导共同商讨扶贫事宜,确定扶贫开发项目。但由于国务院机构改革中国家经贸委被合并,帮扶工作一直没有实际开展。2015 年,中央定点帮扶单位 1 个,定点援疆省市 1 个。

第二节　自治区定点扶贫

1994 年 12 月,自治区党委、自治区人民政府发出《关于加强自治区机关单位定点扶贫工作的通知》,再次部署调整定点扶贫工作。2000 年,由自治区政协办公厅牵头,自治区党委统战部、自治区工商局、自治区地税局对阿图什市定点扶贫。

2002 年,自治区扶贫办调整对口扶贫单位,由自治区政协办公厅牵头,自治区地税局、自治区工商局对口支援阿图什市吐古买提乡、格达良乡、哈拉峻乡 3 个乡共 13 个村。2002 年,自治区地方税务局对格达良乡给予资金和物资支持。给予 10 万元支持格达良乡 466.67 公顷“冬小麦品种换种”和“示范大棚蔬菜”2 个项目的建设;向格达良乡中学捐赠 18 台计算机;向格达良乡赠送关于政治、教育、文化、农业、科技等方面的图书 3000 册,价值 2 万元;为格达良乡及行政村订阅部分党报、党刊共 7 种 29 份,计支持补助费用 3362.4 元。

2004 年,自治区工商行政管理局出资 10 万元支援哈拉峻乡。建成一座占地面积 1400 平方米,一次可育肥牲畜 3000 头,饲草饲料房、自来水、青贮池、粉碎机等配套设施齐全的现代化育肥厂,有效地改进当地传统的畜牧业生产方式,帮助制定《育肥厂经营管理办法》。育肥厂的投入运转,解决 78 名农牧民子女的就业问题;并为哈拉峻乡 28 个村民小组征订 2005 年度新疆经济报(维吾尔、汉文版),价值2574元。自治区工商局先后多次开展大规模的扶贫济困献爱心活动,共向对口扶贫的哈拉峻乡 453 户特困居民捐款45300元,捐物价值 15 万元,其中服装价值 7 万元、鞋袜价值 7 万元、日常生活用品 1 万元。2005 年 12 月,为把定点帮扶与国家在新时期实施的扶贫三大战略重点有机结合起来,自治区党委办公厅、自治区人民政府办公厅下发《关于做好部门包村定点帮扶工作促进扶贫开发整村推进的通知》,在保持原来确定的帮扶市、乡不变的情况下,由过去的包乡改变为直接包村。2006—2007 年,对口扶贫第二轮工作,由自治区政协办公厅牵头,自治区地税局、自治区工商局和新增定点扶贫单位自治区盐业公司定点帮扶阿图什市4个乡12个村。

2008年,定点帮扶第三轮,在继续坚持部门包村定点帮扶的基础上,阿图什市由自治区政协办公厅、自治区地税局及新疆雪峰民爆器材有限公司对吐古买提乡、松他克乡、哈拉峻乡、格达良乡10个村进行定点扶贫。

2010—2015年,自治区对口帮扶单位捐款捐物共120万元。2015年自治区定点帮扶单位7个,帮扶资金669万元。

第三节 自治州、市对口扶贫

一、自治州对口扶贫

2000年,自治州加大扶贫力度,四套班子的领导干部进行包村扶贫。州政府1名州长和6名副州长分别帮扶阿图什市阿扎克乡、阿湖乡、格达良乡和哈拉峻乡的4个村。2010年自治州帮扶单位帮扶10.3万元,其中资金5.6万元,物资4.7万元。2015年自治州定点帮扶单位24个,帮扶资金21万元。

二、市直单位帮扶贫困村

2010年,市直单位帮扶68.5万元,其中帮扶资金16万元、物资52.5万元。2012年,市直共有102个单位,共帮扶全市阿扎克乡、阿湖乡、格达良乡和哈拉峻乡4个乡的21个村。除各机关单位包村帮扶外,各单位还积极动员社会力量以帮贫济困等形式进行社会扶贫,通过各种渠道引进资金,帮扶贫困乡、村发展生产,脱贫致富。2015年,市直定点帮扶单位56个,帮扶资金71万元。

第七章 援疆工作

第一节 江西省对口支援

1996年,第一轮对口援疆工作启动,江西省对口援助克州。1997年,江西省开始向克州及阿图什市派遣援疆干部,实施人才援助。1997年7月,江西省首批2名援疆干部到市,第二批随后到市。从1997年开始,江西援疆干部每三年一换。到2005年7月,江西省派送15名管理干部和专业技术人员到阿图什市工作。其间赠送五十铃小货车1辆和江铃面包车1辆,支援资金120万元。同时为自治州举办干部培训班15期,为阿图什市培训干部50人次。江西普通大专院校对口招收自治州考生年约30人;在普通高中办新疆高中班,每年对口招收自治州学生1个班,约50人。

第二节 辽宁省沈阳市对口支援

2005年8月,阿图什市为自治区党委确定的有援疆干部担任县(市)委书记的5个试点县(市)之一。市委书记田东泉到任后,确立农业产业化、工业园区、矿产资源开发、城市商业开发四大类20个类别的招商引资项目,设立招商引资项目库、外来投资企业数据库。先后建设阿图什市第四中学寄宿制学校项目、“110、122、119三台合一”指挥中心项目、“图书馆、文化馆、档案馆三馆合一”项目、信访招商服务大厅项目、群众路改扩建设项目、村(居)委会基层政权建设项目、阿图什工业园区胚胎工程等项目。同时,在沈阳市开办1个新疆高中班,每年定向招收50名克州籍学生,选送30名教师赴沈阳培训。从2007年起,沈阳市委党校每年为阿图什市培训1期副科级以上中青年干部,每期30名学员,时间15天至30天左右。

2005—2010 年,辽宁沈阳干部先后派出 2 批共 30 名援疆干部,发扬“团结、和谐、自律、敬业”的援疆团队精神,立足于阿图什市经济社会发展的实际,狠抓教育、卫生、基层组织阵地等注重民生和城市基础设施为主的 32 个援疆建设项目,辽宁沈阳 2 批援疆干部争取中央、自治区、自治州各类援助资金 3.61 亿元;培训各级干部及专业技术人员 1300 人。完成招商引资项目 109 个,协议资金 29.1 亿元,完成招商引资到位资金 12.8 亿元。

第三节　江苏省昆山市对口支援

2010 年,全国新一轮援疆工作启动,确定江苏省苏州市(昆山市)对口支援阿图什市,支援期暂定十年。2010 年 10 月,组建全国第七批对口支援新疆、昆山市第一批援疆工作组。2011 年初,昆山市第一批援疆干部人才进驻阿图什市,开展昆山市对口支援阿图什市的援建事业。2013 年 8 月,全国第八批昆山市第二批援疆工作组的干部人才持续接力昆山市对口支援阿图什市的援建事业,先后共 55 名援疆干部为阿图什市社会经济发展和民生改善做出贡献。

民生援建是昆山援建阿图什市社会经济发展的重点,昆山援建资金的 80% 用于阿图什市的民生工程。为了阿图什市民特别是农牧民安居乐业,昆山共投入援疆资金 6 亿多元,援建富民安居房、游牧民定居房、居民廉租房、经济适用房和公共租赁房 5 万多套,改善 15 万名农牧民和市民的居住条件。为了让阿图什市民能喝上干净卫生的自来水,昆山完成援建阿图什市 51 千米长、日供水 3 万吨的引水工程和自来水扩容工程,让 20 余万阿图什市民喝上了干净卫生的高原雪水,解决了阿图什市 3 个乡镇 7 个村 2 万多农牧民的饮用水问题。为了改变城区居民的出行条件和生活环境,昆山投入 3500 万元援建帕米尔大桥,投资 1.9 亿元援建产城区和城区道路 13 条与中心城区亮化工程,大力提升阿图什的城区面貌和城市形象。先后援建 28 所中小学、幼儿园,建设阿图什市人民医院和一批乡镇卫生院、村卫生室,援建完成阿图什市委党校和阿图什市的人才公寓等项目。

产业援建是昆山援建阿图什市社会经济发展的亮点。昆山投资 1.36 亿元,在阿图什南郊的阿扎克乡库木萨克村戈壁滩上援建了阿图什—昆山农业戈壁科技示范园,建有种苗工厂、光伏农业温室基地、技术培训中心、设施农业示范区、品种栽培试验基地。昆山援疆资金全额投资 3 亿元,完成援建阿图什昆山产业园一期第一、第二阶段,建设标准厂房 21 栋,还建有供电供水、园区道路、职工宿舍、企业服务中心等配套设施,共有厂房面积近 10 万平方米,并成功创建成新疆维吾尔自治区级工业园区。阿图什昆山产业园通过招商引资,引进多个企业包括昆山电子装配企业,形成了有特色的昆山产业园电子装配园。昆山完成援建阿图什市小微企业园,概算投资 1.9 亿元,其中昆山援建投资 1.1 亿元,建有厂房 45 栋,还建有配套的职工宿舍和职工食堂等,总建筑面积近 8 万平方米。阿图什市小微企业园建成以后,大大改善了企业的生产条件和职工的生活条件,吸引了阿图什分散的小微企业进驻,促进了企业发展,形成了昆山小微企业服装加工园。通过援疆干部招商和更多企业集聚,大大增强了阿图什的“造血”功能,也增加了就业岗位,解决就业 5000 多人,直接脱贫达 2.5 万人。

智力援建是昆山援建阿图什市社会经济发展的着力点。昆山援疆工作组把智力援建项目化、工程化,使智力援建落到实处。昆山先后援助阿图什组织实施干部培训工程、劳动者技能培训工程、未就业大学生培训工程、教育和医疗系统开展师徒结对的“青蓝工程”,以及引进柔性专家的“引智工程”等援建项目,取得了很好效果。2011—2015 年,昆山援疆工作组把阿图什市的干部人才培训项目列入每年援建资金专项计划,在组织县、乡、村三级干部普遍轮训的基础上,采取走出去和引进来相结合的形式,组织年轻干部在阿图什市和昆山双向挂职,组织 800 名基层干部分 20 期到江苏昆山培训;共安排 1412 名未就业少数民族大学生分两批赴江苏 15 所高校培训,提升职业素质;组织实施培训、转移一批、培养和扶持一批技能人才的技能扶贫行动,帮助阿图什市普通劳动者提高素质、促进就业。

基层阵地建设也被列入对口援建项目计划,投资 4000 万元,为阿图什市 16 个村、4 个社区援建组织阵地,配置办公设施设备,援建 5 个脱贫攻坚、乡村振兴示范村建设项目,促进乡村、社区组织阵地的巩固提升,增强基层组织的凝聚力和号召力;投入1920万元,援助阿图什市委组织部举办"1121"基层政权建设专题培训班18期,参加培训的乡村基层干部,宗教人士,老干部、老党员、老模范、老军人(以下简称"四老人员")和后备干部共计1806人次,提升参训人员的政治素质,转变思想观念,增强推动发展、维护稳定的责任感,巩固基层组织基础;投入24万元,援助组织"民族团结天使"手拉手活动,为维护阿图什市的基层政权稳定提供有力支撑。

到2015年末,昆山市两批援疆干部共实施援疆项目88个,完成援疆资金14亿元。

第八章 固边举措

第一节 边境扶贫试点

2010年,阿图什市被自治区确定为边境扶贫试点市。按照自治区扶贫开发领导小组的统一安排和要求,实施"一线守边、二线固边、三线服务"的定位举措,以边境扶贫试点为中心带动边境一线贫困乡村全面发展。阿图什市边境扶贫试点工作按照"安得下、守得住、能致富"目标,打破村域限制,以哈拉峻乡昂额孜为中心,搬迁库铁列克、皮羌、昂额孜等附近村落贫困农牧民,打造集中连片开发,产业配套跟进,积极整合资金,全力打造边境新农村,促进边疆的长治久安和繁荣进步。

2015年,阿图什市遵循"立足民生、发展产业、安边兴市、以村带城"的工作思路,加快边民住房、通外山口物资供应站等民生工程建设,发展特色优势主导产业,丰富和完善"三级联动"、军警民联防联控机制,进一步深化边境扶贫工作。

一、边境扶贫试点工作

(一)基本情况

2010年,阿图什市边境一线有哈拉峻乡、吐古买提乡18个行政村,均为扶贫开发重点村,5476户24618人,贫困户4141户19464人。守边、护边农牧民1079户5233人,边境线长137千米,通外山口29个。

(二)运行情况

2010—2011年,自治区下达阿图什市财政扶贫资金(边境扶贫试点)项目12个,总投资2000万元。其中2010年边境扶贫试点项目6个,到位资金1000万元;2011年边境扶贫试点项目6个,到位资金1000万元。

(三)边民享受政策

边境一线守边、护边农牧民1079户5233人,其中享受津贴334户334人,每人每月津贴220~310元。

二、项目效益

玛依丹边境新村新建边民安居房112户,80平方米/户;新建物资供应站1座(含卫生室);新建"双语"幼儿园1所;新建村委会办公阵地1所(含文化室、文化广场);电网改造47.5千米;安全饮水铺设管道35千米;铺设道路12.7千米;新建发展民族刺绣手工艺场1座(配套刺绣设备);发放生产发展牲畜(羊)2850只;配套实施路灯、路沿石、林带整治、供排水、电入户、太阳能热水器等基础设施。同时农村合作医疗、养老保险、广播电视覆盖率均达100%,达到"三个畅通"工程(即通供排水、电、乡村道路),实现"安得下、守得住、能致富"的目标。

第二节 边境扶贫措施

2010年,阿图什市被自治区扶贫办确定为边境扶贫试点市以来,阿图什市委、市政府进一步集中力量改善边境贫困地区边民生产生活条件，完善配套基础设施，提高边民素质和自我发展能力，统筹城乡发展，安边兴市，促进社会经济发展，全面贯彻落实《关于加快阿图什市边境乡村扶贫开发工作的决定》精神，把定点扶贫工作列入重要议事日程，作为一项制度长期坚持下去，专题分析研究定点扶贫工作，明确年度定点扶贫工作计划，提出扶贫工作重点，制定落实扶贫工作措施，确定扶贫支持项目和资金，为边境乡村扶贫工作的完成夯实基础。2012 年，边境扶贫试点工作各项工程全面启动，同时将边境扶贫试点项目列入重点民生项目，扎实推进边境扶贫试点工作。

2011 年开始，阿图什市对边境乡村的扶贫工作实施量化考核。对边境扶贫试点吐古买提乡玛依丹村边民安居工程三个标段的项目进展情况督促检查。对未达到进度的视情况给予处罚。按照“自治区扶贫资金项目报账管理办法”，加强对边境扶贫资金和项目档案管理，严禁挪用资金，严格落实规章制度。在严格落实项目法人制、监理制、招标控制等制度的基础上，制定《阿图什市边境扶贫试点边民安居工程旁站监理方案》，保证项目公开、公正规范运行。

2012 年，举办培训班 7 期，培训贫困农牧民 2260 人，其中劳动技能培训班 4 期，培训贫困农牧民 460 人，全部实现就业。组织边境乡、村干部到疆内外等地学习考察。2013 年，全市实施财政扶贫资金项目 45 个，总投资 3904 万元。2015 年，竣工项目 42 个，竣工率 94%，扶持贫困户 7921 户。投入资金 11747 万元，为 7 个整村推进村顺利验收打下良好基础。做好扶贫贴息贷款工作，全市发放到户贷款 2256 万元，财政贴息 83.7 万元（完成自治区下达任务的 120%），扶持贫困户 2560 户，其中种植业贷款 1028 万元，养殖业贷款 1228 万元。各级定点帮扶部门援助项目资金、捐款捐物（折合人民币）共计 2.26 亿元，全年脱贫 2174 户 10220 人。

第二十八编 教育 科技

1995 年后，阿图什市按照“优先发展、育人为本、改革创新、促进公平、提高质量”的工作思路，科学制定教育发展规划纲要，不断深化基础教育课程改革，合理配置教育资源，健全评价体系、提升内涵发展、狠抓队伍建设、创新德育载体、规范办学行为、优化成长环境，巩固提高“两基”成果和高中阶段普及率，有序推进义务教育学校标准化建设，教育教学工作取得长足发展。2005 年阿图什市全面学习推广国家通用语言文字，推进民汉合校、民汉混合编班、城乡学校结对互学互教，促进各学校之间均衡发展。2010 年后，深化普及初等教育，强化学前教育、义务教育、高中及中等职业教育、国语教育等，实现各类教育均衡发展，教师队伍不断加强，教学管理更加规范，教育教学质量不断提高。

随着全市发展战略的深入实施，科技投入的持续增长，2015 年，科技三项经费占预算支出的 1.4% 以上；全市人均科普经费 0.6 元以上；围绕国民经济发展重点领域，建立 8 个市级科技示范园区；在“十二五”基础上，农业科技成果转化率提高 5 个百分点；全市专业技术人才总量有所提高，比例趋于合理，科技成果数量年均增长 0.5% 以上；专利申请数量年均增长 0.5% 以上，专利授权数量年均增长 2.5% 以上，科学技术对经济建设的贡献率 55% 以上。

第一章 教育机构

第一节 行政机构

一、阿图什市教育局

1995 年,阿图什市教育局为正科级行政单位,内设普教股、成人教育室、教研室、督导室、勤工俭学办公室、计财室、人事劳资办、教师进修部,核定编制 45 名,其中行政编制 14 名、事业编制 31 人。

1998 年,阿图什市教育局更名为阿图什市教育工作委员会。

2002 年,机构改革,市教育工作委员会内设办公室、纪检室、计财科和人事劳资科 4 个行政科室及教研室、思想政治科、成教科、普教科(招生、电教、师资培训室)、教育工会、勤工俭学办(机关农场、校办产业)6 个职能科室,均为股级建制,核定人员编制 46 名,实有 46 人,其中行政编制 10 名,内含领导职数 4 名,事业编制 36 名。

2003 年,阿图什市教育工作委员会更名为阿图什市教育局。

2007 年,市教育局新设教育培训中心和双语办 2 个职能科室,将 2 名机关事业编制调整到教师培训中心,核定编制人员 44 名,其中行政编制 10 名,后勤服务事业编制 1 名,事业编制人员 33 名〔教研室 5 名、成教办 3 名、基教办(远程办)5 名、勤俭办 3 名、思政科 3 名、双语办 3 名、教育工会 3 名、教育培训中心 5 名、青少年活动中心 3 名〕,均为股级建制。

2009 年,市编办下发《关于调整编制的通知》,调整教育系统事业编制 22 名,其中双语办核定编制 5 名,青少年活动中心核定编制 5 名,教研室核定编制 8 名,教育培训中心核定编制 20 名,其余科室核定事业编制人数不变。调整后,市教育局核定编制人员 66 名。

2011 年,根据《关于阿图什市双语管理机构编制问题的通知》,阿图什市"双语"办更名为阿图什市"双语"教学工作领导小组办公室,股级建制,原核定的 3 名事业编制更改为 2 名。调整后,市教育局核定事业编制人员 65 名。

2012 年,成立阿图什市教育局党工委,为中共阿图什市委员会的派出机构,与阿图什市教育局合署办公,一个机构、两块牌子,取消乡镇政府和两个街道办事处学校的"督政""督学""督导"和"两基"验收职责。根据《中共阿图什市教育工作委员会阿图什市教育局主要职责内设机构和人员编制规定》,市教育工委、市教育局核定编制 65 名,其中行政编制 10 名,事业编制人员 54 名,内设人事科、办公室、计财科、纪检室 4 个行政科室和青少年活动中心、教育培训中心、教育工会、基础教育科、成教科、教研室、思政科、双语办、勤工俭学办 9 个职能科室。

2013 年,市教育局新增学生自助管理中心,股级建制,核定编制 4 名,经费实行全额预算管理。

2015 年,阿图什市教育局内设人事科、办公室、计财科、纪检室 4 个行政科室和青少年活动中心、教育培训中心、教育工会、基础教育科、成教科、教研室、思政科、双语办、勤工俭学办、学生资助管理中心 10 个职能科室;核定编制 68 名,其中行政编制 10 名、机关后勤服务事业编制 1 名、事业编制 57 名。

第二节 下属学校

1995 年,市城市中小学由市教育局管理,农村中小学由乡政府管理。1998 年,在各乡政府设立乡教育办公室,负责各乡中小学教育教学工作。实行市教育局—乡教办—中小学的三级管理体制。2002 年,贯彻落实"在国务院领导下,由地方政府负责,分级管理,以县为主的管理体制",农村中小学教职工工资收归市教育局集中管理,2007 年改革乡镇教育管理体制,2008 年成立乡镇中心学校,撤销乡镇教育办公室,教育办主任担任乡镇中心学校校长。2010 年,以各乡镇为单位,成立 7 个学区,原中心学校校长改任学区长。2012 年,农村中小学党建工作由乡镇党委整建制转入教育工委,各学校成立党建室。

第二章　教育改革

第一节　管理体制改革

一、教育管理体制改革

1995—1997 年,阿图什市教育局理顺学校隶属关系,坚持"分级办学,分级管理"的原则,学校接受所在乡镇党委、政府和教育局的双重领导。学校的教育教学业务管理由教育局负责,乡镇党委、政府负责需要由政府行为解决的问题。在改善办学条件方面,对已列入国家教育工程项目的学校由教育局负责,未列入项目工程的由各乡镇负责。在学校领导任免方面,全市初级中学以上学校的校长、各乡镇教学区主任由教育局党委考察、考核,征求乡党委意见后,由教育局党委任免;学区党总支书记、初级中学以上学校党支部书记由教育局党委考察推荐,乡党委任免;完全小学的校长由各乡镇教育区党总支考察,报经乡党委和教育局同意后由教学区党总支任免。在学校教师调配方面,教育局负责制定每年师范毕业生分配方案和市乡教师调配方案,各乡镇负责本乡镇教师的调配。

1999 年,全市的教育经费由教育局统管,市财政将全市教育系统的工资、公用经费拨付教育局,由教育局拨付各乡镇教学区,由教学区拨付各学校。是年,实行教师年考制度,出台《阿图什市对教材考试不及格的处理意见》,对教材考试不及格的教师,视不同情况分别暂扣 20% ~60% 的工资,假期参加继续教育培训,待教材考试及格后返还本人。对连续 3 年教材考试不及格的教师,调离教师岗位。教材考试不及格的教师年度考核不得评优,当年不得晋升职称。

2001 年,取消校长行政级别。全市中学、初级中学、九年一贯制中学(含牧业寄宿制学校)、完全小学的校长一律取消行政级别,实行聘任制。

2002 年,为规范财务行为,市教育系统成立教育会计核算中心,取消各学校的会计和出纳员,只保留 1 名报账员。制定并实施《教育局机关干部工作量化考核方案》和《科室工作量化指标》。量化从德、能、勤、绩四个方面对机关干部年度工作情况全面客观地评价,其中"德"占 20%,"能"占 15%,"勤"占 20%,"绩"占 45%。评价结果作为评优、晋职晋级、兑现结构工资的依据。

2003 年 9 月,在定编定岗的基础上,通过"双向选择"的聘用制度,阿图什市各学校实施 2 次教师全员聘任。

2007 年 3 月,出台《阿图什市教育系统义务教育阶段教师支教工作暂行办法》,实行市直学校支教乡(镇)农村学校制度,解决乡(镇)教师数量不足、水平较低的问题。制定下发《阿图什市中小学教师职业道德考核管理办法》,对教师职业道德考核纳入教师年度考核,实行师德一票否决制度。

2010 年,阿图什市各中小学确立党支部领导下的校长负责制,结合实施素质教育,加强中小学校校长队伍建设。

2014 年,开始实施中小学教师职称制度改革,统一职称(职务)等级和名称。

二、学校布局改革

1995 年,阿图什市有中小学校 99 所,其中小学 85 所、中学 14 所;在校生37021名,其中小学生28939名、中学生8082名。

2003 年,阿图什市有中小学校 102 所,其中小学 84 所、中学 18 所;在校生40790名,其中小学生24017名、中学生16773名。

2005 年,市政府对阿图什市中小学教育资源整合和学校布局调整,对于布局不合理、有危房的学校优先撤并,重点调整村小学和教学点,发展乡镇示范性中心小学,扩大小学规模。

2015 年,阿图什市有学校 137 所,其中完全中学 4 所、高级中学 1 所、初级中学 13 所、九年一贯制学校 1 所、特殊学校 1 所、小学 69 所、幼儿园 46 所、托儿所 2 所;在校生46496名,其中幼儿10643名、小学生24268名、初中生7891名、高中生3558名;特殊学校有学生 109 名。

三、义务教育改革

1995 年,阿图什市基础教育实行"分级办学、分级管理"的体制,在农村实行市、乡、村三级办学,市、乡两级管理,以市为主的管理体制,明确市、乡两级政府各自的职责和权限。

2002 年,实行以市为主的管理体制。市政府具体负责市中小学的规划、布局调整、建设和管理,负责中小学校长和教师的管理。乡镇人民政府继续承担农村义务教育的办学责任,按时足额征收农村教育费附加,多渠道筹措教育经费,改善办学条件,提高教师待遇。乡、村两级负责组织动员适龄儿童、少年入学。

2006 年,阿图什市进一步完善"以市为主"的农村义务教育管理体制,明确市级政府对农村义务教育的管理责任。落实市级教育行政部门对农村中小学校长、教师的管理职能,实现教育行政部门对教师继续教育工作的归口管理。实行新的农村义务教育经费保障机制,农村义务教育经费大幅增加,"两免一补"(农村义务教育阶段,免教科书费、免杂费、补助寄宿生生活费)政策的实施,农村义务教育阶段适龄青少年入学率得到提高,"普九"进程进一步加快。推进实施素质教育,加强中小学生思想道德建设,组织开展中小学德育评估工作,启动实施中小学德育骨干培训工程。加强学校体育、卫生、艺术和国防教育,加大对实施《学生体质健康标准》指导力度,积极推进高雅艺术进校园活动。2010 年,自治区下发《关于印发〈新疆维吾尔自治区规范中小学办学行为管理暂行办法〉的通知》,把规范办学行为摆在突出位置,为促进青少年学生全面健康发展奠定基础。

四、教育强市工作

阿图什市将义务教育学校标准化建设、义务教育均衡发展和创建教育强市作为一项"三位一体、逐步推进"的工作进行全面安排部署。2009 年,在"两基"巩固提高的基础上,全面实施义务教育学校标准化建设,实行市级领导包联学校制度。

2010 年后,建立市、乡(镇)主要领导及有关职能部门"教育工作责任制"目标考核制度,考核结果作为政绩考核的重要依据;实施领导班子成员定点联系学校的制度。研究制定《阿图什市教育中长期发展规划》《阿图什市学前"双语"教育发展五年规划》。

第二节　教育体制改革

一、课程改革

2001 年 9 月,国家启动新一轮基础教育课程改革实验。2004 年 9 月,阿图什市被正式列入自治区新一轮新课程改革试点县(市)。2008 年 9 月,阿图什市的 4 所普通高中学校从高一年级开始实施高中新课程改革实验。2011 年,阿图什市阿湖乡中学、上阿图什镇萨依小学被确定为自治区首批农牧区基础教育课程改革基地学校。组织本市教师参加自治区、自治州、阿图什市举行的新课改培训,聘请自治区课改专家组成员到学校作报告、评课,组织新课改经验交流研讨会、座谈会、示范课、教学能手选拔赛、高中课程改革知识考试等活动,促进课程改革的顺利推进。

二、民汉合校

2005 年 3 月，为开展“双语”教学工作，将原市曙光小学与市一小（向阳小学）合并为阿图什市第一小学，实行民汉学生混合编班，成立全市唯一一所民汉合校。

三、调整中小学布局

2005 年开始，阿图什市对全市中小学教育资源整合和学校布局调整。通过调整中小学网点布局合理配置教育资源，减少中小学数量，扩大校园规模，提高教学质量和效益。

2006 年，市委、市政府贯彻落实自治州确定的“小学办到乡、中学办到县、高中办到州”的办学思路，着手开展学校的布局调整，加大教育资源整合力度，同时逐步扩大乡中心学校的办学规模，不断改善农村学校的办学条件。

2008 年，按照自治区“集中办学”的原则，以中小学危房改造为契机，逐步适时撤并规模小，硬件设施不完善的学校，阿图什市中小学校由原来的 101 所调整撤并为 82 所。

2005 年 3 月，市一小（向阳小学）和市曙光小学合并。9 月，市四小、塔合提云小学撤并至市二小。2006 年 9 月，上阿图什乡赛来木小学撤并到上阿图什乡乌恰小学。2007 年 9 月，哈拉峻乡中学、哈拉峻乡昂额孜中学、吐古买提乡中学合并到市四中；吐古买提乡科克塔木小学合并到吐古买提乡中心学校；松他克乡瓦克瓦克中学撤并至市六中。

2008 年 9 月，格达良乡中学、格达良乡提坚中学合并到市第四中学；哈拉峻乡羊场小学、哈拉峻乡阿亚克苏洪小学撤并到哈拉峻乡中心学校；吐古买提乡盖孜小学撤并至吐古买提乡中心学校；将吐古买提乡苏洪小学撤并到吐古买提乡依达良小学。2009 年 3 月，格达良乡库都克小学合并到格达良乡中心学校和格达良乡提坚小学。2010 年 9 月，市第五中学撤并至阿扎克中学；松他克乡肖鲁克中学合并到市第四中学；阿扎克乡中学分校合并到阿扎克乡中学；格达良乡塔合提云小学撤并格达良乡库也克小学；将格达良乡提坚小学、格达良乡库都克小学合并搬迁到原格达良乡提坚中学，学校名称为格达良乡提坚小学。2014 年 9 月，格达良乡阿克买旦小学合并到格达良乡乔克其小学。

四、营养餐计划

2011 年秋季学期起，国家在特殊困难地区启动农村义务教育学生营养改善计划试点工作，阿图什市被列为农村义务教育学生营养改善计划国家级试点市。2012 年 3 月 26 日，阿图什市启动农村义务教育学生营养改善计划，全市有 81 所农村义务教育学校享受由中央财政承担，具体实施标准为每生每天 3 元的营养改善计划（全年按照非住宿学生在校时间 200 天、住宿学生在校时间 250 天计算），从 2015 年起调整为 4 元。

营养餐计划采用两种配餐方式，一种方式是学校食堂供餐，另一种方式是课间送餐，采取配送鸡蛋加牛奶等形式，全市有 78 所农村中小学校通过学校食堂方式供餐，占全市农村中小学总数的 95%；4 所中小学采取企业供餐，占 5%；享受学校食堂供餐的农村中小学生人数占全市农村中小学生总数的 97.3%；享受企业供餐的人数占全市农村中小学生总数 2.7%。

五、学生饮用奶计划

2009 年 6 月 1 日，阿图什市正式推行实施“学生饮用奶计划”，城市义务教育阶段学生饮用奶计划补助标准为（176 元/生·年）。从 2012 年 3 月起农村义务教育阶段的学生享受营养改善计划政策。每生每年 800 元。

六、普通高中国家助学金补贴

2010 年秋季学期开始，阿图什市落实普通高中在籍学生学费补助（1200 元/生·年）和普通高中国家助学金(2000 元/生·年)政策、教材费补助政策。全市有市第一中学、市第二中学、市第六中学和阿扎克中学。2010 年起,有 19928 名学生受到国家助学金补助金,共 2905 万元。

第三节　招生制度改革

一、学籍管理

1996 年,市各中小学学生学籍管理工作,以纸质版的方式建档,规范学生学籍管理工作。2011 年,高中统一使用自治区高中学籍信息管理系统。2013 年 9 月,中小学正式使用全国中小学学生学籍信息管理系统。2015 年 9 月,幼儿园正式使用全国学前教育管理信息系统。阿图什市依据学籍信息管理系统逐步规范学籍管理,为每名学生建立全国唯一跟随一生的学籍编号。依托学籍信息管理系统办理学生学籍注册、学生信息维护、转入、转出、毕业升级、升学考试、学籍异动的信息化管理。

二、小学升初中

1996—2000 年,阿图什市结合学校规模、城乡人口分布及学校合并变迁等情况,及时调整学区划分,解决全市中小学、幼儿园学生就近入学入园问题。

2000—2015 年,实行小学和初中免试就近入学。每年小学应届毕业生只在本校参加期末考试(又称毕业考试),其成绩只作为中学初一编班的参考,原则上初中按小学应届毕业生花名册人数全部录取。高中招生严格执行限人数、限分数政策。2012 年,取消以升学考试科目分数简单相加作为唯一录取标准的做法,采用等级制加综合素质评定的录取办法,有利于体现九年义务教育教学方针、遏制"择校热"、培养学生的创新精神和实践能力、促进学生全面发展的评价体系。

三、中考

阿图什市初中毕业生升高中须经过考试,考试科目为语文、数学、英语(少数民族学生为国语)、物理、化学、政治 6 门,初中的毕业考试和升学考试合在一起进行。

1995 年,阿图什市在全市范围内组织初中毕业统一考试。根据教学大纲要求,以全国初中统编教材为主要内容,面向广大农村、牧区的绝大多数学生,试题难度适宜,按照先高中后中专、技工的招生顺序,按分数线一次性完成招生录取工作。

2000 年,阿图什市按照自治区的要求加强中考改革。初中升学改革主要从考试科目实施,考试科目以语文、数学、英语(国语)、政治 + 历史、化学 + 物理等科目以笔试为主,体育课以实践考试为主。政治 + 历史考试是开卷考试,地理、生物在初二(九年级)毕业时考试结束。体育以外的科目成绩分为 A、B、C、D 四个等级。中考改革的另一个特点是重视学生的综合素质评价,综合素质评价也分为 A、B、C、D 四个等级。

2002 年,初中毕业升学体育考试统一设置考点,保证考生全员参加。2006 年,初中学业考试的成绩按百分制阅卷,以等级制呈现,等级设置为 A、B、C、D、E、F、G 七级。原则上 A 级占总考生人数 10%,B 级占总考生人数 15%,C 级占总考生人数 15%,D 级占总考生人数 15%,E 级占总考生人数的 20%,F 级占总考生人数的 20%,G 级严格控制在总考生人数 5% 以内。对考试成绩的统计和造册登分认真负责、严格管理,接受社会监督,同时为学生和学校提供以等级呈现的成绩报告书。任何单位和个人不得以任何形式根据考试成绩给本地、学校和学生排队、公布名次。

2015 年,根据自治区教育厅要求,市内参加中考学生成绩计入全州成绩,以等级制呈现(不再有分数成绩),由之前的 A、B、C、D、E、F、G7 个等级增加到 A1、A2、A3、A4、A5、B1、B2、B3、B4、B5、C1、C2、C3、C4、C5、D1、D2、D3、D4、D5 共 20 个等级,每个等级占全州考生的 5%,如 A1 级占阿勒泰地区考生的 5%,给出等级值 100 分;A2 占阿勒泰地区总考生人数的 5%,给出等级值 95 分,A3 等级值 90 分,每个等级值相差 5 分,依次为 85、80、75、70、65、60、50、45、40、35、30、25、20、15、10、5 等级值总分 500 分。

四、高考

1995 年，阿图什市实行普通高中毕业会考制度，所有高中学生参加自治区会考，会考考试和考查成绩达到自治区教委规定标准，发给新疆维吾尔自治区普通高中毕业会考合格证。普通高中毕业生持高中毕业证和会考合格证才能报名参加全国普通高等学校招生考试。

2001 年，在全国普通高考中，汉语言考生首次实行网上录取，民语言也实行报名信息和志愿信息档案制度改革。

2002 年起，阿图什市中专学校实行报名注册招生，初中毕业生无论考分高低，只要自愿，可以选择州内任意一所中专学校就读。

2008 年，阿图什市按照《自治区、兵团普通高中学生综合素质评价指导意见》，实施普通高中学生的综合素质评价，在评价方式上采取前五学期分别按等级评价赋分，最后对五个学期六个维度的赋分分别相加的办法，整个综合素质评价的内容均以电子档案的形式呈现。在高考中，实施高校招生“阳光工程”，完善信息公开体系，在报名登记工作中实行“谁审核、谁负责”的责任追究制度，抓好新生报名，采集信息，确保在招考中不出现弄虚作假、违纪舞弊等现象。

第四节 教学改革

1995 年，阿图什市各中小学继续推进课堂目标教学，教学质量逐步提升。同时实施学校管理和学生质量评价方案。教育局考研室组织各校教师对教材、教法进行研究，举办市级教学观摩课、优秀课讲评活动，不断促进教师的专业成长。

2004 年，把课程改革作为实施素质教育的突破口。9 月，在国语授课学校小学一年级、初中七年级开展课改实验。

2005 年 9 月，全市中小学全面启动课改。课改在国语授课学校 1 ~ 4 年级、7 ~ 8 年级，民语授课学校 1 年级、7 年级实施。创造性地开展跳跃式进入课改实验，即先后在 2005 年、2006 年国语授课小学三、四年级和民语授课小学三年级由非课改直接进入课改的实验。在课改的实施过程中，通过送课下乡、送教下乡，在基层学校举办课改讲座等方式转变教师教学理念，提高教师投身课改的积极性。课改指导小组组织教师进行展示课、汇报课、示范课等，对提高课改教师的业务水平，特别是用课改理念实施教学起到很好的推动作用。

2007 年，全市各学校大力开展校本教研工作。将学校教育教学骨干、学科带头人充实到教研室，充分发挥校长为校本教研“第一责任人”的引领作用，落实“科研兴校”的观念，以先进的教育教学理念指导学校教研工作。

2011 年，市教育局继续落实课题研究工作，要求每名教师至少参与 1 项课题研究，每个教研组至少开展 1 个校级课题研究，每所学校至少开展 1 个市级课题研究，促进教师专业水平的提升和教育教学质量的提高。

2013—2015 年，市教育局充分利用平台开展网络培训、集体备课、网络说课等教研活动。

第五节 双语教育

学习使用国家通用语言文字是繁荣发展新疆各民族文化的历史经验。2004 年 4 月，自治区党委、人民政府《关于大力推进“双语”教学工作的决定》和《关于加强少数民族学前“双语”教育的意见》下发后，确定“双语”教育从小抓起，从教师抓起的方针。2006 年 2 月，市人民政府下发《阿图什市推进双语教育工作实施意见》，阿图什市全面学习推广国家通用语言文字，着重加强国语教育，单设母语课，推进民汉合校、民汉混合编班、城乡学校结对互学互教，促进各学校之间均衡发展。

2006 年后,加强对教师的国语培训,每年组织民语中小学下一年任非母语课的教师到汉语中小学进行为期一年的培训,对培训工作全程监控,实行"师徒结对"的培训模式,采取向全市教师公开竞聘的方式,为 2 所民语言学校各配备 1 名汉族校长,提高民语言学校的国语教学管理水平。

2007 年,全市加强双语教学指导工作力度,组织教研员定期到学校听课指导教学工作,举办全市中小学双语教学优质课大讲赛和全市民族中小学生国语演讲比赛活动、少数民族国语口语大赛。

2009 年,经过竞聘,配齐中小学"双语"教务主任,全面负责学校的"双语"教学工作。

2010 年,开始采用新的双语教学模式,即双语班分为"模式一"(小学语文、数学、物理、化学、生物、信息技术课程使用国家通用语言文字授课,其他课程使用本民族语言文字授课)和"模式二"(各中小学全部课程使用国家通用语言文字授课,开设民语语文课程;不具备师资条件的学校,体育、音乐、美术课程可以使用本民语授课)授课教学,全市城乡民语中学均开设双语班,数学、物理、化学课用汉语授课。

一、学前"双语"教育

2006 年 3 月,全市幼儿园、小学学前班全面实行"双语"教学,开设"双语"学前班 132 个,学生 4384 名,"双语"幼儿园在园幼儿 1129 名。2007 年,全市学前"双语"教学班 144 个,学生 4428 名。

2015 年,全市"双语"幼儿园在园幼儿 6449 人,在校学前幼儿 10643 名。"双语"学前班 101 个,学前班学生 4194 名。

二、中、小学"双语"教育

2006 年 9 月,全市小学一年级全面实行"双语"教学。2007 年,小学一年级"双语"教学班 103 个,学生 2791 名,小学二年级"双语"教学班 25 个,学生 867 名。2012 年 6 月,小学毕业双语班学生 2626 名,9 月,有 1314 名升入初中七年级双语班,1312 名升入普通班。2015 年,双语教育小学 735 个班,23847 名学生;初中 159 个班,6318 名学生;高中 106 个班,4841 名学生。

三、双语课程设置

2006 年 9 月,根据《义务教育"双语"教学课程设置方案(试行)》,阿图什市从小学一年级使用双语模式三教学,即全部课程使用汉语授课,从小学三年级起开设民族语文课程,每周 3 课时。

2011 年 3 月,根据《义务教育双语教学课程设置方案》(新教基〔2011〕7 号)文件,阿图什市小学一年级使用双语模式二教学,即全部课程使用汉语授课,从小学一年级起开设民族语文课程,每周 5 课时;中学七年级使用双语模式一教学,即汉语、外语、数学、物理、化学、生物信息技术课程使用国家通用语言文字授课,其他课程使用本民族语言文字授课。

四、义务教育阶段、高中阶段双语教育衔接

2015 年,全市小学开展"双语"教学的学校有 68 所,"双语"教学班 700 个,接受"双语"教育的学生 21989 名,小学阶段的少数民族学生 100% 接受双语教育。初中开展"双语"教学的学校有 17 所,"双语"教学班 132 个,接受双语教育的学生 5129 名,占初中少数民族学生总数的 65%。高中开展"双语"教学的学校有 4 所,"双语"教学班 27 个,接受双语教育的学生 1134 名,占高中少数民族学生总数的 31.9%。2015 年,全市中小学少数民族学生有 46438 名,接受双语教育学生有 38108 名,占少数民族在校生的 82.1%。

第六节 "两免一补"政策

2005—2006 年,阿图什市实施"两免一补"政策。根据自治区下发的预算和市摸底调查数据,运用计算机自动推算方式快速、正确地完成专款的分配预算。实施农村义务教育经费保障机制改革,使政府的责任加强,农民的负担减轻。

2007年，农村义务教育贫困生寄宿生伙食补助调整为每生每年750元。2008年，农村义务教育贫困生寄宿生伙食补助调整为：小学每生每年750元，初中生1000元；农村义务教育公用经费补助标准调整为：小学每生每年400元，初中每生每年600元。2009年，农村义务教育贫困生寄宿生伙食补助调整为：小学每生每年1000元，初中生1250元。2014年，农村义务教育公用经费补助标准调整为：小学每生每年500元，初中每生每年700元。

第七节　社会办学

2001年，社会力量办学兴起。至2015年，全市共有3所社会力量办学单位，均为学前教育，共有教师27人，在校生327人。私立幼儿园为普惠性民办幼儿园，面向大众特别是中低收入家庭提供普惠性服务。每生每天伙食费8元，享受两餐一点，学校靠租用房屋办学，规模均不大。市教育局定期对私立幼儿园进行督察。

至2015年阿图什市民办幼儿园基本情况表

表28-1

名称	成立时间	幼儿人数（人）	班级数（个）	教师数（人）	地址
黄金铃铛幼儿园	2004年9月	120	4	10	阿图什市天山路州党校旁边
美日幼儿园	2005年7月	100	3	8	阿图什市松他克路卡日阿吉家属院楼下
苏比幼儿园	2007年9月	107	4	9	阿图什市松他克路7院

第三章　基础教育

第一节　学前教育

一、幼儿教育

1995年，阿图什市有公办幼儿园（托儿所）1所，12个班级，幼儿人数450名，专任教师45名。

2008年，全市新建5所乡中心幼儿园并投入使用，即格达良中心双语幼儿园、松他克乡中心双语幼儿园、阿扎克乡中心双语幼儿园、阿湖乡中心幼儿园、上阿图什乡中心幼儿园。5所幼儿园由自治区统一规划设计，标准为建筑面积900平方米，教室5间、休息室5间、活动室1间、办公室3间、厨房1间并为每所幼儿园配发1部大型玩具。年末，全市幼儿园班级37个，招收幼儿1200名，幼儿教师58名。

2009年，全市建成7所幼儿园并投入使用，招收幼儿1200名。年末，全市幼儿园班级66个，招收幼儿2070名，幼儿教师70名。

2010年，建成5所幼儿园并投入使用。

2011年，建成22所幼儿园并投入使用。年末，全市幼儿园班级168个，招收幼儿5301名，幼儿教师172名。

2013年6月，州委、州政府将州第一幼儿园与州第二幼儿园合并，由克州妇联管理划归为阿图什市管理，机构规格相当于科级，全额预算事业单位。2013年9月，州第一幼儿园与州第二幼儿园分别更名为阿图什市光明路托儿所和阿图什市幸福路托儿所。2015年，市光明路托儿所和市幸福路托儿所分别更名为阿图什市第一托儿所和阿图什市第二托儿所。市第一托儿所有6个教学班、31名教职工和233名幼儿。市第二托儿所有6个教学班、36名教职工和149名幼儿。

2015年,全市新建6所幼儿园并投入使用。在园幼儿6805名,班级198个,幼儿教师442名。

二、园所简介

(一)市托儿所

阿图什市托儿所位于市吉米提拉路市政府家属院内。1995年,阿图什市托儿所开设大中小3个班级,招收62名半岁至三岁幼儿,有教师22名。1998—2004年,陆续添置电视机、户外玩具滑梯、蹦床、电子琴和皮球等玩具设施。1998年,市托儿所有教职工18名。为方便广大双职工孩子就近入托,在托儿所原址(吉米提拉路市政府家属院内)内保留两个班,在市医院家属院内和市四中分设两个托儿点,共招收96名半岁至三岁幼儿。2005年,市托儿所有3个班级,招收73名2~4岁幼儿。2007年,阿图什市托儿所撤并到阿图什市中心幼儿园,在市中心幼儿园内设托儿部。

(二)阿图什市第一托儿所(原自治州第一托儿所)

成立于1956年,位于市帕米尔路(州政府左侧)。1995年,有教师和保育员63名,设12个班,招收1岁半至四岁半幼儿380名。2008年,市第一托儿所有10个班,52名教师和保育员,招收280名2~4岁幼儿。2011年,迁入光明路北7院(原市中心幼儿园旧址)。2015年,因拆迁借用市老干局一楼活动室作为教室和办公室,有秋千、钻圈、木马等户外玩具。

(三)阿图什市第二托儿所(原克州民族托儿所)

成立于1982年,位于阿图什市天山西路7院,建筑面积2700平方米,配有滑梯等户外玩具。1995年,有教师和保育员54名,设9个班,招收3月龄至4岁幼儿260名。2005年,阿图什市第二托儿所有7个班,教职工47名,招收3月龄至4岁幼儿90名。

(四)市中心幼儿园

1995—2008年,阿图什市仅有一所公立幼儿园,即阿图什市中心幼儿园,副科级单位。幼儿园初建在阿图什市光明路北7院,建筑面积1240平方米,12间教室,有蹦床、滑梯等大型玩具。2010年,市中心幼儿园搬迁至阿图什市群众路东12院,面积4590平方米,有教室13间,休息室13间,大型活动室1间,会议室1间。同时增加一些拼插类的桌面玩具以及平衡木、攀爬玩具、自行车等户外玩具。2015年,市中心幼儿园更名为阿图什市第五双语幼儿园。

(五)私立幼儿园

2004年9月,民办黄金铃铛幼儿园成立(位于阿图什市天山路州党校旁边),有班级4个,教师10名,招收2~4岁幼儿120名。

1995—2015年部分年份阿图什市幼儿园基本情况统计表

表28-2　　单位:个、人

年份	幼儿园	班级	幼儿	教师
1995	1	12	450	45
2008	6	37	1200	58
2009	13	66	2070	70
2010	18	94	3050	94
2011	40	168	5301	172
2015	46	215	6805	442

2005 年 7 月,民办美日幼儿园成立(位于松塔克路卡日阿吉家属院楼下),有班级 3 个,教师 8 名,招收 1 ~4 岁幼儿 100 名。

2007 年 9 月,民办苏比幼儿园成立(位于阿图什市松他克路 7 院),有班级 4 个,教师 9 名,招收 2 ~4 岁幼儿 107 名。

2014 年,民办美日幼儿园申请国家"普惠性民办幼儿园奖补资金",用奖补资金添置玩教具和厨房设备,改善办园条件。

三、学前班

2001 年起,阿图什市各小学均附设学前班,有教学班级 45 个,学生 1418 名。2006 年起,阿图什市从学前班开始推行双语教学,按照学前两年标准招收学龄前儿童接受学前双语教育。

2001—2015 年阿图什市学前教育基本情况统计表

表 28 – 3　　　　单位:个、人

年份	班级	学生	年份	班级	学生	年份	班级	学生
2001	45	1418	2006	77	3553	2011	80	2786
2002	55	1777	2007	114	4098	2012	77	2931
2003	56	1861	2008	140	5155	2013	93	3477
2004	62	1973	2009	133	4264	2014	117	4439
2005	62	2134	2010	159	5463	2015	95	3838

四、双语幼儿园建设

2008 年起,中央启动新疆双语学前幼儿园建设项目。2008—2015 年,阿图什市利用项目资金新建 45 所幼儿园,其中城市 4 所,农村 41 所,均为股级单位。

第二节　小学教育

一、发展概况

1995 年,阿图什市共有小学 85 所。其中城市 3 所,农村 82 所。2005 年,全市小学 83 所。2008 年,全市小学 69 所。2011 年,全市小学 70 所。2015 年,全市小学 69 所,教学点 8 个。

1995—2015 年阿图什市小学基本情况表

表 28 – 4　　　　单位:个、人

年份	班级	在校学生	毕业学生	招生	教职工
1995	899	28939	3604	6237	1724
1996	923	30285	3748	6116	1842
1997	951	31291	3858	5311	2021
1998	979	32374	4093	5231	2064

续上表

年份	班级	在校学生	毕业学生	招生	教职工
1999	986	31991	4511	4170	2107
2000	967	30725	4762	3614	2149
2001	930	28795	5025	3319	2144
2002	896	26234	5540	3223	2135
2003	855	24017	5645	3533	2106
2004	820	22269	5319	3661	2075
2005	793	21247	4227	3379	2112
2006	729	20370	3740	3271	2167
2007	711	19863	3572	3363	2052
2008	756	19972	3245	3560	2084
2009	733	20285	3304	3761	2037
2010	751	20412	3515	3775	2076
2011	735	20671	3401	3875	2262
2012	748	21745	2626	3892	2398
2013	771	22268	3254	4023	2489
2014	762	23145	3277	4335	2776
2015	757	24268	3533	4621	2824

二、学制和课程

1995 年后,阿图什市实行小学六年一贯制。2002 年后,小学阶段开设语文、数学、外语(三年级起)、品德与生活(一年级至 2 年级)、品德与社会(三年级至六年级)、音乐、美术、体育和综合实践课程。

2005 年,按照自治区颁布义务教育课程设置方案,汉语言小学开设语文、数学、外语、科学、品德与社会、体育、音乐、美术、综合实践活动、地方与校本课程等 11 门课。民族语言小学设语文、数学、国语、科学、品德与社会、体育、音乐、美术、综合实践活动、地方与校本课程等 11 门课。

2015 年,按照自治区颁布民语言授课学校普通班课程设置方案,民语言小学国语课在原有每周 5 课时(一、二年级 4 课时)基础上,新增 3 课时(一、二年级增加 2 课时)。

三、教材与教学

1995 年,阿图什市小学课程有思想品德、语文、数学、自然、社会、体育、音乐、美术、劳动 9 门,及"两操"(课间操、眼保健操)、"一课"(课外活动)。

1998 年,实行目标教学,全市小学实施素质教育。各学校根据实际,开设劳动技术教育课,建立"以学生为主体、教师为主导、操作训练为主线"的教学模式,开设音乐、绘画、手工制作、书法、舞蹈、写作、武术、珠算、心算等特色班(第二课堂),培养学生的个性发展,改变应试教育的片面性。取消升学考试,小学毕业生 100% 录入相应中学。

2002 年 9 月,国语小学增加英语和信息技术教育,英语以口语表达和视听为主,信息技术以操作为主。

2004年,根据自治区党委、自治区人民政府《关于大力推进双语教学工作的决定》,阿图什市启动维吾尔语小学模式双语教学试验。教学班开设小学教学大纲所规定的全部课程,除语文(民)课程外,其他科目全部使用国语授课。部分维吾尔族学生直接上国语学校或国语班。在语言环境创设上,实行汉、维吾尔合校,汉、维吾尔合班。

2005年开始,在开齐开好学科课程的同时,各学校结合本校实际开设课程。在课程内容设置上,加强课程内容与学生生活以及现代社会和科技发展的联系,关注学生的学习兴趣和经验,精选终身学习必备的基础知识和技能。

2010—2015年,小学全部使用新课程改革实验教材。全市国语数学教材从一年级起开始使用人教版,其他学科仍然沿用课改实验区教材。

四、重点小学简介

(一)阿图什市第一小学

阿图什市第一小学于1973年建校,位于光明路南2院,原名阿图什市曙光小学,副科级单位,是全市唯一一所汉族小学,6年制教学,兼收少数民族学生就读。2005年2月与原阿图什市向阳小学(民族小学)合校,更名为阿图什市第一小学,机构规格为正科级单位;2015年,学校有教职工173人,其中民族教职工58名、56个教学班,在校学生2600名,民族学生占全校总人数的62%。2015年通过义务教育学校标准化验收。

(二)阿图什市昆山第二小学

阿图什市第二小学成立于1981年,副科级单位。2015年,市委、市政府利用江苏省昆山市援疆资金在阿图什市塔克提云村启动重建工程。2015年,学校有教职工150人,46个教学班,1729名学生。在2012年"中国移动杯"自治区青少年足球联赛(总决赛)暨校园足球活动获"公平竞赛奖"和小学男子组第一名等荣誉。

(三)阿图什市昆山育才学校

阿图什市育才学校成立于2008年8月,位于松他克路南38院,是全市唯一一所九年一贯制学校。2009年,市编制委员会将阿图什市育才学校定为正科级单位。2010年,更改为副科级单位。2010年5月中央新疆工作座谈会后,江苏昆山市将育才学校作为对口援疆项目,2011年8月,江苏昆山市投资7800万元对育才学校进行改扩建,同时更名为阿图什市昆山育才学校。2013年7月学校竣工同时投入使用。学校占地面积46246. 6平方米,总建筑面积25929. 58平方米,按六年制规划54个教学班,可容纳学生2430人(不含学前班)。2015年,有41个教学班,其中小学部教学班32个、春蕾女童班1个、学前班8个;共1605名学生,其中少数民族学生占80%。2015年通过义务教育学校标准化验收。

(四)阿图什市第四小学

阿图什市第四小学建于1974年,位于帕米尔东路32院,成立初为克州苗圃小学,隶属克州教育局管辖。2006年更名为阿图什市苗圃小学,移交阿图什市人民政府管理。2007年,隶属阿图什市教育局管辖,机构规格相当于科级。2015年更名为阿图什市第四小学。2015年,有8个双语教学班、47名教职工,在校学生270人,全部为民族学生。

五、小学招生

阿图什市小学严格按照义务阶段招生的"就近、划片"的原则,按照市划定的服务区进行招生。保证所有适龄儿童就近入学,使其入学率达到100%。凡满6周岁的儿童不分性别、民族,应当入学接受规定年限的义务教育。各小学招生范围按各小学所在地的村(居)委会管辖范围进行划分区域接收适龄儿童入学,相关工作由学区管理办公室配合落实。

1995—2015 年阿图什市小学招生毕业情况表

表 28－5 单位:人

年份	招生数	毕业生数	年份	招生数	毕业生数	年份	招生数	毕业生数
1995	6237	3604	2002	3223	5540	2009	3761	3304
1996	6116	3748	2003	3533	5645	2010	3775	3515
1997	5311	3858	2004	3661	5319	2011	3875	3401
1998	5231	4093	2005	3379	4227	2012	3892	2626
1999	4170	4511	2006	3271	3740	2013	4023	3254
2000	3614	4762	2007	3363	3572	2014	4335	3277
2001	3319	5025	2008	3560	3245	2015	4621	3533

第三节 中学教育

一、发展概况

1995 年,阿图什市有中学 14 所。1999 年阿图什市圆满完成国家“两基”工作。

2000 年,阿图什市有中学 17 所,其中初级中学 13 所、高级中学 4 所。2003 年,阿图什市有中学 18 所,其中高级中学 1 所、完全中学 3 所、初级中学 14 所。2008 年,阿图什市有中学 19 所,其中初级中学 13 所、高级中学 1 所、完全中学 4 所。

2011 年,阿图什市有中学 22 所,其中初级中学 14 所、高级中学 2 所、完全中学 6 所。2011 年 3 月,根据《义务教育双语教学课程设置方案》(新教基〔2011〕7 号)文件,阿图什市中学七年级使用“双语”模式一教学,即汉语、外语、数学、物理、化学、生物信息技术课程使用国家通用语言文字授课,其他课程使用本民族语言文字。

2015 年,阿图什市有中学 19 所,其中完全中学 4 所、高级中学 1 所、初级中学 14 所、九年级一贯制学校 1 所。2006 年,阿图什市开始实行“双语”教学。

1995—2015 年阿图什市中学学生情况统计表

表 28－6 单位:个、人

年份	初中班	高中班	初中在校学生	高中在校学生	初中毕业学生	高中毕业生	初中招生	高中招生	教职工
1995	180	34	6813	1269	1500	560	2745	539	836
1996	202	32	7559	1382	1965	455	2909	733	922
1997	223	40	8599	1926	2125	243	3194	808	970
1998	260	48	10175	2138	2487	451	4467	852	1022
1999	293	49	11632	2046	2776	634	4176	825	1102
2000	301	52	12040	2107	3326	507	4188	861	1212
2001	305	54	12119	2300	3829	613	4500	895	1244

续上表

年份	初中班	高中班	初中在校学生	高中在校学生	初中毕业学生	高中毕业生	初中招生	高中招生	教职工
2002	317	61	12852	2882	3545	664	4806	1253	1289
2003	326	71	13543	3230	3840	757	5078	1354	1312
2004	339	78	13647	3524	3976	813	4548	1327	1325
2005	311	83	12571	3636	4331	1097	3659	1343	1361
2006	275	86	10867	3989	4565	1152	3190	1689	1357
2007	259	81	9514	3671	4248	1171	2918	1341	1324
2008	262	83	8600	3467	3498	1136	2928	1156	1250
2009	244	80	8198	3281	2946	1213	2975	1067	1275
2010	243	73	8354	2909	2612	1405	3075	979	1372
2011	237	77	8499	3166	2554	1087	3080	1184	1518
2012	219	77	7649	3298	2611	1064	2086	1135	1579
2013	222	86	7103	3421	2728	1075	2642	1263	1715
2014	210	89	7110	3549	2595	1112	2846	1328	1855
2015	207	89	7891	3585	1808	1131	2917	1115	1953

二、学制和课程设置

1995 年，根据自治区要求，阿图什市初中学制 3 年，高中学制 3 年，高中实行文理分科制。

2000 年，随着信息革命的兴起和发展，全市有条件的中学增设计算机课程。

2005 年，按照自治区颁布义务教育课程设置方案，汉语言初中开设思想品德、历史、地理、生物、物理、化学、语文、数学、外语、体育与健康、音乐、美术、综合实践活动、地方与校本课程等 14 门课。民语言初中开设思想品德、历史、地理、生物、物理、化学、语文、数学、国语、体育与健康、音乐、美术、综合实践活动、地方与校本课程等 14 门课。

2010 年，按照自治区颁布全区民语言授课学校普通班课程设置方案，民语言初中国语课在原有的每周 5 课时的基础上，新增 3 课时。民语言高中国语课程增加 4 个模块，8 个必修学分，研究性学习减少 2 个课题，计 6 个必修学分，社会实践减少 1 周，计 2 个必修学分。

2015 年，阿图什市各级中学开设的课程主要有语文、数学、外语（英语）、物理、化学、生物、政治、历史、地理、体育、音乐、美术、心理健康、信息技术和通用技术（包括生产常识）等学科，少数民族中学开设国语课。

三、教材与教学

（一）教材

1995 年，按照国家教委课程（教学）计划，高中设政治、语文、数学、英语、物理、化学、生物、历史、地理、体育、艺术、社会实践等学科。初中设思想政治、语文、数学、英语、历史、地理、物理、化学、生物、体育、音乐、美术、劳动技术等学科。

1998 年，实行目标教学，全市中学实施素质教育。各学校根据实际，开设劳动技术教育，建立以学生为主体、教师为主导、操作训练为主线的教学模式。设有音乐、绘画、科技、书法、舞蹈、写作、英语等特色班（第二课堂）。

2002 年 9 月,全市中学增设信息技术教育,实际操作和理论基础知识相结合。

2003 年 9 月,根据自治区党委、自治区人民政府《关于大力推进双语教学工作的决定》,维吾尔族中学双语教学试验启动。中学双语班开设初级中学大纲所规定的全部课程,国语、数学、物理、化学用国语授课,其余课程均用母语授课,数学、物理、国语、英语由汉族教师授课。高中压缩历史、地理、生物课时数,增加理科及国语课时数,开设英语,一周 6 天上课,数学设辅导教师。在语言环境创设上,实行民汉合校,民汉合班。

2004 年,阿图什市国语初中一年级进入课改实验,全市初中国语全部使用课程改革实验教材,数学、历史使用北师大版教材,地理使用湘教版教材,其他学科使用人教版教材。2005 年 9 月,初中一年级维吾尔语开始使用课程改革实验教材,以后逐年推进。

2006 年 3 月,汉语言数学、历史、地理改为人教版教材。2008 年 3 月,全市高中一年级开始进行课程改革实验,使用实验区新课程教材,课程由必修和选修两部分构成。至 2008 年 9 月,全市维吾尔族初中全部使用课程改革实验教材。

(二)教学

1995 年,阿图什市各学校教学一直沿用讲授法、谈话法、演示法、实验法、参观法、练习法等传统方法和分析教材、了解学生、研究教法、学法为主要内容的“四环节”系列教研活动。全市初中每学期参加州组织的联考。从 1997 年开始,高中教育教学质量有较大提高。

2001 年,中学进入课改后,课堂运用现代信息技术,绝大部分物理、化学、生物等科教师,都运用现代信息技术收集资料,组成课件,形成直观、通俗易懂的教学模式,提高教学效果。在学生评价上,采取日常评价、阶段评价、期末评价和教师评价、同学评价、自我评价、家长评价相结合,但最终定性评价还是以考试分数为主。

2002 年以后,开始全面实施素质教育,加强教育教学改革。严格执行国家课程计划,保证学校的有效教学时间。

2007 年,全市高中招生坚持多元评价、择优录取和终结性评价、形成性评价相结合的原则,为学生提供充分展示的机会。

2010 年,开展普通高中通用技术设备配备工作。按照每所学校 40 万元的标准,配备 2 个必修模块和 1 个选修模块的教学设备。

2015 年,阿图什市把教育资源配置和学校工作的重点集中到强化教学环节和提高教学质量,深化课程教学改革,创新教学模式,整体提高中学教育教学质量。

四、重点中学简介

(一)第一中学

阿图什市第一中学位于阿图什市天山路西 19 院,1955 年建校,是一所全日制完全中学,正科级单位。2015 年,学校有教职工 375 名、教学班 71 个、学生 3493 名,其中初中班 36 个,学生 1889 名;高中班 35 个,学生 1604 名。学校建筑面积 32810. 23 平方米,其中教学楼面积 8816. 82 平方米,综合教学楼 9207. 05 平方米,行政楼 1590 平方米,男生宿舍楼 2896 平方米,女生宿舍楼 5792. 49 平方米,排球、篮球场面积 1866. 94 平方米,羽毛球场面积 1943. 41 平方米,足球场面积 6678. 98 平方米,学生食堂 4257. 87 平方米,家属住宅区面积 5560 平方米(四层三栋楼,两层 1 栋),绿化面积 1200 平方米,学生厕所面积 250 平方米。

2012 年,学校足球队获得“自治区 U15 岁足球比赛第二名”,2013 年、2014 年连续获得“自治区青少年足球总决赛冠军”,2015 年,获得南疆片区“自治区青少年足球决赛冠军”;在俄罗斯索契市举行的国际青少年足球赛中获得冠军;在兰州举行的全国“谁是球王”青少年足球赛中得第一名;在海南举行的全国“谁是球王”足球总决赛中获得第三名;在和田市举行的自治区级青少年足球赛中荣获冠军。2015 年通过义务教育学校标准化验收。2014 年,成立“阿吉木·沙特瓦地自治区级物理教学能手培养工作室”。

（二）第二中学

阿图什市第二中学位于上阿图什镇，是全市唯一一所高级中学，正科级单位；1956 年建校，1985 年更名为“阿图什市第二中学”。2015 年，学校有 241 名教职工，37 个教学班，学生 1500 名，占地面积 56610 平方米，建筑总面积 31280.3 平方米。

2010—2012 年，学校高考上线率连年攀升，分别为 80.2%、92.4%、92.5%；2013—2015 年，分别为 95.1%、92.8%、93.4%。先后有 28 名教师获得市级以上荣誉称号，26 名教师在国家级、省级比赛中获得各种奖项；被多家媒体先后报道办学先进经验。2015 年被新疆大学命名为输送优秀大学生生源基地。

（三）第四中学

阿图什市第四中学位于阿图什市光明路 26 号院，是全州唯一一所使用三种语言（维吾尔、柯尔克孜、汉）授课的全封闭式寄宿制初级中学，正科级单位。学校建于 1987 年，2005 年，在辽宁沈阳市的大力援助下重建，2007 年正式投入使用，学校占地面积 5 万平方米，建筑面积 33704.6 平方米，绿化面积 15065 平方米，是阿图什市强力推进教育扶贫工程，全力提升教育服务能力水平的核心项目。

2015 年，学校有教职工 322 名，教学班 54 个，学生 2208 名，其中维吾尔语班 29 个，柯尔克孜语班 25 个；维吾尔族学生 1184 名，柯尔克孜族学生 1024 名。2011—2015 年，有 53 名学生考入全国新疆高中班，毕业升学率由 72.3% 上升至 78.7%。

（四）阿扎克中学

阿扎克乡中学建于 1972 年，地处阿图什市阿扎克乡，距市区 4 千米，是一所全日制完全中学，副科级单位。2010 年与市第五中学合并，占地面积 28787.5 平方米（2.87 公顷），总建筑面积 8441.11 平方米，果园 0.47 公顷，各种仪器设备配备达到乡村一类标准。

2015 年，学校有教职员工 243 名，教学班 32 个，其中高中 10 个，初中 22 个。在校学生 1182 人，其中高中生 323 名，初中生 859 名，寄宿制学生 255 名（男女比为 99:156）。“模式一”教学班 15 个，学生 525 名。其中初一有班级 6 个，学生 244 名；初二有班级 5 个，学生 177 名；初三有班级 3 个，学生 74 名；高一有班级 1 个，学生 30 名。高考录取率 68%，初中升学率 80%，职业教育学生入学率 17%。2010—2015 年，考入全国新疆高中班学生 10 余人。

（五）第六中学

阿图什市第六中学位于阿图什市松他克乡松他克村，1955 年建校，原名阿图什市松他克乡中学，是一所全日制完全中学，副科级单位。学校占地面积 29725 平方米，建筑总面积 23562.15 平方米，绿化面积 3983.15 平方米，硬化面积 1200 平方米，地面硬化率 100%，绿化率 13.4%。2015 年，有学生 1046 名，教职工 217 名，27 个教学班。其中初中生 843 名，教学班 20 个；高中生 203 名，教学班 7 个。

五、招生

（一）初中

1995—2015 年，阿图什市所有初中招生严格按照义务教育法相关规定，全市初中学校不得通过任何形式的考试选拔新生，按照片区划分原则到相应初中就读，保证全市每所小学毕业生都能升入初中学习。市教育局联合各乡（镇）人民政府采取有效措施，组织和督促适龄少年入学，做好在校生的控辍工作，严格落实九年义务教育。因中小学校布局调整，吐古买提乡、哈拉峻乡、格达良乡小学毕业生到市第四中学就读初中，其他乡镇小学毕业生均在本乡镇中学就读初中。进城务工就业农民子女入学要具有随父母在居住地办理的暂住证、全家原户籍证明、中小学学籍证明等分配到相对就近的中学就读。全日制公办中学接受进城务工就业农民子女接受义务教育，收费与当地学生同等对待。

（二）高中

1995 年，阿图什市有初中毕业生 6813 人，高中招生数 539 人，毕业生数 560 人，录取率 60%。2015 年，有初中毕业生 7891 人，招生数 1115 人，毕业生数 1201 人，录取率 84.3%。

1995—2015 年阿图什市高中招生毕业情况表

表 28-7 单位:人

年份	招生人数	毕业人数	录取人数	年份	招生人数	毕业人生	录取人数
1995	539	560	336	2006	1689	1295	804
1996	733	455	264	2007	1341	1208	736
1997	808	243	148	2008	1156	1290	1042
1998	852	451	284	2009	1067	1312	1012
1999	825	634	361	2010	979	1627	1368
2000	861	507	324	2011	1184	1132	1017
2001	895	613	386	2012	1135	1081	930
2002	1253	664	412	2013	1263	1075	978
2003	1354	757	492	2014	1328	1131	987
2004	1327	813	512	2015	1115	1201	1013
2005	1343	1197	755				

(三)疆内初中班(见第二十七编“富民固边”第四章第二节社会事业扶贫表 27-2)

2004 年 9 月,阿图什市开始招生内初班。至 2015 年,全市内初班录取学生 2060 人。

内初班学生上学期间生均经常性经费标准为 5000 元/年,即学生上学期间除伙食费用外的全部费用由自治区财政支付。学生经内初班学生贫困等级认定以后,贫困生全部免费,非贫困生每年需缴纳 500 元伙食费。内初班学生毕业只参加内高班招生考试,经选拔,成绩达到要求的学生可优先升入内高班学习,未升入内高班的考生可以继续在原办班城市的区内高中班学习,或进入中等师范学校、中等职业技术学校学习,继续享受自治区财政提供的经费支持。

(四)全国新疆高中班(见第二十七编“富民固边”第四章第二节社会事业扶贫表 27-3)

2000 年,阿图什市开始招生全国新疆高中班。2001—2015 年,全市全国新疆高中班录取学生 1900 人,毕业 1900 人。

全国新疆高中班学生的日常学习和生活经费由办班城市专项解决,生均经费 8000 元/年以上,大部分学校 1 万元/年以上。学生的医疗保险费、部分学习生活费和假期探亲费用由自治区财政提供,生均 2300 元/年。两项相加,生均经费 1.1 万元/年以上。同时,按学生家庭经济情况,全国新疆高中班学生分为特困生、贫困生和非贫困生,特困生免交所有学习生活费用,贫困生和非贫困生每生每学年分别交 450 元和 900 元学习生活费用。全国新疆高中班学制为 4 年(预科 1 年)。高中阶段的教学按办班学校当地教学计划执行,当地教育行政部门和办班学校可根据学生实际水平确定编班形式,提倡插班教学、混合编班教学。

全国新疆高中班学生高中毕业后,在办班学校当地参加高考,实行“统一考试、统一阅卷、单独划线、单独录取”的办法,由教育部单独下达高考招生计划,单独组织录取,招生专业覆盖文、理、工、农、医、经、商、管理等方面。2008 年 5 月,教育部、国家民委、公安部、自治区人民政府联合印发《关于做好普通高校招收的内地新疆高中班学生大学毕业就业工作的意见》,明确规定全国新疆高中班高校毕业生就业工作坚持政府推动、政策引导、市场主导的方针。坚持竞争择优原则,鼓励双向选择和自主创业。鼓励毕业生回疆就业,允许毕业生在全国其他省市、自治区就业,并为全国新疆高中班学生高校毕业后的就业提供方便。2015 年报考全国新疆高中班的学生人数 323 人。

（五）高考

1995 年后，随着社会发展，阿图什市高中毕业生和普通高考录取学生不断增加，高考录取率呈上升趋势，高中教学水平不断提升。

2015 年，阿图什市报名参加普通高考总人数 1201 人，其中汉语言考生 298 人、少数民族语言考生 903 人，学生录取率 84％。

1995—2015 年阿图什市普通高考学生统计表

表 28－8

年份	毕业人数（人）	录取人数（人）	录取比例（％）	年份	毕业人数（人）	录取人数（人）	录取比例（％）
1995	560	336	60	2006	1295	804	62
1996	455	264	58	2007	1208	736	61
1997	243	148	61	2008	1290	1042	80
1998	451	284	63	2009	1312	1012	77
1999	634	361	57	2010	1627	1368	84
2000	507	324	64	2011	1132	1017	90
2001	613	386	63	2012	1081	930	86
2002	664	412	62	2013	1075	978	91
2003	757	492	65	2014	1131	987	87
2004	813	512	63	2015	1201	1013	84
2005	1197	755	63	合计	19246	14161	70.5

第四章　职业教育

第一节　职业技术教育

2010 年 7 月，自治州卫校、农校、技校合并，成立职业技术学校。2010 年 9 月，市教育局联合市人社局和乡（镇）政府通过入户宣传等方式，做好“两后生”（初中毕业未升入高中、高中毕业未考入大学的学生）动员、宣传和报名工作，将“两后生”全员送入自治州职业学校和实训基地进行培养培训。

2010—2015 年阿图什市职业技术教育统计表

表 28－9　　单位：人

年份	高中毕业生数	高中“两后生”	初中毕业生数	初中“两后生”数	州职业技术学校培训数
2010	1627	—	2612	346	253
2011	1132	21	2554	431	213
2012	1081	30	2611	775	185

续上表

年份	高中毕业生数	高中“两后生”	初中毕业生数	初中“两后生”数	州职业技术学校培训数
2013	1075	59	2728	556	581
2014	1126	142	2595	447	469
2015	1182	150	1765	344	368

第二节　成人扫盲

1995 年,阿图什市开展“两基”扫盲活动。1998 年,分别成立市级、乡级成人教育领导机构、配备市级成教专干 3 人,乡级成教专干 17 人,共组织扫盲班 70 个,全市青壮年劳动人数 105542 人,非文盲人数 105242 人,非文盲率 97%。

1999 年,阿图什市通过自治区人民政府“两基”验收。2000 年,有青壮年 108123 人,非文盲 105242 人,丧失学习能力 146 人,非文盲率 97%。阿图什市 7 个乡、2 个街道扫盲达标率 100%。对 954 名脱盲人员进行笔试和口试,合格率 100%,复盲率 0%。

2001 年,青壮年劳动人数 109923 人,非文盲人数 107342 人,丧失学习能力 146 人,非文盲率 98%。2004 年,市政府财政扫盲补助 12.97 万元。2005 年,青壮年人数 108123 人,非文盲人数 105242 人,丧失学习能力 141 人,2003—2005 年,脱盲人数 817 人,非文盲率 97%。2007 年,青壮年人数 130297 人,青壮年非文盲数 130145 人,丧失学习能力 144 人,青壮年非文盲率 100%。2009 年 2 月,开展扫盲工作第二期培训,统一考试,有 1040 人参加考试,合格率 98.5%,复盲人数 14 人,复盲率 1.85%;2009 年,市政府支出扫盲经费 32.55 万元。2010 年,阿图什通过国家委托自治区克州“两基”验收工作。2011 年,全市青壮年人口非文盲率 100%,复盲率 1.38%;脱盲率 100%。

第三节　农牧民文化技术教育

1997 年,阿图什市成立成人教育领导小组,7 个乡、2 个街道有成人教育干部 62 名,76 个行政村有成人教育干部 328 名,成人教育专干 25 名,兼职文化课教师 51 名,兼职技术科教师 54 名,专职 12 名。负责乡、村扫盲,文化教育和农村实用技术培训。1999—2005 年,全市开办 75 个农牧民文化技术学校及学点,其中 9 所乡级、66 所村级共培训 231241 人(次)。

2006 年,7 个乡、2 个街道为农牧民文化技术示范乡,有农牧民文化技术示范村 82 个,示范户 2826 个,实验基地 65.59 公顷。至 2011 年,全市实验基地达到 137.33 公顷。

根据阿图什市产业结构特点和实际,州、市农业专家采取理论培训和现场培训相结合的方式,每年对青壮年劳动力总人数 30% 以上的人进行短期培训和长期培训;培训项目包括葡萄管理技术、畜禽养殖、农机操作、蔬菜、病虫害防治、抗震房技术、农业节水。2015 年,为农牧民发放有关农牧技术图书 6550 册,科技宣传资料 5.73 万份。

2000—2013 年阿图什市农牧民文化技术培训统计表

表 28－10　　单位:人

年份	青壮年总人数	15～50 岁人数	青壮年劳动人数	参加培训人数
2000	71834	108709	51368	49153
2001	107324	110668	54159	50101

续上表

年份	青壮年总人数	15～50 岁人数	青壮年劳动人数	参加培训人数
2002	109361	112621	54211	49616
2003	111936	115079	72660	66844
2004	115361	118384	76706	70746
2005	120103	122219	76838	71202
2006	125580	125850	94890	74224
2007	130157	130295	98845	91535
2008	132082	132221	105311	96989
2009	137627	137627	120587	41063
2010	139490	139490	123126	39199
2011	141938	141938	126404	40470
2012	142244	142244	127880	40781
2013	145743	145691	137134	43498

第四节　学历教育

阿图什市高等教育自学考试是经国家批准并承认学历的设专业、分学科、个人自学、社会助学和国家考试相结合的开放式自考大学。

1995 年，阿图什市自学考试开考语种有维吾尔、汉文等语种，分本科和专科。专科一般 2～3 年考完，本科课程 4～5 年考完。各族职工、干部不受年龄、学历限制均可自学报考。每年组织 2 次考试。每年考试日程提前半年在《新疆日报》公布，每科考试时间 3 小时，先后开考的学科包括哲学、经济学、法学、教育学、文学、理工学、农学和医学等学科在内的 50 多个专业。开考专业的公共课及某些专业的共同基础课作为统考科目，由自治区组织统一考试，其他科目按专业组织考试，考试成绩评定按百分制，60 分为合格。自治州自学考试委员会委托市教育局协助开展高等教育自学考试工作。

1995—1999 年，阿图什市考生信息录入工作采用纯手工操作。

2000 年，开始使用电子照相，电脑输入考生档案。

2001 年 12 月至 2004 年 12 月，自治州开展烛光工程，为乡村教师参加自学考试小学教育专业提供资助。

第五章　特殊教育

第一节　机　构

2012 年前，阿图什市没有专门的残疾人学校，仅有部分肢体残疾儿童在附近普通中小学上学或到寄宿制学校随班就读，完成义务教育阶段的学业。2012 年，阿图什市新建特殊教育学校，开始招收聋哑、智障残疾人就读，肢体残疾的儿童仍在普通中小学就读。学校位于阿图什市松他克乡亚喀巴格村，占地面积 10056

平方米,建筑面积3961.8平方米,总投资804万元,是自治州唯一一所能够接收听力、语言残障儿童开展特殊教育的全日制寄宿学校。

第二节 残疾人教育

1995年后,阿图什市贯彻落实义务教育法和残疾人保障法,完善以随班就读为主体、发展特殊教育学校的残疾儿童少年义务教育体系,坚持把提高残疾儿童少年义务教育普及水平作为义务教育巩固提高的重要内容予以落实,抓实抓好;动员社会力量为特殊教育事业发展多做贡献。协调民政、卫生、人社、残联、工会、关工委等部门发挥部门的职能作用,认真做好适龄残疾儿童少年教育安置工作,营造有利于特殊教育事业发展的良好氛围。

2012年,建成新建特殊教育学校,开始招收聋哑、智障残疾人就读。加强特教学校师资培训,组织教师参加各部门、各层次的学习培训,提高教师业务水平。每年选派教师参加特殊教育培训、特殊教育骨干教师培训、特教学校跟班学习、国培计划等;落实特殊教育学生保障措施。义务教育阶段残疾学生实现基础教育阶段残疾学生全免费教育。同时将地区残疾学生全部纳入营养改善计划及“学生饮用奶计划”。

第三节 教学活动

2012—2015年,阿图什特殊教育学校集聋、培智教育与特殊教育研究为一体,在开展具体教学中,学校研究制定校本培智课程开发方案,根据学生的特点,从独立生活、沟通交往、文明礼仪多方面培养和提升学生的综合能力。课程以“母语”为主,教手语和手指语,正确规范打手语。开设母语、数学、品德,体育、美工、律动、语言训练(句子练习及词语练习)、智慧、游戏等课程。

2012—2015年阿图什市特殊教育学校招生情况表

表28-11 单位:人

年份	听力(男)	听力(女)	智力(男)	智力(女)	共招生数
2012	15	17	0	0	32
2013	9	6	5	3	23
2014	5	1	6	3	15
2015	8	6	16	9	39
学生总数	37	30	27	15	109

2012—2015年阿图什市特殊教育学校教师岗前培训情况表

表28-12 单位:人

项目	第一期(2012年3月上岗)	第二期(2012年9月上岗)	第三期(2013年9月上岗)	2014年特岗教师	2015年特岗教师	工人	教职工总数
人数	8	14	12	11	8	4	57
参训人数	7	13	12	2	0	1	35

至2015年,市特殊教育学校设11个教学班,其中7个听障班,4个培智班;有教职员工57人和克州三县一市的6岁到16岁的残障青少年109名。

第六章　教师队伍

第一节　教师来源

一、国家分配调动

1995—2005 年，阿图什市中小学教师按照国家干部政策实行统招统分。2005 年取消分配大中专统分生。

1995—2005 年阿图什市公、自费毕业生分配情况表

表 28－13　　单位：人

年份	1995	1996	1997	1998	1999	2000	2001	2002	2003	2004	2005
人数	21	0	0	173	195	137	152	12	32	22	84

二、自治区各类招聘教师

2006 年，阿图什市推行“双语”教学以来，全市“双语”教学进入快速发展的新阶段，“双语”教师需求日益增大。从自治区推行“双语”教学开始，阿图什市认真贯彻落实自治区各类教师招聘政策，2006—2015 年，共招聘中小学及学前教育教师 2514 名。

（一）特岗教师

2007 年，国家实施农村义务教育阶段学校教师特设岗位计划（以下简称“特岗计划”），即在西部农村学校设立教师特设岗位，招聘 30 岁以下的普通高等学校毕业生，在农村学校定岗服务 3 年；服务期满考核合格的，由当地解决教师编制，落实工作岗位。实施“特岗计划”招聘的教师，简称“特岗教师”。从 2007—2015 年，实际招聘到岗 1317 名。

（二）幼儿园教师

2009 年，根据《关于印发〈新疆维吾尔自治区农村“双语”幼儿园机构编制管理暂行规定〉的通知》和《关于印发〈自治区农村“双语”幼儿园招聘管理办法〉的通知》精神，由自治区教育厅、人社厅组织开始招聘农村“双语”幼儿园教师。2010—2015 年，阿图什市共招聘“双语”幼儿园教师 235 名。

（三）国家免费师范生

2010 年，根据《新疆维吾尔自治区关于教育部直属师范大学免费师范生就业方案的通知》精神，阿图什市 2011 年起开始招聘国家免费师范生，按照文件要求，免费师范生毕业生就业实施双向选择，到 2015 年，阿图什市共招聘 15 名国家免费师范生。

（四）定向培养免费师范生

2007 年，根据《关于实施南疆四地州农村中小学“双语”教师特培计划的通知》精神，2007 年起，每年以“免费、定向”等优惠形式为南疆四地州培养中小学“双语”师资。2010—2015 年，共分配 226 名定向培养免费师范生。

（五）培养计划招聘教师

2011 年，根据新党办〔2011〕1 号、新培字〔2011〕2 号文件精神，自治区为解决普通高校毕业生就业，实施高校毕业生赴援疆省市培养计划。2011—2012 年，阿图什市共分配 329 名全国其他省市、自治区培养计划学员。

2007—2015 年阿图什市各类招聘教师情况统计表

表 28－14　　单位:人

年份	2007	2008	2009	2010	2011	2012	2013	2014	2015	合计
特岗教师	14	41	79	132	213	169	265	206	198	1317
幼儿园教师	—	—	—	37	72	24	6	29	67	235
国家免费师范生	—	—	—	—	2	7	4	—	2	15
定向培养免费师范生	—	—	—	14	31	48	41	39	53	226
全国新疆初中班分流计划	—	—	—	—	29	24	—	10	—	63
招聘全国其他省市、自治区高校毕业生	—	—	—	21	19	—	—	—	—	40
培养计划招聘教师	—	—	—	—	15	314	—	—	—	329
定向招聘	—	—	39	18	—	214	12	4	2	289

三、编外教师

2006—2009 年,阿图什市推行双语教学以来,为缓解双语教师不足的问题,面向社会公开招聘一批合同教师(即代课教师),共计 600 名。根据新政办法〔2009〕120 号文件精神,通过自治区统一录用考试,2009 年,转正合同教师 39 名;2010 年,转正合同教师 18 名;2012 年,转正合同教师 214 名;2013 年,转正合同教师 12 名;2014 年,转正合同教师 4 名;2015 年,转正合同教师 2 名。2013 年有 61 名教师纳入公益性岗位。2015 年底,阿图什市有在岗合同教师 61 名。

四、幼教实习支教

2008 年 9 月,新疆幼儿师范首次向阿图什派出 13 名实习支教生,开展为期一学年的实习支教工作。2009 年 9 月,新疆幼儿师范向阿图什市派出 18 名实习支教生,从 2010 年开始,每学期都向阿图什市派出实习支教生。

2008—2015 年新疆幼儿师范学院实习生在阿图什市支教情况表

表 28－15　　单位:人

年份	2008	2009	2010	2011	2012	2013	2014	2015
春季	—	—	8	16	26	24	22	26
秋季	13	18	9	20	35	27	31	27

第二节　教师队伍结构

一、专业结构

1995 年,阿图什市有专任教师 2018 名,其中师范专业 631 名,占教师总数 31%;非师范专业教师 1405 人,占教师总数 69%。

2015 年，阿图什市有专任教师 4963 名，其中师范专业 4168 名，占教师总数 84%；非师范专业教师 768 人，占教师总数 16%。

二、学历结构

2015 年，全市中小学及学前教育专任教师 4963 名，其中研究生学历 17 名、本科学历 2423 名、专科学历 2217 名、高中及以下学历 323 名。本、专科人数逐年增加，高中及以下学历逐年减少，学历层次日益提高。

2012—2015 年阿图什市专任教师学历情况表

表 28-16　单位：人

年份	总计	研究生毕业	本科毕业	专科毕业	高中及中专阶段毕业	高中以下毕业
1995	2018	0	450	672	879	17
1996	2413	0	613	770	1075	15
1997	2670	0	610	838	1196	26
1998	2749	0	654	872	1211	12
1999	2862	0	661	968	1225	8
2000	2982	0	742	1014	1219	7
2001	3098	0	797	1066	1213	13
2002	3110	0	838	1050	1208	14
2003	3119	0	950	1004	1159	6
2004	3099	0	983	1056	1052	8
2005	3197	0	1133	1131	928	5
2006	3124	0	1203	1099	815	7
2007	3131	0	1446	1045	631	9
2008	3042	1	1443	968	627	3
2009	3035	1	1480	997	557	0
2010	3191	3	1641	1025	522	0
2011	3688	3	1947	1209	529	0
2012	3911	7	1997	1481	426	0
2013	4165	6	2182	1601	376	0
2014	4727	11	2238	2106	372	0
2015	4963	17	2423	2217	323	0

三、职称结构

1996 年，阿图什市教师中有高级职称 6 名，占专任教师总数 3%；中级职称 373 名，占专任教师总数 15.4%；初级职称 1182 名，占专任教师总数 48.9%。2015 年，有高级职称 265 名，占专任教师总数 5%；中级职称 980 名，占专任教师总数 19.6%；初级职称 2419 名，占专任教师总数 48.5%。

四、民族结构

2015 年,阿图什市有教职工 5273 名,其中汉族 431 名、维吾尔族 4373 名、柯尔克孜族 437 名、其他少数民族 32 名。

1996—2015 年部分年份阿图什市少数民族专任教师对比表

表 28 - 17　　单位:人

年份	专任教师数	少数民族教师数	女性专任教师数	年份	专任教师数	少数民族教师数	女性专任教师数
1996	2413	2368	1142	2010	3191	2989	1874
2000	2982	2915	1078	2015	4963	4842	3329
2005	3197	3093	1799				

五、年龄结构

2015 年,全市专任教师共有 4963 名,其中 35 岁及以下有 2552 名,36 ~ 40 岁有 983 名,41 ~ 45 岁有 827 名,46 ~ 50 岁有 493 名,51 ~ 54 岁有 93 名,55 岁及以上有 15 名。

1995—2015 年阿图什市教师情况表

表 28 - 18

年份	教职工人数(人)	专任教师人数(人)	其中(人)				教师学历合格率(%)		
			幼儿园	小学	初中	高中	小学	初中	高中
1995	2560	2018	—	1323	695	—	44. 40	100	100
1996	2764	2413	—	1583	674	156	45. 17	100	100
1997	3035	2670	42	1750	724	154	45. 76	100	100
1998	3130	2749	42	1772	757	178	44. 49	100	100
1999	3272	2862	50	1803	825	184	43. 08	100	100
2000	3360	2982	—	1864	929	189	41. 11	100	100
2001	3446	3089	48	1882	944	215	39. 68	100	100
2002	3476	3110	42	1872	981	215	39. 29	100	100
2003	3472	3119	43	1845	1003	228	37. 35	100	100
2004	3454	3099	43	1818	1010	228	30. 99	100	100
2005	3562	3197	68	1857	1036	236	29. 18	100	100
2006	3524	3124	—	1918	839	367	26. 31	100	100
2007	3376	3131	—	1786	953	392	20. 44	100	100
2008	3392	3042	49	1824	881	288	20. 71	100	100
2009	3382	3035	48	1790	903	294	18. 35	100	100

续上表

年份	教职工人数(人)	专任教师人数(人)	其中(人)				教师学历合格率(%)		
			幼儿园	小学	初中	高中	小学	初中	高中
2010	3542	3191	57	1835	975	324	16.36	100	100
2011	4013	3688	210	2091	1038	349	14.34	100	100
2012	4251	3911	237	2223	1072	379	10.89	100	100
2013	4493	4165	244	2336	1090	495	9.03	100	100
2014	5040	4727	354	2657	1115	601	7.87	100	100
2015	5273	4963	442	2710	1151	660	6.51	100	100

1995—2015 年阿图什市中小学教师管理学生情况表

表 28－19　　单位:人

年份	小学教师平均管理学生人数	中学		年份	小学教师平均管理学生人数	中学	
		初中教师平均管理学生人数	高中教师平均管理学生人数			初中教师平均管理学生人数	高中教师平均管理学生人数
1995	21.87	9.80	—	2006	10.62	12.95	10.13
1996	19.13	11.23	8.86	2007	11.12	9.98	9.36
1997	17.88	11.88	12.51	2008	10.95	9.76	12.04
1998	18.27	13.44	12.01	2009	11.33	9.08	11.16
1999	17.74	14.10	11.12	2010	11.12	8.57	8.98
2000	16.48	12.96	11.15	2011	9.89	8.19	9.07
2001	15.30	12.84	10.70	2012	9.78	7.14	8.70
2002	14.01	13.10	13.40	2013	9.53	6.52	6.91
2003	13.02	13.50	14.17	2014	8.71	6.38	5.91
2004	12.25	13.51	15.46	2015	8.95	6.86	5.43
2005	11.44	12.13	15.41				

第三节　进修培训

一、培训机构及培训方式

(一)培训机构

阿图什市教育培训中心原址位于塔合提云村塔克巴克路。2007 年 7 月,在沈阳市援疆干部的协调和沈阳市沈河区的资金援助下,新建教师培训中心并投入使用。教育培训中心总占地面积 6666 平方米,建筑面积 800 平方米,分为办公区、教学区、宿舍区、食堂区 4 个区。有教职工 16 名,其中教师 10 名、管理人员 3 名、工人 3 名,中心一次可容纳 250 名学员学习,可供 100 名学员住宿。

2015 年,在援疆省市的支持下,在阿图什市委党校为教师培训中心新建办公楼,总占地面积 2.33 公顷,有教职工20名,办公室5间、教室6间,可容纳270名参加培训,宿舍60间,可容纳180名住宿,餐厅可容纳200人同时就餐。

(二)培训方式

在培训上采取长、短期相结合的方式,轮番对在职教师进行培训。短期培训是针对正在进行双语授课的教师,利用寒暑假时间进行教材教法培训。长期培训是针对脱产教师进行培训,主要以汉语强化为主,先让教师过汉语口语关,再进行教材教法培训。

二、进修考试

1995—1998年,阿图什市有2018名中小学教师参加校本进修培训并进行考试,成绩合格率100%。1995—2000年,阿图什市有38名校长参加培训并取得合格证书。1995—2005年,阿图什市有150名教师赴疆内大学进行进修,其中中专升大专学历89名,大专升本学历61名;参加自学考试教师共560名,获得毕业证书教师524名。2005—2015年,参加自学考试教师共470名,获得毕业证书教师434名。

三、各类培训

(一)区、州、市级培训

1995—2005年,全市选派118名教师参加自治区和自治州德育、双语、教务骨干教师培训。2006—2015年,选派480名教师参加自治区和自治州德育、双语、教务培训。2005—2015年,选派324名中小学、幼儿园教师参加自治区两年制双语教师脱产培训。2010—2015年,选派41名中小学教师参加赴全国其他省市、自治区一年制双语培训。2015年,选派96名教师参加克州双语教师培训。2007—2015年,市教育培训中心培训774名双语教师。

(二)继续教育

1995年,实施继续教育培训项目,每五年一个周期,在职教师必须在每周期参加一次培训。

1994—2013年阿图什市教师五年管理周期继续教育培训情况表

表28-20

周期	第一周期 (1994—1998年)	第二周期 (1999—2003年)	第三周期 (2004—2008年)	第四周期 (2009—2013年)
参培人数	2673人	3024人	2914人	4593人

(三)国培计划

“中小学教师国家级培训计划”由教育部、财政部于2010年开始全面实施,是提高中小学教师特别是农村教师队伍整体素质的重要举措。2013年,市选派37名教师参加“国培计划”脱产培训,其中14名教师参加“国培计划”置换脱产项目,23名教师参加“国培计划”短期培训项目;选派9名校园长参加“国培计划”骨干校园长培训项目。2014年,选派120名教师参加“国培计划”培训,其中24名教师参加“国培计划”置换脱产项目,69名教师参加“国培计划”短期培训项目,37名幼儿园教师参加“国培计划”幼教培训项目;选派11名校(园)长参加“国培计划”骨干校(园)长培训项目;有250名教师参加“国培计划”网络研修培训。

2015年,选派187名中小学、幼儿园教师参加“国培计划”培训项目,其中62名中小学骨干教师参加“国培计划”置换脱产培训项目,99名中小学教师参加“国培计划”访名校培训项目,26名幼儿园教师参加“国培计划”访名园培训项目;选派31名校园长参加“国培计划”骨干及新任校园长培训项目;有1380名中小学、幼儿园教师参加“国培计划”网络研修培训项目;有1152名中小学、幼儿园教师参加“国培计划”送教下乡培训项目。

第四节　教师管理

一、绩效管理

2009 年,为深化教育系统分配制度改革,市教育局下发《阿图什市义务教育学校绩效工资实施意见》,将绩效工资分为基础性和奖励性两部分,基础性工资占绩效工资总量的 70%,按统一标准发放,奖励性工资占绩效工资总量的 30%,按多劳多得,优绩优酬原则发放。

2013 年,阿图什市教育局制定出台《阿图什市教育系统 2013 年度绩效考评工作实施方案》和《阿图什市中小学 2013 年度绩效考核指标及评分细则(含幼儿园、托儿所)》,加大对各类学校 2013 年度工作进展情况综合考核,绩效考评分为优秀、良好、合格、不合格 4 个等次,按参加考评总数 30% 的比例评定为优秀,60% 的比例评定为良好,10% 的比例评定为合格。

2014 年,按照自治区教育厅关于印发《新疆维吾尔自治区义务教育学校教师绩效考核工作指导意见》的通知、《自治区中小学书记、校长工作年度考核方案及指标体系(试行)》的通知、阿图什市委、市政府关于印发《阿图什市 2014 年度绩效考评工作方案》的通知精神,加大对各类学校 2014 年度工作进展情况进行综合考核,绩效考评分为优秀、良好、合格、不合格四个等次,按参加考评总数 20% 的比例评定为优秀,40% 的比例评定为良好,40% 的比例评定为合格。

2015 年,阿图什市教育局制定出台《阿图什市中小学书记、校长、学区书记、学区长绩效考核管理评分细则》和《阿图什市教育系统绩效考核责任追究办法》,进一步完善《阿图什市中小学 2015 年度绩效考核指标及评分细则》《阿图什市幼儿园(托儿所)绩效考核细则》,将德育思想教育和安全稳定绩效考核分值所占百分比由原来的 25% 提高到 50%,强化德育工作责任,建立完善德育工作考评制度,促进教职工政治思想教育和作风的转变。

2015 年实有教职工人员 5971 名,其中优秀 528 名,合格 3527 名,不合格 1 名,未定等 1141 名;未参加考核人数 76 名。

二、资格和职称评定管理

1995 年后,阿图什市教育局拟评中级以上职称的人员围绕“德、能、勤、绩”述职答辩,对教学能力、业务能力和科研能力量化考核。拟评、参评以及晋升人员实行层层公示,保证职称评审工作的公开、公平和公正性。每年严格按照《自治区专业技术职务任职资格管理暂行办法》开展教师职称评审工作,核定各学校中、高级职称比例结构,报自治州审批,同意后安排年度教师系列职称评审工作。

2012 年,根据自治区人事厅《关于中小学教师职称制度改革试点地州开展 2012 年中小学教师职称评审工作的通知》,在中学和小学增设正高级、副高级职称,有效提高中小学教师切身利益。至 2015 年,阿图什市有 493 名教师晋升中、高级职称。

第五节　教师待遇

1994 年,《中华人民共和国教师法》颁布实施,教师待遇受法律保护。2006 年,自治区人民政府下发《关于深化农村义务教育经费保障机制改革的通知》,将教师工资纳入农村义务教育经费保障机制范围,确保教师工资按照国家标准按时足额发放,工资津贴待遇比公务员高 10%。

2011 年,为加强乡村教师队伍建设,提高乡村教师待遇,自治区下发《关于实行乡镇干部基层补贴的通知》,对乡镇干部给予每人每月 200 元基层补贴。在自治区中小学和幼儿园教师享受乡镇干部基层补贴的基础上,自治区下发《新疆维吾尔自治区集中连片特困县乡村教师生活补助实施办法(试行)》,按照城市距离计算,阿湖乡、松他克乡、阿扎克乡每月每人 100 元;上阿图什每人每月 200 元;格达良乡、哈拉峻乡、吐古买提乡每人每月 300 元。

第七章　教育教学

第一节　管理体制

一、学杂费

1995—2005 年,阿图什市学校收取学杂费标准为小学收取每生每学期 12 元,中学收取每生每学期 18 元。2006 年起,国家按照小学每生每年 300 元、中学每生每年 500 元的标准开始下拨公用经费,同时免除学生学杂费。国家下拨公用经费由市财政局直接拨付至乡政府,再由各乡政府拨付给各乡教办,学校的经费由各乡教办管理。

2007 年,阿图什市教育局成立核算中心,各乡教办财务人员统一到市教育局办公,学校各项经费由市财政局下拨到市教育局,再由教育局根据各乡学生人数拨付到各学校,财务管理模式为"校财局管",实行中小学财务管理校长负责制,中小学以校为单位进行会计核算。

二、人事

(一)竞聘上岗

2010 年,阿图什市根据《党政领导干部选拔任用工作条例》的有关规定,书记、校长的竞聘任用遵循任人唯贤、德才兼备,群众公认、注重实绩,公开、平等、竞争、择优,民主集中制,依法办事的原则。加强书记、校长推荐、提名、考察、讨论、决定等各个环节的监督,把中小学领导班子建设摆上重要议事日程,结合工作业绩、年终考核和群众评价情况,及时竞聘调整学校领导班子成员,配齐配强学校领导班子。

2011 年,为加强幼儿园领导干部队伍建设,阿图什市制定《阿图什市学前教育双语幼儿园园长竞聘实施方案》,通过面向社会公开报名、资格审查、笔试、面试、组织考察、公示等程序,竞聘 19 名幼儿园园长,聘任期为一年,每年通过对各幼儿园园长在思想政治、工作态度、工作能力、工作绩效等方面进行考核,考核合格继续聘任。

2012 年,全市共聘任科级干部 3 名,聘任股级书记、校(园)长 9 名。2013 年,全市共聘任科级干部 1 名,聘任股级书记、校(园)长 42 名,其中校长 6 名、园长 36 名。免去科级书记、校(园)长 2 名,免去股级校(园)长 2 名。

2015 年,全市共聘任科级书记、校(园)长 14 名,其中书记 7 名、校(园)长 6 名、副主任科员 1 名。共聘任股级书记、校(园)长 23 名,其中书记 3 名、校长 15 名、学区长 2 名、园长 3 名。免去科级书记、校(园)长 6 名,免去股级校(园)长 9 名。

(二)学历和任职条件

1996 年,阿图什市中小学教师学历合格率 93.8%;小学专任教师学历合格率 99.7%,中学专任教师学历合格率 87.9%。小学专任教师任职达标率 85%;中学专任教师任职达标率 85.6%。

2000 年,阿图什市中小学教师学历合格率 96.25%,小学专任教师学历合格率 99.7%;中学专任教师学历合格率 92.8%。2005 年,阿图什市中小学教师学历合格率 98.55%,小学专任教师学历合格率 99.8%;中学专任教师学历合格率 97.3%。2010 年,阿图什市中小学教师学历合格率 99.5%,小学专任教师学历合格率 99.7%;中学专任教师学历合格率 99.3%。

2015 年,阿图什市中小学专任教师学历合格率 99.7%;小学专任教师学历合格率 99.7%;中学专任教师学历合格率 99.6%;小学专任教师任职达标率 74.7%;中学专任教师任职达标率 81%。

第二节 教学研究

一、教学研究

1995 年,市教育局教研室承担着全市中小学教学教研工作。

2004 年 9 月,编写《学生成长评比手册》,因该手册切合新课程改革的要求,在部分兄弟县市中小学予以推广。上阿图什乡编制《新课程改革与评比手册》。2005 年,编写《新课堂的钥匙在你手中》一书,收集整理优秀教师的教案和论文。

2006 年,编写《新课程改革与教师教学研究》一书。2009 年,组织教研人员编写《我的新课堂》和《积极课堂教学》两本书,指导教研和课程改革工作。

2010 年 1 月,召开阿图什市中小学教育教学现状及发展方向大型研讨会,参加研讨会的中小学校长、教务主任和骨干 120 人。

2011 年,阿湖乡中学、上阿图什乡萨依小学被确定为“自治区首批农牧区基础教育课程改革基地学校”。全年,先后召开哈拉峻乡、吐古买提乡 7 所学校“加强学校管理推动双语教学工作”讨论会,参加会议的校长、教务主任、教研组长和双语骨干教师共 53 人;在市第二中学举办 2011 年高中新课改《高考大纲》解析与命题趋势研讨会。

2012 年,强化校长在教学管理工作中的主导地位,制定校长任课、听课制度,要求校长担任至少一门学科的教学工作,每学期听课、评课不少于 20 节。在全市开展“送课下乡”“城乡学校课堂交流”活动,送课学校在开学前制定送课工作计划,学期结束时进行总结,全年送课、听课 400 节。

2013 年,为推动各学校双语教学工作规范化,下发《义务教育阶段双语教育规范化办学行为检查细则》和《评估方案》,对七个乡学区和市直中小学的双语规范化教学工作进行检查指导,下乡蹲点到基层学校 146 天,听评课 126 节。

2014 年,市第一中学阿吉木·沙特瓦尔地主持申报的中学物理教学能手培养工作室被批准为全疆首批 39 个自治区级教学能手培养工作室之一,也是克州第一个“自治区级教学能手培养工作室”。

2015 年,为规范教师课堂教学,下发《阿图什市中小学教学常规管理办法》和《阿图什市中小学教学常规工作检查评价手册》。建立教研员蹲点联系学校制度,每个教研员必须联系承包指导一至两个片区的 5 ~ 10 所学校,教研员一年听评课不少于 80 节。结合阿图什市农村中小学教学实际,编制《教师教学工作手册》《教师备课本》,将校本教研制度、校本培训制度、教师听评课制度、教学反思制度等制度编辑到《教师教学工作手册》中。

二、教学竞赛活动

2010 年,先后举办全市中学思想政治学科教师说课比赛;举办全市中小学生数学知识竞赛,参加比赛学生 689 名。组织全市 120 名中学生参加新疆地理奥林匹克选拔赛;举办全市农村小学一至四年级汉语课文阅读、背诵、听写比赛,参赛学生 124 名。

2013 年,组织高中教师参加克州首届高中通用技术优质课比赛活动;举办“阿图什市小学语文、数学优秀教学能手说课比赛”,参赛教师 44 名。

2015 年,举办全市初中、高中维吾尔语文优质课比赛,选拔的 5 名教师分别获得州级比赛一、二等奖。组织 19 名中小学语文、数学、科学、物理、化学等学科教师参加“克州中小学教学能手评选大赛”,2 名教师获得州级一等奖。组织 16 名中小学体育教师参加在市第一中学举办的“自治州体育教师基本功比赛”,6 名教师获得自治州初中组、小学组的一、二等奖,5 位教师获得自治区初中组、小学组的二、三等奖。

第三节 捐资助学

1996—2005年,阿图什市阿湖乡兰干村村民、格达良乡乔克其村村民、上阿图什乡村村民、松他克乡肖鲁克村村民、深圳彩虹公司先后捐资72.5万元,为博斯坦小学修建教师办公房、阿克迈丹小学修建围墙、阿湖乡兰干小学修建教室、阿湖乡阿其克小学修建教室、肖鲁克小学修建3000平方米操场。

2006—2010年,松他克乡肖鲁克村民、克青孜村村民、克州教育局和克州妇联共同捐资为肖鲁克小学购买锅炉、安装暖气供暖、建设停车棚、修建150米铁艺围墙(含大门);为克青孜小学新建厕所、阿湖乡中心小学修建教室。

2013年,松他克乡克青孜村村民捐资40万元为瓦克瓦克小学修建100米围墙(含大门、门卫室)、硬化绿化2600平方米操场。2013年开始,委托新疆凯途高山探险公司在新疆阿图什市教育局设立帕米尔之星奖励基金,奖励基金每年2万元,用于表彰鼓励新疆阿图什市高中学生中思想品德、文化、艺术、体育方面的成绩优秀学生,基金捐助使用周期为10年。

2014年,克州松陵公司捐资25万元为上阿图什镇迪汗拉小学修建足球场。

2015年,克州松陵公司捐资20万元为上阿图什镇尧勒其中学修建主席台;松他克乡亚喀巴格村民捐资10万元为肖鲁克小学重建锅炉房、更新锅炉;阿扎克乡下西塔其村民为下西塔其小学捐资15万元,硬化2500平方米场地;松他克乡亚喀巴格村民捐资4万元为温吐萨克小学更新锅炉;克州军分区给松他克乡克青孜小学捐助价值7.5万元的200套学生课桌椅和20套教师办公桌椅。

第八章 教育管理

第一节 教育经费

1995年,阿图什市义务教育经费全额纳入阿图什市财政预算,同时逐步完善和贯彻执行"校财局管校用"制度,落实义务教育保障经费、大型物资审批集中采购制度,并由教育会计核算中心对中小学财务进行统一管理、核算。2006年,阿图什市全面落实义务教育"以县为主"的管理体制,农村义务教育的投入保障机制全面启动,全面实施国家的"两免一补"政策,使学生和家长得到实惠。1995—2015年,教育经费累计投入112430万元,财政预算内教育支出107059万元。2015年,为完善义务教育经费管理工作,成立市教育系统财经领导小组,全面加强学校财务管理和监督工作,确保学校各项资金的安全使用。

1995—2015年部分年份阿图什市教育经费投入和财政预算内教育支出情况对照表

表28-21　　单位:万元

年份	教育经费投入	财政预算内教育支出	年份	教育经费投入	财政预算内教育支出
1995	629	616	2009	29201	24115
1999	2353	2299	2015	71000	71000
2004	9247	9029	合计	112430	107059

第二节　标准化建设

2002 年 7 月，阿图什市启动义务教育阶段学校标准化建设工作。至 2015 年，全市有 33 所学校完成义务教育学校标准化建设。

2012 年起，阿图什市改善办学条件，改善基础设施，配齐配全教学仪器设备。2013—2015 年，利用国家、自治区、援疆以及地方自筹资金共 1.37 亿元，新建各类教学教辅用房、教师周转宿舍 81237.69 平方米；利用地方自筹和援疆资金 3291 万元，为义务教育标准化建设学校采购音体美、数理化等教学仪器设备。

2015 年阿图什市办学条件情况表

表 28 - 22

数量	幼儿园	小学	初级中学	高中
	46	69	13	5
总占地面积（平方米）	188656	1138724	316577	175833
生均占地面积（平方米）	28	49	40	49
总建筑面积（平方米）	40789	185531	65996	91417
生均建筑面（平方米）	6	8	8	26
总图书量（册）	7322	319624	138122	106476
生均图书（册）	1	13	18	30
总运动场面积（平方米）	41749	272161	91109	47227
生均运动场面积（平方米）	6	11	12	13

第三节　校园文化建设

一、第二课堂

2000 年，全市学校实行第二课堂教学活动，组织是对第一课堂学习的延伸，丰富多彩的课外活动。在第二课堂开展期间，学校领导动员每一位教师参加第二课堂相关工作。在时间、资金、场地、设备器材等方面做出合理规划。选拔思想好、责任心强、学识广博且有一技之长的教师担任辅导教师。由年级组负责落实各学科的辅导教师，教务处负责统一管理。第二课堂以培养动手能力为主的科技活动小组、教具制作小组等，以培养体育、文艺人才、艺术团体、各田径队、各类球队、舞蹈队、书法美术小组及棋类组等，发挥文、体积极分子的一技之长。组织一些竞赛活动，如体育比赛、演讲比赛、书法比赛、歌咏与朗诵比赛和各种学科竞赛等，定期举行文化艺术节等活动。

二、课前三分钟

2014 年开始，全市学校实施“课前三分钟”工作，主题内容为爱国主义、安全教育、传统文化、法治教育、民族团结、去极端化、现代文化、道理智慧、科学前沿、时事政治、历史上的今天等。

三、阳光体育和校园艺术文化

2012 年，为全面贯彻《国务院办公厅转发教育部等部门关于进一步加强学校体育工作若干意见的通知》、中共教育部党组《关于教育系统深入学习贯彻习近平总书记系列讲话精神的意见》精神，通过增加活动的娱乐特色、道德特色、新兴特色和广泛开辟文体宣传阵地,促进学生德、智、体、美全面发展。

2015 年,组织学生自行设计阳光体育项目,开展阳光体育活动项目 15 项,如趣味接力、三人足球赛、班级拔河赛等活动;开展校园文化艺术展演活动,从学校自行在校开展庆祝节日文艺表演,将优秀节目在百日文化广场上进行展出,再到将学生和教师优秀舞蹈、音乐、美术作品进行集中展演,共举办 5 次大型文艺展演活动。根据自身特色自行编导大课间活动操,将少数民族的舞蹈融入集体舞中,营造出师生积极参与体育活动的良好氛围,让师生在教与学的互动过程中共同进步。

第四节　校园法治

一、安全教育和宣传

1995—2015 年,市教育局加强学生安全意识淡薄及安全管理措施未落实到位的工作。对校内易发事故类型、重点部位保护、工作薄弱环节、各人员安全意识与安全技能等方面,开展深入全面的检查和统计,有针对性地扎实开展交通安全、防溺水、防地震等各项安全教育防范工作。在学校利用校内广播、宣传栏、讲座等宣传形式,开展校园安全广播、安全知识普及栏、安全教育专题讲座、板报等活动。

二、学校法制副校长

2003 年,全市各学校新聘请 80 名法制副校长在学校履行法制副校长职责,协助学校组织开展对学生、家长的法治宣传教育。主要职责是按学校的教学计划对学生开展法治教育,定期带学生开展法律学习实践活动;每月到学校走访一次,了解学校的治安情况和周边治安环境情况,发现问题,及时与有关部门协调处理;协助学校处理有关法律事务,协助学校、老师、学生依法维权;协助学校预防和遏制不法事件发生。

第五节　青少年校外教育

一、阿图什市青少年活动中心

2004 年 11 月,阿图什市青少年活动中心建成,2005 年 9 月投入使用,隶属市教育局,是中央专项彩票公益金支持的公益性质事业单位。建筑面积 2473 平方米,设有舞蹈排练厅、微机室、科技室、钢琴室、美术室、乒乓球室等,设施配置齐全。中心开办舞蹈班、乒乓球班、计算机班、钢琴班等 7 种兴趣班,每周开班 17 个班次,每周上课学生人数近 500 人。

二、乡村少年宫

至 2015 年,全市有乡村少年宫 10 所,各项设施齐全。各乡村少年宫根据学生的年龄特点和兴趣爱好,分别开设音乐、体育、书画、舞蹈、阅读、信息技术、科普等多个兴趣小组,每个学科、项目活动都有 1 ~ 2 名教师全面负责、督促、指导。在乡村少年宫建设中,坚持依托学校已有的设施、场地、师资力量,发掘、整合各类教育资源。各乡村学校在少年宫内开展艺术、体育、科技类活动,满足不同特长、不同兴趣、不同层次学生发展需求,促进农村未成年人思想道德建设,成为孩子喜欢的活动场所、家长放心的教育阵地、村民满意的文化中心。

三、社区教育

1995—2015 年,全市社区作为加强学生思想道德建设的重要阵地,积极鼓励、引导和支持学生走进社区,广泛开展多种公益活动。争做“爱心小少年”,从而学会感恩父母,感恩社会,感恩生活在你身边的人;开展多项主题活动,了解社区的人文环境和风俗习惯;关注社区中绿化美化和公共卫生,为社区做自己力所能及的事情;学校组织班主任和所有科任教师开展家访活动。家访中注重宣传教育政策法规、家庭教育观念、教育方法、安全文明规章;通过学校发现情况和学生在校表现情况,全面了解学生家庭情况,与家长共商提高学生学习能力和养成良好行为习惯的方法措施；了解掌握特殊家庭生（含贫困生、单亲生、农民工子女和城乡接合部家庭等）和行为偏差生（学困生和其他行为失范的学生）情况，有针对性地采取帮扶、辅导（含心理辅导和学习辅导）等助学措施。

第六节　校舍建设与维修

1995 年，利用世行项目资金，完成 14 所学校的土建工程，建筑面积 8928 平方米，投资 401.7 万元。1996 年，完成中小学改扩建项目 19 个，建筑面积 9096 平方米，投资 46.04 万元，其中小学 14 所、5113 平方米，中学 5 所、3815 平方米。完成 8 所学校的重建，建筑面积 4413 平方米，投资 267.58 万元。1997 年，完成 29 所中小学改扩建工程，建筑面积 1.21 万平方米，投资 654.36 万元。2000 年，完成 72 所中小学改扩建工程，建筑面积 2.02 万平方米，投资 1199.6 万元。新建中学 2 所，建筑面积 2944 平方米，投资 165.3 万元。

2009 年，阿图什市完成中西部农村初中校舍改造工程 4 个，新建宿舍、食堂、浴室、锅炉房共计 1.4 万平方米，投入资金 1750 万元。完成 D 级危房改造项目 9 个，新建教学楼、宿舍、食堂、浴室共计 2.15 万平方米，投入资金 2144 万元。完成抗震加固项目 95 个，加固面积 5.4 万平方米，投入资金 1841 万元。完成“两基”迎国检项目 1 个，投入资金 266 万元，新建综合楼一栋，共计 2431 平方米。2010 年新建幼儿园 10 所，总建筑面积 8136 平方米，总投资 810 万元。随着新一轮援疆工作的开展，校舍建设与维修步伐不断加快，2011 年改扩建学校 1 所，建筑面积 2.63 万平方米，总投资 7460 万元，其中昆山市援助 7000 万元。2012 年新建 1 所小学教学楼，建筑面积 5011 平方米，总投资 1002 万元，其中昆山市援助 420 万元。2013 年，新建 1 所中学教学楼，建筑面积 2.47 万平方米，总投资 4260 万元，其中昆山市援助 2100 万元。2014—2015 年，新建 3 所中小学配套设施建设，建筑面积 8735 平方米，总投资 3315 万元，全部为昆山市援助资金。

第九章　两基工作

第一节　基本情况

1999 年，阿图什市在全州率先通过自治区人民政府“两基”验收。2001 年，阿图什市通过“两基”复查验收。

2006 年 12 月至 2007 年 8 月，阿图什市全面启动“两基”迎“国检”阶段。2007 年初，市委、市政府召开“两基”巩固提高和迎接自治区复查验收动员大会。4 月，转发《关于进一步做好“两基”攻坚和巩固提高工作迎接国家“两基”督导检查的意见》，安排市“两基”巩固提高和迎“国检”工作。8 月，成立以市长为组长的“两基”迎“国检”领导小组，下设办公室。12 月，在原有工作的基础上，按照自治州的要求全面启动阿图什市的“两基”巩固提高迎“国检”工作。召开“两基”迎“国检”工作动员、再动员大会，签订目标责任书，层层落实工作任务，确定各乡、街道办事处及有关部门的党政一把手是“两基”迎“国检”工作“第一责任人”。实行“两基”工作一票否决制，完善各级目标责任制。

2007 年 8 月至 2008 年 12 月，阿图什市“两基”自查自评、整改达标阶段。

2009 年 1—8 月，阿图什市全面督促检查，申请“两基”迎“国检”阶段。

2009 年 1 月初，市人民政府组织各相关部门、乡、街道办事处负责人和中小学校长参加自治区第三次“两基”迎“国检”工作动员大会（电视电话会议）。市人民政府与各乡、街道办事处签订《“两基”巩固提高迎“国检”工作责任书》，进一步明确工作目标和责任，确保“两基”迎“国检”工作落到实处。

2009 年 1 月，将全市 20588.96 平方米 D 级危房全部拆除。

2010 年，国家“两基”督导检查组委托自治区督导组验收克州的“两基”工作，阿图什顺利通过验收。

第二节　巩固“两基”成果

2006—2008 年,小学适龄儿童入学率城市 100%,农区 99%,牧区 98%;初中适龄少年入学率城市 100%,农牧区 97% 以上;残疾少年儿童入学率 85% 以上,农牧区 65%。小学辍学率城市控制在 0.8% 以下,农村控制在 1.2% 以下;初中辍学率城市控制在 1.5% 以下,农牧区控制在 2.5% 以下。

2008—2010 年,小学适龄儿童入学率城市 100%,农区 99.5%,牧区 99%;初中适龄少年入学率城市 100%,农牧区 98%;残疾少年儿童入学率城市 90%,农牧区 70%。小学辍学率城市控制在 0.5% 以下,农村控制在 1% 以下;初中辍学率城市控制在 1% 以下,农牧区控制在 2% 以下。

第十章　科学技术

第一节　机构队伍

一、管理机构

1995 年底,阿图什市科学技术委员会和阿图什市科学技术协会合署办公,两块牌子、一套人马,有科技干部 11 人,其中大学学历 4 人、大专学历 1 人、中专学历 5 人。

2002 年 10 月,市科学技术委员会更名为市科学技术局,内设业务室、办公室、财务室、精神文明办、科技开发办、科技特派员室,核定编制 12 名,其中行政编制 5 名、事业编制 3 名,开发中心 4 名。实有 12 人,其中大专以上学历 10 人,分别为畜牧、农学、财会、水利、法律等专业。

2004 年,根据阿机编字〔2004〕10 号文件精神,科技局与知识产权局合署办公,增加编制 3 名。2013 年 11 月 15 日,市科学技术协会与市科学技术局分设,市科技局独立办公,正科级建制;市科学技术协会参照公务员管理的事业单位。2015 年,市科技局核定编制 12 名,实有 12 人。内设业务室、办公室、财务室、科技开发办、科技特派员室 5 个职能科室。市科学技术协会核定事业编制 4 名,实有 5 人。内设科学技术普及室。

二、科研机构

1995 年,阿图什市科技开发中心隶属于阿图什市科技局,核定编制 6 名,主要业务工作开展各类培训宣传活动和局机关工作基本一致。2015 年,实有 12 人。

三、科技队伍

1995 年,阿图什市有各类科技人才 200 人、专业技术人才 58 人、经营管理人才 62 人、技能人才 50 人、农村实用人才 30 人。

2000 年,全市有各类科技人员 337 人,其中有少数民族科技人员 50 人;有技术职称 244 人,其中高级职称 1 人、中级职称 31 人、初级职称 212 人。

2001 年,聘任各类专业技术人才 1089 人,其中高级职称 8 人、中级职称 258 人、助理职称 445 人、技术员 378 人。按系统划分,教育系统 665 人、卫生系统 198 人、农林牧工系统 167 人、其他 59 人;另外,企业外聘技术人员 192 人,其中高级职称 1 人、中级职称 17 人、助理职称 76 人、技术员 98 人。

2012 年,全市有各类科技人员 2231 人,其中高级职称 42 人、中级职称 611 人、初级职称 1578 人。

2015 年,全市有各类科技人才 10936 人、专业技术人才 6133 人、经营管理人才 381 人、技能人才 1082

人、农村实用人才3340人、科技特派员86人。

第二节　科技战略与规划

一、科技战略

1995—2015年,阿图什市坚定不移地贯彻“科学技术必须面向经济建设,经济建设必须依靠科学技术”方针,全面实施“科技兴市”战略,依靠科技进步,促进市域经济快速发展。市委、市政府先后制定《关于加速科学技术进步,推进阿图什市经济社会全面发展的决定》《阿图什市“科技兴市”领导小组各成员单位创建职责》《关于成立阿图什市专家顾问团的通知》《阿图什市科技兴市纲要》《关于依靠科技进步振兴阿图什市的决定》《阿图什市推进科技进步的实施意见》《阿图什市科技进步奖励办法》等依靠科技进步发展市域经济文件,确定科技工作奋斗目标和重点科技应用推广项目。

二、科技规划

1995—2015年,市委、市政府全面贯彻“科学技术是第一生产力”的战略思想,坚持“经济建设必须依靠科学技术,科学技术工作必须面向经济建设”的科技工作基本方针,坚持把科技工作作为科教兴市战略的重要组成部分,把经济建设转移到依靠科技进步和提高劳动者素质的轨道上来。大力发展优势科学技术,带动相关领域的科技进步和总体水平的提高,依靠科技进步,振兴全市国民经济。先后制定《阿图什市科技发展“十五”计划和2005年远景规划》《阿图什市科技发展“十一五”规划》《阿图什市科技发展“十二五”规划》等。

2000年后,将“党政领导科技目标责任制”各项职责分解到各乡(镇)和有关部门,签订责任书,落实具体任务,制定考核办法,将考核成绩与各单位党政领导政绩挂钩,列入目标考核序列,每年表彰先进,增强各级党政领导科技意识和科技兴市责任感,促进科技创先工作。2001年,制定《阿图什市科技兴市纲要》《关于依靠科技进步振兴阿图什市的决定》。

2006—2010年,全面落实“十一五”科技发展规划。在市委、市政府的领导和各级各方的支持配合下,全市大力实施“科教兴市”战略,各级党政坚持把科技工作摆在突出位置,深入推进科技进步与发展,形成党政重视、部门配合、企业支持、社会参与的“四位一体”科技工作格局,为科技工作的健康发展营造良好的政策环境。将科技工作纳入乡镇党建经济目标责任制考核。2009年,出台《阿图什市科技进步奖励办法》。

2012年,制定《阿图什市科技发展“十二五”规划》,全市把保障和改善民生作为科技发展的出发点和落脚点,把推动体制机制改革作为科技发展的强大动力,以科技进步和创新支撑经济结构战略性调整,加快转变经济发展方式,为实现全市跨越式发展,构建社会主义和谐社会提供强有力的科技支撑。坚持“自主创新、重点跨越、支撑发展、引领未来”科技发展方针,加速推进新型工业化、农牧业现代化和新型城镇化,把提高自主创新能力摆在科技工作的突出位置,加强科技成果转化和应用,加快产业结构调整和经济增长方式转变,促进全市经济走上创新驱动、内生增长的发展轨道。

第三节　科技兴业

2005年,开始进一步提高全民的科技意识,坚持和完善科技目标责任制,依靠科技进步,健全农业技术推广、技术培训和服务体系,大力运用和推广现有的农业科技成果,推动农村经济快速发展。加大科普宣传和科技培训力度,积极推广先进的科技项目,建立科技网络体系,使科技能够全方位应用到经济建设的各个领域,提高科技对经济发展的贡献率。“十一五”期间,累计培训各级干部5660人(次);定期开展更新知识培训,以市委党校为基地,根据实际工作需要,每年都对全市公务员进行新知识、新理论的培训,参训率100%。“十一五”规划实施以来开展计算机、双语、依法行政、公务员法等培训56700人次;开展专门业务培训16240人次。定期组织专业技术人员学习,指导农业、教育、卫生等部门围绕本行业特点,开展专业知识培训。至2015年,共有各类专业技术人员9200人。

2006年,全市以优化推进农业产业结构为目标,共安排实施重点自治区、市两级科研项目33项,发挥农牧业科技在产业结构调整中的支撑作用,促进农业产业结构优化升级。不断推进种植技术改良工程,在种植业上继续采取粮果间作、果菜间作、立体种植、复播套种、三边种植等多种模式加快种植技术的改良,引导农民科学合理用肥,加大有机肥料投入,增加单产。棉花生产坚持走"改良品种,优化布局,降低成本,提高效益"的发展思路,通过全面推广高密度、宽膜植棉技术、强化管理等措施确保提高单产,增加收入。畜牧业生产不断加快市、乡、村三级良种繁育基地建设,通过人工授精、冷配、多胎繁殖、胚胎移植等成熟技术,加快优质畜种的引进、繁育和推广步伐,牲畜优良品种普及率70%以上。在农区围绕畜牧业安排种植业,以扩大玉米复播面积、粮草间作的方式使草业进入农区,变传统二元结构为粮、经、草三元结构,为牲畜发展提供饲草保障。在牧区加快天然草场的恢复和改良,实施天然草场轮牧、禁牧1.33万公顷,推行"三贮一化"工程取得实效。

2006—2008年,阿图什市共举办农牧民培训班451期,参训人数6.1万人(次);劳务输出培训班109期,参训人数13071人(次);专业技术干部培训班105期,参训人数7515人(次)。企业管理人员和企业职工培训班93期,参训人数10781人(次);党政领导干部培训班164期,参训人数3.5万人(次);农牧民技术员培训班12期,参训人数200人(次),其中195人取得资格证书。全市85%以上的农村劳动力接受科普教育,科技人员培训超过90%,农村基层干部培训面100%。

2010年,完善拔尖人才竞争激励机制。建立拔尖人才目标考核制度。完善《拔尖人才工作分工负责制》《市级领导干部联系拔尖人才制度》《拔尖人才考核制度》《拔尖人才管理办法》4项制度。2011年,加强各类人才培养。一方面"走出去",用人单位与高等院校取得联系,建立人才培养协作关系,选送一批初、中级人才去学习深造,着重培养园艺、设施农业和畜牧业方面的急需人才。组织基层专业技术人员赴高校、科研机构、兄弟县市考察,开阔视野,更新观念;另一方面"请进来",聘请区内外专家教授到阿图什市讲座授课,提高本地人才队伍技术水平。

2012年,大力开发乡土人才。制定有关乡土人才兴办科技实体和开发技术项目的优惠政策,多方面促进乡土人才脱颖而出。至2015年,全市建成科技示范村43个,科技示范基地131个,科技示范户4735个,把科技特派员工作作为解决"三农"问题的一项有效措施来抓,选派8名专业技术人员,充实到各乡科技队伍中,以种养殖、园艺等产业为主战场,大力开展和培育各项科技实用新技术,新培养各类科技示范户50户,带动发展示范面积0.13万公顷,带动农户1万人。

阿图什市科技发展"十一五""十二五"规划实施以来,市财政共投入科普经费26万元,科普费年人均0.55元。加大农牧民科技实用技术培训力度,建成市级科普培训基地1个、乡级科技文化学校7个、村级科技文化学校74个;结合"社会主义新农村"建设,大力开展科技下乡活动,邀请农、林、牧、园艺等方面的专家,深入农牧区开展科技讲座和技术咨询服务,有针对性地解决农牧民在农、林、牧、园艺等产业方面存在的技术问题;以"农业增产,农民增收"为主题,大力开展科技下乡活动,深入开展科普宣传活动。活动期间共为农村群众赠送各类实用技术资料、科技宣传手册等5000份。根据农牧业生产季节,适时组织种植、养殖、园艺业等领域具有中级职称以上的专业技术人员组成送科技下乡活动服务队。

第四节　科技特派员

2003年,阿图什市开展科技特派员工作试点,当年下派科技特派员6名,同时出台《关于阿图什市科技特派员制度的意见》《阿图什市科技特派员管理办法》和《阿图什市科技特派员农村创业行动实施意见》,2013年进行重新修订。2007年全面推行科技特派员工作,下派科技特派员45名。2007—2015年,每年下拨工作经费10万元。2014年,下拨阿图什市科技特派员农村创业项目经费40万元。2015年全市科技特派员86名。2006年发明新型移动式药浴池,取代固定式药浴池和半机械式药浴,节省人力物力财力,迅速有效地控制螨病等外寄生虫病。对木纳格葡萄,采取座谈、举办培训班、播放科技录像、发放资料等形式,向农民传授科技知识，现场对施肥、浇水、修剪、嫁接、病虫害防治进行技术指导，推广生态农业。围绕产业和技术需求，与农民建立“风险共担，利益共享”的利益共同体，开展创业和服务。

第五节　科　研

一、产业项目

1995年后，阿图什市科技局每年根据自治区、州科技部门批准立项下达科技计划项目，全市列入计划的科技项目由市科技局会同计委、财政部门联合下发有关单位和部门组织实施。主要负责当年的科技计划实施落实。

1996—2005年，共申报科技项目34项。

2006年，共争取自治区、州立项科技计划项目4个。

2007—2010年，共争取自治区、州立项科技计划项目19个。

2011—2015年，共争取自治区、州立项科技计划项目64个。

1995—2015年阿图什市科技项目情况表

表28－23　　单位：个

年份	项目	年份	项目	年份	项目	年份	项目
1995	1	2001	3	2007	4	2013	17
1996	1	2002	12	2008	5	2014	15
1997	2	2003	4	2009	6	2015	15
1998	1	2004	3	2010	4		
1999	2	2005	3	2011	5		
2000	3	2006	4	2012	12		

二、科技成果与推广

（一）科技成果

1995年，《木纳格葡萄母本园建设及储藏保鲜试验研究》获自治区科技进步二等奖。

1996年，选育的优质木纳格葡萄获中国第二届农业博览会金奖。

2000年，修订《白木纳格葡萄品种》《红木纳格葡萄品种》《木纳格葡萄育苗技术规范》《木纳格葡萄栽培技术规程》《木纳格葡萄贮藏保鲜技术规程》5个自治州地方标准，已经形成克州木纳格葡萄标准化体系，并报自治区质量技术监督检验局审定。

2002年，《木纳格葡萄》（DB652004—2002）由新疆维吾尔自治区质量技术监督局发布，上升为地方标准。

2003年，《干旱荒漠区高效生态产业建设技术与示范》获自治区科技进步一等奖。李疆、廖康作为子课题负责人，主要研究成果是制订“干旱荒漠区特色林果业高产栽培技术模式”，取得12项关键技术。

2007年，阿图什市干部网上双语（维吾尔、汉语）种培训考试系统项目，被自治区组织部评为“组织工作实践创新奖”。

2008年，466.67公顷木纳格葡萄被授予自治区级科技成果转化示范基地，133.33公顷木纳格葡萄和33.33公顷无花果通过国家有机产品认证。

2010 年,阿图什市干部网上双语(维吾尔、汉语)种培训考试系统项目荣获自治区科技创新三等奖。

(二)科技推广

1. 优质木纳格葡萄标准化栽培技术项目

项目于 2007 年立项,2011 年通过验收,并获得自治区科技厅 173 万元的富民强县项目资金支持,2013 年年初又获得国家后续 107 万元资金支持。通过项目的实施,科技服务体系不断完善、木纳格葡萄面积迅速扩大。挂果面积由项目实施前的 0. 31 万公顷,产量 6. 13 万吨迅速发展到 2015 年挂果面积 0. 43 万公顷,产量 8. 4 万吨。

2. 阿图什市设施农业产业化技术示范项目

项目于 2010 年立项,实施年限为 3 年。总投资 860 万元,其中自治区科技厅 100 万元,州、市财政匹配资金 200 万元,其他资金通过银行贷款方式筹措。项目计划建设节能、节水型设施农业产业带 2 个,建立 0. 2 万公顷设施农业生产基地,其中简易温室 433. 33 公顷、大棚 0. 1 万公顷、拱棚 566. 67 公顷。

2013 年 6 月,全市共有设施农业 1642 座,其中温室大棚 880 座,总面积 88 公顷,棚均每年每亩收入 1. 3 万元。来自设施农业产业区的农牧民收入比其他农牧民多增收 107 元。

3. 阿图什市木纳格葡萄科技成果转化基地建设项目

项目于 2005 年立项,2011 年通过验收。共投入资金 167. 08 万元,其中自治区科技成果转化项目经费 100 万元,其他经费 67. 08 万元。

通过项目的实施,建立木纳格葡萄滴灌基地 466. 67 公顷,基地葡萄年产量在 5500 吨以上,优质果率 80% 以上;完成 133. 33 公顷木纳格葡萄有机食品认证和原产地证明商标注册及保护等工作;开展葡萄病虫害综合防治、绿枝嫁接、疏花疏果、套袋等技术的培训班 100 期,培训果农 29503 人(次)、培训技术人员 1930 人(次)。葡萄标准化技术得到推广运用。在全市推广木纳格葡萄技术 0. 067 万公顷,改良嫁接经过选育的优质木纳格 20 万株。推广木纳格葡萄果实膨大技术示范 133. 33 公顷,推广木纳格葡萄套袋技术 13. 33 公顷。2015 年,为解决木纳格葡萄防裂果难题,市科技局与上海弘果科技有限公司在松他克乡、阿扎克乡进行 200 公顷防裂果试验工作。

4. 阿图什市干部网上双语(维吾尔、汉语)种培训考试系统推广项目

干部网上双语(维吾尔、汉语)种培训考试系统软件于 2006 年 2 月开始研发,2010 年 1 月,与伊犁州特克斯县委组织部、塔城地区乌苏市委组织部签订系统使用协议,在伊犁州党建网、塔城地区党建网上进行推广。

利用网上培训考试系统,推进网上“双语”课堂教育工程,开展网上教育培训。至 2015 年,总计登录考试系统练习 80 万人次,参加考试的有 8. 3 万人次;利用网上培训考试系统,开展“网上理论知识课堂”的教育培训。编写理论学习题库 22 类 9000 道政策理论知识试题,有计划分批次地组织农村干部、机关干部、后备干部以及新提拔交流干部,进行网上理论知识的培训和考试工作。

经过不断完善,2011 年 8 月,系统中共有 118 套题库、16510 道题。建立“阿图什培训考试网”,在网站上发布近期干部培训要点和各类知识题库。在网站中增加“汉、维吾尔、柯”三种语言的会话学习。对三种语言分别进行初级、中级、高级分类,满足不同语言水平的学习需要。

第六节　科技普及

一、科普宣传

1995 年,市委、市政府将科普工作纳入“十一五”规划及 2020 年远景规划,先后出台阿图什市《“十一五”科普发展规划》和《创建科普示范市的实施意见》,印发《全民科学素质工作实施方案》,市委常委会议和政府常务会议,每年集体听取科普工作汇报、研究科普工作 2 次以上,市委书记、市长每年参加科普活动 3 次以上,市人大、市政协每年组织人大代表、政协委员和相关部门负责人,对各乡、各部门贯彻科普法,实施《科

学素质纲要》情况进行巡视检查和评议。

2010年,从区内外及州、市聘请专家教授到阿图什市讲课75人(次),作专题报告38次。播放科普录像片315场,观众15万人(次),印发各类科技资料信息15万份,编印《农牧民实用技术手册》(维吾尔文)、《科技之冬简报》《科技之冬培训手册》等实用宣传材料7万份。

2015年,市、乡村共举办科普知识竞赛5场。利用广播宣传科技知识256次,印发各类科技宣传资料4万册。开展文化、科技、卫生"三下乡"活动10次,出动科普宣传车20次,设置科技咨询服务台(点)20个,展出科普展板2000快,展示科技、科普挂图10种500张,悬挂横幅100条,发放科普图书5万册、资料1万份,播放科技电教片30场。

二、"科技之冬"活动

1995—2015年,阿图什市科技之冬活动连续开展21届,累计举办各类科技培训班440期,参加培训的人员4.5万人(次)。其中受培训的农村党员、基层干部2280人(次),乡镇领导干部1060人(次)、畜牧业技术人员1640人(次)、农林业技术人员1220人(次)、农机技术人员560人(次),劳务输出人员2万人(次)。

三、"科技活动周"活动

2001年开始,阿图什市每年5月的第三周确定为"全国科技活动周"。在每年活动周期间,由市科协牵头,与市科技局、地震局、气象局、卫生局等部门合作,在学校开展关于"环保、食品卫生、防震减灾"知识的宣传。在市人民广场举办科普知识宣传活动。向农牧民赠送有关科学技术方面的科普读本,如《柯尔克孜羊标准化养殖》《果树嫁接栽培技术》《设施农业——少土栽培技术》《木纳格葡萄标准化栽培与病虫害管理》《核桃嫁接技术推广》等。至2015年,共出动宣传车50辆,发放宣传单6万份。

四、科技示范

1995年,阿图什市继续开展创建科技示范乡、科技奔小康示范乡和科普文明乡等创先活动,每年划拨一定资金进行表彰。是年,全市建成科技示范乡1个、示范村2个,专业种植户120户。

1998年,新建科技示范户56户。

2010年,建成设施农业科技园2个。

2015年,全市建成科技示范村43个、科技示范基地38个及科技示范户4920个。

第七节　科技管理

一、科技政策管理

1995年后,阿图什市先后制定《阿图什市国民经济和社会发展第十一个五年规划》《阿图什市科技特派员实施意见》《阿图什市招商引资的若干规定》《关于加速科技进步和科技创新、推进阿图什市经济社会全面发展的决定》《阿图什市关于贯彻落实〈新疆维吾尔自治区科学普及工作条例〉实施意见》《阿图什市贯彻落实科技部关于科技进步先进市创建方案》《阿图什市农村党员、基层干部实用技术和市场经济知识考评工作实施方案》《阿图什市干部教育培训基金收缴、使用和管理办法》《关于鼓励发展非公有制经济的若干规定》《关于引进人才、技术、资金,促进阿图什市经济发展优惠政策的规定》《阿图什市科学技术进步奖励暂行办法》《关于专业技术职务评聘工作有关问题的补充通知》等地方性政策和措施,保障各项科学技术和科技措施的应用与落实。2008年,在总结前三年工作的基础上,年内新增吸收2名优秀技术人员,科技特派员增加到10名。科技特派员的服务领域拓宽到整个农牧业,覆盖全市7个乡镇20多个服务点,服务对象1万余户。

二、科技计划管理

1995 年后,市科技局根据自治区制定的科技计划管理办法,实施科技项目申报,共计 14 项科技计划项目。至 2015 年,市科技局根据实际情况先后制定《科技培训任务》《科技“三下乡”工作计划》《科技活动周计划》《知识产权宣传计划》《乡镇科技培训计划》《科技计划项目申报计划》等。

第八节　知识产权保护与专利管理

一、保护机制

2004 年,阿图什市知识产权局自成立后,先后制定《阿图什市企事业知识产权试点(示范)单位工作规程》《阿图什市企业知识产权管理办法》等。每年年初,市领导与各乡镇主要领导签订知识产权目标考核责任状,提出《关于进一步加强和推进阿图什市知识产权工作的意见和措施》,提升公众对知识产权创造、管理、运用和保护的能力。每年“3 · 15”消费者权益保护日、“4 · 26”世界知识产权日,市知识产权局联合工商局、广播电视局、质监局、食药监局开展知识产权联合宣传咨询和执法活动,检查全市家电、农资、化妆品、医药、农机配件、小百货等商品质量。现场检查和登记涉嫌假冒专利产品和标识专利产品字样,开展专利检索认证。对涉嫌假冒专利产品下达知识产权行政建议书,建议在规定时间内进行答辩,提供相关专利证明和缴费手续。

2013 年,严格执行知识产权的法律法规,规范行政执法主体,做到执法人员持证上岗,依法行政,严格执法。在“4 · 26”世界知识产权日等活动中,联合工商局、质监局、卫生监督所等 10 家单位分别开展 3 次知识产权联合执法行动,对部分企业、超市进行知识产权专项执法检查。

至 2015 年,发挥知识产权综合协调职能,不断强化知识产权保护力度。全市未发现知识产权受侵害案件。

二、专利管理

2004 年,市知识产权局成立后,对个人申请的专利进行备案登记,申请专利人需办理的事项由州知识产权局负责。2006—2015 年,全市申请专利 4 人、备案 4 人,专利 16 项。

第九节　专项技术服务

一、气象测报

(一)机构

1995 年,阿图什市气象站实行气象部门与地方人民政府双重领导,以气象部门领导为主的管理体制。1998 年 6 月,阿图什市气象局成立,观测场位于北纬 39°43′,东经 76°10′,海拔高度 1298.7 米,区站号 51704,是自治州气象局直属事业单位,主要承担自治州气象局地面气象测报、气象服务等,实有 3 人。2007 年 1 月 1 日,升级为国家基本气象站。

2013 年,中国气象局下达编制 8 名。2015 年底,实有 6 人。

(二)专项气象服务

阿图什市气象站的主要业务是完成地面基本站的气象观测,每天向新疆气象局信息中心传输观测电报,1995 年 1 月 1 日至 2008 年 7 月 31 日以人工观测为主,观测纪录和手抄报表都是人工的;2008 年 8 月 1 日,启用自动仪器观测,开始编发重要天气预报,自动制作气象月报、年报报表和异常年报表。

1. 气象测报

观测时次和项目　1995 年,每天开展 08 时、14 时、20 时次定时气候观测,地温和蒸发观测。升级为国家基本站后,每天观测、发报时次为 23 时、02 时、05 时、08 时、11 时、14 时、17 时、20 时 8 次,观测项目有云、能见度、天气现象、气压、气温、空气湿度、风向风速、雨量、雪深、日照、冻土、蒸发(大、小型)、地温(地表温度、浅层地温、深层地温)、草面温度等。

2014 年 1 月 1 日,取消夜间守班,观测时次调整为 08 时、11 时、14 时、17 时、20 时 5 次定时观测。

2015 年 1 月 1 日,投入地面测报业务软件(ISOS)新型站业务运行。

气象电报的传输　2000 年,开始正式使用微机审核报表,试运行安徽地面测报业务系统(AHDOS)。2004 年 9 月开始正式使用地面测报业务软件(OSSMO)。

气象报表的制作　1995 年后,气象月报、年报表,用手工抄写方式编制,一式 4 份,分别上报自治区气象局气候资料室、自治州气象局各一份,本站存档 1 份。从 2004 年 7 月开始使用微机打印气象报表,利用电信数字数据网(DDN)向上级气象部门报送。

现代化观测系统　2005 年 9 月 1 日,建立自动观测站(ZQZ－CⅡ型),2006 年 1 月 1 日开始人工站和自动站并轨运行,同时增加草面温度及 80 厘米、160 厘米、320 厘米深层地温观测。2008 年 1 月 1 日自动站正式投入单轨业务运行。

为满足当地气象服务的特殊需要,2008 年开始,先后在阿图什市境内 7 个乡(镇)共建设 20 个区域自动气象站,其中两要素(降水、温度)观测站 12 个,六要素(降水、风向、风速、温度、湿度、气压)观测站 5 个,七要素(降水、风向、风速、温度、湿度、气压、地面温度)观测站 3 个。2013 年由市政府出资建设的区域自动气象站有 4 个,分别是阿图什市重工业园区、轻工业园区、天门景区、库木萨克园区。

2. 气象服务

阿图什市气象局在完成每日 24 小时天气预报服务的同时,还承担着发布各类预警信号、月预报、周预报、一般天气过程服务材料、重要天气过程预报、重要气象情报、天气实况等。每年春季有春节春运专题服务,春耕春播专题服务,汛期气象服务、中高考专题服务等。

1995 年后,市气象局每年为市党政部门指挥生产、防御灾害提供气象预报服务,为农业生产提供天气预报信息,为人工增雨、防霜提供专项预报服务。每天通过广播、报纸定时发布天气预报。

1998 年,开播电视天气预报节目,在电视台维吾尔语、汉语两个频道播出。2000 年,开展高考天气新闻发布会,预测考点高考期间的天气情况。2004 年增加手机短信。

2008—2015 年,市气象局重点针对农业生产防灾减灾,做好大风、沙尘暴、冰雹、暴雨等灾害性天气的预警预报工作,通过市应急管理 QQ 群、气象服务 QQ 群、阿图什市政府网、气象微信等新兴服务方式,及时发布各类预警信息、服务材料,扩大气象信息的公众覆盖面,提高气象服务时效。加强农业气象灾害监测、预报、预警和评估,不断深化气象为农服务。

3. 气象科普宣传

1995 年开始,每年“3·23”世界气象日,市气象局组织职工走向街头开展气象科普宣传,讲解气象及防雷知识,提高全民气象防灾减灾和气候资源意识。2006 年,邀请中小学生到气象局参观学习,由业务人员讲解气象常识,普及防雷知识。

(三)人工影响天气

2013 年 8 月,成立阿图什市人工影响天气办公室,为阿图什市气象局管理的事业单位,核定全额事业编制 3 名,在阿图什市全额事业单位编制总额内调剂解决,由市编办实行实名制管理,办公室设在阿图什市气象局。由新疆维吾尔自治区气象局配发人工影响天气设备,有发射架、发控箱、火箭弹、弹药存储柜等设备。主要业务有人工增雨作业、人工增雪作业、森林防火作业等。阿图什市人工影响天气办公室成立以来,密切监测天气的变化,根据农牧业生产需要,抓住每一次天气过程,随时做好人工影响天气作业,至 2015 年底,共开展人工影响天气增雨雪作业 20 次。

二、地震监测

(一)机构

2012 年 4 月,阿图什市地震局成立,为市政府直属事业单位,负责地震应急、地震速报等日常管理工作。

正科级建制,核定行业编制5名。

2015年,实有4人。阿图什市地震局没有地震检测设备,以自治州地震局得来的数据为准。

(二)地震检测

1995年,地震监测仪器有573短周期模拟记录仪器1台(套),记录每个地震的时间、震级、震中采用手工计算、分析,年均记录4500条左右。CZB-1型竖直摆地倾斜仪器1台(套),属于半自动记录仪器,采用每小时记录两条数据,年均记录数据1.75万条,采用手工计算、分析、绘图。6月,安装TD-92型地震观测深层地温仪1台(套),年均记录数据8640条,采用手工计算、分析。1999年报废停记。

2005年9月,仪器升级改造,由原1套573型短周期模拟地震仪升级为CMG-3ESPC型数字化自动记录仪器3台(套)(八盘水磨、上阿图什、哈拉峻)。采用网络传输,阿图什地震台承担处理八盘水磨、阿图什2个观测点的记录资料,年均记录、分析上报6100条,哈拉峻观测点由喀什地震台处理。新疆地震局新建强震观测台6台套(阿图什市、上阿图什、红旗农场、格达良乡、哈拉峻乡、阿湖乡)。观测的资料采用网络传输,资料分析由新疆地震局完成。

2009年,在哈拉峻乡新建数字化井下摆地倾斜仪器1台(套),采用每分钟自动记录数据2条,年均记录103.68万条。地温仪器1台(套)、水位仪1台(套),每小时自动记录,采用网络传输,资料分析由喀什地震台处理。格达良乡新增大地地电观测点1台(套)。观测的资料采用网络传输,资料分析由新疆地震局完成。

2011年11月,由原模拟记录CZB-1型竖直摆地倾斜仪器升级改造为数字化自动记录仪器,采用每分钟记录数据2条,年均记录103.68万条(阿图什市市区)。

2012年,建立动物宏观观测点13处(苗圃、阿湖乡、哈拉峻乡阿亚克苏洪村、哈拉峻乡、上阿图什镇依克萨克村、上阿图什镇喀尔果勒村、吐古买提乡、托格拉克水库、哈拉峻乡昂额孜、哈拉峻乡护林站、托喀依水库、格达良乡、格达良乡库尔干村)。采用日常人工观测地震前动物异常反应。

2015年,阿图什市行政区内监测手段为3个学科,分别为测震〔短周期监测仪器3台(套)、强震观测台6台(套)〕。形变学科〔井下摆地倾斜仪器1台(套)、CZB-1型竖直摆地倾斜仪器1台(套)、地温观测仪器1台(套)、水位观测仪器1台(套)〕。动物宏观观测点13处。通过多年升级改造,所有观测数据实现网络化。

(三)防震减灾

阿图什市坚持突出重点、全面防御的工作思路,统筹推进监测预报、震害防御、应急救援三大体系建设,不断提升防震减灾和抗震救灾能力,最大限度减轻地震灾害损失。

1. 防震减灾预案体系建设

从2012年开始,成立常务副市长任组长、分管领导任副组长,地震、民政等单位为成员的防震减灾工作领导小组,每年根据人员变化及时进行调整,对成员单位的任务和责任进行分工,同时制定《阿图什市地震应急预案》。完善预案管理体系,把地震应急预案纳入《阿图什市突发公共事件总体应急预案》之中,建立预案演练制度,形成"统一领导、综合协调、分类管理,分级负责、属地为主"的地震应急工作机制。2015年9月底,完成市级防震减灾应急指挥平台建设,为阿图什市地震应急工作奠定坚实基础。

2. 开展防震减灾宣传教育和应急演练活动

按照"主动、慎重、科学、有效"的原则,开展防震减灾宣传活动,以每年的防震减灾宣传周、"5·12"防震减灾宣传日和"7·28"唐山地震纪念日等活动,开展地震科普知识进社区、进机关、进学校工作,编写汉、维、柯三种文字地震知识宣传提纲,通过LED大屏幕滚动播放地震科普宣传片。每年发放双语宣传资料1万份,摆放宣传展板10余张,现场服务群众千余人次。利用"5·12""7·28"及学校开学时期,组织市一小、松他克乡学校、昆山育才学校、市四中等中小学开展地震应急疏散演练及防震减灾知识讲座,提高防灾减灾意识和应对突发事件、自救互救、疏散救援的能力,每年开展应急演练百余场次,确保生命安全,把损失降到最低。

3. 抗震抢险设备及队伍配备

2015 年，建立应急物资储备制度，确保阿图什市物资储备充足。民政部门与大型超市签订速食和生活用品紧急调运合同，储备粮食 100 吨、煤 100 吨、应急救援车辆 1 辆，征集物资调运车辆 10 辆，库存衣被 1000 套、大衣 1000 件、麻袋 5000 条、发电机 2 台及其他救灾物资。同时，救灾储备物资实行定点储存、专项管理、无偿使用的原则，做到 24 小时随时调拨。根据城市总体规划和城市人口居住特点，2012 年，确定州体育馆、人民广场、帕米尔西路社区、天山路社区、市四中、市育才学校为地震应急避难场所建设示范点，建立避难场所 21 座，国家级防震减灾社区 1 个。利用自治州地震震情速报平台，让全市科级以上领导干部及时掌握发生在阿图什市的地震并将震情上报市委、市政府。加强地震应急救援队伍建设，2012 年，建立 150 人的地震应急救援青年志愿队伍，作为阿图什市消防大队 40 人专业救援队伍的有效补充。

4. 建立健全群测群防网络

2013 年，充实完善全市地震灾情速报应急网络和地震应急通信网络，建立以动物习性为观测主体的宏观观测网。各乡（镇）配备防震减灾助理员，市、乡、村群测群防三级网络初步建成。每年组织全市 12 名动物宏观观测员开展各种业务培训活动，提高地震观测人员的业务素质和能力。

第二十九编　文化　体育

1995 年后，随着改革开放和经济社会的快速发展，阿图什市的文化事业呈现出空前的发展与繁荣。文化体育事业进入一个崭新的阶段，各项文化事业步入正轨。电视、网络等新型文化传媒迅速发展，文化市场日趋繁荣兴盛。2001 年后，文化市场稽查、文物保护、非物质文化传承稳步发展，文化艺术创作出现新起色，文体活动有声有色。百日广场文化得到蓬勃发展。实施“村村通”工程，“两新”工程，彻底解决农牧民看电视难的问题，流动电影放映、东风图书、文化工程惠及广大农村群众。不断加强农牧区文化阵地、队伍、设施等方面的建设，加快推进文化事业发展和文化体制改革，多层次、多角度、全方位开展群众文化活动，最大限度地满足群众日益增长的精神文化需求。阿图什市以常创常新的方式，开创百花齐放、百家争鸣的生动局面。至 2015 年，完成广播电视“村村通”工程安装 2568 套、“户户通”工程安装 32179 套；完成“大喇叭”工程安装 705 套，使全市广播人口覆盖率 97% 以上，电视人口覆盖率 96% 以上。“十二五”期间，全市收集整理非物质文化遗产项目 75 个，其中 23 个项目成功申报为市、自治州级非物质文化遗产名录，6 个项目成功申报为自治区级非物质文化遗产名录。

1995—2015 年，阿图什市委、市政府着力打造知名度，体育事业改革不断深化，取得新的成就。在国家、自治区各项体育赛事中，阿图什市体育代表队多次取得较好成绩。作为远近闻名的“足球之乡”，足球事业发展成为一项重点工作，全力打造“丝绸之路现代足球发源地”品牌，学校体育课程也越来越受到重视，体育活动的影响力越来越大；各类体育组织的覆盖面、体育活动的内容不断扩大。阿图什市文化体育事业快速发展，公共文化体育设施建设逐步完善，文化产业显现多元化发展格局。

第一章 机 构

第一节 行政机构

一、市文化广播影视局

1995年,市文化局实有4人,下辖文化馆、文工团、电影放映公司、电影院。广播电视局实有31人。市体委实有11人,其中教练6人。

1998年2月,机构改革,撤销文化局、体委,组建文化体育局,主管文化和体育工作。

2009年,成立新闻出版(版权)局,与文体局一套班子、两块牌子,具体负责出版物市场的监督管理工作。

2012年2月,市文化体育局与广播电视局合并为文化体育广播影视局。核定行政编制14名,实有17人。同年市文化体育广播影视局搬到迎宾路西107院市财政局综合大楼。

2015年,阿图什市文化体育广播影视局实有干部职工17人。下属事业单位有:广播电视台71人(含地方编制34人)、歌舞团56人(含地方编制15人)、文化馆(美术馆)10人、图书馆6人、文物保护管理所6人、业余体校9人、稽查大队6人、非物质文化遗产保护中心1人。

第二节 事业机构

一、市文化市场稽查大队

1998年,成立市文化市场稽查大队。2009年,成立市"扫黄打非"办公室。2010年,市文化市场稽查大队,核定全额预算管理事业编制(参照公务员管理)10名。2012年6月,经市委、市政府研究决定,面向全市行政事业单位在编在岗人员公开招考文化市场稽查大队事业编制(参照公务员管理)人员,编制10名。通过资格审查、考试、公示,有6名报考人员录取。2015年底,有执法稽查人员6人。

二、市文物保护管理所

1997年,成立阿图什市文物保护管理所,正式对全市文物遗址,文化遗产进行保护和规范管理。2009年,在机构改革中批准设立为参照公务员管理单位,有工作人员6名;2013年,确定为副科级单位,参照公务员管理,核定事业编制5名。2015年,实有6人。

三、市美术馆

2013年,成立市美术馆,与市文化馆一套班子、两块牌子。2014年,阿图什市美术馆单独设立。2015年,有馆员1人。

四、市文化馆

1995年,市文化馆与市图书馆合署办公。1996年,图书馆析出,文化馆核定编制9名,实有10人,拥有专业技术人员6名,其中中级职称4名,初级职称2名,具体负责全市群众文化工作和非物质文化遗产普查、整理和保护工作。2013年,在机构改革中核定事业编制8名。2015年,实有9人。

五、市图书馆

1996年,市图书馆从市文化馆析出,为股级事业单位,内设维吾尔文、汉文图书室、阅览室、资料室和电子阅览室等7个服务窗口。有人员7人。2013年,在机构改革中核定事业编制5名。2015年,实有7人。

六、市歌舞团

1995年,市文工团是全市唯一的一个艺术表演团体。2008年,通过面向社会招聘10名正式演职人员和10名临时演职人员。2011年,市文工团新建办公大楼落成,有新建排练大厅。2012—2013年,歌舞团核定编制40名,实有28人。2013年,更名为阿图什市无花果歌舞团,机构级别为副科级单位。

2014年5月、8月,由人事部门分别新招聘32个演员,占地方编制,有工作人员57人,其中正式职工25人,地方编制岗位职工32人。

2014年,更名为阿图什市歌舞团。2015年有演职人员56人。

七、市广播电视台

1999年10月,成立市人民广播电台,与市广播电视局合署办公,有工作人员40人。2013年7月,成立市广播电视台,为副科级,核定事业编制48名,其中电视台核定事业编制16名。2013年,面向社会公开招聘地方财政事业编制广播电视台专业技术人员21名。2015年,再次面向社会公开招聘地方财政事业编制广播电视台专业技术人员11名。

八、市非物质文化遗产保护中心

2013年10月,成立市非物质文化遗产保护中心,核定事业编制3名。2015年,实有1人。

九、业余体校

1995年,阿图什市业余体校隶属市体委。业余体校负责人由市体育运动委员会成员兼职。从事体育训练工作的专职教练员5名。培训对象是城乡青少年运动员和农牧民运动员,培训项目有拳击、摔跤、田径等。1998年,隶属市文化体育局。2012年2月,隶属市文化体育广播影视局。至2015年,阿图什市业余体校培训各类运动员500余人次。

第二章　文学艺术

第一节　文化设施

一、市图书馆

1995年,市图书馆位于松他克路东7号院,由市文体局、市图书馆、市文化馆、歌舞团于一体的四层综合楼。

1996年,市图书馆藏书9049册,其中维吾尔文3011册、汉文图书6038册。年接待读者1217人次,办理借书证38个。

2006年,在援疆省市辽宁省沈阳市的援助下,投资283万元,其中辽宁援疆项目资金170万元,国家拨款85万元,自筹资金20余万元,新建文化综合大楼,面积3660平方米,图书馆占地面积1700平方米,其中电子阅览室占地面积200平方米。

2010年,面积为3660平方米的文化馆、图书馆、档案馆综合办公楼建成。

2010年,市图书馆藏书17705册,其中维吾尔文5300册、汉文12405册,年接待读者2443人次,办理借书证69个。同年,通过自治区评估验收,被授予自治区级二级图书馆,国家级三级图书馆。

2015年,阿图什市图书馆藏书22424册,其中维吾尔文6480册,汉文16344册,包括报纸、杂志、小说等,每年订阅报纸22种、杂志67种,图书馆免费开放,年接待读者3741人次,办理借书证81个。

二、市文化馆

1995年,市文化馆位于松他克路东7号院,由市文体局、市图书馆、市文化馆、歌舞团于一体的四层综合楼。

2010年,面积为3660平方米的文化馆、图书馆、档案馆综合办公楼建成。

2015年,文化馆有由绘画为主、辅之以文字说明的活动版面组合而成的画廊,有展出美术和摄影作品等宣传资料的橱窗,包括民族服饰、典型人物、文物、书画、书法等。

三、新华书店

阿图什市的图书发行和销售工作由自治州新华书店负责,1995年,新华书店有工作人员28人,年销售图书114.44万册,销售收入262.74万元,利润1.36万元。有个体街头书屋1个。2005年,新华书店有工作人员36名,年销售图书216.84万册,销售收入1098.04万元,利润42.77万元。有个体街头书屋2个。2015年新华书店有工作人员41名,年销售图书304.16万册,销售收入3965.87万元,利润86.09万元。有个体街头书屋2个。

四、农村文化基础设施

2006年,全市7个乡镇文化站建设项目启动,2009年,7个乡镇文化站全部建成。2010年,2个街道办事处文化站建成。

2009年,全市73个行政村文化室、15个社区文化室建设项目启动。2010年底,完成22个行政村和5个城市社区建设任务。2011年,完成16个行政村和5个社区文化室建设项目。

2011年,为7个乡镇文化体育中心和27个行政村(社区)文化室配备电视机和标识牌等文化信息资源共享设备;为上阿图什镇、阿湖乡文化体育中心接通暖气;为城市2个社区文化室接通水、电、暖设施。

2011年,全市73个行政村农家书屋全部建成,共配备图书95283册、音像制品1293册、DVD73台、书架146个、报刊架73个。

2012—2015年,完成35个行政村和5个社区文化室建设任务。自治区文化厅为乡村文化站(室)配备电视机、机顶盒、标识牌等文化信息资源共享工程设备及图书2.1万册。

第二节　少数民族传统文化

一、维吾尔塔合麦西热甫

阿图什市维吾尔塔合麦西热甫是山区维吾尔牧民最喜爱的一种集歌唱、舞蹈、音乐于一体的大型综合艺术形式。主要有音乐、舞蹈、草原民歌、史诗、讲故事、说笑话、做游戏等内容,可分为乐曲舞蹈、娱乐游戏和惩罚行为不端者三个部分。它的乐曲舞蹈是以维吾尔族传统大型曲调十二木卡姆为主,巧妙地融入游牧文化、狩猎文化、草原文化、塔吉克族文化及柯尔克孜族文化元素。舞蹈动作,形象地表现出山区牧民在旷野里群舞、狩猎、狂欢的场面,形成具有浓郁的游牧生活特色的高原文化。为了使"塔合麦西来甫"活动丰富多彩,活动过程中常常穿插一些小游戏,如敬茶舞、提克所卡西吐如西(斗黄羊游戏)、对库夏克(歌谣)、鸭子游戏、骆驼游戏、判官司等。更具有特色的是由于居住分散,山路遥远,歌者往往骑在马背上,一边击打着手鼓,一边伴着马铃声和马蹄声的节奏演唱。

二、柯尔克孜族阿肯弹唱

阿肯弹唱是柯尔克孜族人民悠久的民间传统艺术形式,主要以唱诗歌,弹奏乐器为主。柯尔克孜族在节日、婚庆、生育、迎宾、集体劳动时，都要举行阿肯弹唱，以抒发其喜怒哀乐。参加“阿肯弹唱”的选手柯尔克孜语称“阿肯”，“阿肯”是柯尔克孜族的民间诗歌艺人，既善吟也善弹唱，优秀的“阿肯”可吟诵大量史诗。每逢阿肯弹唱会，人们穿着盛装，骑着骏马，弹着冬布拉，载歌载舞地来到鲜花盛开的草原上，各路歌手登场献艺，观众们喝彩助威，经常是通宵达旦、一连数日地尽兴。阿肯弹唱有两种形式：一是阿肯怀抱冬布拉自弹自唱，这种弹唱多是演唱传统的叙事长诗和民歌；二是对唱，有两人对唱，也有多人对唱。对唱的特点是即兴创作，具有赛歌的性质，把雄辩和唱诗结合在一起，既富生活气息，又生动活泼。所唱的内容大致可分为颂歌、哀怨歌、情歌、习俗歌、诙谐歌五大类。

第三节　群众文化活动

一、文艺演出

1995 年后，阿图什市多次举办迎春社火，参加表演的群众 1000 多人，观众近 1 万人，表演内容既有柯尔克孜族的库姆孜、维吾尔族的手鼓和少数民族歌舞，也有汉族传统的舞龙、舞狮、踩高跷、跑旱船及秧歌、锣鼓。至 2015 年，重大节日期间举办民族、现代相结合的各类歌舞、小品、杂技等大型文艺会演。

二、百日文化广场活动

2002 年 5 月 1 日起，阿图什市启动“百日文化广场”活动，每年有来自州、市、企业以及乡（镇）、街道近 6 万名干部职工参加演出活动，60 万人次观看演出，丰富全市各族人民群众精神文化生活。

2002—2011 年，连续开展百日文化广场活动 700 场，观众 2 万人次。连续四年被自治区党委宣传部、自治区文明办、自治区文化厅、自治区总工会、自治区团委等部门授予“百日广场文化活动先进市”称号。

2013 年，市举办“第十二届百日广场文化活动”，组织开展演出 88 场。在春节、“诺鲁孜节”等重要节日期间，举办系列专题文艺晚会，开展送文艺下乡演出 84 场次，各种接待性演出 36 场次。举办以“感受新变化、描绘新蓝图、欢庆十八大”为主题的民间艺人巡回演出 14 场，6 乡 1 镇近百名民间艺人参加演出，精选 17 个优秀节目，参加自治州展演和竞赛。推荐 31 名选手参加自治州青年歌手大赛，其中 12 名选手分别进入通俗组和民歌组的决赛，1 名选手竞级，参加新疆赛区的选拔赛。开展“送书下乡”活动 5 场次，捐赠图书 2000 册。开展“乡村百日文体活动”44 场次，开展“送电影下乡”“送电影进部队、进社区、进学校”活动，放映电影 1210 场次。

2015 年，全市组织各类主题性晚会、群众性文艺演出活动 112 场，其中“送文艺下乡”演出活动 90 场次，观看群众 8 万人。举办“阿图什市元宵节晚会暨农牧民文艺会演”和庆“诺鲁孜节”专题文艺晚会。开展“一月一村一场”文艺演出 814 场次，“百日文化广场”活动 440 场次，电影放映 967 场次，参加活动人员 2010 人次，观众 16 万人次。在各乡镇举办阿图什市“群众大舞台”活动，活动设少数民族服饰展、民间大力士、心有灵犀、欢乐的巴扎 4 个专题，300 余户农牧民家庭参加活动，观众 5 万人次。

三、文化艺术团体演出

1995 年后，阿图什市文艺下乡演出活动由市文工团演员义务演出。每年春节、古尔邦节、国庆、“五一”等节日期间，市委、市政府牵头，由市文体局、市文化馆、市文工团组织开展各类节庆文艺演出活动。2008—2015 年，阿图什市每年举办迎新春文艺晚会、趣味运动会、社火、游园等丰富多彩的文体活动，增添节日氛围。

2008 年，市文工团先后开展庆祝古尔邦节、迎春节系列活动，元宵节文艺晚会，纳吾尔孜节、“五一”劳动节、“五四”青年节宣传科学发展观文艺演出，“八一”建军节，迎接中央领导考察，自治区宣传媒体记者演出等一系列庆祝活动。1995—2015 年，阿图什市歌舞团演出 2852 场次，为城市、农牧区各族群众义务演出 2400 场，演出 500 个节目，观众人数 45 万人，自编自排节目 450 个。

1995—2015 年阿图什市歌舞团演出场次及创作作品一览表

表 29 - 1　　单位:场、个

年份	公益演出下基层、"三下乡"演出、重大节庆日演出场次	新创作作品			
		歌曲	舞曲配乐	舞蹈	小品
1995	120	5	—	4	2
1996	140	4	—	3	3
1997	135	5	—	4	2
1998	142	6	—	4	2
1999	150	5	—	3	2
2000	135	4	—	4	3
2001	135	6	—	4	3
2002	130	4	2	3	3
2003	140	5	5	4	2
2004	135	4	7	3	3
2005	145	4	5	5	2
2006	140	5	7	3	3
2007	150	5	8	4	2
2008	140	4	8	3	3
2009	145	5	10	5	2
2010	140	4	10	3	3
2011	135	4	8	4	2
2012	125	6	10	5	3
2013	130	5	10	5	2
2014	120	6	10	5	3
2015	120	6	10	5	2

第四节　文化工程

2007 年,阿图什市正式启动农家书屋建设工程。

2011 年,继续推进乡(镇)综合文化站和农家书屋建设,抓好"东风工程""西新工程""村村通工程""农村电影放映工程"等系列文化工程。

2012 年,为更好地传承民族民间文化,打造文化乐民精品,按照"文化乐民、文化育民、文化富民"的宗旨,顺利完成"一乡一品"品牌建设工程。在全市各乡镇组建文化特色农牧民演艺队,为每个演出队购置 2 套乐器。

第五节　文艺创作与演出

一、文艺创作

(一)文学创作

1995年以来,市文化馆充分利用自身人才、设施优势,开办各种培训班,由市文化馆辅导培养业余作家,在《克孜勒苏报》发表作品30余人,发表诗作100多首,发表的散文、论文等更多。业余作者中以学校教师为主,有机关干部、农牧民作者。1995—2015年,在自治区及以上文学刊物上发表作品44篇,阿图什市本地业余文学爱好者出版的诗歌集、散文集、小说作品有19本。文化馆馆长乃斯如拉·阿不来提先后有60多篇作品获得地区级以上创作奖,在各类报刊、杂志上发表的诗歌、小品、摄影作品100余篇,《绿叶》《爱情之谱》《雨》等3部诗歌集先后被出版社多次重印,先后有11首诗歌在各大报纸杂志获一、二、三等奖。阿布力孜·阿布来提在2004—2014年被新疆人民出版社、喀什出版社出版发行的《人生机遇》《阿亚斯山传说》《梦不可当真》《阿图什儿女(三卷)》在社会上引起一定的反响;编写的《蓝天下的石泉》《对教育的爱》《爱祖国就是爱自我》等五篇文学作品收录到《卡得木加衣校谱》一书;撰写的《苏醒了的妇女》《世纪之情》《三爱是爱民之根》《办事公正的阿地力》《等待我》《故乡之爱》等作品被《新疆日报》《乌鲁木齐晚报》《工人时报》评为"二等奖""三等奖";《故乡之爱》论文在2004年被中央人民广播电台评为全国优秀论文三等奖。

(二)音乐、舞蹈创作

1995—2015年,在阿图什市涌现出各类不同时代,反映维吾尔族人民的生活为主的音乐和舞蹈带有维吾尔族传统音乐和传统舞蹈的特色。新编创舞蹈、小品、歌曲81个,其中舞蹈《阿图什赛纳姆》、集体舞《阿图什香馕》、歌舞《哈力旦》、歌曲《好哉妙哉》等创作精品,得到疆内外观众的好评。2004年,市文工团自行编创的舞蹈《康拜尔尼沙》获得自治区新世纪舞蹈大赛三等奖。

1995年后,歌舞团创作小品、相声等,创作的很多文艺作品登上舞台,深受广大群众喜爱。相声演员乌斯曼、亚力昆·肉孜的表演在全疆非常著名,独立创作演出的话剧小品《计划生育好》、舞蹈《园丁的梦想》在2011年自治州举办的专业团体文艺调演作品评比中获一等奖;小品《如鲜古丽》,描述一名叫如鲜古丽的中学生热爱学习,反对宗教极端思想,敢于与保守思想做斗争的故事,在2015年自治区去极端化电视小品大赛中获得二等奖。

1995—2015年阿图什市歌舞团获自治州以上获奖作品一览表

表29-2

节目名称	节目种类	作曲	作词	配器	编舞	创作时间	获奖名称及时间
故乡之情	歌曲	乃司肉拉·艾买提	—	努尔买买提·克尤木	—	2014.3	自治区《天山神韵》唱歌比赛获得一等奖
祖国	歌曲	乃司肉拉·艾买提	—	—	—	2014.11	永恒的歌声民歌赛中获得三等奖
阿图什男	歌曲	乃斯如拉·阿不来提	—	—	—	2014.5	新纳瓦中获得月星奖
团结之花	歌曲	乃斯如拉·阿不来提	乃司肉拉·艾买提	努尔买买提·克尤木	—	2011.5	在第四届克州专业艺表团体文艺会演中获得创新银奖
阿图什馕	舞蹈	马合木提江·阿不力米提	—	马合木提江·阿不力米提	麦麦提江·阿不来提	2011.5	在第四届克州专业艺表团体文艺会演中获得一等奖
石碑	舞蹈	马合木提江·阿不力米提	—	马合木提江·阿不力米提	麦麦提江·阿不来提	2011.5	在第四届克州专业艺表团体文艺会演中获得二等奖

续上表

节目名称	节目种类	作曲	作词	配器	编舞	创作时间	获奖名称及时间
阿图什帽子	舞蹈	—	—	—	麦麦提江·阿不来提	2012.5	在第四届克州专业艺表团体文艺会演中获得三等奖
葡萄舞	舞蹈	—	—	—	地力努尔·阿不都卡的	2011.5	在第四届克州专业艺表团体文艺会演中获得三等奖
水壶舞	舞蹈	—	—	—	地力努尔·阿不都卡的	2011.5	在第四届克州专业艺表团体文艺会演中获鼓励奖
哈力旦	舞蹈	—	—	—	地力努尔·阿不都卡的	—	在第四届克州专业艺表团体文艺会演中获鼓励奖
康白尔泥沙	舞蹈	—	—	—	月儿古丽·阿不都热西提	—	在第四届克州专业艺表团体文艺会演中获得三等奖
如鲜菇丽	小品	亚力坤·库尔班	—	—	—	—	自治区去极端化电视小品大赛中获得二等奖
评估	小品	亚力坤·库尔班	—	—	—	—	在第四届克州专业艺表团体文艺会演中获得一等奖
理解	小品	亚力坤·库尔班	—	—	—	—	在第四届克州专业艺表团体文艺会演中获得一等奖
别再喝了	小品	亚力坤·库尔班	—	—	—	—	在第四届克州专业艺表团体文艺会演中获得一等奖

1. 音乐

1995—2015 年,在民间所流传的阿图什民歌 500 多首,从内容上大致分为“赞父母歌曲”“赞劳动歌曲”“恋歌”“流浪人歌”“以反对封建婚姻为内容的歌曲”“哀歌”“摇篮曲”等 7 大种类。

2. 舞蹈

1995—2015 年,阿图什舞蹈主要以民间舞蹈为主,注重自编自演的独创性和随意性,形式多样,风格独特。主要分布在上阿图什乡喀依拉克、迪汗拉、乌恰村,在《阿图什舞》和《皮西帕克舞》中表现突出。

阿图什民间舞蹈有着以下特点:(1)身体各部位的动作同眼神配合传情达意。从头、肩、腰、臂到脚趾都有动作。(2)通过移颈、翻腕等装饰性动作的点缀,形成热情、豪放、稳重、细腻的风格韵味。(3)膝部连续性的微颤或变换动作前瞬间的微颤,使动作柔美,衔接自然。(4)通常在舞蹈的高潮时作竞技性旋转。

(三)绘画、书法创作

1995 年后,阿图什市文化馆设有专门文化活动场地,具体负责在假期期间开展青少年舞蹈、美术培训班。在“六一”节日期间,开展青少年美术绘画比赛,将评选的优秀绘画作品在文化馆内进行展出。

2014 年 5 月,阿图什市文化体育综合大楼完成升级改造。阿图什市美术馆征集大量的民间艺术作品,用艺术的表现形式向各族群众展示阿图什深厚的文化底蕴,辉煌 60 年新旧照片展示阿图什市城市变迁、社会发展、文明进步的足迹。

2015 年,阿图什市美术馆收集各类美术作品 20 余幅。

(四)影视创作

2000 年,自治州电视台与新疆电视台联合拍摄大型电视专题片《无花果之乡的欢乐》,参与大型文艺专题片《阿图什之歌》《恰克马克河之歌》的拍摄工作。

2015 年,阿图什市电视台在负责摄像兼摄影的同时,将具有阿图什市文化、社会特色的录像、影视资料进行刻录存档。

二、演出

1995 年后，阿图什市充分发挥文化活动的宣传、教育、娱乐功能，坚持“大型活动统一办、小型活动分散办”的原则，以“专业业余结合，城区乡村联动”的思路，开展形式多样，群众喜闻乐见并积极参与的文化活动，推动城乡文化建设蓬勃发展。在每年的春节、古尔邦节、国庆、“五一”等节日期间，市委、市政府组织开展诺鲁孜节、古尔邦节等各类文艺演出活动，市歌舞团在“送文化下乡”及各类宣传、接待疆内外贵宾中演出 105 场。1995—2015 年，为城市、农牧区各族群众义务演出 3000 余场，观众 90 万人次。每年开展送文化下乡活动 100 多次，受益群众 8 万多人次。

1995—2015 年阿图什市开展合作演出情况表

表 29－3

活动主题	演出时间	演出地点	参与演员人数	演出场次	演出团队名称	观看人数	备注
诺鲁孜节晚会	2001 年 3 月	阿图什市	55	1	新疆电视台，喀什地区歌舞团、阿图什市歌舞团合作完成	1000	在新疆电视台播放
阿图什市 20 年市庆	2006 年 9 月	阿图什市	100	1	新疆电视台、歌舞团与市歌舞团合作完成	2000	
撒木撒克买西来甫晚会	2011 年 9 月	阿图什市	36	1	新疆电视台、歌舞团与市歌舞团合作完成	1000	在新疆电视台播放
庆祝克孜勒苏柯尔克孜自治州成立 60 周年文艺会演	2014 年 8 月	阿图什市	110	1	与州歌舞团配合演出	10000	克州电视台播放

（一）调演、会演

2012 年，为参加自治区党委宣传部、文化厅组织举办的“打起手鼓唱起歌—基层文艺调演”活动，阿图什市歌舞团编创包括传统舞蹈、歌曲、乐器弹唱、小品等 15 个节目，获南疆片区第一名。5 个节目分别获得单项奖，分别是男子集体舞《阿图什馕》和女子集体舞《哈力旦》，获得创新奖；男子集体舞《石碑》和小品《茹鲜古丽》，获得观众喜爱节目奖；《阿图什民歌联唱》获得优秀节目奖。

2013 年，阿图什市无花果歌舞团赴江苏省昆山市举办“感恩无限援疆情”文艺巡回演出活动。同年，“春雨工程”江苏省文化志愿者边疆行在阿图什市举办专场文艺演出活动，江苏省文化厅为阿图什市文广局捐赠 3 万元。

2014—2015 年，新疆艺术学院组织开展“文艺下基层”慰问演出活动，深入各乡镇、街道开展慰问演出活动，观众近万人次。

1995—2015 年阿图什市歌舞团参加调演、会演情况表

表 29－4

活动主题	演出时间	演出地点	参与演员人数	演出场次	领队	观看人数
南疆片区专业文艺会演	1992 年 3 月	阿克苏	35 人	2 场	阿布都热西提 · 艾麦提	0.5 万人
观摩学习与调演	2001 年 5 月	广州	10 人	30 场	阿布都热西提 · 艾麦提	3 万人
慰问边疆演出	2002 年 8 月	内蒙古	15 人	5 场	海热尼沙 · 阿不都热合木	1 万人
“打起手鼓唱起歌”南疆片区调演	2012 年 7 月	阿克苏	45 人	2 场	艾尔肯 · 阿不力米提	0.5 万人
感恩无限援疆情会演	2013 年 5 月	江苏昆山市	35 人	10 场	艾尔肯 · 阿不力米提	1 万人

(二)业余自演

1995年以后,在春节、元宵节期间,组织州、市直属单位、驻军部队举行大型秧歌舞、舞龙、耍狮子、跑旱船、腰鼓、踩高跷活动,40个表演队、2500人走上街头表演。观看演出群众3万人。2014年、2015年元宵节期间,阿图什市在自治州体育广场举办焰火表演。

2009年、2013年克州第二届、第六届玛纳斯文化旅游节主会场在阿图什召开。阿图什市以维吾尔族舞蹈、演唱为主,在宣传克州旅游业的同时,也提升阿图什市知名度。

2014年起,在"一乡一品"品牌建设的基础上,在全市各乡镇实施"一月一村一场"文艺演出活动,将演出活动任务纳入各乡镇年度绩效考核,与每年开展的百日文化广场活动相结合,实行同演出,同考核。2014年、2015年完成"一月一村一场"文艺演出活动1544场次,参与观众32万人次。

2015年起,在开展庆元宵节晚会的同时,评选各乡镇"一月一村一场"文艺节目向市委、市政府汇报演出,以现场评分的方式,以奖代补,检验各乡镇开展文艺演出活动的成果。

三、阿图什民歌·赛歌会

2015年,阿图什民歌·赛歌会(第一季)启动。阿图什民歌·赛歌会历时5个月,自2015年11月起开始在各乡镇、街道进行海选,经过初赛、复赛等30场比赛,有20名选手进入总决赛。选手中有汉族、维吾尔族、柯尔克孜族、回族等7个民族。经过激烈的角逐,艾孜孜·买买提从众多参赛选手中脱颖而出,夺得赛歌会的头魁。比赛评出一等奖1名,二等奖2名,三等奖7名,优秀奖10名。

第六节　文物保护

一、文物

(一)地面文物(不可移动的文物)

1. 全国重点文物保护单位

市境内有全国重点文物保护单位1处,即艾比甫·艾洁木墓,位于阿图什市上阿图什镇依克萨克村。建于19世纪末期,建筑物宽13米,纵深17.5米,主体高17.5米,艾比甫·艾洁木墓由大门、院子、主墓室、堂室等部分组成,占地面积227.5平方米。建筑顶部呈圆形,琉璃砖覆盖,下部为长方体,由砖、石膏、沙、泥等建成,未用任何木料和钢材料。2006年5月,被国务院公布为第六批全国重点文物保护单位。

2. 自治区级文物保护单位

市境内有自治区级文物保护单位3处。即上阿图什镇塔库提村的托库孜吾吉拉千佛洞、松他克乡买谢提村苏里唐苏图克布格拉汗墓和阿湖乡苏温古城遗址。

2010年阿图什市不可移动文物统计表

表29-5　　单位:件

类别	新发现	复查	合计
古遗址	25	14	39
古墓葬	37	23	60
石窟寺及石刻	0	1	1
近现代重要史迹及代表性建筑	2	2	4
总计	64	40	104

3. 自治州级文物保护单位

市境内有自治州级文物保护单位7处。即阿图什市良种场果园佛寺遗址、阿扎克乡库兰其村的巴库遗址、阿扎克乡库木萨克村的疏勒古城遗址、阿湖乡阿其克村的阿其克古墓群、松他克乡托库勒村的沙拉塔拉遗址、吐古买提乡依达良村的依达良古墓群和科克塔木村的科克塔木古墓群。

(二)馆藏文物(可移动文物)

1997年,阿图什市文物管理所成立,设办公室1间,负责收集、整理、保护各类文物。

2012年,市文物展馆搬迁至阿图什市文化体育综合楼。

2014年5月,对文物展馆升级改造,对文物展厅重新布置。

2015年底,有馆藏文物和民俗物品350余件,其中馆藏文物147件,有国家三级文物3件,包括唐代尖底罐、陶灯、宋代陶榴弹瓶。已公布各级文物保护单位28处,其中国家重点文物保护单位1处,自治区级文物保护单位3处,自治州级文物保护单位7处,市级文物保护单位17处。

二、文物普查

2008年,第三次全国文物普查在自治区正式启动,自治州第三次全国文物普查工作队于2008年1月10日至2月20日进驻阿图什市,阿图什市文管所抽调4名专业人员配合普查工作。2011年4月,经国家文物局验收核定,公布阿图什市第三次全国文物普查不可移动文物数量为104处(古遗址39处,古墓葬60处,石窟寺及石刻1处,近现代重要史迹及代表性建筑4处)。其中新发现不可移动文物58处,复查不可移动文物46处。数据公布后,新疆第三次全国文物普查资料整理小组,对阿图什市资料数据进行全面、细致的整理,发现原文物分类、数量有出入。经确认,阿图什市不可移动文物数量为104处(古遗址39处,古墓葬60处,石窟寺及石刻1处,近现代重要史迹及代表性建筑4处),其中新发现不可移动文物64处,复查不可移动文物40处。

三、文物保护

阿图什市文物保护管理起步较晚,自2007年开始,成立以由分管副市长任主任的文物管理委员会。2007年,市委、市政府召集文化、土地、建设、计划、公安等部门就关于"正确认识基本建设与文物保护的关系"的专门会议,协调解决在基本建设过程中各部门在保护国家文化遗产的前提基础上,各司其职,开发建设其他项目工程。是年,在松他克乡温吐萨克村开荒时,文物部门首先对古疏勒国——宋喀喇汗王朝王延遗址圈定,对莫尔佛塔围栏保护。由市政府下发文件给乡、场、村,明确指示,保护区内不得进行任何开采、挖掘、建设工作。在修筑公路时,文化部门给建设局正确提供全市87处文物遗址的方位。在阿图什市域内的1处国保单位、3处自治区级单位、7处州级保护单位全部落实"保护范围、保护标志、文物档案和保护组织"。

2008年,在文物普查工作中,市政府成立专门机构,将文物事业费定额列入财政预算,每年列支1万元文物保护专项经费。先后对苏里堂墓、艾比甫艾洁木墓等处累计投入20万元用于核心区保护、道路改造和环境绿化。文物普查工作中先后拨付10万元,用于解决购置普查设施和收购文物。

2011年,阿图什市文物所完成10个文物保护单位的申报,接受自治区调查组的实地考察。全市21个点被自治区文物局古迹保护中心列入"古道古驿站和军事设施总体保护规划项目",占全自治州的62%(全州34个点)。收集文物50件,其中7件古陶器被考古所专家定为本地区最有价值的文物。

2015年,联合市民政局干部对阿扎克乡库木萨克3号烽火台遗址被毁事件进行联合调查,经勘测对比确认,该地界属阿图什市管辖范围内,伽师县政府于2014年12月非法占领该烽火台遗址,并设置围栏,树立伽师县管辖水泥标志牌。经处理,将伽师县树立的标志牌移除,重新树立烽火台属阿图什市人民政府管辖的标志牌。

第七节 非物质文化遗产传承与保护

1995—2015年,阿图什市有收集整理非物质文化遗产项目75个,其中成功申报自治州级非物质文化遗产名录23个,成功申报自治区级非物质文化遗产名录6个。

一、项目

至2015年,阿图什市有自治区级保护项目6个,自治区级非物质文化遗产项目7个,自治州级非物质文化遗产项目23个,阿图什市级非物质文化遗产项目75个。

阿图什市申报成功自治区级非物质文化遗产保护项目一览表

表29-6

项目名称	传承人基本情况					类别
	姓名	成功时间	性别	年龄	住址	
维吾尔族花帽制作技艺	吐尼沙汗·马木提	2010年	女	55岁	松他克乡买谢提村	传统技艺
维吾尔族白苞谷馕制作技艺	哈塔木沙·努尔	2010年	女	55岁	上阿图什乡兰干村	传统技艺
维吾尔族民歌	艾则孜·买买提	2010年	男	54岁	阿扎克乡铁提尔村	民间音乐
维吾尔民间舞蹈	艾沙·肉孜	2010年	男	74岁	阿湖乡尤喀克买里村	民间舞蹈
维吾尔族葡萄果醋制作技艺	托合提·马木提	2012年	男	62岁	阿扎克乡翁艾日克村	传统技艺
维吾尔族白皮帽制作技艺	司马义·斯拉木	2012年	男	75岁	阿扎克乡伯干村	传统技艺

2010年申报成功自治州级非物质文化遗产保护项目一览表

表29-7

项目名称	传承人基本情况				类别
	姓名	性别	年龄	住址	
维吾尔族花帽制作技艺	吐尼沙汗·马木提	女	55岁	松他克乡买谢提村	传统技艺
维吾尔族白苞谷馕制作技艺	哈塔木沙·努尔	女	55岁	上阿图什镇兰干村	传统技艺
维吾尔族民歌	艾则孜·买买提	男	54岁	阿扎克乡铁提尔村	民间音乐
维吾尔民间舞蹈	艾沙·肉孜	男	74岁	阿湖乡尤喀克买里村	民间舞蹈
维吾尔族打馕技艺	亚克亚·卡日	男	37岁	松他克乡买谢提村	传统技艺
维吾尔族确普制作技艺	巴哈尔古丽·艾力	女	39岁	松他克乡阿孜汗村	传统技艺
维吾尔族葡萄果醋制作技艺	托合提·马木提	男	62岁	阿扎克乡翁艾日克村	传统技艺
维吾尔族白皮帽制作技艺	司马义·斯拉木	男	75岁	阿扎克乡伯干村	传统技艺
维吾尔族染布技艺	热依木·买买提	男	84岁	阿扎克乡布亚买提村	传统技艺
阿图什传说	买买提·依明	男	77岁	上阿图什镇喀依拉克村	民间文学

续上表

项目名称	传承人基本情况				类别
	姓名	性别	年龄	住址	
阿图什莱莱歌	纳斯尔·艾孜木	男	61 岁	上阿图什镇乌恰村	民间音乐
维吾尔族木雕技艺	木米尼江·阿比提	男	60 岁	上阿图什镇奥提亚克村	传统技艺
维吾尔族传统碾坊技艺	吐尔逊·西来甫	男	51 岁	松他克乡托库勒村	传统技艺
维吾尔族传统铜器技艺	赛买提·亚森	男	59 岁	阿扎克乡布亚买提村	传统技艺
维吾尔族割礼习俗	卡马力·肉孜	男	72 岁	松他克乡买谢提村	人生礼俗
维吾尔族手工织毯技艺	克热木·依力木	男	47 岁	阿扎克乡兰干村	传统技艺
阿图什柯尔克孜族包孜酒酿造技艺	古力巴尔·昆卡西	女	41 岁	哈拉峻乡谢依提村	传统技艺
阿图什维吾尔族摇床制作技艺	纳斯尔洪	男	64 岁	阿扎克乡布亚买提村	传统技艺
阿图什维吾尔肥皂制作技艺	艾尼·卡德尔	男	49 岁	市区松他克路北 7 号院	传统技艺
维吾尔传统冠—吐马克制作技艺	阿布都热依木	男	71 岁	松他克乡松他克村	传统技艺
阿图什市无花果酱制作技艺	阿布拉·库尔班	男	56 岁	松他克乡阿孜汗村	传统技艺
维吾尔族木料旋刻工艺	莫明江·阿比提	男	63 岁	上阿图什镇奥提亚克村	传统技艺
维吾尔族窝儿馕制作技艺	塔吉古丽·拜克热	女	62 岁	上阿图什镇兰干村	传统技艺

2007 年收集整理阿图什市级非物质文化遗产保护项目名录

表 29－8

名称	一级类别	二级类别	图片（张）
阿图什维吾尔族库夏克（歌谣）	民间文学（口头文学）	歌谣	5
关于阿图什的传说	民间文学（口头文学）	其他	2
阿图什方言	民间文学（口头文学）	其他	—
阿图什民歌	民间音乐	民歌	20
阿图什哈曼歌（麦场歌谣）	民间音乐	歌谣	20
阿图什《博格达》木卡姆	民间音乐	民歌	—
阿图什民歌《哈丽旦》	民间音乐	民歌	—
阿图什维吾尔族白皮帽子制造工艺	民间手工技艺	其他	10
阿图什维吾尔族卡木切提吐马克制作工艺（女士帽子）	民间手工技艺	纺织扎制	—
帽子制作技艺	民间手工技艺	其他	3
阿图什花帽技艺	民间手工技艺	其他	3
阿图什手驴车制作工艺	民间手工技艺	其他	2
搓棉花线技艺	民间手工技艺	其他	1

续上表

名称	一级类别	二级类别	图片(张)
阿图什维吾尔族擀毯技艺	民间手工技艺	其他	3
阿图什维吾尔族传统榨油技艺	民间手工技艺	其他	1
阿图什维吾尔族传统铜器制作技艺	民间手工技艺	其他	3
阿图什维吾尔族织染技术	民间手工技艺	织染缝纫	1
阿图什维吾尔族斯尔卡酿造工艺	民间手工技艺	其他	1
阿图什维吾尔土灶、烟囱制作技艺	民间手工技艺	其他	1
阿图什维吾尔族建筑艺术	民间手工技艺	其他	1
阿图什维吾尔族无花果酱制作技艺	民间手工技艺	其他	1
阿图什维吾尔族核桃酱制作技艺	民间手工技艺	其他	1
阿图什维吾尔族摇篮制作技艺	民间手工技艺	其他	4
阿图什维吾尔族旧瓦制作技艺(皮大衣)	民间手工技艺	其他	5
阿图什维吾尔族传统肥皂制作工艺	民间手工技艺	其他	—
阿图什维吾尔族靴子制作技艺	民间手工技艺	其他	—
阿图什维吾尔族雕花技艺	民间手工技艺	其他	—
阿图什维吾尔族打马掌技艺	民间手工技艺	其他	—
阿图什维吾尔族麻袋与库尔俊制作技艺	民间手工技艺	其他	—
皮马制作技艺	民间手工技艺	其他	—
手工枝条编织	民间手工技艺	其他	—
改几	民间手工技艺	其他	—
馕坑制作技艺	民间手工技艺	其他	—
维吾尔族白毡房架子制作技艺	民间手工技艺	其他	—
柯尔克孜族刺绣	民间手工技艺	其他	—
柯尔克孜族花毡制作技艺	民间手工技艺	其他	—
阿图什维吾尔族传统播种工具	民间手工技艺	其他	—
柯尔克孜族婚俗	人生礼俗	其他	—
维吾尔族割礼习俗	人生礼俗	其他	13
维吾尔族葬礼	人生礼俗	葬礼	1
维吾尔族起名礼仪	人生礼俗	诞生、命名	—
柯尔克孜族入摇篮礼仪	人生礼俗	其他	1
维吾尔族婴儿满月礼俗	人生礼俗	满岁、白岁、周岁	—
阿图什维吾尔族斗公羊游戏	游戏、体育	赛力竞技	—

续上表

名称	一级类别	二级类别	图片（张）
阿图什维吾尔族斗鸡游戏	游戏、体育	赛力竞技	—
阿克铁列克—库克铁列克(白青杨)游戏	游戏	助兴游戏	—
阿图什维吾尔族瓦来游戏	游戏	助兴游戏	—
摔跤	游戏、体育	赛力竞技	8
酸奶疙瘩制作	消费习俗	饮食	5
包孜酒制作	消费习俗	饮食	—
加尔马制作	消费习俗	饮食	—
马奶子制作	消费习俗	饮食	—
阿图什维吾尔族馕制作技艺	消费习俗	饮食	—
阿图什维吾尔族苞谷馕制作技艺	消费习俗	饮食	—
阿图什维吾尔族却普制作技艺	消费习俗	饮食	—
阿图什维吾尔族噢馕制作技艺	消费习俗	饮食	—
阿图什维吾尔族去拉制作技艺	消费习俗	饮食	—
阿图什维吾尔族苜蓿制作技艺	消费习俗	饮食	—
阿图什维吾尔族薄皮包子制作技艺	消费习俗	饮食	—
阿图什维吾尔族妇女留发、辫发习俗	消费习俗	其他	—
阿图什民间舞蹈	民间舞蹈	生产习俗舞蹈	—
阿图什维吾尔族塔西舞蹈	民间舞蹈	生产习俗舞蹈	—
阿图什维吾尔族动物模拟舞	民间舞蹈	生产习俗舞蹈	—
阿图什维吾尔族羊肉串舞蹈	民间舞蹈	生产习俗舞蹈	—
阿图什赛乃姆	民间舞蹈	生产习俗舞蹈	—
阿图什维吾尔族交易习俗	生产贸易习俗	其他	—
阿图什维吾尔族狩猎	生产贸易习俗	狩猎	2
维吾尔族原始崇拜与规矩	民间信仰	其他	—
维吾尔族行为禁忌	民间信仰	其他	—
维吾尔族巴拉提月过夜习俗	民间信仰	其他	—
维吾尔族馕崇拜	民间信仰	其他	—
维吾尔族食盐崇拜	民间信仰	其他	—
维吾尔族植物崇拜	民间信仰	其他	—
维吾尔族水崇拜	民间信仰	其他	—
维吾尔族民间药方和护理	民间知识	医药卫生	3

2001 年阿图什市第一批重点文物保护一览表

表 29－9

名称	时代	地址
古疏勒城遗址	汉至唐	阿图什市阿扎克乡、松他克乡之间
莫尔佛塔	唐以前	阿图什市阿扎克乡库木萨克村南 3 千米
佛寺遗址	汉至唐	阿图什市良种场果园西北角
巴拉塔拉古遗址	北宋	阿图什市松他克乡托库勒村西南边
巴库古窑址	汉至北宋	阿图什市阿扎克乡库兰其村
阿其克古遗址、古墓群	元以前	阿图什市阿湖乡阿其克村南
依达良古墓群	元以前	阿图什市吐古买提依达良东 2 千米
科克塔木古墓群	元以前	阿图什市吐古买提乡科克塔木村北

1999 年，经自治州第十届人民政府第八次州长办公室会议研究，阿图什市有 8 个单位符合自治州第一批文物保护单位。

二、普查

2006 年开始，阿图什市对非物质文化遗产的保护、普查按照“保护为主、抢救第一，合理利用、传承发展”的指导方针，对全市范围内的在民众中世代传承、为民众所享受的文化，至今还在民众中流传的“活态”文化，如阿图什白苞谷馕制作技艺、维吾尔族花帽制作技艺、阿图什民歌、阿图什民间舞蹈、维吾尔族葡萄醋酿造技艺等项目，有组织、有步骤地进行普查、登记、采录，先后收集流传在民间的传统音乐、传统舞蹈、传统技艺等项目资料，采集 75 个项目资料。

2007 年，市人民政府将 23 个项目列入阿图什市首批非物质文化遗产名录；10 个项目列入自治州级非物质文化遗产名录。

2009 年，维吾尔族花帽制作技艺、维吾尔族民歌(阿图什民歌)、阿图什维吾尔族民间舞蹈、维吾尔族馕制作技艺(阿图什白苞谷馕)4 项被自治区人民政府列入第二批自治区级非物质文化遗产名录。

2011 年，维吾尔族白皮帽制作技艺和维吾尔族葡萄果醋制作技艺 2 个项目被自治区人民政府列入第三批自治区级非物质文化遗产名录。

2012 年，申报维吾尔族榨油业、维吾尔族民间达斯坦、维吾尔族传统鞋业、维吾尔族传统郎中医术—阿图什萨姆萨克郎中医术 4 个项目列入自治区级非物质文化遗产名录。

三、传承

2010 年，阿图什市成立非物质文化遗产保护中心，市文体局设立专门办公室，制定一系列配套管理制度。在经费保障方面，市政府在年度财政预算中安排民族民间传统文化保护专项经费，用于人员培训、项目普查和申报工作。到 2010 年底，市财政为普查(含购置设备)及申报名录工作拨专款 5 万元。自 2010 年起，全市 6 个自治区级非物质文化遗产项目的 6 位传承人每年获得 4800 元的传承活动资助经费。2011 年，自《中华人民共和国非物质文化遗产法》实施以来，每年 6 月在全国“文化遗产日”，广泛开展宣传活动。

2011 年，阿图什市展出的非物质文化遗产获得自治区文化厅举办的“天工开物——新疆非物质文化遗产传统技艺大展”的优秀组织奖。

第八节　文化市场管理

一、文化市场发展

（一）网吧

1999年，阿图什市出现第一家网吧，到2007年，全市有网吧17家。随着越来越多电脑、笔记本电脑的普及，此后网吧发展缓慢，到2015年全市有网吧18家。

（二）歌舞厅、游戏厅

2004年起，阿图什市出现2家歌舞厅，主要供人们在业余时间休闲娱乐，随着社会发展，至2015年全市有歌舞厅5家。

2005年，阿图什市开始有1家游戏厅。2012年有2家，至2015年有4家游戏厅。

（三）打字复印店

2000年，阿图什市出现以打字、复印、大图复印为一体的个体经营户8家，至2012年发展到53家。随着越来越多电脑、打印机、复印机的普及，全市各单位几乎都有电脑、打印机、复印机，打字复印店开始逐渐减少，2013年有50家。至2015年有打字复印店35家。

（四）图书发行

1995年，阿图什市街道有个体售书摊4个。2000—2005年，发展到6家书店。2005—2010年，有11家书店。2010—2014年，有18家书店。2015年为12家。

（五）音像店

2000年，阿图什市内2家音像店。2000—2005年，有7家音像店。2005—2010年，有12家音像店。2010—2012年，有17家音像店。2013—2015年，有6家音像店。

（六）互联网经营

1995年，中国电信（克州）分公司进行企业法人登记，从此逐步实行政企分开。1998年，邮政、电信分营，开始专注于电信运营。1999年，中国电信的寻呼、卫星和移动业务被剥离出去。后来寻呼和卫星并到三大运营商，电信、移动、联通。2015年，阿图什市有电信运营店3家、移动运营店6家、联通运营店2家。

（七）广告业

1995—2015年，阿图什市广播电台维吾尔、汉、柯尔克孜三种语言频率，每年根据不同时期的主题，定期在新闻节目里插播党风廉政、民族团结、精神文明、安全生产等公益性广告。

2014年，阿图什市广播电视台利用广播电台、电视台媒体平台，结合市委、市政府中心工作，在电台、电视台新闻节目里定期播放公益性广告。同时在市区人员密集区域建立电子显示屏17个，其中全真彩色屏3个，从早9点到晚12点，不间断转播中央、自治区、州市新闻等时政信息，宣传平安建设、法治建设、民生建设等相关公益广告视频。单色字幕屏14个，全天24小时滚动播出维护稳定、民族团结、社会和谐等方面的公益宣传口号。

阿图什市个体广告制作企业主要由工商管理部门进行审批、审查和监管。随着社会的发展，至2015年，全市有个体广告经营店53家，广告收入1100.1万元。

二、文化市场监管

阿图什市文化产业仍处于初始阶段，文化工艺如维吾尔小花帽、无花果酱制作技艺仍以小作坊、小店面为主，文化企业规模普遍偏小，产业规模化和集约化程度低，缺少文化领域的战略投资者，缺乏骨干文化企业。在娱乐行业主要以网吧、歌舞厅、游戏厅、打字复印店、书摊为主，规模都较小。

（一）文化场所审批

1995年，根据文化部、国家工商总局关于加强文化市场管理工作的通知，市人民政府坚持依法行政，将文化娱乐经营纳入政府管理,成立市文化管理委员会,办公室设在市文体局。按照国家、自治区、自治州要求,规定经营文化娱乐的单位和个人,必须到文化、公安、工商等部门申报、登记、审核批准,领取文化娱乐许可证、安全许可证和营业执照后经营。1995—2015 年,完善健全 51 项规章制度,保证法律法规的正确实施。

2013 年,市文化市场稽查大队进驻自治州行政服务中心,设 1 个服务窗口。2013—2015 年,文化市场行政服务大厅窗口受理审批年检事项 73 件,办结 73 件,接待办事群众 129 人次,接待群众咨询 56 人次,全部按承诺期限提前办结,办结率 100%。

(二)文化市场稽查

1995 年后,市文化市场稽查大队负责文化娱乐市场日常稽查工作。1998 年,由市文化局、工商局、公安局、政法委等 9 部门成立联合检查组,定期、不定期地对市文化市场检查,严肃查处非法出版物和盗版、淫秽音像制品,保护知识产权,维护文化市场的正常秩序。1998 年,集中整治 2 次,常规性检查 8 次,审查光盘 32 盘、录像带 90 盘。2003 年,市政府下发《关于进一步深化网吧专项整治工作的实施意见》,并成立专项整治工作领导小组,规范网吧经营场所,对电子游戏经营场所保持高压态势,打击地下电子游戏场所和利用电子游戏赌博行为。

2009 年,成立"扫黄打非"领导小组办公室。2010—2015 年,市文化市场稽查大队加大对"网吧"、音像、书报摊点的清理整顿和查处力度,抓好对"网吧"接纳未成年人问题的治理。检查音像店 49 家次、出版物市场 22 家次、打字复印店 28 家次、二手手机市场 15 家次,收缴 2915 张盗版光盘,对 6 家网吧进行处罚,责令学校周边 1 家网吧、2 家音像店在规定期限内进行搬迁。2013 年 3 月,在打击赌博犯罪活动中,收缴赌博机 15 台。组织法律条例宣传 40 次,组织经营者学习培训 54 期,近 3000 人次参加培训,出动执法人员 6000 人次开展文化市场专项整治,维护正常的市场经营秩序,促进文化市场健康有序发展。1995—2015 年,联合检查组检查 400 家次,没收光碟 1 万余盘,查处取缔违规经营游戏厅 30 余家,处罚网吧 78 家次,使文化市场不断得到净化与繁荣。

第三章 广播影视

第一节 广 播

一、农村广播设施

1995 年,阿图什市有 7 个乡广播站,有广播线路 197 千米;阿湖乡小喇叭入户率 100%,其余各乡小喇叭入户率 40% 左右。

2009 年,为解决农牧民收听广播难的问题,国家开始实施农村广播电视"大喇叭"覆盖工程,为阿图什市各乡村配备直播卫星"大喇叭"设备 139 套。

2010 年,配备安装"大喇叭"设备 359 套。2011 年,为全市 7 个乡镇广播电视站新建发射机房。2012 年,配备安装"大喇叭"设备 254 套。2013 年,配备安装"大喇叭"设备 291 套。在"十二五"期间,为阿图什市各行政村配备安装"大喇叭"设备 1043 套,解决 18 万农牧民收听广播难的问题。

2014 年,根据国家统一规划,卫星进行清流,所有直播卫星大喇叭将收不到卫星广播信号,因此阿图什市农村全部使用调频广播大喇叭,农村大喇叭数量为 705 套。

二、广播节目播放

1994 年 8 月 9 日起,阿图什市广播电台开播,主要播放庆祝自治州成立 40 周年的有关内容。到 9 月中旬停播。年底,市广播以转播中央、自治区广播电台新闻节目为主,每天早、中、晚 3 次广播,有 70 分钟自办节目,自办栏目12个。1999年3月,筹建阿图什市调频广播电台。1999年10月1日,阿图什市人民广播电台正式开通,配备500W发射机1部、300W发射机1部、100W发射机2部。发射塔1座,2套录播设备。节目内容分别用维吾尔、汉两种语言同时播出,实现阿图什市广播事业从有线到无线跨越。2000年10月,调频电台每天播出时间延长到10.5小时,节目类型从18个小板块增至21个。2002年开始,调频电台又将节目播出时间延长至每天播出14小时,其中自办节目时间为7小时。2001年7月,"西新工程"调频项目为阿图什新增2部300W调频发射机和2套卫星接收设施。2001年10月8日,市"西新工程"正式开通,一套转播中央人民广播电台汉语节目,一套转播新疆人民广播电台维吾尔语节目。2004年3月,市数字音频工作站正式开通。实现阿图什市广播事业从原有的模拟播出方式向数字化录、编、贮、自动播出网络系统的转变,也实现与现代化媒体传播的接轨。2005年,自治区实施"西新工程"第二期建设任务,新增一台300W的调频发射机,阿图什市人民广播电台开通柯语转播频道。"西新工程"不仅能完整转播中央一套的汉语节目和新疆二套的维吾尔语节目,而且又新增加新疆柯尔克孜语广播节目。2007年4月,市人民广播电台开通柯尔克孜语自办节目。2011年底,市调频广播电台有维吾尔、汉、柯尔克孜3套语言自办节目,分新闻、专题、文艺三大类型18个小板块,每天播出时间7小时。2012年,市人民广播电台搬迁至新址,市广播电台共转播5套广播节目,包括中央人民广播电台节目2套,新疆人民广播电台节目3套。同时开办维吾尔、汉、柯尔克孜3套自办栏目39个,其中专栏7个,全天播出16个小时。2015年,市广播电台更新音频系统,新增维吾尔语直播互动节目2个,新增柯尔克孜语直播节目2个。市广播电台维吾尔、汉、柯尔克孜3套广播节目开办自办节目38个,其中专栏10个,全天播出16个小时。

第二节　电　视

一、农村电视设施

1995年,全市农村、牧区平均5家1台电视机,电视覆盖率80%。

1999年5月,阿图什市"村村通"工程正式启动,全市共有13个项目点,接收模式为1+1模式,可收看1套电视节目和收听1套广播节目。

2005年,建设5个项目点,接收模式为"4+2"模式,可收看4套电视节目、收听2套广播,共建设5个项目点,分布为哈拉峻乡2个村、吐古买提乡2个村,上阿图什乡1个村。

2009年,国家开始实施农村广播电视"村村通"覆盖工程,为阿图什安装配备农村广播电视"村村通"设备4934套;2010年,安装配备6507套;2012年,安装配备2591套;2013年,安装配备20套,解决边远地区农牧民看电视难的问题。

2012年,国家实施农村广播电视"户户通"工程,为阿图什市安装配备农村广播电视"户户通"设备1896套;2013年,安装配备27250套;2014年,安装配备3033套;2015年,安装配备1万套,惠及农牧民群众181640人。

2012年,完成5个乡广电站的广播无线数字节目传输及《克州新闻》在全部乡镇落地工作。至2015年,通过在全市实施农村"大喇叭"覆盖工程,广播电视"村村通""户户通"工程,使全市广播覆盖率97%,电视覆盖率97%,广播电视覆盖率分别比2008年提高3.8个百分点。

二、电视节目播放

1995年,城镇居民平均每家1台电视机。

2011年5月,阿图什市《首府新闻》栏目组成立,从市直各单位抽调有一定摄像或采编基础的人员组成,由市委宣传部代管,每年财政预算10万元工作经费。《首府新闻》在自治州电视台《克州新闻》中进行插播(每年支付自治州电视台费用3万元)。

2012年,阿图什市文化体育局和广播影视局合并后搬迁至新址(市财政综合大楼),8至11楼为市文广局办公场地。将电视台设置在11楼,有电视制作、编辑室等4个,电视演播室3个,电视演播大厅1个。

2014年1月1日,阿图什市电视台维吾尔语、汉语两种新闻栏目正式开播。

2014年10月,在阿图什市人员密集路口,市人民广场新建17个户外LED显示屏、3个彩屏和14个数字屏。

2014年,江苏昆山投资800万元,援建市无线数字电视系统建设项目。该项目的实施,结束阿图什市电视模拟信号传输的历史,改为数字信号传输,设备得到更新,发射更加安全,提高阿图什市广播电视传输覆盖区域和信号质量。

2015年,克州乡镇地面数字电视发射系统项目实施,为上阿图什镇、阿湖乡、哈拉峻乡、吐古买提乡广电站配备地面数字电视发射设备,解决阿图什市边远地区收看不到本地电视节目的问题。

第三节 电影发行与放映

1995年,阿图什市文化局设有国办电影队1个,有2名工作人员,有1套放映设备和1辆手扶拖拉机,每年到农牧区巡回放映电影,农牧民免费观看,年放映电影150场。

1998年4月,按照自治区要求,设有国办电影队1个,有2名工作人员,有1套放映设备和1辆手扶拖拉机,每年到农牧区巡回放映电影,年放映电影200场。

2000年,市文化体育局为国办电影队配北京212型吉普车1辆作为电影放映交通工具。2003年,自治区文化厅为国办电影队配备213型吉普放映车1辆,每年到农牧区巡回放映电影,年放映电影增加到350场。

2008年4月,根据自治区要求,将国办电影队移交给阿图什市广播电视局,同年更名为农影办,农影办下设农村电影放映队,有工作人员2名,胶片放映机4套,放映车1辆,每年到农牧区巡回放映电影,年放映电影增加到600场。

2009—2010年,自治区实施"一村一月一场"农村公益电影放映工程,为农影办配备dMs-2000L型数字电影放映机6台、dMs-3000型数字电影放映机4台,农影办在各乡设电影放映队1个,年放映电影900场。

2011年起,自治区新闻出版广电局对放映机进行升级,为放映机安装GPS定位模块,确保放映质量,放映情况随时可在新疆流动放映监管平台上查询,同时,给农影办配备依维柯放映车1辆。

2015年起,农村电影放映队每年至少开办2期农村数字电影放映技术培训班。每年放映电影900场,重点在阿图什市所辖乡(镇)、场放映,并积极配合全市的百日文化广场等群众性文化娱乐活动的开展。

第四节 宣传报道

1999年后,阿图什市广播电视台每年围绕市委、市政府中心工作,做好新闻宣传,在新闻节目里开办各类民生类专题专栏。按照"三贴近"的要求,在原有的《社会之窗》《经济与生活》《教育天地》《文化与道德》《少儿节目》等栏目的基础上,新开办《健康家园》《大视野》《今日新农村》《军事百科》栏目,每期时长30分钟。每年开通自办节目39个,其中专栏7个,直播5个,全天播出16个小时。

2009年,由市纪检委、纠风办、广播电台联合策划的《阳光政务—阿广政风行风热线》栏目,于6月8日正式开播,来自州、市各单位的负责人做客播音室,与广大听众交流,通过热线电话与群众直接对话,听取群众意见、建议和要求,电话咨询和救助内容涉及低保、医疗及惠农政策落实等情况,现场为群众解惑释疑,排忧解难,做到窗口行业和服务单位全覆盖,双语播出民众收听无死角。2013年,《阳光政务——阿广行风热线》深入全市各乡(镇)、社区,近距离与听众进行互动,群众投诉问题基本上得到及时有效的解决。从2013年开始,栏目播出从原来的30分钟延长至60分钟。

2011年,在阿图什市党代会开幕、闭幕期间,阿图什市广播电台维吾尔、汉、柯尔克孜三种语言首次实现同步直播。

2012年，自治州第五届玛纳斯国际文化旅游节在阿克陶县召开，阿图什市广播电台实现阿图什市广电事业发展史上首次三种语言异地同步直播、同步解说。

2014年1月，《阿图什新闻》维吾尔、汉两种语言频道电视节目正式开播。维吾尔语每天连续播出17个小时，汉语每天连续播出14个小时。电视台维吾尔语频道开办的文娱类节目《阿图什旋律》、歌舞类节目《文艺之泉》自开播以来，受到广大观众的热烈欢迎，提高市广播电视台的收视率和知名度。

2015年5月，《阿图什新闻》栏目改为日播制。

第四章　体　育

第一节　体育组织

1995—2015年，全市发展专业体育队5个，分别为市第一中学拳击队、市业余体校国际摔跤队、市第一中学足球队、市第一中学田径队、市第四中学田径队。

2015年，市体育总会成立，有会员50人。全市有单项体育社会组织（体育协会）4个，分别是市第一中学青少年体育俱乐部（教练员6名、运动员200名）、上阿图什镇喀依拉克中学青少年体育俱乐部（教练员6名、运动员150名）、市阿纳迪亚足球俱乐部（教练员3名、运动员60名）、信鸽协会，会员32名。

第二节　少数民族传统体育

阿图什市作为少数民族聚居地区，叼羊、掰手腕、拔河、斗鸡、斗羊、摔跤等民族传统体育活动颇为流行。

一、叼羊

叼羊是一种对抗性强、争夺激烈运动，骑手不仅要有强健体魄、娴熟的马上功夫，还要与训练有素骏马配合。参加叼羊比赛骑手，平时都十分重视基本功训练，比赛时带着自己多年精心驯养马，驰骋赛场，顽强拼搏。农牧民在劳动之余，自发地组织叼羊活动，由德高望重的长者或乡村领导任主裁判，把宰杀好的山羊羊身放在赛场，宣布叼羊开始。赛场上群雄跃马扬鞭，各逞绝招，在反反复复多次较量中，谁先把羊抢到手并放到预先规定地点或标志物处为胜方，将羊作为奖励，同时规定本次胜方在下次叼羊时拿出1只山羊进行比赛。

二、赛马

赛马比赛规定距离有1000米、3000米、5000米、1万米，先到终点者获胜。一般在草场上或戈壁和荒地上进行。参赛者以乡、村和户为队，由骑术好的11～12岁少年儿童乘骑参赛。各乡（镇）场在节日里，常举行群众性赛马大会。穿着盛装的农牧民从四面八方涌向赛马场，各队选拔最好马匹参加竞赛，骑手们把各自坐骑打扮得漂漂亮亮。优秀的骑手受到奖赏，优秀马匹受赞扬，获奖马匹被人高价买走。马上运动是柯尔克孜族最传统悠久的文体赛事，重点分布在吐古买提乡和哈拉峻乡。柯尔克孜族的马上运动项目十分丰富，有赛马、走马赛、马背角力、叼羊等。

三、民族式摔跤

摔跤古称“抵角”“角力”，是柯尔克孜、维吾尔、塔吉克等少数民族的传统体育项目。千百年来，相沿成习，摔跤发展为民间节日、喜庆日助兴节目。摔跤比赛方法简单，只要有1块10平方米沙滩地或松软土地就可进行比赛。参赛者体重相等，每人腰间系1条布带，双方用手抓紧对方腰带比赛即开始，以摔倒对方者获胜。每逢节假日和巴扎天，远近青壮年乡民聚集街头树下或空旷沙滩之上，拼力摔拉，斗力、斗勇、斗智。结对手者常多达十数对以上,围观助兴者常多达百人乃至数百人。民族摔跤不受级量、体重、场地等限制。除地面上徒手摔跤外,还有马背上摔跤,也叫马上角力。骑手以1只手执髻持鞭,或者把髻压在鞍下,把鞭叼在嘴中,当两马相交之际,双方交手较量,拼力摔拉。

四、掰手腕

掰手腕是一项全民参与、看似简单实则技巧百般的比赛活动,它既有游戏性,又有竞赛性,不仅年轻人喜爱,小孩及老人也会在闲暇时间来上几场较量。

掰手腕比赛采用淘汰制,参赛选手必须使用右手进行比赛。两位选手分别坐在桌子两侧,双方必须同时将右手放到比赛指定位置,左手握拳置于背后,其余部位不得与台面接触,不得借助外力。双方选手两个大拇指紧紧相扣,裁判发令后,谁先把对方的手掰倒至手背碰到桌面即可决出本局胜负(被扳至手背碰到桌面者负)。五局三胜,成绩相同的选手加赛一场。

第三节　群众体育

一、全民健身

2001年,阿图什市制定《全民健身计划纲要》,至2005年,初步建成面向大众多元的体育服务体系。随着经济的快速发展,群众喜爱的体育活动也呈现出蓬勃发展之势。

2005年开始,阿图什市各乡(镇)举办拔河、乒乓球、棋类、三人篮球赛、摔跤、赛马等活动,形式新颖活泼,吸引农牧民群众积极参与。

2006年,全民健身的主题是"生活奔小康,身体要健康"。在农村开展以体育设施、体育健身指导和体育科普知识为内容的"体育三下乡"活动。

2009年后,每年8月,全市各单位、乡镇开展全民健身日宣传活动,举办文体娱乐活动。先后举办篮球比赛、全民健身体育节暨青少年足球交流会、全民绿色健身展示大会活动、少数民族传统体育运动会等。

2013年初,阿图什市制定《2011—2015全民健身实施计划》。通过单位组织和群众自发组织,广泛开展广场健身舞、篮球、徒步、环跑等形式多样、丰富多彩的全民健身活动。

二、职工体育

1995年后,阿图什市提倡各单位自办小型比赛,并将"五一""五四"定为职工体育活动周,广泛开展篮球、足球、乒乓球等体育比赛活动,当年组织开展具有一定规模的体育比赛活动24场次,参与运动员800人次。此后,全市职工体育活动一直蓬勃开展,每年开展的单项和综合性体育比赛活动均在20场次以上。2000年后,职工体育得到长足发展,逐步实现以部门管职工体育向社会办职工体育事业的转变,全市各企事业单位和群众团体组织职工体育比赛活动的频率、数量和规模明显提高,参与人群大幅攀升,职工男子篮球赛、自行车赛、职工运动会等一大批较有影响力的体育比赛活动成功举办。

2006年,全市干部职工上班前做第八套广播体操。

2008年以来,每年通过各单位和群众体育团体组织、企业冠名赞助的各类较大规模的职工体育比赛活动均达到20场次以上,职工体育健身氛围日益浓厚。

2009—2015年,全市各单位先后举办"迎新春"干部职工乒乓球比赛、环城长跑比赛、拔河比赛、庆"五一""五四"体育系列活动和职工篮球比赛,参加人员5.3万人次。

三、农牧民体育

1998年开始,阿图什市制定长期规划,每年举办农牧民运动会,由各乡镇轮流主办,主要体育活动有赛马、叼羊、摔跤、掰手腕、押加等,主要在农牧民闲暇时节举行。各乡镇结合实际情况,举办体育竞赛活动。

2006 年，全市所有的乡镇全部成立农民体协，满足广大农民健身的需要。全市乡（镇）、行政村每年组织开展的农牧民体育比赛活动均在 15 场次以上。

2008 年，举办“庆新春迎奥运”农牧民运动会，有摔跤、拔河等。

至 2015 年，在全市农牧民运动会引领带动下，全市各乡（镇）、行政村农牧民体育活动广泛开展，每年均组织一定规模的体育比赛活动，参与的运动员上千人，观众超过 3 万人次。

四、老年体育

1995 年后，人们的健康意识逐渐提高，参加体育锻炼的老年人越来越多，清晨或傍晚在公园广场上有众多老年人练气功、舞剑、拳术、散步、做健美操或信步慢跑。但由于受场地器材条件和组织领导等方面的制约，有组织的体育活动比较少。只有一少部分老年人在老干局活动室打台球、乒乓球、玩扑克、下象棋、跳交谊舞。

2005 年后，阿图什市老年体育活动日益增多，自办活动和市内大型文体活动都有老年文化体育表演队的身影，并在多次比赛中获奖。

2010 年后，随着各协会的成立，老年人的活动日益丰富起来。有专人通过学习培训举办广场舞、太极剑、柔力球运动队，参加州、市中老年比赛的机会、次数增多。老年人体育活动在社会上不但得到普及，老年门球、太极拳（剑）等老年竞技项目的水平通过长期坚持锻炼也得到大幅提高。

五、农牧民运动会

结合传统节日，开展民间传统特色体育活动。随着社会经济的发展和生活水平的提高，阿图什市农民体育有较快的发展，通过各级政府，结合“一乡一品”“一月一村一场”体育活动和“乡村百日文体活动”，组织开展形式多样，丰富多彩的体育活动。每年在元旦、春节、元宵节、诺鲁孜节、古尔邦节期间开展“迎新春”农民排球赛、足球赛等文化体育活动，在各乡（镇）开展农牧民趣味运动会，受到各族群众的热烈欢迎，参与群众 1 万人。

1994 年开始，阿图什市每四年举办一次民族运动会，连续举办 3 届，观看人数 1 万人次。

2015 年，阿图什市举办首届农牧民运动会。农民运动会从 5 月 11 日开始，历时 5 天，有 7 支代表队近 600 名农牧民运动员参加。运动会设速度赛马、赛走马、叼羊、斗鸡、斗羊、男子摔跤（且里西）、男子排球、男子押加、男女组掰手腕、男子拉拖拉机、男子锯木头、女子滚轮胎等 12 个竞赛项目。观看群众 10 万余人。

第四节　学校体育

一、课时设置

阿图什市学校体育以贯彻《学校体育工作条例》，全面实施《国家体育锻炼标准》《学生体质健康标准》为重点，广泛开展适合青少年特点、丰富多彩的体育活动，在学生中组织摔跤、足球、排球赛，鼓励和引导青少年参加体育锻炼。每年体育部门及各中小学校都举办运动会。

1996—2003 年，中学、小学体育课时是每周体育课 2 节。每天学生体育锻炼不少于 1 小时。

2004—2010 年，根据《义务教育课程设置实施方案》和教育部《关于保证中小学体育课课时的通知》的规定，调整体育课的设置，1 ~ 2 年级的体育课每周四课时，3 ~ 6 年级体育课每周三课时，7 ~ 9 年级体育与健康课每周三课时，普通高级中学体育和健康课每周两课时。每天安排广播健身操不少于 1 遍，眼保健操不少于 2 遍。2010 年，市文化体育局与教育部门共同抓好体育传统项目学校、“足球项目学校”的督促检查和课余训练，举办中小学生运动会。

2011—2015 年，全市学校 1 ~ 2 年级体育课每周 4 课时，3 ~ 6 年级体育课和 7 ~ 9 年级体育与健康课每周 3 课时。

二、教师配备

1995—2015 年,随着国家对南疆三地州学校教师队伍的重视,阿图什市各中小学校体育教师逐年增加。2015 年,全市中小学体育教师 204 名,其中具有高级职称的 18 名、中级职称 71 名、初级职称的 92 名。

2015 年阿图什市中小学体育教师配备情况统计表

表 29 - 10　　　　单位:人

学校	体育教师数	学历结构				职称结构			年龄结构				民族结构		
		本科	专科	高中	其他	高级教师	一级教师	初级教师	30 岁以下	30 ~ 35 岁	35 ~ 55 岁	55 岁以上	汉族	维吾尔族	其他民族
阿图什市第一中学	18	15	3	—	—	3	1	5	10	2	6	—	—	18	—
阿图什市第二中学	12	8	4	—	—	2	1	5	4	—	8	—	—	12	—
阿图什市第四中学	18	8	10	—	—	2	7	9	—	2	16	—	—	13	5
阿图什市第六中学	7	4	2	1	—	—	—	7	4	—	3	—	—	7	—
上阿图什镇卡依拉克中学	11	2	9	—	—	1	2	8	—	—	11	—	—	11	—
上阿图什镇卡尧勒其中学	7	2	5	—	—	—	3	4	—	1	6	—	—	7	—
上阿图什镇依克沙克中学	1	1	—	—	—	—	—	1	—	—	1	—	—	1	—
阿扎克乡中学	12	5	7	—	—	—	3	7	3	2	7	—	—	12	—
阿扎克乡麦玉中学	1	—	1	—	—	1	—	—	—	—	1	—	—	1	—
阿湖乡中学	5	4	1	—	—	—	2	3	1	—	4	—	—	5	—
阿图什市第一小学	11	3	8	—	—	1	7	—	4	2	5	—	5	6	—
阿图什市第二小学	7	1	1	—	5	2	5	—	—	—	7	—	—	7	—
阿图什市育才学校	6	4	2	—	—	—	—	6	6	—	—	—	3	2	1
阿图什市苗圃小学	2	—	2	—	—	—	2	—	—	1	1	—	—	2	—
上阿图什镇中心学校	11	—	11	—	—	—	3	8	1	4	6	—	—	11	—
阿扎克乡中心学校	28	3	8	—	17	—	8	15	2	4	22	—	—	28	—
松他克乡中心学校	25	1	11	13	—	3	20	2	1	9	15	—	—	25	—
阿湖乡中心学校	9	—	7	2	—	—	3	6	1	1	7	—	—	9	—
格达良乡中心学校	7	—	—	7	—	3	3	1	1	3	3	—	—	7	—
哈拉峻乡中心学校	3	3	—	—	—	—	—	3	1	1	1	—	—	1	2
吐古买提乡中心学校	3	—	3	—	—	—	1	2	2	1	—	—	—	2	1
合计	204	64	95	23	22	18	71	92	41	33	130	—	8	187	9

三、学校体育运动会

1995—2015 年,全市中小学校在各学年的“五一”“五四”“六一”等节日期间,举办不同规模的运动会。

其中市第一中学举办5届学校体育运动会，市依克萨克中学举办4届学校体育运动会，上阿图什镇尧勒其中学举办3届学校体育运动会。

第五节　运动员培养

1995—2015年，阿图什市有国家级社会体育指导员1人，一级社会体育指导员5人，二级社会体育指导员22人，三级社会体育指导员45人。有足球项目运动员1500人，其中足球项目一级运动员5人，二级运动员41人；有摔跤项目运动员85人；拳击项目运动员20人；田径项目运动员160人。

一、运动项目

1995年后，阿图什市业余体校把输送后备人才，培养优秀运动苗子作为工作重点。2015年，竞技体育运动项目有摔跤、拳击、足球、田径等，其中足球、摔跤、拳击运动发展良好，获得过很多州级、自治区级奖项。足球项目比赛获得过优异成绩，位于克州首位。

二、体育训练

2000年起，阿图什市业余体校开设拳击项目，每年招收20～30名运动员进行拳击训练。自1995年起，业余体校每年向自治州输送摔跤运动员7到12名，参与自治州、自治区级以上比赛，输送运动558名。

三、运动员输送

2008—2015年，向自治州业余体校输送运动员348名，向自治区竞技体育运动学校输送60名优秀运动员，向各类大学输送127名运动员，向全国其他省市、自治区体育俱乐部输送23名运动员（足球、田径、拳击、摔跤等）。

第六节　竞技体育比赛

1997年，市儿童足球队代表自治州参加全疆小甲A足球比赛获得亚军。

2001年，市青少年足球队代表全疆出征全国青少年足球赛，获得亚军。市乒乓球队在自治州“健康杯”乒乓球赛中获得冠军。市职工篮球队在自治州“健康杯”职工篮球赛中获得第三名。市摔跤队在自治州青少年自由式摔跤比赛中获得团体冠军。

2002年，市职工篮球队在自治州全民健身宣传月“第二届健康杯”职工篮球赛男子比赛中获得第三名。

2003年，市篮球队在自治州“健康杯”篮球赛中获得第二名。

2004年，市篮球队在自治州“联通杯”篮球赛中获得男子组第二名、女子组第二名。

2005年，市青少年代表自治州参加自治区在乌鲁木齐市举行的青少年体育运动会上，获得排球赛团体第一名；在自由式摔跤项目中获得1枚金牌、1枚银牌、3枚铜牌；拳击比赛项目中获得1枚银牌、2枚铜牌；田径项目获得2枚铜牌。在中学生组足球比赛中获得亚军。

2006年，在克拉玛依市举办的自治区第十一届体育运动会上，阿图什市运动员田径项目获得2枚金牌、1枚银牌；自由式摔跤项目获1枚金牌、4枚银牌；拳击项目获2枚金牌、2枚银牌、1枚铜牌，4名运动员进入前五名。在博尔塔拉蒙古自治州举办的自治区第六届少数民族运动会上，阿图什市运动员民族式摔跤项目获1枚金牌、5枚银牌；押加项目中，获团体第一名。5月，市少年足球队代表自治州参加自治区足球协会在乌鲁木齐市举办的新疆“U－13”足球赛中，获得亚军，并被大会组委会授予“公平竞赛奖”。7月，市少年足球队代表新疆参加在秦皇岛举办的“全国足球学校杯”足球赛，获得第四名。

2007年9月，市少年足球队代表自治州参加全国U－15“足学杯”足球赛，获冠军。

2008年，在自治区拳击比赛中，阿图什市运动员获1枚金牌、2枚银牌、3枚铜牌。市少年足球队代表自治州参加自治区级足球比赛,获得冠军。

2009 年 6 月,在乌鲁木齐市举办的自治区第二届体育大会中国式摔跤比赛中,阿图什市运动员获 1 枚金牌、2 枚银牌、2 枚铜牌。7 月,阿图什市代表自治州参加自治区举办的柔道比赛,获得 5 枚金牌、3 枚银牌、4 枚铜牌。

2010 年 5 月,阿图什市代表队参加自治州级田径运动会,获 9 枚金牌、4 枚银牌、5 枚铜牌,中学组团体第一名。6 月,阿图什市代表队参加自治州级押加、摔跤比赛,获得 5 个第一名、2 个第二名、2 个第三名。8 月,阿图什市代表自治州参加在乌鲁木齐举办的自治区十二届青少年体育运动会,在摔跤比赛中,获得 4 枚金牌、2 枚银牌、4 枚铜牌;在拳击比赛中,获 2 枚金牌、1 枚铜牌;在足球比赛 U－18 项目中,获得第二名、在足球比赛 U－16 项目中,获得第二名;在沙滩排球项目中,获第四名。

2011 年,阿图什市少年足球队代表自治州参加自治区青少年足球联赛南疆片区比赛,获得第二名。市代表自治州参加自治区青少年拳击比赛中,获 4 枚金牌、4 枚银牌、4 枚铜牌。市代表新疆参加在浙江举办的全国第九届农民运动会摔跤比赛,获得 1 枚金牌。

2012 年,阿图什市少年足球队代表自治州参加自治区在吐鲁番举办的南疆片区青少年足球联赛中获得亚军。市代表自治州参加自治区青少年拳击比赛,获得 51 公斤级金牌 1 枚、66 公斤级金牌 1 枚、70 公斤级金牌 1 枚、54 公斤级银牌 1 枚、39 公斤级铜牌 1 枚。

2013 年,阿图什市代表自治州参加自治区青少年足球联赛,获得冠军。市代表自治州参加在乌鲁木齐举办的新疆足协 2013 年“格达良杯”足球比赛,获得冠军。市拳击代表自治州参加自治区青少年拳击比赛,获得 1 枚金牌。市摔跤代表自治州参加自治区青少年摔跤比赛,获得 1 枚金牌、2 枚银牌。市青少年柔道代表自治州参加自治区青少年柔道比赛,获得 2 枚银牌、1 枚铜牌。市青少年散打代表自治州参加自治区青少年散打比赛,获得 2 枚金牌、1 枚铜牌。

2014 年,阿图什市代表自治州参加自治区第十三届运动会的足球、田径、拳击、古典式摔跤、国际式摔跤、柔道等 6 个竞赛项目,夺得 4 枚金牌、3 枚银牌、2 枚铜牌。阿图什市足球队代表自治州,获得团体第三名。

2014 年,阿图什市代表自治州参加在乌鲁木齐举办的全疆青少年足球联赛获第一名。

2015 年,阿图什市青少年足球队代表中国参加第十届俄罗斯索契国际青少年足球锦标赛,获得冠军。阿图什市青少年足球队代表自治州参加自治区在吐鲁番举办的南疆片区青少年足球联赛,取得冠军。市青少年足球队代表新疆参加在兰州举行的“谁是球王”全国总决赛,获得第三名。在武汉举办的“桌尔杯”全国中学生足球赛,阿图什市一中队取得第二名。市队代表自治州参加在吐鲁番举办的南疆四地州青少年“未来之星”阳光体育活动,获得农民组足球比赛和初中组男子足球赛两个项目的第一名。市队代表自治州参加在乌鲁木齐举办的自治区青少年摔跤比赛,获得 82 公斤级柔道赛第一名、古典式 53 公斤级第二名、古典式 55 公斤级第三名和古典式 63 公斤、58 公斤两个级的第五名。市青少年队代表自治州参加在乌鲁木齐举办的自治区“天山球王”争霸赛,获得冠军。市青少年队代表新疆参加在武汉举办的“卓尔杯”全国中学生足球挑战赛,获得亚军。

第七节　阿图什足球

1995 年后,阿图什市的足球运动更加普及,已成为远近闻名的“足球之乡”,城乡各中小学都有足球队,全市每年都举办足球赛。为挖掘全市深厚的足球文化资源,打造“丝绸之路现代足球发源地”品牌,2014 年,阿图什市结合深化改革工作,将足球事业发展作为一项重点工作,每年投入 200 万元,支持足球事业的发展。按照“以市业余体校为龙头,市直各中、小学校训练网点为基础的梯队式足球队建设模式”发展思路,在各乡(镇)中心中、小学校及市直各学校建立足球训练基地 22 个,每个训练基地建立一支 25 人的足球队,运动员从辖区各学校选拔,每队配备 2 名专职教练员。将全市 22 所中、小学校命名为青少年足球学校,有专职教练员队伍 51 名,运动员队伍 800 余名,正在逐步建立足球运动员档案。

2015 年开始,每月对运动员体能、技能进行一次考评,每学期举办一次班级、校园足球联赛,每年寒暑假举办 1 次全市校园足球联赛。市业余体校组建 1 支专业青年足球队和 1 支专业少年足球队,运动员从各训练基地每年两次的足球联赛中层层选拔,代表阿图什市参加各级比赛。

第八节　设施与器材

一、体育设施建设

1995 年,阿图什市有篮球场 50 个、田径场 49 个、足球场 20 个、排球场 55 个、训练房 5 间,有单双杠 64 个,有 243 处体育活动场所。全市体育活动场地总面积 238036 平方米。

2000 年,投资 50 万元,修建、扩建 15 处健身活动场地。

2001 年,投入 20 万元对部分体育场馆及健身器材进行维修和添置。

2002 年,为"青少年体育俱乐部"购买 5 万元的健身器材。

2004 年,第五次全国体育场地普查中,阿图什市有 241 个体育场地,其中赛马场 1 个、体育场 1 个、田径场 1 个、篮球场 86 个、排球场 58 个、足球场 25 个、小运动场 41 个、门球场 3 个、室外游泳池 2 个、非标准场地 36 个,总占地面积 513240 平方米,场地面积 415452 平方米。

2006 年,投入 285 万元建盖文化体育综合大楼(170 万元为沈阳援疆资金),投入 90 万元建盖松他克乡和格达良乡文化体育中心,为 10 个村申请"环天山万里体育长廊"的援助。

2007 年,为 20 个村申请"环天山万里体育长廊"的援助,投入 100 万元成功举办阿图什市首届文化体育节,投入 90 万元新建哈拉峻乡和上阿图什乡文化体育中心,投入 10 万元将阿图什市体育场安装防护栏。

2008 年,投入 10 万元把百日广场文化活动的活动舞台修成美观大方的固定舞台。

2010 年,为阿扎克乡、吐古买提乡、阿湖乡分别配备 10 万元的文化设施设备和体育活动器材。

2011 年,建设 4 个篮球场。

2012 年,自治区体育民生工程中阿图什市的 2 个村级篮球场建设项目全部竣工。

2013 年,完成上阿图什镇 3 个篮球场和 3 个乒乓球场建设任务。

2015 年,全市有各类体育活动场地 262 处,其中摔跤训练基地 4 个、标准田径场 2 个、大小足球场 100 个、普通篮球场 69 个、排球场 52 个、赛马场 2 个、健身路径 40 套。申请专项资金 60 万元,为松他克乡、上阿图什镇建设农民体育健身工程。

二、馆、房

(一)老年人活动中心

1997 年 10 月,老干部活动中心活动场所正式建成,占地面积 135 平方米,设有棋牌室、台球室。2008 年,在辽宁沈阳市援疆资金投入下,在光明北路 15 院新建阿图什市老干部活动中心,总投资 481.28 万元,总建筑面积 2641.5 平方米,可同时容纳 200 余名老干部。内设阅览室、台球室、棋牌室、乒乓球室、排练厅、健身房、书画室、医务室及办公室。2012 年,新建门球场,增加老干部室外活动项目,使老干部能多呼吸新鲜空气,活动肢体,锻炼全身。

(二)青少年活动中心

2004 年 11 月,阿图什市青少年活动中心建成,是中央专项彩票公益金支持的属公益性质的事业单位。于 2005 年 9 月投入使用,作为综合性青少年校外培训和活动基地,是阿图什市唯一一所校外教育机构。

阿图什市青少年活动中心位于阿图什市松他克路中段,建筑面积 4273 平方米,设有舞蹈排练厅、微机室、图书室、钢琴室、美术室、乒乓球室、多功能厅等 20 多个专业活动室,设施配套齐全。中心集培训教育、公益活动、艺术演出于一体,广泛开展多门类项目的技能培训。以良好的教育环境、优秀的师资队伍、严谨的教学管理和完善的教学设施为基础,通过开展素质教育、艺术培训、科普教育、文娱体育、公益等多层次活动,成为阿图什市培训青少年人才的摇篮。

(三)阿图什市体育公园

2014 年 8 月,阿图什市体育公园开工建设,投资 2200 万元,中央、自治区预算内投资 700 万元,1400 万元为市级本地资金。投资 390 万元建设室外篮球场 2 个、排球场 2 个、网球场 2 个、乒乓球桌 6 张、门球场 1 个、羽毛球场 2 个及健身路径等健身设施。其中新建公共体育场项目总投资 515 万元,建设规模 10393.62 平方米,全部为中央预算内资金。内设 300 米 6 跑道环形塑胶跑道、人工草皮 9 人制足球场、主席台、看台等设施。阿图什市室内体育馆建设项目于 2014 年 8 月开工建设,总投资 1190 万元,其中 200 万元为自治区“雪碳工程”资金,990 万元为市政府民生工程建设资金。体育馆内设置篮球场、排球场、羽毛球场、乒乓球场、台球场等设施。2015 年 11 月完工并免费面向社会公众开放。

第九节　体育彩票

2008 年,阿图什市开始销售体育彩票,以电脑体育彩票和开心型体育彩票销售为主。开设销售体育彩票点 1 个。2015 年,有 8 个销售点,销售额 134.93 万元,中央补助体育彩票销售网点 8 个,按 6% 返还 8.01 万元,用于全民健身活动、竞技体育比赛、维修体育场馆建设及体育扶贫。

2010—2015 年阿图什市体彩年销量统计表

表 29-11

年份	销售网点(个)	销量(万元)	年份	销售网点(个)	销量(万元)	年份	销售网点(个)	销量(万元)
2010	2	91.70	2012	2	144.69	2014	6	168.64
2011	2	104.96	2013	4	184.42	2015	8	134.93

第三十编　卫　生

1995年后，阿图什市卫生事业取得快速发展，医疗卫生工作基础设施建设和就医环境大大改善；公共卫生建设、突发公共卫生事件应急反应机制完善；新型农村合作医疗试点、医疗体制改革和卫生监督执法等方面取得明显进展。2010年，启动医疗卫生体制改革，重点抓基本医疗保障制度、基层医疗卫生服务体系、基本公共卫生服务逐步均等化和公立医疗机构改革试点五项改革，实现公共医疗卫生服务全覆盖。2014年，建立基本药物制度，实现基本药物零差率销售。实施“以药补医”，市级综合医院、基层医疗卫生机构得到改造完善，中医药服务能力逐步增强。启动全科医生制度建设，面向城乡居民免费提供10类国家基本公共卫生服务。实施国家重大公共卫生服务项目，解决公共卫生和农村、社区医疗卫生工作比较薄弱，城乡和区域医疗卫生事业发展不平衡，资源配置不合理等问题。全面实施职工基本医疗保险、城镇居民基本医疗保险和新型农村合作医疗，筹资和保障水平明显提高。至2015年，全市有乡镇卫生院7个、行政村卫生室75所，床位数195张。有卫生人员897人，其中卫生专业技术人员828人，有乡村医生219人。

1995年以来，阿图什市贯彻计划生育基本国策，重点抓《中华人民共和国人口和计划生育法》《中共中央国务院关于加强人口与计划生育工作稳定低生育水平的决定》等的宣传教育和实施，实现人口从高出生、低死亡、高增长型到低出生、低死亡、低增长型的历史性转变，人口发展步入良性循环的轨道。

第一章 机 构

第一节 行政机构

一、卫生局

1995 年,阿图什市卫生局内设办公室、业务科,核定编制 9 名,实有 8 人。1999 年,内设地方病初保办。2004 年,卫生监督业务从卫生防疫站析出,内设卫生监督所。2009 年 12 月,内设新农合管理中心。2015 年,核定行政编制 12 名,其中科级干部 5 人,科办员 6 人,工勤人数 1 人。下设卫生监督所、爱卫办、地病初保办、新农合管理中心 4 个事业单位,有编制 51 人,实有 48 人。

二、人口和计划生育委员会

1995 年,阿图什市计划生育委员会内设办公室和综合科,实有 10 人。2003 年,市人口计划生育委员会党组成立。2007 年 12 月,根据《关于阿图什市人口和计划生育委员会主要职责、内设机构和人员编制调整的方案》,市计划生育委员会更名为阿图什市人口和计划生育委员会。2012 年,新增科室流动人口办,核定行政编制 6 名。2015 年,内设办公室、综合科、流动人口办公室,下辖市计划生育指导站,实有 6 人。

第二节 事业机构

一、卫生监督所

1995—2003 年,市公共场所的卫生监督管理、从业人员的健康体检由市防疫站防疫股承担。2004 年,卫生监督管理工作从市防疫站分出,交由市卫生局负责,卫生局成立公共场所卫生监督科,承担全市食品、药品、公共服务场所、娱乐场所卫生行政许可、资格认证有关证书的申请受理、发放、注册、校验、审核以及日常卫生监督管理等工作。2008 年,卫生监督科正式成为卫生监督所,为副科级单位,核定事业编制 8 名。2012 年,阿图什市成立食品药品监督管理局后,将市卫生局负责的食品安全委员会办公室职责和所承担的食品安全、化妆品安全综合协调、组织查处食品安全重大事故、统一发布食品安全信息、贯彻国家食品安全检验机构资质认定的条件和检验规范职责划给市食品药品监督管理局。

二、爱国卫生运动委员会办公室

1995 年,市爱国卫生运动委员会主任由政府副市长担任。爱国卫生运动委员会办公室为全额预算管理事业单位,机构规格为副科级,配备工作人员 1 名。2015 年,实有 1 人。

三、地方病初级保健办公室

2000 年成立,副科级事业单位,核定事业编制 6 名,专业技术人员比例为 79% 以上,经费实行全额预算管理。主要负责制定全市地方病防治、初级卫生保健工作规划、措施、宣传培训以及指导、督查协调有关部门完成地方病防治和初级卫生保健工作任务。2015 年,实有 1 人。

四、疾病预防控制中心

1995 年,市卫生防疫站有职工 71 人,其中主管医师 7 人、医师 16 人、护士 37 人。内设食品卫生公共卫生科、计划免疫科、防疫科、地方病防治科、结核病防治科、化验室等科室。2005 年,市卫生防疫站更名为市疾病预防控制中心。2007 年,根据阿机编〔2007〕20 号《关于阿图什市卫生局所属事业单位机构编制方案的批复》,核定事业编制 56 名,专业技术比例为 75% 以上,经费全额预算管理。2014 年,将疾病预防控制中心编制调剂为 30 名。2015 年,市疾病预防控制中心实有 42 人。其中卫生专业技术人员 37 人,副高级职称 1 人,中级职称 10 人,初级职称 26 人。中心内设办公室、信息科、检验科、地方病科、公共卫生科、结核病科 6 个职能科室。

五、妇幼保健站

1995 年,阿图什市妇幼保健站内设妇女保健科、儿童保健科、计划生育科、化验室、药房、办公室、财务室,实有 38 人,其中业务人员 33 人(中级职称 2 人、初级职称 20 人)。2000 年,新增婚检室、业务科、乳腺扫描室、婴儿游泳馆等科室。实有 49 人,其中卫生专业技术 39 人。2015 年,内设妇女保健科、儿童保健科、计划生育科、医技科、办公室、医教科、财务科、信息科、婚前医学检查科、检验科、HIV 初筛实验室、药房、新生儿疾病筛查和听力筛查室、出生医学证明办公室、婚前和孕妇健康教育室等,实有 45 人,其中业务人员 42 人(中级职称 6 人、初级职称 36 人),拥有四维彩色 B 超、全自动微量元素检测仪、全血分析仪、尿液分析仪、妊高征监测仪、胎心监护仪、阴道镜检查仪、红外线乳腺扫描仪、儿童听力检查仪和视力检查仪、半自动生化分析仪及 HIV 实验室一套先进的医疗设备。2015 年,有职工 48 名。

六、计划生育协会

1995 年,市计划生育协会为副科级事业单位。核定编制 3 名,其中秘书长 1 人、专业技术人员 2 人。2008 年,将市计划生育协会列入群众团体序列。市计划生育协会名誉会长由市长兼任,市党委分管计划生育工作的副书记兼任会长。各乡(镇)、街道办事处、各行政村都成立计划生育协会。2015 年底,市、乡(镇)、村有协会会员 25182 人,协会每年召开 1 次理事会,研究计划生育工作,每三年举行 1 次会员代表大会,选举产生新的理事长。协会主要开展计划生育宣传和计划生育技术培训指导,传播计划生育和生殖健康、预防性病、艾滋病等科学知识,发展人口福利事业,负责"贫困母亲救助""农牧民生殖健康"项目,依法参与计划生育基层群众自治,依法维护群众在计划生育、生殖健康等方面的合法权利。

七、计划生育指导站

1995 年,阿图什市计划生育服务站为副科级单位。承担全市避孕和节育的医学检查、计划生育手术并发症和药具不良反应的诊断及治疗,实行避孕节育手术和输卵管复通手术,围绕生育、节育、不育开展的其他生殖保健项目等与计划生育有关的临床医疗服务的职责;承担对基层技术人员的业务指导、教育培训和对群众的宣传咨询、药具发放管理工作。1995 年初,有职工 8 人。2007 年 12 月,更名为阿图什市计划生育指导站。2015 年底,内设办公室、技术科、药具科、宣传科,核定事业编制 36 名,其中领导职数 2 名,专业技术人员比例为 70% 以上。2015 年,实有 45 人。

八、乡(镇)、街道办事处计划生育机构

1995 年,市各乡(镇)、街道办事处已经成立计划生育宣传办公室。2008 年,将乡计划生育宣传办公室更名为人口和计划生育生殖健康服务站,在各乡社会事务办公室加挂人口和计划生育办公室牌子,负责人口和计划生育政策的宣传教育、人口信息采集、生育服务证发放、社会抚养证征收、各类计划生育奖励扶助对象摸底确认、流动人口管理服务等工作。2015 年底,各乡(镇)人口和计划生育生殖健康服务站共有编制 61 名,全市计划生育专干 128 人,村级计划生育宣传员 107 人,2 个街道办事处辖区内自治州、市直属机关单位有计划生育兼职人员 204 人,形成计划生育管理宣传指导网络。

九、新型农村合作医疗管理中心

2008 年 12 月,成立市新型农村合作医疗管理中心,核定事业编制 20 名,为副科级单位,隶属市卫生局管理,同时各乡成立乡级合作医疗管理委员会和监督委员会,各村也相应成立由村"两委"班子成员和村民

代表参加的合作医疗管理小组。负责制定全市新农合工作具体业务操作流程，资金预算草案的编制工作以及合作医疗业务管理、资金的财务会计、内部审计、资金运行分析工作，审批医疗转诊，审核医疗费用报销，监督检查合作医疗卫生机构的服务行为和执行管理规章制度等工作，确保合作医疗基金专户储存、专账管理、专款专用、封闭运行，确保基金安全、公平、公正、合理流动并有效使用。

第三节　医疗机构

一、阿图什市人民医院

1995年，市人民医院内设内科、外科、中医科、妇产科、儿科、传染科、放射科、化验室、理疗室、急诊室，有病床120张，有职工170人，其中医师45人、护士58人，在医师中，有副主任医师5人、中级职称25人、初级职称62人。2009年，人员编制增加到233人。是年赴疆内外招聘71人，人员编制增加到280人。2010年，新病房楼建成后，内科分为呼吸消化科和心血管内分泌科。医院内设党政办、医教科、护理部、财务科、人事科、药械科、院感办、门诊（含病理科）、工会、总务科、信息科；临床科11个，分别为呼吸消化科、心血管内分泌科、外科（分为普外组、泌尿组、腹腔镜组）、感染病科、中医康复科、儿科、妇产科、急诊科、重症医学科、手术麻醉科、口腔科；医技科4个，分别为检验科、放射科、超声科、体检科。2011年7月，医技科进行分科，分为特检科（含B超、心电图）、放射科。后特检科更名为功能科。2012年成立体检中心，开展各种个人体检、餐饮场所指定体检、监管场所指定体检、驾驶员体检、单位及团体体检、职业病体检等，年业务量1万余人次。

2014年，对外招聘29人。2015年，心电图划归体检科，功能科更名为超声科，对外招聘50人。全院实有313人，其中高级职称18名，中级职称45名；外聘职工86人；退休职工91人，是自治区级“卫生红旗单位”。2015年7月，通过二级甲等医院终评。

二、乡镇卫生院、村级卫生室

1995年，阿图什市有乡卫生院7个，有医护人员197人。2015年，全市有乡镇卫生院7所，行政村卫生室75所，床位数195张。有卫生专业技术人员389人，乡村医生219人，全面承担实施农村基本医疗、防疫、妇幼、健康教育、卫生监督协管、基本公共卫生服务等基层医疗卫生工作。每乡卫生院配备国家基本药物248种，用于开展常见病、多发病的诊疗工作。

（一）上阿图什镇卫生院

2015年，上阿图什镇卫生院占地面积10531平方米，建筑面积8600平方米，其中业务用房面积6300平方米，职工周转房面积2300平方米（64套），投入资金775万元，其中中央投资35万元，财政转移支付资金740万元。镇卫生院内设门诊部、住院部、预防保健科、全科医疗科、内科、儿科、外科、妇女保健等科室。下设1个分院和16个村卫生室，有医护人员101人，其中卫生专业技术人员91人、执业医师14人、执业助理医师24人、执业护士27人。乡村医生60人。床位数58张。

（二）阿扎克乡卫生院

2015年，阿扎克乡卫生院占地面积7992平方米，建筑面积3311平方米，其中业务用房面积3311平方米。乡卫生院内设门诊部、住院部、预防保健科、全科医疗科、内科、儿科、外科、妇女保健等科室。下设1个分院和14个村卫生室。有医护人员110人，其中卫生专业技术人员106人、执业医师11人、执业助理医师26人、执业护士26人。乡村医生39人。床位数60张。

（三）松他克乡卫生院

松他克乡卫生院门诊楼于2012年投入使用，住院楼于2014年投入使用，总面积4200平方米，总投资560万元。2015年，卫生院内设门诊部、住院部、预防保健科、全科医疗科、内科、儿科、外科、妇女保健等科室。下设11个村卫生室，共有医护人员79人，其中卫生专业技术人员70人、执业医师6人、执业助理医师8人、执业护士35人。中级职称4人，初级职称28人。乡村医生34人。床位30张。

(四)阿湖乡卫生院

2015年,阿湖乡卫生院总面积9020平方米,建筑面积5802平方米,住院楼于2007年建成使用,总面积850平方米,门诊部2009年建成使用,总面积1050平方米。公共卫生综合楼2011年建成使用,总面积800平方米。行政楼和职工周转房面积2100平方米(30套)。卫生院内设门诊部、住院部、预防保健科、全科医疗科、内科、儿科、妇女保健科、维医康复科、医学检验科、医学影像科等科室。下设7个村卫生室。编制总数34人,实有55人,其中卫生专业技术人员51人、本科2人、大专23人、中专30人;副高级职称1人、中级职称3人、初级职称26人;执业医师5人、执业护士18人。乡村医生26人。床位25张。

(五)吐古买提乡卫生院

2015年,吐古买提乡卫生院住院楼面积316平方米,门诊楼面积1702.68平方米,职工周转房面积1084.86平方米(30套)。内设门诊部、住院部、预防保健科、全科医疗科、内科、儿科、外科、妇女保健等科室。配备全自动生化分析仪、血球分析仪、24小时心电监护仪、B超、心电图、X光机、救护车等大型医疗设备。配备国家基本药物248种,用于开展常见病、多发病的诊疗工作。下设1个分院,7个村卫生室。实有31人,其中卫生专业技术人员29人,中级职称1人、初级职称19人、执业医师2人、执业助理医师7人、执业护士9人。乡村医生23人。床位25张。

(六)哈拉峻乡卫生院

哈拉峻乡卫生院于2015年修建,占地总面积3448平方米,建筑面积2700平方米,其中业务用房面积2500平方米、锅炉房120平方米、食堂80平方米;投入资金755万元,其中中央投资100万元,江苏援疆资金655万元。乡卫生院内设门诊部、住院部、预防保健科、全科医疗科、内科、儿科、妇女保健等科室。配备X光机1台、B超1台、多普勒彩超机1台、全自动生化分析机1台、全自动全血细胞分析仪1台、尿11项分析仪1台、心电图3台、监护仪1台、洗胃机1台、救护车1辆。配备国家基本药物248种,用于开展常见病、多发病的诊疗工作。下设1个分院和12个村卫生室。有医护人员36人,其中卫生专业技术人员35人、执业医师1人、执业助理医师5人、执业护士14人。乡村医生23人。床位数39张。

(七)格达良乡卫生院

2015年,格达良乡卫生院占地面积10270平方米,建筑面积3600平方米,其中新建业务用房面积2200平方米,老业务用房面积1400平方米。乡卫生院内设门诊部、住院部、预防保健科、全科医疗科、内科、儿科、妇女保健等科室。下设7个村卫生室。有医护人员40人,其中卫生专业技术人员39人、执业医师3人、执业助理医师3人、执业护士17人。乡村医生20人。床位数33张。

三、个体民营医疗机构

至2015年,阿图什市有个体医疗机构27家,其中个体诊所19家、综合门诊部2家、民营医院6家,均为营利性医疗机构。

2015年阿图什市个体医疗机构一览表

表30-1　　单位:张

机构名称	执业地址	床位	法人	诊疗科目	批准日期
龚正保诊所	团结路1号	5	龚正保	内科	2013.8—2018.8
米吉提诊所	阿孜汗路南2院	5	米吉提	内科	2013.12—2018.12
王明豪诊所	建设路23号	5	王明豪	内科	2013.8—2018.8
王惠霞诊所	幸福路161号	5	王惠霞	中医内科	2014.7—2019.7
万敏诊所	帕米尔东路27号	5	万敏	中医内科	2013.12—2018.12
文忠华诊所	建设路14号	5	文忠华	中医内科	2013.8—2018.8

续上表

机构名称	执业地址	床位	法人	诊疗科目	批准日期
朱晓黎诊所	光明路南3院	5	陈明界	中医内科	2013. 8—2018. 8
李俊燕诊所	帕米尔路水利小区	5	李俊燕	妇科	2013. 12—2018. 12
陈少敏诊所	文化路10院	5	陈少敏	皮肤科	2013. 8—2018. 8
克尤木热合曼诊所	上阿图什卡热湖里村	5	克尤木热合曼	内科	2009. 5—2014. 5
贾杰诊所	群众路西2院	5	贾杰	内科	2014. 7—2019. 7
健康诊所	上阿图什卡依拉克村	5	凯赛尔	内科	2011. 6—2016. 6
艾力沙木沙克维医诊所	松他克路南17院	5	艾力沙木沙克	骨科	2013. 1—2018. 1
阿巴白克热诊所	格达良乡库尔干村	5	阿巴白克热	内科	2014. 7—2019. 7
张美玲中医诊所	天山路帕米尔房地产15号	5	张美玲	中医科	2015. 3—2020. 3
阿卜力米提维医诊所	上阿图什镇沙依村	5	阿卜力米提	维吾尔医	2015. 3—2020. 3
孟秀英儿科诊所	哈拉峻乡政府路	5	孟秀英	儿科	2015. 3—2020. 3
民康门诊部	天山路5院	10	买买提阿西木	内科、儿科、检验、影像	2013. 2—2018. 2
康宁医院	群众路	40	王汉连	内、儿、外、妇、中医、影像	2013. 12—2018. 12
仁和医院	松他克路	40	王新宽	内科、妇科、中医科、检验、影像	2011. 2—2016. 2
民意医院	吾斯塘路西11号	40	阿布都艾尼	内、外、妇、儿、影像、检验	2013. 5—2018. 5
友好医院	天山路(交通宾馆)	49	阿曼吐·衣不拉衣	眼科、耳鼻喉科、内科	2013. 5—2018. 5
利民医院	帕米尔东路43号	45	王银红	内科、中医科、妇科、检验、影像	2013. 10—2018. 10
喀拉苏医院	松他克路巴格拉村	40	阿不都艾尼	外、内、儿、维医、检验、影像	2015. 3—2020. 3
买买提·沙吾提	炎武小区世纪光商业住宅区	5	买买提·沙吾提	内科	2015. 8—2020. 8
阿依木沙姑丽	群众路西9号院	5	阿依木沙姑丽	口腔科	2015. 8—2020. 8
安康门诊	辉煌小区二楼	10	太来提江·台外库	妇科、儿科、康复科	2015. 12—2020. 12

第二章　医疗卫生体制改革

第一节　基本医疗保障制度建设

一、基本医疗保险

1995—2000年,阿图什市公费医疗保险管理工作实行财政、医改办、卫生局3个部门共同把关,实行一次性审批,一次性集体办证,凡是财政工资档案在册人员及离退休人员都可以享受公疗报销。

门诊公费医疗费用标准:30 岁及以下者每人每年门诊开支 90 元,31 ~45 岁者每人每年门诊开支 110 元,46 岁以上每人每年门诊开支 130 元,退休人员每年开支 130 元,县级及高级知识分子每人每年门诊开支 170 元。

住院报销标准:在市医院住院治疗的,30 岁及以下 75%,31 ~45 岁 80%,46 岁以上 85%,退休人员 90%,县级干部及高级知识分子 95%;在州级医院治疗的,30 岁及以下 70%,31 ~45 岁 75%,46 岁以上 80%,退休人员 85%,县级干部及高级知识分子 90%;在外地医院治疗的,30 岁及以下 65%,31 ~45 岁 70%,46 岁以上 75%,退休人员 80%,县级干部及高级知识分子 85%;在军属医院治疗的,30 岁及以下 60%,31 ~45 岁 65%,46 岁以上 70%,退休人员 75%,县级干部及高级知识分子 80%;特殊检查的,30 岁及以下 50%,31 ~45 岁 55%,46 岁以上 60%,退休人员 65%,县级干部及高级知识分子 70%,离休干部门诊费用、住院费用实行实报实销。

2000 年,阿图什市贯彻执行克州人民政府印发的《克孜勒苏州基本医疗保险制度改革实施方案》和《克孜勒苏州基本医疗保险制度改革实施细则》。城镇职工基本医疗保险制度的覆盖范围为城镇所有用人单位,包括企业(国有企业、集体企业、股份制企业、股份合作制企业、外商投资企业、私营企业等)、机关、事业单位、社会团体、民办非企业单位及其职工以及城镇个体经济组织业主及其从业人员。城镇职工基本医疗保险费由用人单位和职工共同缴纳。全市用人单位的缴费率为职工工资总额(含退休职工退休金和退职职工生活费)的 6%,职工个人缴费按本人工资收入 2% 缴纳;个体经济组织业主及其从业人员缴费基数按不低于全市上年度社会平均工资为基数进行缴纳。全市建立基本医疗保险统筹基金和个人账户,用人单位缴纳的医疗保险费中 2/3 作为基本医疗保险统筹基金,由全体参保人员共同享有;职工个人账户按本人工资收入的 2% 缴纳,医疗保险经办机构将用人单位缴费中的 1/3 按不同年龄段划入个人账户,由以上两部分组成个人账户基金。职工个人账户本金和利息个人所有,可以结转和继承。职工调离本市时,其结余的个人医疗保险基金随同转移或一次性发还本人。

2002 年 4 月 1 日起,阿图什市基本医疗保险和国家公务员医疗补助部分政策有所调整,起付线标准由原来的 600 元调整为二级以上医院 400 元,一级以下医院 300 元;年最高支付限额由原来的 2. 4 万元调整为 3. 5 万元。参保人员二级以上医院的普通床位费由原来的 8 元调整为 20 元;参保人员住院期间或特殊病种门诊及住院期间进行特殊检查、特殊治疗或使用目录内的乙类药品时,将先自付的 20% 调整为 10%,异地安置的退休、退职人员,其个人医疗账户资金,每年年底可发给本人(由医疗保险经办机构办理此项业务)。正县级实职领导干部不受年龄限制,每天床位费最高限额为 40 元(超基本医疗保险支付部分,由公务员医疗补助支付)。

2003 年,在全市实施城镇职工大病医疗救助保险。大病医疗救助保险费由参加基本医疗保险的职工个人缴纳,每人每月 5 元(全年 60 元),并在每年 3 月底前一次缴清一年的费用。对不能按时足额缴费者,停止享受大病医疗救助保险待遇。凡参保者住院医疗费用和特殊病种门诊医疗费用,当年累计超过基本医疗保险统筹基金最高支付限额 8 万元的部分,大病医疗救助金负担 85%,个人负担 15%。住院费用(含特殊病种门诊)在基本医疗保险最高支付限额以下,个人自付超过本人年工资 20% 以上的部分和超过 8 万元以上的医疗费用,从公务员医疗补助或商业医疗保险以及社会救助等途径解决。年末,全市医疗基金收缴率 100%。

2004 年 11 月 1 日起,全市参加城镇基本医疗保险的人员到医院就医,可享受新增加的 1318 个诊疗项目。完善城镇职工基本医疗保险制度,保障参保人员基本医疗需求。参保人员涉及使用诊疗项目费用时,属于基本医疗保险基金支付部分费用的,先由参保人员按规定比例自付后,再按基本医疗保险规定支付。使用诊疗项目低于规定支付标准的,以实际费用按基本医疗保险的规定支付;高于规定支付标准的,在支付标准以内的费用,按基本医疗保险的规定支付,超过部分由参保人支付。

2015 年,全市城镇职工医疗保险参保率 100%,城镇居民医疗保险参保率 100%。

二、新型农牧区合作医疗制度

2003年,自治区印发《新疆维吾尔自治区新型农牧区合作医疗管理办法》后,阿图什市建立政府组织、引导、支持,农牧民自愿参加,个人、集体和政府多方筹资,以大病统筹为主的新型农牧区合作医疗制度(以下简称新农合),使参加合作医疗的农牧民群众得到基本医疗服务,缓解农牧民看病难和因病致贫、因病返贫的现象,提高农牧民健康水平。成立阿图什市新型农牧区合作医疗工作领导小组,出台实施方案,于2007年1月1日实行新型农牧区合作医疗制度。是年由于农牧民对新农合政策的不了解,参合率只有80.4%。

2008—2015年,全市参合率始终保持在95%以上。至2015年,全市新农合参合人数16.75万人,参合率99.22%,五保户、贫困户人口参合率100%,人均筹资标准提高到490元,其中中央财政人均补助252元,自治区财政人均补助118元,市财政人均补助10元,农牧民个人交纳的部分由自治区财政为南疆三地州人均代缴30元后个人只需缴纳50元。随着筹资水平的稳步提高和制度的逐步完善,新农合报销比例不断提高,2007年住院补偿比例分别是乡级60%、市级50%、州级40%、自治区级30%,到2015年住院补偿比例分别达到乡级90%、市级80%、州级80%、自治区级50%。将儿童白血病、先天性心脏病等22类64种重大疾病纳入新农合报销范围,对于贫困户住院病人,按照新农合规定补偿之后,自费部分再给予一定补偿,贫困户住院基本实现100%报销。实行逐级转诊制度和农村住院孕产妇住院分娩补助、民政救助、商业保险"二次补偿"的"一站式"服务。越来越多的参合农牧民在住院、门诊、体检等医疗服务中获得补偿。新农合工作开展近几年来,农牧民的就医需求被激活,小病拖、大病扛、看病难、看病贵的问题得到有效缓解,广大参合农牧民得到越来越多的实惠。

第二节　国家基本药物制度建设

1995—2009年,阿图什市按照国家施行的基本药物目录,实施药品供应保障体系,保障人民群众的安全用药。

2010年,阿图什市在乡镇卫生院开展基本药物制度和药品零差率销售试点。

2011年7月1日开始,实施国家基本药物制度。确定7所卫生院及其管理的村卫生室实施国家基本药物制度。即各乡镇卫生院采购药品必须是基本药品目录。按照《新疆维吾尔自治区医疗机构网上药品集中采购工作实施方案》及有关精神,推行以政府为主导的网上药品集中采购,制定下发《阿图什市执行国家基本药物制度实施方案》《关于进一步规范乡镇卫生院药品集中采购工作的通知》等文件。

第三节　基本公共卫生服务均等化

2009年,阿图什市按照卫生部、财政部、人口计生委联合印发的《关于促进基本公共卫生服务逐步均等化的意见》,卫生部《国家基本公共卫生服务规范(2009年版)》与自治区卫生厅《自治区基本公共卫生服务工作实施方案(试行)》规定工作目标,免费开展0~6岁儿童保健服务、孕产妇保健服务、老年保健服务,提供预防接种、传染病防治、慢性病管理、重性精神病管理等的基本公共卫生服务。

2010年,在全市建立居民健康档案,重点管理65岁以上老年人、高血压、糖尿病、精神病人档案。2011年,引导乡镇卫生院转变服务职能,推动乡镇卫生院工作由重医疗服务向重基本公共卫生服务转变。

2015年,对基本公共卫生服务实行绩效管理,定岗定责,细化量化指标任务。实行定期考核,考核结果与工作人员工资薪酬挂钩,调动乡、村两级医疗技术人员积极性。

第四节　公立医院改革

2014年11月,阿图什市全面启动县级公立医院综合改革工作。结合实际制定《阿图什市县级公立医院综合改革的实施方案》,成立由政府主要领导任组长,有关部门主要负责人为成员的领导小组,明确职责分工和内容,建立沟通协调机制,研究出台《阿图什市公立医院综合改革实施方案》,采取对公立医院的人员工资、日常运行等各项费用列入同级财政预算予以重点保障;对公立医院发展中的重点项目建设和医疗设备购置优先安排;对公立医院改革中出现的差额费用进行合理补偿的政府保障机制,确保公立医院发展和改革的动力充足。研究形成取消药品加成、优化服务流程、推进支付制度改革、创新公立医院管理工作机制、重视人才培养工作、落实分级诊疗制度、深入开展优质护理服务、设立扶贫病床惠民生等适合本地发展的改革模式。

2015 年,阿图什市全面实行全科医生签约服务机制,为推行分级诊疗方便群众就近及时就医,制定《分级诊疗工作实施方案》《双向转诊工作管理办法》《双向转诊激励政策》《双向转诊流程》和《高血压、糖尿病转诊制度》,市医院与各乡镇卫生院签订双向转诊协议。

第五节　人事制度改革

1995 年,全市卫生系统仍沿袭"县(市)医疗卫生单位由县(市)办县(市)管,乡镇卫生院实行市、乡共管"的管理体制。2006 年,将乡(镇)卫生院业务、人员管理、财务管理统一归口市卫生局,实行一体化管理,预防保健、健康教育、农牧区合作医疗仍由乡(镇)人民政府、卫生院共同承担。是年,经市委、市人民政府批准,7 个乡镇卫生院全部完成上划管理工作,其人事、财务、业务工作由市卫生局统一管理。2009 年,全国开始实行事业单位人事制度改革,专业技术人员实行定编定岗,岗位聘用。医疗机构与职工签订聘用合同,根据各类不同人员的特点实行相应的聘用办法,打破行政职务、专业技术职务终身制,实行由身份管理向岗位管理的转变。同时坚持按需设岗,考虑社会的需求、医院的发展、人才结构和人才培养等多种因素,根据工作需要,确定一部分关键岗位。各医疗机构根据上级制定的岗位设置原则及专业技术职务结构比例要求,依据自身承担的任务,自主决定高级、中级、初级专业技术岗位的设置。

第六节　社区卫生服务

2007 年,阿图什市被列为自治州社区卫生服务试点县(市),根据城市每 3 万居民设立 1 所社区卫生服务中心相关的规定,由市卫生局组织实施,2010 年总投资 460 万元,在阿图什市光明街道和幸福街道各设立 1 个建筑面积 1400 平方米的街道社区卫生服务中心,下设 15 个社区卫生服务站,有预防保健科、全科医疗、内科、妇女保健科、儿童保健科、医学检验科、预防接种科、B 超心电图室、中医民族医学科、康复医学科等科室,是市新农合、居民医保定点医疗机构,为非营利性一级甲等医院。为辖区居民开展预防、医疗、保健、健康教育、计划生育技术指导以及常见病、多发病、诊断明确的慢性病的治疗和康复提供"六位一体"的综合性卫生保健服务。

第三章　医疗服务

第一节　医疗队伍

1995 年,全市有卫生技术人员 403 人,其中医生 252 人,乡卫生院医护人员 184 人,有副主任医师职称 5 人、主管医师职称 41 人、医师职称 151 人。至 2015 年底,阿图什市卫生系统有编制总数 691 名,实有 897 人,其中卫生专业技术人员 828 人;全市有乡村医生 219 人;有大学本科学历 112 人,专科学历 364 人,中专及以下学历 421 人;有高级职称 22 人,中级职称 91 人,初级职称 564 人,无职称 220 人;执业医师 127 人,执业助理医师 115 人,执业护士 254 人。

2015年阿图什市卫生系统人员基本情况表

表30－2

单位名称	编制数（名）	总人数（人）			职称（人）					学历（人）						执业资格（人）				无执业证人员（人）	床位数（个）	实有床位数（个）
		小计	卫生专业技术人员	其他人员	小计	（正）副高	中级	初级	无职称人员	小计	研究生	大学	大专	中专	中专以下	小计	执业医师	执业助理医师	执业护士			
市医院	280	270	256	14	270	14	43	175	38	270	0	76	80	109	5	155	58	10	87	38	200	285
市妇保站	51	46	38	8	46	0	9	36	1	46	0	1	22	23	0	36	10	20	6	2	0	0
市疾控中心	30	44	36	8	44	1	9	28	6	44	0	2	28	14	0	22	9	11	2	22	0	0
市直小计	361	360	330	30	360	15	61	239	45	360	0	79	130	146	5	213	77	41	95	62	200	285
光明社区	32	61	58	3	61	0	0	31	30	61	0	13	23	25	0	25	2	10	13	26	50	—
幸福社区	33	54	51	3	54	0	1	30	23	54	0	12	23	19	0	28	10	10	8	16	50	—
社区小计	65	115	109	6	115	0	1	61	53	115	0	25	46	44	0	53	12	20	21	42	100	—
松他克乡	37	81	75	6	81	1	6	53	21	81	0	1	36	43	1	50	6	9	35	15	20	40
上阿图什镇	52	103	92	11	103	4	10	59	30	103	0	1	49	49	4	63	15	21	27	29	50	100
阿扎克乡	37	75	71	4	75	0	5	53	17	75	0	1	32	42	0	31	5	8	18	21	30	50
阿湖乡	38	55	47	8	55	2	4	31	18	55	0	2	33	19	1	29	5	6	18	15	25	80
格达良乡	39	40	39	1	40	0	2	32	6	40	0	2	14	24	0	25	4	2	19	6	30	35
哈拉峻乡	33	37	36	1	37	0	1	20	16	37	0	0	10	27	0	17	1	4	12	14	20	30
吐古买提乡	29	31	29	2	31	0	1	16	14	31	0	1	14	14	2	15	2	4	9	9	20	20
乡镇小计	265	422	389	33	422	7	29	264	122	422	0	8	188	218	8	230	38	54	138	109	195	355
总合计	691	897	828	69	897	22	91	564	220	897	0	112	364	408	13	496	127	115	254	213	495	—

第二节 医疗技术

一、开展重点项目

1995年,市医院妇产科可开展剖宫产术、子宫切除以及计划生育手术,以后陆续开展附件手术、激光宫颈治疗、阴道前后壁修补术、异位妊娠手术、附件包块切除术、子宫肌瘤剜除术、物理治疗(臭氧治疗)、阴道镜检查、宫颈Leep刀治疗、输卵管造影。2012年,开展腔镜手术,主要开展腹腔镜下异位妊娠手术、附件包块切除术。

1995年,外科以普外手术为主,主要开展各类肠梗阻松解术、小肠切除肠吻合术、肝包虫摘除术、阑尾切除术、各类疝修补术、单纯胆囊结石、胆囊切除术、胃大部切除术。泌尿外主要开展输尿管结石切开取石术、膀胱切开取石术、鞘膜积液翻转术等。1995年以后,陆续开展胰腺壁膜切开引流术,单纯甲状腺瘤切除术、各类复杂胆囊结石、胆囊切除术,胆总管探查T型管引流术,单纯肾结石取石术,复杂肝包虫内囊摘除术及常见肛肠病手术。2012年,在创伤外科常见病、多发病手术方面,在援疆专家张小川教授指导下,医院开展第一例腹腔镜手术。2012—2015年,陆续开展腹腔镜下胆囊切除术、胆总管切开探查取石术、疝修补术,膀胱镜下前列腺电切术,大隐静脉高位结扎+剥脱术,右半结肠切除术。

1995年,麻醉术分为单纯的局麻,椎管内麻醉,单纯静脉全麻(氯胺酮)。随着新设备的购进,麻醉药品的更新和新技术的引进,2005年,开展"静脉+吸入"复合全麻,保证临床科室开展各类手术,明显提高病人的舒适度,减少病人的恐惧和精神压力。

1995年,在检验方面,能够开展手工血常规、手工尿常规、大便常规、定血型、血沉、手工血糖、肝功组合(谷丙转氨酶、谷草转氨酶、表面抗原)、交叉配血(盐水法)、抗"O"、类风湿因子(手工)。1996—2009年以后,陆续开展血常规(上机)、尿十一项(上机)、交叉配血(凝聚胺法)、血糖(上机、半自动生化分析仪)、血脂分析(半自动生化分析仪)、肝功十二项(半自动生化分析仪)、肾功两项(半自动生化分析仪)、两对半(五项)、血凝检测(三项)、丙肝抗体、梅毒螺旋体抗体、结核抗体、C反应蛋白、风湿两项检验。2010年后,陆续开展血常规(五分类仪)、血糖(全自动生化仪)、血脂分析(全自动生化仪)、肝功21项(全自动生化仪)、肾功四项(全自动生化仪)、乙肝三对(六项)、性病五项、梅毒螺旋体抗体抗原、血凝检测(五项全自动)、血流变检测、血气检测、风湿三项(全自动)检验。

1995年,在放射方面,能够开展暗室透视、拍片、胆囊造影、肾盂造影。1996年后,开展上消化道贝餐透视。2010年,开展全身数字化X线摄影,实现数字化影像,提高影像的清晰度。2012年6月,利用援疆资金引进16排螺旋CT、800mA数字胃肠机,开展全身各器官的影像检查,特别是对颅脑、各类急腹症、全身血管CT成像(CTA)的诊断提供可靠依据,800mA数字胃肠机拓展各类腹部造影的检查范围。2013年3月,引进PACS系统(医学影像信息系统),实现全院影像的共享。

1995年,在超声方面,使用黑白手提B超机进行腹部常规、妇产科常规检查、泌尿系常规检查、阑尾肠管及胸腹水定位检查项目。1999年,随着彩色B超的购进和不断更新,陆续开展心脏超声检查、甲状腺、乳腺、腮腺、颈部血管、上下肢动静脉血管检查、全腹淋巴检查。2010年以后,开展肌腱超声检查、超声引导定位穿刺检查、产前筛查等。

二、中医中药

1995年后,运用针灸、推拿、理疗、中药贴敷、穴位注射、穴位埋线、中药熏蒸、艾灸、刮痧、拔罐、电针、小针刀等综合方法主治内科偏瘫、中风后遗症、面神经麻痹、面肌痉挛、偏头痛、三叉神经痛、胃痛、呃逆、便秘、肥胖症、泄泻、失眠、前列腺炎等,妇科痛经、盆腔炎、月经不调、更年期综合征、尿道综合征、胎位不正等;儿科青少年假性近视、小儿脑瘫、小儿遗尿等;伤科颈肩腰腿痛、风湿寒性关节痛、坐骨神经痛等疾病。大力推广农村适宜技术,尤其对于慢性脾胃病、外感病、颈椎病、腰椎间盘突出、颈腰椎小关节紊乱症、梨状肌损伤综合征、急性腰扭伤、慢性腰肌劳损、坐骨神经痛及风湿类风湿疾病等有其独特的疗效。2008 年,购置煎药机,一次可煎煮两位患者的中药,可直接封口打包,方便患者服药。2015 年,开始在乡镇卫生院推广民族医药技术,将上阿图什镇卫生院、阿扎克乡卫生院作为试点设立民族医药科,逐步推广民族医药技术。

第三节 医疗护理

1995 年后,阿图什市各医疗机构都相继对护理人员开展有计划的标准化专业培训,按照自治区卫生厅医政处编印的《实用护理手册》,对所有护理人员开展经常性的练兵和评比,护理"三基"岗位技术操作练兵活动成为市医院年年开展的评比项目之一,各医疗机构护理技术操作整体水平不断上升,尤其是实行医院分级管理、医疗机构执业审评及开展医院管理年、医疗质量安全年等一系列创建人民满意医院活动中,对护理工作提出高标准要求,责任制护理及心理护理工作全面推广。

2008 年,医院完善和修订护理工作制度、各类应急预案、规范护理操作规程、护士长护士质量考核标准。组织全院护理人员进行心肺复苏术等项目的培训和考核,坚持护士长每日(夜)查房制度和每月召开护士长例会制度,保证护理服务质量。全年护理表格合格率 95%。医院各科基础护理合格率 90%,健康教育覆盖率 96%,病人满意度 90%。

2010 年开始,医院在多数科室开展"优质护理服务示范工程"活动,着重强化医院临床护理工作,规范护理行为,围绕"以病人为中心"主题,为病人提供全方位的优质服务。持续开展"优质护理服务示范病房"创建活动,不断完善护理管理模式。加强导医咨询服务,为患者免费提供开水、测血压、称体重等,指引病人就医。公开药品销售价格及各项检查收费标准,实行住院病人费用清单制,让患者明明白白看病、清清楚楚消费。设立意见箱、意见簿、监督电话、公开服务承诺,将医院工作置于患者和社会监督之下。利用黑板报、宣传橱窗等形式,让来院诊疗的群众都能受到健康教育。

2012 年,医院 100% 的病房推行优质护理服务,充实临床一线护理队伍,依据护理工作量和患者病情配置护士数量。实施责任制整体护理工作模式,强化护理责任。加大护士薪酬分配倾斜力度,将收入与工作质量挂钩,调动护士工作积极性。

2015 年,医院在坚持护士长夜巡查房制度及护士长节日值班制度的同时,不定时对各项护理工作质量进行督导检查,建立目标跟进和信息回馈机制,全面提高护理质量,确保护理安全。医院全年基础护理合格率 90%,护理文书合格率 95%,急救物品完好率 100%,"一人一针一管一带"合格率 100%,健康宣教合格率 93%,健康宣教覆盖率 100%,消毒隔离合格率 100%,病房管理合格率 90%,访视率 100%,事故率为零。

第四节 设施设备

一、房屋

1995—2002 年,全市医疗机构办公场所比较简陋,卫生技术人员匮乏、医疗设备落后,只能对一些常见病、多发病进行治疗,当地群众看病需要到其他地区的医院就诊,"看病难、看病贵"的问题较为突出,特别是乡镇卫生院房屋破旧,住院、门诊合并办公,部分卫生院房屋已成危房,只有少数村有卫生室,医护人员极其匮乏,部分卫生院(室)招聘赤脚医生付给极少的工资为当地老百姓看病。由于医疗水平有限,农牧民群众小病治不好拖成大病,来回转院就医,造成农牧民看不起病和因病致贫,因病返贫。2003 年开始,国家加大对卫生事业的投入,卫生部门利用"重建家园"资金、国债资金、慈善、援疆、抗震项目等资金 3788 万元,先后新建市疾控中心检验楼,市医院门诊楼、业务综合楼及 7 乡卫生院业务楼、村卫生室业务用房,建设面积 26960 平方米,其中用于农牧区基础设施建设资金 1408.5 万元,面积 15914.7 平方米,使城乡卫生基础设施得到明显改善。2006 年开始，国家又先后投资改善乡卫生院、村卫生室的基础设施和软件建设。2010 年，通过援疆资金新建两所街道卫生服务中心，15 所卫生服务站。到 2010 年，城乡医疗卫生机构建筑面积共 163783.2 平方米，其中市直各医疗卫生单位基础设施面积 24551 平方米，7 乡卫生院基础设施面积 136992.2 平方米，其中包括 3 个分院的面积 1787.6 平方米。村卫生室 40 所，面积为 1880 平方米。2012 年，7 个乡镇卫生院建成新的门诊楼和住院楼并投入使用。2013 年，全市 75 个村均建造村卫生室。

2014 年开始，卫生部门重点从房屋建设、设备配置、制度建设、文化建设、管理水平、服务能力、人员配备、环境卫生等方面全方位打造标准化乡（镇）卫生院和村卫生室，采取向自治区争取，市委、市政府支持和乡（镇）卫生院自筹的办法，累计投入资金 2348 万元有步骤地对全市 7 个乡（镇）卫生院、3 个分院、73 所村卫生室进行新建、改建，至 2015 年底，全部通过标准化验收。

（一）市人民医院

1995 年，阿图什市人民医院占地面积 21651 平方米。有三层住院楼 1 座、土木结构病房 2 幢，有病房 74 间、面积 2728.93 平方米。1997 年，利用国家扶持资金和政府投入建设 900 平方米的病房楼。2005—2010 年，利用国家扶持资金和援疆资金，医疗区全部重建，建筑面积 18080 平方米，感染病楼于 2006 年投入使用（2006 年为门诊楼，2009 年改为感染病楼），外科楼于 2009 年投入使用，病房综合楼和门诊医技楼于 2011 年投入使用。2015 年 5 月开始，轻工业园区新院建设，新院占地面积 35991 平方米，建筑面积 29916 平方米，至年底仍正在建设中。

至 2015 年阿图什市人民医院医疗区房屋建设情况表（一）（市内老院）

表 30－3

建成年份	房屋名称	层数	结构	面积（平方米）	供暖设施	备注
1972	门诊	平房	土木	1000	煤炉	1986 年拆除
1972	综合病房	平房	土木	560	煤炉	1998 年拆除
1981	综合病房	平房	土木	500	煤炉	1998 年拆除
1984	门诊楼	二层	砖混	1314.3	暖气片	1998 年二楼改为感染科病房楼 2009 年拆除
1986	病房楼	三层	砖混	1668.93	暖气片	2009 年拆除
1997	病房楼	三层	砖混	900	暖气片	2009 年拆除
2006	门诊楼	三层	砖混	1850	暖气片 2012 年改建地暖	2009 年改为感染科病房楼
2008	外科楼	四层	砖混	4320	地暖	2009 年投入使用
2010	门诊医技楼	四层	框剪	4786.26	地暖	2011 年投入使用
2010	病房综合楼	四层（部分七层）	框剪	7124.42	地暖	2011 年投入使用
2014	职工食堂	二层	砖混	600	地暖	2014 年 12 月使用

2015 年阿图什市人民医院医疗区房屋建设情况表(二)(工业园区新院)

表 30 - 4

建成年份	房屋名称	层数	结构	面积(平方米)	供暖设施	备注
在建	门诊楼	3	框架	7375	地暖、暖气片混合	2015 年 5 月开始建设
在建	住院楼	11	框剪	15165	地暖、暖气片混合	2015 年 5 月开始建设
在建	感染科楼	4	框架	4404	地暖、暖气片混合	2015 年 5 月开始建设
在建	后勤楼	2	框架	1800	暖气片	2015 年 5 月开始建设
在建	辅助用房(含地下)	地上 1 层,地下 1 层	框架	地上 1152,地下 336	暖气片	2015 年 5 月开始建设
在建	门卫	1	框架	20	暖气片	2015 年 5 月开始建设

(二)乡镇卫生院

1995 年,阿图什市乡镇卫生院有医务人员 215 人,床位 171 张,2015 年,有医务人员 343 人,床位 198 张。

乡镇卫生院办公用房从 2006 年开始建设,均为砖混结构,有供暖设施,三层楼,到 2015 年,建筑面积共计 1.71 万平方米。

2015 年七乡(镇)卫生院房屋建设情况表

表 30 - 5　　单位:平方米

单位	建成年份	房屋名称	层数	结构	面积	供暖设施
上阿图什镇卫生院	2009	门诊楼	2	砖混	1160	地暖
	2014	住院楼	3	砖混	2544.2	地暖
阿湖乡卫生院	2008—2011	门诊楼	2	砖混	1815(两栋合用)	地暖
	2007	住院楼	2	砖混	830	暖气片
阿扎克乡卫生院	2008	门诊楼	2	砖混	985	地暖
	2006	住院楼	2	砖混	1200	地暖
吐古买提乡卫生院	2014	门诊楼	2	砖混	1212.7	地暖
	2009	住院楼	1	砖混	348	地暖
哈拉峻乡卫生院	2015	门诊楼	2	砖混	1267	地暖
	2015	住院楼	2	砖混	1267	地暖
格达良乡卫生院	2015	门诊楼	1	砖混	1200	地暖
	2015	住院楼	2	砖混	1000	地暖
松他克乡卫生院	2012	门诊楼	2	砖混	1048.4	地暖
	2007	住院楼	2	砖混	1212.68	暖气片

(三)妇幼保健站

1995 年,市妇幼保障站位于文化路老卫生局楼上办公(1991 年建成),建筑面积 975 平方米,3 层砖混结构。2001 年,搬到文化路 4 院新的办公楼,3 层砖混结构,建筑面积 1176 平方米。

(四)市疾病预防控制中心

市疾病预防控制中心 1995 年位于松他克路北 1 院;2010 年,迁到阿孜汗路南 15 院,办公楼 3 层,钢混结构,建于 2005 年,面积 1359.3 平方米;2015 年,在职干部职工 38 人。

二、病床

2015 年,全市医疗卫生机构编制床位数 480 张,实际开放床位 800 张,其中市人民医院床位 300 张,占总床位的 37.5%;乡镇卫生院床位 500 张,占总床位的 62.5%。

2015 年阿图什市医疗机构床位情况表

表 30-6 单位:张

单位	床位编制	开放床位	单位	床位编制	开放床位
市人民医院	285	300	吐古买提乡卫生	20	50
上阿图什镇卫生院	50	100	哈拉峻乡卫生院	20	62
阿湖乡卫生院	25	80	格达良乡卫生院	30	60
阿扎克乡卫生院	30	80	松他克乡卫生院	20	68

三、医疗器械

1995—2006 年,全市 7 个乡镇卫生院医疗设备只有血压计、听诊仪、显微镜、黑白 B 超、心电图等极为简单的仪器设备,能开展常见小病最基本的诊断、治疗。2007 年,利用“重建家园”“成龙善款”、国债项目资金累计 207 万元为 7 个乡卫生院购置数量不等的新医疗设备(X 光机,B 超,心电图机,自动和半自动生化分析仪,尿十项等)。2012 年,江苏省昆山市为乡镇卫生院捐赠 300 万元的医疗救护车 10 辆。2015 年,结合标准化创建工作,利用江苏省昆山市援疆资金及中央财政下拨等资金 345.26 万元,更新购置 X(DR)机、彩色 B 超、供氧设备等 27 种医疗设备。

1995 年,市人民医院大型设备只有 500mA X 光机和黑白 B 超。2007 年,自筹资金购进彩色 B 超(飞利浦 HD11)。2008 年,为手术麻醉科购进麻醉机。2010 年,购进大型设备 DR-X 光机(数字化 X 线摄影系统),建立集中供氧系统。2011 年,购进全自动生化分析仪(卫生厅专项资金)。2012 年,利用援疆资金 977.2 万元购进 16 排螺旋 CT、800mA 数字胃肠机、呼吸机、腹腔镜、膀胱镜、宫腔镜、利普刀、康复理疗等设备。2014 年,利用援疆资金 800 万元购进彩色多普勒超声诊断仪、电子胃肠镜、移动 X 光机、超声骨密度仪、可视气管插管系统等设备。

2015 年阿图什市人民医院主要医疗设备表

表 30－7　　单位:台(套、张)

品名	单位	数量	品名	单位	数量
X 光机	套	1	胎心监护仪	台	2
数字化 X 光机(DR)	套	1	心电图机	台	1
黑白手提 B 超	台	1	病理组织脱水机	台	1
彩色多普勒诊断系统	台	1	病理组织包埋仪	台	1
彩色多普勒诊断系统	台	1	病理摊片烤片机	台	1
彩色多普勒诊断系统	台	1	多功能产床	张	2
16 排螺旋 CT	台	1	空气波压力多功能牵引床	张	1
数字化胃肠 X 光机	台	1	颈腰椎治疗多功能牵引床	张	1
全自动生化分析仪	台	1	熏蒸治疗机	台	1
全自动生化分析仪	台	1	多功能牵引床	张	1
腹腔镜	套	1	利普刀	台	1
五分类血球计数仪	台	1	胰岛素泵	台	1
麻醉机	台	1	糖尿病足箱	台	1
麻醉机	台	1	心电监护仪	台	4
麻醉监护仪	台	2	心电监护仪	台	2
高温高压脉动真空灭菌器	台	1	新生儿辐射台(多功能抢救床)	台	2
低温纯环氧乙烷灭菌器	台	1	新生儿暖箱	个	2
全自动血气分析仪	台	1	心电图机	台	1
全自动血凝仪	台	1	给氧装置(小儿呼吸机)	台	1
膀胱镜	套	1	集中供氧装置	套	1
宫腔镜	套	1	彩色多普勒超声诊断仪	台	1
前列腺电气化治疗系统	台	1	胃肠镜清洗消毒系统	台	1
动态血糖监测仪	台	1	电子胃肠镜	台	1
呼吸机(无创小儿)	台	1	纤维胆道镜	台	1
呼吸机(有创)	台	1	移动 X 光机	台	1
新生儿辐射保暖台	台	2	超声骨密度仪	台	1

续上表

品名	单位	数量	品名	单位	数量
碳十三红外光谱仪	台	1	可视气管插管系统(电子视频喉镜)	台	2
打油机	台	1	医用空气净化消毒器(空气消毒机)	台	3
干燥箱	台	1	床单元消毒器	台	1
变频超声喷淋清洗消毒机	台	1	亚低温治疗仪(电子冰毯冰帽)	台	1
自动洗胃机	台	1	混合动力碎石清理系统	台	1
桥式吊塔	台	5	电动油压外科手术台	台	1
心电监护中央站	台	1	全自动血气分析仪	台	1
心电监护仪	台	4	医师专用椅	台	2
心电图机	台	2	糖化血红蛋白检测仪	台	1
除颤仪	台	2	生物安全柜	台	1
呼吸机	台	1	煎药机封口机	台	1
呼吸机	台	1	巨峰竖屏显示器	台	1
输液泵 + 输液架	台	4	血流变仪	台	1
注射泵(4 通道)	台	5	成人心肺复苏安妮	台	2
电动吸引器	台	5	婴儿心肺复苏安妮	台	1
ICU 电动专用床(含褥疮气垫)	台	5	落地移动升降式摄片防护屏风	台	1
病人转运床	台	2	电动流产吸引器	台	1

2015 年阿图什市疾病预防控制中心医疗设备表

表 30－8　　　　单位:台

品名	单位	数量	品名	单位	数量
生物安全柜	台	3	冷藏冷冻箱	台	3
原子吸收仪	台	1	酶标仪	台	1
全数字彩色多普勒超声诊断 B 超	台	1	洗板机	台	1
原子荧光仪(报废)	台	1	低温冰箱	台	1
艾森流式细胞仪	台	1			

2015 年阿图什市妇幼保健站医疗设备表

表 30－9　　单位:台

品名	单位	数量	品名	单位	数量
全自动微量元素分析仪	台	1	洗板机	台	1
HD9 四维彩超	台	1	二及生物安全柜	台	1
血常规测量仪	台	1	压力蒸汽灭菌器	台	1
TD—400 台式低速离心机	台	1	医用空气消毒机	台	1
MOS—3D 振动器	台	1	制氧机	台	2
C106 干式生化分析仪	台	1	超声波升高体重测量仪	台	1
U120 尿液分析仪	台	1	婴儿身高体重测量仪	台	1
DIRUIR—100 尿液分析仪	台	1	电子阴道镜	台	1
台式离心机	台	1	胎心仪	台	1
显微镜	台	1	数显混匀器	台	1
ST—360 酶标仪	台	1			

2015 年乡镇卫生院主要医疗设备表

表 30－10　　单位:台(套)

品名	单位	格达良乡	哈拉峻乡	吐古买提乡	松他克乡	阿扎克乡	上阿图什	阿胡乡
X 光机	套	1	1	1	1	1	1	1
数字化 X 光机	套	0	0	1	0	0	0	1
彩超	台	1	0	1	0	1	2	1
彩色多普勒诊断系统	台	0	0	0	1	0	1	0
全数字化彩色多普勒诊断仪	台	0	0	0	0	0	1	0
全自动生化分析仪	台	2	2	1	2	2	2	2
五分类血球分析仪	台	0	1	0	0	0	2	0
麻醉机	台	0	0	0	1	0	0	1
集中供氧装置	台	1	0	2	1	0	2	1
医用保健制氧机	台	0	1	1	0	0	0	1
儿童保健电脑	台	0	0	5	10	12	1	6
乳腺检查仪	台	0	0	0	0	0	1	0
胎心监护仪	台	8	2	0	13	12	3	0
半自动生化分析仪	台	1	0	0	0	1	1	0
尿液分析仪	台	1	1	2	1	1	3	1

续上表

品名	单位	格达良乡	哈拉峻乡	吐古买提乡	松他克乡	阿扎克乡	上阿图什	阿胡乡
心电图	台	2	2	1	2	2	5	3
监护仪	台	2	3	2	2	0	5	3
离心机	台	2	2	1	1	2	1	1
原子吸收	台	0	0	0	0	0	0	0
原子荧光	台	0	0	0	0	0	0	0
血球分析仪	台	1	1	0	1	2	2	1
电解质分析仪	台	1	1	1	1	1	1	1
呼吸机	台	0	0	1	0	0	0	1
救护车	台	2	1	1	2	2	2	2
占地面	平方米	10248. 3	5041. 1	8823	4798	7357. 7	10500	9025

2015 年阿图什市光明、幸福街道办事处卫生服务中心医疗设备表

表 30－11　　单位:平方米、台

品名	单位	幸福	光明
彩超	台	1(黑白)	0
全自动生化分析仪	台	1	1
儿童保健电脑	台	6	9
胎心监护仪	台	6	9
尿液分析仪	台	1	1
心电图	台	1	1
监护仪	台	1	1
离心机	台	1	1
救护车	台	1	1
占地面	平方米	1100	1200

第五节　诊疗人数

1995 年,阿图什市医疗机构诊疗人数 27025 人次,每百次诊次的住院人数 6. 78 人(门诊急诊 0. 036 人)。

2015 年,全市医疗机构诊疗 47794 人次,门(急)诊总量 826 人次,健康检查 12255 人次,住院 13577 人次,住院手术 2674 人次,住院危重病人抢救成功率 60. 71%,住院治愈率 53. 4%。出院 13944 人次,病床使用率 107. 7%。市以上门诊患者人均费用 113. 26 元,住院患者人均医疗费用 2967. 86 元。

1995—2015 年阿图什市医疗机构门诊服务情况表

表 30－12 单位:人

年份	总诊疗人次数 总数	其中 门诊人次	其中 急诊人次	门(急)诊人次占总诊疗人次(%)	观察室留观病例数	健康检查人数
1995	27025	26947	78	0.29	2543	350
1996	24778	24712	66	1.38	2876	568
1997	21765	21707	58	0.27	3246	722
1998	30724	30677	47	0.15	3352	1588
1999	27708	27510	198	0.71	3562	102
2000	26064	25874	190	0.73	3985	1369
2001	16138	15649	489	3.03	4521	794
2002	15088	14623	465	3.08	3866	2391
2003	9631	9376	255	2.65	4561	507
2004	21549	21049	500	2.32	4325	775
2005	25088	24522	566	2.26	3921	528
2006	23050	22627	423	1.84	4087	619
2007	27781	27267	514	1.85	4532	552
2008	27966	27332	634	2.27	3946	789
2009	24939	24201	738	3.0	4006	754
2010	24600	23988	612	2.49	4171	652
2011	24072	23416	656	2.73	4369	667
2012	32403	31035	684	2.11	6392	752
2013	41973	41256	717	1.71	5643	4533
2014	37690	37055	635	1.68	4855	8799
2015	47794	46968	826	1.73	4140	12255

1995—2015 年阿图什市医疗机构住院服务情况表

表 30－13 单位:人、%

年份	入院人数	出院人数 总计	治愈	好转	未愈	死亡	其他	治愈率	好转率	死亡率	住院病人手术人次数	住院危重病人抢救人次数	住院危重病人抢救成功率	每百门急诊的入院人数
1995	2158	2161	1422	665	16	2	56	65.80	30.77	0.09	63	23	90	6.78
1996	2292	2282	1428	782	22	5	45	62.58	34.27	0.22	72	19	85	8.28

续上表

年份	入院人数	出院人数						治愈率	好转率	死亡率	住院病人手术人次数	住院危重病人抢救人次数	住院危重病人抢救成功率	每百门急诊的入院人数
		总计	治愈	好转	未愈	死亡	其他							
1997	2021	2024	1041	694	75	3	211	57.4	38.3	0.2	63	26	77	7.23
1998	2082	2056	948	837	32	4	235	52.06	45.96	0.22	123	33	83.33	6.70
1999	2294	2306	1033	1018	31	1	223	49.59	48.87	0.05	200	26	78.38	8.28
2000	1885	2016	899	787	58	4	268	48.14	48.08	0.24	179	42	73.91	7.31
2001	2383	2389	886	1222	43	6	232	41.08	56.65	0.28	155	55	70.00	14.80
2002	3825	3832	1616	1832	47	7	330	46.15	52.31	0.20	200	67	89.55	25.39
2003	3553	3516	1554	1634	15	3	310	48.5	51.0	0.1	166	18	83.33	36.50
2004	4737	4738	1795	2262	26	6	649	43.9	55.3	0.1	405	35	82.86	21.99
2005	4923	4903	1730	2080	20	5	1068	45.1	54.2	0.1	615	17	70.59	19.54
2006	4985	5047	1446	2429	28	3	1141	37.0	62.2	0.1	516	23	86.96	21.90
2007	6175	6061	2132	2752	29	4	1144	43.4	56.0	0.1	1042	21	80.95	21.82
2008	6518	6561	1977	3113	27	11	1433	38.6	60.7	0.2	625	21	47.62	23.46
2009	7210	7166	1787	3921	19	3	1436	31.2	68.4	0.1	603	7	57.14	28.73
2010	8513	8464	2007	4499	16	7	1935	30.7	68.9	0.1	751	10	50.00	34.41
2011	9630	9511	2703	4794	28	7	1979	35.9	63.6	0.1	748	16	62.50	39.51
2012	12055	11942	3045	6082	29	6	2780	33.2	66.4	0.1	953	8	50.00	36.81
2013	10385	10421	2216	5359	49	8	2789	29.0	70.2	0.1	981	55	96.36	24.83
2014	11329	11443	3663	4235	65	9	1567	45.7	37.0	0.1	2068	27	66.37	30.36
2015	13577	13944	5456	6395	92	11	1987	53.4	45.9	0.1	2674	28	60.71	31.91

1995—2015 年阿图什市医疗机构床位使用情况表

表 30－14

年份	编制床位（张）	实有床位（张）	实际开放总床位（床日）	平均开放病床数（张）	实际占用总床日数（床日）	出院者占用总床日数（床日）	病床周转次数	病床工作日（日）	病床使用率（%）	出院者平均住院日
1995	120	120	438002	120	19579	19579	16.33	172.11	44.7	9.82
1996	120	120	43800	120	20936	20936	15.82	165.23	47.8	10.23
1997	120	120	43800	120	21900	21900	17.11	166.48	50	11.24
1998	120	130	47360	130	19685	20889	15.85	151.71	41.56	10.16
1999	120	110	41037	112	22809	23621	20.51	202.87	55.58	10.24
2000	120	110	40020	109	18980	18092	17.42	173.58	47.42	9.49

续上表

年份	编制床位（张）	实有床位（张）	实际开放总床位（床日）	平均开放病床数（张）	实际占用总床日数（床日）	出院者占用总床日数（床日）	病床周转次数	病床工作日（日）	病床使用率（%）	出院者平均住院日
2001	120	110	40113	101	22162	21585	21.73	201.47	55.24	9.03
2002	120	110	40150	111	38466	37791	34.23	343.69	94.16	9.86
2003	120	120	39473	108.15	34471	35566	32.51	318.73	87.3	10.1
2004	120	120	43881	119.89	43519	43934	39.52	362.99	99.2	9.3
2005	315	301	43782	119.95	40385	38248	40.88	336.68	92.2	7.8
2006	315	301	43800	120.00	37938	38539	42.06	316.15	86.6	7.6
2007	315	301	43800	120.00	52846	51071	50.51	440.38	120.7	8.4
2008	315	301	43920	120.00	48884	57824	54.68	407.37	111.3	8.8
2009	315	301	49432	135.42	53231	55919	52.92	393.08	107.7	7.8
2010	315	301	49275	135.00	66648	61606	62.70	493.69	135.3	7.3
2011	315	301	49275	135.00	81639	77733	70.45	604.73	165.7	8.2
2012	480	800	90252	246.59	87646	84898	48.43	355.43	97.1	7.1
2013	480	800	73540	201.48	66925	68736	51.72	332.17	91.0	6.6
2014	480	800	73000	200	143750	70025	57.2	718.8	196.9	6.1
2015	480	800	74350	204	80092	87003	68.5	393.2	107.7	6.2

1995—2015年阿图什市医疗机构门诊和住院病人人均医疗费用情况表

表30-15 单位:元

年份	平均每诊疗人次医疗费					平均每出院者住院医疗费						出院者平均每日住院医疗费
	合计	挂号费	药费	检查费	治疗费	合计	床位费	药费	检查费	治疗费	手术费	
1995	5.10	0.20	1.98	1.23	0.81	68.77	16.36	100.26	20.23	53.85	1.53	28.21
1996	6.32	0.21	2.05	1.32	0.90	100.23	37.12	107.56	31.12	62.12	3.83	45.896
1997	7.121	0.22	2.11	1.42	0.92	159.75	38.32	110.23	38.12	70.23	5.4	55.12
1998	7.98	0.24	2.23	1.53	0.95	200.53	41.76	112.09	44.06	84.51	5.9	70.60
1999	8.4	0.25	2.89	2.56	1.01	246.28	45.6	170.9	48.14	115.15	7.01	72.86
2000	12.43	0.26	3.30	3.2	1.12	267.52	52.16	180.78	45.68	104.23	22.32	77.66
2001	16.32	0.26	4.06	5.15	2.01	328.94	60.15	200.23	56.12	11.23	30.1	74.04
2002	19.45	0.26	4.12	5.45	1.89	443.36	68.56	275.96	64.23	112.36	50.1	75.38
2003	20.01	0.28	4.56	6.05	2.03	601.98	77.26	323.68	75.22	140.5	84.86	87.6
2004	19.18	0.3	4.32	6.08	2.41	585.50	78.33	341.57	77.12	130.45	94.46	82.76

续上表

年份	平均每诊疗人次医疗费					平均每出院者住院医疗费						出院者平均每日住院医疗费
	合计	挂号费	药费	检查费	治疗费	合计	床位费	药费	检查费	治疗费	手术费	
2005	24.36	0.31	1.95	8.05	2.04	641.31	82.11	309.37	81.56	121.65	121.12	82.21
2006	18.86	0.39	7.78	8.86	1.34	689.41	66.20	352.20	79.32	200.62	99.1	84.34
2007	21.98	0.32	6.65	12.15	2.05	615.80	78.83	389.29	100.24	117.37	76.58	73.08
2008	29.75	0.5	5.53	18.32	1.02	1052.89	95.12	487.45	145.78	153.21	89.41	95.47
2009	36.54	0.88	13.89	12.84	4.77	1330.81	115.86	601.99	174.45	185.99	100.33	102.98
2010	59.24	1.48	4.51	21.63	4.73	1672.77	113.12	789.21	152.45	194.36	96.22	110.25
2011	82.12	1.44	4.52	36.51	2.14	1950.14	116.11	953.02	131.65	200.56	92.89	113.51
2012	103.85	1.28	17.29	46.34	1.14	1951.13	127.21	916.02	179.63	260.27	100.69	292.31
2013	90.70	1.46	14.92	56.57	1.58	2327.43	143.15	1231.13	273.58	273.39	135.18	407.76
2014	127.13	1.37	22.67	74.75	2.14	2674.68	137.33	947.8	268.44	256.27	137.36	437.36
2015	113.26	0.96	17.27	72.87	1.43	2967.86	138.33	1280.45	325.09	287.53	156.48	475.66

第四章　卫生管理

第一节　卫生行政管理

1995年后，阿图什市贯彻执行党和国家关于卫生工作的法律、法规和方针、政策；协调有关部门研究、制定全市卫生规划，推动阿图什市卫生工作。制定市疾病预防控制规划、免疫规划、严重危害人民健康的公共卫生问题的干预措施并组织落实，根据国家检疫传染病和监测传染病目录，制定卫生应急和紧急医学救援预案、突发公共卫生事件监测和风险评估计划，组织和指导突发公共卫生事件预防控制和各类突发公共事件的医疗卫生救援，发布法定报告传染病疫情信息、突发公共卫生事件应急处置信息。

1998年，阿图什市制定实施市医疗机构和医疗服务全行业管理办法；制定实施医疗机构及其医疗服务、医疗技术、医疗质量、医疗安全以及采供血机构管理的规范，并组织实施。会同有关部门贯彻执行国家卫生专业技术人员准入、资格标准，制定和实施卫生专业技术人员执业规则和服务规范，建立医疗服务评价和监督管理体系。

2001年，市卫生局抓制度落实、抓基础医疗，促医疗质量提高为宗旨，先后2次对市医院医疗质量进行检查。

2009年，组织拟订市卫生人才发展规划和卫生人员职业道德规范，指导卫生人才队伍建设。加强全科医生等急需紧缺专业人才培养，贯彻落实国家住院医师和专科医师规范化培训制度。会同有关部门组织实施卫生专业技术人员资格标准。

2011年，阿图什市组织拟订卫生发展规划。参与制定医学教育发展规划，协同指导院校医学教育，组织指导实施毕业后医学教育和继续医学教育；监督检查法律法规和政策措施的落实，组织查处重大违法行为。

2015年，先后4次对市医院医疗质量进行检查，通过检查促进医疗临床水平的提高，增强医院门诊、急诊技术力量。

第二节 医疗机构管理

阿图什市基本医疗服务体系由市级综合医院、公共卫生机构(市妇幼保健院、市疾控中心)、社区卫生服务机构、乡镇卫生院、村卫生室、个体医疗机构构成,覆盖全市城乡,为全市群众提供医疗服务。

1995年后,市卫生局按照《医疗机构管理条例实施细则》《(中华人民共和国卫生部令第35号)》《卫生部关于下发〈医疗机构标准(试行)〉的通知》等文件要求,严格设置医疗机构,加强对市内医疗机构监督管理,规范医疗机构诊疗活动,打击各类非法行医行为,维护公平、公正的医疗服务市场秩序,保障人民群众就医安全。

1998年,市卫生部门编印《医德医风手册》《安全医疗须知》,人手一册,规范和强化医德医风、医疗安全教育。

2005年,市卫生部门制定《阿图什市医疗机构管理办法》,分为行政部分、医疗部分、护理部分、财务总务部分,同时出台各类制度职责。

2010年,进行再次完善,医疗机构首次以绩效考核的方式进行综合目标管理。通过不断加大医疗机构各项核心制度建设,重点抓好疑难危重病例讨论制度、术前病例讨论制度、会诊制度、三级医师查房制、首诊医师负责制、院感管理等核心制度的落实,市人民医院通过降低药占比、规范检查和用药行为、加强临床抗菌药物整治力度、规范临床路径,有效控制医疗成本,减轻群众就医负担,保障医疗安全。卫生局将市人民医院作为全市医疗机构的龙头和示范,对乡镇卫生院的医疗服务和行政管理进行传、帮、带、教。

2015年,加强卫生人才队伍建设。通过对口支援、外出培训、在职培训和远程教育,加强市、乡、村三级卫生技术人员的培训工作。

第三节 卫生监督管理

1995年后,阿图什市卫生防疫站在每年5—9月,不定时在全市范围内检查食品生产经营的薄弱环节,检查整顿城乡餐馆网点、街头食品摊点、快餐、饮品制售点,检查各单位食堂及炊具消毒情况取缔无证食品生产、销售、查禁各种违法经营和不卫生摊点,每年一次对机关从业人员进行预防性健康体检,与工商联合执法对变质食品查处集中统一销毁。

2002年,根据《新疆维吾尔自治区卫生监督体制改革实施方案》,市卫生监督脱离防疫站。成立市卫生局卫生监督所,归属市卫生局行政执法。开展食品卫生监督、公共场所卫生监督、医疗卫生及采供血监督、传染病防治监督、学校及托幼卫生监督、生活饮用水、涉水产品及其相关产品、消毒产品卫生监督检查、职业卫生及放射卫生监督、化妆品及保健食品监督。

2009年6月,流通领域、生产加工环节食品卫生监督分别由工商及质量技术监督部门承担,卫生监督所受自治区人民政府委托开展餐饮业卫生监督。2010年,依法将化妆品及保健食品监督移交食品药品监督局监管。

2012年4月,依法将餐饮服务监管移交食品药品监督局监管。

2002—2015年阿图什市主要卫生监督单位统计表

表30-16 单位:户

年份	被监督单位数						
	食品卫生	公共场所卫生	医疗卫生	生活饮用水卫生	学校卫生	传染病防治	职业和放射卫生
2002	107	98	109	8	109	109	12
2003	146	108	109	8	109	109	12
2004	197	114	109	8	109	109	12

续上表

年份	被监督单位数						
	食品卫生	公共场所卫生	医疗卫生	生活饮用水卫生	学校卫生	传染病防治	职业和放射卫生
2005	201	135	109	8	108	109	12
2006	214	147	109	8	104	109	12
2007	234	158	109	8	98	109	12
2008	345	168	110	8	94	110	12
2009	357	165	110	8	94	110	12
2010	365	172	110	8	94	110	12
2011	387	185	110	8	94	110	12
2012	0	189	126	8	94	126	12
2013	0	202	126	8	94	126	12
2014	0	221	126	9	94	126	12
2015	0	243	126	9	94	126	12

说明：1. 医疗卫生和传染病防治包括个体医疗机构和村卫生室；2. 食品卫生 2012 年开始移交给阿图什市食品药品监督管理局；3. 学校卫生包括州级学校和高等学校

第五章　医政管理

第一节　医疗质量管理

1995 年后，市医院成立质控科室，配备专(兼)职质控人员，建立健全医院三级质量控制保障体系，并成为医院质量管理的常设机构。2005 年以来，市卫生系统在各医疗机构开展"管理年"活动。2006 年，市卫生局组织对包括乡镇卫生院在内的医院管理年活动督察，重点检查各级医疗机构的依法执业状况、新设科室是否符合准入要求和标准、医疗广告是否合法、有无租赁科室、卫技人员执业资格是否合法等，重点解决医疗机构及卫技人员准入审批不严、程序不规范、医疗机构管理松懈等问题，从法治方面规范医疗机构依法执业。2010 年后，医疗管理遵循首诊负责制度、三级医师查房制度、疑难病例讨论制度、会诊制度、急诊会诊制度、危重患者抢救制度、手术分级管理制度、术前讨论制度、死亡病例讨论制度、查对制度、医生交接班制度、新技术准入制度、病历管理制度、分级护理制度。

第二节　医疗事故处理

2002 年 9 月 1 日，国务院颁布《医疗事故处理条例》(以下简称《条例》)实施。医疗事故技术鉴定工作由医学会组织实施。市卫生局建立专家库，对委托医学会进行医疗事故技术鉴定事项均按规定程序予以受理。所受理的案件，均达到《条例》的要求。

2003 年，市卫生局指定专人做好医疗纠纷的受理、登记工作。

2010 年以前，医疗机构医疗纠纷、事故处理主要由各医院业务科和分管领导负责。由于医院病人数量少,病种单一,医疗纠纷、差错、事故极少发生。

2011年,参加医疗责任保险后,凡发生医疗纠纷、事故,医疗机构积极与第三方调解机构沟通联系,通过第三方调解的方式均能使患者及家属得到满意。2012年,制定《医疗(安全)不良事件报告制度》并配套下发相应报告流程与登记表,降低医院医疗纠纷、差错、事故的发生率。发生医疗事故产生医疗纠纷,患者向卫生行政部门投诉反映,由卫生局医政科、卫生监督所联合负责核查和调节。

第三节　血液管理

2001年之前,市医院临床用血由喀什血站供应,少部分采取医院自行采血(输新鲜血),在家人以及亲属之间进行采输血。

2002年,克州中心血站成立以后,医院临床用血全部由克州中心血站供应。2012年,等级医院创建中,市医院成立输血科,建立、健全各项规章制度,委派专人到昆山对口支援医院进修学习,大大提高患者的用血安全。至2015年,输血科主要是进行血站取血和交叉配血,为临床用血提供服务。

第四节　医疗急救事业

一、市医院急救

2012年以前,市医院没有单独的急诊科,急诊科和内科在一起,称大内科。2012年,成立急诊科,配备专业急诊急救设备若干,凡急诊科医师、护士均派出到上级专业机构培训学习,尤其是年轻医师,均派往昆山、河南153医院开展为期1年的专业培训。2014年,成立重症医学科,各类大型急救设备一应俱全,科内医师、护士均派出到上级专业机构开展重症专业专项学习。自治区卫生厅配发专业医疗救护车2辆。

二、乡卫生院急救

1995年,各乡(镇)卫生院医疗设备只有血压计、听诊仪、显微镜等极为简单的小型仪器,开展医疗急救水平有限。2000年,各级党委、政府通过加大财政投入和争取援助资金,为全市7个乡镇卫生院购置新的医疗设备,各乡卫生院能够开展内科、外科、五官科、妇科、儿科等相应业务工作,医疗急救能力提升。2012年,援疆省昆山市为乡镇卫生院捐赠价值300万元的医疗救护车10辆,进一步提升乡镇卫生院快速反应能力,建立更快捷、更通畅的农村医疗急救绿色通道。

第六章　医药管理

第一节　药品采购

1995年初,依据自治州人民政府通知,阿图什市人民医院制剂室撤销关闭。

1995年,全市西药、中成药品种有230个品规。2015年,基本供药目录有755个品规,其中西药581个品规,中成药166个品规,民族药8个。目录中城镇职工保险药品目录688个品规,国家基本药物245个品规,新型农村合作医疗目录648个品规。

1995—2001年,药品采购主要是喀什新特药为主。2002—2009年6月,执行自治州医疗机构集中招标采购。自2009年7月后,全部在新疆卫生厅医疗机构药品集中采购网采购药品。

第二节　监督管理

2010 年，阿图什市基层医疗机构的基本药物采购由各乡镇卫生院每月上报购药计划，购药品种必须从国家基本药物目录中（含自治区增加部分和新农合药品目录等）遴选，每次选购的药品基本药物所占比例不得少于 80%。购药计划由乡镇卫生院确认后报市卫生局，由卫生局审核后对比多家医药公司报价，遴选出相同药品价格低的种类提交上级批准后购进并进行“零加价”销售。确保最大限度让群众得到更多实惠，同时建立和完善便民惠农的城乡药品供应网，安全可靠的监督网，保障农村、偏远地区基本药物的质量和及时供应。村卫生室的药品由乡镇卫生院统一采购。

2011 年开始，阿图什市在 7 个乡镇卫生院及 2 个社区卫生服务中心全面实行网上药品集中招标采购，给各基层单位配备下发专用的电脑及扫描仪。各单位安排专人负责基本药物制度的采购与管理，严格按照自治区医疗机构药品采购管理网公布的药品品规、采购价格进行采购和销售，报备卫生局审核，卫生局对各单位实施情况进行季度考核，对基本药物使用、入库、采购工作进行网上监控，并按时审核上报基本药物月报表，严禁采购和使用目录外药品。各医疗卫生单位自实施贯彻国家基本药物制度以来，严格执行“六个统一”要求，建立健全药品管理制度及职责。每年组织乡镇卫生院院长、药品网采、验收人员、乡村医生进行不少于两次的以“村卫生室合理用药、基层医疗卫生机构落实国家基本药物制度”为内容的培训班。统一为各卫生院订购《处方集》《国家基本药物使用指南》和印制成册的国家基本药物制度相关文件，下发各卫生院和社区卫生服务机构，组织干部职工学习，提高对实施国家基本药物制度的认识。每年利用卫生宣传日及巴扎日组织人员在广场、农贸市场向农牧民群众广泛宣传基本药物知识，提高群众基本药物知晓率。

2012 年，阿图什市实行基本药物网上采购交易，实现与自治区同步运行。市基层医疗卫生机构与自治区中标配送企业签订供货合同，由配送企业直接配送到各医疗卫生单位。村卫生室使用的基本药物由乡镇卫生院统一购进。根据诊疗范围和服务功能，全市各级医疗卫生机构有针对性地遴选药品；乡镇卫生院和村卫生室严格执行基本药物“零差率”销售，市直医疗机构也要将基本药物作为首选药物并达到一定使用比例；基层医疗卫生机构采取多种形式，对实行“零差率”销售的药品名称、规格、单位、采购价、原零售价、现零售价进行公示，以便群众和社会监督。

2015 年，阿图什市巩固和扩大国家基本药物制度实施范围，做好基本药物采购、配送和价格监督工作。全市 7 个乡（镇）卫生院、2 个社区卫生服务中心和 73 个村卫生室全面实施国家基本药物制度且采购率、使用率、零差率销售均为 100%。市级医疗机构全部配备并优先使用基本药物，切实减轻群众用药负担。

第七章　公共卫生

第一节　食品卫生

1995—2003 年，食品卫生监管工作由市防疫站承担。2004 年，转交给市卫生局卫生监督科负责，在市卫生局的组织下共同拟定食品卫生监督执法工作计划、卫生监督管理有关法规，开展食品安全风险监测、评估、预警和日常监管工作。2010 年，在全市食品餐饮单位实行量化分级管理，至 2011 年底，针对食品生产经营单位开展经常性卫生监督共计 9000 余户次，合格率 92. 1%；有 21 家餐饮单位评为 B 级、180 家食品卫生评为 C 级单位，阿图什市未发生过食品安全事故。2012 年，市食品药品监督管理局成立后，食品安全监管工作交由食药局负责。

第二节　公共场所卫生

2003—2015 年,市卫生局结合公共场所卫生监督工作实际,利用“3·15”维权日、“4·7”世界卫生日宣传等平台,加大《医疗机构管理条例》《中华人民共和国执业医师法》《公共场所管理条例》等法律法规的宣传,对全市辖区内公共场所进行经常性卫生监督检查,累计出动监督人员 3880 人次,出动监督车 920 台次,经常性监督 1890 次,监督覆盖率 100%。对不符合卫生要求提出书面限期改正意见。抽检样品 3900 份,合格 3518 份,合格率 90.2%。

一、普通卫生

1995—2015 年,市爱国卫生运动工作主要是督促各单位、居民区、部队积极开展爱国卫生宣传和健康教育活动,动员全社会参与爱国卫生运动,发动单位和居民对单位内外部、居民区、农贸市场、城乡接合部等卫生区和卫生死角的卫生进行治理清除。落实每月最后一个星期五“卫生日”制度,组织开展周末卫生大扫除,由爱卫会牵头,党办、政办、街道办事处等成员单位对市区环境卫生清理进行推动、协调、评比、检查。

二、爱国卫生运动

1995—2015 年,阿图什市每年利用“爱国卫生月”“世界卫生日”“世界无烟日”及各种节假日,组织开展全民性爱国卫生运动。市爱卫会消杀站每年对全市街道林带、饮食服务场所、公共厕所投药消毒面积在 3000 平方米以上,发放老鼠药 1000 包以上、灭蟑药 1 万盒左右。负责完成自治区下达的农村改厕项目任务、15 个饮用水点的安全监测任务。

三、创建卫生红旗单位和开展控烟活动

2002 年,依照《自治区卫生红旗单位标准》,阿图什市开始创建卫生红旗单位活动,到 2015 年,创建自治区级红旗单位 66 个、自治州级红旗单位 73 个、市级红旗单位 46 个、卫生达标餐厅 3 个、宾馆 2 个。在农村以改水改厕为重点带动农村环境卫生整治,开展农户家庭卫生评比和“亿万农民健康促进行动”。2008 年,依照《自治区卫生乡、村评定标准》创建卫生示范乡和卫生示范村,同时开展全民控烟行动。到 2015 年,共创建卫生示范乡 2 个、卫生示范村 3 个、无烟单位 8 个、无烟医院 19 个。

第三节　学校卫生

1995—2015 年,市卫生局为完善和落实学校卫生监督管理制度和工作机制,加强学校食品卫生、饮水卫生管理和传染病防控工作,有效预防学校食物中毒事故和传染病的发生。每年 3 月、9 月,卫生监督所分别组织人员对一镇六乡及两个办事处辖区的学校进行卫生监督检查,针对检查中发现的隐患和存在的问题,下达卫生监督意见书责令限期整改。

第四节　职业病防治

2014 年,阿图什市职业病防治工作由市安监局、人民医院、卫生监督所、疾控中心 4 个部门负责,监管、处罚由市安监局负责;宣传教育由卫生监督所负责;人员体检、网络直报由市医院负责;督促指导由疾控中心负责。市人民医院于 2012 年成立体检科,2014 年开始进行职业病体检,至 2015 年,共进行职业病体检 539 人,检查出疑似职业病 17 人,职业禁忌证 7 人。卫生监督所结合每年 5 月的“职业病防治法宣传周”活动,深入企业向劳动者面对面宣传,对 11 家厂矿企业开展职业健康状况基本调查,共出动宣传执法人员 310 人次,监督宣传车辆 180 台次,发放各种宣传材料 1.5 万份。

第八章　计划生育

第一节　政策法规宣传与落实

一、政策法规

1995年，阿图什市按照《新疆维吾尔自治区计划生育少数民族计划生育暂行规定》，规定城市户口汉族居民一对夫妻生育一个子女，少数民族一对夫妻生育两个子女(包括送人和领养的)；农村户口汉族一对夫妻生育两个子女，少数民族一对夫妻生育三个子女。

2000年3月，中共中央、国务院颁布《关于加强人口与计划生育工作，稳定低生育水平的决定》后，阿图什市委、市政府印发《关于贯彻落实中央〈决定〉的实施意见》。

2003年1月1日，阿图什市计划生育工作遵照自治区人民政府颁布的《新疆维吾尔自治区人口与计划生育条例》执行。

2004年11月26日，自治区第十届人民代表大会常务委员会第十三次会议《关于修改〈新疆维吾尔自治区人口与计划生育条例〉的决定》修正。决定在生育指标审批方面比以前政策略有宽松。

2006年5月25日，自治区十届人大常委会第二十四次会议通过《关于修改〈新疆维吾尔自治区人口与计划生育条例〉的决定》。条例中增加“建立健全农村部分计划生育家庭奖励扶助制度、农村独生子女死亡伤残家庭扶助制度”等内容。对生育两个以上子女的，生育间隔不少于三周年，修改为生育两个以上子女的，提倡间隔生育。同年12月17日，中共中央、国务院下发《中共中央、国务院关于全面加强人口和计划生育工作统筹解决人口问题的决定》，市人口计生委于2007年2月下发《关于全面学习贯彻〈决定〉的实施方案》。

2010年6月3日，自治区第十一届人民代表大会常务委员会第十八次会议对《新疆维吾尔自治区人口与计划生育条例》进行修正。取消申请领取独生子女父母光荣证、计划生育父母光荣证子女满十六周岁的限定。

2011年8月12日，自治区下发生育服务证发放与管理办法(试行)通知(新人口发〔2011〕73号)，明确要求，按照办法规定，做好生育服务证发放与管理工作，落实依法行政，提高工作效率，保障群众的合法权益。

2012年4月24日，自治区第二十二次党委常委会研究决定，自2012年5月1日起，南疆四地州(即和田地区、喀什地区、克孜勒苏柯尔克孜自治州、阿克苏地区)城镇夫妻普遍允许生育两个子女。其他地、州、市城镇夫妻中一方为独生子女的允许生育两个子女。

二、政策宣传

1995—2000年，市委宣传部、卫生局、计生委、妇联、工会、教育局、党校、广播电视局相互配合，排练文艺节目、张贴标语、悬挂横幅、办黑板报、印发宣传材料，开展计划生育宣传工作。市计生委深入农牧区进行宣传，教育农牧民算好人口、社会、经济、土地资源账，明白“越生越穷”的道理，动员育龄妇女做节育手术，宣传避孕药具使用知识。此后，每年利用重大节假日、纪念日，采用群众喜闻乐见的多种形式，开展生育政策、避孕节育、优生优育、生殖保健知识的宣传教育活动。

2005年，市人民政府制定出台《阿图什市创建国家婚育新风进万家活动示范市实施方案》，同时明确宣传、广播电视、计生、工会、妇联、共青团、教育、计生协会等部门的职责。2006年开始，由市委组织部、计划生育委员会联合下发《关于在市乡党校开设人口理论课的通知》，把人口理论纳入一年一度党校培训计划之中，对各级领导干部进行分层次全员培训。是年，将计划生育宣传培训纳入一年一度“科技之冬”和“三下乡”科普宣传培训之中。2008年，市人口计生委、计生协会在上阿图镇建立“人口文化第一村”、在上阿图什镇尧勒其村建立人口文化大院，在全市75个村(社区)建立婚育新风瓷砖漫画墙。2013年，市人口计生委投入4万元制作5000套青春日志和玫瑰书签，在市第一中学设立青春期教育中心。2014年，以“访惠聚”工作的深入开展为载体,在阿湖乡、吐古买提乡组织民间艺人进行文艺表演,营造宣传氛围,开展政策宣讲。2015年,市人口计生委联合环城南路社区,在社区建成“去极端化”、计划生育优惠政策宣传展板长廊。

三、政策执行

1996—2004年以前,阿图什市制定适合本市的奖励优惠政策,即:城镇职工终身只生育一个子女的,并领取独生子女证的女职工,可享受一年产假,并从领证之月起,每月发给不少于5元的独生子女保健费,至独生子女满16周岁止。农村终身只生育一个子女,并领取独生子女证的,独生子女可享受双份自留地,至16周岁。此规定在1997年全市农村实行30年土地承包时取消。领取独生子女证的国家机关和事业单位职工退休时,双职工各享受5%的退休金。

2004年,根据《新疆维吾尔自治区人口与计划生育条例》,国家公职人员退休,由所在单位各给予加发本人工资百分之五的奖励金,或者各给予不低于2000元的一次性奖励。

2005年,国家出台《实施农村部分计划生育家庭奖励扶助制度》,规定夫妻双方均为农业户口,曾生育一个子女或两个女孩,现存活一个子女或两个女孩或无子女,年满60岁,每人每年发放奖励金720元。2005—2015年,对全市5630人实施农村部分计划生育家庭奖励扶助,兑现奖励金525.8万元。

2007年,按照自治区计生委、教育厅《农村领取“两证”家庭子女报考区内高校和全国新疆高中班及区内初中班考生加分的实施方案》规定,报考全国新疆高中班、区内初中班的农村领取光荣证家庭子女,在考试总分上加5分;报考区内高校的农村领取光荣证家庭子女,在考试总分上加10分。

2008年,自治区出台《自治区少生快富制度》,规定已领取独生子女父母光荣证的汉族农牧民夫妻,已领取独生子女父母光荣证或计划生育父母光荣证,女方年龄超过49周岁的少数民族农牧民夫妻;现离婚、丧偶已领取独生子女父母光荣证的汉族农牧民,年龄在40周岁以上的女性或55周岁以上的男性;现离婚、丧偶已领取独生子女父母光荣证或计划生育父母光荣证的少数民族农牧民,年龄在50周岁以上的女性或55周岁以上的男性,符合上述条件的一次性给予3000元奖励金。2008—2015年,对全市372户实施自治区“少生快富”工程,兑现奖励金107.9万元。

2008年,国家出台《国家特别扶助制度》,规定1933年1月1日以后出生,农村、城镇家庭女方年满49周岁,只生育一个子女或合法收养一个子女,现无存活子女或独生子女被依法鉴定为残疾(伤病残达到三级以上)。独生子女伤残家庭给予每人每月80元的扶助金,独生子女死亡家庭给予每人每月100元的扶助金。2009—2015年,对全市1485人实施国家特别扶助制度,兑现扶助金253.8万元。

2008年,自治区出台《南疆三地州农村计划生育家庭特殊奖励制度》,规定本人及配偶均为阿图什市行政区域的农业户口少数民族居民;按自治区生育政策规定,自愿少生一个孩子并领取计划生育父母光荣证或少生两个孩子并领取独生子女父母光荣证的,女方在49岁以内(女方年龄超过49周岁,但已于2007年10月1日领取光荣证)、并采取长效节育措施的,每户可享受一次性6000元的奖励金,享受奖励金的第二年,夫妻双方每人每年享受1800元扶助金,直至亡故。2008—2015年,全市有7309人享受优惠政策,兑现奖励236.7万元。

2009年,自治区出台《自治区特别扶助制度》,规定1933年1月1日以后出生,农村家庭女方年满45～48周岁,只生育一个子女或合法收养一个子女,现无存活子女或独生子女被依法鉴定为残疾(伤病残达到三级以上),独生子女伤残家庭给予每人每月80元的扶助金,独生子女死亡家庭给予每人每月100元的扶助金。2009—2015年,对全市194人实施自治区特别扶助制度,兑现扶助金25.19万元。

2010年,自治区出台《城镇计划生育家庭奖励扶助制度》,规定新疆行政区域内的城镇户籍人口中(兵团职工除外)领取独生子女父母光荣证或计划生育父母光荣证(以下简称光荣证),且女性年满55周岁、男性年满60周岁的无固定单位人员(包括个体工商户、自由职业者、无业人员、失业人员、关停破产以及改制企业的下岗人员等),每人一次性奖励3000元。2010—2015年,对全市40人实施城镇计划生育家庭奖励扶助制度,兑现奖励金12万元。

2011年,阿图什市人民政府办公室下发《关于印发阿图什市2011年新型农牧区合作医疗制度实施办法的通知》,对领取计划生育“两证”(独生子女证和计划生育父母光荣证)的住院医疗费用补偿,可在同级别定点医疗机构同等补偿比例基础上提高5个百分点。

2006—2015 年阿图什市人口计生委各项奖励人员及资金情况汇总表

表 30 - 17

年份	奖励扶助						南疆三地州特殊奖励						独生子女死亡伤残扶助（国家特扶）						独生子女死亡伤残扶助（自治区特扶）						“少生快富”一次性奖励扶助				城镇家庭			
	下拨资金（万元）	实发资金（万元）	剩余资金（万元）	实发人数（人）		退出人数（人）	下拨资金（万元）	实发资金（万元）	剩余资金（万元）	实发人数（人）		退出人数（人）	下拨资金（万元）	实发资金（万元）	剩余资金（万元）	实发人数（人）		退出人数（人）	下拨资金（万元）	实发资金（万元）	剩余资金（万元）	实发人数（人）		退出人数（人）	下拨资金（万元）	实发资金（万元）	剩余资金（万元）	（新增）实发人数（人）	下拨资金（万元）	实发资金（万元）	剩余资金（万元）	实发人数（新增）（人）
				新增	历年					新增	历年					新增	历年					新增	历年									
2006	4.47	4.74	0	79	—	0	—	—	—	—	—	—	—	—	—	—	—	—	—	—	—	—	—	—	—	—	—	—	—	—	—	—
2007	11.22	11.22	0	108	79	0	147	147	0	490	0	0	—	—	—	—	—	—	1.02	1.02	0	17	0	0	—	—	—	—	—	—	—	—
2008	29.7	29.1	0.54	307	187	9	360.7	340.4	23.96	418	1407	66	—	—	—	—	—	—	1.32	1.2	0.12	4	18	2	—	—	—	—	—	—	—	—
2009	37.74	37.5	0.24	175	450	4	286.4	277.9	8.52	237	1723	68	10.7	10.18	0.524	34	52	2	—	—	—	—	—	—	—	—	—	—	—	—	—	—
2010	57.38	55.51	1.872	175	622	26	606.4	606.5	7.962	1121	1941	34	11.21	10.97	0.24	36	56	2	3.72	3.648	0.072	9	23	1	38.1	38.1	0	130	—	—	—	—
2011	61.63	59.54	2.085	85	771	29	592.5	585.6	6.822	553	3037	36	19.51	19.06	0.456	72	92	3	1.92	1.8	0.12	8	8	1	26.25	26.25	0	90	8.5	8.5	0	29
2012	62.57	62.5	0.072	41	827	29	1018	1010	7.926	623	3560	30	24.79	24.7	0.096	47	161	1	3.12	3.12	0	11	15	0	24.9	24.9	0	86	0.9	0.9	0	3
2013	84.67	84.58	0.096	23	868	1	1025	1004	20.88	188	4182	89	39.89	39.59	0.294	28	219	2	3.078	3.078	0	4	15	0	9.3	9.3	0	32	7.2	73.2	0	24
2014	90.53	89.66	0.886	62	883	9	1186	1152	34.08	390	4637	143	72.16	72.16	0	41	277	0	5.664	5.664	0	5	23	0	6.9	6.9	0	25	2.7	2.7	0	9
2014	—	—	—	—	—	—	520.7	500.1	20.56	390	4637	294	—	—	—	—	—	—	—	—	—	—	—	—	—	—	—	—	—	—	—	—
2015	92.45	91.49	0.962	35	943	10	1792	1686	106	176	4871	289	84.72	77.18	7.544	50	320	24	5.66	5.66	0	6	28	0	2.7	2.4	0.3	9	2.1	2.1	0	7
合计	532.4	525.8	6.754	1090	5630	117	7536	7309	236.7	4586	29995	1049	263	253.8	9.154	308	1177	34	25.5	25.19	0.312	64	130	4	108.2	107.9	0.3	372	21.4	21.4	0	40

1995—2015年阿图什市人口节育及领证(光荣、独生子女证)情况表

表30-18

年份	已婚育龄妇女人数(人)						领独生子女证(人)	领光荣证(人)	领证率(%)
	合计	其中							
		无孩	一孩	二孩	三孩	多孩			
1995	28538	3561	5122	4723	4820	10312	407	333	2.59
1996	30129	3440	6028	5850	5098	9713	564	473	3.12
1997	31178	3035	6343	6047	7333	8420	598	418	3.26
1998	32147	2609	6584	6364	8306	8284	234	339	1.78
1999	31917	2538	6904	6571	8943	6961	576	737	4.11
2000	31524	2310	7460	6724	8320	6710	750	960	5.42
2001	31463	2227	7813	7115	7636	6672	948	1234	6.93
2002	32172	2280	8088	7740	7655	6409	1124	1492	8.2
2003	32391	2119	8390	8266	7872	5744	1335	2219	10.97
2004	33652	2141	8960	8927	8129	5495	1431	2430	11.47
2005	34887	2218	9484	9483	8104	5598	1441	2877	12.39
2006	36219	2196	9963	10278	8386	5396	1620	3351	13.72
2007	36998	2122	9921	11132	13823	—	1845	4111	16.09
2008	38519	2087	10049	12322	14061	—	2294	5257	19.6
2009	40530	3014	10014	12942	14560	—	3141	7984	27.44
2010	41333	2998	10767	13496	14072	—	3526	10565	34.09
2011	42650	2742	11055	14472	14381	—	3720	11931	36.7
2012	48720	4691	12520	16905	14604	—	3317	15162	37.93
2013	47040	4218	11720	16577	14525	—	3317	16239	41.57
2014	48145	4884	12433	17602	13226	—	3310	17320	42.84
2015	49839	4868	12499	18503	13969	—	3448	18512	44.06

1995—2015年阿图什市计划生育及晚婚情况表

表30-19

年份	出生人数(人)							当年结婚		
	计划内				计划外			合计(人)	其中晚婚(人)	晚婚率(%)
	一胎	二胎	三胎	计划率(%)	三胎	四胎	五胎以上			
1995	1165	844	604	98.17	1	40	9	1001	592	59.14
1996	1242	1006	646	97.16	11	60	16	929	690	74.27

续上表

年份	出生人数(人)							当年结婚		
	计划内				计划外			合计(人)	其中晚婚(人)	晚婚率(%)
	一胎	二胎	三胎	计划率(%)	三胎	四胎	五胎以上			
1997	1373	1048	749	98.03	1	52	12	1114	843	75.67
1998	1553	1075	745	99.5	13	—	—	574	455	79.27
1999	1330	916	547	99.92	1	—	—	1070	1010	94.4
2000	1420	1030	586	99.74	3	—	—	1123	1102	98.13
2001	1645	1108	654	99.94	—	—	—	1268	1250	98.58
2002	1739	1155	648	99.75	—	—	—	1496	1454	97.19
2003	1755	1193	630	99.89	—	—	—	1355	1337	98.67
2004	1727	1193	544	98.8	—	—	—	1633	1633	99.02
2005	1836	1118	555	99.69	—	—	—	1487	1463	98.39
2006	1729	1261	487	99.71	—	—	—	1518	1501	98.88
2007	1597	1688	709	99.9	—	—	—	1571	1569	99.87
2008	1938	1715	656	99.97	—	—	—	1644	1642	99.87
2009	1966	1406	525	99.92	—	—	—	1704	1703	99.94
2010	2077	1371	518	99.92	—	—	—	1590	1590	100
2011	1919	1662	553	99.93	—	—	—	1573	1573	100
2012	1835	1611	620	99.97	—	—	1	1280	1280	100
2013	1665	1711	620	99.95	—	—	—	1290	1290	100
2014	1620	1639	680	99.92	—	—	—	1178	1131	96
2015	1599	1636	753	98.2	—	9	3	1224	1196	97.7

第二节　生育服务与管理

一、生育服务

1995—1998 年,阿图什市计划生育服务站下乡服务形成常态。

2002 年,自治区计生委为阿图什市服务站配备一辆南京依维柯服务车,“面向基层、面向农村,服务上门”的工作理念得到落实。6 月,根据《新疆维吾尔自治区农牧民实行计划生育手术免费服务实施办法(实行)》,在全市范围内实施农牧民计划生育手术免费服务。2003 年,成立下乡服务小分队,从 3 月开始,携带 B 超等仪器奔赴边远农牧区,为农牧民查治,方便边远山区的农牧民群众,受到各族群众欢迎。

2005 年,开展“六进村”“六上门”优质服务“进百村”“入万户”活动。2006 年,根据《自治区人口计生委关于开展创建计划生育标准化、规范化先进服务站工作的通知》,全面开展创建活动。

2010—2013 年,对单月访视和双月查孕制度进行评估,建立“集团化管理,一体化服务”的服务管理体制,加强孕前管理。下乡服务小分队增加生殖健康服务、孕前优生服务的内容,定期到村组,为广大农牧民上门提供免费生殖健康检查,目标人群怀孕情况调查。

2015 年,推进国家免费孕前优生健康检查项目,孕优的目标人群 2350 对;至年底,完成项目目标任务。

二、出生缺陷干预工程及医学筛查

2001 年,阿图什市在全市开展出生缺陷干预工程和医学筛查工作。开展妇女孕前增补叶酸的宣传工作,动员每个妇女孕前主动增补叶酸,叶酸由市计划生育指导站免费负责供应。市计生委与各乡镇签订叶酸供应责任书。2010 年,阿图什市贯彻落实《新疆维吾尔自治区增补叶酸预防神经管缺陷项目管理方案》,有序、有效推进阿图什市农村新婚期、孕产期妇女增补叶酸神经管项目的实施,制定《阿图什市农村妇女增补叶酸预防神经管缺陷项目管理方案》,成立领导小组,召开启动大会,分层次举办项目内容及增补叶酸相关知识的培训,全市孕前增补叶酸率明显提高。至 2010 年底,全市服用免费叶酸人数 886 人,投入资金16876元。

2011 年,市计划生育指导站选派有关技术人员,跟随"流动服务车"分赴各个乡镇,举办"预防艾滋病母婴传播暨增补叶酸预防神经管缺陷项目"培训班。为 1081 名待孕和已婚夫妇免费提供优生优育讲座和咨询,为 740 名已婚妇女提供免费产前出生缺陷医学筛查,为 668 名计划怀孕及怀孕妇女增补叶酸 1638 盒,免费金额 17384 元。

2012 年,全市普及优生优育知识,全面实施出生缺陷干预工程,强化婴幼儿抚育。市人口计生委利用人口学校和下乡巡回服务举办出生缺陷干预培训班,开展优生优育和生殖健康知识的宣传、教育和普及服务。在全市开展"远离出生缺陷科普知识大讲堂"活动,强化预防出生缺陷知识的宣传普及工作。与各乡镇服务站联合,设立预防出生缺陷干预点,为符合政策怀孕的妇女建立保健档案,开展出生缺陷一级预防、宣传、咨询,实施妇女孕前和怀孕早期补服"斯利安"等出生缺陷早期干预措施。通过此项工作,阿图什市新出生婴儿缺陷呈下降趋势。

2015 年,在实施出生缺陷干预过程中,共采集送检血样标本2351对,通过筛查未发现异常妊娠。

三、避孕药具管理

1995 年,随着计划生育技术服务工作的到位,"三为主"(宣传教育为主、避孕为主、经常性工作为主)的工作方法被各地广泛推广和使用,避孕药具管理工作在"三为主"工作中占重要位置。市计划生育指导站内设药具室,有专职药具管理员,并有独立的药具库房。从此,药具工作被作为计划生育的一项主要内容步入正常轨道。

2001 年,为落实中共中央、国务院关于稳定低生育水平,统筹解决人口问题的有关指示精神,市乡两级均配备避孕药具管理人员,村、组配备药具发放员,实现三级管理,条块结合,计划供应,定量发放的工作格局。在边远地区增设药具发放点,满足边远地区农牧民对避孕药具的需求。在全市开展避孕节育知识宣传工作,更好地为已婚育龄妇女提供服务。至 2003 年底,全市共有避孕药具发放点 112 个,药管员 16 人,全市药具应用率 100%,有效率 98%。

2003—2004 年,为加强避孕药具管理,防治"非卖品"流入市场,市计生委下发《关于做好免费避孕药具管理工作的通知》,在全市试行避孕药具编码登记制度。2009—2010 年,市人口计生委开展药具规范化达标工作,宣传推广药具新品种,以新技术、新产品推动避孕节育效果的提升。在全市 9 个乡镇制作标有温馨提示语的药具架、领药标示牌、宣传版面和药具免费供应自取箱。2010 年,投入 1 万元,制作和发放流动人口计划生育药具围裙、纸杯、毛巾、洗漱袋等宣传实物。是年,阿图什市计划生育指导站被评为自治区计划生育避孕药具管理工作先进单位。

2011 年,市人口计生委在流动人口密集地增加避孕药具免费发放点,推进服务均等化,实行免费药具"一卡通"。2012 年,由市人口和计生委牵头,各乡镇计生办负责,对各乡镇的商店、药店、诊所、村委会免费药具流入市场情况清理清查,并投入 5 万元,在全市村级单位设置避孕药具免费自取箱,设立安全套免费发放点。

2013—2015 年,市人口计生委为做好药具的调拨、发放、存储、管理和服务工作。采取送药具上门与群众领取相结合、设固定发放点与临时发放点相结合、主动式发放和需求式发放相结合的方式,拓宽避孕药具的发放途径和免费药具的发放面。2015 年底,避孕药具执行率 100%、药具库存率≤50%。

第三节　流动人口计划生育服务管理

1995年后,阿图什市执行国务院授权国家计生委颁布的《流动人口计划生育管理办法》和国务院第60次常务会议通过的《流动人口计划生育工作条例》《自治区流动人口计划生育暂行管理办法》《新疆维吾尔自治区流动人口计划生育管理服务工作规范》等文件。成立市流动人口计划生育领导小组,组长由市委、市政府分管领导担任,办公室设在市人口和计划生育委员会。

1997年,把流动人口计划生育管理工作纳入《阿图什市人口与计划生育目标管理责任制》中进行同步考核,形成齐抓共管、综合管理人口问题的新机制。

2007—2008年,按照"教育、服务、管理、维权"工作思路,完善流动人口公共服务和保障体系,建立以财政投入为主体的流动人口管理服务工作经费保障机制,以流动人口管理服务试点为基础,建立健全流动人口计划生育管理机构和服务网络。累计投入流动人口经费33801元,为流动人口提供宣传咨询1890人次,宣传入户率98%,技术服务1200人次,在册流动人口服务率64%,药具免费发放183人次,发放率98%。

2010年,市人民政府出台《阿图什市流动人口计划生育工作"一盘棋""三年三步走"实施方案》,着力完善流动人口公共服务和保障体系,为流动人口编印"便民服务卡",提高流动人口综合信息数据库和网络系统的利用率,基础信息采集率、准确率分别100%,信息录入率、准确率分别100%,变更信息采集率、准确率99%。

2011年,市人民政府制定出台《阿图什市开展流动人口计划生育便民维权工作实施意见》《阿图什市流动人口计划生育便民维权项目文本》,加强流动人口管理与服务,不断加快"均等化服务、市民化待遇"服务管理新模式建设步伐,国家PADIS流动人口子系统乡级应用率100%;避孕节育信息和一孩生育登记信息通报、接收、反馈率100%。

2013年,广泛开展流动人口服务管理示范乡、村创建活动,在幸福街道7个社区建立流动人口一站式服务中心,开展就业、就学、救助等项目一站式服务,并建立流动人口平台月通报制,确保市级平台应用率100%,乡级平台应用率达95%以上,信息协查、网络化协作反馈率100%以上。

2015年,按照自治区出台的《关于进一步推进流动人口计划生育基本公共服务均等化的实施意见》,阿图什市召开流动人口计划生育工作联席会议,由综治办牵头,公安、卫生、计生等部门密切协作,形成流动人口信息互通、服务管理互助、协作形式多样的信息管理常态化机制。在阿图什市社区建立流动人口劳动就业培训中心;强化流动人口网络化管理,实现资源共享、信息互通,积极引导人口合理有序流动,确保市级流动人口平台应用率100%,乡级流动人口平台应用率98%以上,信息协查、网络化协作反馈率90%。

第四节　网络建设

2005年,随着流动人口信息平台、PIS信息系统、奖扶系统、乡村级药具应用系统、基层工作规范系统、生殖健康项目系统等各种计生信息系统的陆续出现,市人口计生委整合信息网络系统。

2005—2008年,奖励扶助系统、生殖健康系统、乡村级药具系统的普及应用,使市计生委的各项业务工作实现网络化管理,达到整合资源,节约人力,提高工作效率的目的。

2008年,流动人口管理系统的应用,使流动人口管理工作做到管理互补、服务互动、信息互通、资源共享,实现流动人口计划生育管理和服务"一盘棋"的目标。

2010年底,市计生服务站对国家免费孕前优生健康检查项目电子病历已投入使用,电子病历录入率100%。为降低出生缺陷发生风险,提高人口素质,提升生殖健康优质服务工作提供科学的依据,2011年数字化服务站建设程序投入。

2012—2015年,加大对网络版PIS系统运用、维护培训力度,发挥系统作用。加强计划生育信息化建设,做好全员人口综合管理信息系统推广和运用,确保信息化建设稳步推进,保证系统数据质量,促进人口信息资源的有效应用,实现育龄妇女个案信息计算机管理。

第九章　卫生防疫

第一节　计划免疫与预防接种

一、常规免疫

1995 年,阿图什市规范开展计划免疫工作,主要针对 7 岁以下儿童,以四苗防六病,分别为卡介苗预防肺结核病,脊髓灰质炎三价疫苗预防脊髓灰质炎(俗称“小儿麻痹症”),百白破预防百日咳,白喉、破伤风,麻疹疫苗预防麻疹。1997 年,通过计划免疫以乡为单位的第三个 85% 指标任务的验收。1999 年始,对贫困户、特困户家庭出身的新生儿实行乙肝疫苗免费接种。2002 年,国家将乙肝疫苗纳入免疫规划管理。2008 年,国家实施扩大免疫规划,又将甲肝疫苗、流脑疫苗、麻风疫苗、麻腮风疫苗等 4 种疫苗纳入免疫规划管理,全市所有 0 ~ 6 岁儿童均可享受国家免费的 11 种疫苗预防 12 种传染病。到 2015 年底,基础免疫各种疫苗接种率均达到 90% 以上,扩大免疫规划疫苗接种率达到 85%,大大降低免疫规划针对疾病的发病率。

1996 年始,阿图什市为巩固计划免疫的成果,保证疫苗的接种率及有效接种,降低疫苗针对疾病的发病率,每年对接种率组织一次抽样调查,常年开展三病监测(AFP、麻疹、新生儿破伤风)、入学入托儿童预防接种证查验工作。2014 年,启动免疫规划专项整治行动,制订《阿图什市免疫规划专项整治活动实施方案》,成立阿图什市免疫规划专项整治活动领导小组,明确各部门和相关人员职责,层层签订免疫规划规范化管理专项整治目标责任书。在全市范围对 0 ~ 6 岁儿童入户摸底登记和查漏补种,对未上卡儿童及时开展补卡工作,对漏种儿童进行常规免疫疫苗补种。至 2015 年,乙肝、甲肝、麻腮风、卡介苗、A 群流脑、脊灰、百白破等 15 种疫苗全部普及,接种率 97% 以上。

1995—2015 年阿图什市儿童“四苗”接种情况表

表 30 - 20　　单位:人、%

年份	卡介苗			脊髓灰质炎疫苗			百白破三联疫苗			麻疹疫苗		
	应种人数	实种人数	接种率	应种人数	实种人数	接种率	应种人数	实种人数	接种率	应种人数	实种人数	接种率
1995	3623	3542	97	3543	3428	96	3543	3428	96	3685	3549	96
1996	3578	3487	97.45	3461	3393	98	3461	3393	98	3597	3504	97
1997	3449	3321	96	3394	3307	97	3394	3307	97	3478	3329	95
1998	3267	3160	96	3297	3224	97	3297	3224	97	3281	3247	98
1999	3254	3121	95.9	3341	3287	98	3204	3156	98	3097	3023	97.6
2000	3666	3580	97.6	3760	3621	96	3734	3486	93.4	3598	3437	95.5
2001	2464	2336	95	3075	3899	94.7	3158	2995	95	3539	3170	89
2002	3040	2705	89	3728	3292	88.3	3501	3116	89	3963	3870	97.6
2003	2965	2764	93	3375	3158	94	3642	3398	93.3	3798	3518	93
2004	2374	2205	93	3245	2985	92	2084	1924	92.3	3072	2771	74
2005	3653	3407	93.2	4813	4555	94.6	5190	4881	94	4611	4147	89.9

续上表

年份	卡介苗			脊髓灰质炎疫苗			百白破三联疫苗			麻疹疫苗		
	应种人数	实种人数	接种率	应种人数	实种人数	接种率	应种人数	实种人数	接种率	应种人数	实种人数	接种率
2006	2053	2013	98	2546	2464	96	2704	2603	96.2	2966	2871	97
2007	4544	4337	95.4	4286	4204	98	4432	4361	98	4615	4470	97
2008	7272	7012	96.4	5536	5432	98	5211	4879	94	6368	6149	96.5
2009	6773	6428	95	5515	5355	97	6109	5703	93.3	3602	3232	90
2010	5797	5795	99.99	6571	6567	99.9	6959	6949	99.8	4642	4671	99.7
2011	5166	5163	99.9	3940	3938	99.9	4384	4382	99.9	4374	4372	99.9
2012	5832	5818	99.8	3541	3539	99.9	5577	5564	99.8	5535	5528	99.87
2013	6924	6859	99	4437	4433	99.9	6113	6096	99.7	5258	5247	99.8
2014	7405	7299	98.5	6203	6171	99.4	6944	6873	98.9	8686	8585	98.5

二、强化免疫

脊髓灰质炎强化免疫　1995年，阿图什市针对4岁以下儿童每年两轮的脊髓灰质炎强化免疫活动，或"扫荡式"免疫，或查漏补种，至2015年，每年脊灰疫苗接种率均达98%以上。2011年8月，南疆暴发一起脊髓灰质炎，全市对15岁以下人群开展脊髓灰质炎疫苗应急接种，其中0～14岁人群应种67443人次，实种儿童69129人次，接种率100%。开展15～19岁脊髓灰质炎应急强化免疫，应种人数18439人，实种人数18435人，接种率99.9%。

麻疹强化免疫　为有效控制麻疹的暴发流行，降低及消除麻疹的发生，全市分别于2004年、2008年、2010年对8月龄～6岁，8月龄～13岁，8月龄～4岁儿童开展麻疹疫苗强化免疫活动，接种率均达98%以上。2009—2011年，对15岁以下人群开展补种乙肝疫苗活动，应种接种4987人次，实种4747人次，接种率95%。

第二节　传染病防治

1995年，阿图什市传染病监测以纸质报表形式逐级上报。2001年开始，传染病上报工作采取网络直报。市境内无甲类传染病(如鼠疫)，以乙类和丙类为主。

一、常见传染病防治

1995年后，阿图什市加强计划免疫，控制相关传染病的发生，流行。麻疹、百日咳等相关疾病得到有效控制，消灭小儿麻痹。其他传染病大幅度下降，无霍乱等甲类传染病发生，病毒性肝炎、流行性腮腺炎等传染病呈散发状态。先后制定《阿图什市突发公共卫生事件应急处置预案》《阿图什市非典型肺炎防治工作预案》及人感染高致病性禽流感、甲型H1NI流感等11种防控预案，配备人员、车辆、设备，储备应急物资、消毒等药品。对人员进行多次培训和应急演练，增强防控传染病的能力。通过市、乡(镇)、村三级预防保健网络的防范，发病率大幅度下降。

2005年后，阿图什市政府组织城乡各族人民开展群众性的爱国卫生运动和不断扩大计划免疫接种工作，保证常规免疫监测系统的正常运转，使基础免疫和加强免疫报告接种率均达到95%以上，有效地控制急、慢性传染病在市内蔓延与流行。尤其是市卫生行政部门建立健全传染病与突发公共卫生事件报告网络,畅通应急信息报告渠道,形成包括法定传染病和突发公共卫生事件在内的疫情报告网络,使传染病报告及时、数据准确,疫情管理日趋科学、高效,传染病疫情和突发公共卫生事件均能得到及时有效的控制和处置。

2006—2015 年,阿图什市所报告的乙类和丙类传染病总发病率总体趋于平稳。甲类传染病未发生过,乙类传染病发病数占前五位的分别为肺结核、病毒性肝炎、甲型肝炎、细菌性痢疾、麻疹;丙类传染病发病数占前三位的分别为包虫病、流行性腮腺炎、手足口病。通过健全突发公共卫生事件应急预案和重大传染病应急预案,及时处置传染病预警信息,加强传染病流行病学调查处理,有效控制传染病的发生蔓延。

1995—2015 年阿图什市主要传染病发病情况表

表 30 - 21　　单位:例

年份	乙肝	肺结核	布病	丙肝	痢疾	流行性腮腺炎	麻疹	发病合计	死亡合计	发病率 1/10 万
1995	185	465	0	4	223	0	0	877	0	0. 1627
1996	201	421	0	2	205	2	1	834	0	0. 1445
1997	297	403	0	9	223	0	2	945	1	0. 1789
1998	294	433	0	1	242	3	2	988	0	0. 1921
1999	279	428	0	12	237	0	0	956	0	0. 1821
2000	202	463	0	7	196	0	0	901	0	0. 1762
2001	257	419	0	8	106	0	212	1266	4	0. 2167
2002	235	439	0	5	187	0	6	1187	0	0. 2081
2003	217	405	1	1	396	0	9	1287	4	0. 2167
2004	353	472	0	13	132	16	46	2158	1	0. 4926
2005	303	794	0	8	321	0	7	3188	1	0. 4585
2006	476	696	0	18	464	22	0	4293	2	0. 903
2007	533	1010	0	44	496	792	8	5867	2	0. 8813
2008	995	1013	0	51	867	80	159	6335	2	0. 8579
2009	943	800	0	49	516	11	3	4996	1	0. 4189
2010	987	1267	0	77	351	1	0	4430	8	3. 293
2011	790	828	0	91	260	81	17	3019	1	0. 4156
2012	692	804	0	7	210	103	4	2537	2	0. 8165
2013	271	594	2	53	246	35	13	1605	5	2. 0156
2014	260	681	3	59	203	19	65	2059	5	1. 9757
2015	272	713	8	54	151	21	21	1800	9	3. 5064

二、非典型肺炎防治

2003 年,阿图什市委、市政府面对突如其来的"非典"疫情,果断决策,全面部署全市非典型肺炎防治工作。4月21日,自治州党委下发《关于切实做好防治“非典”工作有关事宜的紧急通知》后,成立领导小组,下设办公室,成立专家组、疫情调查组、消毒处理组、后勤保障组、疫情报告组和宣传报道组,组织和带领医院、卫生防疫等部门积极投入到“非典”防治工作中。市卫生局、卫生防疫站和广大医务人员广泛、有针对性地做好疫情预防、控制的宣传;加强疫情监测,做好医护人员的培训,市、乡两级卫生部门作出预防、接治预案,全民参与搞好爱国卫生运动,彻底清理公共场所卫生,定期消毒,营造一个健康的、有利于人民群众生产、生活的环境。

市党政部门和各医疗卫生单位严格实行24小时值班制,领导带队值班。抽调大批卫生防疫人员,在市出入境交通要道分设交通检疫站,公路交通站、点设留观室和留验站,不分昼夜对过往旅客进行测温和消毒,对可疑患者进行跟踪监测和管理;对体温高和从疫区进入阿图什的旅客进行留观,严把疫情输入关。市卫生局组织专业人员对车站、宾馆、旅社、集贸市场、公园、电影院、建筑工地等人员聚居区实行严格消毒。各中小学校、幼儿园建立晨检制度和学生家长联系卡制度,每日定期测量学生和幼儿体温,同时对教室、食堂、实验室、图书馆、宿舍、办公室、公厕每天进行消毒,并加强对学生和幼儿饮用水的管理。

2003年9月,为应对非典疫情反弹,市卫生局制定《2003—2004年阿图什市传染性非典型肺炎防治工作方案》和《阿图什市传染性非典型肺炎疫情监测报告实施方案》,市各级“非典”防治机构启动防治机制,预防“非典”工作正式进入临战状态。开始“非典”疫情日报告、紧急报告和24小时值班制度。从11月1日起,按照全国和自治区“非典”防治工作电话会议要求,市“非典”型肺炎防治工作进入预警状态。各级“非典”防治领导小组及其办公室重新进入应急状态,按照应急方案的要求开始工作。各级医疗机构也恢复指定的发热呼吸道疾病门诊,开始对发热病人开展预检,并开始设立体温检测台、预检分诊室、留置观察室等;根据要求,各级医疗机构将尽快完成“非典”疫情网络直报测试工作。

三、甲型H1N1流感

2008年5月,阿图什市疾控中心接到疫情报告,自治州第三中学发现40多名在校生出现高烧、咳嗽、咽痛等临床症状,卫生部门立即组织防疫人员进入学校展开病情调查。自治州、市领导高度重视此次突发事件,召开由自治州党委分管领导、自治州、市卫生部门以及自治州三中领导参加的紧急病情分析会议,要求学校落实学生每日晨检,因病缺课进行病因追查、登记制度,做好消毒工作,严把饮食安全关,保证做好学校健康教育工作。市医院、市疾控中心紧急启动突发公共卫生应急预案,采取集中隔离治疗、家庭隔离治疗、分设发热门诊等方式进行防控。市医院派医务人员入住校园,隔离观察治疗(测量体温、发药),体温39℃以上者转往自治州人民医院救治,39℃以下者隔离治疗。在学校共隔离治疗患者400余人,家庭隔离治疗患者10余人。同时医院派专家到乡卫生院指导工作,帮助卫生院消毒隔离、划分清洁污染区、规范接诊流程、制度上墙。疾控中心成立疫情专报组、消毒防控督导组,随时监测新增发热病人数,并指导和督查辖区各学校做好消毒工作,经过1个多月的防控,疫情得到有效控制。

2009年11月,自治州四中发生甲流疫情,卫生局启动突发公共卫生事件应急预案,市医院在学校设立临时诊室,进行防控和救治工作,对发病者发放药品,让其回家进行家庭隔离治疗,还为学校捐助一些药品、体温计等,为全院职工接种甲流疫苗。经过一个多月的防控,甲流得以控制。其间共救治患者100余人。市疾控中心在学校设立临时诊室,进行防控和消毒工作,并为辖区内年老体弱、慢性病病人、儿童,以及高危行业、医疗卫生岗位人员接种甲流疫苗。经过防控,甲流疫情没有蔓延。

2012年4月,自治州四中再次发生甲流疫情,市医院在学校设立治疗室,进行防控和救治工作。对学校5楼进行隔离,集中治疗患者。医护人员3个组共15人昼夜值班,对发病者发放药品或静脉输液治疗。经过3个多月的防控,甲流得以控制。其间共救治患者200余人。

四、禽流感

2009年1月,阿图什市制定起草《阿图什市人感染高致病性禽流感应急预案》,成立以卫生局局长任组长的市人感染高致病性禽流感防治工作领导小组。指导、协调全市卫生系统做好应对禽流感流行预防控制和医疗准备工作,建立有效的工作机制、责任制和责任追究制。协调有关部门,做好流感大流行药品、物资储备和生产能力准备。配备专门人员负责流感监测工作,做好流感样病例的采样、标本的登记和送检工作。

五、麻疹

2008 年,全疆暴发麻疹疫情。10 月 20—24 日,阿图什市对全市 8 月龄至 6 岁儿童开展一次麻疹强化免疫接种活动。为确保麻疹强化免疫活动顺利开展,成立以市卫生、财政、教育等 28 个单位为成员的阿图什市麻疹强化免疫工作领导小组。设立固定接种点 32 个,临时固定接种点 29 个,抽调车辆 26 辆,接种率以市为单位麻疹疫苗达到 99.4%,完成上级下达的 95% 的目标任务。

六、手足口病

2008 年 5 月 2 日,卫生部将手足口病纳入丙类法定传染病进行管理。为有效控制手足口病暴发疫情,采取多种形式,广泛开展健康教育宣传,科学规范落实好手足口病各项防治措施,确保做到早发现、早诊断、早报告、早隔离、早治疗。各医疗卫生单位严格执行预检、分诊制度,认真做好传染病诊断、报告和病人救治工作,同时进行网络直报,使各项防控措施落到实处。

七、鼠疫

1996—2015 年,阿图什市作为鼠疫监测县(市),一直对鼠疫疫情进行监测,在群众中开展"三报"(报送自然死鼠、病鼠;报告疑似鼠疫病人及不明原因高热急死病人;报告鼠疫病人)"三不"(不私自捕猎旱獭、鼠类;不剥、食鼠类和其他病死动物皮和肉;不私自携带疫源动物及产品出疫区)宣传工作。每年 6—9 月,市疾病预防控制中心的鼠疫防治监测工作人员都会在市鼠疫自然疫源地哈拉峻乡和吐古买提乡两个夏牧场开展人间和动物间鼠疫监测工作。每年阿图什市人民政府会成立并调整以市党委、市人民政府主要领导为组长的市地方病防治领导小组,成立鼠疫防治应急队伍,制定市应急处理预案。每年 5 月初市人民政府都会组织并召开市鼠疫防治工作会议,与成员单位签订责任目标书。1996—2015 年,全市范围内未发现鼠疫疫情。

第三节　地方病防治

一、碘缺乏病防治

1995 年,阿图什市根据《新疆维吾尔自治区碘盐监测方案》,结合实际制定《阿图什市碘盐监测方案》,开展碘盐监测工作。2000—2015 年,居民合格碘盐食用率保持在 95% 以上。通过病情监测,8 ~ 10 岁学生甲状腺肿大率为 0,尿碘中位数 160.98μg/L,尿碘含量低于 50μg/L 的比例为 2%。从 2007 年 9 月起,全市贫困农牧民被纳入自治区碘盐价格补贴政策中,至 2015 年底,覆盖 7 个乡(镇)72 个村 431592 人享受碘盐价格补贴,共补贴碘盐 2651.21 吨。2000—2015 年,市地病办、市疾控中心按照每年年初制定的培训计划,组织举办碘缺乏病防治知识培训班 30 期,培训 520 人次。培训对象包括市直各医疗机构、各乡(镇)卫生院、社区卫生服务中心负责人、妇女计生专干、防疫妇幼专干等。加大健康教育宣传力度,主要通过市人民广播电台、村村通广播等新闻媒体开展维吾尔、汉双语宣传。每年在"5·15"碘缺乏病防治日,开展多种形式的大型主题宣传活动,利用广场、大巴扎、趣味有奖(碘盐)知识问答等形式开展宣传咨询活动。2015 年,发放维吾尔、汉双语宣传单、折页、宣传品、宣传画 15 万份,宣传品 4000 份,盐罐 200 个、围裙 2 万个、手帕纸 400 条、刷写墙体标语 20 条,户外大型广告牌 21 块,发放《碘缺乏病防治健康教育手册》5000 份。碘缺乏病防治知识覆盖农村 90% 的学校,学生碘缺乏病防治知识知晓率逐年提高。2015 年,小学生及育龄妇女碘缺乏病防治知识知晓率分别为 98.5%、95%。

二、饮水型氟中毒防治

1996 年,阿图什市开展水氟含量监测,对上阿图什乡(喀尔果勒村、迪汗拉村和依克萨克村)3 个村枯水期和丰水期各采集1份末梢水3份样测定水氟浓度,测氟含量未超过国家标准。在氟斑牙监测中,在读8~12岁学生进行氟斑牙检查,检查人数4200人,未发现氟斑牙儿童。在氟骨症监测中,共对18~50岁的目标人群200人进行氟骨症X线检查;同时采集尿样,检测尿氟含量,X光拍片未发现氟骨症病变,尿氟检查未检出超标尿氟样本。通过问卷调查,目标人群中的学生和育龄妇女知识知晓率分别为97%、95.5%。

三、包虫病防治

2009年,阿图什市启动包虫病流行病学调查。根据《新疆维吾尔自治区包虫病行动计划(2010—2015年)》要求,市政府建立包虫病防治项目实施方案,相关单位主要领导签订考核目标责任状。市疾控中心制定2009—2015年阿图什市包虫病防治规划、工作技术实施方案、工作计划、培训计划,成立家(牧)犬驱虫监督小组、技术指导工作小组、后勤保障指导小组。人群感染调查:按照项目方案要求,每年对各乡镇小学6~12岁学生儿童进行采集血样,完成率100%。2015年12月,自治州疾病预防控制中心对阿图什市疾控中心《防治包虫病行动计划》进行终期评估验收。在犬感染率方面,随机抽取阿湖乡、光明街道50只犬,采集100份犬粪,阳性数0。在家畜患病率方面,以市为单位,在屠宰季节对当地屠宰场抽查当地繁育的羊、牛进行抽查,阳性率18.5%。在6~12岁儿童阳性率方面,在抽中的两个乡、街道1000名儿童中,B超、血清学检测均未发现阳性病人。在家犬登记管理和规范驱虫覆盖率为91.7%,其中阿湖乡88.7%,苗圃96.7%。在对病变脏器无害化处理方面,共对辖区10个点动物病变脏器的无害化处理设施和记录进行检查。在包虫病防治知识知晓率方面,以调查问卷形式对市、乡、村级干部和宗教教职人员、小学生和农牧民进行调查,包虫病防治知识知晓率81.2%。

四、黑热病防治工作

2004年,为有效遏止黑热病在阿图什市的传播和蔓延,制定《阿图什市黑热病防治工作方案》。2006—2014年,全市报告黑热病37例。每年6月和10月,对报告黑热病的乡(镇)、村开展普查工作,以行政村为单位,通过询问、触诊等方式对居民、学校学生及有临床症状,长期不规则的发烧、消瘦、贫血、鼻衄、肝脾肿大人员开展普查,还在曾出现病人的居民住所周围、畜圈等场所进行喷洒高效氟氯氰菊酯杀虫剂灭蛉等防治工作。

第四节 重大传染病防控

一、结核病防控工作

1993年,阿图什市启动结核病防治工作,市人民政府制定《阿图什市结核病防治规划》,将结核病防治工作作为"民生工程、德政工程"列入政府议事日程,每年与卫生、计生、计委、财政、劳动人事、民政、教育、公安、司法、广电、红十字会等部门和乡政府签订目标责任书,不断加强加大结核病防控的宣传教育,建立联防联控工作机制。2013年,全市实施以市疾控中心负责规划协调、各医疗机构负责初筛转诊、市人民医院定点确诊收治、卫生院负责患者管理的"三位一体"结核病防治管理体系,实行发现、检查、治疗、复检全程免费。1995—2015年,阿图什市发现并治疗管理的肺结核患者人数3474例,其中初治涂阳患者879例、复治涂阳患者328例、涂阴患者2263例。

二、艾滋病防治工作

1998年,为加强艾滋病防治工作的组织领导,阿图什市成立由市政府领导为组长,卫生、计生、财政、民政、教育、公安等40多家单位主要领导为成员的艾滋病防治工作领导小组,采取政府主导、多部门参与的工作方式做好全市艾滋病防治工作。市疾控中心具体负责全市艾滋病病人随访管理、筛查检测、干预治疗和艾滋病防治知识宣传、培训等工作。市艾滋病抗病毒治疗中心设在市人民医院传染科,并严格执行HIV感染者/艾滋病病人"四免一关怀"政策,患者抗病毒治疗相关检测费用全免。

三、手足口病防治

2008 年,阿图什发生手足口病疫情,利用市医院发热门诊,对患者进行诊治,症状轻者进行家庭隔离治疗(口服药,抗病毒治疗),症状重者进行住院治疗。家庭隔离治疗患者共 200 余人,住院治疗患者 20 余人,全部治愈。

四、禽流感防治

2004 年 5 月,阿图什发生禽流感,市人民医院派出医护人员 3 个组共 9 人对发病者进行家庭隔离治疗(发药),经过一个多月的防控,禽流感得以控制。其间共救治患者 20 余人。

第十章　卫生保健

第一节　妇幼保健

1995 年,市妇幼保健站相继在街道、乡镇开展孕产妇系统管理。门诊每年做好已婚育龄妇女的早孕检查工作;对孕期妇女建立孕产妇保健手册,宣传教育孕期保健等方面的知识,指导其定期产前检查,倡导住院分娩、产后访视、产后康复健康检查等;定期到基层开展培训及宣传教育工作。

1996 年,阿图什市妇女保健和儿童保健列入联合国儿童基金会卫生领域合作项目。

1999 年,市妇幼保健站在农村全面铺开孕产妇系统保健管理工作,加强高危孕产妇的监测工作,保健人员经常深入农村做宣传,开展妇幼保健工作,孕期检查,定期召开村妇幼专干会议,听取工作汇报,结合实际解答疑难问题,组织学习妇幼保健知识,交流经验。全市新法接生率 95%。90% 育龄妇女得到孕期保健。100% 的婚前夫妇得到婚前检查和有关知识教育。乡镇级妇幼保健专业人员配备齐全。

2001 年后,开展妇女婚前检查及孕产妇保健,降低孕产妇死亡率。农村以普及新法接生、提高产妇质量及住院分娩率为主,对孕产妇及婴幼儿进行系统管理,防治孕产妇和婴幼儿常见病多发病。城市以优生优育为重点,开展婚前保健、围产保健、婴幼儿系统保健,围绕防治妇女儿童的主要疾病进行调查和科研,探索适合民族地区妇幼保健站服务的有效方法,提高保健管理水平。

2003—2005 年,市妇幼保健所开展“母婴安全年”活动,对“两个系统管理”(孕产妇系统管理、儿童系统管理)及高危孕产妇管理进行督导检查及指导工作。2007 年,进一步落实妇女、儿童发展纲要提出的各项任务,健全和完善妇幼卫生监督网络,完成《妇女、儿童发展纲要》的中期评估工作。

2009 年 3 月,在全市开展由卫生部、财政部、全国妇联联合启动的“农村妇女宫颈癌、乳腺癌筛查项目”,至 2015 年,筛查宫颈癌 13077 人,查出阳性患者 27 人,治疗 5 人;筛查乳腺癌 4600 人,查出阳性患者 5 人,治疗 5 人。

1995—2015 年,全市孕妇建卡率从 46.10% 提高到 99.31%;孕产妇系统管理率从 46.10% 提高到 96.6%;全市孕产妇住院分娩率从 42.77% 提高到 98.27%。

2005—2015 年,实施 50 ~ 500 元农牧区贫困孕产妇住院分娩补助工作,累计发放补助金额 1368.625 万元,受益人群 27917 人。

第二节　儿童保健

1995 年起,市妇幼保健站做好辖区内 7 岁以下儿童保健管理工作,做好 3 岁以下婴幼儿的生长发育监测工作;开设规范化的儿童保健门诊;及时收集辖区内儿童保健相关信息数据资料,统计、分析、及时上报和信息反馈。

2001年后,市妇幼保健站每年通过对儿童的生长发育定期、动态、系统的观察和了解,及早发现儿童常见疾病,及早治疗和指导,达到降低儿童常见病的发病率和婴儿死亡率,保证儿童健康成长。逐步建立完善市、乡、村"三级"联动妇幼保健网络,覆盖到社区、乡(镇)。

2005年,开始办理由国家卫生与计划生育委员会统一印制,自治区统一编号的《出生医学证明》。

2009年,开展"新生儿疾病免费筛查项目"工作,使新生儿先天性遗传代谢性疾病得到早期诊断、早期治疗,避免宝宝因脑、肝、肾等损害导致智力、体力发育障碍,甚至死亡,共采集新生儿血样7036人,其中阳性患病儿2例。2009—2013年,开展辖区内托幼机构儿童健康体检,共14975人。

2010—2015年,儿童保健主要是做好儿童"4-2-1"(1岁之内每3个月检查1次,3岁以内每半年检查1次,6岁之内每年检查1次)检查,积极防治儿童常见病、多发病。

第三节 婚前保健与优生优育

一、婚前保健

1995年,阿图什市妇女婚前保健服务日趋完善,到1999年,婚检工作已形成比较完善的技术理论和操作规程。

2001—2008年,开展婚前医学检查工作,接受婚前医学检查4383人。2009—2010年,由于结婚男女对做婚前医学检查认识不够、意识淡薄,存在自愿选择放弃婚前医学检查现象。

2011年,开始实施由政府买单的免费婚前医学检查、优生优育咨询等工作,大幅度提高婚前医学检率,减少传染病的传播和出生缺陷的发生。至2015年12月,接受婚前医学检查17853人。

二、优生优育

2000年,开展"预防神经管畸形"推广项目。2009年,开展农村孕产妇增补叶酸预防神经管项目缺陷项目,预防神经管缺陷,降低新生儿神经管缺陷发生率,提高出生人口素质。至2015年底,共免费发放叶酸100073瓶,叶酸服用率达到93%,知晓率达到98%。

2009年,开展防治艾滋病母婴传播项目。2010年,开始实施防治艾滋病、梅毒和乙肝母婴传播项目,通过为孕产妇进行免费艾滋病、梅毒和乙肝病毒抗体快速检测,采取阻断措施降低艾滋病、梅毒和乙肝母婴传播的发生率。至2015年底,免费进行"三病"检测共37553人,检测率达到99.43%。对阳性患者进行咨询、关怀指导、定期跟踪随访,给阳性患儿免费发放奶粉6341袋,免费注射免疫球蛋白526支。

第四节 初级卫生保健

1995年,阿图什市开展初级卫生保健服务,市人民政府制定下发初级卫生保健规划目标和实施计划,投入人员、经费,加快农村卫生三项建设(设施设备、改造建设、人才培训)步伐,包括对初保的投入、农村医疗条件的改善、清洁厕所、健康教育等13个指标。市卫生局成立健康教育工作领导小组,领导小组下设办公室,具体负责全市的健康教育工作。市卫生局制定健康教育工作年度计划,明确工作职责,细化工作目标任务;各医疗卫生单位配备专(兼)职工作人员,负责落实本辖区的健康教育工作,形成市、乡、村三级健康教育网络,健康教育网络覆盖率100%。市卫生系统先后举办5期初级卫生保健知识培训班,集中力量抽调人员利用3个月时间蹲点下乡,共书写调查报告38份,定做各种公示牌、规范化制度86个,发放初级卫生保健"应知应会"宣传材料10万份,张贴标语8000份,填写各乡、村的初级卫生保健工作台账、报表、统计资料等各种材料数万份,建立三级初级保健网络。1998年,顺利通过自治区的评审验收,达到人人享有卫生保健的规划目标。

第十一章　爱国卫生

第一节　城镇卫生

一、基础设施建设

阿图什市委、市人民政府以改善人民生产生活条件、提高人民健康水平为宗旨,贯彻执行《爱国卫生管理条例》。1995 年后,每年召开卫生动员会,制定市爱国卫生工作重点,对爱国卫生月活动进行安排,并与各乡镇、各部门签订爱国卫生责任状,实行市领导分片包干制,每年定期不定期地组织全市广大群众及干部职工开展环境卫生大整治活动。对城乡接合部环境卫生治理,采取集中整治和分解整治相结合的办法,有计划、分阶段解决社会公共卫生老大难问题,对卫生状况差的单位进行电视曝光和责令整改,在全市营造良好的创卫氛围。至 2015 年,市区主要道路框架基本建成,绿化覆盖率 20.09%。广场、公园、城市绿化、亮化、保障性住房、给排水、集中供热、天然气入户等城市基础设施取得新进展,改善城市环境、提升城市品位。强力推进环境综合整治,“蓝天行动计划”取得阶段性成果。污染物排放总量得到有效控制,顺利完成“十二五”节能减排目标。集中式饮用水水源地水质达标率 100%。累计完成人工造林 0.6 万公顷,森林覆盖率 18%。

二、环境卫生治理

1995 年后,阿图什市加大对环境卫生的整治力度。市爱卫办制定环境卫生整治宣传方案,在电视台节目中插播《环境卫生整治倡议书》,精选环境卫生整治的宣传口号,每天早、晚间的广播节目中插播;用“文字+图片(倡议书)”、微视频等形式在阿图什零距离等新媒体宣传,通过多样的宣传形式和强力灌输的方式,形成全民参与环境卫生整治、人人爱护美丽家园的浓厚氛围。市住建局加大城市绿化、美化、亮化、净化力度,市容环境卫生明显改观,群众认可度逐步提升。

2015 年,开展第 27 个“爱国卫生月”活动,组织市直机关、企事业单位、驻军、驻市单位、公检法司部门及金融部门,每月在全市范围内集中开展环境卫生综合整治活动。市爱卫会成员单位对全市开展整治活动情况全面督促检查 4 次,并邀请广电局记者进行跟踪拍摄,对卫生状况差的单位予以通报。

第二节　农村卫生

一、农村防疫改水、改厕

2013 年,阿图什市推动农村卫生厕所建设进度,推广普及“无害厕所”,提高使用卫生厕所覆盖率。按照中央补助地方农村改厕的总体要求,结合安居富民、兴边富民工程,成立以市长为组长的农村改厕领导小组,签订责任状,采取“宣传引导、典型示范、以点带面、集中连片”的修建模式和“上面要一点、市上配一点、乡村补一点、农户掏一点”的资金筹资方法,积极引导农民开展改厕工作。至 2015 年底,累计完成改厕户数 4147 户,卫生厕所普及率达到 10%。

二、农村环境卫生整治

1995 年后,阿图什市针对城乡接合部以及居民区的脏、乱、差问题,各乡镇、各部门采取集中整治和分解整治相结合的办法,彻底清除室内外、居民区背街小巷垃圾、污物、卫生死角等。制订《村民环境卫生公约》《最美庭院评比奖惩办法》,建立乡领导班子成员、机关干部“一对一”包户制度及每月环境卫生整治制度,通过常态化、制度化的“治”与“理”,成效非常明显。至2015年,各乡(镇)定期组织机关干部整治办公区域环境卫生,宣传动员群众积极参与环境卫生整治,乡村环境卫生、整洁、干净,利用好每月“卫生公益日”活动,集中开展卫生整治。

第三节　爱国卫生月

1996—2000年,市爱卫会在每年爱国卫生月,组织各街道办事处、卫生、工商、环卫、城建、防疫等部门组成联合检查组,以治理脏、乱、差为活动主题,清理卫生死角为中心工作,使街道、巷道、居民院落、农贸市场面貌得到较大的改观。1998年,市爱卫会举办“三竞赛”(创“全国卫生城市”活动板报竞赛、爱国卫生知识竞赛、健康教育百题答卷竞赛)活动,出动干部、群众、学生1.8万人次,发放宣传单3.7万份,组织义务劳动1.1万人次,彻底清运积存垃圾、污物260立方米,加大卫生管理力度,对所有垃圾桶箱进行清理、消毒。

2001—2004年,市爱卫会对薄弱环节进行专项治理,强化卫生长效管理机制,清理卫生死角120处,清运垃圾600吨,治理居民区11个、城乡接合部卫生难点17处。举办灭鼠培训班5期,培训人员430人,发放灭鼠药品1100千克,毒饵盒260个。

2009—2010年,市爱卫会以“清洁城乡、保护健康”为主题,开展以城乡接合部、314国道沿线、城区拆迁区域及居民区生活垃圾清除(包括拆迁区域积存的建筑垃圾与生活垃圾)、楼房屋顶乱堆乱放杂物为重点的环境卫生治理。发动全市各行各业和家庭住户人人动手、清洁环境、清洁单位、清洁家庭、消灭“四害”。全市各族群众参加爱国卫生月活动6万人次,开展健康教育出动人员87人次、接受教育人员4.3万人次,发放健康教育材料1.6万份,清理卫生死角32个、清理垃圾300吨、治理背街小巷28条,治理居民住宅区19个、治理城乡接合部22处、拆除旱厕63处。

2011—2013年,组织学生擦拭沿街公共设施,组织各街道社区、单位、医疗机构在爱国卫生月活动期间发放卫生宣传单3.6万份,展出健康知识板报121块。城区各单位、街道、社区把背街小巷、居民巷道、城乡接合部、314国道沿线等作为重点整治区域,清除垃圾和卫生死角,清洁居民巷道,共动用铲车16车次,清除垃圾80吨,治理卫生死角30处。

2014—2015年,动员全市机关企事业单位职工、社区居民、中小学生、青年志愿者、个体私营业主等自觉参与到讲卫生、爱清洁、治脏乱、防疾病的行动中,共计发动4万人次。

第四节　除“四害”

1995年后,阿图什市每年利用春、冬季节开展集中灭鼠活动,主要方法是粘鼠板、毒饵盒、老鼠夹,至1998年,鼠密度已控制在室内2只/100平方米。

1997—2001年,全市共投入灭鼠药品11吨,灭蝇、灭蟑、灭蚊药水剂0.3吨,灭蟑粉笔万支,灭蝇彩带2万条,粘鼠板1.6万个,设置毒饵盒4.3万个,投入人力213人次,总价值9万元。

2005年,市爱卫会严格统一使用自治区爱卫会和克州爱卫会指定的高效、低毒、慢性消杀药剂。依法加强对除“四害”药品的管理,开展除“四害”药品市场的清理整顿工作,对销毁、使用急性剧毒鼠药、蟑药、蝇药和蚊药行为进行严厉打击,有效预防人畜中毒事件发生。

2008年,市爱卫会采取“块块领导,条条保证”的原则,层层签订责任书,落实除“四害”任务。严格按要求使用全国爱卫会推荐的产品,开展大面积灭鼠、大面积灭蟑,各街道办事处(乡镇)、社区及辖区单位除“四害”工作人员和投药员分片包干、统一投药,投药到位率、饱和率95%以上。先后组织6次除“四害”知识培训班,培训人数400人。对城区公共区域进行全面消杀,投放灭鼠药品2200千克、灭蟑药品1.6万盒,配制灭蚊、灭蝇药水20吨。

2013年,开展大规模春、秋季除“四害”活动2次,共投放灭鼠药品103千克、灭蟑药品3.2万盒、毒饵盒420个,设立毒饵站57个。

2014—2015年,灭鼠工作以街道办事处为主,其他乡镇为辅,全市统一购进鼠药、灭蟑饵剂、粘鼠板、毒饵盒,投药覆盖率98%,鼠密度保持在2%的国标线以下。

第五节 健康教育

1995年,市爱国卫生运动委员会办公室开展全民健康教育活动,向全市干部、群众输送卫生知识,不断提高农村劳动者的科学文化素质。为更好地进行卫生知识输送,全市在各乡(镇)、村、市直各单位、学校、社区都配备兼职健康教育宣传员,形成一个基础宣传教育网络,全面促进健康教育的发展。

2001年后,市爱国卫生运动委员会办公室利用每年"3·3"爱耳日、"3·24"世界防治结核病日、"4·7"世界卫生日、"4·25"计划免疫宣传日、"5·8"红十字宣传日、"5·15"全国碘缺乏病宣传日、"5·19"助残日、"5·31"世界无烟日、"6·6"爱眼日、"10·8"全国高血压宣传日和"12·1"世界艾滋病宣传日,采取多种宣传形式,广泛宣传,深入开展健康教育和防病知识宣传教育。全市学校健康教育开课率100%,中小学健康知识知晓率和健康行为形成率分别为95%、85%。

2005年起,市爱卫办每年按照自治区、州爱国卫生月,开展全民爱国卫生运动。结合世界卫生日、春季爱国卫生月等各类主题活动,进行多种形式的广泛宣传、层层发动,营造浓厚的大搞春季爱国卫生运动氛围,利用健康教育宣传栏、黑板报进行宣传。教育部门利用校园广播、黑板报等形式进行宣传,对广大师生、幼儿及家长进行专题教育,使卫生健康知识深入人心,帮助培养广大学生和幼儿养成良好卫生习惯。

2009年起,市爱卫办每年组织市人民医院、疾控中心等相关专业工作人员对全市范围内的乡村卫生室医务人员开展"科技之冬"健康教育活动。对全市范围内的各中、小学校、托幼机构分管卫生工作的领导和负责健康教育工作的相关人员进行健康教育知识培训。在全市范围内全面推进无烟医疗卫生系统创建,加强无烟医疗卫生机构督导检查,实现卫生行政部门和医疗卫生机构全面禁烟,并结合创建无烟医院、无烟单位、无烟机关、无烟学校活动,倡导各事业单位、机关、学校开展戒烟活动。征订健康宣传教育片、杂志、健康生活报、疾病控制、妇幼保健图册及卫生知识读本等,通过各种形式发放至各乡(镇)场、社区、村卫生室、中小学校和农牧民手中。通过广播电视播放除"四害"宣传片和卫生公益广告,让群众更深入地了解并掌握卫生基本常识,提高人们的自我保健意识,从而树立"讲卫生光荣,不讲卫生可耻"的新风尚。

2011年,对全市已达标的无烟单位进行一次全面督察,并将创建无烟单位作为创建三级卫生红旗单位审核的前置条件。以"艾滋病防治日""结核病防治日""爱眼日""爱耳日""地方病加碘病防治"等主题活动对全市各族群众开展健康教育,发放各类宣传单5000份。

2012年,市爱卫办牵头,各街道办事处、相关单位参与,开展以"健康相伴,活力常在"主题专场文艺表演,同时组织300名中小学生代表在广场开展"清扫保洁世纪广场"实践活动,发放宣传资料1500份,为580名群众进行免费义诊。

2014—2015年,市爱卫办组织全市各街道办事处、社区、职能单位、医疗机构等单位,广泛开展以"病媒传播的疾病——小生物、大危害"为主题的宣传活动。围绕"清垃圾、保洁净"的活动主题,全面开展城乡环境卫生整治活动。开展各种形式的健康"进单位、进机关、进学校、进家庭"等健康教育活动。

第三十一编　精神文明建设

1995年后,阿图什市把精神文明建设和经济建设一并纳入全市总体规划中,形成物质文明、精神文明、政治文明一起抓的良好局面。先后开展"讲文明、树新风"、公民道德教育月、爱国主义教育、民族团结教育等活动。以文明城市、文明村镇、文明行业、文明社区、文明单位、文明家庭创建活动为载体,以军民共建、警民共建、街企共建为依托,阿图什市精神文明建设取得丰硕成果。全市环境优美、秩序井然、社会和谐、人民幸福,"讲文明、树新风"蔚然成风、深入人心,已形成全社会弘扬社会主义核心价值观、传播正能量的良好风气。2013年,全市启动道德讲堂建设,取代文明学校成为新的思想道德建设教育阵地。同时,开展"三文明"(文明城市、文明村镇、文明单位)创建活动,1998—2015年以来,阿图什市连续蝉联自治区精神文明建设先进城市。

第一章　机构　考核管理

第一节　机　构

一、精神文明建设活动委员会

1995年后，阿图什市精神文明建设活动委员会（以下简称市文明委）担负全市精神文明建设指导、协调和推动的责任。委员会主任由市委书记担任，副主任由市人大、市长、市政协主要领导担任，委员会成员由相关单位负责人组成，每年至少召开1~2次成员会议，研究全市精神文明建设问题，制定指导性方案，布置阶段性任务。至2015年，市精神文明建设指导委员会进行多次调整。

二、精神文明建设活动委员会办公室

1995年，阿图什市精神文明建设活动委员会办公室（以下简称市文明办）机构设在宣传部，股级建制，核定事业编制3名，其中领导职数1名，全额预算管理。2004年，市文明办升格为副科级，编制3名，其中领导职数1名。2015年，实有3人。

第二节　考核管理

一、规划管理

1995年后，市文明办按照《文明单位管理办法》和《文明村镇管理办法》相关规定，村镇实行动态管理，明确提出文明单位届期制，每三年为一届，做到三年一大评、一年一小评，各项日常工作情况纳入文明单位、村镇动态管理范围，对于不落实、完成工作不得力的单位、村镇，视情节轻重，给予或建议上级文明委给予单位、村镇批评、末位淘汰、限期整改、撤销文明单位称号，停发精神文明建设奖励工资的处理，将被动保牌变为主动提升，提高文明单位、村镇的“含金量”。

2003年，制定《关于深化“三大创建”活动，推进精神文明建设工作的实施意见》及《阿图什市“三大创建”规划》，明确牵头单位、成员单位工作职责，整体推进创建工作，健全完善工作例会、汇报、考核制度。

2011年起，市文明办对辖区各级文明单位（乡村）的日常工作实行“一件一考核机制”。即对各级文明委、文明办安排的每项工作均实行考核通报制，并将日常考核通报结果纳入文明单位（乡村）动态管理范围。在年度日常考核中通报批评超过2次以上的非文明单位（乡村），给予2年内不得申报阿图什市文明单位（乡村）的处理；在年度日常考核中通报批评超过2次以上的阿图什市、自治州、自治区文明单位（乡村）视情节轻重，给予或建议上级文明委给予该单位（乡村）批评、末位淘汰、限期整改直至撤销文明单位荣誉称号，停发精神文明建设奖励工资的处理。同时，取消该单位（乡村）申报上一级文明单位（乡村）的资格。

二、考核评比

1996年后，市委、市政府不再与单位签订精神文明建设责任状，各单位精神文明建设活动按市文明委印发的《文明单位标准》进行考核自评。考核结果由市委发文，优秀单位给予物质奖励，计划生育、综合治理出现问题的被罚款或实行一票否决。

1998年，市文明委确定具体考核内容为党风建设、综合治理、计划生育、环境保护、科技文化、创建与管理、理论宣传、教育“普九”、体育卫生、工会工作、青年工作、妇女工作、普法工作、档案管理，每项由各主管单位制定考核细则，年终由文明委牵头，抽调考核单位成员组成检查组进行考核。此后，一直到2006年，市文

明委每年依据市委当年的中心工作和各考核单位的要求确定当年的考核项目,每年任务不同,项目不同。每项100分,分数由检查组打分与各主管单位打分相结合,评出优秀单位报市委审批,优秀单位次年在市三干会上由市委发文进行表彰并给予物质奖励。不合格单位给予取消荣誉称号、罚款的处罚。

2007—2015年,按照精神文明建设目标管理责任制,对各级文明单位采取“双考一验收”的办法进行考核(“双考一验收”即年度考核、日常考核和检查验收)。对年度考核合格且成绩突出的作为下届申报优先考虑;对年度考核不合格的,给予整改处理,并予以通报批评;把落实市文明办的各项日常工作情况纳入文明单位、村镇考核范围,对于不落实、完成工作不得力的单位、村镇给予或建议上级文明委给予年度考核不合格,并给予或建议上级文明委给予批评、限期整改,并按照相关规定做出处理。在检查验收时,严格对照被检单位年度考核、日常考核结果,对存在不合格的单位,撤销文明单位称号。

第二章　文明创建

第一节　文明城市创建

1995年,阿图什市建立精神文明联席会议制度,每季度召开一次会议,会议由市委、市政府主管精神文明建设的领导及市文明委主任召集市委办、政府办、文明办、城建局、爱卫会参会。市精神文明委员会下发《关于开展学习〈居民公约〉〈文明市民公约〉的通知》《阿图什市精神文明建设实施意见》《阿图什市创建文明单位情况通报》。在全市范围内组织开展“千万家庭承诺,告别不文明行为”活动,并树立“讲文明树新风”创建文明单位先进典型。

1998年,阿图什市制定《创建自治区文明城市实施方案》。组建6个创建文明城市督察组,将文明城市各项创建指标加以分解。利用电视、电台、报纸等新闻媒体,开辟创建文明城市专栏和专题等形式。在主要街道设立永久性公益广告和制作灯箱公益广告,悬挂彩旗、标语、印制发放宣传单,举办专题文艺晚会、社火活动、演讲比赛、诗歌朗诵、联谊会等不同形式的活动进行宣传。及时对社会上存在的不文明人和事进行报道曝光,对好人好事进行颂扬。

2006年,在参加城市天山杯竞赛、创建文明城市和卫生城市工作中,阿图什市多次被自治区检查评比为单项先进、多项优秀和灭鼠达标、卫生达标城市。上阿图什乡被国家民委授予“全国农民健身运动模范乡”,阿湖乡被自治区命名为“科技示范乡”,全市共建成市级文明单位89个、文明乡3个、文明村36个,州级文明单位85个,自治区级文明单位22个,建成州、市命名的民族团结模范单位131个。

2011年,按照自治区《自治区文明城市测评体系实施办法》中115项指标,对30个单位进行全面测评。2011年,全市有文明乡4个、国家精神文明建设先进村1个、自治区文明村2个,19个单位被命名为自治州文明单位,13个单位被命名为市级文明单位。

1998—2015年,阿图什市连续蝉联自治区精神文明建设先进城市。

第二节　文明村镇社区创建

一、文明村镇

1995年,阿图什市规范星级文明户创建活动,把诚实守信、遵纪守法、孝老敬老、文明和谐的内容体现到文明户评选之中,丰富星级文明户内涵,完善强化管理机制,使星级文明户创建入户到人,扩大农村精神文明建设的参与面、覆盖面,全市先后创星级文明户4800户。

2000年后,发动农牧民讨论制定和完善村规民约,将其作为加强农村精神文明建设的有效抓手,全力推进,全市已有42个村制定和完善村规民约。

2010年后,改善乡村环境面貌,加快改善农村住房、交通等基础设施条件,按照统一规划、合理布局、设施配套、安全适用的原则,把"安居富民"和"定居兴牧"工程作为改善广大农牧民生产生活条件的民生工程,高起点、高水平、高效益推进。实施乡村清洁工程,推进改水、改灶、改厕、改圈,改善农村人居环境,促进村庄美化、环境净化。推广农村文化墙建设,实施"洁在农家,美在庭院"活动,全员刷新墙面、整治环境,并选择村交通要道口、人居密度高、墙面可操作的农户空白墙面,因地制宜,精心设计制作500多面、3000多平方米的文化墙,形成具有教育意义的"文明长廊"。通过文明村镇创建活动的开展,农牧业基础设施建设不断加强,公路建设实现乡乡通柏油路,村村通公路,全市乡乡通电网、通电话,无线通信网络覆盖全市各乡镇。至2015年,全市先后创成全国文明村1个、自治区文明村1个、自治州文明乡2个、自治州文明村10个。

二、文明社区建设

1995—2015年,全市社区服务以"便民、利民、为民"为出发点,从完善社会保障机制,解决社区居民实际困难入手,建立健全政府救济和社会救济相结合的医疗、养老、失业等社会保障体系,从社区居民群众的需要入手,成立社区家政服务、托幼服务、法律服务、医疗保健服务、劳务中介等便民、利民服务网点47个,既方便居民的生活又解决下岗职工"再就业难"问题。为满足社区居民日益增长的精神文化生活需求,市文明办经常组织科技、卫生、文化、司法部门开展"科技、文体、法律、卫生"进社区活动。举办社区老年秧歌表演、舞会、棋类比赛、太极剑(拳)等活动。特别是自2002年阿图什市开展"百日广场文化"活动以来,各社区已组织辖区单位演出节目1000余场次。

第三节　文明行业及文明单位创建

一、文明行业

1998年3月31日,自治区文明委印发《新疆维吾尔自治区创建文明行业(系统)标准及管理办法》,规定创建自治区、地区(州)、县文明行业的标准,文明行业创建启动。

1999年7月,市文明委印发《关于开展创建各级文明行业活动的安排意见》,市级文明行业标准为行业主管机关或牵头单位建成州级以上文明单位,行业内80%以上建成市级文明单位,其中40%建成州级以上文明单位。制定1999—2000年度市各级文明行业创建计划,计划创建水电系统、土管系统、政法系统、交通系统、教育系统、卫生系统、财政系统等文明行业。

2002年后,阿图什市以开展"文明服务窗口""青年文明号""巾帼示范岗"等创建活动为切入点,在党政机关开展"塑首府形象,创文明行业,争做行业带头人"活动;在执法部门开展"文明执法、廉政为民"活动,在窗口服务行业全力开展"诚实守信、优质服务"活动,突出抓好直接面向社会、服务群众的(银行、医院、车站、宾馆、农贸市场等)"窗口"单位的诚信建设,不断提高"窗口"的服务质量和水平,树立"一切为了人民、一切服务人民"的良好工作形象,使各行各业都成为展示城市文明形象的重要窗口。至2015年,全市有自治区文明示范窗口4个。

二、文明单位创建

1995—2015年,在文明单位创建过程中,严格创建标准,严把创建质量关,强化三级文明单位的属地管理意识,对三级文明单位实行静态管理和动态管理。从软件建设、硬件建设、环境建设、制度建设、素质教育、档案管理等各方面制定一整套具体的验收考核细则,对申报单位进行严格的指导检查和验收,杜绝文明单位的创建工作流于形式。认真研究制定年度精神文明建设工作要点,把长远规划和年度工作安排相结合,形成精神文明建设例会制,每年组织召开两次以上全市精神文明建设例会,听取各成员单位有关创建工作情况汇报,进行专题研究讨论部署,要求文明单位设立文明单位公示监督牌,加强监督,动态管理。市文明办根据工作需要，不定期组织各委员单位对重点工作进行检查督促，把精神文明建设实绩作为考核领导班子、领导干部政绩和工作能力的重要依据之一。在文明单位的管理上，制定《阿图什市文明单位管理办法》《阿图什市乡、街道办精神文明建设目标责任书》，对各单位精神文明建设工作实行年度责任目标考核，增强各级文明单位的危机感和紧迫感。

2013 年，自治区对文明单位实行动态管理，启动“零基启动”，阿图什市完成 22 个文明单位新申报；完成 37 个新申报和届满阿图什市文明单位和乡村的验收工作；完成 17 个新申报和届满文明单位的检查和验收。

2014 年，阿图什市开展自治州文明单位“零基启动”评选工作，推荐上报 35 个单位为自治州文明单位。对新申报、届满的 13 个市级文明单位进行检查。经初评和自治州文明委检查验收，命名 32 个自治州文明单位。

2015 年，阿图什市运用社会评议、抽查、征求意见，加强对非评选年各级文明单位的动态管理，提高创建质量和水平。全市有自治区文明单位 15 个、自治州文明单位 32 个。

1995—2012 年阿图什市自治区文明单位名单一览表

表 31－1

单位名称	命名时间	单位名称	命名时间
阿图什市光明街道办事处	1997 年	阿图什市人民政府机关	2006 年
阿图什市地方税务局	2000 年	阿图什市纪律检查委员会	2007 年
阿图什市国家税务局	2000 年	阿图什市人民法院	2008 年
阿图什市幸福街道办事处	2001 年	阿图什市政协机关	2009 年
阿图什市人口和计划生育委员会	2001 年	阿图什市人民检察院	2009 年
阿图什市公安局	2001 年	阿图什市公安边防大队	2010 年
阿图什市工商行政管理局	2001 年	阿图什市审计局	2011 年
阿图什市财政局	2001 年	阿图什市文化体育广播影视局	2012 年
阿图什市委机关	2004 年	阿图什市人力资源和社会保障局	2012 年
阿图什市人大常委会机关	2005 年		

2013 年阿图什市自治区文明单位“零基启动”一览表

表 31－2

单位名称	命名时间	单位名称	命名时间
市委办公室	2013 年	市法院	2013 年
市政府办公室	2013 年	市审计局	2013 年
市人大常委会	2013 年	市文广局(含文工团)	2013 年
市政协	2013 年	市第一小学	2013 年
市纪检委(含监察局)	2013 年	市财政局	2013 年
光明街道办事处	2013 年	市人社局(含社会保障管理局)	2013 年
市检察院	2013 年	市国税局	2013 年
市公安局(含交警大队)	2013 年		

2014年阿图什市自治州文明单位“零基启动”一览表

表31-3

单位名称	命名时间	单位名称	命名时间
阿图市疾病预防控制中心	2014年	工商业联合会	2014年
阿图什市幸福街道办事处	2014年	阿图什市残疾人联合会	2014年
阿图什市工商行政管理局	2014年	阿图什市中心幼儿园	2014年
阿图什市科学技术局	2014年	阿图什市环境卫生管理局	2014年
中国工商银行阿图什支行	2014年	阿图什市农牧业机械管理局	2014年
阿图什市统计局	2014年	阿图什市信访局	2014年
阿图什市委宣传部	2014年	阿图什市机构编制委员会办公室	2014年
阿图什市民政局(儿童福利院)	2014年	阿图什市商务和经济信息化委员会	2014年
阿图什市总工会	2014年	阿图什市直属机关工作委员会	2014年
阿图什市教育局	2014年	阿图什市妇女联合会	2014年
阿图什市人口和计划生育委员会	2014年	阿图什市农业局(农广校、能源站)	2014年
阿图什市人民医院	2014年	阿图什市扶贫开发领导小组办公室	2014年
阿图什市上阿图什镇尧勒其中学	2014年	新疆盐业阿图什有限责任公司	2014年
阿图什市委组织部(老干局)	2014年	阿图什市史志办	2014年
阿图什市政法委	2014年	阿图什市农业技术推广中心	2014年
阿图什市委党校	2014年	阿图什市畜牧兽医局(草原监理所)	2014年
阿图什市妇幼保健站	2014年		

第三章　思想道德教育

第一节　文明市民教育

1995年,阿图什市加大规范市民文明行为的力度,对全市居民进行社会主义道德与文明行为规范教育,开展“一日生活三文明”活动,曝光批评不文明行为。对干部职工进行《社会主义道德与文明行为规范》教育,并全部实行达标考试。全市开展“百城万店无假货”活动。

1997年,市委下发文件,安排党政机关实施“讲文明、树新风”楷模工程。工商、税务、公安、邮电、商业、供销、医药、金融、交通等10家部门参加迎接中共十五大召开的文明窗口行业纠风塑形系列活动,通过规范服务标准、开展满意服务、送医下乡、宣传演讲活动和各类文艺体育比赛,开展评先争优活动、扶贫帮残活动。市委宣传部、文明办召集市十大窗口行业、服务行业和机关工委、工青妇、统战、教育、民宗等20多个单位召开“讲文明树新风”座谈会,制订和完善文明用语、服务忌语和承诺服务制度,开展“塑公仆形象,树服务新风”活动。市广电局开辟“讲文明树新风”“喜迎十五大”专栏,曝光不文明行为,对涌现出来的好人好事宣传报道。

1999 年,阿图什市编印《阿图什市文明市民教育》、订发《社会主义道德与文明行为规范》,在广播电台和电视台设立“文明市民教育专题讲座”,广泛宣传“十不准”行为规范。

2002 年,市工商局向全市个体工商户发出诚信经营、文明服务的倡议书。文明办、工商局、质量技术监督局联合开展“百城万店无假货”系列活动。

2008 年,组织开展“迎奥运秩序文明行动”,230 名青年志愿者组成文明劝导行动小组,宣传阿图什市文明市民公约,劝阻不文明行为。

2010 年,全市直接面向社会、服务群众的车站、宾馆、医院、商场、银行营业点、旅游风景点等“窗口”单位和公共服务部门,组织实施“倡导诚信、打假维权”群众性主题实践活动。

2013 年,开展“美化家园我先行、我为家乡做贡献”活动,清洁环境卫生,清除垃圾死角、小广告 300 余处,清扫街巷、绿化带5000米。开展文明交通行动,开展十大不文明行为和十大文明行为评选活动,提高市民文明意识。

2015 年,开展“文明餐桌、文明上网、文明旅游、文明出行”四大文明活动。

第二节　爱国主义教育

1995 年,阿图什市全面开展爱国主义教育,贯彻《爱国主义教育实施纲要》精神,开展“42311”爱国主义教育活动(观看 4 部爱国主义教育影片、阅读 2 本爱国主义教育书籍、学唱 3 首爱国主义歌曲、举办 1 次节日庆典纪念活动、1 次形势报告会),全市参与面 78% 以上。

1997 年,举办庆香港回归、迎十五大召开“爱祖国、庆回归、迎接十五大”诗词、美术、书法、摄影作品展。在青少年中开展学习《香港特别行政区基本法》《中华人民共和国国旗法》爱国主义教育活动。团市委、广电局组织团员青年发放“争当精神文明排头兵”的倡议书。

1998 年,市各学校开展迎接澳门回归活动,在中小学生中深入开展爱国主义教育。

1999 年,全市深入开展向吴登云学习扎根边疆,奉献社会的高尚品质宣传活动。

2006 年,全市开展庆祝中国共产党成立 85 周年、长征胜利 70 周年知识竞赛、演讲比赛和报告会、有奖征文。

2010 年 1 月 1 日起,全市中小学校每天坚持升国旗、唱国歌仪式。

2012 年,阿图什市在电视台新闻开设专栏,宣传中共十七大尤其是中央新疆工作座谈会以来,全市经济建设、政治建设、文化建设、社会建设以及生态文明建设和党的建设取得的巨大成就和历史性变化,大力宣传各级党委、政府实施惠民工程和为各族群众办的实事好事。组织展播《元帅的童年》《建国大业》《黎明行动》《超强台风》《澳门 1949》《马背电影队》《拾花妹》等弘扬爱国主义精神的优秀影视片。组织市图书馆开展“民族团结”、新疆“三史”“爱我家园”优秀图书、图片展示活动。

2015 年,阿图什市组织各单位开展学习贯彻习近平总书记重要讲话精神、中国特色社会主义和中国梦的教育、社会主义核心价值观和新疆精神的教育等主题教育。

第三节　公民思想道德建设

2002 年 3 月,阿图什市召开第一个“公民道德建设月”活动,组织动员大会,印发《中共阿图什市委关于加强公民道德建设的实施意见》《关于开展第一个公民道德建设月活动的安排意见》,向全市发出争做遵守“爱国守法、明礼诚信、团结友善、勤俭自强、敬业奉献”好公民基本规范倡议书,开展周六义务奉献日、城市卫生日、医疗健康义诊日、金融、工商、税务便民服务日、公民道德大家谈等活动。

2003 年 3 月,阿图什市以公民道德建设月为契机,开展《公民道德建设实施纲要》宣传学习、教育系列活动,举办学雷锋活动 40 周年板报、手抄报比赛,城区 60 多个单位制作板报;组织开展“公民道德建设月”义务奉献日活动,启动“诚信教育年”活动。在公民道德建设月期间,悬挂横幅、条幅 53 条,出动宣传车 3 辆,市直64个单位制作20字基本道德规范标牌。

2005年,全市各市直单位及中小学校组织敬老助残、扶贫帮贫、保护环境、文明在岗等一系列道德实践活动。市妇联开展"百万家庭承诺"道德实践活动,设立道德评议台、道德评议会、文明监督岗、文明巡视队、妇女禁赌会。在机关企事业单位中广泛开展"公民道德大家谈"。

2008年,广泛开展知识礼仪宣传实践活动。全市发放《克孜勒苏文明礼仪知识手册》4000册。同时,广泛开展"迎奥运、文明新风伴我行"主题实践活动。在各类中长途客运车、区间车、中巴车、出租车统一张贴"迎奥运、讲文明、树新风"宣传标语。举行迎奥运倒计时100天暨迎奥运、文明新风伴我行万人签名活动。

2011年,开展道德模范评选活动,向克州推荐道德模范个人8名,其中吐古买提乡护边员阿地力·买买提吐尔干入选"中国好人榜"的"见义勇为好人"。

2013年,开展挖掘、培育、宣传"最美阿图什人"活动。在阿图什市广播电台、党建网、政府网等主要媒体开设"践行核心价值观、争做最美阿图什人"栏目,动员各乡(镇)、各单位干部群众全员参与,选树一批群众身边的先进典型。运用新闻报道、公益广告、电视短片等形式,大力宣传道德模范的先进事迹和崇高精神,用身边的典型教育和感染身边的人。至2015年,全市先后涌现出全国道德模范1人,全国最美乡村教师1人,感动新疆十大人物1人、自治区道德模范2人、自治州道德模范10人。

2015年,阿图什市把道德讲堂活动与道德模范评选表彰活动相结合,用身边人讲身边事、身边人讲自己事、身边事教身边人,促使道德讲堂活动取得良好成效,至年底,全市"道德讲堂"覆盖面从城乡扩散辐射到村(社区),共开展"道德讲堂"184场次,受众6000人次。

第四节　社会主义核心价值观教育

2013年12月,中共中央办公厅印发《关于培育和践行社会主义核心价值观的意见》后,阿图什市坚持把培育和践行社会主义核心价值观,纳入全市精神文明建设要点和全市各单位学习的重要内容,广泛开展各类主题教育实践活动,推动社会主义核心价值观"五进"(进机关、进社区、进农村、进企业、进学校),真正让社会主义核心价值观入耳、入脑、入心,成为全市广大党员干部群众的精神之钙、思想之魂,并外化为行动自觉。

2013—2015年,广泛开展"图说我们的价值观"宣传刊播工作。阿图什市广播电视台等新闻媒体拿出重要版面、黄金时段、显著位置持续刊播"图说我们的价值观"公益广告,在全市发放"图说我们的价值观"张贴画册2.1万张,重点在学校、城乡社区、公共场所和窗口服务单位进行张贴。在市区主干道路运用户外广告牌、建筑工地围墙、视频LED、公交站点等媒介开展"图说我们的价值观"公益广告宣传。

第五节　未成年人思想道德建设

2004年,中共中央、国务院颁布《关于加强和改进未成年人思想道德建设的若干意见》,阿图什市根据意见制定全市的总体规划、实施方案,明确未成年人思想道德建设工作的目标责任、职责分工、检查考核、规范管理等工作机制,使各职能部门清楚各自职责,使未成年人思想道德建设工作真正形成党政主要领导亲自抓、分管领导具体抓、各职能部门共同抓的齐抓共管的领导机制。

2008年,以培育合格建设者和可靠接班人为目标,深入开展主题实践活动,引导未成年人"心向党、爱劳动、有礼貌"。抓好"我们的节日"品牌,广泛开展"我的中国梦"主题教育,持续深化社会主义核心价值观教育实践。深入开展"五心教育"活动(忠心献祖国、爱心献社会、诚心献他人、孝心献父母、信心献自己)、"课前三分钟""我是中国公民宣誓""学雷锋志愿服务""文明与我结伴走"活动。

2009年,组织干部群众,特别是未成年人开展"向国旗敬礼、做一个有道德的人"网上签名寄语活动,全市共有3600名中小学生参加活动。

2011年,组织未成年人开展"网上祭英烈"活动。

2015年,在各中小学校开展"课前三分钟""我是中国公民宣誓""我们的节日·清明""学雷锋志愿服务”等主题实践活动。加强乡村学校少年宫的建设管理，发挥乡村学校少年宫“宗教隔离带”的作用，全市建设乡村学校少年宫10所。

第六节　道德讲堂

2013年起，阿图什市启动道德讲堂建设，取代文明学校成为新的思想道德建设教育阵地。“道德讲堂”主要以社会公德、职业道德、家庭美德、个人品德建设为重点，分别突出“善”“诚”“孝”“强”4个字，以“身边人讲身边事、身边人讲自己事、身边事教身边人”为主要形式，通过“唱歌曲、学模范、诵经典、发善心、送祝福”5个环节，传播凡人善举，引发道德自觉，倡导修身律己。2013—2015年，全市建设道德讲堂100余个，每个道德讲堂每年授课不少于6次，涌现出一大批先进人物，其中彭金兰荣获自治区劳动模范、全国五一劳动奖章。别克铁木尔·买买提肉孜、买买提努尔·托合托库力两人获得第三届克州道德模范之诚实守信模范；于春花获第三届克州道德模范之助人为乐模范。

第四章　民族团结

第一节　民族团结教育

1995年后，阿图什市通过巡回宣讲、座谈讨论、知识竞赛、演讲比赛、典型宣传、社会氛围营造等多种形式开展马克思主义“五观”（国家观、民族观、宗教观、历史观、文化观）、新疆“三史”（新疆历史、民族发展史、宗教演变史）、“三个离不开”、党的民族宗教理论政策以及民族区域自治制度的宣传教育。在广大信教群众中深入开展党的民族宗教政策、“五个认同”的宣传教育，继续组织开展民族团结教育宣讲活动，不断增强“五个认同”、爱党、爱祖国、爱社会主义和感恩教育。在广大干部和青少年中牢固树立“汉族离不开少数民族，少数民族离不开汉族，各少数民族之间相互离不开”的“三个离不开思想”。在全市开展民族团结进步模范宗教活动场所创建活动，创建率100%。1995年，阿图什市吐古买提迈丹村获自治区第三次民族团结进步先进集体。

1995—1997年，召开民族团结表彰大会。举办“民族团结知识竞赛”，开展创建民族团结模范单位活动。民族团结领导小组召开专题会议，研究教育月活动开展问题。广播电视播放民族团结宣传标语100条。

1999年5月，阿图什市开展第十七个民族团结宣传教育月中强调，高度重视少数民族干部的选拔和培养，抓好少数民族教育，民族团结的主线是扶贫帮困。

2000年，开展第18个民族团结教育月活动，组织广大干部群众学习《新疆维吾尔自治区民族团结教育条例》《民族区域自治法民族团结教育读本》《建设有中国特色的社会主义民族宗教理论学习纲要》等以及市、自治区级民族团结模范的先进事迹等内容。在广播电视台开辟“民族团结”专栏，播放民族团结和扶贫帮困典型事迹30篇，办民族团结黑板报57个。

2001年后，每年都组织宗教人士和信教群众深入挖掘和宣传民族团结进步模范典型，尤其是宗教领域内的团结进步模范典型。

2003年，在第21个民族团结教育月期间，把宣传和弘扬抗震救灾精神作为民族团结教育月的主题，1100名干部参加在阿图什市举行的自治区抗震救灾先进事迹报告会。

2005年，阿图什市曙光小学被评为全国第五次民族团结进步先进集体。

2006年后，阿图什市开展以“感恩伟大祖国、建设和谐新疆”为主题的民族团结教育月活动，广泛宣传中国特色社会主义教育、群众性爱国主义教育活动等民族团结教育内容。

2007年，召开民族政策教育专题报告会。组织参加“新疆青少年民族团结模范集体和标兵”“百对民族团结手拉手小伙伴"评选表彰活动,开展"百万少年儿童民族团结知识竞赛""百万少年双语竞赛"等活动。

2010 年,举办"宪法条例"安康杯知识竞赛,全市 19 个代表队 57 人参与比赛,500 人观看比赛。为学校、社区、乡文化站等相关单位,发放由新疆人民出版社出版的十册一套连环画《话说民族团结故事》(汉文1180 套 11.8 万册,维吾尔文 440 套4400册)。组织开展"推荐我身边的民族团结典型,讲述我身边的民族团结故事"演讲比赛,有 14 名优秀选手进入决赛,3 名选手参加克州举办的比赛,赛选 2 名选手参加自治区的演讲比赛。阿图什市幸福街道办事处被评为自治区第六次民族团结进步先进集体。

2012 年,开展"三个离不开""四个认同"、马克思主义"五观"和"六史"教育活动。组织全市各族干部群众聆听自治区和自治州宣讲团宣讲。组建阿图什新疆"三史"宣讲团,深入 6 乡 1 镇宣讲 20 场次,受教群众 7200人次。

2014—2015 年,以"民族团结从我做起",在各族群众中开展"民族团结好邻里"活动,参加人数 600 人;组织市直各单位开展"民族团结一家亲"签名活动。围绕开展"去极端化"宣讲活动为中心,组织活动 18 场(次),5000人次听取报告。组织全市各单位内部和帮扶村开展"面对面"宣讲活动 2.5 万场(次),发放宣传资料3000份。

2015 年,全市开展第 34 个民族团结教育月,广泛学习《自治区民族团结进步工作条例》,将民族理论、民族知识纳入业务学习、支部学习、党课教育活动中。开展民族团结结对子活动,丰富民族团结进步活动的形式与内容。全市有 2 名个人、1 个集体在自治区第七次民族团结进步大会上受到表彰。

第二节　民族团结进步创建工作

2014 年 7 月,阿图什市开展"创建国家级民族团结进步示范地区"活动,成立以市委书记为组长、四套班子领导为副组长的领导小组,印制《加强民族团结促进宗教和谐》《民族团结你我同创美好家园大家共享》等宣传手册,组织全市各族干部开展学习教育活动,组织座谈报告会 1525 场次、参观学习 1096 场次、集中学习、知识讲座、开展宣讲活动 1335 场次,受教育群众 5 万余人次。

第三十二编 人民生活

1995年后，阿图什市委、市政府团结带领各族群众坚持党的基本路线，投身经济建设，人民生活的各个方面都发生巨大变化。人民的物质生活水平不断提高，城乡居民的衣、食、住、行、消费和文化生活享受与时俱进、飞速变化。农村居民先拆土块房，修砖木结构房，再修砖混结构房，面积越来越大，设备越来越好，城乡居民消费水平和观念也发生着深刻变化。长期以吃、穿为主的生存型消费所占的比重大幅度下降，衣着、基本生活用品支出等体现发展与享受需求的住房、交通、通信、医疗保健、文教娱乐、休闲旅游等项支出的比重则迅速上升。

2000年后，居住环境从破旧简陋的平房到设备齐全舒适的楼房；道路设施，从交通不便到四通八达，百姓出行方便快捷；精神、文化等生活方式，从简单质朴到丰富多彩。家用电器等耐用消费品、固定电话、移动电话已在城乡普及，私人小轿车进入千家万户，人民群众的生活质量进一步提高。全市经济社会快速发展，城乡居民的收入显著增加，居民生活面貌发生重大变化，高档、豪华和时尚是这一时期的特征。至2015年，城镇居民人均住房面积增加，由1995年的9.12平方米增加到29.6平方米，较1995年增长2.25倍；农牧民人均纯收入由1995年的740元增加到6010元，较1995年增长7.12倍；在岗职工年平均工资由1995年的5734元增加到55213元，较1995年增长8.63倍。

第一章　城镇居民生活

第一节　城镇居民收入与支出

一、收入

阿图什市城镇居民为市党政机关、企事业单位干部职工和所属的城镇居民。1995 年,全市职工年平均工资5734元。收入主要来源是工资收入。

1997 年后,随着改革的不断深入,国务院对机关、事业单位工作人员的工资标准先后进行多次调整,工资大幅晋升。企业根据政策和效益自行发放职工工资,实行《自治区企业最低工资暂行规定》。

2000 年,随着部分国有和集体企业职工因下岗、失业而造成实际收入的下降。市委、市政府实行最低生活保障制度、特困失业人员优先安排就业、开展社会救济、推行失业保险、实施"再就业工程"等措施,稳定和保障企业员工的基本生活水平。鼓励发展个体私营和民营经济、乡镇企业,采取实施再就业工程、特困失业人员优先安排就业、开展社会救济、提高低保补助标准、加快社会保障体系建设等各项措施,最大限度地减轻因改革而对城镇居民生活带来的不利影响,同时逐步建立国有企业下岗职工基本生活保障、失业保险、城镇居民最低生活保障制度等 3 条主要保障线,保障城镇居民收入稳定增长。

2006 年起,连续 3 年增加企业职工工资,城镇居民的经济收入又有较大增长。

2009 年后,国家实施阳光福利,全市城镇职工生活水平总体上达到小康水平。个人财富和家庭收入呈现几何数的增长。同时,随着收入水平的持续提高以及保障体系的不断完善,城镇居民各种有形财产如住房、高档耐用品及储蓄存款、储蓄性保险、债券、股票等金融资产也逐步积累,家庭财富积累不断增多。

2015 年,全市在岗职工年平均工资55213元。

1995—2015 年阿图什市在岗职工年均工资一览表

表 32 - 1　　单位:元

年份	年平均工资	年份	年平均工资	年份	年平均工资
1995	5734	2002	13623	2009	26444
1996	6083	2003	14765	2010	28623
1997	6411	2004	16925	2011	32184
1998	7085	2005	17678	2012	39940
1999	8072	2006	20549	2013	43435
2000	9433	2007	23955	2014	44013
2001	12902	2008	26077	2015	55213

二、支出

1995 年后,随着经济收入不断增加,阿图什市城镇居民消费水平也随之不断提高。城镇居民食品支出占生活消费支出的比重,即国际通用的评价贫困或者富裕程度的恩格尔系数,绝对数仍在增加,但其在消费支出中的比重却呈下降趋势,消费支出更多地向衣着、生活日用品、住房、旅游和文化娱乐等方面倾斜。2000

年，由于经济适用住房、医改等政策的实施，收入的大幅提高，消费能力快速提升，居民购买力旺。住房、养老、医疗、教育等方面，一直保持较高的消费水平。

至2015年，城镇居民人均消费性支出18562.1元，其中食品烟酒9626.16元、衣着支出1416.4元、居住支出635.98元、生活用品及服务支出695.62元。随着居民收入水平的持续增长，居民消费结构发生变化，衣食住行等基础性消费占比逐年下降，用于教育文化、医疗保险及服务性质等其他消费支出则逐年增加。

第二节　城镇居民生活水平

伴随着阿图什市经济社会的快速发展，城镇居民消费水平和消费观念也随着收入水平的提高而发生很大变化。不仅体现在消费支出的数量增长，更表现在消费档次和消费结构发生的新变化。人们的消费观念也产生巨大改变，由吃饱穿暖的满足型向吃好穿戴新的质量型和方便型转变；由在家里做饭招待亲友转向饭店消费娱乐；由“新三年、旧三年、缝缝补补又三年”的节俭型穿衣理念转向讲求漂亮、时尚和名牌服装的消费观念。过去望尘莫及的消费梦想，变成普通百姓的消费现实。消费的档次和结构也发生很大的变化，消费档次已从一般家庭消费向服务、旅游、保健、信贷、小轿车和住房甚至收藏等高档消费延伸，消费结构从温饱型转向享受型和发展型。

一、衣着

衣着支出包括服装支出、衣着材料支出、鞋袜帽类支出、衣着加工修理支出和其他支出。居民的衣着服饰是富裕程度和文明水平的综合展现，也是最具时代特色并能深刻反映人们精神面貌的一扇窗口。1995年，人们的衣着观念已从过去的“御寒遮体”走向追求美观、时髦。由布衣、化纤布为主，逐步走向混纺兼顾。城乡民汉干部职工开始购买西服；农民群众女子喜着传统的艾提莱斯绸服装，男子喜着羊毛衫、中山装等。2000年以后，由于市场竞争激烈，许多大众化服装、服饰价格较低，也使得居民衣着类消费支出增幅较小。

2009年以后，中高档品牌服饰店、专卖店、网上电商的出现，居民衣着鞋帽更加绚丽多彩，式样翻新瞬变，居民衣着支出增加。

2010年，阿图什市服装专卖店开始经营品牌服装，如“以纯”“美特斯邦威”“真维斯”等年轻人所熟知的专卖店比比皆是，夹克、牛仔裤等休闲服装开始流行。学校给中学生定制校服，一般冬夏各一套。

2015年，阿图什市城镇居民人均衣着消费支出1416.6元，较1995年的125.7元增长10.27倍。姹紫嫣红时装潮，正是人民生活质量的生动写照。

二、食品

1995年后，随着职工工资增加和居民收入增多，阿图什市居民餐桌上的食物品种也逐渐丰富起来。主食小麦粉辅以大米，新鲜蔬菜比较少，农村居民吃蔬菜以大白菜、胡萝卜、洋葱、马铃薯为主。人均食品支出为136.9元。

2000年后，随着经济的发展，人民物质生活极大丰富，城镇居民主粮一般是小麦粉、大米，由于实行粮食流通体制改革，各类主食、蔬菜进入市场、巴扎、超市，玉米、绿豆、小米等杂粮消费量增加，餐桌上菜肴日渐丰富，各种时令和反季节蔬菜琳琅满目，购销两旺。部分柯尔克孜族、维吾尔族群众的饮食习惯开始改变，虾、蘑菇、粉条等全新的食物被越来越多的群众接受。2005年，城镇居民人均食品支出2054.92元，较1995年增长14倍。

2010—2015年，城乡居民蔬菜消费开始注意健康营养，各种杂粮、粗粮、野菜又重回餐桌，食用油主要从超市购买，全部为桶装食用油，散装食用油逐渐退出市场。2015年，城镇居民人均食品支出4767.12元，较2005年增长1.32倍。

三、居住

1995年，城镇机关、企业的干部职工主要居住面积窄小的公有住房，城镇居民则以自盖的房屋居住，多为土木结构,少数砖木结构。1996—2004 年,随着建筑业的不断发展,单位修建住宅楼逐年增多,楼层也越来越高。一部分干部职工住进宽敞明亮的楼房,一部分居民或租住或购买空出的公房。2000 年前后,结合国家福利房政策,一些家属院率先进行房屋改造,以砖混结构楼房为主,按福利房、集资房或经济适用房的政策分配给干部职工。随后,经过几次住房制度改革,停用福利性分房、经济适用房等政策。居民住房进入货币化商品时代,住房制度改革激活房地产,全市房地产业得到快速发展,使大多数城镇居民家庭告别设施简陋的住房,迁入宽敞明亮、设施齐全的新房。同时,居住质量和配套设施质量不断提高,基本普及天然气,城镇居民在改善住宅和家具、住房装饰、家庭设备等方面的消费支出成倍增长。特别是实施的廉租房、保障房等工程,进一步加快改善居民住房条件的步伐。1995—2015 年,城镇居民住房面积大幅增长,1995 年,城镇居民人均住房面积 9. 12 平方米;2000 年达 14 平方米;2006 年达 16. 88 平方米。2008—2015 年,城镇居民住房以套间为主,且小区物业管理日渐配套,基础设施及绿化亮化工程的完善,居民居住条件得到改善。2015 年,城镇居民人均住房面积 29. 6 平方米,比 1995 年增长 3. 25 倍。随着住房制度改革后,城镇居民住房全部商品化,居住支出也成为家庭的最大支出。住房配套设施更加齐全。在配套设施齐全后,更多的居民开始追求舒适的生活环境,追求屋内设施现代化,家具豪华化,装饰漂亮化,给人以新颖的感觉。

四、耐用品

1995 年后,城镇居民生活变化最为显著的就是各类用品消费,特别是耐用消费品的消费。随着耐用消费品产品更新换代加速,周期越来越短,速度越来越快,城镇居民购买日用家电消费品也随之越来越多。耐用消费品主要以彩色电视机、双缸洗衣机、冰箱等千元级消费品为主。此后,随着收入的快速增长,购买品种上发生较大变化,空调器、影碟机、摄像机、家用电脑、照相机、淋浴热水器、移动电话等新型耐用消费品逐步进入普通居民家庭并呈现出快速增长势头。特别是 2000 年后,城镇居民家庭耐用消费品消费更是跨上新的台阶,微波炉、电饭煲、电烤箱、电热水器等高科技产品更是日新月异、更新换代,各类家电商品朝着全自动、多功能、豪华型的方向转换,极大地方便人们的生活,新型耐用消费品不断展现出更为广阔的消费空间。

五、出行

1995 年,阿图什市城镇居民市内主要出行方式多为骑自行车或乘坐毛驴车、摩的,出远门乘坐公共汽车,坐飞机只有少数人享有,对普通百姓是奢侈的。1997 年,居民逐步甩掉自行车,掀起购买摩托车热潮。2000 年后,电动自行车风靡,城镇居民几乎家家拥有,由于其轻便、不需驾照等特点,取代自行车成为主要代步工具。同时,招商引资企业到阿图什市投资建厂,办企业,有的私营业主开豪车,以显示自己的身份,少数家庭开始拥有私家汽车。2011 年,国家实施扩大内需政策,实施"汽车下乡",刺激小排量车辆的购买,市内新增车辆数较多。随后,各种交通工具的数量大幅增长,家用汽车开始步入寻常百姓家,搭出租车、乘火车、坐公共汽车、坐飞机都成为普通家庭出行方式,交通消费迅速增长,在消费支出中占据重要地位。

六、通信

1995 年后,阿图什市城镇居民固定电话开始进入普通居民家庭,固定电话发展迅速。1996 年起,无线寻呼业务开始兴起。较为流行的通信工具 BB 机、"大哥大"。1999 年,西部大开发后,招商引资企业到阿图什市投资建厂,办企业,移动电话业务兴起。2000 年,阿图什市无限接入网建成后,互联网开始迅速进入城区家庭。随后,曾风靡一时的 BB 机逐渐退出人们的生活,移动电话随着人民收入增加和产品价格、话费下降以及通信网络的完善而迅速普及。2001 年后,QQ、微信等社交软件的涌现,智能手机普及,功能更为广阔。通信工具的现代化,使城镇居民可以和任何一地的朋友、亲戚或客户直接联系,"天涯若比邻"已不是神话,极大改善了居民社会交往和信息传递。随之,居民家庭在通信方面的消费也日益增大,成为城镇居民消费支出增长最快的款项,也是城镇居民持续增长的消费热点。2010 年,全市移动公司电话用户 21654 户。市联通公司有 2G 基站 23 座,2G 网络覆盖率达到全市的 58%;3G 基站 5 座,3G 网络覆盖率达到全市的 7%。随着社会信息不断发展扩大,人们对信息的需求也是越来越多,移动电话业务和宽带网络业务开始走进普通家庭用户。城镇居民基本实现移动电话人手一部。当年,电信业务收入 9186 万元;年末固定电话用户 3.25 万户;国际互联网络用户 10528 户。

2015 年,4G 业务也逐步走入人们的视线,3G 无线上网业务,包括手机上网、看电视、电影、听音乐、手机视频电话等,普及千家万户。

七、文化旅游教育

1995 年后,阿图什市城镇居民的文化消费除了看报、看电影、听广播、打台球等,还进出入歌舞厅、游戏厅、录像厅等。彩色电视机逐步普及并成为居民家庭文化消费的主体。2000 年后,网吧、休闲旅游、KTV、电子游戏、音乐茶座、棋牌室、歌舞厅等文化娱乐场所遍布城乡,文化消费向多样化发展。随着生活水平的提高,居民家庭愈加重视子女教育,大多家长也不惜花费资金为子女请家教,参加诸如外语、电脑、绘画、钢琴、古筝等各类加强班、特长班的课外学习。城镇居民家庭教育消费开支大增。旅游更是成为消费支出的新时尚。外出旅游成为业余休闲的首选方式,受到越来越多居民的喜爱和推崇。旅游目的地逐步从市周边游、疆内游,向国内游、出境游等区域延伸;旅游方式也从简单的跟团游,发展到自助游、自驾游等,旅游消费支出逐年增加。

八、医疗保健

1995 年,阿图什市居民医疗保健方面支出较少。随着医疗制度的改革、医疗手段的现代化、医保服务费标准的提高和新药(特别是进口药)的增多,居民个人自付的医疗保健费用增加幅度比较大,居民患大病或疑难杂症到外地求医问药,或到大医院医治,医疗保健费用明显增加。2000 年后,阿图什市居民患糖尿病、高血压、高血脂人数增多,心脏病、心脑血管病发病频率增高,居民购买滋补药品和保健药品的数量增大。到乌鲁木齐市医院做心脏搭桥术、支架手术的居民人数增多。2015 年,随着饮食的多样化和丰富性,人们的保健意识增强,由于购买保健类药品的城镇居民人数越来越多,所占人均消费总支出的比重增大。

第二章　农村居民生活

第一节　农牧民收入与支出

一、收入

1995 年后,阿图什市农村农业经济结构加快调整,在稳定粮食种植面积的基础上,调整种植业结构。农产品价格进一步放开,政府多次提高粮油等农产品收购价格,制定农产品收购保护价格措施,不断减轻农民负担,发展农村多种经营,引导农牧民在推进非农业产业方面增加收入。是年,全市农牧民人均收入 740 元。1999 年,市政府出台各类优惠、扶持措施,鼓励农牧民发展以畜牧业养殖为主的养殖业,多形式、多渠道增加农牧民收入。同阶段,乡镇企业成为振兴农村经济、加速农牧民致富奔小康的重要途径,农牧民成为受益人。2000 年以后,农产品价格多次提价,使农牧民继续受益,收入连年增加。同时,随着农村机械化程度的不断提高,农村剩余劳动力开始从第一产业转向第二、第三产业,条件好的办厂、开店、从事牛羊育肥、发展禽类养殖或从事建筑、木材加工等来增加收入。2003 年以后,市委、市政府充分利用富余劳动力,大力开展劳务输出,以增加农牧民收入,农牧民收入稍有好转。加之国家逐步取消农业税,实行种粮补贴、良种补贴、地膜补贴、农机补贴等一系列的稳农、惠农补贴政策,使农民纯收入持续增长。2010 年起,阿图什市发展特色林果业生产区、扩大木纳格葡萄种植面积、建成无土温室大棚示范基地、改造传统畜牧业、加大劳务输出等,进一步扩大农牧民增收潜力。2010 年,阿图什市农牧民人均纯收入 2096 元,比 2000 年增加 917 元,年均增长43.8%。

2015年,农牧民人均纯收入增长到6010元,比1995年增长7.12倍。

1995—2015年阿图什市农牧民人均纯收入一览表

表32-2　　单位:元

年份	人均纯收入	年份	人均纯收入	年份	人均纯收入
1995	740	2002	1363	2009	2058
1996	895	2003	1537	2010	2096
1997	1075	2004	1622	2011	2670
1998	1250	2005	1672	2012	3521
1999	1250	2006	1719	2013	4350
2000	1179	2007	1822	2014	5270
2001	1260	2008	1958	2015	6010

二、支出

1995年后,随着收入增长,阿图什市农牧民的消费结构逐步优化,过去以吃、穿为主的单一格局,呈现出生存消费比重减少,发展和享受型消费比重提高的趋势。农村自给型消费的比重大幅度下降,商品化成分上升。1995年,阿图什市农牧民的饮食结构和生活习惯,吃、穿、用、住占据绝大部分消费支出,2000年为51%,低于联合国粮农组织提出的标准,居小康水平还有差距。2015年,全市农牧民拥有的耐用消费品主要是电脑、移动电话、家用小汽车、摩托车、电视等现代化的产品。

第二节　农牧民生活水平

阿图什市农村经济的不断发展,农牧民收入水平逐年提高,为满足农牧民日益增长的物质文化生活需求提供有力的保证。农牧民的生活消费水平开始由生存型向发展型和享受型过渡。日常消费已由过去的自给自足为主,向以市场消费为主转变。出现吃讲营养、穿讲样式、住讲宽敞、用讲高档、行讲便利的消费趋向。支出水平逐年提高,支出结构逐步由单一转向多元化发展。

一、食品

1996—2000年,阿图什市农牧民日常食品消费主要是面、米、油、盐、肉、菜等,服务性、娱乐性消费支出不大。食品类消费和自给性消费占主导。2000年后,农牧民收入的增速不断加快,食品消费也由追求数量向讲求质量、注重营养均衡方面转化,逐步多元化。1995年,农村居民消费的50%用于副食品支出。随着农民收入的提高,消费结构也发生变化,由面食为主的主食型向营养较为齐全均衡的副食型转变,食品消费由单一型向多元化转变,饮食从家庭就餐向社会化、家庭化、方便化就餐相结合转变,聚会、庆典、婚丧大事由居家开始走出家庭,转入酒店、餐馆。

二、服饰

1995年,农牧民服饰布料花色品种较为单调,服装质地多以的确良、条绒、涤卡为主,色调多为蓝、黑、灰、白,款式也比较传统、单一。2000年后,随着经济繁荣,市场放开,衣着服饰消费趋势也由单调、低档向多样化、成衣化、中高档方面转变。"一季多衣"现象明显,除棉布外,化纤、丝织品、毛呢等品种增加。衣着由穿暖向穿好发展，款式多样的时装、鞋帽等在普通农民家庭屡见不鲜。2005 年后，部分农村人转变观念，思想开放，到商场购买太空棉、羽绒服、皮夹克等代替手工缝制的棉衣、棉鞋、棉裤，脚蹬轻便的保暖鞋、皮鞋。每逢农闲和节假日，村里讲究穿着的妇女都穿上时髦的裙装，人的精神面貌也焕然一新。衣着更加时尚多款式，基本实现商品化、成衣化。到 2015 年，全市农牧民衣着消费支出 920 元，比 1995 年增加 713 元，高档皮草、名牌服饰也逐步进入农牧民家庭，农村居民的衣着"向城里人看齐"。

三、居住

1995 年，全市农民人均住房面积 15 平方米。1997 年后，大部分农村土坯房被拆除，实施抗震安居工程，投资 2.36 亿元累计完成抗震安居住房 1.43 万户。

2000 年后，全市大面积开始改造农民住房，砖木、砖混结构平房大量建成使用。农民开始注重住房的舒适性，房屋、墙壁开始装修，部分农户安装太阳能热水器。

2005 年后，全市广泛实施新农村建设、"富民工程""抗震安居""安居兴牧"等惠民工程，对农村建房困难的农户，国家给予每户建房补贴，农牧民翻新盖房的积极性大增。根据全市农村建房的统一规划、统一设计、统一建设要求，住房改造不仅追求美观时尚、实用，而且抗震安全，使用寿命延长，宽敞明亮的新居使农村居住有了质的飞跃。一些经济条件好的农牧民还在市区购买住房，冬天农闲时节居住在市区，生产季节回农村劳动。随着农村防病改水、改厕工程的推进，大多农村居民陆续用上清洁卫生的自来水，厕所与富民安居房配套入室，卫生厕所普及率 65%，无害化卫生厕所普及率 92%。前院后圈注重美化，居住环境得到很大改善。与之同时，耐用消费品大量进入农牧民家庭，从低档到中高档，普及率越来越高。原有的老"四大件"（自行车、缝纫机、手表、收音机）呈下降趋势，同城里居民一样，全自动、多功能、豪华型的微波炉、电磁炉、电饭煲、电烤箱、电热水器等高科技产品也逐步进入农牧民百姓家庭。2015 年，农村居民家庭人均住房面积 64 平方米，比 1995 年增加 49 平方米。

四、出行

1995 年，农牧民出行大多是走路、用驴车、牛车和自行车，少量摩托车开始进入农牧民家庭。2000 年后，随着收入的不断增多，农村道路也由土路逐步变为石子路、柏油路，农牧民下地干活和收割农作物已用不上畜力车，取代它的是广泛普及应用的拖拉机、小四轮拖拉机、充电式电动三轮车等，成农村的主要运输工具，畜力车没有生存空间，逐步退出历史舞台。这个时期部分富起来的农牧民开始购买私家小汽车，成为农村新时尚。至 2015 年，摩托车、电动车已成为农村居民最普通的交通工具，小轿车也在寻常百姓家庭中常见，成为一笔基本消费支出。

五、休闲娱乐

1995—2000 年，农村文化体育等设施还比较落后，群众的文化生活比较单调。遇到节假日和农闲时，农牧民三五成群闲聊、打扑克，看电影、电视是主要的娱乐活动。在民间也会开展摔跤、踢毽子等活动。全市会组织一年一度的文体活动，开展如斗鸡、斗狗、叼羊、摔跤、武术、下棋等一些传统的体育娱乐项目。台球一度兴起，受到农村年轻人的青睐，商店门口大都摆有台球案子。高清电视、高档音响进入家庭，为农民家庭增添新时代气息。2005 年后，随着农村经济的发展，农村文化体育设施逐年增多。各乡、村陆续建立文化站，订有书刊、报纸等，农民可自行阅览。农闲时期，各乡镇开办"科技之冬"培训，科普农业技术知识，提高科学文化知识。互联网普及到农村后，在家中上网聊天、玩游戏的人增多。条件好的家庭相约出门旅游，疆内疆外、自驾游成为一种时尚。

六、通信

随着电信事业的发展、农牧民收入的增加，到 2005 年，固定电话进入农牧民家庭。2015 年，全市大部分农牧民有了移动电话（手机），通信更加便捷。

第三十三编　人　　物

1995年后，阿图什市各族干部群众在党的领导下，充分发挥聪明才智，呕心沥血，挥汗苦干，涌现出一大批勤政务实、爱岗敬业、忠于职守、任劳任怨、无私奉献、见义勇为、全心全意为人民服务的人物。对推动改革开放、促进经济社会发展、维护社会稳定、加强民族团结、弘扬社会主义核心价值观等方面做出不可磨灭的突出贡献，在各族人民心中留下深刻记忆。

第一章　人物传

赛福鼎·艾则孜

赛福鼎·艾则孜(1915—2003),男,维吾尔族。中国共产党的优秀党员,忠诚的共产主义战士,党和国家民族工作的卓越领导人,杰出的社会政治活动家。新疆阿图什人。中国共产党第十、十一届中央政治局候补委员,第一、二、三、四、五、六、七届全国人民代表大会常务委员会副委员长,中国人民政治协商会议第八届全国委员会副主席。2003年11月24日6时5分在北京逝世,享年88岁。

赛福鼎·艾则孜出生于一个著名的爱国实业者家庭。青少年时代曾在父亲创办的新型文化学校接受启蒙教育,受进步思想的影响,积极参加进步活动。1935年,他为追求真理,赴苏联留学,接受了马克思列宁主义理论的熏陶,奠定了为中国人民的解放事业而奋斗的思想基础,树立了共产主义信念。

1937年,赛福鼎同志毕业回国后,被军阀盛世才视为"激进青年",流放到边境塔城。但他依然积极向群众传播共产主义理论,组织群众与黑暗势力作斗争。抗日战争爆发后,他积极宣传抗日爱国思想,被推荐为塔城维吾尔文化促进会秘书长、副会长。反动势力对他十分仇视,在塔城庆祝"五一"国际劳动节大会上将他逮捕。在狱中,他英勇不屈,在群众的集会抗议示威下被释放。

1944年,赛福鼎同志参加了在新疆伊犁、塔城、阿勒泰地区爆发的"三区革命",坚决反对国民党的反动统治。1945年,三区革命临时政府成立后,他担任政府委员、教育厅厅长等职。三区各地游击队统编为民族军后,他负责组织创建了喀什团并兼任团长,率部多次进行战斗。为确保"三区革命"朝着正确的方向发展,他参与创建了三区"革命青年组织",并担任中央委员、宣传部部长。在此基础上,成立了以实现共产主义为目标的人民革命党,他成为主要领导人之一,并兼任宣传部部长。他以马克思列宁主义和毛泽东的有关论著为指导,使人民革命党在"三区革命"中发挥了十分重要的作用。毛泽东同志高度评价"三区革命是全中国人民民主革命的一部分","在新疆牵制了近十万国民党军队","对于全新疆的解放和全中国的解放,是一个重要的贡献"。

"三区革命"的迅猛发展,迫使国民党政府于1945年10月开始与三区革命临时政府进行和平谈判,赛福鼎同志是谈判代表团成员。《和平条款》签订后,成立了新疆省民主联合政府,他出任委员兼教育厅厅长、民主选举监督组组长。国民党的腐败和反革命两面派的嘴脸,使他进一步认识到只有在中国共产党的领导下,才能实现中国革命的胜利和中国各族人民的解放。为此,他参与研究制定接受中国共产党领导的秘密计划,并于1946年11月,与中国共产党代表取得了联系,正式提出接受中国共产党领导的请求。1947年8月,新疆成立了保卫和平民主同盟。人民革命党编入该同盟,他当选为该同盟副主席兼宣传部部长和《前进报》总编。后任新疆保卫和平民主同盟代主席、主席。

1949年9月,赛福鼎同志作为新疆特邀代表团团长,出席第一届中国人民政治协商会议并作了大会发言,当选为中央人民政府委员、全国政协委员,参加了举世瞩目的开国大典,并在中央人民政府举行的第一次全体委员会会议上当选为中央人民政府法律委员会委员、中央民族事务委员会副主任。10月4日,在中央人民政府的新闻发布会上,他介绍了新疆各族人民反对国民党反动派的英勇斗争情况。他郑重地指出:"新疆过去是中国领土不可分割的组成部分,今天仍然是,将来也永远不会改变。"他严肃庄重的态度,对帝国主义和民族分裂势力把新疆从中国版图上分裂出去的企图给予了有力的回击,对维护祖国统一、领土完整和中华民族大团结,作出了重大贡献。

1949年10月15日,赛福鼎同志向中共中央递交了入党申请书,毛泽东主席亲自批准了他的申请。同年12月27日,赛福鼎同志光荣地加入了中国共产党,成为新疆维吾尔族最早的共产党员。

赛福鼎同志遵照毛泽东主席的指示,在返回新疆途中,会同正在指挥部队进军新疆的彭德怀同志,就配合解放军开展民族地区的群众工作、建立人民政权和党的地方组织等重要事宜制定了计划和方案。返疆后,他积极动员新疆各族群众，筹集了大批粮食、物资，有力地支援了进疆部队。在稳定局势、实现新疆和平解放等许多重大问题上，倾注了大量心血，作出了卓越贡献。1949 年 12 月，他任新疆省人民政府副主席兼民族事务委员会主任，新疆军区副司令员。

1950 年初，赛福鼎同志随同毛泽东主席、周恩来总理访问苏联，参加了《中苏友好同盟互助条约》的谈判、拟定和签字仪式。他在谈判中表现出卓越的外交才能，受到了毛泽东主席、周恩来总理的好评。

1950 年 12 月，赛福鼎同志与王震同志历尽艰辛，到准噶尔盆地等荒原为军垦部队选址，为驻疆部队的建设以及新疆生产建设兵团的建立和发展奠定了基础。

1951 年，赛福鼎同志任中共中央新疆分局常委、民族部部长、统战部部长，新疆省干部学校校长。1952 年 7 月，任中共中央新疆分局第四书记。同年 9 月，任新疆省推行民族区域自治筹备委员会副主任。在新疆的土地改革中，他遵照毛泽东主席的指示，深入南疆喀什地区进行土改试点工作，取得了成功经验，受到党中央的充分肯定。1953 年 1 月，任西北行政委员会副主席。同年 8 月，任新疆军区党委第三书记。他积极参与领导新疆三年国民经济恢复工作和国家第一个五年计划的实施，为新疆完成社会主义改造，迅速转入大规模的社会主义经济建设，做了大量艰苦细致的工作。

1954 年 9 月，赛福鼎同志当选为第一届全国人大常委会副委员长。同年 12 月，任新疆军区党委第二书记。1955 年 2 月新疆省政协成立，他任主席。

赛福鼎同志坚决贯彻执行党和国家的民族区域自治政策，积极参与领导在新疆筹建民族自治县、自治州和成立自治区的工作，坚决抵制和打击“新疆独立”的反动思潮。1955 年 10 月 1 日新疆维吾尔自治区成立，他任主席，并任中共中央西北局委员、自治区党委第三书记。同年，当选为参加各国议会联盟的中国人大代表团执行委员会副主席。

1957 年，赛福鼎同志陪同毛泽东主席第二次出访苏联。1958 年，任新疆维吾尔自治区党委第二书记。在三年自然灾害期间，他顾全大局，从受灾较轻的新疆调运大批粮食支援甘肃、河南等地灾区，体现了深厚的民族情谊。

为提高新疆少数民族干部的思想理论水平，赛福鼎同志向中央建议，在中央党校开办了新疆班，并向苏联派出了留学生，为新疆建设事业培养了一大批骨干力量。他倡议成立了飞行学校，为新疆培养了第一批少数民族飞行员。

1962 年，赛福鼎同志按照毛泽东主席、周恩来总理的指示，为平息新疆边境地区发生的“伊、塔事件”、稳定局面做了大量工作，受到了党中央的高度赞扬。

“文化大革命”期间，赛福鼎同志受到错误批判，蒙受不白之冤，但他仍坚信党，坚信人民。1968 年后，他历任新疆维吾尔自治区革命委员会副主任、革命委员会核心领导小组副组长，自治区党委第二书记，自治区党委代理第一书记，自治区革命委员会代理主任，自治区党委第一书记，自治区革命委员会主任，新疆军区第一政委、党委第一书记，新疆生产建设兵团第一政委。

1978 年 2 月以后，赛福鼎同志到中央工作，任第五、六、七届全国人大常委会副委员长。为新中国宪法的制定和完善，为建立和完善我国的人民代表大会制度，为发展社会主义民主、健全社会主义法制，做了大量卓有成效的工作。1993 年 3 月，他任第八届全国政协副主席后，深入调查研究，积极参政议政，广泛团结各界，为坚持和完善中国共产党领导的多党合作和政治协商制度，为贯彻党的统一战线政策、民族政策和宗教政策，为进一步巩固平等、团结、互助的民族关系，促进社会稳定、经济发展作出了突出的贡献。他长期担任中苏友好协会副会长，中巴（巴基斯坦）和中埃（埃及）友好协会会长，为宣传新中国建设成就和发展前景，宣传我党的对外政策，增进中国人民和世界人民的友谊和了解，维护世界和平，作出了积极的贡献。

赛福鼎同志酷爱文化艺术，是一位成就卓著的维吾尔族诗人、小说家、戏剧家。他对濒临失传的维吾尔族艺术经典作品《十二木卡姆》，积极抢救并进行深入的研究、探索，发表了《论维吾尔木卡姆》等专著和文章。在兼任中国文联副主席期间，在他的建议和领导下，将许多古今中外的优秀文学作品翻译成各民族文字出版，并将十分珍贵的《玄奘传》等古维吾尔文献影印出版。他在业余时间创作了大量小说、散文、诗歌、戏剧等文学作品，多部作品曾在全国获奖，有的被译成外文在国外出版发行。他还倡导创建了中国维吾尔历史文化研究会,任名誉会长。

赛福鼎同志是中共第八届中央候补委员,第九、十、十一、十二、十三届中央委员,第十、十一届中央政治局候补委员;第一、二、三、四、五、六、七届全国人大常委会副委员长;第一届全国政协委员,第八届全国政协副主席;第一、二、三届国防委员会委员。1955年,他被授予中将军衔。荣获一级解放勋章。1994年8月,被授予中国人民解放军独立功勋荣誉章。

赛福鼎同志在七十多年的革命生涯中,不懈追求真理,具有坚定的共产主义理想信念,对党、对国家和人民始终无限忠诚,把毕生的精力奉献给了中国革命和建设事业。他认真学习马克思列宁主义、毛泽东思想、邓小平理论和"三个代表"重要思想,坚决贯彻执行党的十一届三中全会以来的路线方针政策,在思想上、政治上、行动上始终与党中央保持高度一致。他与三代中央主要领导人毛泽东、邓小平、江泽民同志之间有着十分诚挚的革命友谊,坚决拥护以胡锦涛同志为总书记的党中央。他在病重期间,仍然十分关心党的建设,关心国家的社会主义现代化进程。

赛福鼎同志始终高举祖国统一、民族团结的旗帜,为国家的稳定和统一,为民族事业的进步与发展,呕心沥血,鞠躬尽瘁。他直接参与了中国民族工作大政方针的研究和制定。他坚决反对地方民族主义和大民族主义,坚决反对民族分裂势力、宗教极端势力和暴力恐怖势力及其各种破坏活动,与民族分裂势力进行了不屈不挠的斗争。他坚持马克思主义的宗教观,积极贯彻党的宗教政策,坚决抵制利用宗教反对政府、从事分裂破坏活动的图谋。他在广大穆斯林群众中享有很高的威望,是维吾尔族人民的骄傲,深受全国各族人民的尊敬和爱戴。江泽民同志曾高度评价:"赛老在反对民族分裂主义的问题上,旗帜鲜明,态度坚决,体现了一名老共产党员坚定的政治立场。"

赛福鼎同志一生襟怀坦荡,光明磊落,谦逊克己,节操高尚。他坚持党的干部路线,遵循"任人唯贤""五湖四海"的干部选用原则,善于团结同志一道工作。他具有高度的党性原则,视党和国家的利益高于一切,始终顾全大局,从不计较个人得失。他坚持真理,敢于直言,作风民主,勇于开展批评和自我批评。他刻苦学习,勤于思考,勇于开拓,善于总结,创造性地开展工作。他大力提倡和鼎力支持办学兴教,尊重知识,尊重人才,致力于提高少数民族文化素质。他坚持党的群众路线,心系群众,体察民情,调查研究,切实解决实际问题。他一心为公,勤政廉洁,作风朴实,严格要求家属子女和身边工作人员,保持了共产党人的政治本色。

赛福鼎同志著有长篇历史小说《苏图克·博格拉汗》,长篇纪实小说《天山雄鹰》,自传体小说《生命之歌》,历史歌剧剧本《阿曼尼莎罕》,小说散文集《神仙老人》《光辉的岁月》等。部分作品选入教科书。

——摘自《人民网》

阿地力·买买提吐尔干

阿地力·买买提吐尔干(1987.2—2010.8),男,柯尔克孜族,1987年2月8日出生在阿图什市吐古买提乡依达良村一个普通的牧民家庭。

阿地力·买买提吐尔干从小就是一个热心肠的人,生活上节俭,特别孝顺父母,对朋友、对身边的人非常好。特别能吃苦,是村里团员青年学习的榜样。阿地力·买买提吐尔干有四个兄弟姐妹,他是家里最大的孩子,也因此成为家里的主要劳动力。2004年,阿地力·买买提吐尔干顺利地考上阿图什市的高中,可是因为家庭负担过重,放弃高中,初中毕业就回家务农,挑起家庭生活的重担。家里的重活、苦活、累活都抢着干,尽全力照顾好父母和弟弟妹妹。同时,还热心帮助邻居和村民,尽自己的努力为他们提供力所能及的帮助。

阿地力·买买提吐尔干经常照顾村里60多岁的五保户阿斯力汗老人的生活,老人的丈夫去世多年,身边没有子女,无依无靠。只要有空,阿地力·买买提吐尔干都会和妻子一起去老人家,干些家务,让老人感受到生活的快乐。而在恰提山口,也经常关心照顾着一位80岁的老人肉孜·卡德尔,做些力所能及的事。

牧民亚森·阿不拉是阿地力·买买提吐尔干在山口守边的邻居,两家人的关系非常好。2008年冬天的一天,雪大路滑,在从山下回来的路上,不慎从马上摔下来,腰部受伤,无法行走。阿地力·买买提吐尔干在巡边时发现亚森·阿不拉,将亚森·阿不拉救起,好晚才回到家。

2008 年，武警克州边防支队阿图什市边防大队依达良派出所根据形势发展的需要，要在当地招聘一批牧民作护边员，确保边境地区安全和稳定。经过严格考察和层层选拔，阿地力·买买提吐尔干 2008 年 10 月 1 日正式成为依达良派出所辖区的一名护边员。在不到两年的护边员生涯中，阿地力·买买提吐尔干的护边员工作得到上上下下的认可。由于工作出色，2010 年初，阿地力·买买提吐尔干又被当地所在部队库鲁木都克边防连聘为护边员。

2009 年 1 月，吐古买提乡下一场很大的雪，70 多岁的牧民买买提玉山·马泰克老人赶着羊从牧场下山，一不小心，从驴背上摔下来，正好被巡逻的阿地力·买买提吐尔干看见，毛驴已经跑远了，阿地力·买买提吐尔干背着老人走了几千米，把老人送到村卫生室，使老人转危为安。

阿地力·买买提吐尔干是个追求进步的年轻人，2008 年 6 月，向村党支部递交第一份入党申请书，两年里，写 8 份入党申请书。2009 年底，阿地力·买买提吐尔干被确定为入党积极分子进行培养。村里安排的修路、修渠、防洪等义务劳动，阿地力·买买提吐尔干都是积极参加，没有任何怨言。阿地力·买买提吐尔干还是吐古买提乡依达良村护边员队伍中的优秀代表，勇敢面对困难和危险，忠诚守边，无私奉献，充分展示护边员队伍的优秀品格和风采。

2010 年 4 月，阿地力·买买提吐尔干邻居家两岁半的孩子艾山·吐尔逊高烧不止，孩子的爸爸吐尔逊·阿不都拉出去了，妈妈着急的四处寻求帮助。此时的阿地力·买买提吐尔干刚从山口巡边回来，气还没喘匀，听到这个消息，二话没说，抱起孩子赶往村里的卫生室，孩子没事了，阿地力·买买提吐尔干却累出一身汗。

2010 年 8 月 16 日的中午，牧民苏里堂·克里木阿洪带着八岁的侄子买买提·吐尔地在红柳滩湿地上放牧。买买提·吐尔地赶着羊到河边饮水，一不小心滑进河沟中。看到侄子掉进水里，苏里堂·克里木阿洪马上跳进水里去救侄子。可是，两人都不会游泳，水又深不见底，两人被水一呛，身体就不由自主地往下沉了。眼看着就要被水淹没了，就在这千钧一发的时刻，听见落水人员尖利的呼救声，路过此地的阿地力·买买提吐尔干没有丝毫犹豫，奋不顾身跳入深水沟，无所畏惧地向落水人员游去。一边让大人抓着自己的胳膊，一边赶紧将昏厥的孩子往岸上推。两名落水的群众被救出，阿地力·买买提吐尔干却沉在水里，永远醒不过来。2010 年，阿地力·买买提吐尔干荣登“中国好人榜”；2011 年，追授第二届自治区道德模范之见义勇为模范。

买买提努尔·吐尔地尼牙孜

买买提努尔·吐尔地尼牙孜(1985. 9—2013. 6)，男，柯尔克孜族，1985 年 9 月出生，新疆阿合县人，大学本科文化程度，共青团员，2009 年 8 月参加工作。生前为阿图什市公安局特警大队民警，三级警司警衔。

买买提努尔·吐尔地尼牙孜的高中是在新疆内高班天津第五中学就读的。2005 年 5 月以优异成绩考入沈阳刑警学院，2009 年毕业并获学士学位。2009 年 7 月，买买提努尔·吐尔地尼牙孜放弃去广东等大城市公安机关工作的机会，毅然选择回到边境小县阿合奇县，在县公安局刑警大队当协警。2010 年 10 月，以优异成绩通过公务员考试，考入阿图什市公安局，后分配至特警大队工作。在敌社情复杂、维稳形势严峻的南疆，买买提努尔·吐尔地尼牙孜刻苦训练、勤奋工作，是大家公认的优秀民警；是同事们训练中的好战友、生活中的好兄弟；是警队中民族团结的好模范，在同吃、同住、同劳动、同训练中，买买提努尔·吐尔地尼牙孜与战友们结下亲密无间的深厚情谊。热心公益事业，积极参与各类活动，2010 年 11 月献血 400 毫升。2012 年，买买提努尔·吐尔地尼牙孜被阿图什市公安局评为先进个人。工作 3 年来，共参与各类抓捕行动 10 次，协助破获各类刑事案件 10 起，抓获各类违法犯罪嫌疑人 50 名，执行安保、押解任务 40 次，无论是抓捕、搜山、比武、安保、还是处突，各种考验和锻炼，均以高度的政治责任感和严谨的工作作风出色地完成工作任务。

2013 年 6 月 21 日，买买提努尔·吐尔地尼牙孜因阑尾炎住克州人民医院治疗，怕家人担心，做手术时由战友全程陪同。6 月 27 日，单位进入一级战备的第二天，当特警大队领导及战友代表到医院探望时，买买提努尔·吐尔地尼牙孜得知单位进入一级响应后，便主动请缨要求立即返回工作岗位。6 月 29 日，买买提努尔·吐尔地尼牙孜悄悄办理出院手续，在病情尚未痊愈的情况下提前归队。6 月 30 日，在处置一起“伊吉拉特”团伙案件中，面对穷凶极恶、丧心病狂的暴力恐怖分子，买买提努尔·吐尔地尼牙孜临危不惧、冲锋在前，在与暴力恐怖分子搏斗中英勇负伤,经抢救无效光荣牺牲,年仅28岁,谱写了感人至深、催人泪下的英雄壮歌。

2013年7月8日,自治区人民政府批准为革命烈士。7月10日,中华人民共和国民政部颁发“烈士证明书”。7月16日,克州党委、克州人民政府印发《关于开展向买买提努尔·吐尔地尼牙孜同志学习活动的决定》,号召全州各级党组织、全体党员和干部群众认真向买买提努尔·吐尔地尼牙孜同志学习,大力营造学习英烈、宣传英烈、崇尚英烈的浓厚氛围。7月25日,自治州党委主要领导在买买提努尔·吐尔地尼牙孜烈士追悼会期间题词:学习英烈奉献人民。

2014年3月26日,公安部追授买买提努尔·吐尔地尼牙孜“二级英雄模范”称号。

第二章 人物简介

周丽娜

周丽娜,女,汉族,1966年2月生,辽宁沈阳人,大专学历,新疆克孜勒苏柯尔克孜自治州阿图什市上阿图什镇亚维勒克双语幼儿园园长。身为喀依拉克村中唯一的汉族人,周丽娜有幸成为这个维吾尔族乡的一名汉族乡村教师。为了让大山深处的孩子学会“用知识改变命运”,她自创“兴趣教学法”,被誉为“最美乡村教师”。

1997年,从小生活在沈阳的周丽娜与卖烤羊肉串的新疆小伙儿乃斯如拉·吾买尔相爱并结婚。2006年,周丽娜跟随丈夫从沈阳来到新疆克州阿图什市上阿图什镇定居,被阿图什市上阿图什镇喀依拉克小学聘为临时汉语教师。

为了使孩子们尽快掌握汉语,周丽娜自创一套兴趣教学法:一节课只上15分钟,其余时间让孩子们轮流到讲台上表演,并将汉字写在玩具上,让孩子们带上玩具做游戏,在游戏中认识汉字。有时候,为了一个发音,周丽娜要重复教十几遍。她常常把孩子们带到乡村田园,让孩子们在玩的过程中学会汉语词汇,同时认识了大自然。

在这样的互动过程中,周丽娜意识到,孩子们是她学习维吾尔语的最好老师。于是,她把维吾尔语单词用拼音写在纸上,她说汉语,让孩子们教她维吾尔语。几年下来,周丽娜和孩子们能流利地用维吾尔语、汉语双语交流了。

2010年9月,周丽娜成为一名正式编制的教师,2014年4月,又到亚维勒克村双语幼儿园当了园长。虽然工资不高,但周丽娜每月都拿出100元资助贫困孩子。

周丽娜荣获新疆维吾尔自治区优秀教育工作者、感动新疆十大人物、自治区民族团结进步模范个人等荣誉称号。

彭金兰

彭金兰,女,汉族,1969年5月生,甘肃高台人,高中学历,阿图什市环卫局清扫2队队长。每当清晨的阳光洒在大地上,安睡了一夜的人们走出家门时总会看到干净整洁的道路,这是环卫工人们的劳动成果。在阿图什市就有一位这样的环卫工人——彭金兰。25年来,她用“辛苦我一人,干净千万家”的精神,坚守在枯燥、辛苦的工作岗位上无怨无悔,她总是会这样说:“奉献环卫事业是感觉恩最好的行动。”

1991年,刚刚走上环卫工作岗位的彭金兰也曾犹豫过、彷徨过。那时,全市61万平方米的道路全靠人力清扫保洁,而环卫队伍大部分都是清一色的女同志,劳动强度高、清扫面积大,许多人选择了离开。彭金兰说:“那是一段痛苦和挣扎交织的日子,在困难面前如果每个人都选择退缩,那么阿图什的环卫工作该由谁来承担?作为党员我觉得自己应该迎难而上。”

就这样,彭金兰留了下来,拿着扫帚和簸箕一干就是25年。1996年一个周日的上午,彭金兰刚清扫完道路回家，一阵狂风夹着倾盆暴雨袭来，掠过防洪设施尚不健全的城市道路，不少路段都有积水。看到这种情况，彭金兰想如不及时清理，会给过往车辆带来不便甚至危险，在她及时组织下，清扫队员纷纷赶来清理积水。

无论遇到什么样的极端天气，彭金兰总是坚持每天7时就起床，比同伴早一个小时开始工作，晚班姐妹们都收工了她还坚持巡查一遍。日常工作中，她也总是一如既往地把脏活、重活、累活不声不响地主动承担起来。过分的劳累让她患上严重的风湿性关节炎，每天她都累得两肩发麻、两腿无力，但是劳动的艰辛却一点也没有改变她对工作的热情，在她的引领带动下，整个班组形成了比、学、赶、超的热潮。

彭金兰说："从走上环卫岗位的那天起，环卫工人就会十年如一日，不怕烈日炎炎、无惧寒风凛冽，因为我们心中想着党，我们就要坚定地跟党走、听党话，所以我们更要像爱护自己的家庭一样爱护环境卫生事业。"

近年来，阿图什市先后获得自治区卫生城市和自治区城市"天山杯"进步最快的城市，来过阿图什的人都说这里变新了、变美了，市容市貌变干净整洁了，这些荣誉的背后，有着环卫工作者的艰辛付出。由于工作出色，彭金兰先后荣获国家、自治区"三八红旗手""巾帼标兵""先进工作者""劳动模范"等荣誉称号。

彭金兰说："作为美化城市的环卫工作者，我会用一点一滴的付出创造更美更和谐的城市生活环境，作为一名普通的基层党员，我更要誓言为环卫事业奉献终生，这就是我'感党恩、听党话、跟党走'最好的实践。"

塔依尔·吐尔逊

塔依尔·吐尔逊，男，维吾尔族，1966年7月生，新疆阿图什人，大专学历，阿图什市公安局巡逻防控大队副大队长。

1998年6月的一天下午，塔依尔·吐尔逊像往常一样对社区居民进行走访。当走到孤寡老人马惠兰家时，敲了半天不见有人开门。过了好一段时间，门终于打开了，马惠兰用手捂住腹部，额头上是豆大的汗珠。塔依尔·吐尔逊看到后，感觉情况不对，二话没说就将马惠兰老人背到医院检查，诊断结果为肠胃炎。

塔依尔·吐尔逊不但为马惠兰老人交了医药费，而且按医生的要求第二天把老人准时送到医院复查。之后，他每天都要挤出时间去探望，为老人取药。

看着塔依尔·吐尔逊默默为她做的一切，马惠兰感动得热泪盈眶。她告诉笔者："我几天不见他，就会想他，非要看到他，我心里才放心，他对我就像待他自己的母亲一样。"言语间透露出对这个"儿子"深深的依赖和眷恋。

马惠兰退休后，每月有2000多元退休金，本可以安享晚年，却连连遭遇不幸。老人的独子和儿媳在和田工作，两人都患有重疾，不但无法照顾老人，还需要马惠兰补贴。2009年，马惠兰老人的儿子因肝病复发去世。

看到老人生活拮据、孤独无助，塔依尔·吐尔逊又伸出援手，他尽自己最大努力从物质上和精神上给予老人帮助和支持，像亲儿子一样照顾老人，解决老人生活上的诸多困难。

16年来，塔依尔·吐尔逊把照顾老人当作自己生活的重要内容。冬天室温不高，就为老人烧煤炉子加温；过年过节，为老人购置生活用品；平时，经常为老人收拾家务、整理房间；买米、买面等体力活，不用马惠兰吱声，他都悄悄帮老人做了。只要家里有事，马惠兰第一个想到的就是给塔依尔·吐尔逊打电话。

马惠兰说："他平时自己都舍不得买点好吃的、好穿的，但为我花钱从没犹豫过。为了给我改善生活，早餐都要准备几个菜，还经常给我买些衣服和日常用品。我有白内障和关节炎，他都是买最好的药，把自己平时节约下的钱都贴补到我身上了。"

16年来，塔依尔·吐尔逊精心照料老人的饮食、起居，这已经成了他的一种牵挂。他两三天就要去看看老人，如果出差，就嘱咐同事代为探望。

塔依尔·吐尔逊说："我只是做了一名警察应该做的，看到需要帮助的人，我总不能撒手不管，时间长了都有了感情，我把照顾老人当作我的义务了，更把她当作我的亲人。看着老人在我的照顾下生活得好，我也安心了。"

塔依尔·吐尔逊是个热心肠，群众遇到困难找到他，他都会尽全力帮助解决，他是阿图什市公安民警群体的一个代表、我们大家学习的榜样。

塔依尔・吐尔逊自参加工作以来,工作是干一行、爱一行、钻一行;负责巡逻防控大队工作以来,既敢抓敢管,又善于做民警的思想工作和队伍的团结工作,多次被评为各级部门授予的先进个人荣誉称号,2011 年 9 月被克州人民政府授予“十佳道德模范”荣誉称号,2014 年 10 月,被公安部授予“全国公安机关爱民模范”,这一荣誉是近年来全国公安机关表彰英雄模范人物的最高荣誉,是广大人民群众对人民警察的最高褒奖。

2014 年 10 月 28 日,在北京人民大会堂金色大厅,阿图什市公安局巡逻防控大队副大队长塔依尔・吐尔逊等全国公安机关爱民模范受到习近平总书记的亲切会见。他说:“从前都是在电视中看到尊敬的习总书记,当他与我握手的那一刻,我热泪盈眶,既兴奋激动,又倍受鼓舞。”

亚生・阿不拉

亚生・阿不拉,男,维吾尔族,1964 年 10 月出生,新疆莎车人,高中学历,中共党员,阿图什公路总段吐尔尕特道班班长,荣获 2010 年全国先进工作者。

2010 年 4 月 27 日,对新疆公路管理局阿图什公路总段阿图什公路段吐尔尕特道班班长亚生・阿不拉来说是个终生难忘的日子。在北京召开的全国劳动模范和先进工作者表彰大会上,他被授予全国劳模,并受到胡锦涛等中央领导同志的接见。一个祖国西部帕米尔高原上的养路工人获此殊荣,正是党和政府尊重劳动、尊重普通劳动者的具体体现。

亚生・阿不拉所在的阿图什公路总段阿图什公路段吐尔尕特道班,地处省道 212 线 6 千米处,平均海拔 3680 多米的山区,由于气候特殊,这里高寒缺氧,他和伙伴们终年养护 70 千米的边防口岸公路。这里的气候变化无常,即使进入春暖花开的 4 月,这里的道班依然是靠生火烧炉子取暖。就是在这样恶劣的自然环境和艰苦条件下,亚生・阿不拉一干就是 28 年。他爱党爱国,自觉维护祖国统一,维护民族团结。他为人清正廉洁,业务精益求精,无论在什么工作岗位上,都能以一名共产党员的事业心、责任感和忘我的工作态度,俯首拉重车,辛勤苦耕耘,把对党和人民的一片深情倾注于公路事业,把对事业的热爱融入公路养护与振兴,实践着他对人生价值的美好追求,为公路建设和养护事业发展做出突出贡献。

2005 年初冬,吉尔吉斯斯坦一辆大型载货车从境外入关去货场行驶到省道 212 线 K18 千米处货车突然熄火了。司机忙于修车无水无食,加之天寒地冻,不知不觉地人快要冻死了。亚生・阿不拉发现后,找人设法将其带回道班取暖。一个多小时后,司机慢慢恢复了知觉,万分感激地说:“中国的养路工真是好样的,谢谢你们救了我的命。”

2006 年 4 月 3 日,吉尔吉斯斯坦境内因大雪阻断交通,经中吉双方有关方面协商,吉方邀请中方除雪机械进入吉国帮助清除积雪恢复交通。3 日上午 11 时,阿图什段派亚生・阿不拉率 3 名机械驾驶员和 1 台推雪机进入吉国境内除雪。经过连续 7 个小时的工作,开出一条长 500 多米的单车道,受阻车辆顺利通行。这是中华人民共和国成立以来的第一次阿图什公路总段养路职工跨出国境帮助邻国除雪恢复交通。

针对道班年轻人多的特点,亚生・阿不拉常配合工会或团小组,努力做好年轻人的思想工作,为使他们树立以道班为家,以养路为荣的思想,他利用工余时间组织他们学习政治、学习业务,并开展文体娱乐活动,极大地丰富了道班的生活。为加强道班的凝聚力,他引导职工处理好家庭与事业中的矛盾关系。他深知,要想做好道班工作,只有不断提高自身业务水平。亚生・阿不拉利用晚上加班写资料、填图表、计算工程量,这些都是他每天必需的工作。而他总是精力充沛地带领道班工人投入到早出晚归的公路养护事业中。

多年心血终于有了回报,他 2 次被评为公路局级先进生产者(所在道班获得局级先进道班),先后 11 次被总段评为先进生产者,4 次被总段团委授予优秀共青团员称号,2 次被总段评为民族团结先进个人,8 次被公路段评为先进生产者,2005 年 5 月被授予全疆交通系统劳动模范荣誉称号,2005 年 10 月被自治区授予劳动模范荣誉称号,2006 年被授予公路局级优秀共产党员称号。2007 年、2008 年分别被阿图什公路总段党委授予优秀共产党员称号,2009 年获得全国五一劳动奖章,并被交通运输部评为劳动模范,2010 年被评选为“全国劳动模范”。

第三章　人物名表

第一节　烈　士

1995—2015 年阿图什市革命烈士 2 人。

1995—2015 年阿图什市革命烈士一览表

表 33－1

姓名	性别	民族	籍贯	出生年月	政治面貌	工作单位职务	牺牲时间	牺牲地点原因	授予单位	授予时间
阿布不都卡德尔·吾拉木	男	维吾尔	新疆阿图什	1946.3	党员	克州外办主任	2000.5.25	吉尔吉斯斯坦执行革命任务中牺牲	中华人民共和国民政部	2000.11.20
买买提努尔·吐尔地尼牙孜	男	柯尔克孜	新疆阿合奇	1985.9	共青团员	阿图什市公安局特警大队民警	2013.6.30	阿图什市城区，抓捕伊吉拉特团伙时被犯罪分子持械重伤，经抢救无效牺牲	中华人民共和国民政部	2013.7.10

第二节　道德模范、先进人物

1995—2015 年阿图什市获自治区级以上道德模范(先进个人)人员一览表

表 33－2

姓名	性别	民族	籍贯	出生年月	工作单位	荣誉名称	授予单位	授予时间
崔新宝	男	汉	山东宁津	1957.03	阿图什市公安局	全国打假先进个人	国务院、公安部	1995.08
建　青	男	汉	青海德令哈	1968.05	武警克州内卫支队阿图什市中队	优秀共产党员	武警新疆总队	1995
麦麦提·阿吉	男	维吾尔	新疆阿图什	1944.11	阿图什市第二中学校长	自治区优秀教育工作者	自治区教育委员会、人事厅、教育工会、教育基金会	1995.09
						2000—2003 年度自治区社会治安综合治理先进个人	自治区党委、自治区人民政府	2004.10
吐尔逊·阿吉	男	维吾尔	新疆阿图什	1953.07	阿图什市畜牧兽医站	黄牛改良先进个人	自治区畜牧厅	1996.10
						获得“可调式牲畜保定架”专利	国家知识产权局	2008.01
艾力江·阿不都克里木	男	维吾尔	新疆阿图什	1963.7	阿图什市公安局政保股	全疆优秀人民警察	公安厅	1999.02
依米提·库尔班	男	维吾尔	新疆阿图什	1959.10	阿图什市公安局格达良乡派出所	全疆派出所优秀民警	公安厅	1999.06

续上表

姓名	性别	民族	籍贯	出生年月	工作单位	荣誉名称	授予单位	授予时间
依马木·买买提	男	维吾尔	新疆阿图什	1971.7	阿图什市公安局政保大队	全疆优秀人民警察	公安厅	2000.01
伏伟民	男	汉	江苏新沂	1971.03	阿图什市消防大队	新疆十佳消防卫士	公安厅、自治区团委	2001
张泽军	男	汉			阿图什市消防大队	全国消防岗位练兵先进个人	公安部	2001
艾力江·阿不都克里木	男	维吾尔	新疆阿图什	1963.07	阿图什市公安局国保大队	全疆优秀人民警察	公安厅	2003.02
罗斌	男	汉			阿图什市消防大队	优秀党务工作者	公安部消防局党委	2005
地里夏提·吐尔地	男	维吾尔	新疆阿图什	1965.08	阿图什市农业技术推广中心	先进科技工作者	自治区农业厅	2005.04
买买提努尔·克德库力	男	柯尔克孜	新疆阿图什	1983.12	阿图什市无声世界民族手工艺品有限公司	第六届全国残疾人艺术汇演获银奖	第六届全国残疾人艺术汇演组织委员会	2005.10
						第六届“新疆青年创业奖”	自治区党委宣传部等六部门	2015.04
李继祥	男	汉	安徽太和	1966.12	阿图什市公安局看守所	全国公安监管系统深挖犯罪工作先进个人	公安部	2006.05
台来提·阿洪	男	维吾尔	新疆阿图什	1967.06	阿图什市农业局农产品质量安全检测中心主任	2006年度土肥工作先进个人	自治区农业厅	2007.03
吾斯曼江·亚森	男	维吾尔	新疆阿图什	1966.10	阿图什市畜牧兽医站副站长	自治区第二次全国农业普查工作先进个人	自治区人民政府第二次全国农业普查领导小组办公室、自治区统计局	2008.08
邓　丽	女	汉	湖南邵阳	1975.09	阿图什市史志办	2007—2008年自治区党史系统先进工作者	自治区党史研究室	2009.03
艾热提·阿吉	男	维吾尔	新疆阿图什	1971.05	上阿图什镇人民政府	自治区自强模范;	自治区人民政府残疾人工作委员会;	2010.01
库玩克孜·买买提	女	维吾尔	新疆阿图什	1975.12	阿湖乡兽医站	自治区家禽繁殖“八星级育种员”	自治区畜牧厅	2010.02
买买提图尔干·库尔班	男	维吾尔	新疆阿图什	1977.03	阿图什市公安局松他克乡派出所	人民群众满意派出所民警	公安厅	2010.03
吾买尔江·阿吾拉	男	维吾尔	新疆轮台	1982.02	阿图什市公安局天山路派出所	人民群众满意派出所民警	公安厅	2010.03
王新玲	女	汉	安徽颍上	1966.06	阿图什市妇联	自治区维护妇女儿童权益先进个人	自治区妇联、自治区综治办、自治区司法厅	2010.07
代　军	男	汉	四川	1980.09	阿图什市国土资源局	国土资源管理系统“六五”普法先进个体	国土资源部	2010.09
都力昆·阿布力孜	男	维吾尔	新疆阿图什	1967.6	上阿图什镇畜牧兽医站	自治区“科普惠农兴村计划”科普带头人	自治区科协、财政厅	2010.11
吾守日洪·吐尔逊	男	维吾尔	新疆阿图什	1976.02	阿图什市公安局森林派出所	首届中国—亚欧博览会安保工作先进个人	自治区社会治安综合治理委员会	2011

续上表

姓名	性别	民族	籍贯	出生年月	工作单位	荣誉名称	授予单位	授予时间
木太来甫·阿布都热合曼	男	维吾尔	新疆阿图什	1977.07	阿图什市委员会组织部	全国民兵工作先进个人	人力资源和社会保障部等五部委	2011.09
						自治区爱国拥军模范	自治区党委、人民政府、新疆军区	2015.07
巴图尔·拜克热	男	维吾尔	新疆阿图什	1960.05	上阿图什镇农机服务站	自治区粮食生产突出贡献农业科技人员	自治区党委农村工作领导小组	2012.01
孔令斌	男	汉	安徽巢湖	1976.06	阿图什市公安局交警大队	全疆优秀人民警察	公安厅	2012.01
王海冰	男	汉	山西	1969.9	阿图什市公安局刑警大队	“清网行动”先进个人	公安厅	2012.1
木合塔尔·艾买提	男	维吾尔	新疆阿图什	1972.11	阿图什市公安局上阿图什派出所	“清网行动”先进个人	公安厅	2012.01
蒋德军	男	汉	四川岳池	1987.10	阿图什市公安局刑警大队	“清网行动”先进个人	公安厅	2012.01
库尔班·买买提	男	维吾尔	新疆阿图什	1967.01	阿图什市畜牧兽医站	2009—2010年度优秀科技特派员	新疆维吾尔自治区科技特派员工作领导小组	2012.05
吐尔逊·库尔班	男	维吾尔	新疆阿图什	1942.4	农民	“热爱伟大祖国 建设美好家园”主题教育活动先进个人	中央宣传部等五部委	2012.10
						基层理论宣讲先进个人	中央宣传部办公厅	2015.10
张枫华	男	汉	山东单县	1974.12	阿图什市公安局天山路派出所	优秀民警	公安厅	2012.12
阿曼古丽·吐尔逊	女	维吾尔	新疆阿图什	1975.11	阿图什市人大	自治区“三八红旗手”	自治区妇联	2013.03
庞　敏	男	汉	湖南南县	1982.11	阿图什市公安局	记“二等功”	自治区公安厅政治部	2013.10
李　飒	男	汉	湖南邵阳	1976.06	阿图什市史志办	2014年度自治区地方志系统先进工作者	自治区地方志编纂委员会	2014.12
阿不都外力·达吾提	男	维吾尔	新疆阿图什	1966.05	阿图什市畜牧兽医站	自治区2014年度“访惠聚”活动先进个人	自治区党委	2015.01
艾买提江·司马义	男	维吾尔	新疆阿图什	1961.06	阿图什市人民医院感染科	自治区民族团结模范个人	自治区党委、自治区人民政府	2015.05
刘新萍	女	汉	新疆阿图什	1970.08	阿图什市妇联党组书记、副主席	优秀党务工作者	自治区党委	2015.06
阿吉古丽·依明	女	维吾尔	新疆阿图什	1963.12	阿图什市妇联	自治区“巾帼建功”标兵	自治区农牧区妇女“三学三比”城镇妇女“巾帼建功”竞赛活动领导小组	2015.06
米娜瓦尔·卡斯木	女	维吾尔	新疆阿图什	1968.08	阿图什市妇联	自治区“三八红旗手”	自治区妇联	2015.03
艾热提·阿吉	男	维吾尔	新疆阿图什	1971.05	上阿图什镇残联迪汗拉村专职委员	自治区“自强模范”	自治区人民政府残疾人工作委员会	2010.01

第三节　获副高级及以上技术职称人员

1995—2015 年阿图什市获得副高级及以上职称人员 491 人,其中教育系列 378 人,卫生系列 52 人,农业农机系列 26 人,畜牧系列 22 人,林业系列 7 人,文化体育广播影视系列 5 人,水利系列 1 人。

1995—2015 年阿图什市教育系列副高及以上职称人员一览表

表 33－3

姓　名	批准文号	执行时间	技术职称	工作单位
海孜尼木·阿不都热衣木	克职改办字〔1998〕15 号	1998. 5. 20	高级教师	市一中
阿不里米提·沙吾提	克职改办字〔1998〕44 号	1998. 11. 30	高级教师	市二中
阿布来·艾开西	克职改办字〔1998〕44 号	1998. 11. 30	高级教师	市二中
米娜瓦尔·尤努斯	克职改办字〔1998〕44 号	1998. 11. 30	高级教师	阿扎克乡中学
肉孜·乃买提	克职改办字〔1998〕44 号	1998. 11. 30	高级教师	阿扎克乡麦依中学
斯拉江·买买提牙尔	克职改办字〔1998〕44 号	1998. 11. 30	高级教师	上阿图什乡喀依拉克中学
古丽克孜	克职改办字〔2000〕08 号	1999. 12. 30	高级教师	市一中
艾力·白克尔	克职改办字〔2000〕08 号	1999. 12. 30	高级教师	市一中
克尤木·买买江	克职改办字〔2000〕08 号	1999. 12. 30	高级教师	市一中
卡米力·巴拉提	克职改办字〔2000〕08 号	1999. 12. 30	高级教师	阿湖中学
伊布拉音江·阿布力孜	克职改办字〔2000〕08 号	1999. 12. 30	高级教师	上阿图什镇喀依拉克中学
艾尔肯·依明	克职改办字〔2001〕05 号	2000. 12. 30	高级教师	市一中
卡热·吐尔地	克职改办字〔2001〕05 号	2000. 12. 30	高级教师	吐古买提乡中学
阿布力孜·马拉洪	克职改办字〔2001〕05 号	2000. 12. 30	高级教师	阿扎克乡中学
库尔班江·吐尔逊	克职改办字〔2001〕05 号	2000. 12. 30	高级教师	上阿图什镇尧勒其中学
艾力·马木提	克职改办字〔2001〕05 号	2000. 12. 30	高级教师	格达良乡中学
依明江·艾山	克职改办字〔2001〕05 号	2000. 12. 30	高级教师	市六中
哈日·库尔班	克职改办字〔2002〕03 号	2001. 11. 30	高级教师	市一中
外力·阿布拉	克职改办字〔2002〕03 号	2001. 11. 30	高级教师	市一中
赛都拉·依拜提	克职改办字〔2002〕03 号	2001. 11. 30	高级教师	市四中
依马木·加马力	克职改办字〔2002〕03 号	2001. 11. 30	高级教师	阿扎克乡麦依中学
买丁江·玉山	克职改办字〔2002〕03 号	2001. 11. 30	高级教师	上阿图什镇依克萨克中学
依不拉音·阿布力米提	克职改办字〔2003〕18 号	2002. 12. 30	高级教师	市二中
阿吉·斯力木	克职改办字〔2003〕18 号	2002. 12. 30	高级教师	市二中

续上表

姓　名	批准文号	执行时间	技术职称	工作单位
努尔拉·努尔	克职改办字〔2003〕18号	2002.12.30	高级教师	市二中
赛迪拉·艾山	克职改办字〔2003〕18号	2002.12.30	高级教师	市二中
吐尔逊江·塔吉	克职改办字〔2003〕18号	2002.12.30	高级教师	阿湖中学
毛拉巴克·斯拉依	克职改办字〔2003〕18号	2002.12.30	高级教师	上阿图什镇喀依拉克中学
阿布都卡德尔·尼亚孜	克职改办字〔2003〕18号	2002.12.30	高级教师	格达良乡中学
阿曼里·吐尔	克职改办字〔2003〕18号	2002.12.30	高级教师	哈拉峻乡中学
吾甫尔·麦麦提	克职改办字〔2003〕18号	2002.12.30	高级教师	市六中
阿布力米提·祖努尼	克职改办字〔2003〕18号	2002.12.30	高级教师	阿扎克乡中学
苏力坦·阿不来提	克职改办字〔2003〕18号	2002.12.30	高级教师	市一中
阿吉古丽·祖浓	克职改办字〔2003〕18号	2002.12.30	高级教师	市一中
莫合塔尔·亚合甫	克职改办字〔2003〕18号	2002.12.30	高级教师	市一中
赛米·阿布都拉	克职改办字〔2003〕18号	2002.12.30	高级教师	市一中
衣马木山·买买提	克职改办字〔2003〕18号	2002.12.30	高级教师	肖鲁克中学
阿依古丽·那曼	新职办〔2004〕66号	2003.12.30	高级教师	市一中
孜比布拉·依明	新职办〔2004〕66号	2003.12.30	高级教师	市一中
努尔买买提·吾吉	新职办〔2004〕66号	2003.12.30	高级教师	市一中
艾尔肯·依明	新职办〔2004〕66号	2003.12.30	高级教师	市一中
大毛拉·阿不拉	新职办〔2004〕66号	2003.12.30	高级教师	市一中
毛拉洪·艾买提	新职办〔2004〕66号	2003.12.30	高级教师	市二中
阿布的卡迪尔·沙米西丁	新职办〔2004〕66号	2003.12.30	高级教师	市二中
阿布力克木·米吉提	新职办〔2004〕66号	2003.12.30	高级教师	市二中
努尔·艾开西	新职办〔2004〕66号	2003.12.30	高级教师	市二中
艾尼瓦尔·肉孜	新职办〔2004〕66号	2003.12.30	高级教师	市四中
努尔古丽·阿吉	新职办〔2004〕66号	2003.12.30	高级教师	市四中
吐大力·玉麦尔	新职办〔2004〕66号	2003.12.30	高级教师	吐古买提中学
阿布都吉力力·木拉买提	新职办〔2004〕66号	2003.12.30	高级教师	格达良乡中学
阿布都热西提·库尔班	新职办〔2004〕66号	2003.12.30	高级教师	格达良乡中学
依米尔·阿不力孜	新职办〔2004〕66号	2003.12.30	高级教师	上阿图什镇尧勒其中学
热依汗·阿布力孜	新职办〔2004〕66号	2003.12.30	高级教师	上阿图什镇依克萨克中学

续上表

姓　名	批准文号	执行时间	技术职称	工作单位
吐逊江·卡日	新职办〔2004〕66号	2003.12.30	高级教师	阿扎克乡中学
卡米尔丁·阿布都热依木	新职办〔2004〕66号	2003.12.30	高级教师	松他克乡肖鲁克中学
吐达洪·牙森	新职办〔2004〕66号	2003.12.30	高级教师	市六中
海力力·塔依尔	新职办〔2004〕66号	2003.12.30	高级教师	上阿图什镇喀依拉克中学
达迪汉·阿不力孜	新职办〔2004〕66号	2003.12.30	高级教师	上阿图什镇喀依拉克中学
巴斯都·阿布都卡得尔	新职办〔2004〕66号	2003.12.30	高级教师	上阿图什镇喀依拉克中学
古丽尼沙·祖农	克职办〔2005〕30号	2004.12.20	高级教师	市一中
萨吉旦·木沙	克职办〔2005〕30号	2004.12.20	高级教师	市一中
依拉木·沙比尔	克职办〔2005〕30号	2004.12.20	高级教师	市一中
阿布都瓦力·合力力	克职办〔2005〕30号	2004.12.20	高级教师	市二中
派孜拉·阿布都苏甫尔	克职办〔2005〕30号	2004.12.20	高级教师	市二中
汗克孜·阿吉	克职办〔2005〕30号	2004.12.20	高级教师	市四中
穆来买提·艾山	克职办〔2005〕30号	2004.12.20	高级教师	市四中
艾克拜尔·阿不都克力木	克职办〔2005〕30号	2004.12.20	高级教师	市五中
巴吐尔·赛买提	克职办〔2005〕30号	2004.12.20	高级教师	市六中
阿吉木·马木提	克职办〔2005〕30号	2004.12.20	高级教师	市六中
马依尔·吐尔孙	克职办〔2005〕30号	2004.12.20	高级教师	肖鲁克中学
吐尔孙·托合提	克职办〔2005〕30号	2004.12.20	高级教师	阿扎克中学
斯热衣力·买买提	克职办〔2005〕30号	2004.12.20	高级教师	阿扎克中学
库尔班江·阿吉	克职办〔2005〕30号	2004.12.20	高级教师	阿扎克乡麦依中学
买买提吐尔孙·马坦	克职办〔2005〕30号	2004.12.20	高级教师	吐古买提中学
古丽布卫·牙合瓦力	克职办〔2005〕30号	2004.12.20	高级教师	吐古买提乡依达良中学
阿吉·麦麦提	克职办〔2005〕30号	2004.12.20	高级教师	松他克乡瓦克瓦克中学
杰热拉·艾白都拉	克职办〔2005〕30号	2004.12.20	高级教师	上阿图什镇喀依拉克中学
买买提·依布拉音	克职办〔2005〕30号	2004.12.20	高级教师	上阿图什镇喀依拉克中学
阿吉·克热木	克职办〔2005〕30号	2004.12.20	高级教师	上阿图什镇尧勒其中学
买地尼也提·吾斯曼	克职办〔2005〕30号	2004.12.20	高级教师	格达良乡提间中学
阿布拉江·吾斯曼	克职办〔2005〕30号	2004.12.20	高级教师	阿湖乡中学
阿曼古丽·阿布力克木	克职办〔2005〕30号	2004.12.20	高级教师	上阿图什镇依克萨克中学

续上表

姓　名	批准文号	执行时间	技术职称	工作单位
马少军	克职办〔2005〕30 号	2004. 12. 20	高级教师	哈拉峻乡中学
沙力曼·马木提	新职称办〔2006〕61 号	2005. 12. 20	高级教师	阿湖乡中学
吐尔地·吾买尔	新职称办〔2006〕61 号	2005. 12. 20	高级教师	阿湖乡中学
赛麦提·阿布来提	新职称办〔2006〕61 号	2005. 12. 20	高级教师	阿扎克乡中学
玉山江·吐尔逊	新职称办〔2006〕61 号	2005. 12. 20	高级教师	阿扎克乡麦依中学
阿吉木·阿吉	新职称办〔2006〕61 号	2005. 12. 20	高级教师	市五中
乃比·阿布拉	新职称办〔2006〕61 号	2005. 12. 20	高级教师	格达良乡中学
艾尼瓦尔·达吾提	新职称办〔2006〕61 号	2005. 12. 20	高级教师	格达良乡提坚中学
艾拉·巴克	新职称办〔2006〕61 号	2005. 12. 20	高级教师	上阿图什镇喀依拉克中学
孜依比古丽·阿布提	新职称办〔2006〕61 号	2005. 12. 20	高级教师	上阿图什镇喀依拉克中学
艾买提·艾山	新职称办〔2006〕61 号	2005. 12. 20	高级教师	尧勒其中学
艾力·斯拉木	新职称办〔2006〕61 号	2005. 12. 20	高级教师	上阿图什镇依克萨克中学
米娜古丽·阿不力孜	新职称办〔2006〕61 号	2005. 12. 20	高级教师	市一中
麦麦提吾玛尔·萨吾提	新职称办〔2006〕61 号	2005. 12. 20	高级教师	市一中
阿里普·吐尔逊	新职称办〔2006〕61 号	2005. 12. 20	高级教师	市一中
阿孜古·玉苏朴	新职称办〔2006〕61 号	2005. 12. 20	高级教师	市一中
塞买提·依明	新职称办〔2006〕61 号	2005. 12. 20	高级教师	市一中
依郎木·热孜克	新职称办〔2006〕61 号	2005. 12. 20	高级教师	市一中
克丽比努尔·马木提	新职称办〔2006〕61 号	2005. 12. 20	高级教师	市一中
沙吉达·阿不来提	新职称办〔2006〕61 号	2005. 12. 20	高级教师	市一中
达吾提江·依沙木丁	新职称办〔2006〕61 号	2005. 12. 20	高级教师	市二中
木台来普·提力瓦地	新职称办〔2006〕61 号	2005. 12. 20	高级教师	市四中
塔提古·托合提	新职称办〔2006〕61 号	2005. 12. 20	高级教师	市四中
克尤木·斯拉木	新职称办〔2006〕61 号	2005. 12. 20	高级教师	市六中
比力克孜·牙合普	新职称办〔2006〕61 号	2005. 12. 20	高级教师	市六中
斯马义·吐尔地	新职称办〔2006〕61 号	2005. 12. 20	高级教师	松他克乡瓦克瓦克中学
努尔尼沙·阿吉	新职称办〔2006〕61 号	2005. 12. 20	高级教师	松他克乡肖鲁克中学
古丽努尔·吐尔地	新职称办〔2007〕72 号	2006. 10. 20	高级教师	市一中
木合拜提·艾沙	新职称办〔2007〕72 号	2006. 10. 20	高级教师	市一中

续上表

姓　名	批准文号	执行时间	技术职称	工作单位
达毛拉·玉素甫	新职称办〔2007〕72 号	2006.10.20	高级教师	市一中
帕提古丽·吐尔地	新职称办〔2007〕72 号	2006.10.20	高级教师	市一中
阿尼古丽·阿不都热依木	新职称办〔2007〕72 号	2006.10.20	高级教师	市一中
迪力努尔·阿不力米提	新职称办〔2007〕72 号	2006.10.20	高级教师	市一中
阿不力克木·阿布拉	新职称办〔2007〕72 号	2006.10.20	高级教师	市一中
库尔班江·吐尔地	新职称办〔2007〕72 号	2006.10.20	高级教师	市一中
马依努尔·吐尔逊	新职称办〔2007〕72 号	2006.10.20	高级教师	市二中
阿布都沙拉木·阿布力米提	新职称办〔2007〕72 号	2006.10.20	高级教师	市二中
再丁·依布拉依木	新职称办〔2007〕72 号	2006.10.20	高级教师	市二中
麦麦提力·萨比尔	新职称办〔2007〕72 号	2006.10.20	高级教师	市二中
古丽热比亚·巴克	新职称办〔2007〕72 号	2006.10.20	高级教师	市四中
艾斯克尔·阿不都热合木	新职称办〔2007〕72 号	2006.10.20	高级教师	市四中
布阿依先木·艾山	新职称办〔2007〕72 号	2006.10.20	高级教师	市四中
艾斯卡尔·司马义	新职称办〔2007〕72 号	2006.10.20	高级教师	市五中
艾尔肯·艾力木	新职称办〔2007〕72 号	2006.10.20	高级教师	市五中
热木提拉·玉山	新职称办〔2007〕72 号	2006.10.20	高级教师	市六中
艾克木·依明	新职称办〔2007〕72 号	2006.10.20	高级教师	市六中
阿布地克里木·托合提	新职称办〔2007〕72 号	2006.10.20	高级教师	阿湖乡中学
喀米力·阿吉	新职称办〔2007〕72 号	2006.10.20	高级教师	阿湖乡中学
艾尔肯·阿不都热合曼	新职称办〔2007〕72 号	2006.10.20	高级教师	阿扎克乡麦依中学
哈斯木江·阿不力米提	新职称办〔2007〕72 号	2006.10.20	高级教师	阿扎克乡麦依中学
艾克巴尔·卡德尔	新职称办〔2007〕72 号	2006.10.20	高级教师	阿扎克乡中学
艾山江·阿布都热依木	新职称办〔2007〕72 号	2006.10.20	高级教师	阿扎克乡中学
哈尼沙·衣斯拉木	新职称办〔2007〕72 号	2006.10.20	高级教师	松他克乡肖鲁克中学
热孜克·克比克	新职称办〔2007〕72 号	2006.10.20	高级教师	松他克乡肖鲁克中学
阿依萨木·阿不都热合曼	新职称办〔2007〕72 号	2006.10.20	高级教师	格达良乡中学
吐尔逊·吾守尔	新职称办〔2007〕72 号	2006.10.20	高级教师	格达良乡提坚中学
亚森·伊明	新职称办〔2007〕72 号	2006.10.20	高级教师	上阿图什镇喀依拉克中学
阿拉努尔·阿吉	新职称办〔2007〕72 号	2006.10.20	高级教师	上阿图什镇喀依拉克中学

续上表

姓　名	批准文号	执行时间	技术职称	工作单位
吐尔逊江·斯迪克	新职称办〔2007〕72号	2006.10.20	高级教师	上阿图什镇尧勒其中学
阿吉·吐尔逊	新职称办〔2007〕72号	2006.10.20	高级教师	上阿图什镇尧勒其中学
木合塔尔·吐尔逊	新职称办〔2008〕12号	2007.12.7	高级教师	市一中
库尔班江·斯提瓦尔地	新职称办〔2008〕12号	2007.12.7	高级教师	市一中
努尔阿力娅·买买提艾力	新职称办〔2008〕12号	2007.12.7	高级教师	市一中
阿迪力江·胡达白尔地	新职称办〔2008〕12号	2007.12.7	高级教师	市一中
吐尔洪·艾克木	新职称办〔2008〕12号	2007.12.7	高级教师	市一中
巴热江·西力甫	新职称办〔2008〕12号	2007.12.7	高级教师	市一中
买合木提·库尔班	新职称办〔2008〕12号	2007.12.7	高级教师	市一中
布合力切·阿布力孜	新职称办〔2008〕12号	2007.12.7	高级教师	市一中
古丽阿依夏木·那斯尔	新职称办〔2008〕12号	2007.12.7	高级教师	市一中
阿布力米提·阿吉	新职称办〔2008〕12号	2007.12.7	高级教师	市二中
阿吉·买买提	新职称办〔2008〕12号	2007.12.7	高级教师	市二中
吐尔逊江·阿布力孜	新职称办〔2008〕12号	2007.12.7	高级教师	市二中
买买提江·提力瓦尔地	新职称办〔2008〕12号	2007.12.7	高级教师	市二中
木沙江·马木提	新职称办〔2008〕12号	2007.12.7	高级教师	市二中
阿依夏木古丽·依明	新职称办〔2008〕12号	2007.12.7	高级教师	市二中
艾吾古丽·沙那瓦尔	新职称办〔2008〕12号	2007.12.7	高级教师	市四中
阿曼古丽·吉力力	新职称办〔2008〕12号	2007.12.7	高级教师	市四中
胡尔西旦·依米尔	新职称办〔2008〕12号	2007.12.7	高级教师	市四中
肉孜买买提·衣马木	新职称办〔2008〕12号	2007.12.7	高级教师	市五中
迪力白尔·阿不力孜	新职称办〔2008〕12号	2007.12.7	高级教师	市五中
克尤木江·肉孜	新职称办〔2008〕12号	2007.12.7	高级教师	市六中
阿不都吾甫尔·玉素甫	新职称办〔2008〕12号	2007.12.7	高级教师	市六中
阿布来江·沙比尔	新职称办〔2008〕12号	2007.12.7	高级教师	市六中
月热古丽·亚森	新职称办〔2008〕12号	2007.12.7	高级教师	市六中
艾日肯·买买提明	新职称办〔2008〕12号	2007.12.7	高级教师	市六中
买买提江·托呼提	新职称办〔2008〕12号	2007.12.7	高级教师	阿湖中学
库来西·买买提	新职称办〔2008〕12号	2007.12.7	高级教师	阿湖中学

续上表

姓　名	批准文号	执行时间	技术职称	工作单位
肉孜阿吉·吐尔逊	新职称办〔2008〕12号	2007.12.7	高级教师	阿湖中学
艾热提江·萨吾尔	新职称办〔2008〕12号	2007.12.7	高级教师	阿扎克乡麦依中学
阿布力米提·艾力	新职称办〔2008〕12号	2007.12.7	高级教师	阿扎克中学
阿布力克木·马合木提	新职称办〔2008〕12号	2007.12.7	高级教师	阿扎克中学
库尔班江·托尔地	新职称办〔2008〕12号	2007.12.7	高级教师	阿扎克中学
艾山江·赛来	新职称办〔2008〕12号	2007.12.7	高级教师	阿扎克中学
库来西·赛买提	新职称办〔2008〕12号	2007.12.7	高级教师	阿扎克中学
热衣古·阿不都	新职称办〔2008〕12号	2007.12.7	高级教师	松他克乡肖鲁克中学
排孜拉·赛买提	新职称办〔2008〕12号	2007.12.7	高级教师	松他克乡肖鲁克中学
艾尔肯·沙吾提	新职称办〔2008〕12号	2007.12.7	高级教师	松他克乡肖鲁克中学
塔依尔·艾比布拉	新职称办〔2008〕12号	2007.12.7	高级教师	松他克乡瓦克瓦克中学
托呼提·艾拜	新职称办〔2008〕12号	2007.12.7	高级教师	格达良乡中学
外力·阿木提	新职称办〔2008〕12号	2007.12.7	高级教师	格达良乡中学
依克提亚提·艾买提	新职称办〔2008〕12号	2007.12.7	高级教师	格达良乡中学
吐达吉·阿不都热依木	新职称办〔2008〕12号	2007.12.7	高级教师	格达良乡提坚中学
买买提明·阿不都热依木	新职称办〔2008〕12号	2007.12.7	高级教师	上阿图什镇依克萨克中学
依米古丽·斯热依力	新职称办〔2008〕12号	2007.12.7	高级教师	上阿图什镇依克萨克中学
依马木艾山·牙克甫	新职称办〔2008〕12号	2007.12.7	高级教师	上阿图什镇依克萨克中学
阿比旦木·海如拉	新职称办〔2008〕12号	2007.12.7	高级教师	上阿图什镇喀依拉克中学
托合塔吉·赛得拉	新职称办〔2008〕12号	2007.12.7	高级教师	上阿图什镇喀依拉克中学
艾尼·依不拉音	新职称办〔2008〕12号	2007.12.7	高级教师	上阿图什镇喀依拉克中学
再同古丽·赛迪尔丁	新职称办〔2008〕12号	2007.12.7	高级教师	上阿图什镇喀依拉克中学
依拉木·买买提	新职称办〔2008〕12号	2007.12.7	高级教师	上阿图什镇喀依拉克中学
托合逊·艾买提	新职称办〔2008〕12号	2007.12.7	高级教师	上阿图什镇喀依拉克中学
库来西·阿不都热西提	新职称办〔2008〕12号	2007.12.7	高级教师	上阿图什镇喀依拉克中学
阿布都克依木·热合曼	新职称办〔2008〕12号	2007.12.7	高级教师	上阿图什镇尧勒其中学
比力克孜·沙比尔	新职称办〔2008〕12号	2007.12.7	高级教师	上阿图什镇尧勒其中学
海力力·努如拉	新职称办〔2008〕12号	2007.12.7	高级教师	上阿图什镇尧勒其中学
古丽阿扎提·加帕尔	新职称办〔2008〕12号	2007.12.7	高级教师	哈拉峻乡中学

续上表

姓　名	批准文号	执行时间	技术职称	工作单位
阿达来提·阿不都热依木	新职称办〔2008〕12 号	2007.12.7	高级教师	哈拉峻乡中学
哈丽布比·托尔干	新职称办〔2008〕12 号	2007.12.7	高级教师	吐古买提乡中学
吐尔干巴依·莫拉达西	新职称办〔2008〕12 号	2007.12.7	高级教师	吐古买提乡中学
阿力普江·阿布力孜	新职称办〔2009〕62 号	2009.2.19	高级教师	市一中
许丛玉	新职称办〔2009〕62 号	2009.2.19	高级教师	市一中
艾买提江·玉素甫	新职称办〔2009〕62 号	2009.2.19	高级教师	市一中
郭尔尼沙·司马依	新职称办〔2009〕62 号	2009.2.19	高级教师	市四中
热扎衣丁·库尔班	新职称办〔2009〕62 号	2009.2.19	高级教师	市四中
库热西·吾买尔	新职称办〔2009〕62 号	2009.2.19	高级教师	市四中
地力白尔·阿布来提	新职称办〔2009〕62 号	2009.2.19	高级教师	市四中
米吉提·阿不拉	新职称办〔2009〕62 号	2009.2.19	高级教师	市四中
艾克拜尔·买买提	新职称办〔2009〕62 号	2009.2.19	高级教师	市四中
加库甫别克·主马	新职称办〔2009〕62 号	2009.2.19	高级教师	市四中
沙地克·朱马	新职称办〔2009〕62 号	2009.2.19	高级教师	市四中
阿拉奴尔·卡孜	新职称办〔2009〕62 号	2009.2.19	高级教师	市四中
古兰白尔·米吉提	新职称办〔2009〕62 号	2009.2.19	高级教师	市五中
帕拉提·艾山	新职称办〔2009〕62 号	2009.2.19	高级教师	市五中
阿布力孜·阿不来提	新职称办〔2009〕62 号	2009.2.19	高级教师	市六中
艾合买提江·阿不力米提	新职称办〔2009〕62 号	2009.2.19	高级教师	市六中
卡米力·吐尔逊	新职称办〔2009〕62 号	2009.2.19	高级教师	阿湖乡中学
亚里坤·依马木	新职称办〔2009〕62 号	2009.2.19	高级教师	阿湖乡中学
哈丽旦·热扎克	新职称办〔2009〕62 号	2009.2.19	高级教师	阿湖乡中学
艾尼瓦尔·依布拉依木	新职称办〔2009〕62 号	2009.2.19	高级教师	阿扎克乡麦依中学
吐尼沙·毛拉洪	新职称办〔2009〕62 号	2009.2.19	高级教师	阿扎克乡麦依中学
亚力库尼·吐尔逊	新职称办〔2009〕62 号	2009.2.19	高级教师	阿扎克乡麦依中学
麦尔亚木·玉努斯	新职称办〔2009〕62 号	2009.2.19	高级教师	阿扎克中学
阿瓦尼沙·艾买提	新职称办〔2009〕62 号	2009.2.19	高级教师	阿扎克中学
西尔瓦尼·阿不都克力木	新职称办〔2009〕62 号	2009.2.19	高级教师	阿扎克中学
沙日瓦尼古丽·买买提	新职称办〔2009〕62 号	2009.2.19	高级教师	阿扎克中学

续上表

姓　名	批准文号	执行时间	技术职称	工作单位
哈力旦木・吐尔逊	新职称办〔2009〕62号	2009.2.19	高级教师	松他克乡肖鲁克中学
阿布都外力・艾比布拉	新职称办〔2009〕62号	2009.2.19	高级教师	松他克乡肖鲁克中学
如先古丽・卡日	新职称办〔2009〕62号	2009.2.19	高级教师	松他克乡瓦克瓦克中学
阿布都热西提・艾买提	新职称办〔2009〕62号	2009.2.19	高级教师	上阿图什镇依克萨克中学
艾尔肯・阿布力米提	新职称办〔2009〕62号	2009.2.19	高级教师	上阿图什镇喀依拉克中学
吾守尔江・热合曼	新职称办〔2009〕62号	2009.2.19	高级教师	上阿图什镇喀依拉克中学
祖农阿吉・吾守尔	新职称办〔2009〕62号	2009.2.19	高级教师	上阿图什镇喀依拉克中学
吉力力・亚森	新职称办〔2009〕62号	2009.2.19	高级教师	上阿图什镇喀依拉克中学
依斯马依江・米吉提	新职称办〔2009〕62号	2009.2.19	高级教师	上阿图什镇喀依拉克中学
牙森江・吐尔逊	新职称办〔2009〕62号	2009.2.19	高级教师	上阿图什镇尧勒其中学
阿布都苏甫尔・加马力	新职称办〔2009〕62号	2009.2.19	高级教师	上阿图什镇尧勒其中学
阿布都克热木・赛来木	新职称办〔2009〕62号	2009.2.19	高级教师	上阿图什镇尧勒其中学
依明江・艾沙	新职称办〔2009〕62号	2009.2.19	高级教师	上阿图什镇尧勒其中学
阿吉木・沙特瓦尔	新职称办〔2009〕139号	2009.11.24	高级教师	市一中
古丽阿扎提・买买提克热木	新职称办〔2009〕139号	2009.11.24	高级教师	市四中
艾尔克比・加卡依	新职称办〔2009〕139号	2009.11.24	高级教师	市四中
热沙来提・阿林木括力	新职称办〔2009〕139号	2009.11.24	高级教师	市四中
萨比尔汗・吾休尔	新职称办〔2009〕139号	2009.11.24	高级教师	市四中
马依努尔・阿里甫	新职称办〔2009〕139号	2009.11.24	高级教师	市四中
乃比・库尔班	新职称办〔2009〕139号	2009.11.24	高级教师	市四中
依拉木・司来曼	新职称办〔2009〕139号	2009.11.24	高级教师	阿湖乡中学
阿布都许库尔・吾麦尔	新职称办〔2009〕139号	2009.11.24	高级教师	上阿图什镇依克萨克中学
艾合买提江・太瓦库力	新职称办〔2009〕139号	2009.11.24	高级教师	上阿图什镇依克萨克中学
张冬梅	新职称办〔2011〕3号	2010.11.15	高级教师	市教育局教研室
马衣努尔・艾白都拉	新职称办〔2011〕3号	2010.11.15	高级教师	市一中
塔力甫・艾麦提	新职称办〔2011〕3号	2010.11.15	高级教师	市二中
玛依努尔・塔瓦库力	新职称办〔2011〕3号	2010.11.15	高级教师	市二中
买买提江・吐尔地	新职称办〔2011〕3号	2010.11.15	高级教师	市四中
努尔加玛丽・托和提	新职称办〔2011〕3号	2010.11.15	高级教师	市四中

续上表

姓　名	批准文号	执行时间	技术职称	工作单位
阿依努尔·艾沙	新职称办〔2011〕3号	2010.11.15	高级教师	市四中
帕丽达·吐尔洪	新职称办〔2011〕3号	2010.11.15	高级教师	市四中
努日泥沙·赛都拉	新职称办〔2011〕3号	2010.11.15	高级教师	市四中
阿布都热合满·司马义	新职称办〔2011〕3号	2010.11.15	高级教师	市六中
阿吉木·阿布都热西提	新职称办〔2011〕3号	2010.11.15	高级教师	市六中
阿依古丽·苏来曼	新职称办〔2011〕3号	2010.11.15	高级教师	阿湖乡中学
艾来提·努尔	新职称办〔2011〕3号	2010.11.15	高级教师	阿湖乡中学
艾克白尔·朱马	新职称办〔2011〕3号	2010.11.15	高级教师	上阿图什镇依克萨克中学
阿吉古丽·库尔班	新职称办〔2011〕144号	2011.11.20	高级教师	上阿图什镇尧勒其中学
努热尼古丽·买买提	新职称办〔2011〕144号	2011.11.20	高级教师	上阿图什镇喀依拉克中学
司拉木江·沙吾提	新职称办〔2011〕144号	2011.11.20	高级教师	上阿图什镇喀依拉克中学
阿不都热合曼·达吾提	新职称办〔2011〕144号	2011.11.20	高级教师	市一中
阿塔吾拉·艾买提	新职称办〔2011〕144号	2011.11.20	高级教师	市一中
艾山江·玉苏甫	新职称办〔2011〕144号	2011.11.20	高级教师	市二中
阿布都哈德尔·托合逊	新职称办〔2011〕144号	2011.11.20	高级教师	市二中
吉力力·阿塔吾拉	新职称办〔2011〕144号	2011.11.20	高级教师	市二中
买热木古力·艾比布拉	新职称办〔2011〕144号	2011.11.20	高级教师	松他克乡瓦克瓦克中学
艾沙江·阿不都热依木	新职称办〔2011〕144号	2011.11.20	高级教师	阿扎克中学
苏力塔尼江·百克热	新职称办〔2011〕144号	2011.11.20	高级教师	阿扎克中学
买力也木·克里木	新职称办〔2011〕144号	2011.11.20	高级教师	阿扎克中学
再比不拉·来海提	新职称办〔2011〕144号	2011.11.20	高级教师	阿湖乡中学
吐尔逊江·塔吉	新职称办〔2011〕144号	2011.11.20	高级教师	阿湖乡中学
马依热·阿布都热合曼	新职称办〔2011〕144号	2011.11.20	高级教师	上阿图什镇依克萨克中学
艾尔肯·吐尔地	新职称办〔2012〕73号	2012.5.8	高级教师	市一中
帕提古丽·尼亚孜	新职称办〔2012〕73号	2012.5.8	高级教师	市四中
热依汗古丽·衣马木	新职称办〔2013〕40号	2012.11.28	高级教师	市一中
古丽阿依仙木·阿布来提	新职称办〔2013〕40号	2012.11.28	高级教师	市一中
亚力坤·买买提	新职称办〔2013〕40号	2012.11.28	高级教师	市二中
木合旦尔·塔里甫	新职称办〔2013〕40号	2012.11.28	高级教师	市二中

续上表

姓　名	批准文号	执行时间	技术职称	工作单位
沙比古丽·阿不都热合曼	新职称办〔2013〕40号	2012.11.28	高级教师	市五中
托合提·库尔班	新职称办〔2013〕40号	2012.11.28	高级教师	市六中
吐尔洪·买买提	新职称办〔2013〕40号	2012.11.28	高级教师	阿湖乡中学
再比·阿布来提	新职称办〔2013〕40号	2012.11.28	高级教师	阿湖乡中学
帕孜来提·艾白	新职称办〔2013〕40号	2012.11.28	高级教师	阿扎克乡中学
木合塔尔·阿巴	新职称办〔2013〕40号	2012.11.28	高级教师	阿扎克乡中学
买尼沙·阿布力孜	新职称办〔2013〕40号	2012.11.28	高级教师	阿扎克乡中学
阿布拉江·阿布来提	新职称办〔2013〕40号	2012.11.28	高级教师	上阿图什镇喀依拉克中学
努尔古·吐尔洪	新职称办〔2013〕40号	2012.11.28	高级教师	上阿图什镇喀依拉克中学
古丽巴哈尔·阿布都热西提	新职称办〔2013〕40号	2012.11.28	高级教师	上阿图什镇喀依拉克中学
哈斯木江·艾白都拉	新职称办〔2013〕40号	2012.11.28	高级教师	上阿图什镇喀依拉克中学
孜克热·吾守	新职称办〔2013〕40号	2012.11.28	高级教师	上阿图什镇喀依拉克中学
吐尔孙江·阿布力孜	新职称办〔2013〕40号	2012.11.28	高级教师	上阿图什镇依克萨克中学
马依古丽·努尔	新职称办〔2013〕40号	2012.11.28	高级教师	上阿图什镇依克萨克中学
艾来提·努热拉	新职称办〔2013〕40号	2012.11.28	高级教师	上阿图什镇尧勒其中学
苏皮拉·吾买尔	新职称办〔2013〕40号	2012.11.28	高级教师	上阿图什镇尧勒其中学
努日阿力亚·许库尔	新职称办〔2013〕40号	2012.11.28	高级教师	松他克乡瓦克瓦克中学
吾甫尔·肉孜	新职称办〔2013〕40号	2012.11.28	高级教师	阿扎克乡麦依中学
张桂花	新职称办〔2014〕6号	2013.11.27	高级教师	市教育局培训中心
王　勇	新职称办〔2014〕6号	2013.11.27	高级教师	市教育局培训中心
艾克白尔·艾力木	新职称办〔2014〕6号	2013.11.27	高级教师	市一中
买地尼也提·沙的尔	新职称办〔2014〕6号	2013.11.27	高级教师	市一中
马丽古力·卡热	新职称办〔2014〕6号	2013.11.27	高级教师	市一中
塔力甫·黑力力	新职称办〔2014〕6号	2013.11.27	高级教师	市二中
司马依力江·马那甫	新职称办〔2014〕6号	2013.11.27	高级教师	市二中
吐达吉·吐尔孙	新职称办〔2014〕6号	2013.11.27	高级教师	市二中
阿依努尔·阿不力孜	新职称办〔2014〕6号	2013.11.27	高级教师	市五中
艾尼·玉尼斯	新职称办〔2014〕6号	2013.11.27	高级教师	市六中
克比尔·阿不来提	新职称办〔2014〕6号	2013.11.27	高级教师	市松他克乡瓦克瓦克中学

续上表

姓 名	批准文号	执行时间	技术职称	工作单位
加帕尔·帕瓦尼	新职称办〔2014〕6号	2013.11.27	高级教师	上阿图什镇喀依拉克中学
帕提古丽·阿吉	新职称办〔2014〕6号	2013.11.27	高级教师	上阿图什镇喀依拉克中学
坡拉提·赛地拉	新职称办〔2014〕6号	2013.11.27	高级教师	上阿图什镇喀依拉克中学
阿依努尔·阿不来提	新职称办〔2014〕6号	2013.11.27	高级教师	上阿图什镇依克萨克中学
热合曼·依不拉音	新职称办〔2014〕6号	2013.11.27	高级教师	上阿图什镇尧勒其中学
塔吉古丽·艾拉	新职称办〔2014〕6号	2013.11.27	高级教师	上阿图什镇尧勒其中学
马依努尔·阿布拉	新职称办〔2014〕6号	2013.11.27	高级教师	上阿图什镇尧勒其中学
亚生江·买海提	新职称办〔2014〕6号	2013.11.27	高级教师	阿湖乡中学
巴哈尔古丽·买买提	新职称办〔2014〕6号	2013.11.27	高级教师	阿扎克乡中学
阿斯木古丽·莫明	新职称办〔2014〕6号	2013.11.27	高级教师	阿扎克乡麦依中学
吐尔孙江·阿布都热依木	新职称办〔2014〕65号	2013.11.27	高级教师	阿扎克乡中学
吴 伟	新职称办〔2014〕65号	2013.11.27	高级教师	市六中
古力阿扎提·买买提	新职称办〔2015〕52号	2014.11.22	高级教师	市一中
吐逊买买提·尤努斯	新职称办〔2015〕52号	2014.11.22	高级教师	市一中
吐拉甫江·亚森	新职称办〔2015〕52号	2014.11.22	高级教师	市一中
艾尼瓦尔·阿不都热依木	新职称办〔2015〕52号	2014.11.22	高级教师	市一中
木合甫力·库尔班	新职称办〔2015〕52号	2014.11.22	高级教师	市一中
阿力木·依米尔	新职称办〔2015〕52号	2014.11.22	高级教师	市一中
胡西塔尔·阿巴克	新职称办〔2015〕52号	2014.11.22	高级教师	市一中
买买提江·艾山	新职称办〔2015〕52号	2014.11.22	高级教师	市一中
努尔古丽·阿吉	新职称办〔2015〕52号	2014.11.22	高级教师	市一中
海热古丽·阿布力孜	新职称办〔2015〕52号	2014.11.22	高级教师	市一中
艾尼瓦尔·库尔班	新职称办〔2015〕52号	2014.11.22	高级教师	市二中
太来提·吾买尔	新职称办〔2015〕52号	2014.11.22	高级教师	市二中
大毛力江·马木提	新职称办〔2015〕52号	2014.11.22	高级教师	市二中
依布拉依木江·布塔吉	新职称办〔2015〕52号	2014.11.22	高级教师	市二中
库尔班江·亚森	新职称办〔2015〕52号	2014.11.22	高级教师	市二中
穆合塔尔·买买提	新职称办〔2015〕52号	2014.11.22	高级教师	市二中
阿布都斯力木·阿不丁	新职称办〔2015〕52号	2014.11.22	高级教师	市四中

续上表

姓 名	批准文号	执行时间	技术职称	工作单位
阿布力皮孜·买买提	新职称办〔2015〕52号	2014.11.22	高级教师	市四中
依提巴尔·吾斯曼	新职称办〔2015〕52号	2014.11.22	高级教师	市四中
吐尔孙古丽·祖农	新职称办〔2015〕52号	2014.11.22	高级教师	市四中
阿吉古丽·艾比力	新职称办〔2015〕52号	2014.11.22	高级教师	市四中
帕尔哈提·吐尔孙	新职称办〔2015〕52号	2014.11.22	高级教师	市四中
塔吉古丽·牙森	新职称办〔2015〕52号	2014.11.22	高级教师	市四中
艾尼瓦尔·吐尔孙	新职称办〔2015〕52号	2014.11.22	高级教师	市四中
买买提吐尔地·买买提艾山	新职称办〔2015〕52号	2014.11.22	高级教师	市四中
迪力努尔·卡的	新职称办〔2015〕52号	2014.11.22	高级教师	市四中
阿依努尔·托尔地	新职称办〔2015〕52号	2014.11.22	高级教师	市四中
努尔尼沙·阿布都热西提	新职称办〔2015〕52号	2014.11.22	高级教师	市四中
努尔买买提·阿布都热西提	新职称办〔2015〕52号	2014.11.22	高级教师	市六中
艾尼瓦尔·阿布拉	新职称办〔2015〕52号	2014.11.22	高级教师	市六中
阿吉木·米吉提	新职称办〔2015〕52号	2014.11.22	高级教师	市六中
阿依古丽·夏衣阿吉	新职称办〔2015〕52号	2014.11.22	高级教师	市六中
吐尔孙古丽·阿吉	新职称办〔2015〕52号	2014.11.22	高级教师	市六中
阿依古丽·热合曼	新职称办〔2015〕52号	2014.11.22	高级教师	市六中
木合塔尔·坎吉	新职称办〔2015〕52号	2014.11.22	高级教师	市教育局普教科
阿吉木·阿不力米提	新职称办〔2015〕52号	2014.11.22	高级教师	市教育局普教科
古扎努尔·热扎克	新职称办〔2015〕52号	2014.11.22	高级教师	阿湖乡中学
吐尔逊古丽·卡地尔	新职称办〔2015〕52号	2014.11.22	高级教师	阿湖乡中学
努尔买买提·苏皮	新职称办〔2015〕52号	2014.11.22	高级教师	阿扎克中学
米力古丽·祖努尼	新职称办〔2015〕52号	2014.11.22	高级教师	阿扎克中学
米力古·克里木	新职称办〔2015〕52号	2014.11.22	高级教师	阿扎克中学
木克热木·吾守	新职称办〔2015〕52号	2014.11.22	高级教师	阿扎克中学
木明古丽·马木提	新职称办〔2015〕52号	2014.11.22	高级教师	阿扎克中学
阿布都热扎克·买买提	新职称办〔2015〕52号	2014.11.22	高级教师	阿扎克中学
买合皮热提·买买提	新职称办〔2015〕52号	2014.11.22	高级教师	阿扎克乡麦依中学
外力·肉孜	新职称办〔2015〕52号	2014.11.22	高级教师	阿扎克乡麦依中学

续上表

姓　名	批准文号	执行时间	技术职称	工作单位
木合塔尔·买买提	新职称办〔2015〕52 号	2014. 11. 22	高级教师	上阿图什镇喀依拉克中学
艾尔肯·吐兰迪	新职称办〔2015〕52 号	2014. 11. 22	高级教师	上阿图什镇尧勒其中学
依米迪古丽·亚森	新职称办〔2015〕52 号	2014. 11. 22	高级教师	上阿图什镇尧勒其中学
拜合塔洪·依马木	新职称办〔2015〕52 号	2014. 11. 22	高级教师	上阿图什镇依克萨克中学
巴哈尔古丽·艾山	新职称办〔2015〕52 号	2014. 11. 22	高级教师	上阿图什镇依克萨克中学

1995—2015 年阿图什市卫生系列副高及以上职称人员一览表

表 33－4

姓　名	批准文号	执行时间	技术职称	工作单位
阿衣夏木·赛来	新职改办〔1997〕39 号	1997. 6. 21	副主任医师	市人民医院
木沙阿吉·阿布力米提	新职改办〔1998〕80 号	1998. 6. 23	副主任医师	市人民医院
阿不都热西提·亚生	新职改办〔1999〕07 号	1998. 6. 23	副主任医师	市人民医院
努尔·库尔班	新职改办〔1999〕35 号	1999. 7. 30	副主任医师	市人民医院
陈兴福	新职改办〔2000〕51 号	2000. 10. 25	副主任医师	市人民医院
种玉英	新职改办〔2000〕51 号	2000. 10. 25	副主任中药师	市人民医院
萨艾提·阿不都克里木	新职称办〔2008〕49 号	2007. 11. 22	内科主任医师	市人民医院
吐尔逊·艾沙	新职称办〔2008〕49 号	2007. 11. 22	外科副主任医师	市人民医院
木合德尔·阿不都克里木	新职称办〔2008〕49 号	2007. 11. 22	流行病副主任医师	市疾病预防控制中心
阿吉·阿洪	新职称办〔2009〕29 号	2008. 12. 17	流行病副主任医师	市控制中心
阿米那·阿不来提	新职称办〔2009〕29 号	2008. 12. 17	流行病副主任医师	市控制中心
木塔力甫·依明江	新职称办〔2009〕29 号	2008. 12. 17	儿科副主任医师	市人民医院
朱红军	新职称办〔2009〕29 号	2008. 12. 17	内科副主任医师	市人民医院
如先古丽·阿布都热依木	新职称办〔2009〕29 号	2008. 12. 17	内科副主任医师	市人民医院
哈斯也提·阿布拉	新职称办〔2009〕29 号	2008. 12. 17	内科副主任医师	市人民医院
吐松江·毛拉麦提	新职称办〔2009〕29 号	2008. 12. 17	外科副主任医师	市人民医院
阿力木江·托合提	新职称办〔2009〕29 号	2008. 12. 17	外科副主任医师	市人民医院
左热古丽·提力瓦迪	新职称办〔2009〕29 号	2008. 12. 17	农牧区内科副主任医师	阿扎克乡卫生院
史佩仙	新职称办〔2010〕25 号	2009. 12. 21	病案管理副主任技师	市人民医院
扎依尔·依司拉依力	新职称办〔2010〕25 号	2009. 12. 21	农牧区内科副主任医师	阿湖乡卫生院
阿力甫·阿西木	新职称办〔2010〕25 号	2009. 12. 21	农牧区内科副主任医师	上阿图什镇卫生院

续上表

姓　名	批准文号	执行时间	技术职称	工作单位
帕提古丽·依马木	新职称办〔2011〕49号	2010.12.21	超声副主任医师	市人民医院
王卫东	新职称办〔2012〕54号	2011.12.29	医学影像副主任医师	市人民医院
刘建平	新职称办〔2012〕54号	2011.12.29	副主任护理师	市人民医院
阿不都合力力·热西提	新职称办〔2012〕54号	2011.12.29	农牧区外科副主任医师	上阿图什镇卫生院
阿米娜·阿布力孜	新职称办〔2012〕54号	2011.12.29	农牧区内科副主任医师	上阿图什镇卫生院
阿吉买买提·牙尔买买提	新职称办〔2012〕72号	2011.12.29	外科副主任医师	市人民医院
巴依拉克·卡德尔	新职称办〔2012〕73号	2012.5.8	副主任护师	市人民医院
古丽巴哈尔·司马义	新职称办〔2013〕74号	2012.12.29	副主任护师	市人民医院
马依努尔·艾沙	新职称办〔2013〕74号	2012.12.29	副主任护师	市人民医院
热依汗·吐地	新职称办〔2013〕74号	2012.12.29	副主任护师	市人民医院
孙菊华	新职称办〔2013〕74号	2012.12.29	微生物检验副主任医师	市疾病预防控制中心
林　静	新职称办〔2013〕77号	2012.12.29	儿科副主任医师	市人民医院
努尔古丽·买买提力	新职称办〔2013〕84号	2012.12.30	临床检验副主任技师	市人民医院
古丽巴哈·亚森	新职称办〔2013〕84号	2012.12.30	副主任护师	市人民医院
迪力白尔·阿布都克热木	新职称办〔2013〕89号	2013.6.5	农牧区内科副主任医师	阿湖乡卫生院
帕提古力·克力木	新职称办〔2013〕89号	2013.6.5	农牧区内科副主任医师	松他克乡卫生院
陆　军	新职称办〔2013〕129号	2013.1.31	妇产科副主任医师	市人民医院
库尔班尼沙·阿不力孜	新职称办〔2014〕48号	2013.12.29	妇产科主任医师	市人民医院
努尔尼沙·买买提	新职称办〔2014〕48号	2013.12.29	妇产科主任医师	市人民医院
古力尼沙·土尔地	新职称办〔2014〕48号	2013.12.29	呼吸内科主任医师	市人民医院
艾买提江·司马义	新职称办〔2014〕48号	2013.12.29	感染内科主任医师	市人民医院
沙尼亚·吐尔孙	新职称办〔2014〕48号	2013.12.29	内科主任医师	市人民医院
米热古丽·吾布力	新职称办〔2014〕48号	2013.12.29	消化内科副主任医师	市人民医院
阿布都克力木·麦麦提	新职称办〔2014〕48号	2013.12.29	农牧区消化内科副主任医师	上阿图什镇卫生院
依巴代提·阿不都热合曼	新职称办〔2015〕54号	2014.12.25	内科主任医师	市人民医院
阿力木江·托合提	新职称办〔2015〕54号	2014.12.25	外科主任医师	市人民医院
王　峰	新职称办〔2015〕54号	2014.12.25	消化内科副主任医师	市人民医院
海热古丽·麦麦提	新职称办〔2015〕54号	2014.12.25	妇产科副主任医师	市人民医院
先米西努尔·阿热甫	新职称办〔2015〕54号	2014.12.25	副主任护师	市人民医院

续上表

姓　名	批准文号	执行时间	技术职称	工作单位
左日古丽·吐尔孙	新职称办〔2015〕54号	2014.12.25	副主任护师	市人民医院
高　征	新职称办〔2015〕54号	2014.12.25	卫生事业管理副主任医师	市疾病预防控制中心

1995—2015年阿图什市农业农机系列副高及以上职称人员一览表

表33-5

姓　名	批准文号	执行时间	技术职称	工作单位
熊德桃	新职改办〔2000〕59号	2000.10.17	自然科学副研究员	市菜篮子工程办
涂华伦	新职改办〔2000〕64号	2000.11.30	高级农艺师	市种子站
子克力·阿不力孜	新职称办〔2007〕30号	2006.11.22	农业系列高级专业技术职务	市农业技术推广站
台来提·阿洪	新职称办〔2009〕11号	2008.10.30	高级农艺师	市农技站
地里夏提·吐尔地	新职称办〔2009〕11号	2008.10.30	高级农艺师	市农技站
库那吉·吾守尔	新职称办〔2009〕11号	2008.10.30	高级农艺师	上阿图什镇农技站
巴图尔·拜克热	新职称办〔2009〕25号	2008.10.28	机电专业高级工程师	上阿图什镇农机站
叶平良	新职称办〔2009〕55号	2008.10.30	高级农艺师	市农技站
尼比·买买提	新职称办〔2009〕55号	2008.10.30	高级农艺师	市农技推广中心
阿不都热合曼·木沙	新职称办〔2011〕20号	2010.11.12	高级农艺师	上阿图什镇农技站
艾尼瓦尔·阿布力克木	新职称办〔2011〕72号	2010.11.4	机电专业高级工程师	市农机局
塔吉古丽·买提司地克	新职称办〔2012〕44号	2011.11.1	机电专业高级工程师	松他克乡农机站
黒力力·阿布力米提	新职称办〔2012〕73号	2012.5.8	高级工程师	市农机局
阿凡提·阿布都日合曼	新职称办〔2012〕74号	2012.5.8	农牧民高级技师	阿扎克乡
阿布都克热木·西木西	新职称办〔2012〕74号	2012.5.8	农牧民高级技师	上阿图什镇
玉买尔江·艾依提	新职称办〔2012〕74号	2012.5.8	农牧民高级技师	阿湖乡
如仙古丽·玉苏甫	新职称办〔2013〕61号	2012.10.22	农机专业高级工程师	阿湖乡农机站
艾尼·艾拉	新职称办〔2013〕61号	2012.10.22	农机专业高级工程师	上阿图什镇农机站
艾拜杜拉·伊斯马伊力	新职称办〔2013〕77号	2012.11.1	高级农艺师	上阿图什镇农业技术推广站
吐达吉·阿布来提	新职称办〔2013〕129号	2013.9.20	机电专业高级工程师	市农机技术推广站
吐逊江·那司	新职称办〔2014〕3号	2013.10.27	高级农艺师	市农业技术推广中心
吐逊江·塔吉	新职称办〔2014〕46号	2013.11.8	机电专业高级工程师	市农牧机械技术推广站
孜比布拉·塞地	新职称办〔2014〕65号	2013.9.20	高级农艺师	市种子管理站
如克亚木·阿不都克力木	新职称办〔2014〕134号	2014.9.11	高级农艺师	市农广校

续上表

姓　名	批准文号	执行时间	技术职称	工作单位
台来提·托合提	新职称办〔2014〕134号	2014.9.11	高级农艺师	市农广校
库尔班·吐合提	新职称办〔2015〕77号	2015.10.3	高级农经师	松他克乡农经站

1995—2015年阿图什市畜牧系列副高及以上职称人员一览表

表33-6

姓　名	批准文号	执行时间	技术职称	工作单位
吐尔逊·阿吉	新职改办〔1999〕26号	1999.8.4	高级兽医师	上阿图什镇兽医站
海热拉·阿布都苏甫尔	自治州职改办字〔2005〕12号	2004.12.30	高级兽医师	市动物防疫监督站
古扎丽·努尔	新职称办〔2009〕12号	2008.11.4	高级兽医师	市畜牧兽医站
艾尼瓦尔·艾山	新职称办〔2009〕12号	2008.11.4	高级畜牧师	阿湖乡畜牧兽医站
阿布都外力·达吾提	新职称办〔2009〕57号	2008.11.4	高级畜牧师	市畜牧局
买买提艾山·库尔班	新职称办〔2010〕48号	2009.11.18	高级畜牧(兽医)师	吐古买提乡畜牧兽医站
库尔班·买买提	新职称办〔2010〕48号	2009.11.18	高级畜牧(兽医)师	市畜牧兽医站
塔吉古丽·乃吉木丁	新职称办〔2010〕48号	2009.11.18	高级兽医师	市畜牧兽医站
祖农·奥波利	新职称办〔2010〕48号	2009.11.18	高级兽医师	上阿图什镇畜牧兽医站
买合苏木·买买提	新职称办〔2011〕13号	2010.11.16	高级兽医师	市畜牧兽医站
库玩克孜·买买提	新职称办〔2011〕13号	2010.11.16	高级兽医师	阿湖乡畜牧兽医站
买买提肉孜·买买提	新职称办〔2011〕13号	2010.11.16	高级兽医师	上阿图什镇畜牧兽医站
伊帕尔古丽·扎克尔	新职称办〔2011〕13号	2010.11.16	高级兽医师	上阿图什镇畜牧兽医站
吐尔逊古丽·斯马义力	新职称办〔2011〕13号	2010.11.16	高级兽医师	上阿图什镇畜牧兽医站
阿不·加和不	新职称办〔2011〕13号	2010.11.16	高级兽医师	哈拉峻乡畜牧兽医站
吾斯曼江·亚森	新职称办〔2012〕42号	2011.10.27	高级畜牧师	松他克乡畜牧兽医站
海力力·胡达白尔地	新职称办〔2012〕42号	2011.10.27	高级兽医师	格达良乡畜牧兽医站
阿依鲜木古丽·艾合买提	新职称办〔2012〕42号	2011.10.27	高级兽医师	阿湖乡畜牧兽医站
都力昆·阿布力孜	新职称办〔2012〕73号	2012.5.8	高级畜牧师	上阿图什镇畜牧兽医站
卡哈尔·亚森	新职称办〔2013〕89号	2013.3.4	高级畜牧师	阿扎克乡畜牧兽医站
海日古丽·玉素音	新职称办〔2014〕29号	2013.10.27	高级兽医师	阿扎克乡畜牧兽医站
吐尔孙那依·司马依	新职称办〔2014〕132号	2014.9.17	高级畜牧师	市畜牧兽医站

1995—2015 年阿图什市林业系列副高及以上职称人员一览表

表 33－7

姓 名	批准文号	执行时间	技术职称	工作单位
热比亚·阿不都热依木	新职称办〔2009〕37 号	2008. 11. 30	林业专业高级工程师	市林业局
茹鲜古丽·沙比尔	新职称办〔2010〕10 号	2009. 12. 6	林业系列高级工程师	市林管站
吐逊古丽·加帕	新职称办〔2010〕10 号	2009. 12. 6	林业系列高级工程师	松他克乡林管站
阿比地古丽·买买提明	新职称办〔2010〕47 号	2009. 11. 13	农业系列高级农艺师	松他克乡林管站
尼沙古丽·玉山	新职称办〔2010〕47 号	2009. 11. 13	农业系列高级农艺师	市林业工作站
肉孜·托合提	新职称办〔2011〕20 号	2010. 11. 12	农业系列高级农艺师	上阿图什乡林管站
买热米古丽·玉苏普	新职称办〔2015〕27 号	2014. 11. 20	林业系列高级工程师	市松他克乡林业工作站

1995—2015 年阿图什市文化体育广播影视系列副高及以上职称人员一览表

表 33－8

姓 名	批准文号	执行时间	技术职称	工作单位
阿不都热西提·艾买提	新职改办〔1997〕83 号	1997. 6. 21	二级演奏员	市文工团
茹仙古·阿布都克里木	新职称办〔2011〕62 号	2010. 10. 21	主任播音员	市广播局
亚力坤江·库尔班	新职称办〔2013〕41 号	2012. 12. 30	二级演员	市文工团
艾尔肯·阿不力米提	新职称办〔2014〕38 号	2013. 12. 25	二级演员	市无花果歌舞团
努任古·那甫尔	新职称办〔2015〕22 号	2014. 12. 21	新闻系列主任记者	市广播电视台

1995—2015 年阿图什市水利系列副高及以上职称人员一览表

表 33－9

姓 名	批准文号	执行时间	技术职称	工作单位
王志明	新职改字〔2006〕09 号	2005. 11. 9	水利工程高级工程师	市水电勘测设计所

第四节 获得中级技术职称人员

1995—2015 年,阿图什市获得中级技术职称人员共计 3283 人。

第五节　百岁老人

1995—2015 年阿图什市百岁老人一览表
(按出生时间排序)

表 33－10

姓名	性别	民族	籍贯	出生年月	家庭住址
玉素甫·吾拉依木	男	维吾尔	新疆阿图什	1912.01	阿图什市格达良乡库也克村
买买提·玉苏甫	男	维吾尔	新疆阿图什	1913.01	阿图什市松他克乡克青孜村
如孜·斯力木	男	维吾尔	新疆阿图什	1913.06	阿图什市格达良乡曲许尔盖村
加克甫·阿洪巴依	男	柯尔克孜	新疆阿图什	1914.05	阿图什市哈拉峻乡库铁列克村
塔开西·吾开	女	柯尔克孜	新疆阿图什	1915.06	阿图什市哈拉峻乡谢依提村
帕提汗·库尔班	女	维吾尔	新疆阿图什	1915.10	阿图什市松他克乡克青孜村

附　录

一、重要文献辑存

《阿图什市国民经济和社会发展第十三个五年规划纲要》(摘要)

第一章　凸显中心城市龙头带动作用的关键时期

第一节　“十二五”时期发展成就

一、经济发展取得显著成就,产业结构进一步优化

经济总量规模扩大,质量效益不断提高。2015年,完成生产总值44.61亿元,年均增长14.9%。其中:工业增加值6.41亿元,年均增长23.9%。公共财政预算收入3.07亿元,年均增长25.2%,比“十一五”末增长3.1倍。全社会固定资产投资46.4亿元,年均增长37.9%,比“十一五”末增长3.99倍;五年累计154.6亿元,是“十一五”时期的4.2倍。社会消费品零售总额11.32亿元,年均增长17.7%,比“十一五”末增长1.26倍。外贸进出口总额1.43亿美元,年均增长9.8%。

产业结构不断优化,特色产业培育壮大。三次产业结构比例由2010年末的22.5:14.5:63转变为2015年的14.5:24.5:61。农牧业综合生产能力稳步提升,粮食连续丰产增收;特色林果业取得积极成效,基本形成以木纳格葡萄、无花果、核桃为主的产业格局;设施农业提质增效,设施农业棚均收入1.45万元。“工业强市”战略深入实施,形成“一园六区”发展格局,工业增加值占生产总值比重由2010年8.6%提高到14.4%,占克州工业增加值的1/3。现代服务业活力增强,商贸物流业稳步发展,民族特色餐饮业彰显特色,阿图什市北山坡烤肉、香港城商业街、博格拉时代购物品牌效应凸显,民族饮食文化园独具风格,现代商贸流通发达、文化旅游元素相融的商业圈日益完善。成功协办60年州庆、“克州人游克州·阿图什天门之旅”等活动,特色旅游业不断发展壮大。

二、各项社会事业全面进步,民生福祉进一步提高

教育、科技、卫生、文化、体育等各项社会事业全面发展。教育教学改革稳步推进,全面实现14年免费教育,“双语”教学稳步推进,教学水平和教育质量不断提升。全市学前两年入园率98%,小学适龄儿童入学率100%,初中适龄少年入学率98.21%,初中毕业升学率93.3%,普通高校录取率84.3%;学前和中小学接受“双语”教育的学生占少数民族在校学生总数的84.9%;建成1所集盲、聋、培、智教育与特殊教育研究为一体的爱心学校。发挥科技引领支撑作用,大力推广木纳格葡萄防裂等科技兴新、富民强市项目。继续深化医疗卫生体制改革,基层医疗卫生监管体系不断完善,公共卫生服务水平稳步提升;妇幼保健工作全面推进;传染病、地方病得到有效控制;食品、药品安全保障水平显著提高。计划生育奖励扶助政策全面落实,出生人口政策符合率98.2%,人口自然增长率控制在14‰以内。大力实施现代文化引领“1234”工程,文化体育惠民工程深入开展,基层文化设施明显改善,村级文化阵地实现全覆盖,基本形成城市与农村相结合,无线与有线并重的广播电视宣传传播网络;积极开展“一月一村一场”文艺演出活动,文化事业蓬勃发展。扎实推进青少年足球队建设,竞技体育蓬勃发展,全民健身运动广泛开展。

始终坚持“民生优先、群众第一、基层重要”的理念,持续开展“民生建设年”活动,人民生活水平显著提高。城镇居民人均可支配收入由9573元增长到2.1万元,年均增长17.8%,比“十一五”末增长1.27倍;农牧民人均纯收入由2096元增长到6010元,年均增长23.4%,比“十一五”末增长1.87倍。扶贫开发取得明显成效,累计完成5个贫困村整村推进,累计脱贫1.29万户5.93万人。就业再就业工作扎实推进,累计城镇新增就业16853人、转移农村富余劳动力21.1万人次,零就业家庭保持24小时动态清零,实现稳定就业1.66万人,城镇登记失业率控制在4%以内。小微服装服饰产业园和就业创业孵化基地功能设施日趋完善,小微企业和"短平快"项目带动就业成效显著,小微服装服饰产业园已入驻企业24家,带动周边农牧民就业近700人。着力改善城乡居民住房条件,累计完成安居富民房15818套、定居兴牧房2533套、城镇保障性住房12260套;加快农村饮水安全工程和无电地区电网改造工程建设,农村安全饮水普及率达到98%。医疗、养老、失业、低保等社会保障体系日趋完善,城乡居民基本养老保险参保率达到99%以上,新农合参合率达到99.25%。全面落实社会救助保障标准与物价上涨挂钩机制。落实老龄优待政策,实行60岁以上老人免费乘公交车。实现社会保障管理和服务网络化。

三、基础设施条件明显改善,城镇化进程进一步加快

大力实施"畅通富民工程",五年累计投入农村公路建设专项资金5.03亿元,修建农村公路762千米。阿喀高速阿图什段、喀伊高速阿图什段建成通车,帕米尔大桥及帕米尔西延等项目建成投入使用,道路交通条件明显改善。农村电力设施建设强力推进,农牧民用电难的问题得到解决,五年共实施电力项目18个,电力设施覆盖率达到100%。加大水利工程建设,五年共实施农村饮水安全、小型水库病险水库除险加固、中型灌区节水改造、机电井开发利用、高效节水、防洪、水土保持、盐碱地改良、山洪灾害防治等工程项目74个,解决4.86万人饮水安全问题,新建高效节水灌溉面积1860公顷,改良盐碱地1400公顷,改善灌溉面积5466.67公顷,治理水土流失面积3.93平方千米。完成布谷孜河北支流阿湖乡段防洪堤建设,农村水、电、路、气等基础设施日益完善,农村生产条件、生产能力大幅提升。

坚持城乡统筹发展,以科学规划为引领,以发展城市经济和增强城市承载力为支撑,推进新型城镇化建设。城乡规划体系不断完善,完成城市控制性详规修编和6乡1镇、63个行政村、2个街道办事处总体规划。大力实施"4211"工程,完成城市主干道升级改造和建设,城市供水复线、生活垃圾处理二期项目建成投入使用,城市服务功能日趋完善。稳步推进城市交通国有化改革,公共交通体系不断完善。城市综合承载能力不断增强,城市形象和品位明显提升。城镇化率由2010年的32%提高到37.5%。

四、生态文明建设取得积极成效,城乡环境进一步改观

坚持"环保优先、生态立市"发展理念,不断完善生态环境保护机制,加大节能减排管理监督和执法力度,全面实施排污许可制度,主要污染物排放总量得到有效控制。严格落实"三条红线"控制指标,加强重大项目水资源论证和饮用水水源地保护工作,水资源利用率不断提高。启动北山公园、南湖湿地公园和城市亮化美化绿化工程,以"三北四期"工程为重点,扎实推进生态林工程,五年共完成补植补造3933.33公顷、封育3466.67公顷,荣获"全国生态建设先进单位"荣誉称号。全面落实草原生态保护补助奖励政策,退耕还林、退牧还草成果得到巩固。扎实推进农村环境综合整治,完成6个行政村连片整治示范项目。城镇污水集中处理率达91%,比2010年提高17个百分点;城市垃圾集中处理率达100%,比2010年提高15个百分点;城市建成区绿化覆盖率达到25.1%,森林覆盖率达到6.99%。

五、改革开放取得有效突破,对口援疆工作进一步深入

着力推进深化重点领域和关键环节改革。加快政府职能转变,规范行政审批制度,并联审批、三证合一、土地确权、乡镇体制改革、公共资源交易中心等改革工作扎实推进。城市交通国有化改革、棉花目标价格改革试点工作顺利进行。立足地缘、区位优势和阿图什商人资源优势,依托建设丝绸之路经济带机遇,加快全方位对外开放步伐,加强与市内外及周边国家和地区的经贸合作与交流,积极参加亚欧博览会、中吉展洽会等各类商品展洽会,商贸往来遍布国内20多个大中城市和中西亚10多个国家,常年在外采购商品和经商人员达8000多人。2015年招商引资到位资金22.82亿元,年均增长36.1%;五年累计招商引资到位资金99.8亿元,是"十一五"时期的4.7倍。

以改善民生为重点、以产业发展为支撑,高效推进就业、人才、教育、科技、文化、卫生、产业等领域全方位

援疆。"十二五"时期,江苏省昆山市对口支援阿图什市投资14亿元,先后实施城乡规划编制和"两居"工程、人才培养、社会事业、产业发展等7大类88个援建项目,全市先后选派600名干部赴援疆省市学习培训。以昆山产业园为重要载体,积极推进产业援疆,全面深化两地交往交流交融,助推阿图什市经济快速发展、民生明显改善、社会大局稳定。

六、党的建设全面加强,党员干部队伍示范进一步凸显

坚持从严治党方针,加强党的建设和领导,深入开展党的群众路线教育实践活动。以"三严三实"专题教育和"访惠聚"活动为契机,以"三建三带三创"为抓手,以基层服务型党组织建设为目标,开展县级领导包村、基层党组织共建、选派"第一书记"到村(社区)任职、整顿软弱涣散基层党组织,落实事权下放等工作,各级党组织的凝聚力、战斗力、创造力不断增强,广大党员干部先锋模范作用和示范表率作用进一步凸显。全面落实党委主体责任,强化"一岗双责"制度,全市党风廉政建设和反腐败工作扎实推进。人大、政协依法履职作用更加坚定,群团组织联系各界职能进一步发挥。

七、维稳措施落实到位,社会和谐稳定局面进一步巩固

始终坚持稳定压倒一切,认真履行维稳第一责任,全面落实维稳措施,实现了"三个坚决"。深入开展严打专项行动和"揭盖子""挖幕后"工作,全面推行"五严五抓"和打、防、管、控、建"五位一体"综合维稳措施,不断加强社会面整体防控和网格化巡控,严密防范和严厉打击"三股势力"。深入推进"去极端化"工作,促进宗教和谐。扎实做好流动人口和特殊人群的服务管理工作,加强政法综治专网和治安岗亭建设。依法加强宗教事务管理,倡导"三不导向",用好"五把钥匙",坚持"三管齐下",积极开展"双五好"创建,持续在"到人、管用、有效"上下功夫,扎实开展"课前三分钟""巴扎宣教"活动。深入推进整治"三非"专项行动,加强重点部位集中整治工作,全力推进平安建设和维稳工作常态化,创建率95%以上。深入开展民族团结进步模范创建工作。全力做好信访工作,严格落实县级领导包案、信访联席会议等制度。严格落实安全生产"两个主体责任",强化应急管理工作,确保社会大局和谐稳定。

专栏一　"十二五"时期主要经济社会发展指标完成情况表

类别	指标(单位)	2010年	"十二五"目标		2015年	年均增长(%)	完成情况
		实际	总量指标	年均增长(%)			
经济增长	生产总值(亿元)	17.43	41	18	44.61	14.9	完成
	第一产业增加值	3.43	6	11	6.46	5.9	完成
	第二产业增加值	2.99	10	34	10.9	22.6	完成
	工业增加值	1.51	6	44	6.41	23.9	完成
	建筑业	1.48	4.5	23	4.5	21.3	完成
	第三产业	11.01	22	14	27.29	14.9	完成
	人均生产总值(元)	7128	15800	15	16221	12.2	完成
	固定资产投资累计额(亿元)	【36.74】 当年:9.3	【140】 当年:45	>30	【154.6】 46.4	37.9	完成
	社会消费品零售总额(亿元)	5.01	12	18	11.3	17.7	基本完成
	公共财政预算收入(万元)	9962	24786	20	30600	25.2	完成
	招商引资累计完成额(亿元)	【21.35】 当年:9	【70】 当年:22	26	【99.8】 22.82	36.1	完成

续上表

类别	指标(单位)	2010年	“十二五”目标		2015年	年均增长(%)	完成情况
		实际	总量指标	年均增长(%)			
结构调整	三次产业结构	17.7:17.1:63.2	14.6:31.7:53.7		14.5:24.5:61		—
	工业增加值占GDP比重(%)	8.7	14	—	14.4	—	完成
	城镇化率(%)	32	36	—	37.5	—	完成
民生改善	城镇职工基本医疗保险覆盖率(%)	96	100	—	100	—	完成
	城镇居民基本医疗保险覆盖率(%)	96	100	—	100	—	基本完成
	城镇基本养老保险覆盖率(%)	71	96	—	100	—	提前完成
	新型农村合作医疗参合率(%)	99.51	100	—	100	—	基本完成
	新型农村社会养老保险覆盖率(%)	78	100	—	100	—	基本完成
	五年城镇新增就业(人)	【13000】	【15000】	3	【16853】	5.3	完成
	五年转移农业劳动力(万人次)	【12.7】	【20】	9.5	【21.1】	10.7	完成
	城镇登记失业率(%)	<4	<4	—	1.26	—	完成
	城镇居民人均可支配收入(元)	9246	16100	12	21000	17.8	完成
	农村居民人均纯收入(元)	2096	3860	13	6010	23.4	完成
	贫困人口年均递减(人/%)	130421	62109	13.8	71251	11.4	基本完成
	农村安全饮水普及率(%)	79	97.4	—	98	—	提前完成
	使用自来水人口比重(%)	83.7	97.9	—	98	—	完成
社会发展	全市总人口(万人)	<23.19	<26.9	—	27.1	—	完成
	人口自然增长率(‰)	13	<15	—	<14	—	完成
	初中升高中升学率(%)	40	85	—	93.3	—	完成
	5岁以下儿童死亡率(‰)	31.6	28	—	20.55	—	完成
环境保护	单位GDP能耗下降(%)		控制在州下达指标内		控制在州下达指标内		基本完成
	二氧化硫排放量(万元/千克)	—	5.96	—	5.73	—	完成
	化学需氧量排放量(万元/千克)	—	2.08	—	2	—	完成
	氨氮排放量(万元/千克)	—	0.27	—	0.27	—	完成
	氮氧化物排放量(万元/千克)	—	10.41	—	10	—	完成
	城市污水处理率(%)	85	90	—	91	—	完成
	城市垃圾无害化处理率(%)	85	90	—	100	—	完成
	城市建成区绿化覆盖率(%)	25	30	—	25.1	—	未完成
	森林覆盖率(%)	4.5	5.5	—	6.99	—	完成

第二节 “十三五”时期面临的发展环境

“十三五”时期,阿图什市处于重要战略机遇期,工业化、城镇化进入加速期,改革创新开放成为三大驱动力量,经济社会发展进入转型期,改革进入全面攻坚阶段。“十三五”时期既面临良好的历史机遇,也面临诸多矛盾叠加、风险隐患增多的严峻挑战。

一、优势条件与发展机遇

(一)优势条件

——特殊政策优势。阿图什市处于南疆四地州集中连片特困地区,处于我国沿边经济带和丝绸之路经济带的重要区域,国家和自治区对南疆四地州的特殊支持政策、对集中连片特困地区的扶贫开发政策、对沿边经济带和丝绸之路经济带的支持政策以及昆山对口援阿的政策叠加效应在阿图什市日益显现。

——地缘区位优势。阿图什市是克州的首府,边陲重镇、战略要地,是喀什经济开发区辐射区,周边有伊尔克什坦、吐尔尕特、红其拉甫、卡拉苏、喀什机场5个国家一类口岸,1个海关监管库,距伊尔克什坦口岸90千米,距吐尔尕特口岸60千米,距喀什经济开发区和喀什机场20千米,随着丝绸之路经济带核心区和中巴经济走廊的建设,地缘区位优势更加凸显。

——文化旅游优势。阿图什市维吾尔民居和民风民俗独具特色,民族特色餐饮美食享誉全疆。境内有古疏勒国遗址、汉代佛窟“三仙洞”、苏里唐麻扎等名胜古迹和文化遗产。阿图什市地处天山南脉和昆仑山交界处两山相会隆起的帕米尔高原,境内有天门、大峡谷、怪柳林、盐湖等独特的自然景观,自然和文化旅游资源丰富。

——特色林果优势。阿图什市日照资源丰富(仅次于吐鲁番),素有“中国木纳格葡萄之乡”“无花果之乡”的美称,木纳格葡萄、无花果等特色果品深受国内外市场的青睐,木纳格葡萄曾多次荣获国家优质鲜食葡萄金奖,全市特色林果业面积达到1.33万公顷。

——商业传统优势。阿图什人有外出经商的传统,20世纪80年代,阿图什商人创造了阿图什商业的辉煌。目前,全市长期在外经商的商户约8000户,分布在全国各地和中亚、西亚各国,在江浙一带长期有800余人经商,为商贸物流业发展奠定了良好基础。

——矿产资源优势。天山成矿带横穿阿图什市,现已初步探明境内有铁、钒、钛、铜、铅、锌、金、湖盐、大理石等30多种矿产资源。毗邻吉尔吉斯斯坦、乌兹别克斯坦等国。邻国具有丰富的铁矿、有色金属、稀有金属等资源,将为阿图什市新型工业化发展提供丰富的资源支撑。

(二)发展机遇

——第二次中央新疆工作座谈会和自治区党委南疆工作会议为阿图什市科学发展带来历史性机遇。第二次中央新疆工作座谈会和2014年中发5号文件明确提出了采取特殊措施支持南疆发展。自治区党委南疆工作会议进一步明确了新时期南疆工作指导思想及目标任务,自治区党委八届十次全委(扩大)会议强调补上南疆短板,缩小南北疆差距,为阿图什市“十三五”时期经济社会发展指明了方向。

——“四个全面”战略布局协调推进为阿图什市全面建成小康社会指明道路。“四个全面”战略布局是新时期引领社会主义现代化建设的法宝和指南。确保到2020年阿图什市基本实现全面小康社会目标,改革是途径、法治是保障、党的建设是根本。深化改革激发新活力,坚持依法治市形成转型发展新优势,全面加强党的建设,为实现社会稳定和长治久安总目标提供坚强有力的组织保障。

——丝绸之路经济带和中巴经济走廊建设为阿图什市开放发展带来历史性机遇。随着丝绸之路经济带核心区和中巴经济走廊的建设,使阿图什市由市场末端变成向西开放的前沿,必将有力地推进阿图什市对外开放,拓展发展新空间。阿图什市位于喀什半小时经济圈,伴随中吉乌铁路、中巴铁路的建设贯通,将为阿图什市实现“资源西进东销、商品东进西销”提供有利平台。

——实施精准扶贫战略为阿图什市脱贫攻坚注入强劲推动力。以习近平同志为总书记的党中央做出关于全力推动精准扶贫、精准脱贫的战略部署,为新时期扶贫开发工作指明了方向,明确了任务目标要求,提出

“四个切实”“六个精准”“五个一批”扶贫开发工作部署，为助推阿图什市破解难题、补齐短板，打赢脱贫攻坚战注入强劲动力。

——深入推进对口援疆工作为阿图什市加快发展增添新动力。第五次全国对口援疆工作会议明确提出“五个必须坚持”的原则和“六个更加注重”的要求，为“十三五”时期扎实做好对口援疆工作指明了方向，更加突出与昆山市经济人才、科技教育、文化卫生、产业扶持等领域援疆合作，把更多的人才技术、管理理念、先进经验引进阿图什，推动输血与造血、硬件与软件、支援与互利相结合，为阿图什市发展增添新的活力和动力。

——和谐稳定的社会政治环境为阿图什市抓好历史机遇期打下坚实基础。长期以来的快速发展为“十三五”发展奠定了坚实的经济基础。求发展、谋富裕、思稳定、盼和谐已成为阿图什市各族人民的心声和全社会的共识，各族人民思想进一步统一，主体意识进一步增强，为阿图什市持续发展打下了坚实的思想和群众基础。

二、制约因素与风险挑战

（一）制约因素

——扶贫攻坚任务艰巨。阿图什市作为国家级边境贫困县，贫困人口基数大、贫困程度深、脱贫难度大。至2015年底，全市仍有扶贫对象15508户、71251人，占全市农村人口的35%，扶贫攻坚任务艰巨。

——城镇化发展水平低。农村水、电、路等基础设施建设薄弱，教育、医疗、文化和垃圾、污水处理等公共服务设施建设相对滞后，远不能满足农村、农业、农民发展的需要。城镇化水平低，统筹城乡发展任重道远。

——基础设施建设薄弱。由于历史欠账多，导致城乡基础设施薄弱。缺少控制性水利枢纽工程，骨干输配水工程、应急防洪减灾工程建设严重滞后；水利、交通等基础设施和供排水、供气、供热、污水垃圾处理等城镇基础设施薄弱，瓶颈制约严重。

——生态文明建设滞后。自然生态环境脆弱，土地荒漠化、盐碱化程度高，各类自然灾害频发，季节性缺水，水资源约束严重，人均水土资源量逐年下降，承载经济社会发展的生态基础脆弱。生产方式仍较粗放，生态建设与保护投入不足，资源环境承载压力增大。

——民生改善任务艰巨。市场发育程度低、经济发展质量低、城乡群众收入低的“三低”问题突出。就业形势严峻，就业渠道狭窄。社会保障水平较低，教育、医疗、文化等社会事业建设仍然相对滞后，水、电、路等民生领域短板突出，加快提高民生福祉水平任务艰巨。

——各类人才严重匮乏。劳动者整体素质亟待提高，人才严重匮乏，尤其缺乏专业型、创新型和高技能人才。技术工人资源严重不足，人才外流严重与人才引进难的矛盾依然明显。人才总量和结构性矛盾非常突出，就业观念落后，到工厂就业意愿不强，普遍存在有岗无人就业的困局。

——经济实力还很薄弱。产业不发达，一产不优、二产不强、三产不精，经济增长方式粗放，产业结构层次低。农业基础薄弱，农牧民收入低，增收渠道单一。工业基础薄弱，“缺大少强”，缺少重要支撑点。服务业发展滞后，仍然处于低层次结构水平。财政税源不稳定，收支矛盾突出。

（二）风险挑战

——反恐维稳形势仍然复杂严峻。南疆是新疆反恐维稳的主战场，新疆一盘棋，南疆是“棋眼”，阿图什市处于南疆“棋眼”的前沿阵地，地处边境、通外山口多、环境复杂、潜入潜出隐患大，反恐维稳管控压力大，意识形态领域反分裂斗争和“去极端化”任务繁重艰巨，影响稳定的社会问题明显增多，基层基础薄弱，面临的现实威胁依然严峻。

——外部环境不稳定不确定因素增多。国际金融危机深层次影响在相当长时期依然存在，各种保护主义抬头、趋势加剧，地缘政治关系复杂多变，中亚等周边国家形势深刻变化，传统安全威胁和非传统威胁交织，外部不稳定不确定性因素增多、影响深远。

——加快发展面临复杂多变的经济环境。外部需求不振，国内经济发展“三期叠加”影响超出预期，市域经济下行压力加大，传统要素增长约束力趋强，资源、环境、资本、人力等供求矛盾突出，新的增长动力尚未形成，企业效益下滑，生产成本上升，经济运行中的潜在风险增大，持续保持高增长面临新挑战。

——面临投资增长趋缓和消费外溢双重压力。新常态下，已进入结构调整和转型发展的新阶段，企业投资动力不足,投资拉动型的阿图什市受影响明显,动力减弱;由于距离喀什市较近,长期以来消费外溢问题突出,挤压本地消费市场发展壮大,消费拉动作用非常有限,面临双重受压局面。

——资源环境等要素约束趋紧。自然生态环境脆弱,水土资源约束严重,经济发展方式仍然粗放,传统的粗放型增长模式难以持续,资源环境承载压力增大、制约加剧,发展不平衡、不协调、不可持续问题仍然突出。

阿图什市作为克州的中心城市,地位重要、责任重大。当前,经济发展进入新常态,迎来了中央顶层设计、综合施策、举全国、全疆之力支持推动南疆发展的战略机遇期。站在新的历史起点上,必须抢抓机遇,应对挑战,不断增强责任意识和忧患意识,以更加开阔的视野、更加昂扬的斗志、更加扎实的作风,努力开创"十三五"时期阿图什市经济社会发展新局面。

第二章　指导思想、基本原则和发展目标

第一节　指导思想

高举中国特色社会主义伟大旗帜,以马克思列宁主义、毛泽东思想、邓小平理论、"三个代表"重要思想和科学发展观为指导,深入贯彻落实中共十八大和中共十八届三中、四中、五中全会精神,深入贯彻落实习近平总书记系列重要讲话精神,深入贯彻落实第二次中央新疆工作座谈会和中发5号文件精神、自治区党委八届十次全委(扩大)会议、南疆工作会议精神和自治州党委九届六次全委(扩大)会议精神及自治区、自治州党委、人民政府各项战略部署,围绕社会稳定和长治久安总目标,全面深化改革,坚持"五位一体"总体布局和"四个全面"战略布局,以"五大发展"理念为引领,以经济发展和民生改善为基础,以推进治理体系和治理能力现代化为方向,以解决贫困人口脱贫、贫困市彻底摘帽为出发点和落脚点,统筹推进政治、经济、文化、社会、生态文明和党的建设,确保如期全面建成小康社会,为长治久安打下坚实基础。

第二节　总体思路

按照适应新常态、把握新常态、引领新常态的要求,全面落实州委"稳农调牧、扶贫惠民、重商崇企、强工兴城"的发展战略,强力推进经济工作"3435"工程,立足阿图什市实际,充分发挥资源、区位、政策"三大优势",全力推进幸福阿图什"八大工程"建设和"三项行动"方案,以加快发展开放型经济为方向,调优产业结构,完善城市功能,加快构建以机械制造、出口加工、商贸物流、观光旅游业等为重点,金属采选冶、新能源、新建材、农副产品深加工、服装服饰、民族餐饮业等互为支撑的特色产业体系,着力推动形成以产兴城、以城促产、产城互动、产城融合的城市发展新格局,着力推动产业和城市转型升级。坚持长远和战略眼光,积极主动融入喀什经济圈,在开放包容中合作共赢,着力提升阿图什市中心城市生产、服务、窗口功能,全面建设以新型工业化、现代服务业等现代经济为特征、历史文化与现代文明相融、经济社会协调发展、人与自然和谐共生的宜居宜业宜商宜游的丝路特色城市,努力打造丝绸之路经济带核心区重要门户的战略支点,走出一条符合阿图什市实际,具有阿图什市特色的创新、协调、绿色、开放、共享发展之路。

第三节　基本原则

——坚持依法治市、和谐稳定。坚持党的领导、依法治市有机统一,形成全社会依法共融、和谐共进的制度环境。全面落实维稳第一责任,切实把一切工作的着眼点和着力点放到维护社会稳定和长治久安上来。把加强社会建设和创新社会治理放在更加突出的位置,不断提高社会治理能力,加强和改进新形势下群众工作,全力维护社会和谐稳定,保障社会公平正义。

——坚持产业带动、科学发展。坚持发展第一要务,把加快发展作为解决一切问题的基础和关键,坚持科学发展理念,以工业化做强经济、以城镇化革新面貌、以产业化提升农业,激发商贸服务业活力,推动产业转型升级。完善基础设施,突破城市格局,进一步发挥优势、加快发展,全面提升中心城市产业竞争力和带动辐射力。

——坚持民生优先、共享发展。坚持以人为本,切实提高人民群众收入水平,不断满足人民群众日益增

长的物质文化需要。坚持事关民生的利益问题优先解决、事关民生的保障机制优先构建、事关民生的建设项目优先安排，把促进就业放在更加突出的位置，把扶贫攻坚、精准脱贫作为重中之重的任务抓紧抓实抓好，促进教育优先发展，夯实民生之本、稳定之基，做到发展为了人民、发展依靠人民、发展成果人民共享。

——坚持全面统筹、协调发展。坚持“五位一体”“五化互动”协同发展，统筹经济社会协调发展，更加突出社会建设；统筹城乡区域协调发展，强化中心城区空间布局，推进城乡一体化发展；统筹物质文明和精神文明协调发展，不断增强阿图什市发展的整体性、协调性和可持续性。

——坚持深化改革、创新发展。坚持改革推动和创新驱动，加快推进重点领域和关键环节改革，加大供给侧结构性改革力度，推动大众创业、万众创新，把创新作为加快转型发展的第一动力，大力推进科技创新、制度创新、管理创新，不断激发创新活力，增强发展内生动力。

——坚持优势优先、开放发展。坚持以优势优先谋划发展，充分发挥向西开放的优势，进一步扩大对外开放，着力发展更高层次的开放型经济，以大开放促进大发展，努力构建全方位开放新格局，走出一条开放引领转型发展的新路子。

——坚持生态立市、绿色发展。坚持“生态立市、环保优先”和“两个可持续”，加强能源资源节约和生态环境保护，大力推进绿色、低碳和循环发展，加快形成绿色的生产、生活方式和消费模式，实现经济效益和生态效益的协调统一，不断提升宜居城市建设质量和水平，筑牢生态安全屏障，努力打造洁净、美丽阿图什。

——坚持党的领导、党建为基。坚持党总揽全局、协调各方的领导核心作用，加强和改善党的领导，以做好党建工作为基础，以“惠民”“为民”为党建核心，以提升基层党建水平为重点，加强基层组织建设，夯实基层组织基础，筑牢为民服务平台，提高党的执政能力和执政水平，确保经济社会持续健康发展。

第四节　发展定位

——总体定位：建设“富民强市、和谐宜居”的克州中心城市。着眼于凸显阿图什市作为克州政治、经济、文化中心的地位和强化服务全州的重心辐射作用，加快发展步伐，加强改善民生，增强综合实力，促进社会和谐，创造宜居宜业宜商宜游环境，努力建设经济社会快速发展、多元文化繁荣发展、人民群众安居乐业的克州中心城市。

——城市发展定位：建设宜居宜业宜商宜游的丝路特色城市。充分发挥阿图什市地缘区位、文化旅游、人文环境优势，强化环境综合整治，优化产业布局，完善城市功能，提升城市品位，建设资源节约型和环境友好型社会，打造以新型工业化、现代服务业等现代经济为特征、历史文化与现代文明相融、经济社会协调发展、人与自然和谐共生的宜居宜业宜商宜游的丝路特色城市。

——产业发展定位：重点发展第二产业，加快发展第三产业，着力提升第一产业。加快构建以机械制造、出口加工、商贸物流、观光旅游业等为重点，金属采选冶、新能源、新建材、特色农副产品深加工、服装服饰、民族餐饮业等互为支撑的特色产业体系，建设面向中西南亚的民族特色产品生产加工基地和物流中心。

——区域功能定位：充分发挥区位优势和龙头城市带动辐射作用，着力完善现代化综合交通网络，积极融入丝绸之路经济带核心区建设，努力打造丝绸之路经济带核心区重要门户的战略支点；坚持优势优先、经济相向，积极主动融入喀什经济圈，努力建成支撑喀什经济圈发展的地区中心城市。

第五节　空间布局

遵循《新疆维吾尔自治区主体功能区规划》，阿图什市处于自治区级重点生态功能区（塔里木盆地西北部荒漠牛态功能区），其中阿图什市城区处于自治区级重点开发区域。以优化中心城区开发为依托，以城际间互联互通和境内通达通畅公路为联系，以各类产业园区为平台，突出点线结合，推动产城融合，构筑“一核、两区、三带”的发展空间布局。

一核：以阿图什市中心城区为核心，结合老城区改造和新城区建设，积极拓展城市发展空间，带动各种要素集聚，突出发展第二产业和第三产业，提升产业发展层次，增强对周边地区的带动辐射功能，使之成为克州生产服务中心。

两区:以布谷孜河为分界线,形成河东老城区(东片区)、河西新城区(西片区)。老城区改造提升,新城区加快建设。整合、提升老城区现有功能,加快新城区发展,实现老城区与新城区相互支撑、协同发展。推进老城区升级,发挥中心城市功能;推进新城区崛起,构筑产业发展新高地,打造成阿图什市经济发展重要增长极。

三带:实施"北畜南果"战略,即北部山区畜牧业产业带,南部农区特色林果、设施农业产业带,阿图什工业园区经济带("一园六区"工业化发展经济带)。

第六节　发展目标

一、总体目标

到2020年,努力实现全市社会政治大局持续稳定,社会事业发展质量和综合经济实力明显提升,生态环境整体改善,基本公共服务和保障能力全面加强,各族群众生产生活水平逐步提高,现行标准下的农村贫困人口实现脱贫,贫困市帽子彻底摘除,民族团结和宗教和谐基础进一步巩固,社会文明程度显著提升,改革开放实现新突破,法治政府建设持续推进,各级党组织凝聚力、战斗力、向心力明显增强,实现全面建成小康社会的奋斗目标。

二、具体目标

——经济发展目标:综合经济实力明显增强。在优化结构、提高效益、降低消耗、保护环境、提高可持续性的基础上,经济保持中速增长。全市生产总值年均增长9.6%;公共财政预算收入年均增长8.5%;全社会固定资产投资年均增长15%;社会消费品零售总额年均增长13%;外贸进出口总额年均增长15%;招商引资实际到位资金年均增长10%。价格总水平保持基本稳定。

——结构调整目标:结构调整优化升级。经济社会转型发展取得显著成效,三次产业在更高层次上协调发展,逐步建成现代产业体系。三次产业结构比例调整为12.3:25:62.7,工业增加值年均增长10%。常住人口城镇化率达到44%,户籍人口城镇化率达到36%。

——民生改善目标:人民生活水平全面提升。城乡居民收入与经济发展同步增长,基本形成合理有序的收入分配格局。城镇居民人均可支配收入年均增长11%;农村居民人均纯收入年均增长14.3%;每年城镇新增就业2200人,年均转移农村富余劳动力3.5万人次,城镇登记失业率控制在4%以内。城镇棚户区改造完成自治州下达任务。城乡居民基本养老保险参保率达到100%,城镇居民基本医疗保险参保率达到100%,新型农村合作医疗参合率达到100%。

——脱贫攻坚目标:贯彻落实中央扶贫开发工作会议精神和自治区、自治州关于扶贫攻坚部署要求,坚持精准扶贫、精准脱贫,坚决打赢脱贫攻坚战,补上扶贫攻坚短板。确保到2018年,全市现行标准下的1.55万户7.13万农村贫困人口实现脱贫,26个贫困村全部退出,7个乡镇全部摘帽,贫困市彻底摘帽。

——公共服务目标:基本公共服务保障能力全面提高。基本健全惠及全民的社会保障体系,基本公共服务均等化水平明显提高。人口自然增长率控制在15‰以内。主要劳动年龄人口平均受教育年限12年;接受双语教育的少数民族学生达90%以上,确保少数民族学生基本掌握国家通用语言文字。九年义务教育巩固率达到99.8%以上,全面普及高中阶段教育,高中阶段毛入学率达到95%以上,基本实现中职免费教育。城乡居民平均期望寿命75岁,5岁以下儿童死亡率下降到20‰以下。广播电视覆盖率达到100%。

——改革创新目标。改革创新成为发展主要驱动力。重点领域改革深入推进,发展环境显著改善,混合所有制经济发展取得新进展,非公有制经济增加值比重、民间投资比重、吸纳就业比重大幅度提高。研究与实验发展经费(R&D)支出占GDP比重力争达到1.5%~2%。

——资源环境目标。生态环境不断优化。经济增长、人口布局和资源环境承载力更趋协调,可持续发展和应对气候变化能力增强。耕地保有量1.95986万公顷,农业灌溉水有效利用系数0.53,森林覆盖率8.12%,城市建成区绿化覆盖率30%以上,城市生活垃圾集中处理率100%,城市污水集中处理率100%。万元GDP用水量、万元生产总值能耗、万元生产总值二氧化碳排放、主要污染物排放总量控制在州下达指标内。

专栏二　　“十三五”时期经济社会发展主要目标一览表

分类	指标名称	2015 年预计	2020 年目标	年均增长或提高(%)	指标属性
经济发展	地区生产总值(亿元)	44.6	90.44	9.6	预期性
	人均地区生产总值(元)	16221	29031	7.5	预期性
	第一产业增加值(亿元)	6.46	11.14	4	预期性
	第二产业增加值(亿元)	10.9	22.66	9	预期性
	工业增加值(亿元)	6.41	14.99	10	预期性
	建筑业增加值(亿元)	4.5	7.67	8	预期性
	第三产业增加值(亿元)	27.29	56.64	11	预期性
	公共财政预算收入(亿元)	3.07	4.5 以上	8.5	预期性
	全社会固定资产投资(亿元)	46.4	93.33	15	预期性
	社会消费品零售总额(亿元)	11.32	20.86	13	预期性
	外贸进出口总额(亿美元)	1.43	2.3	10	预期性
	招商引资实际到位资金(亿元)	22.82	36.75	10	预期性
结构调整	三次产业结构比例(%)	14.5:24.5:61	12.3:25:62.7		预期性
	城镇化率(%)　常住人口城镇化率(%)	37.5	44	—	预期性
	城镇化率(%)　户籍人口城镇化率(%)	30.8	36	—	预期性
民生改善	城镇居民人均可支配收入(元)	21000	35386	11	预期性
	农村居民人均可支配收入(元)	6010	11725	14.3	预期性
	累计城镇新增就业人数(人)	【16512】当年 3259	【11000】每年 2200		预期性
	年均转移农村富余劳动力(万人次)	【21.1】当年 4.4	3.5		预期性
	城镇登记失业率(%)	1.26	≤4		预期性
	城镇棚户区改造(户)		[1518]		约束性
	城乡居民基本养老保险参保率(%)	99	100		约束性
	城镇居民基本医疗保险参保率(%)	99	100		约束性
	新型农村合作医疗参合率(%)	99.25	100		约束性
	贫困人口减少(人)	71251	全面脱贫		约束性
公共服务	人口自然增长率(‰)	12.94	≤15		预期性
	总人口	27.1	29.5	2	预期性
	主要劳动年龄人口平均受教育年限(年)	10.5	≥12		预期性
	接受双语教育的少数民族学生占少数民族中小学生比例(%)	84.9	≥90		约束性

续上表

分类	指标名称	2015年预计	2020年目标	年均增长或提高(%)	指标属性
公共服务	九年义务教育巩固率(%)	98.2	99.8		约束性
	高中阶段毛入学率(%)	81.1	≥95		约束性
	城乡居民平均期望寿命(岁)	73	75.5		约束性
	5岁以下儿童死亡率下降至‰	20.55	20		约束性
	广播电视覆盖率(%)	—	100		约束性
改革创新	R&D经费支出占GDP比重(%)	—	1.5~2.0		预期性
资源环境	耕地保有量(万公顷)	—	1.95986		约束性
	农业灌溉水有效利用系数	0.47	0.53		约束性
	森林覆盖率(%)	6.99	8.12		约束性
	城市建成区绿化覆盖率(%)	25.1	≥30		预期性
	城市生活垃圾集中处理率(%)	96	100		预期性
	城市污水集中处理率(%)	91	100		预期性
	万元GDP用水量下降(%)	控制在州下达指标内	控制在州下达指标内		约束性
	万元生产总值能源消耗下降(%)	控制在州下达指标内	控制在州下达指标内		约束性
	单位生产总值二氧化碳排放量降低(%)	控制在州下达指标内	控制在州下达指标内		约束性

说明:2015年数据为预计数,最终以统计公报为准。地区生产总值等“十三五”经济发展目标以增幅为准,2020年绝对数按照2015年不变价测算。【】为累计数

第三章　坚持依法治市,建设平安阿图什

始终把着眼点和着力点放在维护社会稳定和长治久安上,以“和谐建设工程”为抓手,全力促进民族团结进步和社会和谐稳定。坚决贯彻落实中央和自治区、自治州党委关于稳定工作的决策部署,深刻理解“100-1=0”的道理,坚决维护社会稳定和民族团结,坚持用法治思维和法治方式教育干部、引导群众、化解矛盾、维护稳定。深入推进依法治市进程,加快社会治理体系和治理能力现代化建设,坚持“五严五抓”“一反两讲”,倡导“三不导向”,用好“五把钥匙”,坚持“四管齐下”,开展“双五好”创建,实现“三个坚决”。到2020年,在反分裂斗争、反恐维稳、民族团结、宗教事务管理等方面取得重要成果,开创阿图什市社会稳定和长治久安新局面。

第一节　加强社会主义民主法治建设

把全面推进依法治市摆在突出位置,坚持依法治市与以德治市相结合,大力推进依法治市,最大限度地将各族群众团结在党和政府周围,切实强化各族干部群众法治观念和法治意识。坚决维护宪法权威和法律尊严,坚持法律面前人人平等,依法妥善处置涉及民族、宗教的社会问题,善于运用法治思维和法治方式解决矛盾问题,依法维护人民权益、维护社会公平正义、维护国家安全和社会稳定,努力建设法治阿图什。坚持和完善人民代表大会制度、中国共产党领导的多党合作和政治协商制度,支持人民政协履行政治协商、民主监

督、参政议政的职能，巩固和壮大最广泛的爱国统一战线，充分发挥工会、共青团、妇联等人民团体的桥梁纽带作用。扩大社会主义民主，保障各族群众的知情权、参与权、表达权、监督权。完善基层群众自治制度，深入推进党务公开、政务公开、财务公开，发挥社会组织在扩大群众参与、反映群众诉求方面的积极作用，增强社会自治功能。坚持依法行政，弘扬社会主义法治精神，树立社会主义法治理念，加强法治宣传教育，深入开展“法治六进”活动，增强全社会遵法、学法、守法、用法意识，提高各级领导干部运用法治思维和法治方式深化改革、推动发展、化解矛盾、维护稳定的能力。加强普法教育，积极推进“七五”普法工作，努力营造法治氛围。将各项事业全面纳入法治化管理轨道，全面提高依法治市水平。

第二节　加强反恐维稳常态化、法治化建设

贯彻执行《新疆维吾尔自治区实施〈中华人民共和国反恐怖主义法〉办法》，把严厉打击暴力恐怖活动作为当前斗争的重点，深刻把握当前敌对势力“境外指挥、网上勾联、境内行动”的新变化、新特点，主动出击、防范在先，牢固树立“人民群众是主力军”的理念，深入开展严打专项行动，突出依法精准打击，不断提高反暴恐工作水平。坚持“主动进攻，露头就打，先发制敌”的工作方针，始终保持对境内外“三股势力”的严打高压态势，严密防范和严厉打击各种渗透破坏活动和违法犯罪活动，确保群众生命财产安全，巩固全市长期和谐稳定的大好政治局面。坚持“一反两讲”，树立“底线思维”“逆向思维”，认真落实“五严五抓”综合维稳措施。坚持党委、政府主体责任，继续开展集中整治工作。完善应急管理体系，提高突发公共事件预防应对处置能力，强化市乡村三级维稳防控体系建设，不断筑牢基层维稳基础。

第三节　加强民族团结，筑牢维稳防线

把加强民族团结作为长治久安的根本保障，筑牢民族团结的生命线，打牢社会稳定和长治久安的民心基础、社会基础、法治基础、群众基础、情感基础。坚决贯彻执行党的民族政策，坚持各民族一律平等，严厉打击破坏民族团结和制造民族分裂的违法犯罪行为，巩固和发展平等团结互助和谐的社会主义民族关系。深入开展社会主义核心价值体系宣传教育，引导各民族牢固树立公民意识、法律意识、国家意识和中华民族共同体意识，牢固树立“三个离不开”的思想，引导各族群众增强“五个认同”，自觉维护祖国统一、民族团结和社会稳定。健全全社会维护民族团结工作机制，大力弘扬“新疆精神”，深入开展民族团结宣传教育活动，强化党的民族宗教政策、爱国感恩和“一反两讲”教育，将民族团结教育纳入国民教育、干部教育、社会教育、学校教育全过程，实现民族团结教育全覆盖。突出青少年的民族团结教育，深入开展民族团结教育和新疆“三史”教育课，继续实行每周一堂法治课、课前 3 分钟民族团结教育制度。广泛开展争创“民族团结好社区”“民族团结好阵地”“民族团结好学校”“民族团结好企业”等活动，以及民汉交朋友、“结对子”和各种形式的共建设动。深入挖掘和宣传群众身边的民族团结模范人物和先进事迹，促进各民族求同存异、包容和谐，相互尊重、相互包容，相互欣赏，实现各民族交往交流交融。加强国家通用语言的学习，妥善处理涉及民族因素的问题，使民族团结落地生根、开花结果。积极构建各民族互相嵌入式的社会结构和社区环境，尊重民族文化风俗，增进各族群众感情，巩固各民族共同团结奋斗、共同繁荣发展的基础。

第四节　依法加强宗教事务管理，促进宗教和谐

深入贯彻《新疆维吾尔自治区宗教事务条例》，全面落实党的宗教工作基本方针和基本原则，依法妥善处置涉及民族、宗教的社会问题，加强宗教事务管理，提高宗教工作法治化水平。着眼于宗教“五性”特征，用好“五把钥匙”，坚持“二不导向”，依法管理宗教事务，用群众工作的思维做好宗教工作。坚持保护合法、制止非法、遏制极端、抵御渗透、打击犯罪，积极引导宗教与社会主义社会相适应。坚持把加强爱国宗教人士培养教育作为统战民宗工作的重中之重，引导宗教人士坚决贯彻执行各项方针政策和法律法规，不断提高政治素质、宗教学识、讲经解经能力，积极引导信教群众厘清思想认识，树立正信正行。充分发挥伊协的桥梁纽带作用，注重发挥宗教人士在宗教活动场所管理中的主体作用，引导宗教人士积极协助基层组织加强宗教活动和宗教活动场所自我管理，保证宗教活动规范有序进行。把深入推进“去极端化”作为依法加强宗教工作

的重点,坚持“四管齐下”,充分发挥“三支队伍”建设,以“讲学宣治考”“巴扎宣教”活动为载体,教育引导各族群众认清宗教极端主义险恶用心。继续加强抵御宗教极端思想向学校渗透工作。从严从紧强化“三非”治理,认真落实“两制度一责任”“三管一负责”,深入推进“五好”宗教活动场所、“五好”宗教人士创建活动,全面促进民族团结和宗教和谐。加强对朝觐事务的管理,坚决制止零散朝觐。

第五节 加强意识形态领域反分裂斗争

坚持以现代文化为引领,牢牢把握意识形态工作的领导权、管理权、话语权,管好阵地、管好导向、管好队伍,加强基层文化阵地建设,管住管好思想文化阵地,加强宣传文化思想引领,发挥电视、广播等传统媒体和“阿图什零距离”微信平台作用,深入开展引导和舆论斗争,倡导进步、开放、包容、文明、科学的理念,深入推进精神文明和公民道德建设,提倡世俗化的生活方式,广泛开展群众性文化体育活动,增加少数民族语言文字精神文化产品供给,丰富各族群众精神生活,增强各族干部群众抵御民族分裂主义和宗教极端思想的“免疫力”,清除“双泛”思想影响,打好意识形态领域反分裂斗争主动仗。践行社会主义核心价值观,弘扬“新疆精神”,引导各族群众树立正确的国家观、民族观、宗教观、历史观、文化观,切实增强“五个认同”。加强意识形态领域反分裂斗争教育,重视未成年人思想道德建设和青少年思想政治教育,建立完善学校、家庭、社会相结合的未成年人思想道德教育体系,加强和改进学生思想政治工作,营造有利于青少年健康成长的社会环境。

第六节 加强基层基础建设,筑牢维稳根基

全力推进“强本固基工程”,坚定不移地把抓基层、打基础作为社会稳定和长治久安的长远之计和固本之举,以开展服务型党组织建设为主要内容,以基层组织“十星级”创建和“两制三强四化”为载体,以“三建三带三创”和“四会三参与”“四落实一实现”为抓手,深入开展基层党组织共建和选派“第一书记”到村、社区任职工作,从严整顿软弱涣散基层党组织,坚定不移地将基层党组织建设成为促进民族团结、维护社会稳定、反对国家分裂、带动发展经济的坚强战斗堡垒。推动党委主体责任、书记第一责任、班子成员“一岗双责”及分管领域党建工作责任落实。集中力量在村一级用劲,选好配强村“两委”班子,加大基层阵地标准化建设,优化“事权下放”工作机制,真正把权力交给村“两委”班子,使村级组织真正担负起发展一方、稳定一方的责任。深入开展“双培双带”工作,注重发展党员质量,切实加强社区、企业和学校党建工作,确保党的工作覆盖到社会基层各个方面。以“三严三实”专题教育为契机,强化党要管党、从严治党的思想观念,自觉践行“政治强、作风强、能力强、心力强”的要求。加强党员、干部队伍素质能力建设,整合培训资源,强化培训机制,着力提高基层党员、干部素质和能力。高位推进“访惠聚”活动,积极培养出顶得上、起作用的基层骨干,留下一支“永远不走的工作队”。

第七节 加强社会主义精神文明建设

加强社会主义精神文明建设,把社会主义核心价值体系融入、贯穿、渗透到精神文明建设全过程,营造良好的社会文化环境,培养文明健康的生活方式,以现代文化为引领,着力构筑各族群众共有精神家园。加强思想道德建设,积极推进社会公德、职业道德、家庭美德、个人品德建设,大力加强党风政风、社风家风建设,引导各族群众知荣辱、讲正气、尽义务,形成扶正祛邪、惩恶扬善的社会风气。以提高公民文明素质和社会文明程度为目标,深入开展群众性精神文明创建活动,积极开展文明城市、文明村镇、文明社区、文明行业、文明单位创建活动,引导和推动全市群众树立文明观念、争当文明公民、展示文明形象。加强社会诚信体系建设,大力弘扬诚信文化,提高全社会诚信意识,优化经济社会运行环境。

第八节 加强社会治理体系和治理能力建设

创新社会治理。深入开展社会治理和重点乡(镇)集中整治,大力开展“自治区平安创市”创建活动。完善信访制度,拓宽社情民意表达渠道,加强人民调解、行政调解、司法调解联动,有效防范和化解各类社会矛

盾。提高社会治理水平。加大公共安全投入,健全自然灾害、事故灾难、公共卫生事件、食品安全、社会安全事件的预防预警和应急处置体系,建立健全应急物资储备体系。健全突发事件应急体系,加强应急队伍建设,完善应急预案,强化基层应急管理能力,建立健全统一指挥、结构合理、反应灵敏、保障有力、运转高效的突发事件应急体系,提高应对突发公共事件的预防预警和应急处置能力。健全重大决策社会稳定风险评估机制,创新化解矛盾机制,完善人民、行政、司法调解联动机制,化解疑难复杂信访问题。落实安全生产各项措施,及时消除安全隐患,杜绝重大安全生产事故发生。加强完善食品安全的综合协调工作,推动健全食品安全部门之间、隶属部门之间联动机制,创建自治区食品安全城市。

加强国防安全。大力支持驻阿图什市中国人民解放军和武装部队建设,加强民兵预备役力量建设,抓好国民经济动员、人民防空和交通战备等基础建设,加强边防基础设施建设,进一步巩固边防。深化全民国防教育,提高快速动员、持续保障和综合防护能力建设。坚持拥军优属、拥政爱民,积极开展军民共建活动,巩固新型的军政军民关系,筑牢祖国最西部的钢铁长城。

第四章　坚持产业带动,构建特色产业体系

以增强中心城市综合服务功能为核心,大力实施“富民强市工程”,立足转方式、调结构,以发展现代农业为基础,以工业化做强经济,以培育进出口加工业为先导,以机械制造业、出口加工业、商贸物流业、观光旅游业为发展重点,壮大经济总量,强化人员就业,构筑特色鲜明、综合竞争力较强的特色产业体系,增强经济实力。

第一节　实施工业强市战略,建设克州加工制造业基地

坚持新型工业化为第一推动力,着力推进信息化与工业化深度融合,加快推进产业整合与结构调整,以市场化、品牌化为方向,加快推进传统产业向中高端迈进,重点发展机械制造业和出口加工业,积极培育发展战略新兴产业,促进产业链向上下游延伸,努力构建就业能力强、发展水平高、经济效益好,具有阿图什市特色的现代工业产业体系,高起点、高标准、高水平推进“一园六区”建设,建成在南疆乃至全疆具有竞争力的加工制造业基地。

一、大力发展机械加工制造业

以昆山产业园区为依托,积极引进一批机械加工制造企业,着力发展面向周边国家的机械加工制造产业,重点发展电动汽车或摩托车组装、电梯组装等机械组装制造业,矿用新型碎石机械、研磨机械等矿产采掘机械装备制造,电力变压器、配电柜、电杆电线电缆等电气机械装备制造,农用机械制造、五金工具、光伏逆变器、消防器材、照明电器、锅炉等机械加工制造产业,大力培育发展精密机械、节能环保机械加工制造,将机械加工制造产业发展成为重要的支柱产业,打造具有竞争力的机械制造加工产业基地。

二、加快发展出口加工产业

以发展与周边国家、区域互补性的进出口加工制造业为导向,依托阿图什市区位和从商人员较多优势,加快外贸平台建设,加大出口加工企业引进力度。积极发展食品加工、皮革加工、民族特色产品加工等产业,积极推进新型电子产品为引领的电子信息产业发展。大力发展适销周边国家市场的小家电、电子通信产品、小五金、生活日用品、食品加工等产业。到2020年,力争新增出口加工企业25家,建成面向周边国家具有一定影响力的出口加工贸易基地。

三、有序发展金属采选冶产业

加大对铜、铁、铅锌矿、石灰石、萤石等重点矿产资源勘探力度,力争实现重大突破。加快钢铁和有色金属等矿产资源开采加工,以阿图什重工业园区为载体,依托丰富的铜、铁、铅、锌等资源,有序承接有色金属产业转移,做大做强铅、锌、铜采选冶,积极发展有色金属产业。到2020年,力争建设一批具有一定规模的矿山

采选企业和矿产品加工、冶炼企业,形成产业优势。

四、着力发展新能源产业

充分利用太阳能资源优势,积极争取光伏发电额度,加强光伏企业引进,重点推进中兴能源、特变电工等光伏发电项目建设。抓住国家支持南疆实施光伏扶贫工程的机遇,加快发展分布式光伏发电项目。依托中兴能源基地、特变电工能源建设项目,着力培育与光伏产业相关的加工制造业,发展成为重要的战略新兴产业。到2020年,新增光伏发电装机容量20万千瓦。

五、优化发展新型建材业

稳步发展水泥及水泥制品,优化品种结构,大力发展特种水泥。积极发展新型墙体材料、建筑用石材、管材、钢构、石膏板材等制品,重点发展石膏砌块、混凝土砌块、人造轻集料、加汽混凝土、空心砖等,积极支持新型页岩烧结多孔砖生产项目。到2020年,在保持建材产品合理规模基础上,水泥生产能力稳定在500万吨左右,大理石石材力争达到年产100万平方米成品和5万立方米荒料,建成南疆重要的建材工业基地。

六、大力发展农副产品深加工业

结合特色农牧业发展,以实现农牧业增效和农牧民增收、促进农牧民就地就近就业为目标,以轻工业园区为依托,加大对农产品加工企业扶持力度,大力推进现有农产品加工企业提质升级,加快农产品加工、保鲜、储运等技术、人才和设备的引进与开发,重点培育富江果业、早上好等一批起点高、带动能力强的农产品加工龙头企业,形成一批具有竞争力的龙头企业和名牌产品。着重抓好木纳格葡萄产业化基地、无花果生产基地,重点发展木纳格葡萄、无花果、核桃。以皮革产业园为依托,打造南疆皮革、皮毛交易中心,带动皮革、皮毛相关产业链发展。

七、大力扶持服装服饰产业

以阿图什市小微服装服饰产业园和就业创业孵化基地为依托,积极扶持小微企业和"短平快"项目发展,充分发挥小微企业促进就业、活跃经济的重要作用。全面落实支持小微企业发展的财税、金融政策,大力发展劳动密集型产业,重点扶持服装服饰、民族刺绣、手工地毯、农副产品加工等领域具备基础条件的小微企业发展。加快推动小微服装服饰产业园和创业就业孵化基地基础设施建设,加快纺织服装标准厂房建设,加快推进小微企业服务体系建设,支持中小企业服务机构开展信息、培训、技术、创业、质量检验、企业管理等服务,培育和建设民生工业示范基地,增强小微企业入驻发展的吸引力。到2020年,力争小微企业发展到120家,从业人员达到3000人以上,小微服装服饰产业园入驻企业稳定在100家,创业就业孵化基地入驻企业稳定在10~18家,年均实现稳定就业300人。

八、着力建好工业园区,促进产城融合发展

按照"产业进园、科技进园、环保进园、劳动力进园"的要求,高起点规划园区建设,以园区建设引领阿图什工业加速发展。加快推进"一园六区"建设,以建成设施完善、功能齐全、创造力强的产业发展平台为目标,细化园区功能定位和特色主导产业,着力培育特色产业园区,进一步完善以水、电、路、气、暖、通信为主的基础设施建设,提高园区产业承载和集聚能力。加快推进园区科技创新平台、人才保障平台、公共服务平台、投融资服务平台和"两化"融合平台建设,提升园区综合竞争力。加快推进物联网等网络新技术的研发及在园区的推广应用,促进工业化与信息化融合试点。加大对园区现代物流发展扶持力度,着力发展第三方物流,推进工业园区由企业物流向社会专业物流的转变,加快园区的转型升级。努力打造设施完善、功能齐全、环境优美的创新型园区。

按照产城融合发展理念,推动产业园区从职住分离向功能复合转变,形成"以产促城,以城兴产,产城融

合"的空间格局。将阿图什市工业园区打造成为"产城融合示范区"和"特色产业创新区",着力发展重工业区、光伏产业区、昆山产业区、轻工业区、小微服装服饰产业区、皮革区六个特色园区,加快构建以机械制造、出口加工、商贸物流、观光旅游业等为重点,金属采选冶、新能源、新建材、农副产品深加工、服装服饰、民族餐饮业等互为支撑的特色产业体系,打造工业经济发展的重要增长极。加快基础设施建设,建设一个"产城高度融合、产业特色鲜明、城乡协调发展、生态绿色文明"的新型现代产城示范区,打造成阿图什市西部宜居宜业宜商宜游的现代化产城示范区。

第二节 大力发展现代服务业,建设克州服务业中心

加快推进现代服务业发展,着力推动生产性服务业向专业化和价值链高端延伸,推动生活性服务业向便利化、精细化、品质化方向发展,积极培育生活性服务新业态、新模式,促进服务业优质高效创新发展,引领经济提质增效和换挡升级。

一、大力发展商贸物流业

围绕"三化"建设,深挖阿图什市传统商业底蕴和潜力,不断加快商贸物流业发展步伐。

积极融入丝绸之路经济带核心区建设,把发展壮大商贸物流业作为促进服务业提质增效和促进产业转型升级的重要突破口,加强对城市与农村商贸物流发展的统筹规划,不断完善商贸物流服务体系,推进商贸物流服务专业化、信息化、网络化、规模化发展。

巩固提升阿图什市商业中心地位,完善商圈业态合理布局,建设购物、餐饮、娱乐、休闲为一体的现代化经营场所,增强专业街区商贸服务功能。加强专业市场、特色民族美食一条街建设,积极打造各类专卖专营店、品牌店和精品店等,促进商贸流通领域新兴业态发展。加快农村集贸市场、便民肉菜直销店建设,培育专业化农产品运销企业和物流配送企业,重点加快建设一批辐射力强、规范化的农副产业综合市场和专业批发市场,进一步完善农业生产资料和农产品流通网络体系,形成以大型专业市场为核心、以中小型市场为有益补充的基本格局。到 2020 年,基本建立起统一开放、竞争有序、安全高效、城乡一体的现代流通体系,流通产业现代化水平大幅提升。

积极推进阿图什市小商品物流批发中心、丝绸之路商品交易中心、新疆皮毛皮革交易市场建设。加强商贸物流基地、物流园区、物流中心建设,着力打造集产品加工、包装、集散、仓储、运输等功能为一体的区域性商贸中心和配送中心,打造成南疆商贸物流重要节点和向西开放的国际物流重要枢纽。利用现有仓储、物流设施,依托园区大力引进、培育外向型商贸物流龙头企业。培育壮大特色产品物流,依托阿图什市农贸市场等发展土特产、农产品物流。围绕新型工业化发展,积极发展工业品物流。积极推进物流配送、连锁经营和电子商务技术应用。积极推进云计算、物联网等智慧基础平台建设,加快智慧商贸物流服务应用,大力提升阿图什市物流业信息化、智能化和标准化发展水平。

二、加快发展观光旅游业

把观光旅游业作为塑造提升城市品位和促进就业的富民产业做大做强。以观光旅游为主,加快旅游资源整合开发和旅游产业体系建设,全面提升旅游服务品质和旅游产业综合竞争力,重点开发天门、大峡谷、怪柳林、盐湖、乡(村)休闲旅游度假区及红色旅游景点景区,挖掘打造一批乡村旅游点(农家乐)。用现代理念进行旅游定位、创意、策划、开发、宣传,将高品位的自然景观和浓郁的民族风情文化景观打造成旅游精品,努力拓展客源市场,依托喀什地缘优势,加强区域合作。加强景区建设,提升景区质量,打造精品景区,力争将阿图什景区(点)纳入疆内旅游线路。提升城市服务功能,加快推进亚泰、香港城阿图什大酒店等项目建设。到 2020 年,争取实现年接待游客 52 万人次,旅游综合收入 1 亿元,将旅游业培育成为最具活力的支柱产业和就业富民产业。

三、全面提升民族特色餐饮品牌

立足阿图什市民族特色餐饮品牌形象,以弘扬优秀民族餐饮文化、推进特色民族餐饮业发展、提升城市

整体形象、促进带动就业为目标,坚持"政府推动、政策驱动、品牌拉动、产业联动",充分利用餐饮优势,着力打造以北山烤肉为品牌的民族特色餐饮"一条街"建设,建成集休闲、娱乐为一体的综合民族餐饮聚集区。扶持特色餐饮企业和精品店建设,抓好餐饮文化建设和宣传推介,全面提升阿图什市民族特色餐饮品牌知名度,引领带动克州民族餐饮业健康快速发展。

四、加快发展电子商务

加快实施互联网+行动计划,积极引导互联网在农产品生产销售、工业园区、企业、物流、教育、医疗卫生等领域推广应用,着力提升生产、流通、销售等各环节的智能化水平,推进乡镇、社区便民信息服务。大力发展电子商务,推动电子商务与阿图什市特色产业深度融合,以农产品进城、工业品下乡、跨境电子商务为主线,依托邮政、科技电子商务平台和电信网络优势及供销社农资主渠道作用,构建线上线下、物流快递服务、仓储、产业联盟、产业基地、农业合作社为主体的电子商务业态,加快构建电子商务产业体系,使电子商务成为促进创业就业、改善民生服务、增强经济发展新动力的重要平台。大力推进电子商务进社区、进乡村,支持快递服务网络向基层延伸。积极推进建立跨境电子商务物流园,支持有条件的企业设立境外电商企业。积极引进有实力、有技术、品牌信誉好的电子商务企业在阿图什开设区域运营中心,带动聚集更多电子商务产业链上下游配套企业发展,构建完整的电子商务服务链条,完善电子商务配套环境。建设电子商务集聚区,促进物流快递与电子商务协同发展,引导商品交易市场向电子商务、物流园区转型。建设电子商务孵化区,为电子商务创业人员提供场地支持和创业孵化服务。加强电子商务市场监管。

五、积极发展金融服务业

坚持金融第一支撑作用,创新金融服务,更好发挥金融对结构调整的支持作用。加快推进设立阿图什市村镇银行,增强金融支持阿图什市实体经济的有效性。鼓励和引导银行金融机构加大对阿图什市的信贷投入,加大对特色矿产资源加工、电子信息、新材料、新能源等产业的金融支持。继续增强文化创意、现代物流、商贸流通、旅游业等现代服务业信贷投入及对小微企业、涉农信贷投入。加强园区金融创新服务,大力引进战略合作伙伴和高新技术企业风险投资基金,积极探索建立重点产业发展基金。大力培育发展资本市场,完善产权交易市场,扩大直接融资比重。加快培育和发展保险业,丰富政策性农业保险的险种,积极推进保险保障向偏远农牧区延伸。围绕解决中小微企业和"三农"融资难问题,发展普惠金融,加快建立和完善服务农村经济发展的担保服务体系。

六、培育发展养老服务业

逐步完善基本养老服务体系。积极培育居家养老、机构养老和其他多种形式的养老,鼓励和支持社会力量举办养老服务机构,推行普遍性服务和个性化服务相结合模式。加大对农村养老服务的投入,促进基本养老服务均衡发展。加大社区养老服务设施、场所建设投资力度。探索发展覆盖市、乡(镇)和社区(村)居家养老服务网络。积极鼓励发展健康体检、健康咨询、健康文化、健康旅游、体育健身、医疗服务、护理服务等健康服务新业态。大胆尝试养老服务与相关产业融合创新发展模式,逐步推进医疗机构与养老机构合作。借助对口援疆等优势,积极引入和推进基本生活照料、康复护理、精神慰藉、文化服务、紧急救援、临终关怀等领域养老服务的发展。大力加强养老服务专业队伍建设,为培育发展养老服务业提供支撑。

七、其他便民利民服务业

大力发展家庭服务业。围绕便民利民,加快建立惠及城乡居民多种形式的家庭服务体系。重点发展家政服务、社区服务、养老服务和病患陪护,因地制宜地发展家庭用品配送、家庭教育。鼓励各类资本创办家庭服务企业,培育家庭服务市场。实施社区服务体系建设工程,加强就业服务和职业技能培训。规范市场秩序和执业行为,维护从业人员合法权益。

大力发展教育、文化、体育服务业。积极发展中介咨询服务业,鼓励发展科技服务、劳务市场服务、人才交流服务、会计咨询、法律服务、商务服务等社会中介服务组织,引导各类社会服务中介组织在工业园区建立与国际接轨的运作机制。大力拓展企业管理服务、法律服务、咨询与调查、广告业、职业中介服务等新兴的商务服务业。鼓励企业加强售后服务,增强服务功能,完善服务体系。

第三节 做优特色农牧业,加快推进农牧业现代化

坚持以农村繁荣发展、农业提质增效、农民持续增收为目标,加快转变农业发展方式,着力构建现代农业产业体系、生产体系、经营体系,提高农业质量效益和竞争力。按照“稳农调牧”要求和“北畜南果”布局原则,优化农业结构,着力培育壮大主导产业,发展戈壁设施农业、城市观光休闲农业和生态农业。打好绿色、生态、有机牌,推动粮经饲统筹、农林牧渔结合、种养加一体、一二三产业融合发展,加快推进农业产业化经营,提高农产品精深加工水平,走产出高效、产品安全、资源节约、环境友好的农业现代化道路。

一、健全农业支持保护体系

严格保护基本农田及重要农业区域,合理调整粮棉比例,稳定粮食种植面积,优化粮食种植结构和区域布局,不断提升粮食单产水平和综合生产能力,确保粮食自给率不下降。加强以上阿图什镇、阿湖乡冬小麦,哈拉峻乡玉米为主的粮食保护区建设。到 2020 年,粮食生产面积稳定在 1.53 万公顷,棉花种植面积 4533.33 万公顷;建立 1333.33 公顷高产玉米基地,2666.67 公顷优质棉基地,6666.67 公顷高标准优质小麦生产基地。做好农副产品市场供应和稳定价格检测。加快农田水利基础设施建设,加大盐碱地治理改良,推进农田节水灌溉工程、高标准农田建设。到 2020 年,盐碱地治理改良 3333.33 公顷,农业灌溉水有效利用系数提高到 0.53。有序开展土地整理开发。

加强农业科技服务体系建设,加强市、乡农技推广中心(站)建设,进一步完善农技推广体系,大力实施农业实用技术进村入户工程。积极推进农业机械化,不断提高农机化装备水平,建立健全农机化服务体系。加快推进农产品市场信息体系建设,建设覆盖各乡、龙头企业、农产品批发市场的农业综合信息网络。加强农产品质量安全体系建设,建立健全农产品质量标准体系和质量监督检测检验体系,加强市农产品质量检验检测中心建设,加强农产品农药残留监测检查。

二、提高优势特色农业发展水平

大力提升林果、园艺、畜禽、蔬菜等特色优势产业,稳步发展戈壁设施农业,着力打造休闲农业、生态农业带(区),规范无公害、绿色、有机农产品生产基地建设,推广应用生态农药和无公害生态养殖技术。开发农业多种功能,推进庭院经济发展,大力促进农业增效、农民增收。

做大做强特色林果园艺业。按照“因地制宜,集中连片,区域布局,规模经营”的原则,继续坚持“重特色、建基地、抓品质、拓市场、创品牌”的发展思路,在突出抓好木纳格葡萄、无花果、核桃基础上,重点发展大果沙枣种植,试种红枣、苹果、桃子等品种,优化林果品种。将阿扎克乡、松他克乡建成以木纳格葡萄,无花果为主的特色林果生产区,打造阿扎克乡、松他克乡和阿湖乡鲜果基地、上阿图什镇干果基地等特色林果业产业带。积极推广木纳格葡萄和核桃标准化栽培技术,强化精细化管理,提高林果业综合效益和竞争力。积极做好良种采穗圃和穗条低温库等项目建设,为发展特色林果业提供苗木保证。到 2020 年,优质林果面积稳定在 1.47 万公顷,果品产量达到 12 万吨以上,果品贮藏保鲜率达到 45% 以上,加工率达到 35% 以上。建成木纳格葡萄产业化基地 6666.67 公顷,特色林果示范园 55 个以上。

加快现代畜牧业发展。以转变畜牧业发展方式为主线,努力实现畜牧业产业重心向农区、定居兴牧点、戈壁产业开发区转移;畜牧业生产方式向舍饲、半舍饲转变;畜牧业经营方式向龙头企业、合作组织、养殖大户带动型转变;畜牧业养殖方式向“四良一规范”(良种、良料、良法、良舍、规范化防疫)的科学饲养管理方式转变,加快推进传统畜牧业升级转型,着力构建现代畜牧业产业体系。优化畜群畜种结构,在农区以多胎肉羊、优质奶牛、肉牛、家禽养殖为重点、以架子牲畜育肥为突破口,牧区以柯尔克孜羊、绒山羊和牦牛养殖为重点,坚持“稳定牧区畜牧业,大力发展农区畜牧业”原则,按照“在城郊重点发展牛羊育肥和家禽、生猪养殖,

在农区重点发展肉牛、肉羊、奶牛养殖和牛羊育肥,在牧区加快畜群周转,提高牲畜出栏到农区育肥”的发展方向,积极推进农区以种养结合、规模养殖增牧,牧区以联户并畜、代牧放养为主的畜牧业生产方式。积极培育畜禽养殖大户、家庭农牧场、专业合作社、龙头企业等生产经营主体,不断提高标准化养殖水平。加大良种繁育场建设力度,积极申报南疆肉羊良种繁育体系建设项目,推动牲畜品种改良步伐。通过完成好基本草原划定和草原确权工作,进一步规范草原生态保护补助奖励机制工作的实施,巩固和扩大草料基地建设,加快退牧还草工程建设力度,提高秸秆和饲草资源加工利用率,在阿湖乡、上阿图什镇、阿扎克乡扶持建设以农民专业合作组织为主体饲草料加工厂,在规模养殖场和养殖大户中大力推广饲料加工设备,开展秸秆养畜示范活动,提高饲草利用率,促进畜牧业可持续发展。到2020年,牲畜存栏达到55万头(只),存栏家禽100万羽,肉类生产能力达到1.7万吨,养殖小区达到150座,发展养殖育肥大户3000户,养殖农民专业合作组织370个。人工草料基地面积达到3586.67公顷。在肉羊、肉牛产业发展、畜产品精深加工和品牌打造上取得突破。

集中力量打造精品设施农业。积极利用戈壁荒地发展设施农业,以阿尔塞设施农业示范园为突破口,以库木萨克设施农业基地为龙头,加快设施农业基地建设,统筹抓好835座日光温室和660座拱棚种植管理,加强苗木培育、品种搭配、防病减灾和销售平台建设。大力发展反季节水果、蔬菜种植,并向周边辐射。以蔬菜生产为主,逐步向西瓜、甜瓜、葡萄、桃、草莓及食用菌、花卉、育苗等多品种发展。加大菜农技术更新、知识升级培训,全面提升设施农业产能,实现提质增效。到2020年,蔬菜种植面积发展到1000公顷,建设66.67公顷蔬菜有机食品认证基地。

积极发展无公害、绿色、有机农产品。加大无公害、绿色和有机农产品标准化生产技术的推广力度,大力推进无公害、绿色、有机农产品生产,积极推进绿色、有机农产品(果品)基地建设,加快绿色食品、有机食品发展步伐。到2020年,建成3333.33公顷木纳格葡萄有机食品基地,666.67公顷木纳格葡萄绿色食品基地;建立66.67公顷有机无花果生产基地,20公顷绿色无花果生产基地;建立666.67公顷标准化优质核桃生产基地。初步控制种植业产品生产基地的外部污染,全市蔬菜、水果实现无公害生产,“双低”蔬菜优质率达到95%,主要果蔬产品检测合格率达到90%以上;优质粮食率达到95%,优质棉麻生产全部达到国家纺织行业标准;农产品标准化生产达到90%左右。

三、着力提升农业产业化经营水平

按照“标准化生产、专业化经营、市场化运作、规范化管理”原则,加强特色农牧产品的产、储、供、销,着力提升农业产业化发展水平。按照“企业+协会+基地+农(牧)户”的模式,逐步建立企业与农民产业化经营模式。加强专业合作经济组织建设,培育壮大农民专业合作社,引导其从事加工、保鲜、贮藏、物流配送等,培育一批实力较强的示范性合作社。积极鼓励支持集“贸、工、农”一体化,“产、供、销”一条龙的综合性农业龙头企业发展。加大优势特色效益农业商标品牌建设,加大特色农产品、畜产品、林产品地理标志注册和保护,加大著名商标认定、驰名商标推荐扶持力度,加大绿色食品品牌的申报力度。做好特色农牧产品分级包装工作,提升农副产品的层次,把农牧产品由低端向高端精美方向经营。继续推进农产品批发市场建设,重点在粮油、蔬菜、水果、土特产品等农产品集中产区,改、扩建一批区域性的农产品产地批发市场,无公害食品、绿色食品批发市场及配送中心。强化农产品销售市场开拓,全面建立农产品信息服务与营销网络,积极组织和引导重点龙头企业参加各类展销会、博览会、洽谈会,搭建农产品销售服务平台,不断提升企业和产品的知名度。

第五章　坚持基础先行,推进基础设施现代化建设

按照“统筹规划、合理布局、适度超前、突出重点”的原则,启动一批保障民生的基础设施建设项目,重点加快水利、交通、电力、通信等基础设施建设,在对外通道建设和通达通畅上实现新的突破,在重大水利工程上实现新的突破,在解决缺电问题上实现新的突破,彻底改变基础设施建设滞后局面。

第一节　加快完善交通运输网络

以提高交通运输能力、道路技术等级为中心，以增强救灾、确保晴雨通车为重点，推进重大交通基础设施建设，加快推进G314阿图什—喀什公路、阿图什—喀什第二条快速通道建设，逐步建成以干线公路、高速公路、铁路为骨架的多功能、全方位的综合交通运输体系。大力实施“富民畅通”工程，推进农村路网升级，不断完善农村公路和乡村道路，逐步消灭等外公路，合理布局优化公路网，形成以国、省道干线为主骨架，以农村公路为脉络的公路网络。加强桥涵、防护、排水设施配套等工程建设。到2020年，完成重要农村公路建设1010千米，乡（镇）通公路率达到100%，通油路率达到100%；行政村通公路率达到100%，行政村通油路率达到100%。

第二节　加大水利基础设施建设力度

坚持兴利与除害，开源与节流并重，防洪与抗旱并举，将涵养水源与节约用水、防止水污染相结合，加强水资源合理配置和高效利用，注重水资源管理和保护，加大防洪抗旱和农田水利建设力度。加快推进恰克玛克河、布谷孜河治理工程，加强格达良灌区、哈拉峻灌区等中型灌区节水改造和输水干渠防渗建设，完成恰克玛克河流域规划、托帕水库前期，完成全市河湖及水利工程的确权划界工作，做好布谷孜河沿城区段和北部博孜塔格山洪防治工程。加强农业节水，因地制宜地推广喷灌、滴灌、管道灌、微灌等节水技术建设。加快牧区水利设施建设，建设节水、高产、高效的灌溉草场和饲草料基地。重点加强上阿图什镇、阿扎克乡、阿湖乡、吐古买提乡等小型农田水利工程建设和维护。大力实施“改水工程”，全力推进城乡饮用水和灌溉用水改善行动，彻底解决城乡饮用水不足、灌溉用水紧张的问题，到2020年，农业灌溉水有效利用系数达到0.53以上，农业用水比重降到92%以下。加快实施农村饮水安全巩固提升工程，解决110367人的饮水安全问题。确立用水总量控制、节水效率控制、水功能区限制纳污“三条红线”，实行最严格的水资源管理制度。不断深化水利改革。

第三节　加强电力设施建设

统筹规划、合理布局，以扩大电网覆盖、优化电网结构、提高供电能力为重点，大力实施电网联网工程，加大输变电系统的增容扩能改造，逐步形成220千伏、110千伏、35千伏、10千伏不同电压等级的网架结构和光伏供电网络，提高供电可靠性和供电能力，着力解决无电地区供电问题。大力实施城网和农网升级改造工程，重点推进农网低电压改造项目，加快工业园区供电及电网联网工程建设，解决城区变电站配出工程及工业园区10千伏线路负荷过载问题。推动阿图什市试点开展配电自动化建设，完善城市智能配电网自动化和信息化水平，加强电网网架应变能力，有效提升阿图什市的供电能力。

第四节　加强信息化建设

实施大数据战略和“互联网+”行动计划，大力推进社会基础数据库建设，积极推进云计算、物联网、移动互联网、大数据等信息技术，支持物联网技术和大数据技术的开发和应用。积极推动“智慧城市”建设。加快信息基础设施建设。以光纤到户为基础，逐渐发展各类综合多媒体接入平台，实现固定电话、移动电话、宽带上网、数字电视的融合，推动三网融合快速发展，打造“智慧阿图什”。优化完善骨干网，建立健全市域网，大力发展接入网，积极推进移动通信等网络设施向农村延伸，着力打造各类信息网络服务平台，提高互联互通水平。加强农村信息网络建设，加强农产品交易等公共信息服务平台建设。建设统一的电子政务网络，拓展电子政务为社会和公众服务的领域，加快数字化服务型政府建设。到2020年，信息基础设施显著改善，宽带覆盖95%以上行政村，电视综合人口覆盖率达到100%；广播综合人口覆盖率达到100%。各办公及住宅楼光纤通达率达到100%。

第六章　坚持共享发展，着力改善民生

坚持共享发展理念，按照“民生优先、群众第一、基层重要”的要求，把保障和改善民生作为发展的出发

点和落脚点,重点抓好精准扶贫、脱贫攻坚工作,以“文教卫生持续发展工程”和“住房保障工程”为抓手,继续深化“民生建设年”活动,坚持就业第一、教育优先,更好发挥社保政策托底,坚决守住民生底线,保障群众基本生活,让发展成果更多地惠及各族群众,促进稳定。

第一节　推进脱贫攻坚富民固边

坚持以脱贫攻坚统领经济社会发展全局,把脱贫固边摆在突出位置,立足固边抓脱贫,抓好脱贫为固边,通过脱贫致富,实现富民固边。

以中央和自治区扶贫开发工作会议精神为指针,认真贯彻落实自治区推进克州脱贫攻坚富民固边座谈会精神,充分发挥政治优势和制度优势,坚持精准扶贫、精准脱贫基本方略,坚持就业第一、产业带动、基础先行、开发开放、创校报驱动方针,坚持“乡镇逐个摘帽、整村逐一脱贫、贫困人口逐年减少”的工作思路,按照“四个切实”“六个精准”“五个一批”及“四位一体”部署要求,从严落实州委脱贫攻坚“十一大专项行动”和“五五工程”,坚持以开放为引领、以发展为基础、以富民为核心、以固边为目标,不断创新体制机制,组织协调、合理配置专项扶贫、行业扶贫、社会扶贫、援疆扶贫等各方资源,充分发挥政府、市场和社会协同作用,举全市之力,集全民之智,多方共同发力、补齐突出短板、脱贫富民固边,坚决打赢脱贫攻坚战,确保到2018年,现行标准下1.55万户71251人农村贫困人口彻底脱贫,26个贫困村全部退出,7个乡镇全部摘帽,贫困市彻底摘帽,解决区域性整体贫困。稳定实现“两不愁”(不愁吃、不愁穿)、“三保障”(保障义务教育、基本医疗和住房)。

坚持以“六个精准”统领脱贫攻坚工作。找准“贫”根、抓住“困”源,因村施策、因户施法,对症下药、靶向治疗,提高扶贫实效。对有劳动能力的支持发展特色产业和转移就业,加大产业发展扶持力度,通过发展特色产业脱贫27066人;对“一方水土养不起一方人”的实施易地扶贫搬迁,通过易地搬迁脱贫16538人;对生态特别重要和脆弱的实行生态保护扶贫,通过生态保护补偿脱贫10268人;对丧失劳动能力的实施兜底性保障政策,通过社会保障兜底33917人;通过发展教育扶持脱贫2480人。对3821名护边员及护边员家庭人口纳入低保范围,采取特殊扶贫方式,既实现脱贫致富,又加强守边。加强对重特大疾病救助,切实阻断因病致贫、因病返贫。集中力量、因地制宜解决贫困村水、电、路、气、房和上学、就医、出行等生产生活条件问题。

全面落实“自治区统筹、地州市负总责、县市抓落实”的工作机制,严格执行脱贫攻坚一把手负责制,县乡村书记一起抓。全面落实主体责任,强化脱贫工作责任考核,重点考核脱贫成效。建立健全精准扶贫工作机制,健全党政机关、部队、人民团体、国有企业定点扶贫机制,激励各类企业、社会组织、个人自愿采取包干方式参与扶贫。充分发挥“访惠聚”住村工作组的作用,使各项扶贫措施落实到户、到人。加大扶贫投入,发挥政策性金融和商业性金融的互补作用,整合各类扶贫资源,开辟扶贫开发新的资金渠道。

第二节　坚持就业第一目标

实施发展经济与促进就业并举的就业优先发展战略,实施积极的就业政策,千方百计扩大就业,减少失业,促进经济增长与就业增长协调发展。完善并实施就业再就业扶持政策,解决好大中专毕业生和困难群体的就业问题;继续做好“零就业”家庭动态清零。建立覆盖城乡的就业管理服务组织体系。立足产业带动,立足就地就近,立足疆内解决,立足援疆促进,大力发展吸纳就业多的劳动密集型产业、服务业、中小微企业和民营企业,全面实施“短平快”项目,大力支持乡镇“卫星工厂”等小微企业发展,让更多的农村富余劳动力离土不离乡实现在家门口就业。大力开展劳务输出,引导少数民族群众有序到北疆和内地就业,最大限度地争取援疆省市支持,发挥产业援疆的就业效应,扩大少数民族群众到内地转移就业规模,确保富余劳动力在企业稳定就业,实现劳务输出17.5万人次。按照“针对性、实用性、有效性”的原则,建立和完善以经济社会发展和劳动者就业需求为导向,以提升就业能力、工作能力、职业转换能力和创新能力为目标的职业培训体系,大力开展就业技能培训、在岗培训、创业培训,做好订单式培训,促进各族劳动者到企业就业、自主创业。扎实落实“大众创业、万众创新”政策,加快就业创业孵化基地建设,为有创业需求的人员提供免费的厂房,并提供配套服务,确保到2020年吸引30家企业落户,大力发展民族服装服饰、家具、民族刺绣等产业,带动1500人就业。力争到2018年实现有就业愿望的少数民族“两后生”和农业富余劳动力国家通用语言、职业培训全覆盖,以培训促进就业。“十三五”期间,每年组织职业技能培训4000人次,五年累计2万人次。每年新增城镇就业2200人左右,五年累计1.1万人,城镇登记失业率控制在4%以内;年均转移农业富余劳动力3.5万人次左右。

第三节 推进教育优先发展

全面贯彻落实国家“优先发展,育人为本,改革创新,促进公平,提高质量”的教育工作方针和自治区教育教师工作会议精神,把教育摆在突出重要位置,坚持社会主义办学方向,按照教育强市的总体目标,把立德树人作为根本任务,加强师生政治思想教育,着力增强各族师生“五个认同”,深化教育教学改革,基本普及15年教育,全面提高基础教育、高中教育、职业教育、学前教育等各级各类学校办学质量,提升办学治校能力,培养合格的教师队伍和德智体美全面发展的社会主义接班人,努力办好让人民满意的教育,使教育发展更加适应经济社会发展和长治久安的需要,更加符合各族人民接受良好教育的期待。

一、强力推进双语教育

以农牧区学校和小学低年级段为重点,构建学前和中小学相互衔接、师资和教学资源相互配套的双语教育体系,争取“十三五”期间基本解决双语教师短缺问题,全面提高双语教学质量和水平。2016年,初中接受双语教育学生比例达74.5%;2017年,初中接受双语教育学生比例达84.5%;2018年,初中接受双语教育学生比例达94.74%;到2019年,初中接受双语教育学生比例达到100%。到2020年,力争双语教育普及率达到99%。

二、大力普及学前教育

强化政府学前教育公共服务职能,逐步将学前教育纳入基本教育公共服务体系,实行政府主导、公办为主、社会参与的办园体制,新建、改建、扩建一批幼儿园,努力扩大公办学前教育资源的覆盖面,实现行政村全覆盖。到2020年,基本普及学前三年教育,学前三年幼儿入园率达到95%。

三、巩固提高义务教育

合理调整中小学布局,大力推进教育扶贫工程,发挥教育对口支援和现代远程教育的作用,建立健全义务教育均衡发展保障机制,促进义务教育均衡发展。加大控辍保学工作力度,全面落实义务教育免费政策和经费保障机制。推进义务教育学校标准化建设,加强薄弱学校硬件改造步伐,推动公共教育资源向农牧区、偏远地区倾斜,推动义务教育城乡一体化建设,不断提高义务教育质量和水平。到2017年,全市基本完成义务教育学校标准化建设,巩固提高“两基”成果。

四、全面普及高中阶段教育,突出职业教育

用足用好高中阶段免费教育政策,基本普及学前到高中阶段14年教育,加强基础设施建设,提高现有教育资源的使用效益。到2020年,争取初中毕业生100%进入普通高中和职业高中就读,基本普及高中阶段教育。完善“政府主导、行业指导、企业参与、院校实施”的职业教育办学格局,健全多渠道投入机制,提升职业教育基础能力,改革职业教育办学机制,推行终身职业技能培训制度,提升职业教育办学质量,为阿图什市经济社会发展提供人力资源保障。

五、加强德育教育

以社会主义核心价值观和公民道德教育为基础,强化“师德师风”建设,以爱国主义和民族团结教育为重点,深入开展“去极端化”思想教育,为师生创造安定有序、团结和谐的环境。深入开展平安校园、文明校园、绿色校园、和谐校园创建活动。全面加强和改进德育、智育、体育和美育,培养社会主义事业的接班人。

六、加强教师队伍建设

按照“三重身份”“四好老师”标准,加强教师队伍建设,配齐配强学校领导班子。完善优质学校校长、优秀教师到薄弱学校交流政策,进一步改善师资结构,配齐配足学科教师。到2020年,各学段教师学历达到国家规定标准,并逐步提高;少数民族专任教师HSK(或MHK)等级达到相应水平,并逐步提高;汉族教师或民考汉教师普通话标准达到相应水平,并逐步提高。

七、加强教育基础设施建设

为全市义务教育标准化学校配备仪器设备,建成学科全覆盖、资源更新快、使用更便捷的管理服务平台和教学资源库,创建区域、学校、教师远程交流合作机制,提高义务教育办学整体水平。到2020年,中小学图书馆(室)建设和实验仪器配备达到国家标准,各学校多媒体网络教室、互联网达到97%。

八、全面推进教育均衡化发展

到2020年,全市义务教育基本实现均衡发展,达到“双高普九”的要求,“两基”人口覆盖率提高到100%,九年义务教育巩固率达到99.8%,小学、初中适龄儿童纯入学率分别达到99.8%和98.5%以上。进一步提高义务教育阶段特殊教育普及水平,保证有就学能力的适龄残疾儿童少年入学。最终实现城区、农区、牧区之间在教学质量、办学水平方面达到均衡。

第四节　全面提高社会保障水平

按照“保基本、兜底线、促公平、可持续”原则,不断提高社会保障水平。

一、进一步完善社会保障体系

完善社会保障制度,形成健全的社会保障体系。扩大社会保险覆盖面,实施“全民参保登记计划”,实现应保尽保。加快建立统一的城乡居民基本养老保险制度,逐步提高基础养老金水平,到2020年,形成基本养老保险、企业年金、个人储蓄保险相结合的多层次养老保险体系。加快完善医疗保险制度体系,整合城乡居民医疗保险,全面实施大病保险制度,提高医疗保险覆盖面和医药费用报销比例;落实好疆内异地医保费用结算工作。全面推进工伤保险制度体系建设。健全失业保险与促进就业的联动机制。健全社会保障基金监督管理制度。“十三五”期间,全市城镇职工基本医疗保险参保率达到100%,城镇居民基本医疗保险参保率达到100%;城乡居民基本养老保险参保率达到100%,享受养老待遇发放人员达到100%。失业保险参保率达到100%。社会保险网络信息覆盖化达到100%。加大基层社会保障和公益服务设施建设。

二、建立完善的城乡社会救助体系

继续加强城乡低保动态管理,建立健全覆盖城乡、以最低生活保障制度为核心,以农村五保供养、自然灾害救助、医疗救助、流浪乞讨人员救助制度为支撑,以临时救助和社会帮扶为补充的社会救助体系,着力提高城乡低保标准,不断扩大保障覆盖面,逐步提高保障水平。以扶老、助残、救孤、济困为重点,逐步拓展社会福利保障范围。发挥民政牵头作用,加快推动建立统筹社会救助工作的协调机制,建立健全临时救助制度,有效解决低收入群众的突发性、临时性基本生活困难。建立“一门受理、协同办理”开展好“救急难”工作试点,统筹解决救助问题。大力发展慈善事业,提高保障服务质量。

三、实施“住房保障”工程

加快城乡保障性住房及配套基础设施建设,切实改善城镇、垦区、林区等居民住房条件。建立稳定投入机制,加大财政资金、银行贷款的支持力度,引导社会力量参与保障性住房建设运营。继续实施农村安居富民和定居兴牧工程,配套完善水、电、路、饲草料地等服务设施,使农牧区居民生产生活条件明显改善。深入实施农村安全饮水、农网改造、农村公路、南疆天然气利民等一系列民生工程，切实解决好水、电、路、气、房五大问题。

第五节 大力发展医疗卫生事业

以深化医药卫生体制改革为统领，按照“保基本、强基层、建机制”的要求，切实提高公共卫生均等化水平。按照“三个循环”机制，着力构建以市医院为主体、乡镇卫生院为骨干、村级卫生室为网底的市乡村三级联动卫生服务体系。着力解决人民群众“看病难、看病贵”问题。

一、加强公共卫生体系建设

加大公共卫生经费投入，完善公共卫生服务体系，提高公共卫生服务水平。加快疾病预防控制机构以及妇幼保健机构基础设施建设，建立健全市、乡、村三级卫生防疫网络，建立健全乡镇疫情报告网络制度。加强结核病、艾滋病等重大传染病防治工作，加强碘缺乏病、包虫病等重点地方病防治工作。完善突发公共卫生事件应急和重大疾病防控机制，切实提高突发性重大公共卫生事件处置能力，不断提高防控能力。加大农村急救体系建设力度。广泛开展健康教育，深入开展爱国卫生运动，加大安全生活饮用水监测及卫生厕所使用，普及农户使用卫生厕所。大力推进以城乡居民个人健康档案为核心的卫生信息化建设。全面实施卫生监督综合执法工作。

二、完善城乡医疗服务体系

加强城乡医疗卫生服务体系建设，加快市医院新区建设，提高市医院服务功能。继续加强村卫生室、社区卫生服务站标准化建设，逐步实现乡镇卫生院和村卫生室标准化建设全覆盖，努力提升乡镇卫生院、社区卫生服务中心医疗卫生服务功能。按照国家、自治区、自治州统一部署，加快公立医院综合改革，加强公立医院规范管理，优化公立医院结构和布局。深化乡（镇）卫生院管理体制与运行机制改革，完善城市医疗卫生机构对口支援农牧区机制，加快完善城乡医疗卫生一体化发展。鼓励和引导社会资本发展医疗卫生事业，加快形成多元化办医格局。

三、健全基本医疗保障体系

进一步完善城镇居民、新农合等医疗保险和城乡医疗救助制度，建立健全简便的城镇居民基本医疗保险就医参保、缴费、报销工作程序，实现城乡居民基本医疗保险并轨，进一步提高新型农牧区合作医疗财政补助标准，新农合人均筹资水平占全市农民人均纯收入逐年提高，进一步规范新型农牧区合作医疗保销补助程序，提高服务水平，确保参合率稳定在99%以上。加大对弱势群体的医疗救助力度，建立城市医疗济困工作新体制，完善农村医疗救助机制。

四、加强基本药物监管

建立和完善以国家基本药物制度为基础的药品供应保障体系。城乡基层医疗卫生机构全面实施国家基本药物制度，建立财政保障机制，细化更符合市情的基本药物目录。建立公开透明、多方参与的医药价格谈判机制和采购机制，强化医保、采购和价格行为监管，引导药品价格合理形成，控制医药费用过快增长，继续在公立基层医疗机构实行基本药物零差价率销售，切实减轻群众基本用药费用负担。

五、加强疾病预防控制及医疗卫生人才队伍建设

合理配置疾病预防控制专业人员，增加人员编制，顺利完成专业技术人员的新旧更替。加强卫生疾控人员专业技能培训。加强医疗卫生重点专科建设，重视医疗卫生人才培养，建立卫生人才培养机制，充分利用江苏省优质资源，培养和引进一批高层次卫生专业人才和学科带头人。加强医德医风建设和以社区卫生服务机构卫技人员向全科医师的转岗培训为重点的基层医疗卫生技术人才队伍建设。加强农村卫生队伍建设。开展在职卫生人员继续教育。

六、扶持中医和民族医药发展

培植建设一批市级重点中医和民族医药专科。培养一批优秀中医和民族医临床专家。进一步加强中医和民族医基础设施建设。逐步建立市、乡两级中医和民族医发展基金。完善中医药和民族医药服务体系。抓好名老中医和民族医药学术经验继承工作,推广中医和民族医药适宜技术,充分发挥中医药和民族医药在新型农村合作医疗、社区卫生服务中的独特优势。

七、不断完善食品药品监督管理机制

加快食品药品监督管理机构建设,加大监督管理设施和设备投入,加强食品药品安全监督工作,保障城乡居民饮食用药安全。继续实施"食品放心工程",实行量化分级管理,深入开展食品药品市场专项整治,全面提高食品药品监管水平,全市监督覆盖率达100%,学校食堂监督量化分级管理达100%,餐饮业经营单位量化管理达90%以上,食品药品从业人员体检率达95%以上,确保人民群众饮食用药安全。

八、加强人口和计划生育工作

坚定不移地走中国特色统筹解决人口问题的道路,坚持以人的全面发展为中心,认真落实计划生育惠民政策,开展违法生育专项治理,稳定低生育水平,完善妇幼保健服务体系,努力提高出生人口素质。强化基层技术服务网络,提高全系统依法行政水平,建立规范的信息化管理制度,深化宣传教育工作,创造性地开展计划生育工作。确保到2020年,人口出生率控制在20‰以内,人口自然增长率控制住13.6‰,出生人口政策符合率达到95%以上,农村领证率保持42%以上。

第六节 推动文化大发展大繁荣

坚持以现代文化为引领,大力发展文化事业,加快文化产业转型升级,深化文化体制改革,推动文化大发展大繁荣,努力满足人民群众日益增长的精神文化需求,建设富有独特魅力和创造活力的区域文化中心。

一、健全完善公共文化服务体系

完善公共文化基础设施,健全图书馆、文化馆、非物质文化遗产保护中心、乡镇文化站、村(社区)文化室等文化基础设施,到"十三五"末实现全部达标,推进公共文化设施向社会免费开放。继续实施"西新工程""东风工程""广播电视户户通""农村电影放映""农家书屋"等文化惠民工程。到2020年,实现录制、采编播设备数字化、网络化,实现广播电视数字信号全覆盖。注重优秀传统文化资源的挖掘、内涵的提升和品牌的培育。加强基层文化队伍建设,组建乡村文艺演出队。用好农村大喇叭、村文化室、便民服务中心等阵地,广泛开展"一月一村一场"等群众性文体活动。加强社区文化、广场文化、企业文化、校园文化建设。深入推进现代文化为引领的"1234"工程,不断提高市民文明素质和城市文明程度,筑牢各民族共有精神家园。

加大非物质文化遗产和文物古迹维修保护力度。注重民族、地域特色文化资源保护和适度开发,加强加依帕其木、松他克乡赛福鼎·艾则孜故居、艾比甫·艾洁木麻扎等历史文物景点开发保护和利用,做好苏里堂麻扎等文物保护单位保养维修工作,积极做好民间艺术品保护收藏和展览工作。

二、大力发展文化产业

依托旅游渠道和文化消费市场,充分发挥资源优势,推动以民族文化产业为龙头的特色文化产业、传统文化产业、新兴文化产业快速协调发展。注重统筹发展和差异化推进相结合,加快文化资源产业化开发利用步伐,加快文化产业示范建设,促进文化要素和文化企业集聚发展,推动文化产业发展壮大。

三、大力推进地方志工作

按照《全国地方志事业发展规划纲要(2015—2020年)》要求,落实"党委领导、政府主持、负责地方志工

作的机构组织实施、社会各界广泛参与”的工作体制，逐步形成将地方志工作纳入各级国民经济和社会发展规划，“认识、领导、机构、编制、经费、设施、规划、工作”到位的“一纳入、八到位”工作机制，强化行政推动，确保按时保质完成第二轮《阿图什市志（1995—2015）》编纂出版任务。整合档案资源，巩固年鉴工作成果，进一步提高年鉴编纂出版质量。努力推动部门志和行业志编纂工作，形成部门、行业修志新格局，不断推进地方志事业健康稳步发展，发挥好地方志在弘扬优秀传统文化，发展现代文化，提升国家文化软实力中的重要推动作用。

四、积极发展体育事业

以全民健身为基础，重点发展农村、社区、学校体育，突出发展民族特色体育项目，推动群众体育与竞技体育、传统体育与现代体育协调发展。管好用好各级各类体育场所和体育设施，全面增强人民体质，提高全市体育水平。大力培育以青少年足球为重点的体育事业，全面推进青少年足球事业发展跨上新台阶，为振兴新疆乃至中国足球事业培养输送人才。

第七节　全面发展妇女儿童事业

全面贯彻落实《阿图什市贯彻执行〈新疆维吾尔自治区妇女发展纲要（2011—2020年）〉实施意见》和《阿图什市贯彻执行〈新疆维吾尔自治区儿童发展纲要（2011—2020年）〉实施意见》（以下简称“两纲”），坚持男女平等基本国策和儿童优先，建立健全妇女儿童保障体系，促进妇女全面发展，关爱儿童健康成长，维护妇女儿童合法权益，使广大妇女儿童发展状况明显改善，生活质量明显提高。到2020年，农牧区妇女劳动力90%以上接受实用技术培训，妇女科技人才和技能人才数量明显增加，高级专业技术人员中的女性比例达到35%。预防和制止针对妇女的家庭暴力。妇女常见病检查率不断提高，提高妇女乳腺癌、宫颈癌早知率，降低死亡率；妇女艾滋病感染率得到控制。孕产妇艾滋病检测率达到95%，感染艾滋病的孕产妇及所生儿童采取预防母婴传播干预措施比例达到90%以上。提高妇女心理健康知识和精神疾病预防知识知晓率。农村妇女生育保险水平稳步提高，持续提高城镇灵活就业妇女基本医疗保险参保率。农村卫生厕所普及率提高到70%。婴儿死亡率降低到18‰以下，5岁以下儿童生长迟缓率降低到10%以下，5岁以下儿童贫血患病率比2010年下降1/3，中小学生贫血患病率比2010年下降1/3。促进残疾人事业发展，实施0～6岁残疾儿童康复、贫困残疾人基本型辅助器具适配等重点康复工程，保障残疾儿童接受义务教育。到2020年，学前三年毛入园率达到80%，其中城镇达到81%，农牧区达到78%；城市中小学、幼儿园开办家长学校率达到100%，农牧区达到95%以上，社区达到80%以上。

第七章　坚持协调发展，提升中心城市功能

按照城乡统筹发展的总体要求，大力推进新型城镇化，扎实推进新农村建设，加快构建以城带乡，城乡互动，优势互补，协调发展的新型城乡格局。

第一节　全力推进新型城镇化发展

实施城镇化发展战略，合理调整优化城镇空间布局结构，科学有序拓展城镇发展空间，完善城镇基础设施，提升城镇品位，不断提升城镇聚集人口、产业、服务的功能，推进以人为核心的新型城镇化发展，到2020年，城镇化率达到44%。

一、优化城镇空间格局

遵循《新疆阿图什市城市总体规划（2011—2030）》，按照“西进、南拓、东控、北育、中优”的要求，形成“一心、二轴、四区、多点”的空间战略布局，加强城市土地内部挖潜，注重城市风貌塑造，提升阿图什市中心城区的综合服务功能，建设以“扩大开放”为重点、以“和谐发展”为主题的“地区中心城市”。按照“对接喀

什、借力喀什”的城市统筹策略,打造成南疆地区重要的工业城市及具有显著特色的文化旅游城市,面向中西南亚的边贸城市和边疆特色宜居城市。

一心:指位于主城区中部的行政、文化、教育、金融等组成的市级中心。

二轴:沿团结路贯穿中心城区的城市发展主轴和沿松他克路的城市发展次轴。

四区:即主城区、商贸物流区、西部重工业区、西部新城区组成。

多点:即服务于各功能区的公共服务设施节点。

实施阿图什市中心城市带动战略,形成以阿图什市城区为中心,以小城镇为依托,层次分明、功能互补的现代化城镇网络体系。因地制宜发展各具特色的小城镇,积极推进城乡一体化发展,把阿图什市建成宜居宜业宜商宜游的丝路特色城市。

二、完善升级城市功能

打造“城市靓丽工程”,按照“拓宽区域、完善功能、优化环境”的要求,以“精、细、秀、美”为发展目标,高起点规划、高标准建设、高水平管理,做大做强做美中心城区,辐射带动乡镇发展。

以建成区和乡镇为重点,加快城镇环境综合治理、道路、垃圾处理、供排水管网改造、城镇生态和园林绿化等基础设施建设,形成适度超前、持续发展、保障有力的城镇公用服务设施体系。加快构建“四横五纵”的主干路网络,配套完善次干道,实现城区道路通达便捷,到2020年,城镇道路新增2132千米(城市道路新增30千米)。加快推进南湖湿地公园建设项目,不断完善公园内各项功能和基础设施建设。启动布谷孜河景观带道路、水系及游园等工程建设,着力打造布谷孜河滨水区与景观带。以打造“洁净城市”为目标,统筹推进城市建设“五化”提升工程,实施城乡供排水、垃圾处理一体化工程,提高环境卫生整体水平,改善城乡人居环境,到2020年,供水普及率达到100%,城镇污水集中处理率达到95%以上,城镇生活垃圾集中处理率达到100%以上。完善城镇燃气管网,实施煤气输配送管线及附属配套工程,力争城镇燃气普及率达到80%。完善园林绿化管网,加强现有绿地管护,不断扩大绿地面积,力争城市建成区绿化覆盖率达到30%以上。实施城市建筑物、背街小巷、住宅小区、道路等设施的美化、亮化、硬化、净化工程。继续加大城区居民自建房支持力度,加快推进棚户区改造项目,提升城市品位。加强城区公共交通体系建设,优化公共交通运营管理,全方位提升城镇综合保障水平和综合承载能力。

三、推进小城镇协调发展

按照“完善功能、提高品位、打造环境、聚集发展”的要求,因地制宜发展小城镇,加快推进松他克乡、格达良乡等具备条件的集镇建设。以“人的城镇化”为目标,加快推进户籍制度改革,有序推进农业转移人口市民化,全面实施居住证制度,努力实现基本公共服务常住人口全覆盖。推动城镇化与农牧业现代化和新型工业化互动发展,与经济结构调整和产业优化升级同步发展,加快构建新型城镇化体系。

四、全力提升城乡管理水平

加强城市建设管理,提升城市服务水平和质量。以创建自治区级园林城市、文明城市和国家级卫生城市为目标,进一步理顺城乡管理体制机制,逐步完善城市功能,美化城乡环境,提升品位形象。重点加大交通秩序、环境卫生、公共设施管理力度,加强建筑市场和房地产市场管理,强化城乡项目建设用地和城郊村、城中村建设用地专项监管。突出抓好城区主干道占道经营及门店立面清理整治,注重发挥街道、社区作用,抓好门前“四包”和小区包干责任制落实,努力创造优美、整洁、有序的城乡环境,提升阿图什文明城市形象。

第二节　扎实推进新农村建设

统筹城镇与农村发展,积极推进城乡一体化,加快城边村、城中村改造,有序实施城乡接合部“村改居、乡改办”,稳步推进农村社区化,不断推动人口向城镇集中,居民向社区集中。积极推进农牧民变市民的进程。因地制宜,多措并举,吸引农村富余劳动力向城镇转移,逐步扩大城镇人口规模。优化乡、村行政区划布局，加强乡、村控制性规划和人居环境治理，加强宅基地管理，推进农村用地结构优化配置。加快乡村基础设施建设，大力推进农村安全饮水、道路、污水、垃圾治理项目建设，实施农村环境综合整治，改善农村人居环境，实现城乡均衡发展。

第八章　坚持绿色发展，建设美丽阿图什

牢固树立“环保优先、生态立市”理念，全面落实主体功能区规划，走“两个可持续”发展道路，严守“三条红线”，坚持绿色、低碳、循环发展，落实最严格的水资源管理、耕地保护、节约用地、环境保护制度，严把项目环评审批关，强化节能降耗硬约束，妥善处理好加快发展与节能减排、资源开发与生态保护、集中整治与长效监管的关系，筑牢生态基础，提升生态文明建设水平。

第一节　加强生态建设与保护

加大生态保护力度，实施“生态改善工程”，提高生态环境质量。加快实施防沙治沙工程，继续实施退牧还草、退耕还林、退耕还草等工程，加大矿山、交通运输、水利枢纽等工程建设的地质环境治理恢复。加强生态公益林建设，加大南北山和城乡绿化力度。力争到 2020 年，新增造林 1.67 万公顷，其中：防护林 1333.33 公顷，新一轮退耕还林 1666.67 公顷，荒山荒地造林 666.67 公顷，防沙治沙 1000 公顷，封育 1.2 万公顷；构建好林业“五大体系”、实现“两个突破”，森林覆盖率达到 8.12% 以上，生态建设取得新突破。优化产业发展布局，大力培育主导产业，林业经济年增长率达到 20% 以上，林业经济发展实现新突破。

第二节　加大环境保护与治理

按照“全覆盖、零容忍、明责任、严执法、重实效”的要求，全面深入排查环境风险隐患。实行最严格的环境保护制度，形成政府、企业、社会共治的环境治理体系。坚持“保护优先、预防为主、综合治理、公众参与、损害担责”的原则，加大污染防治工作力度，加大对水源、草场、大气、土壤等环境执法力度，严禁乱盗采、超采地下水资源；加强重点污染行业环保执法力度，集中开展矿产开采等重点污染行业的专项执法检查，严厉查处违法排污行为，确保资源开发与经济社会发展相适应。

深入实施水、大气、土壤污染防治行动计划。加强水污染防治，做好市域内主要河流水污染防治，加大城镇集中式饮用水源地保护力度，保障群众饮水安全。深度治理和管控纺织、有色金属等重点行业废水污染，大力推进达标生活废水、工业废水综合利用。严格控制地表水敏感区、地下水富集区等区域污染物排放。积极防控地下水污染。实现城镇生活污水垃圾处理设施全覆盖和稳定运行。加大大气污染防治，加强城市颗粒物、机动车尾气排放、噪声等污染治理，改善大气环境质量。加大土壤污染防治，优先保护耕地土壤环境，强化工业污染场地治理，加大污染土壤修复与综合治理。以打造“洁净农村”为目标，加快推进农村环境综合整治，积极开展乡村清洁工程，加大农村污水、垃圾、农田残膜等面源污染治理力度。

实施工业污染全面达标排放计划及污染物排放总量控制。提高企业入园门槛，杜绝工艺落后、高耗能、高污染企业入驻园区。严格控制二氧化硫、化学需氧量排放总量，按区域分行业逐步削减污染物排放总量。完善总量审核制度，实施排污许可管理。加强重点污染行业的环境监督管理，开展整治违法排污环保专项行动。严格执行《环境影响评价法》，实行环保准入管理制度。淘汰效率低、能耗高、污染严重的工业。控制结构性污染的增长。

继续推进城市天然气使用。扩大使用液化气资源，将所有餐饮服务行业的炉灶燃料逐步改造为天然气、液化气；园区内的工业企业采用低硫份燃煤，并安装除尘脱硫等污染防治处理设施，鼓励以天然气替代工业、采暖用煤；稳步推进乡镇气化工程，加快推进农村天然气气化工程建设，鼓励吸引社会资本参与项目建设。继续推行城市“煤改气”工程，逐步消除燃煤锅炉，改善城乡环境。提高城乡清洁能源使用覆盖率。

实施公交优先发展战略。加速发展快速公共交通系统，扩大公交专用线路，减少出租车使用量，使公共交通成为城市主导交通方式，鼓励生产使用低油耗、低排放的混合动力车、电动车、天然气车及其他替代燃料

车。禁止无有效环保标志车辆上路行驶。

抓好农村环境连片整治示范项目申报工作,为6乡1(镇)配备垃圾桶,垃圾清运车以及建设乡村垃圾填埋场、污水处理厂。加强农村饮用水源及水环境监管,保障饮水安全。加强农村污水治理,结合新农村建设,逐步实施农村污水治理项目,改善人居环境,全面提升农村环境整治水平,为建设美丽阿图什奠定基础。

严格执行环境影响评价制度和"三同时"制度。积极开展农业废弃物资源化利用,合理使用化肥、农药,控制氮肥、磷肥施用量。大力改良草场,实施种草种树利民工程。推行舍饲圈养,提倡集约经营,禁烧秸秆,推广秸秆过腹还田和综合利用。

加强社会生活噪声污染监管。加强固定噪声源的污染治理,实现工业固定噪声源达标排放。

积极推进危险废物、城市垃圾与医疗废物处置等基础设施项目建设,努力推进垃圾填埋场二期建设工程,提高城市垃圾无害化处理率,确保危险废物、医疗废物得到安全处置。

第三节　积极发展循环经济

按照"减量化、再利用、资源化"的要求,推进生产、流通、消费各环节循环发展,加快构建覆盖全社会的绿色低碳循环发展产业体系。扩大循环经济示范试点范围,实施园区循环改造、城市矿产示范基地、餐厨废弃物资源化利用、农业循环经济综合示范区、资源节约与资源综合利用示范基地等循环经济重点工程。强化对工业、建筑业、农业等重点行业和城市生活垃圾的废物资源化利用。实现土地集约利用、废物交换利用、能量梯级利用、废水循环利用和污染物集中处理。加强共伴生矿及尾矿综合利用。

第四节　加强节能、降耗、减排工作

依法推进节能减排工作,倡导文明、节约、绿色、低碳的生产方式和消费模式。强化规划项目环评,严格执行节能评估和审查制度。严格环境准入、控制产能过剩和"两高一资"项目入驻,从源头上控制污染物新增量。深化结构减排,严格执行国家产业政策和环保政策,加快钢铁、电力、有色、化工、建材等重点用能企业的节能技术改造,坚决淘汰高耗能、高污染工业项目,鼓励推广应用节能环保新技术、新工艺、新设备、新材料。加强对排污企业的监管,严查二氧化硫、氮氧化物、烟(粉)尘超标排放等违法行为,督促企业正常运行污染治理设施。推进节能减排全民行动,积极开展节约型公共机构示范单位建设。全面开展重点用能单位能源消费在线监测平台建设、能源管理体系建设和能源审计工作。推行合同能源和合同节水管理。加强节能减排监察能力建设,全面推进节能监察工作。

第五节　积极应对气候变化

加大控制温室气体排放力度,强化二氧化碳减排目标责任考核,构建绿色低碳消费模式,促进形成转方式、调结构的倒逼机制,实现碳排放强度和总量增长"双控"目标。加强温室气体排放统计、核算,全面提高适应气候变化的能力。优化产业结构,推动战略性新兴产业和服务业发展。加强高排放产品节约与替代,推广低碳技术研发应用。开展低碳产品认证,推广一批具有良好减排效果的低碳技术和产品,重点支持一批低碳城镇、低碳园区、低碳社区、低碳企业试点示范项目。加大宣传力度,提升公众低碳意识和参与水平。

第九章　坚持改革开放,推进创新发展

紧紧围绕充分发挥市场在资源配置中的决定性作用、更好发挥政府作用和有效发挥社会力量,全面深化经济体制改革、行政管理体制改革、农村综合改革和社会事业体制改革,坚决破除各方面体制机制弊端,到2020年,努力在重要领域和关键环节改革上取得决定性成果,形成比较完善的长治久安体制机制。在深化改革中贯彻创新发展理念,进一步优化要素配置,激发创新创业活力。

第一节　全面深化改革

一、加快行政管理体制改革

加快政府自身建设和职能转变,强化社会管理和公共服务职能,努力提高行政效能,建设服务型政府。坚持非禁即入、简政放权、放管结合、减少审批,继续深化行政审批制度改革,建立健全行政审批运行、管理和监督长效机制,减少和规范行政许可和审批事项,减少政府对微观经济运行干预,加快建立政府权力、市场准入、部门责任"三个清单",切实提高行政审批效率和行政服务质量;优化事权下放工作,理清权责关系,提高基层行政效能;继续推进乡镇站所管理体制改革,进一步优化乡镇行政事业资源配置,不断提高乡镇为民服务能力。加强机构编制管理创新,严格控制机构编制和财政供养人员总量。开展公务用车制度改革,降低行政成本。建立健全社会信用体系。强化和创新市场行为监管,维护市场竞争秩序。

二、加大经济体制改革

加快推进供给侧结构性改革,积极培育新增长点。深化市场体制改革,加快形成统一开放、竞争有序的市场体系,建立和完善以公有制为主体、多种所有制经济共同发展的基本经济制度。深化国有企业改革,支持国有企业以多种形式吸纳非公有资本进入,大力发展混合所有制经济。扶持个体、私营等非公有制经济和中小企业发展壮大,支持和引导全民创业。进一步深化财政体制改革,完善乡财市管、村财乡管财政管理方式,优化财政支出结构,财政支出向民生、社会事业、"三农"、环保等领域倾斜。继续深化部门预算、国库集中收付、政府采购等改革。大力推进投融资体制改革,建立政府投资决策、管理和风险控制机制,建立完善多层次的中小企业贷款担保体系,着力解决中小企业贷款难问题。加大土地管理制度改革力度,深化城乡建设用地增减挂钩、集体建设用地流转等改革,促进城乡土地资源市场化配置。健全价格监管机制,稳定市场价格秩序。积极推广运用政府和社会资本合作模式,拓宽基础设施建设,公共服务项目和新型城镇化建设投资渠道,提高公共产品供给质量和效率,促进加快转变政府职能,提升经济增长动力,促进经济结构调整和转型升级。

三、推进农村综合改革

坚持和完善农村基本经营制度,加快构建以农户家庭经营为基础、合作与联合为纽带、社会化服务为支撑的立体式复合型现代农业经营体系。扎实推进农村土地确权、地籍确权、草原确权等工作,维护农民土地承包经营权,推进农村土地承包经营权确权登记颁证。支持农民专业合作社和农业产业化龙头企业发展,加快健全农业社会化服务体系,提高农业经营组织化程度,促进农村现代流通体系建设。推进户籍制度改革,实行居住证制度。深化乡镇财政管理体制改革,完善村级组织运转经费保障机制,全面开展村级公益事业建设一事一议财政奖补工作,促进农村公益事业健康发展。

四、推进社会事业体制改革

积极稳妥推进事业单位分类改革,满足群众和经济社会发展对公益服务的需求。完善促进就业创业体制机制,实施鼓励劳动者多渠道多形式就业扶持政策,突出抓好以高校毕业生为重点的青年就业和农村转移劳动力、城镇困难人员、退役军人就业。深化医药卫生体制改革,巩固完善基本药物制度,积极稳妥推进公立医院改革,强化公共卫生服务能力建设,促进基本公共卫生服务均等化。健全计划生育奖励扶助政策,促进人口长期均衡发展。稳步推进机关事业单位养老保险制度改革,整合城乡居民基本养老保险制度、基本医疗保险制度,加快推进城乡居民大病保险制度建设,实现统一的城乡基本社会保障制度。

五、加快发展非公有制经济

深入贯彻落实《自治区党委、自治区人民政府关于大力推动非公有制经济加快发展的意见》(新党发

〔2015〕15号),以加快推动转型发展为目标,以加快发展混合所有制经济为突破口,加快制定并实施非公有制经济转型升级计划,坚决消除制约非公有制经济发展的体制机制障碍,进一步完善和落实鼓励、支持非公有制经济发展的各项优惠政策,着力优化发展环境,大力调动全社会创业创新积极性,全面推动实体经济发展和企业转型升级,充分激发和释放非公有制经济的活力和创造力,在转方式、促增长、扩就业、惠民生、推进社会稳定和长治久安中发挥更大作用。到2020年,非公有制经济发展环境明显改善,市场主体实力日益增强,经济总量快速增长,质量效益显著提升,非公有制经济增加值的比重、民间投资的比重、吸纳就业的比重有较大幅度提高。

第二节　提升对外开放水平

坚持开放发展理念,紧紧抓住丝绸之路经济带核心区建设、中巴经济走廊建设的历史机遇,围绕克州打造南疆进出口集散中心和丝绸之路经济带核心区重要门户,加快区域融合发展,大力推进阿图什市对外开放,努力构筑阿图什市全方位开放新格局。

一、打造丝绸之路经济带核心区重要门户的战略支点

充分发挥区位、政策、资源和产业优势,积极融入丝绸之路经济带核心区建设,重点推进中巴经济走廊建设,积极融入南疆进出口集散中心和喀什经济圈发展,努力把阿图什市打造成丝绸之路经济带核心区重要门户的战略支点。

加快互联互通国际大通道建设。加快推进与周边国家综合交通互联互通,大力推进联通周边国家的公路、铁路和通信、能源电力等设施建设,重点配合国家加快推进中吉乌铁路、中巴铁路建设项目前期工作,积极推动中巴经济走廊规划与建设,大力推进连接周边地、县(市)、口岸的交通通道建设,逐步形成以高速公路为骨架,与周边地区和毗邻国家互通直达、快速畅通的公路网络。加强能源基础设施与周边国家互联互通,构建起公路、铁路、天然气管道和光缆四位一体通道,建成国家能源资源陆上安全大通道。积极推进建设国际邮路大通道,提高对电子商务的基础性保障作用。

打造向西开放战略平台。以边境口岸为前沿,以园区建设为载体,努力构筑对外开放战略平台。加快建立跨境电商物流园,依托亚投行实现跨境基础设施互联互通。依托工业园区,建设面向中西南亚的纺织服装、日用品、新型建材等出口产品加工基地和进口资源加工基地。加快规划建设金属矿产进口和水泥、建材出口等大宗散装货物重要大通道。加强对中吉自由贸易区的培育。借助"喀交会""亚博会"、吉尔吉斯、塔吉克斯坦—中国出口商品交易会等展会平台,进一步扩大对外开放,积极开展境外展会,搭建良好的经贸合作平台,建立完善合作机制,优先推动与中亚国家在农业、能源、教育、文化、旅游等领域的合作,促进产业结构转型升级、加快发展。

二、提高开放型经济水平

加强与丝绸之路经济带沿线国家和地区的多领域合作,提升开放型经济发展水平。落实好特殊经济政策,加快建设面向中亚、西亚和南亚的进出口加工基地,培育经济新的增长点。支持产业聚集园区"五通一平"基础设施建设。加强同援疆省市在农业、经贸、文化、科技、生态及旅游等领域开展全方位、多层次的经济技术合作,提高承接产业转移竞争力。积极扩大对外贸易,依托区位和从商人员较多优势,加快外贸平台建设,带动外贸加工企业落户;依托水土光热资源,发展优势农牧产品精深加工;依托民族特色、人文风情和名胜古迹,大力发展文化旅游产业。加大对吉、乌、塔、巴等周边国家市场的开拓力度,大力发展加工贸易,打造进出口产业集聚区和基地。积极实施"走出去"战略,鼓励和引导有实力的企业到周边国家投资办厂,建立境外资源开发和加工基地。借助亚洲基础设施投资银行、亚洲开发银行和"丝路基金",积极开展国际合作。

第三节 坚持创新驱动发展

一、推进科技创新引领

全面实施科技兴市战略，以“创新产业化”为指针，以推进科技产业化为主题，以重大关键技术和重点产业领域为突破口，努力实现产业技术的跨越式发展。确保到2020年，科技资源平台基本建立，科技服务体系建设进一步完善，人才支撑体系进一步健全，科技成果转化率和先进适用技术推广率进一步加大，尊重科技的氛围进一步浓厚，科技对全市经济社会发展贡献率进一步提高。

加强农业科研与开发。加强适合本地生态、生产条件的农业先进实用技术、高新技术的引进推广、消化吸收和集成创新，加大农业科技成果转化力度，提高农业生产的科技含量，确保粮食安全，增强农业综合生产能力。种植业方面，大力引进优质高产作物品种，大力推广新技术，提升传统农业，提高产量和质量。加强中低产田改造和旧灌渠改造更新，扩大高新节水灌溉覆盖面积。进一步提高农业机械化水平。畜牧业方面，农区推行多胎肉羊、优质奶牛、肉牛的品种改良，牧区推行柯尔克孜羊、绒山羊、牦牛的品种改良。在农区扩大玉米以及饲草秸秆作物，在牧区加快现有天然草场植被的恢复和改良，使全市每年秸秆及饲草料总量达到20万吨。大力推行秸秆青贮、包膜青贮颗粒饲料、混合饲料等饲草料加工技术。加强牲畜育肥，扶持规模化、标准化养殖小区和养殖大户。林果业方面，坚持“区域化布局，规模化生产，科学化种植，产业化经营”的原则，加强病虫害防治，通过规范化栽培，实施品牌保护、有机认证和原产地标识战略，做大做强木纳格葡萄、无花果特色农产品。加强农产品深加工、精加工技术研发和新产品的开发，提高产品生产能力和规模。培育区域性支柱产业和建设龙头企业，带动农业产业升级。支持优质无公害农产品产业发展。

加强知识产权工作体系建设。建立健全政府、企业、个人三级专利工作机制，完善知识产权保护机制，加强知识产权保护。加强知识产权战略研究和运用，促进技术升级和产品结构调整，创建具有自主知识产权的技术和产品。加强知识产权信息化和服务体系建设，建立知识产权信息服务平台，加快知识产权中介服务机构建设。

加强科技人才队伍建设。加强专业技术人才培养，调动科技人员的积极性，提高本地人才队伍技术水平。大力推进高新技术发展，强化科技知识宣传普及，重点加强先进科技理念、技术在教育、卫生领域的推广应用，提高全民科技意识，鼓励全民参与科技创新。

二、加快人才队伍建设

坚持把人才工作放在突出位置，树立人才是第一资源的理念，大力实施人才强市战略。抓好引才引智工作，加大柔性引才力度，通过聘请援疆人才、大学生支教和选派优秀干部人才赴对口援疆省市跟班学习等途径，推进“3123”人才培育工作，提高干部人才培养培育质量。抓好昆山产业园人才工作站建设，继续实行奖励制度，推动工作站发展建设，以人才工作站为平台，拓宽服务领域，丰富服务内容。努力营造拴心留人环境，按照自治区党委“以超常规举措充实南疆干部人才队伍”的要求，大力营造有利于干部人才扎根基层的良好环境。充分发挥内招大学生专业特长，合理归口充实专业人才队伍，进一步推动人才作用发挥，为阿图什市经济社会各项事业快速发展提供有力的人才支撑。

第十章 深化对口援疆，推动双结双促

认真贯彻落实第五次全国对口援疆工作会议精神，突出“五个坚持”原则，抓好“六个更加”要求和工作重点，即更加注重扩大就业、更加注重抓好教育、更加注重人才援疆、更加注重向基层特别是农牧区倾斜、更加注重促进民族团结、更加注重反恐维稳能力建设。注重发挥主体作用，加强与昆山援疆工作组沟通衔接，用足用好江苏省昆山市“十三五”援疆规划15.74亿元援疆资金，全面落实7大类30个援建项目，更加重视经济人才、科技教育、文化卫生、产业扶持、民生改善、反恐维稳、交流交往交融等领域援疆工作，推动输血与

造血、硬件与软件、支援与互利相结合,形成全面协调推进对口援疆工作的新局面,促进阿图什市经济社会发展和长治久安。

第十一章　加强和改善党的领导

全面建成小康社会,关键在党,关键在干部。保障规划顺利实施,必须认真落实全面从严治党责任,坚持党的领导核心地位,形成举全市之力、集全民之智合力推进规划实施的局面。

坚持党总揽全局、协调各方,完善党领导经济社会发展工作的体制机制,发挥各级党委(党组)领导核心作用。坚持以做好党建工作为基础,以“惠民”“为民”为党建核心,切实把党建工作摆在突出位置,大力实施“强本固基工程”,建强队伍、夯实基础、创优作风。坚持全面从严治党,落实“三严三实”要求,严明党的纪律和规矩,落实党风廉政建设主体责任和监管职责,健全改进作风长效机制;坚持以锻造一支坚强的干部队伍、构建严密的基层组织体系、健全管用的群众工作机制为主线,全面加强思想、组织、作风、反腐倡廉和制度建设,为实现社会稳定和长治久安总目标提供坚强有力的组织保障。强化全力运行制约和监督巩固反腐败成果,构建不敢腐、不能腐、不想腐的有效机制,努力实现干部清正、政府廉洁、政治清明,为经济社会发展营造良好政治生态。完善党委研究经济社会发展战略、定期分析经济形势、研究重大方针政策的工作机制,健全决策咨询机制。完善信息发布制度。以改革创新的精神全面推进党的建设,全面提高党的建设科学化水平,促进阿图什市经济社会持续、健康、快速发展。

第十二章　全力保障规划顺利实施

推动规划顺利实施,必须充分发挥市场配置资源的决定性作用,提高政府依法履行职责的能力和水平,合理配置公共资源,调控引导社会资源,建立健全规划实施机制,保障规划目标和任务顺利实施。

第一节　加强组织保障

组织成立由市委、市政府主要领导担任负责人,发改和相关部门主要负责同志为成员的专门领导机构,明确各部门具体工作分工,建立和完善工作责任制和督办制度,综合协调解决规划实施工作中的重大问题。各部门要围绕规划纲要确定的发展目标和主要任务,明确进度要求和具体政策导向,通过专项规划的制定和年度计划的编制实施,具体落实纲要的目标和任务。要加强统筹协调,有效组织政府各部门、社会各方面,共同推进重大发展任务的落实和重要改革措施的实施。正确把握改革力度、发展速度和社会可承受程度,引导各类市场主体和不同社会群体为实现本规划提出的各项目标和任务做出积极贡献。

第二节　加强政策保障

优化顶层设计,加强政策支持。进一步完善公共财政政策,确保公共财政资源配置优先向就业、教育、科技、卫生、社会保障等关系到改革发展稳定的公共服务领域倾斜。继续发挥投资在调结构、惠民生方面的重要作用,建设资金优先支持民生工程、重大基础设施等经济社会薄弱环节建设。充分发挥税收政策的调节作用,落实富民税收优惠政策。制定针对建设支柱产业、培育战略性新兴产业、发展循环经济和低碳经济等扶持政策,推动产业结构优化升级。实施积极的消费政策,着力扩大内需。

第三节　加强资金和项目保障

突出重点,确保关键,合理配置财政资源,发挥专项资金效用。充分发挥财政政策的引导作用,充分运用中央预算资金,综合运用财政体制、政策和资金等手段,加大对基础设施建设支持力度。根据基础建设的轻重缓急,统筹分配建设资金,优先安排交通、能源、水利等制约发展的瓶颈建设投资,统筹分配各领域的投资。力保建设资金使用效率最高,对经济和社会发展的带动作用显著。

第四节　加强监督考核

加强规划实施的民主监督，充分发挥人大、政协的监督作用，完善新闻媒体和群众社团的监督机制，健全政府与企业、居民的信息沟通和反馈机制，及时披露相关政策和信息。加强对规划实施的考核，引导各有关部门树立正确的发展观和政绩观，制定年度实施方案，落实目标任务。

第五节　加强评估调整

加强规划实施的监测预测，对规划纲要提出的主要目标、重点任务和政策措施，定期组织开展规划评估工作，全面分析、检查规划实施效果以及各项政策措施的落实情况，提出评价改进意见。需要对本规划进行修订时，要报人民代表大会常务委员会批准。在规划实施期间，当遇到市内外环境发生重大变化或因其他重要原因使实际经济运行严重偏离规划目标，需要调整本规划时，市人民政府应适时提出建议，提请市人民代表大会常务委员会审议批准实施。

二、前志勘误表

页码	行数	错误	应改为
54	倒 8 行	自治州	自治区
55	第 3 行	3	三
56	倒 6 行	常驻	常住
66	倒 11 行	紫地	紫草
68	倒 3 行	牛养	牛羊
69	倒 2 行	未	末
74	倒 4 行	粘	黏
104	倒 2 行	根	钙
115	第 3 行	计载	记载
126	第 8 行	出	去掉
140	第 15 行	帐	账
153	倒 7 行	膘	队
202	第 8 行	挥滩	河滩
205	倒 6 行	娥	蛾
221	第 4 行	西阳杂组	酉阳杂俎
238	倒 12 行	竣	峻
245	倒 7 行	盐瓜瓜	盐爪爪
251	倒 1 行	肩甲	肩胛
268	倒 1 行	辆	台
290	倒 3 行	利	力
352	第 8 行	长	常

续上表

页码	行数	错误	应改为
488	倒12行	给以	给予
517	第10行	提案	议案
547	第16行	12日	12月
548	第4行	议案	提案
590	第13行	检查院	检察院
595	倒2行	西姆哈纳	斯姆哈纳
602	第1行	有	由
641	第5行	赋于	赋予
685	第4行	头	只
694	倒2行	由	去掉
695	倒6行	撤消	撤销
722	第18行	都	柳
751	第7行	围	孕
759	倒5行	做	作
761	倒12行	级	去掉
779	第4行	伏	茯
787	第15行	谈	弹
824	第15行	沐	沭

说明:1. 所列错字如有多次出现的,也仅列一次;

2. 音译名词中,各处汉字不同除哈拉峻的"竣"字和斯木哈纳两处重要的地名外,均未列入

三、前志大事记补遗

距今大约17000年

境内阿图什平原地区出现旧石器文化。

后梁贞明元年

奥古尔恰克为到阿图什政治避难的萨曼尼王子纳斯尔在阿图什修了一座清真寺。苏里唐·萨图克在阿图什接受伊斯兰教,并在喀喇汗王朝中发展教民。他是喀喇汗王朝中第一个接受伊斯兰教的王室成员。

1950年

6月 阿图什县阿扎克区发展3名农村基层干部和积极分子为中共党员,8月成立农村第一个党支部。

10月1日　阿图什县召开群众大会庆祝新中国成立一周年。

1953年

6月17日　柯尔克孜族区域自治筹备委员会第三次扩大会议召开，研究决定将阿图什县划归柯尔克孜自治区管辖，柯尔克孜自治区人民政府设在阿图什镇。

1955年

10月10日　根据全国供销总社对农村私商进行社会主义改造的指示精神，自治州合作办事处在阿图什县第一区开始试点。

是年　牧区建立巴扎（贸易市场），成立贸易商店2处、供销合作社12处，还有贸易流动小组、分销店。

1958年

2月27日　阿图什县公安局与州公安处合署办公。

2月　阿图什县第二中学建立。

是年　自治州第一座水电站在博古孜河通往阿图什镇的水渠上建成，初步解决阿图什城镇的照明用电问题。

1959年

4月　州委第一书记赵子和下放到阿扎克公社西塔其大队当社员。在此期间，赵子和给州委写了6次报告，反映当地情况。

10月1日　阿图什县召开万人群众大会，庆祝中华人民共和国成立10周年。举行丰富多彩的文艺表演、体育竞赛活动，组织干部群众参观中华人民共和国成立10周年成就展览。

1960年

9月16日　阿图什文工团停办。

1963年

6月6日　下午3时，阿图什县城及上阿图什沿农田一带突降暴雨，山洪暴发持续5小时左右。淹死小孩1名，淹没房屋656间、畜圈146个，淹死牲畜105头（只），冲垮水磨3盘，淹没农田259公顷，冲走粮食2635千克。

7月12日　阿图什县外贸局与州外贸局合并，成立自治州外贸公司。

是年　阿图什城镇开始使用自来水。

1964年

5月4日　自治州直机关单位和阿图什县各族青年700余人集会，纪念五四运动45周年。自治州团委为“四好”团支部、“五好”青年颁发奖状、奖品。

7月13日 自治区青年篮排球锦标赛克孜勒苏赛区比赛在阿图什举行,喀什、阿克苏、克孜勒苏三地州青年篮排球运动员150余人参加比赛。

是年 夏季阿图什突发"二号病",自治州全民动员防治疫病流行,直到11月初才完全捕灭疫情。

1965年

6月 阿图什县直机关开展"社教"运动。

1971年

8月21日 自治区确定,阿图什县的苏温古城、脱库孜吾吉拉千佛洞为自治区文物保护单位。

1975年

3月1日 自治区妇联南疆工作会议在阿图什召开。

1976年

1月7日 首届上山下乡、回乡知青代表大会在阿图什举行。

1979年

4月3日 阿图什牧区连降大雪,并遭风暴袭击。

9月12日 自治州首届烈军属,残疾军人,复员、转业、退伍军人代表大会在阿图什召开。

10月13日 教育部副部长刘仰峤在自治区文教办主任冯达等陪同下,参观阿图什镇和附近的几所学校。

12月21日 自治州首次民间艺人弹唱会在阿图什召开,参加会议的民间歌手有70余人。

1981年

9月 自治州第一座机械化草原羊群药淋浴装置在阿图什县吐古买提公社建成使用。

1982年

11月4日 由自治区投资设计、施工的喀什到阿图什全长44.8千米110千伏高压输电工程竣工。

是年 阿图什县布干大队13.5公顷水稻喜获丰收,总产150907.5千克,平均单产745.5千克。超过自治区水稻高产竞赛单产600千克的标准。

1984年

9月10日 8108台正式转播中央人民广播电台第二套综合节目。

是年 阿图什县人民政府授予上阿图什乡林业劳模帕孜力·阿西木"植树愚公"光荣称号。1951年帕孜力·阿西木在上阿图什乡依克萨克村荒滩上植树造林0.87公顷。1952年创办依克萨克林场,带领各族群众艰苦奋斗 10 年，植树造林 30.67 公顷，植树 11 万株，被评为自治区及全国林业劳动模范，曾受到毛泽东、周恩来等国家领导亲切接见，并担任上阿图什公社副主任。1981 年底退休时，上阿图什乡植树造林面积已由 20 世纪 70 年代初的 486 公顷扩大到 786 公顷。

1986 年

2 月　新疆社会科学院考古所确认，5 年前在阿图什县发现的 1.7 万枚古币，属公元 9—10 世纪喀喇汗王朝的铜钱。

3 月 17 日　阿图什县格达良乡生产的优质“喀拉库赛”甜瓜，首次销往香港。

8 月 29 日　随自治州电视台卫星地面接收站落成开通，阿图什地区可以收看当天中央电视台播出的第一套节目和教育节目，还可以收看到当天新疆电视台的维吾尔、汉语新闻等节目。

12 月　全疆第一所民族骨科医院——阿图什市民族骨科医院，在已故著名民族骨科专家沙木萨克·托合提的家乡——松他克乡建成开业。

1987 年

1 月 22 日　自治州人民政府在乌鲁木齐市自治区科技馆内举办自治州园艺特产品尝会。阿图什市生产的无花果系列产品和多种名优瓜果产品受到自治区领导及与会人员的好评。

8 月 9 日　日本 WMQ25－156 旅游团一行 19 人到自治州参观游览，该团由东京各阶层人士组成。这是阿图什成为开放城市以后接待的第一个外国旅游团体。

9 月 1 日　阿图什城市排水系统工程开始动工兴建。

1988 年

1 月 7—15 日　自治州首届艺术摄影展览在阿图什举行，共展出 120 余幅作品，艺术地反映自治州各族人民的精神面貌和自治州的山川风物。

2 月 5 日　自治州“五讲四美三热爱”活动领导小组命名阿图什市工商银行为自治州文明单位。这是全州第一批州级文明单位。

3 月 10—12 日　阿图什市哈拉峻乡结提库勒地区发生火灾，20 公顷草场和红柳灌木林被烧毁。

4 月下旬　阿图什市帕米尔路拓宽工程开始动工，沿路地下管道铺设工程同时进行。

是月　阿图什市农民足球队在自治区农民足球选拔赛中一举夺魁，并于当年 10 月代表新疆参加首届全国农民运动会。

6 月 29 日　自治州人民政府发出《关于试行主要副食品零售价格变动给职工适当补贴的通知》，决定从 7 月起在阿图什市试行肉食、大路菜、鲜蛋和白糖四种主要副食品按定量计算给职工增加价格补贴。

是月　自治州人民政府确定对外开放 12 个旅游点。其中阿图什市旅游点 4 个，是苏里堂麻扎、喀喇汗王朝遗址、阿图什工贸市场、阿孜汗无花果园。

12 月　阿图什市哈拉峻乡克孜勒陶村柯尔克孜族牧民吐木西·吐木尔捐款 7200 元、粮食 200 千克、羊 2 只，为该村兴建了 90 平方米的小学校舍，解决了该村小学生上学难问题。

1989 年

1 月 10—18 日　南疆五地州防病改水工作研讨会在阿图什举行。

5 月 11 日　中苏双方签订阿图什市、纳伦市结为友好城市，克孜勒苏州、奥什州结为友好州的协议书。

9月20—25日 新疆维吾尔自治区第二届少数民族传统体育运动会在自治州首府阿图什隆重举行。自治区党委副书记、自治区主席铁木尔·达瓦买提,自治区党委常委克尤木·巴吾东,副主席黄宝璋,政协副主席塔依尔·买买提力出席开幕式,国家民委、国家体委、建设部,云南、贵州、青海、西藏、内蒙古等省、区的代表,苏联吉尔吉斯加盟共和国苏中友协代表,自治区有关部、委、厅、局的领导和代表以及全疆的15个地州市的代表,400余名运动员和5000余名各族干部、群众参加开幕式。

9月20日 自治区党委副书记、自治区主席铁木尔·达瓦买提到阿图什市农村考察工作。

10月17日 自治州党委宣传思想工作会议在阿图什召开。自治区党委常委、宣传部部长冯大真出席会议并讲话。

10月21日 隆重举行由爱国华侨阿不来提·阿吉捐资60万元修建的具有浓郁民族特色的阿图什市第六中学教学楼落成典礼。

11月27日 自治州党委和人民政府组织各族干部、职工、武警战士2000余人参加支援农田水利建设义务劳动,修建格达良乡防渗渠。

1990年

2月 阿图什名优果品“木纳格葡萄”2.5万千克,由自治州丝路公司经营,出口销往巴基斯坦,为国家创汇9万多美元。

3月2日 自治州暨阿图什市团委联合召开学雷锋、学赖宁动员大会,阿图什地区各族青少年1000余人参加。自治州党委副书记何学义作动员报告。

6月24日 阿图什市哈拉峻乡16岁的柯尔克孜族少年斯尔哈克在广西柳州市举行的全国少年少数民族器乐演奏比赛中,荣获个人独奏第三名。由他和其他12名小乐手组成的新光合奏队,获团体一等奖。

11月4日 应自治区计划委员会邀请,以苏联吉尔吉斯加盟共和国部长会议副主席、计委主席别加利耶夫为团长的经济贸易考察团一行5人参观阿图什市万宝商场、工贸市场等地。

是年 全州87家国有企业中有74家实行承包经营。

1991年

9月4日 由中央统战部、解放军总政治部、国家民委、文化部、全国青联联合组织的“心连心”艺术团由自治区副主席克尤木·巴吾东陪同到阿图什市慰问演出。

9月12日 国家计划生育委员会主任彭珮云在自治区副主席毛德华陪同下,到阿图什市对计划生育工作考察。

9月18日 吉尔吉斯斯坦所属的伊塞阔克里分拨中心、伊塞阔克里市外运中心、勘特区农化联合体等3个单位,向我国遭受洪水灾害的地区捐赠化肥10万千克。捐赠交接仪式在自治州首府阿图什市举行。

10月20日 阿图什市个体客运联营公司驾驶员驾驶的小面包车在乌喀公路上强行超车,与自治州建筑公司的大货车相撞,导致3人死亡、8人受伤。

编后记

盛世修志,志载盛世,修志问道,以启未来。《阿图什市志(1995—2015)》的出版是自治区地方志编纂委员会、克州党委史志办有力指导的结果,是阿图什市党委、市人民政府和各级党政领导重视和关怀的结果,是全市各乡镇、街道、单位(部门)通力协作的结果,是阿图什市史志办辛苦耕耘的结晶。

《阿图什市志(1995—2015)》是《阿图什市志》的续作。2006 年,国务院颁布《地方志工作条例》,全国二轮修志工作就此全面启动。2009 年,自治区颁布《新疆维吾尔自治区实施〈地方志工作条例〉办法》,阿图什市史志办在上级指导下,制定二轮志最早的编目实施方案雏形。2012 年 8 月,制定《阿图什市第二轮市志编纂实施方案》,编写《阿图什志(续)撰写目录》,设立 30 编 170 章,规定上限为 1995 年,下限为 2015 年,与第一轮志无缝衔接。2015 年 11 月,印发《阿图什市二轮修志资料汇编(1995—2015)》,第二次调整修改市志篇目为 40 编 239 章。2016 年,在《阿图什市志(1995—2015)》编纂过程中,对市志定位多次调整,在前志框架结构上增减并留,充分体现志书的延续性和时代性。结合本地实际,以突出区域特色为重点,编写出《阿图什市志(1995—2015)》总纂方案及大纲,制定《阿图什市第二轮市志编纂方案》,进行第三次志书篇目微调。同年 6 月,邀请对口援建单位江苏省昆山市方志专家徐秋明、沈明分别对基础纲目和试写稿件进行评议指导,进行第四次志书篇目微调。最终确定篇目为 33 编,并通过自治州党委史志办审核。于 2016 年 11 月召开评审会,顺利验收通过。

《阿图什市志(1995—2015)》篇目在坚持“事以类聚”“类为一志”原则的同时,还突出以下三个地域特点:一是通过编、章、节不同层次的升格,将一轮志书中“无花果与木纳格葡萄”这一章独立列出,单独成编,着重翔实地记载无花果与木纳格葡萄独特的生态条件、栽培历史、栽培技术以及贮藏运输等。还有一轮志中的“盐业”也进行升编处理;这些人无我有、人有我优的优势与亮点都是阿图什市的特色,把这些最有代表性的事物实事求是地记述下来,赋予了志书地方特色的生命力。二是为弥补阿图什市发展思路、改革进程、发展主体和建设重点不够突出的缺陷,在“中共阿图什市委员会”编专设“重要决策与重大活动”章,在“阿图什市人民政府”编专设“重大施政”章,相对集中的记述断限内阿图什市经济、政治、文化、社会、生态文明建设发展过程中的重要决策、运行过程与重要政务。三是专设“富民固边”编,将 20 年间,中央、自治区、自治州及江西省、辽宁省、江苏省对口援建从政策、产业扶持、社会事业等方面给予的一系列含金量较高的政策记录下来,这些政策的实施,给阿图什人民的生产生活带来的新的变化。

《阿图什市志(1995—2015)》编纂工作分为筹备规划、搜集资料、编纂初稿、总纂通稿、三级评审、验收出版等 6 个阶段。

筹备规划阶段。2009 年,制定二轮志最早的编目实施方案雏形。2012 年,完成制定编纂方案、筹备机构人员、编制志书篇目和规划工作。

2012 年 8 月 15 日,阿图什市召开二轮修志启动会议,将《阿图什市志(续)撰写目录》分派至 101 家承编单位,并与市直各机关事业单位、各乡镇人民政府等承编单位签订市志供稿责任书。

搜集资料阶段。2012 年 8 月至 2016 年 6 月,为集中搜集资料时期,共查阅市档案馆各类档案 5100 余卷约 2000 万字,查阅获全国一等奖《江都县志》、二等奖《佛坪县志》以及《昆山市志》、兄弟县市等优秀精品志书、年鉴,共25卷约500万字;在编纂过程中,搜集和补充资料始终没有停止。此外,开展社会调查近百次,形成口碑资料10余万字。

编纂初稿阶段。2015年11月19日,市委、市人民政府召开全市第二轮修志工作推进会,再动员、再部署,进一步推动编纂工作。各撰稿单位根据市史志办的反馈意见对初稿进一步核对修改补充完善。至2016年8月,完成初稿的搜集整理编写。

总纂通稿阶段及三级评审阶段。2016年,经过一整年的努力,全面完成资料收集、编纂、组稿、审改任务,将志书初稿装订成册,开始三级评审。2016年11月底,自治区地方志编纂委员会在阿图什市召开《阿图什市志(1995—2015)》评审稿评审会,自治区主审专家朱峰、顾文燕及与会专家从不同角度提出宝贵意见,收集评审修改意见100余条,圆满通过评审。

《阿图什市志(1995—2015)》历时9载,多次修改,终于成书。首先,是自治区、自治州、市各级党政领导的关怀和重视。自第二轮修志工作启动以来,市委、市人民政府先后3次召开市志工作会议,对市志编修工作进行阶段性部署,市委主要领导、分管领导多次过问指导市志编写情况,解决编写过程中遇到的困难,将第二轮阿图什市志编纂工作专项经费列入财政预算,保证经费投入,市财政局先后按时足额拨付到位修志经费50万元。市史志办以工作实绩赢得区、州的认可,先后5次以工作专项汇报的形式向自治州党委史志办、自治区地方志编纂委员会报告工作开展情况及存在问题和建议等。同时,以市人民政府名义向自治区地方志编纂委员会上报《关于申请解决二轮阿图什市志启动资金的报告》,争取自治区修志启动及扶助经费6万元,为市第二轮修志编纂工作扎实推进提供有力保障。

市志编纂工作得到自治区地方志编纂委员会、自治州党委史志办及有关单位和专家大力支持,自治区地方志编纂委员会党组书记、副主任廖运建先后三次来到阿图什,前期对编目指导,后期对市志初稿提出意见,均作出批示,对志书编修给予极大的帮助;自治区地方志编纂委员会地县处副处长杨志虎、通志处副处长宋水平均对《阿图什市志(1995—2015)》提出许多修改意见;自治州党委史志办原主任张宗耀带队对接市志编纂事宜,自治州党委史志办主任池光、副主任刘秀梅多次及时给予帮助,提出修改意见;阿图什市委副书记、组织部部长陈彦虎时常过问市志编辑进度,压实各方责任,全力推进增补稿质量,阿图什市委原副书记、常务副市长罗平组织协调志稿分析会,并在经费上给予大力支持,这些是市志顺利进展的坚强后盾。2016年8月,市史志办主任李飒赴自治区就二轮修志工作专题述职,自治区地方志编纂委员会对二轮市志的章节内容设置、市志框架结构及评审会事宜给予进一步指导;《阿图什市志(1995—2015)》主编兼总纂李飒对志稿认真总纂,更好地体现阿图什市的特色。江苏省苏州市、昆山市相关业务部门在市志编修过程中,也扮演不可或缺的角色,苏州市地方志办公室党组书记、主任陈兴南、昆山市档案局局长、地方志办主任陈勇等同志,自2016年6月到阿图什市进行初步协商至签订战略合作协议并援助5万元修志经费、提供培训,平均每年往来2次学习交流,多次提出编纂大纲修改意见,与阿图什市史志办结下深情厚谊;阿图什市委副书记沈立新(昆山援疆干部)、阿图什市委组织部副部长陆庆(昆山援疆干部)也十分关心志书的工作进度,积极协调,为援助修志工作争取各项经费合计30余万元。

同时,市史志办主任、四级调研员李飒及原主任王兰、副主任努尔尼沙·沙木沙克两届史志编纂负责人为代表的阿图什市史志办全体成员在修志工作中冲在最前列,不辞辛苦、上下协调沟通,承担最主要的任务。在编纂过程中,还得到市委办、市政府办、市人大办、市政协办、组织部、财政局等100余家单位的大力支持和配合,得到自治州党委史志办原主任、志书专家贺继宏,退休专家江济深、刘敬明等的大力支持帮助,宁静、吴晓丽更是发挥主力军作用,特别是原淮海工学院(现江苏海洋大学)西部计划大学生志愿者吴语期满后又返聘，负责市志概述及部分编章资料补缺，在争分夺秒中彰显新老史志人业精于勤的情怀。另外，王浩文、刘文兴、段永平、刘济宽、陆智伟、李奇等同志也在部分图文方面给予友情帮助，在此，一并表示诚挚感谢！

《阿图什市志（1995—2015）》经过全体编纂人员呕心沥血，最终成书，共33编、178章、704节，近190万字，于2021年12月出版发行。限于编者的政治思想水平、专业知识和文字表达能力等，志书不足之处在所难免，敬请读者批评指正。

编　者

2021年12月